알려주세요!
법法없이 사는 법

···: 법률상담사례집

알려주세요!
법法없이 사는 법

양정자(대한가정법률복지상담원 원장)

대한가정법률복지상담원

| 추천사 1 |

　대한가정법률복지상담원의 양정자 원장이 지난 57년간 국내·외에서 직접 상담하고 강의한 내용을 집대성한 법률상담사례집『알려주세요! 법法 없이 사는법』1,000여 페이지에 가까운 대 저술을 발간한 데 대하여 먼저 심심한 축하와 감사를 드립니다.

　양정자 박사는 나와는 매우 오래되고 두터운 사제관계를 유지해왔습니다. 그가 이화여대 법대 4학년 때인 1965년 법제사 강의를 한 것으로부터 대학원 석사학위 심사, 법학 박사학위 심사 등 학문 연구의 마지막 단계까지, 그리고 한국가정법률상담소에서의 활동 상황까지, 드디어 1999년 대한가정법률복지상담원을 창설하고 어려운 여건을 극복하면서 6개 지부 등 총 46곳의 법조공익시설을 확충하였는데, 그의 은사이신 고 이태영 박사의 이념을 살려 재창조했음은 고제(高弟)로서의 의지를 확인·재인식시켰습니다.

　이 책은 가족관계법, 임대차, 금전과 부동산, 세금, 노동·복지, 형사, 헌법은 물론이고 우리 사회에서 반드시 근절되어야 하는 가정폭력·성폭력, 최근 매우 심각한 사회문제로 대두한 학교폭력과 아동·청소년 문제까지 다양한 분야에 걸친 법률 사례를 폭넓게 담고 있는데, 전문적인 내용임에도 쉽고 편하게 읽히는 것이 특징입니다. 법을 잘 모르는 일반인이 법에 보장된 자신의 권리가 정확히 무엇이 있는지, 법률 분쟁이 발생했을 때 어떻게 대처해야 하는지, 나아가 분쟁을 사전에 예방하려면 어떻게 해야 하는지를 쉽게 전달하고 있습니다. 또한 법을 몰라 억울한 일을 당한 사람들이 돈이 없어도 무료로 도움을 받을 수 있는 기관을 소개하였습니다.

　더 나아가 양정자 박사는 그 자체가 차별적인 내용을 담고 있는 법률의 개정과 불합리를 시정하기 위한 새로운 입법을 촉구하고, 저출산·고령화 등 우리 사회가 직면한 문제를 해결할 수 있는 특별 제언도 아끼지 않았습니다.

특히 이 사례집은 가족법의 법사회학적 분석을 위한 자료이고, 살아있는 법이고, 가족관계를 다루는 학문에도 중요한 자료가 될 것입니다. 끝으로 대한가정법률복지상담원의 무궁한 발전을 바라고 빕니다.

2023년 10월
서울대학교 법과대학 명예교수, 대한민국 학술원 회원
법률구조법인 대한가정법률복지상담원
고문 박 병 호

| 추천사 2 |

사회가 복잡해짐에 따라 우리 주변에서는 다양한 법적 다툼이 끊이지 않고 있습니다. 이에 대처하기 위해 해마다 새로운 법률이 만들어지고, 기존 법률이 개정 또는 폐지되는 등 우리의 법률환경은 하루가 다르게 변화하고 있어 법을 전공한 사람도 명칭만 기억하기도 어려울 지경입니다.

이러한 환경 속에 일반 국민이 법을 제대로 알고, 나아가 자신의 법적 문제에 효과적으로 대처하기란 쉽지 않은 일이라 하겠습니다.

정의는 모든 사람에게 평등하다는 것만으로는 충분하지 않습니다. 모든 사람에게 평등이 실현되도록 하는 것이 필요합니다.

법률서비스는 그것이 사람들을 사회로 회복시킬 수 있기 때문에 중요합니다. 법률서비스는 "사회적 배제(social exclusion)"와 싸웁니다. 법률서비스는 하나의 문제가 다른 문제를 야기하고 사람들이 점점 낙담에 빠지며 사회와 그들을 도와줄 사회제도에 대한 신뢰를 상실하게 되는 일련의 과정을 중단시킵니다.

법률구조는 우리가 정의라고 믿는 사회의 모습을 보여줌으로써 제도들에 대한 신뢰를 회복시킬 수 있습니다. 그러한 지원은 여자들과 어린이들, 사회적 약자 대부분에 대해 가능해야 하며, 고용주, 사회복지기관, 채권자처럼 힘을 지닌 사람들은 공정하게 행동해야 합니다. 또한 법률지원은 사람들의 걱정거리에 반응해 주어야 합니다. 끝으로, 법률지원은 문제들의 원인을 중단시키도록 노력해야 합니다. 법률서비스 제공자와 기관들은 어려움과 고충을 야기하는 문제에 대한 증거들을 모으고, 이 증거들을 문제를 예방하고 해결할 능력이 있는 기관들과 사람들의 관심을 촉구하는 데 이용해야 합니다. 그렇게 해야만 이 사회는 변화될 것입니다.

법률서비스 전달에 가장 효과적인 방법은 예방입니다. 그들의 권리가 합법적인 절차를 통해서 보장될 수 있고, 잘못된 법을 개정할 수 있는 권리를 그들이 가지고 있다는 것을 확실히 알게 될 경우 요즈음 일어나는 극악한 사건들이 우리 사회에서 사라지고 모두가 안정되고 평화로운 복지사회가 이루어질 것입니다.

이를 위해 일생 동안 국내·외로 46개 지역에 법조공익시설을 개설하고, 현장에서 서비스하고 교육하여 온 양정자 박사님이 일반 국민의 눈높이에 맞춰 일상생활에서 흔히 겪을 수 있는 문제들을 중심으로 쉽게 설명한 법률상담사례집,『알려주세요! 법 없이 사는 법』을 집필했습니다.

평소 법을 어렵게 느끼는 사람이나 법에 입문하는 학생들에게 이 책을 적극 추천하면서, 우리 모두가 법을 친근하게 여기고 일상생활에서 올바르게 활용하는 법의 주인으로서 살아가기를 바랍니다. 곁에 가까이 두고 필요할 때마다 펼쳐보면 큰 도움이 될 것입니다.

2023년 10월
법률구조법인 대한가정법률복지상담원 이사장
변호사 경 수 근

| 머리말 |

"어떻게 할까요?", "알려주세요, 법 없이도 사는 법"은 상담하면서 가장 많이 듣는 말입니다. 우리 사회에서는 정말 착하고 좋은 분, 타인에게 피해를 주지 않는 분, 분쟁을 일으키지 않고 정직하고 성실하게 사는 분을 가리켜 "이분은 법 없이도 사는 사람이다"라고 합니다. 법치국가에서 '법 없이도 사는 분'은 자기 권리를 지키고, 남의 권리를 침해하지 않는, 법을 지키는 사람입니다.

필자는 지난 57년간 불행한 사태에 직면하여 법률적인 도움이나 인생 문제로 호소해오는 고통받는 사람들을 직접 만나서, 또 직접 찾아오지 못하는 분들은 신문, 잡지, 방송을 통해서, 또는 서신, 사이버상담, 대중강연, 대학 강의 등을 통해 조금이나마 도움이 되고자 최선의 노력을 다해왔습니다.

그러나 훨씬 많은 수의 사람들이 억울한 일을 당하고도 도와주는 기관을 알지 못하고, 법은 전문가들의 영역으로 일반인들은 돈이 없으면 도움을 받을 수 없다고 생각하고 자기들의 권리를 포기합니다.

불행은 예고 없이 찾아옵니다. 그러나 이같이 예고 없이 찾아오는 불행에 대비할 수 있도록 정신적인 각오와 법률적인 상식을 가지고 있다면 어느 정도 사전에 이런 불행을 예방할 수 있으리라 생각합니다.

이 책은 크게 10단원으로 구성되어 있습니다.
제1단원은 분쟁해결 및 법률정보를 얻을 수 있는 방법을 알려줍니다.
제2단원 아동·청소년 교육에서는 한국 아동·청소년 관련법에서의 정의, 아동학대의 유형과 사례, 학교폭력의 정의와 보호, 청소년에 대한 국가·사회·가정의 책임에 대해 알렸습니다.
제3단원 가정폭력·성폭력특별법에서는 가정폭력·성폭력특별법, 성매매처벌법과 피해 사례, 그리고 피해자보호제도를 소개했습니다.

제4단원 부동산 임대차에서는 주택임대차보호법, 상가건물임대차보호법에서의 보호범위를 사례를 중심으로 소개했습니다.

제5단원 가족관계법에서는 가족과 관계되는 가족법, 가족관계등록법, 주민등록제도, 다문화가족을 위한 법률을 일반인이 알기 쉽게 사례를 중심으로 설명했습니다.

제6단원 금전과 부동산에서는 금전 및 부동산 거래를 할 때 주의할 점, 민사분쟁에 대한 해결방법들을 소개하고 있습니다.

제7단원 세금에서는 조세의 개념과 일반원칙, 세금의 종류에 대해서 설명하고 합법적으로 절세할 수 있는 사례를 소개했습니다.

제8단원 노동·복지에서는 취직할 때부터 퇴직할 때까지 직장 생활에서 근로자를 보호하고 있는 각종 제도와 권리, 사회복지제도들을 소개하였습니다.

제9단원 형사에서는 형사사건으로부터 자신을 방어할 수 있는 절차적 지식과 범죄로부터 국민을 보호하는 제도들을 소개하고, 교통사고의 법률대책에 대해 설명했습니다.

제10단원 헌법과 기본권에서는 헌법의 가치와 기본원리, 헌법에서 보장하고 있는 기본권, 국민의 기본권을 보장하는 헌법재판제도를 소개하고 있습니다.

각 단원 끝에는 일반인들이 법률전문가의 도움 없이도 스스로 서면을 작성할 수 있도록 다양한 관련 서식을 첨부하였습니다.

이 책이 널리 보급되어 국민 여러분의 각종 법률문제를 해결하는 데 도움이 되고, 해결법을 알지 못해 닥치는 불행을 미리 예방할 수 있다면 더 이상의 기쁨이 없겠습니다.

끝으로 서식 입력과 교정작업을 위해 수고해 준 고은지 상담위원 겸임 출판홍보실장님, 성원해 주신 임직원 여러분과 국내·외 회원 여러분, 그리고 우리나라 아동과 사회적 약자를 도와주는 기관들에게 이 책을 보낼 수 있도록 지원해 주신 청계재단에 깊은 감사를 드립니다.

2023년 10월
저자 양 정 자

| 차례 |

제1단원 분쟁해결과 법률구조

제1장 · 분쟁을 해결하는 여러 가지 방식 76

제1절 소송을 통한 분쟁해결 방식 76

제2절 대안적 분쟁해결 방식 76
    1. 대안적 분쟁해결 방식과 시민의식
    2. 슬기로운 분쟁해결을 위한 시민의 자세

제2장 · 법률구조와 법률정보의 이용 78

제1절 법률구조 및 상담기관 79

제2절 온라인에서 법률정보 얻기 82

제2단원 아동·청소년 교육

제1장 · 한국 아동·청소년 관련법에서의 "아동·청소년"의 정의 84

    1. 「아동복지법」에서의 "아동"이란
    2. 「아동·청소년의 성보호에 관한 법률」에서의 "아동·청소년"이란
    3. 「학교 밖 청소년 지원에 관한 법률」에서의 "청소년"이란
    4. "근로청소년"이란

제2장 · 아동학대 84

제1절 아동학대의 정의 84
1. "아동"이란
2. "아동학대"란

제2절 아동학대의 유형 84
1. 신체적 학대
2. 정서적 학대
3. 성적 학대
4. 방임

[아동학대 관련 사례] 87
 [1] 아동학대의 정의 및 유형
 [2] 아동학대 신고의무자
 [3] 현장출동
 [4] 응급조치 및 보호조치
 [5] 아동학대범죄전력자의 취업제한

[아동학대 관련 판례] 90

제3장 · 아동 · 청소년 성폭력 92

제1절 아동 · 청소년이란 92

제2절 성폭력이란 92
[아동 · 청소년 성폭력 관련 사례] 93
 [1] 심신미약 상태에서 저지른 성범죄에 대한 감경규정의 적용 여부
 [2] 공소시효의 특례
 [3] 아동에 의해 발생한 성폭력 처벌
 [4] 청소년 성매매피해자의 보호
 [5] 성범죄자 신상공개 및 우편고지 제도
 [6] 아동 · 청소년 성범죄전력자의 취업제한
 [7] 가출 청소년에 대한 무상 숙식제공도 처벌대상이 될 수 있다

[아동 · 청소년 성폭력 관련 판례] 96

제4장·학교폭력 98

제1절 학교폭력의 정의 98
1. "학교폭력"이란
2. "따돌림"이란
3. "사이버 따돌림"이란

제2절 피해학생 및 가해학생 98
[학교폭력 관련 사례] 99
[1] 학교폭력의 유형
[2] 전담기구의 운영
[3] 비밀누설의 금지
[4] 학교장의 자체해결
[5] 학교폭력대책심의위원회 위원의 제척
[6] 가해학생에 대한 조치
[7] 미성년자의 불법행위에 대한 부모의 손해배상책임
[학교폭력 관련 헌법재판소 결정] 102

제5장·학교 밖 청소년 103

제1절 학교 밖 청소년의 개념 103
1. 「학교 밖 청소년 지원에 관한 법률」에서의 "청소년"이란
2. 「학교 밖 청소년 지원에 관한 법률」에서의 "학교 밖 청소년"이란
3. 학교 밖 청소년 현황
4. 학교 밖 청소년 유형
[학교 밖 청소년 관련 사례] 104
[1] 학교 밖 청소년의 개념
[2] 검정고시
[3] 재입학
[4] 대안학교
[5] 청소년증
[6] 학교 밖 청소년 지원센터
[7] 취직인허증
[8] 학업중단숙려제

제6장 • 청소년의 근로가능 연령 108

제1절 근로가 가능한 최저연령 및 취직인허증 108

제2절 연소자증명서의 비치 109

제3절 현장실습표준협약서 작성 109
　　　[근로청소년 관련 사례] 109
　　　　　[1] 근로청소년의 연령
　　　　　[2] 근로계약의 대리금지
　　　　　[3] 야간근로의 제한
　　　　　[4] 최저임금
　　　　　[5] 퇴직급여의 지급

제7장 • 청소년의 인터넷 이용에 대한 국가·사회·가정의 책임 111

제1절 청소년과 인터넷 111
　　　1. 청소년
　　　2. 정보통신망(인터넷)

제2절 청소년의 인터넷 이용을 위한 국가·사회·가정의 책임 111
　　　1. 청소년 보호를 위한 국가의 책임
　　　2. 청소년의 인터넷 이용을 위한 국가기관의 책임
　　　3. 청소년 보호를 위한 사회의 책임
　　　4. 청소년 보호를 위한 가정의 역할과 책임

제3절 청소년의 인터넷 이용과 관련된 법률 112
　　　1. 청소년보호법: 유해매체물로부터 청소년 보호하기
　　　2. 정보통신망 이용촉진 및 정보보호 등에 관한 법률, 개인정보보호법 등
　　　　　(1) 인터넷 사이트 가입하기
　　　　　(2) 개인정보 보호하기
　　　　　(3) 다른 사람의 명예를 훼손하지 않기
　　　3. 전자상거래 등에서의 소비자보호에 관한 법률
　　　　　(1) 인터넷으로 강의를 듣거나 물건 사기
　　　　　(2) 취소나 반품하기

4. 게임산업진흥에 관한 법률
   (1) 인터넷 게임하기
   (2) 청소년의 인터넷 게임 중독·과몰입 예방 및 치료
   (3) 청소년의 PC방 이용제한

[청소년 인터넷 이용 관련 사례] 114
   [1] 개인정보가 공개되었어요. 삭제해 주세요
   [2] 개인정보가 유출되었어요. 어떻게 해야 하나요
   [3] 인터넷 강의 해지하기
   [4] 저작권자가 누구인지 몰랐는데도 저작권 침해인가요
   [5] 아동·청소년 이용 음란물을 소지하면 처벌되나요
      〈관련 헌법재판소 결정〉
   [6] 사이버 모욕죄로 처벌이 가능한가요
   [7] 인터넷 명예훼손으로 처벌할 수 있나요
   [8] 에스크로 제도를 이용하라고 하는데 이것은 무슨 제도인가요
   [9] 부모님의 동의 없이 한 서비스 계약을 취소할 수 있나요

◇ 알아두면 힘이 되는 것들 **120**

[서식] 124
   [제2단원 서식 1] 청소년증 (재)발급신청서
   [제2단원 서식 2] 15세 미만인 자의 취직인허증 (재)교부 신청서
   [제2단원 서식 3] (18세 미만인 자/임산부)의 야간/휴일 근로인가 신청서
   [QR] 범죄전력조회 신청서식 **90**
   [QR] 현장실습 표준협약서 **109**

제3단원 가정폭력·성폭력특별법

제1장 • 가정폭력범죄의 처벌 등에 관한 특례법(약칭: 가정폭력처벌법) **128**

제1절 가정폭력이란 **128**

제2절 가정구성원이란 **128**

제3절 가정폭력범죄란 **128**
  [가정폭력 관련 사례] **129**
  [1] 가정폭력 신고의무자
  [2] 경찰의 응급조치
  [3] 경찰에 의한 가정폭력 긴급임시조치
  [4] 가정폭력행위자 처벌 여부
  [5] 가정폭력범죄를 수사할 때는 가정환경조사서를 작성하여야 한다
  [6] 피해자가 검사를 거치지 않고 법원에 직접 보호명령을 신청할 수 있다
  [7] 보호명령의 전제가 된 가정폭력행위에 대하여 형사절차에서 무죄판결을 선고받아 확정된 경우에도 불이행죄로 처벌할 수 있다
  [8] 가정폭력으로 신고한다고 하여 곧바로 이혼되지 않는다
  [9] 가정폭력이 이혼사유가 되는지
  [10] 가정폭력으로 처리되면 전과기록이 남는지
  [11] 상담조건부 기소유예란
  [12] 법원의 임시조치란
  [13] 배상명령신청
  [14] 가정폭력 피해아동의 주소지 외 지역에서의 취학
  [15] 가정폭력가해자가 피해자의 가족관계증명서를 열람하거나 교부받을 수 없다
  [16] 가정폭력피해자와 그 가족은 가정폭력피해자 보호시설에 머물 수 있다
  [17] 공동가정생활(그룹홈)에 입주하려면
● 가해자와 헤어진 후 대처요령 **137**
● 가정폭력사건 처리 흐름도 **138**

제2장 • 성폭력범죄의 처벌 등에 관한 특례법(약칭: 성폭력처벌법) 139

제1절 성폭력이란 139

제2절 성폭력의 범위 139

제3절 모든 성범죄 피해자의 고소나 처벌의사 없이도 처벌 가능 140
1. 친고죄 및 반의사불벌죄 규정 삭제
2. 13세 미만 아동 성추행 범죄에 공소시효 폐지

제4절 성폭력 고소 및 신고 안내 140
1. 고소 및 신고
2. 신뢰관계 있는 자의 동석
3. 피해자 증언의 중요성

제5절 성폭력범죄의 대처 141
1. 가해자가 타인인 경우
2. 가해자가 친족인 경우
- 입증자료 확보방법 142

제6절 직장에서 성희롱 피해를 당한 경우 142
- 직장내 성희롱 · 성차별 피해 대처요령 143
- ※ 2022. 10. 1.부터 적용되는 변경된 성범죄 양형기준 143

[성폭력 관련 사례] 144
- [1] 지하철에서 여성의 다리를 휴대폰 카메라로 몰래 촬영하면 처벌받는다
- [2] 서로 합의하에 촬영했던 성관계 동영상을 인터넷 불법사이트에 업로드한 경우
- [3] 성폭력피해자는 국선변호인 선임을 신청할 수 있다
- [4] 성희롱은 상대방이 원치 않는 성적인 말 또는 행동으로 상대방에게 성적 굴욕감이나 불쾌감을 느끼게 하는 모든 행위를 말한다
- [5] 성범죄자의 신상정보를 알아보려면
- [6] 친아버지도 성폭행으로 고소할 수 있다
- [7] 거부의사를 밝혔음에도 사장이 신분상의 불이익을 가할 것처럼 협박해 러브샷의 방법으로 술을 마시게 한 경우
- [8] 상급자에게 성희롱 당한 경우
- [9] 성희롱에 대한 손해배상
- [10] 고객 등에 의한 성희롱

[11] 파견근로자에 대한 성희롱
[성폭력 관련 판례] 148
• 성폭력사건 처리 흐름도 169

제3장 • 성매매알선 등 행위의 처벌에 관한 법률(약칭: 성매매처벌법) 170

제1절 성매매란 170

제2절 성매매알선 등 행위란 170

제3절 성매매 목적의 인신매매란 170

제4절 성매매피해자란 171

제5절 금지행위 171

제6절 성매매 피해사실에 대한 신고 171
  1. 성매매를 강요당하는 경우
  2. 성매매 관련 시설종사자 등의 신고의무
  3. 신고자 보호

제7절 성매매여성의 처벌 여부 172
  1. 수사 중인 외국인여성 보호
  2. 신뢰관계 있는 자의 동석

제8절 성매매업주, 소개업자 등에 대한 손해배상청구 172

제9절 성매매라는 불법원인으로 한 선불금 173
  1. 성매매라는 불법원인으로 한 선불금은 갚을 필요가 없다
  2. 업주의 지시로 다른 성매매여성의 선불금 채무보증을 선 경우 그 보증채무는 무효다
  [성매매 관련 사례] 173
    [1] 성매매를 한 경우 성을 구매한 사람만 처벌받나요
    [2] 성매매업소에서 성매매를 한 여성은 모두 성매매피해자인가요
    [3] 성매매를 강요당한 성매매피해자의 성매매는 처벌하지 않는다
    [4] 성매매피해자인데 기소유예 처분을 받았습니다. 무죄임을 뜻하는지요
  • 성매매사건 처리 흐름도 175
  • 알아두면 힘이 되는 성범죄 관련 제도 176

[서식] 178
>[제3단원 서식 1] 피해자보호명령 청구서
>[제3단원 서식 2] 주민등록표 열람 또는 교부 제한 신청서
>[제3단원 서식 3] 가정폭력피해자의 개인정보보호 신청서
>[제3단원 서식 4] 배상명령 신청서
>[QR] 범죄피해자의 주거지원 신청서 **136**

제4단원　부동산 임대차

제1장・주택임대차보호법 182

제1절 주택임대차보호법의 이해 182
1. 주택임대차를 특별히 보호하는 이유는 무엇인가요
2. 주택임대차보호법은 어떤 방법으로 임차인의 권리를 보장하고 있는가요

제2절 주택임대차보호법의 보호범위 185
1. 임차인의 범위
[1] 주택임차인이 법인인 경우
[2] 주택임차인이 외국인 또는 재외국민인 경우

2. 주거용건물의 임대차
[1] 점포가 딸린 주택인 경우
[2] 임차주택이 미등기건물인 경우
[3] 임대차기간 중 비주거용 건물을 주거용으로 개조한 경우
[4] 채권담보를 위하여 주택임대차 형식을 빌린 경우

제3절 주택임차인의 대항력 188
1. 대항력 인정의 요건(주택의 인도와 주민등록)
[1] 대항력의 의미

[2] 전입신고를 잘못한 경우
[3] 동거가족만 전입신고가 된 경우
[4] 임대차계약서상 임차인과 실제 거주자가 다른 경우
[5] 다가구주택의 전입신고 시 주민등록상 지번은 맞게 기재했으나 호수를 잘못 기재한 경우
[6] 두 필지 위에 건축된 다가구주택의 전입신고를 한 지번만 한 경우
[7] 일시적으로 주소를 이전한 경우
[8] 전입신고를 하기 전에 저당권이 설정된 경우
[9] 임대차계약 시 임대인이 잔금 받기 전 근저당권을 설정했다면

2. 대항력의 일반적 내용
[1] 임차주택이 양도된 경우
[2] 1, 2순위 저당권 사이에 대항요건을 갖춘 임차권의 대항력
[3] 선순위 저당권이 말소된 경우 대항력 취득 여부
[4] 임차주택이 양도된 후 주민등록을 옮긴 경우의 대항력
[5] 건물의 다른 부분에 선순위 전세권이 있는 경우의 대항력
[6] 임차권이 임대인의 동의하에 양도되거나 전대된 경우
[7] 선순위 저당권자의 채권을 변제한 후 주택을 임차하였는데 집주인이 그 저당권을 유용하여 다시 돈을 빌린 경우
[8] 대항력과 근저당권 설정일이 동일한 경우
[9] 양도담보의 목적으로 소유권을 이전받은 사람에게도 임차권을 주장할 수 있는지

3. 가압류·가등기 등과 대항력
[1] 가압류가 되어 있는 집을 임차한 경우
[2] 소유권이전등기청구권 보전을 위한 가등기나 처분금지 가처분등기가 경료된 주택을 임차하여 대항요건을 갖춘 경우
[3] 가등기 이후 보증금을 인상한 경우 인상분의 대항력
[4] 임차주택에 담보가등기가 된 후 대항요건을 갖춘 주택임차인

4. 임대인의 자격과 대항력
[1] 임대인이 계약해제로 소유권을 상실한 경우
[2] 건물을 매수하였으나 소유권등기를 하기 전의 매수인으로부터 주택을 임차한 경우
[3] 가압류한 주택을 양수한 사람으로부터 임대를 받은 경우
[4] 명의수탁자로부터 주택을 임차한 자의 명의신탁자에 대한 대항력
[5] 3인 공동소유인 주택을 2명으로부터 임차한 경우의 대항력
[6] 주택 소유자의 처와 임대차계약을 한 경우

5. 임차주택의 대지와 관련된 문제
[1] 주택 신축 전 대지상에 설정된 저당권자가 대지와 주택을 일괄경매 한 경우의 대항력
[2] 대지만 경락받은 사람도 임대인의 지위를 승계하는지 여부

6. 배당요구 기타
[1] 배당요구 신청을 취하한 주택임차인의 대항력
[2] 은행 직원에게 임대차 사실을 숨긴 경우
[3] 주택임대차보호법상 대항력과 우선변제권을 모두 가진 경우의 법률관계
[4] 증액된 임차보증금의 후순위 저당권자에 대한 효과
[5] 대항력을 갖춘 임차인이 직접 임차주택을 경락받은 경우 임차보증금채권의 소멸 여부
[6] 대항력 있는 임차권자가 전세권등기도 한 경우
[7] 양수인이 임대인 지위를 승계하는 경우 대항력 있는 임차인의 동의를 받아야 하는지의 여부
[8] 대항력 있는 임차인이 배당 후 배당이의의 소에서 패소하는 경우의 대항력 주장

제4절 확정일자와 우선변제권 206
[1] 확정일자 제도
[2] 확정일자의 취득일과 근저당권을 설정한 날짜가 동일한 경우
[3] 임대차기간 만료 전의 경매절차에서 임차인의 우선변제권 주장
[4] 경매신청기입등기 이후 확정일자의 효력
[5] 저당권자에 우선하는 임차인이 여럿 있는 경우
[6] 확정일자를 갖춘 임차인이 경매신청한 경우의 우선변제권
[7] 확정일자와 같은 날에 여러 개의 저당권이 설정된 경우
[8] 대항요건을 갖추었으나 확정일자는 가압류보다 늦은 경우
[9] 연립주택의 대지만 경매된 경우 임차인의 우선변제권
[10] 임차인이 임차주택을 경락받을 경우 배당금으로 경락대금을 상계할 수 있는지
[11] 경락인이 대항력을 갖춘 임차보증금을 지급한 경우 원소유자에게 구상청구가 가능한지

제5절 임대차기간과 계약갱신청구권 210
1. 임대차기간과 계약갱신
[1] 2년 미만의 임대차 약정기간을 정한 경우
[2] 묵시적 갱신의 경우 임대차
[3] 임차인의 통지의무
[4] 2년 미만으로 약정한 임대차기간이 만료된 후 묵시적으로 갱신된 경우의 임대차기간
[5] 임대차기간을 연장하면서 보증금을 증액하려고 하는 경우

[6] 계약기간 만료 전 주택을 명도한 경우 월세지급의무
[7] 민간주택임대사업자는 의무임대기간 중 임차인이 원하면 재계약을 거절할 수 없다

2. 계약갱신요구권 및 전월세상한제
[1] 계약갱신요구권 행사시기 및 회수
[2] 임대인이 주택임차인의 계약갱신요구를 거부할 수 있는 경우
[3] 임대인의 지위를 승계한 임차주택 양수인도 갱신거절 기간 내라면 실거주를 이유로 갱신거절할 수 있는지 여부
[4] 집주인의 실거주 유무
[5] 집주인이 실거주하지 않고 집을 비워두고 있을 때
[6] 집주인의 실거주 위반 시 손해배상
[7] 임대료 상한제 적용시점
[8] 계약갱신요구권 행사 시 전세 → 월세 전환 가능 여부

제6절 주택임대차계약신고제 216
[1] 주택임대차계약신고제
[2] 계약당사자가 외국인일 경우 임대차계약 신고 여부
[3] 주택임대차계약신고는 어디에
[4] 주택임대차계약신고를 하지 않으면
[5] 임대차 신고기한 초과 시 처벌 여부
[6] 다른 법률에 따른 주택임대차신고 등의 의제

제7절 소액임차인의 보호 219
1. 소액임차인보호의 구체적 내용
[1] 소액임차인의 우선변제권
   [표] 최근 10년간 소액임차인 보호범위 변천
[2] 저당권과 소액임차인
[3] 배당요구 기한을 놓친 소액임차인의 구제
[4] 임금채권과 소액임차보증금의 순위
[5] 2인 이상이 함께 공동생활을 할 경우 소액임차인 여부의 판단
[6] 소액임차보증금이 주택 가액의 2분의 1을 초과한 경우
[7] 확정일자까지 갖춘 소액임차인의 보호
[8] 임차인으로부터 주택을 전차한 소액임차인
[9] 보증금이 감액되어 소액임차인이 된 경우

2. 우선변제권의 행사방법(확정일자부 우선변제권 및 소액임차인의 최우선변제권 공통)
　　[1] 우선변제권 행사절차
　　[2] 임차인의 배당요구기한
　　[3] 임차주택 경매 시 임차인의 대항요건은 언제까지 유지하여야 하는지
　　[4] 배당요구를 하지 않은 임차인의 대항력

제8절 임차권등기명령제도 225
　　[1] 임차권등기명령제도의 내용
　　[2] 임차권등기명령에 의한 임차권등기의 효력
　　[3] 임차권등기명령의 절차 및 비용
　　[4] 임대차기간이 끝나지 않은 경우의 임차권등기명령신청
　　[5] 임대인 사망 시 임차권등기명령 절차에서 상속등기 생략 가능
　　[6] 임차권등기명령에 의한 임대차등기가 경료된 경우의 재임대
　　[7] 민법에 의한 임대차등기의 효력
　　[8] 임차권등기가 경료된 집을 임차한 소액임차인의 우선변제권

제9절 기타 229
　　[1] 주택임차인에게 불리한 약정의 효력
　　[2] 사실혼관계에 있는 자의 주택임차권 승계
　　[3] 경매 사실을 숨기고 주택을 임대한 경우
　　[4] 임대차보증금의 감액청구
　　[5] 임차보증금의 증액청구 제한
　　[6] 건물 경매 시 주택임차인에 대한 인도명령의 가부
　　[7] 주택임대차분쟁조정제도
　　[8] 알아두면 좋은 임대차분쟁 예방 조치
　　[9] 공공임대주택의 임대차계약 해지권은 임차인의 일신전속적 권리로, 채권자대위권의 목적이 될 수 없다
　　[10] 세입자를 보호하기 위하여 경매나 공매 배당 시 배당순위에서 당해세의 법정기일보다 임차보증금의 확정일자가 더 빠르면 우선변제(2023. 4. 1.부터)
　　● 전세사기피해자 지원 및 주거안정에 관한 특별법(약칭: 전세사기특별법) 236

제2장 · 상가건물 임대차보호법 239

제1절 상가임대차의 보호 필요성 239

제2절 상가건물임대차보호법의 주요내용 240
1. 대항력 부여
2. 상가임차인의 우선변제권
3. 소액임차인의 최우선변제권
4. 임대차기간의 보장
5. 계약갱신요구권과 묵시적 갱신
6. 임차권등기명령제도
7. 권리금 계약

제3절 상가임대차보호법의 보호범위 242
[1] 상가건물을 빌려야「상가건물 임대차보호법」이 적용된다
[2] 임차인의 보증금이 일정액 이하여야 한다
[3] 임차인이 세무서에 사업자등록을 신청한 자여야 한다
[4] 상가임차인이 비영리법인인 경우 보호받을 수 없다

제4절 상가건물 임차인의 권리 244
[1] 대항력과 우선변제권
[2] 대항력과 근저당권 설정일이 같은 날인 경우
[3] 상가 소유주의 부인과 임대차계약을 한 경우 상가 임대차계약 당사자
[4] 소액임차인의 최우선변제권
[5] 상가건물 경매 시 보증금 반환
[6] 상가건물 지붕에 비가 샐 때 수리비 책임

제5절 상가임대차기간의 보장 247
[1] 상가건물 임대기간
[2] 보증금 증액 청구
[3] 보증금 감액 청구
[4] 상가건물이 압류된 경우
[5] 상가건물의 전대차
[6] 계약갱신요구
[7] 계약갱신의 예외
[8] 묵시적 갱신

[9] 자동 갱신된 임대차계약의 해지
[10] 건물주가 바뀌는 경우
[11] 보증금 반환 거부 시 월세 문제
[12] "코로나 폐업" 자영업자, 상가 임대차계약 중도해지 가능

제6절 상가임대차의 종료와 보증금반환절차 252
[1] 임차권 등기명령제도
[2] 유익비 상환청구

제7절 권리금의 회수 253
[1] 권리금을 임대인에게 회수할 수 있는지
[2] 권리금을 임대인으로부터 회수할 수 있는 경우
[3] 권리금 회수를 방해한 임대인에게 손해배상을 청구할 수 있다
〈관련 대법원 판례〉

[서식] 256
[제4단원 서식 1] 주택임대차 표준계약서
[제4단원 서식 2] 주택임대차 계약 신고서
[제4단원 서식 3] 주택임차권등기명령 신청서
[제4단원 서식 4] 임차보증금반환청구 소장
[제4단원 서식 5] 권리신고 및 배당요구 신청서
[제4단원 서식 6] 상가건물임대차 표준계약서
[제4단원 서식 7] 상가건물임대차 권리금계약서
[제4단원 서식 8] 전세사기피해자 등 결정신청서
[제4단원 서식 9] 전세사기피해자 등 결정 이의신청서
[QR] 공공임대주택 표준임대차계약서 234

제5단원 가족관계법

제1장 · 가족법 268

제1절 약혼 268
[1] 꼭 약혼식을 해야 약혼이 성립하는 것은 아니다
[2] 남녀 모두 만 18세 이상이 되어야 약혼할 수 있다
[3] 부모가 없는 미성년자는 후견인의 동의를 얻어 약혼할 수 있다
[4] 부모, 후견인의 동의 없는 피성년후견인의 약혼은 법률이 인정하지 않는다
[5] 파혼에는 일정한 형식이 없다
[6] 약혼했다고 혼인을 강요할 수 없다
[7] 법이 인정하는 파혼사유
[8] 약혼 후 자격정지 이상의 형을 선고받으면 파혼사유가 된다
[9] 약혼자가 사기죄로 징역형을 선고받은 경우 파혼사유가 된다
[10] 약혼 후 성년후견개시나 한정후견개시의 심판을 받는 경우 파혼할 수 있다
[11] 성병은 파혼사유가 된다
[12] 약혼 후 약혼자가 타인과 결혼한 것은 파혼사유가 된다
[13] 약혼자가 타인과 간음하였을 때 파혼할 수 있다
[14] 약혼 후 약혼자가 1년 이상 생사불명일 때 파혼할 수 있다
[15] 약혼자가 정당한 이유 없이 혼인을 거절하거나 그 시기를 늦추는 경우 파혼할 수 있다
[16] 속아서 약혼한 경우 파혼할 수 있다
[17] 약혼자가 육체관계를 요구할 때 거절한 이유만으로 파혼당하지 않는다
[18] 결혼을 전제로 3년간 만나다가 일방적으로 이별을 통고한 여자친구를 상대로 정신적·물질적 손해배상을 청구할 수 있다
[19] 정당한 이유 없이 파혼하려면 손해배상책임을 져야 한다
[20] 종교적 계시는 파혼사유가 되지 않는다
[21] 이혼하고 결혼하자는 약속은 법률적 효력이 없다
[22] 약혼자가 학력·직장 경력을 속인 경우 파혼할 수 있다
[23] 정당한 이유 없이 파혼당한 경우 받은 패물은 돌려주지 않아도 된다

제2절 사실혼·남녀 275
[1] 사실혼이란
[2] 혼인신고는 일방적으로 할 수 없다

[3] 뇌출혈로 쓰러져 의식이 없는 사실혼관계 남편과의 혼인신고를 아내가 혼자 해도 유효한가
[4] 사실혼 부부 사이의 출생자는 아버지가 사망한 경우에도 그 자녀로 등록할 수 있다
[5] 사실혼 배우자는 재산상속을 받을 수 없다
[6] 사실혼 배우자의 임차권 상속
[7] 당사자 일방이 사망한 경우 사실혼관계존부확인청구의 소가 가능한가
[8] 사실혼을 해소하는 데는 형식을 필요로 하지 않는다
[9] 사실혼을 이유 없이 파탄시킨 남편에게 재산분할과 손해배상을 청구할 수 있다
[10] 부부가 헤어지며 재산분할을 할 때 사실혼인지 법률혼인지에 따라 세금을 차별하지 않는다
[11] 혼인생활을 방해한 시부모에게 손해배상을 청구할 수 있다
[12] 혼인신고 하지 않고 사는 부인도 남편과 간통한 여자에게 손해배상을 청구할 수 있다
[13] 사실혼의 부인도 사망한 남편을 대신하여 손해배상을 청구할 수 있다
[14] 사실혼의 부인도 남편의 공무원연금을 받을 수 있다
[15] 사실혼관계 배우자도 유족연금(국민연금)을 받을 수 있다
[16] 사실혼관계존부확인의 소를 사실혼관계의 배우자 사망을 안 날로부터 2년 내에 검사를 상대로 제기할 수 있다
[17] 고령으로 만나 실버타운에서 동거한 경우에도 사실혼으로 인정되어 재산분할을 받을 수 있다
[18] 사실혼 이전 연인 관계 때 함께 모은 재산도 재산분할 대상이다
[19] 사실혼 배우자가 사망하면 재산분할청구권은 인정되지 않는다
[20] 사망한 사실혼 배우자 명의의 재산에 대한 공유지분권 청구방법
[21] 사실혼관계를 일방적으로 파기한 자에 대한 손해배상청구권
[22] 사실혼관계존부 확인청구
[23] 중혼적 사실혼관계 해소의 경우, 재산분할 청구가 허용되지 않는다
[24] '기혼'임을 숨기고 교제하며 성관계한 남자에게 손해배상을 청구할 수 있다
[25] 아이를 낳아준다는 조건으로 가진 남녀관계는 보호하지 않는다
[26] 사실혼해소에 따른 재산분할의 기준시점

제3절 혼인 286

[1] 남녀 모두 만 18세 이상이 되어야 혼인할 수 있다
[2] 미성년자도 혼인하면 성년자로 본다
[3] 성년이면 부모의 동의 없이 혼인할 수 있다
[4] 동성동본이라도 8촌 이내의 혈족이 아니면 혼인할 수 있다
[5] 혼인신고를 해야 법률상 혼인으로 인정된다
[6] 혼인신고를 하는 방법
[7] 혼인 후 출생한 자녀를 어머니의 성과 본을 따르도록 할 수 있다

[8] 부부재산약정 등기
[9] 혼인신고, 꼭 부부가 함께 가지 않아도 된다
[10] 외국에서 혼인한 부부가 현지에서 혼인신고 하는 방법
[11] 국제결혼일 때 외국에서 혼인신고 하는 방법
[12] 혼인신고를 먼저 한 사람이 법률상의 부인이다
[13] 전사한 남편과 혼인신고를 할 수 있다
[14] 혼인신고서를 우송한 뒤 부부 한쪽이 사망하였을 경우라도 그 신고는 수리된다
[15] 당사자 간에 합의 없는 혼인은 무효이다
[16] 결혼식을 올렸어도 몰래 한 혼인신고는 무효다
[17] 외사촌 여동생과 혼인할 수 없다
[18] 처제와 혼인할 수 없다
[19] 근친혼이라도 당사자 간에 혼인 중 아이를 포태한 때는 그 혼인을 취소할 수 없다
[20] 중혼일 때는 나중에 한 혼인이 취소된다
[21] 사기로 한 혼인은 취소할 수 있다
[22] 과거 혼인 경력을 숨긴 경우 혼인을 취소할 수 있다
[23] 혼전 성폭행·출산 사실 숨겼다고 무조건 혼인을 취소할 수 없다
[24] 혼인을 계속하기 어려운 악질(惡疾)이 있는 것을 모르고 한 혼인은 취소할 수 있다
[25] 부부는 혼인하면 배우자로서 친족(법률상 가족관계)이 된다
[26] 아내도 남편을 부양할 의무가 있다
[27] 선행 부양료 심판에서 인정된 부부간의 부양의무는 법률상 혼인관계 해소 시까지 존속한다
[28] 부부의 일방에게 경제력이 있는 경우는 다른 일방이 생활비 지급의무 없다
[29] 부부간 과거의 부양료는 특별한 사정이 없는 한 청구할 수 없다
[30] 부부는 동거할 의무가 있다
[31] 가출한 남편에게 양육비와 부양료를 청구할 수 있다
[32] 부부의 공동생활에 필요한 비용은 부부가 공동으로 부담한다
[33] 부부간, 미성년자녀에 대한 부양의 의무는 부모, 형제자매에 대한 의무보다 우선한다
[34] 일시적인 별거는 인정할 수 있다
[35] 일상가사 때문에 아내가 진 빚은 남편에게도 책임이 있다
[36] 남편의 병원비를 아내가 빌려 간 경우 남편에게 반환청구 할 수 있다
[37] 아내 모르게 남편이 진 빚은 갚지 않아도 된다
[38] 부부 중 한 명의 세금 체납 땐 공동재산의 절반만 압류해야 한다
[39] 혼인할 때 아내가 가져온 재산은 아내 것이다
[40] 아내가 번 재산은 아내의 소유이다—부부별산제
[41] 소속이 불분명한 재산은 부부의 공유로 추정한다

[42] 2012. 2. 10. 이후에 한 혼인 중 부부재산계약은 취소할 수 없다
[43] 부부 사이라도 강제 성관계는 강간죄가 성립한다

제4절 부모와 자 301

가. 친생자 301
[1] 친생자란
[2] 자녀의 성과 본
[3] 자녀의 복리를 위하여 자녀의 성과 본을 변경할 수 있다
[4] 처가 혼인 중에 낳은 아이는 아버지가 누구이든 일단 남편의 아이로 인정된다
[5] 재혼한 여자가 낳은 아이의 아버지가 분명하지 않을 경우 법원(法院)이 아버지를 결정한다
[6] 피성년후견인의 아내가 바람을 피워 낳은 아이는 성년후견인이 제적할 수 있다
[7] 처가 바람을 피워 낳은 자식이 죽은 후라도 그 소생이 있을 때는 제적할 수 있다
[8] 유언에 의해서도 친생부인의 소를 제기할 수 있다
[9] 죽은 아버지 대신 할아버지가 친생부인의 소를 제기할 수 있다
[10] 자의 출생 후에 친생자임을 승인한 자는 다시 친생부인의 소를 제기하지 못한다
[11] 자기 아이가 아닌 것이 확실한데 사기나 협박으로 자기의 자녀로 가족관계등록부에 올린 아이는 다시 제적할 수 있다
[12] 첩이 낳은 아이도 남편의 가족관계등록부에 자녀로 올라갈 수 있다
[13] 혼인 외의 자를 부가 임의인지 해주지 않으면 소송을 통해 강제인지 할 수 있다
[14] 망인의 자녀들이 혼인 외 출생자를 상대로 친생자관계존재확인을 구하는 소는 허용될 수 없다
[15] 결혼 전에 낳은 아이도 후에 부모가 혼인신고를 하면 당연히 혼인 중의 자가 된다
[16] 전남편의 친생자 추정을 받는 자에 대하여 생부(生父)가 가정법원에 인지 허가청구를 할 수 있는 경우
[17] 친생부인의 소보다 간소화된 절차 - 친생부인 허가청구와 인지 허가청구
[18] 아버지가 피성년후견인이면 성년후견인의 동의를 받아 인지할 수 있다
[19] 혼인 외의 자가 죽은 후에도 그 소생의 자녀가 있는 경우에는 인지할 수 있다
[20] 아이가 태어나기 전에도 친생자로 인지할 수 있다
[21] 자기 가족관계등록부에 남의 아이가 친자로 입적되어 있는 경우 제적시킬 수 있다
[22] 첩의 자식을 본처의 자식처럼 입적시킬 수 없다
[23] 착오에 의한 인지는 취소할 수 있다
[24] 본부인의 자로 입적된 나의 친자식을 소송하지 않고 내가 임의인지 할 수 없나?
[25] 가족관계등록부상 기재된 모를 나의 생모로 바꾸려면
[26] 남편의 동의하에 인공수정하여 낳은 아이는 남편의 혼인 중의 출생자로 본다

[27] 이혼 전 다른 남자의 아이를 출산한 후 이혼한 경우 출생신고 방법
[28] 이중으로 친생자 추정되는 경우
[29] 부모가 생전에 우송한 출생신고는 수리되기 전에 부모가 사망해도 유효하다
[30] 새어머니·새아버지와 전혼 자녀의 법적관계는 부모자관계가 아닌 인척관계다

나. 양자 312

[1] 친생부모의 입양 동의는 아동의 출생일부터 1주일이 지난 후에 가능하다
[2] 성년이면 미혼여성도 양자를 들일 수 있다
[3] 미성년자를 입양하려면 가정법원의 허가를 받아야 한다
[4] 미성년자녀를 학대, 유기한 경우 부모가 입양 동의를 거부하더라도 가정법원은 입양허가를 할 수 있다
[5] 친부모가 살아있어도 조부모가 손자녀를 입양할 수 있다
[6] 성년자도 부모의 동의를 받아야 양자로 갈 수 있다
[7] 입양신고 방법
[8] 성(姓)이 다른 아이도 양자로 입적시킬 수 있다
[9] 유언으로 입양할 수 없다
[10] 남편이 있는 여자도 양녀가 될 수 있다
[11] 외국에서도 입양신고를 할 수 있다
[12] 연장자를 입양할 수 없다
[13] 입양의 성립시기와 효력
[14] 당사자 사이에 합의 없는 일방적 입양은 무효다
[15] 부모의 동의 없는 만 13세 미만자의 입양은 무효다
[16] 아내 몰래 남편 혼자서 데려온 양자는 취소할 수 있다
[17] 양자에게 나쁜 질병이 있는 때에는 입양을 취소할 수 있다
[18] 양자가 전과자인 때에는 입양을 취소할 수 있다
[19] 사기에 의한 입양은 취소할 수 있다
[20] 협박에 의한 입양은 취소할 수 있다
[21] 협의하면 파양할 수 있다
[22] 피성년후견인은 성년후견인의 동의를 얻어 협의파양 할 수 있다
[23] 양자가 3년 이상 생사불명이면 파양할 수 있다
[24] 양자가 양가의 재산을 탕진한 때에는 파양할 수 있다
[25] 양부에게 부당한 대우를 받았을 때는 파양할 수 있다
[26] 입양한 딸의 남편이 양부모 상대로 재산 다툼, 민·형사 소송 제기해도 파양의 원인은 되지 않는다
[27] 재판상 파양도 파양신고를 해야 한다
[28] 입양한 아이를 친생자로 출생신고한 경우의 효력

[29] 입양가정에 대한 지원
[30] 입양정보의 공개 청구

다. 친양자 321
[1] 일반양자와 친양자의 차이점
[2] 성년자는 친양자로 입양할 수 없다
[3] 법정대리인이나 친생부모의 동의 또는 승낙 없이도 친양자입양이 가능한 경우
[4] 친양자입양 허가신청이 기각될 수도 있다
[5] 3년 이상 혼인생활을 한 부부여야 친양자를 입양할 수 있다
[6] 재혼한 후 1년이 넘어야 아내의 미성년 딸을 친양자로 입양할 수 있다
[7] 친양자입양허가 판결 후의 절차
[8] 엄마 몰래 아빠가 아이를 친양자로 보낸 경우 친양자입양을 취소할 수 있다
[9] 친양자도 파양할 수 있나
[10] 친양자는 협의파양은 할 수 없다
[11] 친양자입양이 취소되거나 파양되면 친양자관계는 소멸하고 입양 전의 친족관계가 부활한다
[12] 친양자입양의 취소로 그 이전의 상속문제가 소급하여 소멸하지 않는다
[13] 친양자입양관계증명서의 발급제한

라. 친권 327
[1] 부모가 혼인 중일 때는 부모가 공동으로 친권을 행사한다
[2] 양자의 경우에는 양부모가 친권자가 된다
[3] 혼인 외의 자의 생모도 친권자가 될 수 있다
[4] 이혼한 어머니도 친권을 행사할 수 있다
[5] 이혼 시 친권자에 대해 협의가 안 될 경우에는 당사자의 청구로 가정법원이 지정한다
[6] 이혼소송 시 친권자 지정을 청구하지 않는 경우 가정법원이 직권으로 친권자를 정한다
[7] 자녀의 복리를 위하여 필요할 경우 친권자를 변경할 수 있다
[8] 친권자로 지정된 사람이 자녀를 유기한 경우에는 친권자를 변경할 수 있다
[9] 단독친권자로 정하여진 부모의 일방이 사망한 경우 생존한 부모가 자동으로 친권자가 되지 않는다
[10] 생존한 친권자의 친권자 지정청구가 없는 경우에는 미성년후견인을 선임할 수 있다
[11] 생존한 친권자가 정해진 기간 내에 친권자 지정청구를 하지 못한 경우
[12] 입양이 취소되거나 파양된 경우 또는 양부모가 모두 사망한 경우의 친권자
[13] 친권자는 미성년자의 친권대행 및 법정대리인이 된다
[14] 친권을 행사할 때는 자의 복리를 우선적으로 고려하여야 한다
[15] "생명권이 친권보다 우선"-부모 반대해도 아이 치료 허용

[16] 친권의 내용
[17] 친권자와 그 자녀 사이에 이해상반행위를 할 경우 특별대리인을 선임해야 한다
[18] 공동상속인인 친권자와 미성년인 자(子)들 사이의 상속재산분할협의는 이해상반행위에 해당한다
[19] 무상으로 자에게 재산을 수여한 제3자가 친권자의 관리에 반대하는 의사를 표시한 때에는 친권자는 그 재산을 관리하지 못한다
[20] 부 또는 모가 친권을 남용하여 자녀의 복리를 현저히 해치거나 해칠 우려가 있는 경우에는 친권을 일시정지시킬 수 있다
[21] 친권의 일부를 제한할 수 있다
[22] 친권의 일부 제한은 조정대상이 될 수 있다
[23] 친권자의 동의를 갈음하는 법원의 재판제도
[24] 부가 친권을 남용하여 자녀의 복리를 현저히 해치거나 해칠 우려가 있는 경우에는 친권을 상실시킬 수 있다
[25] 친권자의 법률행위대리권과 재산관리권의 상실청구
[26] 정당한 사유가 있을 때 친권자는 법원의 허가를 얻어 그 법률행위의 대리권과 재산관리권을 사퇴할 수 있다
[27] 법률행위의 대리권과 재산관리권이 없는 친권자는 유언으로 미성년자의 후견인을 지정할 수 없다
[28] 친권자가 자녀의 돈을 대신 수령한 이후에 친권이 종료하면, 자녀의 반환청구권은 재산적 권리에 해당한다
[29] 친권의 소멸 사유

제5절 후견   337

[1] 후견의 의의와 종류
[2] 미성년후견이란
[3] 미성년후견의 종료 사유
[4] 성년후견제도란
[5] 성년후견선고를 받으면
[6] 한정후견선고를 받으면
[7] 특정후견은
[8] 임의후견은
[9] 공정증서란 무엇이고, 어디서 작성하나
[10] 한정후견인의 자격 규정이 있나
[11] 피한정후견인에 대한 예금 이체 및 인출 제한 조치가 「장애인차별금지 및 권리구제 등에 관한 법률」에서 금지하는 차별행위에 해당하는지 여부
[12] 성년후견심판은 청구권자의 청구에 의해 시작된다

[13] 성년후견인 선임절차
[14] 성년후견인은 몇 명까지 둘 수 있을까
[15] 성년후견 등기제도
[16] 성년후견인이 의사무능력자인 피해자를 대리하여 반의사불벌죄의 처벌불원의사를 결정하거나 처벌희망의사를 철회할 수 없다
[17] 성년후견의 종료 사유
[18] 상대방에 대한 성년후견종료의 통지
[19] 성년후견 종료등기
〈관련 헌법재판소 결정〉

제6절 부양 345

[1] 노모(老母)에 대한 부양의무자와 부양범위
[2] 아내도 남편을 부양할 의무가 있다
[3] 부부의 일방에게 경제력이 있는 경우는 다른 일방이 생활비 지급의무 없다
[4] 부부 사이에 과거 부양료는 특별한 사정이 없는 한 청구할 수 없다
[5] 자녀는 부모를 부양할 의무가 있다
[6] 처자를 버렸던 아버지도 부양을 청구할 수 있다
[7] 결혼한 딸도 친정 부모를 부양할 의무가 있다
[8] 부모가 어느 집에 살든 자녀는 부모를 부양할 의무가 있다
[9] 자녀는 형제 순위에 관계없이 부모를 부양할 의무가 있다
[10] 양자로 간 아들도 생가의 부모를 부양할 의무가 있다
[11] 친양자로 입양된 아들은 생가의 부모를 부양할 의무가 없다
[12] 시부모에 대한 부양의무는 며느리보다 아들이 우선한다
[13] 노부모에 대한 과거 부양료를 형제들에게 구상청구할 수 있다
[14] 시부모와 생계를 같이하지 않으면 남편이 사망한 후에는 시부모를 부양할 의무가 없다
[15] 사위도 장인장모를 부양할 의무가 있다
[16] 숙질간에는 생계를 같이하는 경우에만 부양의무가 있다
[17] 부양의무자를 지정할 수 있다
[18] 부모에 대한 부양의무자의 순위를 법원의 판결을 통해 정할 수 있다
[19] 부양의무에 대한 법원의 조정은 사정에 따라 취소할 수 있다
[20] 부양 받을 권리는 처분하지 못한다
[21] 성인인 자녀에 대한 부양의무는 2차적 부양의무이므로 아버지에게 유학비용을 청구할 수 없다
[22] 유족연금의 최우선 수급권자는 망인의 아버지가 아니라 미성년자녀이다

제7절 재산상속 353

[1] 상속의 개시
[2] 법정상속인의 순위
[3] 실종기간 만료와 실종선고가 신민법 시행(1960. 1. 1.) 전후로 나뉜 경우 상속순위
[4] 상속은 피상속인이 사망한 당시의 법이 적용된다
[5] 상속회복청구는 그 침해를 안 날부터 3년, 상속권의 침해행위가 있은 날부터 10년 내에 청구할 수 있다
[6] 동순위의 상속인이 여러 명인 때에는 그 상속분을 균분한다
[7] 사실혼관계에 있었던 부모의 자녀도 재산상속을 할 수 있다
[8] 자녀 없이 남편이 사망한 경우 시부모가 생존한 경우에 재산상속 비율
[9] 자녀 없이 아내가 사망한 경우 장인 장모가 생존한 경우에 재산상속 비율
[10] 부인과 형제만 남기고 사망한 경우 부인에게만 상속권이 있다
[11] 대습상속 – 사망한 남편을 대신하여 시아버지의 재산을 상속받을 수 있다
[12] 동시사망으로 추정되는 경우 대습상속의 가능 여부
[13] 혼인 외의 자녀도 재산상속을 받을 수 있다
[14] 혼인신고 없는 아내에겐 상속권이 없다
[15] 양자로 간 아들도 생가의 유산을 받는다
[16] 자녀 없는 미망인의 재산은 친정부모에게 상속권이 있다
[17] 동생을 죽이려 한 형에게는 재산상속권이 없다
[18] 양육의 의무를 다하지 않은 집 나간 부모도 자녀 사망 시 자녀의 재산을 상속받을 수 있다
[19] 태아에게도 상속권이 있다
[20] 태아를 고의로 낙태한 부인은 남편의 재산을 상속받을 수 없다
[21] 재산상속권은 포기할 수 있다
[22] 상속개시 전에 한 상속포기 약정은 효력이 없다
[23] 사망보험금 지급청구권은 상속재산이 될 수도 있고, 그렇지 않을 수도 있다
[24] 보험수익자의 지위에서 취득한 사망보험금 청구권은 상속재산이 아닌 상속인들의 고유재산
[25] 상속포기를 한 경우라도 연금수급권은 인정된다
[26] 유족연금은 상속재산에 포함되지 않는다
[27] 부의금은 상속재산에 포함되지 않는다
[28] 가정법원의 포기신고 수리 이전에 상속재산 처분하면 상속포기의 효력이 없다
[29] 사망한 부친의 빚이 상속포기로 할머니에게 갔다면? – 상속포기 효력, 대습상속까지 미치지 않아
[30] 사망한 아버지의 부채는 부담하지 않을 수 있다
[31] 피상속인(고인)의 배우자는 한정승인하고, 자녀들이 전부 상속포기하면 배우자가

단독상속인이 된다
- [32] 한정승인신고를 수리한 심판이 확정된 경우, 그 효력은 상속이 개시된 때로 소급한다 (한정승인의 소급효)
- [33] 상속포기심판청구에 대한 가정법원의 결정 이후에는 이를 취소할 수 없다
- [34] 5촌 아저씨의 재산은 상속할 수 없다
- [35] 아버지의 유산을 맏아들이 임의로 단독상속할 수 없다
- [36] 상속재산을 모으는 데 기여한 사람은 그만큼 더 받을 수 있다
- [37] 특별수익자의 상속분
- [38] 상속재산의 분할 전 완료된 지분이전등기에 대해 상속회복청구가 가능할까
- [39] 배우자가 생전증여를 받은 경우, 그 생전증여를 특별수익에서 제외시킬 수 있는지 여부
- [40] 상속재산의 분할 방법
- [41] 1960년 이전에 사망한 경우의 재산상속 비율
- [42] 1960년부터 1978년 사이에 사망한 경우의 재산상속 비율
- [43] 1979년부터 1990년 사이에 사망한 경우의 재산상속 비율
- [44] 1960년 이전에 사망한 사람의 혼인 외 자의 재산상속권
- [45] 1960년 이전에 사망한 호주 아닌 남편의 재산은 어머니가 있어도 처가 상속한다
- [46] 묘지나 족보 등은 실제로 제사를 지내는 사람에게 승계된다
- [47] 제사주재자, 남녀·적서 불문하고 연장자가 우선
- [48] 상속인 중 일부가 공동상속등기에 협력하지 않을 경우 상속등기 할 수 있는 방법
- [49] 부동산 상속세는 객관적 교환가치가 반영된 땅값을 기준으로 한다
- [50] 북한이탈주민의 부모님이 이미 사망한 경우, 다른 형제를 대상으로 상속회복청구를 할 수 있다
- [51] '北 주민의 親子 확인' 첫 승소판결 확정 – 南 부모 둔 北 주민, 유산상속 길 열려
- [52] 상속인 중 일부가 외국인 또는 재외국민인 경우
- [53] 재산상속을 포기해도 생명보험금은 받을 수 있다
- [54] 상속인 중 실종된 자의 실종선고를 청구할 수 있는 이해관계인은 누구인가
- [55] 상속인 중 한 명이 행방불명일 때 상속등기
- [56] 상속재산상태의 조회, '안심상속 원스톱서비스'를 이용해 알아볼 수 있다
- [57] 특별한정승인
- [58] 미성년일 때 한정승인을 하지 못한 경우, 성년이 된 뒤 특별한정승인을 할 수 있는지
- [59] 2022. 12. 13.부터 미성년일 때 한정승인을 하지 못한 경우, 성년이 된 뒤 특별한정승인을 할 수 있다
- [60] 사망 후 나타난 혼외자의 상속권
- [61] 이혼소송 중인 배우자의 상속가능 여부
- [62] 상속재산파산신청은 어떻게 하나
- [63] 상속재산 청산을 위한 형식적 경매란

제8절 유언 383

[1] 유언은 일정한 형식을 갖추어야만 효력이 있다
[2] 유언은 17세 이상이면 누구나 할 수 있다
[3] 효력을 갖는 유언의 내용
[4] 장애가 있는 막내딸에게 집을 상속해 주고 싶은데
[5] 자필증서에 의한 유언
[6] 자필증서는 반드시 본인이 직접 써야만 한다
[7] 녹음에 의한 유언
[8] 공정증서에 의한 유언
[9] 유언 공증은 외국 국적을 취득해도 국내에서 할 수 있다
[10] 외국인의 국내 부동산에 대한 외국에서의 상속유언 공증의 국내법상 효력
[11] 비밀증서로 된 유언장은 반드시 엄봉날인(嚴封捺印)해야 한다
[12] 구수증서에 의한 유언
[13] 미성년인 아들은 아버지의 유언에 증인이 될 수 없다
[14] 유언은 언제든지 철회할 수 있다
[15] 사인증여도 특별한 사정이 없으면 유증의 철회에 관한 조항이 준용되어 언제든 철회할 수 있다
[16] 피상속인이 유언으로 상속재산분할을 금지한 경우, 일정기간 동안 상속재산분할이 금지된다
[17] 유언은 유언자가 사망한 때로부터 그 효력이 생긴다
[18] 법원의 검인을 받지 않은 유언장은 유언으로서 효력이 없나
[19] 법원이 봉인된 유언증서를 개봉할 때 누구를 참여시키나
[20] 지정된 유언집행자가 없으면 상속인이 유언집행자가 된다
[21] 성년후견개시 청구 후 사전처분으로 임시후견인이 선임된 경우, 사건본인은 의사능력이 있는 한 임시후견인의 동의가 없이도 유언을 할 수 있다
[22] 유언장 본문에 상속대상 아파트 주소가 정확하게 기재되지 않았어도 피상속인이 가진 유일한 재산이면 유효
[23] 녹음에 의한 유언 성립 후 녹음테이프나 녹음파일 등이 멸실 또는 분실된 경우 녹음의 내용을 증명하여 유언의 유효를 주장할 수 있다

제9절 유류분 392

[1] 유류분제도란
[2] 유류분권리자와 유류분
[3] 유류분 산정방법
[4] 증여재산이 상속개시 전 처분 또는 수용된 경우, 유류분액 산정방법
[5] 첩과 그 소생에게 상속된 재산 중에서 유류분 부족분을 도로 찾을 수 있다

[6] 증여가 유류분 산정의 기초가 되는 재산에 포함되려면 상속이 개시되기 전 1년 동안 이루어진 것이어야 한다
[7] 증여받은 재산이라도 유류분권리자에게 부족분을 반환해야 한다
[8] 유류분 반환청구는 언제까지 해야 하나
[9] 공동상속인 중 특별수익자가 있는 경우의 유류분청구권
[10] 대습상속 전 생전증여된 재산은 유류분 산정대상이 아니다
[11] 할머니가 생전에 손자에게 증여한 재산에 대한 유류분 반환청구
[12] 유류분반환청구소송에서 기여분을 주장할 수 없다
[13] 특별한 부양 내지 기여에 대한 대가로 이루어진 생전증여는 특별수익에 해당되지 않아 유류분반환의 대상이 되지 않는다
[14] 유류분 부족액을 산정할 때 공제할 '순상속분액'은 유류분권리자의 '구체적 상속분'을 기초로 산정해야 한다
[15] 유류분제도가 생기기 전 소유권이전등기를 마친 증여재산은 유류분 산정을 위한 기초재산에서 제외된다

제10절 이혼 400

I. 협의이혼 400
1. 협의이혼의사확인 신청
2. 이혼에 관한 안내 및 상담 권고
3. 이혼숙려기간
4. 협의이혼의사확인 절차
5. 협의이혼신고의 관할 가족관계등록관서
6. 협의이혼의사의 철회

II. 재판상 이혼 403
[1] 이혼 판결 전 사전처분
[2] 이혼 후에도 부모와 자녀 사이의 신분관계는 변하지 않는다
[3] 미성년자녀에 대한 친권은
[4] 이혼한 어머니도 자녀의 양육자, 친권자가 될 수 있다
[5] 친권의 일부제한은 조정대상이 될 수 있다
[6] 재혼했다는 이유만으로 전남편에게 자녀의 친권이나 양육권을 빼앗기지 않는다
[7] 자녀의 복리를 위하여 필요할 경우 친권자, 양육자를 변경할 수 있다
[8] 양육자로 지정된 부모에게 상대방이 자녀를 보내지 않으면 유아인도청구소송을 할 수 있다
[9] 단독 친권자로 정하여진 부모의 일방이 사망한 경우 생존하는 부모가 자동으로 친권

자가 되지 않는다
[10] 가출한 부모 대신 조부모가 손자를 양육했다면 양육자로 지정받을 수 있다
[11] 친권자인 아빠가 아이를 데려왔는데 약취·유인죄가 성립하나요
[12] 이혼소송 중 면접교섭 후 자녀 돌려보내지 않으면 '미성년자약취·유인죄' 성립
[13] 친권과 양육권의 차이
[14] 친권자가 친권을 사퇴할 수 있나
[15] 친권자·양육자 아닌 비양육친, 원칙적으로 미성년자녀의 불법행위에 대해 배상책임 없다
[16] 협의이혼 시 '양육비부담조서'제도 – 약속한 양육비 주지 않으면 곧바로 강제집행 할 수 있다
[17] 양육비지급 이행명령을 정당한 이유 없이 이행하지 않은 경우
[18] 감치명령을 받고도 양육비를 주지 않으면 운전면허정지, 출국금지, 신상공개, 형사처벌을 할 수 있다
[19] 양육비가 협의 및 심판으로 확정되기 전에는 소멸시효가 진행되지 않으므로 과거 양육비를 청구할 수 있다
[20] 협의이혼 시 자녀들에 대한 양육비 등에 대한 약정의 효력
[21] 양육비청구권 포기각서를 번복하여 양육비청구를 할 수 있다
[22] 표면적으로 소득이나 재산이 감소했다는 사정만으로 양육비 감액 결정 가능하지 않다
[23] 양육비 지급 확정판결이 이미 이루어졌어도 성년은 변경된 만 19세로 적용한다
[24] 위법한 양육기간에는 양육비를 받을 수 없다
[25] 자녀의 복리에 반하는 부모의 양육합의는 그 효력이 없다
[26] 사망한 딸 대신해 손녀 키우는 외할아버지, '남남 된 사위'에 양육비 청구할 수 있다
[27] 자녀를 양육하지 않는 부모도 자녀를 만나볼 권리가 있다
[28] 상처만 주는 아버지, 아들 만날 자격 없다
[29] 자녀도 함께 살지 않는 부모를 만나볼 권리가 있다
[30] 엄마가 양육권 가졌어도 아이가 거부하면 강제로 못 데려간다
[31] 자녀의 면접교섭 허용의무를 위반하면 처벌할 수 있다
[32] 자녀의 복리를 위해 자녀의 성(姓)과 본(本)을 변경할 수 있다
[33] 가정에서 살림만 한 아내도 이혼 시 재산분할을 청구할 수 있다
[34] 이혼할 때 빚도 나눠야 한다
[35] 남편 동의 없이 빌린 자녀 학비에 대해 남편의 재산분할 의무 없다
[36] 자녀 명의로 된 보험금, 재산분할 대상 아니다
[37] 이혼하면서 배우자의 연금을 분할받을 수 있는 조건
[38] 공무원인 배우자와 '이혼 → 재혼 → 이혼'했어도 연금분할 땐 전체 혼인기간을 합산한다
[39] 이혼하는데 연금을 분할해 주고 싶지 않다면 어떻게 해야 할까

[40] 부부 일방의 고유재산이 재산분할 청구대상에 포함되는지
[41] 동거할 때 모은 재산, 별거 후 이혼해도 재산분할 받을 수 있다
[42] 재산분할로 얼마를 청구하여야 하는가
[43] 현재는 재산이 없으나 장차 재산취득 능력이 있는 경우 재산분할을 청구할 수 있는가
[44] 위자료를 받고도 재산분할청구를 할 수 있다
[45] 재산분할로서 매달 금전으로 50만 원을 지급하도록 법원에서 판결하였는데 이를 이행하지 않을 경우 이행을 강제할 방법은 없는가
[46] 이혼하면서 재산분할을 원인으로 아파트를 남편 명의에서 아내 명의로 이전하면 양도세 부과되지 않고, 취득세는 감면된다
[47] 협의이혼 때 재산분할 약정으로 이루어진 소유권이전 부동산에 취득세 부과 못 한다
[48] 이혼 후 2년 내에 이혼한 배우자가 사망했을 때, 그 상속인에 재산분할청구 가능하다
[49] 이혼 시 재산분할 소송 결과보다 부부간 약정이 우선
[50] 재산분할청구사건의 상대방 지위에서 분할대상 재산을 주장하는 경우에는 제척기간이 적용되지 않는다
[51] 위자료 산정기준
[52] 결혼 전 위자료 미청구 계약은 위법
[53] 이혼 전 '재산분할청구권 포기각서'는 무효
[54] 공무원연금법상 분할연금의 지급개시일
[55] 집을 나가 6개월 지나도 자동이혼 되지 않는다
[56] 배우자의 부정한 행위는 이혼사유가 된다
[57] 간통은 입증되지 않았어도 타인의 배우자와 교제해 가정을 파탄시키면 위자료를 지불해야 한다
[58] 간통 사실을 일단 용서해 준 후에는 그것을 이유로 이혼할 수 없다
[59] 유부남이라는 사실을 안 후에도 내연관계를 유지한 여자에게 위자료 청구할 수 있다
[60] 외도를 의심할 만한 사정이 있다면 남편을 미행했다는 사유로 이혼당하지 않는다
[61] 집에 들어오지 않는 남편을 직장으로 찾아갔다고 해서 이혼당하지 않는다
[62] 이혼하지 않고도 본처는 첩에게 위자료를 청구할 수 있다
[63] 아내의 외도를 의심해 통화 내용을 몰래 녹음한 남편은 처벌받는다
[64] 합의로 별거하는 동안에는 별거를 이유로 이혼할 수 없다
[65] 정당한 이유 없이 별거하는 것은 이혼사유가 된다
[66] 남편의 지나친 야동 시청도 이혼사유에 해당한다
[67] 부부가 장기간 별거하면서 각각 다른 사람과 동거하면 이혼할 수 있다
[68] 악의의 유기는 이혼사유가 된다
[69] 시어머니가 혼인생활을 방해할 경우 이혼사유가 된다
[70] 이혼을 먼저 하자고 제의했다 해서 위자료를 받지 못하거나 재산을 나누어달라고 할 수 없는 것은 아니다

[71] 인격을 모욕하는 상스런 욕은 이혼사유가 된다
[72] 과도한 교육열로 자녀를 학대하고 남편을 매도한 아내와 이혼할 수 있다
[73] 상습적 구타는 이혼사유가 된다
[74] 부인의 자극으로 남편이 폭력을 행사해도 이혼사유가 된다
[75] 한집에 살면서도 상당기간 이유 없이 성생활을 하지 않는 것은 이혼 사유가 된다
[76] 부부 동거 거부하면 손해배상 책임
[77] 아이를 못 낳는 것은 이혼사유가 되지 않는다
[78] 성격이 맞지 않고 애정이 없다는 이유만으로는 이혼할 수 없다
[79] 혼인 전 성관계가 반드시 이혼사유가 되는 것은 아니다
[80] 이혼소송을 제기할 때는 자기주장 사실에 대한 입증자료 준비 및 증인을 확보한 후에 하여야 한다
[81] 한겨울에 난방도 못 하게 한 '자린고비' 남편과 이혼할 수 있다
[82] 상습적으로 쪽지 또는 문자메시지로 잔소리를 하는 남편과 이혼할 수 있다
[83] 남자도 위자료를 받을 수 있다
[84] 부부관계를 파탄시킨 장인 장모에게 위자료를 받을 수 있다
[85] 시부모의 학대로 이혼할 때 시부모에게 위자료를 청구할 수 있다
[86] 아들의 외도 숨긴 시어머니에게 위자료를 청구할 수 있다
[87] 아들의 이중 결혼 도운 시아버지는 며느리에게 위자료를 지급해야 한다
[88] '고부갈등' 중재 역할 못한 남편과 이혼할 수 있다
[89] 시부모와 한집에서 살기만을 강요하는 남편과 이혼할 수 있다
[90] 자기의 직계존속이 배우자로부터 심히 부당한 대우를 받은 것은 이혼사유가 된다
[91] 사회생활 막는 남편과 이혼할 수 있다
[92] 상습적으로 음독하는 경우 이혼할 수 있다
[93] 종교가 다르다는 것만으로 이혼할 수 없다
[94] 주벽이 심하면 이혼할 수 있다
[95] 노름이 심하면 이혼할 수 있다
[96] 빚을 졌다는 이유만으로 이혼할 수 없다
[97] 남편이 생활력이 없다는 이유만으로 이혼할 수 없다
[98] 남편이 소득을 밝히지 않는다는 사유로 이혼할 수 없다
[99] 월급과 재산 내역을 숨기고 생활비도 제대로 안 주는 남편과 이혼할 수 있다
[100] 게임 또는 채팅에 중독되어 가정을 돌보지 않으면 이혼할 수 있다
[101] 잘못이 있는 사람의 이혼 청구는 받아들여지지 않는다
[102] 오기나 보복적 감정에서 이혼에 응하지 않을 때는 유책배우자도 이혼을 청구할 수 있다
[103] 시비를 가르는 것이 무의미할 정도로 장기간 별거를 한 경우 유책배우자도 이혼을 청구할 수 있다

[104] 배우자의 생사가 3년 이상 분명하지 않은 것은 이혼사유가 된다
[105] 부부 성관계가 없다는 것만으로 이혼할 수 없다
[106] 성불구자와 이혼할 수 있다
[107] 정신병도 이혼사유가 된다
[108] 의처증 심한 남편과 이혼할 수 있다
[109] 변태성욕자와 이혼할 수 있다
[110] 정신병이 회복 가능할 경우 이혼할 수 없다
[111] 형(刑) 선고를 받고 복역 중인 남편과 이혼할 수 있다
[112] 장기간 공부한다며 돈 벌지 않고 처가의 도움만 바라는 남편과 이혼할 수 있다
[113] 아내의 심한 낭비는 이혼사유가 된다
[114] 일방적인 외국법원 이혼 판결, 국내효력 없다
[115] 미국에서 확정된 이혼 판결, 우리나라에서도 유효
[116] 외국 국적 배우자와 이혼 시 한국 법원에도 재판관할권이 있다
[117] 혼인관계증명서에 이혼 기록을 없앨 수 없다
[118] 결혼 6개월 만에 딸과 헤어진 사위에게 결혼 전 주었던 전세금을 반환받을 수 있다
[119] 이혼소송 중 남편 도장 몰래 파 아이 전입신고 "무죄" – 사회상규에 위배되지 않는 정당행위
[120] 부부싸움 때 공포심을 유발하면 협박죄가 성립한다
[121] 바람 핀 남편의 '이메일'을 몰래 보면 비밀침해의 죄가 성립한다
[122] 이혼하면서 배우자의 재산을 파악하기 위해 재산명시 및 재산조회신청을 할 수 있다
[123] 재산분할 안 해주려고 남편이 재산 명의를 자기 남동생에게 넘겨준 경우, 그 취소 및 원상회복 청구를 할 수 있다
[124] 이혼소송에서는 공탁금 없이 재산을 가압류 할 수 있다
[125] '혼인생활 중 외도'한 배우자, 재산분할 때 불이익 받는다
[126] 이혼 시 재산분할 포기가 면책불허가 사유에 해당하지 않는다
[127] 자기도 모르게 재판이혼이 되어있을 때는 재심을 청구할 수 있다
[128] 가장이혼(假裝離婚)의 법적 효력
● 가족법 중 개정·신설되어야 할 항목 **457**

제2장 · 가족관계등록법 **458**

제1절 가족관계등록제도란 **458**
제2절 호적과 가족관계등록부의 차이 **459**
제3절 가족관계등록부의 각 증명서 종류 **460**

[가족관계등록 관련 사례] 460

[1] 가족관계등록부의 각 증명서를 발급받을 수 있는 사람들의 범위
[2] 이혼한 사실 표시 안 된 일부사항증명서를 발급받을 수 있다
[3] 모의 성과 본을 따를 수 있다
[4] 자녀의 성과 본을 변경할 수 있다
[5] 새아빠의 성(姓)으로 변경하는 경우 자녀의 가족관계증명서에 부(父)란 표시는
[6] 이름은 그대로 두고 한자만 바꿀 경우에도 개명절차를 밟아야 한다
[7] 개명에는 횟수 제한이 없다
[8] 대한민국 국적취득 후 원하면 성명을 한국식으로 바꿀 수 있다
[9] 가족관계등록부상 기재된 모를 나의 생모로 바꾸려면
[10] 친생자관계부존재 확인판결에 따른 가족관계등록부의 정리
[11] 친생자관계부존재 확인판결을 받아 가족관계등록부를 폐쇄했는데, 출생신고를 해줄 의무자가 없는 경우 가족관계등록부를 창설하려면
[12] 북한이탈주민은 종전의 성과 본을 그대로 사용하므로 별도의 성·본 창설허가 절차가 필요하지 않다
[13] 가족관계등록 공무원의 잘못으로 가족관계등록부에 이름이 다르게 기재된 경우, 그 공무원의 정정신청으로 고칠 수 있다
[14] 가족관계등록부에 기재된 주민등록번호와 주민등록등본에 기재된 주민등록번호가 다를 경우 정정할 수 있는 방법
[15] 호적부에서 가족관계등록부로 바뀌면서 주민등록번호와 생년월일이 잘못 기재된 경우 정정방법
[16] 성·본 변경과 개명은 서로 다른 절차이므로 각각 따로 신청해야 한다
[17] 개명신청 할 때 첨부해야 할 서류
[18] 개명허가를 받은 후 후속 절차
[19] 출생신고는 부모 아닌 사람도 할 수 있다
[20] 출생증명서가 없는 경우 출생신고하려면
[21] 미혼부(父)도 자녀의 출생신고를 할 수 있다
[22] 출생신고를 늦게 하더라도 생년월일을 제대로 올릴 수 있다
[23] 비혼모 출생 자녀는 친생부가 인지하지 않아도 친생부의 성과 본을 따를 수 있다
[24] 외국인 여성도 한국인인 남자를 상대로 자의 인지청구를 할 수 있다
[25] 한국인과 외국인 사이에서 출생한 자녀의 출생신고
[26] 부모를 알지 못하는 고아도 가족관계등록부를 가질 수 있다
[27] 가족관계등록부 창설 후에라도 부모를 알게 되면 자기의 성과 본을 찾을 수 있다
[28] 부모의 잘못으로 틀리게 기재된 나이는 법원의 정정 허가를 받아 고칠 수 있다
[29] 가족관계등록 공무원의 잘못으로 가족관계등록부에 나이가 틀리게 기재된 경우 그 공무원의 정정 신청으로 고칠 수 있다

[30] 부모가 성별을 틀리게 써낸 가족관계등록부도 고칠 수 있다
[31] 5년 이상 행방불명인 사람의 가족관계등록부는 정리할 수 있다
[32] 실종선고는 취소할 수 있다
[33] 군사분계선 이북(以北) 지역 거주자의 가족관계등록부도 정리할 수 있다
[34] 부재선고를 받은 사람은 가족관계등록부가 폐쇄된다
[35] 부재선고는 취소할 수 있다
[36] 30년 전에 돌아가신 할머니에 대한 사망신고 할 수 있는 방법
[37] 가족관계등록부가 폐쇄되는 경우
[38] 가족관계등록사무의 처분에 대한 불복신청
[39] 이혼 전 다른 남자의 아이를 출산한 후 이혼한 경우 출생신고 방법
[40] 전남편의 친생자 추정을 받는 자에 대해 생부(生父)가 가정법원에 인지의 허가를 청구할 수 있는 경우
[41] 전남편의 친생자 추정을 받는 자에 대한 친생부인 절차가 간소화되었다
[42] 본인이 원하면 등록기준지를 변경할 수 있다
- 출생통보제와 보호출산제 **476**
- [견본] 호적부와 가족관계등록부 **478**

제3장 · 주민등록제도 484

제1절 주민등록제도의 의의 484

제2절 주민등록 신고 및 등록증 발급 484
1. 신고의 종류
2. 신고의무자
3. 신고지
4. 주민등록표 열람 및 등·초본 교부(주민등록법 제29조)

제3절 재외국민 주민등록 487
1. 외국국적 보유자의 주민등록신고 방법
2. 재외국민 국내거소신고증 효력 상실
3. 재외국민 주민등록 이후 기존 국내거소 신고번호를 주민등록번호로 변경 필요

제4절 주민등록증에 관해 해서는 안 되는 행위들 488
1. 주민등록증 위조·변조
2. 주민등록증 부정사용

3. 주민등록증을 채무이행의 확보 등의 수단으로 제공하면 처벌받는다
4. 주민등록이 직권 말소되면 어떤 불이익이 있나
5. 본인 여부 제대로 확인 않고 주민등록증 재발급한 구청, 카드사 피해금액 배상해야 한다
● 주민등록번호 유출로 인한 생명·신체나 재산의 2차 피해를 막기 위해 주민등록번호를 변경할 수 있다

제4장 • 다문화가족을 위한 법률 491

제1절 다문화가족의 개념 491
1. 다문화가족이란
2. 결혼이민자란
3. 결혼이민자 등이란

제2절 국제결혼 안내 프로그램 491
1. 국제결혼 안내 프로그램이란
2. 국제결혼 안내 프로그램 이수 대상자
3. 국제결혼 안내 프로그램 면제 대상자
4. 프로그램 내용(4개 과정, 4시간)
5. 프로그램 신청시기 및 신청방법
6. 프로그램 운영 일시 및 장소
7. 프로그램 이수증 발급 및 제출

제3절 한국인과 외국인 사이의 혼인신고 등 493
1. 한국에서 혼인신고 하는 경우
2. 외국에서 혼인신고 하는 경우
3. 한국인과 외국인 사이 출생한 자녀의 출생신고

제4절 국제결혼과 체류관리 496
1. 결혼이민(F-6-1) 자격 소지자의 외국인등록 및 최초 체류자격 연장
2. 체류기간 연장허가(외국인등록증 소지자)
3. 결혼이민(F-6) 자격 소지자의 국내 취업
4. 체류지 변경 등 신고의무
5. 한국인 배우자가 사망·실종되거나, 한국인 배우자와 이혼·별거하는 경우 체류허가 대상

6. 가사정리 체류기간 연장허가 특칙(F-1-6)
7. 영주(F-5) 자격 신청대상

제5절 국제결혼과 국적 501
1. 외국인 배우자의 국적취득
2. 자녀 출산과 국적취득
3. 국적증서수여식
4. 귀화허가 후 주민등록증 발급절차
5. 귀화허가를 받았으나 1년 내에 원 국적을 포기하지 않아 대한민국 국적을 상실한 경우 한국 국적 재취득 여부
6. 대한민국 국적을 취득한 이후 한국인 배우자가 사망하거나 이혼했을 때 한국 국적 상실 여부
7. 배우자 사망과 상속권

제6절 이혼과 체류·국적 문제 507
1. 가출신고 시 외국인 배우자의 불법체류 여부
2. 이혼청구소송 중 체류기간 만료와 체류연장
3. 혼인이 종료된 경우 국적취득
4. 협의이혼과 귀화신청
5. 조정으로 이혼한 경우 국적취득
6. 가정폭력으로 가출한 외국인 배우자에 대한 한국인 배우자의 이혼청구소송
7. 소송으로 이혼한 경우 체류자격
8. 이혼한 외국인 배우자의 귀화신청
9. 1998년 6월 14일 이전 혼인한 국민의 외국인 배우자(여자)로 한국 국적이 자동 상실된 경우 귀화 신청
10. 해당국의 신분등록제도의 불비로 인하여 출생월일이 특정되지 않은 신분증을 소지하고 있는 자의 국적취득
11. 2021. 7. 1.부터 외국인의 국내 체류기간 '여권 유효기간 내'에서만 부여
12. 2023. 4. 1.부터 등록외국인에게 신형 외국인등록증 발급

※ 국적업무 취급하는 전국 출입국·외국인관서(2023. 7. 현재) 511

[서식] 512
　　[제5단원 서식 1] 약혼해제로 인한 손해배상청구서
　　[제5단원 서식 2] 사실상 혼인관계 존재확인청구서
　　[제5단원 서식 3] 혼인신고서
　　[제5단원 서식 4] 자의 성과 본 사용에 관한 협의서
　　[제5단원 서식 5] 혼인무효확인의 소

[제5단원 서식 6] 자의 성과 본의 변경허가 심판청구서
[제5단원 서식 7] 부를 정하는 소
[제5단원 서식 8] 친생부인의 허가청구
[제5단원 서식 9] 인지의 허가청구서
[제5단원 서식 10] 인지청구의 소
[제5단원 서식 11] 친생자관계부존재확인의 소
[제5단원 서식 12] 미성년자 입양허가 심판청구서
[제5단원 서식 13] 친양자입양 심판청구서
[제5단원 서식 14] 친권자 및 양육자 변경 심판청구서
[제5단원 서식 15] 친권자 지정 심판청구서
[제5단원 서식 16] 특별대리인 선임 심판청구서(상속재산 협의분할의 경우)
[제5단원 서식 17] 친권 상실선고 심판청구서
[제5단원 서식 18] 미성년후견인 선임 심판청구서
[제5단원 서식 19] 성년·한정·특정후견 개시 심판청구서
[제5단원 서식 20] 후견계약등기 신청서
[제5단원 서식 21] 부양료 심판청구서
[제5단원 서식 22] 상속재산포기 심판청구서
[제5단원 서식 23] 상속한정승인 심판청구서
[제5단원 서식 24] 재산조회 통합처리 신청서(안심상속 원스톱 서비스)
[제5단원 서식 25] 상속재산분할협의서
[제5단원 서식 26] 자필유언서
[제5단원 서식 27] 협의이혼의사확인신청서
[제5단원 서식 28] 자의 양육과 친권자결정에 관한 협의서
[제5단원 서식 29] 이혼신고서
[제5단원 서식 30] 이혼, 친권자 및 양육자 지정, 재산분할, 위자료 청구의 소
[제5단원 서식 31] 양육비(변경) 심판청구서
[제5단원 서식 32] 이행명령 불이행 등에 따른 감치 및 과태료 신청서
[제5단원 서식 33] 성과 본의 창설허가 신청서
[제5단원 서식 34] 가족관계등록 창설허가 신청서
[제5단원 서식 35] 개명허가 신청서
[제5단원 서식 36] 친생자 출생신고를 위한 확인신청서
[제5단원 서식 37] 실종선고 심판청구서
[제5단원 서식 38] 부재선고 심판청구서
[제5단원 서식 39] 등록기준지 변경신고서
[QR] 인지신고서 **305**
[QR] 입양신고서 **314**

[QR] 파양신고서 **318**
[QR] 친권일시정지·일부제한 심판청구서 **333**
[QR] 친권자의 법률행위대리권 및 재산관리권 사퇴 심판청구서 **336**
[QR] 임의후견감독인 선임심판청구서 **340**
[QR] 유언증서검인심판청구서 **390**
[QR] 이혼숙려기간 면제(단축)사유서 **402**
[QR] 협의이혼의사철회서 **403**
[QR] 이혼조정신청서(갈등저감형 포함) **403**
[QR] 양육비직접지급명령신청서 **412**
[QR] 담보제공명령신청서 **412**
[QR] 일시금지급명령신청서 **412**
[QR] 이행명령신청서 **412**
[QR] 양육비 불이행자 행정제재 신청 **413**
[QR] 재산분할 심판청구서 **419**
[QR] 출생신고서 **467**
[QR] 인우보증서 양식 **470**
[QR] 등록부정정신청서 **471**
[QR] 사망신고서 **473**
[QR] 주민등록 전입 및 재등록 신고서 **485**
[QR] 외국인등록 등 통합신청서 **496**

제6단원 금전과 부동산

제1장 · 금전 거래 554

제1절 개인 간 금전거래에 있어서 유의할 사항 554

1. 돈을 빌려줄 때 유의할 점
   (1) 돈을 빌려주기 전 꼭 알아두어야 할 사항
   (2) 공증 – 차용증을 공증받는 이점
   (3) 차용증을 공증했다고 모두 강제집행할 수 있는 것은 아니다

(4) 보증계약
(5) 보증의 종류
(6) 보증보험제도

[관련 사례] 559
[1] 약속한 때로부터 많이 지난 후 채무를 반환할 때 지연이자 받을 수 있나
[2] 채무 일부변제 시 법정변제충당의 순서에 따라야 한다
[3] 미성년자와 체결한 계약은 부모의 동의 없으면 무효
[4] 채무자가 변제기 전 돈을 갚는 경우 채권자는 기한의 이익(이자)을 포기해야 하나
[5] 전세보증금을 담보로 돈 빌려줄 때
[6] 채무자가 사망한 경우 채무도 상속되므로 그 상속인에게 변제를 청구할 수 있다
[7] 내용증명 작성방법

2. 돈을 빌릴 때 유의할 점
    (1) 계약서의 내용을 상세히 파악
    (2) 돈을 빌릴 때 연 20%가 넘는 이자 약정은 무효
    (3) 이자제한법을 초과하여 약정하거나 초과이자를 받은 경우의 벌칙
    (4) 이자제한법 개정 이전 법에 의한 최고이율에 따라 약정한 이자 부분의 효력
    (5) 선이자 약정은 당사자의 합의로 자유롭게 정할 수 있다

3. 돈을 돌려줄 때 유의할 점
    (1) 채무를 변제한 때에는 채권자로부터 변제사실을 증명할 영수증을 꼭 받아야 한다
    (2) 변제기에 채권자와 연락이 안 되면 법원에 변제공탁을 해야 한다
    (3) 불법추심행위 금지

제2절 은행에서 대출을 받을 때 569

1. 대출을 받을 때
    (1) 대출기관 알아보기
    (2) 나에게 맞는 대출상품은
    (3) 대출거래약정서 작성 및 교부

2. 대출금을 갚을 때: 대출금 상환
    (1) 조기상환도 가능한지
    (2) 이자와 원금 갚기
    (3) 상계할 수 있는지
    (4) 대출금을 갚기 어려운 경우

3. 주의해야 할 점
　　　(1) 대출이자의 제한
　　　(2) 담보: (근)저당권 설정

제3절 어음·수표 거래에 있어서 유의할 사항 573
　　1. 어음·수표의 기능
　　2. 발행 시 유의사항
　　3. 취득 시 유의사항
　　4. 양도 시 유의사항
　　5. 어음·수표 사고 시의 조치
　　　(1) 어음의 위조 및 변조
　　　(2) 어음·수표를 분실하거나 도난당한 경우
　　　(3) 어음·수표의 부도
　　　(4) 어음청구권의 소멸시효
　　　(5) 수표금청구권 소멸시효
　　　(6) 형사책임

제4절 신용카드 법률문제 577
　　1. 신용카드 분실 시 분실자의 책임
　　2. 도난·분실 시 신용카드사의 책임
　　3. 부정사용금액에 대해 보상이 안 되는 경우

제5절 전자상거래 등에서의 소비자보호에 관한 법률(약칭: 전자상거래법) **578**
　　1. 전자상거래 및 통신판매의 개념
　　　(1) 전자상거래란
　　　(2) 통신판매란
　　2. 전자상거래와 통신판매의 차이점
　　3. 전자상거래와 통신판매의 철회
　　　(1) 청약철회 할 수 있는 경우와 기간
　　　(2) 청약철회 할 수 없는 경우
　　4. 청약철회의 효과

제6절 개인파산, 개인회생, 워크아웃제도 581
　　1. 개인파산, 개인회생, 워크아웃제도의 차이점
　　2. 개인파산제도
　　　(1) 개인파산신청서 제출법원

      (2) 파산선고의 효력
      (3) 동시폐지결정
      (4) 파산 및 면책 동시신청의 방법
      (5) 파산면책결정의 효력
  3. 개인회생제도
      (1) 개인회생 신청자격
      (2) 개인회생신청서 제출법원
      (3) 개인회생신청의 장·단점
      (4) 개인파산제도와의 비교
  4. 워크아웃제도(신용회복지원제도)
      (1) 개인워크아웃제도
      (2) 개인워크아웃의 장·단점
      (3) 프리워크아웃제도
      (4) 개인회생제도와의 비교
  5. 신용회복제도를 이용한 경우 연체기록, 특수기록 삭제시기

제7절 여행에 관한 법률관계 591
  1. 여행사 이용 시: 여행계약 체결
  2. 여행계약에 따른 의무와 책임
    1) 여행주최자의 의무
    2) 여행자의 의무
  3. 여행계약의 변경, 해제 및 해지
    1) 여행출발 전 계약해제
    2) 여행출발 후 계약해지
  4. 그 밖의 확인사항
  5. 해외여행자를 위한 세관통관 안내
  6. 해외여행관련 분쟁해결
  [관련 사례] 597
    [1] 일반여권 발급 받으려면
    [2] 여권의 유효기간
    [3] 환전 방법
    [4] 여행업자에게 책임을 돌릴 수 있는 사정으로 여행계약이 해제되면 위자료 청구를 할 수 있다
    [5] 여행 출발 전에 계약을 해지할 수 있다
    [6] 나 대신 친구를 – 여행자의 교체가 가능한지
    [7] 병역의무자는 해외여행을 하려면 병무청장의 허가를 받아야 한다

[8] 해외여행자 인터넷등록제 "동행"이란 어떤 제도이고 가입하면 어떤 혜택이 있나
[9] 자동출입국심사
[10] 안전한 해외여행 도움받기
[11] 최저인원 미달로 인하여 여행이 취소되는 경우 여행업자의 책임
[12] 부친의 사망으로 출발 5일 전 여행계약 취소 통지, 여행사에 여행경비 전액 환급받을 수 있다
[13] 고의 아닌 질환으로 해외여행 중간에 귀국한 경우 잔여 여행기간의 경비를 돌려받을 수 있다
[14] 선택관광 일정변경과 호텔비용 차액을 돌려받을 수 있다
[15] 해외여행 중 여행사 과실로 부상당한 경우, 여행사에 국내귀환운송비 및 사고처리과정서 추가로 지출한 체류비 등을 청구해 받을 수 있다
[16] 해외여행 중 여권을 잃어버렸을 경우 대처방법

제8절 소멸시효(消滅時效) 606

1. 의의
2. 기간

[관련 사례] 607

[1] 채권의 소멸시효 기간
[2] 음식 외상값 1년 지나면 안 주면 못 받는다는데 사실인가요
[3] 약속어음 공정증서의 소멸시효
[4] 소멸시효의 중단방법
[5] 시효이익의 포기

제2장 · 부동산 610

제1절 부동산 거래에 있어서 유의할 사항 610

1. 부동산매매계약 체결할 때
2. 부동산 매수 시 주의할 점
   1) 계약 전 유의사항
   2) 계약 시 유의사항
3. 대금 지급 및 등기 시 유의사항
   1) 대금 지급 시 유의사항
   2) 부동산매신매계약 후의 처리절차

[부동산거래 관련 사례] 612

[1] 부동산을 매수하려 하는데 그 절차와 주의할 점에 대해서 알고 싶습니다

[2] 집 매매계약 후 주인이 해약하자는데
　　　[3] 매매계약금의 법적 성격
　　　[4] 중도금까지 받은 부동산 매도인이 이중매매를 한 경우
　　　[5] 부동산 중개업체의 책임
　　　[6] 토지거래허가구역
　　　[7] 부동산등기부 확인
　　　[8] 구매하려는 집에 임차인이 있는 경우

제2절 부동산등기제도　619
　1. 부동산이란
　2. 부동산등기란
　3. 한 개의 부동산마다 한 개의 등기부가 있다
　4. 부동산에 관한 권리는 등기하지 아니하면 효력이 생기지 않는다
　5. 등기부의 구조와 등기부를 보는 방법
　6. 토지등기부와 건물등기부는 따로 있으므로 집을 사려면 양쪽을 다 보아야 한다
　7. 등기하는 절차
　　　1) 공동신청주의
　　　2) 등기공무원의 권한
　　　3) 필요서류

[부동산등기 관련 사례]　623
　　　[1] 부동산을 구입하면 꼭 등기를 해야 하나요
　　　[2] 부동산 등기필증을 분실한 경우의 부동산 소유권이전등기 신청방법
　　　[3] 소유권이전등기 신청 시 필요서류
　　　[4] 매매계약의 체결일 30일 이내에 부동산거래신고를 해야 한다
　　　[5] 1세대 1주택 양도소득세 감면 요건
　　　[6] 매매 당사자가 수량을 지정해서 매매한 경우 구입 토지면적이 부족할 때 책임은
　　　[7] 매도인의 하자담보책임

제3절 부동산등기특례제도　628
　1. 부동산등기특별조치법·부동산소유권이전등기등에관한특별조치법의 차이점
　2. 부동산등기특별조치법의 주요내용
　　　1) 소유권이전등기 신청의무
　　　2) 부실한 등기신청행위 등에 대한 형사처벌
　　　3) 탈법행위 방지를 위한 제도 보완
　3. 부동산소유권이전등기등에관한특별조치법의 주요내용
　□ 부동산소유권 이전등기등에관한특별조치법에 관한 질문

제4절 부동산실명제도 632

1. 부동산실명제도란
2. 부동산실명제도의 도입 배경
3. 실권리자 명의 등기의무
   1) 주요내용
   2) 실명등기의무 위반 시의 벌칙
4. 명의신탁약정의 효력
   1) 주요내용
   2) 명의신탁 종류별 효력
5. 기존 명의신탁의 실명화
   1) 주요내용
   2) 명의신탁의 해지(解止) 절차
   3) 예외 및 특례
6. 장기(長期) 미등기자에 대한 벌칙
7. 종전에 누락된 세금의 처리

[부동산실명제 관련 사례] 635
   [1] 부동산 구입해서 친구 명의로 등기해도 되나
   [2] 공무원이 부동산실명법 위반 범죄를 발견하였을 경우 고발의무 및 공소시효 기산점

제5절 취득시효(取得時效) 637

1. 취득시효란
   1) 점유취득: 20년간 소유의 의사로 평온, 공연하게 부동산을 점유하면 등기를 통해 그 소유권을 취득할 수 있다
      □ 부동산에 대한 점유취득시효가 완성되었더라도 그 점유자가 그 부동산에 대한 점유를 상실하면 그때로부터 소멸시효가 진행한다.
   2) 점유취득시효완성을 원인으로 한 소유권이전등기신청
      (1) 소유권의 취득시효
      (2) 소유권 이외의 재산권의 취득시효요건
      (3) 취득시효의 목적이 되는 권리
      (4) 취득시효의 효과
      (5) 취득시효와 동산소유권의 선의취득(善意取得)

제6절 상린관계(相隣關係) 639

상린관계(相隣關係)란?
   [1] 아파트 윗층에서 물이 새는 경우 보수청구
   [2] 아파트 지하주차장 석회수 낙하로 인한 차량피해에 대한 책임

[3] 법정거리 없이 건물을 신축한 경우 철거청구 가능합니까
[4] 토지매수인이 기존의 유일한 통로를 폐쇄할 경우 주위토지통행권
[5] 고층건물 건축을 위한 굴착공사로 인접 건물의 균열 등 위험 구제방법
[6] 이웃에서 나는 악취 및 소음으로 인한 피해의 구제방법
[7] 인근 공장의 소음으로 인한 점유자의 피해 구제방법

제3장 • 민사소송절차 648

제1절 민사분쟁을 해결하는 방법 648
1. 본안소송 제기 전, 가압류·가처분의 필요성
2. 가압류·가처분의 종류
    1) 가압류
    2) 가처분
   [관련 사례] 650
    [1] 가압류 결정으로 경매 진행을 할 수 있나요
    [2] 가압류·가처분이 인용되기까지 시간이 얼마나 걸리나요

제2절 소송절차(판결절차) 650
1. 소장 작성과 접수
    1) 소장의 기재 사항
    2) 인지의 첨부 또는 현금 납부
    3) 피고의 수만큼 소장부본을 만들어 함께 제출하여야 한다
    4) 송달료의 예납 확인
2. 어느 법원에 소송을 제기하여야 하나
3. 민사소송의 진행
    1) 피고에게 알림
    2) 변론기일의 지정 및 소환
    3) 주장 답변 및 항변
    4) 입증
    5) 변론기일 불출석에 따른 불이익
4. 소송절차의 종료
    1) 종국판결
    2) 소의 취하
    3) 그 밖에 청구의 포기, 인락, 화해 등으로 종료되기도 한다

5. 상소
　　1) 항소
　　2) 상고
6. 재심
　　□ 자기도 모르게 재판이혼이 되어있을 때는 재심을 청구할 수 있다

제3절 확정과 강제집행 절차　655
1. 채무자의 재산을 찾아내기 위한 절차
　　1) 재산관계의 명시제도
　　2) 재산조회제도
　　3) 채무불이행자명부제도
2. 채무자의 재산을 강제집행하는 절차
　　1) 유체동산에 대한 강제집행 절차
　　2) 금전채권에 관한 강제집행 절차
　　3) 부동산에 대하여 강제집행
　[관련 사례]　659
　　[1] 압류금지 물건의 종류와 적용범위
　　[2] 압류금지채권의 종류와 적용범위
　　[3] 압류금지채권 범위 변경 신청
　　[4] 압류방지통장 개설조건 - 행복지킴이 통장이란

제4절 간편한 민사소송절차　662
1. 지급명령제도
2. 소액심판제도
3. 민사조정제도
※ 공시송달　667
※ 대한민국 법원 전자소송(ecfs.scourt.go.kr)　668

[서식]　669
　　[제6단원 서식 1] 차용증서
　　[제6단원 서식 2] 신원보증서
　　[제6단원 서식 3] 내용증명 예시(대여금 변제 최고)
　　[제6단원 서식 4] 영수증
　　[제6단원 서식 5] 금전공탁서(변제공탁)
　　[제6단원 서식 6] 부동산매매계약서
　　[제6단원 서식 7] 부동산거래계약 신고서

[제6단원 서식 8] 소유권이전등기신청서(매매)

[제6단원 서식 9] 부동산 가압류 신청서

[제6단원 서식 10] 채권 가압류 신청서

[제6단원 서식 11] 부동산 점유이전금지 가처분 신청서

[제6단원 서식 12] 소장

[제6단원 서식 13] 답변서

[제6단원 서식 14] 항소장

[제6단원 서식 15] 상고장

[제6단원 서식 16] 재산명시신청서

[제6단원 서식 17] 재산조회신청서

[제6단원 서식 18] 채무불이행자명부 등재 신청서

[제6단원 서식 19] 집행문 부여 신청서

[제6단원 서식 20] 채권압류 및 추심(전부) 명령 강제집행신청서

[제6단원 서식 21] 압류금지채권 범위 변경신청서

[제6단원 서식 22] 부동산 강제경매 신청서

[제6단원 서식 23] 강제집행신청서

[제6단원 서식 24] 지급명령신청서

[제6단원 서식 25] 소액사건 청구취지 및 청구원인 기재 양식(대여금/매매대금 청구)

[제6단원 서식 26] 민사조정신청서

[제6단원 서식 27] 이의신청서

[제6단원 서식 28] 공시송달신청서

[QR] 약속어음 예시 및 어음 · 수표금 청구양식(소액) **576**

[QR] 개인파산/면책 관련 신청서식 **584**

[QR] 개인회생 관련 신청서식 **586**

[QR] 긴급여권발급신청서 **605**

제7단원　세금

제1장·조세의 개념과 일반원칙　700

제1절　세금이란　700

제2절　세금의 종류와 부담의 근거　700

제2장·세금의 종류　701

제1절　소득세　701
　　　1. 소득세의 의의와 일반원칙
　　　2. 종합소득세
　　　　　1) 과세대상
　　　　　2) 비과세소득
　　　　　3) 종합소득세의 신고와 납부
　　　3. 양도소득세
　　　　　1) 과세대상
　　　　　2) 비과세대상
　　　　　3) 양도소득금액
　　　　　4) 양도소득세율과 세액의 계산
　　　　　5) 신고와 납부
　　　4. 퇴직소득세
　　　[관련 사례]　705
　　　　　[1] 재산세 납세의무자는 누가 되는지요
　　　　　[2] 아파트나 주택을 매매하는 경우 재산세 납세의무는 누구에게 있습니까
　　　　　[3] 아파트를 부부가 공유하는 경우 재산세 계산 방법은
　　　　　[4] 주택의 건물과 부속토지의 소유자가 각각인 경우 재산세액 산출방법은
　　　　　[5] 과세기준일 현재 상속이 개시된 주택으로 사실상 소유자를 미신고한 경우 납세의무자는
　　　　　[6] 재산세 과세대상별 납세지 구분 기준은
　　　　　[7] 재산세 고지서는 어디로 배달됩니까
　　　　　[8] 재산세 고지서를 직장 등의 이유로 주소지 이외 장소에서 받을 수는 없는지요

[9] 납기 말일까지 지방세를 납부하지 아니하면 어떤 불이익이 있습니까
[10] 인터넷으로 재산세를 납부하는 방법은
[11] 1가구 1주택 비과세
[12] 비과세 판단 시 세대의 범위가 어떻게 되나요
[13] 집 안 팔려 다주택자 됐는데, 세금 줄일 방법 알려주세요
[14] 배우자가 없는 경우에는 세대를 구성할 수 없나요
[15] 보유기간의 계산은 어떻게 하나요
[16] 노후로 인한 멸실 후 재건축
[17] 세대원 일부 미거주
[18] 해외이주
[18] 취학·근무상 형편 세대 전원 출국
[20] 근무상 형편
[21] 고가주택
[22] 공동소유
[23] 부담부증여

제2절 상속세 711
1. 납세의무자
2. 신고와 납부
3. 상속포기, 한정승인
4. 상속세액
5. 상속재산가액

[관련 사례] 712
[1] 장례비 공제 한도
[2] 사전증여재산 합산과세
[3] 사전증여받은 자가 먼저 사망한 경우
[4] 반환받은 사전증여재산
[5] 반환받은 사전증여재산 재증여 후 사망
[6] 상속받은 주택을 상속개시일부터 2년 이내 1세대 1주택으로 양도하는 경우 비과세가 적용되나요
[7] 배우자상속공제액
[8] 배우자가 5억 초과 30억까지 공제받기 위한 요건
[9] 사실혼 배우자
[10] 법원에서 이혼조정 성립 후 같은 날 사망한 경우
[11] 피상속인의 배우자가 상속포기하거나, 5억원 미만으로 상속받는 경우 배우자 상속공제로 5억원이 공제되나요

[12] 상속재산가액이 1억원, 합산대상 자녀 2명에 대한 사전증여재산가액이 총 4억원 (각 2억원씩)인 경우 상속세가 발생하나요?
[13] 재산상속인 모두가 포기하고 자녀 중 한 사람이 단독 상속받을 경우 상속세 공제한도
[14] 피상속인이 비거주자인 경우

제3절 증여세 716

1. 납부의무자
2. 증여자 그룹별 증여재산 공제액
3. 소관세무서 및 신고의무

[관련 사례] 716

[1] 사실혼관계에 있는 배우자로부터 증여를 받을 때에도 10년간 6억 원이 공제되나요
[2] 이혼하면서 재산분할로 취득한 재산이 증여세 과세대상인가요
[3] 이혼위자료로 취득한 재산이 증여세 과세대상인가요
[4] 특정상속인이 다른 상속인이 납부해야 할 상속세를 대신 납부한 경우 증여세가 과세되나요
[5] 자녀에게 증여 후 차용증만 쓰면 증여세를 부과할 수 없나
[6] 자녀가 대출받고 부모가 대신 상환해 주면 세금 없이 증여 가능한가
[7] 신혼부부가 축의금으로 주택을 구입해도 통상적인 수준으로 받은 축의금은 증여세가 과세되지 않는다
[8] 소득이 없는 가족에게 통상적인 수준으로 송금한 생활비는 증여세가 과세되지 않는다

제4절 부가가치세 718

제8단원 노동·복지

제1장 · 임금 720

제1절 임금의 의의 720
   1. 임금이란
   2. 근로자
   3. 사용자
   [관련 사례] 720
      [1] 손님에게서 받은 봉사료(팁)는 임금에 해당하지 않는다
      [2] 통상임금과 평균임금의 차이
      [3] 임금의 지급원칙
      [4] 비상시 회사에 임금을 미리 청구할 수 있다
      [5] 임금채권은 3년간 행사하지 않으면 시효로 소멸한다
      [6] 임금의 압류금지금액
      [7] 사용자의 귀책사유로 휴업하는 경우 휴업수당을 청구할 수 있다
      [8] 임금채권의 우선변제권
      [9] 아이돌봄지원법에 따른 아이돌보미도 근로기준법상 근로자이다

제2절 최저임금제도 725
   1. 적용대상 사업장
   2. 적용제외 사업장
   3. 적용제외 근로자
   4. 위반 시 벌칙
   [관련 사례] 726
      [1] 최저임금의 적용제외 인가 절차
      [2] 최저임금의 적용
      [3] 최저임금의 효과

제3절 임금의 특별한 보호(임금채권의 우선변제권) 727
   ※ 민사집행법에서 정한 배당순위

제4절 체불임금과 퇴직금청구절차 728
   1. 체불임금

2. 퇴직금
3. 임금이나 퇴직금을 지급받지 못하였을 때
    1) 사용자에게 내용증명으로 청구
    2) 고용노동부에 진정서 제출
    3) 지급명령신청
    4) 법원에 소송제기
   5) 대지급금(구 체당금)제도 이용하기
   6) 강제집행 절차
   [관련 사례] 732
       [1] 체불임금 구제
       [2] 사망·퇴직한 근로자에 대한 금품청산
       [3] 대지급금 지급범위
       [4] 대지급금 지급사유
       [5] 파산선고에 따른 대지급금
       [6] 임금이 체불될 경우 재직 중 근로자도 대지급금을 청구할 수 있다
       [7] 대지급금의 청구기한
       [8] 대지급금 상한액

제2장 · 보험제도 736

제1절 민영보험 736
1. 생명보험
    1) 사망보험
    2) 생존보험
2. 타인의 생명보험
[관련 사례] 737
    [1] 타인의 위임 없는 타인을 위한 보험 효력
    [2] 보험청약서와 자필서명
    [3] 계약 전 고지의무
    [4] 보험금청구권의 소멸시효
    [5] 보험계약의 철회
    [6] 보험계약의 해지
    [7] 보험모집인의 부당한 행위로 소멸된 보험계약의 부활
    [8] 사망을 보험사고로 하는 보험계약에서 자살을 보험자의 면책사유로 규정한 경우, 보험사고인 사망에 해당할 수 있는 판단기준

제2절 공적보험 742
    1. 산재보험제도
        1) 의의
        2) 누가 가입하나
            (1) 적용범위
            (2) 적용제외
        3) 업무상 재해범위
        4) 산재보험 급여 종류
        5) 산재보험의 특성
    [관련 사례] 745
        [1] 산업재해보상보험법의 적용범위
        [2] 업무상 재해의 인정 요건
        [3] 외국인 근로자도 업무상 재해를 당하면 산업재해보상 보험급여를 받을 수 있다
        [4] 산업재해보상보험 가입 및 보험료 징수
        [5] 산업재해보상보험료는 사용자가 전액 부담한다
        [6] 근로자의 실수로 인한 사고의 경우에도 산재보상을 받을 수 있다(사고로 인한 업무상 재해의 인정기준)
        [7] 사업장 밖에서 사고를 당한 경우와 산재보상
        [8] 업무 성질상 업무수행 장소가 정해져 있지 않은 근로자의 경우
        [9] 출퇴근 중의 사고와 산재보상
        [10] 행사 중의 사고와 산재보상
        [11] 고객의 폭언 등으로부터 근로자보호

    2. 고용보험제도
        1) 고용보험이란
        2) 적용대상 및 가입
        3) 고용보험료의 부담수준
        4) 사업주는 어떤 혜택을 받나
        5) 근로자는 어떤 혜택을 받나
        6) 실업급여는 어떤 경우에 받을 수 있나
        7) 실업급여는 얼마나 받나
        8) 실업급여 수급권의 보호
    [관련 사례] 755
        [1] 고용보험에 가입되지 않은 경우(사업주가 고용보험에 가입하지 않은 경우)
        [2] 일용근로자가 고용보험에 가입하면 받을 수 있는 혜택
        [3] 일용근로자도 근로계약서를 작성해야 한다

  [4] 휴게시간의 보장 및 가산임금
  [5] 직상수급인의 임금지급 연대책임 및 체불임금 구제
  [6] 휴업수당
  [7] 건설현장에서 일하는 일용근로자도 산업재해보상을 받을 수 있다
  [8] 건설근로자 퇴직공제
  [9] 건설현장에서 일용직으로 일했던 근로자도 실업급여 받을 수 있다
  [10] 자영업자도 본인이 희망하는 경우 고용보험에 가입할 수 있다
  [11] 구직급여 수급자격 미비 및 재취업
  [12] 구직급여 수급자격 제한
  [13] 실업 인정의 특례
  [14] 수급기간 연장
  [15] 개별연장급여
  [16] 상병급여
  [17] 조기재취업 수당
  [18] 자영업자 실업급여
  [19] 미지급 실업급여
  [20] 부정수급

3. 국민건강보험(의료보험)제도
  1) 의료보험제도의 의의
  2) 의료보험제도의 특성
  3) 의료보험 관리체계
  4) 의료보험 적용대상자
  5) 의료보험 자격취득 및 상실
  6) 보험급여
  7) 의료기관 이용절차
  8) 보험료 부과 · 징수
 [관련 사례] 774
  [1] 임신 · 출산 진료비
  [2] 국민건강보험 직장가입자 자격
  [3] 실업자의 직장가입자 자격
  [4] 요양급여 및 비급여의 범위
  [5] 국민건강보험료 경감
  [6] 국민건강보험 지역가입자 자격 변동 및 신고
  [7] 요양비(현금급여) 수급
  [8] 건강검진 지원

[9] 지역가입자가 속한 세대원 중 납부의무 제외되는 미성년자의 요건

◆ **외국인 및 재외국민 의료보험 취득(당연가입) 778**
1. 가입
2. 취득일
3. 제출처
4. 보험료 부과 및 납부
5. 건강급여 및 건강검진
6. 보험료 체납하는 경우
7. 외국인 및 재외국민의 상실 안내

[관련 사례] **781**
    [1] 농어촌 근로 외국인은 입국 즉시 건강보험 가입 가능하다
    [2] 장기간 국내에 거주하는 외국인도 동일하게 의료보험 혜택을 받을 수 있다
    [3] 미국영주권자인데 부모님의 건강보험 피부양자로 혜택받을 수 있는 요건
    [4] 재외국민 건강보험 지역가입자 자격취득 시기

4. 노인장기요양보험
   1) 목적
   2) 수급대상자
   3) 복지서비스 등을 받을 수 있는 요양등급
   4) 장기요양급여 종류
   5) 특별현금급여(가족요양비)란

5. 국민연금제도
   1) 적용대상
   2) 보험료 부담
   3) 급여혜택
   4) 수급권 보호
   5) 국민연금 청구권의 소멸시효

※ **외국인 가입자**
  1. 외국인가입자의 반환일시금 수급요건
  2. 국민연금 반환일시금 지급대상국(2023. 4월 기준)

[관련 사례] **789**
    [1] 국민연금을 의무적으로 가입하도록 한 이유
    [2] 노령연금 수급사유가 발생한 날로부터 5년 내에 청구 안 하면 소멸시효로 받을 수 없게 된다

[3] 부부가 각각 국민연금에 가입해 최소 가입기간(10년) 이상 납부를 했다면, 부부 모두 자신의 연금을 받을 수 있다
[4] 국민연금의 중복급여조정
[5] 법적인 배우자가 있는데 사실혼 배우자('중혼' 사실혼 배우자)가 유족에 해당해 국민연금을 받을 수 있는 경우
[6] 국민연금 반환일시금을 받을 수 있는 경우
[7] 반환일시금 소멸시효
[8] 실제 나이보다 법적 나이가 적게 등록된 경우 법원에 정정신청하여 허가받아 정정하면 국민연금을 받을 수 있다
[9] 가입자 사망 시 유족이 사망일시금을 청구할 수 있다
[10] 정년퇴직 후 재취업 일정 수입이 있으면 국민연금 수령액이 줄어드나

제3장 · 공공부조 795

제1절 장애인 등록제도 795
1. 장애인 등록제도의 의의
2. 장애인이란
3. 장애인 등록절차 등
   1) 장애인 등록신청 및 진단
   2) 장애인수첩 재교부신청
   3) 장애인수첩 기재사항 변경신청
   4) 장애인수첩의 반환
   5) 장애인증명서 교부
4. 장애인 복지시책
5. 장애인등록 취소

[관련 사례] 798
[1] 장애인등록 왜 해야 하나
[2] 장애수당 어떻게 받나
[3] 장애인이면 무조건 장애연금을 받을 수 있나요
[4] 장애인 자립자금
[5] 자동차구입 관련 세금 감면
[6] 의료비 지원
[7] 보조기기에 대한 건강보험 급여

제2절 기초생활보장제도 802

1. 기초생활보장제도란
2. 기초생활보장급여의 지급원칙
3. 외국인에 대한 특례
4. 기초생활보장급여의 종류

[관련 사례] 803

[1] 기초생활보장 대상자의 기준
[2] 기초연금을 받고 있는 사람도 기초생활수급자가 될 수 있나요
[3] 사회취약계층 특별보호
[4] 기초생활보장 신청 안내
[5] 수급권자 범위의 특례
[6] 기준 중위소득
[7] 재산의 소득환산율
[8] 생계급여액 계산
[9] 압류방지 전용통장
[10] 기초생활보장수급자 면제제도
[11] 부정수급 등에 따른 처리

제4장·여성근로자의 권익 810

제1절 여성근로자에 대한 차별금지 810

1. 근로의 보호
2. 여성근로의 특별보호
3. 여성의 사회진출 지원
4. 임산부의 보호

제2절 육아휴직 및 육아휴직급여 811

1. 육아휴직
2. 육아휴직기간
3. 육아휴직급여
4. 육아기 근로시간 단축

[관련 사례] 812

[1] 성을 이유로 한 고용차별 금지 – 차별과 불리한 조치
[2] 여성근로자에 대한 차별금지
[3] 생리휴가

[4] 임산부의 근로시간 단축

[5] 임산부의 정기건강검진

[6] 출산전후휴가 제도

[7] 출산전후휴가 분할사용

[8] 출산이 생각보다 늦어져서 출산 후 45일의 휴가를 확보하지 못한 경우

[9] 배우자의 출산휴가

[10] 출산전후휴가 급여

[11] 유산·사산휴가 및 급여

[12] 유산·사산휴가 급여를 받기 위한 요건

[13] 유산·사산휴가 급여의 신청방법

[14] 인공임신중절 수술을 하면 유산·사산휴가를 부여받을 수 없다

[15] 육아수유시간

[16] 육아휴직

[17] 경력단절여성의 재취업 지원

[18] 부모급여

● 특별제언 – 비혼모·비혼부에게 법적 지위 부여하고, 사회보장을 받을 수 있게 법을 개정·신설해야 한다 824

● 2024년 달라지는 복지제도 826

[서식모음] 828

    [제8단원 서식 1] 표준근로계약서

    [제8단원 서식 2] 임금체불 진정서

    [제8단원 서식 3] 간이대지급금 지급청구서

    [제8단원 서식 4] 자영업자 고용보험가입신청서

    [제8단원 서식 5] 출산전후휴가 급여 등 신청서

    [제8단원 서식 6] 육아휴직 급여 등 신청서

제9단원　형사

민사소송과 형사소송의 차이 836

제1장・형사사건 처리절차 837

　1. 형사절차의 의의와 특징
　2. 형사사건 처리절차
　3. 수사절차의 진행
　　(1) 수사의 시작
　　(2) 체포・구속
　　(3) 수사(경찰)
　　(4) 사건을 검찰로 송치 또는 불송치 결정 송부
　　(5) 수사(검찰)
　　(6) 공소제기(기소) 또는 불기소처분

[관련 사례] 839

　[1] 고소・고발 차이
　[2] 친고죄란
　[3] 반의사불벌죄
　[4] 불심검문과 임의동행
　[5] 경찰서에서 참고인으로 나오라는데 나가야 하나
　[6] 폭행죄와 상해죄의 구별
　[7] 돈을 빌려주고 못 받은 경우 사기죄의 성립 여부
　[8] 무고죄
　[9] 명예훼손죄 성립 여부
　[10] 통화 연결 안 돼도 전화 계속 걸면 스토킹에 해당되는지 여부
　[11] 정보통신망법 위반 비밀침해죄
　[12] 통신비밀보호법 위반 타인 간의 대화 녹음 및 누설죄
　[13] 통장명의 대여(전자금융거래법 제6조, 제49조), 전자금융거래법 위반(통장명의 대여)
　[14] 미성년자 처벌
　[15] 구공판・구약식
　[16] 구속・불구속/긴급구속
　[17] 구속적부심

[18] 보석
[19] 불기소처분
[20] 정당행위
[21] 정당방위·과잉방위
[22] 묵비권(＝진술거부권)
[23] 형사합의와 민사합의의 차이
[24] 형사변제공탁＝합의금 공탁
[25] 형사사건 가해자가 일방적으로 변제공탁한 경우 대처방법
[26] 기소유예
[27] 선고유예·집행유예
[28] 형의 가중·감경

제2장・형벌의 종류 859

1) 사형
2) 징역
3) 금고
4) 구류
5) 자격상실
6) 자격정지
7) 벌금
8) 과료
9) 몰수

제3장・국민참여재판 861

제4장・즉결심판 861

제5장・약식명령 862

제6장・공소시효 863

제7장・상소 865

1. 항소
[관련 사례] 866

[1] 피고인의 상소권 포기 후 변호인이 상소를 제기할 수 있는지
　　　　[2] 미성년자가 법정대리인인 부모의 동의 없이 항소를 취하할 수 있는지
　　2. 상고
　　3. 항고
　　4. 재심

제8장・국선변호인 871

제9장・형의 집행을 중지하는 집행면제 872

　　1. 사면
　　2. 가석방

제10장・전과와 형의 실효 873

　　1. 전과와 형의 실효
　　2. 명예회복

제11장・형사사건으로 피해를 입었을 때 – 권익보호제도 875

　　1. 피해자보호제도
　　2. 배상명령제도 – 형사재판 절차에서의 손해배상
　　3. 범죄피해자구조제도 – 범죄로 인해 피해를 입었을 때
　　4. 특정범죄신고자 등 구조(보호)제도
　　5. 형사보상제도 – 억울하게 구속되어 재판을 받았을 때

제12장・교통 880

제1절 교통사고의 법률대책 880

　　1. 교통사고 관계자가 유의할 사항
　　　1) 구호의무
　　　2) 신고의무
　　2. 교통사고처리특례법 해설

3. 자동차보험제도
   1) 책임보험(의무보험/강제보험)
   2) 종합보험(임의보험)
4. 교통사고와 관련된 법률상식
   1) 미군용 차량에 치인 경우
   2) 우리나라 군용차에 치인 경우
   3) 차량관리소홀 책임
   4) 자동차 명의이전을 하기 전의 사고에 대한 책임
   5) 차주 등의 손해배상책임
   6) 육교 밑 등 피해자 과실에 의해 일어난 사고
   7) 위자료
   8) 과실상계
   9) 배상금 합의 요령

[관련 사례] 886
   [1] 면허정지 기간 중에 운전
   [2] 무면허운전 금지
   [3] 안전띠 착용
   [4] 음주운전 금지
   [5] 아파트 단지 내 음주운전도 면허취소 가능
   [6] 자동차 관리 준수사항
   [7] 자동차 승차정원
   [8] 진로 양보
   [9] 고속도로 운전 주의사항
   [10] 범칙금 납부
   [11] 도주차량 운전자 가중처벌
   [12] 교통사고 손해배상
   [13] 주차 중인 차량에 추돌한 경우의 손해배상
   [14] 호의동승과 손해배상액의 감경
   [15] 교통사고 후 스트레스 장애 등 치료를 받다가 자살했다면 보험금을 지급받을 수 있다
   [16] 교통사고 당시에는 예상하지 못한 후발손해가 발생했다면 후발손해 발생 확정 시점에 불법행위가 완성된다고 보아야 한다
   [17] 보복주차 차량의 경우 훼손이 없어도 재물손괴죄가 성립한다

제2절 자동차 소유자의 유의사항 898

1. 자동차를 신규로 등록하려면
    1) 자동차 신규 등록 구비서류
    2) 제작결함으로 반납한 자동차의 신규 등록
2. 자동차 소유자의 주소가 변경된 때
3. 중고차를 사거나 팔 때
    (1) 중고차 용어 알아두기
    (2) 중고차를 살 때
    (3) 중고차를 팔 때
4. 자동차를 도난당했을 때
    1) 자동차를 도난당하면 신고해야 한다
    2) 자동차 허위 도난신고 시 처벌된다
    3) 보험회사에 도난사실 통지
    4) 도난당한 자동차의 말소등록 신청
    5) 말소등록을 한 후 도난당한 자동차를 다시 찾은 경우에는 신규 등록 신청
5. 자동차를 폐차하려면
6. 폐차 이후 알아두어야 할 사항
    1) 말소등록
    2) 보험료의 환급 및 승계
    3) 자동차세 납부
7. 자동차 등록번호판의 관리
8. 자동차 무단방치 금지
9. 교통사고의 소멸시효
10. 교통사고 후 3년이 지나서 후유증이나 후유장애가 발생한 경우에는 보험회사로부터 보험금을 청구할 수 있는지
11. 과태료를 납부하지 않으면 받는 법적제재
12. 책임보험 가입의무
    1) 책임보험 미가입차량을 운행하면
    2) 책임보험 가입의무를 면제받으려면
    3) 책임보험 만기안내는 어떻게 해주나
    4) 보험만료일이 휴무일인 경우에 어떻게 하나
    5) 차량을 도난당한 경우 책임보험 가입의무는
    6) 폐차장에 입고된 차량의 책임보험 가입의무는
    7) 사고 후 정비 중인 차량의 책임보험 가입의무는
    8) 교도소 수감기간 중 책임보험 가입의무는

제3절 자동차손해배상보장법 개정 908
[시행 2022. 7. 28.] [법률 제18347호, 2021. 7. 27. 일부개정]
1. 음주운전·무면허·뺑소니 사고는 보험금 전액을 구상할 수 있다
2. 마약·약물 운전에 사고부담금이 적용된다
3. 교통사고처리특례법상 12대 중과실로 사고를 일으킨 경우, 가해자 차량은 그 수리비를 상대방에게 청구할 수 없다

[관련 서식] 910
[제9단원 서식 1] 고소장 표준 양식
[제9단원 서식 2] 구속적부심청구서
[제9단원 서식 3] 보석허가청구서
[제9단원 서식 4] 형사합의서
[제9단원 서식 5] 정식재판청구서
[제9단원 서식 6] 배상명령신청서
[제9단원 서식 7] 형사보상청구서
[제9단원 서식 8] 항소장 및 항소이유서(형사)
[제9단원 서식 9] 항고장
[제9단원 서식 10] 금전공탁서(형사공탁)
[제9단원 서식 11] 자동차손해배상보장사업 손해보상금 지급청구서

제10단원 헌법과 기본권

제1장·헌법이란 922

제2장·국민의 기본권 922

제1절 국민의 기본권의 분류 922

제2절 선거권과 피선거권 923
1. 의의
2. 자격요건
3. 선거권과 피선거권이 없는 자

제3절 국가배상청구권 925
1. 국가배상법
2. 배상신청을 할 수 있는 경우
3. 신청방법
4. 배상신청 시 구비서류
5. 배상신청에 대한 배상심의회의 결정
6. 배상범위
7. 국가배상제도의 장점

[국가배상 관련 사례] 929
  [1] 국가배상청구권 소멸시효
  [2] 국가배상소송을 하려면 인과관계가 확실해야 한다
  [3] 국가이중배상금지

[관련 판례] 930

제4절 환경에 관한 법률상식 931
1. 환경과 환경오염
2. 환경오염의 원인
3. 오염행위의 규제
4. 환경오염으로 인한 피해의 구제
5. 환경보전을 위하여 지켜야 할 사항

제3장 · 헌법재판을 통한 기본권 보장 936

제1절 위헌법률심판 936
1. 위헌법률심판제도란
2. 위헌법률심판의 절차
3. 위헌법률심판의 요건
4. 법률에 대한 위헌결정의 효력

제2절 헌법소원심판 938
1. 헌법소원심판제도란
2. 헌법소원은 누가 신청할 수 있나
3. 헌법소원심판 청구절차 – 변호사 강제주의
4. 헌법소원의 요건
5. 헌법소원의 대상

6. 헌법소원심판의 절차
7. 헌법소원의 결정과 그 효력

[헌법소원 사례] 943

[1] 도로교통법 제60조제1항 [합헌] (갓길 통행금지 등)
[2] 군형법 제60조의6 [합헌] (반의사불벌죄 적용 배제)
[3] 민법 제844조제3항 [헌법불합치] (혼인관계 종료의 날로부터 300일 내에 출생한 자, 전남편의 자녀로 추정)
[4] 성매매처벌법 제2조제1항제4호, 제6조 [인용] (성매매피해자 처벌특례와 보호)
[5] 구공무원연금법 제59조제1항제2호 [합헌] (재혼할 경우 유족연금수급권 상실)

[서식] 948

[제10단원 서식 1] 국가배상신청서
[제10단원 서식 2] 위헌법률심판 제청신청서
[제10단원 서식 3] 헌법소원심판청구서(권리구제형 헌법소원)
[제10단원 서식 4] 헌법소원심판청구서(위헌법률심사형 헌법소원)

제1단원

분쟁해결과 법률구조

사회가 복잡해지고 문제도 복잡하고 다양해져서 이에 대처하는 법률도 수없이 많다. 법을 전공한 사람도 명칭만 기억하기도 어려운 지경이다. 하물며 가난하고 법에 무지한 사람들이 자신들의 문제 해결을 위한 법적인 가능한 수단을 스스로 발견하기는 어렵다.

정의는 모든 사람에게 평등하다는 것만으로는 충분하지 않다. 모든 사람에게 평등이 실현되도록 하는 것이 필요하다. "권리 위에서 잠자는 사람은 그 권리를 보호받을 자격이 없다"는 말을 법을 전공한 사람은 듣지 못한 사람이 없을 것이다. 이제는 잠자는 사람을 깨워 그의 권리를 알려주어야 한다. 아울러 그 권리실현을 위한 방법도 알려주어야 한다. 이것이 현대 국가와 법률구조서비스 제공자들의 책임이다.

법률복지전달에 가장 효과적인 방법은 예방이다. 그들의 권리가 합법적인 절차를 통해서 보장될 수 있고, 잘못된 법을 개정할 수 있는 권리를 그들이 가지고 있다는 것을 확실히 알게 될 경우 요즈음 일어나는 극악한 사건들이 우리 사회에서 사라지고, 모두가 안정되고 평화로운 복지사회가 이루어질 것이다.

제1장 분쟁을 해결하는 여러 가지 방식

제1절 소송을 통한 분쟁해결 방식
- 정식절차 (민사소송, 형사소송절차)
- 약식절차
- 즉결심판절차
- 소액사건심판절차
- 독촉절차

제2절 대안적 분쟁해결 방식

1. 대안적 분쟁해결 방식과 시민의식
일반적으로 소송은 절차가 복잡하고 비용이 많이 들며, 시일이 오래 걸리는 단점이 있다. 또한 소송은 국가기관의 일방적이고 강제적인 결정에 의해 분쟁을 해결한다는 점과 엄격한 법적용에 의해 실제 사례에서는 구체적 타당성을 가지지 못할 수 있다는 점이 문제로 지적되고 있다. 따라서 이러한 소송의 문제점을 극복하기 위하여 국제적으로 협상(negotiation), 알선(conciliation), 조정(mediation), 중재(arbitration) 등의 대안적 분쟁해결방식(alternative dis-pute resolution)이 제도화되고 있다.

1) 협상(Negotiation)
제삼자 개입 없이 당사자끼리 합의에 의해 해결하는 것

2) 알선(conciliation)
알선은 당사자끼리의 합의에 의해 분쟁을 해결한다는 점에서 협상과 같지만, 제삼자가 당사자들이 합의할 수 있도록 자리를 마련해 주는 등의 방식으로 분쟁해결을 도와준다는 점이 다르다.

3) 조정(mediation)
조정은 중립적인 제삼자가 개입하여 양 당사자들을 적극적으로 설득하고 양보하게 하는 방식으로 당사자끼리 합의하도록 도와주는 것을 말한다. 조정은 제삼자가 적극적으로 개입하기는 하지만 중재와는 달리 제삼자의 조정안을 당사자가 수용하지 않을 수도 있다. 대표적으로 민사, 가사조정제도가 있다.

4) 중재(arbitration)
당사자끼리 분쟁이 해결되지 않을 때, 중립적인 제삼자의 결정에 따르기로 당사자들이 합의하고 제삼자가 중재안을 내놓는 것을 중재라고 한다. 중재는 사적으로 행해지지만, 법원이 아닌 중재위원회 등 다른 공공기관의 판정에 의해 해결하는 경우도 많다. 공적기관에 의한 중재의 예로는 국가 간의 분쟁에 대해 제삼의 판단기관이 나서는 국제법상의 중재, 상거래 분쟁에 대한 중재법상의 중재, 노사분규 등에 의한 노동법상의 중재 등이 있다.

이런 대안적 분쟁해결 방식들은 정식소송절차와 비교하여 저렴한 비용으로 분쟁을 빨리 해결하고, 당사자들의 타협과 양보에 기초하여 해결책을 마련할 수 있다는 등의 장점을 갖추고 있기 때문에 널리 활용하는 것이 바람직하다.

2. 슬기로운 분쟁해결을 위한 시민의 자세
법률분쟁이 발생하면 당사자인 시민들은 경제적, 시간적으로 크게 손해를 보게 됨은 물론이고, 해결 과정에서 상당한 심적 고통도 뒤따르게 된다. 그러므로 당사자들은 하루빨리 분쟁을 해결하고자 법률적 자문을 구하게 되고, 이때 양질의 법률서비스를 제공받기 위해서는 별도의 비용을 추가적으로 지불할 수밖에 없는 것이 현실이다. 따라서 일반 시민들은 갈등과 분쟁이 발생하지 않도록 사전에 충분히 예방하여야 하며, 분쟁이 발생했을 때에도 가능한 한 최선의 해결책을 제공받을 수 있는 방법을 찾도록 노력해야 한다. 분쟁의 예방과 해결을 위한 최선의 실천방법 원리에는 어떤 것들이 있는지 알아보도록 하자.

■ 분쟁을 미리 예방하자

되도록 분쟁 자체가 발생하지 않도록 해야 한다. 일상생활에서 가장 중요한 미덕이 바로 분쟁을 예방하는 삶의 지혜이다. 예를 들면 일상생활에서 거래를 할 때에도 구두계약보다는 계약서를 문서로 작성하는 것이 분쟁을 효과적으로 예방하는 방법이다.

■ 제도와 절차를 이용하자

분쟁이 발생했다면 법률제도의 절차를 충분히 활용하는 적극적인 자세가 필요하다. 법률 격언 중 "권리 위에 잠자는 자는 보호받지 못한다."라는 말이 있다. 이는 자신의 권리는 스스로 지켜야 한다는 의미를 담고 있는 말이다. 법률생활에 있어 침묵은 "금"이 아니라 "독"이다.

■ 결과는 수용하자

시민들은 법률제도를 통해 제시된 해결책을 수용하는 자세가 필요하다. 법률제도는 개인들의 이해관계가 충돌하는 분쟁을 최대한 공정하게 해결하기 위해 공동체가 합의한 질서이다. 따라서 법이 자신의 편이 아니라 생각되어도 정당한 절차에 따라 이루어진 분쟁해결 결과라면 우리는 그 결과를 받아들일 줄 알아야 한다. 그러나 법이 언제나 완벽한 것은 아니라는 점 역시 잊어서는 안 된다. 우리는 법적 판단을 존중해야 하지만, 다른 한편으로는 법의 부족함을 보완하고 잘못된 법을 개선시켜 나가야 한다.

■ 공동체 구성원으로서 책임의식을 가지자

모든 사람은 자기의 자유가 최대한 지켜지고 차별받지 않고 평등하게 대접받고 자기의 존엄이 지켜지기를 바란다. 타인도 마찬가지임을 잊지 않아야 한다. 우리는 주위에서 자신의 책임을 망각한 채 무조건 "법대로 하자"고 목소리를 높이는 사람들을 종종 볼 수 있다. 그러나 우리 모두는 공동체 구성원으로서 국가와 사회라는 테두리 안에서 보호받으며 생활하고 있다는 점을 먼저 생각해 볼 필요가 있다. 각자가 공동체 구성원으로서 책임과 의무를 다했는지 따져 본 다음 비로소 자신의 권리를 주장하는 것이 민주시민으로서 바람직한 태도이다.

제2장 법률구조와 법률정보의 이용

법 제도의 일반적인 내용에 대하여 많은 지식을 가지고 있는 사람도 막상 자신에게 법률문제가 생기면 어디서부터 어떻게 시작해야 할지 난감해하기 쉽다. 뿐만 아니라, 별다른 절차나 큰 비용 없이 누구나 이용할 수 있는 '문턱이 낮은' 법률상담 및 구제 제도가 마련되어 있다는 사실조차 몰라서 출발점에서부터 비관에 빠지는 경우도 많다.

이 절에서는 법률 지식이 전혀 없는 사람에서부터 상당한 정도의 지식을 가지고 있는 사람에 이르기까지 인터넷을 통해 손쉽게 법률정보를 얻는 방법과 실질적으로 활용할 수 있는 법률상담 및 구제 제도 등에 대해 살펴보고자 한다.

제1절 법률구조 및 상담기관

법률구조제도는 경제적으로 어렵거나 법률지식이 부족해 법의 보호를 충분히 받지 못하는 국민의 기본적 인권 옹호를 위해 법률상담, 소송대리 및 형사변호 등의 법률서비스를 지원하는 사회복지제도이다.

1. 대한가정법률복지상담원 – 피해를 입고도 법을 몰라 호소할 길조차 못 찾겠어요. 도와주세요!

대한가정법률복지상담원에서는 법률상담, 화해조정과 대서 및 무료 소송대리, 법의 서민화 운동, 분쟁예방 교육 등의 법률구조서비스를 지원한다.

1) 지원 대상 및 지원 요건

모든 국내·외 국민 및 국내 거주 외국인을 대상으로 법률상담을 진행하고 있으며, 가정폭력·성폭력피해자, 저소득층, 다문화가정, 한부모가정, 학대피해아동 등 소외계층을 대상으로 법률구조서비스를 지원하고 있다.

2) 지원 내용

- 법률상담
    ① 면접상담
        - 평일 : 오전 10시~오후 5시(접수 오후 4시까지)
        - 야간상담 : 매주 월요일 오후 6~9시(접수 오후 8시까지, 예약가능)
    ② 전화상담 ☎ 02-2697-0155, 02-3675-0142~3
    ③ 온라인상담 : 대한가정법률복지상담원 홈페이지 게시판(LawQA.or.kr ➤ 온라인상담) 또는 이메일(LawQA@chol.com)
    ④ 출장상담(세부내용은 홈페이지 상담안내 ➤ 상담방법 참조)
    ⑤ 서신 / 지상상담

- 화해조정 및 소송서류 등 무료 대서
- 소송구조 : 상담원 스탭변호사 및 자원봉사 변호사로 구성된 "법률구조변호사단" 변호사들이 수행
- 부설 가정폭력상담소, 성폭력피해자쉼터, 성폭력·가정폭력피해자 주거지원시설 운영
- 지부

지부명	소 재 지	전화번호
인천지부	인천광역시 미추홀구 경원대로 867, 르네상스빌딩 1707호 (주안동)	(032) 875-1361
아산지부	충청남도 아산시 순천향로 1060 (공수리)	(041) 546-6655, 546-9181(9191)
부산지부	부산광역시 사상구 괘감로 77, 감전교회 선교관 1층 (괘법동)	(051) 323-1361
대전지부	대전광역시 동구 동부로 56-8, 판암주공4단지 상가2층 (판암동)	(042) 631-5570
익산지부	전라북도 익산시 익산대로 177, 3층 (창인동1가)	(063) 841-3543
강화·서인천지부	인천광역시 서구 경명대로 676, 코스코스빌딩 5층 (공촌동)	(032) 564-1366 (1369)

2. 대한법률구조공단 – 생활이 어려운데 법률적 지원을 해주는 곳이 있나요?

대한법률구조공단에서는 법률상담과 무료 소송대리 등의 법률서비스를 지원한다. 공단은 본부, 18개 지부, 42개 출장소, 74개 지소, 1개 법문화교육센터로 조직되어 있다.

1) 지원 대상 및 지원 요건

보건복지부장관이 고시하는 기준 중위 소득의 125% 이하인 국민 또는 국내 거주 외국인 범죄피해자는 무료로 소송대리 등의 법률서비스를 지원받을 수 있다. 단, 대물피해만 발생한 교통사고는 지원 대상에서 제외된다.

※ 구체적인 지원 대상 및 지원 요건은 공단 홈페이지(www.klac.or.kr) 참조

2) 지원 내용

무료 법률상담, 소송서류 무료 작성, 민·가사 사건에 대한 소송대리, 형사사건에 대한 무료 변호 등 다양한 법률서비스를 지원한다. 법률상담은 사전 예약하여 공단 사무소를 방문

하거나, 화상상담, 전화(국번없이 132) 또는 공단 홈페이지(www.klac.or.kr)를 통해 온라인 상담, 챗봇·채팅상담도 가능하다.

3. 대한변협 법률구조재단 – 법률지식도 없고 금전적 여유도 없는데 소송을 도움받을 곳이 있나요?

대한변협 법률구조재단에서는 무료 소송대리 등의 법률서비스를 지원한다.

1) 지원 대상 및 지원 요건

국민기초생활보장법이 정한 보호대상자 등 소송비용을 지출함으로써 생계가 곤란하게 될 자, 한부모가정, 성폭력 및 가정폭력피해자, 다문화가정 및 이주외국인, 국제법상 난민, 북한이탈주민, 기타 재단이 구조함이 상당하다고 인정한 자, 대한변호사협회, 국가인권위원회가 특별히 구조를 필요로 한다고 인정한 자 등의 취약계층을 대상으로 법률구조를 지원한다.

2) 지원 내용

- 법률구조

  재단 수행변호사단은 전국에 총 1,250여명의 변호사로 구성되어 있으며, 이에 따라 전국 어디서나 민·형사 뿐만 아니라 가사, 행정, 헌법소원 등 국가를 상대로 한 소송 등 다양한 소송에 대한 법률구조서비스 이용이 가능하다.

  ※ 구체적인 지원 대상 및 지원 요건과 법률구조 신청 방법 등은 재단 홈페이지 (www.legalaid.or.kr) 참조

4. 한국가정법률상담소 – 법을 잘 몰라 피해가 더 클 것 같아요. 도와주세요!

한국가정법률상담소에서는 법률상담, 화해조정과 대서 및 무료 소송대리 등의 법률구조서비스를 지원한다.

1) 지원 대상 및 지원 요건

가정폭력피해여성, 한부모가정, 다문화가정, 저소득가정 등 취약계층을 대상으로 법률서비스를 지원한다.

2) 지원 내용

- 법률상담

① 면접상담
- 평일 : 오전 10시~오후 5시 (접수 오후 4시까지)
- 야간상담 : 매주 월요일 오후 6~9시(접수 오후 7시까지)
② 전화상담(1644-7077)
③ 인터넷상담 : 한국가정법률상담소 홈페이지(www.lawhome.or.kr ➤ 온라인상담실)
④ 화상상담(예약)
⑤ 피해자 쉼터 순회상담, 서울가정법원 종합민원실 출장상담(평일 오전 9시~오후 6시) 등

- 화해조정과 소장 등 소송서류 무료 지원
- 소송구조 : 상담소 소속 변호사와 자원봉사 변호사로 구성된 "백인 변호사단" 가입 변호사들이 수행
- 상담소 부설 가정폭력상담소 운영

제2절 온라인에서 법률정보 얻기

기관명	홈페이지	기관명	홈페이지
대한가정법률복지상담원	LawQA.or.kr	법무부	moj.go.kr
대한법률구조공단	klac.or.kr	법제처	moleg.go.kr
한국가정법률상담소	lawhome.or.kr	헌법재판소	ccourt.go.kr
대한변협 법률구조재단	legalaid.or.kr	국토교통부	molit.go.kr
국가법령정보센터	law.go.kr	보건복지부	mohw.go.kr
찾기 쉬운 생활법령정보	easylaw.go.kr	여성가족부	mogef.go.kr
대한민국법원 종합법률정보	glaw.scourt.go.kr	고용보험	ei.go.kr
대한민국법원 전자민원센터	help.scourt.go.kr	근로복지공단	comwel.or.kr
대한민국법원 인터넷등기소	iros.go.kr	국민연금공단	nps.or.kr
국가인권위원회	humanrights.go.kr	국민건강보험	nhis.or.kr
아동권리보장원	ncrc.or.kr	국세상담센터	call.nts.go.kr
국회 법률지식정보시스템	likms.assembly.go.kr	안심전세포털	khug.or.kr/jeonse
출입국·외국인정책본부	immigration.go.kr	네이버	www.naver.com
다음넷	www.daum.net	구글	www.google.com
꿈드림청소년지원센터	kdream.or.klr	청소년상담복지센터	kyci.or.kr

제2단원

아동·청소년 교육

제1장 한국 아동·청소년 관련법에서의 "아동·청소년"의 정의

1. **「아동복지법」에서의 "아동"이란**

   "아동"이란 18세 미만의 사람을 말한다(법 제3조제1호).

2. **「아동·청소년의 성보호에 관한 법률」에서의 "아동·청소년"이란**

   "아동·청소년"은 19세 미만의 사람을 말하는데, 19세에 도달하는 연도의 1월 1일을 맞이한 사람은 대상에서 제외된다(법 제2조제1호).

3. **「학교 밖 청소년 지원에 관한 법률」에서의 "청소년"이란**

   "청소년"이란 9세 이상 24세 이하인 사람을 말한다(법 제2조제1호 및 청소년기본법 제3조제1호 본문).

4. **"근로청소년"이란**

   "근로청소년"은 19세 미만의 청소년을 말한다. 개별법령에 따라 근로청소년의 해당연령이 다르므로 주의가 필요하다(청소년의 근로가능연령 부분에서 자세히 설명).

제2장 아동 학대

제1절 아동학대의 정의

1. **"아동"이란**

   "아동"이란 18세 미만의 사람을 말한다(아동복지법 제3조제1호).

2. **"아동학대"란**

   "아동학대"란 보호자를 포함한 성인이 아동의 건강 또는 복지를 해치거나 정상적 발달을 저해할 수 있는 신체적·정신적·성적 폭력이나 가혹행위를 하는 것과 아동의 보호자가 아동을 유기하거나 방임하는 것을 말한다(아동복지법 제3조제7호).

제2절 아동학대의 유형

※ 아동권리보장원 홈페이지(www.ncrc.or.kr) 참조

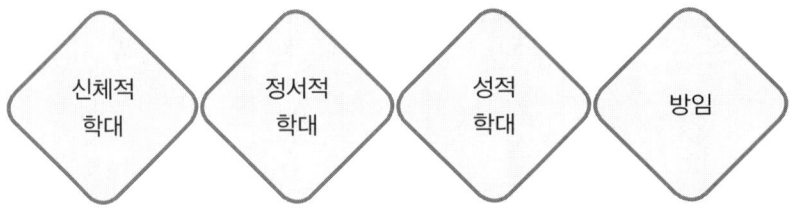

1. 신체적 학대

"신체적 학대(physical abuse)"란 보호자를 포함한 성인이 아동에게 우발적인 사고가 아닌 상황에서 신체적 손상을 입히거나 또는 신체손상을 입도록 허용한 모든 행위를 말한다.

아동학대는 신체적인 학대가 가장 일반적이다. 가장 눈에 두드러지는 손상을 가져오며 발견하기 쉽기 때문이다. 우리나라의 경우 아동학대에 대한 자세한 통계는 없지만, 의사들이 병원에 온 아동으로부터 담뱃불로 지진 화상, 끓는 물에 덴 화상, 골절 흔적, 복부외상, 안구 손상 등 고의적 학대 사례가 발견되는 편이다. 이는 보통 신문이나 TV에서 많이 다뤄지는, 보호자나 양육자에 의해 체벌이란 이름으로 가해지는 신체적 손상행위이기도 하다.

우리나라 부모의 80%는 훈육을 목적으로 체벌을 사용한다고 밝혀진 편이다. 그러한 체벌의 결과 **부모의 체벌을 받는 아동의 10%는** 타박상, 장골골절, 장파열, 심지어 두개골 파열 등 **의사의 치료를 요하는 상처를 입고 있으며, 그중 상당수가 사망**하는 것으로 의사들은 보고 있다. 부모의 구타에 의해 자녀가 사망해도 훈육의 이름으로 정상이 참작되어 살인죄를 면하게 되는 것이 우리의 현실이다.

2. 정서적 학대

"정서적 학대(emotional abuse)"란 보호자를 포함한 성인이 아동에게 행하는 언어적 모욕, 정서적 위협, 감금이나 억제, 기타 가학적인 행위를 말하며 언어적, 정신적, 심리적 학대라고도 한다.

정서적 학대는 아동에 대한 무시나 거부 혹은 애정이나 칭찬을 하지 않는 것과 같은 소극적 형태의 학대와 끊임없이 고함을 치거나 위협, 공포, 트집을 잡기 혹은 아동에 대한 언어적 거부 등과 같은 적극적 형태의 학대를 포함한다. 이는 부모 또는 아동을 돌보는 사람이 아동에 대해 극히 부정적인 태도를 가지며 언어적 또는 정서적으로 공격하거나 공격의 위협을 가하는 것이다. 예를 들면 아동의 행동이 부모의 죽음 또는 자살까지 불러올 수 있다고 위협하는 것, 아동을 어두운 곳에 가둬두는 등의 위협 또는 처벌로 무서움에 떨게 하는 것, 아동을 아동으로 인정하지 않는 것, 사랑이나 애정을 주지 않는 것, 아동이 정상적인 취약점을 표하거나 사랑을 구할 때 겁주거나 놀려주는 것, 아동의 능력을 훨씬 뛰어넘는 성취를 하도록 극도의 압력을 가하고, 아동의 발달 능력이나 개인차를 고려하지 않고 형제자매 혹은 친구와 비교 차별하는 것, 아동의 연령이나 능력을 고려하지 않고 양육자의 욕구를 충족시키기 위해 아동을 이용하는 행위, 다른 아동을 학대하도록 강요하는 행위 등이 있다.

이러한 행위는 아동에게 당장에는 심각한 손상을 가하지는 않을지 모르지만, 아동을 정서적으로 불안하게 함으로써 대인관계나 사회 적응에 장애를 불러일으키게 된다는 점에서 그 문제가 심각하다고 보아야 한다. 이는 정서적 학대가 신체적 학대와 비교하여 덜 심각하다고 생각할 수 있지만, 실제로는 그 반대의 경우가 많은 이유이다.

3. 성적 학대

"성적 학대(sexual abuse)"란 보호자를 포함한 성인이 자신의 성적 충족을 목적으로 18세 미만의 아동에게 행하는 모든 성적 행위를 말한다. 자신의 성적 만족을 위해 아동을 관찰, 아동에게 성적인 노출, 옷을 벗기거나 벗겨서 관찰, 성관계 장면을 노출, 나체 및 성기 노출, 자위행위 노출 및 강요, 음란물 노출하는 행위, 구강추행, 성기추행, 항문추행, 기타 신체부위를 성적으로 추행, 아동에게 유사 성행위 시도(드라이 성교 등), 성교를 하는 행위(성기삽입, 구강성교, 항문성교), 성매매를 시키거나 성매매를 매개하는 행위 등이다.

성적 학대는 성폭력이라고도 하며, 가정 내 성폭력과 가정 밖 성폭력으로 나눈다. 우리나라의 경우 성폭력의 30%는 가정에서 이루어지고 있으며, 산부인과 의사들은 연간 60건 이상의 근친 강간을 진료하고 있다. 근친 강간의 특징은 가해 부모나 형제가 단지 성적 욕구만을 충족하는 것이 아니라 가해자 자신이 가지고 있는 문제점이나 충족되지 않는 욕구를 해소하기 위해 자신들의 지위와 힘을 이용한다는 것이다.

성적 학대의 문제점은 **단발성으로 끝나지 않는다**는 것이다. 또한 겉으로 드러나지 않을 뿐 아니라, 가정 내 근친 강간은 가해자인 성인이 피해자인 아동에게 타인에게 알리지 못하도록 압력을 가하며 언급조차 금기시하는 사회적 분위기 때문에 대부분이 은폐되어 은근슬쩍 넘어가 조기 발견과 해결이 어렵다는 문제가 있다.

4. 방임

"방임(non-intervention)"이란 보호자가 아동에게 위험한 환경에 처하게 하거나 아동에게 필요한 의식주, 의무교육, 의료적 조치 등을 제공하지 않는 행위를 말하며, 유기란 보호자가 아동을 보호하지 않고 버리는 행위를 말한다.

방임에는 신체적 방임, 정서적 방임, 의료적 방임, 교육적 방임, 성적 방임 등이 있다. 먼저 신체적 방임은 음식을 제대로 먹지 못하거나 위협하고 불결한 주거환경에 아동이 그대로 방치된 것을 말하고, 정서적 방임은 아동에게 말을 걸지 않거나 쓰다듬고 안아주지 않는, 정서적·신체적 접촉이 결핍된 것을 말한다. 그리고 정기적인 검사는커녕 아동이 아픔을 호소해도 적절한 조치를 받지 못하는 것을 의료적 방임이라 하고, 아동의 교육에 필요한 교육적, 물질적 자원이 제대로 제공되지 못하는 것을 교육적 방임, 그리고 성적인 교육을 전혀 받지 못하거나 불건전한 성관계를 다룬 매체의 자극에 그대로 노출된 것을 성적 방임이라고 한다.

🖋 아동학대 관련 사례

[1] 아동학대의 정의 및 유형

> 학교에 자주 나오지 않던 우리 반 학생이 자퇴를 하려고 해서 상담을 해보니 친부가 양육을 소홀히 하고 자녀를 방치하고 있었습니다. 아동학대로 신고하고 싶은데 방치행위도 아동학대에 해당하나요?

네. 방치행위도 아동학대에 해당합니다. 보호자가 아동을 위험한 환경에 처하게 하거나 아동에게 필요한 의식주, 의무교육, 의료적 조치 등을 제공하지 않는 행위 또는 아동을 보호하지 않고 버리는 행위는 아동학대의 유형 중 방임에 해당합니다.

[2] 아동학대 신고의무자

> 통계에 따르면 아동학대 신고 사례 중 신고의무자에 의해 신고된 사례가 아동학대로 판정되는 비율이 높다고 합니다. 그만큼 신고의무자의 역할이 중요하다고 할 수 있는데요. 어떤 사람이 아동학대 신고 의무자에 해당하나요?

아동학대 신고의무자는 직무를 수행하면서 아동학대를 쉽게 발견할 수 있는 직업군의 사람으로 아래와 같습니다.

◇ 아동학대 신고의무자(아동학대범죄의 처벌 등에 관한 특례법 제10조제2항)
- 아동권리보장원 및 가정위탁지원센터의 장과 그 종사자
- 아동복지시설의 장과 그 종사자(아동보호전문기관의 장과 그 종사자는 제외)
- 아동복지전담공무원
- 가정폭력 관련 상담소 및 가정폭력피해자 보호시설의 장과 그 종사자
- 건강가정지원센터의 장과 그 종사자
- 다문화가족지원센터의 장과 그 종사자
- 사회복지전담공무원 및 사회복지시설의 장과 그 종사자
- 성매매피해자 지원시설 및 성매매피해상담소의 장과 그 종사자
- 성폭력피해상담소, 성폭력피해자보호시설의 장과 그 종사자 및 성폭력피해자통합지원센터의 장과 그 종사자
- 119구급대의 대원
- 응급의료기관 등에 종사하는 응급구조사
- 육아종합지원센터의 장과 그 종사자 및 어린이집의 원장 등 보육교직원

- 유치원의 장과 그 종사자
- 아동보호전문기관의 장과 그 종사자
- 의료기관의 장과 그 의료기관에 종사하는 의료인 및 의료기사
- 장애인복지시설의 장과 그 종사자로서 시설에서 장애아동에 대한 상담·치료·훈련 또는 요양 업무를 수행하는 사람
- 정신건강복지센터, 정신의료기관, 정신요양시설 및 정신재활시설의 장과 그 종사자
- 청소년시설 및 청소년단체의 장과 그 종사자
- 청소년 보호·재활센터의 장과 그 종사자
- 학교의 장과 그 종사자
- 한부모가족복지시설의 장과 그 종사자
- 학원의 운영자·강사·직원 및 교습소의 교습자·직원
- 「아이돌봄 지원법」에 따른 아이돌보미
- 취약계층 아동에 대한 통합서비스지원 수행인력
- 입양기관의 장과 그 종사자
- 한국보육진흥원의 장과 그 종사자로서 어린이집 평가 업무를 수행하는 사람

아동학대 신고의무자는 아동학대를 발견하거나 의심이 있는 경우 즉시 112에 신고해야 합니다. 만약 신고의무자가 정당한 사유 없이 아동학대를 신고하지 않은 경우에는 1천만 원 이하의 과태료가 부과됩니다.

> 아동학대신고 **112**
> 아동권리보장원 ☎ (02) 6454-8500

신고를 받은 수사기관 또는 지방자치단체는 정당한 사유가 없으면 즉시 조사 또는 수사에 착수하여야 합니다. 또한 신고인은 노출되지 않도록 보호받을 수 있으며, 누구든지 신고를 이유로 신고자에게 불이익조치를 할 수 없습니다.

[3] 현장출동

> 아동학대가 의심되어 경찰에 신고하여 경찰이 그 집 앞까지 왔으나 문을 열어주지 않아 그냥 돌아가는 것을 보았습니다. 경찰이 문을 열고 들어가 학대받고 있는 아동을 도와줄 수 있는 방법은 없나요?

도와줄 수 있습니다. 경찰관이 아동학대 신고를 받고 출동한 경우 가해자가 문을 열어주지 않는 경우에도 강제로 출입문을 열고 들어가 아동학대 피해자를 보호할 수 있습니다.

◇ **현장출동**(아동학대범죄의 처벌 등에 관한 특례법 제11조)

아동학대범죄 신고를 접수한 사법경찰관리나 아동학대전담공무원은 지체 없이 아동학대

범죄의 현장에 출동해야 한다. 이들은 아동학대가 이루어지고 있는 것으로 신고된 현장 또는 피해아동을 보호하기 위하여 필요한 장소에 출입해 아동 또는 아동학대행위자 등 관계인에 대하여 조사하거나 질문을 할 수 있다.

누구든지 현장에 출동한 사법경찰관리나 아동학대전담공무원이 업무를 수행할 때에 폭행·협박이나 현장조사를 거부하는 등 그 업무 수행을 방해하는 행위를 해서는 안 된다.

[4] 응급조치 및 보호조치

> 아동학대 조사 시 아동학대에 해당하는 것으로 판단되는 경우 학대의 중단을 위해 경찰 또는 아동학대전담공무원은 어떠한 조치를 해야 하나요?

아동학대범죄의 신고를 받고 현장에 출동한 경찰이나 아동학대전담공무원은 피해아동의 의사를 존중하는 범위 내에서 보호시설·의료시설에 아이를 데려가 보호하는 응급조치를 할 수 있으며, 보호자·연고자의 가정 또는 아동복지시설 등에서 아동을 보호·양육할 수 있도록 하는 등의 필요한 조치를 해야 합니다.

◇ 응급조치(아동학대범죄의 처벌 등에 관한 특례법 제12조제1항)
현장에 출동하거나 아동학대범죄 현장을 발견한 사법경찰관리 또는 아동학대전담공무원은 피해아동 보호를 위해 즉시 다음의 조치를 해야 한다.
- 아동학대범죄 행위의 제지
- 아동학대행위자를 피해아동으로부터 격리
- 피해아동을 아동학대 관련 보호시설로 인도
- 긴급치료가 필요한 피해아동을 의료기관으로 인도

◇ 보호조치
시·도지사 또는 시장·군수·구청장은 그 관할 구역에서 보호대상아동을 발견하거나 보호자의 의뢰를 받은 경우 아동의 최상의 이익을 위해 다음에 해당하는 보호조치를 해야 한다.
- 전담공무원, 민간 전문 인력 또는 아동위원에게 보호대상아동 또는 그 보호자에 대한 상담·지도를 수행하게 하는 것
- 「민법」에 따른 친족에 해당하는 사람의 가정에서 보호·양육할 수 있도록 조치하는 것
- 보호대상아동을 적합한 유형의 가정에 위탁하여 보호·양육할 수 있도록 조치를 하는 것
- 보호대상아동을 그 보호조치에 적합한 아동복지시설에 입소시키는 것
- 약물 및 알코올 중독, 정서·행동·발달 장애, 성폭력·아동학대 피해 등으로 특수한 치료

나 요양 등의 보호를 필요로 하는 아동을 전문치료기관 또는 요양소에 입원 또는 입소시키는 것
- 입양과 관련하여 필요한 조치를 하는 것

[5] 아동학대범죄전력자의 취업제한

> 5년 전 아동학대범죄로 처벌을 받았던 어린이집 원장이 다시 어린이집을 운영하고 있는 걸 발견했습니다. 아동학대범죄전력자가 아동 관련기관에 취업하거나 운영해도 되나요?

아동학대관련범죄전력자는 그 형 또는 치료감호의 전부 또는 일부의 집행이 종료되거나 집행을 받지 않기로 확정된 후 10년까지의 기간 동안 아동관련기관을 운영하거나 아동관련기관에 취업 또는 사실상 노무를 제공할 수 없습니다(아동복지법 제29조의3).

아동관련기관의 설치 또는 설립인가·신고를 관할하는 지방자치단체의 장, 교육감 또는 교육장은 아동관련기관을 운영하려는 사람에 대해 본인의 동의를 받아 관계 기관의 장에게 아동학대관련범죄 전력조회를 요청해야 합니다. 이에 따라 아동학대관련범죄전력자 취업을 점검하고 확인해야 하는 중앙행정기관의 장은 아동관련기관의 취업제한 등을 위반하여 취업하거나 사실상 노무를 제공하는 사람에 대해 아동관련기관의 장에게 그의 해임을 요구해야 합니다(아동복지법 제29조의5).

범죄경력회보서 발급시스템

각 점검 및 확인기관의 장은 아동관련기관의 장에게 취업제한 등을 위반하여 운영 중인 아동관련기관의 폐쇄를 요구해야 하고, 이를 정당한 사유 없이 거부하거나 1개월 이내에 요구사항을 이행하지 않는 경우에는 해당 아동관련기관을 폐쇄하거나 그 등록·허가 등을 취소하거나 관계 행정기관의 장에게 이를 요구할 수 있습니다.

⚖ 아동학대 관련 판례

[1] "너 엄청 뛰지?" 4세 아이에게 층간소음 따진 어른, 아동학대 유죄(대법원 2022. 10. 27. 선고 2022도7458 판결)

A씨는 2020. 4. 10. 아파트 엘리베이터에서 윗집 주민 B씨를 만나 층간소음 문제로 항의하면서, B씨의 4세 자녀 얼굴에 자신의 얼굴을 바짝 대고 "너 요즘 왜 이렇게 시끄러워? 너 엄청 뛰어다니지?"라고 말했다. 이에 B씨가 엘리베이터에서 나가려 하자 A씨는 문을 가로막은 뒤 자녀들이 보는 앞에서 B씨를 벽으로 밀쳤고, 이를 본 B씨의 7세 자녀는 울음을 터트렸다. 재판에서 A씨는 공소사실과 같은 행동을 한 사실은 인정하지만 이는 아동학대에 해당하지 않고 고의도 없었다며, 층간소음에 항의하면서 벌어진 일로 사회상규를 위반하지 않는

정당한 행위라고 주장했다.

하지만 법원은 A씨의 행동이 아동학대라고 판단했다. 1심 재판부는 "피고인의 행위는 아동인 피해자들의 정신건강과 발달에 해를 끼치는 정서적 학대"라며, 피고인은 미필적으로나마 피해자들이 정서적으로 극심한 고통을 받을 것이란 점을 인식할 수 있었다고 판시했다. 2심 재판부도 이와 같은 판단을 유지했으며, 대법원 역시 원심이 아동복지법상 정서적 학대 행위에 관한 법리를 오해한 잘못이 없다고 보고, 징역 6개월에 집행유예 1년을 선고하고, 80시간의 사회봉사와 40시간의 아동학대 재범예방강의 수강명령, 아동관련기관에 2년간 취업제한을 명령한 원심을 확정하였다.

[2] 장애아동 전문 어린이집 보육교사가 뇌병변 2급의 장애아동을 장시간 자세 교정용 의자에 앉히고 안전벨트를 착용하게 한 것은 신체적 학대행위에 해당(대법원 2022. 11. 10. 선고 2020도6337 판결)

「아동복지법」제17조제3호는 '아동의 신체에 손상을 주거나 신체의 건강 및 발달을 해치는 신체적 학대행위'를 금지하고, 위 법 제71조제1항제2호는 위 금지행위를 한 자를 처벌하며, 「아동학대 범죄의 처벌 등에 관한 특례법」제7조, 제10조제2항은 어린이집 보육교직원 등 아동학대 신고의무자가 보호하는 아동에 대하여 아동학대범죄를 범한 때에는 가중처벌하도록 규정하고 있다.

위 규정의 '신체적 학대행위'에 해당하는지를 판단함에 있어서는 아동이 건강하게 출생하여 행복하고 안전하게 자라나도록 복지를 보장하기 위한 아동복지법의 입법목적에 비추어 행위가 발생한 장소와 시기, 행위에 이른 동기와 경위, 행위의 정도와 태양, 아동의 반응 등 구체적인 행위 전후의 사정과 더불어 아동의 연령 및 건강 상태, 행위자의 평소 성향이나 유사 행위의 반복성 여부 및 기간까지도 고려하여 종합적으로 판단하여야 할 것이다(대법원 2020. 1. 16. 선고 2017도12742 판결 등 참조).

이에 따라 장애아동 전문 어린이집 보육교사인 피고인이 뇌병변 2급의 장애아동을 장시간 자세 교정용 의자에 앉히고 안전벨트를 착용하게 하여 신체적 학대행위를 하였다고 기소된 사안에서, 대법원은 피고인의 행위가 아동에 대한 신체적 학대에 해당한다고 본 원심에 신체적 학대행위, 정당행위, 기대가능성 등에 관한 법리를 오해한 잘못이 없다고 보아 피고인의 상고를 기각하였다.

제3장 아동 · 청소년 성폭력

제1절 아동 · 청소년이란

"아동 · 청소년"은 19세 미만의 사람을 말하는데, 19세에 도달하는 연도의 1월 1일을 맞이한 사람은 대상에서 제외된다(아동 · 청소년의 성보호에 관한 법률 제2조제1호).

아동 · 청소년 중에서도 13세 미만(가해자가 19세 이상이면 13세 이상 16세 미만)의 사람에 대한 간음 또는 추행은 강간이나 강제추행 등으로 처벌이 되고, 공소시효도 적용되지 않는 등 일반 성범죄에 대한 처벌보다 엄중하게 처벌하고 있다(형법 제305조 및 청소년성보호법 제20조제3항).

제2절 성폭력이란

- 원하지 않는데 강제로 성관계를 하는 것
- 몸의 중요한 부위들, 성기나 가슴 그리고 엉덩이나 배 등 수영복으로 가려지는 부위들을 원하지 않는데 만지거나 부비거나 빠는 것
- 성기나 가슴과 같은 신체부위가 아닌 다른 신체부위라고 하더라도 상대방의 성적인 즐거움을 위해 이용당한 느낌을 받으면 성폭력
- 원하지 않는데 자기의 신체부위를 보여주거나 만져달라고 하는 것
- 행동으로 하지는 않더라도 신체부위나 성행위에 대한 말로 기분 나쁜 농담을 하거나 놀리는 것
- 야한 비디오나 음란물을 보여주는 것. 강제로 보여주는 것이 아니더라도 어린이나 지적 능력이 낮은 사람의 호기심을 자극해서 보여주는 것
- 어린이의 경우에는 스스로 동의했다고 하더라도 어른이나 나이 많은 청소년이 성적인 행동을 유도하는 것. 생각이나 판단이 다 자라지 못한 어린이들이 몸과 마음을 다치지 않도록 어른들이 보호해 줘야 함. 그러니까 어린이가 동의했다고 하더라도 어른이나 나이 많은 청소년이 성적인 행동을 함께 한다면 그것은 성폭력
- 상대방이 원하지 않는 성적인 말이나 행동을 해 상대방에게 성적 굴욕감이나 수치심을 느끼게 하는 행위는 성희롱으로 역시 성폭력에 해당

📖 아동·청소년 성폭력 관련 사례

[1] 심신미약 상태에서 저지른 성범죄에 대한 감경규정의 적용 여부

> 아이가 성폭행을 당한 것을 알고 신고해서 범인을 잡았는데, 술을 마신 상태에서 저지른 범죄라 처벌이 가벼울 거라고 하더군요. 정말 술을 마신 상태에서 저지른 성범죄는 처벌이 가벼운가요?

아닙니다. 아동·청소년 성폭력범죄의 경우에는 음주 또는 약물로 인한 상태에서 행한 성범죄에 대한 감경규정이 적용되지 않습니다(청소년성보호법 제19조).

형법은 심신장애로 인해 사물을 변별할 능력이 없거나 의사를 결정할 능력이 없는 사람의 행위는 처벌하지 않고, 변별능력이나 의사결정능력이 미약한 상태에서 한 행위는 감경할 수 있고, 농아자의 행위는 감경하도록 규정하고 있습니다. 그러나 아동·청소년 대상 성폭력범죄의 경우에는 그 범죄의 심각성으로 인해 비록 음주나 약물을 한 상태에서 저지른 범행이라 하더라도 일반적인 성폭력범죄자와 같이 처벌하거나 감경하지 않을 수 있습니다. 따라서 음주를 했다는 이유 외에 참작사유가 없다면 감경되지 않고 처벌을 받게 될 것입니다.

[2] 공소시효의 특례

> 아동·청소년이 성폭력을 당한 후 두려움 때문에 말을 하지 못하다가 성인이 된 후 범죄자를 찾아 처벌하고자 합니다. 시간이 많이 지났는데 처벌할 수 있나요?

처벌할 수 있습니다. 아동·청소년을 대상으로 한 성범죄의 경우에는 공소시효의 특례가 적용됩니다(청소년성보호법 제20조).

"공소시효"란 어떤 범죄에 대해 일정기간이 경과하면 소송의 제기를 허용하지 않는 제도를 말합니다. 이는 시간의 경과로 인해 소송법상으로는 증거판단이 곤란하게 된다는 것, 실체법상으로는 범죄에 대한 사회의 관심 약화, 피고인의 생활안정 보장 등을 위해 존재합니다. 그러나 성범죄피해자가 13세 이상의 미성년자인 경우 공소시효는 해당 피해자가 성년이 된 날부터 진행되며, 피해자가 13세 미만의 미성년자이거나 일정한 성범죄의 경우 공소시효 자체가 적용되지 않습니다.

◇ 13세 미만의 사람에 대한 공소시효의 특례

13세 미만의 사람 및 신체적인 또는 정신적인 장애가 있는 사람에게 행한 강간죄, 강제추행죄, 준강간죄, 준강제추행죄, 강간 등 상해·치상, 강간 등 살인·치사 등의 성폭력범죄에 대해서는 공소시효가 적용되지 않으므로, 언제든지 소송을 제기할 수 있다.

◇ 13세 이상의 사람에 대한 공소시효의 특례

공소시효가 적용되는 13세 이상의 아동·청소년에게 행한 성범죄의 공소시효는 범죄행위가 종료한 때부터 진행한다는 형사소송법의 규정에도 불구하고 해당 성범죄로 피해를 당한 아동·청소년이 성년(만 19세 이상)에 달한 날부터 진행됩니다. 그리고 DNA, 지문, 음성 등 그 죄를 증명할 수 있는 과학적인 증거가 있는 경우 공소시효가 10년 연장됩니다.

또한 강간 등 살인 및 아동·청소년성착취물을 제작·수입 또는 수출하는 성폭력 범죄를 범한 경우에는 공소시효가 적용되지 않습니다.

[3] 아동에 의해 발생한 성폭력 처벌

> 초등학생 딸을 둔 부모입니다. 같은 반 남자아이로부터 성추행을 당했는데 처벌받게 하고 싶습니다. 너무 어려 처벌할 수가 없는 건가요?

네. 기본적으로 10세 미만의 아동 상호 간에 발생한 성폭력은 법적으로 처벌할 수가 없습니다. 처벌보단 치료와 교육이 필요하다는 판단 때문입니다. 10세 이상 16세 미만의 아동·청소년은 소년부에 송치되어 보호처분과 재범예방을 위해 수강명령처분을 받을 수 있습니다.

이와 별개로 가해아동의 보호자를 상대로 별도의 민사소송을 제기하면 손해배상을 받을 수도 있을 것입니다. 해바라기아동센터나 성폭력상담소 등의 전문기관과 상담한 후 필요한 중재 혹은 지원을 요청하시면 피해자녀에 대한 적극적인 사과와 적절한 보상을 받을 수 있도록 도움을 받을 수 있습니다.

[4] 청소년 성매매피해자의 보호

> 학교 선배가 쉽게 돈을 벌 수 있는 방법이 있다며 자기가 소개해 주는 사람과 한 번만 만나 놀아주면 용돈을 벌 수 있다고 해서 찾아갔는데, 성매매를 하도록 하였습니다. 저는 성매매피해자인데도 불구하고 성매매를 이유로 처벌을 받아야 하나요?

청소년으로서 성매매를 하도록 알선·유인된 사람은 성매매피해자로 분류되어 처벌을 받지 않습니다. 그러나 청소년으로 하여금 성매매를 하도록 알선·유인한 사람은 7년 이하의 징역 또는 5천만 원 이하의 벌금형에 처해집니다(청소년성보호법 제15조제2항).

◇ **성매매피해자**(성매매알선 등 행위의 처벌에 관한 법률 제2조제1항제4호)
- 위계, 위력, 그 밖에 이에 준하는 방법으로 성매매를 강요당한 사람
- 업무관계, 고용관계, 그 밖의 관계로 보호 또는 감독하는 사람에 의해 마약·향정신성의

약품 또는 대마에 중독되어 성매매를 한 사람
- 청소년, 사물을 변별하거나 의사를 결정할 능력이 없거나 미약한 사람
- 타인의 보호·감독이 없으면 정상적으로 일상생활 또는 사회생활을 영위하기 어렵고, 이로 인해 타인의 부당한 압력이나 기망·유인에 대한 저항능력이 취약한 사람으로서 성매매를 하도록 알선·유인된 사람
- 성매매 목적의 인신매매를 당한 사람

[5] 성범죄자 신상공개 및 우편고지 제도

> 저는 아이를 키우는 부모입니다. 집 주변에 이상한 사람이 살까봐 아이를 놀이터에 보낼 때도 불안합니다. 주변에 성범죄 전과자가 사는 건 아닌지 확인할 방법이 있나요?

있습니다. 현재 우리나라는 성범죄자 신상공개 및 우편고지 제도를 시행하고 있습니다.

신상정보 공개명령 및 고지명령은 아동·청소년을 대상으로 한 성폭력범죄를 효과적으로 예방하고 그 범죄로부터 아동·청소년을 보호함을 목적으로 하는 일종의 보안처분으로, 범죄의 책임을 추궁하는 형벌과는 다릅니다.

성범죄자가 법원으로부터 신상정보 공개명령 및 고지명령 처분을 받으면 정부기관에 신상정보가 등록되어 성범죄자 알림e사이트(www.sexoffender.go.kr)에 공개되고, 성범죄자가 거주하고 있는 지역(읍·면·동)의 아동·청소년 보호세대와 어린이집, 유치원, 학교, 학원, 지역아동센터 등에 우편으로 정보가 제공됩니다. 만일 우편으로 받지 못하셨다면 주민등록지 관할 읍·면·동사무소에 확인하시기 바랍니다.

제공받을 수 있는 신상정보는 성명, 나이, 주소 및 실거주지(도로명 및 건물번호), 신체정보(키와 몸무게), 사진, 성범죄 요지(판결일자, 죄명, 선고형량), 성폭력범죄 전과사실 및 전자장치 부착 여부입니다.

[6] 아동·청소년 성범죄전력자의 취업제한

> 얼마 전 성인 대상 성범죄자에 대한 신상정보 고지서를 받았는데, 옆 아파트에서 청소하는 사람인 것 같았습니다. 아파트처럼 어린이와 여자가 많은 곳에 성범죄자를 고용해도 되는 건가요?

관리사무소의 경비 업무에만 취업이 제한되므로 청소부로 취업하는 것은 제한을 받지 않습니다. 기본적으로 전과자의 재범을 방지하고 다시 사회의 일원으로 복귀해 살아가기 위해서는 직업이 필요하므로 전과자의 취업은 중요합니다. 그러나 성범죄의 경우에는 재범의 대상이 될 우려가 있는 특정인에 대한 접근을 금지하는 것도 예방을 위해서 꼭 필요하기 때문

에 취업제한대상 전과자는 가정을 방문해 아동·청소년에게 직접 교육서비스를 제공하는 업무에 종사할 수 없으며, 유치원, 학교, 학원, 어린이집 등의 시설·기관 또는 사업장을 운영하거나 아동·청소년 관련 기관 등에 취업 또는 사실상 노무를 제공할 수 없습니다.

[7] 가출 청소년에 대한 무상 숙식제공도 처벌대상이 될 수 있다

> 저는 대학생으로 지방에서 혼자 자취 중입니다. 하루는 친구들과 저녁을 먹고 귀가하는 길 한구석에서 쪼그려 졸고 있는 중학생 여자아이를 발견했습니다. 가출한 중학생인 것을 알게 되어 집으로 돌아가기를 권유했지만, 완강하게 싫다고 거부하는 여학생에게 일단 밥을 먹이고 안정을 시킨 뒤 집으로 보내기로 마음먹고, 제 자취방으로 데려가 밥도 먹이고 잠도 재워주었습니다. 그런데 이를 이상하게 살펴보던 옆집 사람이 경찰에 신고했습니다. 제가 실종 신고를 하거나 보호자에게 연락을 취하지 않은 이유로 법적 처벌을 받게 될까요?

가출한 청소년에게 술을 먹이거나 성적인 대가를 요구하지 아니하고 오로지 선의로 숙식을 제공해주었다고 하더라도 적절한 신고 조치 없이 가출 청소년을 보호해주기만 하였다면 처벌의 대상이 될 수 있습니다. 「실종아동 등의 보호 및 지원에 관한 법률」 제7조는 누구든지 정당한 사유 없이 실종아동 등을 경찰관서의 장에게 신고하지 아니하고 보호할 수 없다고 규정하고 있으며, 이를 위반할 경우 동법 제17조에 의하여 5년 이하의 징역 또는 5천만 원 이하의 벌금에 처해질 수 있습니다.

이러한 금지규정이 있는 이유는 현실적으로 가출 청소년에게 숙식제공을 빌미로 청소년의 궁박한 상태를 이용하여 성적인 대가를 요구하거나 범죄행위에 가담하게 하는 등 청소년을 이용하는 성인들이 많이 있기 때문입니다. 만일 16세 미만의 아동·청소년의 궁박한 상태를 이용하여 아동·청소년을 간음하거나 추행하였다면 청소년과의 합의가 있었다 할지라도 3년 이상의 유기징역에 처해집니다(청소년성보호법 제8조의2).

⚖ 아동·청소년 성폭력 관련 판례

[1] 미성년자가 반항하지 않았어도 강간죄 성립(대법원 2014. 1. 16. 선고 2013도11815 판결)

20살 차이가 나는 미성년자와 성관계를 맺으면서 폭력 등 유형의 물리력을 사용하지 않았고, 미성년자도 특별히 반항하지 않았더라도 위력을 행사한 강간에 해당한다.

재판부는 피고인은 당시 37세인 반면 피해자는 16세에 불과했고, 술까지 마신 피해자로서는 나이가 현저히 차이 나는 피고인과 단둘이 모텔 방에 있는 상황에서 자신을 간음하려는 피고인에게 압도당해 정상적인 반항을 하기 어려웠을 것으로 보인다며, 피해자가 계속 명시적인 거부 의사를 밝혔음에도 피해자 몸 위로 올라가 간음한 정도 외에 별다른 유형의 물리력을 행사하지 않았고, 피해자가 특별히 저항하지 않았다고 하더라도 피고인이 위력으로 청소년인 피해자를 간음했다고 볼 여지가 충분하다고 판시했다.

[2] 청소년성보호법 위반(성착취물소지)죄는 계속범(대법원 2023. 3. 16. 선고 2022도15319 판결)

피고인은 2019. 5.경부터 2020. 8. 11.경까지 아동·청소년 성착취물을 소지했는데, 소지행위가 계속되던 중인 2020. 6. 2. 「아동·청소년의 성보호에 관한 법률」(이하 '청소년성보호법'이라 함)이 개정되어 법정형이 1년 이하의 징역형 또는 2천만 원 이하의 벌금형에서 1년 이상의 징역형으로 상향되었고, 피고인의 위 행위에 관하여 위와 같이 개정된 청소년성보호법 위반(성착취물 소지) 공소사실로 기소되었다.

대법원은 청소년성보호법 위반(성착취물 소지)죄는 계속범이므로 실행행위가 종료되는 시점에 시행되던 법률을 적용해야 한다고 판단하여 원심을 수긍하고 피고인의 상고를 기각했다.

[3] 미성년자인 피해자의 동의를 얻지 않고 한 성관계는 성적 자기결정권을 침해한 행위이고, 학교폭력의 한 유형인 성폭행에 해당(인천지방법원 2022. 10. 20. 선고 2022구합52830 판결)

여중생이 동의하지 않는데도 억지로 성관계를 한 남고생 A군이 학교폭력으로 징계를 받자 교육 당국을 상대로 이를 취소해달라는 행정소송을 제기했으나 패소했다. 재판부는 A군의 청구를 기각하고 소송비용도 모두 부담하라고 명령했다.

A군은 2021. 7. 중학생 B양과 성관계를 했다. 다음날 B양이 SNS를 통해 "나 좀 무섭다. 억지로 또 관계할까 봐."라고 하자, A군은 "이번에는 진짜 안 그럴 거야. 맹세할게."라고 답했다. 1개월 뒤 B양은 자신이 다니던 중학교에 학교폭력으로 A군을 신고했고, 2021. 10. 관할 교육지원청이 A군 고교를 담당하는 교육지원청과 함께 학교폭력대책 심의위원회를 열어 A군에게 출석정지 5일과 특별교육 10시간을 통보했다. A군은 억울하다며 인천시교육청 행정심판위원회에 행정심판을 청구했으나 기각되었고, 이어 행정소송을 제기했다.

A군은 B양이 동의한 상태에서 성관계를 했고, 폭행이나 협박에 의해 성폭행을 한 사실이 없어 학교폭력에 해당하지 않는다고 주장했다. 그러나 재판부는 미성년자인 피해자의 동의를 얻지 않고 한 성관계는 성적 자기결정권을 침해한 행위이고 학교폭력의 한 유형인 성폭행에 해당한다며, A군과 B양이 성관계 후 나눈 SNS 대화를 보면 피해학생의 동의가 없었다는 점을 알 수 있다며 A군의 주장을 받아들이지 않았다. 이번 판결은 상대방의 동의를 얻지 않고 성관계를 한 A군의 행위가 학교폭력에 해당하는지만 판단한 것이다.

제4장 학교폭력

학교폭력의 규제, 피해학생의 보호 및 가해학생에 대한 조치에 관하여 다른 법률에 특별한 규정이 있는 경우를 제외하고는 「학교폭력예방 및 대책에 관한 법률」(이하 '학교폭력예방법'이라 함)을 적용한다(법 제5조제1항).

제1절 학교폭력의 정의

1. "학교폭력"이란

학교 내외에서 학생을 대상으로 발생한 상해, 폭행, 감금, 협박, 약취·유인, 명예훼손·모욕, 공갈, 강요·강제적인 심부름 및 성폭력, 따돌림, 사이버 따돌림, 정보통신망을 이용한 음란·폭력 정보 등에 의하여 신체·정신 또는 재산상의 피해를 수반하는 행위를 말한다(학교폭력예방법 제2조제1호).

※ **관련 판례**(서울행정법원 2014구합250 판결)
학교폭력법의 목적 등을 살펴볼 때 학교폭력은 법에서 나열하고 있는 폭행, 명예훼손·모욕, 따돌림 등에 한정되지 않고, 이와 유사하거나 동질한 행위로서 학생의 신체·정신 또는 재산상 피해를 수반하는 모든 행위를 포함한다.

2. "따돌림"이란

학교 내외에서 2명 이상의 학생들이 특정인이나 특정집단의 학생들을 대상으로 지속적이거나 반복적으로 신체적 또는 심리적 공격을 가하여 상대방이 고통을 느끼도록 하는 모든 행위를 말한다(동법 제2조제1호의2).

3. "사이버 따돌림"이란

인터넷, 휴대전화 등 정보통신기기를 이용하여 학생들이 특정 학생들을 대상으로 지속적, 반복적으로 심리적 공격을 가하거나, 특정 학생과 관련된 개인정보 또는 허위사실을 유포하여 상대방이 고통을 느끼도록 하는 모든 행위를 말한다(동법 제2조제1호의3).

제2절 피해학생 및 가해학생

1. "피해학생"이란

피해학생이란 학교폭력으로 인하여 피해를 입은 학생을 말한다(학교폭력예방법 제2조제4호).

2. "가해학생"이란

가해학생이란 가해자 중에서 학교폭력을 행사하거나 그 행위에 가담한 학생을 말한다(동법 제2조제3호).

학교폭력 관련 사례

[1] 학교폭력의 유형

> 같은 반 아이들이 단체 채팅방에서 제 욕을 하면서 계속 따돌립니다. 이것도 학교폭력에 해당하나요?

학교폭력에 해당합니다. 학교폭력은 신체에 대한 직접적인 폭력행위에 한정되지 않습니다. 상해, 폭행, 감금, 협박, 약취·유인, 명예훼손·모욕, 공갈, 강요·강제적인 심부름 및 성폭력, 따돌림, 사이버 따돌림, 정보통신망을 이용한 음란·폭력 정보 등에 의하여 신체·정신 또는 재산상의 피해를 수반하는 행위 모두 학교폭력입니다.

※ 교육부는 최근 심각해지는 사이버폭력을 예방하기 위해 소셜미디어(SNS)에서 사이버폭력을 감지하는 애플리케이션(앱) 홍보에 나설 계획입니다.

사이버안심존

[2] 전담기구의 운영

> 학교폭력 사건이 발생하면 해결절차가 어떻게 되나요?

학교폭력이 발생하면 학교폭력 문제를 담당하는 전담기구에서 학교장 자체해결 부의 여부를 심의하고 그 결과를 학교의 장에게 보고합니다. 그 결과, 학교장 자체해결 또는 학교폭력대책심의위원회 개최 여부가 결정됩니다.

학교의 장은 학교폭력 사태를 인지한 경우 지체 없이 전담기구 또는 소속 교원으로 하여금 가해 및 피해 사실 여부를 확인하도록 하고, 전담기구로 하여금 학교의 장의 자체해결 부의 여부를 심의하도록 합니다. 전담기구는 가해 및 피해 사실 여부에 관하여 확인한 사항을 학교의 장에게 보고해야 합니다. 피해학생 또는 피해학생의 보호자는 피해사실 확인을 위하여 전담기구에 실태조사를 요구할 수 있습니다.

전담기구는 학교폭력에 대한 실태조사와 학교폭력 예방 프로그램을 구성·실시하며, 학교의 장 및 학교폭력대책심의위원회의 요구가 있는 때에는 학교폭력에 관련된 조사결과 등 활동결과를 보고해야 합니다.

[3] 비밀누설의 금지

> 학교폭력을 신고하고 싶은데 신고내용이 누설될까 봐 겁이 납니다. 신고내용 누설 시 어떤 처벌을 받나요?

학교폭력 사건과 관련된 가해학생·피해학생 및 신고자·고발자 등 관련된 자료는 모두 비밀로 보장되며, 누설 시 처벌됩니다. 학교폭력의 예방 및 대책과 관련된 업무를 수행하거나 수행했던 사람은 그 직무로 인하여 알게 된 비밀 또는 가해학생·피해학생 및 신고자·고발자와 관련된 자료를 누설해서는 안 됩니다(학교폭력예방법 제21조). 이를 위반하면 1년 이하의 징역 또는 1천만 원 이하의 벌금에 처해집니다(동법 제22조).

비밀의 범위는 다음과 같습니다.
- 학교폭력 피해학생과 가해학생 개인 및 가족의 성명, 주민등록번호 및 주소 등 개인정보에 관한 사항
- 학교폭력 피해학생과 가해학생에 대한 심의·의결과 관련된 개인별 발언 내용
- 그 밖에 외부로 누설될 경우 분쟁당사자 간에 논란을 일으킬 우려가 있음이 명백한 사항

[4] 학교장의 자체해결

> 말다툼 중에 순간 화가 나서 친구의 어깨를 주먹으로 한 대 때렸습니다. 이 경우에도 학교폭력대책심의위원회가 열리는 건가요?

경미한 학교폭력 사건은 학교의 장이 자체적으로 해결할 수 있습니다. 학교폭력이 발생한 사실 및 가해학생이 협박 또는 보복한 사실을 신고받거나 보고받은 경우에도 불구하고 피해학생 및 그 보호자가 학교폭력대책심의위원회의 개최를 원하지 않은, 다음에 모두 해당하는 경미한 학교폭력의 경우 학교의 장은 학교폭력사건을 자체적으로 해결할 수 있습니다.
- 2주 이상의 신체적·정신적 치료를 요하는 진단서를 발급받지 않은 경우
- 재산상 피해가 없거나 즉각 복구된 경우
- 학교폭력이 지속적이지 않은 경우
- 학교폭력에 대한 신고, 진술, 자료제공 등에 대한 보복행위가 아닌 경우

이 경우 학교의 장은 지체 없이 이를 학교폭력대책심의위원회에 보고해야 합니다.

◇ **학교장의 자체해결 절차**

학교의 장은 자체적으로 사건을 해결하려는 경우 다음의 절차를 모두 거쳐야 한다(학교폭력예방법 제13조의2제2항).

- 피해학생과 그 보호자의 학교폭력대책심의위원회 개최 요구 의사의 서면 확인
- 학교폭력의 경중에 대한 전담기구의 서면 확인 및 심의

[5] 학교폭력대책심의위원회 위원의 제척

> 학교폭력대책심의위원회 위원인데 제 아이가 학교폭력 피해를 입었습니다. 그 사건의 심의에 참여할 수 있나요?

학교폭력대책심의위원회 위원이 피해학생의 보호자인 경우에는 그 사건에서 제척됩니다. 피해학생과 가해학생에 대한 조치를 요청하는 경우와 분쟁을 조정하는 경우 다음 어느 하나에 해당하면 그 위원은 해당 사건에서 제척됩니다.
- 위원이나 그 배우자 또는 그 배우자였던 사람이 해당 사건의 피해학생 또는 가해학생의 보호자인 경우 또는 보호자였던 경우
- 위원이 해당 사건의 피해학생 또는 가해학생과 친족이거나 친족이었던 경우
- 그 밖에 위원이 해당 사건의 피해학생 또는 가해학생과 친분이 있거나 관련이 있다고 인정하는 경우

[6] 가해학생에 대한 조치

> 아이가 친구들과 함께 옆반 학생들을 때려서 학교폭력대책심의위원회가 열립니다. 제 아이는 어떤 조치를 받게 되나요?

학교폭력 가해학생은 폭력의 정도에 따라 서면사과, 피해학생 및 신고·고발학생에 대한 접촉·협박 및 보복행위의 금지, 학내봉사, 사회봉사, 특별교육이수, 심리치료, 출석정지, 학급교체, 전학, 퇴학(의무교육과정에 있는 가해학생은 제외) 등의 조치를 받을 수 있습니다. 수 개의 조치를 동시에 부과받을 수도 있습니다.

[7] 미성년자의 불법행위에 대한 부모의 손해배상책임

> 중학교 2학년인 아들이 친구와 함께 놀다가 말다툼 끝에 서로 몸싸움을 하게 되었습니다. 아들의 발길질에 친구가 채여 장파열상을 입고 병원에 입원까지 하게 되었는데, 치료비가 500만 원 정도 나왔다고 합니다. 그 학생의 부모님이 가정형편이 어려워 부담할 능력이 없다면서 우리에게 치료비를 달라 합니다. 미성년자의 불법행위에 대해서 부모가 어디까지 책임져야 하는지요?

불법행위에 관한 판단능력을 책임능력이라고 합니다. '책임능력'이란 자기의 행위에 의하

여 발생한 결과가 위법한 것으로서 법률상 비난받는 것임을 인식하는 정신능력입니다. 이와 같은 책임능력이 있는지 여부는 구체적인 행위에 관하여 개별적으로 판단·결정하는 것이며, 그 판단에 관한 어떤 형식적 획일적인 기준이 민법에 정해져 있지는 않습니다. 책임능력이 있는지는 언제나 하나하나의 구체적인 사안에서 개별적으로 판단하게 됩니다.

민법에 따르면 첫째, 미성년자가 자기의 불법행위에 대한 능력(책임능력)이 없다고 판단되면 부모가 배상책임이 있고, 둘째, 미성년자에게 사리분별능력이 있다고 판단되면 미성년자에게 배상책임이 있고, 부모에게는 없다고 되어 있습니다(민법 제753조 및 제755조제1항). 판례는 사리분별능력이 대체로 15세 정도면 있다고 보는 입장입니다.

다만, 판례는 미성년자에게 분별능력이 있어서 손해배상책임은 미성년자가 진다고 하더라도, 경제적인 면에서 전적으로 부모에게 의존하며 부모의 보호·감독을 받고 있고 재산이 없는 경우, 피해자 보호를 위하여 감독의무자에게 미성년자에 대한 일반적인 감독의무 위반이 인정되면 감독의무자의 과실을 인정하는 추세입니다(대법원 1998. 6. 9. 선고 97다49404 판결, 1997. 3. 28. 선고 96다15374 판결).

⚖️ 학교폭력 관련 헌법재판소 결정

학교폭력 가해학생에 대한 서면사과 조치 등 학교폭력예방법 제17조제1항제1호 등 [합헌]
(헌법재판소 2023. 2. 23. 선고 2019헌바93 결정)

> **구 학교폭력예방 및 대책에 관한 법률 제17조 (가해학생에 대한 조치)** ① 자치위원회는 피해학생의 보호와 가해학생의 선도·교육을 위하여 가해학생에 대하여 다음 각 호의 어느 하나에 해당하는 조치(수 개의 조치를 병과하는 경우를 포함한다)를 할 것을 학교의 장에게 요청하여야 하며, 각 조치별 적용기준은 대통령령으로 정한다. (단서 생략)
> 1. 피해학생에 대한 서면사과
> 2. 피해학생 및 신고·고발 학생에 대한 접촉, 협박 및 보복행위의 금지
> (3~6 생략)
> 7. 학급교체

청구인들은 구 「학교폭력예방 및 대책에 관한 법률」(이하 '구 학교폭력예방법'이라 함) 제17조 제1항에 따른 피해학생에 대한 서면사과(제1호) 등의 조치를 받고 그 근거조항이 위헌이라고 주장하며 이 사건 헌법소원심판을 청구하였다.

헌법재판소는 재판관 6 : 3의 의견으로 가해학생에 대한 조치로 피해학생에 대한 서면사과를 규정한 구 학교폭력예방법 제17조제1항제1호는 가해학생의 선도와 피해학생의 피해회복 및 정상적인 교육관계 회복을 위한 특별한 교육적 조치이고, 가해학생에게 의견진술 등 적

정한 절차적 기회를 제공한 뒤에 학교폭력 사실이 인정되는 것을 전제로 내려지며 이를 불이행하더라도 추가적인 조치나 불이익이 없으므로, 가해학생의 양심의 자유와 인격권을 침해하지 않는다고 판단했다.

또한 피해학생과 신고·고발한 학생에 대한 접촉 등 금지, 학급교체 조항 등도 모두 피해학생 등을 보호하기 위한 조치로서 가해학생의 일반적 행동자유권을 침해하지 않는다고 보았고, 개별학교에 두었던 자치위원회를 폐지하고 교육지원청에 학교폭력대책 심의위원회를 설치하는 것으로 개정한 법률 역시 헌법에 위반되지 않는다고 판단했다.

제5장 학교 밖 청소년

제1절 학교 밖 청소년의 개념

1. 「학교 밖 청소년 지원에 관한 법률」에서의 "청소년"이란

"청소년"이란 9세 이상 24세 이하인 사람을 말한다(법 제2조제1호 및 청소년 기본법 제3조제1호본문).

2. 「학교 밖 청소년 지원에 관한 법률」에서의 "학교 밖 청소년"이란

"학교 밖 청소년"이란 다음의 어느 하나에 해당하는 청소년을 말한다(법 제2조제2호).
1) 초등학교·중학교 또는 이와 동일한 과정을 교육하는 학교에 입학한 후 3개월 이상 결석하거나 초등학교 취학의무를 유예한 청소년
2) 고등학교 또는 이와 동일한 과정을 교육하는 학교에서 제적·퇴학처분을 받거나 자퇴한 청소년
3) 고등학교 또는 이와 동일한 과정을 교육하는 학교에 진학하지 않은 청소년

3. 학교 밖 청소년 현황

2021년 한 해 동안 42,755명의 초등학교·중학교·고등학교 학생이 학업을 중단하고 있는 것으로 나타났습니다. ※ 출처 : 「2022 교육통계연보」(교육부), 2022

4. 학교 밖 청소년 유형

학업중단 이후 학교 밖 청소년의 유형은 학업형, 무업형, 직업형, 비행형, 은둔형으로 구분할 수 있습니다. ※출처: 〈학업중단 청소년 현황 통계〉, 교육정책포럼 308호, 2019

📝 학교 밖 청소년 관련 사례

[1] 학교 밖 청소년의 개념

> 저는 가정형편이 어려워 중학교를 졸업하면서 고등학교에 진학하지 않고 일을 하고 있습니다. 지금 21살로 보통 고등학교 졸업하는 나이를 넘겼는데, 저도 학교 밖 청소년에 해당하나요?

학교 밖 청소년은 9세 이상 24세 이하로 초등학교·중학교·고등학교에 다니지 않거나 그만둔 사람을 말합니다. 학교 밖 청소년은 「학교 밖 청소년 지원에 관한 법률」에 따라 상담지원, 교육지원, 취업지원, 자립지원 등을 받을 수 있습니다.

[2] 검정고시

> 저는 고등학교 재학 중에 취직이 되어, 자퇴를 하고 지금까지 일을 하고 있습니다. 더 전문적인 업무를 위해 대학에 가고 싶은데 고등학교 졸업장이 없어 수능을 볼 수가 없습니다. 고등학교 졸업학력을 인정받으려면 어떻게 해야 하나요?

초등학교·중학교 또는 고등학교에 진학하지 못했거나, 졸업하지 못했으나 해당 학력이 필요한 경우 학력인정시험(검정고시) 제도를 이용할 수 있습니다.

◇ 학력인정시험 (검정고시 제도)

구분	초등학교 졸업학력 검정고시	중학교 졸업학력 검정고시	고등학교 졸업학력 검정고시
인정학력	중학교 입학자격 학력	고등학교 입학자격 학력	고등학교 졸업자격 학력
평가범위	초등학교 과정범위	중학교 과정범위	고등학교 과정범위
응시자격	12세 이상으로 초등학교 교육과정을 이수하지 않은 사람	초등학교 졸업자 및 이와 같은 수준 이상의 학력이 있다고 인정된 사람	중학교 졸업자 및 이와 같은 수준 이상의 학력이 있다고 인정된 사람

[3] 재입학

> 저는 고등학교 때 친구들과 싸우고 학교에 가기 싫어 자퇴를 했습니다. 자퇴를 했던 철없던 시절이 후회되기도 하고, 지금이라도 다시 학교로 돌아가고 싶은데 가능할까요?

네. 학교를 그만둔 경우 재입학이나 편입학의 방법으로 다시 학교를 다닐 수 있습니다.

◇ 고등학교 입학자격

고등학교에 입학할 수 있는 사람은 ① 중학교를 졸업하거나 또는 ② 중학교를 졸업한 사람과 동등한 학력이 인정되는 학력인정시험(검정고시 등)에 합격한 사람, ③ 그 밖에 법령에 따라 이와 같은 수준 이상의 학력이 있다고 인정된 사람만이 입학 가능하다.

◇ **입학전형 지원방법**

고등학교 입학전형에 응시하려는 사람은 본인이 재학한 중학교가 소재하는 지역의 1개 학교를 선택하여 해당 학교의 입학전형 허가권자인 학교장 또는 교육감에게 지원해야 한다.

그럼에도 불구하고 거리·교통이 통학상 불편하거나, 지원자가 재학한 중학교가 소재하는 지역에 지원하려는 전기학교가 소재하지 않는 등 교육상 특별한 사유로 인접 시·도에 소재한 고등학교에 입학하는 것이 적절하다고 인정되는 경우에는 관계 교육감이 협의하여 정하는 바에 따라 그 인접한 고등학교의 입학전형 실시권자에게 지원할 수 있다.

※ 지원하고자 하는 학교가 전기학교·후기학교인지 또는 주간수업·야간수업이 있는지에 따라 입학전형이 다르고, 또한 각 시·도의 방침에 따라 지원자격 및 방법에 차이가 있으므로 반드시 해당 지역의 입학전형 기본계획을 확인하시기 바랍니다.

[4] 대안학교

> 제 아들이 학교에서 왕따를 당해서 고등학교를 그만두었습니다. 다시 학교에 보내야하는데 일반 고등학교로 돌아가면 같은 일이 반복될 것만 같아요. 그래서 대안학교를 알아보고 있는데 대안학교를 졸업해도 대학에 갈 수 있을까요?

국공립 대안학교와 설립인가를 받은 대안학교를 졸업한 경우 초등학교·중학교·고등학교 졸업 학력이 인정됩니다. 그러나 미인가 대안학교를 이수할 경우 국가로부터 학력인증은 받을 수 없고, 학력취득이 필요한 경우 검정고시제도를 활용할 수 있습니다.

위탁형 대안학교는 과정을 이수하면 원적 학교의 졸업장을 수여받는 형식으로 학력인증을 받게 됩니다. 재학생은 다니던 학교를 자퇴하지 않고 적을 둔 상태에서 위탁 교육을 신청해야 하며, 이미 학교를 중퇴한 청소년의 경우 재입학(편입학)을 통해 학적을 회복한 후에 위탁 교육을 신청할 수 있습니다.

대안학교는 학업을 중단하거나 개인적 특성에 맞는 교육을 받으려는 학생을 대상으로 현장실습 등 체험 위주의 교육, 인성 위주의 교육 또는 개인의 소질·적성 개발 위주의 교육 등 다양한 교육을 하는 학교입니다. 각 학교마다 다양한 특성을 가지고 있기 때문에, 대안학교 입학을 결정하기 전에 여러 가지 정보를 꼼꼼히 따져 본 후 자신에게 가장 적합한 학교를 선택하는 것이 좋습니다.

[5] 청소년증

> 저는 현재 유학을 가려고 고등학교를 중퇴한 상태입니다. 영화를 보려고 하는데, 학교에 다니는 친구들은 학생증을 내고 청소년 할인을 받더라고요. 저도 16살이니 할인해달라고 하니까 나이를 증명하라고 합니다. 저는 주민등록증도 학생증도 없어요. 저도 청소년 할인을 받고 싶은데 방법이 없을까요?

청소년을 대상으로 국가 또는 지방자치단체가 운영하는 교통시설, 궁, 박물관, 공원, 공연장, 미술관, 유원지 등 각종문화시설에서 청소년에게 무료입장 혹은 할인 혜택을 제공하고 있습니다. 학생증이나 주민등록증이 없는 경우 나이를 확인할 수 있는 "청소년증"을 제시하면 각종 할인을 받을 수 있습니다. 만 9~18세 이하 청소년은 무료로 청소년증을 발급받을 수 있으니, 가까운 시·군·구청과 주민자치센터에 방문하여 발급신청서와 반명함판 사진 1장을 제출하여 신청하면 됩니다.

또한 청소년증은 만 9~18세 이하의 청소년임을 확인하는 신분증으로서 검정고시·자격증·외국어능력시험, 금융거래 등에서 신분증으로도 사용할 수 있습니다. 따라서 이를 다른 사람에게 양도하거나 빌려주면 안 됩니다. 청소년증을 빌려주거나 양도한 사람, 혹은 빌리거나 양도받은 사람은 50만 원 이하의 과태료를 물 수 있습니다.

[6] 학교 밖 청소년 지원센터

> 학교 다니는 것도 싫고, 공부에도 흥미가 없어 학교를 그만두었습니다. 앞으로 무엇을 해야 할지도 모르겠고요, 주위에 물어볼 사람도 없어요. 저 같이 학교를 그만둔 학생들이 도움을 받을만한 곳이 있나요?

"학교 밖 청소년 지원센터"는 전국에 221개소가 있으며 학교 밖 청소년의 개인적 특성과 수요를 고려한 상담지원, 교육지원, 직업체험 및 취업지원, 자립지원 등의 프로그램을 운영하고 있습니다. 학교 밖 청소년 지원센터에서 운영하는 프로그램의 모든 참여 비용은 무료입니다.(상담전화 ☎ 1388 / 051-662-3000, 꿈드림 홈페이지 www.kdream.or.kr)

◇ 상담지원

학교 밖 청소년에 대하여 효율적이고 적합한 지원을 할 수 있도록 심리상담, 진로상담, 가족상담 등을 제공

◇ 교육지원

학교 밖 청소년이 학업에 복귀하고 자립할 수 있도록 재입학, 대안학교, 검정고시 등의 정보를 제공

◇ 직업체험 및 취업지원

학교 밖 청소년이 자신의 적성과 능력에 맞는 직업의 체험과 훈련을 할 수 있도록 직업적성 검사 및 진로상담, 직업체험 및 훈련, 직업소개 및 관리 등의 사항을 지원

◇ 자립지원

학교 밖 청소년의 자립에 필요한 생활, 문화공간, 의료, 정서지원 등을 제공

[7] 취직인허증

> 집안 형편이 어려워 다니던 중학교를 그만두고 바로 돈을 벌어야 할 것 같아요. 저처럼 나이가 어린 학생도 일을 할 수 있나요?

근로기준법은 15세 미만인 청소년 또는 18세 미만이라도 중학교에 재학 중인 청소년은 근로자로 일할 수 없도록 하고 있습니다. 만약 학교에 다니지 않는다면 15세 이상일 경우 근로자로 일을 할 수 있습니다. 다만, 15세 미만으로 일을 하고 싶은 경우에는 취직인허증을 발급 받아 취직을 할 수 있습니다. "취직인허증"이란 취직이 금지되어 있는 15세 미만의 청소년에 대하여 고용노동부장관이 취직을 인정하고 허가해 주는 증명서입니다.

◇ 취직인허증

- 취직인허증을 받을 수 있는 연령은 13세 이상 15세 미만이다.
- 취직인허증을 발급받으려는 청소년은 15세 미만인 자의 취직인허증 신청서를 관할 지방고용노동관서의 장에게 제출하여 신청한다.
- 취직인허증의 발급 신청은 친권자 또는 후견인 및 학교장의 서명을 받아 사용자가 될 사람과 근로청소년 본인이 함께 서명하여 신청해야 한다. 의무교육 대상자가 아니거나 재학 중인 청소년이 아닌 경우에는 학교장의 서명을 받지 않아도 된다.

[8] 학업중단숙려제

> 집안 사정으로 다른 지역으로 이사를 오게 되었습니다. 전학 온 학교에는 친구들도 없고, 매일 학교에 가기 싫다는 생각만 들어요. 저는 어떻게 해야 하나요?

학업중단숙려제를 이용해 볼 수 있습니다. 자퇴 신청을 하지 않더라도 학업중단 위기 학생으로 판단될 경우 학교에서는 전문상담기관의 상담이나 진로탐색 프로그램, 예체능 활동, 직업체험, 대안교육 등을 안내하거나 제공하여 학업중단에 대해 충분히 생각할 기회를 주는 학업중단숙려제를 이용할 수 있게 하고 있습니다.

◇ 학업중단숙려제 대상
- 학업중단 의사를 밝힌 초·중·고교생
- 학업중단 위기에 처해 있다고 학교에서 판단한 초·중·고교생
- 평생교육시설(대안학교, 방통고 등) 편입학 등의 사유로 자퇴 희망 시

◇ 학업중단숙려제 기간

　학생이 자퇴원을 제출한 날의 다음날(공휴일 포함)부터 학업중단에 대해 충분히 생각할 기회를 주는 숙려기간을 부여한다. 신중하게 선택할 수 있도록 최소 1주부터 최대 7주 이내의 숙려기간을 권장한다(개시·종료일은 학교장이 정함). 다만, 상담기간 및 출석 인정일 등을 고려하여 숙려기간을 정해야 한다. 학생이 학업중단 징후를 보여 상담을 진행한 경우, 숙려기간은 자퇴원을 제출한 날짜까지로 할 수 있다.

제6장　청소년의 근로가능 연령

　근로청소년은 아래 표의 구분에 따른 19세 미만의 청소년을 말한다. 개별법령에 따라 근로청소년의 해당 연령이 다르므로 주의가 필요하다.

근거 법령	연령	구분(명칭)
「민법」 제4조	19세 미만	미성년자
「청소년 보호법」 제2조 제1호	19세 미만 (단, 만 19세가 되는 해의 1월 1일을 맞이한 사람은 제외)	청소년
「근로기준법」 제66조	18세 미만	연소자
「직업안정법」 제21조의 3제2항	18세 미만	구직자
「직업안정법」 제21조의 3제3항	19세 미만	

※ "근로자"란 직업의 종류와 관계없이 임금을 목적으로 사업이나 사업장에 근로를 제공하는 사람을 말한다.(근로기준법 제2조제1항제1호)

제1절　근로가 가능한 최저연령 및 취직인허증

　15세 미만인 청소년과 「초·중등교육법」에 따라 중학교에 재학 중인 18세 미만의 청소년은 일할 수 없다. 다만, 13세 이상 15세 미만인 청소년으로서 고용노동부장관이 발급한 취직인허증을 받은 청소년은 일할 수 있으며, 예술 공연 참가를 위한 경우에는 13세 미만인 사람도 취직인허증을 받을 수 있다(근로기준법 제64조제1항 및 동법 시행령 제35조제1항).

※ "취직인허증"이란 취직이 금지되어 있는 15세 미만의 청소년에 대해 고용노동부장관이 취직을 인정하고 허가해주는 증명서를 말한다.

제2절 연소자증명서의 비치

사용자는 18세 미만인 청소년을 고용하는 경우에는 그 연령을 증명하는 가족관계기록사항에 관한 증명서와 친권자 또는 후견인의 동의서를 사업장에 갖추어야 한다(근로기준법 제66조). 만약 사용자가 연소자 증명서를 갖추지 않고 18세 미만의 청소년을 고용한 경우에는 500만 원 이하의 과태료가 부과된다.

제3절 현장실습표준협약서 작성

"현장실습"이란 직업교육훈련생이 향후 진로와 관련하여 취업 및 직무수행에 필요한 지식·기술 및 태도를 습득할 수 있도록 직업현장에서 실시하는 교육훈련과정을 말한다(직업교육훈련촉진법 제2조제7호). 현장실습을 받을 학생은 현장실습산업체의 장과 사전에 현장실습계약을 체결해야 하는데, 미성년자 또는 재학 중인 직업교육훈련생의 경우에는 현장실습을 실시하기 7일 전까지 「현장실습표준협약서」를 작성하여야 한다(동법 제9조제1항 및 동법 시행령 제6조제1항).

현장실습
표준협약서

📝 근로청소년 관련 사례

[1] 근로청소년의 연령

> 중학교에 재학 중인 학생인데 가정형편이 어려워 아르바이트를 할까 하는데, 일할 수 있을까요?

15세 미만 또는 중학교에 재학 중인 18세 미만의 청소년은 근로자로 일할 수 없습니다. 다만, 고용노동부장관이 발급한 취직인허증을 지닌 청소년은 예외적으로 15세 미만이라도 일할 수 있습니다.

[2] 근로계약의 대리금지

> 만 14세 중학생입니다. 아르바이트를 하려는데 근로계약은 부모님이 대신 체결해주는 건가요?

아니요. 근로청소년의 근로계약은 근로청소년 본인이 직접 체결해야 합니다. 근로청소년은 일하기 전에 반드시 근로계약을 체결해야 하는데, 이때 친권자나 후견인은 미성년자의 근로계약을 대리할 수 없습니다(근로기준법 제67조제1항). 다만, 민법상 미성년자인 19세 미만의 청소년은 법정대리인의 동의를 얻어 근로계약을 체결해야 합니다. 이를 위반하여 친권자 또는 후견인이 미성년자의 근로계약을 대리한 경우에는 500만 원 이하의 벌금에 처해집니다.

[3] 야간근로의 제한

> 17살 고등학생입니다. 오후 10시부터 오전 6시까지 24시간 패스트푸드점에서 일할 수 있나요?

근로청소년은 오후 10시부터 오전 6시까지의 야간에는 일할 수 없는 것이 원칙이지만, 예외적으로 청소년의 동의가 있고, 관할 지방고용노동관서의 장에게 다음 서류를 제출하여 인가를 받은 경우에는 오후 10시부터 오전 6시까지의 야간에도 일할 수 있습니다(근로기준법 제70조제2항).

- 18세 미만인 자의 야간·휴일 근로 인가 신청서
- 청소년의 동의서 또는 청구서
- 근로기준법 제70조제3항에 따른 근로자대표와 협의한 결과를 기록한 사본

[4] 최저임금

> 청소년 아르바이트생 입니다. 저도 최저임금을 받을 수 있을까요?

네. 받을 수 있습니다. 최저임금은 모든 사업장에 적용되며, 정규직뿐만 아니라 일용직, 기간제, 아르바이트 등 근로자라면 누구나 적용받을 수 있습니다.

최저임금이란 국가가 근로자의 생활안정과 노동력의 질적 향상을 위해 임금의 최저수준을 보장하여 주는 것으로, 사용자에 대해 그 준수를 강제함으로써 근로자는 임금조건을 보호 받을 수 있습니다. 이는 근로자를 사용하는 모든 사업 또는 사업장에 적용되지만, 동거하는 친족만을 사용하는 사업과 가사(家事)사용인에게는 적용하지 않습니다.

따라서 사용자는 최저임금의 적용을 받는 근로청소년에게 최저임금액 이상의 임금을 지급해야 합니다. 또한 사용자는 최저임금을 이유로 종전의 임금수준을 낮추어서는 안 됩니다. 이를 위반한 경우 3년 이하의 징역 또는 2천만 원 이하의 벌금에 처해지며, 경우에 따라 징역과 벌금이 병과될 수 있습니다(최저임금법 제28조제1항).

[5] 퇴직급여의 지급

> 저는 매주 월요일부터 금요일까지 하루 4시간씩 편의점에서 1년 넘게 아르바이트를 했습니다. 저도 퇴직금을 받을 수 있을까요?

네. 청소년 아르바이트생이라도 1년 이상 일하고, 4주를 평균으로 하여 1주 동안 소정근로시간이 15시간 이상이면 퇴직금을 받을 수 있습니다.

사용자는 퇴직하는 근로청소년에게 급여를 지급하기 위해 퇴직급여제도를 설정해야 합니

다. 다만 계속근로기간이 1년 미만이거나, 4주간을 평균하여 1주간의 소정근로시간이 15시간 미만인 근로청소년은 퇴직금을 받을 수 없습니다. 사용자는 근로청소년이 계속 근로한 기간 1년에 대해 30일분 이상의 평균임금을 퇴직금으로 계산하여 퇴직하는 근로청소년에게 지급해야 합니다. 이를 위반하여 퇴직금을 지급하지 않은 사용자는 3년 이하의 징역 또는 2천만 원 이하의 벌금에 처해집니다. 다만, 이 경우 피해자의 명시적인 의사에 반해 공소를 제기할 수 없습니다.

제7장 청소년의 인터넷 이용에 대한 국가·사회·가정의 책임

제1절 청소년과 인터넷

1. 청소년
"청소년"이란 주로 중학생, 고등학생을 이르지만, 「청소년보호법」에서는 만 19세 미만의 사람이라면 누구나 청소년으로 보고 있다(법 제2조제1호 본문).

2. 정보통신망(인터넷)
"정보통신망"이란 전기통신설비를 이용하거나 전기통신설비와 컴퓨터 및 컴퓨터의 이용기술을 활용해 정보를 수집·가공·저장·검색·송신 또는 수신하는 정보통신체제를 말하며, "인터넷"은 정보통신망의 일종이다(정보통신망법 제2조제1항제1호).

제2절 청소년의 인터넷 이용을 위한 국가·사회·가정의 책임

1. 청소년 보호를 위한 국가의 책임[청소년보호법 제5조제1항]
국가는 청소년 보호를 위해 청소년유해환경의 개선에 필요한 시책을 마련하고 시행해야 하며, 지방자치단체는 해당 지역의 청소년유해환경으로부터 청소년을 보호하기 위해 필요한 노력을 해야 한다.

2. 청소년의 인터넷 이용을 위한 국가기관의 책임
방송통신위원회는 인터넷을 통해 유통되는 음란·폭력정보 등 청소년에게 해로운 정보로부터 청소년을 보호하기 위한 시책을 마련할 의무가 있다(정보통신망법 제41조제1항 참조).

3. 청소년 보호를 위한 사회의 책임 [청소년보호법 제4조제1항]

누구든지 청소년 보호를 위해 다음의 조치 등을 취하고자 노력해야 한다.
- 청소년이 청소년유해환경에 접할 수 없도록 하거나 출입을 하지 못하도록 할 것
- 청소년이 유해한 매체물 또는 유해한 약물 등을 이용하고 있거나 청소년 폭력·학대 등을 하고 있음을 알게 되면 이를 멈추도록 하고 선도할 것
- 청소년에게 유해한 매체물과 유해한 약물 등이 유통되고 있는 것을 알게 되면 중앙행정기관, 지방자치단체, 청소년 보호와 관련된 지도·단속 기관, 그 밖에 청소년 보호를 위한 관련 단체 등(이하 "관계기관 등" 이라 함)에 신고·고발 등을 하는 조치를 취할 것
- 청소년이 청소년유해업소에 고용되어 있거나 출입하고 있음을 알게 되면 관계기관 등에 신고·고발 등을 하는 조치를 취할 것
- 청소년이 청소년 폭력·학대 등의 피해를 입고 있음을 알게 되면 관계기관 등에 신고·고발 등의 조치를 취할 것

4. 청소년 보호를 위한 가정의 역할과 책임 [청소년보호법 제3조]

- 청소년의 부모(친권자) 또는 부모를 대신해 청소년을 보호하는 사람(이하 "부모 등"이라 함)은 청소년이 청소년유해환경에 접촉하거나 출입하지 못하도록 필요한 노력을 해야 하며, 청소년이 유해한 매체물 또는 유해한 약물 등을 이용하고 있거나 유해한 업소에 출입하려고 하면 즉시 막아야 한다.
- 부모 등은 청소년이 청소년유해환경에 접촉하거나 출입하지 못하도록 노력하거나, 막을 때 필요한 경우에는 청소년 보호와 관련된 상담기관과 단체 등에 상담해야 한다.
- 부모 등은 청소년이 가출하거나 잘못된 행위 등을 할 우려가 있는 경우 청소년 보호와 관련된 지도·단속 기관에 협조를 요청해야 한다.

제3절 청소년의 인터넷 이용과 관련된 법률

1. 청소년보호법 : 유해매체물로부터 청소년 보호하기

"청소년유해매체물"이란 영화, 음악, 잡지, 게임 등에 대해 윤리성·건전성을 심의할 수 있는 기관이나 청소년보호위원회가 청소년에게 유해한 것으로 결정하거나 확인한 매체물을 말한다(법 제2조제2호 및 제3호). 청소년유해매체물에는 청소년에게 유해한 매체물임을 나타내는 표시를 해야 한다(법 제13조제1항).

2. 정보통신망 이용촉진 및 정보보호 등에 관한 법률, 개인정보보호법 등

(1) 인터넷 사이트 가입하기

만 14세 미만의 아동이 사이트에 가입하려면 부모님(법정대리인)의 동의를 받아야 하고, 부모님(법정대리인)이 동의하였는지를 확인하는 절차를 거치게 된다(개인정보보호법 제22조제6항).

(2) 개인정보 보호하기

사이트 운영자는 사상, 신념, 가족 및 친인척관계, 학력, 병력(病歷), 기타 사회활동 경력 등 개인의 권리·이익이나 사생활을 뚜렷하게 침해할 우려가 있는 개인정보를 수집해서는 안 된다(개인정보보호법 제23조제1항).

(3) 다른 사람의 명예를 훼손하지 않기

어떤 사람을 헐뜯기 위해 많은 사람이 볼 수 있는 인터넷에 사실인 내용을 기재해 그 사람의 명예를 훼손한 사람은 3년 이하의 징역 또는 3천만 원 이하의 벌금에 처해진다(정보통신망법 제70조제1항). 또한 어떤 사람을 헐뜯기 위해 많은 사람이 볼 수 있는 인터넷에 거짓인 내용을 기재해 그 사람의 명예를 훼손한 사람은 7년 이하의 징역, 10년 이하의 자격정지 또는 5천만 원 이하의 벌금에 처해진다(동법 제70조제2항).

3. 전자상거래 등에서의 소비자보호에 관한 법률

(1) 인터넷으로 강의를 듣거나 물건 사기

강의를 신청하거나 물건을 구입하기 전에 사이트가 공정거래위원회나 특별자치시장·특별자치도지사·시장·군수·구청장에게 신고를 한 믿을만한 업체인지, 신고번호·신고기관 등이 사이트에 기재되어 있는지 확인하는 것이 필요하다(법 제13조제1항제3호).

(2) 취소나 반품하기

강의 신청을 하거나 물품을 주문한 후 7일 이내에는 신청을 취소하거나 반품할 수 있다(법 제17조제1항).

4. 게임산업진흥에 관한 법률

(1) 인터넷 게임하기

인터넷 게임을 하기 전 게임물의 등급을 확인하고 자신에게 맞는 게임을 해야 한다(법 제21조제2항 참조).

(2) 청소년의 인터넷 게임 중독·과몰입 예방 및 치료

청소년의 인터넷 게임 중독·과몰입 등을 예방하기 위해 만 18세 미만의 청소년이나 부모님(법정대리인)이 게임 사이트에 일정 시간이나 기간 동안 이용을 제한해주도록 신청하면 그에 맞게 접속을 제한해주는 "게임시간 선택제도"를 시행하고 있다(법 제12조의3제1항제3호, 제2조제10호 및 동법 시행령 제8조의3제5항 참조).

또한 인터넷게임 중독·과몰입 등 매체물의 오용·남용을 예방하고 신체적·정신적·사회적 피해를 입은 청소년과 그 가족에 대해 상담·교육 및 치료와 재활 등의 서비스를 지원하고 있다(청소년보호법 제27조제1항).

(3) 청소년의 PC방 이용제한

청소년은 게임을 이용할 수 있는 오락실, PC방 등에 오전 9시부터 오후 10시까지만 출입할 수 있다. 물론 부모님이나 선생님 등 청소년을 보호·감독할 수 있는 분들과 함께할 경우에는 출입시간 외에도 PC방을 이용할 수 있다(법 시행령 제16조제2호가목). 만약 청소년의 출입시간을 위반해 청소년을 PC방 등에 출입시킨 사람은 1년 이하의 징역 또는 1천만 원 이하의 벌금에 처해진다(법 제46조제2호).

청소년의 인터넷 이용 관련 사례

[1] 개인정보가 공개되었어요. 삭제해 주세요

> 사이트에 학교에서 제가 한 행동을 찍은 사진과 저에 대한 욕이 게시물로 올라왔어요. 얼굴 중 일부가 모자이크 처리되어 있지만 저인 줄 확실히 알겠어요. 이런 경우 개인정보 침해에 해당하나요? 게시물을 삭제하고 싶은데 가능한가요?

네. 개인정보 침해에 해당되어 게시물의 삭제가 가능합니다.

개인정보란 살아있는 개인에 관한 정보로, △ 성명, 주민등록번호 및 영상 등을 통하여 개인을 알아볼 수 있는 정보와 △ 해당 정보만으로는 특정 개인을 알아볼 수 없더라도 다른 정보와 쉽게 결합하여 알아볼 수 있는 정보, 그리고 개인정보의 일부를 삭제하거나 일부 또는 전부를 대체하는 등의 방법으로 추가 정보가 없이는 특정 개인을 알아볼 수 없도록 처리함으로써 △ 원래의 상태로 복원하기 위한 추가 정보의 사용·결합 없이는 특정 개인을 알아볼 수 없는 정보(가명정보)를 말합니다.

공개되지 않은 개인의 휴대폰번호, 계좌번호, 주민번호, 주소, 학교 등의 정보를 함께 게시해서 누구인지 알아볼 수 있게 하거나 두 가지 이상의 정보를 조합해 누구인지 알아볼 수 있도록 게시물을 작성해 공개하면 개인정보 침해에 해당할 수 있습니다.

이와 같이 개인정보가 침해된 경우 게시물이 올라와 있는 사이트에 ① 게시물 차단 신청서, ② 문제되는 게시물의 위치, ③ 신고자 본인 증명 서류(신분증, 학생증 등) 등을 첨부해 신고하면 사이트 운영자가 침해되었는지 여부를 확인해 삭제해 줄 것입니다. 필요서류나 신고방법 등은 사이트마다 다르므로 확인한 후 신고하십시오.

[2] 개인정보가 유출되었어요. 어떻게 해야 하나요

> 인터넷 채팅을 하다가 상대방이 사이버캐시를 올려주겠다고 해서 아이디와 비밀번호를 모두 알려주었는데, 사이버캐시는 안 올라가고 오히려 저한테 요금만 나왔습니다. 어떻게 해야 하나요?

먼저 어떤 이유에서든 절대로 자기 비밀번호를 알려주지 않아야 합니다.

인터넷을 이용하다 보면 아바타를 꾸미기 위해서 사이버캐시를 구입하거나 온라인게임을 하기 위해 게임 아이템을 사용하는 경우가 있습니다. 그런데 최근에는 어린이를 상대로 사이버캐시를 올려주거나 게임아이템을 키워주겠다고 하면서 아이디와 비밀번호를 알려달라고 하는 경우가 있습니다. 또한 이메일이나 쪽지를 보내 자기가 웹사이트 관리자라며 비밀번호를 알려달라고 하는 경우도 있습니다.

이렇게 아이디와 비밀번호를 요구하는 사람은 거의 대부분 다른 사람의 비밀번호를 알아낸 다음에 사이버캐시나 게임아이템을 자기 것으로 가로채기 위해서입니다. 따라서 다른 사람이 비밀번호를 알려달라고 했을 때는 어떤 이유에서든지 절대로 자기 비밀번호를 알려주지 않아야 합니다.

만약 다른 사람에게 속아서 비밀번호를 알려주었다면 빨리 자기의 비밀번호를 다른 것으로 바꾸고 그 웹사이트의 개인정보관리책임자에게 연락해서 도움을 청하는 것이 좋습니다. 대부분의 웹사이트는 첫 화면에 "개인정보 보호정책"이 있고 그 안에 개인정보관리책임자의 연락처가 있습니다.

[3] 인터넷 강의 해지하기

> 저는 수학경시대회를 준비하기 위해 세계수학경시대회에서 1등을 한 경력이 있는 선생님이 가르치신다는 광고를 보고 인터넷 강의를 신청했습니다. 그런데 실제로는 수학경시대회에 수상한 적도 없고, 강의 내용도 수학경시대회 준비가 아닌 교과과정을 가르치는 것이라 3번 듣고 해지를 요구했더니 안 된다고 합니다. 정말 해지가 안 되나요?

허위·과장 광고에 대한 입증자료에 근거해 계약 해지를 요구할 수 있습니다.

강의가 부실하다고 해약을 요구하는 경우가 종종 있지만, 강의 수준 판단은 다분히 주관적이어서 소비자가 주장하는 것처럼 강의내용이 부실한지를 확인하기는 어렵습니다. 그러나 허위·과장광고에 의해 수강 계약을 체결하거나 무자격이나 자격 미달 강사가 교습할 때는 계약을 취소할 수 있고, 수강료 전액을 환급받을 수 있습니다.

주의할 것은 허위·과장 광고를 문제 삼을 때는 이를 입증할 수 있는 자료가 있어야 하므로 계약 관련 서류나 광고가 허위임을 알 수 있는 자료를 수집, 보관하는 것이 좋습니다.

[4] 저작권자가 누구인지 몰랐는데도 저작권 침해인가요

> 부모님의 여행사 사업을 위해 여행사 홈페이지에 여행사진을 인터넷에서 찾아 올렸는데 저작권자가 누구인지도 몰랐고, 단순히 가게 홍보를 위해 올렸을 뿐입니다. 그런데 저작권법 위반으로 상대방이 민·형사 고소를 했습니다. 저는 처벌받게 되나요?

네, 가능합니다. 다만, 사진이 창작성이 있는 저작물로 저작권법의 보호대상이어야 하고, 사진을 올린 사람이 저작물을 허락을 받지 않고 올린다는 인식을 가지고 있어야 합니다.

"저작권"이란 시, 음악, 영화, 컴퓨터프로그램 등과 같은 저작물에 대해 창작자가 가지는 권리를 말하고, "저작물"이란 인간의 생각이나 감정을 표현한 창작물을 말합니다. 저작권은 저작한 때부터 발생하며 어떠한 절차나 형식의 이행을 필요로 하지 않습니다.

홈페이지에 올린 사진이 피사체의 선정, 구도의 설정, 빛의 방향과 양의 조절, 카메라 각도의 설정, 셔터의 속도, 셔터찬스의 포착 등과 같은 촬영방법과 현상 및 인화 등의 과정에서 촬영자의 개성과 창조성이 뚜렷이 반영되어 있다면 창작성이 있는 저작물로서 저작권법의 보호대상이 됩니다. 비록 사진을 홈페이지에 게시할 당시 저작권자가 누구인지 몰랐다고 하더라도 다른 사람의 저작물을 가게의 운영을 위해 허락을 받지 않고 게시한다는 인식이 있었다면 저작권자의 저작권을 침해한 것으로 볼 수 있어 민·형사상 책임을 져야 할 것으로 보입니다.

저작물을 허락 없이 복제하거나 배포하는 사람은 5년 이하의 징역 또는 5천만 원 이하의 벌금에 처해지거나 징역형과 벌금이 함께 부과될 수 있습니다(저작권법 제136조제1항). 저작권을 일부러 또는 실수로라도 침해한 사람에게 저작권자는 손해배상을 청구할 수 있습니다.

[5] 아동·청소년 이용 음란물을 소지하면 처벌되나요

> 아동·청소년 이용 음란물을 가지고만 있어도 처벌받게 되나요?

네. 아동·청소년성착취물은 소지만 해도 처벌을 받을 수 있습니다.

"아동·청소년성착취물"이란 아동·청소년 또는 아동·청소년으로 명백하게 인식될 수 있는 사람이나 표현물이 등장해 성적 행위 등을 하는 내용을 표현한 것으로서 필름·비디오·게임 또는 컴퓨터나 그 밖의 화상·영상 등의 형태로 된 것을 말합니다.

이익을 위해 아동·청소년성착취물을 판매·대여·배포·제공하거나 이를 목적으로 소지·운반·광고·소개하거나 공공연하게 전시 또는 상영한 사람은 5년 이상의 징역에 처해집니다. 또한 아동·청소년성착취물을 배포·제공하거나 이를 목적으로 광고·소개하거나 공공연하게 전시 또는 상영한 사람은 3년 이상의 징역에 처해집니다. 아동·청소년성착취물을 구입하거나 이를 알면서 소지·시청한 사람도 1년 이상의 징역에 처해집니다(청소년성보호법 제11조).

※ 관련 헌법재판소 결정

아동·청소년 성착취물 배포, 3년 이상 징역으로 처벌하는 아동·청소년의 성 보호에 관한 법률 제11조제3항 [합헌] (헌법재판소 2022. 11. 24. 선고 2021헌바144 결정)

> 아동·청소년의 성 보호에 관한 법률 제11조 (아동·청소년성착취물의 제작·배포 등) ③ 아동·청소년성착취물을 배포·제공하거나 이를 목적으로 광고·소개하거나 공연히 전시 또는 상영한 자는 3년 이상의 징역에 처한다.

아동·청소년이 등장하는 아동·청소년 성착취물을 배포한 자를 3년 이상의 징역에 처하도록 한 청소년성보호법 조항은 헌법에 어긋나지 않는다는 재판관 전원일치 의견의 헌법재판소 결정이 나왔다.

A씨는 2020년 9월 인터넷 사이트에 여성아동 1명과 남성아동 1명이 성행위 등을 하는 지아이에프(GIF) 영상 파일 3개를 게시한 혐의로 2021년 6월 징역 1년 6개월에 집행유예 2년 및 성폭력 치료강의 수강명령 40시간을 선고받고 항소·상고했지만 기각되었다. A씨는 1심 재판 중 해당 조항에 대해 위헌법률심판제청을 신청했지만 기각되자 헌법소원을 냈다.

재판부는 "아동·청소년 성착취물의 배포는 아동·청소년의 성적 자기결정권의 침해에 그치는 게 아니라 인격의 파괴에까지 이를 수 있으며 회복되기 어려울 정도로 삶을 무너뜨릴 수 있어 이러한 행위와 같은 성범죄로부터 보호해 건전한 사회구성원으로 성장할 수 있도록 하는 것은 포기할 수 없는 중대한 법익"이라며 "아동·청소년 성착취물이 일회적으로라도 배포되면 즉시 대량 유포 및 대량 복제가 가능하고 배포 행위자가 의도한 배포범위와 관계 없이 무차별적인 유통 가능성을 기술적으로 배제할 수 없다."고 지적했다.

이어 "해당 조항은 법정형의 하한이 징역 3년으로 법관이 법률상 감경이나 작량감경을 하지 않더라도 집행유예 선고가 가능하며, 죄질이 경미하고 비난 가능성이 적은 경우 법관이 작량감경 등을 통해 양형 단계에서 피고인의 책임에 상응하는 형을 선고할 수 있어 보호법익, 아동·청소년 대상 성범죄의 불법성과 죄질의 정도, 형사정책적 측면, 법관의 양형재량의 범위 등 여러 요소를 종합했을 때 책임과 형벌 간의 비례원칙에 위반되지 않는다."며 "해당 범죄의 성질 등을 고려할 때 다른 범죄의 법정형과 단순히 평면적으로 비교해 법정형의 경중을 논할 수는 없으므로 평등원칙에 위반되지 않는다."고 설명했다.

[6] 사이버 모욕죄로 처벌이 가능한가요

> 채팅사이트에서 채팅을 하던 중 다툼이 생겼는데 상대방이 게시판에 저에 대한 욕설글을 10건도 넘게 올려놓았고, 이로 인해 다른 채팅방에서도 강퇴당하기 일쑤입니다. 이런 경우 어떻게 해야 하나요?

먼저 게임사이트 운영자에게 욕설글을 삭제하도록 요청하십시오. 누구나 볼 수 있는 게시판 등에 욕설을 한 것은 사이버 모욕죄에 해당합니다. 따라서 사이버 경찰청에 고소를 해서 형법에 따라 처벌할 수 있습니다.

"사이버 모욕죄"는 어떤 사람에 대한 사실이 아닌 내용을 많은 사람이 알 수 있도록 인터넷에 경멸적 감정을 담아 기재해 그 사람에 대한 사회적 평가를 훼손시킬 때 인정되는 범죄입니다. 주로 많은 사람이 볼 수 있는 인터넷에 상대방에게 욕설 등을 한 경우에 인정되고, 1년 이하의 징역이나 금고 또는 200만 원 이하의 벌금에 처해집니다(형법 제311조).

또한 욕설 등을 하는 행위가 한 번에 그치지 않고 계속 메일을 보내거나, 인터넷에 들어갈 때마다 반복적으로 해서 불안감을 느끼도록 했다면 이는 "사이버 스토킹"으로 볼 수 있고, 스토킹을 한 사람은 1년 이하의 징역 또는 1천만 원 이하의 벌금에 처해집니다(정보통신망법 제44조 및 제74조제1항제3호).

[7] 인터넷 명예훼손으로 처벌할 수 있나요

> 동급생과 사귀다가 제가 헤어지자고 했더니 저와 찍은 사진을 '○○카페' 게시판에 올리면서 제가 이 남자 저 남자한테 마구 꼬리친다는 둥, 원조교제를 한다는 둥 말도 안 되는 거짓말을 써서 올렸습니다. 너무나 화나고 기가 막히는데 명예훼손으로 신고할 수 있나요?

네. 가능합니다. 많은 사람이 볼 수 있는 인터넷에 거짓인 내용을 기재해 명예를 훼손한 경우이므로 인터넷 명예훼손으로 처벌할 수 있습니다.

"인터넷 명예훼손"은 어떤 사람을 헐뜯기 위해 많은 사람이 볼 수 있는 인터넷에 사실인 내용이나 거짓의 내용을 기재해 그 사람의 명예를 훼손했을 때 인정됩니다. 사실인 내용을 기재해 그 사람의 명예를 훼손한 경우에는 3년 이하의 징역이나 금고 또는 3천만 원 이하의 벌금에, 거짓인 내용을 기재해 그 사람의 명예를 훼손한 사람은 7년 이하의 징역, 10년 이하의 자격정지 또는 5천만 원 이하의 벌금에 처해집니다(정보통신망법 제70조).

인터넷 명예훼손으로 고소하려는 경우에는 경찰청 사이버테러대응센터(www.netan.go.kr)에 신고하거나 직접 경찰서를 방문해 고소장을 제출하면 됩니다.

[8] 에스크로 제도를 이용하라고 하는데 이것은 무슨 제도인가요

> 저는 고등학생인데요. 중고품을 살 수 있는 사이트에서 물건을 사기로 하고 대금을 판매자의 통장에 입금한 이후 연락도 되지 않고 물건도 오지 않았습니다. 어떻게 해야 하나요? 그리고 사람들은 에스크로 제도를 이용했어야 한다고 하는데, 이것은 무슨 제도인가요?

중고물품을 거래하는 사이트에서 흔히 사용되는 사기수법입니다. 부모님과 상의해서 사이버 경찰청 사이버테러대응센터나 경찰서를 직접 방문해 사기로 신고하세요. 경찰서에서 수사한 후 진행상황을 알려 줄 것입니다.

그리고 중고물품을 구입하기 위해 신용카드가 아닌 현금거래를 해야 하는 경우에는 에스크로 제도를 이용하는 것이 안전합니다. "에스크로(ESCROW, 결제대금예치) 제도"란 소비자가 원하는 경우 구매의 안전을 위해 제품 등을 받을 때까지 은행과 같은 제3자에게 그 결제대금을 예치하도록 하는 제도를 말합니다.

에스크로 제도는 인터넷쇼핑몰의 모든 거래에 적용되는 것이 아니라, 상품을 발송하기 전에 미리 상품 대금을 지급받는 선불식 판매를 하는 경우에 적용됩니다(「전자상거래 등에서의 소비자보호에 관한 법률」 참조). 문제가 발생하면 신용카드의 경우 지급을 정지시키면 되지만, 현금은 결제 즉시 판매자에게 지급되기 때문에 소비자는 불안할 수밖에 없습니다. 이럴 때 유용한 것이 에스크로 제도인데 상품을 사면서 대금을 결제하되 은행 등의 에스크로 사업자가 결제대금을 가지고 있다가 상품배송이 완료된 후 대금을 지급하도록 하는 것입니다. 개인 간에 중고물품을 거래할 때 사기를 당하지 않으려면 직접 만나서 물품을 확인한 후 대금을 건네거나, 그럴 수 있는 상황이 되지 않는다면 반드시 에스크로 제도를 이용하세요.

[9] 부모님의 동의 없이 한 서비스 계약을 취소할 수 있나요

> 얼마 전 혼자 집에 있다가 텔레마케팅 전화를 받고 사은품을 받기 위해 인터넷서비스에 가입했습니다. 텔레마케터가 부모님의 동의를 받아야 한다는 말도 하지 않았어요. 그런데 해지를 하려고 하니 설치비와 사용요금을 납부해야 해지가 된다고 합니다. 어떻게 해야 하나요?

미성년자가 부모님(법정대리인)의 동의 없이 한 서비스 계약은 취소할 수 있습니다. 계약 취소 시 요금을 납부해야 할 의무는 없지만, 임대 모뎀 등 장비 일체는 반환해야 합니다.

미성년자인 청소년이 인터넷을 통해 상품을 구입하거나 서비스 계약을 하려면 부모님(법정대리인)의 동의가 필요하므로 반드시 부모님의 동의를 받은 후 구입하십시오(전자상거래 등에서의 소비자보호에 관한 법률 제13조 제3항 참조).

사이트 운영자는 부모님(법정대리인)이 동의하지 않으면 상품 구입이나 서비스 계약을 취소할 수 있다는 내용을 미성년자에게 알려야 합니다. 상품 구입이나 서비스 계약을 취소할 수 있다는 내용을 미성년자에게 알리지 않은 사이트 운영자에게는 500만 원 이하의 과태료가 부과됩니다(동법 제45조제4항제5호).

만약 미성년자가 부모님(법정대리인)의 동의를 얻은 것으로 사업자가 믿게끔 부모님(법정대리인)의 주민등록번호를 알려준다던가 하는 방법을 사용했다면 문제해결이 어려울 수도 있습니다. 인터넷 회사와 다시 상담해보고 해결이 되지 않는다면 한국소비자원(kca.go.kr)의 피해구제신청을 이용해 보십시오.

알아두면 힘이 되는 것들

◇ **디지털 성범죄 피해영상물 삭제 지원 강화** : 2021년 7월 13일부터 불법 촬영물 등이 유포되어 피해를 입은 경우 피해자와 가족뿐만 아니라 대리인을 통해서도 국가에 삭제 지원을 요청할 수 있게 되었다. 특히 아동·청소년성착취물의 경우 별도의 요청이 없더라도 국가가 삭제를 지원할 수 있다.

◇ **온라인 아동·청소년 성착취 '그루밍' 처벌** : n번방 사건을 계기로 개정된 아동·청소년의 성보호에 관한 법률이 2021년 9월 24일 시행됨에 따라 아동이나 청소년을 성적으로 착취

하기 위해 온라인 대화로 유인하거나 성적 행위를 권유하는 등의 '온라인 그루밍' 범죄 행위를 하면 3년 이하의 징역이나 3천만 원 이하의 벌금형으로 처벌된다(법 제13조제2항). 특히 사법경찰관리는 아동·청소년 대상 디지털 성범죄에 대해서는 신분 비공개·위장 수사를 할 수 있다(법 제25조의2).

◇ **미성년자 빚 대물림 방지 규정 신설** : 민법에 미성년자 빚 대물림 방지 규정이 신설되어 2022년 12월 13일부터 시행되고 있다. 피상속인의 사망으로 상속이 개시된 당시 미성년자였던 사람은 상속채무가 상속재산을 초과하는 사실을 알게 된 날부터 3개월간 상속을 한정승인할 수 있게 되었다. 신설 규정은 원칙적으로 법 시행 이후 상속이 개시된 경우부터 적용되지만, 법 시행 전에 상속이 개시되었어도 시행 당시 미성년자거나 성년자라도 아직 상속채무 초과 사실을 몰랐던 경우에는 개정 규정이 적용된다.

◇ **2023년부터 대학입학금 전면 폐지** : 2023년부터 대학 진학 시 '입학금'이라는 개념이 사라진다. 정부는 학자금 부담을 완화하기 위해 대학입학금을 단계적으로 감축해왔는데, 올해 학생 1명당 평균 입학금은 7만 2천 원 상당이었으나 그마저도 납부하지 않아도 되게 되었다. 다만, 대학원 입학금은 현행처럼 유지된다.

◇ **정부, 2012년 이후 11년 만에 학교폭력 근절 대책 대대적 손질, 학교폭력 처벌 강화**
   - 2026학년도부터 모든 대입 전형에 학교폭력 조치 의무 반영… 자퇴해도 기록 남긴다.
   - 서울대·고려대·한양대·건국대·서울시립대 등 21개 대학, 2025학년도 대입 수능위주 전형부터 학교폭력 조치 사항 반영, 특히 체육특기자 전형에는 의무화
   - 학폭 가해자 학생부 기록 보존 2년 → 4년 연장, 가·피해자 분리 3 → 7일 연장
   - 일각에서는 '취업 반영' 주장 나왔으나 대책에 미포함
   - 미국 대다수 州, '중대 사태' 때는 퇴학 / 중국, 교직원·학생 필수 예방교육

2023년 현재 고교 1학년 학생들이 치르는 2026학년도 대입에서는 학교폭력 가해학생 처분 결과가 수시는 물론 수능 점수 중심인 정시 전형에 의무 반영되고, 2025학년도 입시에서도 대학이 자율적으로 반영한다. 학교폭력 가해기록이 '학교생활기록부(학생부)'에 보존되는 기간은 현재 2년에서 4년으로 늘어난다. 국회에는 '10년'으로 늘리자는 법안이 제출되어 있지만, 두 배 수준으로 늘리는 데 그쳤다. 학생이 4년제 대학에 진학해 졸업하는 경우 취업에 영향을 주기는 어려워 보인다.

◇ 중대한 학교폭력 저지르면 대입 당락 좌우할 수준으로 반영

정부가 마련한 대책은 학생부 중심의 수시는 물론, 수능 점수 위주인 정시 전형에도 학교폭력 가해사실을 의무적으로 반영하는 것이다. 정부는 '2026학년도 대입전형 기본사항'에 대입 수능, 논술, 실기·실적 위주 전형 등 모든 전형에 학교폭력대책심의위원회(이하 '학폭위'라 함) 조치를 필수적으로 반영해야 한다는 내용을 포함할 방침이다. 현재는 학생부 교과, 학생부 종합 등 학생부 위주 전형에만 위 조치사항이 평가에 고려되고 있다.

2023년 현재 고2 학생들에게 적용되는 '2025학년도 대입전형 기본사항'은 이미 지난해 발표됐기 때문에 학폭위 조치 반영을 의무화할 수 없다. 다만 최근 학교폭력이 사회문제가 되면서 일부 대학을 중심으로 2025학년도 대입 수능위주 전형에 학폭위 조치를 자율적으로 반영하겠다는 움직임이 나타나고 있다.

교육부는 중대한 학교폭력 가해학생의 경우 당락을 좌우할 수준으로 학폭위 조치가 대입에 반영될 것이라고 설명했다. 다만 구체적인 반영 방식, 기준은 대학별로 결정하게 된다. 교육과정에서 인성이 중시되는 교·사대나 학교장 추천 전형 등 일부 학과나 전형에는 학교폭력 가해학생의 지원을 원천적으로 금지하는 대학들도 나타날 수 있다고 보고 있다.

◇ 학생부 적힌 가해 이력 삭제, 피해학생 동의 확인… 자퇴해도 대입 반영

중대한 학교폭력을 저지른 가해학생에게 내려지는 6호(출석정지), 7호(학급교체), 8호(전학) 조치의 학생부 보존기간은 졸업 후 최대 2년에서 4년으로 연장된다. 학폭위 조치 보존기간은 학폭 관련 최초 대책이 마련된 2012년에는 최대 10년(초·중학교는 5년)이었다. 그러나 1년 뒤 고등학교도 5년으로 단축하고 심의를 거쳐 삭제할 수 있게 완화되었고, 2014년에는 최대 보존 기간이 2년으로 줄었다.

또한 학생부에 기재된 학폭위 조치를 삭제하기 위한 심의에서 피해학생의 동의 여부와 가해학생이 제기한 불복 소송 여부도 확인한다. 피해학생이 동의하지 않는다면 기록을 지울 수 없게 되는 셈이다. 또 가해학생이 반성하지 않고 학생부 조치사항 기재를 회피할 목적으로 자퇴하는 것을 막기 위해 학폭위 조치 결정 전에는 자퇴할 수 없게 했다. 자퇴생들의 학교폭력 조치사항 여부도 대입에 반영할 방침이다.

◇ 가해학생 학폭위 결정 불복해 소송 걸면 피해학생 진술권 보장

학교폭력이 발생할 경우 학교장이 가해학생과 피해학생을 즉시 분리해야 하는 기간은 3일에서 7일 이내로 연장된다. 이후 학교장이 피해학생을 보호하기 위해 조치할 수 있는 '가해학생 대상 긴급조치'에 학급 교체도 추가한다. 또 가해학생의 출석정지 처분 역시 학폭위 심의 결정까지 가능하도록 「학교폭력 예방 및 대책에 관한 법률」도 개정할 방침이다.

피해학생이 요청할 경우 학교장이 가해학생을 대상으로 출석정지나 학급교체 처분을 할 수 있도록 피해학생에게 분리 요청권도 부여한다. 가해학생이 학폭위 결정에 불복해 집행정지를 신청하거나 소송 등을 제기할 경우 피해학생에게 이를 통보하고, 가해학생이 제기한 불복 절차에서 피해학생이 진술권을 얻을 수 있도록 국선대리인 선임 등도 지원한다. 피해학생 전문 지원기관도 2023년 303곳에서 2024년 400곳으로 확대하기로 했다.

◇ 교권도 강화한다.

교원이 학교폭력 대응 과정에서 분쟁에 휘말릴 경우 고의가 아니거나 중대한 과실이 없는 한 교원의 민·형사상 책임을 면제할 수 있도록 관련법을 개정할 방침이다. 학교폭력 책임교사의 부담을 경감하기 위해 수업을 대폭 줄여주고 가산점 확대, 수당 인상 등도 검토하기로 했다.

◇ 교권보호 4법(교원지위법, 초·중등교육법, 유아교육법, 교육기본법), 국회 본회의 통과

교사의 정당한 교육활동을 보호하기 위한 이른바 교권보호 4법이 2023년 9월 21일 국회 본회의를 통과했다. 개정법에 따라 교원의 정당한 학생생활지도는 아동학대 금지행위 위반으로 보지 않고, 학부모 등의 보호자는 학교(유치원)의 교육활동을 존중하고 협력할 의무가 있으며 이를 침해하는 행위가 금지된다. 교육활동 침해행위에는 악성민원과 공무집행방해죄·무고죄가 포함되었다. 또한 교원의 인적사항 보안의무와 학교 민원처리 업무는 학교장(유치원장)의 책임이다. 법안은 2024년 3월 1일부터 시행될 예정이다.

◇ 교사의 전문적인 교육활동을 부모 등 보호자가 침해하거나 부당하게 간섭해서는 안 된다
(대법원 2023. 9. 14. 선고 2023두37858 판결)

수업 중 물병으로 장난을 치자 학생의 이름을 칠판 레드카드(일종의 벌점제) 옆에 붙이고 방과 후에 10여 분간 청소하게 한 초등학교 2학년 담임교사를 두고 학부모가 아동학대라며 자녀를 등교시키지 않고 지속적으로 담임 교체를 요구한 것을 교권 침해로 본 학교의 처분은 정당하다고 법원이 판단했다. 대법원은 "적법한 자격을 갖춘 교사가 전문적이고 광범위한 재량이 존재하는 영역인 학생에 대한 교육과정에서 한 판단과 교육활동은 특별한 사정이 없는 한 존중되어야 한다."며 "국가, 지방자치단체, 그 밖의 공동단체나 학생 또는 그 보호자 등이 이를 침해하거나 부당하게 간섭하여서는 안 된다"고 판시했다.

이어 학급을 담당한 교원의 교육방법이 부적절하여 교체를 희망한다는 의견을 부모가 인사권자인 교장 등에게 제시할 수도 있지만, 교육방법의 변경 등으로 문제가 해결될 수 있다면 먼저 그 방안을 시도하는 것이 바람직하다며, 학부모가 정당한 사유 및 절차에 따르지 아니한 채 반복적으로 담임 교체를 요구하는 것은 담임교사로서 온전한 직무수행을 기대할 수 없는 비상적인 상황에 한해 보충적으로만 허용된다고 보는 것이 타당하다고 보았다.

[제2단원 서식 1] 청소년증 (재)발급신청서

■ 청소년복지지원법 시행규칙 [별지 제1호 서식]

청소년증 (재)발급신청서

※ 뒤쪽의 신청안내를 읽고 작성해주시기 바라며, [ ]에는 해당하는 곳에 V표시를 합니다.

접수번호		접수일		처리기간	14일

신 청 인 (본 인)	성명		주민등록번호	
	주소			
	전화번호		휴대전화번호	
	[ ] 초·중·고 재학 중 [ ] 초·중·고 재학하지 않음 [ ] 고등학교 졸업			

신청내용	신청구분	[ ] 신규 [ ] 재발급 ([ ] 분실 [ ] 훼손 [ ] 기타)	사진 3cm×4cm (모자 벗은 상반신으로 뒤 그림 없이 6개월 이내 촬영한 것) 사진
	수령방법	[ ] 방문 [ ] 등기우편	
	등기우편 수령 주소	(우)	

교통카드 기능	[ ] 신청: 종류 ( ) [ ] 신청하지 않음		

대 리 신 청 인	성명		관계		주민등록번호	
	주소					
	전화번호			휴대전화번호		

위에 기재한 내용은 사실이며, 「청소년복지 지원법」 제4조제1항 및 같은 법 시행규칙 제2조제1항·제4조제1항에 따라 청소년증의 (재)발급을 신청합니다.

년   월   일

신청인   (서명 또는 인)

특별자치도지사, 시장·군수·구청장장 귀하

[제2단원 서식 2] 15세 미만인 자의 취직인허증 (재)교부 신청서

■ 근로기준법 시행규칙 [별지 제9호 서식]

15세 미만인 자의 취직인허증 [ ] 교부 / [ ] 재교부 신청서

※ [ ]에는 해당하는 곳에 V표시를 합니다.

접수번호		접수일		처리기간 3일	
15세 미만인 자	성명			주민등록번호	
	주소				
사용자 (사용자가 될 자)	사업장명			사업의 종류	
	대표자 성명			주민등록번호	
	소재지			(전화번호 :)	
	15세 미만인 자의 종사업무			임금	
	근로시간			사용기간	
학교장	학교명				
	소재지			(전화번호 :)	
	수업시간				
	의견				
친권자 또는 후견인	성명			주민등록번호	
	주소				
	15세 미만인 자와의 관계			동의 여부	

「근로기준법」 제64조제1항과 같은 법 시행령 제35조·제39조 및 같은 법 시행규칙 제11조제1항·제2항에 따라 위와 같이 15세 미만인 자의 취직인허증의 [[ ] 교부, [ ] 재교부]를 신청합니다.

년   월   일

사용자(사용자가 될 자)   (서명 또는 인)

15세 미만인 자   (서명 또는 인)

○○지방고용노동청(지청)장 귀하

유의사항	1. "15세 미만인 자의 종사업무"란에 15세 미만인 자를 둘 이상의 업무에 사용하려는 경우에는 그 사용 직종을 모두 적으시기 바라며, 이 중 일부 직종에 대해서만 허가할 수도 있습니다. 2. "학교장"란은 15세 미만인 자가 의무교육대상이거나 학교에 재학 중인 경우에만 작성합니다(재교부의 경우 작성할 필요 없음) 3. 취직인허증을 못 쓰게 되거나 잃어버리게 된 사유서(재교부를 신청하는 경우에만 첨부)

[제2단원 서식 3] (18세 미만인 자/임산부)의 야간/휴일 근로인가 신청서

■ 근로기준법 시행규칙 [별지 제11호 서식]

[ ]임산부 　　　　　[ ] 야간
[ ]18세미만인 자　의　[ ] 휴일　근로 인가 신청서

※ [ ]에는 해당하는 곳에 V표시를 합니다.

접수번호		접수일	처리기간 3일	
신 청 인	사업장명		사업의 종류	
	대표자 성명		생년월일	
	소재지		(전화번호 :)	
신청내용	신청이유			
	사유발생일		종사업무	
	인가기간		근로형태	
	인가대상 근로자수	야간근로	명 (남 　명, 여 　명)	
		휴일근로	명 (남 　명, 여 　명)	

「근로기준법」 제70조제2항 단서와 같은 법 시행규칙 제12조제1항에 위와 같이 [[ ] 임산부, [ ] 18세 미만인 자]의 [[ ] 야간, [ ] 휴일] 근로에 대한 인가를 신청합니다.

년　　　월　　　일

신청인　　　　　(서명 또는 인)

대리인　　　　　(서명 또는 인)

○○지방고용노동청(지청)장 귀하

첨 부 서 류	1. 해당 근로자의 동의서나 청구서 사본 2. 법 제70조 제3항에 따른 근로자 대표와의 협의 결과 사본

제3단원

가정폭력·성폭력특별법

제1장 가정폭력범죄의 처벌 등에 관한 특례법(약칭: 가정폭력처벌법)

제1절 가정폭력이란

"가정폭력"이란 가정구성원 사이의 신체적, 정신적 또는 재산상 피해를 수반하는 행위를 말한다(가정폭력처벌법 제2조제1호).

제2절 가정구성원이란

> 이혼한 전남편이 찾아와 행패를 부리고 폭력을 행사합니다. 이혼했는데도 가정폭력으로 신고할 수 있나요?

가정폭력이란 가정구성원 사이에 신체적, 정신적 또는 재산상 피해를 주는 행위를 말하는데, 「가정폭력범죄의 처벌 등에 관한 특례법」 제2조제2호에 따르면 이혼한 과거 배우자도 가정구성원에 포함되므로, 귀하는 이혼한 전 배우자에 대하여 가정폭력범죄로 신고 및 고소하여 처벌 가능합니다.

◇ 가정구성원 (가정폭력처벌법 제2조제2호)
- 배우자(사실상 혼인관계에 있는 사람을 포함) 또는 배우자였던 사람
- 자기 또는 배우자와 직계존·비속관계(사실상의 양친자관계를 포함)에 있거나 있었던 사람
- 계부모와 자녀의 관계 또는 적모(嫡母)와 서자(庶子)의 관계에 있거나 있었던 사람
- 동거하는 친족

위에서 알 수 있듯이 가정폭력이란 부부간의 폭력 뿐 아니라 자녀폭행 및 노인학대 등도 모두 포함하는 개념입니다.

제3절 가정폭력범죄란

> 가정폭력범죄로 법이 정의한 죄명을 알고 싶습니다.

가정폭력범죄란 가정폭력으로서 다음 각 목의 어느 하나에 해당하는 죄를 말합니다(가정폭력처벌법 제2조제3호).
- (중)상해, 존속(중)상해, 폭행, 존속폭행, 특수상해, 특수폭행
- (존속)유기, 영아유기, (존속)학대, 아동혹사

- (중)체포, 존속(중)체포, (중)감금, 존속(중)감금, 특수체포, 특수감금
- 협박, 존속협박, 특수협박
- 강간, 유사강간, 강제추행, 준강간, 준강제추행, 미성년자 등에 대한 간음·추행 등
- 명예훼손, 사자(死者) 명예훼손, 출판물 등에 의한 명예훼손, 모욕
- 주거침입, 퇴거불응, 강요, 공갈, 특수공갈, 특수손괴, 재물손괴 등
- 카메라 등을 이용한 촬영(성폭력처벌법 위반)
- 공포심이나 불안감 유발하는 전화·문자 등의 반복(정보통신망법 위반)

가정폭력 관련 사례

[1] 가정폭력 신고의무자

> 가정폭력 피해자만 경찰에 신고할 수 있나요?

아니오. 누구든지 가정폭력범죄를 알게 된 경우에는 수사기관에 신고할 수 있습니다.

단, 아동복지시설 같은 아동의 교육과 보호를 담당하는 기관의 종사자나 아동·60세 이상 노인·기타 정상적인 판단능력이 결여된 자를 치료하는 의료인 또는 노인복지시설·장애인복지시설·건강가정지원센터 종사자, 사회복지공무원, 구조·구급대원 등이 그 직무를 수행하면서 가정폭력범죄를 알게 된 경우에는 정당한 사유가 없으면 즉시 수사기관에 신고하여야 하며, 신고하지 않은 경우에는 300만 원 이하의 과태료가 부과됩니다(가정폭력처벌법 제4조 및 제66조제1호).

> 경찰에 신고할 땐
> ☎ 112

[2] 경찰의 응급조치

> 경찰에 가정폭력을 신고하면 어떤 도움을 받나요?

가정폭력을 신고받은 경찰은 즉시 현장에 나가서 ① 폭력행위를 제지한 후 가해자와 피해자를 분리하고, 현행범인의 체포(형사소송법 제212조) 등 범죄수사에 착수하며, ② 피해자의 동의가 있는 경우 피해자를 가정폭력 관련 상담소 또는 보호시설로 인도하고, ③ 긴급치료가 필요한 피해자를 의료기관으로 인도하고, ④ 폭력행위 재발시 격리 또는 접근금지 등의 임시조치를 신청할 수 있음을 통보하고, ⑤ 피해자보호명령 또는 신변안전조치를 청구할 수 있음을 고지합니다(가정폭력처벌법 제5조).

[3] 경찰에 의한 가정폭력 긴급임시조치

> 가정폭력이 발생했을 때 현장에 출동한 경찰관이 접근금지나 격리 등의 조치를 해줄 수 없나요?

현장에 있는 경찰관은 가정폭력처벌법 제5조에 따른 응급처치에도 불구하고 가정폭력범죄가 심각한 수준에 이르고 재발 우려가 있다고 판단할 경우와 피해자가 요청하는 경우 피의자에 대해 ① 피해자 또는 가정구성원의 주거 또는 점유하는 방실(房室)로부터의 퇴거 등 격리, ② 피해자 또는 가정구성원이나 그 주거·직장 등에서 100미터 이내의 접근금지, ③ 피해자 또는 가정구성원에 대한 휴대전화나 이메일 등 전기통신을 이용한 연락금지 등 긴급임시조치를 취할 수 있습니다(가정폭력처벌법 제8조의2·제8조의3 등).
경찰이 긴급임시조치를 한 뒤 검사에게 연장 여부를 신청하면 최종적으로 판사가 조치를 지속할지를 판단합니다. 정당한 사유 없이 임시조치를 이행하지 아니한 가정폭력행위자는 1년 이하의 징역 또는 1천만 원 이하의 벌금 또는 구류에 처해집니다(동법 제63조제2항).

[4] 가정폭력행위자 처벌 여부

> 경찰에 신고하면 무조건 처벌받는지요?

경찰에 신고하였다고 무조건 처벌되는 것은 아닙니다. 가정폭력사건은 ① 일반적인 형사처벌을 하거나, ② 일정기간 행위자가 피해자에게 접근하는 것을 제한하거나 보호관찰소 또는 상담소 등에 사회봉사·수강명령, 상담위탁을 하는 등 가정보호사건으로 처리할 수 있습니다(가정폭력처벌법 제9조·제9조의2).

[5] 가정폭력범죄를 수사할 때는 가정환경조사서를 작성하여야 한다

가정폭력범죄를 수사할 때에는 범죄의 원인 및 동기와 행위자의 성격·행실·태도·경력·교육정도·가정상황과 그 밖의 환경 등을 상세히 조사하여 가정환경조사서를 작성하여야 합니다(검사와 사법경찰관의 상호협력과 일반적 수사준칙에 관한 규정 제67조).

[6] 피해자가 검사를 거치지 않고 법원에 직접 보호명령을 신청할 수 있다

> 가정폭력으로 남편을 고소했는데 보복할까봐 무섭습니다. 저나 아이들에게 찾아오거나 연락하는 것을 못하도록 할 수 없나요?

가정폭력피해자들은 검찰(수사기관)의 조사를 거쳐야만 피해자보호명령을 청구할 수 있었는데「가정폭력범죄의 처벌 등에 관한 특례법」의 개정으로 2011. 10. 26.부터 피해자 또는 법정대리인이 법원에 직접 보호명령 및 임시보호명령을 신청할 수 있습니다.

판사는 피해자의 보호를 위하여 필요하다고 인정하는 때에는 피해자, 그 법정대리인 또는 검사의 청구에 따라 결정으로 ① 피해자 또는 가정구성원의 주거 또는 점유하는 방실(房室)로부터의 퇴거 등 격리, ② 피해자 또는 가정구성원이나 그 주거·직장 등에서 100미터 이내의 접근금지, ③ 피해자 또는 가정구성원에 대한 「전기통신사업법」 제2조제1호의 전기통신을 이용한 접근금지, ④ 친권자인 가정폭력행위자의 피해자에 대한 친권행사의 제한, ⑤ 가정폭력행위자의 피해자에 대한 면접교섭권행사의 제한 등의 피해자보호명령을 가정폭력행위자에게 할 수 있습니다. 또한 위 각각의 명령은 병과(兵科)할 수 있습니다(법 제55조의2).

피해자보호명령의 기간은 1년을 초과할 수 없으나, 피해자의 보호를 위하여 기간 연장이 필요하다고 인정하는 경우에는 직권이나 피해자, 그 법정대리인 또는 검사의 청구에 따른 결정으로 2개월 단위로 최장 3년까지 연장할 수 있습니다(법 제55조의3). 피해자보호명령(또는 임시보호명령)을 받고 이를 이행하지 아니한 가정폭력행위자는 2년 이하의 징역 또는 2천만 원 이하의 벌금 또는 구류에 처해집니다(법 제63조제1항).

[7] 보호명령의 전제가 된 가정폭력행위에 대하여 형사절차에서 무죄판결을 선고받아 확정된 경우에도 불이행죄로 처벌할 수 있다

> 아내가 저를 가정폭력을 저질렀다는 이유로 피해자보호명령을 신청해서 보호명령을 받았습니다. 그러나 저는 억울해서 이를 이행하지 않았습니다. 그래서 보호명령 불이행죄로 기소되었습니다. 이후에 피해자보호명령의 전제가 된 가정폭력 행위에 대해 형사재판에서 무죄판결을 선고받아 확정되었습니다. 그런데도 제가 보호명령 불이행죄로 처벌받나요?

처벌받을 수 있습니다. 가정폭력처벌법상 피해자보호명령은 판사가 가정폭력범죄 피해자의 보호를 위하여 필요하다고 인정하는 때에 피해자 등의 청구에 따라 결정으로 가정폭력행위자에게 피해자의 주거지 등에서의 퇴거 등을 명하는 제도로서, 피해자가 스스로 안전과 보호를 위한 방책을 마련하여 직접 법원에 청구할 수 있도록 하여 신속하게 피해자를 보호하려는 취지를 가지고 신설된 것입니다.

대법원은 "피해자보호명령의 내용과 입법취지 등에 비추어 보면, 가정폭력처벌법 제63조 제1항제2호가 정한 '피해자보호명령을 받고 이를 이행하지 아니한 가정폭력행위자'란 피해자의 청구에 따라 가정폭력행위자로 인정되어 피해자보호명령을 받았음에도 이행하지 않은 사람을 말하며, 피고인이 가정폭력행위를 저질렀다는 이유로 피해자보호명령을 받았음에도 이를 이행하지 아니한 이상, 피해자보호명령의 전제가 된 가정폭력행위에 대하여 형사재판에서 무죄판결을 선고받아 확정되었다고 하더라도 보호명령 불이행죄로 처벌할 수 있다고 판단하였습니다(대법원 2023. 6. 1. 선고 2020도5322 판결).

[8] 가정폭력으로 신고한다고 하여 곧바로 이혼되지 않는다

> 가정폭력으로 신고하면 곧바로 이혼되나요?

가정폭력에 대해 경찰에 신고했다고 해서 무조건 이혼이 되지 않습니다. 가정폭력특례법은 이혼보다는 오히려 폭력 습관을 고쳐 부부의 화해와 화목한 가정을 이루도록 하는 데 주된 목적이 있습니다.

[9] 가정폭력이 이혼사유가 되는지

> 가정폭력이 심한 남편과 이혼할 수 있는지요?

가정폭력이 있고 그 정도가 심하다면 민법 제840조제3호(부당한 대우)나 동조 제6호(기타 혼인생활을 계속하기 어려운 중대한 사유)에 따라 재판상 이혼사유에 해당됩니다. 이를 위해서는 상해진단서(진단서, 소견서)나 멍들거나 다친 부위의 사진, 부서지거나 찢어진 가재도구 등의 사진 등을 준비해두는 것이 좋습니다.

[10] 가정폭력으로 처리되면 전과기록이 남는지

> 남편이 가정폭력으로 처벌되면 전과기록이 남는지요? 아이들 장래에 피해가 갈까 봐 걱정입니다.

가정폭력처벌법은 '가정폭력을 행사하는 자에게 보호처분을 행함으로써 가정의 평화와 안정을 회복하고 건강을 육성하는 것'을 목적으로 하고 있으며, 일반 형법상의 기소유예(용서)와 처벌(벌금형 또는 징역형)의 중간단계로 보호처분을 도입한 것으로서, 위 법에서 정한 보호처분을 받은 경우는 전과기록이 남지 않습니다(법 제29조, 제40조).

[11] 상담조건부 기소유예란

> 남편을 가정폭력으로 고소했는데 검사가 상담조건부 기소유예를 했습니다. 기소유예에 대해서 알고 싶습니다.

"기소유예"란 죄는 인정되지만 피의자의 연령이나 성행, 환경, 피해자에 대한 관계, 범행의 동기나 수단, 범행 후의 정황 등을 참작하여, 기소하여 전과자를 만드는 것보다는 다시 한번 성실한 삶의 기회를 주기 위해 검사가 기소하지 않고 용서해 주는 것을 말합니다.

검사는 가정폭력사건을 수사한 결과 행위자의 성행교정을 위하여 필요하다고 인정하는 때에는 상담조건부 기소유예를 할 수 있습니다(가정폭력처벌법 제9조의2). 가정폭력행위자에 대하여 상담소 등에서 성실히 상담받는 것을 조건으로 기소유예처분을 하는 것입니다.

[12] 법원의 임시조치란

판사는 가정보호사건의 원활한 조사·심리 또는 피해자 보호를 위하여 필요하다고 인정하는 경우에는 결정으로 가정폭력행위자에게 다음의 어느 하나에 해당하는 임시조치를 할 수 있다(가정폭력처벌법 제29조).
① 피해자 또는 가정구성원의 주거 또는 점유하는 방실로부터의 퇴거 등 격리
② 피해자 또는 가정구성원이나 그 주거·직장 등에서 100미터 이내의 접근금지
③ 피해자 또는 가정구성원에 대한 「전기통신기본법」 제2조제1호의 전기통신을 이용한 접근금지
④ 의료기관이나 그 밖의 요양소에의 위탁
⑤ 국가경찰관서의 유치장 또는 구치소에의 유치
⑥ 상담소 등에의 상담위탁

임시조치기간은 ①부터 ③까지는 2개월, ④부터 ⑥까지는 1개월을 초과할 수 없다. 다만, 피해자의 보호를 위하여 그 기간을 연장할 필요가 있다고 인정하는 경우에는 결정으로 ①~③호의 임시조치는 2회, ④~⑥호의 임시조치는 1회를 각 기간의 범위에서 연장할 수 있다.

[13] 배상명령신청

> 남편은 제가 본인을 가정폭력으로 고소한 것에 분노하며 병원 치료비도, 생활비도 주지 않습니다. 어떻게 해야 할까요?

피해자는 가정폭력행위로 입은 물적 피해, 치료비, 당사자 사이에 합의된 배상액, 그리고 부양료 등에 대하여 법원에 배상명령을 신청할 수 있습니다. 배상명령이 확정되면 그 결정서 정본은 민사판결 정본과 같은 효력을 가지므로 그 결정서를 가지고 강제집행을 할 수 있습니다(가정폭력처벌법 제57조).

[14] 가정폭력 피해아동의 주소지 외 지역에서의 취학

> 남편의 폭력을 피해 아이들과 도망쳐 나왔습니다. 그런데 남편이 도망친 곳을 알아내 찾아오거나, 아이들 학교로 찾아갈까 봐 무섭습니다.

가정폭력의 피해자 또는 피해자가 동반한 가족이 만 18세 미만의 아동이라면 주소지 외의 지역에 있는 학교에 취학 또는 전학할 수 있습니다(가정폭력방지법 제4조의4, 동법 시행령 제1조의3). 학교는 해당 아동의 취학, 진학, 전학 등과 관련한 사항을 설사 아동의 친권자라고 하더라도 이를 공개해서는 안 됩니다.

한편, 도망쳐 나와 다른 주소지에 전입신고를 하였다면 가정폭력피해자는 가정폭력가해자가 변경된 주소를 알 수 없도록 피해자 본인 및 세대원의 주민등록표등(초)본의 열람을 제한해 줄 것을 신청할 수 있습니다(주민등록법 제29조제6항).

[15] 가정폭력가해자가 피해자의 가족관계증명서를 열람하거나 교부받을 수 없다

> 아버지가 도박중독자인데 제 신분증을 훔쳐가 신용대출을 받아 도박자금으로 날리고, 술을 마신 후 폭행까지 했습니다. 저는 아버지의 폭력을 피해 이사하고, 주민등록번호도 바꾸었으며, 주민등록표 등(초)본 열람·발급 제한도 했습니다. 그런데 아버지가 가족관계증명서를 통해 제 변경된 주민등록번호를 알아내어 자꾸 제 명의로 대출을 받으려고 시도한 것을 금융기관으로부터 연락을 받고 알았습니다. 아버지가 저의 이런 정보를 알지 못하게 할 수 있는 방법이 없을까요?

있습니다. 가정폭력피해자는 가해자가 피해자의 등록사항별 증명서를 열람, 발급하는 것을 제한하고, 피해자 기록사항의 공시를 제한해 줄 것을 신청할 수 있습니다.

'가족관계증명서'는 주민등록등(초)본과 더불어 여러 영역에서 자주 사용되는 서류로, 이를 통해 본인, 부모, 자녀의 인적사항을 확인할 수 있습니다. 사용처가 다양하므로 주민센터뿐만 아니라 인터넷이나 무인발급기를 통해 발급도 비교적 빠르고 간단하게 이루어졌습니다. 또한 본인이나 배우자 외에도 직계혈족이라면 자유롭게 발급이 가능했습니다.

직계혈족이라면 가까운 가족이니, 인적사항에 대하여 확인할 수 있는 서류를 발급받는다고 하더라도 별 문제가 없다고 생각할 수 있습니다. 그러나 가정폭력가해자가 직계혈족인 경우는 사정이 다릅니다. 그동안은 가정폭력가해자가 직계혈족이라는 이유만으로 아무런 제한 없이 피해자의 가족관계증명서를 발급받을 수 있었습니다. 그러다 보니 피해자가 가해자를 피하기 위해 이사하거나 개명하더라도 가해자가 직계혈족으로서 가족관계증명서를 발급받으면 손쉽게 피해자의 개인정보를 확인할 수 있었습니다.

위와 같이 가해자와 피해자가 가족관계라는 이유만으로 피해자에 대한 보호나 2차 가해의 예방이 제대로 이루어지지 못했고, 실제 피해자들을 비롯한 여러 계층의 지속적인 지적으로 결국 헌법재판소의 헌법불합치 결정(2020. 8. 28. 선고 2018헌마927)에 따라 「가족관계의 등록 등에 관한 법률」 제14조제1항이 개정되어 2022. 1. 1. 부터 시행되었습니다.

가족관계의 등록 등에 관한 법률

개정법의 주요 내용은 크게 두 가지입니다.

첫째, 가정폭력피해자 명의의 등록사항별 증명서에 대한 교부 등 제한

먼저 가정폭력피해자 또는 그 대리인은 가정폭력피해자의 배우자 또는 직계혈족을 지정(교부제한대상자)하여 시(구)·읍·면의 장에게 가정폭력피해자 본인의 등록사항별 증명서의 교부를 제한하거나 그 제한을 해지하도록 신청할 수 있게 하였고, 가정폭력피해자 또는 그 대리인의 교부제한 신청이 있는 경우 교부제한대상자 또는 그 대리인은 가정폭력피해자 본인의 등록사항별 증명서를 교부·발급받을 수 없거나, 등록부 등의 기록사항을 열람할 수 없도록 하였습니다(법 제14조제8항부터 제11항까지 및 제14조의2제3항 신설, 규칙 제25조의3 신설).

둘째, 가정폭력피해자에 관한 기록사항의 공시제한

가정폭력피해자 또는 그 대리인은 가정폭력피해자의 배우자 또는 직계혈족(배우자 또는 직계혈족이었던 사람 포함)을 지정(공시제한대상자)하여 시(구)·읍·면의 장에게 등록부 등 중 가정폭력피해자에 관한 기록사항을 가리도록 제한하거나 그 제한을 해지하도록 신청할 수 있게 하였습니다.

가정폭력피해자 또는 그 대리인의 공시제한 신청이 있는 경우 공시제한대상자 명의의 등록사항별 증명서에 대하여는 공시제한대상자 본인 등(본인, 배우자 또는 직계혈족)과 그 대리인의 교부·발급을 허용하되 가정폭력피해자에 관한 기록사항을 가리도록 하였으며, 가정폭력피해자 또는 그 대리인의 공시제한 신청이 있는 경우 공시제한대상자의 배우자 또는 직계혈족으로서 가정폭력피해자가 아닌 사람의 등록사항별 증명서에 대하여는 공시제한대상자 또는 그 대리인의 교부·발급을 허용하되, 가정폭력피해자에 관한 기록사항을 가리도록 하였습니다(법 제15조의2, 규칙 제25조의3 신설).

※ 가족관계등록부 및 주민등록표 등(초)본 열람 및 교부 제한 신청 시 제출하여야 할 소명서류 (택1)

1) 가정폭력 관련 상담소의 장 또는 긴급전화센터의 장이 발급한 상담사실확인서
2) 가정폭력피해자 보호시설의 장이 발급한 가정폭력피해자 보호시설 입소확인서 또는 긴급전화센터의 장이 발급한 긴급피난처 입소확인서
3) 「범죄피해자보호법」 제7조에 따라 설치된 보호시설의 장이 발급한 상담사실확인서 또는 입소확인서
4) 성폭력피해상담소의 장이 발급한 상담사실확인서
5) 성폭력피해자 보호시설의 장이 발급한 성폭력피해자 보호시설 입소확인서
6) 「한부모가족지원법」 제19조에 따라 설치된 일시지원 복지시설의 장이 발급한 일시지원 복지시설 입소확인서

7) 지역노인보호 전문기관의 장이 발급한 상담사실확인서
8) 학대피해노인 전용쉼터의 장이 발급한 학대피해노인 전용쉼터 입소확인서
9) 「아동복지법」 제15조에 따라 보호조치를 실시한 시·도지사 도는 시장·군수·구청장이 발급한 피해아동 보호사실 확인서
10) 「아동보호심판규칙」 제3조에 따른 임시조치결정서, 보호처분결정서, 임시보호명령결정서 또는 피해아동보호명령서의 등본 또는 초본
11) 「주민등록법」 제7조의4제1항제3호라목에 따른 피해자에 대한 주민등록번호 변경결정 통지서
12) 「가정보호심판규칙」 제3조에 따른 임시보호명령결정서, 임시보호명령결정서 등본 또는 초본이나 피해자보호명령결정서의 등본 또는 초본
13) 「검찰사건사무규칙」 제103조제1항에 따른 고소·고발사건 처분결과 통지서
14) 「검찰사건사무규칙」 제119조제2항에 따른 사건처분결과 증명서
15) 확정된 법원의 판결문 등본
16) 「경찰수사규칙」 제97조제2항에 따른 수사결과 통지서

[16] 가정폭력피해자와 그 가족은 가정폭력피해자 보호시설에 머물 수 있다

> 남편의 폭력을 피해 무작정 집을 나왔는데 당장 머무를 곳이 없습니다. 전업주부였기 때문에 당장 생활도 어려운데 지원받을 수 있는 방법은 없나요?

가정폭력의 피해자와 그 가족은 가정폭력피해자 보호시설에서 임시로 머물며 숙식을 제공받고, 전문적인 상담 및 치료, 의료지원, 법률지원 등을 받을 수 있습니다(가정폭력방지법 제7조). 보호시설에서는 입소기간 동안 생계비, 아동교육지원비, 양육비, 직업훈련비 등을 지원받으며 자립을 위한 교육 등을 받을 수 있습니다.

[17] 공동가정생활(그룹홈)에 입주하려면

> 보호시설에서 머물 수 있는 기간도 끝나가고, 당장 아이들은 학교를 계속 다녀야 하는데 앞으로는 어떻게 생활을 꾸려나가야 하는지 걱정이 됩니다.

가정폭력피해자와 그 가족은 공동가정생활(그룹홈)에 입주할 수 있으며, 그 외에 국민임대주택의 우선입주권을 부여받을 수 있습니다(가정폭력방지법 제8조의5).

범죄피해자 주거지원 신청서

그룹홈은 보호시설과 달리 생계비 등을 지원받는 것이 아니고, 임대보증금을

면제받는 대신 관리비 및 각종 공과금은 입주자 스스로가 부담하여야 합니다. 임대주택을 지원할 때는 공공주택특별법 시행규칙 제15조제1항에 따른 무주택세대구성원 소득기준 등 입주자격을 갖추어야 합니다.

> **| 가해자와 헤어진 후 대처요령 |** ※ 출처: 여성가족부
>
> - ☑ 열쇠를 바꾼다. 현관문은 철이나 금속으로 된 재질로 바꾸고 보안장치나 화재예방 감지장치를 설치하며, 집 밖으로 밝은 조명을 설치한다.
> - ☑ 특정인을 정하여 그 사람에게 가해자와의 관계가 끝났음을 알리고, 만약 가해자가 피해자나 아이들 주위에 나타나면 경찰에 신고해 줄 것을 부탁한다.
> - ☑ 아이들을 돌봐주는 사람들(어린이집, 유치원, 학원, 학교, 교습소 등)에게 가해자가 아이들을 데리고 가는 일을 막도록 한다.
> - ☑ 직장동료 중 적어도 한 사람에게는 자신이 처한 상태를 말하여 가해자가 전화를 걸어오면 바꾸어 주지 않도록 한다.
> - ☑ 가해자와 함께 갔던 은행, 가게 등을 미리 생각하여 그곳을 피하도록 한다.
> - ☑ 법적인 보호를 받을 수 있는 사람을 생각해두고 법적 절차에 필요한 서류를 1부는 자신이, 1부는 복사하여 주위의 친구에게 맡겨 놓는다.
> - ☑ 만약 외로워서 아무리 나쁜 관계라도 다시 돌아가고 싶다면 미리 도움을 구할 사람이나 상담소, 보호소를 생각해두고 준비한다.

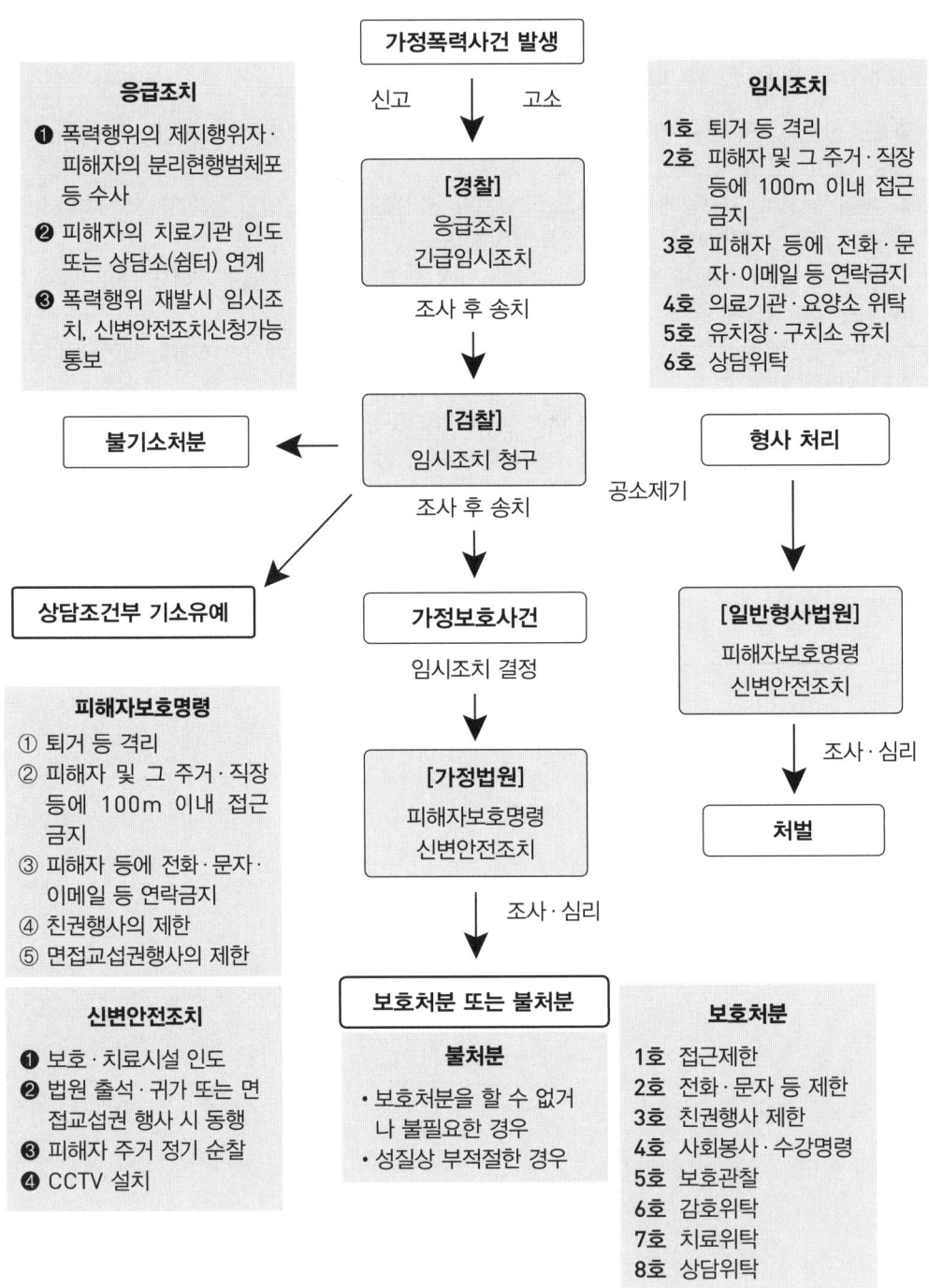

제2장 성폭력범죄의 처벌 등에 관한 특례법(약칭: 성폭력처벌법)

제1절 성폭력이란

강간이나 강제추행뿐만 아니라 언어적 성희롱, 음란성 메시지 및 몰래카메라 등 상대방의 의사에 반해서 가해지는 모든 신체적·정신적 폭력을 포함한다.

- 강간(强姦) : 폭행 또는 협박으로 사람을 강제로 간음하는 것
- 추행(醜行) : 성욕의 흥분 또는 만족을 얻을 동기로 행하여져 성적인 불쾌감을 심히 불러일으키는 성질을 가진 행위. 남녀·연령 여하를 불문하고 그 행위가 범인의 성욕을 자극·흥분시키거나 만족시킨다는 성적 의도 하에 행해짐을 필요로 함
- 성희롱 : 업무, 고용, 그 밖의 관계에서 공공기관의 종사자, 사용자 또는 근로자가 그 직위를 이용하여 또는 업무 등과 관련해 성적 언동 등으로 성적 굴욕감 또는 혐오감을 느끼게 하거나 성적 언동 또는 그 밖의 요구 등에 대한 불응을 이유로 고용상의 불이익을 주는 행위 등을 모두 포함

제2절 성폭력의 범위

1. 강간이나 강제추행(잠자고 있는 사람에 대한 추행 등 포함), 고용주가 같이 일하는 직원을 속이거나 자신의 힘을 과시하며 성관계를 가진 경우, 버스나 지하철 공연집회 등 많은 사람이 모인 장소에서 원하지 않는 성적 접촉, 피해자의 몸을 손으로 더듬거나 자신의 성기를 고의로 밀착시켜 비비는 행위 등을 한 경우, 사진기 등을 이용하여 피해자 신체의 성적인 부분을 피해자 동의 없이 촬영한 경우, 강도범이 강간·강제추행한 경우, 피해자의 집에 침입하여 강간·강제추행한 경우, 흉기로 위협하여 강간·강제추행한 경우, 2인 이상이 강간·강제추행한 경우, 친족관계에 있는 사람이 강간·강제추행한 경우, 강간·강제추행하면서 피해자에게 상처를 입히거나 죽인 경우 등(성폭력처벌법 제2조)
2. 직장에서 상사나 동료직원이 성적인 농담을 하거나 외설적인 사진 그림을 게시하거나 가벼운 성적 접촉, 엉덩이를 만지거나 어깨를 감싸 안는 등을 하여 성적 굴욕감 또는 혐오감을 주면 성희롱에 해당하고, 사업주가 행위자를 징계하게 되어 있다(남녀고용평등과 일·가정 양립 지원에 관한 법률 제2조제2호, 동법 시행규칙 제2조).

제3절 모든 성범죄 피해자의 고소나 처벌의사 없이도 처벌 가능

1. 친고죄 및 반의사불벌죄 규정 삭제

과거에는 피해자의 의사를 존중하고자 대부분의 성폭력범죄는 피해자의 고소나 처벌의사가 있어야 가해자를 처벌할 수 있었다. 그러나 법 개정으로 2013. 6. 19.부터 강간, 강제추행 등 형법상 모든 성범죄와 공중밀집장소에서의 추행, 통신매체를 이용한 음란행위 등 특별법의 모든 성범죄에서 친고죄*와 반의사불벌죄* 규정이 사라져 피해자의 고소나 처벌의사 없이도 처벌이 가능하게 되었다.

* 친고죄: 범죄의 피해자 및 기타 법률이 정한 자의 고소가 있어야 공소를 제기할 수 있는 범죄
* 반의사불벌죄: 피해자가 가해자의 처벌을 원하지 않으면 형사처벌 할 수 없는 범죄

2. 13세 미만 아동 성추행 범죄에 공소시효 폐지

2019. 8. 20.부터 13세 미만 아동과 성관계를 하거나 성추행하는 범죄에 대해서는 공소시효가 폐지되었다(성폭력처벌법 제21조제3항). 또한 성범죄자 신상정보 공개·고지대상이 기존에 '아동·청소년 대상 성폭력 범죄'를 저지른 사람에서 '성범죄'를 저지른 자로 확대되었다(동법 제42조제1항, 제44조제1항).

제4절 성폭력 고소 및 신고 안내

1. 고소 및 신고

(1) 현행범인 경우 현장에서 112 신고를 하면 현장에 출동한 경찰관이 현장상황을 파악한다.
(2) 고소장을 제출할 경우 가해자 및 피해자의 인적사항과 피해사실 등을 기재한 고소장을 작성하여 경찰 민원실에 제출하면 된다.
(3) 경찰서 민원실에 구두로 신고할 경우 여성상담 경찰관과 상담 후 고소절차를 안내받아 고소장을 작성하거나(고소장 대필 가능), 전화상담(☎ 해당국번＋0118)을 거쳐 고소절차 안내를 받을 수 있다.

> 성폭행을 당했습니다. 두렵고 겁이 납니다. 도움을 받고 싶은데 어떻게 해야 하나요?

성폭력피해자는 경찰(112)에 신고하는 것 이외에도 검찰청, ☎지역번호＋1301, 검찰청 온라인민원실(spo.go.kr ▶ 참여민원 ▶ 일반민원), 여성긴급전화(☎지역번호＋1366), 성폭력피해상담소 또는 해바라기센터 등의 유관기관에 성폭력 피해사실을 신고할 수 있습니다.

특히 해바라기센터는 성폭력피해자들에 대한 365일 24시간 상담, 의료, 수사, 법률지원을 종합적으로 제공하여 피해자가 성폭력 피해로 인한 위기상황에 대처할 수 있도록 돕고 있습니다(성폭력방지 및 피해자보호 등에 관한 법률 제18조).

2. 신뢰관계 있는 자의 동석

법원과 수사기관(경찰서 및 검찰청)에서 성폭력피해자를 조사할 때 신뢰하거나 도움을 받을 수 있는 사람 또는 성폭력상담소 상담원 등을 지정하여 동석시킬 수 있다(성폭력처벌법 제34조).

성폭력처벌법은 성폭력범죄 피해자 보호를 위한 여러 규정을 두고 있는데, 성폭력범죄 피해자를 보호하기 위하여 성인 피해자도 법률적 조력을 위한 국선변호인을 선임할 수 있으며(법 제27조), 법원에 출석하는 피해자 등을 보호·지원하기 위한 증인지원관을 두도록 하였다(법 제32조). 또한 의사소통 및 의사표현에 어려움이 있는 성폭력범죄 피해자에게 형사사법절차에서 도움을 주기 위한 진술조력인의 법적 근거를 마련하고(법 제35조), 법원은 정신건강의학과의사, 심리학자, 사회복지학자, 그 밖의 관련 전문가로부터 행위자 또는 피해자의 정신·심리 상태에 대한 진단 소견 및 피해자의 진술내용에 관한 의견을 조회할 수 있도록 하였다(법 제33조).

3. 피해자 증언의 중요성

성폭력범죄는 피해자의 증언이 매우 중요하기 때문에 가능하면 법정에 나가 증언하는 것이 좋다. 만일 피해자가 재판일정에 맞추어 증언하기 매우 곤란한 사정이 생기면 검사에게 그 사유를 밝히고 도움을 요청하면 검사는 재판이 열리기 전 미리 증인심문을 법원에 청구할 수 있다(성폭력처벌법 제30조).

제5절 성폭력범죄의 대처

1. 가해자가 타인인 경우

친족이 아닌 사람이 폭행·협박으로 강간하거나 강제적인 성적접촉을 하였다면 먼저 가족이나 친지 등 의지할만한 사람을 찾아 의논하거나 성폭력 전문 상담기관에 연락을 취해 도움을 요청한다. 피해자의 정서적인 안정을 위해서는 전문기관의 도움을 받는 것이 좋다.

몸과 마음이 어느 정도 진정되면 가해자 고소 여부 등을 결정한다. 피해자는 가해자를 고소해서 형사처벌을 받게 하거나 금전손해배상을 청구하는 재판을 제기할 수 있다. 성폭력범죄의 특성상 증거수집이 어려우므로 증거 확보를 위해 피해자의 적절한 대응이 매우 중요하다.

2. 가해자가 친족인 경우

폭행·협박으로 강간하거나 강제적인 성적접촉을 한 가해자가 피해자의 친족이어도 고소할 수 있으므로 일단 경찰에 신고한다. 만약 배우자가 가해자라면 이혼사유가 될 수 있으며, 관련 증거를 확보하는 것이 중요하다.

※ 2022. 10. 1.부터 친족관계에 의한 성폭행이나 주거침입을 통한 성폭행 혐의로 기소된 사건의 경우 최대 징역 15년까지 선고 가능하다.

| 입증자료 확보방법 |

- ☑ 입증자료 확보방법
- ☑ 일단 몸을 씻지 않은 채로 가능한 한 빨리 산부인과 병원에 가서 검사를 받아 가해자의 정액이나 음모 등을 채취하고 상처를 치료한다(씻었더라도 가급적 빨리 병원에 가야 한다).
- ☑ 몸에 멍이나 상처가 있을 경우 사진을 찍어 놓는다.
- ☑ 피해 당시 입었던 옷이나 다른 증거물을 모아 코팅되지 않은 종이봉투에 보관한다.
- ☑ 경우에 따라 임신방지 처방이나 성병 검사를 할 필요가 있다.
- ☑ 가해자가 모르는 사람일 경우 목소리나 인상착의 등을 기억나는 대로 메모한다.
- ※ 병원에 따라 성폭력피해자에 대한 배려가 부족하거나 증거 채취, 진단서 발급 등을 기피하기도 한다. 따라서 가급적 성폭력 상담기관에 연락하여 병원 안내를 받는 것이 좋다. 병원에 가면 반드시 성폭력피해자라는 사실을 알려야 입증자료를 확보하기 위한 검사가 가능하다.

제6절 직장에서 성희롱 피해를 당한 경우

즉시 사업주에 알려 행위자에 대한 징계 또는 그에 준하는 조치를 취하게 해야 한다. 사업주가 적절한 조치를 취하지 않을 때는 성폭력상담소 등 전문 상담기관에 연락하여 도움을 요청한다. 만일 사업주가 피해자에게 해고, 그 밖의 불이익한 조치를 할 경우 경찰에 고발할 수 있다. 뿐만 아니라 성적 농담이나 행동을 한 행위자와 피해자에게 불이익을 준 사업주를 상대로 정신적 고통에 대하여 배상할 것을 청구하는 소송을 제기할 수 있다(남녀고용평등법 시행규칙 제2조).

| 직장내 성희롱 · 성차별 피해 대처요령 |

- ☑ 피해를 당한 즉시 가해자의 언행과 자신의 불쾌한 감정을 문자나 메일로 자세히 적어 항의하고 가해자의 사과를 받아내야 한다.
- ☑ 성희롱에 대응해 문제를 제기할 때는 사건을 객관화하여 단호하게 말하는 것이 중요하다. "불쾌한 감정만 명확하고 담담하게" 전한다.
- ☑ 욕설이나 비난 등 폭언으로 가해자에게 빌미를 주지 않도록 주의한다.
- ☑ SNS상의 성희롱에 대해 ㅎㅎ, ㅋㅋ 등 상대방이 긍정적으로 오해할 수 있는 표현은 피한다.
- ☑ 사건 발생 후 회사 지시에 대해 지시 거부 등의 꼬투리를 잡히지 않도록 가급적 따르되 구체적인 정황을 기록해놓는다.
- ☑ 당장 퇴사하는 것은 좋은 방법이 아닐 수 있다. 되도록 출근하며 해결과정을 직접 챙긴다. 퇴사하면 제대로 된 조사가 진행되기 어렵고, 퇴사자에게 사건처리 진행상황을 알려주지 않는다. 정상 근무가 어려울 경우 유급휴가를 신청하고, 대략적인 사건진술서와 정황 증거들을 미리 준비해두어야 한다.

※ 2022. 10. 1.부터 적용되는 변경된 성범죄 양형기준(대법원 양형위원회 제117차 회의)

1 친족 · 주거침입 성폭행 최대 징역 15년

친족관계에서 벌어진 강간, 주거침입이 동반된 강간, 특수강간의 권고형량에 대해 가중인자가 있는 경우 종전 징역 6~9년에서 징역 7~10년으로 늘었다. 감경인자가 있는 경우 권고되는 형량도 징역 3년~5년 6개월에서 6개월이 높아져 징역 3년 6개월~6년이 되었다. 또 특별가중인자가 특별감경인자보다 2개 이상 많을 정도로 죄질이 나쁜 경우 최대 징역 15년까지 선고할 수 있게 했다.

친족관계에 의한 강제추행이나 특수강제추행은 가중인자가 있을 때 징역 5~8년이, 주거침입 강제추행은 징역 6~9년으로 늘었다. 특히 주거침입이 동반된 강제추행에서 피고인의 형량 감경요인이 없다면 원칙적으로 집행유예 없이 실형만을 선고하게 했다.

다만 청소년강간죄에서 가중인자가 있는 경우 형량범위는 종전 징역 6~9년대로 유지되었고, 감경인자가 있는 경우에는 종전의 3년~5년 6개월보다 낮아진 2년 6개월~5년으로 수정되었다. 종전 청소년강간죄 권고형량이 청소년강간으로 인한 치상범죄와 권고형량 범위가 같아 상해가 발생한 범죄와 그렇지 않은 범죄에 같은 형량을 권고하는 불균형이 있었기 때문이다.

2 양형기준에 '2차 피해' 반영

기존 일반가중인자 및 집행유예 일반참작사유인 '합의시도 중 피해 야기' 부분도 '2차 피해야기'로 수정하고, 정의규정에 '합의시도와 무관하게 피해자에게 피해를 발생시킨 경우'를 추가했다. 그리고 일반감경인자에서 진지한 반성은 '범행을 인정한 구체적 경위와 피해회복 또는 재범 방지를 위한 자발적 노력 여부 등을 조사해 피고인이 자신의 범행에 대해 진심으로 뉘우치고 있다고 인정되는 경우'로 정의규정을 다듬었다.

3 '성적 수치심' 용어를 '성적 불쾌감'으로 변경

성범죄 양형기준의 특별가중인자에서 사용하던 '성적 수치심'이라는 용어를 '성적 불쾌감'으로 변경했다. 성적 수치심이라는 용어가 과거의 정조 관념에 바탕을 두고 있고, 마치 성범죄피해자가 부끄럽고 창피한 마음을 가져야 한다는 잘못된 인식을 줄 수 있어 적절하지 않기 때문이다.

4 '범행에 취약한 피해자' 범위 확대

군대뿐 아니라 체육단체 등 위계질서가 강조되고 지휘·지도·감독·평가 관계로 인해 상급자의 성범죄에 저항하기 어려운 상황에 놓인 피해자도 '범행에 취약한 피해자'로 인정하도록 범위를 확대했다.

5 집행유예 선고 고려요소 중 '피고인이 고령인 경우' 삭제

집행유예를 선고하기 위해 고려하는 요소였던 '피고인이 고령인 경우'는 의미가 명확하지 않고 재범 위험성과 관련성이 부족하다는 점에서 삭제했다.

성폭력 관련 사례

[1] 지하철에서 여성의 다리를 휴대폰 카메라로 몰래 촬영하면 처벌받는다

> 지하철에서 여성의 다리를 휴대폰 카메라로 몰래 촬영하는 것도 성폭력인가요?

강간, 준강간, 윤간 등과 같은 성폭행뿐만 아니라, 강제추행, 언어적 희롱, 음란전화, 성기 노출 등 상대방의 의사에 반(反)하는 모든 신체적, 언어적, 정신적 폭력은 성폭력에 해당합니다. 따라서 카메라나 그 밖에 이와 유사한 기능을 갖춘 기계장치를 이용하여 성적 욕망 또는 불쾌감을 유발할 수 있는 사람의 신체를 동의 없이 촬영한 경우 성폭력처벌법 제14조제1항에 따라 처벌됩니다.

[2] 서로 합의하에 촬영했던 성관계 동영상을 인터넷 불법사이트에 업로드한 경우

> 교제했던 전 남자친구가 서로 합의하에 촬영했던 성관계 동영상을 인터넷 불법사이트에 업로드하였습니다. 신고도 신고지만, 이 동영상을 삭제하고 싶습니다.

촬영 당시에는 촬영대상자의 의사에 반한 것이 아니었다고 하더라도 나중에 그 촬영물 또는 복제물을 촬영대상자의 의사에 반하여 배포, 판매하거나 공공연히 상영한 경우도 성폭력처벌법 제14조제2항에 따라 처벌됩니다. 또한 피해자는 국가로부터 해당 영상물 삭제에 대한 지원을 받을 수 있습니다(동법 제7조의3).

디지털성범죄피해자지원센터
☎ (02) 735-8994
(365일, 24시간 상담 가능)
d4u.stop.or.kr

[3] 성폭력피해자는 국선변호인 선임을 신청할 수 있다

> 성폭행을 당해 신고한 후 경찰에서 조사를 받아야 하는데 두렵습니다. 뭐라고 해야할지 머릿속이 새하얗기만 합니다.

모든 성폭력피해자는 국선변호인 선임을 신청할 수 있으며, 수사기관의 조사과정 또는 법원의 재판과정에 피해자가 신뢰하거나 도움을 받을 수 있는 사람(예 성폭력상담소 전문상담원 등)과 동석할 수 있습니다.

[4] 성희롱은 상대방이 원치 않는 성적인 말 또는 행동으로 상대방에게 성적 굴욕감이나 불쾌감을 느끼게 하는 모든 행위를 말한다

> 사장님이 야한 사진이 있는 달력을 사무실에 걸어두었습니다. 볼 때마다 불쾌한 감정이 드는데 이것도 성희롱에 해당하나요?

성희롱은 상대방이 원치 않는 성적인 말 또는 행동으로 상대방에게 성적 굴욕감이나 불쾌감을 느끼게 하는 모든 행위를 말합니다. 신체의 일부분을 의사에 반하여 만지는 것, 야한 농담, 음담패설뿐만 아니라 위와 같이 야한 사진 등을 게재함으로써 다른 사람이 성적인 불쾌감이나 혐오감 등을 느끼고 그 감정을 표현하였는데도 계속 행동을 지속한다면 이는 시각적 행위에 의한 성희롱에 해당합니다(남녀고용평등법 시행규칙 제2조).

[5] 성범죄자의 신상정보를 알아보려면

> 성범죄자가 우리 동네에 살고 있는지 알 수 있나요?

성범죄자의 신상정보 및 성범죄의 요지를 성범죄자 알림e(www.sexoffender.go.kr) 사이트에서 지역별로 확인할 수 있습니다(성폭력처벌법 제42조). 공개되는 정보는 성명, 나이, 주소 및 실거주지, 신체정보, 사진, 전과사실, 사진, 전자장치 부착 여부, 등록대상 성범죄의 요지 등입니다.

[6] 친아버지도 성폭행으로 고소할 수 있다

아버지에게 중2때부터 성폭행을 당했습니다. 아버지를 고소할 수 있는지요?

성폭력범죄에 대하여는 형사소송법 제224조(고소의 제한) 및 군사법원법 제266조에도 불구하고 자기 또는 배우자의 직계존속을 고소할 수 있습니다.

[7] 거부의사를 밝혔음에도 사장이 신분상의 불이익을 가할 것처럼 협박해 러브샷의 방법으로 술을 마시게 한 경우

저는 골프장 여종업원인데, 사장이 불이익을 줄 것처럼 협박해서 강제로 러브샷을 하게 되었습니다. 사장을 처벌할 수 없나요?

추행에 해당하는지를 판단할 때 법원에서는 피해자의 의사, 성별, 연령, 행위자와 피해자의 이전부터의 관계, 그 행위에 이르게 된 경위, 구체적 행위모습, 주위의 객관적 상황과 그 시대의 성적 도덕관념 등을 종합적으로 고려해 결정합니다. 여종업원들이 거부의사를 밝혔음에도 사장이 술을 마시지 않을 경우 신분상의 불이익을 가할 것처럼 협박해 이른바 러브샷의 방법으로 술을 마시게 한 사안에서 법원은 형법에 따른 강제추행죄를 인정하였습니다 (대법원 2008. 3. 13. 선고 2007도10050 판결).

◇ 유사 판례

피해자와 춤을 추면서 피해자의 가슴을 만진 행위가 순간적인 행위에 불과하더라도 피해자의 의사에 반하여 행해진 유형력의 행사에 해당하고 피해자의 성적 자유를 침해할 뿐만 아니라 일반인의 입장에서도 추행행위라고 평가될 수 있는 것에 해당한다고 하여 이를 추행행위로 인정(대법원 2002. 4. 26. 선고 2001도2471 판결)

[8] 상급자에게 성희롱 당한 경우

직장에서 상급자에게 성희롱을 당했습니다. 신고하려고 하는데 어떻게 해야 하나요?

직장에서 성희롱으로 고충을 겪고 있는 근로자는 사업주나 고충처리위원, 지방노동관서 등에 성희롱 피해를 신고하거나 국가인권위원회에 진정할 수 있습니다. 또한 그 정도를 넘어 성범죄에 해당한 경우에는 수사기관에 고소할 수 있습니다.

◇ 고충신고

직장에서 성희롱으로 고충이 있는 근로자는 사업주나 고충처리위원에게 성희롱 피해에 관한 고충을 신고할 수 있습니다. 또한 명예고용평등감독관 등과 상담하여 조언을 들을 수 있으며, 그 밖에 주요 상담소나 여성 근로자 단체 등을 이용해 상담받을 수 있습니다.

◇ 지방노동관서에 사업주를 신고

사업주가 성희롱을 하거나, 사업주가 가해자에게 적절히 조치를 하지 않거나, 사업주가 성희롱 피해 근로자에게 불이익한 조치를 하는 경우 성희롱 피해 근로자는 사업장을 관할하는 지방노동관서에 사업주를 신고할 수 있습니다.

◇ 국가인권위원회에 진정

성희롱 피해자나 이를 알고 있는 다른 사람은 국가인권위원회에 진정할 수 있습니다.

◇ 수사기관에 고소

성희롱이 그 정도를 넘어서 성범죄에 해당하거나 그 밖에 형사처벌의 대상이 되는 경우 「형법」, 「성폭력범죄의 처벌 등에 관한 특례법」 및 「경범죄처벌법」에 따라 형사처벌의 대상이 됩니다. 이 경우 피해자는 가해자를 수사기관에 고소할 수 있습니다. 또한 사업주가 성희롱 피해자에 대한 불이익 금지의무를 위반한 경우 피해자는 사업주를 수사기관에 신고할 수 있습니다.

[9] 성희롱에 대한 손해배상

> 직장에서 상급자에게 성희롱을 당했습니다. 정신적으로 심하게 충격받았는데 이에 대해 손해배상을 청구할 수 있나요?

성희롱으로 피해를 입은 경우 피해자는 가해자에 대해 불법행위를 이유로 손해배상을 청구할 수 있습니다.

성희롱으로 신체, 자유 또는 명예에 피해를 입었거나 정신적 고통을 받은 경우에는 그 손해에 대해서 배상(위자료 포함)을 청구할 수 있습니다. 이 손해배상청구는 피해자나 그 법정대리인이 손해 및 가해자를 안 날로부터 3년 내에, 성희롱이 있은 날로부터 10년 내에 청구해야 합니다. 미성년자가 성희롱 침해를 당한 경우에 이로 인한 손해배상청구권의 소멸시효는 그가 성년(만 19세)이 될 때까지는 진행되지 않습니다.

[10] 고객 등에 의한 성희롱

> 회사에서 근무하고 있는데, 회사를 방문한 고객이 내게 성적인 농담을 하면서 내 가슴을 만져 심한 수치심을 느꼈습니다. 어떻게 보호받을 수 있나요?

사업주는 고객 등 업무와 관련이 있는 사람이 업무수행 과정에서 성적인 언동 등을 통하여 근로자에게 성적 굴욕감 또는 혐오감 등을 느끼게 하여 해당 근로자가 그로 인한 고충 해소를 요청할 경우 일정한 조치를 하도록 노력해야 합니다(남녀고용평등법 제14조의2제1항). 따라서 피해자는 사업주에게 근무 장소의 변경 등 일정한 조치를 해줄 것을 요구할 수 있습니다.

또한 사업주는 성희롱 피해를 주장하거나 고객 등으로부터의 성적 요구 등에 따르지 아니하였다는 것을 이유로 해고나 그 밖의 불이익한 조치를 해서는 안 됩니다(동법 제14조의2제2항). 사업주가 이를 위반하여 해고 등 불이익한 조치를 하면 지방고용노동관서에 신고하거나 노동위원회에 구제신청을 할 수도 있습니다. 가해자인 고객에 대해서는 불법행위를 이유로 손해배상을 청구할 수 있습니다(민법 제750조).

[11] 파견근로자에 대한 성희롱

> 초등학교에서 민간참여업체 컴퓨터 강사로 있습니다. 그런데 같은 학교 정보부장인 A는 깍지 껴서 주무르거나 등을 쓰다듬거나 어깨를 감싸기도 했으며 입술을 만지거나 얼굴을 밀착시켜 이야기하기도 했습니다. 학교 측에 이를 보고했으나 학교 측은 아무 일도 없었다는 듯이 그냥 지나쳐 버렸습니다. 이런 경우도 직장 내 성희롱에 해당하나요?

파견근로자도 「남녀고용평등과 일·가정 양립 지원에 관한 법률」에서의 성희롱 피해자가 될 수 있습니다. 그에 관한 직장 내 성희롱의 사실 규명이나 분쟁처리절차 등에 대해서는 사용사업주가 담당해야 합니다. 다만 사용사업주에게는 징계권한이 없고, 징계조치할 것을 파견사업주에게 권고할 수 있습니다.

또한 업무에 연속성이 있고 같은 근로공간에서 근무하는 경우라면 협력업체 근로자도 피해자가 될 수 있습니다. 퇴직한 경우에도 행위 당시 근로자인 경우에는 성희롱 피해자에 해당합니다.

성폭력 관련 판례

[1] 성폭행을 당한 다음 날 사과를 요구하며 가해자의 집을 찾아갔다는 이유로 피해자 진술의 신빙성을 배척할 수 없다(대법원 2020. 9. 7. 선고 2020도8016 판결)

A(당시 18세)씨는 2018년 1월 자신의 집에서 B(당시 14세)씨를 강간 및 폭행한 혐의로 기소되었다. B씨는 피해 다음 날 A씨에게 사과를 받기 위해 A씨의 집을 찾았지만, A씨가 재차 성관계를 요구하자 이를 거부했다. 그러자 A씨는 B씨의 뺨을 때리는 등 반항하지 못하게 한 후 다시 간음한 혐의를 받았다. 하지만 A씨는 첫날에는 B씨와 합의하에 성관계를 맺었고, 다음 날에는 B씨를 만난 적이 없다고 주장했다.

1심과 2심은 "B씨가 A씨로부터 강간을 당한 후 다음 날 혼자서 다시 A씨의 집을 찾아간 것이 일반적인 평균인의 경험칙이나 통념에 비추어 범죄피해자로서 취하지 않았을 특이하고 이례적인 행태로 보인다고 하더라도, 곧바로 B씨의 진술에 신빙성이 없다고 단정할 수는 없다."고 보았다. B씨로서는 사귀는 사이인 것으로 알았던 A씨가 자신을 상대로 느닷없이 강간 범행을 한 것에 대해 의구심을 가지고 해명을 듣고자 하는 마음을 가졌던 것으로 보이고, 그러한 심리가 성폭력을 당한 여성으로서 전혀 보일 수 없을 정도로 이례적이고 납득 불가능한 것이라고 할 수는 없다고 설명하며, A씨가 다른 여성 C씨를 성폭행한 혐의로 기소한 사건과 이 사건을 병합해 징역 5년을 선고하였다.

대법원도 "범행 후 피해자의 일부 언행을 문제 삼아 피해자다움이 결여되었다는 등의 이유로 피해자 진술 전체의 신빙성을 다투는 피고인의 주장을 배척한 원심은 타당하다."며 A씨의 상고를 기각하고 원심을 확정했다.

[2] 만취해 잠든 '패싱아웃(passing out)' 상태였다면 준강제추행죄의 '심신상실' 상태로 보아야 한다(대법원 2021. 2. 4. 선고 2018도9781 판결)

A씨는 2017년 2월 새벽 B(당시 18세)씨를 우연히 만나 모텔로 데려간 뒤 입을 맞추고 가슴을 만지는 등 준강제추행한 혐의로 기소되었다. B씨의 지인과 어머니의 실종신고를 받고 출동한 경찰이 현장에서 A씨를 체포했다. B씨는 당시 지인과 술을 마시고 노래방에 갔다가 취기가 올라 화장실에서 토한 후 기억을 잃고 노래방 주위를 배회하던 중 A씨를 만난 것으로 조사되었다. A씨는 B씨가 스스로 모텔까지 걸어갔고 동의가 있었다는 취지로 주장하며 혐의를 부인했다.

1심은 A씨의 혐의를 유죄로 인정해 징역 10개월을 선고하고 성폭력 치료프로그램 40시간 이수를 명령했다. 하지만 2심은 CCTV 영상에 의하면 B씨가 몸을 가누지 못할 정도로 비틀거리거나 A씨가 B씨를 부축하는 모습은 확인되지 않고, 오히려 B씨가 모텔 1층에서 카운터가 있는 3층까지 계단으로 이동했다며 "B씨가 의식이 있는 상태에서 스스로 행동한 부분도 기억하지 못할 가능성(블랙아웃)이 있다."며 A씨에게 무죄를 선고했다.

대법원은 피해자가 깊은 잠에 빠져 있거나 술·약물 등으로 일시적 의식을 잃은 상태 등에 있었다면 준강제추행죄에서의 심신상실 또는 항거불능 상태에 해당한다며 "피해자가 음주 후 '알코올 블랙아웃(black-out)' 상태였다면 기억장애 외에 인지기능이나 의식상태의 장애에 이르렀다고 인정하기 어렵지만, 술에 취해 수면상태에 빠지는 등 의식을 상실한 '패싱아웃(passing-out)' 상태였다면 심신상실의 상태에 있었음을 인정할 수 있다."며, 피고인이 '피해자가 알코올 블랙아웃 상태였다.'고 주장하는 경우 법원은 피해자의 신체 및 의식상태가 범행 당시 알코올 블랙아웃인지, 아니면 패싱아웃인지 판단해야 한다고 밝혔다.

이어 B씨는 짧은 시간 다량의 술을 마셔 구토할 정도로 취했고, 처음 만난 A씨와 함께 모텔에 가서 무방비 상태로 잠들었다며, 경찰이 출동할 당시 B씨는 판단능력 및 신체적 대응능력에 심각한 문제가 발생한 상태였고, 이에 비추어보면 B씨는 A씨가 추행할 당시 술에 만취해 잠드는 등 심신상실 상태에 있었다고 설명하고, A씨가 이를 인식하고 이용하여 B씨를 추행했던 것으로 보인다고 판시하며 A씨에게 무죄를 선고한 원심을 파기 환송하였다.

[3] 시각장애 3급과 다리에 가벼운 장애가 있어 외관상 비장애인처럼 보이는 여성을 성폭행한 경우에도 가중처벌 대상(대법원 2021. 2. 25. 선고 2016도4404 판결)

A씨는 2013년 10월부터 2014년 1월에 걸쳐 이웃집에 사는 B씨를 강제추행하고 성폭행한 혐의로 기소되었다. B씨는 소아마비를 앓아 보행에 어려움을 겪는 등 다리에 장애가 있었고, 오른쪽 눈은 사실상 보이지 않아 지체장애 3급 장애인으로 등록되어 있었다.

재판에서는 B씨를 성폭력처벌법에서 말하는 '신체적 장애가 있는 사람'으로 볼 수 있는지가 쟁점이 됐다. 성폭력처벌법 제6조는 '신체적인 또는 정신적인 장애가 있는 사람에 대하여 강간죄를 범한 사람은 무기징역 또는 7년 이상의 징역에 처한다. 신체적인 또는 정신적인 장애가 있는 사람에 대하여 강제추행의 죄를 범한 사람은 3년 이상의 유기징역 또는 2천만 원 이상 5천만 원 이하의 벌금에 처한다.'고 규정해 가중처벌하고 있다.

앞서 1심은 피해자가 성적 자기결정권을 행사하지 못할 정도의 정신장애를 갖고 있다고 단정하기 어렵고 이를 인정할 증거가 없다며 장애인 강간·강제추행 대신 일반 강간·강제추행 혐의만 인정해 A씨에게 징역 3년에 집행유예 5년을 선고했다. 2심도 A씨가 범행 당시 피해자가 장애 상태에 있었음을 인식하였다고 보기도 어렵다면서 검사의 항소를 기각했다.

그러나 대법원은 성폭력처벌법 제6조에서 규정하는 '신체적인 장애가 있는 사람'이란 신체적 기능이나 구조 등의 문제로 일상생활이나 사회생활에서 상당한 제약을 받는 사람을 의미하는 것으로 해석해야 한다며 "신체적인 장애를 판단함에 있어서는 피해자의 상태가 충분히 고려되어야 하고 비장애인의 시각과 기준에서 피해자의 상태를 판단해 장애가 없다고 쉽게 단정해서는 안 된다."며 원심을 파기 환송하였다. 또한 성폭력처벌법 제6조의 취지는 성폭력에 대한 인지능력, 항거능력, 대처능력 등이 비장애인보다 낮은 장애인을 보호하기 위해 장애인에 대한 성폭력범죄를 가중처벌하는 데 있다고 판시했다.

이는 장애인에 대한 성폭력범죄를 가중처벌하는 성폭력처벌법의 취지를 규명하고, 법에서 정한 '신체적인 장애가 있는 사람'의 의미와 범위, 판단기준 등을 구체적으로 제시한 첫 대법원 판결이다.

[4] 직장 상사가 회식이 끝난 후 여직원이 싫다고 하는데도 손목을 잡아끌며 "모텔에 가자"고 한 것은 강제추행(대법원 2020. 7. 23. 선고 2019도15421 판결)

A씨는 2017년 7월 서울 강서구의 한 식당에서 회식을 마친 뒤 같은 회사 후배 여직원인 B씨와 단둘이 남게 되자 "모텔에 가고 싶다."고 말했다. B씨가 거절하는데도 A씨는 계속해서 "모텔에 가자."며 강제로 손목을 잡아끄는 등 추행한 혐의 등으로 기소되었다. A씨는 이후에도 직장에서 B씨의 손등에 손을 올리거나, 같은 해 10월 또 다른 회식 자리에서 B씨의 어깨와 허리 등을 만진 혐의도 받았다.

1심은 A씨의 혐의를 모두 유죄로 판단하여 징역 6개월에 집행유예 2년을 선고했다. 하지만 2심은 A씨가 접촉한 B씨의 신체부위는 손목으로 성적 수치심이나 혐오감을 일으키는 신체부위라 보기 어렵고, 피해자의 손목을 잡아끈 것에 그쳤을 뿐 성적 의미가 있을 수 있는 다른 행동에까지 나아가지 않았으므로, 이를 성희롱으로 볼 수는 있으나 강제추행으로는 볼 수 없으며, 2017년 10월 강제추행 혐의에 대해서도 B씨의 진술에 신빙성이 없다고 보아 A씨의 직장 내 강제추행 혐의 일부만 유죄로 판단하여 벌금 300만 원으로 감형했다.

그러나 대법원은 A씨가 모텔에 가자고 하면서 B씨의 손목을 잡아끈 행위에는 이미 성적인 동기가 내포되어 있어 '추행의 고의가 인정'된다고 보았다. B씨는 회사에 입사한 지 3개월 된 신입사원이었고, A씨는 같은 부서 직장 상사였던 점과 회식을 마친 뒤 피해자와 단둘이 남게 되자 손목을 잡아끈 점 등을 고려하면 이는 피해자의 의사에 반하여 이루어진 것일 뿐만 아니라 성적 자유를 침해하는 유형력의 행사에 해당하고, 일반인에게도 성적 수치심이나 혐오감을 일으키게 할 수 있는 추행행위에 해당한다고 설명했다.

그러면서 "추행행위와 동시에 저질러지는 폭행행위는 반드시 상대방의 의사를 억압할 정도의 것임을 요구하지 않으므로, 비록 B씨가 이후에 A씨를 설득해 택시에 태워서 보냈다고 하더라도 강제추행죄의 성립에는 영향이 없다."고 판시하며 벌금 300만 원을 선고한 원심을 파기 환송하였다.

[5] 성추행 피해를 입어 민사상 손해배상청구를 하는 경우 소멸시효 기산점인 '손해 및 가해자를 안 날'은 형사재판 1심 판결이 있었던 때로 보아야 한다(의정부지방법원 2020. 2. 14. 선고 2018도212116 판결)

A씨의 대학 지도교수였던 B씨는 자신의 직위를 이용해 A씨를 성추행해왔다. 참다못한

A씨는 2014년 11월 28일 B씨를 경찰에 고소했고, 그로부터 9개월 후인 2015년 9월, B씨에 대한 공소가 제기되었다. 형사재판에서 B씨는 줄곧 자신의 범행을 부인했다. 증인신문이 길어지면서 2017년 1월에야 1심 법원이 유죄를 선고했고, 그 해 10월에 형이 최종 확정되었다. 한 달 후인 2017년 11월, A씨는 형사판결을 근거로 민사소송을 제기했다. 그러나 B씨는 3년이 이미 지났으므로 손해배상청구권의 소멸시효가 완성되었다며 이에 맞섰다.

재판부는 민법 제766조제1항은 불법행위로 인한 손해배상청구권이 손해 및 가해자를 안 날로부터 3년간 행사하지 않으면 시효로 소멸한다고 규정하고 있는데, '손해 및 가해자를 안 날'은 피해자가 손해와 가해자를 현실적이고도 구체적으로 인식한 날을 의미한다며, "손해의 발생뿐만 아니라 위법한 가해행위의 존재, 가해행위와 손해 사이의 인과관계 등 불법행위 요건 사실까지 인식한 날을 의미하며, 이는 손해배상청구가 사실상 가능하게 된 상황을 고려해 합리적으로 인정해야 한다."고 설명했다.

그러면서 B씨가 범행을 계속 부인하면서 최초로 고소장을 접수하고 공소가 제기된 후 시간이 꽤 경과하여 유죄판결이 확정되었다며, 이 같은 정황을 고려했을 때 A씨는 형사재판 제1심 판결이 있던 2017년 1월에야 비로소 B씨의 불법행위 요건 사실에 대해 현실적이고 구체적으로 인식했다고 보는 것이 맞고, 따라서 소멸시효가 완성되었다고 볼 수 없다고 판시하고, B씨는 A씨에게 3천만 원을 지급하라며 원고 일부승소 판결을 했다.

[6] 기습추행 당시 피해자가 즉각 이를 거부하거나 가해자에게 항의하지 않았더라도 강제추행죄 성립. 회식에서 직원의 허벅지를 쓰다듬은 것은 강제추행(대법원 2020. 3. 26. 선고 2019도15994 판결)

미용업체 대표인 A씨는 2016년 경남 밀양시의 한 노래방에서 직원들과 회식하던 중 여직원 B씨를 자신의 옆자리에 앉힌 후 "일하는 거 어렵지 않느냐, 힘든 게 있으면 말하라."며 귓속말을 하고 오른쪽 허벅지를 쓰다듬은 혐의로 기소되었다. A씨는 B씨의 볼에 갑자기 입을 맞춘 혐의도 받았다.

1심은 A씨의 혐의를 유죄로 판단하여 벌금 500만 원과 성폭력 치료프로그램 40시간 이수 및 아동·청소년 관련기관 등에 5년간 취업제한을 명령했다. 하지만 2심은 이를 뒤집고 무죄를 선고했다. 2심은 A씨가 볼에 입을 맞췄다는 취지의 B씨 진술은 신빙성이 부족하며, A씨가 B씨의 허벅지를 쓰다듬은 사실은 인정되나 이른바 '기습추행'의 경우 폭행행위라고 평가할 수 있을 정도의 유형력의 행사가 있는 경우에만 강제추행죄가 성립한다면서 당시 피해자의 반응과 다른 회식 참석자들의 상황 인식 등에 비추어 A씨의 행위가 그 정도에 해당한다고 볼 수 없다고 하였다.

기습추행이란 상대방에게 폭행·협박을 가하여 상대방의 항거를 곤란하게 한 후 추행하는 것이 아니라, 신체 접촉 등 폭행행위 자체가 추행행위라고 인정되는 경우의 강제추행을 말한다. 대법원은 강제추행죄는 기습추행도 포함하며, 특히 기습추행의 경우 폭행행위는 반드시 상대방의 의사를 억압할 정도의 것임을 요하지 않고, 상대방의 의사에 반하는 유형력의 행사가 있기만 하면 그 힘의 대소강약을 불문한다고 보고 무죄를 선고한 원심을 파기 환송하였다.

대법원은 이어 ✔피해자의 옷 위로 엉덩이나 가슴을 쓰다듬는 행위, ✔피해자의 의사에 반해 어깨를 주무르는 행위, ✔교사가 여중생의 얼굴에 자신의 얼굴을 들이밀면서 비비는 행위, ✔여중생의 귀를 쓸어 만지는 행위 등을 기습추행에 해당한다고 보아 유죄 선고를 한 이전 사례들을 들며 여성인 피해자가 성적 수치심이나 혐오감을 느낄 수 있는 부위인 허벅지를 쓰다듬는 행위는 피해자의 의사에 반해 이뤄진 것인 한 피해자의 성적 자유를 침해하는 유형력의 행사로서 추행행위라고 봐야 한다고 설명했다.

또한 성범죄피해자의 대처 양상은 피해자의 성정이나 가해자와의 관계 및 구체적인 상황에 따라 다르게 나타날 수밖에 없으므로, 이 사건 당시 피해자 B씨가 A씨에게 즉시 거부의사를 밝히지 않았더라도 강제추행죄의 성립에는 지장이 없다면서 A씨의 신체접촉에 대해 B씨가 묵시적으로 동의했다고 볼 근거도 찾아볼 수 없다고 했다. 그러면서 "회식 후 노래방에서 여흥을 즐기던 분위기였기에 B씨가 즉시 거부 의사를 밝히지 않았다고 해서 A씨의 행위에 동의했다거나 B씨의 의사에 반하지 않았다고 쉽게 단정해선 안 된다."고 판시했다.

[7] 술에 취한 상대가 거부의사를 명확히 밝히지 않았다는 이유로 동의했다고 단정하여 성관계 장면을 촬영한 것은 유죄(대법원 2020. 2. 6. 선고 2019도16257 판결)

A씨는 2017년 4월 본인의 아파트에서 휴대전화 카메라로 상대방의 의사에 반하여 성관계 모습과 상대의 나체 사진을 찍은 혐의로 기소되었다.

1심은 피해자의 사정에 비추어볼 때 사진 촬영에 동의할 이유가 없고, 술에 취해 잠들거나 잠들기 직전의 피해자가 분명한 의식을 가지고 사진 촬영에 동의하기 어려웠을 것이라며 A씨의 유죄를 인정, 징역 6개월에 집행유예 2년을 선고하고 40시간의 성폭력 치료강의 수강을 명했다. 그러나 2심은 A씨가 피해자의 의사에 반해 촬영한다는 고의가 있었다고 보기 어렵고, 피해자가 술에 취해 동의했다는 사실을 기억하지 못할 가능성을 배제할 수 없다는 점 등을 들어 무죄를 선고했다.

대법원은 피해자가 A씨의 행위에 대하여 거부의사를 명확히 밝히지 않았다고 하여 동의한 것으로 쉽게 단정해서는 안 된다며 원심을 파기 환송하였다. 또한 A씨는 피해자가 술에 만취해 판단 및 대처능력을 결여한 상태임을 알았다며 "사진을 촬영하는 행위가 피해자의 진정한 의사에 반한다는 사실을 적어도 미필적으로나마 인식했다고 봐야한다."고 하였다.

[8] 피해자가 거부나 반항하지 않아 신체접촉을 동의한 것처럼 보였다는 이유만으로 업무상 위력에 의한 추행이 성립되지 않는다고 판단해서는 안 된다(서울중앙지방법원 2020. 1. 4. 선고 2019고합749 등 판결)

A씨는 2015년 4~5월 자신의 개인연습실에서 제자인 피해자를 안고 입과 목에 키스하는 등 4차례에 걸쳐 추행한 혐의로 기소되었다. 검찰은 A씨가 "대상을 받은 것에 내게 감사하라."고 말하는 등 자신의 보호·감독을 받는 피해자에게 위력으로 성추행을 가했다고 기소했다. 이에 A씨는 피해자와의 신체 접촉은 있었으나 동의 아래 한 것이라고 맞섰다.

재판부는 업무상 위력에 의한 추행죄는 업무, 고용이나 그 밖의 관계로 인해 타인의 보호·감독을 받는 사람의 성적 자기결정권이 부당하게 침해되는 것을 방지하기 위한 규정이므로 피해자가 사전에 동의한 경우에는 성립되지 않지만, "피해자가 거부하거나 반항하지 않고 순응했다는 사정만으로 피해자가 동의했다거나 위력의 행사에 이르지 않았다고 섣불리 단정해서는 안 된다."며, 설령 외견상 피해자가 동의한 것으로 보이더라도 피해자의 저항을 곤란하게 하는 어떤 사정이나 상황이 있었다면 이는 부진정 동의로서 오히려 피해자가 행위자의 위력행사에 굴복했음을 보여줄 뿐, 피고인의 행위에 대한 동의가 존재했던 것으로 해석해서는 안 된다고 밝혔다.

이에 따라 재판부는 A씨가 현대무용계에서의 지위 등으로 인해 피해자가 적극적으로 저항하지 못하는 상태에 있음을 알고도 이를 이용해 애정 표현을 빙자해 피해자를 추행했음을 인정할 수 있기 때문에, 피해자가 A씨의 범죄행위를 감내하며 표면적으로 순응하는 듯한 모습을 보인 것을 A씨의 신체접촉을 허용하는 것으로 생각했다는 A씨 측 주장을 받아들이지 않고 징역 2년을 선고하고 40시간의 성폭력 치료프로그램 이수와 3년 간 아동·청소년 관련 기관 및 장애인 복지시설 취업제한을 명령했다.

법원은 ✔가해자의 행위가 피해자의 사적 영역에서 발생한 경우보다는 피해자에 대한 보호 또는 감독의 지위가 형성된 바로 그 권위의 영역에 속하는 장소에서 발생한 경우, ✔다양한 시간대나 장소에서 행해진 경우보다는 가해자가 다른 사람의 시선을 피할 수 있는 시간이나 공간을 일부러 탐색·선택한 것으로 보이는 경우, ✔추행행위가 가해자의 주도 하에 어떠한 사전 조짐이나 예고 없이 기습적이고 공격적으로 이뤄진 경우, ✔가해자가 피해자의 정서적 반응에 별다른 관심을 보이지 않는 경우, ✔반복된 성적 접촉에도 불구하고 가해자와 피해자의 관계에 별다른 변화가 없거나 오히려 긴장감이나 불편감이 형성된 경우에 위력으로 추행한 것으로 보기 쉬울 것이라고 판시했다. 이는 '업무상 위력에 의한 추행죄'의 판단기준을 명시한 첫 판결이다.

[9] 성추행피해자의 반응이 일반적인 피해자답지 않았다는 이유로 피해자 진술의 신빙성을 배척해서는 안 된다(대법원 2020. 10. 29. 선고 2019도4047 판결)

2017년 4월 편의점 본사 직원인 A씨는 혼자 근무 중이던 편의점 점주 B씨의 머리를 만지고 얼굴에 입을 맞춘 혐의로 기소되었다.

1심은 B씨의 진술이 일관되며 CCTV 영상 등 관련 증거가 이를 뒷받침한다며 유죄를 선고했다. 그러나 2심은 B씨가 A씨의 신체접촉을 피하려는 태도를 보이기는 하지만 종종 웃는 모습을 보이고 추가 접촉이 가능한 범위에서 피했다며, B씨의 의사에 반해 강제로 접촉한 것으로 보이지 않고, 추행행위가 있었던 사람의 태도로 보이지 않는다고 보아 무죄를 선고했다.

그러나 대법원은 B씨가 A씨의 신체접촉을 거부하는 태도를 보이기도 했고, 편의점 점주로서 본사 직원인 A씨에게 업무상 정면으로 저항하기 어려운 관계에 놓인 B씨의 입장에서 가능한 정도로 거절의 의사를 표시했다며, 피해자에게 '피해자다움'이 나타나지 않았다는 것을 지적한 2심의 판단은 타당하지 않다고 보아 원심을 파기 환송하였다.

또한 B씨가 사건 당일 경찰에 신고한 뒤부터 1심 증언까지 피해사실을 구체적으로 진술한 데 비해, A씨의 진술은 수사·재판과정에서 조금씩 바뀐 점도 지적했다. 대법원은 "성폭력 피해자의 대처는 피해자의 성격이나 가해자와의 관계, 구체적 상황에 따라 다르게 나타날 수밖에 없고, 피해자가 당시 처한 사정을 고려하지 않은 채 피해자 진술의 증명력을 받아들이지 않는 것은 부당하다."고 지적했다.

[10] 직장 상사가 공개석상에서 여직원에게 '살찐다, 그만 먹어' 등의 반복적인 발언, 옛 애인과 호텔 등의 이야기는 성희롱 해당(서울고등법원 2020. 2. 7. 선고 2019누53398 판결)

모 공기업에서 근무하던 A씨는 출장을 다녀온 것처럼 70여 차례 꾸며 출장비를 타내고 여직원을 성희롱한 혐의 등으로 징계에 회부되어 해고됐다. A씨는 음식을 먹으려는 여직원에게 "그만 먹어라, 살찐다."라고 하거나, 자신의 옛 애인을 거론하면서 "그 호텔 잘 있나 모르겠다."고 말하는 등 성희롱을 한 혐의를 받았다. 또 사내 성희롱 사건을 두고 "남자직원이 술자리에서 그럴 수도 있는데 별일 아닌 걸 가지고 일을 만들었다."고 말해 2차 가해를 한 혐의도 징계 사유에 포함되었다. 이에 A씨는 중앙노동위원회를 상대로 부당해고 구제 재심 판정 취소소송을 제기하였다.

재판부는 A씨가 '살찐다'는 등 외모에 대한 말을 수차례 반복적으로 했고, 같은 자리에 있던 다른 직원이 그런 말을 하지 말라고 할 만큼 그 정도가 가볍지 않았던 것으로 보이며, 여직원이 그 말을 신체에 대한 조롱 또는 비하로 느꼈던 것으로 보이고, 옛 애인과 호텔 등의 이야기에 성적 불쾌감이나 혐오감을 느낀 것으로 보여 이는 성희롱에 해당한다고 설명했다.

또한 성희롱피해자에 대한 부정적 여론을 형성하려 한 점은 2차 피해를 야기한 행위에 해당한다고 보았다. 이어 공기업 임직원에게는 공무원에 준하는 고도의 청렴성이 요구된다며, A씨는 다수의 부하직원을 관리·감독하는 지위에 있고, 비위 행위의 내용과 정도로 볼 때 해임 처분은 정당하다고 판시했다. 앞서 1심은 징계사유에 비해 해고는 지나치다며 A씨의 손을 들어주었다.

[11] 성추행피해자가 사회경험이 풍부하고 상대적으로 고령이라고 하여 성적 수치심이 크지 않다고 판단해서는 안 된다. 67세 여성 택시운전사를 성추행한 교감에 대한 해임 처분 정당
(대법원 2019. 12. 24. 선고 2019두48684 판결)

초등학교 교사로 근무하던 A씨는 2016년 교감으로 승진했다. A씨는 2017년 9월 광주에서 택시를 타고 가다가 운전사인 B씨를 성추행한 혐의로 보호관찰소에서 선도 교육을 받는 조건의 기소유예 처분을 받았고, 이에 교육청으로부터 징계로 해임 처분을 받았다. A씨는 이에 불복하여 교원소청심사위원회에 소청 심사를 청구하였으나 기각되자 소송을 제기했다.

1심은 교사의 비위행위는 교사 본인은 물론 교원 사회 전체에 대한 국민의 신뢰를 실추시킬 우려가 있는 점에서 교사에게는 더욱 엄격한 품위유지 의무가 요구된다며, 그 행위가 가져오는 부정적인 영향력이나 파급력이 학생들에게 미칠 우려가 크다는 점을 고려할 때 재발 방지를 위해서도 징계 양정에 있어 엄격한 잣대가 필요하다고 지적, 원고 패소판결을 했다. 그러나 2심은 이를 뒤집고 A씨의 손을 들어주었다. 당시 A씨가 술에 만취하여 우발적으로 비위를 저지른 점, 피해자가 합의를 통해 A씨의 처벌을 원치 않는다는 점 등이 근거였다.

특히 2심은 "피해자가 사회 경험이 풍부한 67세 여성인 점과 당시 수사기관 진술내용 및 신고 경위에 비추어보면 피해자가 느낀 정신적 충격이나 성적 수치심은 그다지 크지 않았던 것으로 보인다."고 판단했다. 그러나 대법원은 이와 같은 2심 판결을 받아들이지 않았다. 대법원은 당시 피해자는 상당한 정신적 충격과 성적 수치심을 느낀 나머지 택시 운행을 중지하고 A씨에게 즉시 하차를 요구했던 것으로 보인다며, "피해자가 사회 경험이 풍부하다거나 상대적으로 고령인 점 등을 내세워 사안이 가볍다거나 비위의 정도가 무겁지 않다고 가볍게 단정 지을 것은 아니다."고 지적했다.

이어 A씨는 교원으로서 학생들이 인격적으로 바르게 성장할 수 있고 성실히 지도하고 올바른 성(性) 윤리와 가치관을 확립할 수 있도록 교육해야 할 책무가 있었고, A씨 본인은 물론 교원 사회 전체에 대한 국민의 신뢰를 실추시켰다고 강조하며, 해임 징계 처분으로 A씨가 받게 될 불이익보다 공익 달성이 더 크다고 판단하여 원심을 파기 환송하였다. 교육감의 해임 처분이 지나치게 가혹하지 않다고 본 것이다.

[12] 성폭력피해자의 손해배상청구권 소멸시효는 범죄가 일어난 시점(사건일)이 아니라 범죄로 인한 피해가 현실화된 시점(전문가의 후유증 진단일)을 기준으로 계산한다(대법원 2021. 8. 19. 선고 2019다297137 판결)

전 테니스 선수 A씨는 초등학교 4~5학년이던 2001년 7월부터 2002년 8월까지 코치 B씨로부터 4회에 걸쳐 성폭행을 당했다. A씨는 이후 2016년, 한 테니스 대회에서 우연히 B씨를 만나면서 성폭력 피해 기억이 떠오르는 충격을 받아 3일 동안의 기억을 잃는 등 일상생활을 할 수 없게 되었다. 결국 A씨는 2016년 6월 7일, 전문가로부터 성범죄로 인한 '외상 후 스트레스 장애(PTSD)'가 발현되었다는 진단을 받고 B씨를 형사 고소했다. B씨는 13세 미만 미성년자 간음 혐의로 2018년 7월, 징역 10년이 확정되었다. A씨는 또한 B씨를 상대로 불법행위로 인한 위자료 1억 원의 지급을 구하는 손해배상 청구소송을 제기하였다.

1심은 무변론으로 진행되어 원고 승소판결이 이루어졌고, 2심에서 B씨는 마지막 범행이 있었던 2002년 8월로부터 10년이 지났으므로 A씨의 손해배상청구권은 소멸했다고 주장했다. 그러나 2심 재판부는 피고의 불법행위로 인한 원고의 손해인 '외상 후 스트레스 장애'는 원고가 최초 진단을 받은 2016년 6월 7일에 그 관념적이고 부동적인 상태에서 잠재하고 있던 손해가 현실화되었다고 보아야 하고, 이때가 손해배상채권의 장기소멸시효(10년)의 기산일이 된다며 B씨의 주장을 받아들이지 않았다. 장기소멸시효의 기산점인 '불법행위를 한 날'이란 객관적·구체적 손해가 발생한 때, 즉 손해 발생이 현실화된 때를 의미하는 것이므로, 가해행위와 (후유증 같은) 손해 발생 사이에 시차가 있다면, 잠재하고 있던 손해가 현실화되었다고 볼 수 있는 때로 보아야 한다는 것이다.

대법원은 성범죄 당시나 일부 증상의 발생일을 일률적으로 손해가 현실화된 시점으로 보게 되면 부당한 결과가 초래될 수 있다는 점, 외상 후 스트레스 장애의 발병 및 진행경과, 아동 성범죄 사건의 특수성(통상적으로 상당한 시간이 흐른 뒤에야 정신적 피해 등을 호소) 등에 비추어 전문가로부터 성범죄로 인한 정신적 질환이 발현되었다는 진단을 받기 전에 성범죄로 인한 손해 발생이 현실적인 것으로 되었다고 인정하는 데 신중해야 한다고 판단하고, 이 사건에서 원고가 전문가로부터 성범죄로 인한 PTSD가 발현되었다는 진단을 받은 때부터 민법 제766조제2항에 의한 소멸시효(10년)가 진행된다고 본 원심을 확정했다.

[13] 타인이 스스로 촬영한 나체 사진이나 샤워 영상 등을 유포한 경우 정보통신망법상 음란물 유포죄 성립(대법원 2019. 7. 19. 선고 2019도7759 판결)

A씨는 여자친구 B씨가 헤어지자고 한 뒤 전화를 받지 않자 과거 B씨로부터 전송받은 나체 사진과 샤워 장면이 담긴 영상을 2017년 10월 B씨의 지인들에게 배포하였다. 검찰은 A씨를 성폭력처벌법상 카메라 등 이용촬영 등의 혐의로 기소한 후, 정보통신망법상 음란물 유포

혐의를 예비적 죄명으로 추가했다.

1심은 A씨에게 성폭력처벌법상 카메라 등 이용촬영 혐의를 인정해 징역 10개월을 선고하였다. 그러나 2심은 위 혐의는 무죄로 판단하고, 정보통신망법 음란물 유포 혐의를 유죄로 인정하고 병합된 절도 및 사기 등의 혐의도 유죄로 인정하여 징역 1년 2개월을 선고했다. 2심 재판부는 처벌대상이 되는 구 성폭력처벌법이 규정한 촬영물은 '다른 사람'을 촬영대상자로 해 신체를 촬영한 촬영물을 뜻하는 것으로, 스스로 자신의 신체를 촬영한 것까지 포함시키는 것은 통상적인 의미를 벗어난 것이라고 보았다. 따라서 B씨가 스스로 촬영한 영상은 성폭력처벌법상 '촬영물'에 해당하지 않으므로 이는 무죄라고 판단한 것이다.

대법원도 스스로 촬영한 나체 사진이나 샤워 영상 등을 다른 사람이 유포한 것은 성폭력처벌법상 카메라 등 이용촬영죄에는 해당하지 않고, 다만 정보통신망법 음란물 유포죄로 처벌된다고 보고 원심 판결을 확정하였다.

[14] 성폭력 고소 사건이 무혐의 처분을 받았더라도 피해자에게 무고죄가 곧바로 인정되는 것은 아니다(대법원 2019. 7. 11. 선고 2018도2614 판결)

A씨는 2014년 직장 동료 B씨가 기습 입맞춤을 하는 등 강제추행하였다고 신고했지만 검찰은 증거불충분으로 무혐의 처분을 했다. 이후 B씨는 A씨를 무고로 고소하였다.

국민참여재판으로 열린 1심에서 배심원들은 성추행 전 두 사람이 손을 잡는 등 신체접촉이 있었다는 이유 등으로 무고를 유죄로 인정해 징역 8개월, 집행유예 2년을 선고했다. 배심원 7명 중 6명이 유죄라고 보았다. 2심 역시 1심의 평결을 따랐다. 피고인이 실제 두려움을 느꼈다면 근처 편의점 직원이나 근처에 있는 남자친구에게 도움을 요청했어야 했다고 보았다.

그러나 대법원은 A씨의 고소내용이 허위라고 볼 근거가 부족하다고 지적했다. "신체접촉을 용인한 측면이 있다고 하더라도 언제든 그 동의를 번복할 수 있고, 자신이 예상하거나 동의한 범위를 넘어서는 접촉에 대해서는 이를 거부할 자유를 가진다."며, 기습추행이 있기 전 신체접촉이 있었다고 하여 입맞춤까지 동의하거나 승인했다고 보기 어렵다고 하였다.

특히 대법원은 "성폭행 등의 피해를 입었다는 신고사실에 관하여 불기소처분 내지 무죄가 내려졌다고 하여 그 자체를 무고하였다는 적극적 근거로 삼아 신고내용을 허위라고 단정해서는 안 된다."며, 개별적, 구체적 사건에서 피해자임을 주장하는 자가 처하였던 특별한 사정을 충분히 고려하지 않은 채 '진정한 피해자라면 마땅히 이렇게 하였을 것'이라는 기준을 내세우면 안 된다고 판단, 원심을 파기 환송하였다.

[15] 사내 성희롱 사건 피해자와 피해자를 도운 동료직원에게 보복인사 조치를 단행한 르노삼성, 4천만 원 배상책임(서울고등법원 2018. 4. 20. 선고 2017나2076631 파기환송심 판결)

B씨는 2012년 4월께부터 소속 팀장 C씨로부터 1년여 간 지속적인 성희롱에 시달렸고, 이 때문에 누적된 스트레스로 응급실 진료와 심리상담을 받기도 했다. B씨는 고민 끝에 회사 이사를 찾아가 성희롱 사실을 알렸지만 별다른 조치가 없자 팀원들에게 공개적으로 피해사실을 알리고 직장 내 성희롱 상담실에 C씨를 신고했다. 2013년 6월에는 C씨와 회사를 상대로 손해배상 청구소송도 제기했다. B씨는 직장 내 성희롱 예방의무가 있는 회사가 사용자로서 책임을 져야 한다고 주장하였다.

그러나 회사는 사과와 배상은커녕 B씨에 인사 조치로 대응했다. 1심 재판이 진행 중이던 2013년 7월, B씨의 소송을 도운 동료 A씨를 사소한 근무시간 위반을 빌미로 정직 1주일의 징계에 처했고, 같은 해 9월 소송에 필요한 증언 수집과정에서 동료직원을 협박했다는 이유로 B씨에게 견책 처분을 내렸으며, 한 달 뒤에는 기존 전문 업무에서 비전문 업무로 B씨를 배치했다. 그리고 그 해 12월에는 B씨의 직무를 정지하고 대기발령했다. B씨는 회사의 이러한 인사 조치가 불법행위라며 재판 중인 법원에 추가로 손해배상을 청구했다.

1심은 성희롱 가해자인 C씨에게만 1천만 원의 배상책임을 인정했고, 회사의 사용자 책임과 불법행위 책임은 인정하지 않았다. C씨는 항소하지 않았다. 2심은 회사의 사용자 책임과 비전문 업무 배치로 부당 발령한 책임을 인정해 1천만 원을 배상하라고 판결했다. 다만 동료직원 A씨에 대한 정직 처분과 B씨에 대한 견책, 대기발령 처분은 정당한 인사 조치라고 판단했다. 그러나 대법원은 회사의 고의나 의도 및 부당한 조치로 B씨가 입은 불이익과 이에 대한 회사의 예견가능성을 구체적으로 심리하고, A씨에 대한 정직 처분이 불법행위를 구성하는지 여부 등을 심리해 다시 판단하라며 파기 환송하였다(대법원 2017. 12. 22. 선고 2016다202947 판결).

파기환송심을 맡은 이번 재판부는 르노삼성은 B씨가 직장 내 성희롱으로 인한 피해를 호소하며 신속하고 적절한 구제 조치를 취해줄 것을 요청하는데도 이를 무시하고 오히려 B씨에게 부당한 징계 처분을 하거나 대기발령 등의 불리한 조치를 했고, B씨를 도와준 동료 근로자에게까지 차별적이고 부당한 징계 처분을 함으로써 B씨가 직장 내에서 우호적인 동료들의 도움을 받을 수 없도록 했을 뿐만 아니라 다른 동료들로부터 고립되게 했다고 보았다. 이러한 회사의 행위로 B씨는 부정적 반응이나 여론, 불이익한 처우 또는 그로 인한 정신적 피해에 노출되는 이른바 '2차 피해'를 입었고, 그로 인한 정신적 고통은 상당할 것이라고 판시하며 원심보다 4배 증가한 배상액 4천만 원을 지급하라는 원고 일부승소 판결을 했다.

[16] 퇴근 과정 등 업무수행과 시간적·장소적으로 밀접한 상황에서 직장 상사가 부하 여직원을 성폭행했다면 회사에도 손해배상책임이 있다(서울중앙지방법원 2017. 3. 15. 선고 2016가단5172087 판결)

회사에서 제과·제빵 업무를 총괄하는 제과장인 B씨는 2015년 2~5월 본점 지하공장에서 부하 여직원인 A씨에게 "사랑한다. 우리 애인하자.", "너는 뽀뽀를 해도 성적 느낌이 없냐?"며 강제로 키스하는 등 2차례에 걸쳐 성추행했다. 또한 같은 해 3월 퇴근하는 A씨를 억지로 자신의 차에 태운 뒤, A씨가 차 안에서 잠든 틈을 타 모텔로 데려가 "너무 피곤하니 잠시 쉬었다 가자."며 객실로 유인해 강간하기도 했다. B씨는 2016년 1월 강간 혐의 등으로 기소되어 징역 5년형이 확정되었다. A씨는 2016년 7월 B씨와 회사를 상대로 6천만 원을 배상하라며 소송을 제기했다. 이에 회사는 전 임직원을 대상으로 매년 성희롱방지교육을 실시하는 등 사용자로서의 주의의무를 다했다며 책임이 없다고 맞섰다.

재판부는 A씨의 손을 들어주었다. 피용자가 사용자로부터 채용, 근무평점 등과 같은 다른 근로자에 대한 고용조건을 결정할 수 있는 권한을 부여받고 있음을 이용하여 업무수행과 시간적·장소적 근접성이 인정되는 상황에서 피해자를 성추행하는 경우 사용자 책임이 성립할 수 있다고 보았다. 이어 B씨는 A씨의 채용과 승진, 근무평정 등에 관여할 수 있는 지위에 있었다며, 강간 피해 역시 A씨가 근무한 후 퇴근하는 과정에서 이루어져 회사의 업무수행과 시간적·장소적 근접성이 인정된다고 설명했다.

또한 회사는 성추행 피해사실을 알게 되었음에도 A씨와 B씨가 함께 폐쇄된 본점 지하 제빵 공장 내에서 계속 근무하도록 방치했고, 성폭행 피해 이후에는 제대로 된 경위 조사도 하지 않고 A씨의 근무태도가 불량하다는 B씨의 주장만을 받아들여 A씨를 다른 지점으로 발령했다고 지적했다. 그러면서 회사가 임직원들을 상대로 성희롱 예방교육 등을 실시한 사실만으로는 사용자로서 성범죄 방지에 필요한 주의의무를 다했다고 보기 어렵다고 판시하며 B씨와 회사는 공동하여 3천만 원을 지급하라는 원고 일부승소 판결을 하였다.

[17] 해외교육 중 부하직원 성추행 대처 잘못한 회사도 배상책임이 있다(서울중앙지방법원 2016. 12. 16. 선고 2015가단5124388 판결)

(주)한국중부발전 직원인 A씨는 2012년 9월 이탈리아로 해외교육을 위한 출장을 갔다가 B씨로부터 성추행을 당했다. 하지만 회사 해외교육 담당자인 C씨는 A씨의 피해를 구제하기는커녕 A씨에게 "몇 명이나 후리고 다녔냐."며 성희롱적 발언을 하고, 다른 직원들이 있는 앞에서 "냄새 나니 옷 좀 빨아 입고 다녀라."는 등의 모욕적인 언사를 했다. 이에 A씨는 B씨의 성추행 건과 별개로 C씨의 성희롱 사실 등을 사측에 알렸고, 3개월 뒤 열린 징계위원회는 B씨에게 해임, C씨에게 감봉 3개월의 징계처분을 내렸다. 그런데 징계위원회는 허위문서

작성과 근무지 무단이탈 등의 혐의를 적용해 A씨도 해임하였다. '출장 중 자유여행 일정을 넣는 것이 관례'라는 B씨의 조언대로 A씨가 자유여행을 포함하여 올린 출장 기안을 문제 삼은 것이었다. A씨가 반발하자 사측은 2013년 1월 정직 6개월로 징계 수위를 낮추었다.

이후 A씨는 2015년 5월 회사와 B씨 등을 상대로 1억 1,600여만 원을 배상하라며 소송을 제기했고, 법원은 A씨의 손을 들어주어 B씨 등은 총 1억 1,300여만 원을 지급하라는 원고 일부승소 판결을 하였다. 특히 법원은 C씨가 A씨가 처신을 잘못해 성추행 사건이 발생했다는 선입견을 가지고 성희롱적 발언을 하며 책임소재를 왜곡해 A씨에게 오히려 책임이 있는 것처럼 말한 것은 불법행위에 해당한다고 설명했다. 또한 회사도 성희롱 사건 이후 공정한 증거조사 없이 A씨에게 해임 등 부당한 처분을 내렸고, 이로 인해 A씨는 스트레스와 압박 속에서 우울증 등 상당한 정신적 고통을 받았다고 판시했다.

[18] 나체 사진이 저장된 웹페이지 링크를 휴대전화 메시지로 보내는 것도 통신매체이용음란죄
(대법원 2017. 6. 8. 선고 2016도21389 판결)

A씨는 식당을 동업하면서 알게 된 B씨와 내연관계를 맺게 되었다. 2013년 10월, A씨는 B씨의 나체 사진 2장이 저장되어 있는 드롭박스 어플에 접속할 수 있는 인터넷 주소 링크를 카카오톡 메신저로 B씨에게 보냈다가 기소되었다.

대법원은 성폭력처벌법 제13조는 '자기 또는 다른 사람의 성적 욕망을 유발하거나 만족시킬 목적으로 전화, 우편, 컴퓨터, 그 밖의 통신매체를 통하여 성적 수치심이나 혐오감을 일으키는 말, 음향, 글, 그림, 영상 또는 물건을 상대방에게 도달하게 한 사람'을 통신매체이용음란죄로 처벌하도록 규정하고 있는데, 성적 수치심을 일으키는 그림 등을 상대방에게 도달하게 한다는 것은 "상대방이 성적 수치심을 일으키는 그림 등을 직접 접하는 경우뿐만 아니라 상대방이 실제로 이를 인식할 수 있는 상태에 두는 것"을 의미한다고 보았다.

이어 "상대방에게 성적 수치심을 일으키는 그림 등이 담겨 있는 웹페이지 등에 대한 인터넷 링크를 보낸 것은 이를 직접 전달하는 것과 다를 바 없다고 평가된다."며 이에 따라 상대방이 이러한 링크를 이용해 별다른 제한 없이 성적 수치심을 일으키는 그림 등에 바로 접할 수 있는 상태가 실제로 조성되었다면, 그러한 행위는 전체로 보아 성적 수치심을 일으키는 그림 등을 상대방에게 도달하게 한다는 구성요건을 충족한다고 보아야 한다고 했다.

[19] 교사가 '교복 치마가 짧다'며 학생의 치마를 들추는 행동은 교육 차원을 넘어 성적 수치심을 불러일으키는 행위(대법원 2015. 8. 19. 선고 2015도7611 판결)

B씨는 2013년 12월 오후 2시께 교실에서 자기소개서를 쓰고 있는 피해자 A양(만 16세)에게 다가가 "치마가 왜 이렇게 짧으냐."며 A양의 교복 치마를 들어 올린 혐의로 기소되었다.

B씨는 복장 불량상태를 지적하는 과정에서 치마 끝자락을 잡아 흔들었을 뿐 추행의 고의가 없었다고 주장했다.

1심과 2심은 B씨의 행위는 일반인에게 성적 수치심이나 혐오감을 불러일으키고 건전한 성적 도덕관념에 반하는 행위라며 유죄 판결했다. 다만 B씨에게 다른 범죄전력이 없고, 피해자인 A양이 처벌을 원치 않고 있는 점을 고려해 벌금 500만 원을 선고하고, 성폭력 치료 프로그램 40시간 이수를 명령하였다. 대법원은 교사의 이와 같은 행동은 교육 차원을 넘어 성적 수치심을 불러일으키는 행위로 평가하며 원심을 확정하였다.

[20] 혐의를 부인하는 가해자의 진술은 피해자 진술의 신빙성을 보강하는 간접정황 증거가 될 수도 있다(대법원 2022. 12. 15. 선고 2021도14234 판결)

A씨는 여자친구인 B씨가 헤어지자고 하면서 본인의 짐을 싸 A씨의 집에서 나가려 하자 B씨를 침대에 넘어뜨리고 그 위에 올라타 움직이지 못하게 한 후 강간한 혐의로 기소되었다.

성폭행피해자의 대처 양상은 피해자의 성정이나 가해자와의 관계 및 구체적인 상황에 따라 다르게 나타날 수밖에 없다. 따라서 개별적·구체적인 사건에서 피해자가 처하여 있는 특별한 사정을 충분히 고려하지 않은 채 피해자 진술의 증명력을 가볍게 배척하는 것은 정의와 형평의 이념에 입각하여 논리와 경험의 법칙에 따른 증거판단이라고 볼 수 없고(대법원 2018. 10. 25. 선고 2018도7709 판결 참조), 범행 후 피해자의 태도 중 '마땅히 그러한 반응을 보여야만 하는 피해자(피해자다움)'로 보이지 않는 사정이 존재한다는 이유만으로 피해자 진술의 신빙성을 함부로 배척할 수 없다(대법원 2020. 10. 29. 선고 2019도4047 판결 등 참조).

그리고 공소사실을 인정할 증거로 사실상 피해자의 진술이 유일한 경우, 피고인의 진술이 경험칙상 합리성이 없고 그 자체로 모순되어 믿을 수 없다고 하여 그것이 공소사실을 인정하는 직접증거가 되는 것은 아니지만, 이러한 사정은 법관의 자유판단에 따라 피해자 진술의 신빙성을 뒷받침하거나 직접증거인 피해자 진술과 결합하여 공소사실을 뒷받침하는 간접정황이 될 수 있다(위 2018도7709 판결 참조).

이에 따라 대법원은 ❶ A씨는 1심에서는 합의에 따라 성관계가 이루어진 것이라고 진술하다가 유죄가 선고되자, 2심에서는 설령 B씨가 성관계를 원치 않았었다고 하더라도 폭행이나 협박으로 강간하지 않았다는 취지로 진술하고 있는 점(피고인의 진술), ❷ B씨가 명시적으로 성관계를 거부했고 A씨도 이를 인지하고 있었던 상황에서, 연인관계 사이로 이전에 다툼과 화해의 일환으로 성관계를 가진 적이 있다는 사정을 들어 B씨가 당시 성관계를 용인했거나 폭행·협박이 없었으리라는 막연한 추측 하에 피해자 진술 전체의 신빙성을 평가해서는 안 되는 점, ❸ 성관계 당시 체력 차이로 인한 힘에 제압당한 형태로 폭행을 당한 B씨가 성관계 후 육체적인 고통을 호소하지 않았다거나 성관계 도중의 자세에 비추어 빠져나올 수 있는 상황이 있었다는 사정만으로 강간죄에서의 폭행·협박에 해당하지 않는다고 단정할 수 없는 점, ❹ 당시 B씨가 처한 구체적인 상황에 비추어 성관계 직후 A씨와 나눈 대화내용이 이례적이거나 부자연스러운 것이라고 보이지 않는 점, ❺ B씨가 반성하지 않는 A씨의 태도를 지적하며 범행 발생일로부터 이틀 후에 곧바로 A씨를 고소한 경위는 지극히 자연스럽고, 강간 사실 자체가 아닌 다른 부수적 사유에 의하여 고소에 이르렀을 가능성이 있다는 의심은 합리적이지 않은 점 등을 종합하면 피해자 진술의 신빙성을 인정할 수 있다는 이유로, 신빙성을 인정하지 않아 무죄를 선고한 원심판결에는 진술의 신빙성 판단의 기준이 되는 경험칙과 증거법칙을 위반하여 자유심증주의의 한계를 벗어남으로써 판결에 영향을 미친 잘못이 있다고 하여 파기 환송하였다.

[21] 인터넷 포털사이트 뉴스 댓글란에 여성연예인을 향한 '국민호텔녀', '퇴물' 등의 표현은 모욕적 표현으로 유죄(대법원 2022. 12. 15. 선고 2017도19229 판결)

모욕죄는 공연히 사람을 모욕하는 경우에 성립하는 범죄로서 사람의 가치에 대한 사회적 평가를 의미하는 외부적 명예를 보호법익으로 하고, 여기에서 모욕이란 사실을 적시하지 아니하고 사람의 사회적 평가를 저하시킬 만한 추상적 판단이나 경멸적 감정을 표현하는 것을 의미한다(대법원 2010도10130, 2016도9674 판결 등 참조).

표현이 다의적이거나 의미가 확정되지 않은 신조어인 경우 피고인이 그러한 표현을 한 경위 및 동기, 의도, 표현의 구체적인 내용과 맥락 등을 고려하여 그 용어의 의미를 확정한 후 모욕적 표현에 해당하는지를 판단해야 한다.

공적 관심사에 대한 표현의 자유 보장과 개인의 사적 법익 및 인격권 보호라는 두 법익이 충돌할 때는 구체적인 경우에 표현의 자유로 얻어지는 가치와 인격권의 보호에 의하여 달성되는 가치를 비교형량하여 그 규제의 폭과 방법을 정해야 한다. 표현행위의 형식과 내용이 모욕적이고 경멸적인 인신공격에 해당하거나 타인의 신상에 관하여 인격권을 침해한 경우는 의견 표명으로서의 한계를 벗어난 것으로 허용되지 않는다(대법원 2014다61654 전원합의체 판결 참조).

표현이 모욕죄의 구성요건에 해당하는 경우에도 사회상규에 위배되지 않는 때는 형법 제20조의 정당행위가 성립한다. 이는 피고인과 피해자의 지위와 그 관계, 표현행위를 하게 된 동기, 경위나 배경, 표현의 전체적인 취지와 구체적인 표현방법, 모욕적인 표현의 맥락 그리고 전체적인 내용과의 연관성 등을 종합적으로 고려하여 판단해야 한다(대법원 2020도16897 판결 참조).

이를 종합하면, 연예인의 사생활에 대한 모욕적인 표현에 대하여 표현의 자유를 근거로 모욕죄의 구성요건에 해당하지 않거나 사회상규에 위배되지 않는다고 판단하는 데에는 신중할 필요가 있다. 특히 최근 사회적으로 인종·성별·출신 지역 등을 이유로 한 혐오 표현이 문제되고 있으며, 그중에는 특정된 피해자에 대한 사회적 평가를 저하하여 모욕죄의 구성요건에도 해당하는 것이 적지 않은데, 그러한 범위 내에서는 모욕죄가 혐오 표현에 대한 제한 내지 규제로 기능하고 있는 측면을 고려해야 한다(헌법재판소 2017헌바456 등 결정 참조).

이 사건의 피고인이 사용한 표현 중 "국민호텔녀"는 피해자의 사생활을 들추어 피해자가 종전에 대중에게 호소하던 청순한 이미지와 반대의 이미지를 암시하면서 피해자를 성적 대상화하는 방법으로 비하하는 것으로서 여성 연예인인 피해자의 사회적 평가를 저하시킬 만한 모멸적인 표현으로 평가할 수 있고, 정당한 비판의 범위를 벗어난 것으로서 정당행위로 보기도 어렵다는 이유로, 이와 달리 "국민호텔녀" 부분까지 전부 무죄로 판단한 원심판결에 법리를 오해하여 충분한 심리를 다하지 아니한 위법이 있다고 하여 파기 환송하였다.

[22] 비장애인의 시각과 기준에서 피해자의 상태를 판단하여 장애로 인한 항거불능 또는 항거곤란 상태에 해당하지 않는다고 쉽게 단정해서는 안 된다(대법원 2022. 11. 10. 선고 2020도13672 판결)

현행 성폭력처벌법 제6조제4항에서의 '신체적인 또는 정신적인 장애'란 신체적인 기능이나 구조 또는 정신적인 기능이나 손상 등의 문제로 일상생활이나 사회생활에서 상당한 제약을 받는 상태를 의미하고(대법원 2016도4404, 2016전도49, 2021도9051 판결 참조), '신체적인 또는 정신적인 장애로 항거불능 또는 항거곤란 상태에 있음'이라 함은 장애 그 자체로 항거불능 또는 항거곤란의 상태에 있는 경우뿐 아니라 신체적인 또는 정신적인 장애가 주된 원인이 되어 심리적 또는 물리적으로 반항이 불가능하거나 곤란한 상태에 이른 경우를 포함하는 것으로 보아야 하며, 이를 판단함에 있어서는 피해자의 장애 정도뿐 아니라 피해자와 가해자의 신분을 비롯한 관계, 주변의 상황(환경), 가해자의 행위 내용과 방법, 피해자의 인식과 반응의 내용 등을 종합적으로 검토해야 한다.

특히 '정신적인 장애로 항거불능 또는 항거곤란 상태'에 있었는지 여부를 판단할 때는 피해자가 정신적 장애인이라는 사정이 충분히 고려되어야 하므로, 외부적으로 드러나는 피해자의 지적 능력 이외에 정신적 장애로 인한 사회적 지능·성숙의 정도, 이로 인한 대인관계의 특성이나 의사소통능력 등을 전체적으로 살펴 피해자가 범행 당시에 성적 자기결정권을 실질적으로 표현·행사할 수 있었는지를 신중히 판단해야 한다(대법원 2011도6907 판결 참조). 그리고 이를 판단함에 있어 장애와 관련된 피해자의 상태는 개인별로 그 모습과 정도에 차이가 있다는 점에 대한 이해를 바탕으로 해당 피해자의 상태를 충분히 고려해야 하고 비장애인의 시각과 기준에서 피해자의 상태를 판단하여 '장애로 인한 항거불능 또는 항거곤란 상태'에 해당하지 않는다고 쉽게 단정해서는 안 된다(위 2016도4404, 2016전도49 판결 참조).

[23] 대법원, '저항이 곤란한 정도'를 요구했던 강제추행죄 판단기준 폐기. "상대방의 신체에 불법 유형력 행사 또는 공포심을 일으킬 해악 고지"에도 범죄 성립(대법원 2023. 9. 21. 선고 2018도13877 판결)

A씨는 여성인 사촌동생을 끌어안아 침대에 쓰러트리고, 신체 부위를 만지는 등 친족관계에 의한 강제추행 혐의로 기소되었다.

강제추행죄는 '폭행 또는 협박'이 있어야 성립하는데, 1심에서는 유죄가 인정되어 1심에서는 유죄가 인정되어 징역 3년이 선고되었다. 그러나 항소심 재판부는 "피고인의 물리적인 힘의 행사 정도가 저항을 곤란하게 할 정도였다고 볼 수 없으므로 강제추행죄의 폭행·협박에 해당하지 않는다."고 보고 강제추행 혐의를 무죄로 판단하였다. 다만, 폭행·협박이 없더라도 위력을 행사한 사실이 있으면 성립하는 청소년성보호법상 위계 등 추행은 인정하여 벌금 1천만 원을 선고하였다.

그러나 대법원 전원합의체는 강제추행죄에서 추행의 수단이 되는 '폭행이나 협박'에 대해 피해자의 항거가 곤란할 정도일 것을 요구하는 종래의 판례 법리를 폐기하고, "상대방의 신체에 불법한 유형력을 행사하거나 상대방으로 하여금 공포심을 일으킬 수 있는 정도의 해악을 고지해 상대방을 추행하는 경우에 성립한다."고 판시하며 원심을 파기환송하였다. 이와 같이 대법원이 강제추행죄의 판단기준을 완화함에 따라 처벌범위가 더 넓어지게 되었다.

성폭력 관련 헌법재판소 결정

[1] '지하철 성추행범 신상정보등록' 조항은 [합헌] … 불필요한 제한 아니다(헌법재판소 2017. 12. 28. 선고 2016헌마1124 결정)

지하철이나 버스 등 사람이 밀집된 장소에서 다른 사람을 추행해 '공중밀집장소 추행죄'로 기소되어 징역 6개월에 집행유예 2년을 선고받은 A씨는 2015년 유죄가 확정되고 신상정보 등록대상자가 되자 개인정보 자기결정권을 침해당했다며 자신에게 적용된 죄를 신상정보 등록대상으로 정한 것은 위헌이라며 헌법소원을 냈다.

성폭력처벌법은 대중교통이나 공연, 집회 등 사람들이 많이 모여 있는 장소에서 사람을 추행한 자를 1년 이하의 징역이나 300만 원 이하의 벌금에 처하고, 유죄가 확정되면 성범죄자의 신상정보를 법무부에 등록하도록 한다. 헌법재판소는 "공중밀집장소 추행죄는 1994년 1월 도입된 이래 꾸준히 증가추세에 있다며, 이 조항으로 달성되는 성범죄자 재범방지와 사회방위의 공익이 침해되는 사익에 비해 매우 중요하다."고 지적했다. 또 '공중이 밀집하는 장소에서 피해자가 미처 저항하거나 회피하기 곤란한 상태를 이용하는 범죄의 개별적 억제·예방의 필요성을 구분하지 않았더라도 불필요한 제한을 부과한 것이라고 보기 어렵다.'고 판시하며 재판관 7대 2의 의견으로 합헌 결정했다.

[2] 공중밀집장소 추행 유죄 확정자, 일괄적 신상정보등록 [합헌] … 자기결정권 침해 안 된다
(헌법재판소 2020. 6. 25. 선고 2019헌마699 전원재판부 결정)

A씨는 2016년 2월 서울 지하철 9호선 역사 안 에스컬레이터에서 B씨 뒤에 바짝 붙어 엉덩이를 만진 혐의로 기소되었고, 벌금 300만 원이 확정되어 신상정보 등록대상자가 되었다. 이에 A씨는 신상정보 등록이 재범 억제 및 수사 효율성에 도움이 된다는 명확한 근거가 없고, 오히려 낙인효과로 재범을 야기할 수 있다며, 과잉금지원칙에 반해 개인정보 자기결정권 등 기본권을 침해한다며 헌법소원을 냈다.

헌법재판소는 성폭력처벌법 제42조제1항에 따라 신상정보 등록대상 여부를 결정함에 있어 유죄판결 외에 반드시 재범의 위험성을 고려해야 한다고 보기는 어렵다며, 성폭력처벌법은 법원으로 하여금 등록대상 성폭력범죄로 유죄판결을 선고할 경우 등록대상자에게 등록대상자라는 사실과 신상정보 제출의무가 있음을 알려주도록 규정하고, 신상정보 등록대상자의 범위, 신상정보 제출의무의 내용 및 신상정보의 등록·보존·관리 또한 법률에서 규율하고 있어 적법절차에 따른 신상정보 등록이 이뤄지도록 하고 있어, "공중밀집장소 추행죄로 유죄판결이 확정된 자를 신상정보 등록대상자로 규정한 조항이 개인정보 자기결정권을 침해하지 않는다고 본 기존 결정(2016헌마1124)은 여전히 타당하다."고 판시하며 재판관 6대3의 의견으로 합헌 결정했다.

[3] 유죄판결이 확정된 '몰카' 성범죄자 모두 신상정보등록 [합헌] … 재범방지 현실적 방안
(헌법재판소 2020. 10. 29. 선고 2018헌마1067 전원재판부 결정)

A씨는 성폭력처벌법상 카메라 등 이용촬영 혐의로 기소되어 유죄판결이 확정되고 신상정보 등록대상자가 되자 이에 반발하여 헌법소원을 냈다.

헌법재판소는 신상정보 등록대상자 조항은 성범죄자의 재범을 억제하고 수사의 효율성을 제고하기 위한 것이라며 "범죄자의 정보를 국가가 관리하는 것은 재범을 방지하는 유효하고 현실적인 방법이 될 수 있고, 신상정보 등록대상자가 된다고 하여 사회복귀가 저해되거나 전과자라는 낙인이 찍히는 것은 아니므로 침해되는 사익은 크지 않은 반면 이를 통해 달성되는 공익은 매우 중요하다."고 판시하며 재판관 6대 3의 의견으로 합헌 결정했다.

[4] '성범죄' 택시기사의 운전자격 필요적 취소는 [합헌] (헌법재판소 2018. 5. 31. 선고 2017헌가24 전원재판부 결정)

헌법재판소는 "여객자동차운수사업법 제87조제1항제3호 등이 위헌 소지가 있다."며 창원

지방법원이 위헌법률심판을 제청한 사건에서 재판관 8대 1의 의견으로 합헌 결정을 했다. 여객자동차법은 강제추행 등 성범죄로 금고 이상의 형의 집행유예가 확정된 택시운전자에 대하여 그 자격을 필수적으로 취소하도록 하고 있다.

재판부는 택시 승객은 운전자와 접촉하는 빈도와 밀도가 높고 야간에도 택시를 이용하는 등 위험에 노출될 확률이 높다며, 범죄의 개별성과 특수성을 일일이 고려해 개별 운전자의 준법의식 구비 여부를 가리는 방법은 매우 번잡한 절차가 필요하므로, 심판대상조항과 같이 명백하고 일률적인 기준을 설정하는 것이 불가피하다고 보고, "법원이 범죄의 모든 정황을 고려한 다음 금고 이상의 형의 집행유예를 선택했다면 사회적 비난 가능성도 적지 않다는 점을 고려할 때 '임의적 운전자격 취소만으로는 입법목적을 달성하는 데 충분하다고 보기 어려우므로 침해의 최소성도 인정된다."고 설명했다. 또한 "택시를 이용하는 국민을 성범죄 등으로부터 보호하고 여객운송서비스 이용에 대한 불안감을 해소하며, 도로교통에 관한 공공의 안전을 확보하려는 입법목적은 정당하고 운전자격의 필요적 취소라는 수단의 적합성도 인정된다."고 하였다.

[5] 기습추행을 강제추행죄로 처벌하는 것은 [합헌] … 명확성 및 과잉금지원칙 위반 아니다
(헌법재판소 2020. 6. 25. 선고 2019헌바121 전원재판부 결정)

A씨는 2015년 1월 B씨를 껴안고 입을 맞추는 등 강제추행한 혐의로 기소되었다. 또한 A씨는 2015년 11월 C씨를 껴안고 엉덩이를 만지는 등 강제추행한 혐의도 받았다. 1, 2심은 A씨의 혐의를 유죄로 판단해 징역 1년에 집행유예 2년을 선고했다. 이에 반발한 A씨는 상고했고, 상고심 계속 중 대법원에 형법 제298조에 대한 위헌법률심판제청을 신청했으나 기각되자 헌법소원을 냈다. A씨는 기습적으로 추행행위만 한 경우에도 강제추행에 포함시켜 처벌하는 것은 죄형법정주의의 명확성원칙, 과잉금지원칙에 위배돼 위헌이라고 주장했다.

그러나 헌법재판소는 위 조항이 죄형법정주의의 명확성원칙과 과잉금지원칙에 위반되지 않는다는 점을 명확히 하며 재판관 전원일치 의견으로 합헌 결정했다. 재판부는 "대법원은 폭행 또는 협박으로 항거를 곤란하게 한 뒤에 추행행위를 하는 경우뿐만 아니라 폭행행위 자체가 추행행위라고 인정되는 경우도 강제추행죄에 포함되며 이때의 폭행은 상대방의 의사에 반하는 유형력의 행사가 있는 이상 그 힘의 대소강약을 불문한다고 일관되게 판시하는 등 이 조항에서 말하는 폭행 또는 협박의 형태와 정도를 추행의 유형에 따라 구체화하고 있다."고 밝혔다.

이어 "이 조항은 개인의 성적 자기결정권을 보호하기 위한 것으로서 입법목적의 정당성이 인정되고, 강제추행행위를 저지른 사람을 처벌하는 것은 그와 같은 목적 달성에 이바지하는 적합한 수단이 된다."며 "이 조항이 폭행행위 자체가 추행행위에 해당하는 경우까지 처벌

대상으로 삼고 있다 하더라도, 이것이 객관적으로 일반인에게 성적 수치심이나 혐오감을 일으키게 하고 선량한 성적 도덕관념에 반하는 행위로서 피해자의 성적 자기결정권을 침해하는 것임을 전제로 하는 이상 입법목적의 달성에 필요한 범위를 넘는다고 할 수 없다."고 설명했다.

[6] 성추행범에게 저항하던 여성이 도리어 가해자에게 상해를 입혔다며 검찰이 한 기소유예 처분은 취소 [인용] (헌법재판소 2021. 2. 25. 선고 2019헌마929 전원재판부 결정)

B씨는 같은 고시원에 거주 중이던 A씨가 여성용 공용욕실에 들어가는 것을 보고 밖에서 욕실 전원을 끄는 행위를 몇 차례 반복하며 공포감을 일으켰다. 이후 A씨가 욕실에서 나와 주방으로 가자 뒤따라가 A씨의 신체부위를 강제추행했다. A씨는 저항하기 위해 들고 있던 사기그릇을 휘둘렀고 B씨는 현행범으로 체포되었다. B씨는 단순히 말을 걸었을 뿐이라고 혐의를 부인했지만 법원은 징역 6개월의 실형을 선고했다.

그런데 사건을 수사하던 서울남부지검은 A씨가 휘두른 사기그릇에 B씨가 맞아 오른쪽 귀 부위가 찢어지는 상처가 났다며 상해죄에 해당한다고 판단했다. 그러나 당시 현장에 출동한 경찰이 촬영한 사진에서는 해당 상처를 발견할 수 없었고, B씨 역시 "(귀 상처) 봉합수술을 받았다."고 진술만 했을 뿐 진료확인서나 진단서조차 없었다. 그럼에도 검찰은 A씨를 무혐의 처리하지 않고 기소를 유예했다. 기소유예는 피해 정도 등을 참작해 피의자를 재판에 넘기지 않지만, 범죄 혐의는 인정하는 처분이다. 이에 A씨는 검찰의 기소유예 처분을 취소해 달라며 헌법소원을 냈다.

헌법재판소는 재판관 9명 전원일치로 A씨의 청구를 인용하며, "검찰이 충분하고 합당한 조사 없이 A씨에 대해 기소유예 처분을 한 것은 형법상 상해죄나 위법성 조각사유(정당방위) 법리를 오해했거나 중대한 수사미진에 따른 자의적 검찰권 행사"라고 강하게 비판했다.

재판부는 당시 물이 담긴 사기그릇을 들고 있던 A씨가 이를 내려놓고 다시 B씨에게 저항하거나 머리가 아닌 다른 신체부위를 가려 타격하는 등 다른 방어방법을 취했어야 한다고 기대하기 어렵다고 판단했다. 오히려 폐쇄된 공간에서 벌어진 갑작스러운 추행에 맞서기 위해 사회적으로 (용인되는) 상당한 범위 내에서 반격방어의 형태로 저항했을 뿐이라는 것이다. 이어 "검찰은 A씨가 사건 당시 처한 상황과 방위행위의 필요성, 긴급성 등에 관한 합당한 고려 없이 정당방위 요건을 갖추지 못했다고 단정했다."며 "이로 인해 A씨의 평등권과 행복추구권이 침해됐다."고 밝혔다.

헌법재판소의 기소유예 처분 취소에 따라 서울남부지검은 A씨의 사건을 다시 검토하고 불기소(무혐의) 등 새로운 처분을 내려야 한다.

〈성폭력사건 처리 흐름도〉

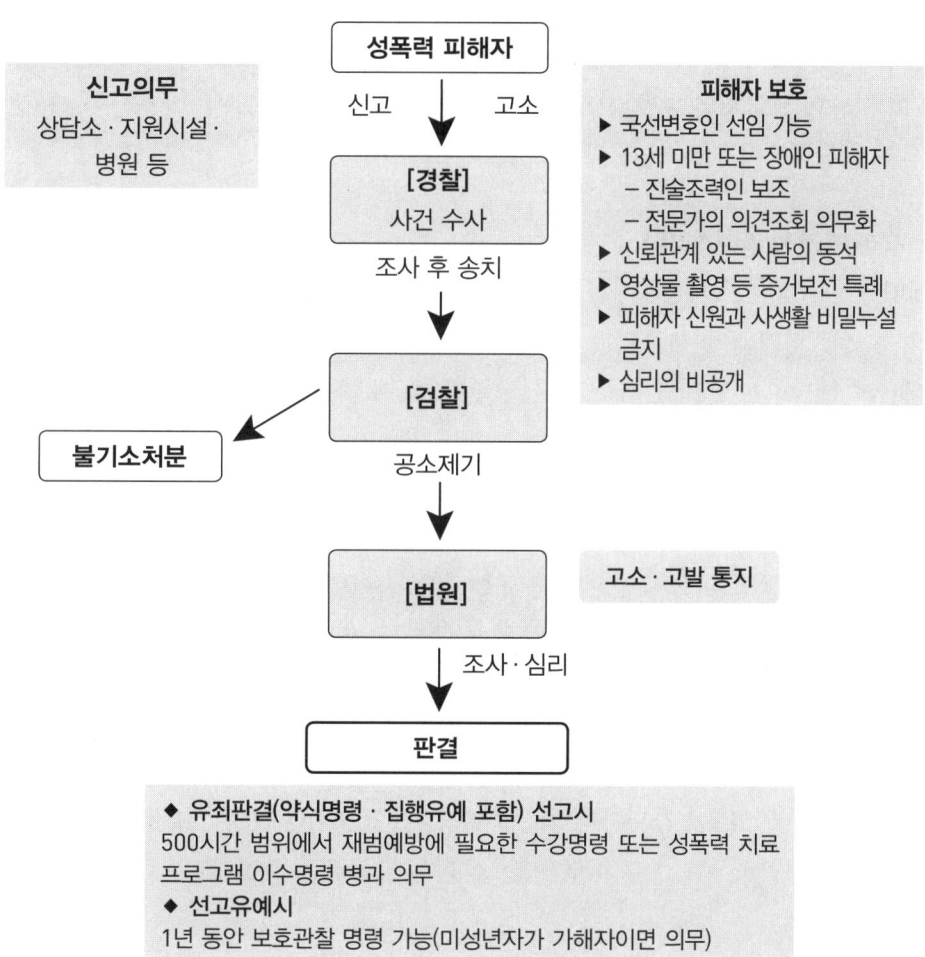

제3장 성매매알선 등 행위의 처벌에 관한 법률(약칭: 성매매처벌법)

이 법은 성매매, 성매매알선 등 행위 및 성매매 목적의 인신매매를 근절하고, 성매매피해자의 인권을 보호함을 목적으로 한다(법 제1조).

제1절 성매매란
"성매매"란 불특정인을 상대로 금품이나 그 밖의 재산상의 이익을 수수(收受)하거나 수수하기로 약속하고 성교행위, 구강·항문 등 신체의 일부 또는 도구를 이용한 유사 성교행위를 하거나 그 상대방이 되는 것을 말한다(법 제2조제1항제1호).

제2절 성매매알선 등 행위란
"성매매알선 등 행위"란 성매매를 알선·권유·유인 또는 강요하는 행위, 성매매의 장소를 제공하는 행위, 성매매에 제공되는 사실을 알면서 자금·토지 또는 건물을 제공하는 행위 중 그 하나에 해당하는 행위를 하는 것을 말한다(법 제2조제1항제2호).

제3절 성매매 목적의 인신매매란[법 제2조제1항제3호]
- 성을 파는 행위 또는 공연음란행위를 하게 하거나, 성교행위 등 음란한 내용을 표현하는 사진·영상물 등의 촬영대상으로 삼을 목적으로 위계, 위력, 그 밖에 이에 준하는 방법*으로 대상자를 지배·관리하면서 제3자에게 인계하는 행위
    * 그 밖에 이에 준하는 방법(법 제2조제2항)
        ① 선불금 제공 등의 방법으로 대상자의 동의를 받은 경우라도 그 의사에 반해 이탈을 제지
        ② 다른 사람을 고용·감독하는 자, 출입국·직업 알선자 또는 그 보조자가 성을 파는 행위를 하게 할 목적으로 여권(또는 여권을 갈음하는 증명서) 채무이행 확보 등의 명목으로 받는 것
- 위와 같은 목적으로 청소년, 사물변별능력 또는 의사결정능력이 없거나 미약한 사람, 중대한 장애를 가진 사람이나 그를 보호·감독하는 사람에게 선불금 등 금품이나 그 밖의 재산상의 이익을 제공하거나 제공하기로 약속하고 대상자를 지배·관리하면서 제3자에게 인계하는 행위
- 위의 행위가 이루어지는 것을 알면서 그와 같은 목적이나 전매를 위하여 대상자를 인계받는 행위
- 위의 행위를 위하여 대상자를 모집, 이동, 은닉하는 행위

제4절 성매매피해자란 [법 제2조제1항제4호]

- 위계, 위력, 그 밖에 이에 준하는 방법으로 성매매를 강요당한 사람
- 업무관계, 고용관계, 그 밖의 관계로 인하여 보호 또는 감독하는 사람에 의하여 마약·향정신성의약품 또는 대마에 중독되어 성매매를 한 사람
- 청소년, 사물을 변별하거나 의사를 결정할 능력이 없거나 미약한 사람 또는 중대한 장애가 있는 사람으로서 성매매를 하도록 알선·유인된 사람
- 성매매 목적의 인신매매를 당한 사람

제5절 금지행위

누구든지 다음의 어느 하나에 해당하는 행위를 해서는 안 된다. 아래와 같은 행위는 금지되며 법에 따라 처벌되거나 보호처분을 받는다(법 제4조).

- 성매매
- 성매매알선 등 행위
- 성을 파는 행위를 하게 할 목적으로 타인을 고용·모집하거나 성매매가 행하여진다는 사실을 알고 직업을 소개·알선하는 행위
- 위 행위 및 그 행위가 행하여지는 업소에 대한 광고 행위
- 성매매 목적의 인신매매

제6절 성매매 피해사실에 대한 신고

1. 성매매를 강요당하는 경우

성매매에 대한 거부의사를 명백히 표시한다. 그래도 계속 강요하면 성매매 전문상담기관에 도움을 요청하거나 경찰(☎112), 사이버경찰청(ecrm.police.go.kr), 검찰청(☎지역번호+1301), 검찰청 온라인민원실(spo.go.kr ➤ 참여민원 ➤ 일반민원)에 신고한다.

[성매매 전문상담기관]

기관명	연락처	기관명	연락처
막달레나 공동체	02) 3275-1985	두레방	031) 841-2609
수원여성인권돋움	031) 245-1219	새움터	031) 867-4655
다시함께상담센터	02) 814-3660	여성인권센터[보다]	02) 312-8297

※ 성매매문제해결을 위한 전국연대(jkyd2004.org)

2. 성매매 관련 시설종사자 등의 신고의무

성매매피해자 등을 위한 지원시설 및 성매매피해상담소의 장이나 종사자가 업무와 관련

하여 성매매 관련 범죄 및 그 피해사실을 알게 되었을 때에는 지체 없이 수사기관에 신고해야 한다(법 제7조제1항).

3. 신고자 보호

누구든지 성매매 등을 신고한 사람에게 그 신고를 이유로 불이익을 주면 안 된다(법 제7조제2항). 또한 다른 법률에 규정이 있는 경우를 제외하고는 성매매 등을 신고한 사람의 인적사항이나 사진 등 그 신원을 알 수 있는 정보나 자료를 인터넷 또는 출판물에 게재하거나 방송매체를 통하여 방송해서는 안 된다(법 제7조제3항). 이를 위반하여 게재 또는 방송한 사람은 500만 원 이하의 벌금에 처해진다(법 제21조제2항).

제7절 성매매여성의 처벌 여부

원칙적으로 성매매행위자도 업주 등과 함께 처벌받게 되지만, 위계·협박·폭력 등의 방법으로 성매매를 강요당하거나 알선에 의해 성을 팔았다면 '성매매피해자'로서 처벌받지 않으며 선불금 채무도 무효가 된다(법 제6조).

1. 수사 중인 외국인여성 보호

성매매사건의 신고, 고소, 고발 등으로 수사 중에 있는 외국인여성에 대해서는 사건 처분(불기소 또는 공소제기 등)이 이루어질 때까지 강제퇴거명령이나 보호의 집행을 할 수 없다(법 제11조제1항).

2. 신뢰관계 있는 자의 동석

법원과 수사기관이 성매매범죄 신고자나 피해자를 조사할 때 신뢰하거나 도움을 받을 수 있는 사람(예 성폭력상담소 전문상담원 등)을 지정하여 동석시킬 수 있으므로 동석을 원하면 신청할 수 있다(법 제8조).

제8절 성매매업주, 소개업자 등에 대한 손해배상청구

성매매업주나 소개업자 등으로부터 성매매를 강요당한 경우, 성매매 목적의 인신매매를 당한 경우, 폭행·폭언·감금을 당한 경우에는 행위자를 상대로 금전손해배상을 청구하는 소송을 제기할 수 있다. 또한 성매매업주나 소개업자 등이 성매매피해여성에게 상처를 입히거나 사기·공갈·횡령·배임 등의 죄를 범해 성매매여성이 피해를 입었다면, 성매매업주나 소개업자에 대한 형사재판이 진행될 때 피해여성이 금전적인 손해배상을 받게 해달라고 법원에 신청할 수 있다.

제9절 성매매라는 불법원인으로 한 선불금

1. 성매매라는 불법원인으로 한 선불금은 갚을 필요가 없다

따라서 사채업자나 금융기관이 차용금이 성매매여성에게 선불금 채무를 지급하는 것이라는 사실을 알면서도 계약을 체결하였다면 이 채권도 무효이다(법 제10조, 대법원 2009. 9. 10. 선고 2009다37251 판결).

2. 업주의 지시로 다른 성매매여성의 선불금 채무보증을 선 경우 그 보증채무는 무효다

업주의 성매매여성에 대한 선불금 채권이 무효이므로, 보증채무도 무효이다(법 제10조).

📝 성매매 관련 사례

[1] 성매매를 한 경우 성을 구매한 사람만 처벌받나요

성매매를 한 경우 성을 구매한 사람만 처벌받게 되나요?

아닙니다. "성매매"란 불특정인을 상대로 금품이나 그 밖의 재산상의 이익을 수수(收受)하거나 수수하기로 약속하고 성교행위나 유사 성교행위를 하거나 그 상대방이 되는 것으로 이는 「성매매알선 등 행위의 처벌에 관한 법률」에 따라 처벌받습니다. 따라서 성매매를 한 경우 성을 구매한 사람뿐만 아니라 성을 판매한 사람도 처벌을 받게 됩니다. 그러나 성매매피해자가 성매매를 한 경우에는 처벌받지 않습니다.

[2] 성매매업소에서 성매매를 한 여성은 모두 성매매피해자인가요

성매매업소에서 성매매를 한 여성은 모두 성매매피해자인가요?

아닙니다. 성매매처벌법 제2조제1항제4호에 따르면 "성매매피해자"는 위력, 그 밖에 이에 준하는 방법으로 성매매를 강요당하거나 성매매를 하도록 알선·유인된 사람 또는 성매매 목적의 인신매매를 당한 사람을 말합니다. 따라서 자발적으로 성매매업소에서 성매매를 한 경우에는 성매매피해자가 아니므로 해당 법령에 따라 처벌받게 됩니다.

[3] 성매매를 강요당한 성매매피해자의 성매매는 처벌하지 않는다

가출했을 때 숙식을 제공해주겠다며 접근한 사람을 따라갔다가 성매매를 강요당했습니다. 그런데 저도 처벌받는다고 하고, 선불금을 갚으라고 협박하여 무서워서 신고를 못 하겠습니다.

성매매, 성매매알선 등 행위, 성매매 목적의 인신매매 등 성매매 관련 행위를 한 경우에는 처벌받게 됩니다. 따라서 원칙적으로 성매매의 경우 구매자뿐만 아니라 판매자도 처벌하지만, 위계·협박·폭력 등의 방법으로 성매매를 강요당한 경우에는 성매매피해자로서 처벌하지 않습니다. 또한 이러한 성매매와 관련하여 선불금 등의 채권은 불법원인으로 인한 것이므로 무효입니다.

◇ **성매매피해자의 범위 및 처벌특례**(성매매처벌법 제2조제1항제4호 및 제6조, 동법 시행령 제2조)

다음과 같은 성매매피해자의 성매매는 처벌하지 않는다.

- 위계, 위력, 그 밖에 이에 준하는 방법으로 성매매를 강요당한 사람
- 업무관계, 고용관계, 그 밖의 관계로 인하여 보호 또는 감독하는 사람에 의하여 마약·향정신성의약품 또는 대마에 중독되어 성매매를 한 사람
- 청소년, 사물을 변별하거나 의사를 결정할 능력이 없거나 미약한 사람 또는 중대한 장애가 있는 사람으로서 성매매를 하도록 알선·유인된 사람
- 성매매 목적의 인신매매를 당한 사람

[4] 성매매피해자인데 기소유예 처분을 받았습니다. 무죄임을 뜻하는지요

> 마사지 업소에서 일하게 해준다고 해서 한국에 왔는데 성매매를 강요당했습니다. 고국으로 출국하려다 알선자에게 잡혀 감금당하고 성매매사실이 적발되어 사실을 말했는데 검찰은 저에게 기소유예 처분을 내렸습니다. 제가 피해자로 무죄임을 뜻하는 처분인지요?

아닙니다. 기소유예란 기소되어 유죄판결로 전과가 남는 것은 아니지만 범죄 혐의는 있다는 뜻으로 법률상이나 징계상 불이익을 받을 수 있습니다. 검사의 기소유예 또는 불기소 처분에 대한 유일한 불복수단은 헌법소원청구밖에 없습니다. 따라서 헌법재판소에 검찰의 기소유예처분을 취소해 달라는 헌법소원을 청구하실 수 있습니다. 헌법소원 청구는 처분고지를 받은 날로부터 90일 이내에 신청해야 합니다.

참고로 헌법재판소는 태국인 여성 A씨가 "검찰의 기소유예 처분을 취소하라."는 청구를 인용 결정한 바 있습니다(헌재 2020. 9. 24. 선고 2018헌마1224 결정).

〈성매매사건 처리 흐름도〉

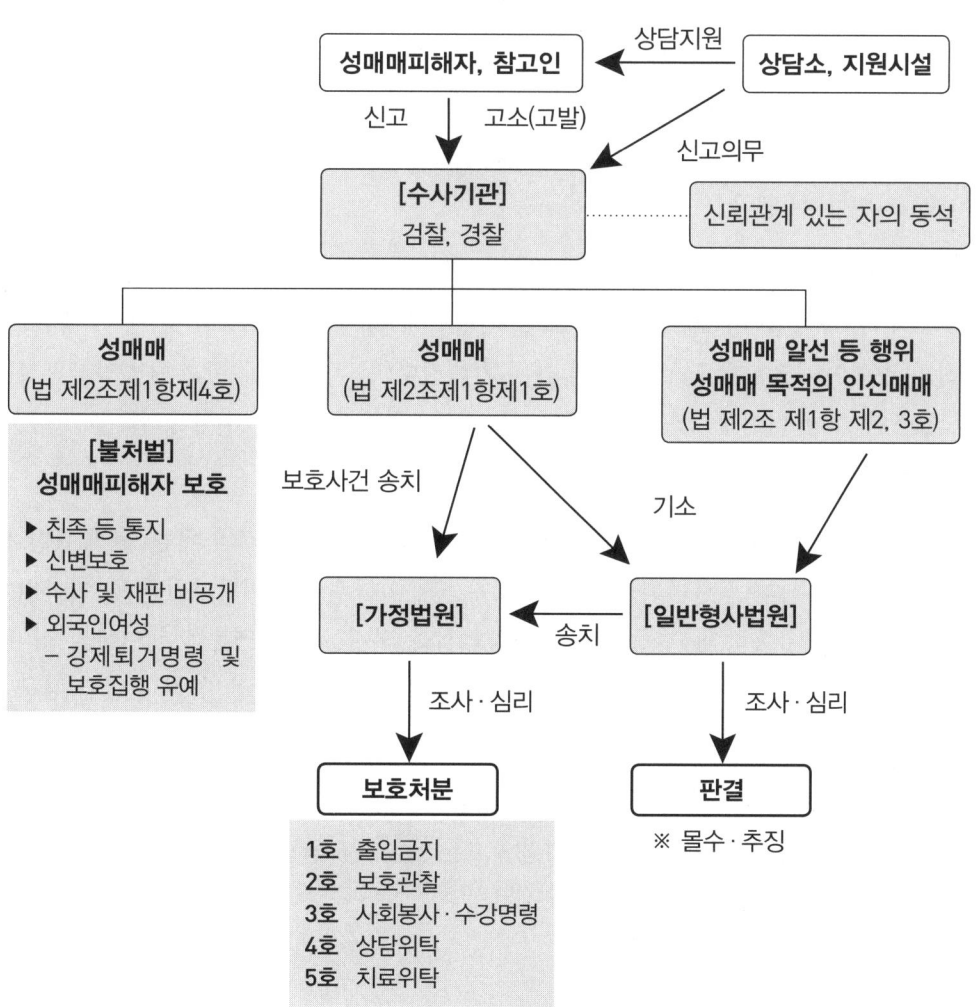

📝 알아두면 힘이 되는 성범죄 관련 제도

◇ **국가기관 등 성폭력·성희롱 사건 발생사실 통보 의무화**: 2021년 7월 13일부터 국가기관 등은 해당 기관에서 성폭력·성희롱 사건이 발생한 사실을 알게 되면 지체 없이 여성가족부에 통보하고 재발방지 대책을 제출해야 한다(양성평등기본법 제31조의2). 또한 위계·위력에 의한 성폭력 사실을 알게 되면 수사기관에 신고해야 한다. 신고하지 않았을 때에는 과태료를 물게 된다.

◇ **디지털 성범죄 피해영상물 삭제 지원 강화**: 2021년 7월 13일부터 불법 촬영물 등이 유포되어 피해를 입은 경우 피해자와 가족뿐만 아니라 대리인을 통해서도 국가에 삭제 지원을 요청할 수 있게 되었다. 특히 아동·청소년성착취물의 경우 별도의 요청이 없더라도 국가가 삭제를 지원할 수 있다.

◇ **온라인 아동·청소년 성착취 '그루밍' 처벌**: n번방 사건을 계기로 개정된 「아동·청소년의 성보호에 관한 법률」이 2021년 9월 24일 시행됨에 따라 온라인 그루밍 범죄 행위는 3년 이하의 징역이나 3천만 원 이하의 벌금에 처해진다(법 제13조제2항). 사법경찰관리는 아동·청소년 대상 디지털 성범죄에 대해서는 신분 비공개·위장 수사를 할 수 있다(법 제25조의2).

◇ **스토킹범죄, 5년 이하의 징역**: 2021년 10월 21일부터 「스토킹범죄의 처벌 등에 관한 법률」이 시행되고 있다. 스토킹범죄를 저지른 경우 3년 이하의 징역이나 3천만 원 이하의 벌금형으로 처벌되고, 특히 흉기 등으로 스토킹범죄를 저지른 경우에는 5년 이하의 징역이나 5천만 원 이하의 벌금형으로 처벌된다. 경찰은 스토킹범죄 예방을 위해 긴급한 경우 스토킹행위자에게 상대방에 대한 100m 이내 접근금지 등의 조치를 할 수 있다.

> **스토킹범죄의 처벌 등에 관한 법률 제18조(스토킹범죄)**
> ① 스토킹범죄를 저지른 사람은 3년 이하의 징역 또는 3천만 원 이하의 벌금에 처한다.
> ② 흉기 또는 그 밖의 위험한 물건을 휴대하거나 이용하여 스토킹범죄를 저지른 사람은 5년 이하의 징역 또는 5천만 원 이하의 벌금에 처한다.

◇ **스토킹범죄, 반의사불벌죄 폐지 등 일부 개정**: 2023년 6월 21일 「스토킹범죄의 처벌 등에 관한 법률」 개정안이 국회 본회의를 통과했다. 먼저 반의사불벌죄 조항(법 제18조제3항)을 폐지하였고, 앞으로 법원이 원활한 조사·심리 진행, 피해자 보호 등을 위하여 필요하다고 인정할 경우에는 판결 전에도 스토킹 가해자에게 전자발찌(위치추적 전자장치)를 부착하는 '잠정조치' 등을 취할 수 있게 되었다. 장치를 임의로 분리·훼손할 경우 3년 이

하의 징역 또는 3천만 원 이하의 벌금형에 처한다. 또한 긴급응급조치 보호대상을 스토킹 피해자의 동거인 및 가족까지 넓혀 피해자를 보호하는 제도적 장치도 강화했다.

개정안에는 정보통신망을 이용하여 음성·문자·사진·영상 메시지를 전송하는 행위 일체를 스토킹 범죄의 유형으로 규정하는 내용도 들어갔다. 아울러 상대방의 개인정보·위치정보를 제3자에게 제공·배포·게시하거나, 신분 관련 정보를 도용하여 그를 사칭하는 행위도 스토킹으로 명문화했다. SNS 등을 이용한 '온라인 스토킹'을 처벌할 수 있는 근거를 마련한 것이다.

◇ **19세 미만 성폭력범죄 피해자 반대신문권 보장 등 성폭력처벌법 일부 개정**: 19세 미만 성폭력범죄 피해자의 진술이 수록된 영상물을 조사과정에 동석했던 신뢰관계인의 인정만으로 재판에서 곧바로 증거로 쓸 수 있도록 한 「성폭력범죄의 처벌 등에 관한 특례법」 제30조 제6항은 피고인의 반대신문권을 보장하지 않았다고 하여 위헌이라는 헌법재판소의 결정(2018헌바524)에 따라, 19세 미만 성폭력범죄 피해자의 진술이 녹화된 영상 녹화물은 피의자와 피고인에게 반대신문 기회가 보장된 경우에만 증거로 사용할 수 있도록 법을 개정하였다. 미성년 피해자 신문은 아동 친화적인 공간에서 가해자와 직접 마주치지 않도록 하는 등의 내용도 포함되었지만, 반복 회상·진술, 공격적 질문 등으로 인한 2차 피해에 정서적으로 취약한 아동·청소년피해자가 무방비하게 노출될 가능성이 여전히 높아 이에 대한 제도적 보완이 더 필요하다.

[제3단원 서식 1] 피해자보호명령 청구서

피해자보호명령 청구서

피해자 성   명 :   (전화번호 :   )
        주민등록번호 :
        등록기준지 :
        주   소 :

법정대리인   성   명 :   (전화번호 :   )
(보조인) 주   소 :
        피해자와의 관계 :

행위자 성   명 :   (전화번호 :   )
        주민등록번호 :   직   업 :
        등록기준지 :
        주   소 :

청 구 취 지 (해당란에 V 표시)

구 분	구체적 내용(주거·방실·직장·전기통신 등 특정)
□ 주거 또는 점유하는 방실로부터의 퇴거	
□ 주거, 직장 등에서 100미터 이내의 접근금지	
□ 전기통신사업법 제2조제1호의 전기통신을 이용한 접근금지	
□ 친권행사의 제한	사건본인 : (주민등록번호) 등록기준지 :
□ 면접교섭의 제한	사건본인 : (주민등록번호) 등록기준지 :
□ 임시보호명령의 필요성	

라는 결정을 구합니다.

청 구 사 유

(가정폭력피해사실 및 경위, 그 정도, 피해자보호 또는 임시보호가 필요한 사유 등에 대해 아래 또는 별지에 구체적으로 기재해주시기 바랍니다.)

첨 부 서 류

1. 주민등록등본(피해자와 행위자가 별도 등재되어 있으면 각 1통)
2. 피해자와 행위자의 관계를 확인할 수 있는 가족관계증명서
3. 기본증명서(사건본인이 피해자일 경우)
4. 피해사실 및 피해자보호명령 필요성을 소명할 수 있는 자료(진단서, 사진, 진술서 등)

20 . . .

청구인   (서명 또는 날인)
(연락처 :   )

○○가정법원 귀중

[제3단원 서식 2] 주민등록표 열람 또는 교부 제한 신청서

■ 주민등록법 시행규칙 [별지 제14호의3 서식]

주민등록표 열람 또는 등·초본 교부 제한 [ ] 신청서
[ ] 해제 신청서

※ 아래의 유의사항을 읽고 작성하기 바라며, 해당하는 내용 앞의 [ ]에 V표를 합니다. 색이 어두운 칸은 신고인이 작성하지 않습니다.

접수번호	접수일자	처리기간 : 즉시

※ 열람 또는 등·초본 교부 신청 제한(해제) 대상자 (총   명)

신청인과의 관계	성 명	주소 또는 주민등록번호

※ '신청인과의 관계'는 「주민등록법」제29조제2항제5호 각 목에 해당하는 사람[세대주의 배우자, 세대주의 직계혈족, 세대주의 배우자의 직계혈족, 세대주의 직계혈족의 배우자, 세대원의 배우자(주민등록표 초본에 한정한다), 세대원의 직계혈족(주민등록표 초본에 한정한다)] 중에서 지정할 수 있습니다.

신청인 (본인)	성명	(서명 또는 인)	주민등록번호
	주소 (시·도) (시·군·구)		
	연락처		
신청인 (세대원 및 직계존비속)	성명	(서명 또는 인)	주민등록번호
	연락처		

「주민등록법」제29조제6항 및 같은 법 시행령 제47조의2에 따라 주민등록표의 열람 또는 등·초본 교부 제한을 ([ ]신청, [ ]해제 신청)합니다.

년   월   일

시장·군수·구청장, 읍·면·동장 또는 출장소장 귀하

[제3단원 서식 3] 가정폭력피해자의 개인정보보호 신청서

가정폭력피해자의 개인정보보호 신청서

신청사건 본인 (가정폭력 피해자)	성 명	(한자 :)	
	등록기준지		
	주민등록번호		
	주 소	교부·공시제한대상자의 불복절차를 통해 보호가 해지될 경우 통지 받기 위함	
신청 근거	「가족관계의 등록 등에 관한 법률」제14조제8항, 같은 법 제15조의2제1항, 「가족관계의 등록 등에 관한 규칙」제25조의3제1항, 「가정폭력피해자 증명서 등에 관한 개인정보보호 및 그 불복절차 관한 사무처리지침」제2조에 따른 소명자료를 첨부한 가정폭력피해자의 개인정보보호 신청		
교부·공시 제한대상자	아래의 사람 및 그 대리인		
	성명	주민등록번호	피해자와의 관계
			배우자 또는 직계혈족
			(배우자 또는 직계혈족이었던 사람 포함)
신 청 인	성명	㉑ (서명) 주민등록번호	
	주소	휴대전화번호 등	
		신청인자격	의

20 년 월 일

○○시(구)·읍·면장 귀하

[제3단원 서식 4] 배상명령 신청서

배상명령 신청서

사　건　　20　　（동)버

신 청 인　　성명:
(피해자)　　주소:
　　　법정대리인　성명:
　　　　　　　　　주소:

행 위 자　　성명:
　　　　　　주소:

배상을 청구하는 금액
금　　　　　　만 원

배상의 대상과 내용

행위자는 20 ． ． ． 위 신청인의 주소지에서 신청인에게 상해를 가한 혐의로 현재 귀원에서 심리 계속 중에 있습니다.
따라서 신청인은 치료비 ＿＿만 원에 대한 배상을 구하여 이 배상명령을 신청합니다.

20 ． ． ．

신청인(법정대리인)　　　　　(서명 또는 날인)
(연락 가능한 전화번호:　　　)

첨부서류: 진단서 및 진료비 영수증 각 1통

○○법원 귀중

제4단원

부동산 임대차

제1장 주택임대차보호법

제1절 주택임대차보호법의 이해

1. 주택임대차를 특별히 보호하는 이유는 무엇인가요

우리나라는 주택공급의 부족과 잦은 인구이동으로 말미암아 주택을 빌려 거주하는 것이 일반화되어 있어 주택의 임대차는 거의 모든 국민이 이용하는 제도라고 볼 수 있다.

우리나라의 주택임대차 형태는 다른 나라와 달리 월세를 지급하는 형식을 취하지 않고, 주택가액의 50퍼센트가 넘는 상당한 금액을 임대차보증금으로 지급하는 형식을 취하고 있기 때문에, 대부분의 임차인들은 보증금이 자신의 전 재산인 경우가 많아 임대차기간이 끝난 후 보증금을 무사히 돌려받지 못하는 경우 생활기반을 상실해 버리는 심각한 사회문제를 야기하게 된다.

이에 사회적 약자인 임차인에게 특별한 법적 지위를 인정함으로써 임차인의 주거안정과 임대차보증금의 반환을 보장하기 위해 민법과 민사소송법이 특례규정으로 된「주택임대차보호법」을 만들어 특별히 보호하는 것이다.

2. 주택임대차보호법은 어떤 방법으로 임차인의 권리를 보장하고 있는가요

주택임대차보호법상 주택임차인의 보호를 위한 제도는 다음과 같다.

가. 주택임차인의 대항력(법 제3조)

주택임차인이 임차주택에 입주하고 주민등록을 이전하면 그 이후에는 임차주택의 소유권을 취득하는 제3자에 대하여 대항력을 취득하게 된다.

'제3자에게 대항할 수 있다'는 것은 임차주택의 소유자가 변경되는 경우에도 임대인의 지위가 새로운 소유자에게 그대로 이전되므로 원래의 임대차계약기간 동안 임차권자로서 계속 거주할 수 있음은 물론, 임대차기간이 끝나더라도 보증금을 반환받을 때까지 계속 거주할 수 있다는 것을 의미한다. 다만, 대항력을 취득할 당시 임차주택에 선순위 권리자(예 저당권자, 가압류등기자 등)가 있는 경우, 그들이 권리를 실현하기 위하여 제기한 경매절차에서 소유권을 취득한 경락인에 대하여는 대항할 수 없다(제3절에서 상세하게 설명).

나. 주택임차인의 우선변제권(법 제3조의2)

대항력(주민등록 및 주택의 인도)을 갖춘 사람이 확정일자를 받으면 그 날짜를 기준으로 우선변제권을 갖게 되어 임차주택이 경매 또는 공매되는 경우 그 순위에 따라 보증금을 우선적으로 변제받을 수 있다.

다. 임차권등기명령제도(법 제3조의3)

임대차기간이 끝났음에도 임대인이 보증금을 돌려주지 않는 경우 임차인이 법원에 신청하여 임차권을 단독으로 등기할 수 있도록 한 제도로서, 임차인이 개인 사정상 먼저 이사를 가더라도 앞에서 인정되는 대항력 및 우선변제권을 상실하지 않도록 하기 위하여 도입한 제도이다.

라. 임대차기간의 보장(법 제4조)

임차인이 한 번 주택을 임차하면 최소한 2년 동안은 안심하고 계속 살 수 있도록 하기 위하여 2년 미만으로 임대차를 약정하더라도 2년 동안 임대차계약이 유효한 것으로 하고 있다.

마. 계약갱신요구권(법 제6조의3)

계약갱신요구권은 임차인이 희망하는 경우 1회 계약갱신을 청구할 권리로 임차인의 안심 거주기간이 2년 더 늘어난다. 임대인은 임차인이 임대차기간이 끝나기 6개월 전부터 2개월 전까지 계약갱신을 요구하는 경우 정당한 사유 없이 이를 거절하지 못한다.

임차인은 계약갱신요구권을 1회에 한하여 행사할 수 있으며, 이 경우 갱신되는 임대차의 존속기간은 2년으로 본다. 2020년 개정법에서 새롭게 도입한 제도로 2020년 7월 31일부터 시행되고 있다.

바. 전월세상한제(법 제7조)

전월세상한제는 계약갱신청구권 사용시 임대료의 상승폭을 5% 범위 내로 제한하여 임차인들의 임대료 급등으로 인한 부담을 줄였다. 임대료 제한은 존속 중인 계약에서 임대료를 증액하거나 계약갱신요구권을 행사하는 경우에 적용된다. 2020년 7월 31일부터 시행되고 있다.

사. 주택임대차계약신고제(「부동산 거래신고 등에 관한 법률」 제6조의2 등)

임대차시장 정보를 투명하게 공개하고 임차인의 권익을 보호하기 위해 도입된 제도로 2021년 6월 1일부터 신규 또는 갱신하는 보증금 6천만 원 또는 월세 30만 원을 넘는 임대차계약의 경우 집주인이나 세입자는 30일 안에 주택 소재지 관청에 계약내용을 신고해야 한다. 당사자 중 일방이 신고를 거부하면 단독으로 신고할 수 있다. 아파트는 물론 단독·다가구, 빌라(연립·다세대), 오피스텔, 고시원 등도 해당된다.

수도권과 광역시, 세종시와 지방 시(市)의 신규와 갱신 계약 모두 대상이지만, 금액의 변동이 없는 갱신은 신고대상이 아니다. 미신고시 기간과 계약금액에 비례해 4~100만 원 사이의 과태료가 부과되고, 임대차계약을 허위로 신고할 때는 계약금액 등에 관계없이 100만 원의 과태료가 부과된다.

아. 소액임차인의 최우선변제권(법 제8조, 동법 시행령 제10조·제11조)

임대차보증금이 소액인 경우 임차주택이 경매되더라도 주택가액의 2분의 1의 범위 내에서 보증금의 일부를 다른 모든 권리자에 우선하여 변제받을 수 있도록 하고 있다. 다만, 임차인이 위와 같은 최우선변제권을 행사하려면 경매신청기입등기가 되기 전에 주민등록 및 입주를 마쳐 대항력을 취득하여야 한다.

[지역별 소액임차인 범위 및 최우선변제를 받을 수 있는 금액]

지역	서울특별시	과밀억제권역/ 세종·용인·화성· 김포	광역시/안산·광주· 파주·평택·이천	기타 지역
소액임차인 범위	1억6천5백만 원 이하	1억4천5백만 원 이하	8천5백만 원 이하	7천5백만 원 이하
최우선변제금	5천5백만 원 이하	4천8백만 원 이하	2천8백만 원 이하	2천5백만 원 이하

최우선변제권이 인정되는 소액보증금에 한해서는 임차인은 다른 담보권자, 예컨대 저당권자, 가등기담보권자들보다 우선해서 보호받을 수 있다.

주의할 점은 시행령 개정 전에 저당권 등을 취득한 사람에 대해서는 종전의 규정을 적용한다는 것이다. 현재는 소액임차인에 해당되더라도 구 시행령 하에서는 소액임차인에 해당하지 않는 경우, 구 시행령 하에서 설정된 저당권자에 대해서는 소액임차인의 최우선변제권을 행사할 수 없다.

자. 민간임대주택사업자의 임대의무기간과 임차인의 임대차 기간 보장(민간임대주택에 관한 특별법 제45조제1항)

민간임대주택사업자는 그 주택의 임대기간 중에는 임대료 증액 제한 의무(임대보증금과 월 임대료 기준 5% 상한)를 지켜야 하며, 임대의무기간(10년) 동안 계속 임대하여야 한다. 또한 관련법에 명시된 특별한 사정이 없는 한 체결된 임대차 계약을 해제·해지하거나, 임차인의 재계약 요구를 거절할 수 없다.

제2절 주택임대차보호법의 보호범위

1. 임차인의 범위

[1] 주택임차인이 법인인 경우

> 우리 회사는 사원들의 사택으로 사용하기 위하여 아파트를 임차하고 입주한 사원명의로 주민등록을 하였습니다. 임차인인 우리 회사(법인)는 주택임대차보호법의 보호를 받을 수 있는지요?

원칙적으로 법인이 주택을 임차한 경우 법인은 주민등록이 불가능하므로 주택임대차보호법의 적용을 받지 않습니다. 또한 법인이 주택을 임차하고 법인의 직원이 주민등록을 하더라도 법인은 대항력을 취득할 수 없습니다.

그러나 중소기업기본법 제2조에 따른 중소기업에 해당하는 법인이 소속 직원의 주거용으로 주택을 임차한 후 그 법인이 선정한 직원이 해당 주택을 인도받고 주민등록을 마쳤을 때에는 그 법인은 대항력을 취득합니다. 다만, 임대차가 끝나기 전에 그 직원이 변경된 경우에는 그 법인이 선정한 새로운 직원이 주택을 인도받고 주민등록을 마친 다음 날부터 제삼자에 대하여 효력이 생깁니다(주택임대차보호법 제3조제3항).

또한 한국토지주택공사와 지방공기업법에 주택사업을 목적으로 설립된 지방공사(예 SH공사)는 주택임대차보호법의 적용을 받을 수 있습니다. 즉, 그 법인이 주택을 임차한 후 지방자치단체의 장 또는 그 법인이 선정한 입주자가 그 주택을 인도받고 주민등록을 마쳤을 때에는 그 법인은 대항력을 취득합니다(동법 제3조제2항).

[2] 주택임차인이 외국인 또는 재외국민인 경우

> 저는 미국 국적의 외국인입니다. 최근 주택을 임차하였는데 주민등록이 없어 출입국관리법에 의한 체류지를 임차주택으로 해두었습니다. 저도 주택임대차보호법의 보호를 받을 수 있는지요?

주택임대차보호법의 보호를 받을 수 있습니다. 외국인이 장기 체류를 원하는 경우 출입국관리법에 의하여 외국인등록을 하고 체류지 신고를 하여야 하는데, 위 체류지는 사실상 주민등록과 같은 역할을 하기 때문에 대항요건을 갖춘 것으로 볼 수 있으며, 주택임대차보호법의 취지는 내·외국인을 불문하고 사회적 약자인 임차인을 보호하기 위한 것이기 때문입니다 (출입국관리법 제88조의2제2항).

외국의 영주권을 가진 우리 국민도 「재외동포의 출입국과 법적지위에 관한 법률」에 근거하여 국내에 일정기간 이상 체류하는 경우 거소신고를 할 수 있고, 이를 주민등록과 동일한 효력을 갖는 것으로 인정할 수 있어 주택임대차보호법의 보호를 받을 수 있습니다(법 제6조·제9조). 그리고 주택임대차보호법 제3조제1항에 의한 대항력 취득의 요건인 주민등록은 임차인 본인뿐 아니라 그 배우자나 자녀 등 가족의 주민등록도 포함되고(대법원 1996. 1. 26. 선고 95다30338 판결 등 참조), 이러한 법리는 재외동포법에 의한 재외국민이 임차인인 경우에도 마찬가지로 적용된다고 보아야 합니다(대법원 2016. 10. 13. 선고 2014다218030, 218047 판결).

2. 주거용건물의 임대차

[1] 점포가 딸린 주택인 경우

> 저는 조그만 점포가 딸린 주택을 임차하여 가족과 그곳에 살면서 채소장사를 하고 있습니다. 상가가 있는 경우에는 주택임대차보호법의 보호를 받을 수 없다는데 사실인지요?

보호받을 수 있다고 보여집니다. 주택임대차보호법 제2조는 '이 법은 주거용건물의 전부 또는 일부의 임대차에 관하여 이를 적용한다. 임차주택의 일부가 주거외의 목적으로 이용되는 경우도 또한 같다.'고 하고 있으므로 귀하와 같이 임차건물을 주로 주거용으로 사용하면서 그 일부를 장사에 이용하는 경우에는 주택임대차보호법의 보호대상이 될 수 있다고 해석되기 때문입니다.

건물의 일부가 주거외의 용도로 사용되고 있는 경우 그 건물의 임차인이 주택임대차보호법의 보호를 받을 수 있는지의 여부는, 그 건물의 임대차를 주택임대차보호법의 목적에 비추어 보호할 필요가 있는 주택의 임대차로 볼 수 있는지 여부에 달려 있다고 할 것입니다.

판례에 의하면 "주택임대차보호법은 서민생활의 주거를 보호하기 위한 것이므로 임차건물의 용도가 주로 주거용이 아닌 경우에는 보호받을 수 없으며, 주택임대차보호법 제2조 소정의 주거용 건물에 해당하는지의 여부는 건축대장 등 공부상의 용도를 기준으로 할 것이 아니라, 임대차의 목적, 전체 건물과 임대차목적물의 구조와 형태 및 임차인의 임대차 목적물 이용관계, 임차인이 그곳에서 일상생활을 영위하는지의 여부를 종합적으로 고려하여야 한다."고 하고 있습니다(대법원 1996. 3. 12. 선고 95다51953 판결 참조).

◇ 주택임대차보호법의 보호대상
1) 보호대상으로 인정된 사례
  ▶ 건축물관리대장상의 용도는 공장으로 되어 있지만 건물내부를 변경하여 주거용으로 사용하는 건물을 임차한 경우

- ▶ 다가구주택의 옥상에 있는 옥탑을 개조하여 주거용으로 사용하는 부분을 임차한 경우
- ▶ 공부상의 용도가 영업용 휴게실인 홀을 임차하여 그중 절반을 주거용으로, 나머지를 공동생활공간으로 활용하고 있는 경우

2) 보호대상으로 인정되지 않은 사례
- ▶ 방 2개와 주방이 있는 다방 40평을 임차하여 그곳에 살면서 다방을 경영하고 있으나, 다방 영업부분이 27평, 주거 면적이 13평인 경우
- ▶ 공부상 점포(총면적 41.9평방미터)를 임차하여 27평방미터를 제조업에 사용하고 나머지 14.9평방미터를 주거용으로 사용하는 경우
- ▶ 여인숙을 임차하여 영업하면서 그 중 방 1개를 내실로 사용하는 경우
- ▶ 점포(총 30평)를 임차하여 25평은 음식점 영업을 하고 있으면서 나머지 5평 정도를 방으로 사용하여 거주하고 있는 경우

[2] 임차주택이 미등기건물인 경우

> 저는 아직 등기가 되어 있지 않으나 건축을 완공하고 사용승인을 받은 신축 주택을 임차하려고 합니다. 미등기주택의 임차인도 주택임대차보호법의 보호를 받을 수 있는지요?

미등기건물도 주택임대차보호법의 보호 대상이 됩니다. 주택임대차보호법은 등기된 건물만을 보호하는 것이 아니기 때문에 관할관청으로부터 허가를 받지 아니하고 건축한 무허가 건물이나, 허가를 받아 건축하였으나 아직 등기를 하지 못한 건물에 대하여 임대차계약을 체결하더라도 보호를 받을 수 있습니다. 그러므로 귀하의 경우 주민등록을 옮기고 입주한 다음 확정일자를 받아두면 주택임대차보호법상의 대항력 및 우선변제권을 행사할 수 있을 것입니다. 다만, 임차권등기명령제도는 등기를 전제로 하는 제도이므로 이용할 수 없을 것이며, 기타 미등기건물이기 때문에 무허가건물의 철거 등 불이익을 받을 수 있음을 유의해야 합니다.

[3] 임대차기간 중 비주거용 건물을 주거용으로 개조한 경우

> 저는 상가용 건물을 임차하여 장사하다가 영업이 시원치 않아 주거용으로 개조하여 사용하고 있습니다. 주택임대차보호법의 보호를 받을 수 있는지요?

귀하는 주택임대차보호법의 보호를 받을 수 없습니다. 주택임대차보호법의 적용을 받으려면 계약 당시부터 임차건물이 주거용이어야 하기 때문입니다. 그러나 임대차계약 이후 임대인의 승낙을 얻어 주거용으로 개조한 경우에는 그때부터 주택임대차보호법의 보호를 받을 수 있을 것입니다(대법원 1986. 1. 21. 선고 85다카1367 판결 참조).

[4] 채권담보를 위하여 주택임대차 형식을 빌린 경우

> 저는 공사업자인데 공사대금을 받지 못하여 이를 확보할 목적으로 채무자를 임대인으로 하여 채무자 소유의 주택에 공사대금을 보증금으로 하는 임대차계약을 체결하고 임차목적물을 인도받은 후 주민등록을 하였으나 계속 거주하지는 않았습니다. 위 주택이 경매되는 경우 주택임대차보호법의 보호를 받을 수 있는지요?

보호받을 수 없습니다. 우선 귀하는 주택에 계속 거주하지 않았으므로 대항력을 상실하여 주택임대차보호법의 적용대상인지의 여부와 관계없이 이 법이 보장하는 대부분의 보호를 받을 수 없을 것입니다. 그러나 그에 앞서 주택임대차보호법은 서민의 주거안정을 위한 것이므로 실제 거주를 목적으로 임차한 것이 아니라 담보의 목적으로 임대차의 형식을 빌린 것이라면 주택임대차보호법의 보호대상에서 제외되는 것으로 보아야 할 것입니다.

제3절 주택임차인의 대항력

1. 대항력 인정의 요건(주택의 인도와 주민등록)

[1] 대항력의 의미

> 주택임대차보호법에서 인정되는 대항력이란 무엇이며, 우선변제권과는 다른지요?

주택임대차보호법에서 인정한 대항력이란, 주택임차인이 주택의 점유와 주민등록을 마친 때에는 임차주택이 매매나 경매 등에 의하여 주인이 바뀌는 경우에도 새로운 임차주택의 소유자에 대하여 계속 임차권을 주장할 수 있는 권리를 말합니다(법 제3조제1항).

한편, 우선변제권은 위 대항요건을 갖춘 임차인이 임대차계약서에 확정일자를 갖춘 경우에 인정되는 것으로, 임차주택이 경매 또는 공매될 경우 경락대금에서 후순위권리자에 우선하여 배당금을 지급받을 수 있는 권리를 말하는 것입니다(법 제3조의2).

주의해야 될 것은 대항력을 갖추었다고 하더라도 그 이전에 임차주택에 대하여 선순위 권리자가 있는 경우(예 저당권자, 압류채권자, 가압류채권자 등) 선순위 권리자의 권리실행으로 인한 경매절차에서 소유권을 취득한 사람에 대하여는 대항력을 행사할 수 없다는 것이며, 그런 경우를 대비하여 계약서상의 확정일자를 반드시 받아두어 우선변제권을 확보해야 한다는 점입니다.

[2] 전입신고를 잘못한 경우

> 저는 전입신고를 하면서 주소를 잘못 기재하여 주민등록표에 다른 주소가 기재되었습니다. 이 경우에도 대항력이 있는지요?

대항력이 인정되지 않습니다. 주택임대차보호법에서 주민등록과 주택의 인도를 대항요건으로 한 것은, 임차인이 주민등록을 하고 거주하고 있는 때에는 제3자가 언제나 주민등록과 주택의 거주현황을 확인하면 임차권이 존재한다는 사실을 손쉽게 확인할 수 있을 것이므로 그 사실을 알고 권리를 취득한 제3자에 우선하여 임차인에게 특별한 권리를 인정하더라도 거래의 안전을 해하지 않는다는 이유에서입니다.

귀하의 주민등록은 임차주택과 다른 곳으로 되어 있기 때문에 제3자가 주민등록을 확인하더라도 임차권이 존재한다는 사실을 알 수 없으므로 귀하의 임차권을 보호받을 수 없는 것입니다. 그러므로 주택을 임차하고 주민등록을 할 때에는 임차하는 주택의 주소를 명확히 하여야 하고, 만일 주민등록이 잘못된 사실을 발견하면 즉시 이를 정정하여야 하며 그 경우 정정된 때부터 대항력을 행사할 수 있습니다. 이는 다세대주택의 경우 동·호수의 표시를 전혀 하지 않거나 동·호수의 표시를 잘못한 경우, 건물의 동·호수 표시가 공부와 다른 경우, 실제로 건물이 소재한 지번이 아닌 분필 전의 지번에 주민등록을 한 경우 등도 마찬가지입니다(대법원 1996. 2. 23. 선고 95다48421 판결 등 참조).

다만, 판례는 주민등록 담당 공무원의 실수로 주민등록의 주소가 잘못 기재된 경우에는 보호받을 수 있다고 하고 있으며(대법원 1991. 8. 13. 선고 91다18118 판결 참조), 그에 비추어 본인의 의사와 관계없이 집주인이 퇴거신고를 한 경우에도 보호받을 수 있을 것으로 생각됩니다.

[3] 동거가족만 전입신고가 된 경우

> 저는 주택을 임차하여 가족과 함께 입주한 후 거주하고 있는데, 사정이 있어 처와 자녀들만 주민등록을 옮기고 저의 주민등록은 전 주소지에 그대로 두고 있습니다. 집이 경매되어 소유자가 바뀌는 경우 대항력이 있는지요?

대항력이 있습니다. 주택임대차보호법 제3조제1항에서 규정하고 있는 주민등록이라는 대항요건은 임차인뿐만 아니라 그 배우자나 자녀 등 가족의 주민등록을 포함하는 것이며, 그런 경우 대항력을 취득한 것으로 인정하여도 제3자의 이익을 해할 우려가 없는 데다가 주택임대차보호법에서 임차인을 보호하는 취지에도 맞기 때문입니다(대법원 1996. 1. 26. 선고 95다30338 판결 참조). 따라서 임차주택에 실제로 입주를 하였고, 주민등록까지 마친 귀하의 경우 비록 그 주민등록이 가족의 일부에 대하여만 이루어졌더라도 처음 주민등록을 마친 날부터 대항력을 갖춘 것이 됩니다. 마찬가지로 가족 모두가 주민등록을 하였다가 부득이한 사유로 임차인만 주소를 다른 곳으로 옮긴 경우에도 이미 취득한 대항력을 상실하지 않게 됩니다.

[4] 임대차계약서상 임차인과 실제 거주자가 다른 경우

> 저는 대학교 1학년인데 현재 방 1칸을 임차하여 전입신고를 마친 후 입주하여 살고 있습니다. 그런데 제가 미성년자인 관계로 임대차계약은 부친 명의로 하고 주민등록의 이전 및 입주는 미성년자인 저의 명의로 하였습니다. 이 경우 대항력을 취득하였다고 볼 수 있는지요?

부친의 임차권은 대항력을 취득하였다고 볼 수 있습니다. 왜냐하면 임차인인 부친이 귀하를 통하여 주택에 입주하고 주민등록을 한 것으로 볼 수 있기 때문입니다.

그러나 이는 귀하가 미성년자이고 임차인인 부친과 세대를 같이하는 경우이기 때문에 위와 같이 대항력을 취득하였다고 인정할 수 있는 것이고, 만일 귀하가 성인으로서 별도의 세대주인 경우에는 대항력이 인정되지 않을 수도 있다는 사실을 유의하여야 합니다(서울지방법원 1998. 12. 17. 선고 98나25022 판결 참조).

[5] 다가구주택의 전입신고 시 주민등록상 지번은 맞게 기재했으나 호수를 잘못 기재한 경우

> 저는 다가구주택의 한 가구를 임차한 후 전입신고를 하면서 호실을 잘못 기재하였습니다. 주위 사람들이 말하기를 전입신고 시에 호실 기재를 잘못하면 주택임대차보호법의 보호를 받을 수 없다고 합니다. 사실인지요?

보호받을 수 있습니다. 다세대주택과 달리 다가구주택이란 여러 가구가 함께 거주할 수 있는 단독주택을 의미하는 것으로, 원래 여러 가구의 주택을 한 건물로 건축하는 경우 각 거주 부분을 독립한 주택으로 보아 까다로운 건축법상의 허가요건을 갖추어야 하나, 정부가 1990년대 초 서민들의 주거문제를 해결하기 위해 특별히 건축허가 요건을 완화하여 허가함으로써 생겨난 독특한 형태의 주택을 의미합니다.

다가구주택은 건축법이나 주택건설촉진법상 이를 공동주택으로 볼 근거가 없어 단독주택으로 분류되며, 단독주택의 경우 임차인이 전입신고를 할 때 지번만 기재하면 충분하고 건물입주자들이 편의상 구분해 놓은 호수까지 기재할 의무가 있는 것은 아니므로, 임차인이 지번을 정확히 기재하여 전입신고를 한 이상 호수의 기재를 전혀 아니하거나 잘못한 경우에도 임차인이 갖추어야 할 대항력의 요건을 갖춘 것으로 볼 수 있기 때문입니다(대법원 1998.

1. 23. 선고 97다47828 판결 참조). 같은 이유로, 임차인이 다가구주택의 한 부분에 임차하였다가 다른 부분으로 옮기면서 주민등록을 옮기지 아니한 경우에도 대항력을 인정할 수 있습니다.

[6] 두 필지 위에 건축된 다가구주택의 전입신고를 한 지번만 한 경우

> 저는 신축된 다가구용 단독주택 중 하나를 임차하여 입주한 후 등기부를 열람하여 보니 위 주택이 2개의 필지 위에 건축되어 있는 사실을 발견하였습니다. 그 경우 주민등록표에 주택소재지의 양 지번 중 하나만 기재되어 있어도 대항력을 취득할 수 있는지요?

대항력을 취득할 수 있습니다. 다가구용 단독주택에 주민등록을 한 경우 지번만 기재하면 충분하고 동·호수를 기재할 필요가 없다는 점은 앞서 설명한 바와 같습니다.

한편, 귀하의 경우와 같이 2필지의 토지 위에 주택이 건축된 경우에 건축법에 의하면 이를 하나의 대지로 보게 되어 있고, 그에 따라 행정관청에서는 주민등록표에 한 필지의 지번만 기재하고 있으므로 하나의 지번만 기재하여도 충분하다 할 것입니다. 그렇게 하더라도 제3자에게 예상치 못한 손해를 가할 염려가 없기 때문입니다.

[7] 일시적으로 주소를 이전한 경우

> 저는 주택을 임차하여 입주와 주민등록을 마치고 거주하던 중 사정이 생겨 주소를 잠시 다른 곳으로 옮겼다가 다시 전입을 하였습니다. 그런데 그 사이에 저당권이 설정되고 그에 따른 경매가 실시되어 경락을 받은 사람이 집을 비워달라고 요구하고 있습니다. 저는 경락인에 대하여 대항할 수 있는지요?

경락인에 대하여 대항할 수 없습니다. 주택임대차보호법의 대항요건은 대항력 취득 시에만 구비하면 족한 것이 아니고 대항력을 유지하기 위하여서도 계속 존속하고 있어야 하기 때문에, 귀하와 같이 임대차기간 중에 주민등록을 옮긴 경우 비록 그 집에서 가족과 함께 계속 거주하였더라도 대항력을 상실하기 때문입니다. 그 이후 다시 전입신고를 하였다고 하더라도 최초 전입신고를 한 때의 대항력을 회복하는 것이 아니라 새로 전입신고한 날을 기준으로 다시 대항력을 취득하게 되므로 그 사이에 설정된 저당권에 기하여 실시된 경매절차의 경락인에 대하여 대항할 수 없게 됩니다.

그러나 가족 전부가 아니라 임대차 계약자인 귀하만 주민등록을 잠시 옮긴 경우에는 대항력을 상실하지 않기 때문에 경락인에게 대항할 수 있습니다.

[8] 전입신고를 하기 전에 저당권이 설정된 경우

> 저는 주택을 임차하여 이사하고 주민등록 전입신고를 미루다가 1개월이 지난 후 전입신고를 하였습니다. 그 후 등기부등본을 떼어 보니 제가 주민등록을 옮기기 전에 집주인이 저당권을 설정한 사실을 알게 되었습니다. 저당권자가 경매를 신청하는 경우 제가 경락인에 대하여 대항할 수 있는지요?

귀하는 경락인에 대하여 임차권을 주장할 수 없습니다. 주택임대차보호법에서 요구하는 대항요건은 주택의 점유와 주민등록을 모두 갖추어야 하므로 이사를 한 것만 가지고는 대항력을 갖추었다고 볼 수 없기 때문입니다.

위의 경우 귀하는 주민등록을 한 다음 날을 기준으로 대항력을 취득한 것이고 그보다 먼저 선순위 저당권이 설정되어 있었다면 그 저당권의 실행을 위한 경매절차의 경락인에 대하여는 대항할 수 없는 것입니다.

[9] 임대차계약 시 임대인이 잔금 받기 전 근저당권을 설정했다면

> 임대차계약을 하면서 임대인에게 계약금을 우선 지급했습니다. 계약서에는 제한물권 없는 상태에서 이 집을 임대차한다는 내용이 들어 있습니다. 그런데 잔금을 지급하기 전 임대인이 이 집에 근저당권을 설정했습니다. 저는 근저당권을 말소하지 않으면 계약을 해제하고 손해배상을 청구하겠다고 했는데, 임대인은 잔금을 마저 주면 근저당권을 말소하겠다 합니다. 어떻게 해야 하나요?

귀하는 계약을 해제하고 그로 인한 손해배상을 임대인에게 청구할 수 있습니다. 판례는 저당권 등 제한물권 없는 상태로 임대차 계약을 맺기로 특약을 맺었음에도 임대인이 이를 위반해 잔금 지급일 전 임대차목적물에 근저당권을 설정했다면 계약 해제사유에 해당하고 위약금도 물어야 한다고 판시했습니다(서울중앙지법 2022. 7. 6. 선고 2021가단5127760 판결).

2. 대항력의 일반적 내용

[1] 임차주택이 양도된 경우

> 저는 주택을 임차하여 입주한 후 주민등록을 마쳤는데 임대인이 임차주택을 다른 사람에게 팔았습니다. 임차주택의 매수인에 대하여 임차권의 유효함을 주장할 수 있는지요?

매수인에 대하여 임차권을 주장할 수 있습니다. 주택임차인이 대항요건을 갖춘 후 집이 양도되면 양수인은 임대인의 지위를 당연히 승계하기 때문입니다(주택임대차보호법 제3조 제4항). 따라서 귀하는 양수인과 다시 임대차계약을 체결할 필요가 없으며 원래의 임대차기간이 끝날 때까지 계속 거주할 수 있고, 기간 만료 후 양수인으로부터 임차보증금을 반환받을 수 있습니다.

한편, 주택임대차보호법상의 대항력을 갖춘 후 임차주택의 소유권이 이전되어 그 양수인이 임대인의 지위를 승계하는 경우에는 임대차보증금반환채무도 부동산의 소유권과 결합하여 일체로서 이전하며 그 결과 양도인의 보증금반환채무는 소멸하기 때문에 귀하는 종전의 소유자에 대하여는 더 이상 보증금반환을 요구할 수 없다는 점을 유의하시기 바랍니다.

[2] 1, 2순위 저당권 사이에 대항요건을 갖춘 임차권의 대항력

> 저는 주택을 임차하여 주민등록과 입주를 마쳤으나 확정일자를 받지 않았는데, 그 집에는 이미 선순위 저당권자가 있었고, 제가 대항력을 갖춘 다음에 또 다른 저당권이 설정되었습니다. 위 주택이 경매되는 경우 저는 확정일자를 갖추지 않았기 때문에 우선변제는 받을 수 없고, 선순위 저당권자가 경매를 신청하는 경우에도 대항력이 없을 것 같기는 한데, 그렇다면 후순위 저당권자가 경매를 신청하는 경우에도 경락인에게 대항할 수 없는지요?

대항할 수 없습니다. 경매가 실시되면 해당 건물에 설정되어 있던 모든 저당권이 소멸하게 되므로 후순위 저당권자가 경매를 신청하더라도 선순위 저당권이 함께 소멸하게 되고, 그 결과 선순위 권리자가 경매를 신청한 것과 다를 바 없게 되며, 만일 귀하에게 대항력을 인정한다면 선순위 권리자의 이익을 해하는 결과를 초래하기 때문입니다(대법원 1990. 1. 23. 선고 89다카33043 판결 참조). 마찬가지 이유로 선순위 저당권이 설정된 이후에 대항력을 취득한 임차인이 그 후 일반채권자의 경매신청이 있는 경우에도 역시 경락인에게 대항할 수 없습니다(대법원 1987. 3. 10. 선고 86다카1718 판결 참조).

참고로, 주택임대차보호법 제정 초기에는 임차인에게 대항력만 인정되고 우선변제권을 인정하지 않았습니다. 그때에는 위와 같은 경우 임차인은 대항력을 행사할 수 없어 보증금을 돌려받지 못하는 사례가 빈번하였고, 바로 그 점이 주택임대차제도의 가장 큰 문제점으로 지적되었으며, 그러한 지적에 따라 확정일자를 받은 임차인에게 순위에 따르는 우선변제권을 인정하도록 하는 현행 주택임대차보호제도로 이행하는 원인이 되었던 것입니다.

[3] 선순위 저당권이 말소된 경우 대항력 취득 여부

> 저는 선순위 저당권이 설정되어 있는 주택을 임차하여 입주와 주민등록을 마쳤는데, 주택을 임차한 후 일반채권자에 의한 강제경매절차가 진행되는 동안 집주인과 상의하여 선순위 저당권자의 채권을 변제하고 등기를 말소하였습니다. 저는 위 강제경매절차의 경락인에 대하여 대항할 수 있는지요?

대항할 수 있습니다. 경락이 되기 전에 선순위인 근저당권이 말소된 경우에는 임차인에게 대항력을 인정하더라도 선순위자의 권리를 해할 우려가 없기 때문입니다. 이는 경매의 기입등기가 이루어진 이후에 저당권이 말소된 경우에도 마찬가지입니다(대법원 1996. 2. 9. 선고 95다49523 판결 참조).

[4] 임차주택이 양도된 후 주민등록을 옮긴 경우의 대항력

제가 임차한 아파트가 최근 매매되어 집주인이 바뀌었습니다. 그런데 저는 사정상 주민등록을 이전하여야 할 형편입니다. 주민등록을 이전하게 되면 새로운 주인에 대하여 이미 취득한 임차권의 대항력을 상실하게 되는지요?

새로운 주인이 이미 임대인의 지위를 승계하였으므로 귀하는 계속 새로운 주인에 대하여 임차권을 주장할 수 있습니다. 임차주택이 매매될 때 귀하가 대항력을 갖추고 있었으므로 임차주택을 구입한 사람은 확정적으로 임대인의 지위를 승계한 것이며, 그 이후에 주민등록을 옮기더라도 임대인의 지위에 변동이 생기는 것은 아니기 때문입니다(대법원 1993. 12. 7. 선고 93다36615 판결 참조). 다만, 귀하는 주민등록을 옮긴 시점 이후로 대항력을 상실하게 될 것이므로 그 이후 집주인이 다시 바뀌거나 저당권 등이 설정된다면 더 이상 대항력을 유지할 수 없게 됨을 유의하셔야 합니다.

[5] 건물의 다른 부분에 선순위 전세권이 있는 경우의 대항력

저는 주택의 1층을 임차하고 입주 및 주민등록을 했는데 같은 건물 2층에 이미 선순위 전세권이 설정되어 있었으며, 그 이외에 다른 선순위 권리자는 없었습니다. 일반채권자의 경매신청에 의하여 위 전세권이 소멸하는 경우 저는 경락인에게 대항할 수 있는지요?

대항할 수 있습니다. 건물의 일부(2층)를 목적으로 하는 전세권은 그 목적물인 건물 부분에 한하여 그 효력이 미치므로, 건물 중 일부를 목적으로 하는 전세권이 주택임차인이 대항력을 취득하기 전에 설정되었다가 경매로 인하여 소멸되는 경우(민사소송법 제608조에 의하여 기간의 정함이 없거나 경매신청등기 후 6개월 이내에 기간이 만료되는 전세권은 경락으로 인하여 소멸함)에는 전세권의 목적물로 되어있지 아니한 주택 부분(1층)을 임차한 임차권이 경락으로 인하여 소멸하지 않는 것으로 하더라도 전세권자의 권리를 해한다고 보기는 어렵기 때문입니다(대법원 1997. 8. 22. 선고 96다53628 판결 참조).

[6] 임차권이 임대인의 동의하에 양도되거나 전대된 경우

> 저는 주택을 임차하여 주민등록을 마치고 입주하여 살고 있던 친구로부터 임차권을 양도받았는데, 집주인도 임차권 양도에 동의를 하였습니다. 그런데 제 친구가 대항력을 취득한 후 제가 임차권을 양도받기 전에 주택에 저당권이 설정되었고 그에 기한 경매절차가 지금 진행되고 있습니다. 저는 위 경매절차의 경락인에게 대항할 수 있는지요?

대항할 수 있습니다. 주택임대차보호법 제3조제1항에 의하여 대항력을 취득한 임차인이 임대인의 동의를 얻어 임차권을 양도한 경우, 양수인이 임차인의 퇴거일부터 14일 이내에 전입신고를 마치고 주택을 인도받아 계속 거주한 경우에는 원래의 임차인이 갖고 있었던 대항력은 소멸되지 않기 때문입니다(대법원 1988. 4. 25. 선고 87다카2509 판결 참조). 따라서 귀하는 임대차기간이 끝날 때까지 계속 거주할 수 있고, 임대차기간이 종료한 경우에 경락인에 대하여 보증금의 반환을 요구할 수 있습니다.

참고로, 임차인이 임대인의 동의를 얻어 임차주택을 재임대하는 경우(임대인의 동의를 얻은 전대차)에는 전차인이 위와 같은 요건을 갖추었다 하더라도 전대인(임차인)의 대항력을 승계하지는 않으나, 임차인의 대항력을 자신의 것인 양 주장할 수 있기 때문에(법률적으로 '원용'이라 함) 사실상 임차권의 양도와 동일한 보호를 받을 수 있게 됩니다.

[7] 선순위 저당권자의 채권을 변제한 후 주택을 임차하였는데 집주인이 그 저당권을 유용하여 다시 돈을 빌린 경우

> 제가 주택을 임차하여 입주하고 주민등록을 한 후 등기부를 열람하여 보니 선순위의 저당권자가 있었습니다. 그래서 집주인과 상의하여 제가 지급한 보증금으로 저당채권을 변제하고 등기를 말소하기로 하였습니다. 그런데 나중에 보니 집주인이 돈을 모두 갚고 난 후에 또다시 돈을 빌리면서 말소되지 않고 남아 있던 종전의 저당권등기를 다시 사용하기로 했다는 것입니다. 위 집이 경매된다면 저는 대항력이 없는지요?

경락인에게 대항할 수 있습니다. 원래 근저당권은 피담보채무를 변제하면 말소등기를 하지 않더라도 자동적으로 그 효력이 소멸되는 것이므로 귀하와 집주인이 최초에 채무를 변제하였을 때 저당권은 무효가 되어버린 것입니다.

물론 저당권자와 집주인의 합의하에 돈을 다시 빌리면서 말소되지 않고 있던 저당권을 그대로 사용하기로 하는 약정이 불가능한 것은 아니나, 이는 이해관계자가 없는 경우에 한하는 것입니다. 즉, 저당채권의 변제로 무효가 된 저당권을 다시 사용하기로 할 당시 귀하가 이미 주택임차인으로서 대항력을 갖추고 있었으므로 위와 같이 효력이 소멸된 저당권등기를 다시 사용하기로 하는 집주인과 저당권자간의 합의는 귀하에 대하여는 효력이 없다고 할 것입니다.

따라서 귀하는 경락인에 대하여 대항할 수 있고, 만일 귀하가 확정일자를 갖추었을 경우에는 위 저당권자보다 우선하여 경매절차에서 배당을 받을 수도 있을 것입니다.

[8] 대항력과 근저당권 설정일이 동일한 경우

> 저는 주택을 임차하여 입주를 하고 주민등록 전입신고를 하였습니다. 그런데 나중에 확인해 보니 제가 전입신고를 한 날과 동일한 날에 임차주택에 대하여 은행명의의 근저당권이 설정된 것을 알게 되었습니다. 이 경우 근저당권이 실행되어 경락이 되면 경락인에 대하여 임차권을 주장할 수 있는지요?

주장할 수 없습니다. 주택임대차보호법 제3조제1항에 의하면 대항력은 주택의 인도와 주민등록을 마친 다음날 발생하게 되어 있으므로 대항력을 갖춘 날과 저당권 설정일이 동일하다면 저당권자가 우선하게 되고, 따라서 귀하는 저당권의 실행에 의한 경락인에 대하여 대항할 수 없는 것입니다.

[9] 양도담보의 목적으로 소유권을 이전받은 사람에게도 임차권을 주장할 수 있는지

> 제가 갑 소유의 주택을 임차하여 살고 있던 중 갑이 을로부터 돈을 차용한 후 담보의 목적으로 임차주택의 소유권을 을에게 넘겨주었습니다. 그런데 그 후 저보다 선순위의 저당권자가 임차주택을 경매하였는데 저는 한 푼도 배당을 받지 못하고 말았습니다. 그 경우 담보의 목적으로 소유명의를 취득한 적이 있는 을에게 임대인의 지위를 승계하였음을 주장하며 보증금의 반환을 청구할 수 있는지요?

반환청구를 할 수 없습니다. 주택임대차보호법 제3조제2항의 규정에 의하여 임대인의 지위를 승계한 것으로 보게 되는 양수인은 주택을 임대할 권리나 이를 수반하는 권리를 확정적·종국적으로 이전받게 되는 경우라야 하므로, 주택의 사용·수익권을 취득하는 것이 아니라 양도담보의 경우는 채권담보를 위하여 신탁적으로 양도담보권자에게 주택의 소유권이 이전될 뿐이어서 양도담보권자에 대하여는 대항력을 주장할 수 없기 때문입니다(대법원 1993. 1. 23. 선고 93다4083 판결 참조). 만일 그와 같은 경우에 양도담보권자에 대하여 임차보증금의 반환을 주장할 수 있도록 한다면 자신의 채권담보를 위하여 소유명의를 이전받은 담보권자에게 부당한 부담을 지우게 되는 것이라는 점을 생각해보면 당연한 결론이라 하겠습니다.

3. 가압류·가등기 등과 대항력

[1] 가압류가 되어 있는 집을 임차한 경우

> 저는 가압류등기가 된 집을 임차하여 입주한 후 주민등록을 마쳤습니다. 그런데 그 후 가압류 채권자가 집주인을 상대로 승소판결을 받아 임차주택에 대하여 경매를 신청하였습니다. 제가 경매절차에서 경락받은 사람에게 대항할 수 있는지요?

 대항할 수 없습니다. 왜냐하면 대항력을 갖춘 임차인이라 할지라도 주택에 대하여 가압류등기가 마쳐진 후에 이를 임차한 사람은 가압류집행으로 인한 처분금지의 효력에 의하여 가압류채권자가 신청한 강제집행절차에서 주택의 소유권을 취득한 경락인에게 임대차의 효력을 주장할 수 없기 때문입니다(대법원 1983. 4. 26. 선고 83다카116 판결 참조).

 그러나 귀하가 임대차계약서에 확정일자를 받아 우선변제권을 취득하였다면 선순위 가압류채권자에 우선하여 변제받을 수는 없지만, 선순위 가압류채권자와 채권액에 비례하여 평등하게 배당받게 됩니다. 예컨대 경락대금이 8,000만 원, 선순위 가압류채권액이 6,000만 원, 임차보증금이 4,000만 원인 경우 가압류채권자는 4,800만 원, 귀하는 3,200만 원(=8,000×4/10)을 배당받게 됩니다.

[2] 소유권이전등기청구권 보전을 위한 가등기나 처분금지 가처분등기가 경료된 주택을 임차하여 대항요건을 갖춘 경우

> 저는 주택을 임차하여 입주한 후 주민등록을 하였는데, 그 당시 이미 다른 사람이 소유권이전등기청구권을 보전하기 위한 가등기를 하여 놓은 사실을 알게 되었습니다. 위 사람이 가등기에 기한 소유권이전의 본등기를 하고 저에게 집을 비워줄 것을 요구하고 있습니다. 제가 이에 대항할 수 있는지요?

 대항할 수 없습니다. 따라서 귀하는 집을 비워주어야 하고 임차보증금은 종전 소유자로부터 반환받아야 합니다. 가등기에 기한 소유권이전의 본등기를 함으로써 임차주택의 소유권을 취득한 사람에게는 가등기 이후에 대항요건을 취득한 임차권자가 대항할 수 없기 때문입니다. 이는 처분금지 가처분을 한 사람이 본안소송에서 승소 확정판결을 받아 소유권을 취득한 경우에도 마찬가지입니다.

[3] 가등기 이후 보증금을 인상한 경우 인상분의 대항력

> 저는 주택을 보증금 8,000만 원에 임차하여 입주와 주민등록을 마친 후 거주하고 있는데 임차주택에 대하여 소유권보전을 위한 가등기가 경료되고, 가등기에 의한 본등기가 이루어져 소유권자가 바뀌었습니다. 그런데 가등기 이후에 저는 전 집주인의 요구에 의하여 보증금을 9,000만 원으로 인상하였습니다. 가등기에 의하여 소유권을 취득한 사람에게 인상된 보증금의 반환을 요구할 수 있는지요?

인상분에 대하여는 보증금의 반환을 요구할 수 없습니다. 가등기를 하고 그에 기하여 본등기를 마친 경우에는 가등기가 갖는 순위보전의 효력에 의하여 최초 가등기를 한 날 이후에 이루어진 재산의 처분행위가 실효되는 것으로 보아야 할 것이며, 만일 가등기 후에 임대인이 보증금을 함부로 올릴 수 있다면 가등기권리자에게 뜻하지 않은 손해를 주어 가등기제도의 목적을 달성할 수 없게 되기 때문입니다.

[4] 임차주택에 담보가등기가 된 후 대항요건을 갖춘 주택임차인

> 저는 주택을 임차하려고 등기부를 열람해 보았더니 소유권이전등기청구권 가등기가 경료되어 있었습니다. 집주인에게 물어보니 위 가등기는 9,000만 원을 빌려 쓰고 그 담보를 위하여 설정한 것이라고 합니다. 제가 위 주택을 임차하면 주택임대차보호법의 보호를 받을 수 있는지요?

「가등기 담보 등에 관한 법률」에 의하면 "가등기담보권자는 그 선택에 따라 동법 제3조에 따른 담보권을 실행하거나 목적부동산을 경매할 수 있으며, 경매하는 경우 가등기는 저당권으로 본다."라고 하고 있습니다.

따라서 만일 가등기담보권자가 임차주택에 대한 경매를 신청하는 경우 귀하는 후순위권리자가 되어 대항력을 행사할 수 없으나, 확정일자를 받아두었거나 소액임차인에 해당하는 경우 우선변제권을 행사할 수 있을 것이며, 가등기담보권을 실행하여 청산절차를 밟게 되는 경우에는 주택가액에서 가등기담보권자의 채권액을 공제한 청산금을 저당권자 등 다른 권리자와 순위에 따라 가등기담보권자로부터 지급받게 될 것입니다.

4. 임대인의 자격과 대항력

[1] 임대인이 계약해제로 소유권을 상실한 경우

> 저는 갑 소유의 주택을 보증금 1억2천만 원에 임차하여 입주와 동시에 주민등록을 마치고 거주하고 있습니다. 그런데 갑이 위 건물의 소유권을 취득할 때 前 소유자인 을에게 매매대금으로 지급하였던 어음이 부도나는 바람에 매매계약이 해제되어 갑이 소유권을 상실하였고, 을은 위 주택을 다시 병에게 팔았습니다. 저는 병에 대하여 대항할 수 있는지요?

대항할 수 있습니다. 계약이 해제된 경우 계약당사자들은 원상회복을 하여야 하나, 민법 제548조제1항은 "계약해제로 인하여 제3자의 권리를 해하지 못한다."고 하고 있으며 주택매매계약에 의하여 소유권이전등기를 경료한 주택의 매수인으로부터 주택을 임차하고 대항력을 갖춘 임차인은 위 제3자에 포함되는 것으로 해석되기 때문입니다.

판례는 "주택임대차보호법 제3조제1항이 임대주택의 인도와 주민등록이라는 대항요건을 갖춘 자에게 등기된 임차권과 같은 대항력을 부여하고 있는 점에 비추어 보면, 소유권을 취득하였다가 계약해제로 인하여 소유권을 상실하게 된 임대인으로부터 그 계약이 해제되기 전에 주택을 임차하여 주택의 인도와 주민등록을 갖춤으로써 대항요건을 취득한 임차인은 등기된 임차권자와 마찬가지로 민법 제548조제1항 소정의 제3자에 해당한다고 봄이 상당하며, 그렇다면 계약해제 당시 이미 주택임대차보호법의 대항요건을 갖춘 임차인은 임대인의 임대권원의 바탕이 되는 계약의 해제에도 불구하고 자신의 임차권을 새로운 소유자에 대항할 수 있다."고 하고 있습니다(대법원 1996. 8. 20. 선고 96다17653 판결 참조).

[2] 건물을 매수하였으나 소유권등기를 하기 전의 매수인으로부터 주택을 임차한 경우

> 저는 갑과 주택의 임대차계약을 체결하였는데, 당시 갑은 을로부터 주택을 매수하는 계약을 체결하였으나 계약금만 지급된 상태에 있었습니다. 그런데 그 후 갑이 매매대금을 모두 지급하지 못하자 을이 매매계약을 해제하고 저를 상대로 집을 비워달라고 요구하고 있습니다. 저는 집을 비워주어야 하는지요?

귀하는 집을 비워주어야 합니다. 갑과 을 사이에 매매계약을 체결하고 소유권이전등기를 하기 전에 임대권한을 부여하는 경우 이는 매매계약이 정상적으로 유지되어 소유권의 이전이 이루어지는 것을 조건으로 한 것으로 보아야 하며, 매매계약이 해제되어 매수인이 임대권한을 상실하게 되었다면 임차인은 아무 권한이 없는 사람과 임대차계약을 체결한 것과 같은 결과가 되고, 매도인의 명도청구에 대항할 수 없는 것이기 때문입니다.

결국 귀하는 갑에게 계약불이행의 책임을 물어 손해배상청구를 할 수 있을 뿐이므로 갑 소유의 재산을 파악하여 가압류 등 보전처분을 하여 두는 것이 좋을 것입니다.

[3] 가압류한 주택을 양수한 사람으로부터 임대를 받은 경우

> 저는 가압류된 주택을 사서 소유권등기를 한 사람으로부터 가압류가 해제될 것이라는 말을 믿고 주택을 임차하여 입주한 다음 주민등록을 마쳤습니다. 그런데 그 가압류채권자가 본안소송에서 승소하여 주택에 대한 강제경매를 신청하였습니다. 저는 경락인에게 대항할 수 있는지요?

대항할 수 없습니다. 경매절차에서 우선변제를 받을 수 없으며 소액임차인의 권리를 주장할 수도 없습니다. 가압류명령이 집행되면 채무자에 대하여 가압류목적물을 처분하지 못하게 하는 효력이 발생하며, 만일 채무자가 이를 어기고 처분행위를 하였을 경우 절대적으로 무효가 되지는 않지만 가압류의 목적을 달성하는데 필요한 범위 내에서 가압류채권자에 대하여는 상대적으로 무효가 됩니다.

귀하의 경우 가압류채권자에 대해서는 집주인의 소유권취득이 무효가 되며 그 집주인으로부터 주택을 임차한 귀하의 임차권 역시 가압류채권자에 대하여 무효가 되므로, 가압류채권자의 경매신청에 의하여 소유권을 취득한 경락인에 대하여 임차권을 주장할 수 없음은 당연하다 할 것입니다(대법원 1994. 11. 29. 선고 94마417 판결 참조). 따라서 귀하는 임대인인 전 집주인을 상대로 보증금의 반환을 요구할 수 있을 뿐입니다.

다만, 위 경매절차에서 배당을 실시한 결과 남는 금액이 있는 경우 집주인인 갑에게 교부될 잉여금교부청구권을 가압류한 후 압류 및 추심명령 또는 전부명령을 받아 임대보증금 중 일부를 회수할 수는 있을 것입니다.

[4] 명의수탁자로부터 주택을 임차한 자의 명의신탁자에 대한 대항력

> 저는 갑으로부터 주택을 보증금 1억3천만 원에 임차하고 입주와 주민등록을 마쳤습니다. 그런데 최근 갑이 속한 종중에서 위 주택은 원래 종중 소유인데 명의만 갑 앞으로 하여둔 것이라며 갑과의 명의신탁계약을 해지하고 소유권이전등기를 받았으니 집을 비워줄 것을 요구하고 있습니다. 저는 종중에 대하여 대항할 수 없는지요?

대항할 수 있습니다. 원래 명의신탁의 경우 대외적으로는 명의수탁자가 적법한 소유자로서 신탁재산에 대한 처분·관리행위를 할 수 있기 때문에 귀하의 임차권은 명의신탁자에 대하여도 유효한 것입니다. 그리고 종중이 임차주택에 관하여 명의신탁의 해지를 원인으로 한 소유권이전등기를 마쳤다고 하더라도 그러한 경우 종중은 주택임대차보호법 제3조제2항의 규정에 따라 임대인의 지위를 승계한 것으로 보게 되므로 귀하는 종중에 대하여 임차권을 주장할 수 있습니다.

[5] 3인 공동소유인 주택을 2명으로부터 임차한 경우의 대항력

> 제가 임차한 주택은 3인 공동의 소유로 되어 있는데 저는 그중 2명과 임대차계약을 체결하고 입주와 주민등록을 마쳤습니다. 위 주택이 경매되는 경우 저는 경락인에 대하여 대항할 수 있는지요?

귀하는 나머지 공유자인 1명에 대하여 임차권의 유효함을 주장할 수 있음은 물론 경락인에 대하여 대항할 수 있습니다. 공유물의 관리는 공유자 과반수의 찬성이 있으면 유효하다고 할 것이며, 주택의 임대행위는 공유물의 관리행위에 해당한다고 보아야 하기 때문입니다(대법원 1962. 4. 4. 선고 62다1 판결 참조).

다만, 귀하는 공유자 중 2명과 임대차계약을 체결하였을 뿐이므로 계약기간 만료시 보증금의 반환청구는 위 2명에 대하여만 할 수 있을 것이며, 경매가 될 경우 위 2명의 공유지분에 대하여만 우선변제권이 인정될 것입니다(대법원 1991. 4. 12. 선고 90다20220 판결 참조).

[6] 주택 소유자의 처와 임대차계약을 한 경우

> 저는 주택 소유자의 처와 임대차계약을 체결하였습니다. 그런데 이사 온 후 갑자기 남편이라는 사람이 나타나 처와 곧 이혼할 사이이기 때문에 처에게 임대권한을 준 적이 없다면서 집을 비워달라고 요구하고 있습니다. 어떻게 해야 되는지요?

특별한 사정이 없는 한 귀하는 집을 비워주어야 합니다. 우리 민법은 부부재산을 각각 별개의 소유로 인정하는 제도를 채택하고 있으므로 남편 명의로 되어 있는 주택은 남편의 단독소유이고, 따라서 처라고 할지라도 이를 임대할 권한이 당연히 있는 것은 아닙니다.

물론 부부간에는 '일상가사대리권'이라는 것이 인정되기는 하지만 이는 식료품의 구입 등과 같이 일상생활을 영위하는데 필요한 범위 안에서 인정되는 대리권이므로 집을 임대하는 것을 일상가사대리권의 범위에 포함된다고 보기는 어려울 것입니다. 따라서 귀하는 특별한 사정이 없는 한 집을 비워주어야 하고 남편인 집주인에 대하여 보증금의 반환을 청구하기도 어려울 것입니다. 그러므로 집주인의 처와 임대차계약을 할 때는 반드시 남편의 인감증명서가 첨부된 위임장을 첨부하도록 하는 등 남편의 위임사실을 확실히 확인해야만 계약의 안전을 보장할 수 있다는 점을 유의하여야 합니다.

5. 임차주택의 대지와 관련된 문제

[1] 주택 신축 전 대지상에 설정된 저당권자가 대지와 주택을 일괄경매 한 경우의 대항력

> 제가 임차하고 있는 주택은 집을 짓기 이전에 대지에 대하여 저당권이 설정되어 있었습니다. 그런데 최근에 위 저당권자가 대지와 집 전체에 대하여 경매를 신청하였습니다. 저는 경락인에게 대항할 수 있는지요?

대항할 수 있습니다. 주택 신축 전에 대지에 설정되어 있던 저당권자는 대지와 주택 모두에 대하여 일괄경매를 신청할 수 있는 권한만 있을 뿐 주택에 대하여는 우선변제권을 행사할 수 없습니다(민법 제365조 단서). 그러므로 귀하가 대항력을 갖추고 있다면 경락인에 대하여 임차권이 유효함을 주장할 수 있는 것입니다.

[2] 대지만 경락받은 사람도 임대인의 지위를 승계하는지 여부

> 제가 거주하고 있는 주택을 임차할 당시 건물에는 선순위 권리자가 없었는데, 대지에 설정된 저당권이 실행되어 대지에 대하여만 경매가 진행되고 경락이 되었습니다. 제가 임차한 건물만으로는 저의 보증금을 모두 변제받을 것 같지 않아 대지를 경락받은 사람에게 보증금반환을 요구하려고 하는데 가능한가요?

대지의 경락인에 대하여는 보증금반환을 요구할 수 없습니다. 주택임대차보호법에서 말하는 임대차의 목적이 된 주거용건물의 양수인은 임차주택의 양수인을 의미하는 것이므로 단순히 대지의 소유권을 취득한 자에 불과할 경우 임대인의 지위를 승계하였다고 보기 어렵기 때문입니다(대법원 1998. 5. 10. 선고 98다3276 판결 참조).

6. 배당요구 기타

[1] 배당요구 신청을 취하한 주택임차인의 대항력

> 저는 주택을 임차하여 입주와 동시에 전입신고를 하고 확정일자까지 갖추었는데, 그 후 설정된 저당권에 기해 경매가 진행되어 경락이 되고 말았습니다. 저는 경매절차에 배당요구를 하였다가 사정상 배당요구를 취하한 사실이 있는데 이 경우 대항력이 없어지는 것이 아닌지요?

대항력은 그대로 유지됩니다. 귀하와 같이 대항력과 우선변제권을 모두 갖춘 경우에는 이를 선택적으로 행사할 수 있으며, 경매절차에서 배당요구를 하였다가 이를 취하하였더라도 이를 대항력을 포기한 것으로 볼 수는 없을 것이므로 귀하는 배당요구의 포기와 관계없이 여전히 대항력을 유지한다고 보아야 할 것이기 때문입니다.

[2] 은행 직원에게 임대차 사실을 숨긴 경우

> 저는 주택을 임차하여 입주한 다음 전입신고를 한 후 확정일자까지 받아 놓았는데, 최근 집주인이 은행으로부터 돈을 빌려야 한다면서 임차권이 있으면 돈을 빌릴 수 없으니 은행 직원에게 임대차관계가 없다고 거짓말을 해달라고 합니다. 그렇게 하더라도 불이익이 없겠는지요?

은행 직원에게 임대차관계를 숨기면 불이익을 받을 수 있습니다. 즉, 은행이 집주인에게 돈을 빌려주면서 집을 담보로 하기 위하여 조사를 나온 그 직원에게 귀하가 임차권이 없다고 거짓말을 하면 은행은 이를 믿고 임차주택의 담보가치를 높게 평가하여 더 많은 돈을 빌려줄 것인데, 나중에 경매절차에서 갑자기 말을 바꿔 임차권에 기한 대항력 및 우선변제권을 주장하는 것은 어느 모로 보나 신의칙에 반하는 것이므로 귀하의 대항력과 우선변제권을 더 이상 유효하다고 보기 어려울 것이기 때문입니다(대법원 1987. 11. 24. 선고 87다카1708 판결 참조).

다만 근저당권자인 은행이 스스로 경락을 받은 경우, 은행 직원에게 임차권의 존재 사실을 숨긴 사실이 있더라도 그것이 경매절차와 무관하게 이루어진 것이고, 실제 경매절차에서는 임대차관계가 분명히 표시되었다면 경락인인 은행에 대하여 대항력을 행사할 수 있다는 판례가 있다는 점을 참고하시기 바랍니다(대법원 1987. 1. 20. 선고 86다카1852판결).

[3] 주택임대차보호법상 대항력과 우선변제권을 모두 가진 경우의 법률관계

> 저는 서울에 전세보증금 1억 원에 갑 소유의 주택을 임차하여 입주와 동시에 전입신고를 하고 거주하던 중 임차주택에 대하여 1억5천만 원의 근저당권이 설정되더니 급기야는 저당권자가 경매를 신청하기에 이르렀습니다. 저는 확정일자를 받지 않아 소액임차인으로서 5천만 원의 변제를 받았을 뿐인데 경락인이 저에게 집을 비워줄 것을 요구하고 있습니다. 경락인에게 대항할 수 있는지요?

대항할 수 있습니다. 주택임대차보호법에서 대항력과 우선변제권을 모두 인정한 취지는 보증금을 반환받을 수 있도록 보장하기 위한 것이며, 두 가지 권리를 모두 갖고 있는 사람이 우선변제권을 먼저 행사하고 보증금을 모두 변제받지 못한 경우 대항력을 유지하도록 하더라도 경매절차의 안정성이나 이해관계인의 예측가능성을 크게 해한다고 보기 어렵기 때문입니다.

그 결과, 경매절차에서 우선변제권을 행사하여 배당요구를 하였으나 보증금을 전액 돌려받지 못한 임차인이 대항력을 갖추고 있는 경우에는 나머지 보증금의 잔액을 돌려받을 때까지는 임대차관계가 지속되는 것으로 보아야 하고, 결국 대항력 있는 임차인은 경락인으로부터 나머지 보증금을 돌려받을 때까지 집을 비워주지 않아도 되는 것입니다. 다만, 그 임차권은 나머지 보증금의 한도 내에서 유효한 것이기 때문에 귀하의 경우 변제받은 5천만 원에 상당하는 임료를 지불하여야 할 가능성이 있습니다(대법원 1998. 7. 10. 선고 98다15445 판결 참조).

[4] 증액된 임차보증금의 후순위 저당권자에 대한 효과

> 저는 보증금 9천만 원에 전세계약을 체결하고 입주하여 주민등록을 마친 후 2년을 살다가 집주인이 보증금의 증액을 요구하여 1천만 원을 더 지급하였습니다. 그런데 보증금 증액 전에 위 주택에 저당권이 설정되었고, 지금 그 저당권에 기한 경매절차에서 주택을 경락받은 사람이 저에 9천만 원만 주겠다며 나가달라고 요구하고 있습니다. 저는 경락인에 대하여 증액된 보증금 1천만 원의 반환요구를 할 수 있는가요?

요구할 수 없습니다. 왜냐하면 위 저당권이 설정될 당시의 임차보증금은 9천만 원이었으므로, 저당권자가 저당권을 취득할 때에는 자신보다 우선변제를 받을 임차보증금이 9천만 원이라고 믿었을 것이기 때문에 그 이후 집주인과 임차인이 합의로써 증액한 임차보증금을 대항할 수 있도록 한다면 거래의 안전을 크게 해하고 저당권자에게 부당한 손해를 가하는 결과를 초래하게 되기 때문입니다(대법원 1990. 8. 24. 선고 90다카11377 판결 참조). 그러므로 귀하의 증액된 1천만 원의 보증금은 원래의 임대인에게 청구할 수밖에 없을 것입니다.

[5] 대항력을 갖춘 임차인이 직접 임차주택을 경락받은 경우 임차보증금채권의 소멸 여부

> 저는 1년 전에 아무런 권리도 설정되어 있지 않은 주택을 임차하여 입주와 동시에 주민등록을 하고 거주하고 있는데 그 이후에 설정된 저당권에 기하여 경매가 진행되고 있습니다. 만일 임차주택을 제가 경락받는다면 원래의 집 소유자에 대하여 보증금반환을 요구할 수 있는지요?

원래의 집 소유자에 대하여는 보증금반환청구를 할 수 없습니다. 경매절차에서 귀하가 임차주택의 소유권을 취득하게 되면, 대항력을 갖춘 임차권이 있는 경우 새로운 소유자가 임대인의 지위를 당연히 승계한다는 주택임대차보호법의 취지에 따라 귀하는 임대인과 임차인의 지위를 모두 갖게 되고 전 소유자는 임대인의 지위가 확정적으로 소멸하게 됩니다. 그 결과 귀하의 임차보증금반환채권은 자동적으로 소멸하게 되며(권리자와 의무자가 같은 사람이 되면 채권이 소멸하며 이를 '혼동'이라 함), 그러한 경우에도 전 소유자의 임대인으로서의 지위가 살아나는 것은 아니기 때문입니다(대법원 1996. 11. 22. 선고 96다38216 판결 참조). 그러므로 귀하가 임차주택을 경락받고자 하는 경우에는 귀하의 임차보증금반환채권이 소멸한다는 사정을 고려하여 경락대금을 결정하여야 할 것입니다.

[6] 대항력 있는 임차권자가 전세권등기도 한 경우

> 저는 주택을 임차하여 입주와 주민등록을 마치고 확정일자까지 받아두었으나 위 주택에 근저당권이 설정되어 있어 불안한 나머지 또다시 전세권설정등기를 하였습니다. 위 주택이 경매된다면 저는 전세권에 의한 보호와 주택임대차보호법상의 보호를 모두 받을 수 있게 되는지요?

그렇습니다. 귀하는 배당절차에 전세권자로서 참가하여 전세금을 우선변제받고, 만일 받지 못한 금액이 있다면 나머지 금액에 대하여 경락인에 대한 대항력을 행사할 수 있을 것입니다. 주택임차인으로서 우선변제를 받을 수 있는 권리와 전세권자로서 우선변제를 받을 수 있는 권리는 근거규정 및 성립요건을 선택적으로 행사할 수 있고, 전세권에 기한 우선변제권을 먼저 행사하였더라도 보증금을 모두 반환받지 못하는 경우 경락인에 대하여 대항력을 행사할 수 있다고 보아야 하기 때문입니다.

[7] 양수인이 임대인 지위를 승계하는 경우 대항력 있는 임차인의 동의를 받아야 하는지의 여부

> 저는 주택을 임차하여 입주한 후 주민등록을 마쳤습니다. 그런데 현재 집주인이 임차주택을 매도하려 하는데 제가 보기에는 집을 매수하려고 하는 사람이 재산이 없어 보증금의 회수가 불확실해질 가능성이 있을 것 같습니다. 집주인이 집을 매도하는 것을 막을 수는 없는지요?

그렇게 할 수는 없습니다. 주택임대차보호법상 귀하는 임차주택의 소유권자가 바뀌는 경우 새로운 소유자에 대하여 임차권의 유효함을 주장할 수 있을 뿐 임차주택에 대한 처분 권한을 취득하는 것이 아니므로 소유권자가 임차주택을 처분하는 것을 저지할 수는 없기 때문입니다. 다만, 임차주택이 양도되는 경우 새로운 소유자의 재산상태가 극히 불량하여 보증금을 반환받지 못할 우려가 현저히 증가한다면 사정변경을 이유로 임대차계약의 해지를 주장할 수는 있을 것입니다(대법원 2020. 12. 10. 선고 2020다254846 판결).

[8] 대항력 있는 임차인이 배당 후 배당이의의 소에서 패소하는 경우의 대항력 주장

> 저는 주택을 경락받은 경락인인데 경매절차에서 9천만 원을 배당받았던 임차인이 배당이의의 소에서 패소하여 이를 반환하게 되자 갑자기 저에게 임차보증금을 반환하기 전에는 집을 비워줄 수 없다고 합니다. 저의 법적인 지위는 어떤지요?

귀하는 위 임차인에게 보증금을 반환하여야 합니다. 대항력과 우선변제권이 있는 임차인이 경매절차에서 보증금을 모두 변제받았다가 배당이의의 소에서 패소한 경우 임차인은 대항력과 우선변제권을 선택하여 행사할 수 있으므로 다시 경락인에 대하여 임차권을 주장할 수 있기 때문입니다. 따라서 귀하는 임차인의 보증금을 반환하기 전에는 경락받은 주택을 인도받을 수 없게 될 것이며, 그 결과 계약의 목적을 달성할 수 없다고 인정되는 경우 계약(경매절차에서의 경락)을 해제하고 경락대금의 반환을 청구할 수 있을 것입니다.

제4절 확정일자와 우선변제권

[1] 확정일자 제도

> 확정일자란 무엇이며 어떻게 하면 받을 수 있는지요?

임대차계약서의 확정일자란 그 날짜에 임대차계약서가 존재한다는 사실을 증명하기 위하여 계약서에 공신력 있는 기관(법원·등기소, 공증인, 주민센터 등)에서 확정인을 찍어주는 것을 의미합니다.

임대차계약을 체결하고 입주 및 주민등록을 한 후 주택임대차계약서상에 확정일자를 받아두면 대항력 이외에 우선변제권을 취득하게 됩니다. 우선변제권을 취득하면, 선순위 담보권자 등이 있는 관계로 경매로 인하여 임차권이 소멸하고 경락인에 대하여 대항할 수 없게 되더라도 일반채권자나 후순위 권리자에 우선하여 보증금을 배당받을 수 있습니다.

확정일자를 받는 방법을 살펴보면, ① 임대차계약서를 지참하고 가까운 법원·등기소에 가는 방법, ② 공증인사무소·법무법인 또는 공증인가 합동법률사무소 등 공증기관에서 임대차계약서를 공정증서로서 작성하는 방법, ③ 가장 손쉬운 방법으로 주택 소재지의 주민센터에 주민등록 전입신고를 할 때 계약서를 지참하는 방법이 있습니다.

주의할 점은 확정일자를 받을 계약서는 반드시 원본이어야 하고, 계약서를 분실하여 확정일자를 받은 사실을 증명하기 어렵게 될 경우에는 우선변제권을 행사할 수 없게 될 수 있으므로 계약서를 잘 보관하여야 합니다(주택임대차보호법 제3조의2제2항 및 제3조의6).

[2] 확정일자의 취득일과 근저당권을 설정한 날짜가 동일한 경우

> 저는 주택을 임차하여 입주 및 주민등록 전입신고를 하고 난 후 확정일자를 받아두었습니다. 그런데 나중에 확인해 보니 집주인이 제가 확정일자를 받은 날과 같은 날짜에 은행에 저당권을 설정해 준 것을 알게 되었습니다. 저당권자와 저의 권리순위는 어떠한가요?

귀하와 저당권자는 순위에 있어서 동일합니다. 임차인과 저당권자 사이의 우선순위는 임차인이 대항요건과 확정일자를 모두 갖춘 날과 저당권의 설정등기가 경료된 날의 선후를 기준으로 하기 때문입니다. 따라서 임차주택에 대하여 경매절차가 진행되는 경우 귀하와 저당권자는 배당에 있어 같은 순위가 되고 채권액에 비례하여 평등하게 배당을 받게 됩니다.

다만 위와 같이 동순위가 되는 것은 대항요건을 갖춘 날보다 후에 확정일자를 받은 경우에 한하고, 만일 귀하가 대항요건을 갖춘 같은 날에 확정일자를 받았다면 그 다음날을 기준으로 우선변제권을 취득하게 되고 그 결과 저당권자가 우선한다는 사실을 유의하셔야 합니다(대법원 1997. 12. 12. 선고 97다22393 판결 참조).

[3] 임대차기간 만료 전의 경매절차에서 임차인의 우선변제권 주장

> 저는 주택을 임차하여 입주와 주민등록을 마친 후 확정일자까지 받아두었는데 제가 임차하고 있는 주택이 임대차기간 만료 전에 경매절차에 넘어가고 말았습니다. 임대차기간이 만료하기 전이라도 우선변제권을 주장할 수 있는지요?

우선변제권을 주장하여 배당요구를 할 수 있습니다. 개정 전 주택임대차보호법에는 대항력이 있는 경우 주택임대차가 종료된 후가 아니면 우선변제권을 행사할 수 없다는 명문의 규정이 있었으나(구 주택임대차보호법 제3조의2제1항단서), 그러한 경우에도 임차인의 우선변제권 행사를 금지할 이유가 없다고 판단하여 1999년 개정을 통해 위 단서를 삭제하였습니다. 그러므로 귀하는 임대차기간이 종료되지 않은 상태에서도 우선변제권을 행사할 수 있습니다.

[4] 경매신청기입등기 이후 확정일자의 효력

> 저는 임차주택에 대하여 경매신청기입등기가 된 이후에 확정일자를 받았습니다. 저도 경매절차에서 우선변제권을 주장할 수 있는지요?

주장할 수 있습니다. 경매신청기입등기 이후에도 확정일자를 받을 수 있고, 그 날짜를 기준으로 우선변제권을 취득하기 때문입니다. 따라서 별도의 채무명의 없이 배당요구를 할 수 있고 후순위 담보권자나 기타 채권자에 우선하여 배당받을 수 있습니다.

[5] 저당권자에 우선하는 임차인이 여럿 있는 경우

> 제가 임차한 주택에는 저 말고도 확정일자를 갖춘 임차인이 여러 명 있었는데 그 이후 저당권이 설정되고 그에 기하여 경매신청이 되었습니다. 임차권자들과 저당권자의 배당순위는 어떠한가요?

임차인들은 대항요건과 확정일자를 모두 갖춘 날의 선후에 의하고, 저당권자는 저당권 설정일을 기준으로 하여 순위가 결정되게 되며, 그 순위에 따라 선순위자가 경락대금에서 먼저 채권액을 모두 배당받고 남는 것이 있으면 후순위자에게 배당됩니다.

[6] 확정일자를 갖춘 임차인이 경매신청한 경우의 우선변제권

> 저는 임대차기간이 끝난 후에도 보증금을 돌려받지 못해 보증금반환청구소송을 제기하여 확정판결을 받았습니다. 임차주택에 대하여 임차인이 경매를 신청하는 경우 우선변제권을 상실하게 되어 사실상 경매신청이 불가능하다는데 사실인지요?

귀하가 직접 경매신청을 하여도 우선변제권을 상실하지 않습니다. 주택임대차보호법 제3조의2제1항에 의하면 "임차인이 임차주택에 대하여 보증금반환청구소송의 확정판결 기타 이에 준하는 채무명의에 기한 경매를 신청하는 경우에는 민사집행법 제41조의 규정에 불구하고 반대의무의 이행 또는 이행의 제공을 집행개시의 요건으로 하지 아니한다."고 명시함으로써 임차인이 집을 비워주지 않아도 경매신청을 할 수 있도록 하였고, 그에 따라 임차인 스스로가 신청한 경매절차에서도 임차인이 우선변제권을 행사할 수 있게 되었습니다.

[7] 확정일자와 같은 날에 여러 개의 저당권이 설정된 경우

> 저는 주택임대차계약을 체결하고 입주와 주민등록을 모두 갖춘 후 며칠 뒤 계약서에 확정일자를 받았습니다. 그런데 나중에 확인해 보니 제가 확정일자를 받은 날과 같은 날짜에 1, 2, 3순위의 저당권이 설정되었습니다. 저와 저당권자들 사이의 우선순위는 어떻게 되는지요?

귀하와 저당권자들 간에는 같은 순위이고, 저당권자들 상호간에는 1, 2, 3순위가 그대로 유효합니다. 즉 귀하의 채권액과 저당채권자들의 채권합계액을 기준으로 평등하게 배당금을 나눈 다음 저당권자들은 자기들 순위에 따라 나눈 금액을 배당받게 됩니다.

예컨대, 경락대금이 8,000만 원인데 귀하의 임차보증금 채권액이 4,000만 원이고, 저당권자들의 저당채권이 각 2,000만 원이라면 귀하는 3,200만 원(8,000만 원의 10분의 4)을 배당받고, 저당권자들은 나머지 4,800만 원을 가지고 순위에 따라 1, 2번 저당권자들이 각 2,000만 원을, 3번 저당권자가 800만 원을 배당받게 됩니다.

[8] 대항요건을 갖추었으나 확정일자는 가압류보다 늦은 경우

> 제가 주택을 임차하여 입주하고 주민등록을 마쳤으나 확정일자를 받기 전에 가압류등기가 경료되고 말았습니다. 이 경우 저는 경매절차에서 가압류채권자보다 우선하여 배당받을 수 있는지요?

가압류채권자보다 우선할 수는 없으나 가압류채권자와 평등하게 배당을 받을 수 있습니다. 우선변제권은 대항력(주민등록+주택의 점유)을 갖추고 확정일자를 받아야 발생하는 것이므로 귀하의 우선변제권은 확정일자를 받은 날 발생하였고, 따라서 확정일자 전에 가압류를 한 가압류채권자보다 우선하여 배당받을 수는 없을 것입니다.
 그러나 대항요건과 확정일자를 받은 임차인은 우선변제권이 인정되는 등 부동산담보권에 유사한 권리를 인정하고 있으므로, 저당권자가 선순위 가압류채권자와 평등하게 배당을 받을 수 있듯이 귀하도 선순위 가압류채권자와 평등한 배당관계에 있게 됩니다.

[9] 연립주택의 대지만 경매된 경우 임차인의 우선변제권

> 저는 연립주택을 임차하여 입주한 후 주민등록을 하고 확정일자까지 받아두었는데 저보다 선순위인 저당권자가 대지에만 경매를 신청했습니다. 이런 경우 저도 배당요구를 할 수 있는지요?

 배당요구가 가능합니다. 왜냐하면 주택의 임차인은 그 대지를 포함한 건물의 사용·수익권을 취득하는 것으로 보아야 하고, 임대차계약 당시 임차인이 보증금 회수를 담보할 수 있는 임차주택이란 대지를 포함한 건물 전체라고 보아야 할 것이기 때문입니다. 따라서 귀하는 대지의 낙찰대금으로부터도 귀하의 순위에 따른 우선변제를 받을 수 있습니다.

[10] 임차인이 임차주택을 경락받을 경우 배당금으로 경락대금을 상계할 수 있는지

> 저는 임차인으로서 임차주택의 근저당권자가 신청한 임의경매절차에서 임차보증금 1억2천만 원의 전액을 배당받지 못하고 5천만 원의 소액보증금만 우선배당 받을 것으로 예상하여 아예 위 주택을 경락받으려고 합니다. 제가 경락대금을 납부할 때에 배당이 예상되는 5천만 원으로 경락대금을 상계할 수 있는지요?

 상계할 수 있습니다. 배당받을 채권자가 경락인인 경우에 경락인은 자기가 교부받을 배당액과 경락대금을 상계할 수 있으며, 그 결과 대금지급의 효력이 있습니다(민사집행법 제143조제2항). 실무상으로는 그러한 상계권 행사를 쉽게 하기 위해 배당기일과 경락대금 납부기일을 같은 날로 지정하는 것이 관례이며, 귀하는 그 기일에 상계신청서를 작성 제출하면 됩니다.

[11] 경락인이 대항력을 갖춘 임차보증금을 지급한 경우 원소유자에게 구상청구가 가능한지

> 저는 대항력을 갖춘 주택임차인이 있는 아파트를 경락받아 임차보증금을 변제하였습니다. 그 보증금은 원소유자가 갚아야 할 것이므로 원소유자에게 구상청구가 가능하지 않을까요?

 구상청구는 불가능합니다. 경락으로 인해 원소유자의 임대인으로서의 지위는 확정적으로 귀하에게 이전되고 원소유자의 보증금반환의무는 소멸하기 때문입니다.

제5절 임대차기간과 계약갱신청구권

1. 임대차기간과 계약갱신

[1] 2년 미만의 임대차 약정기간을 정한 경우

> 저는 1년 후 해외유학이 예정되어 있기 때문에 1년 동안만 아파트를 임차하여 살고 싶습니다. 그런데 주위 사람들 말로는 주택임대차보호법이 임대차기간을 2년으로 정하고 있기 때문에 2년 미만으로 임대차기간을 약정하더라도 2년 동안 살 수밖에 없다고 합니다. 사실인지요?

그렇지 않습니다. 귀하가 집주인과 합의하여 2년 미만의 기간을 정하여 임대차 약정을 한 경우 귀하는 그 약정기일에 임대차가 종료하였음을 주장할 수 있습니다. 임대인과 임차인이 2년 미만의 임대차를 약정한 경우 임대인은 그 약정의 유효함을 주장할 수 없지만, 임차인은 이를 주장할 수 있기 때문입니다. 1999년 주택임대차보호법 개정으로 제4조제1항 단서에서 명문으로 이를 인정하기 전에는 '주택임대차보호법은 임차인의 주거안정을 보호하기 위한 것이므로 임차인이 원하는 경우에는 2년 미만의 임대차약정을 유효한 것으로 주장할 수 있다.'는 판례 이론으로 이를 인정해왔습니다.

결과적으로 귀하는 사정에 따라 2년 미만으로 약정한 기간 또는 주택임대차보호법이 보호하고 있는 2년의 기간 중 어느 하나를 선택하여 주장할 수 있는 것입니다.

[2] 묵시적 갱신의 경우 임대차

> 저는 전세 세입자인데, 임대차기간이 끝나기 며칠 전 집주인이 갑자기 보증금의 인상을 요구하며 인상이 불가능하면 집을 비워달라는 요청을 해왔습니다. 임대차기간이 끝나면 집을 비워주어야 하는지요?

그렇지 않습니다. 귀하의 임대차는 묵시적으로 갱신되었으므로 종전의 임차기간 만료일로부터 2년 동안 계속 현재의 보증금으로 위 주택에 임차할 수 있습니다. 왜냐하면 주택임대차보호법 제6조제1항에 의하면 임대인이 임대기간 만료일 전 6개월 전부터 2개월 전까지의 기간에 임차인에게 갱신의 거절 또는 조건을 변경하지 아니하면 갱신하지 않겠다는 뜻을 통지하지 아니한 경우에는 종전과 동일한 조건으로 다시 임대차계약을 체결한 것으로 보며, 그 경우 임대차의 존속기간은 2년으로 간주되기 때문입니다.

[3] 임차인의 통지의무

> 제가 임차하고 있는 주택의 임대차기간이 일주일 정도 남아 있습니다. 저는 원래는 기간을 연장하여 계속 현재의 임차주택에 거주할 계획이었는데 갑자기 사정이 생겨 집을 옮겨야 할 형편이 되었습니다. 집주인에 대하여 기간만료와 동시에 보증금을 돌려달라고 요구할 수 있는지요?

보증금을 바로 돌려받기는 어렵습니다. 임차인의 경우에도 기간만료 2개월 전까지 집주인에게 나가겠다는 의사표시를 하지 않으면 묵시적 갱신이 되는 것이므로, 귀하의 경우도 임대차가 묵시적으로 갱신되었고, 그 결과 집주인에 대하여 기간만료와 동시에 보증금을 돌려달라고 할 수는 없게 되었습니다.

다만, 주택임대차보호법 제6조의2에 의하면 임대차가 묵시적으로 갱신된 경우 임차인은 언제든지 임대차의 종료를 임대인에게 통지할 수 있고, 그로부터 3개월이 지나면 임대차가 해지되므로 원래의 임대차기간이 만료됨과 동시에 임대인에게 임대차 종료의 통지를 하면 3개월 후에는 집주인에 대하여 보증금의 반환을 청구할 수 있을 것입니다.

[4] 2년 미만으로 약정한 임대차기간이 만료된 후 묵시적으로 갱신된 경우의 임대차기간

> 저는 갑으로부터 주택을 임차할 때 1년의 기간을 약정하여 거주하다가 별도의 의사표시 없이 위 기간이 경과한 지 6개월이 되었습니다. 그런데 갑이 갑자기 주택임대차보호법 제4조제1항에 의하여 최초 계약일로부터 2년이 경과되면 계약갱신을 하지 않겠다고 통고해왔습니다. 그 경우 저는 최초 계약일로부터 1년이 경과되었을 때 묵시적으로 갱신되었고 그 갱신된 기간은 2년으로 보아 아직 1년 이상 기간이 남아 있다고 주장할 수는 없는지요?

그렇게 주장할 수는 없습니다. 귀하의 임대차계약은 최초 계약일부터 2년이 경과한 때에 만료되므로 갑의 요구대로 집을 비워주어야 합니다.

주택임대차보호법은 2년 미만의 임대차계약을 2년으로 간주하고 있으나, 임차인은 2년 미만의 약정이 유효함을 주장할 수 있습니다. 그러나 2년 미만의 임대차기간이 유효함을 주장할 수 있는 것은 그 기간이 도래하였을 때에 나가겠다고 하는 경우에만 한정되고, 그 기간을 넘긴 후에 그때를 기준으로 묵시적 갱신이 되었으므로 다시 임대차기간이 2년 이상 남았다고 주장하는 것은 불가능하다는 것이 대법원의 입장입니다(대법원 1996. 4. 26. 선고 96다5551 판결 참조). 그러므로 귀하의 임대차는 최초의 계약일로부터 주택임대차보호법이 보장하고 있는 2년이 경과한 때 종료되는 것이지, 3년(최초 약정기간 1년+묵시적 갱신기간 2년)이 지나야 임대차기간이 만료되는 것으로 주장할 수는 없습니다.

[5] 임대차기간을 연장하면서 보증금을 증액하려고 하는 경우

> 저는 임대차기간이 끝나서 계약 연장을 하며 보증금을 1천만 원 올리기로 하였습니다. 어떻게 하면 전에 취득한 대항력과 우선변제권을 유지하면서 새로 인상한 보증금의 보호를 확실히 할 수 있을까요?

인상한 보증금에 대한 별도의 계약서를 작성하고 이에 대하여 다시 확정일자를 받아두어야 합니다.

[6] 계약기간 만료 전 주택을 명도한 경우 월세지급의무

> 저는 보증금 1천만 원에 월세 30만 원으로 2년간 주택을 임차하여 1년 6개월 정도 살다가 제 사정으로 먼저 이사를 하고 말았습니다. 그 경우 기간이 만료될 때까지 월세를 계속 지급하여야 하는지요?

최초 약정한 2년의 기간이 끝날 때까지 월세를 계속 지급하여야 합니다. 계약 당시 특별히 계약해지의 권한이 있다는 점을 명시하지 않았다면 임차인이 계약기간 중에 일방적으로 계약을 해지할 수는 없고, 계약이 계속 유효한 한 임차인의 차임지급의무는 계속 존속하기 때문입니다. 그러나 만일 귀하가 집을 비운 후 임대인이 다른 사람에게 주택을 임대하였다면 그 기간 동안의 차임은 지급하지 않아도 될 것입니다.

[7] 민간주택임대사업자는 의무임대기간 중 임차인이 원하면 재계약을 거절할 수 없다

> 민간주택임대사업자의 주택에 전세계약을 하고 들어와 4년간(2년 계약종료 후 재계약 2년) 살고 있습니다. 저는 여러 가지 사정으로 이 집에서 계속 거주하고 싶은데, 임대인이 재계약을 거절하고 집을 비워달라고 합니다. 임대인은 2028년까지 임대사업자로 등록되어 있습니다. 재계약시 임대료 5%를 올려주고 그 기간까지 계속 살 수 없을까요?

거주할 수 있습니다. 민간임대주택사업자는 임대기간 중에는 임대료 증액 제한 의무를 지켜야 하며(임대보증금과 월 임대료 기준 5% 상한), 의무임대기간(10년) 동안 계속 임대해야 합니다. 또한 법에 명시된 특별한 사정이 없는 한, 체결된 임대차계약을 해제·해지하거나, 임차인의 재계약 요구를 거절할 수 없습니다. 의무임대기간 중에는 임차인이 나가겠다고 하지 않는 한 임대인은 계약을 연장해주어야 합니다(민간임대주택에 관한 특별법 제45조제1항). 만약 임대인이 계속 나가달라 요구하는 경우 주택임대차분쟁조정위원회(☎ 02-3394-9870)에 조정신청을 해서 도움을 받을 수 있습니다.

◇ 의무임대기간 중 임대차계약의 해제 및 해지, 임대인의 재계약 거절이 가능한 경우
　(민간임대주택에 관한 특별법 제45조, 동법 시행령 제34조제1항 및 제35조제1항)

- 거짓이나 그 밖의 부정한 방법으로 민간임대주택을 임대받은 경우
- 임대사업자의 귀책사유 없이 정해진 기간 이내에 임차인이 입주하지 않은 경우
- 월 임대료를 3개월 이상 연속하여 연체한 경우
- 민간임대주택 및 그 부대시설을 임대사업자의 동의를 받지 않고 개축·증축 또는 변경하거나 본래의 용도가 아닌 용도로 사용한 경우
- 민간임대주택 및 그 부대시설을 고의로 파손 또는 멸실한 경우
- 공공지원민간임대주택 임차인의 자산 또는 소득이 자격요건을 초과하는 경우, 임대차계약 기간 중 다른 주택을 소유하는 등의 사정이 있는 경우
- 임차인이 공공지원민간임대주택 또는 공공임대주택에 중복하여 입주하거나 계약한 것으로 확인된 경우
- 표준임대차계약서상의 의무를 위반한 경우

위의 거절사유가 발생하지 않았음에도 불구하고 이를 위반하여 임대차계약을 해제·해지하거나 재계약을 거절한 임대사업자에게는 1천만 원 이하의 과태료가 부과됩니다(동법 제67조제2항제4호).

2. 계약갱신요구권 및 전월세상한제

[1] 계약갱신요구권 행사시기 및 회수

> 만료되는 임대차계약의 경우 언제까지 계약갱신요구권을 행사할 수 있으며 임차인에게 총 몇 회의 계약갱신요구권이 부여되는지요?

　임대차계약의 임대차기간이 끝나기 6개월 전부터 2개월 전까지의 기간에 계약갱신요구권을 행사할 수 있습니다. 계약갱신요구권은 1회에 한하여 행사 가능하며, 이 경우 갱신되는 임대차의 존속기간은 2년으로 봅니다(주택임대차보호법 제6조의3제1항·제2항). 계약갱신요구권 행사는 분쟁예방을 위해 내용증명 우편 등 증거를 남길 수 있는 방법을 통해 해야 합니다.

　계약갱신요구권에 따라 임대인은 임차인이 임대차 기간이 끝나기 6개월 전부터 2개월 전까지 계약갱신을 요구하는 경우 정당한 사유(집주인 실거주 사유 등) 없이 거절하지 못합니다(주택임대차보호법 제6조의3. 2020. 7. 31. 신설 시행).

　법 시행 당시 이미 한 주택에서 묵시적 갱신 등의 사유로 이미 4년 이상 거주한 경우라도 현재의 임대차계약만료 6개월 전부터 2개월 전까지 갱신을 요구할 수 있습니다. 개정 법률은

최대 4년의 주거를 보장하는 내용이 아니고, 1회에 한하여 기존의 계약을 2년 연장할 수 있도록 갱신요구권을 부여하는 것입니다.

[2] 임대인이 주택임차인의 계약갱신요구를 거부할 수 있는 경우

> 임차인의 계약갱신요구를 거부할 수 있는 정당한 사유에 대해 알고 싶습니다.

임대인이 임차인의 계약갱신요구를 거절할 수 있는 정당한 사유는 다음과 같습니다(주택임대차보호법 제6조의3제1항 단서).

- 임차인이 2기의 차임액에 해당하는 금액에 이르도록 차임을 연체한 사실이 있는 경우
- 임차인이 거짓이나 그 밖의 부정한 방법으로 임차한 경우
- 서로 합의하여 임대인이 임차인에게 상당한 보상을 제공한 경우
- 임차인이 임대인의 동의 없이 목적 주택의 전부 또는 일부를 전대(轉貸)한 경우
- 임차인이 임차한 주택의 전부 또는 일부를 고의나 중대한 과실로 파손한 경우
- 임차한 주택의 전부 또는 일부가 멸실되어 임대차의 목적을 달성하지 못할 경우
- 목적 주택의 전부 또는 대부분을 철거하거나 재건축하기 위하여 목적 주택의 점유를 회복할 필요가 있는 경우
- 임대인(임대인의 직계존속·직계비속을 포함한다)이 목적 주택에 실제 거주하려는 경우
- 그 밖에 임차인이 임차인으로서의 의무를 현저히 위반하거나 임대차를 계속하기 어려운 중대한 사유가 있는 경우

[3] 임대인의 지위를 승계한 임차주택 양수인도 갱신거절 기간 내라면 실거주를 이유로 갱신 거절 할 수 있는지 여부

> 임차인의 계약갱신 요구 이후에 임차주택을 양수해 임대인의 지위를 승계한 자가 목적 주택에 실제 거주하려고 한다는 사유를 들어 임차인의 계약갱신 요구를 거절할 수 있나요?

임차인이 임대차계약 갱신을 요구했더라도 임대인은 주택임대차보호법 제6조제1항 전단에서 정한 기간(임대차 종료 6개월 전부터 종료 2개월 전까지) 내라면 제6조의3제1항 단서 제8호에 따라 임대인이 실제 거주하려고 한다는 사유를 들어 임차인의 갱신요구를 거절할 수 있고, 임대인의 지위를 승계한 임차주택의 양수인도 갱신거절 기간 내라면 제8호에 따라 실제 거주를 이유로 한 갱신거절을 할 수 있다는 법원의 판단입니다(대법원 2022. 12. 1. 선고 2021다266631 판결).

[4] 집주인의 실거주 유무

> 집주인이 실거주를 이유로 계약갱신요구를 거부할 때 집주인 자신이 거주하는 것만 해당하나요?

집주인뿐만 아니라 임대인의 직계존속·직계비속이 집에 거주하는 경우도 해당합니다(주택임대차보호법 제6조의3제1항제8호).

[5] 집주인이 실거주하지 않고 집을 비워두고 있을 때

> 실거주를 이유로 임차인의 계약갱신요구를 거부했고, 임차인은 이사를 했습니다. 저는 현재 실거주하지 않고 집을 비워두고 있습니다. 기존 세입자가 제게 손해배상을 청구할 수 있는지요?

손해배상의 요건이 실거주는 아닙니다. 기존 세입자가 계약갱신을 요구했던 기간 내에 다른 임차인과 계약을 맺은 경우에만 손해배상책임이 있습니다(주택임대차보호법 제6조의3제5항).

[6] 집주인의 실거주 위반 시 손해배상

> 집주인이 실거주하지 않고 보증금을 올려 다른 사람에게 세를 주어 손해배상을 청구하고자 합니다. 손해배상액은 어떻게 산정하나요?

손해배상액은 거절 당시 당사자 간에 손해배상액의 예정에 관한 합의가 이루어지지 않는 한 다음 금액 중 큰 금액으로 청구할 수 있습니다.

먼저 갱신거절 당시 3개월 치 월세입니다. 전세는 금리를 기준으로 월세로 환산합니다. 다음은 임대인이 제3자에게 임대하여 얻은 환산월차임과 갱신거절 당시 환산월차임 간 차액의 2년분에 해당하는 금액입니다(주택임대차보호법 제6조의3제6항).

[7] 임대료 상한제 적용시점

> 임대료 상한 제한(5% 이내)은 언제 적용되는 것인지? 갱신 시 임대인이 요구하면 무조건 5%를 올려 주어야 하는지요?

임대료 제한은 존속 중인 계약에서 임대료를 증액하거나 계약갱신요구권을 행사하는 경우에 적용됩니다. 5%는 임대료를 증액할 수 있는 상한일 뿐이고 임대인과 임차인은 그 범위 내에서 얼마든지 협의를 통해 임대료를 정할 수 있습니다(주택임대차보호법 제7조).

[8] 계약갱신요구권 행사 시 전세 → 월세 전환 가능 여부

계약갱신요구권을 행사할 때 전세를 월세로 바꿀 수 있나요?

개정법상 갱신되는 임대차는 전 임대차와 동일한 조건으로 다시 계약된 것으로 보므로 전세에서 월세로의 전환은 임차인의 동의가 없는 한 곤란합니다. 다만 동의에 의해 전환하는 경우에도 주택임대차보호법 제7조의2에 따른 법정 전환율 규정*이 적용됩니다.

> **주택임대차보호법 제7조의2 (월차임 전환 시 산정률의 제한)** 보증금의 전부 또는 일부를 월 단위의 차임으로 전환하는 경우에는 그 전환되는 금액에 다음 각 호 중 낮은 비율을 곱한 월차임(月借賃)의 범위를 초과할 수 없다.
> 1. (…생략) 대통령령으로 정하는 비율 = "10%" (동법 시행령 제9조제1항)
> 2. 한국은행에서 공시한 기준금리에 대통령령으로 정하는 이율을 더한 비율
>   기준금리 2023년 8월 現 3.5% + 2% (동법 시행령 제9조제2항) = "5.5%"

(전월세전환 계산기 / 렌트홈)

✎ 전세 → 월세 전환 예시 (5.5% 적용)

- 전세보증금 5억 원을 보증금 3억 원+월세로?
  전세보증금 3억 원, 월세 92만 원을 넘을 수 없음
  월차임 전환 2억 원 ▶ 2억×5.5%(=11,000,000원)÷12개월=916,666원
- 전세보증금 5억 원을 보증금 2억 원+월세로?
  전세보증금 2억 원, 월세 138만 원을 넘을 수 없음
  월차임 전환 3억 원 ▶ 3억×5.5%(=16,500,000원)÷12개월=1,375,000원

제6절 주택임대차계약신고제

[1] 주택임대차계약신고제

주택임대차계약신고제가 무엇인지 알려주세요. 2021년 6월 1일부터 서울시가 실시하고 있다는데, 서울시만 주택임대차신고제를 하는 건가요?

"주택임대차계약신고제"란 임대차계약 당사자(임대인과 임차인을 말함)가 임대차계약 체결일부터 30일 이내에 임대기간, 임대료 등의 계약내용을 주택 소재지 관할관청에 공동으로 신고해야 하는 제도입니다(부동산 거래신고 등에 관한 법률 제6조의2제1항 참조).
　2021년 6월 1일부터 체결되는 신규 또는 갱신하는(보증금 및 차임의 증감 없이 임대차기

간만 연장하는 갱신 계약은 제외) 보증금 6천만 원 또는 월세 30만 원을 넘는 임대차계약을 한 경우, 전·월세 계약을 한 집주인이나 세입자는 30일 안에 주택소재지 관청에 계약내용을 신고해야 합니다(동법 시행령 제4조의3제1항). 만약 당사자 중 일방이 신고를 거부하면 단독으로 신고할 수 있습니다(동법 제6조의2제3항).

임대차신고대상 지역은 수도권(서울·경기도·인천) 전역, 광역시, 세종시, 제주시 및 도(道)의 시(市)지역(도 지역의 군은 제외)이 해당됩니다(동법 시행령 제4조의3제2항 및 국토교통부 부동산거래관리시스템 홈페이지 https://rtms.molit.go.kr 참조).

신고대상 주택은 아파트, 다세대 등 '주택' 외에도 '준주택(고시원, 기숙사 등)', '비주택(공장·상가내 주택, 판잣집 등)' 등도 해당합니다. 임대차계약 체결 당시의 실제 용도, 임대차의 목적, 전체 건물과 임대차목적물의 구조와 형태 등 구체적인 상황을 고려해서 합목적적으로 판단합니다(동법 제6조의2제2항).

미신고 시 기간과 계약금액에 비례해 4~100만 원 사이의 과태료가 부과되고, 임대차계약을 허위로 신고할 때는 계약금액 등에 관계없이 100만 원의 과태료가 부과됩니다(동법 제6조의2, 제28조제5항제3호).

[2] 계약당사자가 외국인일 경우 임대차계약 신고 여부

> 임대인과 임차인이 모두 외국인인데도 임대차신고를 해야 하나요?

임대인/임차인이 외국인인 경우에도 임대차 신고의무를 이행해야 합니다. 임대차계약시 확인한 신분증명(여권, 외국인등록번호, 거소신고번호 등)으로 신고해야 하며, 임대차 신고의무는 내국인과 외국인을 구분하지 않습니다.

[3] 주택임대차계약신고는 어디에

> 주택임대차계약신고는 어디에서 해야 하나요?

주택임대차계약신고는 임대한 주택의 관할 읍·면·동 주민센터를 방문하여 통합민원창구에서 오프라인으로 신고하거나 부동산거래관리시스템(https://rtms.molit.go.kr)에서 온라인으로도 신고 가능합니다.

[4] 주택임대차계약신고를 하지 않으면

> 주택임대차계약신고를 하지 않으면 어떻게 되나요?

임대차신고를 하지 않거나 거짓신고를 하면 과태료가 부과됩니다. 주택임대차계약의 신고 또는 주택임대차계약의 변경 및 해제 신고를 하지 않거나(공동신고를 거부한 자를 포함), 그 신고를 거짓으로 한 자는 100만 원 이하의 과태료가 부과됩니다.

제도 도입에 따른 국민 부담을 완화하고 행정여건 등을 감안하여 시행일('21. 6. 1.)로부터 2년간 과태료를 부과하지 않는 계도기간을 두었는데, 2024년 5월 31일까지 이를 1년 더 연장하였습니다. 그러나 계도기간이 연장되었어도 신고의무는 여전히 유지되므로, 계약일로부터 30일 내 반드시 신고해야 합니다.

[5] 임대차 신고기한 초과 시 처벌 여부

> 임대차신고는 별도 신고기한이 있나요? 기한을 초과하면 처벌도 있나요? 집주인이 지방에 살고 있어서 일단 가계약금은 입금하고 계약서는 나중에 쓰기로 했는데, 이때는 어떻게 해야 하나요?

임대차신고의 신고기한은 계약체결일로부터 30일 이내이며 이를 초과할 경우 100만 원 이하의 과태료 부과 대상에 해당됩니다. 계약서 작성 이전이라도 임대료, 임대기간, 주택 등이 확정되어 당사자 간 임대차 계약의 합의 후 (가)계약금이 입금되었다면, (가)계약금 입금일을 기준으로 30일 이내 신고해야 합니다(부동산거래신고법 제28조제5항제3호).

[6] 다른 법률에 따른 주택임대차신고 등의 의제

> 전입신고하면 임대차신고를 하지 않아도 되나요?

주택임차인이 주민등록법상 전입신고를 할 때 임대차계약서를 함께 제출하면, 임대차계약신고를 한 것으로 봅니다(부동산거래신고법 제6조의5제1항). 그리고 주택임대차계약신고 시 임대차계약서를 제출한 경우, 주택임대차보호법에 따른 확정일자가 부여되는 것으로 봅니다(동법 제6조의5제3항 전단).

또한 「공공주택 특별법」에 따른 공공주택사업자 및 「민간임대주택에 관한 특별법」에 따른 임대사업자는 관련 법령에 따른 주택임대차계약의 신고 또는 변경신고를 하는 경우 주택임대차계약의 신고 또는 변경신고를 한 것으로 봅니다(동법 제6조의5제2항).

제7절 소액임차인의 보호

1. 소액임차인보호의 구체적 내용

[1] 소액임차인의 우선변제권

> 소액임차인의 우선변제권의 주요 내용은 무엇이며, 확정일자를 갖춘 임차인의 우선변제권과는 어떻게 다른지요?

'소액임차인의 우선변제권'은 순위에 관계없이 일반채권자는 물론 선순위저당권자 등 모든 권리자보다 우선하여 경매절차에서 배당을 받게 되는 것을 의미합니다. 그런 면에서 단순히 임차주택의 소유자가 변경된 경우에 새로운 소유자에 대하여 임차권을 주장할 수 있는 대항력과 다르고, 확정일자를 갖춘 날을 기준으로 하여 경매절차에서 순위에 따라 변제를 받게 되는 일반 임차인의 우선변제권과 다르다고 하겠습니다.

소액임차인의 우선변제의 범위와 기준은 주택가액의 2분의 1의 범위 안에서 주택임대차보호법 시행령에 규정되어 있습니다. 그 범위는 아래 표와 같습니다. 임차인이 이와 같은 최우선변제권을 행사하기 위해서는 경매신청기입등기가 되기 전에 주민등록 및 입주를 마쳐 대항력을 취득해야 합니다.

주의할 점은 시행령 개정 전에 저당권 등을 취득한 사람에 대해서는 종전의 규정을 적용하게 된다는 것입니다. 현재는 소액임차인에 해당되더라도 구 시행령 하에서는 소액임차인에 해당하지 않는 경우, 구 시행령 하에서 설정된 저당권자에 대해서는 소액임차인의 우선변제권을 행사할 수 없습니다(주택임대차보호법 제8조, 동법 시행령 제10조·제11조).

⟨최근 10년간 소액임차인 보호범위 변천⟩

시행기간	지역	소액임차인 범위	최우선변제금
2014. 1. 1. ~ 2016. 3. 30.	서울특별시	9천5백만 원 이하	3,200만 원까지
	수도권정비계획법에 따른 과밀억제권역(서울 제외)	8천만 원 이하	2,700만 원까지
	광역시(수도권 과밀억제권역·군 지역 제외) 김포·광주·용인·안산	6천만 원 이하	2,000만 원까지
	그 밖의 지역	4천5백만 원 이하	1,500만 원까지
2016. 3. 31. ~ 2018. 9. 17.	서울특별시	1억 원 이하	3,400만 원까지
	수도권정비계획법에 따른 과밀억제권역(서울 제외)	8천만 원 이하	2,700만 원까지
	광역시(수도권 과밀억제권역·군 지역 제외) 세종·김포·광주·용인·안산	6천만 원 이하	2,000만 원까지
	그 밖의 지역	5천만 원 이하	1,700만 원까지
2018. 9. 18. ~ 2021. 5. 31.	서울특별시	1억1천만 원 이하	3,700만 원까지
	수도권정비계획법에 따른 과밀억제권역(서울 제외) 세종·용인·화성 포함	1억 원 이하	3,400만 원까지
	광역시(수도권 과밀억제권역·군 지역 제외) 김포·광주·안산·파주	6천만 원 이하	2,000만 원까지
	그 밖의 지역	5천만 원 이하	1,700만 원까지
2021. 6. 1. ~ 2023. 2. 20.	서울특별시	1억5천만 원 이하	5,000만 원까지
	수도권정비계획법에 따른 과밀억제권역(서울 제외) 세종·용인·화성·김포 포함	1억3천만 원 이하	4,300만 원까지
	광역시(수도권 과밀억제권역·군 지역 제외) 광주·안산·파주·평택·이천	7천만 원 이하	2,300만 원까지
	그 밖의 지역	6천만 원 이하	2,000만 원까지
2023. 2. 21. ~ 현재	서울특별시	1억6천5백만 원 이하	5,500만 원까지
	수도권정비계획법에 따른 과밀억제권역(서울 제외) 세종·용인·화성·김포 포함	1억4천5백만 원 이하	4,800만 원까지
	광역시(수도권 과밀억제권역·군 지역 제외) 광주·안산·파주·평택·이천	8천5백만 원 이하	2,800만 원까지
	그 밖의 지역	7천5백만 원 이하	2,500만 원까지

[2] 저당권과 소액임차인

> 저는 전세보증금 1억 원, 계약기간 2년으로 서울 소재의 주택을 임차하고 입주와 동시에 주민등록을 옮기긴 하였으나 확정일자를 받지 않았습니다. 그런데 제가 입주하기 전에 이미 채권액 8,000만 원의 저당권이 설정되어 있었으며, 제가 입주하고 주민등록을 마친 이후로도 채권최고액 9,000만 원의 근저당권이 설정되었습니다. 위 주택의 시세는 현재 약 2억5천만 원 정도인데 위 주택이 경매될 경우 저는 얼마나 배당을 받을 수 있는지요?

우선 귀하는 대항력을 갖추긴 하였으나 선순위 저당권자가 있으므로 경락인에게 대항할 수 없으며, 확정일자를 갖추지 않았으므로 순위에 따르는 우선변제권도 행사할 수 없습니다. 다만, 귀하가 임차한 주택의 선순위 저당권자가 2023. 2. 21. 이후에 설정되었다면 최우선변제권이 인정되는 서울 지역의 소액임차인으로서 주택가액(대지 포함)의 2분의 1의 범위 안에서 5,500만 원까지는 1순위로 배당받을 수 있을 것입니다.

※ 전세사기 피해자를 위한 최우선변제금 무이자대출

「전세사기 피해자 지원 및 주거안정에 관한 특별법」의 시행('23. 6. 1.)으로, 선순위 근저당이나 갱신 계약으로 인해 최우선변제를 받을 수 없는 전세사기 피해자들에게는 근저당권 설정 시점이 아닌 경매와 공매가 완료되는 시점을 기준으로 10년 간 무이자대출을 지원(소득·자산요건 없음)해 준다.

[3] 배당요구 기한을 놓친 소액임차인의 구제

> 저는 전세금 8천만 원인 소액임차인인데 임차주택에 대한 경매절차에서 배당요구를 할 시기를 놓쳐 선순위 권리자인 근저당권자가 경락대금을 모두 받아가고 말았습니다. 위 저당권자를 상대로 제가 배당요구를 하였으면 받을 수 있었던 보증금액의 반환을 청구할 수 있는지요?

귀하는 소액임차보증금의 범위 안에서 저당권자에게 반환을 청구할 수 있습니다. 최우선변제권이 있는 소액임차인이 경매절차에서 배당요구를 하지 못하여 근저당권자가 소액임차인이 받아야 할 임차보증금 상당의 금액까지 모두 배당받았다면 이는 부당이득이므로 소액임차인에게 반환할 의무가 있기 때문입니다(대법원 1990. 3. 27. 선고 90다카315,322,339 판결).

[4] 임금채권과 소액임차보증금의 순위

> 저는 현재 거주하고 있는 갑 소유의 주택에 보증금 2천만 원, 월세 20만 원에 임차하고 있는데 사업을 하는 집주인이 부도가 나서 경매절차가 진행되고 있으며, 임차주택에는 집주인이 경영하던 회사의 근로자가 임금채권을 근거로 가압류를 하였습니다. 그 경우 근로자의 임금채권과 저의 보증금반환채권 중 어느 것이 우선하여 배당을 받게 되는지요?

임금채권과 소액임차보증금채권은 모두 최우선순위를 인정받는 채권이므로 우열을 가릴 수 없습니다. 결국 임금채권자와 소액임차인은 우선변제가 인정되는 임금채권과 소액임차보증금채권의 채권액에 비례하여 평등하게 배당을 받게 될 것입니다.

[5] 2인 이상이 함께 공동생활을 할 경우 소액임차인 여부의 판단

> 저는 서울에 보증금 1억6천만 원의 주택을 임차하려 합니다. 소액보증금의 보호를 받기 위하여 저와 동생이 각각 6천만 원, 1억 원으로 임대차계약을 체결한 것으로 하면 모두 소액임차인으로 보호받을 수 있는지요?

그렇지 않습니다. 「주택임대차보호법 시행령」 제3조제4항을 보면 하나의 주택에 임차인이 2인 이상이고 이들이 그 주택에서 가정공동생활을 하는 경우에는 이들을 1인의 임차인으로 보아 보증금을 합산한다고 규정하고 있으므로, 귀하와 귀하의 동생이 전혀 별개로 거주하며 생활하지 않는 한 1건의 임대차로 보아 보증금을 합산하여 소액임차인인지의 여부를 판단할 것이고, 따라서 귀하는 소액임차인에 해당하지 않게 되기 때문입니다.

[6] 소액임차보증금이 주택 가액의 2분의 1을 초과한 경우

> 갑, 을, 병은 같은 주택(서울 소재)의 방을 각각 6천만 원, 7천만 원, 8천만 원에 임차하여 입주 및 주민등록을 마쳤으나 확정일자는 받지 않았습니다. 위 주택이 1억 8천만 원에 경매될 경우 어떻게 배당받게 되나요?

위 경우 소액임차인이 여러 사람이고 각 보증금이 5,500만 원 이상이므로 임대차계약의 선후나 보증금액과 관계없이 주택가액의 2분의 1에 해당하는 금액을 평등하게 분할하여 배당받게 됩니다. 즉 주택가액의 2분의 1에 해당하는 9천만 원을 균분하여 3천만 원씩 배당받게 됩니다.

그러나 이와 달리 그 중 1명의 보증금이 5,500만 원에 미달하는 경우에는 결론이 달라집니다. 즉, 갑·을·병의 보증금이 각각 7천만 원, 8천만 원, 4천만 원이라면 갑과 을은 각 3,300만 원

(9천만 원×5,500만 원/1억5천만 원), 병은 2,400만 원(9천만 원×4천만 원/1억5천만 원)을 배당받게 될 것입니다.

[7] 확정일자까지 갖춘 소액임차인의 보호

> 저는 보증금 액수가 1억 원인 소액임차인인데(서울 소재), 주택의 입주와 주민등록을 마치고 확정일자까지 받아두었습니다. 만일 저의 임차주택이 경매될 경우 소액임차인으로 최우선변제를 받을 수 있는 5,500만 원을 초과하는 나머지 4,500만 원을 우선하여 배당받을 수 있는지요?

나머지 4,500만 원에 대하여는 순위에 따른 우선배당을 받을 수 있습니다. 소액임차인이 확정일자를 갖추면 대항력과 확정일자를 갖춘 시기를 기준으로 하는 일반적 우선변제권의 보호도 함께 받을 수 있기 때문입니다.

[8] 임차인으로부터 주택을 전차한 소액임차인

> 저는 임대보증금이 1억6천만 원인 임차인으로부터 집주인의 동의하에 방 1칸을 6천만 원에 다시 빌려 입주한 후 주민등록을 마쳤습니다. 저도 소액임차인으로서 보호받을 수 있는지요?

보호받을 수 없습니다. 임차인으로부터 다시 임차한 이른바 '전차인'이 소액임차인으로서 보호를 받는 경우는 원래의 임차인이 소액임차인에 해당하는 경우에 한하기 때문입니다.

다만, 귀하의 전대차는 임대인의 동의를 얻어서 이루어진 것이므로 만일 원래의 임차권자가 대항력 및 확정일자에 의한 우선변제권을 갖춘 사람이라면 전대차에도 불구하고 그 권리를 그대로 유지하게 되며, 따라서 귀하는 임차인의 권리를 원용(임차인의 권리를 귀하의 권리처럼 주장하는 것을 의미)하여 대항력 및 우선변제권을 행사함으로써 귀하의 보증금을 반환받을 수 있을 것으로 보입니다.

[9] 보증금이 감액되어 소액임차인이 된 경우

> 저는 최초에 주택을 임차할 때에는 보증금이 1억 6천만 원이었는데 최근 집주인과 합의하에 보증금을 1억 4천만 원으로 인하하였습니다. 소액임차인으로서의 보호를 받을 수 있는지요?

보호받을 수 있습니다. 귀하가 집주인과 합의하여 보증금을 인하할 때까지 임차주택에 대하여 등기부에 경매신청등기가 되어있지 않았다면 귀하는 향후 경매절차에서 소액임차인으로서 보호를 받을 수 있습니다. 주택임대차보호법에서는 소액임차인의 보호 요건을 경매신청의 기입등기 전에 갖추면 된다고 하고 있기 때문입니다.

2. 우선변제권의 행사방법(확정일자부 우선변제권 및 소액임차인의 최우선변제권 공통)

[1] 우선변제권 행사절차

> 임차주택이 경매청구 되었을 때 확정일자를 갖춘 임차인 또는 소액임차인이 우선변제를 받으려면 어떻게 하여야 하는가요?

임차주택에 대하여 경매절차가 진행 중인 경우 임차인은 우선변제권을 증명할 수 있는 자료(임대차계약서 사본, 주민등록등본 등)를 첨부하여 경매법원에 권리신고 및 배당요구를 하면 됩니다(실무상 권리신고 및 배당요구는 하나의 용지로 하도록 되어 있음).

경매절차가 개시되면 법원은 소액임차인의 유무 및 우선변제권의 범위 등을 확정하기 위하여 집행관에게 임대차조사보고명령을 하고 그 결과를 토대로 임차인들에게 배당요구통지서를 송부하여 권리신고 및 배당요구에 필요한 안내를 하며, 경매기일 역시 통지해 주고 있으므로 그 안내에 따르면 될 것입니다.

[2] 임차인의 배당요구기한

> 우선변제권을 가지고 있는 임차인은 경매절차의 어느 단계까지 배당요구를 해야 하나요?

배당요구종기일까지 배당요구를 하여야 합니다. 경매절차는 보통의 경우 [경매신청] → [경매신청의 기입등기] → [조사명령 및 최저경매가격 결정] → [경매기일] → [경락기일] → [경락대금의 납부] → [배당절차]의 과정을 거치게 됩니다.

민사집행법 제88조제1항은 법률에 의하여 우선변제권이 있는 권리자는 배당요구종기일까지 배당요구를 할 수 있도록 하고 있으므로 소액임차인 역시 경락기일 이전에 배당요구를 해야 하는 것으로 보아야 할 것입니다. 그러므로 우선변제권을 가지고 있는 임차인은 임차주택에 대하여 경매절차가 진행 중인 경우에는 즉시 배당요구절차를 밟아 권리를 누락시키는 일이 없어야 할 것입니다.

[3] 임차주택 경매 시 임차인의 대항요건은 언제까지 유지하여야 하는지

> 저는 임차보증금 9천만 원에 전세를 살고 있는데 최근 저당권자가 경매를 신청하여 경매절차가 진행 중입니다. 그런데 사정이 생겨 갑자기 이사를 가야 할 형편입니다. 이사를 가더라도 우선변제권을 행사하는데 아무런 지장이 없는지요?

귀하는 경매절차에서 경락기일까지 임차주택에 거주하고 있어야 합니다. 왜냐하면 주택의 인도와 점유라는 대항요건은 우선변제권의 취득시에만 존재하면 족한 것이 아니라 경락기일까지 계속되어야 하기 때문입니다. 다만 주택임대차보호법 제3조의3에서 규정하고 있는 임차권등기명령을 신청하여 임차권등기를 마치면 이사를 하더라도 원래 가지고 있던 대항력과 우선변제권을 상실하지 않게 되므로 부득이 이사할 필요가 있다면 이를 이용하면 편리할 것입니다.

[4] 배당요구를 하지 않은 임차인의 대항력

> 저는 임차보증금 9천만 원의 소액임차인인데 임차주택에 대한 경매절차에서 권리신고 및 배당요구를 하지 않아 아무런 우선변제도 받지 못한 채 경락인에게 소유권이 넘어가고 말았습니다. 배당요구를 할 수 있음에도 하지 않은 것이 경락인에 대하여 임차권의 유효함을 주장하며 보증금의 반환을 요구하는데 장애요인이 되는가요?

그렇지 않습니다. 대항력이 있는 경우 임차주택이 경매되더라도 경락인이 임대인의 지위를 승계하며, 배당요구를 하지 않았다고 하여 임차주택의 경락인에게 대항할 수 없다거나 임차보증금반환청구권의 행사를 포기한 것으로 볼 수는 없기 때문입니다.

다만, 임차주택에 선순위저당권 등이 설정되어 있어 경매로 인하여 귀하가 대항력을 취득할 수 없는 경우에는 경락인에게 대항할 수 없으므로, 선순위권리자가 있는 경우 임차주택에 대한 경매절차가 개시되면 반드시 우선변제권을 행사하여야 함을 유의하시기 바랍니다.

제8절 임차권등기명령제도

[1] 임차권등기명령제도의 내용

> 임차권등기명령제도는 어떤 것인가요?

구 주택임대차보호법에 의하면, 임대차가 종료하였으나 보증금을 반환받지 못한 상태에서 인사발령 등의 사유로 임차인이 이사를 갈 필요가 생긴 경우, 이사를 가게 되면 대항력과 우선변제권을 상실하게 되기 때문에 부부가 별거하거나 자녀의 주민등록을 이전하지 못하여 전학을 하지 못하는 등 불편을 겪고 있었습니다. 임차권등기명령제도는 그러한 경우 임차인이 법원에 임차권을 등기하여 줄 것을 신청하고 법원에서는 간단한 절차를 거쳐 임차권등기명령을 발하여 이를 촉탁하도록 함으로써, 임대인의 협력 없이도 임차인 단독으로 임차권을 등기할 수 있도록 한 것입니다(주택임대차보호법 제3조의3).

임차권등기를 마친 경우에는 이사를 가거나 주민등록을 옮기더라도 기존에 보유하고 있던 대항력과 우선변제권이 유지되도록 하여 임차인의 거주 이전의 자유를 보장하고 있는 제도입니다.

[2] 임차권등기명령에 의한 임차권등기의 효력

> 저는 주택을 임차하여 입주 후 주민등록과 확정일자를 갖추고 살다가 2년의 임대차기간이 모두 지났는데도 집주인이 보증금을 반환하지 않고 있던 중 갑자기 인사발령으로 다른 곳으로 이사를 가야만 하게 되었습니다. 이사를 가면 대항력과 우선변제권을 상실하여 보증금을 반환받지 못할 수 있다는데 사실인지요?

이사하게 되면 대항력과 우선변제권을 모두 상실하는 문제가 있으나, 주택임대차보호법 제3조의3에 따른 임차권등기명령제도를 이용하여 임차권등기를 하면 이사를 가고 주민등록을 옮기더라도 귀하가 원래 가지고 있던 대항력과 우선변제권을 상실하지 않기 때문에 이로 인한 불이익을 받지 않게 됩니다.

[3] 임차권등기명령의 절차 및 비용

> 임차권등기명령제도를 이용하여 등기한 후 이사를 가려고 합니다. 어떤 절차를 밟아야 하며 비용과 시간이 얼마나 드는지요?

임차권등기명령을 받기 위해서는 가까운 법원(시·군 법원을 포함)에 임차권등기명령신청서를 제출하면 됩니다. 임차권등기명령신청서에는 당사자 및 법정대리인의 표시, 신청의 취지 및 이유, 임차권등기의 원인이 된 사실 등을 기재하여야 하며, 첨부서류로는 임대차의 목적인 임차주택을 특정할 수 있는 부동산등기부등본 등의 자료를 비롯하여 확정일자부 임대차계약서, 주민등록등(초)본, 임차인의 거주사실확인서, 임대차계약 해지에 대한 입증자료(내용증명우편 등) 등이 있고, 임대차의 목적이 주택의 일부인 경우에는 그 도면도 제출하여야 합니다.

임차권등기명령을 신청하여 임차권등기를 하는 데는 수입인지 2,000원, 당사자 1인당 3회분의 송달료(1회분은 4,800원), 매 부동산 마다 등기신청수수료 3,000원, 등록면허세 6,000원 및 교육세 1,200원 등이 소요될 것으로 예상됩니다.

[4] 임대차기간이 끝나지 않은 경우의 임차권등기명령신청

> 저는 주택을 임차하여 약 10개월 정도 거주하다가 갑자기 회사발령으로 인하여 이사를 가야 할 형편입니다. 그런데 이사철이 아니라서 집은 빠지지 않고 집주인은 전세보증금을 줄 능력이 없으니 다른 곳에 세를 놓고 받아가라고 하고 있습니다. 이 경우에도 임차권등기명령제도를 이용할 수 있는지요?

귀하는 임차권등기명령제도를 이용할 수 없습니다. 원래 등기는 양 당사자가 합의하에 하는 것이 원칙인데, 임대인이 임대차가 종료하였음에도 불구하고 보증금을 돌려주지 못하는 경우 특별히 법원의 명령에 의하여 임차인이 단독으로 등기할 수 있는 길을 열어놓은 것이 임차권등기명령제도이므로, 귀하와 같이 임대차가 종료하지 않은 임차권자는 이를 활용할 수 없습니다.

[5] 임대인 사망 시 임차권등기명령 절차에서 상속등기 생략 가능

> 저는 '빌라왕'이라고 불리는 임대인 소유의 빌라에 세입자로 살고 있었는데, 임대인이 얼마 전 사망하였습니다. 계약기간이 끝났음에도 보증금을 돌려받지 못하고 있는데, 직장을 옮기게 되어 이사를 가야하는 상황이라 임차권등기명령을 신청하려고 합니다.
> 그런데 빌라 소유 명의자인 임대인이 사망했기 때문에 등기소에서 망인의 상속인들 명의로 상속등기를 한 후에 신청을 받아준다고 들었습니다. 그런데 죽은 임대인은 미혼이고 혼자 살고 있었어서, 누가 상속인인지 또 상속인이 어디에 사는지 아무 정보가 없습니다. 이러면 제가 임차권등기명령을 하지 못하는 것인가요?

아닙니다. 등기 선례의 변경으로 임대인이 사망한 경우 이제는 상속등기를 거치지 않고 임차권등기명령을 신청할 수 있게 되었습니다.

부동산등기법 제29조제7호는 '신청정보의 등기의무자 표시가 등기기록과 일치하지 않는 경우'를 등기의 각하 사유로 하고 있습니다. 이에 따라 임대인이 사망한 경우 임차인이 임차권등기명령을 신청하면, 법원에서는 등기의무자 표시를 등기기록과 일치시키기 위해 임차인에게 대위로 상속등기를 할 것을 요구해왔습니다.

그런데 임차인이 대위로 상속등기를 하려면 상속인이 부담해야 하는 취득세 등 공과금을 먼저 납부해야 해서 경제적 부담이 크고, 이후 구상절차도 복잡하며, 제3자가 정확한 상속인을 조사하는 것도 매우 까다로워 그 절차에 드는 시간만 수개월에서 최대 1년까지 소요되는 등 많은 어려움이 있어, 대법원은 상속등기를 거치지 않고 임차권등기명령을 신청할 수 있도록 등기 선례를 변경하였습니다(2023. 1. 5. 부동산등기과-62 직권 선례). 귀하와 같이 피해를 입은 임차인들에게 도움을 주고자 개선한 것입니다.

이번 등기선례의 제·개정으로 귀하는 상속등기를 대위할 필요 없이 사망한 임대인의 상속인(들)이라고 피신청인에 기재하여 곧바로 임차권등기명령을 신청할 수 있고, 등기소는 임대인 소유 명의의 부동산에 관해 상속관계를 표시하여 촉탁된 임차권등기를 수리할 것입니다.

[6] 임차권등기명령에 의한 임대차등기가 경료된 경우의 재임대

> 저는 주택의 소유자인데 임대차기간이 지나도 임차인에게 보증금을 반환하지 못하자 임차인이 임차권등기명령제도에 기하여 임차권등기를 하였습니다. 임차권등기가 되어 있는 관계로 재임대가 어려워지지 않을까 걱정이 됩니다. 재임대를 하려면 어떻게 하는 것이 좋을까요?

임차권등기명령에 의하여 임차권등기를 한 임차인이 갖는 지위는 주택임대차보호법에 의하려 대항력과 우선변제권을 갖춘 임차인과 동일합니다. 그러므로 임차권등기명령제도에 의한 임대차등기가 되어 있는 집을 재임대하는 경우 새로운 임차인에게 그러한 사정을 잘 설명하면 재임대가 어렵지 않을 것입니다.

한편, 귀하가 재임대를 할 때 새로운 임차인과 계약을 체결하고 보증금을 받게 되면 임차권등기를 한 전 임차인에게 보증금을 변제하면서 임차권등기를 말소하기 위한 서류(임차권등기명령신청 취하서, 인감증명 등)를 받아두면 쉽게 임차권등기를 말소할 수 있을 것입니다.

[7] 민법에 의한 임대차등기의 효력

> 민법 제621조에는 임대인과 임차인이 합의하여 임대차를 등기할 수 있도록 되어 있습니다. 주택임대차보호법의 임차권등기명령에 의한 임대차등기와는 어떤 차이가 있는지요?

임차권등기명령에 의한 임대차등기는 그 대상이 주택임대차에 한정되고 임대인의 동의 없이 법원의 결정을 받아 단독으로 등기를 할 수 있다는 점에서 민법 제621조에 의한 임차권등기와 다릅니다. 다만 등기의 효력을 보면, 임대차등기 당시 이미 우선변제권이나 대항력을 취득한 사람은 그 지위를 그대로 유지하고, 등기 이전에 우선변제권이나 대항력을 취득하지 못하였던 임차인은 등기 시를 기준으로 우선변제권과 대항력을 취득한다는 점에서 양자가 같게 됩니다.

[8] 임차권등기가 경료된 집을 임차한 소액임차인의 우선변제권

> 저는 서울 소재 주택을 1억 원에 임차하여 주민등록을 마치고 입주하여 거주하고 있습니다. 최근 등기부등본을 확인해 보니 제가 입주하기 전에 다른 임차인이 임차권등기명령에 의한 임차권등기를 해놓고 이사 간 것을 알게 되었습니다. 지금 위 주택은 근저당권자에 의한 경매절차가 진행 중입니다. 제가 소액임차인으로서 보호받을 수 있는지요?

귀하는 소액임차인로서 보호받을 수 없습니다. 주택임대차보호법은 임차권등기명령에 의하여 임차권등기를 마친 임차인을 보호하기 위하여 임차권등기가 경료된 주택에 대하여는 소액임차인의 최우선변제권을 인정하지 않도록 하고 있습니다. 임차권등기명령에 의하여 임차권등기를 경료한 임차인이 이를 믿고 이사를 가게 되면 집이 비게 되므로 임대인은 그 집을 다시 쉽게 전세 놓을 수 있게 되고, 그 이후의 임차인이 소액임차인인 경우 그 소액임차인에게 최우선변제권을 인정하게 되면 임차권등기를 한 임차인은 물론 저당권자를 비롯한 다른 선순위 권리자의 이익을 해하게 될 우려가 있기 때문입니다.

이에 따라 임차권등기가 경료된 주택에 대하여, 그 이후 입주한 소액임차인의 최우선변제권은 인정하지 않습니다(실무상 소액임대차를 손쉽게 가장할 수 있게 되는 문제도 있음). 결국 귀하는 소액임차인으로서의 최우선변제권을 행사할 수는 없고, 다만 확정일자를 갖추고 있는 경우 그 순위에 따른 우선변제권을 행사할 수 있을 뿐입니다.

제9절 기타

[1] 주택임차인에게 불리한 약정의 효력

> 저는 갑으로부터 주택을 임차하면서 임대차기간을 2년으로 약정하였는데 갑이 위 주택에 직접 거주하기 위하여 집을 비워달라고 하는 경우에는 언제든지 집을 비워주어야 한다는 조건이 달려있었습니다. 위 조항에 따라 집주인이 집을 비워달라 요구하면 집을 비워주어야 하는지요?

귀하는 집주인의 요구에도 불구하고 2년 동안 임차주택에 계속 거주할 수 있습니다. 위 약정은 임차인에게 최소한 2년 이상의 임대차기간을 보장하고 있는 주택임대차보호법 제4조 제1항에 정면으로 배치되는 것이므로, 이 법의 규정에 위반한 약정으로 임차인에게 불리한 것은 효력이 없다는 동법 제10조에 의하여 효력이 없는 것이기 때문입니다.

[2] 사실혼관계에 있는 자의 주택임차권 승계

> 저는 갑이 임차한 전세금 9천만 원의 임차주택에서 혼인신고 없이 갑과 단둘이 동거해왔는데, 갑자기 갑이 교통사고로 사망하였습니다. 제가 위 주택의 임차권을 상속받을 수는 없는지요?

임차권의 전부 또는 일부를 상속받을 수 있습니다. 임차인이 사망할 경우 주택임대차보호법은 사실상 혼인관계에 있던 사람을 보호하기 위하여 일정 범위 안에서 임차권의 상속을 인정하는 민법의 특별규정을 두고 있습니다. 이에 따르면 임차인이 상속인 없이 사망한 경우 사실상 혼인관계에 있던 사람이 단독으로 임차권을 승계합니다.

또한 가정공동생활을 하던 상속인이 있는 경우에는 사실상의 혼인관계에 있던 자에게 상속권이 없으나, 가정공동생활을 하던 상속인이 없는 경우에는 사실상의 혼인관계에 있던 자와 사망한 임차인의 2촌 이내의 친족이 공동으로 임차권을 승계하게 됩니다.

따라서 귀하는 경우에 따라서는 단독으로 또는 사망한 갑의 부모 또는 자녀(부모 또는 자녀가 없는 경우 형제자매)와 공동으로 임차권을 승계하게 될 것입니다(주택임대차보호법 제9조).

[3] 경매 사실을 숨기고 주택을 임대한 경우

> 저는 갑 소유의 아파트를 임차하여 입주하고 주민등록 전입신고를 마쳤으나, 며칠 후 확인해 보니 위 아파트는 임대차계약 체결 이전에 이미 제3자에게 경락허가결정이 난 사실을 알게 되었습니다. 계약 시 경락허가결정이 있은 사실을 숨긴 임대인에게 어떤 책임을 물을 수 있는지요?

경매절차에서 배당요구를 할 수 있는 시기는 배당요구종기일까지이므로, 귀하는 경매대금에서 보증금을 배당받을 권리가 없고 다만 임대인에 대해 보증금반환청구를 할 수 있을 뿐입니다.

한편, 주택임대차에서 임차주택에 대하여 이미 경락허가결정이 있었다는 사실은 거래관계에 있어서 매우 중요한 사실이며, 만일 임대인이 임차인에게 그 사실을 알렸다면 임대차계약을 하지 않았을 것이 경험칙상 명확하므로 임대인이 만일 이를 숨긴 경우 형법상 사기죄를 구성하게 됩니다. 따라서 귀하는 임대인을 사기죄로 고소하여 처벌받게 할 수도 있을 것으로 보입니다.

[4] 임대차보증금의 감액청구

> 임대차기간을 2년으로 하는 주택임대차계약을 체결하였는데, 그 후 얼마 안 되어 보증금이 폭락할 경우 임대인에 대하여 보증금의 감액을 요구할 수 있는지요?

감액요구 할 수 있습니다. 주택임대차보호법 제7조에 의하면 '약정한 차임 또는 보증금이 임차주택에 관한 조세, 공과금 기타 부담의 증감이나 경제사정의 변동으로 인하여 상당하지 아니하게 된 때에는 당사자는 장래에 대하여 그 증감을 청구할 수 있다.'고 규정하고 있으므로, 귀하의 경우 급격한 경제사정의 변동으로 인한 보증금의 감액을 임대인에 대하여 청구할 수 있을 것입니다. 구체적인 권리행사는 우선 집주인과 협의하여 보증금을 감액해 줄 수 있는지 알아본 후, 합의가 이루어지지 않는 경우 법원에 조정을 신청하거나 소송을 제기하는 방법이 있을 것입니다.(서울동부지방법원 1998. 12. 11. 선고 98가합19149 판결 참조)

[5] 임차보증금의 증액청구 제한

> 저는 제 소유의 주택을 갑에게 임대하였다가 2년 기간이 만료해서 재계약을 하려고 하는데 주택임대차보호법에 보증금의 증액이 20분의 1로 제한되어 있으므로 그 이상은 올릴 수 없다고 말하는 사람이 있습니다. 사실인지요?

귀하는 보증금의 인상요구를 자유롭게 할 수 있으며 아무런 제한이 없습니다. 주택임대차보호법 제7조 및 제6조의3제3항 단서, 동법 시행령 제8조제1항에 의하여 보증금의 증액청구가 제한되어 있는 것은 임대차기간 중에 특별한 사정이 있어서 보증금을 증액청구하는 경우와 계약갱신요구권에 의해 재계약을 하는 경우 해당되는 것이며, 기간이 만료한 후 재계약을 하거나 다른 사람과 임대차계약을 하는 경우 적용되는 조항이 아니기 때문입니다.

[6] 건물 경매 시 주택임차인에 대한 인도명령의 가부

> 제가 임차한 주택에 선순위의 저당권이 실행되어 경매절차에 의하여 경락인이 소유권을 취득하였습니다. 그러자 경락인은 법원의 인도명령을 받아 저에게 집을 비워줄 것을 요구하고 있습니다. 제가 위 요구에 응하여야 하는가요?

경매절차가 끝난 경우에 경락인이 건물을 점유하는 사람들로부터 건물을 인도받기 위하여 간이하게 이용할 수 있는 것이 인도명령제도입니다. 부동산인도명령의 상대방은 채무자, 소유자, 압류의 효력이 있는 후에 점유를 시작한 부동산 점유자가 되므로, 귀하가 만일 압류개시 전에 이미 건물을 임차하였더라면 인도명령에는 응할 필요가 없을 것입니다.

다만, 귀하는 선순위권리자의 존재로 인하여 경락인에 대한 대항력을 행사할 수 없으므로 경락인이 확정판결을 받아 건물 명도를 요구할 경우 이에 응할 수밖에 없을 것입니다.

[7] 주택임대차분쟁조정제도

> 주택임대차분쟁조정제도를 이용하면 소송보다 어떤 점이 더 제게 도움이 되는지, 또한 조정이 성립될 경우 법적 강제력이 있는지도 알고 싶습니다.

주택임대차분쟁조정제도는 주택임대차 계약관계에서 발생되는 각종 분쟁에 대하여 소송 대비 적은 비용으로 신속하고 합리적으로 심의·조정하여 국민의 주거생활 안정에 기여하고자 2017년 5월부터 도입된 제도입니다. 주택임대차보호법에 의거하여 분쟁조정위원회가 설치되며, 변호사·교수 등 관련 전문가가 당사자의 주장 및 자료를 토대로 논의 및 조정하는 것으로, 조정성립 시 일정부분 강제력도 발생합니다.

조정대상은 ① 차임 또는 보증금의 증감에 관한 분쟁, ② 임대차기간에 관한 분쟁, ③ 보증금 또는 임차주택의 반환에 관한 분쟁, ④ 임차주택의 유지·수선의무에 관한 분쟁, ⑤ 임대차 계약의 이행 및 임대차계약 내용의 해석에 관한 분쟁, ⑥ 임대차계약 갱신 및 종료에 관한 분쟁, ⑦ 임대차계약의 불이행 등에 따른 손해배상청구에 관한 분쟁, ⑧ 공인중개사 보수 등 비용부담에 관한 분쟁, ⑨ 주택임대차표준계약서 사용에 관한 분쟁, ⑩ 기타 ⑤~⑨에 준하는 분쟁으로서 조정위원장이 인정하는 사건입니다(법 제14조제2항, 시행령 제22조).

분쟁 당사자는 해당 주택이 소재하는 지역을 관할하는 조정위원회에 분쟁조정을 신청할 수 있습니다(법 제21조). 조정신청을 받은 날부터 60일 이내에 분쟁조정을 마치며, 부득이한 경우 조정위원회 의결을 거쳐 30일 범위에서 연장할 수 있습니다(동법 제23조).

성립된 조정은 조정서와 동일한 내용의 민사상 합의로서의 효력을 가집니다. 나아가 각 당사자 간에 금전, 그 밖에 대체물의 지급 또는 부동산의 인도에 관하여 강제집행을 승낙하는 취지의 합의가 있는 경우에는 그 내용이 기재된 조정서 정본에 집행력이 부여되므로 법원의 판결 없이도 강제집행을 신청할 수 있습니다.

[8] 알아두면 좋은 임대차분쟁 예방 조치

1) 임대인의 대리인과 계약을 체결하는 경우

만일 임대인 본인이 아닌 임대인의 대리인과 계약을 진행할 때에는 위임장과 인감증명서를 확인해야 한다. 위임장에는 임차목적물 소재지, 소유자의 성명과 연락처, 계약의 목적, 대리인 이름, 주소, 주민번호, 연월일 등이 기재되어야 하고, 인감증명서와 관련하여 위임장의 날인과 인감증명서의 날인 그리고 계약서에 찍을 날인이 동일하여야 한다.

2) 계약서 없이 이루어진 구두 약정의 효력

임대차계약은 의사의 합치가 있으면 성립하고 별도의 요식행위를 요하지 않는다. 따라서 계약서 없이 체결된 구두 약정도 유효합니다. 하지만 훗날 분쟁의 소지가 있을 수 있으므로 계약 조건을 서면화하여 체결하는 것이 훨씬 안전하다.

3) 대항력의 발생시기와 관련된 문제

주택임대차보호법상 임차인이 주택을 점유하고 주민등록(전입신고)을 하면 그 다음날부터 제3자에 대한 대항력이 발생한다. 만일 임차인이 전입신고를 한 당일에 임대인이 (근)저당권을 설정하게 되면, 임차권의 대항력보다 저당권이 더 우선하는 결과가 된다. 이를 방지하기 위해서는 계약 체결 전에는 물론이고 잔금 지급일에도 등기사항전부증명서를 확인해 볼 필요가 있다.

4) 전대차계약 시 유의점(집주인이 아닌 임차인이 세를 놓는 경우의 문제)

임대인은 반드시 목적물 소유자일 것을 요하지 않으며, 임차인이 다시 세를 놓는 것도 유효하다. 다만 민법 제629조는 "임차인은 임대인의 동의 없이 그 권리를 양도하거나 임차물을 전대하지 못한다."고 규정하고 있으며, 위반 시 소유자는 무단 전대를 이유로 원래의 임대차계약을 해지할 수 있다. 따라서 임차인이 임대인의 동의를 얻지 않고 무단으로 불법 전대 시 임대인은 임차인을 상대로는 임대차계약 해지를, 전차인을 상대로는 불법점유에 기한 목적물 인도청구가 가능하다.

이런 사태를 방지하기 위해 전대차계약서에 임대인의 동의란을 기재하고 서명 또는 날인을 받거나 혹은 임대인이 별도로 작성한 전대차동의서를 받아야 한다.

5) 공동소유자 중 1인과의 임대차계약 체결 시

집주인이 여러 명인데 그중 1인과 계약을 진행하는 경우, 그 사람의 지분이 1/2을 넘어야만 법적으로 유효한 처분 권한이 인정된다. 만일 1/2 이하의 지분을 가진 자와 임대차계약을 체결하는 경우 나머지 지분권자의 동의를 받는 것이 안전하다. 이와 관련하여 부부가 각각 절반씩 소유하고 있는 집에 대해 임대차계약을 체결하는 경우도 나머지 배우자의 동의서를 받는 것이 좋다. 판례는 부부 중 일방의 일상가사에 관한 대리권의 범위에 임대차계약 체결은 포함되지 않는다고 보고 있다.

6) 기타

개업 공인중개사의 중개 하에 체결된 임대차계약 후에는 주택임대차계약서, 중개대상물

확인설명서 및 공제증서 등을 받아 보관해야 한다. 또한 특히 하자가 있거나 보수를 요하는 임차목적물 부분이 있다면, 이 점을 계약서에 명기하는 것이 훗날 책임소재를 둘러싼 시비를 막을 수 있는 방법이다(핸드폰으로 촬영 추천).

[9] 공공임대주택의 임대차계약 해지권은 임차인의 일신전속적 권리로, 채권자대위권의 목적이 될 수 없다

> 저는 LH공공임대주택에 임차인으로 거주하고 있습니다. 생활비가 부족하여 저축은행에서 대출을 받는데, 담보로 임대주택의 보증금반환채권을 양도하면서 은행에 돈을 갚지 못하면 임대차기간 내라고 하더라도 계약을 해지하고 은행에 주택을 명도하기로 하는 각서도 써주었습니다. 2년 후 제가 이자를 제때 내지 못하자 은행은 제가 담보로 한 보증금반환채권을 통해 대출금을 상환하려고 LH에 저를 대신해 임대주택에 대한 임대차계약 해지를 주장하며 소송을 제기하였습니다. 돈을 갚지 못하면 결국 저는 이 집에서 나가야만 하는 건가요?

그렇지 않습니다. 공공주택특별법 제49조의3제1항과 동법 시행령 제47조 제1, 2항 및 동법 시행규칙에 규정된 표준임대차계약서에서 규정하는 공공임대주택 임대인의 임대차계약 해제·해지 사유는 제한적 열거 사유로 이에 위반되는 약정의 사법적 효력을 배제하는 강행규정이므로, 공공임대주택의 임차인이 대출채권자에게 각서를 교부해 대출금의 상환이 지체될 경우 임대차계약을 중도 해지하고 임차주택을 인도하기로 약정하였더라도, 그런 약정은 위 강행규정의 적용을 배제하거나 잠탈하는 내용의 약정으로서 무효라고 보는 대법원 판례가 있습니다(대법원 2022. 9. 7. 선고 2022다230165 판결).

공공임대주택 표준임대차계약서

법원은 공공주택특별법이 적용돼 동법 시행규칙에 따른 표준임대차계약서를 사용해 임대차계약을 체결한 경우에는 그 계약서에 규정된 공공임대주택 임차인의 임대차계약 중도 해지권은 임차인의 의사에 행사의 자유가 맡겨져 있는 '행사상의 일신전속권'으로 봄이 타당하므로, 민법 제404조제1항단서에 따라 채권자대위권의 목적이 될 수 없고, 이는 임차인이 대출금의 상환이 지체되면 임차주택을 인도하겠다는 각서를 교부한 경우에도 마찬가지라고 했습니다. 일반적인 계속적 계약관계와 달리 공공주택특별법의 적용을 받는 공공임대주택의 임차인은 더 두껍게 보호되어야 한다는 점을 강조한 것입니다.

따라서 귀하가 대출받은 저축은행이 귀하를 대신하여 LH에 임대차계약 해지의 의사표시를 한 것은 효력이 없으므로, 집을 비워주지 않아도 됩니다.

[10] 세입자를 보호하기 위하여 경매나 공매 배당 시 배당순위에서 당해세의 법정기일보다 임차보증금의 확정일자가 더 빠르면 우선변제(2023. 4. 1.부터)

지금까지 임차인들은 대항력과 확정일자 신고일까지 저당권만 없다면 안전하다고 믿었지만, 그런 순서와 무관하게 "당해세"라는 세금은 후순위라도 무조건 세입자보다는 우선했다.

◇ 당해세의 종류
[국　세] 상속세, 증여세, 재산세, 종합부동산세
[지방세] 재산세, 도시계획세, 공동시설세, 종합토지세, 자동차세(해당 자동차 경·공매 시만)

예를 들어 시세 6억 원의 주택에 보증금 4억 원의 전세계약을 맺었는데 3년이 지난 후 임의경매에서 주택의 시세가 하락하여 4억 원에 낙찰되었을 경우, 임차인의 확정일자가 제일 선순위라면 다행히 보증금 전액을 모두 우선변제 받을 것이라고 생각하지만, 그렇지 않다. 무조건 우선변제되는 '당해세 등'의 채권신고금액이 7천만 원이라면 국세청이나 지방자치단체에 이를 먼저 공제한 후 세입자는 3억 3천만 원을 배당받을 수밖에 없다. 예상치 못하게 눈 뜨고 7천만 원을 잃어버리게 되는 것이다.

이러한 세입자 보호를 위해 경매나 공매 배당 시, 배당순위에서 당해세 우선원칙의 예외사항을 규정한 국세기본법 제35조제7항이 신설되었다. 이에 따라 2023년 4월 1일 이후 경매의 매각허가결정 또는 공매의 매각결정에 따라 매각대금을 배당할 때, 임차인의 확정일자보다 해당 재산에 부과된 상속세, 증여세 및 종합부동산세 등의 당해세의 법정기일이 늦다면, 그 금액 만큼에 대해서는 임차보증금액을 우선변제할 수 있게 되었다.

◇ 경매 및 공매 배당순위 (낙찰금액으로 배당받는 순서)

배당순위	내용
0순위	집행비용(민사집행법 제53조)
1순위	물건 관리를 위해 지출한 필요비 및 유익비(민법 제367조)
2순위	소액임차인 최우선변제금 　(주택임대차보호법 제8조제1항 · 상가건물임대차보호법 제14조제1항) 최선순위 임금채권(최종 3개월분 임금 · 최종 3년간 퇴직금) 　(근로기준법 제38조 제2항 · 근로자퇴직급여보장법 제11조제2항) 재해보상채권 (산업재해보상보험법 제36조제1항) ※ 서로 경합하는 경우 상호 동등한 채권으로 보아 배당을 실시하여야 한다.
3순위	대항력 있는 임차인의 확정일자보다 법정기일이 빠른 당해세(국세/지방세) 　　　　　　　　　　　　　　　　　　※ 2023. 4. 1. 이후 매각허가결정
4순위	담보물권(전세권 · 저당권 · 담보가등기 등) 있는 채권, 대항력과 확정일자 있는 임차인
5순위	일반임금채권(최선순위 임금채권을 제외한 기타 임금채권)
6순위	후순위 당해세와 조세채권
7순위	의료보험료, 산업재해보상보험료, 국민연금보험료 등 공과금
8순위	일반채권

📝 전세사기피해자 지원 및 주거안정에 관한 특별법 (약칭: 전세사기특별법)
[시행 2023. 6. 1.] [법률 제19425호, 2023. 6. 1. 제정]

전세사기 피해자를 구제하기 위해 「전세사기 피해자 지원 및 주거안정에 관한 특별법」 (이하 '전세사기특별법'이라 함)이 2023년 5월 25일 국회 본회의를 통과하여 2023년 6월 1일부터 즉시 시행되고 있다.

1. 적용기간
전세사기특별법 적용기간은 2023. 6. 1.부터 2년간 한시적으로 시행한다. 6개월마다 국토교통위원회 보고를 통해 부족한 부분을 보완 입법하거나 적용기간 연장 여부를 결정한다.

2. 전세사기피해지원위원회
전세사기특별법이 시행됨에 따라 이 법을 통해 지원받을 수 있는 전세사기 피해자를 결정하는 전세사기피해지원위원회(이하 '위원회'라 함) 역시 2023. 6. 1. 출범했다. 위원회는 전직 판·검사 등 법률전문가 8인, 법무사·감정평가사·공인중개사·세무사 등 주택임대차 분야 전문가 7인, 주택임대차 학계 전문가 7인, 소비자보호 공익활동 경험자 3인, 기획재정부·법무부·행정안전부·국토교통부·금융위원회 실장급 당연직 5인 등 총 30인으로 구성되었다.

3. 전세사기 피해자 요건 (법 제3조)
- 대항력 및 확정일자를 갖춘 임차인 또는 임차권등기 마친 경우 (신탁사기 등 예외 지원)
- 임차보증금 3억 원 이하인 경우 (피해자 여건 고려해 최대 5억 원까지 조정 가능)
- 임대인의 파산·회생절차 개시 또는 임차주택의 경·공매절차 개시(세금 체납으로 인해 압류된 경우 포함)
- 임대인 등에 대한 수사 개시, 반환능력이 없는 자에게 소유권을 양도하는 등 전세사기가 의심될 경우

다만, 임차보증금반환보증보험을 통해 보증금 전액 반환이 가능하거나, 보증금 전액을 최우선변제 받을 수 있는 경우, 대항력 및 우선변제권 행사를 통해 보증금 전액을 자력으로 회수할 수 있다고 판단되는 경우에는 지원대상이 아니다.

4. 전세사기 피해자 결정 신청절차
특별법 지원이 필요한 임차인은 거주지 관할 시·도에 전세사기 피해자 결정 신청을 한다. 관할 시·도가 30일 내로 조사를 마치고 결과를 국토교통부로 넘기면 국토교통부는 조사 결과를 종합해 위원회에 안건을 상정하고, 위원회는 안건 상정 후 30일 이내에 피해 인정 여부를 결정한다. 경우에 따라 심의기간은 15일 내에서 한 차례 연장될 수 있어, 피해자 인정까지는 최대 75일이 소요된다.

만약 피해자로 인정받지 못했다면 임차인은 결정문을 송달받은 날부터 30일 내에 이의 신청을 할 수 있다. 위원회는 이의신청을 받은 날부터 20일 이내에 재심의 결과를 내야 한다.

이런 절차로 전세사기 피해자로 인정받은 임차인은 법원(우선매수권), LH(매입임대), 주택도시보증공사(경·공매 대행 지원) 등 관계기관에 직접 지원 신청을 해야 한다.

5. 지원내용
(1) 경·공매 절차 지원
- 경·공매 대행: 주택도시보증공사(HUG)가 경·공매 절차 대행 및 정부가 경·공매 비용의 70% 부담
- 우선매수권 부여: 최고가 낙찰액에 주택 구매 가능. 우선매수권 양도도 가능

- 임대공급: 한국주택토지공사(LH) 등에 우선매수권 양도 후 공공임대 전환해 그대로 거주 가능
- 조세채권 안분: 임대인의 전체 세금체납액을 개별로 안분하여 세금 분리 환수(전세사기 피해자의 동일 임대인과 계약한 임차인은 보증금 5억 원을 초과해도 지원)

(2) 금융지원

- 최우선변제금 무이자 전세대출 지원

  선순위 근저당이나 갱신 계약으로 인해 최우선변제를 받을 수 없는 피해자들에게는 근저당권 설정 시점이 아닌 경매와 공매가 완료되는 시점을 기준으로 최장 10년 간 무이자 대출 지원(소득, 자산요건 없음)

[최우선변제금(각 지역별)]

서울특별시	과밀억제권역/ 세종·용인·화성·김포	광역시/안산·광주· 파주·평택·이천	그 외 지역
최대 5천5백만 원	최대 4천8백만 원	최대 2천8백만 원	최대 2천5백만 원

- 주택 구입 및 전세자금 지원

  전세사기 피해자가 거주주택을 경락받거나 신규주택을 구입하는 경우 주택구입자금 대출 지원

요건	디딤돌대출 內 전용상품	특례보금자리론 금리 등 우대
소득/한도	7천만 원 이하 / 4억 원	제한없음 / 5억 원
금리	소득별 1.85~2.70%	3.65~3.95% (우대형 기준)
만기	최장 30년	최장 50년
거치기간	현행 최대 1년 → 최대 3년	현행 없음 → 최대 3년

- 신용회복 프로그램

  기존 전세대출 미상환금 → 최장 20년 간 분할상환 가능

  신용정보 등록 유예 가능

(3) 긴급복지지원 ('23년 4인 가구 기준)

전세사기 피해자도 "위기상황"임을 인정하여 생계가 어려워진 가구에게 생계비·의료비 등을 지원

생계지원	의료지원	주거지원	교육지원
162만 원 (최대 6개월)	1회 300만 원 이내	월 66만 원 (최대 12개월)	분기별 고등 21만 원 (최대 4분기)

※ 시·도별 전세사기 피해자 신청 접수처 및 전세피해지원센터 안내

지역	대표번호	지역	대표번호
서울시전월세종합지원센터	02-2133-1200~8	경기전세피해지원센터	070-7720-4870~2
부산광역시청 주택정책과	051-888-4254	인천전세피해지원센터	032-440-1805(6)
광주광역시청 주택정책과	062-613-4832	대구광역시청 토지정보과	053-803-4661
울산광역시청 건축정책과	052-229-4403	대전광역시청 토지정보과	042-270-6484
세종특별자치시청 주택과	044-300-5934	강원도청 건축과	033-249-3464
제주도청 주택토지과	064-710-2693(5)	전남도청 건축개발과	061-280-7721
전북도청 주택건축과	063-280-2365	충남도청 건축도시과	041-635-4653
충북도청 건축문화과	043-220-4474	경남도청 건축주택과	055-120
경북도청 건축디자인과	054-880-4020	**전세피해지원센터 콜센터**	1533-8119
서울전세피해지원센터	02-6917-8119	부산전세피해지원센터	051-810-9980~3

제2장 상가건물 임대차보호법

제1절 상가임대차의 보호 필요성

> 상가임대차를 특별히 보호하는 이유는 무엇인가요?

상가건물 임대차보호법은 상가건물의 임대차에서 사회적·경제적 약자인 임차인을 보호하고, 임차인들의 경제생활의 안정을 보장할 수 있게 하기 위해 제정되었다. 사회적으로 불합리한 이유로 상가임차인들이 불이익을 받는 것을 방지하기 위해 탄생한 특별법이다.

법 제1조는 "이 법은 상가건물 임대차에 관하여 「민법」에 대한 특례를 규정하여 국민 경제생활의 안정을 보장함을 목적으로 한다."고 하고 있다. 특히 영세 상인들에게는 점포가 유일한 생계수단이 될 수도 있는 만큼 그들의 정당한 권리를 보호하고 있으며, 임대인의 해지권 남용, 임대차기간의 불안정성, 월세 산정 시 고율의 이자율 적용, 임대보증금 미반환 등으로 발생하는 임차인의 피해를 막는 것이 주요 목적이다.

제2절 상가건물임대차보호법의 주요내용

> 상가건물임대차보호법은 어떤 방법으로 임차인의 권리를 보장하고 있는가요?

상가건물 임대차보호법상 상가임차인의 보호를 위한 제도는 다음과 같다.

1. 대항력 부여(법 제3조)

　상가건물임대차는 그 등기가 없는 경우에도 임차인이 건물의 인도와 사업자등록을 신청한 때에는 그 다음날부터 임차인이 그 건물을 빌렸다는 사실을 누구에게나 주장할 수 있다. 임차인이 대항력을 가지는 경우에는 임차건물의 새로운 소유자도 임대인의 지위를 이어받는 것으로 본다.

　'제3자에게 대항할 수 있다'는 것은 상가건물의 소유자가 변경되는 경우에도 임대인의 지위가 새로운 소유자에게 그대로 이전되므로 원래의 임대차계약기간 동안 임차권자로서 계속 사용할 수 있음은 물론, 임대차기간이 끝나더라도 보증금을 반환받을 때까지 계속 사용할 수 있다는 것을 의미한다. 다만, 대항력을 취득할 당시 임차한 상가건물에 선순위 권리자(예) 저당권자, 가압류등기자 등)가 있는 경우, 그들이 권리를 실현하기 위하여 제기한 경매절차에서 소유권을 취득한 경락인에 대하여는 대항할 수 없다(제4절에서 상세하게 설명).

2. 상가임차인의 우선변제권(법 제2조제1항단서 · 제4조 · 제5조 · 제14조)

　대항요건(사업자등록 및 상가건물의 인도)을 갖추고 관할 세무서장으로부터 임대차계약서상의 확정일자를 받은 상가임차인은 상가건물이 경매 또는 공매되는 경우 임차한 대지를 포함한 상가건물의 환가대금에서 후순위 권리자, 그 밖의 채권자보다 우선하여 변제를 받을 수 있다.

　대통령령이 정하는 보증금액을 초과하는 임대차에 대해서는 상가건물임대차보호법의 적용을 받지 못한다. 법은 환산보증금을 기준으로 세입자에 대한 보호범위를 구분하고 있는데, 2019년 개정법에 따르면 환산보증금이 지역별로 일정한 금액을 넘게 되면 건물주가 월세를 올리는 데 제한이 없어진다(동법 제10조의2, 동법 시행령 제2조). 　**(p.241 표 참조)**

　우선변제권의 성립시기와 관련하여 주의할 점은 상가임차인이 대항력의 취득요건을 구비할 것이 전제되어야 한다는 것이다.

3. 소액임차인의 최우선변제권(법 제14조, 동법 시행령 제6조 · 제7조)

　환산보증금을 초과하지 않는 상가임차인 중 보증금이 아래 기준보다 이하인 소액임차인은 임차건물이 경매되더라도 건물가액의 2분의 1의 범위 내에서 보증금 중 일부를 다른 담보물권자보다 우선하여 변제받을 수 있다. 이러한 소액임차인의 최우선변제권은 확정일자를 요하지 않고, 임차목적물에 대한 경매신청의 등기 전에 대항력을 갖추면 성립한다.

[지역별 소액임차인 범위 및 최우선변제를 받을 수 있는 금액]

지역	서울특별시	과밀억제권역	부산(기장군 제외), 광역시 안산·용인·김포·광주	그 외 지역
소액임차인 범위	6천5백만 원 이하	5천5백만 원 이하	3천8백만 원 이하	3천만 원 이하
최우선변제금	2천2백만 원 이하	1천9백만 원 이하	1천3백만 원 이하	1천만 원 이하

4. 임대차기간의 보장(법 제9조)

기간을 정하지 아니하거나 기간을 1년 미만으로 정한 임대차는 그 기간을 1년으로 본다. 다만, 임차인은 1년 미만으로 정한 기간이 유효함을 주장할 수 있다. 임대차가 종료한 경우에도 임차인이 보증금을 돌려받을 때까지는 임대차 관계는 존속하는 것으로 본다.

5. 계약갱신요구권과 묵시적 갱신(법 제10조)

임대인은 임차인이 임대차기간이 만료되기 6개월 전부터 1개월 전까지 사이에 계약갱신을 요구할 경우 정당한 사유 없이 거절하지 못한다. 임차인의 계약갱신요구권은 최초의 임대차기간을 포함한 전체 임대차기간 10년을 초과하지 않는 범위 내에서만 행사할 수 있다.

임대인이 임대차기간이 만료되기 6개월 전부터 1개월 이내에 임차인에게 갱신 거절의 통지 또는 조건 변경의 통지를 하지 아니한 경우에는 그 기간이 만료된 때에 전 임대차와 동일한 조건으로 다시 임대차한 것으로 보며, 이 경우에 임대차의 존속기간은 1년으로 본다. 이를 묵시적 갱신이라 한다. 묵시적 갱신의 경우 임차인은 언제든지 임대인에게 계약해지의 통고를 할 수 있고, 임대인이 통고를 받은 날부터 3개월이 지나면 효력이 발생한다.

묵시적 갱신은 계약갱신요구권의 경우와는 달리 10년의 기간 제한을 받지 않는다. 또한 환산보증금을 초과하는 상가임대차의 경우 상가건물임대차보호법상 묵시적 갱신은 인정되지 않으며, 민법상 묵시적 갱신의 적용을 받는다.

6. 임차권등기명령제도(법 제6조)

상가임대차계약이 종료된 후에도 보증금을 반환받지 못한 임차인이 사업자등록을 옮기거나 이사를 가야할 경우, 임차인은 임대인의 동의나 협력 없이 단독으로 임차건물의 소재지를 관할하는 지방법원, 지방법원 지원 또는 시·군 법원에 임차권등기명령을 신청할 수 있다. 임차권등기명령의 집행에 따른 임차권등기를 마치면, 임차인이 이사를 하거나 사업자등록을 이전하더라도 이미 취득한 대항력 또는 우선변제권을 상실하지 않는다.

7. 권리금 계약(법 제10조의3)

권리금 계약이란 신규임차인이 되려는 자가 임차인에게 권리금을 지급하는 계약을 말한다. 권리금은 상가임대차에 부수하여 임차목적물이 가지는 이익의 대가로 임차인이 임대인이나 기존의 임차인에게 지급하는 금전으로서 상가건물에서 영업하는 사람 또 영업을 하려는 사람이 영업 시설·비품·거래처·신용·영업상의 노하우·상가건물의 위치에 따른 영업상의 이점 등 유·무형의 재산적 가치의 양도 또는 이용 대가를 임대인이나 임차인에게 지불하는 것이다. 이러한 권리금은 보증금과 차임 이외에 지급하는 대가라는 점을 주의해야 한다.

제3절 상가임대차보호법의 보호범위

[1] 상가건물을 빌려야 「상가건물 임대차보호법」이 적용된다

> 서울 종로에 있는 상가건물을 임차하여 조그마한 커피전문점을 운영하려고 합니다. 상가임대차보호법의 보호를 받을 수 있나요?

보호받을 수도 있습니다. 「상가건물 임대차보호법」은 사업자등록 대상이 되는 상가건물의 임대차 및 일정 범위에 해당하는 보증금액의 임대차에만 적용됩니다. 또한 임대차목적물의 주된 부분이 영업용으로 사용되어야 합니다(법 제2조제1항). 커피전문점은 사업자등록의 대상이 되는 상가이며 영업용 상가로 판단됩니다. 다만 서울특별시의 경우 환산보증금[=보증금+(월세×100)]이 9억 원 이하인 경우에만 보호를 받을 수 있습니다. 또한 상가건물을 일시적으로 사용하기 위한 것임이 명백한 경우에는 법의 보호를 받지 못합니다(법 제16조).

[2] 임차인의 보증금이 일정액 이하여야 한다

> 서울에서 보증금 2억 원에 월세 800만 원인 상가건물에 임대차계약을 맺고 가게를 오픈했습니다. 법에 따라 보증금은 보호받을 수 있을까요?

보호받으려면 전세권 또는 임차권등기를 해야 합니다. 서울특별시의 경우 환산보증금이 9억 원 이하인 경우에만 상가건물 임대차보호법의 보호를 받을 수 있습니다. 귀하의 경우 환산보증금이 10억 원[=2억 원+(800만 원×100)]으로 기준을 초과하였습니다. 이와 같이 지역별 보증금을 초과하는 고액 보증금으로 상가건물을 임차하는 경우에는 「상가건물 임대차보호법」에 따라 보호받을 수 없으며, 「민법」에 따른 전세권 또는 임차권을 설정해야 보호받을 수 있습니다.

[지역별 환산보증금]

서울특별시	과밀억제권역·부산광역시	광역시/안산·용인·김포·광주·세종·파주·화성	그 외 지역
9억 원 이하	6억 9천만 원 이하	5억 4천만 원 이하	3억 7천만 원 이하

※ 환산보증금 계산은 보증금+(월세×100)으로 한다.

위의 금액을 초과하는 보증금으로 이루어진 상가임대차는 원칙적으로 상가건물 임대차보호법이 적용되지 않지만 예외적으로 대항력, 계약갱신요구권, 권리금 등의 일부 규정은 모든 상가건물 임대차에 적용됩니다.

[3] 임차인이 세무서에 사업자등록을 신청한 자여야 한다

> 서울 동대문에 상가건물을 임차했지만 세무서에 사업자등록을 신청하지 않았습니다. 상가임대차보호법의 보호를 받을 수 있는지요?

받을 수 없습니다. 건물이 사업자등록의 대상이 되어야 하므로 임차인은 세무서에 사업자등록을 신청한 자여야 합니다. 종교단체 등 비영리단체가 임대인이 되는 경우 임차인이 사업자등록을 신청한 자라면 상가임대차보호법이 적용되지만, 비영리단체가 임차인이 되어 건물을 임차하는 경우에는 이 법이 적용되지 않습니다(법 제3조).

[4] 상가임차인이 비영리법인인 경우 보호받을 수 없다

> 비영리단체로 상가건물을 임차해서 입주하고 확정일자를 받았습니다. 상가임대차보호법의 보호를 받을 수 있는지요?

보호받을 수 없습니다. 「상가건물 임대차보호법」은 영세상인 보호를 위해 일정금액 이하의 상가건물 임대차를 법적으로 보호해 주도록 2001년 제정한 법입니다. 과거 영세상인들은 건물주의 거부로 전세권 등기 없이 건물 입주 후 건물주가 건물을 담보로 대출을 받을 경우 경매 시 후순위로 밀려 보증금을 회수하지 못하는 피해를 많이 겪었습니다.

이와 비슷한 법률로 서민의 주거생활 안정을 위한 주택임대차보호법이 있습니다. 두 법률 모두 전세권 등기가 없더라도 임차인이 단독으로 확정일자만 받으면 전세권 등기와 유사하게 임대차보증금에 대해 우선 보호를 받을 수 있도록 하고 있습니다.

그런데 사회복지시설 등 비영리단체는 상가도, 주택도 아니라는 이유로 상가임대차법과 주택임대차법 적용대상에서 제외됩니다. 따라서 이러한 단체들은 확정일자만 믿어서는 안 되고 별도로 전세권 등기를 해야만 경매 시 임대차보증금을 보호받을 수 있습니다(민법 제303조제1항·제317조·제318조).

제4절 상가건물 임차인의 권리

[1] 대항력과 우선변제권

> 상가임대차보호법에서 인정되는 대항력이란 무엇이며, 우선변제권과는 어떻게 다른지요?

대항력이란 임차인이 제3자, 즉 임차 상가건물의 양수인, 임대할 권리를 승계한 사람, 그 밖에 임차 상가건물에 관해 이해관계를 가지고 있는 사람에게 임대차의 내용을 주장할 수 있는 법률상의 힘을 말합니다. 임대차는 그 등기가 없더라도 임차인이 ① 건물의 인도와 ② 사업자등록을 신청한 경우에는 그 다음날부터 대항력이 생깁니다. 대항력을 갖춘 상가건물 임차인은 임차상가건물이 다른 사람에게 양도되거나 경매 또는 공매가 되더라도 새로운 상가건물 소유자(양수인 또는 경락인)에게 계속하여 임차권의 존속을 주장할 수 있습니다.

한편 우선변제권이란 상가임차인이 대항력을 갖추고 관할 세무서장으로부터 임대차계약서상의 확정일자를 받아두면, 대항력 이외에 취득하게 되는 권리입니다. 경매할 때 임차한 대지를 포함한 상가건물의 환가대금에서 대통령령이 정하는 보증금액을 초과하지 않은 상가임차인의 경우 후순위권리자, 그 밖의 채권자보다 우선하여 변제를 받을 수 있는 권리를 말하는 것입니다.

대항력은 요건을 갖추면 모든 상가건물 임차인에게 발생하나, 우선변제권은 지역별 환산보증금 이하로 상가건물 임대차보호법 적용을 받을 수 있는 상가임차인에게만 인정된다는 것이 차이입니다. 또한 우선변제권은 상가임차인이 대항력의 취득요건을 구비할 것을 전제로 성립한다는 것을 유의해야 합니다.

[2] 대항력과 근저당권 설정일이 같은 날인 경우

> 저는 상가를 임차하여 사업자등록 신청과 확정일자를 입주하는 당일에 했습니다. 그런데 나중에 확인해 보니 동일한 날에 임차 상가건물에 대하여 은행 명의의 근저당권이 설정된 것을 알게 되었습니다. 이 경우 근저당권이 실행되어 경락되면 경락인에 대하여 임차권을 주장할 수 있나요?

주장할 수 없습니다. 상가임대차보호법 제3조제1항에 의하면 대항력은 상가건물의 인도와 사업자등록 신청을 마친 다음날 효력이 발생하게 되어 있으므로 대항력을 갖춘 날과 저당권 설정일이 동일하다면 저당권자가 우선하게 되고, 따라서 귀하는 저당권의 실행에 의한 경락인에 대하여 대항할 수 없는 것입니다.

[3] 상가 소유주의 부인과 임대차계약을 한 경우 상가 임대차계약 당사자

> 상가 임대차계약을 맺으려고 하는데, 건물 소유자의 부인이 나와서 임대차계약을 맺으려 합니다. 상관없을까요?

건물 소유주의 부인과 임대차계약을 체결한 경우, 그 부인이 자신의 대리권을 증명하지 못하는 이상 그 계약의 안전성은 보장되지 않습니다. 이는 부부에게 일상가사대리권이 있다고 하더라도 건물을 임대하는 것은 일상가사에 포함된다고 보지 않기 때문입니다. 따라서 불가피하게 건물 소유자의 부인과 임대차계약을 체결해야 하는 경우에는 위임장과 인감증명서를 확인하여야 합니다. 위임장에는 임차목적물 소재지, 소유자의 성명과 연락처, 계약의 목적, 대리인 이름, 주소, 주민번호, 연월일 등이 기재되어야 하고, 인감증명서와 관련하여 위임장의 날인과 인감증명서의 날인 그리고 계약서에 찍을 날인이 동일하여야 합니다.

[4] 소액임차인의 최우선변제권

> 서울에서 상가건물을 임차하여 보증금 3천만 원에 상가를 운영하고 있는데, 건물이 경매에 넘어가게 되었습니다. 그런데 임차한 상가건물에는 이미 다른 담보물권자들이 선순위로 있는데, 보증금을 돌려받을 수 있을까요?

최대 2천2백만 원까지는 우선변제 받을 수 있습니다. 소액임차인은 임차 상가건물에 대해 「상가건물 임대차보호법」에 따른 요건(상가건물의 인도와 사업자등록, 확정일자 부여)을 갖춘 경우 보증금 중 일정액을 다른 담보물권자보다 우선하여 변제받을 수 있습니다. 소액임차인은 지역별로 보증금액이 달리 규정되어 있는데, 서울시의 경우 보증금에 월세×100을 더한 환산보증금이 6천 5백만 원 이하의 보증금이어야 소액임차인으로서 보호를 받을 수 있습니다.

귀하의 경우 지역별 보증금액에 의해 소액임차인에 해당하고, 돌려받을 수 있는 최우선변제 보증금액은 2천2백만 원 이하의 범위에서 결정됩니다. 소액임차인이 최우선변제를 받을 수 있는 금액은 그 보증금 중 다음의 어느 하나에 해당하는 금액 이하입니다. 이 경우 우선변제 금액이 상가건물가액의 2분의 1을 초과하는 경우에는 상가건물가액의 2분의 1에 해당하는 금액에 한합니다.

지역	최우선변제 받을 소액보증금 중 일정액의 범위
서울특별시	임차보증금 6,500만 원 이하이면 2,200만 원까지
「수도권정비계획법」에 따른 과밀억제권역 (서울시 제외)	임차보증금 5,500만 원 이하이면 1,900만 원까지
광역시(군지역과 인천광역시 제외), 안산·용인·김포·광주	임차보증금 3,800만 원 이하이면 1,300만 원까지
그 외 지역	임차보증금 3,000만 원 이하이면 1,000만 원까지

[5] 상가건물 경매 시 보증금 반환

> 서울에서 보증금이 2억 원인 상가건물을 임차하여 커피전문점을 운영 중에 건물이 경매에 넘어갔습니다. 임차보증금을 돌려받을 수 있을까요?

우선변제 요건을 갖추었다면 가능합니다. 「상가건물 임대차보호법」의 적용을 받는 상가건물 임대차의 경우, 건물의 인도와 사업자등록을 신청한 임차인이 임대차계약증서 상의 확정일자를 갖춘 경우에는 임차상가건물이 경매 또는 공매에 부쳐졌을 때 그 경락대금에서 다른 후순위 권리자보다 우선하여 보증금을 변제받을 수 있습니다. 우선변제권을 행사하기 위해서는 우선변제권의 요건이 경매절차에 따르는 경락기일까지 존속되고 있어야 합니다. 이러한 우선변제권은 임차상가건물이 경매나 공매 시 적용되고, 일반매매, 상속, 증여 등의 경우에는 적용되지 않습니다(대법원 2006. 1. 13. 선고 2005다64002 판결).

[6] 상가건물 지붕에 비가 샐 때 수리비 책임

> 상가건물 임대차계약을 체결할 때 상가에 대한 수선의무는 임차인의 부담으로 한다는 특약을 맺었습니다. 그런데 최근 지붕의 균열로 비가 많이 새고 있는데, 이것도 임차인인 제가 고쳐야 하나요?

임대인이 수리해야 합니다. 임대인은 임차인이 목적물인 상가건물을 사용·수익할 수 있도록 할 의무를 집니다. 이를 위해 임대인이 상가건물을 임차인에게 인도하여야 하며, 임차인이 임대차기간 중 그 상가건물을 사용·수익하는 데 필요한 상태를 유지하게 할 수선의무를 집니다. 다만 상가건물의 파손·장해의 정도가 임차인이 별 비용을 들이지 않고 손쉽게 고칠 수 있을 정도의 사소한 것이어서 임차인의 사용·수익을 방해할 정도의 것이 아니라면 임차인이 그 수선의무를 부담합니다. 또한 특약에 의해 임대인의 수선의무를 면제하거나 임차인의 부담으로 돌릴 수 있습니다.

그러나 상가건물의 벽이 갈라져 있거나 비가 새는 경우, 낙뢰로 인한 상가건물의 화재

발생 등 천재지변 또는 불가항력적인 사유로 상가건물이 파손된 경우와 같이 건물의 주요 구성부분, 기본적 설비 부분의 교체 등과 같은 대규모의 수선에 대해서는 특별한 사정이 없는 한 임대인이 그 수선의무를 부담해야 합니다. 따라서 귀하의 경우에는 임대인이 수리해야 할 의무가 발생합니다.

임차인은 임대인이 상가건물을 수선해주지 않는 경우 손해배상을 청구할 수 있고, 상가건물 임대차계약을 해지하거나 파손된 건물의 수리가 끝날 때까지 차임의 전부 또는 일부의 지급을 거절할 수 있습니다(민법 제618조 및 제623조, 대법원 1994. 12. 9. 선고 94다34692·94다34708, 대법원 1997. 4. 25. 선고 96다44778·44785 판결).

제5절 상가임대차기간의 보장

[1] 상가건물 임대기간

> 서울에서 보증금 2억 원에 계약기간 6개월로 하여 상가건물을 임차하였습니다. 곧 기간이 만료되는데, 바로 비워줘야 할까요?

상가건물 임대차보호법은 임대차기간의 약정이 없거나 1년 미만으로 정한 경우에는 임차인의 보호를 위해 그 기간을 최저 1년으로 보장하고 있습니다. 또한, 임차인이 1년 미만으로 정한 임대차기간이 유효하다고 주장할 수도 있습니다. 따라서 임차인은 계약서에 6개월을 계약기간으로 하였더라도 1년 간 임대차관계를 유지할 수 있습니다.

[2] 보증금 증액 청구

> 서울에서 보증금 1억 원, 월세 100만 원에 상가건물을 임차하여 가게를 운영하던 중 8개월째에 건물주가 주변 시세가 많이 올랐다며 보증금을 더 올려달라고 합니다. 어떻게 해야 하나요?

임대인의 보증금 증액청구는 임대차계약 또는 약정한 보증금 등의 증액이 있은 후 1년 이내에는 할 수 없습니다. 그 이후 임대인은 임대차계약이 존속 중에 차임이나 보증금이 임차 상가건물에 대한 조세, 공과금, 그 밖의 부담의 증가나 경제사정의 변동으로 적절하지 않게 된 경우에는 장래에 대하여 그 증액을 청구할 수 있습니다. 차임 또는 보증금의 증액청구는 청구 당시의 차임 또는 보증금의 100분의 5의 금액을 초과하지 못합니다.

증액청구에 따라 차임이나 보증금을 올려주었거나 재계약을 통해서 올려준 경우에는 그 증액된 부분을 위한 임대차계약서를 작성하여, 그 증액 부분의 임대차계약서에 확정일자를 받아두어야만 그 날부터 후순위 권리자보다 증액 부분에 대해서 우선하여 변제받을 수 있습니다(대법원 1990. 8. 14. 선고 90다카11377 판결 참조).

[3] 보증금 감액 청구

> 주변 상가의 시세가 많이 하락하여 임차보증금을 조금 내려서 돌려받고 싶습니다. 계약 당시 보증금 증감청구 금지 특약을 하였는데, 보증금 감액청구가 가능할까요?

가능합니다. 임차보증금의 증액금지 특약이 있는 경우 임대인은 증액청구를 할 수 없지만, 감액금지 특약은 임차인에게 불리하기 때문에 효력이 없습니다. 따라서 임차인은 감액금지 특약을 하였더라도 경제 사정의 변경 등을 원인으로 감액청구를 할 수 있습니다(상가건물임대차보호법 제10조 및 제15조, 민법 제628조 및 제652조).

[4] 상가건물이 압류된 경우

> 2년 약정으로 상가건물을 임차하여 커피전문점을 운영하던 중 건물이 압류되었습니다. 어찌해야 하나요?

상가건물 임대차보호법의 적용을 받는 상가건물 임대차는 그 등기가 없더라도 임차인이 건물의 인도와 사업자등록을 신청한 때에는 그 다음날부터 대항력이 생깁니다. 대항력을 보유한 임차인은 제3자, 즉 임차상가건물의 양수인, 임대할 권리를 승계한 사람, 그 밖에 임차 상가건물에 관해 이해관계를 가진 사람에게 임대차의 내용을 주장할 수 있습니다(대법원 2006. 1. 13. 선고 2005다64002 판결). 따라서 커피전문점을 운영하던 중 상가건물이 압류되었다 하더라도 이미 대항력을 갖춘 경우라면 걱정하실 필요가 없습니다.

[5] 상가건물의 전대차

> 상가건물을 임차하여 화장품 가게를 운영하던 중 가게의 작은 부분을 다른 사람에게 네일샵으로 운영할 수 있도록 세를 주려 합니다. 주인의 허락 없이 가게의 일부를 다른 사람에게 세를 줘도 될까요?

가능합니다. 민법은 임차권의 전대를 원칙적으로 금지하고 있으므로, 임대인은 자신의 동의 없이 임차인이 임차 상가건물을 제3자에게 전대한 경우에는 임대차계약을 해지할 수 있습니다. 다만, 특별한 약정이 없는 한 그 임차 상가건물의 작은 부분을 세를 주는 것은 주인의 허락 없이도 가능합니다. 따라서 질문과 같이 가게의 작은 부분을 임대인의 동의 없이 전대한 경우라 하더라도 임대인은 임대차계약을 해지할 수 없습니다(민법 제632조).

[6] 계약갱신요구

> 서울에서 보증금 2억 원인 상가건물에서 조그만 분식점을 2년째 운영하고 있는데, 계약기간 만료가 2달 앞으로 다가왔습니다. 계약을 다시 갱신하고 싶은데 가능할까요?

가능합니다. 임차인은 임대차기간 만료 전 6개월부터 1개월까지 사이에 임대인에게 계약갱신을 요구할 수 있으며, 이 경우 임대인은 정당한 사유가 없는 한 이를 거절할 수 없습니다. 이러한 임차인의 계약갱신요구는 최초의 임대차기간을 포함한 전체 임대차기간이 10년을 초과하지 않는 범위에서만 행사할 수 있습니다. 갱신되는 임대차는 전 임대차와 동일한 조건으로 다시 계약된 것입니다. 다만 차임 또는 보증금은 증감할 수 있으며, 증액의 경우에는 청구 당시 차임 또는 보증금의 100분의 5의 금액을 초과할 수 없습니다(상가건물임대차보호법 제10조제1,2항 · 제11조제1항, 동법 시행령 제4조)

[7] 계약갱신의 예외

> 임차인이 계약기간 동안 월세를 4번이나 내지 않았습니다. 임대차계약을 연장하고 싶지 않은데, 임차인은 10년간은 상가 계약갱신요구권이 있다면서 연장을 요구합니다. 임차인의 갱신요구를 거절할 수 있는지요?

거절할 수 있습니다. 임대인은 다음의 어느 하나에 해당하는 경우에는 임차인의 계약갱신요구를 거절할 수 있습니다(상가건물 임대차보호법 제10조).
- 임차인이 3기의 차임액에 달하도록 차임을 연체한 사실이 있는 경우
- 임차인이 거짓, 그 밖의 부정한 방법으로 임차한 경우
- 쌍방 합의하에 임대인이 임차인에게 상당한 보상을 제공한 경우
- 임차인이 임대인의 동의 없이 목적 상가건물의 전부 또는 일부를 전대(轉貸)한 경우
- 임차인이 임차한 상가건물의 전부 또는 일부를 고의 또는 중대한 과실로 파손한 경우
- 임차한 상가건물의 전부 또는 일부가 멸실되어 임대차의 목적을 달성하지 못할 경우
- 임대인이 목적 상가건물의 전부 또는 대부분을 철거하거나 재건축하기 위해 목적 상가건물의 점유 회복이 필요한 경우
- 그 밖에 임차인이 임차인으로서의 의무를 현저히 위반하거나 임대차를 존속하기 어려운 중대한 사유가 있는 경우

[8] 묵시적 갱신

> 서울에서 보증금 2억 원의 상가에서 분식점을 2년째 운영하고 있는데, 계약기간 2년이 만료되었습니다. 서로 말이 없이 계약기간을 마쳤는데, 이렇게 되면 다시 2년으로 재계약이 되는지요?

1년으로 재계약된 것으로 봅니다. 임대인이 임대차기간이 만료되기 6개월 전부터 1개월 전까지의 기간에 임차인에게 갱신거절의 통지를 하지 않거나 계약조건을 변경하지 않으면 갱신하지 않는다는 뜻의 통지를 하지 않는 경우에는 그 기간이 끝난 때에는 전 임대차와 동일한 조건으로 다시 임대차한 것으로 간주합니다. 다만, 묵시적으로 갱신되면 임대차의 존속기간은 1년으로 봅니다(상가건물 임대차보호법 제9조 및 제10조).

[9] 자동 갱신된 임대차계약의 해지

> 상가건물 임대차계약이 묵시적으로 자동 갱신되었는데 장사가 안 되어 나가고 싶습니다. 1년을 기다려야 하는지요?

임차인은 언제든지 갱신된 임대차계약을 해지할 수 있습니다. 임차인이 임대차계약을 해지하는 경우에는 임대인이 통지를 받은 날부터 3개월이 지나면 그 효력이 발생합니다(상가건물 임대차보호법 제10조제5항).

[10] 건물주가 바뀌는 경우

> 서울에서 2억 원의 보증금으로 상가건물을 임차하여 가게를 운영하던 중 임대차계약기간이 끝나기 전에 건물 주인이 건물을 다른 사람에게 팔았습니다. 주인이 바뀌었으니 주인이 나가라고 하면 나가야 하나요?

안 나가도 됩니다. 임차상가건물의 양수인, 그 밖에 상속, 경매 등으로 임차상가건물의 소유권을 취득한 사람은 임대인의 지위를 승계합니다. 따라서 상가건물 임대차보호법의 적용을 받는 임차인이 건물의 인도와 사업자등록이라는 대항요건을 갖춘 경우에는 임대인이 변경되더라도 전(前) 임대인과 체결한 임대차계약기간 동안 자신의 임차권을 주장할 수 있습니다. 양도인인 임대인과 임차인 사이에 당연승계를 배제하는 내용의 특약을 했더라도 이 특약은 임차인에게 불리한 약정으로 그 효력이 없습니다.

임차상가건물의 양수인에게 대항할 수 있는 임차인은 임차상가건물이 양도되는 경우에도 임차상가건물을 계속하여 사용·수익할 수 있습니다. 그런데 임차상가건물의 양수인에게 대항할 수 있는 임차인이 스스로 임대인의 지위승계를 원하지 않는 경우에는 임차인이 승계되는 임대차관계의 구속으로부터 벗어날 수 있다고 보아야 하므로, 만약 임차상가건물이 임대차기간의 만료 전에 경매되는 경우 임대차계약을 해지하고 우선변제를 청구할 수 있습니다(대법원 1998. 9. 2. 자 98마100 결정, 대법원 2002. 9. 4. 선고 2001다64615 판결 참조).

[11] 보증금 반환 거부 시 월세 문제

> 임대차계약 기간이 만료되어 건물 주인에게 보증금을 돌려달라고 하니, 새로운 세입자를 얻을 때까지 기다려달라고 합니다. 보증금을 돌려받을 때까지 그 건물에서 계속 가게를 운영하면 월세는 안 내도 되나요?

월세를 내야 합니다. 임대차가 종료되면 임대차계약의 내용에 따라 임차인은 임차 상가건물을 반환할 의무 등을 지게 되고, 임대인은 보증금을 반환할 의무를 지게 됩니다. 임대차가 종료되더라도 임차인이 보증금을 돌려받을 때까지는 임대차관계가 존속하는 것으로 간주되므로, 임대인과 임차인은 임대차계약상의 권리의무를 그대로 가지게 됩니다(상가건물 임대차보호법 제9조, 대법원 판례 77다1241 · 1242 참조). 따라서 보증금을 반환받을 때까지 계속 가게를 비우지 않고 영업할 수 있는 것은 당연하지만, 설사 이러한 경우에도 임차인은 그 건물에서 계속 영업함으로써 실질적인 이득을 얻은 이상 월세는 지급해야 합니다.

[12] "코로나 폐업" 자영업자, 상가 임대차계약 중도해지 가능

상가건물 임대차보호법 제11조의2 규정 신설로, 코로나19로 인해 폐업한 경우 임대차계약을 해지할 수 있게 되었다. 개정 전 법률에 따르면 폐업하더라도 임대차계약 종료 시까지 임대료 지급 의무에서 벗어날 수 없어서 임차인의 생존권에 중대한 위협을 받고 있었다.

이에 고통분담 차원에서 기존부터 법리상 인정되던 사정변경에 의한 해지권이 코로나19와 같은 수준의 감염병 등을 이유로 폐업한 경우에 적용되는 것으로 명문화해 상가임차인의 임대료 부담을 근본적으로 해소할 수 있도록 하는 한편, 계약해지 전 임대인의 차임 감액을 유도하고자 하였다.

> **상가건물 임대차보호법 제11조의2(폐업 등으로 인한 해지권)**
> ① 「감염병의 예방 및 관리에 관한 법률」 제49조 제1항 제2호에 따라 3개월 이상 집합금지조치 또는 집합제한조치를 받은 임차인이 중대한 경제사정의 변동으로 폐업신고를 한 경우 임차인은 계약을 해지할 수 있다.
> ② 제1항에 따른 해지의 효력은 임대인이 해지권 행사 통고를 받은 날부터 3개월이 경과하면 발생한다.

제6절 상가임대차의 종료와 보증금반환절차

[1] 임차권 등기명령제도

> 상가임대차 계약기간의 만료와 함께 인근에 있는 새로운 가게로 이전하려고 합니다. 새로운 세입자를 얻을 때까지 보증금을 기다려달라고 하는데, 돈은 나중에 받더라도 바로 이전해도 될까요?

임차권등기를 한 후에 이전하세요. 상가임대차계약이 종료된 후에도 보증금을 반환받지 못한 임차인이 사업자등록을 옮기거나 이전해야 할 경우에 임차인은 임대인의 동의나 협력 없이 단독으로 임차건물의 소재지를 관할하는 법원(시·군 법원 포함)에 임차권등기명령신청서를 제출하면 됩니다. 첨부서류로는 상가건물임대차 현황서 등본을 비롯하여 확정일자부 임대차계약서, 사업자등록증 사본 등이 있고, 건물 일부를 임차한 경우에는 그 도면도 제출하여야 합니다. 임차권등기명령의 집행에 따른 임차권등기를 마치면, 임차인이 가게를 이전하거나 사업자등록을 옮기더라도 이미 취득한 대항력과 우선변제권이 그대로 유지됩니다(상가건물 임대차보호법 제6조. 임차권등기명령절차에관한규칙 제2조제1항).

임차권등기가 끝난 상가건물을 그 이후에 임차한 다른 임차인은 소액보증금의 우선변제를 받을 수 없게 되며, 임대인의 임대차보증금의 반환의무가 임차인의 임차권등기 말소의무보다 먼저 이행되어야 합니다(대법원 결정 98마100, 대법원 판례 2001다64615 참조).

[2] 유익비 상환청구

> 초기에 상가건물을 임차하면서 본래 사무실이었던 것을 식당으로 운영하기 위해 보일러, 온돌방, 방문틀, 주방 등을 설치하고 페인트칠을 했습니다. 가게를 닫고 이사 가려고 하는데, 위 비용을 건물주에게 청구할 수 있을까요?

청구할 수 없습니다. 위 질문의 경우는 임차인 자신의 사업을 경영하기 위한 비용으로 유익비에 해당하지 않으므로 건물주에게 이를 청구할 수 없습니다.
"유익비상환청구권"이란 임차인이 임대차관계로 임차상가건물을 사용·수익하던 중 그 객관적 가치를 증가시키기 위해 투입한 비용이 있는 경우, 임대차 종료 시에 그 가액의 증가가 현존하는 때에 한해 임대인에게 임대인의 선택에 따라 임차인이 지출한 금액이나 그 증가액의 상환을 청구할 수 있는 것을 말합니다(민법 제626조, 대법원 판례 93다25738, 93다25745, 94다20389·20396 참조). 여기서 유익비는 임차인이 임차물의 객관적 가치를 증가시키기 위하여 투입한 비용이어야 합니다. 따라서 임차인이 주관적 취미나 특수한 목적을 위하여 지출한 비용은 유익비에 포함되지 않습니다.

즉, 임차인이 임차건물을 건물 용도나 임차목적과 달리 자신의 사업을 경영하기 위한 시설개수비용이나 부착한 물건의 비용을 지출한 경우 등은 유익비에 해당하지 않습니다. 예를 들어 3층 건물 중 사무실로 사용하던 2층 부분을 임차한 후 삼계탕집을 하기 위해 보일러, 온돌방, 방문틀, 주방, 가스시설, 전등 등을 설치하고 페인트칠을 한 경우, 임차인이 음식점을 하기 위해 부착시킨 간판 등 특수한 목적에 사용하기 위한 시설개수비용은 유익비에 해당하지 않습니다.

제7절 권리금의 회수

[1] 권리금을 임대인에게 회수할 수 있는지

상가건물 임대차계약시 지불한 권리금을 임대인으로부터 돌려받을 수 있나요?

임대인에게 돌려받을 수는 없지만, 임대인은 임차인이 신규임차인으로부터 권리금을 회수할 수 있도록 상가건물 임대차보호법에 따라 그 기회를 보호할 의무가 있습니다.

'권리금'은 상가임대차에 부수하여 임차목적물이 가지는 이익의 대가로서 신규임차인이 임대인이나 기존의 임차인에게 지급하는 금전으로, 상가건물에서 영업을 하는 사람 또 영업을 하려는 사람이 영업 시설·비품·거래처·신용·영업상의 노하우·상가건물의 위치에 따른 영업상의 이점 등 유·무형의 재산적 가치의 양도 또는 이용대가를 임대인이나 임차인에게 지불하는 것입니다. 이는 보증금과 차임 이외에 지급하는 대가입니다.

'권리금계약'이란 신규임차인이 되려는 자가 임차인에게 권리금을 지급하는 계약을 말합니다. 권리금은 임차보증금의 일부는 아니지만 상가건물 임대차계약이 종료되어 상가건물을 이전하는 경우에 발생하는 문제로서, 임대인은 그 권리금의 반환의무를 지지 않고 다만 법에 따라 임차인의 권리금 회수기회를 보호할 뿐입니다. 임대인은 임차인의 권리금 회수기회를 보호해야 하며, 이를 위반하여 임차인에게 손해를 발생하게 한 경우에는 그 손해를 배상할 책임이 있습니다(상가건물 임대차보호법 제10조의3, 제10조의4).

[2] 권리금을 임대인으로부터 회수할 수 있는 경우

권리금은 새로운 임차인으로부터만 지급받을 수 있을 뿐이고, 보증금과는 달리 임대인에게 그 지급을 구할 수 없는 것이 일반적이다. 판례에 따르면 권리금이 임차인으로부터 임대인에게 지급된 경우에 그 유·무형의 재산적 가치의 양수 또는 약정기간 동안의 이용이 유효하게 이루어진 이상 임대인은 그 권리금의 반환의무를 지지 않는다. 다만 임차인은 당초의 임대차에서 반대되는 약정이 없는 한 임차권의 양도 또는 전대차의 기회에 부수하여 자신도 그 재산적 가치를 다른 사람에게 양도 또는 이용케 함으로써 권리금 상당액을 회수할 수 있을 뿐이다.

판례는 임대인의 권리금 반환의무를 인정하기 위해서는 반환의 약정이 있는 등 특별한 사정이 있을 것을 요구하고 있다. 이에 따르면 권리금 수수 후 약정기간 동안 임대차를 존속시켜 그 재산적 가치를 이용할 수 있도록 약정하였음에도 임대인의 사정으로 중도 해지되어 약정기간 동안 재산적 가치를 이용할 수 없었거나, 임대인이 임대차의 종료에 즈음하여 재산적 가치를 도로 양수하는 경우 등의 특별한 사정이 있을 때에는 임대인은 권리금의 전부 또는 일부에 대해 반환의무를 부담한다.

임대인이 반환의무를 부담하는 권리금의 범위는 지급된 권리금을 경과기간과 잔존기간에 대응하는 것으로 나누어, 임대인은 임차인으로부터 수령한 권리금 중 임대차계약이 종료될 때까지의 기간에 대응하는 부분을 공제한 잔존기간에 대응하는 부분만을 반환할 의무를 부담합니다(대법원 판례 2002다25013, 2000다59050, 2007다76986 · 76993 참조).

[3] 권리금 회수를 방해한 임대인에게 손해배상을 청구할 수 있다

> 제가 주선한 신규임차인이 되려는 사람이 제게 권리금을 지급하지 못하도록 임대인이 방해를 합니다. 임대인의 방해로 인하여 권리금을 받지 못해 손해가 막심한데 임대인에게 제가 입은 손해에 대한 배상을 청구할 수 있는지요?

손해배상을 청구할 수 있습니다. 임대인은 임대차기간이 끝나기 6개월 전부터 임대차 종료 시까지 다음의 어느 하나에 해당하는 행위를 함으로써 권리금계약에 따라 임차인이 주선한 신규임차인이 되려는 자로부터 권리금을 지급받는 것을 방해해서는 안 됩니다.

- 임차인이 주선한 신규임차인이 되려는 자에게 권리금을 요구하거나 임차인이 주선한 신규임차인이 되려는 자로부터 권리금을 수수하는 행위
- 임차인이 주선한 신규임차인이 되려는 자로 하여금 임차인에게 권리금을 지급하지 못하게 하는 행위
- 임차인이 주선한 신규임차인이 되려는 자에게 상가건물에 관한 조세, 공과금, 주변 상가건물의 차임 및 보증금, 그 밖의 부담에 따른 금액에 비추어 현저히 고액의 차임과 보증금을 요구하는 행위
- 그 밖에 정당한 사유 없이 임대인이 임차인이 주선한 신규임차인이 되려는 자와 임대차계약의 체결을 거절하는 행위

만약 임대인의 방해로 인하여 임차인에게 손해를 발생하게 한 때에는 임대인은 그 손해를 배상할 책임이 있습니다. 이 경우 그 손해배상액은 신규임차인이 임차인에게 지불하기로 한 권리금과 임대차종료 당시의 권리금 중 낮은 금액을 넘을 수 없습니다. 또한 임대인에게 손해배상을 청구할 권리는 임대차계약 종료한 날부터 3년 이내에 행사하지 아니하면 시효의 완성으로 소멸합니다.

※ 관련 대법원 판례(대법원 2023. 2. 2. 선고 2022다260586 판결)
상가임대차법이 보호하고자 하는 권리금의 회수기회란 임대차 종료 당시를 기준으로 하여 임차인이 임대차목적물인 상가건물에서 영업을 통해 창출한 유·무형의 재산적 가치를 신규임차인으로부터 회수할 수 있는 기회를 의미한다. 이러한 권리금 회수기회를 방해한 임대인이 부담하게 되는 손해배상액은 임대차 종료 당시의 권리금을 넘지 않도록 규정되어 있는 점, 임대인에게 손해배상을 청구할 권리의 소멸시효 기산일 또한 임대차가 종료한 날인 점 등 상가임대차법 규정의 입법취지, 보호법익, 내용이나 체계를 종합하면, 임대인의 권리금 회수기회 방해로 인한 손해배상책임은 상가임대차법이 그 요건, 배상범위 및 소멸시효를 특별히 규정한 법정책임이고, 그 손해배상채무는 임대차가 종료한 날에 이행기가 도래하여 그 다음날부터 지체책임이 발생하는 것으로 보아야 한다.

[제4단원 서식 1] 주택임대차 표준계약서

주택임대차 표준계약서

☐ 보증금 있는 월세
☐ 전세   ☐ 월세

임대인 (   )과 임차인 (   )은 아래와 같이 임대차 계약을 체결한다.

[임차주택의 표시]

소 재 지	(도로명주소)			
토 지	지목		면적	
건 물	구조·용도		면적	
임차할부분	상세주소가 있는 경우 동·층·호 정확히 기재		면적	
계약의종류	☐ 신규 계약 ☐ 합의에 의한 재계약 ☐ 「주택임대차보호법」 제6조의3의 계약갱신요구권 행사에 의한 갱신계약 * 갱신 전 임대차계약 기간 및 금액 계약기간: . . . ~ . . . 보증금: 원, 차임: 월 원			

미납 국세·지방세	선순위 확정일자 현황	확정일자 부여란
☐ 없음 (임대인 서명 또는 날인 _____㊞) ☐있음(중개대상물 확인·설명서 제2쪽 Ⅱ.개업공인중개사 세부 확인사항 '⑨ 실제 권리관계 또는 공시되지 않은 물건의 권리사항'에 기재)	☐ 해당 없음 (임대인 서명 또는 날인 _____㊞) ☐ 해당 있음(중개대상물 확인·설명서 제2쪽 Ⅱ.개업공인중개사 세부 확인사항 '⑨ 실제 권리관계 또는 공시되지 않은 물건의 권리사항'에 기재)	※ 주택임대차계약서를 제출하고 임대차 신고의 접수를 완료한 경우에는 별도로 확정일자 부여를 신청할 필요가 없습니다.

[계약내용]

제1조(보증금과 차임 및 관리비) 위 부동산의 임대차에 관하여 임대인과 임차인은 합의에 의하여 보증금 및 차임을 아래와 같이 지불하기로 한다.

보 증 금	금	원정(₩)		
계 약 금	금	원정(₩)은 계약 시에 지불하고 영수함. 영수자 (인)		
중 도 금	금	원정(₩)은 ___년 ___월 ___일에 지불하며		
잔 금	금	원정(₩)은 ___년 ___월 ___일에 지불한다.		
차임(월세)	금	원정은 매월 일에 지불한다(입금계좌:)		
관리비	(정액인 경우) 금 원정(₩) (정액이 아닌 경우) 관리비의 항목 및 산정방식을 기재			

제2조(임대차기간) 임대인은 임차주택을 임대차 목적대로 사용·수익할 수 있는 상태로 ___년 ___월 ___일까지 임차인에게 인도하고, 임대차기간은 인도일로부터 ___년 ___월 ___일까지로 한다.

제3조(입주 전 수리) 임대인과 임차인은 임차주택의 수리가 필요한 시설물 및 비용부담에 관하여 다음과 같이 합의한다.

수리 필요 시설	☐ 없음 ☐ 있음(수리할 내용:)
수리 완료 시기	☐ 잔금지급 기일인 ___년 ___월 ___일까지 ☐ 기타 ( )
약정한 수리 완료 시기까지 미 수리한 경우	☐ 수리비를 임차인이 임대인에게 지급하여야 할 보증금 또는 차임에서 공제 ☐ 기타( )

제4조(임차주택의 사용·관리·수선) ① 임차인은 임대인의 동의 없이 임차주택의 구조변경 및 전대나 임차권 양도를 할 수 없으며, 임대차 목적인 주거 이외의 용도로 사용할 수 없다.

② 임대인은 계약 존속 중 임차주택을 사용·수익에 필요한 상태로 유지하여야 하고, 임차인은 임대인이 임차주택의 보존에 필요한 행위를 하는 때 이를 거절하지 못한다.

③ 임대인과 임차인은 계약 존속 중에 발생하는 임차주택의 수리 및 비용부담에 관하여 다음과 같이 합의한다. 다만, 합의되지 아니한 기타 수선비용에 관한 부담은 민법, 판례 기타 관습에 따른다.

임대인부담	(예컨대, 난방, 상·하수도, 전기시설 등 임차주택의 주요설비에 대한 노후·불량으로 인한 수선은 민법 제623조, 판례상 임대인이 부담하는 것으로 해석됨)
임차인부담	(예컨대, 임차인의 고의·과실에 기한 파손, 전구 등 통상의 간단한 수선, 소모품 교체 비용은 민법 제623조, 판례상 임차인이 부담하는 것으로 해석됨)

제5조(계약의 해제) 임차인이 임대인에게 중도금(중도금이 없을 때는 잔금)을 지급하기 전까지, 임대인은 계약금의 배액을 상환하고, 임차인은 계약금을 포기하고 이 계약을 해제할 수 있다.

제6조(채무불이행과 손해배상) 당사자 일방이 채무를 이행하지 아니하는 때에는 상대방은 상당한 기간을 정하여 그 이행을 최고하고 계약을 해제할 수 있으며, 그로 인한 손해배상을 청구할 수 있다. 다만, 채무자가 미리 이행하지 아니할 의사를 표시한 경우의 계약해제는 최고를 요하지 아니한다.

제7조(계약의 해지) ① 임차인은 본인의 과실 없이 임차주택의 일부가 멸실 기타 사유로 인하여 임대차의 목적대로 사용할 수 없는 경우에는 계약을 해지할 수 있다.

② 임대인은 임차인이 2기의 차임액에 달하도록 연체하거나, 제4조제1항을 위반한 경우 계약을 해지할 수 있다.

제8조(갱신요구와 거절) ① 임차인은 임대차기간이 끝나기 6개월 전부터 2개월 전까지의 기간에 계약갱신을 요구할 수 있다. 다만, 임대인은 자신 또는 그 직계존속·직계비속의 실거주 등 주택임대차보호법 제6조의3제1항 각 호의 사유가 있는 경우에 한하여 계약갱신의 요구를 거절할 수 있다.

② 임대인이 주택임대차보호법 제6조의3제1항제8호에 따른 실거주를 사유로 갱신을 거절하였음에도 불구하고 갱신요구가 거절되지 아니하였더라면 갱신되었을 기간이 만료되기 전에 정당한 사유 없이 제3자에게 주택을 임대한 경우, 임대인은 갱신거절로 인하여 임차인이 입은 손해를 배상하여야 한다.

③ 제2항에 따른 손해배상액은 주택임대차보호법 제6조의3제6항에 의한다.

제9조(계약의 종료) 임대차계약이 종료된 경우에 임차인은 임차주택을 원래의 상태로 복구하여 임대인에게 반환하고, 이와 동시에 임대인은 보증금을 임차인에게 반환하여야 한다. 다만, 시설물의 노후화나 통상 생길 수 있는 파손 등은 임차인의 원상복구의무에 포함되지 아니한다.

제10조(비용의 정산) ① 임차인은 계약종료 시 공과금과 관리비를 정산하여야 한다.

② 임차인은 이미 납부한 관리비 중 장기수선충당금을 임대인(소유자인 경우)에게 반환 청구할 수 있다. 다만, 관리사무소 등 관리주체가 장기수선충당금을 정산하는 경우에는 그 관리주체에게 청구할 수 있다.

제11조(분쟁의 해결) 임대인과 임차인은 본 임대차계약과 관련한 분쟁이 발생하는 경우, 당사자 간의 협의 또는 주택임대차분쟁조정위원회의 조정을 통해 호혜적으로 해결하기 위해 노력한다.

제12조(중개보수 등) 중개보수는 거래 가액의 _____% 인 _____원(□ 부가가치세 포함 □ 불포함)으로 임대인과 임차인이 각각 부담한다. 다만, 개업공인중개사의 고의 또는 과실로 인하여 중개의뢰인간의 거래행위가 무효·취소 또는 해제된 경우에는 그러하지 아니하다.

제13조(중개대상물확인·설명서 교부) 개업공인중개사는 중개대상물 확인·설명서를 작성하고 업무보증관계증서(공제증서 등) 사본을 첨부하여 ____년 ____월 ____일 임대인과 임차인에게 각각 교부한다.

[특약사항]
- 주택을 인도받은 임차인은 _____년 _____월 _____일까지 주민등록(전입신고)과 주택임대차계약서상 확정일자를 받기로 하고, 임대인은 위 약정일자의 다음날까지 임차주택에 저당권 등 담보권을 설정할 수 없다.
- 임대인이 위 특약에 위반하여 임차주택에 저당권 등 담보권을 설정한 경우에는 임차인은 임대차계약을 해제 또는 해지할 수 있다. 이 경우 임대인은 임차인에게 위 특약 위반으로 인한 손해를 배상하여야 한다.
- 주택임대차 계약과 관련하여 분쟁이 있는 경우 임대인 또는 임차인은 법원에 소를 제기하기 전에 먼저 주택임대차분쟁조정위원회에 조정을 신청한다. (□ 동의 □ 미동의)
- 주택의 철거 또는 재건축에 관한 구체적 계획 (□ 없음 □ 있음 ※공사시기 : ※ 소요기간 : 개월)
- 상세주소가 없는 경우 임차인의 상세주소 부여 신청에 대한 소유자 동의 여부 (□ 동의 □ 미동의)
- ※ 기타

본 계약을 증명하기 위하여 계약 당사자가 이의 없음을 확인하고 각각 서명·날인 후 임대인, 임차인, 개업공인중개사는 매 장마다 간인하여, 각각 1통씩 보관한다.   년   월   일

임대인	주 소						서명 또는 날인㊞
	주민등록번호			전 화		성 명	
	대 리 인	주 소		주민등록번호		성 명	
임차인	주 소						서명 또는 날인㊞
	주민등록번호			전 화		성 명	
	대 리 인	주 소		주민등록번호		성 명	
개업공인중개사	사무소소재지			사무소소재지			
	사무소명칭			사무소명칭			
	대 표	서명 및 날인	㊞	대 표	서명 및 날인		㊞
	등 록 번 호		전화	등 록 번 호		전화	
	소속공인중개사	서명 및 날인	㊞	소속공인중개사	서명 및 날인		㊞

[제4단원 서식 2] 주택 임대차 계약 신고서

■ 부동산 거래신고 등에 관한 법률 시행규칙 [별지 제5호의2 서식]

주택 임대차 계약 신고서

※ 뒤쪽의 유의사항·작성방법을 읽고 작성하시기 바라며, [ ]에는 해당하는 곳에 V표를 합니다.

접수번호			접수일시		처리기간 : 지체 없이	
① 임대인	성명(법인·단체명)			주민등록번호(법인·외국인등록·고유번호)		
	주소(법인·단체 소재지)					
	전화번호			휴대전화번호		
② 임차인	성명(법인·단체명)			주민등록번호(법인·외국인등록·고유번호)		
	주소(법인·단체 소재지)					
	전화번호			휴대전화번호		
③ 임대 목적물 현황	종류	아파트 [ ] 연립 [ ] 다세대 [ ] 단독 [ ] 다가구 [ ] 오피스텔 [ ] 고시원 [ ] 그 밖의 주거용 [ ]				
	④ 소재지(주소)					
	건물명(		)	동	층	호
	⑤ 임대 면적(m²)		m²	방의 수(칸)		칸
임대 계약내용	⑥ 신규계약 [ ]	임대료	보증금			원
			월 차임			원
		계약 기간	년 월 일 ~ 년 월 일			
		체결일	년 월 일			
	⑦ 갱신계약 [ ]	종전 임대료	보증금			원
			월 차임			원
		갱신 임대료	보증금			원
			월 차임			원
		계약 기간	년 월 일 ~ 년 월 일			
		체결일	년 월 일			
	⑧ 「주택임대차보호법」 제6조의3에 따른 계약갱신요구권 행사 여부			[ ] 행사 [ ] 미행사		

「부동산 거래신고 등에 관한 법률」 제6조의2 및 같은 법 시행규칙 제6조의2에 따라 위와 같이 주택 임대차 계약 내용을 신고합니다.

년   월   일

신고인   임대인: (서명 또는 인)
        임차인: (서명 또는 인)
        제출인: (서명 또는 인)
        (제출 대행 시)

시장·군수·구청장, 읍·면·동장 또는 출장소장 귀하

첨부 서류	1. 주택 임대차 계약서(「부동산 거래신고 등에 관한 법률」 제6조의5제3항에 따른 확정일자를 부여받으려는 경우 및 「부동산 거래신고 등에 관한 법률 시행규칙」 제6조의2제3항·제5항·제9항에 따른 경우만 해당합니다.) 2. 입금표·통장사본 등 주택 임대차 계약 체결 사실을 입증할 수 있는 서류 등(주택 임대차 계약서를 작성하지 않은 경우만 해당합니다.) 및 계약갱신요구권 행사 여부를 확인할 수 있는 서류 등 3. 단독신고사유서(「부동산 거래신고 등에 관한 법률」 제6조의2제3항 및 같은 법 시행규칙 제6조의2제5항에 따라 단독으로 주택 임대차 신고서를 제출하는 경우만 해당합니다.)

◇ 유의사항 ◇

1. 당사자 중 일방이 국가, 지방자치단체, 공공기관, 지방직영기업, 지방공사 또는 지방공단인 경우(국가 등)에는 국가 등이 신고해야 합니다.
2. 계약 당사자 중 일방이 위 첨부 서류 1,2를 제출하는 경우에는 계약 당사자가 공동으로 신고한 것으로 봅니다.
3. 계약 체결일로부터 30일 이내에 신고하지 않거나, 거짓으로 신고하는 경우 「부동산 거래신고 등에 관한 법률」 제28조제5항제3호에 따라 100만 원 이하의 과태료가 부과됩니다. 신고한 계약의 보증금, 차임 등이 변경되거나 해제된 경우에도 그 변경 또는 해제가 확정된 날로부터 30일 이내에 동법 제6조의3에 따라 신고해야 합니다.

[제4단원 서식 3] 주택임차권등기명령 신청서

주택임차권등기명령 신청서

신청인(임차인)　　(성명)　　　　　　　　(주민등록번호 :　　　　　　　)　　인지 2,000원
　　　　　　　　　(주소)
　　　　　　　　　(연락처)

피신청인(임대인)　(성명)
　　　　　　　　　(주소)

신 청 취 지

별지목록 기재 건물에 관하여 아래와 같은 주택임차권등기를 명한다는 결정을 구합니다.

아　래

1. 임대차계약일자 :　 20 . .
2. 임차보증금액　 금　　　　　　　원, 차임 : 금　　　　　　원
3. 주민등록일자 :　 20 . .
4. 임 차 범 위　 별지목록 기재 전유부분 전부　(또는)
　　　　　　　　별지목록 기재 건물의 일부(별지도면 ㄱ, ㄴ, ㄷ, ㄹ, ㄱ 각 점을 순차로 연결한 선내 (가)부분 0층 000호 00㎡)
5. 점유개시일자 :　 20 . .
6. 확 정 일 자 :　 20 . .

신 청 이 유 (작성 예시)

1. 신청인은 피신청인과 위 주택에 대하여 신청취지와 같이 임대차계약을 체결하고 현재까지 거주하고 있습니다.
2. 신청인은 임대차기간 만료 4개월 이전에 임대차계약의 해지 통지를 하고 임차보증금의 반환을 요청하였으나, 20 . . . 기간 만료일에 피신청인으로부터 보증금을 반환받지 못하였습니다.
3. 신청인은 이미 다른 곳으로 이사를 하여야 할 처지에 있으므로 우선 임차인으로서의 지위를 보전하기 위하여 이 건 신청을 하게 되었습니다.

첨 부 서 류

1. 건물 등기사항증명서　1통
2. 주민등록등본　1통
3. 임대차계약증서 사본　1통
4. 부동산목록　5통

20 . . .

신청인　　　　(서명 또는 날인)

○○지방법원 ○○지원 귀중

[제4단원 서식 4] 임차보증금반환청구 소장

임차보증금반환청구의 소

원고 :　　　　　　　(☎ :)
　　주민등록번호 :
　　주　소 :

피고 :
　　주민등록번호 :
　　주　소 :

청 구 취 지

1. 피고는 원고에게 금 000,000,000원 및 이에 대한 이 사건 소장부본 송달 다음날부터 다 갚는 날까지 연 12%의 비율에 의한 돈을 지급하라.
2. 소송비용은 피고의 부담으로 한다.
3. 위 제1항은 가집행 할 수 있다.
라는 판결을 구합니다.

청 구 원 인
(작성 예시)

1. 원고는 피고와 20 . . . 피고 소유의 ○○시 ○○구 ○○길 ○○ 소재 ●●아파트 000동 000호를 임차보증금 000,000,000원, 임대차 기간 20 . . .부터 2년으로 하여 임차하였습니다.
2. 원고는 임대차계약기간이 끝나기 3개월 전에 임대인이 피고에게 임대차계약 갱신거절을 통지하고 임차보증금의 반환을 요구하였으나, 피고는 특별한 사유 없이 계약기간이 종료되었음에도 임차보증금의 반환을 계속 미루고 있습니다.
3. 따라서 원고는 피고로부터 위 임차보증금을 반환받기 위해 이 사건 청구에 이르게 되었습니다.

첨 부 서 류

1. 주택임대차계약서 1통
1. 영수증 1통
1. 갱신거절통고서(내용증명) (갱신거절을 통고했음을 입증할 자료) 1통

20 . . .

원고　　　　　　　　　(서명 또는 날인)

○○지방법원 귀중

[제4단원 서식 5] 권리신고 및 배당요구 신청서

권리신고 및 배당요구 신청서

사건번호   타경   부동산강제(임의)경매
채 권 자
채 무 자
소 유 자

임차인은 이 사건 매각절차에서 임차보증금을 변제받기 위하여 아래와 같이 권리신고 및 배당요구신청을 합니다.

아 래

1	임차부분	전부(방 칸), 일부(층 방 칸) ※ 건물 일부를 임차한 경우 뒷면에 임차부분을 특정한 내부구조도를 그려주시기 바랍니다.
2	임차보증금	보증금 원에 월세 원
3	배당요구금액	☐ 보증금과 같음 ☐ (보증금과 다름) 원 ※ 해당 ☐에 ✔표시하여 주시고, 배당요구금액이 보증금과 다른 경우에는 다른 금액을 기재하시기 바랍니다.
4	점유(임대차) 기간	20 . . .부터 20 . . .까지
5	전입일자 (주민등록전입일)	20 . . .
6	확정일자 유무	유(20 . . .), 무
7	임차권·전세권등기	유(20 . . .), 무
8	계약일	20 . . .
9	계약당사자	임대인(소유자) 임차인
10	입주한 날 (주택인도일)	20 . . .

첨 부 서 류

1. 임대차계약서 사본 1통
2. 주민등록등·초본(주소변동사항 포함) 1통

20 . . .

권리신고인 겸 배당요구신청인   (서명 또는 날인)
    (주 소:)
    (연락처:)

○○지방법원 ○○지원

※ 상가임대차의 경우 5.전입일자(주민등록전입일)에 5.사업자등록신청일을 기재하고, 10.입주한 날(주택인도일)에 10.건물의 인도일을 기재합니다. 그리고 상가건물 임대차 현황서 등본 1통과, 건물 일부를 임차한 경우 건물도면의 등본 1통을 첨부합니다.

[제4단원 서식 6] 상가건물임대차 표준계약서

상가건물임대차 표준계약서

임대인(이름 또는 법인명 기재)과 임차인(이름 또는 법인명 기재)은 아래와 같이 임대차 계약을 체결한다.

[임차 상가건물의 표시]

소 재 지	(도로명주소)			
토 지	지목		면적	
건 물	구조·용도		면적	
임차할부분			면적	

유의사항: 임차할 부분을 특정하기 위하여 도면을 첨부하는 것이 좋습니다.

[계약내용]
제1조(보증금과 차임) 위 상가건물의 임대차에 관하여 임대인과 임차인은 합의에 의하여 보증금 및 차임을 아래와 같이 지급하기로 한다.

보 증 금	금		원정(₩	)		
계 약 금	금	원정(₩	)은 계약시에 지급하고 수령함. 수령인 (	인)		
중 도 금	금	원정(₩	)은 ____년 ____월 ____일에 지불하며			
잔 금	금	원정(₩	)은 ____년 ____월 ____일에 지불한다			
차임(월세)	금 (입금계좌:	원정은 매월	일에 지급한다. 부가세 □ 불포함 □ 포함)			
환산보증금	금		원정(₩	)		

유의사항: ① 당해 계약이 환산보증금을 초과하는 임대차인 경우 확정일자를 부여받을 수 없고, 전세권 등을 설정할 수 있습니다.
② 보증금 보호를 위해 등기사항증명서, 미납국세, 상가건물 확정일자 현황 등을 확인하는 것이 좋습니다.

제2조(임대차기간) 임대인은 임차 상가건물을 임대차 목적대로 사용·수익할 수 있는 상태로 ____년 ____월 ____일까지 임차인에게 인도하고, 임대차기간은 인도일로부터 ___년 ___월 ___일까지로 한다.

제3조(임차목적) 임차인은 임차 상가건물을 _____(업종)을 위한 용도로 사용한다.

제4조(사용·관리·수선) ① 임차인은 임대인의 동의 없이 임차 상가건물의 구조·용도 변경 및 전대나 임차권 양도를 할 수 없다.

② 임대인은 계약 존속 중 임차 상가건물을 사용·수익에 필요한 상태로 유지하여야 하고, 임차인은 임대인이 임차 상가건물의 보존에 필요한 행위를 하는 때 이를 거절하지 못한다.

③ 임차인이 임대인의 부담에 속하는 수선비용을 지출한 때에는 임대인에게 그 상환을 청구할 수 있다.

제5조(계약의 해제) 임차인이 임대인에게 중도금(중도금이 없을 때는 잔금)을 지급하기 전까지, 임대인은 계약금의 배액을 상환하고, 임차인은 계약금을 포기하고 이 계약을 해제할 수 있다.

제6조(채무불이행과 손해배상) 당사자 일방이 채무를 이행하지 아니하는 때에는 상대방은 상당한 기간을 정하여 그 이행을 최고하고 계약을 해제할 수 있으며, 그로 인한 손해배상을 청구할 수 있다. 다만, 채무자가 미리 이행하지 아니할 의사를 표시한 경우의 계약해제는 최고를 요하지 아니한다.

제7조(계약의 해지) ① 임차인은 본인의 과실 없이 임차 상가건물의 일부가 멸실 기타 사유로 인하여 임대차의 목적대로 사용, 수익할 수 없는 때에는 임차인은 그 부분의 비율에 의한 차임의 감액을 청구할 수 있다. 이 경우에 그 잔존부분만으로 임차의 목적을 달성할 수 없는 경우에는 임차인은 계약을 해지할 수 있다.

② 임대인은 임차인이 3기의 차임액에 달하도록 차임을 연체하거나, 제4조제1항을 위반한 경우 계약을 해지할 수 있다.

제8조(계약의 종료와 권리금회수기회 보호) ① 계약이 종료된 이후에 임차인은 임차 상가건물을 원상회복하여 임대인에게 반환하고, 이와 동시에 임대인은 보증금을 임차인에게 반환하여야 한다.

② 임대인은 임대차기간이 끝나기 6개월 전부터 임대차 종료 시까지 「상가건물임대차보호법」 제10조의4제1항 각 호의 어느 하나에 해당하는 행위를 함으로써 권리금 계약에 따라 임차인이 주선한 신규임차인이 되려는 자로부터 권리금을 지급받는 것을 방해하여서는 아니 된다. 다만, 「상가건물임대차보호법」 제10조제1항 각 호의 어느 하나에 해당하는 사유가 있는 경우에는 그러하지 아니하다.

③ 임대인이 제2항을 위반하여 임차인에게 손해를 발생하게 한 때에는 그 손해를 배상할 책임이 있다. 이 경우 그 손해배상액은 신규임차인이 임차인에게 지급하기로 한 권리금과 임대차 종료 당시의 권리금 중 낮은 금액을 넘지 못한다.

④ 임차인은 임대인에게 신규임차인이 되려는 자의 보증금 및 차임을 지급할 자력 또는 그 밖에 임차인으로서의 의무를 이행할 의사 및 능력에 관하여 자신이 알고 있는 정보를 제공하여야 한다.

제9조(재건축 등 계획과 갱신거절) 임대인이 계약 체결 당시 공사시기 및 소요기간 등을 포함한 철거 또는 재건축 계획을 임차인에게 구체적으로 고지하고 그 계획에 따르는 경우, 임대인은 임차인이 상가건물임대차보호법 제10조제1항제7호에 따라 계약갱신을 요구하더라도 계약갱신의 요구를 거절할 수 있다.

제10조(비용의 정산) ① 임차인은 계약이 종료된 경우 공과금과 관리비를 정산하여야 한다.
② 임차인은 이미 납부한 관리비 중 장기수선충당금을 소유자에게 반환 청구할 수 있다. 다만, 임차 상가건물에 관한 장기수선충당금을 정산하는 주체가 소유자가 아닌 경우에는 그 자에게 청구할 수 있다.
제11조(중개보수 등) 중개보수는 거래 가액의 _____% 인 _____원(부가세 ☐ 불포함 ☐ 포함)으로 임대인과 임차인이 각각 부담한다. 다만, 개업공인중개사의 고의 또는 과실로 인하여 중개의뢰인간의 거래행위가 무효·취소 또는 해제된 경우에는 그러하지 아니하다.
제12조(중개대상물확인·설명서 교부) 개업공인중개사는 중개대상물 확인·설명서를 작성하고 업무보증관계증서(공제증서 등) 사본을 첨부하여 임대인과 임차인에게 각각 교부한다.

[특약사항]

※ 조정 관련 특약
① 상가 임대차 계약과 관련하여 분쟁이 있는 경우 임대인 또는 임차인은 법원에 소를 제기하기 전에 먼저 상가건물임대차분쟁조정위원회에 조정을 신청하여야 한다(☐ 동의 / ☐ 부동의).
② 임차인이 상가건물임대차분쟁조정위원회에 상가 임대차 계약과 관련한 조정을 신청한 경우, 임대인은 조정 절차에 성실하게 응해야 한다 (☐ 동의 / ☐ 부동의).

※ 해지권 특약
① 임차인은 「감염병의 예방 및 관리에 관한 법률」 제49조제1항제2호에 따른 집합 제한 또는 금지 조치를 3개월 이상 받음으로써 발생한 경제사정의 중대한 변동으로 인하여 폐업한 경우에는 임대차계약을 해지할 수 있다.
② 제1항에 따른 해지는 임대인이 계약해지의 통고를 받은 날로부터 3개월이 지나면 효력이 발생한다(☐ 동의 / ☐ 부동의).

※ 연체 관련 특약
① 코로나19 또는 그에 준하는 감염병으로 임차인이 집합금지 조치 또는 집합제한 조치를 받은 경우 그 기간 동안 연체한 차임액은 제10조제1항제1호, 제10조의4제1항 단서 및 제10조의8의 적용에 있어서는 차임 연체액으로 보지 아니한다.
② 전 항에 따라 연체한 것으로 보지 아니하는 차임액은 6개월분을 초과할 수 없다(☐ 동의 / ☐ 부동의).

본 계약을 증명하기 위하여 계약 당사자가 이의 없음을 확인하고 각각 서명·날인 후 임대인, 임차인, 개업공인중개사는 매 장마다 간인하여, 각각 1통씩 보관한다.
　　　　　　　　　　　　　　　　　　　　　　　　　　　　　　　　　　　　년　　　월　　　일

임대인	주　　소						
	주민등록번호 (법인등록번호)			전　화		성　명 (회사명)	서명 또는 날인㊞
	대 리 인	주 소		주민등록번호		성　명	
임차인	주　　소						
	주민등록번호 (법인등록번호)			전　화		성　명 (회사명)	서명 또는 날인㊞
	대 리 인	주 소		주민등록번호		성　명	
개업공인중개사	사무소소재지			사무소소재지			
	사무소명칭			사무소명칭			
	대　표	서명 및 날인	㊞	대　표	서명 및 날인		㊞
	등록번호		전화	등록번호		전화	
	소속공인중개사	서명 및 날인	㊞	소속공인중개사	서명 및 날인		㊞

[제4단원 서식 7] 상가건물임대차 권리금계약서

상가건물임대차 권리금계약서

임차인(이름 또는 법인명 기재)과 신규임차인이 되려는 자(이름 또는 법인명 기재)는 아래와 같이 권리금 계약을 체결한다.

※ 임차인은 권리금을 지급받는 사람을, 신규임차인이 되려는 자(이하 '신규임차인'이라 한다)는 권리금을 지급하는 사람을 의미한다.

[임대차목적물인 상가건물의 표시]

소 재 지		상 호	
임대면적		전용면적	
업 종		허가(등록)번호	

[임차인의 임대차계약 현황]

임 대 차 관 계	임차보증금		월 차 임	
	관 리 비		부가가치세	별도( ), 포함( )
	계약기간	년 월 일부터	년 월 일까지(월)	

[계약내용]

제1조(권리금의 지급) 신규임차인은 임차인에게 다음과 같이 권리금을 지급한다.

총 권리금	금	원정(₩)		
계 약 금	금	원정(₩)은 계약시에 지급하고 영수함. 영수자 (인)		
중 도 금	금	원정(₩)은 ____년 ____월 ____일에 지급한다.		
잔 금	금	원정(₩)은 ____년 ____월 ____일에 지급한다.		
잔 금	※ 잔금지급일까지 임대인과 신규임차인 사이에 임대차계약이 체결되지 않는 경우 임대차계약 체결일을 잔금지급일로 본다.			

제2조(임차인의 의무) ① 임차인은 신규임차인을 임대인에게 주선하여야 하며, 임대인과 신규임차인 간에 임대차계약이 체결될 수 있도록 협력하여야 한다.
② 임차인은 신규임차인이 정상적인 영업을 개시할 수 있도록 전화가입권의 이전, 사업등록의 폐지 등에 협력하여야 한다.
③ 임차인은 신규임차인이 잔금을 지급할 때까지 권리금의 대가로 아래 유형·무형의 재산적 가치를 이전한다.

유형의 재산적 가치	영업시설·비품 등
무형의 재산적 가치	거래처, 신용·영업상의 노하우, 상가건물의 위치에 따른 영업상의 이점 등

※ 필요한 경우 이전 대상 목록을 별지로 첨부할 수 있다.
④ 임차인은 신규임차인에게 제3항의 재산적 가치를 이전할 때까지 선량한 관리자로서의 주의의무를 다하여 제3항의 재산적 가치를 유지·관리하여야 한다.
⑤ 임차인은 본 계약체결 후 신규임차인이 잔금을 지급할 때까지 임차목적물상 권리관계, 보증금, 월차임 등 임대차계약 내용이 변경된 경우 영업정지 및 취소, 임차목적물에 대한 철거명령 등 영업을 지속할 수 없는 사유가 발생한 경우 이를 즉시 신규임차인에게 고지하여야 한다.

제3조(임대차계약과의 관계) 임대인의 계약거절, 무리한 임대조건 변경, 목적물의 훼손 등 임차인과 신규임차인의 책임 없는 사유로 임대차계약이 체결되지 못하는 경우 본 계약은 무효로 하며, 임차인은 지급받은 계약금 등을 신규임차인에게 즉시 반환하여야 한다.

제4조(계약의 해제 및 손해배상) ① 신규임차인이 중도금(중도금 약정이 없을 때는 잔금)을 지급하기 전까지 임차인은 계약금의 배액을 배상하고, 신규임차인은 계약금을 포기하고 본 계약을 해제할 수 있다.
② 임차인 또는 신규임차인이 본 계약상의 내용을 이행하지 않는 경우 그 상대방은 계약상의 채무를 이행하지 않은 자에 대하여 서면으로 최고하고 계약을 해제할 수 있다.
③ 본 계약체결 이후 임차인의 영업기간 중 발생한 사유로 인한 영업정지 및 취소, 임차목적물에 대한 철거명령 등으로 인하여 신규임차인이 영업을 개시하지 못하거나 영업을 지속할 수 없는 중대한 하자가 발생한 경우에는 신규임차인은 계약을 해제하거나 임차인에게 손해배상을 청구할 수 있다. 계약을 해제하는 경우에도 손해배상을 청구할 수 있다.
④ 계약의 해제 및 손해배상에 관하여는 이 계약서에 정함이 없는 경우 「민법」의 규정에 따른다.

[특약사항]

본 계약을 증명하기 위하여 계약 당사자가 이의 없음을 확인하고 각각 서명·날인한다.   년   월   일

임 차 인	주 소				
	성 명		주민등록번호	전화	인
대 리 인	주 소				
	성 명		주민등록번호	전화	
신규임차인	주 소				
	성 명		주민등록번호	전화	인
대 리 인	주 소				
	성 명		주민등록번호	전화	

[제4단원 서식 8] 전세사기 피해자 등 결정신청서

■ 전세사기 피해자 지원 및 주거안정에 관한 특별법 시행규칙 [별지 제1호 서식]

전세사기 피해자 등 결정신청서

※ 바탕색이 어두운 난은 신청인이 적지 않으며, [ ]에는 해당하는 곳에 V표시를 합니다.

접수번호		접수일시		처리기간	60일 (필요시 15일 이내에서 연장)	

① 신청인	성명		생년월일	
	주소			
	전화번호(또는 휴대전화번호)			

② 대리인	성명		생년월일	
	주소			
	전화번호(또는 휴대전화번호)			

③ 현황	전세 사기 피해 주택	지번 주소			
	전(前) 임대인	성명		생년월일	
	현(現) 임대인	성명		생년월일	
	공인중개사	상호(등록번호)		대표자명	연락처
	계약사항 계약사항	계약일자		전월세 구분	[ ] 전세 [ ] 보증부 월세
		계약기간			
	선순위 담보권	[ ] 여 [ ] 부		선순위 담보권자	[ ] 금융기관 [ ] 개인
	압류	[ ] 여 [ ] 부		압류권자	[ ] 국가 또는 지방자치단체 [ ] 국가 또는 지방자치단체 이외의 자
	주택 유형	[ ] 아파트 [ ] 오피스텔 [ ] 다세대 [ ] 연립 [ ] 단독 [ ] 다중 [ ] 다가구 [ ] 기타			

④ 대상 요건 충족 여부	1호	대항력 발생일 : (전입일자: , 점유일자: , 확정일자:) (임차권등기명령 사건번호) [ ] 거주 [ ] 퇴거
	2호	(임차보증금) 원(월세 원)
	3호	(파산·회생 사건번호) (경매 사건번호) (공매 물건관리번호) (압류 사건번호) / 집행권원 확보 여부 [ ] 여 [ ] 부
	4호	임대인 등에 대한 수사 개시, 임대인 등의 기망, 임대인이 보증금을 반환할 능력이 없는 자에게 임차주택의 소유권을 양도 또는 임차보증금을 반환할 능력 없이 다수의 주택 취득, 임대 등 임차보증금반환채무를 이행하지 아니할 의도가 있었다고 의심할 만한 상당한 이유

⑤ 기타 선택 기재사항	(경매 배당요구 여부) [ ] 여 [ ] 부 (공매 배분요구 여부) [ ] 여 [ ] 부

⑥ 경매·매각 유예·정지 긴급 여부	[ ] 여 [ ] 부

「전세사기 피해자 지원 및 주거안정에 관한 특별법」 제12조제1항 및 같은 법 시행규칙 제3조제1항에 따라 위와 같이 전세사기 피해자 결정을 신청합니다.

년   월   일

신청인   (서명 또는 인)
대리인   (서명 또는 인)

특별시장 · 광역시장, 특별자치시장 · 도지사, 특별자치도지사 귀하

신청인 제출 서류	1. 신청인이 「전세사기 피해자 지원 및 주거안정에 관한 특별법」 제3조제1항 각 호의 요건을 갖추었음을 증명하는 다음의 서류 ① 임대차계약서 사본 1부 ② 주민등록표 초본 1부 (행정정보 공동이용을 통한 확인에 동의하지 않은 신청인만 해당합니다.) ③ 개인정보 수집 및 이용 동의서 (신청인이 동의한 경우만 해당합니다.) ④ 임대인의 파산선고 결정문 또는 회생개시 결정문 사본 1부 ⑤ 경매 · 공매개시 관련 서류 사본 (경매통지서 또는 최고서, 공매통지서 등). 다만, 경매통지서 또는 최고서, 공매통지서를 분실한 경우에는 등기사항전부증명서로 대신할 수 있습니다. ⑥ 집행권원(판결정본, 지급명령, 공정증서 등) ⑦ 임차권등기 서류(등기사항전부증명서, 임차권등기명령 결정문 등) * ④~⑦의 경우 해당 사실이 있는 경우에만 제출합니다. 2. 신청인이 제3조제2항에 따른 법정대리인임을 증명하는 「가족관계의 등록 등에 관한 법률」 제15조제1항제1호에 따른 가족관계증명서 등 증명서류(제3조제2항에 따라 법정대리인이 신청을 대리하는 경우만 해당합니다.) 3. 신청인이 제3조제2항에 따른 유족임을 증명하는 「가족관계의 등록 등에 관한 법률」 제15조제1항제1호에 따른 가족관계증명서 등 증명서류(제3조제2항에 따라 유족이 신청하는 경우만 해당합니다.) 4. 「전세사기피해자 지원 및 주거안정에 관한 특별법 시행규칙」 별지 제3호서식의 위임장(대리인을 선임한 경우만 해당합니다.)

[제4단원 서식 9] 전세사기 피해자 등 결정 이의신청서

■ 전세사기피해자 지원 및 주거안정에 관한 특별법 시행규칙 [별지 제7호 서식]

전세사기 피해자 등 결정 이의신청서

※ 바탕색이 어두운 난은 신청인이 적지 않으며, [ ]에는 해당하는 곳에 V표시를 합니다.

접수번호		접수일시		처리기간	20일
신청인	성명			생년월일	
	주소				
	전화번호(또는 휴대전화번호)				
대리인	성명			생년월일	
	주소				
	전화번호(또는 휴대전화번호)				
신청 사유					

「전세사기피해자 지원 및 주거안정에 관한 특별법」 제15조제1항에 따라 전세사기피해자 등 결정(결정번호 제   호, 년   월   일자)에 대하여 이의를 신청합니다.

년   월   일

신청인   (서명 또는 인)
대리인   (서명 또는 인)

국토교통부장관 귀하

제5단원

가족관계법

제1장 가족법

친족적 공동생활 형태, 신분의 승계, 신분에 기인하는 재산의 승계를 규율하는 실체법의 전 체계. 일반적으로 민법 제4편 친족법(親族法)과 제5편 상속법(相續法)을 통칭하여 가족법이라 부른다.

제1절 약혼

[1] 꼭 약혼식을 해야 약혼이 성립하는 것은 아니다

> 약혼식을 하고 예물교환을 해야 법으로 인정받을 수 있는 약혼인지요?

약혼은 장차 혼인할 것을 약정하는 당사자 사이의 신분상 계약으로 혼약이라고도 합니다. 성년에 달한 사람은 자유로이 약혼할 수 있습니다. 약혼 예물이나 약혼식을 해야만 약혼이 성립하는 것이 아닙니다. 다만 약혼 당사자의 약혼에 대한 진실한 의사의 합치가 있어야 하며, 당사자 아닌 양가 부모 간에 체결한 정혼은 유효한 약혼이라 볼 수 없습니다(민법 제800조).

[2] 남녀 모두 만 18세 이상이 되어야 약혼할 수 있다

> 22살 된 남자입니다. 17살 소녀와 사귀고 있습니다. 결혼은 몇 년 후에 하더라도 약혼을 하고 싶습니다. 약혼할 수 있습니까?

만 19세 이상이면 자유로이 약혼할 수 있고, 만 18세 이상이면 부모나 미성년후견인의 동의를 얻어 약혼할 수 있습니다. 여자가 아직 17세라면 부모의 동의를 얻더라도 법률상 약혼의 효력이 없습니다(민법 제800조, 제801조).

[3] 부모가 없는 미성년자는 후견인의 동의를 얻어 약혼할 수 있다

> 저는 부모님을 잃은 18살 여자입니다. 봉제공장에서 미싱사 보조로 일하면서 생활하고 있는데 요즈음 사랑하는 사람을 만나서 약혼을 하려고 합니다. 약혼하려면 부모의 동의를 받아야 한다는데 저는 어떻게 해야 합니까?

부모 모두 동의를 받을 수 없는 미성년자는 미성년후견인의 동의를 받아 약혼할 수 있습니다(민법 제801조). 미성년후견인이 없는 경우에는 가정법원은 직권으로 또는 미성년자, 친족, 이해관계인, 검사, 지방자치단체의 장의 청구에 의하여 미성년후견인을 선임합니다. 가정법원에 미성년후견인선임 심판청구를 하여 먼저 후견인을 선임받도록 하십시오(민법 제932조).

[4] 부모, 후견인의 동의 없는 피성년후견인의 약혼은 법률이 인정하지 않는다

> 저에게는 30살 된 지능이 떨어지는 아들이 있습니다. 남에게 잘 속는 아들은 나이가 들어가면서 점점 더 많은 재산을 없애서 성년후견선고를 받게 하였습니다. 그런데 요즈음 술집 여자와 동거하면서 약혼을 시켜달라고 합니다. 그 여자는 아들을 좋아하지도 않으면서 우리집 재산을 보고 그러는 것 같습니다. 아들과 여자의 약혼을 막을 방법이 없을까요?

동거하는 것을 법으로 막을 수 있는 방법은 없습니다. 그러나 피성년후견인은 부모나 성년후견인의 동의를 받아야 약혼할 수 있습니다(민법 제802조). 결혼 역시 부모나 성년후견인의 동의를 받아야 혼인이 성립할 수 있습니다(민법 제808조). 만약 부모의 동의를 위조하여 혼인신고를 한 경우 부모는 혼인 취소를 법원에 청구할 수 있습니다(민법 제817조).

[5] 파혼에는 일정한 형식이 없다

> 약혼해제, 즉 파혼할 때에 법에 규정된 일정한 형식이 있나요?

약혼의 해제는 상대방에 대한 의사표시로 합니다. 그러나 상대방에 대하여 의사표시를 할 수 없는 때에는 그 해제의 원인 있음을 안 때에 해제된 것으로 봅니다(민법 제805조).

[6] 약혼했다고 혼인을 강요할 수 없다

> 같은 직장에 있는 동료와 결혼을 전제로 3년간 사귀면서 양가 부모님의 승낙을 받아 약혼했습니다. 그런데 이제 와서 사랑이 식었다면서 헤어지자 합니다. 저는 이 남자와 헤어질 수 없습니다. 결혼을 강제할 수 없을까요?

약혼은 장차 혼인할 것을 약속한 것이지만, 약혼한 사이라고 해서 혼인을 강요할 수는 없습니다. 약혼 후 결혼하고 싶지 않을 때는 파혼할 뜻을 상대방에게 통보함으로써 파혼할 수 있습니다(민법 제803조). 다만 약혼자가 정당한 이유 없이 파혼을 통고한 경우 상대방에게 약혼해제로 인한 손해배상을 청구할 수 있습니다(민법 제806조).

[7] 법이 인정하는 파혼사유

법이 인정하는 파혼사유를 알고 싶습니다.

당사자 한쪽에 다음 각 호의 어느 하나에 해당하는 사유가 있는 경우에는 상대방은 약혼을 해제할 수 있습니다(민법 제804조).
1. 약혼 후 자격정지 이상의 형을 선고받은 경우
2. 약혼 후 성년후견개시나 한정후견개시의 심판을 받은 경우
3. 성병, 불치의 정신병, 그 밖의 불치의 병질(病疾)이 있는 경우
4. 약혼 후 다른 사람과 약혼이나 혼인을 한 경우
5. 약혼 후 다른 사람과 간음(姦淫)한 경우
6. 약혼 후 1년 이상 생사(生死)가 불명한 경우
7. 정당한 이유 없이 혼인을 거절하거나 그 시기를 늦추는 경우
8. 그 밖에 중대한 사유가 있는 경우

[8] 약혼 후 자격정지 이상의 형을 선고받으면 파혼사유가 된다

저와 약혼한 사람이 얼마 전 사람을 때려 상해죄로 징역 9월을 선고받고 교도소에서 복역 중입니다. 폭력성이 있는 사람과는 결혼하고 싶지 않습니다. 파혼할 수 없을까요?

약혼 후 자격정지 이상의 형을 선고받은 경우 약혼해제의 사유가 됩니다(민법 제804조 제1호). 형법 제41조에 규정된 형벌로 사형, 징역, 금고, 자격상실, 자격정지, 벌금, 구류, 과료, 몰수가 있는데, 그중 자격정지 이상의 형을 받으면 약혼을 해제할 수 있습니다.

[9] 약혼자가 사기죄로 징역형을 선고받은 경우 파혼사유가 된다

저와 약혼한 사람이 얼마 전 사기죄로 징역 1년형을 선고받고 교도소에서 복역 중입니다. 저희 부모님과 친구들은 파혼하라고 하며, 저도 파혼했으면 하는데 가능한지요? 파혼 통고를 먼저 제가 하면 손해배상을 해주어야 하는지요?

약혼은 상대방에 대한 의사표시로써 해제할 수 있습니다. 다만 본인에게 약혼해제사유가 있을 때는 상대방에게 손해배상을 해야 합니다. 약혼의 해제사유는 민법 제804조에서 규정하고 있습니다([7] 법이 인정하는 파혼사유 참조). 귀하의 경우 상대방이 민법의 약혼해제사유 중 '약혼 후 자격정지 이상의 형의 선고를 받은 때'에 해당하므로 먼저 파혼 통고를 하더라도 손해배상을 하지 않아도 되며, 오히려 상대방에게 손해배상청구를 할 수 있습니다.

[10] 약혼 후 성년후견개시나 한정후견개시의 심판을 받는 경우 파혼할 수 있다

중매로 약혼했는데 약혼자가 약혼 후 한정후견개시의 심판을 받았다고 합니다. 파혼할 수 있는지요?

약혼 후 성년후견개시 또는 한정후견개시의 선고를 받은 것을 이유로 파혼할 수 있습니다(민법 제804조제2호).

[11] 성병은 파혼사유가 된다

약혼자가 성병을 치료하려고 병원에 다니는 사실을 알았습니다. 그것을 이유로 파혼할 수 있는지요?

약혼자에게 성병, 불치의 정신병, 그 밖의 불치의 병질(病疾)이 있는 것은 파혼사유가 됩니다. 파혼할 의사가 있다면 약혼자에게 그 사실을 들어 파혼을 통고할 수 있습니다(민법 제804조제3호).

[12] 약혼 후 약혼자가 타인과 결혼한 것은 파혼사유가 된다

저는 지방 소도시에 살고 있는데 서울에 있는 남자와 작년 가을 친지의 중매로 약혼했습니다. 약혼 초기에는 연락도 자주하고 저 있는 곳으로 내려와 만나고 가던 남자가 바쁘다면서 몇 개월간 소식도 없고 전화도 받지 않았습니다. 그런데 그동안 저와 약혼 전에 사귀다 헤어졌던 여자를 다시 만나서 결혼하였다고 합니다. 저는 어떻게 해야 하는지요?

약혼하고 다른 여자와 결혼한 사실은 법적인 파혼사유에 해당됩니다(민법 제804조제4호). 상대방에게 파혼을 통고하고 손해배상청구를 하실 수 있습니다(민법 제805조, 제806조).

[13] 약혼자가 타인과 간음하였을 때 파혼할 수 있다

약혼자가 다른 여자와 동거하고 있는 것을 알았습니다. 그 여자를 결혼 상대로 생각해 본 적이 없다면서 일시적인 실수라며 곧 헤어질 테니 염려 말라 합니다. 이런 사고방식을 가진 남자와 결혼하고 싶지 않습니다. 파혼하고 위자료를 받을 수 있을까요?

약혼자가 타인과 간음한 사실을 들어 파혼을 통고할 수 있습니다(민법 제804조제5호). 약혼자가 파혼에 동의하지 않더라도 파혼은 성립되고, 상대방에게 손해배상청구를 할 수 있습니다(민법 제806조).

[14] 약혼 후 약혼자가 1년 이상 생사불명일 때 파혼할 수 있다

2년 전 어머니가 아는 친지의 중매로 약혼했습니다. 남자는 사업차 중국에 다녀온다고 하더니 2년이 다 되도록 소식이 없습니다. 중매한 친지분도 소식을 모른다고 합니다. 전화 한 통 없는 사람을 더 기다리고 싶지 않습니다. 파혼할 수 없을까요? 제가 먼저 파혼하자고 하면 손해배상을 해주어야 하는지요.

약혼자가 1년 이상 생사불명일 때 파혼할 수 있습니다(민법 제804조제6호). 귀하가 먼저 파혼하자 했다는 이유로 손해배상책임을 지는 것이 아니라, 잘못이 있는 상대방이 손해배상책임을 지게 됩니다. 파혼으로 인한 손해배상청구를 상대방에게 하실 수 있습니다(민법 제806조).

[15] 약혼자가 정당한 이유 없이 혼인을 거절하거나 그 시기를 늦추는 경우 파혼할 수 있다

약혼한 지 4년이 되어 이제 34살이 넘은 여자입니다. 약혼자가 경제 사정이 여의치 못하다면서 결혼을 봄에서 가을로, 가을에서 다음해 봄으로 미룬 것이 4년째입니다. 결혼비용을 조금씩 줄이고 혼인해서 살 집 준비를 내가 하겠다고 해도 계속 미루기만 합니다. 저는 더 이상 기다릴 수 없습니다. 어떻게 해야 할까요?

약혼을 하였더라도 남자가 원하지 않는 결혼을 강요할 수 없습니다(민법 제803조). 그러나 귀하는 정당한 이유 없이 혼인을 미루는 남자에게 파혼을 요구하고(민법 제804조제7호), 정신적·물질적으로 입은 손해배상을 청구할 수 있습니다(민법 제806조).

[16] 속아서 약혼한 경우 파혼할 수 있다

부인이 있는 남자가 총각이라고 속여서 약혼하고 1년간 동거하였습니다. 얼마 전 우연한 기회에 부인과 아이가 있고 이혼도 되지 않았음을 알았습니다. 헤어지고 위자료를 청구할 수 있는지요?

속아서 한 약혼관계는 파혼할 수 있습니다(민법 제804조제8호). 그리고 파혼으로 인한 손해배상청구를 할 수 있습니다(민법 제806조).

[17] 약혼자가 육체관계를 요구할 때 거절한 이유만으로 파혼당하지 않는다

얼마 전 약혼하였습니다. 약혼자가 육체관계를 요구해서 결혼 전까지는 순결을 지키고 싶어 거절했더니 파혼하자고 합니다. 약혼자의 육체관계 요구를 들어주지 않으면 파혼사유가 되는지요?

약혼은 혼인을 예약하는 것에 지나지 않으므로 약혼기간은 법률상으로 남남입니다. 그러므로 약혼기간 중에는 성행위를 요구할 권리와 이에 응할 의무가 없습니다. 약혼자의 성관계 요구를 거절한 것은 파혼사유가 되지 않습니다. 그러나 남자가 파혼사유가 안 되는 이유를 가지고 일방적으로 파혼을 통고해도 파혼은 성립합니다. 정당한 이유 없이 파혼을 통고받은 경우 상대방에게 약혼해제로 인한 손해배상을 청구할 수 있습니다(민법 제806조).

[18] 결혼을 전제로 3년간 만나다가 일방적으로 이별을 통고한 여자친구를 상대로 정신적·물질적 손해배상을 청구할 수 있다

> 사내 커플이라 회사에는 비밀로 하고 연애를 하였습니다. 3년 정도 교제했고, 나이가 있는 만큼 결혼을 전제로 만났습니다. 양가 부모님도 교제 사실을 다 아시고, 각자 집에 자주 놀러가고 명절에 찾아뵙기도 했습니다. 근데 오래 만나다 보니 애정도 식고, 만날수록 결혼에 대한 확신이 들질 않고 저의 단점만 자꾸 보인다며 다른 남자를 소개팅으로 만나더니 여자친구가 제게 헤어지자고 합니다. 저는 사귀는 동안 결혼할 사람이라 생각했기에 정신적·물질적으로 아낌없이 정성을 다했는데, 여자친구는 도의적으로는 미안하지만 약혼식도 안 했으니 본인이 별다른 책임을 질 필요가 없다고 합니다. 제가 정말 아무런 보호도 받을 수 없는지요?

약혼은 혼인하려는 양 당사자의 의사의 합치로 성립합니다(민법 제800조). 양 당사자의 합의만 있다면 거창하게 식을 올리고 패물을 교환하지 않아도 성립하는 것입니다. 그러므로 약혼식을 하지 않았더라도 두 사람이 앞으로 결혼하겠다는 의사의 합치를 바탕으로 3년 동안 만남을 가지다가 다른 남자를 사귀고 일방적으로 그 약속을 파기했다면 약혼자인 귀하가 여자친구를 상대로 파혼을 원인으로 한 손해배상청구를 할 수 있습니다(민법 제806조).

[19] 정당한 이유 없이 파혼하려면 손해배상책임을 져야 한다

> 약혼하고 결혼 날짜까지 잡았는데 혼수와 예단문제로 의견 차이가 생기자 남자 어머니가 궁합을 보았더니 나쁘다면서 파혼하자 합니다. 약혼자도 결혼할 뜻이 없다면서 파혼하자고 하고, 제가 만나서 이야기하자 해도 만나주지도 않습니다. 어떻게 해야 할까요?

남자가 이유 없이 일방적으로 파혼을 통고해도 파혼은 성립합니다. 약혼했다고 해서 결혼을 강요할 수는 없습니다(민법 제803조). 그러나 정당한 이유 없이 파혼하려면 손해배상책임을 지게 됩니다(민법 제806조). 따라서 귀하는 약혼자와 그 어머니에게 파혼으로 인한 손해배상청구를 하실 수 있습니다.

[20] 종교적 계시는 파혼사유가 되지 않는다

> 약혼하고 예식장 사용계약까지 했습니다. 그런데 약혼자가 자기 어머니가 기도 중 저와 결혼하면 불행해진다는 계시를 받아 혼인을 반대한다며 이를 무릅쓰고 결혼하기 어렵다고 파혼을 통고해 왔습니다. 어떻게 해야 할까요?

종교적 계시를 이유로 파혼하겠다고 할 경우 법적인 파혼사유로 인정되지 않습니다. 약혼자와 그의 어머니를 상대로 정신적·금전적으로 입은 손해배상청구를 하실 수 있습니다(민법 제806조, 서울가정법원 2011. 1. 30. 판결).

[21] 이혼하고 결혼하자는 약속은 법률적 효력이 없다

> 남편과 사이가 안 좋게 지내던 중 유부남을 알게 되었습니다. 그 남자도 자기 부인과 혼인생활을 계속할 생각이 없다면서 우리 두 사람 다 이혼한 뒤 결혼하자고 했습니다. 그래서 저는 이혼을 했습니다. 그런데 그 남자는 아이들 핑계를 대면서 이혼을 하지 않고 있습니다. 결혼 약속을 일방적으로 깬 이 남자에게 손해배상을 청구할 수 있는지요?

유부남, 유부녀가 각각의 배우자와 이혼한 뒤 결혼하자고 한 약속은 법률상 효력이 없습니다. 각자 법률상 혼인관계에 있었던 두 사람의 결혼 약속, 즉 약혼은 법률상 혼인관계의 파기를 전제로 한 것으로서 선량한 풍속 기타 사회질서에 위배되는 것이므로 효력이 없습니다(서울가정법원 2007. 4. 20. 선고 2006드단41474 판결).

[22] 약혼자가 학력·직장 경력을 속인 경우 파혼할 수 있다

> 저는 중매로 선을 본 남자와 약혼하였는데, 알고 보니 그 사람은 고졸자이면서 대졸자라고 하였고, 직장의 직급도 허위로 알려주었던 것입니다. 이 경우 약혼 해제사유가 될 수 있는지요?

귀하는 약혼자에게 파혼을 요구하고(민법 제804조제8호), 정신적·물질적으로 입은 손해배상을 청구할 수 있습니다(제806조). 우리 판례는 "약혼은 혼인할 것을 목적으로 하는 혼인의 예약이므로 당사자 일방은 자신의 학력, 경력 및 직업과 같은 혼인의사를 결정하는 데 있어 중대한 영향을 미치는 사항에 관하여 이를 상대방에게 사실대로 고지할 신의성실의 원칙상의 의무가 있다. 따라서 학력 등을 속인 것이 약혼 후에 밝혀진 경우에는, 이러한 신의성실의 원칙에 위반한 행위로 인하여 믿음이 깨져 애정과 신뢰에 바탕을 둔 인격적 결합을 기대할 수 없으므로 민법 제804조 제8호 소정의 '기타 중대한 사유가 있는 때'에 해당하여 이로 인한 약혼해제는 적법하다."고 하였습니다(대법원 1995. 12. 8. 선고 94므1676, 1683 판결).

[23] 정당한 이유 없이 파혼당한 경우 받은 패물은 돌려주지 않아도 된다

> 중매로 양가 부모님을 모시고 성대히 약혼식도 했습니다. 그런데 별 이유 없이 여자가 파혼을 통고하고 제가 보낸 패물을 돌려보내면서 여자 편에서 해준 패물을 돌려달라고 합니다. 제가 받은 패물을 돌려주어야 하는지요? 억울해서 약혼비용까지 청구하고 싶은데 방법이 있는지요?

정당한 이유 없이 파혼당한 경우 상대방에게 손해배상을 청구할 수 있으며, 약혼 예물은 돌려주지 않아도 됩니다. 약혼당사자 일방이 귀책사유로 인하여 약혼이 해제될 경우에 관하여 우리 판례는 "약혼해제에 관하여 과실이 있는 유책자는 그가 제공한 약혼 예물을 적극적으로 반환청구할 권리가 없다."고 하였습니다(대법원 1976. 12. 28. 선고 76므41,42 판결). 즉, 유책자는 자기가 받은 예물은 반환하되 상대방에게 준 예물은 반환청구를 하지 못하게 하는 것입니다.

한편, 일단 혼인이 성립되어 상당기간 지속된 경우에 관하여 "약혼예물의 수수는 혼인 불성립을 해제조건으로 하는 증여와 유사한 성질의 것이므로 시어머니가 며느리에게 교부한 약혼예물은 그 혼인이 성립되어 상당기간 지속된 이상 며느리의 소유라고 본다."는 판례가 있습니다(대법원 1994. 12. 27. 선고 94므895 판결).

제2절 사실혼·남녀

[1] 사실혼이란

사실혼이란 사회적으로 정당하다고 인정되는 부부이나 아직 혼인신고를 하지 않았기 때문에 법률상으로 정당한 부부로 인정받지 못하는 남녀관계를 말한다. 사실혼으로 인정받기 위해서는 당사자 간에 혼인의사의 합치가 있어야 하고 공연성이 있어야 한다. 공연성이란 누가 보아도 그들을 부부로 인정하는 것을 말하며 반드시 결혼식을 거행할 필요는 없다.

[2] 혼인신고는 일방적으로 할 수 없다

> 결혼한 지 3년이 됩니다. 남편이 바쁘다면서 혼인신고 할 생각을 하지 않습니다. 제가 혼자 혼인신고를 할 수 있습니까?

혼인은 당사자 간에 혼인하겠다는 합의가 있어야 합니다(민법 제815조제1호). 그러므로 귀하가 혼자서 일방적으로 혼인신고를 할 수 없습니다. 그러나 부부로 함께 살면서 단지 혼인신고만 하지 않았다면 부인은 정식 혼인한 부부라는 입증을 하여 남편의 주소지 관할 가정법원(가정법원이 없는 경우 지방법원 가사부)에 '사실상혼인관계존재확인의 소'를 제기하여 판결을 받은 다음 혼인신고를 할 수 있습니다(가사소송법 제2조제1항제1호 나류 1호). 다만, 위 청구는 부부관계를 악화시킬 염려가 있으니 먼저 남편을 설득하여 혼인신고를 하시는 것이 바람직한 방법입니다.

[3] 뇌출혈로 쓰러져 의식이 없는 사실혼관계 남편과의 혼인신고를 아내가 혼자 해도 유효한가

> 결혼식을 올리고 혼인신고를 하지 않고 살다가 남편이 뇌출혈로 쓰러져 2년간 의식을 되찾지 못하고 있습니다. 제가 혼인신고를 해도 될까요?

남편이 쓰러지기 전까지 사실혼관계였고 계속해서 간병을 하고 있다면 부인 혼자서 혼인신고를 하여도 그 혼인신고가 유효하다는 대법원 판례가 있습니다(대법원 2000. 4. 11. 선고 99므1329판결). 우리 법원은 "혼인의 합의란 법률혼주의를 채택하고 있는 우리나라 법제 하에서는 법률상 유효한 혼인을 성립하게 하는 합의를 말하는 것이므로 비록 사실혼관계에 있는 당사자 일방이 혼인신고를 한 경우에도 상대방에게 혼인의사가 결여되었다고 인정되는 한 그 혼인은 무효라 할 것이나, 상대방의 혼인의사가 불분명한 경우에는 혼인의 관행과 신의성실의 원칙에 따라 사실혼관계를 형성시킨 상대방의 행위에 기초하여 그 혼인의사의 존재를 추정할 수 있으므로 이와 반대되는 사정, 즉 혼인의사를 명백히 철회하였다거나 당사자 사이에 사실혼관계를 해소하기로 합의하였다는 등의 사정이 인정되지 아니한 경우에는 그 혼인을 무효라고 할 수 없다."고 하였습니다.

[4] 사실혼 부부 사이의 출생자는 아버지가 사망한 경우에도 그 자녀로 등록할 수 있다

> 혼인신고를 하지 않고 살다가 남편이 사망했습니다. 우리 부부 사이에는 출생한 지 6개월 된 아들이 있습니다. 아들을 남편의 자식으로 법적으로 인정받게 하려면 어떻게 해야 합니까?

부인은 남편의 법적인 부인으로 남편의 혼인관계증명서나 가족관계증명서에 기재될 수 없지만(민법 제815조제1호), 아들은 법적으로 남편의 자녀로 인정받을 수 있습니다. 민법 제864조에 의하면 아버지 또는 어머니가 사망한 때에는 그 사망을 안 날로부터 2년 내에 검사를 상대로 하여 가정법원(가정법원이 없는 경우 지방법원 가사부)에 '인지청구의 소'를 제기할 수 있습니다(가사소송법 제2조제1항제1호 나류 9호).

[5] 사실혼 배우자는 재산상속을 받을 수 없다

> 결혼하고 남편이 해외 파견을 나갔다가 그곳에서 교통사고를 당해 사망했습니다. 혼인신고를 하지 않아 현재 제가 살고 있는 남편 명의로 된 집이 시어머니에게 상속된다고 합니다. 저는 이 집에 대한 상속권이 전혀 없는지요?

우리 민법은 사실혼 배우자에게 상속권을 인정하지 않고 있습니다(민법 제1003조제1항). 헌법재판소는 민법 제1003조제1항은 위헌이라며 청구한 헌법소원심판사건에서 "사실혼 배우자에게 상속권을 인정하지 않는 것은 상속인에 해당하는지 여부를 객관적인 기준에 의해 파악할 수 있도록 하여 관련 분쟁을 방지하기 위한 것"이라며 사실혼 배우자 상속권 불인정은 합헌이라고 판결했습니다(헌재 2014. 8. 28. 선고 2013헌바119 전원재판부 결정).

[6] 사실혼 배우자의 임차권 상속

> 사실혼관계로 있다가 남편이 갑자기 사망하였습니다. 사실혼관계였던 것은 양쪽 자녀들이 모두 인정하고 있습니다. 자녀들은 따로 살고 있었습니다. 지금 살고 있는 전셋집이 남편 명의로 되어있는데 남편의 자녀들이 집을 비워달라고 합니다. 저는 아무런 권리가 없는지요?

사실혼 부부가 함께 거주하던 집이 있는 경우, 임차인인 남편이 사망 당시 상속권자가 그 주택에 가정공동생활을 하고 있지 아니한 때에는 그 주택에서 가정공동생활을 하던 사실상의 혼인관계에 있는 자와 2촌 이내의 친족이 공동으로 임차인의 권리와 의무를 승계합니다(주택임대차보호법 제9조제2항). 부인은 남편의 상속권자인 자녀들과 전세보증금을 공동으로 나누어 가질 수 있습니다.

만약 임차인인 남편이 상속인 없이 사망했다면 해당 주택에서 가정공동생활을 하던 사실혼 배우자가 임차인의 권리와 의무를 승계합니다(민법 제1057조의2).

[7] 당사자 일방이 사망한 경우 사실혼관계존부확인청구의 소가 가능한가

> 이혼하고 저와 같은 처지의 남자를 만나 혼인신고 하지 않고 둘이서 10년간 함께 살다가 남편이 사망하였습니다. 그런데 법적인 부부가 아니라며 함께 살던 임대아파트에서 나가라 합니다. 법원에 사실혼관계존재확인청구를 해서 혼인신고를 할 수 있는지요?

우리 판례는 "일반적으로 과거의 법률관계는 확인의 소의 대상이 될 수 없으나, 혼인·입양과 같은 신분관계와 같이 그것을 전제로 하여 수많은 법률관계가 발생하고 그에 관하여 일일이 개별적으로 확인을 구하는 번잡한 절차를 반복하는 것보다 과거의 법률관계 그 자체의 확인을 구하는 편이 관련된 분쟁을 일거에 해결하는 유효적절한 수단일 수 있는 경우에는 예외적으로 확인의 이익이 인정된다. 따라서 사실혼관계에 있던 당사자 일방이 사망하였더라도 현재적 또는 잠재적 법적 분쟁을 일거에 해결하는 유효적절한 수단이 될 수 있는 한 그 사실혼관계존부확인청구에는 확인의 이익이 인정되고, 이 경우 친생자관계존부확인청구에 관한 민법 제865조와 인지청구에 관한 민법 제863조의 규정을 유추적용하여, 생존당사자는 그 사망을 안 날로부터 2년 내에 검사를 상대로 과거의 사실혼관계에 대한 존부확인청구를 할 수 있다."고 하였습니다(대법원 1995. 3. 28. 선고 94므1447 판결).

그러나 사실혼관계 확인판결을 받더라도 혼인신고특례법에 의한 예외적인 경우를 제외하고는 사망자와의 혼인신고는 할 수 없습니다.

[8] 사실혼을 해소하는 데는 형식을 필요로 하지 않는다

> 결혼식만 올리고 혼인신고는 하지 않았습니다. 서로 성격이 맞지 않아 헤어지려고 하는데 어떠한 절차를 밟아야 하는지요?

혼인신고 없는 부부는 법률상 부부가 아니므로 그 혼인생활을 해소하는 데 아무런 법적인 절차도 필요하지 않습니다. 서로 합의하고 헤어지면 바로 이혼입니다.

[9] 사실혼을 이유 없이 파탄시킨 남편에게 재산분할과 손해배상을 청구할 수 있다

> 남편은 장남이지만 혼인하면 시부모님과 따로 살겠다고 했습니다. 시부모님도 그러는 것이 좋겠다고 했습니다. 그래서 결혼 후 시부모와 따로 살고 있는데 남편은 장남인 자기가 부모님을 모시고 살지 않는 것은 불효라며 그게 다 저 때문이라면서 저를 괴롭히고 싸우면 집을 나가라 해서 현재 친정에 와 있습니다. 이런 일이 한두 번이 아니라서 계속 혼인생활을 유지하기 어려울 것 같습니다. 시부모님은 아직 정정하시고 저희 부부보다 경제력도 더 있으십니다. 혼인신고를 하지 않았는데 남편과 헤어질 경우 재산분할과 위자료를 청구할 수 있는지요?

혼인신고가 없는 부부는 둘이 협의해서 헤어지면 이혼됩니다. 혼인신고를 하지 않은 부부 사이라도 헤어질 때는 혼인신고를 한 부부가 이혼하는 경우와 마찬가지로 재산분할과 손해배상을 받을 수 있습니다. 그러나 남편의 주장과 같이 부인에게 잘못이 있어 가정이 파탄되는 경우라면 부인이 남편에게 손해배상을 해야 합니다. 부인이 잘못이 없는데 나가라고 했다면 협의를 먼저 해보고, 남편이 불응하면 남편의 주소지 관할 가정법원(가정법원이 없으면 지방법원 가사부)에 사실혼해소로 인한 재산분할 및 손해배상청구를 하실 수 있습니다(민법 제843조).

[10] 부부가 헤어지며 재산분할을 할 때 사실혼인지 법률혼인지에 따라 세금을 차별하지 않는다

> 이혼하고 재산을 나누지 않고 11년간은 혼인신고 하지 않고 사실혼으로 살다가 헤어졌습니다. 재산분할로 아파트를 받았는데 사실혼으로 살다가 받았기 때문에 법률혼 부부의 이혼과 달리 취득세 특례세율 혜택을 받지 못한다는데 사실인지 알고 싶습니다.

이혼하면서 재산을 분할하는 것도 재산을 취득하는 것이기 때문에, 이 경우 재산을 취득하는 사람은 「지방세법」상 취득세를 내야 합니다. 지방세법은 부동산을 무상 취득한 경우 세율 3.5%를 적용해 취득세를 계산하는데, 이혼에 따른 재산분할의 경우 2%의 중과기준세율을 뺀 1.5%의 특례세율을 적용하고 있습니다.

우리 판례는 사실혼관계인 부부가 헤어져 재산을 나누는 경우 법률상 이혼 때와 마찬가지로 취득세에 혜택을 주어야 한다고 보고 있습니다. 부부가 공동생활체를 이루다 헤어지는 경우, 혼인신고 여부와 상관없이 재산분할이 인정되므로 분할 재산에 대한 세금 부과 역시 사실혼과 법률혼을 차별 적용해서는 안 된다는 취지입니다(대법원 2016. 8. 30. 선고 2016두36864 판결).

[11] 혼인생활을 방해한 시부모에게 손해배상을 청구할 수 있다

> 시부모님이 점쟁이가 남편이 저와 살면 건강도 좋지 않고 출세할 수 없다고 했다며 대놓고 헤어지라 하고 사사건건 트집 잡고 학대합니다. 제가 견디지 못해 남편과 헤어지게 될 경우 시부모에게 위자료를 청구할 수 있을까요? 저희 부부는 혼인신고를 아직 하지 않았습니다.

점쟁이 말을 듣고 이혼을 강요하고 학대하는 시부모 때문에 혼인이 파탄될 경우 혼인신고 없는 사실혼부부라도 시부모에게 손해배상을 청구할 수 있습니다(민법 제751조).

[12] 혼인신고 하지 않고 사는 부인도 남편과 간통한 여자에게 손해배상을 청구할 수 있다

> 사실혼 부부입니다. 남편은 초등학교 동창 모임에서 만난 여자 동창과 부정한 관계를 맺고 있습니다. 제가 그 여자를 상대로 손해배상을 청구할 수 있습니까?

부부관계를 불법하게 침해한 것을 원인으로 하여 손해배상청구를 할 수 있습니다(민법 제750조, 민법 제751조).

[13] 사실혼의 부인도 사망한 남편을 대신하여 손해배상을 청구할 수 있다

> 사실혼 부부입니다. 남편이 출근길에 과속으로 달려온 버스에 치여 사망했습니다. 제가 버스회사를 상대로 손해배상청구를 할 수 있습니까?

버스회사는 운전사를 고용한 고용주로서 책임이 있습니다(민법 제756조). 근로기준법은 혼인신고 없는 아내에게도 손해배상을 청구할 수 있도록 규정하고 있으므로(근로기준법 제82조), 부인은 버스회사에 손해배상을 청구할 수 있습니다.

보통 사람이 사망한 경우 손해배상은 그 사람이 살아서 그의 생명이 다할 때까지 벌 수 있는 총수입 중에서 그 사람이 쓴 비용을 뺀 액수입니다. 그 배상액을 일시에 받는 경우에는 다시 그동안의 중요 이자를 제한 것이 배상액이 됩니다. 그리고 죽은 사람이 다른 사람을 부양하다가 사망으로 인하여 부양을 못 하게 되었으면 그 부양료도 아울러 청구할 수 있습니다(민법 제752조 · 제756조, 대법원 1960. 7. 20. 판결).

[14] 사실혼의 부인도 남편의 공무원연금을 받을 수 있다

> 혼인신고 없는 공무원의 아내입니다. 남편이 근무 중 순직하였습니다. 제가 남편의 공무원 유족연금을 받을 수 있을까요?

공무원연금법에 의하면 유족 중의 배우자에 사실상 혼인관계에 있던 자를 포함시키고 있습니다(공무원연금법 제3조제1항제2호 가목, 동법 시행령 제3조제1항). 따라서 부인은 연금을 받을 수 있습니다.

[15] 사실혼관계 배우자도 유족연금(국민연금)을 받을 수 있다

> 10년간 사실혼으로 살면서 함께 벌어 생활하고 국민연금도 함께 번 돈으로 냈습니다. 국민연금공단으로부터 유족연금을 받으려고 했더니 사실혼관계를 입증하라 합니다. 어떻게 입증해야 할까요?

국민연금공단은 사실혼관계를 법원의 공적문서(사실혼관계 확인판결)로 인정하고 있고, 공단 자체적으로도 담당직원이 객관적인 자료를 통해 결정하고 있습니다. 사실혼관계 확인을 위한 자료로는 단순 동거가 아닌 ▶두 사람이 부부관계였음을 증언하는 지인들과 지인들의 진술서, ▶두 사람이 동일 거주지에 등록되어 있는 주민등록등본, ▶동거 중 공동 소비 · 지출을 한 통장내역, ▶서로를 자신의 보호자나 배우자로 표시한 문서 등이 있습니다.

[16] 사실혼관계존부확인의 소를 사실혼관계의 배우자 사망을 안 날로부터 2년 내에 검사를 상대로 제기할 수 있다

> 11년간 함께 사실혼으로 살던 남편이 사망해서 국민연금을 받으려 했더니 검사를 상대로 사실혼관계 확인을 받아오라고 합니다. 시집 식구들은 모두 제가 국민연금을 받도록 도와주겠다 합니다. 절차를 알고 싶습니다. 확인판결을 받으면 혼인신고를 해야 하는지요?

법원에 사실혼관계를 증명할 수 있는 입증서류를 첨부해서 가정법원에 사실혼관계존부확인의 소를 그 사망을 안 날로부터 2년 내에 검사를 상대로 제기하실 수 있습니다. "사실혼관계에 있던 당사자 일방이 사망하였더라도, 현재적 또는 잠재적 법적 분쟁을 일거에 해결하는 유효적절한 수단이 될 수 있는 한 그 사실혼관계존부확인청구에는 확인의 이익이 인정되고, 이러한 경우 친생자관계존부확인청구에 관한 민법 제865조와 인지청구에 관한 민법 제863조의 규정을 유추적용하여, 생존당사자는 그 사망을 안 날로부터 2년 내에 검사를 상대로 과거의 사실혼관계에 대한 존부확인청구를 할 수 있다."는 판례가 있습니다(대법원 1995. 3. 28. 선고 94므1447 판결).

다만 사실혼관계 확인판결을 받더라도 혼인신고특례법에 의한 예외적인 경우를 제외하고는 사망자와의 혼인신고는 할 수 없습니다.

[17] 고령으로 만나 실버타운에서 동거한 경우에도 사실혼으로 인정되어 재산분할을 받을 수 있다

> 남편과 사별하고 혼자 살다가, 이혼하고 혼자 사는 남자를 만나서 노후를 함께하기로 하고 양가 가족들과 식사하며 인사를 나누고 남자가 살고 있는 실버타운에 들어가 5년간 부부로 함께 살다가 헤어졌습니다. 그런데 헤어지면서 재산분할을 해달라고 요청했더니 혼인신고를 하지 않은 단순한 동거이기 때문에 나는 아무런 권한이 없다고 합니다. 우리는 일반 다른 부부처럼 여보, 당신으로 호칭하고 살았고 이웃들도 저희를 부부로 취급했습니다. 혼인신고를 하지 않아 재산분할청구를 할 수 없는지요?

실버타운에서 동거한 60~70대 남녀 사이를 사실혼관계로 인정해 양측이 헤어진 데 따라 재산을 분할하라는 판례가 있습니다. 재판부는 두 사람이 정서적·경제적 필요에 따라 함께 생활한 단순 동거 관계라기보다 사회적·실질적으로 부부로서 공동생활을 영위할 혼인 의사가 있는 사실혼관계로 본다며 재산분할을 해주라고 판결했습니다(서울가정법원 2013. 7. 19. 선고 2012느합144 심판).

[18] 사실혼 이전 연인 관계 때 함께 모은 재산도 재산분할 대상이다

> 사실혼관계 이전에 연인 관계일 때 함께 형성한 재산도 분할 대상이 되는지요?

재산분할 대상이 됩니다. 사실혼관계 이전 연인 관계일 때 함께 형성한 재산도 분할 대상이라는 판례가 있습니다(서울고등법원 2013. 6. 13. 선고 2011르2258 심판).

A씨는 대학을 졸업한 후 일정한 직업이 없는 상태에서 상가임대업을 하던 B씨를 만나 연인 관계로 발전했는데, A씨는 경제적 도움을 받으며 B씨가 낙찰 받은 상가건물의 대금을 낮추기 위해 변호사를 선임하는 등 사업을 적극 도우며 그 관계가 6년 동안 계속되었고, 결혼하면 아이를 낳자는 B씨의 요구로 4번이나 낙태했습니다. A씨가 4번째 낙태를 하자 결혼 생각이 없다며 태도를 바꾼 B씨는 동거하던 자신의 아파트에서 A씨를 쫓아냈고, 잦은 낙태 수술로 건강을 해친 A씨는 B씨에게 손해배상과 재산분할청구의 소를 제기했습니다.

법원은 "사실혼관계를 형성하기 이전에 이루어진 것이기는 하나, A씨가 상가건물 낙찰 대금을 낮추도록 도움을 주었을 뿐만 아니라 B씨를 대신해 소송대리인과의 가교역할을 충실히 하여 B씨의 재산형성과 유지에 크게 기여한 것으로 평가함이 상당하므로 B씨는 A씨에게 위자료 1억 원과 재산 1억3천9백만 원을 분할하라."는 판결을 내렸습니다.

[19] 사실혼 배우자가 사망하면 재산분할청구권은 인정되지 않는다

> 자식이 있는 이혼남과 결혼하고 혼인신고를 하지 않은 채 15년을 같이 살았습니다. 남편과의 사이에서 아이는 없었으며 서로 맞벌이 생활을 하면서 아파트 한 채를 마련했습니다. 아파트는 남편 명의로 등기되어 있습니다. 그런데 최근 교통사고로 남편이 사망했고, 전처소생의 자식이 나타나 자신이 유일한 상속권자라고 하면서 권리를 주장하고 있습니다. 남편과 같이 이룩한 재산에 대해 재산분할을 주장할 수 없나요?

사실혼 배우자 일방이 사망한 경우에 대법원은 "법률상 혼인관계가 일방 당사자의 사망으로 인해 종료된 경우에도 생존 배우자에게 재산분할청구권이 인정되지 아니하고 단지 상속에 관한 법률 규정에 따라서 망인의 재산에 대한 상속권만이 인정된다는 점 등에 비추어보면, 사실혼관계가 일방 당사자의 사망으로 인해 종료된 경우에는 그 상대방에게 재산분할청구권이 인정된다고 할 수 없다."고 판시했습니다(대법원 2006. 3. 24. 선고 2005두15595 판결).

[20] 사망한 사실혼 배우자 명의의 재산에 대한 공유지분권 청구방법

> 저는 10년 전 남편을 만나 혼인신고를 하지 않고 동거하면서 같이 협력하여 상당한 재산을 축적했는데 명의는 모두 남편 명의로 했습니다. 남편과의 사이에 자녀도 없고 혼인신고도 하지 않은 상태에서 남편이 갑자기 사망하였고, 재산은 남편의 법정상속인인 시부모가 모두 상속하였습니다. 상속권이 없는 저는 생활이 막막하게 되어, 시부모를 상대로 그 재산이 저와의 공유임을 주장하여 공유지분이전등기 청구를 하려고 합니다. 이러한 경우 반드시 사실혼관계존부확인의 소를 먼저 제기하여야 하는지, 아니면 공유지분권 이전등기 청구 절차에서 함께 다투면 되는지요?

사실혼관계에 있어 본인이 상대방 명의의 재산 형성에 금전적 기여 등의 기여도가 있다면 생존한 사실혼 배우자는 사망한 배우자의 상속인을 상대로 공유지분에 기한 분할을 청구할 수 있습니다. 우리 판례는 사실혼관계에 있는 부부의 일방이 사실혼 중에 자기 명의로 취득한 재산은 그 명의자의 특유재산으로 추정되나, 실질적으로 다른 일방 또는 쌍방이 그 재산의 대가를 부담하여 취득한 것이 증명된 때에는 특유재산의 추정은 번복되어 그 다른 일방의 소유이거나 쌍방의 공유라고 보아야 한다고 하였습니다(대법원 1994. 12. 22. 선고 93다52068).

따라서 귀하가 사실혼생활에 내조의 공이 있었다는 사유가 아닌, 위 재산의 취득에 대가를 부담하였다거나 적극적인 재산 증식의 노력이 있었던 경우라면 공유를 주장해 볼 수도 있습니다. 공유 주장 전에 사실혼관계의 확인을 먼저 받을 필요 없이 공유지분권 이전등기 청구 절차에서 사실혼관계 존재를 주장, 입증하면 됩니다.

[21] 사실혼관계를 일방적으로 파기한 자에 대한 손해배상청구권

> 저는 30세의 주부로서 2년 전 남편과 결혼식은 올렸으나 혼인신고를 하지 않은 채 살고 있습니다. 그런데 남편은 결혼 1년쯤 지날 무렵부터 외박도 잦아지고, 술에 취하여 귀가하는 날이면 저를 폭행하며 친정에 가서 돈을 가져오라는 등 가정을 돌보지 않았습니다. 처음에는 마지못해 몇 번 돈을 마련해 주었으나 남편의 방탕한 생활과 금전적인 요구는 계속되었고, 이를 거절하다 보니 남편은 헤어지자고 요구하며 저에게 친정으로 가라는 것입니다. 현재까지도 혼인신고가 되어있지 않은 상태인데, 제가 남편과 헤어질 경우 손해배상을 청구할 수는 없는지요?

사실혼관계도 법률혼과 마찬가지로 혼인의 의사 합치가 있어야 하고, 양 당사자 사이에 부부공동생활이라고 인정될만한 사회적 사실이 있어야 성립하며, 동거·부양·협조·정조의 의무가 있고 재산분할청구권 등도 인정됩니다. 다만 사실혼은 법률혼과 달리 당사자 일방이 임의로 해소할 수 있으나, 정당한 사유가 없는 한 사실혼관계 파기에 책임 있는 당사자는 상대방에 대하여 그로 인한 손해배상책임이 있습니다.

따라서 귀하는 비록 혼인신고는 하지 않아 법률상 부부는 아니지만 결혼식도 올리고 사실상 부부공동생활을 영위하고 있는 사실혼관계에 있다고 할 것이므로 남편의 폭력 등의 이유로 혼인생활을 유지할 수 없다면 사실혼 파탄에 대한 책임을 물어 물질적 손해 및 정신적 손해(위자료)배상을 청구할 수 있습니다(민법 제750조, 제766조).

[22] 사실혼관계존부 확인청구

> 우리 부부는 결혼식을 올리고 한집에서 함께 살고 있으며 주위에서도 모두 부부로 알고 있습니다. 그런데 남편이 혼인신고를 하지 않으려고 합니다. 저 혼자 혼인신고를 할 방법은 없는지요?

부부 모두에게 혼인의 의사가 있고 공동생활을 유지하고 있으면 사실상혼인관계존재확인의 소를 제기하여 판결을 받아 그에 의하여 단독으로 혼인신고를 할 수 있습니다. 사실혼이란 사회적으로 정당하다고 인정되는 부부이나 아직 혼인신고를 하지 않았기 때문에 법률상으로 정당한 부부로 인정받지 못하는 남녀관계를 말합니다. 사실혼으로 인정받기 위해서는 당사자 간에 혼인의사의 합치가 있어야 하고 공연성이 있어야 하는데, 공연성이란 누가 보아도 그들을 부부로 인정하는 것을 말하며 반드시 혼례식을 거행할 필요는 없습니다.

사실상 혼인관계가 존재한다는 확인판결이 확정되거나 또는 조정이 성립된 때, 원고는 재판확정일부터 1개월 안에 판결문 등본과 확정증명서를 붙여서 가족관계등록관서에 혼인신고를 하여야 합니다(가족관계의 등록 등에 관한 법률 제72조). 이로써 사실혼은 법률혼으로 전환됩니다.

[23] 중혼적 사실혼관계 해소의 경우, 재산분할 청구가 허용되지 않는다

> 유부남을 직장에서 만나 자기 부인과 곧 이혼하겠다고 해서 8년간을 함께 살았는데 여러 가지 이유를 대면서 이혼을 하지 않아 헤어지려 하는데 위자료와 재산분할을 청구할 수 있는지요?

중혼적 사실혼이 보호받을 수 있는지와 관련하여, 우리 판례는 "법률상 배우자 있는 자는 그 법률혼 관계가 사실상 이혼상태라는 등의 특별한 사정이 없는 한 사실혼관계에 있는 상대방에게 그와의 사실혼해소를 이유로 재산분할을 청구함은 허용되지 않는다."라고 판시하여(대법원 1995. 7. 3.자 94스30 결정), 일반적인 사실혼과는 달리 중혼적 사실혼은 원칙적으로 법률상 보호받을 수 없다고 보고 있습니다. 즉 "법률상 혼인을 한 부부가 별거하고 있는 상태에서 그 다른 일방이 제3자와 혼인의 의사로 실질적인 부부생활을 하고 있다고 하더라도, 특별한 사정이 없는 한 이를 사실혼으로 인정하여 법률혼에 준하는 보호를 할 수는 없는 것입니다(대법원 1995. 9. 26. 선고 94므1638, 1996. 9. 20. 선고 96므530, 2001. 4. 13. 선고 2000다52943 판결).

[24] '기혼'임을 숨기고 교제하며 성관계한 남자에게 손해배상을 청구할 수 있다

만남 초기에 결혼했느냐 질문하자 그런 일 없다고 답해서 결혼 전제로 8개월간을 사귀면서 임신해 중절 수술도 받았습니다. 그리고 저의 아버지도 만나 함께 식사도 했는데 알고 보니 유부남입니다. 너무 분하고 억울합니다. 이 남자를 처벌할 수 없는지요?

혼인빙자간음죄가 폐지되어 형사 책임을 묻기는 어렵습니다. 귀하와 비슷한 사건에 있어 "미혼 여성에게 상대방의 기혼자 여부는 교제를 결정할 때 매우 중요한 사항이기 때문에 상대방의 기망행위는 단순히 윤리적·도덕적 비난에 그치는 문제가 아니라 여성의 성적 자기결정권을 침해하는 불법행위"라며 손해배상을 하라는 판례가 있습니다(서울중앙지방법원 2019. 5. 15. 선고 2018가단5077483).

[25] 아이를 낳아준다는 조건으로 가진 남녀관계는 보호하지 않는다

부부 사이에 아이가 없는 남자가 제가 아이를 낳으면 이혼하고 저와 결혼하겠다고 해서 동거해서 아들을 낳았습니다. 그런데 자기 부인이 임신을 하자 저와의 관계를 끊으려 합니다. 법적으로 보호받을 수 없을까요?

법적인 부인이 있는 남자인 줄 알면서 그런 약속을 하였다면 그 약속 자체가 선량한 풍속과 사회질서에 위반되는 행위로서 무효이기 때문에(민법 제103조) 법의 보호를 받을 수 없습니다. 다만 아이를 그 남자가 자기 자식으로 임의인지하지 않을 경우 가정법원(가정법원이 없는 경우 지방법원 가사부)에 인지청구 및 양육비 청구의 소를 제기할 수 있습니다(민법 제863조).

[26] 사실혼해소에 따른 재산분할의 기준시점

사실혼해소로 인한 재산분할 등 청구사건에서 원고와 피고의 분할대상 재산인 아파트 가액이 원심 변론종결일 무렵에 사실혼이 해소된 날보다 상승한 경우, 재산분할 기준시점이 언제인가요?

사실혼해소를 원인으로 한 재산분할에서 분할 대상이 되는 재산과 액수는 사실혼이 해소된 날을 기준으로 하여 정합니다. 그러나 재산분할제도는 혼인관계 해소 시 부부가 혼인 중 공동으로 형성한 재산을 청산·분배하는 것을 주된 목적으로 하는 것으로서, 부부 쌍방의 협력으로 이룩한 적극재산 및 그 형성이 수반하여 부담한 채무 등을 분할하여 각자에게 귀속될 몫을 정하기 위한 것이므로(대법원 2013. 6. 20. 선고 2010므4071, 4088 전원합의체 판결 참조), 사실혼해소 이후 재산분할 청구사건의 사실심 변론종결시까지의 사이에 혼인

중 공동의 노력으로 형성·유지한 부동산 등에 발생한 외부적, 후발적 사정으로서, 그로 인한 이익이나 손해를 일방에게 귀속시키는 것이 부부 공동재산의 공평한 청산·분배라고 하는 재산분할제도의 목적에 현저히 부합하지 않는 결과를 가져오는 등의 특별한 사정이 있는 경우에는 이를 분할대상 재산의 가액 산정에 참작할 수 있습니다(대법원 2023. 7. 13. 선고 2017므11856 판결).

제3절 혼인

[1] 남녀 모두 만 18세 이상이 되어야 혼인할 수 있다

> 22살 된 남자입니다. 17살 소녀와 사귀고 있습니다. 결혼은 몇 년 후에 하더라도 약혼을 하고 싶습니다. 약혼할 수 있습니까?

약혼은 장차 혼인할 것을 약정하는 당사자 사이의 신분상 계약으로 혼약이라고도 합니다. 남녀 모두 만 19세 이상이면 자유로이 약혼·혼인할 수 있고, 만 18세 이상이면 부모나 미성년후견인의 동의를 얻어 약혼·혼인할 수 있습니다. 여자가 아직 17세라면 부모의 동의를 얻더라도 법률상 약혼·혼인의 효력이 없습니다(민법 제800조, 제801조).

[2] 미성년자도 혼인하면 성년자로 본다

> 저는 18세로 부모님의 동의를 받아 혼인을 했습니다. 한 달 후 우리 아이가 태어납니다. 제가 부모님의 동의 없이 직업을 가질 수 있는지요?

미성년자가 혼인을 한 때에는 성년자로 봅니다(민법 제826조의2). 따라서 자기 자식에 대한 친권행사가 가능하고, 금전적인 거래를 할 때도 부모님(법정대리인)의 동의 없이 혼자서 할 수 있습니다. 그러나 민법 이외의 법(예 공직자선거법, 청소년보호법, 근로기준법, 국세기본법 등)에서는 여전히 미성년자로 봅니다. 다시 말하면 결혼했다고 해서 미성년자가 선거권을 가질 수는 없습니다. 즉 성년의제의 적용범위는 민법에만 한정되는 것이 원칙입니다. 그러나 소송능력은 인정됩니다(민사소송법 제55조).

만약 혼인이 취소된 경우에도 혼인에 의해 취득한 능력을 없애는 것은 거래의 안전 등을 해칠 수 있으므로 성년의제의 효과는 소멸하지 않는다고 봅니다.

[3] 성년이면 부모의 동의 없이 혼인할 수 있다

> 25세 된 청년입니다. 얼마 전 인터넷 채팅을 통해 사귀게 된 여자와 서로 인생관이 같고 대화가 통해서 결혼하려고 하는데 부모님이 강력하게 반대하십니다. 성년자인 저는 부모님의 동의 없이 혼인신고를 할 수 있는지요?

현행 민법에는 만 19세 성년이 되면 혼인당사자들은 부모의 동의 없이 자유로이 혼인할 수 있게 규정되어 있습니다(민법 제800조, 제807조, 제812조). 그러나 법적으로 결혼이 가능하다고 하더라도 시간이 걸리더라도 부모님을 설득하여 부모와 일가친척의 축복 하에 결혼하는 것이 바람직합니다.

[4] 동성동본이라도 8촌 이내의 혈족이 아니면 혼인할 수 있다

> 동성동본인 여자를 사랑하게 되어 결혼하려고 하는데 양가 부모님이 반대하십니다. 저희는 동성동본일 뿐 촌수도 헤아릴 수 없는 사이입니다. 촌수를 헤아릴 수도 없는데도 결혼할 수 없나요?

성과 본이 같더라도 8촌 이내의 혈족(친양자의 입양 전 혈족을 포함)만 아니면 혼인할 수 있습니다. 8촌 이내의 혈족 사이의 혼인은 금지되며(민법 제809조제1항) 또한 6촌 이내의 혈족의 배우자, 배우자의 6촌 이내의 혈족, 배우자의 4촌 이내의 혈족의 배우자인 인척이거나 이러한 인척이었던 자(동조 제2항), 6촌 이내의 양부모계의 혈족이었던 자와 4촌 이내의 양부모계의 인척이었던 자 사이에서의 혼인 역시 금지됩니다(동조 제3항).

[5] 혼인신고를 해야 법률상 혼인으로 인정된다

> 1년 전 결혼한 부부입니다. 아직 혼인신고를 하지 못했습니다. 혼인신고를 꼭 해야 할까요?

우리나라는 법률혼주의를 택하고 있어 결혼식을 했다고 해도 혼인신고를 하지 않으면 그 혼인은 법률상 혼인으로 인정하지 않습니다. 혼인신고를 해야만 법률상 혼인이 성립됩니다(민법 제812조제1항). 그러므로 반드시 혼인신고를 해야 합니다.

혼인신고가 안 된 현재 상태에서는 사실상의 부부관계에 불과하며 법률상 혼인으로 인정하지 않습니다. 혼인신고란 법률상 부부관계가 성립함을 증명하는 것으로, 이는 「가족관계의 등록 등에 관한 법률」상 혼인신고를 통해 법률적인 효력이 발생함을 의미하며(제71조), 타 관련법 내에서 혼인의 당사자로 보호를 받을 수 있게 됨을 의미합니다.

[6] 혼인신고를 하는 방법

혼인신고를 하려면 어떻게 해야 하는지요?

혼인신고는 혼인신고서 용지[시(구)·읍·면사무소 비치]에 당사자 쌍방과 성년자인 증인 2명이 연서한 서면으로 해야 하며(민법 제812조제2항, 가족관계등록법 제71조), 혼인 당사자의 기본증명서, 혼인관계증명서, 가족관계증명서 각 1통을 첨부하여 당사자의 등록기준지, 주소지 또는 현재지의 시(구)청, 읍·면사무소 등에 신고할 수 있습니다(가족관계등록법 제20조).

[7] 혼인 후 출생한 자녀를 어머니의 성과 본을 따르도록 할 수 있다

저희 부부는 혼인해서 아이를 낳으면 아내의 성과 본을 따르게 하기로 합의했습니다. 아이의 성과 본을 엄마의 성과 본을 따르게 하려면 어떻게 하여야 하는지요?

혼인 당사자 사이에 자녀의 성과 본을 어머니의 성과 본으로 따르기로 합의한 경우에는 혼인신고 시 혼인신고서에 그 사실을 기재하고 그 협의서를 첨부하여 신고하면 아이가 어머니의 성과 본을 따르게 됩니다(민법 제781조제1항 단서, 가족관계의 등록 등에 관한 법률 제71조제3호).

[8] 부부재산약정 등기

결혼을 앞두고 있습니다. 결혼 후에 재산관리를 각자 하기로 했는데, 이 합의에 법적 효력이 있나요? 아니면 법적 효력을 갖기 위해 다른 절차를 거쳐야 하나요?

결혼 전에 미리 혼인 중의 재산의 소유·관리방법 등에 관한 사항을 정해둘 수 있습니다. 이러한 부부재산약정은 혼인신고를 하기 전까지 등기(부부재산약정등기)해야 제3자에게 효력을 갖습니다. 부부재산약정등기를 하면 혼인 중에는 이를 변경할 수 없지만 정당한 사유가 있는 경우에는 법원의 허가를 받아 변경할 수 있습니다(민법 제829조, 부부재산약정등기규칙 제4조, 부부재산약정등기 사무처리지침 등기예규 제1301호).

[9] 혼인신고, 꼭 부부가 함께 가지 않아도 된다

혼인신고는 혼인 당사자인 부부가 꼭 함께 가서 해야 하나요?

부부가 함께 가지 않아도 혼인신고를 할 수 있습니다. 혼인 일방당사자가 혼인신고를 하는 경우 불출석한 당사자의 의사를 확인하기 위한 방법으로 그 신분증을 제시하거나 인감증명서를 첨부하도록 하고, 그러하지 아니한 경우에는 혼인신고 수리를 못 하도록 되어 있습니다. 제3자가 혼인신고를 하러 갈 때는 혼인신고서와 신고인의 신분증과 신랑·신부의 신분증과 도장을 지참해야 합니다(가족관계의 등록 등에 관한 법률 제23조).

[10] 외국에서 혼인한 부부가 현지에서 혼인신고 하는 방법

> 외국에서 결혼한 부부입니다. 혼인신고는 꼭 한국에 가서 해야 하는지요?

외국에서 우리 본국민 사이에 결혼했을 때 그 외국에 주재하는 우리나라 대사, 공사 또는 영사에게 혼인신고 할 수 있습니다(민법 제814조제1항). 이를 수리한 대사, 공사 또는 영사는 지체 없이 그 신고서류를 본국의 등록기준지를 관할하는 가족관계등록관서에 송부하여야 합니다(민법 제814조제2항).

[11] 국제결혼일 때 외국에서 혼인신고 하는 방법

> 필리핀에 와서 사업을 한 지 4년째입니다. 이곳에서 사귄 여자와 결혼하려고 합니다. 한국에 들어가지 않고 이곳에서 혼인신고를 할 수 있는지요?

국제결혼의 경우 혼인 성립요건은 각 당사자의 그 본국법에 의하여 정하고, 형식적 성립요건은 혼인을 거행하는 나라의 법 또는 당사자 일방의 본국법에 따르도록 규정되어 있습니다(국제사법 제36조). 따라서 외국에서 한국인과 외국인 사이에 그 나라 방식에 따라 혼인을 하고 혼인증서를 작성한 경우에는 3개월 이내에 그 지역을 관할하는 재외공관의 장에게 그 증서의 등본을 제출하여야 하지만, 혼인당사자인 한국인의 등록기준지 시(구)·읍·면의 장에게 우편의 방법을 이용하거나 귀국하여 직접 제출할 수도 있습니다.

[12] 혼인신고를 먼저 한 사람이 법률상의 부인이다

> 결혼식을 올리고 살면서 맞벌이하느라 시간을 내기 어려워 혼인신고를 하지 않고 살았습니다. 그런데 법적인 부인인 제가 있다는 사실을 알고도 남편과 부정한 관계를 가진 여자가 먼저 혼인신고를 한 사실을 알았습니다. 정식 결혼한 저는 어떻게 되는지요?

우리나라는 결혼식을 하고 부부로 살더라도 혼인신고를 하지 않으면 법률상 부부로 인정하지 않는 법률혼주의(法律婚主義)를 취하고 있습니다. 그러므로 혼인신고를 하지 않은 귀하는 법률상의 부인이 아닙니다. 따라서 첩이 먼저 혼인신고를 하였다면 첩이 법률상의 부인이 되고 귀하는 현재 첩이 된 것입니다(가족관계의등록등에관한법률제71조, 민법 제812조

제1항, 가정법원 1966. 6. 22. 판결). 이제 부인이 남편과 혼인생활을 청산하지 않으면 오히려 법적 부인이 된 첩으로부터 손해배상청구를 당할 염려도 있습니다(민법 제750조).

[13] 전사한 남편과 혼인신고를 할 수 있다

> 혼인신고를 하지 않고 살다가 군에 입대한 남편이 작전 수행 중 사망했습니다. 현재 저는 임신 중으로 출산을 한 달 앞두고 있습니다. 저 혼자서라도 혼인신고를 하고 아이의 출생신고를 할 수 있는지요?

할 수 있습니다. 「혼인신고특례법」은 당사자 일방에 의한 혼인신고의 특례를 규정한 것으로서 군인, 군속, 경찰관, 향토예비군 또는 전시에 근로동원된 자가 작전명령에 의한 적 또는 반국가행위자와의 전투행위 또는 무장폭동을 진압하기 위한 전투행위와 이러한 행위를 지원하다가 사망한 경우(법 제1조, 시행령 제2조)에 잔존배우자 일방이 사망한 당사자의 최후의 주소지가 속하는 가정법원의 확인을 받아 단독으로 혼인신고를 할 수 있도록 한 특례법입니다(법 제2조·제3조). 이러한 혼인신고의 효력은 신고의무자 일방이 사망 시에 신고된 것으로 봅니다(법 제4조). 따라서 혼인의 효력은 소급하게 됩니다.

[14] 혼인신고서를 우송한 뒤 부부 한쪽이 사망하였을 경우라도 그 신고는 수리된다

> 혼인신고서를 등기로 우송하고 출근하던 남편이 교통사고로 사망하였습니다. 이 경우에 혼인신고 수리가 되는지요?

그 혼인신고는 수리됩니다. 신고인의 생존 중에 우송한 신고서는 그 사망 후라도 시(구)·읍·면의 장은 수리하여야 합니다(가족관계의 등록 등에 관한 법률 제41조제1항). 신고서가 수리된 때에는 신고인의 사망 시에 신고한 것으로 봅니다(동조 제2항).

[15] 당사자 간에 합의 없는 혼인은 무효이다

> 28세의 미혼 여자입니다. 친지의 소개로 만난 남자가 저는 아직 결혼할 생각이 없는데 제 동의도 받지 않고 일방적으로 혼인신고를 하고 결혼하자고 합니다. 제 허락도 받지 않고 혼인신고를 한 독선적이고 자기중심적인 그 남자와 혼인할 생각이 전혀 없습니다. 혼인신고를 무효로 할 수 없을까요?

혼인 당사자간에 혼인의 합의가 없는 혼인은 무효입니다(민법 제815조제1호). 그러므로 가정법원(가정법원이 없는 경우 지방법원 가사부)에 혼인무효 확인소송을 제기하여 판결을 받아 가족관계등록부를 정정하실 수 있습니다(가사소송법 제2조제1항제1호 가류 1호). 또한 그 남자를 공정증서원본등의불실기재죄(형법 제228조)로 형사 고소할 수 있습니다.

[16] 결혼식을 올렸어도 몰래 한 혼인신고는 무효다

> 저는 전문직 종사자입니다. 나이 40이 넘어 결혼정보업체를 통해 만난 여자와 서둘러 결혼식을 올렸습니다. 아내는 결혼 전부터 사소한 일에도 화를 내고 투덜거리곤 해서 힘이 들었습니다. 결혼 후에는 사촌 여동생과의 전화통화까지 의심하고, 저 몰래 휴대전화에 위치추적서비스를 신청해 감시했습니다. 야근으로 몸살이 났을 때도 불만을 표시하며 새벽까지 잔소리해서 견디지 못해 집을 나와 헤어지자고 했습니다. 그런데 이혼 통고를 받은 아내가 일방적으로 혼인신고를 했습니다. 무효로 할 수 없을까요?

결혼생활을 청산하기로 한 상태에서 상대 배우자가 일방적으로 한 혼인신고는 무효입니다(민법 제815조제1호, 서울가정법원 2013. 6. 19. 선고 2012드합8680 판결). 가정법원(가정법원이 없는 경우 지방법원 가사부)에 '혼인무효확인의 소'를 제기해서 판결을 받아 판결확정일부터 1개월 이내에 판결등본 및 그 확정증명서를 첨부하여 신고함으로써 가족관계등록부의 정정을 할 수 있습니다(가사소송법 제2조제1항제1호 가류 1호, 가족관계의 등록 등에 관한 법률 제107조).

[17] 외사촌 여동생과 혼인할 수 없다

> 시골 사는 외삼촌의 딸이 서울에 있는 대학에 합격해서 저희 집에 함께 살게 되었습니다. 너무나 사랑스럽습니다. 외사촌 여동생과 결혼할 수 있는지요?

우리 법은 8촌 이내의 혈족 사이에서는 혼인하지 못하며(민법 제809조제1항), 그 사이의 혼인은 무효로 한다고 규정하고 있습니다(민법 제815조제2호). 하루라도 빨리 마음을 정리하고 다른 상대를 찾아보시도록 하십시오.

※ **관련 헌법재판소 결정**

8촌 이내 혼인금지 규정은 [합헌] 다만, 이로 인한 혼인무효 규정은 [헌법불합치] (헌법재판소 2022. 10. 27. 선고 2018헌바115 전원재판부 결정)

1) 8촌 이내의 혈족 사이에서는 혼인할 수 없도록 하는 민법 제809조제1항은 혼인의 자유를 침해하지 아니하여 헌법에 위반되지 아니한다. [합헌]

2) 민법 제809조제1항을 위반한 혼인을 무효로 하는 민법 제815조제2호는 헌법에 합치되지 아니한다. 위 법률조항은 2024. 12. 31.을 시한으로 개정될 때까지 계속 적용된다. [헌법불합치(잠정적용)]

재판부는 근친혼의 구체적 양상을 살피지 아니한 채 금지된 8촌 이내 혈족 사이의 혼인을 일률적·획일적으로 혼인무효사유로 규정하고, 혼인관계의 형성과 유지를 신뢰한 당사자나 그 자녀의 법적 지위를 보호하기 위한 예외조항을 두고 있지 않는 등을 이유로 헌법불합치

결정을 내렸다. 헌법불합치는 법 조항의 위헌성을 인정하면서도 즉각 무효화하면 벌어질 혼란을 막기 위해 한시적으로 존속시키는 결정이다. 입법부가 법을 개정하지 않으면 이 조항은 2024년 12월 31일 이후 효력을 잃어 혼인 취소사유가 된다.

[18] 처제와 혼인할 수 없다

> 저는 얼마 전 교통사고로 아내를 잃고 어린 남매와 함께 살아가고 있는 회사원입니다. 아이들을 돌보기 위하여 시골에서 미혼인 처제가 올라와 저희 아파트에서 저와 아이들의 뒷바라지를 하고 있는데, 아이들도 처제를 잘 따르고 저 역시 죽은 아내를 닮은 처제를 좋아하고 있습니다. 처제와 혼인을 하고자 하는데 가능한지요?

형부와 처제 사이는 인척간으로 혼인할 수 없습니다(민법 제809조제2항). 만일 실제로 혼인하였다 할지라도 혼인 취소사유에 해당되어 취소할 수 있는 혼인이 됩니다(민법 제816조제1호). 단, 아이를 임신한 경우에는 그 혼인을 취소할 수 없습니다(민법 제820조).

[19] 근친혼이라도 당사자 간에 혼인 중 아이를 포태한 때는 그 혼인을 취소할 수 없다

> 제가 유학 중 저보다 먼저 결혼해 1남 1녀를 둔 남동생이 교통사고로 세상을 떠났습니다. 한국 회사에 취직되어 귀국한 제가 동생 가족을 돌보다 제수씨와 사랑하게 되어 혼인해 살고 있습니다. 4촌 이내의 친척이 우리 혼인의 취소청구권을 가지고 있다는데 사실인가요? 현재 처가 임신 중입니다.

우리 민법 제809조에 따르면 ① 8촌 이내의 혈족(친양자의 입양 전의 혈족을 포함) 사이, ② 6촌 이내의 혈족의 배우자, 배우자의 6촌 이내의 혈족, 배우자의 4촌 이내의 혈족의 배우자인 인척이거나 이러한 인척이었던 자 사이, ③ 6촌 이내의 양부모계의 혈족이었던 자와 4촌 이내의 양부모계의 인척이었던 자 사이, 즉 근친 사이에서는 혼인하지 못한다고 규정하고 있습니다. 이 규정에 위반한 때에는 당사자, 그 직계존속 또는 4촌 이내의 방계혈족이 그 취소를 청구할 수 있습니다(민법 제817조).

그러나 그 당사자 간에 혼인 중 포태한 때에는 그 취소를 청구하지 못합니다. 부인이 현재 귀하의 아이를 포태 중이라면 혼인취소청구권이 소멸되어 누구도 그 혼인의 취소를 청구할 수 없습니다(민법 제820조).

[20] 중혼일 때는 나중에 한 혼인이 취소된다

> 18년 전 결혼해서 남매를 낳고 사는 주부입니다. 남편은 건축업에 종사해서 주로 지방에 내려가 일을 하고 있습니다. 얼마 전 남편의 태도가 이상하다는 소문을 듣고 알아보니 남편은 다른 여자와 살림을 차리고 살고 있었습니다. 그 여자를 만나보니 그 여자도 아들을 낳고 혼인신고까지 한 사이였습니다. 그 여자는 8년 전에 혼인신고를 하였다고 합니다. 두 군데 혼인신고가 되어 있으니 이를 어떻게 해야 합니까?

우리 민법은 배우자 있는 자는 다시 혼인하지 못한다고 규정하여 중혼을 금지하고 있습니다(민법 제810조). 그런데 부인의 남편은 부인과 혼인신고 한 사이로 다른 여자와 혼인신고를 할 수 없는 처지인데 또 혼인신고를 하였다면 중혼이 됩니다. 남편이 가족관계등록부를 또 하나 만들어 그렇게 했다면 이중가족관계등록부 말소청구를 관할 법원에 한 다음 나중에 한 혼인을 취소해달라는 청구를 가정법원에 할 수 있습니다(민법 제818조, 가사소송법 제2조제1항제1호 나류 2호). 그러면 후혼(後婚)이 취소됩니다.

[21] 사기로 한 혼인은 취소할 수 있다

> 인터넷채팅을 통해서 의대 졸업반이라는 남자를 사귀어 결혼한 지 8개월이 되었습니다. 결혼하고 보니 의대생도 아니고 고등학교만 졸업했고, 초혼도 아니고 재혼으로 아이까지 있었습니다. 완전히 사기를 당해 결혼한 것입니다. 이 결혼을 취소할 수 없을까요?

사기 결혼은 취소할 수 있습니다(민법 제816조제3호, 가사소송법 제2조제1항제1호 나류 2호). 혼인취소 청구는 사기당한 사실을 안 지 3개월 이내에 하여야 합니다(민법 제823조).

[22] 과거 혼인 경력을 숨긴 경우 혼인을 취소할 수 있다

> 2005년 결혼하고 슬하에 8살 난 아들을 둔 남자입니다. 그런데 아내가 과거에 결혼했고 전 배우자와의 사이에 1남 1녀를 둔 사실을 숨기고 저와 결혼한 사실을 이번에 알게 되었습니다. 이런 여자와 더 이상 살 수 없습니다. 결혼을 무효로 하든지 취소할 수 없을까요?

혼인 여부 결정에 중대한 영향을 미치는 사실을 속인 경우 혼인 취소사유에 해당합니다. 사기 결혼은 취소할 수 있습니다(민법 제816조제3호, 가사소송법 제2조제1항제1호 나류 2호). 혼인취소 청구는 사기당한 사실을 안 지 3개월 이내에 하여야 합니다(민법 제823조, 인천지방법원 2012. 11. 29. 판결).

[23] 혼전 성폭행·출산 사실 숨겼다고 무조건 혼인을 취소할 수 없다

> 혼전에 성폭행을 당해 출산까지 한 사실을 숨기고 저와 결혼한 아내와 혼인을 무효로 하고 사기로 고소하고 싶습니다. 가능한지요?

결혼이주여성이 한국에 오기 전 성폭행을 당해 출산한 사실을 시댁에 알리지 않았더라도 남편이 혼인 취소를 청구할 수 없다는 대법원 판결이 있습니다(대법원 2016. 2. 18. 선고 2015므654, 2015므661 판결). 성폭행으로 출산한 특수성을 감안하지 않은 채 그 사실을 알리지 않았다고 하여 무조건 사기 결혼으로 볼 수는 없다는 것입니다.

법원은 "출산 경력이나 경위는 개인의 내밀한 영역에 속하고 당사자 명예·사생활 비밀의 본질적 부분이고, 단순히 출산 경력을 알리지 않았다고 해서 곧바로 민법상 혼인 취소사유에 해당하지는 않는다."며, 원심이 임신과 출산 경위, 자녀와의 관계 등을 충분히 심리했어야 하는데 혼인 취소사유가 있다고 쉽게 단정했다고 지적했습니다.

[24] 혼인을 계속하기 어려운 악질(惡疾)이 있는 것을 모르고 한 혼인은 취소할 수 있다

> 친척의 소개로 아내를 만나 1년간 사귀어 결혼했습니다. 그런데 아내가 임신한 후 횡설수설하면서 필요 없는 말이 많아지기 시작했습니다. 임신 때문에 신경이 예민해진 것이라 생각하고 친정에 얼마간 가서 쉬라고 했습니다. 친정에 가던 날 아내는 제게 입에 담지 못할 욕을 하고 가재도구를 닥치는 대로 부쉈습니다. 현재 아내는 정신병원에 입원 중입니다. 알고 보니 아내는 결혼 전 정신병을 앓았고, 상담과 약물치료로 병세가 호전되기는 했으나 수차례 재발해 결혼 전까지 입원치료를 4번 받았다고 합니다. 결혼 후에는 제게 이런 사실을 숨기고 통원치료를 받았는데, 임신 때문에 약물치료를 중단하면서 증세가 극단으로 치달은 것입니다. 정신 병력을 숨긴 아내와 혼인을 취소할 수 없을까요?

혼인생활을 지속하기 어려울 정도로 심한 질병이 있는 줄 모르고 결혼했다면 그 사실을 안 날로부터 6개월 이내에 가정법원(가정법원이 없으면 지방법원 가사부)에 혼인의 취소 및 그로 인한 손해배상청구를 할 수 있습니다(민법 제816조제2호, 제822조, 제825조, 가사소송법 제2조제1항제1호 나류 2호, 대구지방법원 2005. 3. 1. 판결).

[25] 부부는 혼인하면 배우자로서 친족(법률상 가족관계)이 된다

> 결혼하면 처가와 법적으로 어떻게 되는지요?

남녀가 혼인하면 친족관계가 새로이 생깁니다. 남녀가 혼인함으로써 새로이 생기는 친족관계가 인척인데 4촌 이내의 인척도 친족의 범위에 포함됩니다.

우리 민법에 규정된 친족의 범위는 8촌 이내의 혈족(친가·외가 포함), 4촌 이내의 인척,

배우자입니다. 혈족은 자신의 친척(부모, 삼촌, 조카 등)을 뜻하고, 인척이란 혼인으로 친척이 되는 사람(시부모와 며느리, 장인장모와 사위, 형부와 처제 등)을 뜻합니다(민법 제777조).

[26] 아내도 남편을 부양할 의무가 있다

> 남편이 직장을 그만둔 지 10년이 넘습니다. 그래서 제가 직장에 나가 벌어온 돈으로 가정생활을 꾸리고 있습니다. 남편은 집에서 아이들을 돌보고 가사 일을 하면서 언젠가부터 적극적으로 직장을 알아보려 하지 않습니다. 법적으로 남편이 가족을 부양해야 하는 것이 아닌지요?

부부는 서로 동거하면서 부양하고 협조할 의무가 있습니다(민법 제826조제1항). 따라서 부부는 능력 있는 사람이 다른 일방을 부양할 의무가 있습니다. 가사일도 하지 않고 가정경제에 대한 책임도 지지 않으면서 가장이라 군림만 하려는 남자도 많습니다. 이와 달리 부인의 남편은 가사일과 자녀의 양육에 대한 책임은 맡고 있다니 부인이 남편을 부양하면서 다시 사회활동을 할 수 있도록 분위기를 조성해 드리는 것이 어떨까요?

[27] 선행 부양료 심판에서 인정된 부부간의 부양의무는 법률상 혼인관계 해소 시까지 존속한다

> 선행 부양료 심판에서 부부 일방의 상대방에 대한 부양의무가 인정된 후 쌍방이 이혼 등을 청구하는 본소, 반소를 서로 제기한 경우에도 부부간 부양의무는 존속되는지요?

존속합니다. 청구인이 상대방에 대해 혼인관계 종료 시까지 월 부양료 지급을 명한 선행 부양료 심판에 관하여, 상대방도 청구인에 대하여 이혼 등을 청구하는 반소를 제기하였으므로 부양료 지급의무가 더 이상 존재하지 않는다고 주장하며 부양료 변경을 청구한 사건에서 대법원은 특별한 사정이 없는 한 법률상 혼인관계가 완전히 해소될 때까지는 부부간 부양의무가 소멸하지 않고 존속한다고 판결했습니다(2023. 3. 24.자 2022스771 결정).

[28] 부부의 일방에게 경제력이 있는 경우는 다른 일방이 생활비 지급의무 없다

> 저희는 맞벌이 부부인데 가사분담 등 문제로 자주 다투다가 남편이 집을 나가 들어오지 않은지 1년이 되어 갑니다. 생활비도 주지 않고 아이의 양육비, 교육비도 주지 않습니다. 월급은 제가 남편보다 조금 더 받습니다. 생활비와 아이 양육비를 법으로 청구해서 받을 수 있을까요?

부부가 별거하더라도 부부간의 부양의무는 없어지지 않으므로 생활비용의 부담자는 다른 일방에 대해 생활에 필요한 비용을 주어야 합니다. 하지만 부부의 일방에게 경제력이 있는 경우는 다른 일방의 생활비 지급의무가 없습니다. 다만, 이 경우에도 미성년자녀의 양육비는 부부가 공동으로 부담할 의무가 있습니다(서울가정법원 2006. 7. 27. 선고 2004드합10053 판결).

[29] 부부간 과거의 부양료는 특별한 사정이 없는 한 청구할 수 없다

> 남편이 집을 나가 들어오지 않고 생활비도 얼마 동안 주다가 주지 않아 아이들을 양육하면서 남편이 돌아오길 기다리고 있습니다. 그런데 남편이 이혼소송을 제기했습니다. 저는 이혼할 수 없습니다. 그동안 받지 못한 과거의 부양료와 앞으로의 부양료를 받고 싶습니다.

　부부 사이의 과거 부양료에 대하여는 특별한 사정이 없는 한, 부양을 받을 자가 부양의무자에게 부양의무의 이행을 청구하였음에도 불구하고 부양의무자가 부양의무를 이행하지 않아 이행지체에 빠진 이후의 것에 대하여만 부양료의 지급을 청구할 수 있을 뿐, 부양의무자가 부양의무의 이행을 청구받기 이전의 부양료의 지급은 청구할 수 없다는 것이 우리 판례의 입장입니다(대법원 2017. 8. 25.자 2014스26 결정).

[30] 부부는 동거할 의무가 있다

> 혼인 후 시집에 들어가서 살고 있습니다. 남편과는 별문제가 없는데 시부모님과 시누이들의 간섭이 심해서 너무 힘듭니다. 집안 대소사에 대해 저와 의논 한마디 없이 정하고 일은 제가 다 해야 합니다. 분가해서 살자고 해도 남편은 응하지 않습니다. 이대로 더 살다가는 정신병에 걸릴 것 같습니다. 저만 나와서 당분간 별거해도 될까요?

　부부에게는 동거, 협조, 부양의 의무가 있습니다(민법 제826조). 부부는 정당한 이유가 있을 때에는 일시적으로 별거할 수 있지만 그렇지 않은 경우에는 부부는 서로 동거해야 할 의무가 있습니다(민법 제826조). 동거 장소에 대하여 당사자들 간에 협의가 되지 않는다면 가정법원에 이를 정해줄 것을 청구할 수 있습니다(민법 제826조제2항).

[31] 가출한 남편에게 양육비와 부양료를 청구할 수 있다

> 남편이 부부싸움을 하고 8개월 된 딸과 저를 버려두고 집을 나갔습니다. 마음이 풀리면 들어오리라 생각하고 기다리고 있는데 생활비와 양육비도 보내지 않고 연락을 해도 받지 않습니다. 남편을 집에 들어오게 하고 매달 일정한 생활비와 양육비를 받을 방법이 없을까요?

　부부에게는 동거, 협조, 부양의 의무가 있습니다(민법 제826조). 동거 장소에 대하여 당사자 간에 협의가 되지 않는다면 부부의 동거·부양·협조 심판청구를 가정법원(가정법원이 없으면 지방법원 가사부)에 청구할 수 있습니다(민법 제826조제2항, 가사소송법 제2조제1항 제2호 마류 1호, 서울가정법원 2009. 4. 20.자 2008느단0000 심판, 대법원 2009. 7. 23. 선고 2009다32434 판결).

[32] 부부의 공동생활에 필요한 비용은 부부가 공동으로 부담한다

> 맞벌이 부부입니다. 남편은 자기가 버는 돈은 저축하고 제가 버는 돈으로 생활비를 쓰라 합니다. 생활비는 당연히 남편이 부담해야 한다고 알고 있는데 아내인 제게 전적으로 부담하라니 기가 막힙니다.

부부의 공동생활에 필요한 비용은 당사자 간에 특별한 약정이 없으면 공동으로 부담해야 합니다(민법 제833조). 남편과 잘 상의하시어 저축도 하고 생활비도 함께 부담하도록 합의점을 찾아보시기 바랍니다.

[33] 부부간, 미성년자녀에 대한 부양의 의무는 부모, 형제자매에 대한 의무보다 우선한다

> 아이 아빠가 자기 부모와 성인인 자기 형제들 부양을 핑계로 생활비와 아이들 양육비도 주지 않는데 법으로 청구하면 받을 수 있을까요?

받을 수 있습니다. 미성년자녀 관계의 경우 배우자 관계와 함께 헌법상 혼인과 가족생활의 보장에서 가장 핵심적인 내용을 이루는 부분이고, 민법상 부양의무에 있어서도 다른 친족의 부양관계에 비해 더 강한 의미를 가집니다. 특히 미성년자녀에 대한 부모의 부양의무는 상대방의 생활을 자기의 생활과 같은 정도로 보장해야 하는 이른바 '제1차적 부양의무'에 해당합니다(대법원 2012. 12. 27. 선고 2011다96932 판결, 대구고등법원 2017. 3. 24. 선고 2016누5823 판결). 따라서 부부의 부양, 협조 및 양육비 심판청구를 가정법원(가정법원이 없으면 지방법원 가사부)에 청구할 수 있습니다(민법 제826조, 제974조제1호, 가사소송법 제2조제1항제2호 마류 1호).

[34] 일시적인 별거는 인정할 수 있다

> 저는 유통업을 하는 남자입니다. 아내가 병적으로 저의 사업까지 간섭하고 의심하여 도저히 견딜 수 없어 서로 얼마간 헤어져 살기로 합의하였습니다. 이러한 합의가 법으로 인정되는지요?

부부는 서로 동거해야 할 의무가 있으나, 정당한 사유가 있을 때 일시적으로 합의 별거를 할 수 있습니다(민법 제826조). 이러한 별거는 이혼사유가 될 수 없습니다(동법 제840조).

[35] 일상가사 때문에 아내가 진 빚은 남편에게도 책임이 있다

> 연애할 때에 저는 직장인이고 남편은 학생이라 데이트 비용을 전적으로 제가 냈습니다. 그게 습관이 되어서인지 남편은 월급을 받으면 자기 자신을 위해서는 아낌없이 쓰고, 생활비를 달라 하면 화를 내며 쥐꼬리만큼 내놓고 했습니다. 저는 아이 출산 후 육아 때문에 직장을 그만두었습니다. 아이가 아직 어리니 나가서 돈을 벌 수도 없고 매일 남편과 전쟁을 치를 수도 없어서 그때그때 필요한 생활비를 이웃에서 빌려 보충했습니다. 빚을 갚아야 하는데 남편은 자기가 빌린 돈이 아니니 갚아줄 수 없다고 합니다. 이 빚에 대해 남편은 아무런 책임이 없는지요?

가정생활에 일상적으로 필요한 비용(의식주와 자녀교육비, 의료비 등) 때문에 아내가 빚을 진 경우에는 남편이 빚을 진 사실을 몰랐다 하더라도 연대책임이 있습니다(민법 제827조 제1항, 제832조). 부인의 경우처럼 남편이 직업이 있고 수입이 있으면서도 생활비를 주지 않아 이웃으로부터 빌려 쓴 돈은 남편이 갚아줄 의무가 있습니다.

[36] 남편의 병원비를 아내가 빌려 간 경우 남편에게 반환청구 할 수 있다

> 저는 친구의 남편이 병석에 누워 있는 동안 수차례에 걸쳐 친구에게 남편의 병원비와 자녀 학비 등으로 1천만 원을 빌려주었습니다. 그런데 친구가 지급기일이 지나도 돈을 갚지 않기에 그 남편에게 위 대여금을 갚을 것을 요구하였으나 자기는 그 채무 자체를 모른다며 갚아줄 생각을 하지 않습니다. 현재 친구 소유의 재산은 없고, 그 남편 소유의 부동산이 유일한 재산인데 제가 빌려준 돈을 받으려면 어떻게 하는 것이 좋겠는지요?

부부간에는 일상의 가사에 관하여 서로 대리권이 있고, 또한 부부의 일방이 일상의 가사에 관하여 채무를 부담한 경우에는 다른 일방도 이로 인한 채무에 대하여 연대책임이 있습니다(민법 제832조 본문). 통상적으로 부부의 가정생활에서 필요로 하는 행위 즉, 식료품이나 일용품의 구입, 광열비, 교육비, 의료비 등의 지출에 관한 사무를 일상가사의 범위에 속하는 것으로 볼 수 있으며, 금전차용 행위에 있어서는 금원 차용의 목적이 부부의 공동생활에 필요한 자금조달을 목적으로 하고, 그 금액이 일상적인 생활비로서 타당성이 있는 금액일 경우 일상가사의 범위에 포함된다고 볼 수 있습니다(대법원 1999. 3. 9. 선고 98다46877, 2000. 4. 25. 선고 2000다8267 판결).

따라서 부인이 자기 남편의 병원비 및 자녀의 학비 조달을 목적으로 수차에 걸쳐 합계 금 1천만 원의 금원을 차용한 행위는 일상가사행위로 볼 수 있어 그 남편도 이를 변제할 책임이 있습니다. 귀하는 친구 남편 고유의 부동산에 대하여 가압류절차를 취하고 그 부부를 연대채무자로 하여 대여금반환청구소송을 제기할 수 있습니다.

[37] 아내 모르게 남편이 진 빚은 갚지 않아도 된다

맞벌이를 하는데, 직장 때문에 남편과는 다른 지방에서 아이 둘을 데리고 생활하고 있습니다. 결혼한 지 15년이 지났는데, 처음 6년 정도는 생활비를 비정기적으로 주었고, 카드빚을 갚아달라고 해서 제가 돈을 보낸 적도 있습니다. 그러다가 5년 정도는 생활비를 한 푼도 주지 않아 제 월급만 가지고 아이들 데리고 생활을 꾸리고 간신히 집도 마련했습니다. 그런데 며칠 전 대부업체에서 전화가 왔는데 남편이 돈을 빌려간 후 연락이 되지 않아 비상연락처로 남긴 제 번호로 연락했다고 합니다. 남편이 돈을 갚지 못하면 제 명의 재산과 월급을 압류할 수 있는지요?

우리 법은 부부별산제를 채택하고 있습니다. 부부의 한쪽이 혼인 전부터 가진 재산, 그리고 혼인 중 자기가 벌어 본인 명의로 취득한 재산은 그 특유재산입니다(민법 제830조제1항). 그러므로 남편이 가족들과 먹고 입고 사는 생활비 때문에 빚을 졌다면 부인이 비록 몰랐다 하더라도 갚아줄 책임이 있지만(민법 제827조, 제832조), 혼자 낭비하느라 진 빚이라면 이를 대신 갚아주어야 할 법적인 책임이 없습니다. 만약 부인 명의의 집이 압류된다면, 그 집은 부인이 벌어서 부인 명의로 취득한 재산임을 밝히며 이의신청을 할 수 있습니다.

[38] 부부 중 한 명의 세금 체납 땐 공동재산의 절반만 압류해야 한다

남편이 주민세, 가산금 등 5천 7백여만 원의 지방세를 체납해 서울시 측이 집 금고에 보관 중이던 약속어음 1장과 국민주택채권 4장을 압류했습니다. 제가 압류를 취소할 수 없을까요?

현행 민법 제830조제2항은 '부부 중 누구에게 속한 것인지 분명하지 아니한 재산은 부부의 공유로 추정된다.'고 규정하고 있습니다. 그러므로 서울시를 상대로 압류처분 취소청구를 할 수 있습니다. 과세 당국이 부부 중 한 명이 세금을 내지 않았다는 이유로 이들이 공동으로 소유한 재산을 압류하려고 할 경우에는 절반만 할 수 있다는 판결이 있습니다. 법원은 "현행 국세징수법에 무체재산권(지적재산권)을 압류할 때 공유한 소유지분에 대해서만 압류할 수 있도록 하고 있는 만큼 유체동산인 유가증권도 이 규정을 적용하는 게 타당하다."고 하였습니다(서울행정법원 2004. 10. 15. 선고 2004구합10784 판결).

[39] 혼인할 때 아내가 가져온 재산은 아내 것이다

결혼 전 부모님으로부터 받은 제 명의의 부동산이 있습니다. 남편은 결혼했으니 자기와 공동명의로 해야 한다고 합니다. 결혼하면 모든 재산을 공동명의로 해야 하는지요?

우리 법은 부부별산제를 채택하고 있습니다. 부부의 한쪽이 혼인 전부터 가진 고유재산과 혼인 중 자기명의로 취득한 재산은 각자의 특유재산입니다(민법 제830조제1항). 그리고 부부 중 누구에게 속한 것인지 불분명한 재산(가구나 살림살이 등)은 부부의 공유로 추정합니다(동조 제2항). 그러므로 부인이 자의로 남편과 공동명의로 하지 않는 한 결혼 전 부인 명의로 취득한 재산을 결혼 후 남편과 공동명의로 할 법적인 의무는 없습니다.

[40] 아내가 번 재산은 아내의 소유이다 - 부부별산제

> 결혼한 지 12년 된 초등학교 교사입니다. 결혼 후에도 계속해서 직장생활을 해서 얼마 전 제가 모은 돈으로 아파트를 구입했습니다. 제 명의로 등기하려는데 남편은 결혼한 이상 공동재산이라면서 공동명의로 하든지 가장인 자기명의로 등기를 해야 한다고 합니다. 제가 번 돈으로 산 것인데 제 단독명의로 할 수 없는지요?

부부가 혼인생활을 하는 동안 각자 자기가 노력해서 번 돈으로 모은 재산은 각자의 소유권이 인정됩니다(민법 제830조제1항). 그러므로 부인이 직장생활을 해서 번 수입으로 구입한 그 집은 부인의 단독명의로 할 수 있으며 부인의 고유재산입니다. 그러나 혼인 중 형성된 재산은 부부의 협력으로 이룩한 재산의 액수, 기타 사정을 참작하여 이혼시 재산분할이 인정됩니다(민법 제839조의2제2항).

[41] 소속이 불분명한 재산은 부부의 공유로 추정한다

> 이혼에는 합의가 되었습니다. 그리고 각자 명의로 된 재산은 각자 가지기로 했는데 결혼 후 함께 마련한 가구나 가전제품 등에 대해 합의가 되지 않습니다. 가구나 가전제품 구입은 제가 주도해서 했습니다. 가사를 전담한 제가 가질 수 없는지요?

부부 중 누구에게 속한 것인지 불분명한 재산은(가구나 가전제품, 살림살이 등) 부부의 공유로 추정합니다(동법 제830조제2항). 가재도구를 누가 가질 것인지 합의가 되지 않을 경우에는 법적으로 나누어 가질 수 있습니다.

[42] 2012. 2. 10. 이후에 한 혼인 중 부부재산계약은 취소할 수 없다

> 제가 등산 동호회에서 만난 여자와 친하게 지낸 사실을 알고 아내가 이혼하자 했습니다. 그 여자를 다시 만나지 않고 앞으로 가정에 충실하겠다고 약속하고, 그 증거로 집 명의를 2013년 5월 아내 앞으로 해주었습니다. 그 여자와는 그 후 전혀 연락도 하지 않고 지내고 있습니다. 혼인 중 재산계약은 언제라도 취소할 수 있다는데 명의를 다시 저로 바꿀 수 없을까요?

부부간의 계약은 혼인 중 언제든지 부부의 일방이 이를 취소할 수 있다는 규정(민법 제828조)이 2012. 2. 10. 개정에 따라 삭제되어, 2012년 2월 10일 이후에 이루어진 부부간의 계약에 대해서는 취소권을 행사할 수 없습니다. 그러므로 부인이 자의로 명의를 다시 남편 앞으로 변경해주지 않는 한 명의 변경을 할 수 없습니다.

[43] 부부 사이라도 강제 성관계는 강간죄가 성립한다

> 부부싸움을 해서 각방을 사용하던 중 하루는 남편이 늦은 밤 귀가하여 제가 자고 있는 방에 들어와 부엌용 가위를 들이대며 완력을 써서 강제로 성관계를 했습니다. 남편을 강간죄로 처벌받게 할 수 있는지요?

부부 사이에 성관계를 요구할 권리가 있다 하더라도 폭행, 협박 등으로 반항을 억압해 강제로 성관계를 가질 권리까지 있다고는 할 수 없습니다. 법에서 강간죄의 대상을 "사람"으로 규정하고 있을 뿐(형법 제297조) 다른 제한을 두지 않은 이상 법률상 처가 모든 경우에 당연히 강간죄의 대상에서 제외된다고 할 수 없습니다. 우리 법원도 강간죄의 대상인 '사람'에는 결혼한 배우자도 포함된다는 판례가 있습니다(대법원 2013. 5. 16. 선고 2012도14788, 2012전도252 판결).

제4절 부모와 자

가. 친생자

[1] 친생자란

친생자는 자연적 혈연관계에 있는 "혼인 중의 출생자(혼인신고 된 법적인 부부 사이의 출생자)"와 "혼인 외의 친생자(법적인 부부가 아닌 남녀관계 사이의 출생자)"로 나뉩니다.

[2] 자녀의 성과 본

> 자녀는 반드시 아버지의 성(姓)과 본(本)을 따라야 하나요?

자녀의 성과 본은 원칙적으로 부(父)의 성과 본을 따르는 것을 원칙으로 하되 혼인신고 당시 모(母)의 성과 본을 따르기로 부모가 협의했거나 부를 알 수 없는 경우에는 모의 성과 본을 따르며, 부가 외국인인 경우에는 모의 성과 본을 따를 수 있습니다.

부모를 알 수 없는 경우에는 법원의 허가를 받아 성과 본을 창설하는데, 창설 이후 부 또는 모를 알게 되면 부 또는 모의 성과 본을 따를 수 있습니다. 혼인 외의 자는 부 또는 모의 성과 본을 따를 수 있으며 친양자로 입양되는 경우에는 양친의 성과 본을 따릅니다.

[3] 자녀의 복리를 위하여 자녀의 성과 본을 변경할 수 있다

> 아내는 저와 결혼 당시 다른 사람과의 사이에 아이가 있었는데 저는 그 아이를 제 아이로 생각하고 지금까지 키워오고 있습니다. 현재 아이의 성과 본은 친부의 성과 본을 따르고 있습니다. 아이의 성과 본을 저의 성과 본으로 바꿀 수 없을까요?

자녀의 복리를 위하여 자녀의 성과 본을 변경할 필요가 있을 때에는 아버지, 어머니 또는 자녀의 청구에 의하여 법원의 허가를 받아 이를 변경할 수 있습니다. 다만 자녀가 미성년자이고 법정대리인이 청구할 수 없는 경우에는 친족 또는 검사가 청구할 수 있습니다(민법 제781조제6항). 그러므로 새아버지는 변경 청구를 할 수가 없습니다. 대신 귀하의 아내가 계부인 귀하의 성과 본으로 변경해 줄 것을 청구할 수 있습니다.

[4] 처가 혼인 중에 낳은 아이는 아버지가 누구이든 일단 남편의 아이로 인정된다

> 작년 5월에 중매로 결혼식을 올렸으며 혼인신고도 하였습니다. 그런데 아내는 결혼 전에 다른 남자의 아이를 임신하고 있었고 12월에 출산하였습니다. 아이의 출생신고까지 했는데 제 가족관계등록부에서 뺄 수 없을까요?

혼인이 성립한 날로부터 200일 이후에 처가 낳은 아이는 남편의 친생자로 추정합니다(민법 제844조). 그러므로 귀하의 자녀가 아니라는 것을 알았으면 가정법원에 친생부인의 소를 제기하여 제적할 수 있습니다(민법 제846조, 가사소송법 제2조제1항 나류 6호). 이 소송은 그 사유가 있음을 안 날로부터 2년 이내에 해야 합니다(민법 제847조제1항).

[5] 재혼한 여자가 낳은 아이의 아버지가 분명하지 않을 경우 법원(法院)이 아버지를 결정한다

> 이혼한 지 1개월 만에 재혼했고 8개월 만에 아이를 낳았습니다. 제 생각에는 분명히 재혼 후에 생긴 아이인데 현재의 남편은 이 아이가 자기 자식이 아니라 합니다. 어떻게 하면 좋겠습니까?

귀하의 생각과는 달리 현재의 남편이 자기 아이가 아니라고 고집한다면 재판을 통하여 아버지가 누군지 결정해 달라는 소송을 할 수밖에 없습니다(민법 제845조, 가사소송법 제2조제1항 나류 5호). 귀하의 자녀와 같이 이중으로 친생자 추정을 받는 경우 모와 모의 전 배우자 및 현 배우자를 공동피고로 하여 부(父)를 정하여 달라는 청구를 가정법원에 제기하여 부를 확정할 수 있습니다(민법 제845조). 부를 정하는 소의 판결이 확정되면 가족관계등록관서에 판결확정일로부터 1개월 내에 가족관계등록정정신청을 할 수 있습니다(가족관계의 등록 등에 관한 법률 제58조).

[6] 피성년후견인의 아내가 바람을 피워 낳은 아이는 성년후견인이 제적할 수 있다

> 남동생은 정신병자로 피성년후견선고를 받았습니다. 그런데 제수가 바람을 피워 아이를 낳았습니다. 그 아이를 동생의 자식으로 올리고 싶지 않은데 어떻게 하면 좋을까요?

아이의 아버지가 피성년후견인인 경우 그의 성년후견인이 성년후견감독인의 동의를 받아 친생부인의 소를 제기할 수 있습니다. 성년후견감독인이 없거나 동의할 수 없는 때에는 가정법원에 그 동의를 갈음하는 허가를 청구할 수 있습니다(민법 제848조제1항, 가사소송법 제2조제1항 나류 6호). 만약 성년후견인이 친생부인의 소를 제기하지 않을 경우, 피성년후견인은 성년후견 종료의 심판이 있은 날부터 2년 내에 친생부인의 소를 제기할 수 있습니다(민법 제848조제2항).

[7] 처가 바람을 피워 낳은 자식이 죽은 후라도 그 소생이 있을 때는 제적할 수 있다

> 저에게는 아내가 다른 남자와의 사이에 낳은 아들이 있습니다. 그 아들은 죽고 그 소생인 손자가 있는데 이제라도 아들과 손자를 제 가족관계등록부에서 뺄 수 있습니까?

처가 바람을 피워 낳은 아들이 사망한 후에라도 가족관계등록부에서 삭제하고 싶은 경우, 그 소생 자녀가 있을 때는 죽은 아들의 어머니, 어머니가 없으면 검사를 상대로 하여 친생부인의 소를 제기하여 판결을 받아 제적할 수 있습니다(민법 제849조, 가사소송법 제2조제1항 나류 6호).

[8] 유언에 의해서도 친생부인의 소를 제기할 수 있다

> 큰아버지께서 큰어머니가 임신한 아이가 자기 자식이 아니라는 유언서를 써놓고 돌아가셨습니다. 그 아이가 출생하면 어떻게 해야 할까요?

유언으로 친생부인의 뜻을 표시한 경우 유언집행자가 유언서에 의해 친생부인의 소를 제기할 수 있습니다(민법 제850조, 가사소송법 제2조제1항 나류 6호). 유언자는 유언집행자를 지정할 수 있고, 그 지정을 제3자에게 위탁할 수도 있습니다(민법 제1093조). 만일 숙부가 유언 시에 유언집행자를 지정하지 않았다면 상속인이 유언집행자가 되므로 숙부에게 다른 아들이 있다면 그 아들이 소송을 제기할 수 있습니다(민법 제1095조). 유언집행자는 아이가 출생한 것을 안 날로부터 2년 이내에 이 소송을 해야 합니다(민법 제847조제1항).

[9] 죽은 아버지 대신 할아버지가 친생부인의 소를 제기할 수 있다

> 며느리가 바람을 피워 임신 중입니다. 해외취업차 외국에 가 있던 아들은 이 사실을 모르는 채 죽었습니다. 제 손자가 아닌 것이 확실한데 며느리가 아이를 낳으면 그 아이도 아들의 자식으로 가족관계등록부에 올려야 합니까?

일단 출생신고는 해야 하고, 아들의 사망을 안 날로부터 2년 이내에 직계존속인 귀하가 그 아이의 어머니, 며느리를 상대로 친생부인의 소를 제기할 수 있습니다. 이 경우에는 할아버지가 죽은 아들 대신 당사자가 될 수 있습니다(민법 제849조, 제851조).

[10] 자의 출생 후에 친생자임을 승인한 자는 다시 친생부인의 소를 제기하지 못한다

> 아이가 태어난 후 제 친자임을 인정했으면 의심이 가도 다시 친생부인의 소를 제기하지 못한다는데 사실인지요?

맞습니다. 자의 출생 후에 친생자(親生子)임을 승인한 사람은 다시 친생부인의 소를 제기하지 못합니다(민법 제852조).

[11] 자기 아이가 아닌 것이 확실한데 사기나 협박으로 자기의 자녀로 가족관계등록부에 올린 아이는 다시 제적할 수 있다

> 셋째 아이는 분명히 제 자식이 아닙니다. 처남이 와서 내 자식으로 올려주지 않으면 죽인다고 해서 할 수 없이 제 자식으로 출생신고를 했습니다. 이제라도 저의 가족관계등록부에서 그 아이를 뺄 수 없습니까?

삭제할 수 있습니다. 자기 아이가 아닌데도 사기 또는 강박에 의해서 자기 자식이라고 승인한 때에는 그 승인을 취소할 수 있는 규정이 있습니다(민법 제854조). 사기, 강박 또는 중대한 착오로 인하여 인지를 한 때에는 사기나 착오를 안 날 또는 강박을 면한 날로부터 6개월 내에 가정법원에 그 취소를 청구할 수 있습니다(민법 제861조).

[12] 첩이 낳은 아이도 남편의 가족관계등록부에 자녀로 올라갈 수 있다

> 저는 아이를 낳지 못했습니다. 그런데 남편이 얼마 전 첩이 낳은 사내아이를 데리고 왔습니다. 이 아이를 법적으로 남편의 자식으로 올려야 하는지요?

비록 당신이 낳은 자식이 아니라도 남편이 자기 아이라고 인정하는 한 혼인 외의 자로 아이 생모의 이름을 밝혀 남편의 가족관계등록부에 올려야만 합니다(민법 제855조제1항). 만일 남편이 입적시키지 않더라도 첩이 인지청구소송을 통해 강제로 올릴 수 있습니다(민법 제863조).

인지신고서

[13] 혼인 외의 자를 부가 임의인지 해주지 않으면 소송을 통해 강제인지 할 수 있다

> 처자 있는 남자의 아이를 낳았습니다. 남자는 본처가 승낙하지 않기 때문에 아이를 자기 가족관계등록부에 아들로 올릴 수 없다고 합니다. 이런 경우 어떻게 하면 남자의 자식으로 아이를 올릴 수 있습니까?

아이의 아버지가 자진해서 입적시킬 의사만 있다면 본처의 동의 없이도 인지신고를 하면 혼인외의 자로 입적이 됩니다(민법 제855조제1항). 본처가 승낙하지 않는다는 핑계로 입적시켜주지 않는 때에는 인지청구의 소를 제기해서 판결을 받아(민법 제863조) 판결확정일부터 1개월 이내에 판결문 등본 및 확정증명서를 첨부하여 그 취지를 신고하여야 남자의 가족관계등록부에 혼인 외의 자로 입적시킬 수 있습니다(가사소송법 제2조제1항 나류 9호, 가족관계의 등록 등에 관한 법률 제58조).

[14] 망인의 자녀들이 혼인 외 출생자를 상대로 친생자관계존재확인을 구하는 소는 허용될 수 없다

> 아버지가 돌아가신 10년 후 이복남동생이 있다는 사실을 알게 되었습니다. 우리가 그 아이가 아버지의 친생자임을 법으로 밝혀서 아버지 친자로 가족관계등록부에 올릴 수 있는지요?

없습니다. 생모나 친족 등 이해관계인이 혼인 외 출생자를 상대로 혼인 외 출생자와 사망한 부 사이의 친생자관계존재확인을 구하는 소는 허용될 수 없다는 것이 대법원 판례의 입장입니다(대법원 2022. 1. 27. 선고 2018므11273 판결).

혼인 외 출생자의 경우에 있어서 모자관계는 인지를 요하지 아니하고 법률상의 친자관계가 인정될 수 있지만, 부자관계는 부의 인지에 의하여서만 발생하는 것이므로 부가 사망한 경우에는 그 사망을 안 날로부터 2년 이내에 검사를 상대로 인지청구의 소를 제기하여야 하고, 생모나 친족 등 이해관계인이 혼인 외 출생자를 상대로 혼인 외 출생자와 사망한 부 사이의 친생자관계존재확인을 구하는 소는 허용될 수 없습니다(대법원 1997. 2. 14. 선고 96므738 판결 참조).

[15] 결혼 전에 낳은 아이도 후에 부모가 혼인신고를 하면 당연히 혼인 중의 자가 된다

> 아이를 낳은 후에 혼인신고를 하였습니다. 결혼 전에 낳은 아이라서 혹시 혼인 외의 자가 되는 것이 아닙니까?

혼인 외의 출생자는 부모가 후에 결혼하면 혼인 중의 출생자로 인정됩니다(민법 제855조 제2항). 결혼 전에 낳은 아이라도 후에 부모가 법률상의 부부가 되면 그 아이는 당연히 혼인 중의 자가 됩니다. 이와 같은 경우를 '준정(準正)'이라 합니다.

[16] 전남편의 친생자 추정을 받는 자에 대하여 생부(生父)가 가정법원에 인지 허가청구를 할 수 있는 경우

> 아내가 전남편과 법적으로 이혼한 후 300일이 안 되어 아이를 출산했습니다. 전남편과는 오랫동안 별거했고 그 아이는 제 친자입니다. 혼인관계가 종료된 날부터 300일 이내에 출생한 자녀는 혼인 중에 임신한 것으로 추정한다는 법(민법 제844조제3항) 때문에 제 친자로 입적시킬 수 없다는데, 제 친자로 출생신고 할 방법이 없을까요?

2017. 10. 31. 신설된 민법 제855조의2는 다음과 같이 규정하고 있습니다.

민법 제855조의2(인지의 허가청구)
① 생부(生父)는 민법 제844조제3항의 경우에 가정법원에 인지의 허가를 청구할 수 있다. 다만, 혼인 중의 자녀로 출생신고가 된 경우에는 그러하지 아니하다.
② 제1항의 청구가 있는 경우에 가정법원은 혈액채취에 의한 혈액형 검사, 유전인자의 검사 등 과학적 방법에 따른 검사결과 또는 장기간의 별거 등 그 밖의 사정을 고려하여 허가 여부를 정한다.
③ 제1항 및 제2항에 따라 허가를 받은 생부가 「가족관계의 등록 등에 관한 법률」 제57조제1항에 따른 신고를 하는 경우에는 민법 제844조제1항 및 제3항(남편의 친생자의 추정)의 추정이 미치지 아니한다.

따라서 귀하는 가정법원에 인지허가 심판청구를 제기해서 허가를 받아 귀하의 가족관계 등록부에 친생자 출생신고를 할 수 있습니다.

[17] 친생부인의 소보다 간소화된 절차 – 친생부인 허가청구와 인지 허가청구

이혼 후 300일 이내에 태어난 자녀에 대해 소송보다 훨씬 간단한 방법인 허가청구를 통해 전남편의 아이가 아니라는 결정을 받을 수 있다.

2017. 10. 31. 친생추정의 효력 배제와 관련한 민법 및 가사소송법 개정안이 국회를 통과하여 2018. 2. 1.부터 시행되는 규정에 따라 기존의 '친생부인의 소'가 아닌 친생부인의 허가청구 또는 인지의 허가청구를 통해 친생부인 절차가 간소화되었다. 이로써 생모와 전남편은 소송이 아닌 가사비송 절차를 통해 '친생부인의 허가청구'를 함으로써 자녀의 친자관계를 정리할 수 있으며, 나아가 기존 친생부인의 소에서는 청구권자에서 제외되었던 자녀의 생부 역시 '인지의 허가청구'를 통해 자녀와의 친자관계를 확인받을 수 있게 되었다.

친생부인이나 친생자관계부존재확인 사건이 가사소송 사건인 것과 달리 가사비송 사건인 이 허가청구는 재판의 상대방이 없기 때문에 좀 더 간단하게 진행된다. 무엇보다 제소기간의 제한을 두지 않아 2년이 경과하더라도 쉽게 가족관계를 정리할 수 있다. 다만, 혼인 중의 자녀로 출생신고가 된 경우에는 친생부인의 소를 제기해야 한다(민법 제854조의2).

[18] 아버지가 피성년후견인이면 성년후견인의 동의를 받아 인지할 수 있다

> 저는 피성년후견 선고를 받았습니다. 그런데 대학 다닐 때 사귀던 여자가 제 아들을 낳아 키워온 사실을 알았습니다. 그 아이를 제 자식으로 가족관계등록부에 올리려면 어떻게 해야 하나요?

아버지가 피성년후견인이면 성년후견인의 동의를 받아 자를 인지할 수 있습니다(민법 제856조).

[19] 혼인 외의 자가 죽은 후에도 그 소생의 자녀가 있는 경우에는 인지할 수 있다

> 회갑이 다 된 남자입니다. 젊었을 때 바람을 피워 낳은 아들이 생모와 함께 살다가 죽었습니다. 그 아들에게 딸이 하나 있는데 이제라도 저의 가족관계등록부에 올릴 수 있습니까?

본처가 있는 사람이 첩과의 사이에 아들을 낳아 인지하지 않았을 경우 그 아들이 죽은 후에라도 그 소생 자녀가 있으면 인지할 수 있습니다(민법 제857조). 인지신고를 할 때 그 소생 자녀의 성명과 출생연월일, 주민등록번호 및 등록기준지를 기재하고 죽은 아들의 사망연월일도 기재해야 합니다(가족관계의 등록 등에 관한 법률 제55조제1항제2호).

[20] 아이가 태어나기 전에도 친생자로 인지할 수 있다

> 기혼자인 남자를 만나 현재 임신 3개월입니다. 그런데 그 남자가 앞으로 3개월밖에 못 산다고 합니다. 만일 그 남자가 죽으면 이 아이의 가족관계등록은 어떻게 해야 합니까?

아이의 아버지가 생전에 태아에 대해 인지할 수 있습니다(민법 제858조). 인지신고서에 그 취지와 어머니의 성명 및 등록기준지를 기재하여 인지자의 등록기준지에 신고함으로써 그 효력이 생깁니다(민법 제859조제1항, 가족관계의 등록 등에 관한 법률 제56조).

또한 유언으로도 인지할 수 있습니다(민법 제859조제2항). 이 경우에는 유언집행자가 신고하여야 합니다. 태아인지의 신고가 있더라도 그것이 가족관계등록부에 기재되는 것은 출생신고가 있은 후이며 출생사항과 함께 인지사항으로 신분사항란에 기재됨으로써 그 아버지와 친자관계가 발생합니다. 그러나 태아도 재산상속에 있어서는 이미 태어난 아이로 인정합니다(민법 제1000조제3항).

만약 인지된 태아가 사체로 분만된 경우 출생신고의무자는 그 사실을 안 날부터 1개월 이내에 사산(死産) 신고를 해야 합니다(가족관계등록법 제60조 본문).

[21] 자기 가족관계등록부에 남의 아이가 친자로 입적되어 있는 경우 제적시킬 수 있다

> 집안일만 보아온 주부입니다. 며칠 전 가족관계증명서를 떼보니 제 가족관계등록부에 아들이 하나 더 기재되어 있습니다. 제가 낳지도 않았는데 제 가족관계등록부에서 뺄 수 없는지요?

친생자관계부존재확인의 소(민법 제865조제1항)를 제기하여 판결을 받아 귀하의 가족관계등록부에서 제적시킬 수 있습니다(가사소송법 제2조제1항 가류 4호, 가족관계등록법 제107조). 그러나 남편이 다른 여자와의 사이에서 낳은 아이면 남편의 가족관계등록부의 자녀 란에서는 삭제할 수 없습니다.

[22] 첩의 자식을 본처의 자식처럼 입적시킬 수 없다

> 딸만 있습니다. 남편이 얼마 전에 첩에게서 아들을 낳아 그 즉시 저의 소생처럼 출생신고를 해 놓았습니다. 저는 그 아들을 받아들이고 싶지도 않고, 저의 자녀 란에 올려주기도 싫습니다. 어떻게 하면 될까요?

남편과 첩 사이의 아이인 것이 사실이면 남편의 가족관계등록부 자녀란에 입적시키는 것을 막을 수는 없습니다(민법 제855조제1항). 그러나 부인의 소생으로 한 것은 부인과 그 아이 사이에 친자관계가 없다는 사실을 친생자관계부존재확인의 소에 의하여 밝혀 확정되면 판결의 확정일부터 1개월 이내에 신고하여 가족관계등록부를 정정할 수 있습니다(민법 제865조제1항, 가사소송법 제2조제1항 가류 4호, 가족관계등록법 제107조). 한쪽이 사망한 때에는 사망을 안 날로부터 2년 이내에 검사를 상대로 소를 제기할 수 있습니다(민법 제865조제2항).

[23] 착오에 의한 인지는 취소할 수 있다

> 제가 처자식이 있으면서도 다른 여러 여자들과 육체관계를 맺었는데, 얼마 전 그중 한 여자가 저의 아이를 낳았다면서 입적을 요구하기에 제 자식으로 알고 저의 가족관계등록부에 자로 입적시켰습니다. 그런데 그 아이가 임신될 때쯤에는 그 여자와는 전혀 관계가 없었다는 것을 뒤늦게야 알았습니다. 이제라도 이 아이를 제 가족관계등록부에서 뺄 수가 있습니까?

사기나 강박 또는 중대한 착오로 인하여 인지한 때에는 법원의 허가를 얻어 취소할 수 있습니다. 다른 여자와의 육체관계를 그 아이 어머니와의 관계로 착오하였다고 하니 귀하는 그 사실을 안 날로부터 6개월 이내에 인지취소청구를 하여 제적시킬 수 있습니다(민법 제861조).

[24] 본부인의 자로 입적된 나의 친자식을 소송하지 않고 내가 임의인지 할 수 없나?

> 처녀로 유부남에게 속아서 결혼하여 아들 둘을 낳아서 본부인의 친생자로 가족관계등록부에 올렸습니다. 아이들 아빠의 가정폭력 등 여러 가지 이유로 혼자 도망 나와 아이들을 차례로 제가 데리고 와서 양육했습니다. 아들들은 이미 성년인데 가족관계등록부를 바로 잡으려면 복잡하고 소송해야 한다는데 임의인지나 강제인지로는 안 되나요?

이미 본부인의 자로 가족관계등록부에 올라있는 사람을 인지한다고 해서 법적으로 내 자식이 되는 것은 아닙니다. 본부인과 두 아들 사이에 친생자관계가 없고, 귀하와 친생자관계가 있다는 사실을 친생자관계존부존재확인의 소에 의하여 밝혀야 합니다(민법 제865조제1항). 판결이 확정되면 판결확정일부터 1개월 이내에 가족관계등록부를 정정할 수 있습니다(가사소송법 제2조제1항 가류 4호, 가족관계등록등에관한법률 제107조).

[25] 가족관계등록부상 기재된 모를 나의 생모로 바꾸려면

> 40년 전 혼외자로 태어나 어려서부터 친어머니와 함께 살면서도 아버지의 부인이 가족관계등록부상 제 친모로 등록되어 있습니다. 그동안 살기에 바빠 소송을 통해 생모를 밝힐 엄두를 내지 못하다가, 어머니가 연로하시어 제 가족관계등록부의 모(母)란을 바로잡기 위해 친생자관계부존재청구소송을 하려고 했더니 법적인 모로 등록된 분이 15년 전 사망하시고 그 사실을 제가 알고도 2년 내에 검사를 상대로 소를 제기하지 않아서 제소기간이 지나 청구할 수 없다고 합니다. 정말 제 가족관계등록부에 제 친모를 등록할 방법은 없는지요?

친생자관계존부확인소송은 제소기간에 특별한 제한이 있지는 않습니다. 즉 아무 때나 해도 된다는 말입니다. 다만 당사자 중 어느 일방(특히 피고)이 사망한 때에는 제소기간이 있어, 그 사망 사실을 안 날로부터 2년 내에 검사를 상대로 하여 소를 제기하여야 합니다(민법 제865조제2항).

그러나 이해관계인이 소를 제기하는 때에는 부모와 자 쌍방을 상대로 하고, 그중 일방이 사망한 경우에는 생존자를 상대로 하면 되므로 귀하를 상대로 생모가 귀하와 가족관계등록부상 모친과의 사이에 친생자관계부존재확인청구의 소를 귀하의 주소지를 관할하는 가정법원에 제기하여 판결을 받을 수 있습니다. 판결이 확정되면 판결등본과 확정증명서를 첨부하여 관할 가족관계등록관서에 가족관계등록부 정정신청을 하면 귀하의 가족관계등록부에 기재된 모의 특정등록사항이 말소됩니다.

그런 다음 친모와의 친생자관계 및 출생 당시 친생모가 유부녀가 아님을 소명하여 출생의 추후보완신고를 하거나, 신고의무자가 없는 경우 또는 추후보완신고를 할 수 없는 경우에는 친자관계를 확인하는 판결(친생자관계존재확인소송)에 의한 정정절차를 거쳐야 합니다.

[26] 남편의 동의하에 인공수정하여 낳은 아이는 남편의 혼인 중의 출생자로 본다

> 남편과의 사이에 아이가 없어 남편 동의하에 제3자의 정자를 이용하여 인공수정을 해서 아들을 낳아 여섯 살입니다. 아이가 태어난 후 너무 좋아하던 남편은 언젠가부터 제가 자기보다 아이를 더 위한다고 불평하더니 그 정도가 점점 심해져서 제게 이혼하자고 하며 아이와는 피 한 방울 섞이지 않았으니 아버지로서 책임을 질 수 없다고 합니다. 남편에게 아이 아버지로서 의무를 다하라 요구할 수 없는지요?

배우자와 인공수정자 사이에는 인공수정을 할 때 제3자의 정자를 이용하여 인공수정 하는 것에 배우자가 동의를 하였으면 친자관계가 생기고, 나중에 이혼하더라도 신의성실의 원칙상 인공수정자가 자신과 혈연관계가 없다는 이유로 친자관계를 부인하지 못한다는 것이 다수설입니다. 그러므로 남편의 동의하에 제3자의 정자를 이용하여 인공수정을 해서 아들을 낳았다면 남편에게 아이 아빠로서의 책임과 의무를 요구할 수 있습니다(대법원 2019. 10. 23. 선고 2016므2510 전원합의체, 서울가정법원 2016. 9. 21. 선고 2015르1490 판결).

[27] 이혼 전 다른 남자의 아이를 출산한 후 이혼한 경우 출생신고 방법

> 이혼하지 않은 상태에서 다른 남자와 동거해 아이를 출산하였고, 그 후 이혼하고 동거남과 재혼해서 아이를 기르고 있습니다. 현 남편의 친생자로 곧바로 출생신고 할 수 없을까요?

가능합니다. 즉 전남편의 자녀로 출생신고하지 않고 전남편을 상대로 친생자관계부존재확인소송을 제기해서 판결을 받으면 그 판결문을 가지고 곧바로 친부와 친모 앞으로 출생신고를 할 수 있습니다. 이렇게 되면 전남편의 가족관계등록부에 올린 흔적은 전혀 없게 됩니다.

전남편을 상대로 친생자관계부존재확인소송을 제기할 때 첨부서류는 다음과 같습니다.

- 아이 출생증명서 사본(병원 발급) ; 친부의 성(姓)을 따른 이름(한자 포함) 백지에 기재
- 친모와 친부 각각의 가족관계증명서, 혼인관계증명서, 주민등록초본(과거 변동내역 기재)
- 전남편에 대해 알고 있는 내용(백지에 기재) ; 결혼 후 별거 경위, 이혼 경위 간략하게 10줄 이내로 요약, 현재 살고 있는 주소지
- 친정식구들 진술서 (인감날인 후 인감증명서 또는 신분증 사본과 주민등록등본 첨부)

[28] 이중으로 친생자 추정되는 경우

> 저의 어머니는 협의이혼한 다음 전혼해소일로부터 300일 내에 재혼하고, 재혼성립일로부터 200일 이후 저를 출산하여 제가 이중으로 친생자 추정을 받게 되었습니다. 이에 따라 어머니는 저를 부(父) 미정으로 출생신고를 하였는데, 어머니 말씀으로는 재혼한 남편이 저의 친부라고 합니다. 이제라도 가족관계등록부에 부(父)에 대한 사항을 기록하고 싶습니다. 어떻게 해야 합니까?

이중으로 친생자 추정을 받는 경우 모와 모의 전 배우자 및 현 배우자를 공동피고로 하여 부(父)를 정하여 달라는 청구를 가정법원에 제기하여 부를 확정할 수 있습니다(민법 제845조, 가사소송법 제2조제1항 나류 5호). 부를 정하는 소의 판결이 확정되면 가족관계등록관서에 판결확정일로부터 1개월 내에 가족관계등록부 정정신청을 하면 됩니다(가족관계등록법 제58조).

[29] 부모가 생전에 우송한 출생신고는 수리되기 전에 부모가 사망해도 유효하다

> 아이들이 취학할 때 한다고 미루어온 출생신고를 등기로 우송하고 가족휴가를 갔다가 남편이 사고로 사망했습니다. 그 출생신고가 유효할까요?

가족관계의 등록 등에 관한 법률 제41조제1항의 규정은 출생신고서의 경우에도 마찬가지로 적용됩니다. 남편이 출생신고서를 우송하고 사망하였다면 그 출생신고는 유효합니다. 위 규정은 배우자와 출생자녀를 보호하기 위한 입법이므로 유효하며 부인은 법적 부인으로 자녀는 혼인 중의 자로, 즉 남편의 적출자로 인정됩니다.

[30] 새어머니·새아버지와 전혼 자녀의 법적관계는 부모자관계가 아닌 인척관계다

> 어머니가 재혼하시고 혼인신고까지 하셨습니다. 새아버지의 재산을 저도 상속받을 수 있는지요?

새어머니·새아버지와 전혼 자녀의 법적관계는 부모자관계가 아닌 인척관계입니다. 인척관계에는 상속권이 발생하지 않습니다. 다만 입양을 통해 모(부)자 사이가 될 수 있으며, 이 경우 서로 부양 및 상속관계가 생깁니다(민법 제769조, 제777조제2호).

나. 양자

[1] 친생부모의 입양 동의는 아동의 출생일부터 1주일이 지난 후에 가능하다

> 가정상황이 여의치 않아 아이를 출산하자마자 입양시키려고 합니다. 가능할까요?

2012. 8. 5.부터 시행되고 있는 「입양특례법」에서는 모든 아동은 그가 태어난 환경에서 건강하게 자랄 수 있도록 하는 것을 최우선으로 고려하며, 친생부모의 입양 동의는 아동의 출생일부터 1주일이 지난 후에만 가능하도록 입양숙려기간을 규정하고 있습니다. 그러므로 출생 직후의 아동은 입양할 수 없습니다(법 제13조).

[2] 성년이면 미혼여성도 양자를 들일 수 있다

> 저는 28세의 미혼 여자로 초등학교 교사입니다. 결혼을 하지 않을 생각입니다. 제가 담임을 맡고 있는 반의 아이를 양녀로 삼고 싶은데 가능합니까?

성년에 달한 사람은 남자든 여자든 기혼이든 미혼이든 양자를 들일 수 있습니다(민법 제866조). 그 아이의 부모와 입양에 관해 협의하고 동의를 얻어 가정법원의 허가를 받아야 합니다(민법 제869조제1항및제2항·제867조). 입양허가 확정판결을 받은 후 관할 가족관계 등록관서에 입양신고를 하면 됩니다.

[3] 미성년자를 입양하려면 가정법원의 허가를 받아야 한다

> 친부모 및 양부모가 입양에 합의하여도 미성년자를 입양하려면 법원의 허가를 받아야 한다는데 사실인가요?

13세 이상의 미성년자를 입양하려면 양자가 될 사람의 입양승낙과 그 부모의 동의를 받고 가정법원의 허가를 받아야 합니다. 13세 미만인 미성년자의 경우에는 법정대리인이 양자가 될 사람을 갈음하여 입양을 승낙하고 가정법원의 허가를 받아야 합니다(민법 제867조 및 제869조). 가정법원의 허가를 받은 후 입양신고를 함으로써 입양의 효력이 생깁니다(가족관계의 등록 등에 관한 법률 제61조·제62조).

다만 법정대리인이 정당한 이유 없이 승낙을 거부하는 경우, 친권상실 선고를 받은 경우, 법정대리인의 소재를 알 수 없는 등의 사유로 승낙을 받을 수 없는 경우에는 승낙이 없더라도 가정법원은 입양허가를 할 수 있습니다(민법 제869조제3항).

[4] 미성년자녀를 학대, 유기한 경우 부모가 입양 동의를 거부하더라도 가정법원은 입양허가를 할 수 있다

> 아들이 결혼식도 하지 않고 아이를 낳아 데리고 와서 내게 맡기고 몇 달 만에 한 번씩 나타납니다. 팔순이 다 된 내가 혼자서 아이를 기를 수 없어 좋은 집에 입양 보내자 했더니 기르지도 않고 5년 동안 양육비 한 푼 안 주면서도 입양은 보낼 수 없다 합니다. 아이 아빠 동의 없이는 양자를 보낼 수 없는지요?

부모가 3년 이상 자녀에 대한 부양의무를 이행하지 아니한 경우 또는 자녀를 학대 또는 유기하거나 그 밖에 자녀의 복리를 현저히 해친 경우에는 부모가 입양 동의를 거부하더라도 가정법원은 입양허가를 할 수 있습니다. 이 경우 가정법원은 부모를 심문하여야 합니다(민법 제870조제2항). 또한 부모가 미성년자녀를 대신하여 입양에 대한 동의 또는 승낙을 한 경우, 친권상실 선고를 받은 경우, 부모의 소재를 알 수 없는 등의 사유로 동의를 받을 수 없는 경우에는 부모의 동의 요건이 면제될 수 있습니다(민법 제870조제1항).

[5] 친부모가 살아있어도 조부모가 손자녀를 입양할 수 있다

> 친부모가 살아있어도 조부모가 손자녀를 자식으로 입양할 수 있다는데 사실인가요?

네. 친부모가 살아있는 손자녀를 조부모가 입양할 수 있도록 허가한 대법원 판례가 있습니다. 자녀의 복리에 더 좋다면 조부모가 손자녀를 입양해 친부모를 대신할 수 있다는 대법원의 판단입니다(대법원 2021. 12. 23.자 2018스5 전원합의체 결정).

대법원은 "자녀와 조부모의 나이, 현재까지의 양육 상황, 입양에 이르게 된 경위, 친생부모의 생존 여부나 교류관계 등을 비교·형량해 자녀의 복리에 적합한지를 판단하여야 한다."며, 이런 구체적 심리 없이 막연히 가족관계에 혼란을 초래하거나 자녀의 정서에 악영향을 끼칠 것이라 추단해서는 안 된다, 민법은 존속을 제외하고는 혈족의 입양을 금지하고 있지 않고, 조선시대에도 혈족을 입양하거나 외손자를 입양하는 예가 있었다고 했습니다.

뿐만 아니라 조부모의 손자녀 입양을 허락할 때 따져야 할 요건도 제시했습니다. 대법원은 "조부모가 단순한 양육자가 아닌 양친자로서 신분적 생활관계를 형성하려는 실질적인 의사를 가지고 있는지, 입양의 목적이 자녀를 안정적·영속적으로 양육·보호하기 위한 것인지, 아니면 친생부모의 재혼이나 국적 취득, 그 밖의 다른 혜택을 목적으로 한 것은 아닌지 등을 살펴야 한다."고 하였고, 또한 가사 상담 등의 절차를 통해 친부모의 양육 의사를 확인하고, 입양 대상자가 만 13세 미만이라 해도 가급적 본인 의사를 확인해야 한다고 했습니다.

앞서 대법원은 2010년 외손녀에 대한 '친양자 입양'을 불허한 바 있습니다. 2008년 도입된 친양자입양 제도는 친부모와 양부모를 동시에 부모의 지위로 인정하는 일반입양과 달리 친부모와의 친족관계를 끊고, 양부모만 자녀의 부모로 인정하는 입양제도입니다. 당시 대법원은 자녀의 복리를 최우선 기준으로 제시하면서도 "입양 동기와 현실적 필요성, 가족관계에 미치는 영향 등도 신중히 고려해야 한다."고 판시했었습니다(대법원 2010. 12. 24.자 2010스151 결정).

[6] 성년자도 부모의 동의를 받아야 양자로 갈 수 있다

> 미국 시민권자에게 양자로 가려고 합니다. 제가 성년인데도 친부모님의 동의를 받아야 하는지요?

성년자라고 하더라도 양자로 가려면 부모의 동의를 받아야 합니다. 입양에 대한 부모의 동의를 받고 입양신고를 함으로써 입양의 법적 효력이 발생합니다. 다만 부모의 소재를 알 수 없는 등의 사유로 동의를 받을 수 없는 경우에는 받지 않아도 됩니다(민법 제871조제1항). 또한 부모가 정당한 이유 없이 동의를 거부하는 경우에 양부모가 될 사람이나 양자가 될 사람의 청구에 따라 부모의 동의를 갈음하는 심판을 할 수 있습니다(동조 제2항).

[7] 입양신고 방법

> 입양신고는 어떻게 합니까?

입양신고는 입양신고서에 해당 사항을 기입하고(가족관계등록법 제61조), 당사자 쌍방과 성년자인 증인 2인, 그리고 동의권자인 양자의 친생부모가 연서하고(민법 제878조), 미성년자 또는 피성년후견인을 입양하는 경우 가정법원의 허가서를 첨부하여(가족관계등록법 제62조) 양자의 등록기준지 또는 신고인의 주소지나 현재지에서 할 수 있습니다. 다만 재외국민에 관한 신고는 재외국민 가족관계등록사무소에서도 할 수 있습니다(동법 제20조).

입양신고서

[8] 성(姓)이 다른 아이도 양자로 입적시킬 수 있다

> 양자를 들이기로 한 아이가 나와 성(姓)이 다른데 양자 입적이 됩니까? 입양하면 성을 바꿀 수 있습니까?

양친될 자와 양자될 자가 성(姓)이 달라도 입양할 수 있습니다(민법 제877조). 그러나 입양한다고 하여 양자의 성이 양친의 성으로 바로 바뀌는 것은 아닙니다. 가정법원의 성·본 변경 허가 심판 절차를 별도로 받아야 합니다.

양자는 입양된 때부터 양부모의 친생자와 같은 지위를 가집니다(민법 제882조의2제1항). 양자의 입양 전 친족관계는 존속하므로(동조 제2항) 친생부모와의 상속, 부양관계가 발생합니다. 입양 사실은 입양관계증명서에 나타나게 되는데, 본인 또는 배우자, 직계혈족, 그들의 위임을 받은 대리인까지 입양관계증명서의 교부를 청구할 수 있습니다(가족관계등록법 제14조 제1항).

다만 18세 미만의 자로 입양기관 등에 맡겨진 자는 입양특례법에 의하여 양친의 성과 본을 따를 수도 있습니다(입양특례법 제7조제1항). 이 법에 따른 입양은 가정법원의 인용심판 확정으로 효력이 발생하고, 양친 또는 양자는 가정법원의 허가서를 첨부하여 입양신고를 하여야 합니다(동법 제15조).

[9] 유언으로 입양할 수 없다

> 형님이 병중인데 아들이 없어 유언으로 양자될 자를 지정해두려고 합니다. 어떻게 해야 하나요?

유언양자 제도가 폐지되었으므로(민법 제880조 삭제) 유언으로는 양자를 들일 수 없습니다. 병중이면 살아계시는 동안에 입양하는 방법밖에 없겠습니다.

[10] 남편이 있는 여자도 양녀가 될 수 있다

> 고아로 자라서 현재 남편과 결혼하였습니다. 내가 친어머니처럼 모시던 분이 있어서 그분을 양어머니로 하여 가족관계등록부에 기재하고 싶은데, 결혼한 여자도 양녀가 될 수 있나요?

결혼한 사람은 배우자의 동의를 얻어서 양자가 될 수 있습니다(민법 제874조제2항). 그러므로 귀하는 남편의 동의를 얻어 양자가 되면 됩니다.

[11] 외국에서도 입양신고를 할 수 있다

> 저는 현재 미국에 살고 있습니다. 친척집에 양자로 가기로 했는데, 외국에서의 입양신고는 어떻게 합니까?

귀하의 경우 현지에 주재하는 대사, 공사 또는 영사에게 입양신고를 할 수 있습니다. 이를 수리한 대사, 공사, 영사는 지체 없이 그 신고서류를 본국의 재외국민 가족관계등록사무소에 송부하여야 합니다(민법 제882조, 제814조제2항).

[12] 연장자를 입양할 수 없다

저는 독신으로 자녀가 없습니다. 몸이 약한 저를 수년 동안 돌보아준 저보다 3살 연상인 언니를 제 양자로 입양해 제 재산을 상속받게 하고 싶습니다. 가능한지요?

존속이나 연장자를 법적으로는 양자로 입양할 수 없습니다(민법 제877조).

[13] 입양의 성립시기와 효력

입양의 성립시기와 효력에 대해 알고 싶습니다.

입양은 「가족관계의 등록 등에 관한 법률」에서 정한 바에 따라 신고함으로써 그 효력이 발생합니다(민법 제878조). 양자는 입양된 때부터 양부모의 친생자와 같은 지위를 가지며, 양자가 미성년자인 경우 양부모가 친권자가 됩니다. 양자의 입양 전의 친족관계는 존속합니다. 따라서 친권 이외에는 친생부모와의 법적인 관계가 그대로 유지됩니다. 친권은 성년이 되면 자동으로 소멸합니다(민법 제882조의2).

[14] 당사자 사이에 합의 없는 일방적 입양은 무효다

23세의 차남입니다. 아버지와 숙부가 제 의사도 묻지 않고 저를 숙부의 양자로 입적시켰습니다. 저의 동의 없는 입양신고도 효력이 있는지요?

입양 당사자인 귀하가 성년이므로 귀하와 합의하지 않은 입양신고는 무효입니다(민법 제883조제1호). 입양무효확인의 소(가사소송법 제2조제1항제1호 가류 5호)를 제기하여 판결확정일로부터 1개월 이내에 판결문 등본 및 확정증명서를 첨부하여 신고하면 입양이 무효가 됩니다(가족관계등록법 제66조 · 제63조).

[15] 부모의 동의 없는 만 13세 미만자의 입양은 무효다

13살짜리 제 아들을 저의 승낙도 없이 형님이 자기 가족관계등록부에 입양신고를 했습니다. 도로 찾아올 수 있습니까?

13세 미만의 미성년자를 양자로 삼을 때에는 부모가 이에 대하여 입양의 승낙을 하여야 합니다(민법 제869조). 귀하의 승낙 없이 형님이 일방적으로 한 입양신고는 무효입니다(민법 제883조제2호). 따라서 가정법원에 입양무효확인심판청구를 하여 확정판결을 받아 1개월 이내에 신고하면 됩니다.

[16] 아내 몰래 남편 혼자서 데려온 양자는 취소할 수 있다

> 딸만 둔 주부입니다. 평소 남편이 조카를 양자로 데려오고 싶어 했으나 제가 반대하였습니다. 얼마 전 제가 친정에 며칠 다녀온 사이에 남편 혼자서 그 조카를 입양했습니다. 이제라도 그 입양을 무효로 할 수 있습니까?

배우자가 있는 사람은 부부 공동으로 양자를 데려와야 합니다(민법 제874조제1항). 그런데 귀하의 동의 없이 남편이 혼자서 입양시켰으므로 그 입양을 취소할 수 있습니다. 그 사실을 안 날로부터 6개월, 그 사유 있은 날로부터 1년 이내에 입양취소청구 조정신청을 할 수 있습니다(민법 제884조제1호 · 제888조 · 제894조, 가사소송법 제2조제1항 나류 10호).

[17] 양자에게 나쁜 질병이 있는 때에는 입양을 취소할 수 있다

> 자식이 없기 때문에 늙어서 의탁이라도 해볼까 하여 양자를 들였습니다. 그런데 양자가 최근 간질병 발작을 하였습니다. 가족관계등록부에서 빼버릴 수 있습니까?

입양 당시 양자가 간질병 환자라는 것을 몰랐다가 새로 그 사실이 발견되었다면 입양의 취소를 법원에 청구할 수 있습니다(민법 제884조제2호). 이는 그 사실을 안 날로부터 6개월 이내에 하여야 합니다(민법 제896조).

[18] 양자가 전과자인 때에는 입양을 취소할 수 있다

> 저에게 아들이 없어 3년 전에 양자를 들였는데, 그 양자가 강도강간죄로 교도소 생활을 했던 사실을 두 달 전에야 알게 되었습니다. 전과자인 양자에게 대를 잇게 하고 싶지 않은데 파양할 수 있습니까?

입양 당시 전과자라는 사실을 몰랐다가 새로 그러한 사실을 알게 되었다면 취소할 수 있습니다(민법 제884조제2호). 귀하는 그 사실을 안 날로부터 6개월 이내에 가정법원(가정법원이 없으면 지방법원 가사부)에 입양취소청구를 할 수 있습니다(민법 제896조).

[19] 사기에 의한 입양은 취소할 수 있다

> 자식이 없는 옆집 사람이 12살 된 우리 셋째아들을 양자로 주면 대학까지 공부시키겠다고 하여 양자로 보냈더니 중학교에도 보내지 않고 자기 집에서 심부름만 시키고 있습니다. 이 아이를 도로 찾아올 방법이 없습니까?

속아서 양자로 보낸 경우 취소할 수 있습니다(민법 제884조제1항제3호). 귀하가 사기당한 것을 안 날부터 3개월 이내에 가정법원에 입양취소청구를 할 수 있습니다. 이 경우 손해배상청구도 가능합니다(동법 제897조, 제806조).

[20] 협박에 의한 입양은 취소할 수 있다

> 자식이 없는 늙은이입니다. 조카가 자기를 양자로 삼아 달라고 졸라왔으나 그 아이의 성품이 불량하여 거절했습니다. 최근에는 양자로 삼아주지 않으면 집에 불을 지르겠다고 협박하여 이겨낼 수 없어 일단 양자로 입적시켰습니다만 도로 뺄 수 없을까요?

귀하처럼 강박에 의해 입양의사를 표시한 때에는 취소할 수 있습니다(민법 제884조제1항제3호). 가정법원(가정법원이 없는 경우 지방법원 가사부)에 강박에 의한 입양취소청구를 하여 취소할 수 있고 양자에게 손해배상을 받을 수도 있습니다(동법 제897조·제806조). 단, 협박에서 벗어난 날로부터 3개월 이내에 취소청구를 해야 합니다.

[21] 협의하면 파양할 수 있다

> 어렸을 때 양자로 갔는데 양부모와 서로 뜻이 맞지 않아 파양하려 합니다. 어떻게 해야 합니까?

양부모와 협의하여 언제라도 파양할 수 있습니다(민법 제898조 본문). 파양협의가 되면 파양신고서를 작성해서 양자의 등록기준지 또는 신고인의 주소지나 현재지에서 할 수 있습니다(가족관계등록법 제63조·제20조제1항). 다만 귀하가 아직 미성년자거나 피성년후견인의 경우에는 협의로 파양할 수 없습니다(민법 제898조 단서).

파양신고서

[22] 피성년후견인은 성년후견인의 동의를 얻어 협의파양 할 수 있다

> 피성년후견인인 큰아버지에게 양자로 갔습니다. 큰아버지가 저를 양자로 두고 싶지 않다고 하고 저 역시 파양하고 싶습니다. 어떻게 해야 합니까?

양부가 피성년후견인이면 그 양부의 성년후견인의 동의를 얻어 협의파양할 수 있습니다(민법 제902조). 파양협의가 되면 파양신고서를 작성해서 양자 본인의 등록기준지 또는 신고인의 주소지나 현재지에서 신고할 수 있습니다.

[23] 양자가 3년 이상 생사불명이면 파양할 수 있다

> 양자가 4년 전 가출하여 지금까지 생사를 알 수 없습니다. 파양하고 싶지만 만날 길이 없어서 합의할 수가 없습니다. 파양할 수 있습니까?

양자의 생사가 3년 이상 분명하지 아니한 때에는 재판을 통해 파양할 수 있습니다(민법 제905조제3호). 그러므로 가정법원에 파양청구를 하십시오(가사소송법 제2조제1항나류 12호). 재판상 파양원인으로는 ① 양부모가 양자를 학대 또는 유기하거나 그 밖에 양자의 복리를 현저히 해친 경우, ② 양부모가 양자로부터 심히 부당한 대우를 받은 경우, ③ 양부모나 양자의 생사가 3년 이상 분명하지 아니한 경우, ④ 그밖에 양친자관계를 계속하기 어려운 중대한 사유가 있는 경우 등이 있습니다(민법 제905조).

[24] 양자가 양가의 재산을 탕진한 때에는 파양할 수 있다

> 양자가 도박에 미쳐 논밭마저 다 팔아 없애고 집 한 칸밖에 남지 않았습니다. 이 경우 파양할 수 있습니까?

양자가 상습도박을 해서 집 재산을 탕진하여 경제적으로 양가의 살림을 유지할 수 없게 한 경우에는 재판으로 파양청구를 해서 파양할 수 있습니다(민법 제905조제4호).

[25] 양부에게 부당한 대우를 받았을 때는 파양할 수 있다

> 양부는 저를 항상 못마땅하게 생각합니다. 기분이 언짢을 때는 저한테 마구 욕을 하며 구타도 합니다. 저는 이 집을 떠나고 싶은데 어떻게 하며 좋은지요?

양친과 파양에 대한 협의가 되지 않을 때는 양친으로부터 심히 부당한 대우를 받고 있음을 이유로 하여 파양조정신청을 할 수 있습니다(민법 제905조제1호, 가사소송법 제2조제1항 나류 12호). 조정이 성립되지 않으면 심판청구를 할 수 있습니다.

[26] 입양한 딸의 남편이 양부모 상대로 재산 다툼, 민·형사 소송 제기해도 파양의 원인은 되지 않는다

> 저는 한 살에 입양되었습니다. 그런데 제 남편이 양부모를 상대로 재산다툼을 벌이면서 민·형사 소송까지 냈습니다. 양어머니는 사위가 주위 사람들을 파렴치범들로 단정하고 소송을 내는 등 가족의 명예를 훼손했는데도 불구하고 입양한 딸이 이를 방치해 양자관계가 유지되기 어렵다고 법원에 파양청구를 했습니다. 남편의 잘못으로 제가 파양당해야 하는지요?

입양한 딸의 남편이 양부모를 상대로 재산다툼을 벌이면서 민·형사 소송을 냈더라도 이를 이유로 입양 관계를 깰 수 없다는 대법원 판례가 있습니다(대법원 2013. 6. 13 선고 2011므3518 판결).

　민법은 입양 관계 당사자가 다른 일방으로부터 심히 부당한 대우를 받은 경우에 파양을 청구할 수 있도록 규정하고 있습니다. 재판부는 판결문에서 "사위가 잘못한다고 해서 양녀를 파양할 수는 없다."며 민법이 규정한 재판상 파양 원인인 '다른 일방 또는 그 직계존속으로부터 심히 부당한 대우를 받았을 때'를 해석함에 있어 일방이 성년이 된 경우에는 그 배우자도 부당한 대우의 주체에 포함시켜야 한다는 양모의 주장은 문리해석의 범위를 벗어난 것으로 받아들일 수 없다고 밝혔습니다.

[27] 재판상 파양도 파양신고를 해야 한다

> 가정법원에서 받은 파양 판결이 확정되었습니다. 이 경우도 다시 파양신고를 해야 합니까?

　재판상 파양도 파양신고를 해야 합니다(가족관계등록법 제66조·제58조). 이 경우는 협의파양과는 달리 신고한 때로부터 파양의 효력이 생기는 것이 아니라, 재판이 확정된 때로부터 파양의 효력은 있으나 신고를 함으로써 가족관계등록부가 정리되는 것입니다.

[28] 입양한 아이를 친생자로 출생신고한 경우의 효력

> 자녀가 없던 저희 부부는 수년 전 미혼모 A로부터 출생 직후의 아이를 입양하였습니다. 당시 A로부터 아이에 대한 권리를 포기하며 입양에 동의한다는 문서를 받았고, 그 아이를 데리고 와 저희들이 아이를 낳은 것처럼 출생신고를 하고 키워왔습니다. 그런데 최근 그 아이의 생모인 A가 나타나 아이를 돌려달라고 하는데 그 요구에 따라야 하는지요?

　부부가 실제로 임신하여 출산하지 않은 자는 설사 친생자로 출생신고를 하였다고 해도 친생자로 되는 것은 아니며 그러한 출생신고는 원칙적으로 무효입니다.

　그러나 우리 판례는 "당사자가 양친자관계를 창설할 의사로 친생자 출생신고를 하고 거기에 입양의 실질적 요건이 모두 구비되어 있다면 그 형식에 다소 잘못이 있더라도 입양의 효력이 발생하고, 양친자관계는 파양에 의하여 해소될 수 있는 점을 제외하고는 법률적으로 친생자관계와 똑같은 내용을 갖게 되므로, 이 경우의 허위의 친생자 출생신고는 법률상의 친자관계인 양친자관계를 공시하는 입양신고의 기능을 발휘하게 된다."라고 하였습니다(대법원 1994. 5. 24. 선고 93므119, 2001. 5. 24. 선고 2000므1493 판결).

　따라서 귀하와 같이 입양신고 대신 친생자로 출생신고를 하였더라도 입양의 효력이 인정될 수 있으므로 파양의 원인이 없는 한 귀하는 그 아이를 계속 키울 수 있습니다.

[29] 입양가정에 대한 지원

> 입양기관을 통해 자녀를 입양한 가정은 국가나 지방자치단체에서 지원을 해준다고 하던데 어떤 지원을 받을 수 있나요?

양자를 입양한 사람은 소득세법에 따라 세금을 공제받을 수 있습니다. 또한 공무원이 입양한 경우에는 20일의 입양휴가가 주어집니다. 이와 더불어 입양기관을 통해 자녀를 입양한 가정은 추가적으로 국가와 지방자치단체로부터 입양아동이 건전하게 자랄 수 있도록 하는데 필요한 양육 보조금, 사회복지서비스, 입양비용 및 입양아동 의료급여 지원도 받을 수 있습니다.

[30] 입양정보의 공개 청구

> 입양기관을 통해 입양된 사람입니다. 늦게나마 저를 낳아주신 부모님에 대해 알고 싶습니다. 친부모님에 대한 정보를 얻을 수 있을까요?

네. 가능합니다. 입양기관을 통해 입양된 사람은 아동권리보장원 또는 입양기관이 보유하고 있는 자신과 관련된 입양정보의 공개를 청구할 수 있습니다(입양특례법 시행령 제13조·제14조). 다만, 양자가 된 사람이 미성년자인 경우에는 양부모의 동의가 있어야 합니다. 또한 친부모와 관련된 정보는 친부모의 동의를 받아야 하며, 동의하지 않을 때는 친부모의 인적 사항을 제외한 나머지 정보를 얻을 수 있습니다(동법 시행령 제15조).

다. 친양자

친양자제도는 2005. 3. 31 민법 개정시에 새로 도입되어 2008. 1. 1.부터 시행된 제도이다. 친양자는 부부의 혼인 중의 출생자로 간주되므로 친양자입양은 '제2의 출생'으로 다뤄진다. 또 친양자는 양친의 성과 본을 따르며 가족관계등록부에도 양친의 친생자로 기재된다.

친양자제도는 그 효과 면에서 입양아동이 법적으로뿐만 아니라 실제 생활에 있어서도 마치 양친의 '친생자와 같이' 입양가족의 구성원으로 편입, 동화되는 제도이다. 따라서 현행 민법상의 입양(보통양자)과는 달리 친양자는 법원의 선고(허가)에 의해서만 성립한다.

친양자를 입양하려면(제908조의2제1항) ① 3년 이상 혼인 중인 부부로서 공동으로 입양하여야 하고(단, 1년 이상 혼인 중인 부부의 일방이 그 배우자의 친생자를 친양자로 하는 경우는 예외), ② 친양자로 될 자가 미성년자이어야 하고, ③ 친양자로 될 자의 친생부모가 친양자 입양에 동의하여야 하며(단, 부모가 친권상실의 선고를 받거나 소재를 알 수 없거나 그 밖의 사유로 동의할 수 없는 경우에는 예외), ④ 친양자가 될 사람이 13세 이상인 경우에는 법정대리인의 동의를 받아 입양을 승낙하여야 하고, 친양자가 될 사람이 13세 미만인 경우에는 법정대리인이 그를 갈음하여 입양을 승낙하여야 한다.

친양자를 입양하고자 하는 사람은 친양자입양 재판의 확정일부터 1개월 이내에 판결문 등본 및 확정증명서를 첨부하여 입양신고를 하여야 한다(가족관계등록법 제67조).

[1] 일반양자와 친양자의 차이점

> 일반양자와 친양자가 법으로 규정되어 있다는데 차이점을 알고 싶습니다.

친양자입양은 양자로 미성년자만 입양할 수 있고, 가정법원의 허가를 받아야 합니다. 양부모의 혼인 중의 출생자로 보기 때문에 친양자는 양친의 성과 본을 따르고 가족관계등록부에도 양친의 친생자로 기록됩니다(민법 제908조의3제1항). 또한 친양자의 종전의 친족관계는 종료되므로(동조 제2항) 친생부모와의 상속, 부양관계도 발생하지 않습니다. 다만, 부부의 일방이 그 배우자의 친생자를 단독으로 입양한 경우에 배우자 및 그 친족과 친생자 간의 친족관계는 존속합니다(민법 제908조의3제2항 단서, 제908조의2부터 제908조의8까지).

친양자 입양 사실은 친양자입양관계증명서에 나타나게 되는데, 친양자가 성년이 되어 신청하는 경우 등으로 교부 청구가 제한됩니다(가족관계등록법 제14조제2항 및 제7항 단서).

일반양자 입양은 양친보다 양자가 연상이 아닐 경우 성년자도 입양할 수 있습니다. 그리고 양친될 자와 양자될 자가 성(姓)이 달라도 입양할 수 있으나, 친양자와는 달리 입양으로 성과 본이 양친의 것으로 자동으로 변경되지 않고, 이를 위해서는 별도로 성·본 변경에 관한 허가를 받아야 합니다. 또한 양자의 입양 전의 친족관계는 존속합니다(민법 제882조의2제2항). 따라서 친생부모와의 상속, 부양관계가 발생합니다. 그리고 양자는 입양된 때부터 양부모의 친생자와 같은 지위를 가집니다(민법 제882조의2제1항, 제866조부터 제908조까지).

일반양자 입양 사실은 입양관계증명서에 나타나게 되는데, 본인 또는 배우자, 직계혈족, 그들의 위임을 받은 대리인까지 입양관계증명서의 교부를 청구할 수 있습니다(가족관계등록법 제14조제1항).

[일반입양과 친양자입양의 구별]

	일반입양	친양자입양
근거(민법)	제866조~제908조	제908조의2~제908조의8
성립요건	협의 (미성년자의 경우 재판)	재판
자의 성과 본	친생부의 성과 본 유지	양부의 성과 본으로 변경
친생부모와의 관계	유지	종료
효력	친생부모와의 관계는 친권을 제외하고 변함없음	재판확정 시부터 친생부모와의 법적인 관계 종료

[2] 성년자는 친양자로 입양할 수 없다

> 저와 재혼할 여자분에게 22살 된 대학교에 재학 중인 딸이 있습니다. 제 친양자로 입양할 수 있는지요?

친양자 입양요건은 친양자로 될 자가 미성년자여야 합니다. 그러므로 성년자는 일반입양을 할 수 있지만 친양자입양은 할 수 없습니다(민법 제908조의2제1항제2호).

[3] 법정대리인이나 친생부모의 동의 또는 승낙 없이도 친양자입양이 가능한 경우

> 아들이 손자를 제게 맡기고 3년 이상 얼굴도 비치지 않고 양육비도 주지 않으면서 양자 보내는 것은 반대합니다. 내가 늙어서 아이를 양육할 여력이 없습니다. 아이 장래를 위해 친자식처럼 양육해 줄 수 있는 사람에게 양자로 보내고 싶은데 아이 아빠가 동의하지 않으면 입양시킬 수 없는지요?

친권자 아닌 법정대리인이 정당한 이유 없이 동의 또는 승낙을 거부하는 경우, 친생부모가 자신에게 책임이 있는 사유로 3년 이상 자녀에 대한 부양의무를 이행하지 아니하고 면접교섭을 하지 아니한 경우, 친생부모가 자녀를 학대 또는 유기하거나 그 밖에 자녀의 복리를 현저히 해친 경우에는 법정대리인이나 친생부모의 동의 또는 승낙 없이도 친양자입양이 가능합니다(민법 제908조의2제2항).

[4] 친양자입양 허가신청이 기각될 수도 있다

> 친양자입양 허가신청이 기각될 수도 있다는데 어떤 경우에 기각되는지요?

가정법원은 친양자로 될 사람의 복리를 위하여 그 양육 상황, 친양자입양의 동기, 양부모의 양육능력, 그 밖의 사정을 고려하여 친양자입양이 적당하지 아니하다고 인정하는 경우에는 친양자입양청구를 기각할 수 있습니다(민법 제908조의2제3항).

[5] 3년 이상 혼인생활을 한 부부여야 친양자를 입양할 수 있다

> 결혼한 지 6년 된 부부입니다. 아들 한 명만 있어 딸을 친양자로 입양하고 싶은데 자격이 되는지요? 친양자 입양요건을 알고 싶습니다.

친양자를 입양하려는 사람은 다음의 각 요건을 갖추어 가정법원에 친양자입양을 청구하여야 합니다(민법 제908조의2).
- 3년 이상 혼인 중인 부부로서 공동으로 입양할 것(1년 이상 혼인 중인 부부의 한쪽이 그 배우자의 친생자를 친양자로 하는 경우는 예외)

- 친양자가 될 사람이 미성년자일 것
- 친양자가 될 사람의 친생부모가 친양자 입양에 동의할 것(부모가 친권상실의 선고를 받거나 소재를 알 수 없거나 그 밖의 사유로 동의할 수 없는 경우에는 예외)
- 친양자가 될 사람이 13세 이상인 경우에는 법정대리인의 동의를 받아 입양을 승낙할 것
- 친양자가 될 사람이 13세 미만인 경우에는 법정대리인이 그를 갈음하여 입양을 승낙할 것

[6] 재혼한 후 1년이 넘어야 아내의 미성년 딸을 친양자로 입양할 수 있다

> 재혼한 아내의 미성년자인 딸을 친양자로 입양하려면 어떤 조건을 갖추어야 하는지요?

재혼가정의 경우에는 1년 이상 혼인 중이면 친양자입양이 가능합니다(민법 제908조2제1항 제1호 단서). 양자가 부부 중 어느 한쪽의 친생자일 경우에는 이미 친자관계가 성립되어 있기 때문에 입양을 할 수 없습니다. 그러므로 부부공동입양이 아닌 친생자관계가 없는 다른 배우자 일방이 단독으로 입양을 하는 방식으로 입양하면 됩니다.

친양자는 부부의 혼인 중의 출생자가 되고, 친양자의 입양이 확정되면 친양자의 입양 전 친족관계는 종료합니다. 다만, 양자가 부부 중 어느 한쪽의 친생자로 다른 배우자가 단독으로 입양한 경우에는 배우자 및 그 친족과 친생자 간의 친족관계는 존속합니다(민법 제908조의3제2항 단서).

[7] 친양자입양허가 판결 후의 절차

> 가정법원에 친양자입양심판을 청구해서 판결을 받았습니다. 그 후 어떤 절차를 밟아야 하나요?

친양자입양 재판의 확정일부터 1개월 내에 판결문의 등본 및 확정증명서를 첨부하여 친양자입양신고를 해야 합니다. 판결확정일로부터 30일이 지나 신고하면 과태료가 부과됩니다(민법 제908조의2, 가족관계등록법 제61조·제67조·제122조). 친양자입양신고는 입양자의 등록기준지 또는 신고인의 주소지나 현재지에서 할 수 있는데, 신고인의 관할 시(구)·읍·면의 사무소에 하면 됩니다. 다만, 외국에 거주하거나 체류하는 대한민국 국민의 경우 재외국민가족관계등록사무소에서도 할 수 있습니다(가족관계등록법 제20조 및 제3조제1항·제2항).

[8] 엄마 몰래 아빠가 아이를 친양자로 보낸 경우 친양자입양을 취소할 수 있다

> 이혼하면서 아이를 아빠가 양육한다고 하여 당시 저는 수입도 없고 해서 아이 아빠에게 친권 및 양육권을 주었습니다. 그런데 알아보니 아이 아빠가 아이를 다른 집에 친양자로 보냈다고 합니다. 친양자입양을 취소하고 제가 데려올 수 없을까요?

친양자로 될 사람의 친생부 또는 모는 자신에게 책임이 없는 사유로 인하여 친양자입양 동의를 할 수 없었던 경우에는 친양자입양의 사실을 안 날로부터 6개월 안에 양부모 중 1인의 주소지 가정법원에 친양자입양의 취소를 청구할 수 있습니다.

친양자입양 취소청구가 있을 때 가정법원은 친양자의 복리를 위하여 그 양육사항, 친양자 입양 취소의 동기, 양친과 친생부모의 양육능력 그 밖의 사정을 참작하여 적당하지 않은 경우에는 취소청구를 기각할 수 있습니다. 친양자입양 취소의 재판이 확정되면 친양자관계는 소멸하고 입양 전의 친족관계가 부활하며, 친양자 입양취소의 효력은 소급하지 않습니다(민법 제908조의4제1항, 제908조의7).

[9] 친양자도 파양할 수 있나

친양자를 파양할 수 있는 법적 사유를 알고 싶습니다.

① 양친이 친양자를 학대 또는 유기하거나 그 밖에 친양자의 복리를 현저히 해하는 때, ② 친양자의 양친에 대한 패륜행위로 인하여 친양자관계를 유지시킬 수 없게 된 경우, 양친, 친양자, 친생의 부 또는 모나 검사는 가정법원에 친양자의 파양을 청구할 수 있습니다(민법 제908조의5제1항).

[10] 친양자는 협의파양은 할 수 없다

아들을 친양자로 입양해서 친자식과 같이 정성껏 양육하였습니다. 그런데 머리가 커지자 저희 말을 전혀 듣지 않고 무시하고, 우리로부터 벗어나고 싶다고 합니다. 결국 감정의 골이 깊어져 서로 파양할 것을 잠정적으로 합의하였습니다. 친양자입양의 경우에도 협의파양이 가능한가요?

친양자입양의 경우에는 협의상 파양이 인정되지 않으며, 다만 민법 제908조의5제1항 각호에서 정한 사유가 있는 경우에 한하여 재판상 파양을 할 수 있습니다. 즉 ① 양친이 친양자를 학대 또는 유기하거나 그 밖에 친양자의 복리를 현저히 해하는 때, 또는 ② 친양자의 양친에 대한 패륜행위로 인하여 친양자관계를 유지시킬 수 없게 된 때에 한하여 재판상 파양을 청구할 수 있습니다. 귀하는 친양자입양을 한 경우이므로 협의상 파양이 불가능합니다. 다만 위에서 말한 사유가 있는 경우에 한하여 양친, 친양자, 친생부 또는 모, 검사가 재판상 파양을 청구할 수 있습니다.

[11] 친양자입양이 취소되거나 파양되면 친양자관계는 소멸하고 입양 전의 친족관계가 부활한다

친양자입양이 취소되거나 파양되면 양자의 신분은 어떻게 되나요?

친양자입양이 취소되고 파양되면 친양자관계는 소멸하고 입양 전의 친족관계가 부활합니다. 다만 친양자 입양취소의 효력은 소급하지 않습니다(민법 제908조의7).

[12] 친양자입양의 취소로 그 이전의 상속문제가 소급하여 소멸하지 않는다

> 법률상 부부인 갑과 을이 병을 친양자로 입양하였습니다. 당시 병의 친생부모는 그들에게 책임이 없는 사유로 인하여 위 친양자입양에 동의할 수 없었습니다. 1년 후 갑이 사망하여 을과 병이 공동으로 갑의 재산을 상속하였습니다. 그 후 가정법원에서 위 친양자입양이 친생부모의 동의가 없었음을 이유로 취소된 경우 병은 소급하여 상속인의 지위를 상실하나요?

친양자로 될 사람의 친생의 아버지 또는 어머니는 자신에게 책임이 없는 사유로 인하여 친양자입양에 동의할 수 없었던 경우, 친양자입양의 사실을 안 날부터 6개월 안에 가정법원에 친양자입양의 취소를 청구할 수 있습니다(제908조의4제1항). 이렇게 친양자입양이 취소되거나 파양된 때에는 친양자관계가 소멸하고 입양 전의 친족관계가 부활합니다. 다만, 친양자입양이 취소된 경우에는 그 효력이 소급하지 않습니다(민법 제908조의7).

사안의 경우 친양자입양이 취소되더라도 그 효력이 소급하지 않으며, 친양자입양이 취소된 때에 비로소 친양자관계가 소멸됩니다. 따라서 병은 친양자입양 취소에도 불구하고 기존의 갑의 상속인으로서의 지위를 유지할 것입니다.

[13] 친양자입양관계증명서의 발급제한

> 여자아이를 친양자로 입양했습니다. 딸이 그 사실을 알게 될까봐 걱정입니다. 가족관계등록부를 발급받으면 이런 사실을 알게 될 것 같은데 이를 숨길 수는 없나요?

친양자입양은 양자의 성과 본까지 변경해 법률상 완전한 친생자관계를 형성하는 것입니다. 따라서 친양자입양사실은 원칙적으로 공개되지 않고 다른 증명서와 달리 가족은 물론 본인도 발급이 제한됩니다. 친양자입양관계증명서는 다음에 해당하는 경우에만 예외적으로 발급받을 수 있습니다.

① 성년자가 본인의 친양자입양관계증명서를 신청하는 경우로서 성년자임을 신분증명서로 증명하는 경우
② 친양자의 친생부모·양부모가 본인의 친양자입양관계증명서를 신청하는 경우 친양자가 성년자임을 소명하는 경우
③ 혼인당사자가 혼인의 무효 또는 취소사유에 해당하는 친족관계를 파악하고자 하는 경우로서 출석한 양 당사자 및 그 신분증명서로 가족관계등록사무 담당 공무원이 혼인의사

및 혼인적령임을 확인한 경우
④ 법원의 사실조회촉탁이 있거나 수사기관의 수사상 필요에 따라 문서로 신청하는 경우
⑤ 입양을 취소하거나 파양하는 경우로서 이에 관한 법원의 접수증명원이 첨부된 경우
⑥ 친양자의 복리를 위해 필요함을 친양자의 양부모가 구체적으로 소명자료를 첨부해 신청하는 경우
⑦ 친양자입양관계증명서가 소송, 비송, 민사집행, 보전의 각 절차에서 필요한 경우로서 소명자료를 첨부해 신청하는 경우
⑧ 채권·채무 등 재산권의 상속과 관련해 상속인의 범위를 확인하기 위해서 사망한 사람의 친양자입양관계증명서가 필요한 경우로서 소명자료를 첨부해 신청하는 경우
⑨ 가족관계등록부가 작성되지 않은 채로 사망한 사람의 상속인의 친양자입양관계증명서가 필요한 경우로서 법률상의 이해관계에 대한 소명자료를 첨부해 신청하는 경우
⑩ 법률상의 이해관계를 소명하기 위해 친양자의 친생부모·양부모의 친양자입양관계증명서를 신청하는 경우로서 그 해당 법령과 그에 따른 구체적인 소명자료 및 필요이유를 제시해 신청하는 경우

[등록사항별 증명서의 발급 등에 관한 사무처리지침 제3조제1항, 가족관계의 등록 등에 관한 법률 제14조제2항]

라. 친권

친권은 부(父) 또는 모(母)가 자(子)를 보호·양육하고 그 재산을 관리하는 것을 내용으로 하는 권리·의무를 총칭하는 것이다(민법 제909~927조). 연혁적으로는 가부(家父)의 절대적 지배 권력의 제도에서 발달한 것이지만, 오늘날 친권은 부모의 권리라기보다는 미성년인 자를 양육하기 위하여 부모에게 주어진 직분이라 생각하고 있다.

부모는 미성년자인 자의 친권자가 된다. 양자의 경우에는 양부모가 친권자가 된다.

[1] 부모가 혼인 중일 때는 부모가 공동으로 친권을 행사한다

> 우리 부부는 아이들 교육, 학교 선택 등의 문제로 서로 의견이 달라 자주 다툽니다. 가장이고 아버지인 제 의견에 따라야 하지 않을까요?

부모가 혼인 중인 때는 부모가 공동으로 친권을 행사할 수 있고, 부모의 의견이 일치하지 않을 경우에는 당사자의 청구에 의하여 가정법원이 이를 정하도록 되어 있습니다. 부모의 일방이 친권을 행사할 수 없을 때는 다른 일방이 이를 행사합니다(민법 제909조제1~3항).

[2] 양자의 경우에는 양부모(養父母)가 친권자가 된다

> 친생부모와 양부모 중 미성년자의 친권자는 누가 되나요?

양자의 경우에는 양부모(養父母)가 친권자가 됩니다(민법 제909조제1항 단서).

[3] 혼인 외의 자의 생모도 친권자가 될 수 있다

> 어떤 남자와 교제하여 아이까지 출산하였습니다. 교제할 당시에는 그 남자가 총각인 줄 알았습니다. 그런데 아이를 낳고도 출생신고를 해주지 않아 수상히 여겨 알아보니 본처와 자식들이 있었습니다. 그래서 제가 낳은 자식을 아버지의 가족관계등록부에 혼인 외의 자로 입적시켰으나 실제로는 제가 키우고 있습니다. 이 아이에 대한 친권이 생모인 저에게도 있습니까?

혼인 외의 자가 인지된 경우에는 그 부모가 협의로 친권을 행사할 자를 정하고, 협의할 수 없거나 협의가 이루어지지 아니하는 경우에는 당사자의 청구에 의하여 가정법원이 결정합니다. 따라서 친권자를 정하는데 협의가 안 되면 가정법원에 어머니를 친권자로 정해달라는 신청을 하실 수 있습니다. 다만, 부모의 협의가 자(子)의 복리에 반하는 경우에는 가정법원은 보정을 명하거나 직권으로 친권자를 정합니다(민법 제909조제4항).

[4] 이혼한 어머니도 친권을 행사할 수 있다

> 얼마 전에 남편과 협의로 이혼하였습니다. 아이는 제가 키우기로 하였으며 남편이 친권을 포기하겠다고 각서도 썼습니다. 그러면 친권이 제게 있는지요?

부모가 이혼할 경우 부모의 협의로 친권을 행사할 자를 정할 수 있습니다. 남편이 친권을 포기하겠다고 하였으니까 귀하에게 친권이 있습니다. 만약 친권에 대해 협의할 수 없거나 협의가 이루어지지 않으면 당사자의 청구에 의하여 가정법원이 결정합니다(민법 제909조제4항).

[5] 이혼 시 친권자에 대해 협의가 안 될 경우에는 당사자의 청구로 가정법원이 지정한다

> 이혼에는 협의가 되었는데 친권은 서로 갖겠다고 해서 협의가 안 됩니다. 어떻게 해야 할까요?

이혼하는 경우에는 부모의 협의로 친권자를 정하여야 하고, 협의할 수 없거나 협의가 이루어지지 아니하는 경우에는 가정법원은 직권으로 또는 당사자의 청구에 따라 친권자를 지정하여야 합니다. 다만, 부모의 협의가 자(子)의 복리에 반하는 경우에는 가정법원은 보정을 명하거나 직권으로 친권자를 정합니다(민법 제909조제4항).

[6] 이혼소송 시 친권자 지정을 청구하지 않은 경우 가정법원이 직권으로 친권자를 정한다

> 재판상이혼을 청구하면서 부부 모두 친권자 지정청구를 하지 않았습니다. 아이들 친권은 누가 갖게 되는지요?

재판상이혼의 경우 미성년자녀에 대한 친권자 지정청구를 하지 않았더라도 가정법원이 직권으로 친권자를 정하여야 합니다. 이때 부모 중 한 사람이 자녀에 대한 친권자 및 양육자로 지정되거나 자녀의 복리를 위해 필요한 경우에는 부모에게 공동친권이 인정될 수 있습니다(민법 제909조제5항).

[7] 자녀의 복리를 위하여 필요할 경우 친권자를 변경할 수 있다

> 10년 전 이혼하면서 아이들 친권과 양육권을 아이 아빠가 가졌습니다. 그런데 아이 아빠가 재혼하면서 아이들을 돌보지 않아 현재 아이들을 제가 돌보고 있습니다. 친권자와 양육자를 저로 바꿀 수 없을까요?

자녀의 복리를 위하여 필요할 경우 상대방의 주소지 가정법원에 친권자·양육자 변경 심판청구를 할 수 있습니다. 부모가 친권자·양육자 변경에 합의한 경우에도 가정법원에 친권자 및 양육자 변경 심판청구를 하여 법원의 결정을 받아야만 친권자를 변경할 수 있습니다(민법 제837조제5항, 제909조제6항).

[8] 친권자로 지정된 사람이 자녀를 유기한 경우에는 친권자를 변경할 수 있다

가정법원은 자녀의 복리를 위하여 필요한 경우 자녀의 4촌 이내의 친족의 청구에 의하여 친권자를 변경할 수 있다(민법 제909조제6항).

[9] 단독친권자로 정하여진 부모의 일방이 사망한 경우 생존한 부모가 자동으로 친권자가 되지 않는다

> 이혼하면서 아이 아빠가 단독친권자로 지정되었는데 교통사고로 1개월 전 사망했습니다. 엄마인 제가 자동으로 친권자가 되는지요?

이혼 등으로 단독친권자로 정하여진 부모의 일방이 사망한 경우 생존하는 부 또는 모, 미성년자, 미성년자의 친족은 그 사실을 안 날부터 1개월, 사망한 날부터 6개월 내에 가정법원에 생존하는 부 또는 모를 친권자로 지정할 것을 청구할 수 있습니다(민법 제909조의제1항). 가정법원은 생존하는 부 또는 모의 양육의사 및 양육능력, 청구 동기, 미성년자의 의사, 그 밖의 사정을 고려하여 미성년자의 복리를 위하여 적절하지 않다고 인정되면 청구를 기각할 수 있고, 이 경우 직권으로 미성년후견인을 선임해야 합니다. 이러한 친권자 지정청구가 없는 경우에도 가정법원은 직권으로 미성년후견인을 선임할 수 있습니다(동조 제3항).

[10] 생존한 친권자의 친권자 지정청구가 없는 경우에는 미성년후견인을 선임할 수 있다

이혼 시 친권자로 정해진 부모의 일방이 사망한 후 일정한 기간 내에 생존하는 부 또는 모에 대한 친권자 지정청구가 없는 경우, 가정법원은 직권 또는 미성년자, 미성년자의 친족, 이해관계인, 검사, 지방자치단체의 장의 청구에 의하여 미성년후견인을 선임할 수 있다. 이 경우 생존하는 부 또는 모, 친생부모 일방 또는 쌍방의 소재를 모르거나 그가 정당한 사유 없이 소환에 응하지 아니하는 경우를 제외하고는 그에게 의견을 진술한 기회를 주어야 한다(민법 제909조의2제3항).

[11] 생존한 친권자가 정해진 기간 내에 친권자 지정청구를 하지 못한 경우

일정기간 내에 친권자 지정청구를 하지 못해 미성년자녀를 위하여 후견인이 선임된 경우라도 미성년후견인 선임 후 양육 상황이나 양육능력의 변동, 미성년자의 의사, 그 밖의 사정을 고려하여 미성년자의 복리를 위하여 필요하면 생존하는 부 또는 모, 미성년자의 청구에 의하여 후견을 종료하고 생존하는 부 또는 모를 친권자로 지정할 수 있다(민법 제909조의2제6항).

[12] 입양이 취소되거나 파양된 경우 또는 양부모가 모두 사망한 경우의 친권자

친생부모 일방 또는 쌍방, 미성년자, 미성년자의 친족은 그 사실을 안 날부터 1개월, 입양이 취소되거나 파양된 날 또는 양부모가 모두 사망한 날부터 6개월 내에 가정법원에 친생부모 일방 또는 쌍방을 친권자로 지정해 줄 것을 청구할 수 있다. 다만, 친양자의 양부모가 사망한 경우에는 그러하지 아니하다. 가정법원은 친권자를 지정함에 있어서 자의 복리를 우선적으로 고려하여야 한다(민법 제909조의2제2항, 제912조).

[13] 친권자는 미성년자의 친권대행 및 법정대리인이 된다

> 미성년자의 친권자는 어떤 권리를 가지나요?

친권자는 그 친권에 따르는 자에 갈음하여 그 자에 대한 친권을 행사합니다(민법 제910조). 친권을 행사하는 부 또는 모는 미성년자인 자의 법정대리인이 됩니다(민법 제911조).

[14] 친권을 행사할 때는 자의 복리를 우선적으로 고려하여야 한다

친권을 행사함에 있어서는 자의 복리를 우선적으로 고려하여야 하므로 가정법원이 친권자를 지정함에 있어서는 자(子)의 복리를 우선적으로 고려하여야 한다. 이를 위하여 가정법원은 관련 분야의 전문가나 사회복지기관으로부터 자문을 받을 수 있다(민법 제912조).

[15] "생명권이 친권보다 우선" – 부모 반대해도 아이 치료 허용

> 희귀병을 앓고 있는 아이에게 수술이 꼭 필요한 상황입니다. 그러나 아이의 부모님이 경제적 이유 등을 이유로 이를 거부하고 있습니다. 병원에서 아이를 수술할 수는 없는 건가요?

친권자인 아버지가 반대하더라도 수술이 필요한 희귀병에 걸린 아동을 병원 의료진의 판단 하에 수술할 수 있습니다. 희귀병을 앓고 있는 4살 아동의 수술을 반대하는 아버지의 치료 방해를 막아달라며 병원이 제기한 가처분 신청에서 법원은 병원 측 신청을 받아들인 바 있습니다(서울고등법원 민사25-1부 2020-05-26 진료업무 방해금지 가처분 신청 항고심).

희귀병인 '간질발작 외병증'으로 인한 폐렴을 앓는 4살 A군을 치료하던 B병원은 '기관절개 수술'이 꼭 필요하다고 진단했지만, A군의 부친이 경제적 문제 등으로 이를 거부했고, 이혼 소송 중인 모친은 친권 행사 의사가 없다고 하여 법원에 A군을 수술할 수 있게 해달라고 가처분 신청을 했습니다. 1심은 '친권자의 동의를 갈음하는 재판'은 가정법원에 따로 청구해야 한다며 신청 자체가 부적합하다는 이유로 심리 없이 각하 결정을 했습니다.

하지만 항소심 재판부는 "아동의 생명권은 부모의 친권보다 상위개념"이라며, 친권 행사의 내용이 자녀의 생명·신체의 유지와 관련한 것이라면 반드시 그 행사가 자녀의 이익에 부합하는 방향으로 이뤄져야 할 것이므로 이에 반하는 친권 행사는 법률적으로 존중될 수 없고, 의사능력 또는 행위능력이 없는 자녀에 대해 긴급한 의료행위가 필요함에도 친권자가 합리적 이유 없이 친권을 남용해 이를 거부한다면, 그 거부에도 불구하고 생명권 존중 차원에서 필수적 의료행위는 반드시 이뤄져야 한다고 강조했습니다.

[16] 친권의 내용

친권자는 ① 자의 보호·교양(민법 제913조), 거소지정(민법 제914조), 영업허락(민법 제8조제1항) 등 자의 신분상에 관한 권리와 의무를 가지며, ② 재산관리 및 재산상 법률행위의 동의·대리 등 자의 재산에 관한 권리와 의무가 있습니다(민법 제916조).

법정대리인인 친권자는 자의 재산에 관한 법률행위에 대하여 그 자를 대리합니다. 그러나 그 자의 행위를 목적으로 하는 채무를 부담할 경우에는 본인의 동의를 얻어야 합니다(민법 제920조).

[17] 친권자와 그 자녀 사이에 이해상반행위를 할 경우 특별대리인을 선임해야 한다

> 남편이 갑자기 사망하였습니다. 10살 된 아들이 있는데 생활하고 아들을 교육하려면 집을 제 단독 명의로 해야 편할 것 같아 아들의 상속지분을 증여받고 싶습니다. 특별대리인을 선임해야 하는지요?

미성년자인 아들의 상속분을 친권자인 엄마가 증여받는 행위는 이해상반행위에 해당되어 특별대리인을 선임해야 합니다(민법 제921조제1항, 대법원 2011. 3. 10. 선고 2007다17482 판결 등 참조).

[18] 공동상속인인 친권자와 미성년인 자(子)들 사이의 상속재산분할협의는 이해상반행위에 해당한다

> 공동상속인인 친권자와 미성년자녀들 사이의 상속재산분할협의가 이해상반행위에 해당하나요?

공동상속인들의 상속재산분할협의는 행위의 객관적 성질상 상속인 상호간에 이해의 대립이 생길 우려가 있는 행위라고 할 것이므로 공동상속인인 친권자와 미성년인 수인의 자 사이에 상속재산 분할협의를 하게 되는 경우 미성년자 각자마다 특별대리인을 선임하여 각 특별대리인이 각 미성년자인 자를 대리하여 상속재산 분할협의를 하여야 합니다(민법 제921조제2항, 대법원 1993. 4. 13. 선고 92다54524 판결).

[19] 무상으로 자에게 재산을 수여한 제3자가 친권자의 관리에 반대하는 의사를 표시한 때에는 친권자는 그 재산을 관리하지 못한다

> 혼인한 지 11년 되는데 요즘 남편과 별거중입니다. 전에 친정아버지가 10살 난 제 아들 명의로 집을 사주었습니다. 그 집에 대한 재산관리권은 저와 남편 중 누구에게 있습니까?

친권자는 미성년인 자녀의 특유재산에 대한 관리권을 가집니다(민법 제916조). 자녀에 대한 친권은 부모가 혼인 중인 때에는 부모가 공동으로 행사할 수 있고, 부모의 의견이 일치하지 아니하는 경우에는 당사자의 청구에 의하여 가정법원이 이를 정합니다(민법 제909조제2항). 다만, 그 재산을 귀하의 아들에게 사준 친정아버지가 귀하를 그 재산의 관리인으로 지정한 경우에는 귀하만 관리권을 가집니다(민법 제918조제1항).

[20] 부 또는 모가 친권을 남용하여 자녀의 복리를 현저히 해치거나 해칠 우려가 있는 경우에는 친권을 일시정지시킬 수 있다

> 딸이 이혼하면서 초등학생인 12살 손녀와 7살 손자를 양육하고 있는데 손녀를 너무 미워하고 학대하고, 자기가 출근한 사이 손녀가 손자를 잘 보살피지 않을까 의심해서 CCTV를 집에 설치했습니다. 특히 손녀는 출산 후 딸이 직장 나가면서부터 제가 거의 양육하다시피 했는데, 너무 안쓰러워 내가 데려다 기르겠다고 해도 자기 딸이니 자기 식대로 대할 테니 간섭 말라 합니다. 손녀가 도망치다시피 해서 제게 와있는데 제가 기를 수 없을까요? 아이 아빠도 재혼해서 딸아이에게 무관심합니다.

귀하는 가정법원에 손녀의 부모에 대해 친권 일시정지 청구를 하시고 할머니 본인을 손녀의 후견인으로 선임해 달라는 청구를 하실 수 있습니다(민법 제928조).

가정법원은 부 또는 모가 친권을 남용하여 자녀의 복리를 현저히 해치거나 해칠 우려가 있는 경우에는 자녀, 자녀의 친족, 검사 또는 지방자치단체의 장의 청구에 의하여 그 친권의 일시정지를 선고할 수 있습니다. 친권의 일시정지를 선고할 때에는 자녀의 상태, 양육 상황, 그 밖의 사정을 고려하여 그 기간을 정하는데 2년을 넘을 수 없습니다(민법 제924조제2항). 자녀의 복리를 위하여 기간 연장이 필요하다고 인정하는 경우에는 자녀, 자녀의 친족, 검사, 지방자치단체의 장, 미성년후견인 또는 미성년후견감독인의 청구에 의하여 2년의 범위에서 그 기간을 한 차례만 연장할 수 있습니다(동조 제3항).

친권의 일시정지 선고가 내려지면 친권자는 정지된 기간 동안 친권 전부를 행사하지 못하며, 이 기간에 부모의 자녀에 대한 그 밖의 권리와 의무는 변경되지 않습니다(민법 제925조의3).

친권일시정지·
일부제한
심판청구서

[21] 친권의 일부를 제한할 수 있다

> 남편은 요즈음 교사들을 믿을 수 없다며 취학해야 하는 아들을 학교에 보내지 않고 시골에 혼자 계시는 시어머니를 모시고 살면서 가정학습을 시킨다고 합니다. 저는 남편의 의견에 동의할 수 없습니다. 도와주십시오.

가정법원은 거소의 지정이나 그 밖의 신상에 관한 결정 등 특정한 사항에 관하여 친권자가 친권을 행사하는 것이 곤란하거나 부적당한 사유가 있어 자녀의 복리를 해치거나 해칠 우려가 있는 경우에는 자녀, 자녀의 친족, 검사 또는 지방자치단체의 장의 청구에 의하여 구체적인 범위를 정하여 친권의 일부 제한을 선고할 수 있습니다(민법 제924조의2).

친권의 일부제한의 경우 거소의 지정이나 징계, 그 밖의 신상에 관한 결정 등 특정사항, 일례로 부모가 다른 부분에 있어서는 문제가 없지만 학교 교육에 반대하여 취학 연령이 되었음에도 학교에 보내지 않는 경우, 수혈이 필요한 상황에서 종교적인 이유 등으로 수혈을 못 하게 하는 경우 등의 상황이 있을 때 해당 사항에 대해 친권을 제한하는 것입니다.

가정법원이 친권의 일부제한 선고를 할 때는 구체적인 범위를 정해서 선고해야 하며, 선고된 후에 친권자는 해당 사항에 대해 정해진 범위 내에서 친권을 행사하지 못합니다. 친권의 일시정지와 마찬가지로 친권의 일부제한 역시 자녀에 대한 그 밖의 권리와 의무는 변경되지 않기 때문에 부양의 의무 등은 그대로 지속됩니다.

[22] 친권의 일부 제한은 조정대상이 될 수 있다

> 공동친권자 중 한 명의 친권 일부를 제한한 가정법원의 조정사항에 대해 구청에서 친권상실이 조정대상이 되지 않기 때문에 친권의 일부제한도 조정대상이 될 수 없다며 조정조서에 친권자를 부모 공동으로 지정한 부분만 기재하고 부(父)에 대한 친권 제한 규정은 기재할 수 없다고 기재를 거부합니다. 가정법원의 친권 일부 조정사항을 자의 가족관계등록부에 그대로 기재할 방법이 없을까요?

해당 구청의 처분에 대해 감독법원에 불복신청을 할 수 있습니다. 위와 같은 사안에 대해 해당 구청의 관할법원인 서울가정법원에 가족관계등록공무원 처분에 대한 불복신청을 하자 이에 대해 법원은 아래 주문과 같이 친권 일부제한 취지를 기재하지 않은 구청장의 처분을 취소하고, 친권 일부제한 취지를 기재하는 것을 허가하였습니다(서울가정법원 2018호기30182 가족관계등록사무의 처분에 대한 불복).

"가정법원은 사건본인 X의 공동친권자 부 A에 대한 서울가정법원 2018너*** 사건의 조정조서 제3항에 따른 친권 일부제한 취지를 기입하지 않은 S구청장의 처분을 취소하고, 사건본인 X의 가족관계등록부 중 일반등록사항란의 친권란에 '[친권제한사항] 부 A의 친권 중 거소지정권, 여권발급·재발급 및 출입국에 관한 권한, 의료·전화 및 이사에 관한 권한, 법률행위대리권과 재산관리권(다만, 부 A가 X에게 증여한 재산에 관한 법률행위대리권과 재산관리권을 제외한다)을 제한'을 기록하는 것을 허가한다."

[23] 친권자의 동의를 갈음하는 법원의 재판제도

> 친권자의 동의를 갈음하는 재판은 어떤 경우에 하나요?

가정법원은 친권자의 동의가 필요한 행위에 대하여 친권자가 정당한 이유 없이 동의하지 아니함으로써 자녀의 생명, 신체 또는 재산에 중대한 손해가 발생할 위험이 있는 경우에는 자녀, 자녀의 친족, 검사 또는 지방자치단체의 장의 청구에 의하여 친권자의 동의를 갈음하는 재판을 할 수 있습니다(민법 922조의2).

예를 들면 자녀의 수술에 대한 동의 등 친권자의 1회의 동의 행위가 필요한데, 친권자가 이를 정당한 이유 없이 동의하지 아니함으로써 자녀의 생명·신체 또는 재산에 중대한 손해가 발생할 위험이 있는 경우, 가정법원은 청구에 의하여 친권자의 동의에 갈음하는 재판을 할 수 있습니다. 이는 1회의 동의 갈음만으로 충분한 사안에서 친권상실, 정지, 제한까지 가는 것은 과잉금지원칙에 위배될 염려가 있으므로 1회만 친권 행사를 대체할 수 있도록 한 것인데, 「아동학대의 처벌 등에 관한 특례법」 제47조제1항제9호의 '친권자의 의사표시를 갈음하는 결정'

(가정법원의 아동보호사건으로 처리)과의 차이점은 자녀의 재산에 중대한 손해가 발생할 위험이 있는 경우에도 가정법원이 친권자의 동의를 갈음하는 재판을 할 수 있다는 점입니다.

[24] 부가 친권을 남용하여 자녀의 복리를 현저히 해치거나 해칠 우려가 있는 경우에는 친권을 상실시킬 수 있다

> 아이들 아빠의 독선과 상습적인 폭력을 견디지 못하고 이혼했습니다. 아이들 친권과 양육권을 자기에게 주지 않으면 소송을 대법원까지 끌고 가겠다, 아이들에게는 잘 하겠다고 해서 믿을 수 없었지만 저는 면접교섭권만 가지고 이혼했습니다. 저와 이혼하고 한 달 정도는 아이들에게 그런대로 잘 대해 주었다 합니다. 그 후부터 자기 본성이 나타나 아이들을 억압하고 체벌과 폭력을 행사하고 있습니다. 최근에는 아이들이 집을 어지럽힌다는 이유로 식칼을 들어 번갈아 겨누며 "누구부터 죽을래?"라며 협박하고 가슴까지 들이대 휘두르기도 했다는데 아이들 아빠의 친권을 상실시키고 친권자와 양육자로 제가 지정받을 수 없을까요?

가정법원에 친권상실 심판청구를 하시고 귀하를 친권자 및 양육자로 지정해달라는 청구를 할 수 있습니다(민법 제924조제1항). 친권상실 선고의 판단기준은 친권의 일시정지, 일부제한, 대리권·재산관리권의 상실 선고 또는 그 밖의 다른 조치에 의해서는 자녀의 복리를 충분히 보호할 수 없는 경우, 즉 친권자의 친권 남용 정도가 자녀의 복리를 현저히 해치거나 해칠 우려가 있는 정도가 되어야 하며, 대법원 판례도 친권을 상실하게 하는 것이 자녀의 복리를 위해 낫다고 인정되는 경우에만 친권상실을 선고할 수 있다고 하였습니다(민법 제925조의2, 대법원 1993. 3. 4. 선고 93스3 결정).

친권이 상실되었다고 하더라도 친자관계까지 소멸하는 것은 아니므로 부모와 자식 간의 부양의무, 상속권 등에는 영향을 주지 않습니다.

[25] 친권자의 법률행위대리권과 재산관리권의 상실 청구

> 법정대리인인 친권자가 부적당한 관리로 자녀의 재산을 위태롭게 하면 친권자의 법률행위의 대리권과 재산관리권을 상실시킬 수 있는지요?

자녀의 친족은 가정법원에 그 법률행위의 대리권과 재산관리권의 상실을 청구할 수 있습니다. 법률행위의 대리권과 재산관리권의 상실 선고는 친권의 일부 상실에 해당하므로 단독 친권자가 이를 상실한 경우에는 청구 또는 법원의 직권에 의해 미성년후견인을 두어야 합니다. 이때 미성년후견인의 임무는 미성년자의 재산에 관한 행위에 한정되고, 자녀의 신분상에 관한 친권자로서의 권리와 의무는 친권자에게 남습니다(민법 제925조).

[26] 정당한 사유가 있을 때 친권자는 법원의 허가를 얻어 그 법률행위의 대리권과 재산관리권을 사퇴할 수 있다

> 친권자의 법률행위 대리권 및 재산관리권의 사퇴 및 그 권리회복은 어떠한 경우에 가능한가요?

법정대리인인 친권자는 정당한 사유가 있는 때에는 법원의 허가를 얻어 그 법률행위의 대리권과 재산관리권을 사퇴할 수 있습니다. 그 사유가 소멸한 때에는 그 친권자는 법원의 허가를 얻어 사퇴한 권리를 회복할 수 있습니다(민법 제927조).

친권자의 법률
행위대리권 및
재산관리권
사퇴 심판청구서

[27] 법률행위의 대리권과 재산관리권이 없는 친권자는 유언으로 미성년자의 후견인을 지정할 수 없다

> 이혼한 후 아이 아빠가 친권자 및 양육자로 지정되어 미성년인 아들을 양육하고 있습니다. 가정법원은 아이 아빠의 부적당한 관리로 인해 아들의 재산을 위태롭게 한다는 이유로 법률행위의 대리권 및 재산관리권의 상실을 선고하였습니다. 그런데 아이 아빠가 유언으로 아들의 후견인으로 자기의 내연녀를 지정하려고 하는데 그 지정이 가능한가요?

미성년자에게 친권을 행사하는 부모는 유언으로 미성년후견인을 지정할 수 있습니다. 다만, 법률행위의 대리권과 재산관리권이 없는 친권자는 그러하지 아니합니다(민법 제931조제1항). 따라서 아이 아빠는 법률행위의 대리권 및 재산관리권이 상실되어 유언으로 미성년후견인을 지정할 수 없습니다.

[28] 친권자가 자녀의 돈을 대신 수령한 이후에 친권이 종료하면, 자녀의 반환청구권은 재산적 권리에 해당한다

친권자는 자녀의 특유재산을 관리할 권한이 있는데, 친권이 종료한 경우 친권자와 자녀 사이의 재산적 법률관계에 관해서는 그동안 판례가 없었습니다. 그런데 최근 대법원은 친권자가 자녀에 대한 재산 관리 권한에 기하여 "자녀에게 지급되어야 할 돈을 자녀 대신 수령한 경우, 그 재산 관리 권한이 소멸하면 그 돈 중 권한 소멸 시까지 정당하게 지출한 부분을 공제한 나머지를 자녀에게 반환할 의무"가 있고, 자녀의 친권자에 대한 이러한 반환청구권은 재산적 권리로서 일신전속적인 권리라고 볼 수 없어 자녀의 채권자가 그 반환청구권을 압류할 수 있다고 판시하였습니다(대법원 2022. 11. 17. 선고 2018다294179 판결).

[29] 친권의 소멸 사유

1) 절대적 소멸 – 사망, 성년, 혼인
2) 상대적 소멸 – 혼인·이혼·입양·파양·인지·인지무효 또는 인지취소·친권상실선고와 친권의 일부 사퇴(민법 제924~927조)

제5절 후견

[1] 후견의 의의와 종류

> 후견이라는 제도가 있다고 들었는데 좀 생소하네요. 정확히 어떤 제도인가요?

후견은 친권에 의해 보호받지 못하는 미성년자 또는 장애·질병·노령 등으로 인해 사무처리능력에 도움이 필요한 성인에게 폭넓은 보호와 지원을 제공하기 위한 제도로, 미성년후견제도와 성년후견제도가 있습니다. 후견사무는 후견인이 수행하며, 후견인의 권한 남용을 방지하기 위해 가정법원과 후견감독인은 후견인의 후견사무를 감독합니다.

미성년후견제도란 미성년자에게 친권자가 없거나 친권자가 법률행위의 대리권과 재산관리권을 행사할 수 없는 경우 후견인을 두도록 하는 것을 말합니다.

성년후견제도란 질병, 장애, 노령, 그 밖의 사유로 인한 정신적 제약으로 보호가 필요한 성인의 권익보호와 지원을 위해 마련된 것으로, 보호가 필요한 성인의 정신능력 정도 등에 따라 다시 성년후견·한정후견·특정후견·임의후견 등 다양한 유형으로 구분됩니다.

[2] 미성년후견이란

친권자인 부모가 모두 사망하거나 친권을 상실하는 경우에는 미성년자의 보호와 복리를 위하여 후견인이 필요하게 되며 후견인이 친권자의 역할과 임무를 대신하게 됩니다(민법 제928조). 유언에 의해 지정된 미성년후견인(민법 제931조)이 없는 경우에는 가정법원이 직권으로 또는 미성년자, 친족, 이해관계인, 검사, 지방자치단체의 장의 청구에 의하여 미성년후견인을 선임합니다(민법 제932조).

[3] 미성년후견의 종료 사유

> 제가 후견인으로서 어릴 적부터 돌봐온 손자가 곧 성인이 됩니다. 손자가 성인이 되면 제 후견임무가 끝난다고 들었는데 사실인가요?

미성년후견은 피후견인(미성년후견을 받는 미성년자)이 성년에 도달하면 종료됩니다. 그 외의 종료사유는 미성년자의 혼인에 의한 성년의제, 미성년자가 사망한 경우, 미성년자의 친권자에 대한 친권상실선고 취소 등으로 친권자의 친권행사가 가능해진 경우, 미성년자가 인지 또는 입양되어 새로 친권자가 생긴 경우, 미성년후견인의 사망·실종선고·사임·변경·결격 등이 있는 경우가 있습니다.

미성년후견인은 임무종료 후에도 관리의 계산, 긴급사무처리, 후견종료 신고 등 사후처리 업무를 수행해야 합니다.

[4] 성년후견제도란

> 성년후견제도라는 것이 도입되어 시행된다는 이야기를 들었는데, 어떤 제도인가요?

질병, 노령 등으로 정신적 제약을 가진 사람들이 자신의 삶을 영위할 수 있도록 후견인을 선임하는 제도입니다. 정신적 제약이 있어 사무처리능력이 부족한 성년자들을 법률적으로 돕는 제도로, 기존의 금치산·한정치산자 제도를 폐지하고 2013. 7. 1.부터 시행하고 있습니다.

본인 혹은 친족, 검사 등의 청구에 따라 법원은 의사의 감정을 통해 성년후견 당사자의 정신 상태를 확인하고 당사자에게 진술을 받는 절차를 거쳐 후견인을 선임합니다. 선정된 후견인은 피후견인의 재산을 관리하거나 법률행위의 대리권·동의권 등을 행사할 수 있게 됩니다. 또한 피후견인 스스로 결정이 어려운 경우 의료, 재활, 교육 등의 신상에 관련된 부분에서도 법원으로부터 부여받은 권한으로 결정을 할 수 있습니다.

성년후견제도에는 법정후견과 임의후견이 있으며 **법정후견**은 성년후견, 한정후견, 특정후견으로 나뉩니다. **성년후견**은 사무처리능력이 지속적으로 결여되는 경우로 대부분의 조력을, **한정후견**은 사무처리능력이 부족한 경우로 일부분에 대해 조력을 받을 수 있습니다. **특정후견**은 일시적 후원이나 특정사무에 대한 후원이 필요한 경우를 말합니다. 그리고 **임의후견**은 장래 정신기능 약화에 대비해 스스로 후견인을 정하는 것을 말합니다(민법 제9조, 제12조, 제14조의2 및 제959조의14).

※ 성년후견제도는 대한민국에 상거소 또는 거소가 있는 외국인도 이용 가능합니다.

[미성년후견과 성년후견의 비교]

		미성년후견	성년후견
피후견인	선임사유	친권자가 없거나 친권자가 대리권·재산관리권을 행사할 수 없는 경우	질병·장애·노령 등으로 인한 정신적 제약
후견인	자격	친족 또는 제3자(법인 불가)	친족 또는 제3자(법인 포함)
	수	1인	여러 명 가능
	선임	법원의 직권 선임 (유언으로 지정 있는 경우 제외)	법원의 직권 선임
	감독기관	법원(후견감독인)	법원(후견감독인)
후견감독인	선임	법원의 직권 선임 (유언으로 지정 있는 경우 제외)	법원의 임의적 선임
공시	방법	가족관계등록부	후견등기부
	촉탁	법원의 기록 촉탁	법원의 등기 촉탁(성년·한정·특정) 당사자의 신청(후견계약)
법원	역할	후견인 선임과 감독	후견인 선임과 감독

[5] 성년후견선고를 받으면

피성년후견인 본인은 유효한 법률행위를 단독으로 할 수 없고, 그의 법률행위는 취소할 수 있다. 다만 가정법원은 취소할 수 없는 피성년후견인의 행위의 범위를 정할 수 있고, 일용품의 구입 등 일상생활을 영위하는 데 필요한 행위로 그 대가가 과도하지 아니한 것은 성년후견인이 취소할 수 없다(민법 제9조, 제10조).

[6] 한정후견선고를 받으면

피한정후견인은 원칙적으로 종국적·확정적인 법률행위를 할 수 있다. 다만 가정법원은 피한정후견인이 한정후견인의 동의를 얻어야 하는 행위의 범위를 정할 수 있다.

한정후견인의 동의가 필요한 법률행위를 피한정후견인이 한정후견인의 동의 없이 했을 때는 이를 취소할 수 있으나, 일용품의 구입 등 일상생활에 필요하고 그 대가가 과도하지 아니한 법률행위는 취소할 수 없다. 그리고 가정법원은 한정후견인이 피한정후견인의 신상에 관해 결정할 수 있는 권한의 범위를 정할 수 있다(민법 제12조, 제13조).

[7] 특정후견은

성년후견·한정후견이 피후견인에 대한 계속적 보호를 목적으로 하는 반면, 특정후견은 특정한 문제의 해결을 위하여 일시적 보호 또는 특정한 사무에 한정된 보호를 목적으로 한다.

특정후견은 피특정후견인에 대한 후원만을 내용으로 하고, 피특정후견인의 행위능력에 대하여는 어떠한 제한도 가하지 않는다. 특정 법률행위를 위하여 특정후견인이 선임되고 그에게 대리권수여의 심판이 있는 경우에도 그 법률행위와 관련된 피특정후견인의 행위능력이 제한되는 것은 아니다.

가정법원은 특정후견 심판시 특정후견의 기간과 사무의 범위를 정하고, 이 범위 내에서 특정후견인이 피후견인을 대리할 수 있으며, 대리권행사에 가정법원이나 특정후견감독인의 동의를 받게 할 수도 있다(민법 제14조의2).

[8] 임의후견은

> 저는 고령과 병환으로 고생하고 있어 수년 뒤면 사무처리능력이 떨어질 것으로 예상됩니다. 믿을만한 사람에게 나중의 일을 맡기려고 하는데 어떻게 해야 하나요?

민법상 임의후견제도(후견계약)을 이용할 수 있습니다(민법 제959조의14). 후견을 받을 사람 스스로가 질병, 노령 기타 사유로 인한 정신적 제약으로 사무를 처리할 능력이 부족한 상황 내지 부족할 상황에 대비하여 자신의 재산관리 및 신상보호에 관한 사무의 전부 또는 일부를 사전에 미리 위탁하고, 그 위탁에 관한 사무에 관하여 대리권 수여의 내용을 정한 계약을 체결하여 이를 공정증서로 작성하여 후견계약의 등기와 그 사유 발생 시 청구에 의해 법원이 후견감독인을 선임함으로써 후견이 개시되는 제도입니다(민법 제959조의15).

임의후견감독인
선임심판청구서

[성년후견, 한정후견, 특정후견, 임의후견 비교표]

	법정후견			임의후견
	성년후견	한정후견	특정후견	
개시 사유	정신적 제약으로 사무처리능력의 지속적 결여	정신적 제약으로 사무처리능력의 부족	정신적 제약으로 일시적 또는 특정 사무 후원 필요	정신적 제약으로 사무처리능력의 부족
후견개시 청구권자	본인, 배우자, 4촌 이내의 친족, 미성년후견(감독)인, 한정후견(감독)인, 특정후견(감독)인, 임의후견(감독)인, 검사 또는 지방자치단체장		본인, 배우자, 4촌 이내의 친족, 미성년후견(감독)인, 임의후견(감독)인, 검사 또는 지방자치단체장	본인, 배우자, 4촌 이내의 친족, 임의후견인, 검사 또는 지방자치단체장 (* 개시 요건인 임의후견감독인 청구권자)
후견개시 시점	후견심판 확정 시			임의후견감독인 선임심판 시
공시방법	법원의 등기 촉탁			당사자의 등기신청 및 법원의 등기 촉탁
본인의 행위능력	원칙적 행위능력상실자	원칙적 행위능력자	행위능력자	
후견인의 권한	원칙적으로 포괄적인 대리권, 취소권	법원이 정한 범위 내에서 대리권, 동의권, 취소권	법원이 정한 범위 내에서 대리권	각 계약에서 정한 바에 따름

[9] 공정증서란 무엇이고, 어디서 작성하나

공정증서란 공증인이 법률행위 그 밖의 사권(私權)에 관한 사실에 대해 작성하는 증서로서, 공정증서가 작성되면 이는 진정한 것으로 추정되어 민사재판이나 형사재판에서 강력한 증거력을 갖게 되므로 분쟁 예방은 물론 분쟁해결에도 도움을 준다. 공증은 법무부장관의 공증인가를 받은 공증사무소(공증인으로 임명된 사람이 설치한 사무소 및 공증담당변호사를 두고 공증인가를 받은 법무법인 등이 설치한 사무소)에서 소정의 수수료를 지급하고 받을 수 있다(민사소송법 제356조제1항, 공증인법 제2조·제13조의2·제15조의6·제17조).

[10] 한정후견인의 자격 규정이 있나

> 아버지께서 치매 초기 판정을 받으셔서 재산관리를 위해 한정후견인을 선임하려는데 자녀인 저희들 중 하나가 후견인으로 되었으면 합니다. 혹시 후견인이 되려면 변호사나 법무사 등의 자격이 있어야 하나요?

「민법」은 후견인의 자격을 별도로 규정하고 있지 않습니다. 다만 후견인이 될 수 없는 사람으로서 미성년자, 피성년후견인, 피한정후견인, 피특정후견인, 피임의후견인, 회생절차 개시결정 또는 파산선고를 받은 자, 자격정지 이상의 형의 선고를 받고 그 형기(刑期) 중에 있는 사람, 법원에서 해임된 법정대리인, 법원에서 해임된 성년후견인·한정후견인·특정후견인·임의후견인과 그 감독인, 행방이 불분명한 사람, 피후견인을 상대로 소송을 하였거나 하고 있는 사람, 피후견인을 상대로 소송을 하였거나 하고 있는 사람의 배우자와 직계혈족(다만 피후견인의 직계비속은 제외)을 규정하고 있을 뿐입니다(민법 제930조제2항, 제937조 및 제959조의3제2항). 따라서 변호사·법무사·사회복지사 등 전문직에 종사 중인 사람만이 후견인이 될 수 있는 것은 아닙니다. 다만 후견업무를 적절하게 수행하기 위해서는 사전에 교육을 받는 등 별도의 준비가 실질적으로 필요할 수는 있을 것입니다. 또한 한정후견인은 피한정후견인의 신상과 재산에 관한 모든 사정을 고려하여 여러 명을 둘 수 있습니다.

[11] 피한정후견인에 대한 예금 이체 및 인출 제한 조치가 「장애인차별금지 및 권리구제 등에 관한 법률」에서 금지하는 차별행위에 해당하는지 여부

> 가정법원은 원고에 대한 한정후견을 개시하면서, 원고의 예금 이체 및 인출에 관하여 30일 합산 금액이 100만 원 이상인 경우에는 한정후견인의 동의를 받도록 그 행위능력을 제한하는 결정을 했다. 위 결정에 정한 제한기준에 이르지 않는 거래에 관하여 원고는 원칙적 행위능력자임에도 불구하고 우정사업본부는 원고에 대하여 100만 원 미만 거래의 경우 통장, 인감 등을 지참한 후 은행 창구를 통해서만, 100만 원 이상 300만 원 미만 거래의 경우 한정후견인의 동의서를 지참하더라도 단독으로 거래할 수 없고 한정후견인과 동행하여 은행 창구를 통해서만 거래할 수 있도록 제한하였다.

대법원은 위와 같은 우정사업본부의 조치가 장애인차별금지법에서 금지하는 차별행위에 해당한다고 보았습니다. ① 민법상 성년후견제도는 본인의 의사와 잔존능력을 존중하여 그 스스로의 의사로 해결할 수 없을 때 비로소 국가 또는 제3자가 개입하여야 하며, 필요한 한도에서만 후견을 개시하고 능력을 제한한다는 점, ② 피한정후견인의 행위능력 제한 범위는 가정법원의 재판에 의하여 결정되도록 규정되어 있어(민법 제13조) 이와 달리 해석하거나 판단할 여지가 없고, 후견등기부 등을 통해 우체국 직원 등은 이를 쉽게 확인할 수 있다는 점, ③ 우정사업본부 등의 국가기관은 우선하여 법령을 준수하여야 할 책무가 있을뿐더러 장애인차별금지법상 장애인에 대한 차별을 방지하고 이를 실질적으로 해소하기 위한 차별 시정에 가중된 책무를 부담한다는 점(법 제8조), ④ 피한정후견인을 보호하기 위하여 어떤 조치나 제한이 필요한지는 그 후견 사건을 담당하는 가정법원이 심리를 거쳐 판단하는 것이지 피한정후견인의 상태를 정확하게 알지 못하는 우정사업본부 등이 임의로 제한하는 것을 정당화할 근거를 찾을 수 없다고 판단하였습니다(대법원 2023. 9. 27. 선고 2020다301308 판결).

[12] 성년후견심판은 청구권자의 청구에 의해 시작된다

성년후견심판은 청구권자의 청구에 의해 시작됩니다. 먼저 청구권자인 본인, 배우자, 4촌 이내의 친족 등이 청구할 수 있습니다. 심판을 할 때는 본인의 의사를 존중해야 하고, 심판이 확정되면 후견등기부에 기재하여야 합니다.

[13] 성년후견인 선임절차

성년후견심판이 확정되면 성년후견인을 선임해야 하는데 어떠한 절차에 의해 이루어지는지요?

먼저 가정법원은 직권으로 성년후견인을 선임하게 되고, 이때 후견인을 법인으로 지정해도 무관합니다(민법 제930조제3항). 다만 예외적으로 미성년후견의 경우에는 법인은 후견인이 될 수 없습니다.

[14] 성년후견인은 몇 명까지 둘 수 있을까

과거에는 1인만 가능했으나, 법이 개정되면서 다수의 성년후견인을 선임할 수 있게 되었습니다(민법 제936조제3항). 그리고 선임된 성년후견인은 법정대리인이 되어 피성년후견인의 재산을 관리하고 재산에 관한 법률행위에 있어 피성년후견인을 대리할 수 있습니다. 즉 성년후견인에게 인정되는 권한은 대리권과 취소권입니다. 물론 가정법원이 이러한 대리권의 범위를 정할 수 있으며, 피성년후견인의 신상에 관해서도 성년후견인이 결정할 수 있는 권한의 범위를 법원이 정할 수 있습니다.

[15] 성년후견 등기제도

> 저에겐 어릴 적부터 각별히 지내온 사촌형(지적장애 1급)이 있어서 개인적으로 성년후견제도에 관심이 많은데 성년후견제도 시행에 따라 후견등기제도라는 것도 생겼다고 들었어요. 후견등기란 어떤 제도인가요?

후견등기제도란 성년후견, 한정후견, 특정후견 및 임의후견에 관한 사항을 등기의 방법으로 공시하는 제도를 말합니다. 성년후견 관련사항의 증명이 필요한 사람은 전국 가정법원 또는 가정법원 지원(가정법원 및 가정법원 지원이 설치되어 있지 않은 지역은 지방법원 및 지방법원 지원)의 가족관계등록과 또는 종합민원실에서 등기사항증명서 또는 등기사항부존재증명서를 발급받을 수 있습니다(후견등기에 관한 법률 제15조).

[16] 성년후견인이 의사무능력자인 피해자를 대리하여 반의사불벌죄의 처벌불원의사를 결정하거나 처벌희망의사를 철회할 수 없다

> 성년후견인이 의사무능력자인 피해자를 대리하여 반의사불벌죄의 처벌불원의사를 결정하거나 처벌희망의사를 철회할 수 있는지요?

반의사불벌죄에서 성년후견인은 명문의 규정이 없는 이상 의사무능력자인 피해자를 대리하여 피고인 또는 피의자에 대한 처벌불원의사를 결정하거나 처벌희망 의사표시를 철회할 수 없습니다. 성년후견인의 법정대리권 범위에 통상적인 소송행위가 포함되어 있거나 성년후견개시심판에서 정하는 바에 따라 성년후견인이 가정법원의 허가를 얻었더라도 마찬가지입니다(2023. 7. 17. 선고 2021도11126 판결).

[17] 성년후견의 종료 사유

성년후견은 피성년후견인의 사망, 성년후견종료 심판, 성년후견인 사임, 성년후견인 변경 등으로 종료된다(민법 제690조·제11조·제939조·제940조, 후견등기법 제29조제1항).

성년후견인은 임무종료 후에도 사후처리 업무를 수행해야 한다. 성년후견인의 임무가 종료된 경우에는 성년후견인 또는 그 상속인은 1개월 내에 피성년후견인의 재산에 관한 계산을 해야 한다. 다만, 정당한 사유가 있는 경우에는 법원의 허가를 받아 그 기간을 연장할 수 있다. 성년후견감독인이 있음에도 불구하고 후견감독인이 참여하지 않은 계산은 효력이 없다(민법 제957조).

[18] 상대방에 대한 성년후견종료의 통지

성년후견 종료의 사유는 이를 상대방에게 통지하거나 상대방이 안 경우가 아니면 이로써 상대방에게 대항하지 못한다(민법 제692조 및 제959조).

[19] 성년후견 종료등기

성년후견인은 피성년후견인 본인의 사망이나 그 밖의 사유로 성년후견이 종료되었음을 알았을 경우에는 이를 안 날부터 3개월 이내에 종료등기를 신청해야 한다. 다만, 가정법원의 성년후견종료 심판에 따른 촉탁으로 등기가 이루어지는 경우에는 그렇지 않다(후견등기법 제29조제1항 및 가사소송법 제9조).

성년후견 종료등기는 피성년후견인 본인, 배우자 또는 4촌 이내의 친족, 성년후견감독인도 신청할 수 있다(후견등기법 제29조제2항).

※ 관련 헌법재판소 결정

성년후견 개시된 공무원 당연퇴직, 국가공무원법 제69조제1호 [위헌] (헌법재판소 2022. 12. 22. 선고 2020헌가8 전원재판부 결정)

> **국가공무원법 제69조(당연퇴직)** 공무원이 다음 각 호의 어느 하나에 해당할 때에는 당연히 퇴직한다.
> 1. 제33조 각 호의 어느 하나에 해당하는 경우
> **국가공무원법 제33조 제1호(결격사유)** 피성년후견인은 공무원으로 임용될 수 없다.

공무원이 질병 등으로 성년후견을 받게 되면 당연히 퇴직한다는 국가공무원법 제69조제1호에 대한 위헌법률심판 사건에서 재판관 6(위헌)대 3(합헌)의 의견으로 위헌이라는 헌법재판소 결정이 나왔다.

A씨는 1990년부터 검찰공무원으로 근무하던 중 저산소성 뇌손상으로 2년 동안 질병 휴직했다. A씨의 배우자인 B씨는 A씨의 휴직기간 중 그를 대신해 A씨의 이름으로 금융거래업무 등을 하려고 법원에 A씨에 대한 성년후견개시심판을 청구했고, 법원은 B씨를 A씨의 성년후견인으로 선임했다.

뇌손상을 입기 전 여러 차례 명예퇴직을 거론했던 A씨의 뜻에 따라 B씨는 A씨의 명예퇴직도 신청했는데, 검찰은 명예퇴직 적격 여부 검토 과정에서 A씨에 대한 성년후견 개시사실을 알게 되자 명예퇴직 부적격 판정과 A씨에 대한 성년후견이 개시된 날로부터 국가공무원법 제69조에 따라 당연퇴직했다는 사실을 통지했다.

이후 A씨는 국민건강보험공단으로부터 당연퇴직일 다음날부터 지역가입자로서의 건강보험료 미납액 납부를 청구받았고, 그 무렵 보험회사로부터 당연퇴직일 이후 지급된 공무원·교직원 단체보험 보험금의 반환을 요구받았다. 또한 근무하던 검찰청으로부터 당연퇴직일 이후 지급된 15개월분의 급여 환수를 청구받았고, B씨는 이를 모두 변제했다. A씨는 국가를 상대로 서울행정법원에 공무원 지위 확인소송을 제기했으나 소 제기 후 사망했고, B씨는 변제금액을 반환하라는 소송을 제기하면서 국가공무원법 제69조제1호에 대한 위헌법률심판제청도 신청했다. 서울행정법원은 이 신청 중 일부를 인용해 해당 조항 중 '피성년후견인'과 관련 있는 부분에 대해 위헌법률심판을 제청했다.

헌법재판소는 당연퇴직은 공무원의 법적 지위가 가장 예민하게 침해받는 경우이므로 공익과 사익 간 비례성 형량에 있어 더욱 엄격한 기준이 요구된다며 "해당 조항은 성년후견이 개시되지는 않았으나 동일한 정도의 정신적 장애가 발생한 국가공무원의 경우와 비교할 때 사익의 제한 정도가 과도하다."고 밝혔다. 이어 "해당 조항처럼 국가공무원의 당연퇴직사유를 임용 결격사유와 동일하게 규정하려면 국가공무원이 재직 중 쌓은 지위를 박탈할 정도의 충분한 공익이 인정되어야 하나, 이 조항이 달성하려는 공익은 이에 미치지 못한다."며 침해되는 사익에 비해 지나치게 공익을 우선한 입법으로서, 법익의 균형성에 위배되고 과잉금지원칙에 반해 공무담임권을 침해한다고 설명했다.

또한 일부 재판관은 "성년후견제도는 인간의 존엄과 가치, 평등, 장애자 등에 대한 국가의 특별한 보호의무, 헌법상 사회국가원리 등 우리 헌법의 근본적인 결단을 구체화한 제도"라며, 해당 조항은 피성년후견인이 된 국가공무원의 복직 기회를 확정적으로 박탈하고, 다수결의 논리 앞에 무력한 소수자와 약자의 기본권 보장이라는 헌법재판소의 사명과 기능에 비춰 위헌성을 인정하지 않을 수 없다는 보충의견을 냈다.

제6절 부양

[1] 노모(老母)에 대한 부양의무자와 부양범위

> 저희 어머니는 70세로 아직 건강하신데, 6개월 전 저의 처와 언쟁한 끝에 동생 집으로 가셨습니다. 그러자 동생이 어머니의 생활비로 월 50만 원씩 보내달라고 하는데 제 형편으로는 매우 어렵습니다. 이 경우 동생에게도 어머님의 생활비를 분담시킬 수 있는지요?

민법 제974조는 직계혈족 및 배우자간이나 기타 생계를 같이 하는 친족 간에는 서로 부양할 의무가 있다고 규정하고 있습니다. 여기서 직계혈족이라 함은 자연혈족은 물론 법정혈족을 포함하므로 양부모 및 그 직계존속과 양자 사이에도 서로 부양의무가 있고, 타가(他家)에 입양했거나 출가 또는 분가한 자녀도 생가, 친가, 또는 본가의 부모를 부양할 의무를 지고 있으며, 시부모와 며느리 사이, 사위와 장인·장모 사이에도 부양의무가 있는 것입니다.

부양의 의무 있는 자가 수인인 경우 부양을 할 자의 순위에 관하여 당사자 간에 협정이 없거나 부양의무자의 자력이 부양을 받을 권리자 전원을 부양할 수 없는 때에는 법원은 당사자의 청구에 의하여 그 순위를 정하고, 이 경우 법원은 수인의 부양의무자 또는 권리자를 선정할 수 있으며, 부양의 정도 또는 방법에 관하여도 당사자 간에 협정이 없는 때에는 당사자의 청구에 의하여 부양을 받을 자의 생활 정도와 부양의무자의 자력 기타 제반 사정을 참작하여 이를 정하게 됩니다.

따라서 부모가 노령이 되어 부양을 필요로 하는 경우 부양의무자인 자녀들 사이에는 일단 모두가 동순위의 부양의무를 지게 되고, 자녀인 이상 아들이든 딸이든, 장남이든 차남이든, 결혼했든 하지 않았든 상관없이 양자로 간 자까지 포함하여 똑같이 부양의무가 있는 것입니다. 다만 각자의 부양능력에는 부양의 정도와 순위에 따라서 구체적으로 차이가 있다고 할 것입니다.

또한 부양료는 부양을 받을 자의 생활 정도와 부양의무자의 자력, 제반 사정을 참작하여 정해지므로 어머니가 필요로 하는 생활비에 관하여서도 매월 50만 원이 상당한가의 여부를 고려할 필요가 있습니다.

[2] 아내도 남편을 부양할 의무가 있다

> 4년 전부터 남편이 실직 상태에 있습니다. 장사를 하는 제가 생활비와 아이들 교육비까지 부담하고 있습니다. 계속 남편을 부양해야 할 의무가 있습니까?

부부는 서로 동거하면서 부양하고 협조할 의무가 있습니다(민법 제826조제1항). 따라서 부부는 능력 있는 사람이 다른 일방을 부양할 의무가 있습니다. 남편이 다시 사회활동을 할 수 있도록 용기를 북돋워줄 수 있는 분위기를 조성해 드리는 것이 어떨까요?

[3] 부부의 일방에게 경제력이 있는 경우는 다른 일방이 생활비 지급의무 없다

> 아내와 별거 중입니다. 아내는 본인 명의의 집도 있고 저보다 수입이 많습니다. 저는 혼자 오피스텔에서 어렵게 생활하고 있습니다. 저보다 경제적으로 여유 있는 아내가 생활비를 요구하는데 주어야 하는지요?

부부가 별거하더라도 부부간의 부양의무는 없어지지 않으므로 생활비용의 부담자는 다른 일방에 대해 생활에 필요한 비용을 주어야 합니다. 하지만 부부의 일방에게 경제력이 있는 경우는 다른 일방에게 생활비 지급의무가 없습니다. 다만 이 경우에도 미성년자녀의 양육비는 부부가 공동으로 부담할 의무가 있습니다(서울가정법원 2006. 7. 27. 선고 2004드합10053 판결).

[4] 부부 사이에 과거 부양료는 특별한 사정이 없는 한 청구할 수 없다

> 남편이 10년 전 집을 나가 생활비 한 푼 주지 않았고, 저도 자존심이 상해서 청구하지 않았습니다. 그런데 최근 남편이 경제적으로 여유 있게 잘살고 있다는 것을 알게 되었습니다. 10년 동안 주지 않은 과거의 부양료를 청구할 수 있는지요?

부부 사이의 과거 부양료에 대하여는 특별한 사정이 없는 한, 부양을 받을 자가 부양의무자에게 부양의무의 이행을 청구하였음에도 불구하고 부양의무자가 부양의무를 이행하지 않아 이행지체에 빠진 이후의 것에 대하여만 부양료의 지급을 청구할 수 있을 뿐, 부양의무자가 부양의무의 이행을 청구받기 이전의 부양료의 지급은 청구할 수 없다는 것이 우리 판례의 입장입니다(대법원 2017. 8. 25.자 2014스26 결정).

[5] 자녀는 부모를 부양할 의무가 있다

> 저는 아들이 3살 때 남편을 잃고 혼자 힘으로 외아들을 남부럽지 않게 길렀습니다. 아들이 결혼할 때 집 명의도 아들 앞으로 해주고 함께 살았습니다. 그런데 이젠 며느리와 합세하여 저를 귀찮게 여기며 나가주기를 바라는 것 같습니다. 이런 경우 저는 어떻게 해야 좋겠습니까?

직계혈족 및 그 배우자 간에는 서로 부양의 의무가 있습니다(민법 제974조제1항). 그런데도 자식들이 별거를 원하고 부양의 책임을 지지 않으려 하면 차라리 속히 별거하면서 부양료를 받도록 부양청구조정 신청을 가정법원(지방은 지방법원 가사부)에 제기할 수밖에 없습니다.

[6] 처자를 버렸던 아버지도 부양을 청구할 수 있다

> 아버지는 제가 어렸을 때 어머니와 저를 버리고 첩을 얻어 집을 나가버렸습니다. 그 후 32년이 지난 지금에 와서 아버지는 생계가 막연해지자 저에게 부양을 청구합니다. 이런 경우 제가 부양할 의무가 있습니까?

우리 민법상 직계혈족 및 그 배우자 사이에는 서로 부양할 의무가 있습니다(민법 제974조제1호). 그러므로 아들인 당신은 생계의 여유가 있는 한 아버지의 생활을 돕지 않으면 안 됩니다. 그러나 가정법원에서는 부양의 정도 또는 방법을 정하는 데 있어서 부양받을 자의 생활 정도와 부양의무자의 자력이나 그 밖의 여러 가지 사정을 참작하도록 되어있습니다(동법 제977조).

[7] 결혼한 딸도 친정 부모를 부양할 의무가 있다

> 최근 친정 부모님이 사업에 실패하여 생활이 매우 곤란해졌습니다. 오빠가 한 명 있지만 자기 살기도 어려운 형편이고 결혼하여 따로 살고 있는 저는 비교적 부유하게 살고 있습니다. 제게도 친정 부모를 부양할 의무가 있습니까?

아들이든 딸이든 가리지 않고 직계혈족 사이에는 서로 부양할 의무가 있습니다(민법 제974조제1호). 따라서 결혼한 딸도 부모를 부양할 의무가 있습니다.

[8] 부모가 어느 집에 살든 자녀는 부모를 부양할 의무가 있다

> 남편이 돌아가시고 현재 장남 부부와 살고 있습니다. 큰며느리와 사이가 좋지 않아 둘째 아들 집에 가서 살고 싶은데 둘째 아들은 생활이 매우 어렵습니다. 장남한테서 부양료를 받아 차남과 함께 살 수 있습니까?

자녀들은 모두 부모에 대한 부양책임이 있으며(민법 제974조제1호), 부양의 정도나 방법은 자녀들 각자의 재산과 수입 또는 가정의 모든 사정을 참작해서 결정하는 것입니다(동법 제977호).

[9] 자녀는 형제 순위에 관계없이 부모를 부양할 의무가 있다

> 형제를 두고 있는 노모입니다. 각기 결혼하더니 이젠 서로 저를 부양하지 않으려 합니다. 저는 누구에게 부양을 청구할 수 있습니까?

부모를 부양할 의무는 형제 순위에 관계없이 모두 공동으로 지게 되어 있습니다(민법 제974조제1호). 누가 어느 정도의 부양을 할 것이냐 하는 것은 형제 사이에서 합의가 되지 않는다면 가정법원(지방은 지방법원 가사부)에 그 부양의 순위(민법 제976조)나 정도 및 방법을 정하여 달라는 청구를 할 수 있습니다.

[10] 양자로 간 아들도 생가의 부모를 부양할 의무가 있다

> 저는 2남으로서 어렸을 때 다른 집에 양자로 갔습니다. 생가의 부모는 그동안 잘 살아 왔습니다만 사업에 실패한 후 갑자기 생활에 위협을 받게 되어 그날그날의 생활이 곤궁한 편입니다. 양자로 간 저에게도 생가의 부모를 부양할 의무가 있습니까?

귀하와 같이 타가에 양자로 간 아들도 생가의 부모를 부양할 의무가 있습니다. 왜냐하면 타가에 양자로 간다 하더라도 생가의 부모와 혈연관계가 끊어지는 것은 아니므로 생가의 부모는 여전히 귀하의 직계혈족이기 때문입니다(민법 제882조의2제2항). 직계혈족 및 그 배우자 사이에는 서로 부양할 의무가 있다고 규정하고 있으므로 귀하가 양자로 갔더라도 여전히 생가의 부모를 부양할 의무가 있습니다(민법 제974조제1호).

[11] 친양자로 입양된 아들은 생가의 부모를 부양할 의무가 없다

> 이혼하면서 아이를 양육하기 어려워 아들을 친양자로 입양시켰습니다. 아들은 잘 자라서 여유롭게 살고 있습니다. 그런데 저희는 생활이 너무 어렵습니다. 친양자로 입양된 아들을 상대로 부양료를 청구할 수 있는지요?

친양자의 입양 전 친족관계는 가정법원에 친양자입양 청구를 해서 친양자입양이 확정된 때에 종료합니다. 그러므로 법적으로 부모자관계도 종료되어 친양자로 입양된 아들을 상대로 생가의 부모는 부양료 청구를 할 수 없습니다(민법 제908조의2제1항, 제908조의3).

[12] 시부모에 대한 부양의무는 며느리보다 아들이 우선한다

> 3남매를 기르고 있는 미망인입니다. 혼자 힘으로 생계를 유지하고 있는데 시부모님을 부양하기가 무척 힘겹습니다. 시동생들은 여유 있는 생활을 하고 있는데 시부모님을 부양하게 할 수 없을까요?

맏며느리라고 해서 시부모를 반드시 모셔야 하는 것은 아닙니다. 귀하의 경우 시동생들에게 시부모의 부양료를 청구할 수 있습니다(민법 제974조제1호). 만일 이에 응하지 않으면 가정법원(가정법원이 없는 경우 지방법원 가사부)에 그들을 상대로 시부모의 부양에 대한 조정을 신청할 수 있습니다.

[13] 노부모에 대한 과거 부양료를 형제들에게 구상청구할 수 있다

> 노부모를 저 혼자 부양한 경우 형제들에게 과거 부양료에 대해 구상청구 가능한지요?

부양의무자인 자녀가 여러 명일 때는 모두 같은 순위의 부양의무가 있고, 구체적으로 누구에게, 어느 정도의, 어떤 방법의 부양의무를 부담시킬 것인가는 당사자 간에 협정이 없는 경우 법원이 피부양자의 생활 정도, 부양의무자의 자력 등을 고려하여 정하게 됩니다. 우리 법원은 "과거에 이미 지출한 부양료에 대해서는 부양의무가 있는 자가 여러 사람인 경우, 그 중 부양의무를 이행한 1인은 다른 부양의무자를 상대로 하여 이미 지출한 과거의 부양료에 대하여도 상대방이 분담함이 상당하다고 인정되는 범위에서 그 비용의 상환을 청구할 수 있다"고 하였습니다(대법원 1994. 6. 2.자 93스11 결정).

[14] 시부모와 생계를 같이하지 않으면 남편이 사망한 후에는 시부모를 부양할 의무가 없다

> 결혼한 지 2년 만에 남편이 사망했습니다. 남편이 사망해도 시부모에게 계속 생활비를 보내야 하는지요?

귀하가 시부모와 생계를 같이 하지 않는다면 부양의무가 없습니다(민법 제974조제3호). 배우자 관계는 혼인의 성립에 의하여 발생하며 당사자 일방의 사망 또는 혼인의 무효·취소, 이혼으로 인하여 소멸합니다. 그러므로 직계혈족이 사망함으로써 직계혈족과의 배우자 관계는 소멸하였기 때문에 인척관계인 며느리는 남편의 사망 후 시부모와 함께 살지 않으면 부양의무가 없습니다(서울가정법원 2007. 6. 29.자 2007브28 결정).

[15] 사위도 장인장모를 부양할 의무가 있다

> 무남독녀의 봉급으로 생활해 온 노모입니다. 딸이 결혼하여 저의 생활이 막연하게 되었습니다. 딸과 사위가 저를 보살펴주지 않는데 부양청구를 할 수 있습니까?

딸과 사위는 친정어머니를 부양할 의무가 있습니다(민법 제974조제1호). 그런데도 어머니를 부양하지 않는다면 딸과 사위를 상대로 하여 가정법원(가정법원이 없는 경우 지방법원 가사부)에 부양청구 조정신청을 할 수 있습니다(가사소송법 제2조제1항마류 8호).

[16] 숙질간에는 생계를 같이하는 경우에만 부양의무가 있다

> 아버지가 얼마 전에 교통사고로 돌아가셨습니다. 저 혼자 힘으로는 어머니와 어린 동생들의 생계를 이어갈 길이 막연하여 부유한 숙부에게 부양을 청구하려 합니다. 법적으로 가능합니까?

숙부에게 부양을 청구할 수 없습니다. 왜냐하면 우리 법률은 숙질간이나 형제간과 친족 사이에는 생계를 같이 하는 경우에 한해서 부양의 의무가 있습니다(민법 제974조제3호).

[17] 부양의무자를 지정할 수 있다

> 삯바느질하여 어머니가 저희 두 딸을 길렀습니다. 그런데 회사에 다니는 언니는 생활에 전혀 협조하지 않습니다. 법률적으로 언니에게 어머니를 부양하게 할 수는 없습니까?

부양의 정도 또는 방법에 대하여 당사자 간에 협의가 안 될 때에는 법원은 당사자의 청구에 의하여 부양을 받을 자의 생활 정도와 부양의무자의 자력 기타 여러 사항을 참작하여 이를 정합니다(민법 제977조).

[18] 부모에 대한 부양의무자의 순위를 법원의 판결을 통해 정할 수 있다

> 아버지가 병환으로 입원 중입니다. 오빠는 치료비를 부담할 수 있는데도 불구하고 완전히 외면하고 있습니다. 지금까지는 제가 치료비를 부담해 왔으나 제 사정이 어려워서 부양능력이 있는 오빠에게 아버지에 대한 확실한 부양의무를 지게 할 방법이 없습니까?

법원은 당사자의 청구에 의해 부양순위를 정합니다(민법 제976조, 가사소송법 제2조 제1항 마류 8호).

[19] 부양의무에 대한 법원의 조정은 사정에 따라 취소할 수 있다

> 법원의 조정으로 병약한 조카를 부양해온 백부입니다. 조카는 그 후 건강을 회복하여 회사에도 출근하므로 저에게 부양받을 필요가 없게 되었습니다. 전에 성립한 조정을 취소할 수 있습니까?

부양에 관해서 조정이 성립했더라도 그 후 사정이 변경되었을 때에는 법원은 당사자의 청구에 의하여 조정을 취소 또는 변경할 수 있습니다(민법 제978조). 전에 성립한 조정조서 등본과 가족관계등록부, 주민등록등본 각 1통씩을 첨부하여 가정법원(가정법원이 없는 경우 지방법원 가사부)에 부양취소 조정을 신청하십시오(가사소송법 제2조제1항마류 8호).

[20] 부양 받을 권리는 처분하지 못한다

> 자녀들에게서 매월 약간의 부양료를 받고 있습니다. 그 부양료를 담보로 TV 세트를 월 할부로 살 수 있습니까?

부양받을 권리는 처분하지 못합니다(민법 제979조). 다시 말하면 그 권리를 양도할 수 없고, 압류할 수도 없으며 다른 채무와 상계할 수도 없습니다.

[21] 성인인 자녀에 대한 부양의무는 2차적 부양의무이므로 아버지에게 유학비용을 청구할 수 없다

> 열심히 공부해서 미국 명문대학에 합격했습니다. 그런데 아버지의 뜻을 어기고 유학 갈 경우 등록금 등의 생활비를 대줄 수 없다며 성년이니 네가 벌어서 하라 합니다. 아버지에게 유학비를 청구해서 받을 수 있는지요?

청구할 수 없습니다. 우리 대법원은 미성년자녀의 양육 등을 포함한 부부간 상호 부양의무는 혼인관계의 본질적 의무로서 부양받을 자의 생활을 부양의무자의 생활과 같을 정도로 보장해야 하는 제1차 부양의무에 해당하지만, "부모가 성년인 자녀에 대해 부담하는 부양의무는 부양의무자가 자기의 사회적 지위에 상응하는 생활을 하면서 생활에 여유가 있음을 전제로 해 부양받을 자가 자력으로 생활을 유지할 수 없는 경우에 한해 그 생활을 지원하는 제2차 부양의무"에 해당한다고 보고, "성년의 자녀는 객관적으로 보아 자기의 자력 또는 근로에 의해 생활비를 벌 수 없는 상태일 때만 부모를 상대로 그 부모가 부양할 수 있을 한도 내에서 생활필요비에 해당하는 부양료를 청구할 수 있을 뿐"이라며 특별한 사정이 없는 한 통상적인 생활필요비라고 보기 어려운 유학비용의 충당을 위해 성년의 자녀가 부모를 상대로 부양료를 청구할 수는 없다고 판단했습니다(대법원 2017. 8. 25.자 2017스5 결정).

[22] 유족연금의 최우선 수급권자는 망인의 아버지가 아니라 미성년자녀이다

> 이혼하면서 아들을 제가 양육하기로 하고 아이 아빠가 양육비를 주기로 합의했는데, 양육비를 보내지도 않고, 아들과도 연락을 끊고 살다가 사망했습니다. 국민연금 가입자인 아이 아빠는 사망 당시 자기 아버지와 함께 살았습니다. 국민연금공단은 유족연금 수급자로 함께 살던 아이의 할아버지를 결정했는데, 미성년인 아들이 수급자로 결정되어야 하지 않는지요?

미성년자녀가 수급자로 결정되어야 합니다. 국민연금법에 따라 지급되는 유족연금의 최우선 수급권자를 정할 때는 망인의 아버지보다는 미성년자녀를 우선해야 한다는 판결이 있습니다. 자녀에 대한 부양의무는 다른 부양관계보다 더 중요시해야 하고, 설령 현재 양육비를 지급받고 있지 않다고 하더라도 앞으로 받을 수 있는 가능성까지 상실했다는 점을 고려해야 한다는 취지입니다.

법원은 자녀관계의 경우 배우자관계와 함께 헌법상 혼인과 가족생활의 보장에서 가장 핵심적인 내용을 이루는 부분이고, 민법상 부양의무에 있어서도 다른 친족의 부양관계에 비해 더 강한 의미를 가진다며 "특히 미성년 자녀에 대한 부모의 부양의무는 상대방의 생활을 자기의 생활과 같은 정도로 보장해야 하는 이른바 '1차적 부양의무'에 해당한다."고 설명했습니다. 또한 국민연금공단처럼 규범적인 부양관계를 고려함이 없이 현실적·사실적인 부양관계만으로 해석하는 경우, 미성년자녀에 대한 부양의무가 있는 국민연금 가입자가 그 부양의무를 회피하고 사실상 자녀를 유기하고 있는 위법한 상태를 국가가 추인하는 결과가 되어 부당하고, 미성년자녀는 부양의무를 회피하던 가입자의 사망으로 잠재적으로나마 존재하던 부양 내지 생계유지 가능성까지 완전히 상실하게 되므로 이 점도 고려해야 한다고 밝혔습니다(대구고등법원 2017. 3. 24. 선고 2016누5823 판결).

제7절 재산상속

[1] 상속의 개시
상속은 피상속인이 사망한 순간에 개시된다(민법 제997조).

1) 사망 간주(看做) 제도
- 실종선고 : 부재자의 생사가 5년간 분명하지 아니한 때 또는 전지(戰地)에 임한 자, 침몰한 선박 중에 있던 자, 추락한 항공기 중에 있던 자, 기타 사망의 원인이 될 위난(危難)을 당한 자의 생사가 전쟁 종료 후 또는 선박의 침몰, 항공기의 추락, 기타 위난이 종료한 후 1년간 분명하지 아니한 때에는 법원은 이해관계인이나 검사의 청구에 의하여 실종선고를 하여야 한다(민법 제27조). 실종선고를 받은 자는 전조의 기간이 만료한 때에 사망한 것으로 본다(민법 제28조).
- 부재선고 : 대한민국의 군사분계선 이북(以北) 지역에서 이남(以南) 지역으로 옮겨 새로 가족관계등록을 창설한 사람 중 군사분계선 이북지역의 잔류자임이 분명한 사람에 대하여는 가족이나 검사의 청구에 의하여 부재선고를 하여야 한다(부재선고에 관한 특별조치법 제2조·제3조). 이 경우 민법 제997조의 적용 및 혼인에 관하여는 실종선고를 받은 것으로 본다(동법 제4조·제10조).

2) 사망 추정(推定) 제도
- 인정사망 : 수해, 화재나 그 밖의 재난으로 인하여 사망한 사람이 있는 경우에는 이를 조사한 관공서는 지체 없이 사망지의 시·읍·면의 장에게 통보하여야 한다. 다만, 외국에서 사망한 때에는 사망자의 등록기준지의 시·읍·면의 장 또는 재외국민 가족관계등록사무소의 가족관계등록관에게 통보하여야 한다(가족관계등록법 제87조).
- 동시사망 : 2인 이상이 동일한 위난으로 사망한 경우에는 동시에 사망한 것으로 추정한다(민법 제30조). 이 추정은 법률상 추정으로서 이를 번복하려면 동일한 위난으로 사망하였다는 전제 사실에 대하여 법원의 확신을 흔들리게 하는 반증을 제출하거나 또는 각자 다른 시각에 사망하였다는 점에 대하여 법원에 확신을 줄 수 있는 본증을 제출하여야 하는데, 이 경우 사망의 선후에 의하여 관계인들의 법적 지위에 중대한 영향을 미치는 점을 감안할 때 충분하고도 명백한 입증이 없는 한 위 추정은 깨어지지 아니한다고 보아야 한다(대법원 1998. 8. 21. 선고 98다8974 판결).

3) 사망 간주 및 추정의 효력
동시사망의 추정, 인정사망, 실종선고, 부재선고 모두 실제로는 확인되지 않은 사실(정확히 증명되지 않은 사실)을 법적으로 보는 제도이다. 동시사망의 추정은 말 그대로 추정이기 때문에 그와 반대되는 사실, 동시에 사망한 것이 아니라는 증명이 있으면 바로 적용되지 않는다. 인정사망 역시 의제조항으로, 사망한 것이 아님이 증명된 경우 바로 효력을 잃는다.

반면 실종선고나 부재선고는 법원에서 이루어진 선고로써, 반대사실만으로 그 효력을 잃지 않고 반드시 그 취소의 소를 통해 선고가 취소되어야 그 효과가 발휘된다.

[2] 법정상속인의 순위

피상속인의 ① 직계비속, ② 직계존속, ③ 형제자매, ④ 4촌 이내의 방계혈족 순으로 상속받는다. 촌수가 같으면 동순위로 되고, 촌수가 다르면 가까운 쪽이 선순위이며, 태아도 상속순위에 있어서는 출생한 것으로 본다(민법 제1000조). 배우자는 사망한 사람의 직계비속 또는 직계존속과 동순위이며, 그 상속인이 없는 때에는 단독상속인이 된다(민법 제1003조).

위에 정해진 상속인이 없을 때는 사망자와 최후까지 생계를 같이 하고 있던 사람(예 사실혼의 배우자)이나, 요양·간호한 사람, 그 밖에 특별한 연고가 있던 사람도 일정한 절차를 거쳐 상속재산의 분여청구를 할 수 있다(민법 제1057조의2).

[3] 실종기간 만료와 실종선고가 신민법 시행(1960. 1. 1.) 전후로 나뉜 경우 상속순위

> 제 아버지의 실종기간이 1955. 6. 3. 만료하였으나, 실종선고는 1962. 3. 3. 이루어졌습니다. 이 경우 구민법에 의하여 장남만이 단독으로 상속하나요.

피상속인의 실종기간이 구민법 시행 당시인 1955. 6. 3. 만료하였으나 그 실종이 신민법 시행 후인 1962. 3. 3. 선고된 경우에는 민법 부칙 제25조에 의하여 피상속인의 처자 등 현행 민법 규정에 따른 재산상속인들이 공동으로 상속할 것이고 장남만이 단독으로 상속하는 것은 아닙니다(대법원 1983. 04. 12. 선고 82다카1376 판결).

[4] 상속은 피상속인이 사망한 당시의 법이 적용된다

> 아버지가 1989년에 돌아가셨습니다. 저는 그때 당시 결혼한 상태였습니다. 법이 바뀌어서 딸도 아들과 똑같은 상속 몫을 받을 수 있다고 하는데 그러합니까?

상속은 피상속인이 사망한 순간에 개시되므로 피상속인이 사망한 당시의 법이 적용됩니다(민법 제997조). 죽은 사람이 재산을 소유할 수 없기 때문입니다. 따라서 피상속인이 1959년 이전에 사망한 경우, 1960년부터 1978년 사이에 사망한 경우, 1979년부터 1990년 사이에 사망한 경우 및 1991년 이후 사망한 경우에 따라 법정상속분이 다릅니다. 귀하의 경우에는

1989년 당시에 시행되던 법이 적용되므로 배우자 1.5, 호주상속장남 1.5, 차남 1, 미혼인 딸 1, 기혼인 딸 0.25 비율로 상속받게 됩니다.

[5] 상속회복청구는 그 침해를 안 날부터 3년, 상속권의 침해행위가 있은 날부터 10년 내에 청구할 수 있다

> 아버지가 2015년에 사망하였습니다. 군복무를 마치고 돌아오니 형님이 자기 명의로 상속재산을 전부 돌려놓았습니다. 제 몫을 받을 수 없나요? 2018년에 제대했지만 그 사실을 안 지는 1년도 안 됩니다.

귀하의 상속분이 침해된 것을 안 날로부터 3년 이내에, 상속권의 침해행위가 있은 날부터 10년 이내에 상속회복청구를 법원에 제기할 수 있습니다(민법 제999조, 가사소송법 제2조제1항). 귀하의 경우는 침해당한 사실을 안 지 1년도 되지 않았으므로 형님을 상대로 상속회복청구를 할 수 있습니다.

[6] 동순위의 상속인이 여러 명인 때에는 그 상속분을 균분한다

> 저는 두 아들과 두 딸을 둔 50대 주부입니다. 큰딸은 결혼하였습니다. 2018년 2월에 남편이 교통사고로 갑자기 사망하였습니다. 남편이 남긴 재산이라고는 집 한 채 있는데 시가로 6억3천만 원 정도 될 것입니다. 얼마씩 나누어 가지면 됩니까?

1991년 1월 1일부터 시행된 개정 민법에 의하면 아들, 딸 구별도 두지 않고 장남, 차남도 구별하지 않으며, 시집간 딸이거나 시집 안 간 딸이거나 상관없이 모두 균분으로 나누어 가집니다. 다만 배우자의 상속분은 직계비속의 상속분의 5할을 가산합니다(민법 제1009조). 따라서 배우자가 1.5, 장남 1, 차남1, 시집 간 딸1, 시집 안 간 딸1 로 나누면 됩니다.

[7] 사실혼관계에 있었던 부모의 자녀도 재산상속을 할 수 있다

> 남편과 저는 3남매를 출산하고 서로 헤어졌습니다. 혼인신고가 없었던 관계로 저의 자녀가 남편의 재산을 상속할 수 있을지 걱정입니다.

혼인신고는 없었다 하더라도 3남매가 남편의 자녀로 인지되어 아버지의 가족관계등록부에 기재되어 있다면 비록 아버지와 살지 않고 당신과 함께 거주하더라도 아버지의 재산을 상속하는 데 아무런 지장이 없습니다. 만일 남편이 인지를 해주지 않아 그 자녀가 가족관계등록부에 등록되지 않은 경우라면 인지청구를 하여 판결을 받아 입적시킨 후에 재산상속을 받을 수 있습니다.

[8] 자녀 없이 남편이 사망한 경우 시부모가 생존한 경우에 재산상속 비율

> 남편과 저 사이에는 자식이 없는데 남편이 사망했습니다. 시어머니가 한 분 계신데 남편 재산을 시어머니와 똑같이 나누어 가져야 하는지 아니면 누가 더 갖는지 알고 싶습니다.

자식 없이 남편이 사망하였을 때는 시부모와 며느리가 공동으로 상속하며 며느리는 직계존속의 상속분의 5할을 가산하여 받습니다(민법 제1003조제1항, 제1009조제2항). 시어머니 1, 며느리인 귀하는 1.5의 비율로 상속받게 됩니다.

[9] 자녀 없이 아내가 사망한 경우 장인 장모가 생존한 경우에 재산상속 비율

> 아내가 얼마 전 자궁암으로 사망했습니다. 10년간 결혼생활을 했지만 자식은 낳지 못했습니다. 장인 장모가 살아계시고 결혼 당시 장인이 아내 명의로 사주신 집이 있습니다. 저 혼자 상속받습니까?

직계비속 없이 배우자가 사망한 때에는 배우자의 직계존속과 공동으로 상속받는데 배우자의 상속분은 직계존속의 상속분의 5할을 가산하여 받습니다(민법 제1003조제1항, 제1009조제2항). 그러므로 장인 1, 장모 1, 사망한 자의 남편이며 사위인 당신은 1.5를 받습니다.

[10] 부인과 형제만 남기고 사망한 경우 부인에게만 상속권이 있다

> 얼마 전 남편이 사망했습니다. 직계로는 자식도 없고 시부모도 안 계신데, 시동생과 시누이들이 있습니다. 남편의 유산에 대해 시동생과 시누이들은 자기들에게 상속권이 있다고 하는데 어떻게 되는지요?

사망한 사람이 유산을 남긴 경우 제1순위로는 자식과 배우자가 공동으로 상속인이 되며, 제2순위로는 부모와 배우자가 공동상속인이 됩니다. 자식도 부모도 없을 때에는 배우자가 단독으로 상속받습니다. 배우자도 없다면 제3순위로 사망한 자의 형제자매가 상속받습니다(민법 제1000조, 제1003조제1항). 그러므로 귀하는 단독으로 남편의 유산을 받게 됩니다.

[11] 대습상속 – 사망한 남편을 대신하여 시아버지의 재산을 상속받을 수 있다

> 10년 전에 남편이 사망하였습니다. 아들 하나를 데리고 살고 있는데 작년에 시아버지가 돌아가셨습니다. 시어머니와 시숙이 있는데 저나 제 아들은 시아버지의 재산을 상속할 수 없는지요?

아들이 아버지보다 먼저 사망한 경우에 그에게 자식이 있으면 그 자식은 죽은 아버지를 대신하여 할아버지의 재산을 상속할 수 있습니다. 즉 당신의 남편이 시아버지보다 먼저 사망하였으나 자녀가 있으므로 손자인 당신 아들이 시어머니와 시숙과 공동상속인으로서 남편이 받을 상속을 대신 받게 되는 것입니다. 또한 귀하도 재혼하지 않았다면 아들과 함께 대습상속인으로서 상속을 받게 됩니다(민법 제1001조, 제1003조제2항).

[12] 동시사망으로 추정되는 경우 대습상속의 가능 여부

> 장인어른의 칠순을 기념하여 장모님, 아내, 아이들, 처제 내외와 다 같이 가족여행을 가기로 했습니다. 저는 회사에 미룰 수 없는 일정이 있어 하루 늦게 출발하여 합류하기로 했습니다. 그런데 여행 가는 길에 고속도로에서 화물트럭이 장인 장모님과 아내와 아이들이 탄 승합차를 들이받아 모두 사망했고, 처제 내외는 다른 차로 이동하였기에 화를 면했습니다. 장인어른 명의로 된 정리해야 할 재산이 있다는데, 처제 외에 사위인 저도 대습상속으로 상속인이 되지 않나요?

네. 귀하가 재혼하지 않았다면 부인이 받을 상속분을 대신하여 상속받을 수 있습니다.

대습상속권이 사회적으로 주목받게 된 사건은 1997년 괌 KAL기 추락사고와 관련된 상속 분쟁이었습니다. 당시 비행기 탑승자 229명이 사망하는 대형 참사였는데, 이날, 1000억 원대 자산가인 모 기업 A 회장과 그의 아내, 아들 내외와 손자, 큰딸과 외손자, 외손녀가 모두 사망하고, 일정상 하루 늦게 출발하기로 한 사위가 사고를 면하면서 그 사위와 A 회장과의 형제자매 간에 상속 분쟁이 발생한 것입니다.

대법원은 "원래 대습상속 제도는 대습자의 상속에 대한 기대를 보호함으로써 공평을 꾀하고 생존 배우자의 생계를 보장하여 주려는 것이고, 또한 동시사망 추정 규정(민법 제30조)도 자연과학적으로 엄밀한 의미의 동시사망은 상상하기 어려운 것이나 사망의 선후를 입증할 수 없는 경우 동시에 사망한 것으로 다루는 것이 결과에 있어 가장 공평하고 합리적이라는 데에 그 입법 취지가 있는 것"인 바, 상속인이 될 직계비속이나 형제자매(피대습자)의 직계비속 또는 배우자(대습자)는 피대습자가 상속개시 전에 사망한 경우에는 대습상속을 하고, 피대습자가 상속개시 후에 사망한 경우에는 피대습자를 거쳐 피상속인의 재산을 본위상속을 하므로 두 경우 모두 상속을 하는데, 만일 피대습자가 피상속인의 즉 상속개시와 동시에 사망한 것으로 추정되는 경우에만 그 직계비속 또는 배우자가 본위상속과 대습상속의 어느 쪽도 하지 못하게 된다면 동시사망 추정 이외의 경우에 비하여 현저히 불공평하고 불합리한 것이라 할 것이고, 이는 앞서 본 대습상속 제도 및 동시사망 추정 규정의 입법 취지에도 반하는 것이므로, 민법 제1001조의 '상속인이 될 직계비속이 상속개시 전에 사망한 경우'에는 '상속인이 될 직계비속이 상속개시와 동시에 사망한 것으로 추정되는 경우'도 포함하는 것으로 합목적적으로 해석함이 상당하다고 하였습니다(대법원 2001. 3. 9. 선고 99다13157 판결).

[13] 혼인 외의 자녀도 재산상속을 받을 수 있다

> 2남 1녀를 두고 남편이 사망하였습니다. 그런데 남편에게는 첩이 있어 그 사이에 아들 하나가 있고 남편의 가족관계등록부에 자로 입적되어 있습니다. 그들은 첩과 아들에게도 남편의 재산에 대한 상속권이 있다고 주장하면서 상속에 관여하고 있는데 어떻게 해야 합니까?

남편이 재산상속에 관해 유언을 남기지 않은 이상 첩은 법률상 재산상속에 관여할 권리가 없습니다. 그러나 그 소생의 아들이 이미 남편의 가족관계등록부에 자로 입적되어 있다면 귀하의 아들과 똑같이 상속권이 있습니다. 왜냐하면 우리 민법에서는 혼인 중의 자와 혼인 외의 자에 대해 재산상속에 관하여 순위나 상속분에 대하여 차별하지 않기 때문입니다(민법 제1000조제1호).

[14] 혼인신고 없는 아내에겐 상속권이 없다

> 2년 전에 결혼하고 살아왔으나 아직 혼인신고를 하지 못했는데 남편이 사망하였습니다. 남편의 재산을 제가 상속할 수 있습니까? 자녀는 없습니다.

결혼식을 올리고 함께 살아왔다 하더라도 혼인신고를 하지 못한 당신은 법률상의 부인이 되지 못합니다. 법률상 부부가 아니면 상대방의 재산을 상속할 권리가 없습니다. 그러므로 남편의 유산은 시부모나 시동생들이 상속하게 됩니다(민법 제1000조제2호).

[15] 양자로 간 아들도 생가의 유산을 받는다

> 저는 둘째 아들인데 큰댁에 자식이 없어 양자로 갔습니다. 두 달 전 생가의 아버지가 사망했는데 양자로 간 저도 생가 아버지의 재산을 상속할 수 있습니까?

큰댁에 양자로 들어갔다 하여 낳아준 부모와의 관계까지 끊어지는 것은 아닙니다(민법 제882의2제2항). 당신은 큰아버지의 양자(민법 제882의2제1항)인 동시에 생가 부모에 대해서는 여전히 친생자입니다. 따라서 아버지의 아들로서 생가의 다른 형제들과 공동으로 상속을 하게 되며 상속분에도 차이가 없습니다. 그러나 만약 생가의 아버지가 특별히 당신에게는 상속시키지 않는다는 유언을 남긴 경우에는 유류분만 상속받게 됩니다(민법 제1112조제1항).
※ 친양자는 친양자입양이 확정된 때에 입양 전의 친족관계는 종료하기 때문에 친부모의 재산을 상속받을 수 없습니다(민법 제908조의3제2항).

[16] 자녀 없는 미망인의 재산은 친정부모에게 상속권이 있다

> 아들이 죽자 며느리가 혼자 살다가 며느리마저 얼마 전 사망했습니다. 며느리는 그동안 꽤 많은 재산을 가지고 있었는데 문제는 아들 부부 사이에 자식이 없었기 때문에 이제 그 유산을 누가 물려받느냐 하는 데서 사돈 간에 다툼이 되고 있습니다. 사돈댁에서는 친정 부모인 자기들이 상속해야 한다고 하는데 시부모인 우리가 상속해야 하지 않을까요?

자식 없이 며느리가 사망했기 때문에 그의 직계존속, 즉 부모, 조부모 등이 상속인이 됩니다. 시부모는 남편의 직계존속일 뿐 며느리에게는 인척관계에 불과하며 직계존속은 며느리의 친정부모입니다. 즉 결혼한 딸이라 하더라도 사돈 부부와 며느리 사이의 부모-자녀 관계는 변함이 없습니다. 따라서 며느리가 아들의 재산을 물려받아 가지고 있었던 경우라도 그 유산은 친정부모가 상속하게 됩니다(민법 제1000조제2호).

[17] 동생을 죽이려 한 형에게는 재산상속권이 없다

> 아버지가 많은 재산을 남겨두고 돌아가셨습니다. 평소 난폭한 성격의 형은 늘 객지로 전전하며 불량한 생활을 해왔는데 요즘 나타나 아버지의 재산을 모두 차지하겠다고 합니다. 저는 이에 반대하여 저의 상속권을 주장하였더니 형은 저를 죽이려고 칼로 찔러 중상을 입었습니다. 이러한 일이 집안에 알려지자 그런 맏형에게 아버지의 대를 잇게 할 수 없고 재산도 나누어줄 수 없다고 야단들인데 과연 그것이 가능합니까?

우리 민법상 재산상속을 할 경우 일정한 결격사유에 해당하는 자는 재산상속인이 되지 못하도록 규정하고 있습니다(민법 제1004조). ① 고의로 직계존속, 피상속인, 그 배우자 또는 상속의 선순위나 동순위에 있는 자를 살해하거나 살해하려한 자, ② 고의로 직계존속, 피상속인과 그 배우자에게 상해를 가하여 사망에 이르게 한 자, ③ 사기 또는 강박으로 피상속인의 상속에 관한 유언 또는 유언의 철회를 방해한 자, ④ 사기 또는 강박으로 피상속인의 상속에 관한 유언을 하게 한 자, ⑤ 피상속인의 상속에 관한 유언서를 위조·변조·파기 또는 은닉한 자는 상속을 할 수 없게 했습니다.

따라서 귀하의 형이 동순위의 상속권자인 귀하를 살해하려 하였다면 형은 재산상속을 할 수 없습니다(민법 제1004조제1호).

[18] 양육의 의무를 다하지 않은 집 나간 부모도 자녀 사망 시 자녀의 재산을 상속받을 수 있다

> 저의 친모가 아버지 사망 후 어린 저와 남동생을 두고 집을 나가 버린 후 할머니와 고모가 저희를 양육했습니다. 친모와는 수십 년간 연락도 없었습니다. 그런데 남동생이 교통사고로 사망하자 친모가 나타나 동생이 남긴 상속재산(보상금 등)을 저희 몰래 받아갔습니다. 양육의 의무를 다하지 않은 집 나간 부모도 자녀 사망 시 자녀의 재산을 상속받을 수 있는 건가요?

현행 민법상으로 상속 1순위는 직계비속, 2순위는 직계존속, 3순위는 형제자매입니다. 선순위 상속인이 있는 경우, 후순위 상속인에게는 상속권이 전혀 없게 됩니다. 따라서 자녀가 남긴 보상금(상속재산)에 대해서는 직계존속(2순위)인 친모에게만 상속이 이루어지고, 형제자매(3순위)의 경우 전혀 상속을 받을 수 없습니다.

문제는 자식에 대한 양육의무를 저버린 부모가 자식의 사망 뒤 그 재산을 상속받는 것이 합당한가입니다. 하지만 현행 민법상으로 상속결격사유는 매우 제한적으로 규정되어 있어 부모자식 간에 양육의무를 소홀히 했다고 상속권이 박탈되지는 않습니다. 헌법재판소는 부양의무 이행의 개념은 상대적인데, 이를 상속결격사유로 본다면 오히려 법적 분쟁이 빈번해질 수 있다는 이유에서 민법에서 부양의무 불이행을 상속결격사유로 규정하지 않은 것은 위헌이 아니라고 결정한 바 있습니다(헌법재판소 2018. 2. 22. 선고 2017헌바59 결정).

※ 2021. 6. 23.부터 시행 중인 공무원연금법 및 공무원재해보상법의 유족급여 수급 제한
유족이 공무원이거나 공무원이었던 사람에 대해 자녀가 미성년이던 시절 양육책임이 있음에도 이를 이행하지 않았던 경우 그 유족에게 급여의 전부 또는 일부를 지급하지 않을 수 있다. 특히 이 지급 제한 규정은 해당 법 시행 전에 유족급여 사유가 발생한 사람에 대해서도 소급 적용할 수 있다(공무원연금법 제63조제4항, 공무원재해보상법 제44조제4항).

[19] 태아에게도 상속권이 있다

> 저는 결혼한 지 2년이 됩니다. 지금 임신 8개월인데 남편이 사망했습니다. 태아에게도 남편의 재산을 상속할 권리가 있습니까?

태아에게도 상속권이 인정되고 있습니다. 우리 민법은 태아의 이익을 위하여 상속의 경우에는 태아도 이미 출생한 것으로 보도록 규정되어 있습니다(민법 제1000조제3항). 그러므로 당신이 임신한 태아는 남편의 재산을 공동으로 상속하게 됩니다. 이 경우 태아가 나중에 유산 또는 사산된 경우에는 소급하여 그 상속권이 없었던 것으로 되므로 시부모가 없다면 당신이 단독으로 재산상속을 하게 되고, 시부모가 있다면 시부모와 공동으로 상속하게 됩니다.

[20] 태아를 고의로 낙태한 부인은 남편의 재산을 상속받을 수 없다

> 아들이 외국 출장 중 사고로 사망했습니다. 며느리가 임신 4개월인데 저희에게 말 한마디 없이 아이를 유산시켜버렸습니다. 아들 명의로 결혼 당시 저희가 아파트를 사주었는데 태아를 고의로 유산한 며느리도 재산상속권이 있는지요?

태아를 낙태한 부인은 남편의 재산을 상속받을 수 없습니다. 고의로 같은 순위에 있는 상속인을 살해하거나 살해하려고 한 사람은 상속결격자에 해당되어 상속을 받을 수 없게 됩니다. 법원은 출생하였다면 자신과 같은 순위의 상속인이 될 태아를 고의로 낙태한 경우를 고의로 같은 순위에 있는 상속인을 살해한 경우와 동일한 것으로 보고 있습니다(대법원 1992. 5. 22. 선고 92다2127 판결).

※ 상속결격자(민법 제1004조)
- 고의로 직계비속, 피상속인, 그 배우자 또는 상속의 선순위나 동순위에 있는 사람을 살해하거나 살해하려고 한 사람

- 고의로 직계존속, 피상속인과 그 배우자에게 상해를 가해서 사망에 이르게 한 사람
- 사기 또는 강박으로 피상속인의 상속에 관한 유언 또는 유언의 철회를 방해한 사람
- 사기 또는 강박으로 피상속인의 상속에 관한 유언을 하게 한 사람
- 피상속인의 상속에 관한 유언서를 위조·변조·파기 또는 은닉한 사람

[21] 재산상속권은 포기할 수 있다

> 어렸을 때 어머니가 사망하여 계모의 손에 자랐습니다. 이복동생과 부모님은 따로 살고 저는 일찍부터 독립생활을 해왔습니다. 아버지가 유산을 남기고 사망하였는데 제가 아버지의 유산에 관여할 것을 염려해서인지 계모의 이복동생들의 태도가 싸늘합니다. 저는 계모와의 감정 문제를 생각하여 아버지의 재산상속을 받고 싶지 않은데 포기할 수도 있습니까?

재산상속은 상속권자가 임의로 포기할 수 있습니다(민법 제1019조). 재산상속을 포기하려 할 때는 재산상속포기심판 청구서를 가정법원에 제출해야 합니다. 이 청구에 따라 포기의 절차는 끝나게 되고 포기자인 당신의 상속권은 처음부터 없었던 것으로 되기 때문에 그 상속분만큼은 다른 상속인, 즉 계모와 이복형제들이 자기들의 상속비율에 따라 나누어 받게 됩니다. 일단 절차를 밟아 재산상속을 포기한 뒤에는 이를 취소할 수 없습니다(민법 제1024조).

[22] 상속개시 전에 한 상속포기 약정은 효력이 없다

> 아버지가 생전에 저는 출가외인이니 재산상속을 포기한다는 각서를 쓰라고 해서 원하는 대로 써드렸습니다. 아버지가 돌아가셨는데 제가 상속포기 각서를 썼기 때문에 재산상속을 전혀 받을 수 없는지요?

상속의 포기는 상속이 개시된 후(아버지가 사망한 후) 일정기간 내에 가능하고, 가정법원에 신고하는 등 일정한 절차와 방식을 따라야만 그 효력이 있으므로 상속개시 전에 한 상속포기 약정은 그와 같은 절차와 방식에 따르지 아니한 것으로 법적인 효력이 없습니다(민법 제1041조, 제1019조제1항).

우리 법원도 "유류분을 포함한 상속의 포기는 상속이 개시된 후 일정한 기간 내에만 가능하고 가정법원에 신고하는 등 일정한 절차와 방식을 따라야만 그 효력이 있으므로, 상속개시 전에 한 상속포기 약정은 그와 같은 절차와 방식에 따르지 아니한 것으로 효력이 없고, 상속인 중의 1인이 피상속인의 생존 시에 피상속인에 대하여 상속을 포기하기로 약정하였다고 하더라도 상속개시 후 민법이 정하는 절차와 방식에 따라 상속포기를 하지 아니한 이상, 상속개시 후에 자신의 상속권을 주장하는 것은 정당한 권리행사로서 권리남용에 해당하거나 또는 신의칙에 반하는 권리의 행사라고 할 수 없다."라고 판시했습니다(대법원 1998. 7. 24. 선고 98다9021 판결).

[23] 사망보험금 지급청구권은 상속재산이 될 수도 있고, 그렇지 않을 수도 있다

> 보험금 지급청구권은 상속재산에 포함되나요?

보험금 지급청구권은 상속재산이 될 수도 있고, 그렇지 않을 수도 있습니다.

피상속인(사망자)이 피보험자이고 보험수익자가 특정상속인인 경우에 보험금 지급청구권과 이로 인한 보험금은 그 상속인의 고유한 재산이 됩니다. 따라서 상속인 중 한 사람이 보험금 지급청구권을 갖는다 하더라도 다른 상속인은 이에 대해 상속재산 분할을 청구할 수 없습니다.

반면, 보험수익자를 피상속인(사망자 본인)으로 정한 경우에 보험금 지급청구권과 이로 인한 보험금은 피상속인의 사망으로 인해 피상속인의 재산이 되므로 상속재산에 해당됩니다(상법 제730조, 대법원 2007. 11. 30. 선고 2005두5529 판결).

[24] 보험수익자의 지위에서 취득한 사망보험금 청구권은 상속재산이 아닌 상속인들의 고유재산

> 부친이 돌아가신 후 한정승인을 했습니다. 그리고 부친이 생전에 즉시연금보험(상속만기형)을 들면서 본인 사망시 보험수익자로 상속인이라고 지정해두셔서 상속인인 저희들이 보험금을 수령하여 사용했습니다. 그런데 부친의 채권자가 그 보험금은 상속재산이고, 저희들이 그걸 받아 소비한 것은 법정단순승인 사유(상속인이 상속재산에 대한 처분행위를 한 때)에 해당한다며 빚을 갚으라고 소송을 제기했습니다. 보험수익자로 지정해두어 수령한 보험금이 상속재산에 해당하나요?

상속재산에 해당하지 않습니다. 대법원은 망인의 채권자(원고)가 상속한정승인을 한 망인의 상속인들(피고들)을 상대로 채무 이행을 청구한 사건에서, "망인이 가입했던 상속형 즉시연금보험은 생명보험이고, 이에 따라 망인이 사망한 경우 보험수익자로 지정된 피고들이 망인의 사망이라는 보험사고 발생으로 취득한 사망보험금 청구권은 상속재산이 아닌 피고들의 고유재산이다."라고 판시했습니다(대법원 2023. 6. 29. 선고 2019다300934 판결).

생명보험의 보험계약자가 스스로를 피보험자로 하면서 자신이 생존할 때의 보험수익자로 자기 자신을, 자신이 사망할 때의 보험수익자로 상속인을 지정한 후 그 피보험자가 사망하여 보험사고가 발생한 경우, 이에 따른 보험금 청구권은 상속인들의 고유재산으로 보아야 하고 이를 상속재산이라고 할 수는 없습니다(대법원 2001. 12. 28. 선고 2000다31502 판결 등 참조). 상속인들은 보험수익자의 지위에서 보험자에 대하여 보험금을 지급할 것을 청구할 수 있고, 이러한 권리는 보험계약의 효력으로 당연히 생기는 것이기 때문입니다(대법원 2001. 12. 24. 선고 2001다65755 판결 등 참조).

[25] 상속포기를 한 경우라도 연금수급권은 인정된다

> 남편이 빚을 많이 남기고 사망해 재산상속포기를 법적 절차를 밟아 했습니다. 재산상속을 포기하면 공무원연금과 국민연금도 받을 수 없는지요?

　공무원연금법과 국민연금법상의 유족급여는 유족의 생활 안정을 기하기 위한 것이므로 상속을 포기한 경우라도 수급자의 권리가 인정됩니다. 또한 피상속인(사망자)이 배우자나 자녀를 보험수익자로 하여 보험계약에 가입했던 경우라면 상속포기를 하더라도 보험금을 수령할 수 있습니다(대법원 2001. 12. 28. 선고 2000다31502, 대법원 2004. 7. 9. 선고 2003다29463 판결).

[26] 유족연금은 상속재산에 포함되지 않는다

> 회사원이 갑자기 사망한 경우 유족연금은 상속재산에 포함되나요?

　포함되지 않습니다. 피상속인의 사망으로 근로관계가 종료되면 유족연금이 지급됩니다. 유족연금은 법률과 계약에 의해 정해진 수급권자에게 지급되도록 규정되어 있으므로 상속재산에 해당한다고 볼 수 없습니다. 피상속인(사망자)이 공무원이나 사립학교 교직원 등이었던 경우에는 「공무원연금법」, 「별정우체국법」, 「사립학교교직원연금법」 등에서 별도로 정한 사람이 연금의 수급권자가 되며, 국민연금 가입자인 경우에는 「국민연금법」 제72조 및 제73조 등에서 유족연금의 수령자의 범위와 순위를 정하고 있습니다.
따라서 이러한 유족연금은 법률과 계약에 의해 정해진 수급권자에게 돌아가며, 상속재산에 해당하지 않습니다(공무원연금법 제3조, 별정우체국법 제2조, 사립학교교직원연금법 제2조).

[27] 부의금은 상속재산에 포함되지 않는다

> 부의금이 상속재산에 포함되나요?

　부의금(賻儀金)은 조문객이 상속인에게 하는 증여이므로 상속재산에 해당하지 않습니다. 우리 판례는 사람이 사망한 경우에 부조금 또는 조위금 등의 명목으로 보내는 부의금은 상호부조의 정신에서 유족의 정신적 고통을 위로하고 장례에 따르는 유족의 경제적 부담을 덜어줌과 아울러 유족의 생활 안정에 기여함을 목적으로 증여되는 것이라고 하며, 부의금의 귀속에 관해서는 장례비용에 충당하고 남는 것에 관하여 특별한 다른 사정이 없는 한 사망한 사람의 공동상속인들이 각자의 상속분에 응해서 권리를 취득한다고 보고 있습니다(대법원 1992. 8. 18. 선고 92다2998 판결).

[28] 가정법원의 포기신고 수리 이전에 상속재산 처분하면 상속포기의 효력이 없다

> 상속포기심판청구를 가정법원에 하고 아직 법원으로부터 상속포기 수리 결정이 나지 않았습니다. 남편 명의 자동차를 팔아도 될까요?

상속인이 상속을 포기한다는 신고를 한 후 가정법원이 이를 수리하는 심판을 하기 전에 상속재산을 처분했다면 상속포기의 효력이 없다는 대법원 판례가 있습니다. 법원은 "상속인이 가정법원에 상속포기의 신고를 했다고 하더라도 이를 수리하는 가정법원의 심판이 고지되기 이전에 상속재산을 처분했다면 이는 상속포기의 효력 발생 전에 처분행위를 한 것에 해당한다. 이는 민법 제1026조제1호에 따라 상속의 단순승인을 한 것으로 봐야 한다."고 하였습니다(대법원 2016. 12. 29. 선고 2013다73520 판결).

[29] 사망한 부친의 빚이 상속포기로 할머니에게 갔다면? – 상속포기 효력, 대습상속까지 미치지 않아

> 아버지가 돌아가신 후 상속채무가 상속재산을 초과하여 상속포기를 했습니다. 아버지의 빚은 할머니에게 상속되었습니다. 그 후 할머니가 돌아가셨고 저는 대습상속을 받게 되었는데, 아버지에게 구상금 채권을 가지고 있던 서울보증보험이 저를 상대로 "아버지의 재산을 단독상속한 할머니의 재산을 제가 대습상속했기 때문에 구상금을 변제할 의무가 있다"며 소송을 냈습니다. 저는 이미 아버지 채무를 상속포기했는데도 이를 변제해야 하나요?

상속포기를 했다고 그 효력이 대습상속에까지 미치지는 않습니다. 따라서 아버지 사망 후 빚을 물려받지 않으려고 상속포기를 함으로써 아버지 빚이 할머니에게 갔다면, 할머니 사망 후에도 다시 상속포기를 해야 비로소 그 빚에서 해방됩니다(대법원 2017. 1. 12. 선고 2014다39824 판결).

[30] 사망한 아버지의 부채는 부담하지 않을 수 있다

> 아버지가 빚을 많이 지고 사망하였습니다. 제가 상속받게 되면 아버지의 빚도 다 갚아야 한다는데 좋은 방법이 없을까요?

이 경우 재산상속을 완전히 포기해 버리는 방법(민법 제1019조)과 상속의 한정승인이라는 방법(민법 제1028조)이 있습니다. 상속포기는 상속포기심판청구를 가정법원에 냄으로써 처음부터 상속권자가 아니었던 것과 같이 완전히 상속관계에서 제외되는 것이고, 한정승인은 상속으로 인하여 취득할 재산의 한도 내에서만 아버지의 빚을 갚으면 되고 귀하의 재산으로까지 그 빚에 대한 책임을 지지는 않게 됩니다. 이 한정승인 절차는 상속인인 귀하가 아버지의 사망을 안 날로부터 3개월 이내에 상속재산의 목록을 첨부하여 가정법원에 상속한정승인 심판청구를 하면 됩니다. 귀하의 경우 이 기간 내에 포기나 한정승인의 신고를 가정법원(가정법원이 없는 경우 지방법원)에 하지 않으면 아무 제한 없이 아버지의 부채를 책임지게 됩니다.

[31] 피상속인(고인)의 배우자는 한정승인하고, 자녀들이 전부 상속포기하면 배우자가 단독상속인이 된다

> 아버지가 많은 빚을 남기고 돌아가셔서 어머니가 한정승인을 하고 자식들은 모두 상속을 포기했습니다. 그런데 채권자들이 저희 아이들을 상대로 아버지가 남긴 채무를 갚으라고 소송을 제기했습니다. 재산상속 1순위자 중 한 명인 어머니가 한정승인을 하셨는데, 2순위자인 손자녀들에게 할아버지의 빚을 갚으라고 할 수 있는지요?

할 수 없습니다. 피상속인(고인)의 배우자가 한정승인하고 자녀 전부가 상속을 포기한 경우에는 배우자와 손자녀가 공동상속인이 된다는 기존 대법원 판례(대법원 2015. 5. 14. 선고 2013다48852 판결)가 변경되어 배우자를 단독상속인으로 보기 때문입니다(대법원 2023. 3. 23. 선고 2020그42 전원합의체 결정).

상속을 포기한 사람은 상속이 개시된 때부터 상속인이 아니었던 지위에 놓이게 됩니다. 그러므로 피상속인(사망자)의 배우자와 자녀 중 자녀 전부가 상속을 포기한 경우에는 배우자와 피상속인의 손자녀 또는 직계존속이 공동으로 상속인이 되고, 피상속인의 손자녀와 직계존속이 없다면 배우자가 단독으로 상속인이 되는 것입니다. 대법원은 상속을 포기한 자녀들은 부모의 채무가 자신은 물론 자녀에게도 상속되는 것을 막을 목적으로 상속포기를 했다고 보아야 하고, 자녀가 상속을 포기했다고 손자녀가 할머니와 공동상속인이 되는 건 사회일반의 법감정에 반한다는 이유로 판례를 변경하였습니다.

따라서 배우자만 한정승인하고 자녀 전부가 상속포기를 하더라도 채무가 손자녀에게 상속되는 경우는 없어졌습니다. 종래 배우자만 한정승인한 경우 채무가 손자녀에게 상속된다는 기존판례에 의할 경우 손자녀도 상속포기절차 등을 밟아야 해서 복잡한 면이 많았지만, 이번 판례 변경으로 인해 법률관계를 간단히 정리할 수 있게 되었습니다. 다만 피상속인(고인)의 배우자와 자녀 모두 상속을 포기한 경우에는 손자녀가 상속인이 됩니다.

[32] 한정승인신고를 수리한 심판이 확정된 경우, 그 효력은 상속이 개시된 때로 소급한다(한정승인의 소급효)

> B의 자녀인 C의 운전 미숙으로 C는 물론 동승했던 D도 사망하는 사고가 발생했다. D의 부모와 책임보험계약을 체결했던 A사는 유족인 D의 부모에게 무보험자동차 상해담보특약에 따른 보험금을 지급했다. 그런데 A사는 C와 생명보험계약을 체결한 보험자이기도 하여, B는 C의 사망으로 인해 보험수익자로서 A사에 생명보험금청구권을 갖게 되었다.
> 이후 A보험사는 C의 유일한 상속인인 B에게 보험자대위에 따라 D의 부모가 B에 대하여 가지는 손해배상청구권의 구상을 청구하면서 B씨의 A보험사에 대한 생명보험금청구권과 상계한다는 의사표시를 했다. 그 후 B가 가정법원에 낸 한정승인신고가 수리되었다. 이런 경우, A사의 상계 주장은 받아들여질 수 있을까?

받아들여질 수 없습니다. 상속이 개시된 후 한정승인 이전에 상속채권자가 피상속인에 대한 채권(상속채권)을 자동채권으로 해 상속인에 대한 채무에 대해 상계했더라도, 그 이후 상속인이 한정승인을 했다면, 그 한정승인의 소급효를 정한 민법 제1031조의 취지에 따라 상속채권자의 상계도 소급하여 효력을 상실하고, 상계의 자동채권인 상속채권자의 피상속인에 대한 채권과 수동채권인 상속인에 대한 채무는 모두 부활한다는 대법원의 판단입니다 [대법원 2022. 10. 27. 선고 2022다254154(본소), 2022다254161(반소) 판결].

이는 한정승인신고 수리심판이 확정된 경우 그 효력은 상속이 개시된 때로 소급한다는 것을 명시적으로 선언한 첫 판시입니다. 또 피상속인(망인)의 채권자(상속채권자)가 그 상속채권을 자동채권, 상속인의 상속채권자에 대한 고유채권을 수동채권으로 하여 상계를 한 경우에도 상속인이 한정승인신고 수리심판을 받아 확정된 경우에는 상속채권자에 대한 고유채권을 그대로 행사할 수 있다는 법리를 처음 선언했습니다.

재판부는 "상속인이 한정승인을 하는 경우에도, 피상속인의 채무와 유증에 대한 책임범위가 한정될 뿐 상속인은 상속이 개시된 때부터 피상속인의 일신에 전속한 것을 제외한 피상속인의 재산에 관한 포괄적인 권리·의무를 승계하지만(민법 제1005조), 피상속인의 상속재산을 상속인의 고유재산으로부터 분리하여 청산하려는 한정승인 제도의 취지에 따라 상속인의 피상속인에 대한 재산상 권리·의무는 소멸하지 않는다(민법 제1031조). 그러므로 상속채권자가 피상속인에 대하여는 채권을 보유하면서 상속인에 대하여는 채무를 부담하는 경우, 상속이 개시되면 채권과 채무가 모두 상속인에게 귀속돼 상계적상이 생기지만, 상속인이 한정승인을 하면 상속이 개시된 때부터 민법 제1031조에 따라 피상속인의 상속재산과 상속인의 고유재산이 분리되는 결과가 발생하므로 상속채권자의 피상속인에 대한 채권과 상속인에 대한 채무 사이의 상계는 제3자의 상계에 해당해 허용될 수 없다."고 보았습니다.

[33] 상속포기심판청구에 대한 가정법원의 결정 이후에는 이를 취소할 수 없다

> 남편의 사망 후 가정법원에 재산상속포기심판청구를 하여 수리되었습니다. 이후 남편 명의의 거액의 재산이 발견되어 상속포기를 취소하고자 하는데 가능할까요?

취소할 수 없습니다. 상속인이 가정법원에 상속의 한정승인이나 포기 심판청구를 하여 결정이 난 이후에는 비록 숙려기간이 경과하기 전이라도 이를 취소할 수 없습니다(민법 제1024조제1항 및 제1019조제1항). 다만 그 신고가 무능력자에 의한 것이라거나, 사기·강박 등의 하자 있는 의사표시에 해당하는 경우에만 취소할 수 있을 뿐입니다.

위와 같은 취소사유에 해당하는 경우 그 취소는 추인할 수 있는 날로부터 3개월, 한정승인 또는 포기한 날부터 1년 내에 상속의 한정승인 또는 포기신고를 한 법원에 해야 합니다(민법 제1024조 제2항).

[34] 5촌 아저씨의 재산은 상속할 수 없다

> 5촌 아저씨 되는 분이 사망하였습니다. 아무도 없고 제일 가까운 친척이 5촌 조카인 저 하나뿐입니다. 제가 재산을 상속할 수 있는지요? 아저씨에게 자식이 없어서 제가 모시고 살았습니다.

우리나라 민법은 사람이 사망하면 우선 그 아들·딸과 배우자에게 재산을 상속하도록 하고, 그들이 없으면 부모에게, 또 부모도 없으면 형제자매에게, 그 다음에는 4촌 이내의 방계혈족에게 상속하게 하였습니다(민법 제1000조). 따라서 5촌 조카가 되는 귀하는 상속권자가 아닙니다.

그러나 상속권을 주장하는 자가 없는 때에는 피상속인과 생계를 같이 하고 있던 자나 피상속인의 요양·간호를 한 자, 기타 피상속인과 특별한 연고가 있던 자의 청구에 의하여 가정법원이 상속재산의 전부 또는 일부를 분여할 수 있습니다. 이 분여청구는 상속인이 없는 재산의 청산 공고기간이 만료한 후 2개월 이내에 하여야 합니다. 그러므로 아저씨와 생계를 같이 한 당신이 가정법원에 상속재산의 분여청구를 할 수 있습니다(민법 제1057조의2).

[35] 아버지의 유산을 맏아들이 임의로 단독상속할 수 없다

> 5년 전에 대지 200평을 남기고 아버지가 사망하였습니다. 저의 형제는 3명인데, 큰형님이 대지를 팔아서 나눠주겠다고 인감도장을 달라고 하여 주었더니 형님 단독 명의로 해놓았습니다. 제 몫을 달라고 할 수 있는지요?

민법은 아들, 딸이 아버지의 재산을 공동으로 상속하게 규정하고 있습니다. 따라서 맏형에게 단독상속하게 하려면 아버지가 유언을 남겨놓든가 생전에 증여를 했어야 합니다. 아버지의 유언이 없거나 생전에 증여하지 않았다면 동생들을 상속에서 제외하고 혼자 상속할 수 없습니다. 물론 사전에 형제들과 상의하여 그에 따라 귀하를 포함한 동생들이 포기를 했다면 별문제입니다. 그러나 아무 양해도 없이 제멋대로 자기명의로만 상속등기를 주장할 수 없습니다. 그러므로 귀하들은 맏형을 상대로 형님이 임의로 상속등기를 한 사실을 안 날부터 3년 내에, 상속권의 침해행위가 있은 날부터 10년 내에 상속회복청구소송을 제기할 수 있습니다(민법 제999조).

[36] 상속재산을 모으는 데 기여한 사람은 그만큼 더 받을 수 있다

> 저는 4남매의 장남으로 30여 년 동안 부모님을 모시고 고향에서 농사를 지어왔습니다. 부모님은 제가 결혼할 때만 해도 불과 논 몇 마지기밖에 없었는데, 제가 노력하여 재산을 늘려 지금은 논, 밭, 임야까지 샀습니다. 이 재산은 모두 아버지 명의로 되어 있는데 얼마 전 아버지가 돌아가셨습니다. 이 재산을 다른 형제들과 똑같이 나누어야 합니까?

아버지의 상속재산을 축적하는 데 특별히 기여한 사람(피상속인을 특별히 부양한 자 포함)에게는 그 공로를 인정해 주는 민법 규정이 있습니다. 귀하처럼 부모님을 수십 년간 모시고 살면서 농사를 지어 재산을 늘린 것이 분명하다면 그 몫만큼은 더 받을 수 있습니다. 이를 기여분이라 합니다. 그 몫을 정하는 방법은 어머니와 형제 등 공동상속인끼리 의논해서 정할 수 있으나, 협의가 안 되면 가정법원에 기여분에 대한 청구를 하십시오. 가정법원은 당신이 기여한 시기와 방법, 정도와 상속재산의 액수, 기타 사정을 참작하여 기여분을 정해줍니다(민법 제1008조의2).

[37] 특별수익자의 상속분

> 아버지가 2개월 전에 유언을 남기지 않고 돌아가셨습니다. 유족으로는 저희 3남매와 어머니가 계십니다. 그런데 남동생과 여동생이 저는 결혼할 때에 아버지가 집을 사주었으니 아버지가 남긴 재산에 있어 어머니와 자기들에게만 상속권이 있다고 합니다. 저에게는 상속권이 없는지요?

귀하는 공동상속인인 동시에 피상속인(사망자)으로부터 재산의 증여를 받은 특별수익자에 해당합니다. 공동상속인 중 피상속인으로부터 재산의 증여 또는 유증을 받은 사람이 있는 경우, 그의 상속분은 증여 또는 유증 받은 재산을 상속재산에 합해서 각자의 상속분을 계산한 후 상속 또는 유증 받은 재산을 공제한 금액이 됩니다. 즉 공동상속인 중에 피상속인으로부터 재산의 증여 또는 유증을 받은 사람이 있는 경우에는 그 수증재산이 자기의 상속분에 달하지 못한 때에 그 부족한 부분의 한도에서 상속분이 있습니다(민법 제1008조).

그러므로 귀하가 증여받은 재산이 귀하의 상속분을 초과하는 경우라면 귀하는 상속분을 주장할 수 없습니다.

[38] 상속재산의 분할 전 완료된 지분이전등기에 대해 상속회복청구가 가능할까

> 부친이 돌아가시고 저희 4남매는 공동상속인으로 상속재산인 토지에 대해 법정상속분에 따라 상속을 원인으로 한 소유권이전등기를 마쳤습니다. 그런데 4남매 중 제일 맏이인 큰형은 아버지 생전에 이미 토지 지분보다 훨씬 많은 재산을 증여받았습니다. 따라서 특별수익자인 큰형은 토지에 대해 상속받을 것이 없기에 다른 형제들과 함께 큰형 명의로 이루어진 지분이전등기에 관하여 진정명의회복을 원인으로 한 이전등기청구(상속회복청구)를 하려고 합니다. 가능할까요?

할 수 없습니다. 대법원은 상속재산 분할이 이루어지기 전에 특별수익 등을 고려한 구체적 상속분이 0원인 상속인에게 법정상속분에 따른 소유권이전등기가 이루어졌다 하더라도 다른 상속인들이 소유권이전등기의 무효를 주장하면서 상속회복청구를 할 수 없다고 판시하였습니다(대법원 2023. 4. 27. 선고 2020다292626 판결).

재판부는 공동상속인들은 상속이 개시되어 상속재산의 분할이 있을 때까지 민법 제1007조에 기하여 각자의 법정상속분에 따라서 이를 잠정적으로 공유하다가 특별수익 등을 고려한 구체적 상속분에 따라 상속재산을 분할함으로써 위와 같은 잠정적 공유상태를 해소하고 최종적으로 개개의 상속재산을 누구에게 귀속시킬 것인지를 확정하게 되므로, 공동상속인들 사이에서 상속재산의 분할이 마쳐지지 않았음에도 특정 공동상속인에 대하여 특별수익 등을 고려하면 그의 구체적 상속분이 없다는 등의 이유를 들어 그 공동상속인에게는 개개의 상속재산에 관하여 법정상속분에 따른 권리승계가 아예 이루어지지 않았다거나, 부동산인 상속재산에 관하여 법정상속분에 따라 마쳐진 상속을 원인으로 한 소유권이전등기가 원인무효라고 주장하는 것은 허용될 수 없다고 판단하였습니다.

이러한 사안의 경우,

첫째, 피상속인 사망 후 초과특별수익자인 상속인이 법정상속분 기준으로 상속등기를 마친 상태라면 하루라도 빨리 가처분신청을 하여 상속지분을 보호할 수 있습니다. 가처분은 그 자체로 순위보존의 효과가 있으므로 해당 상속인에게 상속분이 없는 것이 확인되면 그 상속지분에 대한 경정이 되므로 가처분 이후에 등기한 부분은 말소됩니다.

둘째, 가처분을 하지 못한 상태에서 소유권이 이전되면 상속회복청구가 아니라 부당이득금 반환청구를 하여야 합니다. 취득자가 제3자이고 선의라면 해당 상속인을 상대로 손해배상청구를 하여야 합니다.

[39] 배우자가 생전증여를 받은 경우, 그 생전증여를 특별수익에서 제외시킬 수 있는지 여부

> 40년 전 중매로 결혼해서 딸 3명을 낳고 양육해서 다 혼인시켰습니다. 그리고 시부모님을 20년 이상 모셨습니다. 9년 전 시어머님께서 돌아가신 후 아파트를 구입해 이사하면서 남편이 단독주택 명의는 자기 명의로 되어있으니 그동안 고생하고 산 나에게 고마운 마음이 있어서인지 아파트 명의를 제 명의로 해주었습니다. 그런데 남편이 3년 전 뇌졸중으로 쓰러져 의식을 회복하지 못하고 병원에 있다가 사망했습니다. 남편의 사망 후 남편의 혼외자가 나타났는데, 이미 6년 전 남편의 가족관계등록부에 남편의 자식으로 등록된 사실을 이제야 알게 되었습니다. 혼외자는 제가 특별수익자라면서 남편이 남긴 재산을 저는 상속받을 수 없다고 합니다. 혼인 후 함께 모은 재산 중 일부를 제 명의로 한 경우, 남편이 남긴 재산을 저는 상속받을 수 없는지요?

생전증여를 받은 상속인이 배우자로서 일생동안 피상속인의 반려가 되어 그와 함께 가정공동체를 형성하고, 이를 토대로 서로 헌신하며 가족의 경제적 기반인 재산을 획득, 유지하고 자녀들에게 양육과 지원을 계속해온 경우, 생전증여에는 위와 같은 배우자의 기여나 노력에 대한 보상 내지 평가, 실질적 공동재산의 청산, 배우자 여생에 대한 부양의무 이행 등의 의미도 함께 담겨있다고 봄이 타당하므로 그러한 한도 내에서는 생전증여를 특별수익에서 제외하더라도 자녀인 공동상속인과의 관계에서 공평을 해친다고 말할 수 없다는 판례가 있습니다(대법원 2011. 12. 8. 선고 2010다66644 판결). 따라서 남편이 남긴 재산 중 부인의 법정상속분을 주장할 수 있습니다.

[40] 상속재산의 분할방법

> 저희 3남매와 어머니를 두고 아버지가 사망하신 지 벌써 5년이나 지났습니다. 그 재산을 서로 처분하여 써야 할 형편인데 어떤 방법으로 나누어야 할까요?

먼저 돌아가신 아버지의 유언이 있었는가가 문제됩니다. 만일 재산의 분할방법에 대해 아버지가 유언을 해두었다면 그에 따라야 합니다(민법 제1012조).

아버지의 유언이 없었다면 공동상속인들이 협의하여 분할할 수 있습니다(민법 제1013조). 이 경우에는 반드시 상속분에 따라서 나눌 필요는 없기 때문에 어머니나 귀하 형제들 사이에 어느 한 사람이 자기의 상속분보다 적은 몫을 받거나 전혀 그 몫을 받지 않는다는 협의를 하더라도 관계없습니다. 즉 상속분에 대해서도 아무 제한이 없기 때문에 공동상속인 전원의 협의에 의한다면 어떠한 결정을 해도 상관없습니다. 그러나 협의가 되지 않으면 법정상속분에 따라 어머니 1.5, 3남매 각각 1의 비율로 상속을 받게 됩니다(민법 제1009조).

일단 어머니와 형제들과 함께 그 유산의 분할방법에 대해 협의를 해보고, 그 결과 협의가 불가능하면 법원에 상속재산분할 심판청구를 할 수 있습니다. 만약 소송을 통해 상속재산을 나누어야 할 경우 법원은 현물로 분할할 수 없거나 분할로 인하여 그 가격이 현저히 줄어들 염려가 있을 때에는 경매를 명할 수도 있습니다(민법 제1013조제2항, 가사소송법 제2조제1항 마류 10호).

[41] 1960년 이전에 사망한 경우의 재산상속 비율

> 3남 2녀를 남기고 남편이 1958년에 사망했습니다. 자식들이 모두 성장해서 남편의 재산을 상속하려 하는데 법적으로 어떻게 나누어지는지요? 그리고 저에게도 상속권이 있습니까?

상속은 사망 당시 시행되고 있던 법에 의하여 해결해야 합니다. 그 당시의 상속법에 따르면 남편이 호주였다가 사망하였다면 장남이 호주상속을 하는 동시에 전 재산을 일단 상속한 후 차남과 3남에게는 분가할 때 그 재산을 나누어 줄 의무가 있고, 차남, 3남은 호주인 장남에게 재산을 나누어달라고 요구할 분재청구권이 인정되어 있었습니다. 차남, 3남이 분재청구를 함에 있어서는 반드시 분가를 조건으로 하도록 했습니다.

이 재산분배 비율은 장남이 전체 유산의 절반을 갖고, 나머지 절반을 가지고 차남, 3남이 똑같이 나누게 되어 있었습니다. 그리고 딸이나 처에게는 이 분재청구권을 인정하지 않았기 때문에 귀하와 두 딸은 남편의 재산상속에서 제외됩니다. 만약 사망한 남편이 호주가 아니고 가족이었다가 사망한 경우에는 세 아들이 똑같이 나누어 상속하게 됩니다. 이 경우에도 여자인 당신과 딸은 상속권이 없습니다.

[42] 1960년부터 1978년 사이에 사망한 경우의 재산상속 비율

> 1977년에 친정아버지가 유언 없이 돌아가셨습니다. 유족으로는 어머니와 오빠 둘, 기혼인 저와 미혼인 여동생이 있습니다. 그런데 장남인 오빠는 아직도 상속등기를 하지 않고 아버지가 남긴 재산을 자기 마음대로 하려 합니다. 법적으로 제 상속분은 얼마나 될까요?

1977년에 아버지가 유언 없이 사망하였다면 어머니와 자녀가 공동상속을 하게 됩니다. 법정상속분은 오빠 둘은 똑같은 비율이고, 어머니와 딸들은 남자 형제의 절반을 받게 됩니다. 그러나 딸 중에서 결혼하여 친정 호적에서 제적된 귀하는 미혼 여동생의 절반, 즉 남자 형제의 4분의 1을 받게 됩니다. 그리고 돌아가신 친정아버지가 호주였다면 장남 1.5, 차남 1, 부인 0.5, 혼인 안 한 딸 0.5, 혼인한 딸 0.25 비율로 상속받게 됩니다.

[43] 1979년부터 1990년 사이에 사망한 경우의 재산상속 비율

> 어머니와 오빠 두 명, 결혼한 언니, 미혼인 저를 남겨두시고 1989년에 호주인 아버지가 유언 없이 돌아 가셨습니다. 장남인 오빠가 일단 전 재산을 자기 단독명의로 한 후에 나누자고 해서 아직 상속등기를 하지 않았습니다. 당시 법적인 상속분은 어떻게 되는지요?

1989년에 호주인 아버지가 유언 없이 사망하였다면 어머니와 자녀가 공동상속을 하게 됩니다. 재산상속인이 동시에 호주상속을 할 경우에는 상속분은 그 고유의 상속분의 5할을 가산하고, 동일 가적 내에 없는 여자의 상속분은 남자의 상속분의 4분의 1, 배우자의 상속분은 직계비속의 상속분의 5할을 가산합니다. 그러므로 부인 1.5, 장남 1.5, 차남 1, 혼인안 한 딸 1, 혼인한 딸 0.25 비율로 상속받게 됩니다.

[44] 1960년 이전에 사망한 사람의 혼인 외 자의 재산상속권

> 저의 어머니가 첩이었기 때문에 저는 아버지의 혼인외의 자로 입적되어 있습니다. 큰어머니 댁에는 이복형 둘이 있습니다. 아버지가 9. 28. 서울 수복 당시 사망하였는데, 아버지가 남긴 유산을 서자인 저는 상속받을 수 없습니까?

9. 28 수복 당시라면 1953년에 아버지가 사망한 것인데, 1960년 이전에 사망한 사람의 상속 문제는 그 당시 법을 적용하도록 되어 있습니다. 현행 민법상으로는 당신과 같은 혼인 외의 자나 이복형 같은 혼인중의 자나 차별 없이 상속권을 인정하고 상속분에도 차별을 두지 않고 있습니다만, 그 당시 법에서는 혼인외의 자의 상속권은 인정하나 상속분에 있어서는 혼인중의 자의 절반을 받도록 되어 있습니다.

[45] 1960년 이전에 사망한 호주 아닌 남편의 재산은 어머니가 있어도 처가 상속한다

> 차남이던 남편이 자식도 없이 1957년에 세상을 떠났습니다. 시어머니와 저뿐인데 누가 남편의 재산을 상속하게 됩니까?

그 당시 법에서는 귀하의 남편처럼 즉, 호주 아닌 가족이 사망하게 되면 자녀가 없을 때에는 처가 어머니에게 우선하여 재산상속권이 있기 때문에 시어머니가 있더라도 남편의 재산은 귀하가 전부 단독상속하게 됩니다. 만일 남편이 호주였다면 시어머니가 호주상속과 함께 재산상속을 받게 되어 있었습니다.

[46] 묘지나 족보 등은 실제로 제사를 지내는 사람에게 승계된다

> 제가 맏아들인데 서울에서 살고 있고, 고향에서 차남인 동생이 아버지를 모시고 선산을 관리하며 살았습니다. 그래서 조상에 대한 제사도 동생이 지내왔습니다. 이번에 아버지가 사망하신 후 동생은 그동안 아버지를 자기가 부양하고 조상에 대한 제사를 지내왔으며 선산을 관리해 왔으니 계속 그 일을 자기가 하겠다고 하면서 족보, 제기는 물론 묘지와 분묘에 속한 땅까지 자기가 가져야 한다고 주장합니다. 관리는 동생이 해도 묘지 등 재산상속은 장남인 제가 일단 제 명의로 가지게 되는 게 아닌지요?

분묘에 속한 1정보 이내의 금양임야와 600평 이내의 묘토인 농지, 족보와 제구의 소유권은 실제로 제사를 주재하는 사람이 승계하도록 규정하였습니다(민법 제1008조의3). 그러므로 당신이 장남이라 하더라도 실제로 제사를 주재하고 있지 않고, 앞으로도 주재할 형편이 아니라면 현재까지 제사를 지내오고 앞으로도 제사를 지내고 선산을 관리할 동생이 묘지나 족보 등의 소유권을 가지게 됩니다.

[47] 제사주재자, 남녀·적서 불문하고 연장자가 우선

> 공동상속인들 사이에 제사주재자에 관한 협의가 이루어지지 않는 경우, 제사주재자는 계속 장남이나 장손자가 되는지요?

아닙니다. 제사주재자는 공동상속인들 사이의 협의에 의해 정하되, 협의가 이루어지지 않는 경우에는 제사주재자의 지위를 인정할 수 없는 특별한 사정이 있지 않은 한 피상속인의 직계비속 중 남녀, 적서를 불문하고 최근친의 연장자가 제사주재자로 우선한다는 대법원 판결이 나왔습니다(대법원 2023. 5. 11. 선고 2018다248626 전원합의체 판결). 종전 대법원 판결은 협의가 이루어지지 않는 경우 제사주재자의 지위를 유지할 수 없는 특별한 사정이 있지 않은 한 망인의 장남(장남이 이미 사망한 경우 장손자)이 제사주재자가 되고, 공동상속인들 중 아들이 없는 경우에는 장녀가 제사주재자가 된다고 보았는데(2008. 11. 20. 선고 2007다27670 전원합의체 판결), 이를 변경한 것입니다.

재판부는 다음과 같은 사유로 공동상속인들 사이에 협의가 이루어지지 않는 경우 제사주재자 결정방법에 관한 2008년 전원합의체 판결의 법리는 더 이상 조리(條理)에 부합한다고 보기 어려워 유지될 수 없다며 이를 변경하였습니다.

1) 공동상속인들 사이에 협의가 성립되지 않는 경우 특별한 사정이 없는 한 장남 또는 장손자 등 남성 상속인을 제사주재자로 우선하는 것은 성별에 의한 차별을 금지한 헌법 제11조 제1항 및 개인의 존엄과 양성의 평등에 기초한 혼인과 가족생활의 성립과 유지를 보장하는 헌법 제36조제1항의 정신에 합치하지 않는다.

2) 현대사회의 제사에서 부계혈족인 남성 중심의 가계계승의 의미는 상당 부분 퇴색하고, 망인에 대한 경애와 추모의 의미가 보다 중요해지고 있다. 이와 같은 현재의 법질서, 국민들의 변화된 의식 및 정서와 생활양식 등을 고려하면, 장남 또는 장손자 등 남성 상속인이 여성 상속인에 비해 제사주재자로 더 정당하다거나 그 지위를 우선적으로 인정받아야 한다고 볼 수 없다.

3) 제사 및 제사용 재산의 승계제도는 조상숭배라는 전통에 근거하는 것이면서도 헌법상 개인의 존엄 및 양성평등의 이념과 조화되도록 운영하여야 한다는 한계를 가진다. 제사주재자를 정할 때 여성 상속인을 열위에 두는 것은 이러한 현대적 의미의 전통에 부합하지 않는다. 제사주재자로 남성 상속인을 우위에 두지 않는다고 하여 제사제도에 내포된 숭조사상, 경로효친과 같은 전통문화나 미풍양속이 무너진다고 볼 수도 없다.

[48] 상속인 중 일부가 공동상속등기에 협력하지 않을 경우 상속등기 할 수 있는 방법

> 아버지가 집 1채를 남기고 돌아가셨고, 유족으로 어머니와 저 그리고 여동생 두 명 모두 4명이 있습니다. 그런데 출가한 여동생이 협의분할에 응하지 않고, 법정상속에 따른 상속지분등기에도 협력하지 않습니다. 제가 단독으로 상속등기를 신청할 수 있는지요? 만약 신청 가능하다면 납부할 세금 등의 부담은 어떻게 되는지요?

상속재산의 협의분할은 상속인 전원의 참여를 요건으로 합니다. 상속인 중 한 사람이라도 동의하지 않으면 협의분할을 할 수 없지만, 귀하가 단독으로 법정상속분에 따라 공동상속인 전원의 상속등기를 신청할 수 있고, 이 경우 등기신청서에는 상속인 전원을 표시하여야 합니다(1996. 10. 4. 등기선례 5-275, 1996. 10. 7. 등기선례 5-276). 그리고 「부동산등기법」상 권리에 관한 등기를 할 경우 권리자에 관한 사항을 기록할 때에는 권리자의 성명 또는 명칭 외에 주민등록번호 또는 부동산등기용 등록번호와 주소 또는 사무소 소재지를 함께 기록하여야 합니다(법 제48조 제1항, 제2항).

이 경우 부담할 세금과 관련하여 우리 판례는 '공유재산에 관한 취득세와 재산세를 공유자 외 한 사람이 이를 부담하였다면 특단의 사정이 없는 한 다른 공유자에게 그 부담부분에 대하여 구상채권을 갖는다 할 것이다.'고 하였는 바, 등기 후 각 상속인의 지분비율에 따라 세금 부담분을 다른 상속인에게 청구할 수 있습니다(대법원 1984. 11. 27. 선고 84다카317,318 판결).

[49] 부동산 상속세는 객관적 교환가치가 반영된 땅값을 기준으로 한다

> 부동산 상속세의 법적 평가 기준을 알고 싶습니다.

상속세가 부과되는 재산의 가액은 상속개시일 현재의 시가에 의하도록 하고, 시가는 불특정 다수인 사이에 자유로이 거래가 이루어지는 경우에는 통상 성립된다고 인정되는 가액으로 하며, 시가를 산정하기 어려운 경우에는 그 재산의 종류·규모·거래상황 등을 감안해 규정된 방법으로 평가한 가액에 의합니다(상속세 및 증여세법 제60조제1~3항, 제61~65조, 동법 시행령 제49조). 즉, 부동산 상속세는 정상거래 등에 의해 형성된 객관적 교환가치가 반영된 땅값을 기준으로 해야 합니다. 상속인들이 신고한 금액이 낮아 세무서가 상속세 및 증여세법에 규정된 방법으로 공시지가 등을 기준으로 부동산 가액을 다시 평가해 상속세 납부를 고지하더라도 상속인들의 재산권을 침해하는 것은 아니라는 판례가 있습니다(대법원 2017. 7. 14. 선고 2014두7565 판결).

[50] 북한이탈주민의 부모님이 이미 사망한 경우, 다른 형제를 대상으로 상속회복청구를 할 수 있다

북한에서 탈북하여 남한으로 온 북한이탈주민은 부모님이 이미 사망한 경우 다른 형제를 대상으로 상속회복청구를 할 수 있다. 2012년 5월 시행된 「남북 주민 사이의 가족관계와 상속 등에 관한 특례법」(이하 '남북가족특례법'이라 함)은 남북 이산으로 인해 한국 주민으로부터 상속을 받지 못한 북한 주민은 민법 제999조제1항에 따라 상속회복청구를 할 수 있다고 규정하고 있다.

문제는 남북가족특례법에 청구권의 소멸시효에 대해서는 명시하고 있지 않아, 민법 제999조제2항에 따라 상속권의 침해를 안 날부터 3년, 상속권의 침해가 있은 날부터 10년을 경과하면 소멸한다는 것이다(대법원 2016. 10. 19 선고 2014다46648 전원합의체 판결). 북한 주민은 자신의 상속권이 침해당했다는 사실을 모를 수밖에 없기 때문에 다르게 보아야 하는데 소멸시효 부분 등을 명시하지 않은 것은 입법을 통해 개선해야 할 점이다.

[51] '北 주민의 親子 확인' 첫 승소판결 확정 – 南 부모 둔 北 주민, 유산상속 길 열려

A씨는 월남하기 전 북한에 2남4녀의 자녀가 있었다. 1951년 1.4후퇴 당시 A씨는 장녀와 함께 남한으로 내려와 재혼하여 2남2녀의 자식을 두었고, 1987년 사망하였다. 100억원 대 상속재산을 놓고 분쟁이 발생하였고, 큰딸 B씨가 "북한에 남아 있는 4명의 동생들도 월남한 부친 A씨의 친자식임을 인정해달라."며 그들을 대리하여 2009년 2월, 친자확인 소송을 제기하였다.

대법원은 "월남 후 사망한 남성이 친아버지라는 것을 인정해 달라."며 낸 이 소송에서 원고 승소 판결을 확정했습니다(대법원 2013. 7. 25. 선고 2011므3105 판결). 그리고 "고인이 남한의 이복형제·자매와 새어머니 등에게 남긴 100억 원 가량의 재산을 북한의 동생들에게도 나눠달라."며 제기한 소송은 지난 2011년 서울중앙지방법원에서 부동산 일부를 나누어 지급하도록 하는 내용의 조정이 성립되었습니다.

[52] 상속인 중 일부가 외국인 또는 재외국민인 경우

> 저희는 2남 2녀인데 누나와 남동생이 미국에서 살고 있습니다. 누나는 미국 국적을 취득해서 대한민국 국적을 상실했고, 남동생은 미국에 이민 가서 살고 있는 재외국민입니다. 이번에 아버지가 돌아가셔서 재산상속 등기를 해야 하는데 어떤 서류가 필요한지 알고 싶습니다.

공동상속인 중 일부가 외국인 또는 재외국민인 경우 부동산 상속등기 시 필요한 서류는 다음과 같습니다.

외국인(시민권자)인 경우	재외국민인 경우
〈공통〉 1. **처분위임장*** 　위임행위, 수임자(한국 대리인) 인적사항 정확하게 기재하고 서명한 후 공증 받은 위임장 2. **서명인증서*** 3. **동일인증명서*** (외국식으로 성명이 변경된 경우) 4. **부동산을 상속받는 경우**(상속받지 않는 경우 불필요) 　① 주민등록번호가 있는 경우 : (말소된) 주민등록초본 　② 주민등록번호가 없는 경우 : 부동산등기용등록번호 증명서 [출입국관리사무소 발급]	
5. **주소증명서류** (택1) 　① 거주사실증명서* 　② 거주확인서* 　③ 국내거소사실증명원(국내거소신고 한 경우) 　④ 외국인등록사실증명원(국내에 　　　외국인등록이 되어 있는 경우) 6. **여권사본**	5. **주소증명서류** (택1) 　① 재외국민 거주사실증명원* 　② 재외국민등록부 등본* 　③ 주소공증 서면*

별표(*) 표시된 서류는 모두 공증 및 아포스티유가 첨부되어야 하며, 한글 번역문이 반드시 필요합니다. 외국인(시민권자)의 국적국 또는 재외국민의 거주국이 아포스티유 협약국이 아닌 경우, 공증서류에 해당 국가 내 한국 영사관 또는 대사관에서 공증을 받아야 합니다.

위 서류들을 받은 한국 대리인이 상속재산분할협의서에 외국인(시민권자) 또는 재외국민의 서명 대신 대리인의 인감도장을 날인한 후 대리인의 인감증명서, 주민등록초본을 첨부하여 상속등기를 할 수 있습니다.

한편 기존 부동산 등기선례(1993. 11. 29. 제4-342호)는 국내에 있는 공동상속인이 외국에 있는 공동상속인을 대리하여 상속재산분할협의를 할 수 없다고 하여 공동상속인에게는 이를 위임할 수 없었으나, 공동상속인 중 한 사람을 분할협의에 관한 대리인으로 선임하여도 무방하다고 등기선례가 변경됨에 따라(2018. 5. 28. 제201805-9호) 이제는 가능하게 되었습니다.

※ **아포스티유(apostille)**

아포스티유란 외국 공문서에 대한 인증 절차를 폐지하고 한 국가의 문서를 다른 국가에서 법적으로 인정받기 위한 확인 절차(Legalization) 또는 그에 대한 국제 협약을 뜻한다. 국가 간에 서로 협약을 맺어 상대국 외교부의 확인만으로 그 문서가 "진본"임을 믿겠다는 의미이다.

2017. 10. 1.부터 부동산등기를 신청할 때 외국 공문서나 공증문서에는 영사 확인을 받거나 아포스티유를 반드시 첨부해야 한다. 아포스티유 미협약국(예 중국, 태국, 캐나다 등)의 공문서나 사서증서를 공증받은 경우에는 반드시 우리나라 공증담당 영사관의 확인을 거쳐야 하며, 이러한 확인 절차 없는 공문서나 공증 받은 사서증서는 등기신청 시에 사용할 수 없다.

[53] 재산상속을 포기해도 생명보험금은 받을 수 있다

> 아버님이 생명보험을 들면서 보험수익자로 상속인을 지정해놓았습니다. 그런데 상속인은 남기신 재산보다 채무가 많아 상속포기를 했습니다. 보험금도 받을 수 없는지요?

생명보험에서 보험수익자로 상속인을 지정한 경우 상속인이 가지는 보험금청구권은 상속재산이 아니고 상속인의 고유재산이므로, 보험계약자의 채권자는 보험금청구권에 대하여 가압류 등의 조치를 취할 수 없습니다(대법원 2001. 12. 24. 선고 2001다65755 판결).

또한 상속인의 보험금청구권은 상속인의 고유재산으로 보는 판례의 입장에 따르면 상속인은 상속을 포기한 경우에도 보험금을 받을 수 있습니다(대법원 2001. 12. 28. 선고 2000다31502, 대법원 2004. 7. 9. 선고 2003다29463 판결). 왜냐하면 보험수익자로서의 상속인이란 민법상의 상속인과는 개념, 기능 등이 다르고, 단지 피보험자 사망 시 보험수익자를 지정하는 표준에 불과한 것이며, 더구나 보험금은 보험수익자의 고유재산이므로 상속포기는 재산상속에만 영향을 미칠 뿐 이미 확정된 보험수익자의 권리에는 영향이 없다고 보아야 하기 때문입니다.

[54] 상속인 중 실종된 자의 실종선고를 청구할 수 있는 이해관계인은 누구인가

> 전처와의 사이에 딸 4명을 두고 이혼하신 후 저희 어머니와 재혼해 1남1녀를 두신 아버지가 2018년 6월에 유산으로 집 한 채 남기고 유언 없이 돌아가셨습니다. 그 집을 어머니 단독명의로 상속해드리고 싶은데 전부인 사이에 둔 두 딸의 행방을 알 수 없습니다. 생모도 40년 가까이 그 딸들 행방을 모른다 합니다. 자매인 제가 이해관계인으로 실종선고를 청구할 수 있는지요?

부재자에 대하여 실종선고를 청구할 수 있는 이해관계인은 그 실종선고로 인하여 일정한 권리를 얻고 의무를 면하는 등의 신분상, 경제상의 이해관계를 가진 자에 한합니다. 귀하는 부재자의 이복자매로, 부재자가 사망할 경우 제1순위 상속인인 그 생모가 생존해 계시므로 제2순위 상속인입니다. 그러므로 특별한 사정이 없는 한 언니들에 대한 실종선고를 청구할 수 있는 신분상, 경제상의 이해관계를 가진 자라고 할 수 없습니다. 부재자에 대하여 실종선고를 청구할 수 있는 이해관계인으로 선순위 상속인이 있을 경우 후순위 상속인은 실종선고를 청구할 이해관계인이 아니라는 대법원 결정이 있습니다(대법원 1992. 4. 14.자 92스4, 92스5, 92스6 결정).

[55] 상속인 중 한 명이 행방불명일 때 상속등기

> 세 형제 앞으로 빌딩 한 채가 상속되었습니다. 막내가 수년 전부터 행방불명되어 주민등록도 말소된 상태인데, 세 사람 명의로 빌딩의 소유권이전등기를 할 수 있을까요?

할 수 있습니다. 공동상속인 중 한 사람이 가족관계등록부에는 등재되어 있으나 주민등록은 말소되어 있고, 현재 그 소재나 생사 여부를 확인할 수 없는 경우라면 다른 공동상속인들이 신청서에 행방불명인 사람을 함께 상속인으로 표시하고, 그의 말소된 주민등록초본을 첨부(말소된 주민등록초본상 최후주소를 주소지로 표시)해서 상속등기를 신청할 수 있습니다. 만일 행방불명된 상속인이 실종선고의 요건에 해당된다면 실종선고를 통해서 그에 관한 가족관계등록부를 정리한 후 그를 제외한 다른 상속인들(질문에서는 첫째와 둘째)이 공동상속인으로서 상속등기를 신청할 수 있습니다(공동상속인 중 1인이 소재불명인 경우 다른 상속인들에 의한 상속등기절차 등기선례 제6-200호).

[56] 상속재산상태의 조회, '안심상속 원스톱서비스'를 이용해 알아볼 수 있다

> 아버지가 갑자기 돌아가셔서 부동산, 예금 등에 대한 정확한 재산상황을 알지 못합니다. 이런 것들은 어떻게 확인할 수 있나요?

안심상속 원스톱서비스를 이용해 알아볼 수 있습니다. '안심상속 원스톱서비스'란 피상속인·피후견인 재산조회를 한 번에 통합 신청하는 서비스로 금융내역(예금·대출·보험·퇴직공제금 등), 토지, 건축물, 자동차, 세금(체납액·미납액·환급액), 연금 가입 유무 등을 조회할 수 있습니다.
신청방법은 다음과 같습니다.
- 인터넷 신청: 정부24(www.gov.kr) 홈페이지 ➤ 사망자 등 재산조회 통합처리 신청(안심상속)   ※ 공인인증서 필요

- 방문 신청: 가까운 시(구)청 및 읍·면·동 주민센터

다음과 같은 사람이 신분증과 가족관계증명서 등 상속관계 증빙서류를 구비하여 신청할 수 있습니다. 신청수수료는 없습니다.

- 신청자격: 제1순위 상속인(자녀·배우자), 제2순위 상속인(부모·배우자), 제3순위(형제자매)

안심상속 원스톱서비스는 피상속인의 사망일이 속한 달의 말일부터 1년 이내에 신청할 수 있으며, 이 기간이 지나면 상속인은 금융거래는 금융감독원의 상속인 금융거래 조회를 통해, 토지·건축물은 국토교통부, 보험료 등은 의료보험공단, 세금은 국세청 및 각 징수 지자체에 일일이 별도로 조회 신청을 해야 합니다.

[57] 특별한정승인

> 아버지가 큰 빚을 남긴 채 돌아가셨습니다. 장례식이 끝난 후 어머니와 저와 동생 모두 상속포기 신고를 했는데, 며칠 전에 제 아들(사망자의 손자) 앞으로 아버지의 빚을 갚으라고 채무자들이 제기한 소장이 왔습니다. 제 아들이 거액의 빚을 떠안아야만 하는 건가요?

선(先)순위 상속인이 상속포기를 하면 다음의 상속순위에 있는 사람에게 상속인의 지위가 넘어갑니다. 즉, 상속 1순위인 사람(피상속인의 직계비속 및 법률상의 배우자)이 상속포기를 하면 상속 2순위인 사람(피상속인의 직계존속 및 법률상의 배우자)이 상속인이 됩니다. 후순위의 상속인들이 모두 상속포기를 하면 상속인의 부존재로 인한 상속재산의 청산절차가 진행됩니다.

귀하와 같이 상속 1순위인 피상속인의 자녀와 배우자가 상속포기를 하면 그 다음 순위인 손자녀가 상속인이 되므로 손자녀도 상속포기를 해야 채무를 떠안지 않습니다. 이와 같이 선(先)순위자가 상속을 포기함에 따라 후(後)순위자가 상속인이 된 경우에는 그 후순위자는 본인이 상속인이 됐음을 안 날로부터 3개월 이내에 상속의 한정승인 또는 상속포기를 함으로써 상속채무에서 벗어날 수 있습니다.

따라서 귀하가 아들을 대리해서 위의 소장을 받은 날부터 3개월 이내에 가정법원에 상속특별한정승인신고나 상속포기를 한다면 아들은 할아버지의 빚을 갚지 않을 수 있습니다(민법 제1019조·제1020조·제1041조·제1043조 및 제1053조, 대법원 2005. 7. 22. 선고 2003다43681 판결).

[58] 미성년일 때 한정승인을 하지 못한 경우, 성년이 된 뒤 특별한정승인을 할 수 있는지

> 제가 6살 때에 아버지가 돌아가셨습니다. 제가 취직을 해서 은행에 예금을 했는데 채권자라며 제 예금에 압류, 추심을 해서 비로소 상속채무의 존재를 알게 되었습니다. 억울합니다. 특별한정승인이라는 제도가 있다는데 저도 해당되는지 알고 싶습니다.

할 수 없습니다. 미성년이었던 상속인이 성년에 이른 다음 새롭게 특별한정승인을 신청한 사건에 관한 대법원의 판결은 "대리행위는 본인이 행위한 것과 같이 직접 본인에 대해 효력이 생기는 것이 원칙"이라며 대리인이 특별한정승인을 할 수 있는 시기가 지났는데도 상속인이 성년에 이른 다음 새롭게 특별한정승인을 해 기존의 법률관계를 번복시킬 수 있다고 보는 것은 대리의 기본원칙에 정면으로 반한다고 밝혔습니다. 또한 제척기간은 법률이 정한 권리행사기간으로 제척기간이 지나면 권리가 소멸한다며 "상속인이 당초 미성년자였다는 이유로 특별한정승인을 할 수 있었던 제척기간이 지난 다음 성년에 이르면 다시 새로운 제척기간을 부여받아 특별한정승인을 할 수 있다고 보는 것은 법률관계를 조기에 확정하기 위한 제척기간의 본질에도 부합하지 않는다."라며 특별한정승인이 받아들여지지 않았습니다(대법원 2012. 3. 15. 선고 2012다440 판결, 2020. 11. 19. 선고 2019다232918 전원합의체 판결).

[59] 2022. 12. 13.부터 미성년일 때 한정승인을 하지 못한 경우, 성년이 된 뒤 특별한정승인을 할 수 있다

미성년자에게 '빚 대물림'방지법이 신설되어 2022. 12. 13.부터 미성년자는 성년 이후에도 특별한정승인을 할 수 있도록 되었다. 개정법에 따르면 미성년자인 상속인이 성년이 되기 전 상속채무가 상속재산을 초과하는 상속을 포괄승인하는 단순승인을 했더라도, 성년이 된 후에 상속채무가 상속재산을 초과한다는 사실을 알게 된 날로부터 3개월 내에 특별한정승인을 할 수 있다. 이는 법 시행일 기준 19세 미만인 모든 미성년자에게 소급 적용하고, 아직 상속채무 초과 사실을 알지 못하는 성년자에게도 개정 규정이 소급 적용된다(민법 제1019조 제4항 신설, 법률 제19069호 부칙 제2조).

민법 제1019조 (승인, 포기의 기간)
① 상속인은 상속개시 있음을 안 날로부터 3월내에 단순승인이나 한정승인 또는 포기를 할 수 있다.(후단 생략)
③ 제1항에도 불구하고 상속인은 상속채무가 상속재산을 초과하는 사실(이하 "상속채무 초과사실"이라 함)을 중대한 과실 없이 제1항의 기간 내에 알지 못하고 단순승인(제1026조제1호 및 제1호에 따라 단순승인한 것으로 보는 경우 포함)을 한 경우에는 그 사실을 안 날로부터 3개월 내에 한정승인을 할 수 있다.
④ 제1항에도 불구하고 미성년자인 상속인이 상속채무가 상속재산을 초과하는 상속을 성년이 되기 전에 단순승인한 경우에는 성년이 된 후 그 상속의 상속채무 초과사실을 안 날로부터 3개월 내에 한정승인을 할 수 있다. 미성년자인 상속인이 제3항에 따른 한정승인을 하지 아니하였거나 할 수 없었던 경우에도 또한 같다. [신설 2022. 12. 13.]

부　　칙 〈법률 제19069호, 2022. 12. 13.〉
제2조(미성년자인 상속인의 한정승인에 관한 적용례 및 특례)
① 제1019조제4항의 개정규정은 이 법 시행 이후 상속이 개시된 경우부터 적용한다.
② 제1항에도 불구하고 이 법 시행 전에 상속이 개시된 경우로서 다음 각 호의 어느 하나에 해당하는 경우에는 제1019조제4항의 개정규정에 따른 한정승인을 할 수 있다.
　1. 미성년자인 상속인으로서 이 법 시행 당시 미성년자인 경우
　2. 미성년자인 상속인으로서 이 법 시행 당시 성년자이나 성년이 되기 전에 제1019조제1항에 따른 단순승인(제1026조제1호 및 제1호에 따라 단순승인한 것으로 보는 경우 포함)을 하고, 이 법 시행 이후에 상속채무가 상속재산을 초과하는 사실을 알게 된 경우에는 그 사실을 안 날로부터 3개월 내

[60] 사망 후 나타난 혼외자의 상속권

> 남편이 사망한 후 저와 딸은 상가건물 3채를 각각 나누어 가졌습니다. 그런데 인지청구소송을 통해 남편의 아들이라고 주장하는 사람이 나타나서 상가건물 한 채는 자신의 상속재산이라고 주장합니다. 상가건물은 이미 팔아서 현금화했는데 그에게 상가건물을 주어야 하나요?

인지는 그 자의 출생 시에 소급하여 효력이 생깁니다(민법 제860조). 그러므로 남편의 사망 이후에 인지청구소송을 통해서 인지된 남편의 아들은 피상속인의 직계비속(상속 1순위)으로 아내, 딸과 함께 상속인이 됩니다. 따라서 인지된 아들은 상속재산을 받을 수 있습니다.

그러나 상속인인 아내와 딸이 이미 상속재산을 분할했다면 다른 상속인인 아들은 그 상속분에 상당한 가액의 지급을 청구할 수 있을 뿐이고, 특정한 상속재산(질문에서의 상가건물)을 주장할 수는 없습니다(민법 제1014~1015조).

[61] 이혼소송 중인 배우자의 상속가능 여부

> 이혼소송 진행 중에 부인이 교통사고로 사망했습니다. 이혼판결이 확정되기 전에 사망했어도 남편이 상속인이 될 수 있나요?

남편은 상속인이 될 수 있습니다. 상속은 피상속인(질문에서는 부인)이 사망한 때부터 이루어집니다. 따라서 피상속인이 사망했을 당시 질문자가 피상속인과 어떤 관계였는지에 따라 상속인인지 아닌지가 결정됩니다. 배우자를 상속할 자격은 혼인신고를 유효하게 한 법률상의 부부인 것으로 충분하며(민법 제1003조), 사망 당시 별거, 이혼소송 여부 등은 전혀 상관없습니다(민법 제1004조).

[62] 상속재산파산신청은 어떻게 하나

> 아버님이 빚을 남기고 돌아가시었는데 상속재산파산신청을 하면 모든 게 깔끔히 법적으로 처리된다는데 방법을 알고 싶습니다.

한정승인 후 청산절차를 진행하는 과정에서 상속재산파산이 필요한 경우가 있습니다. 상속재산파산은 꼭 필요한 경우만 신청하면 되며, 무조건 신청할 필요는 없습니다.

상속재산파산이 필요한 경우는 상속채권자가 아주 많은 경우, 상속채권자 중에 감당하지 못할 정도로 독촉을 해서 사람이 살 수 없는 경우, 상속재산이 고액인 경우, 부동산·자동차가 너무 많은 경우, 고가의 미술품 등이 있는 경우, 기타 청산절차가 너무 어려운 경우 등입니다.

상속재산파산은 그 절차에서 많은 서류를 제출해야 하고, 망자의 과거 재산 및 망자의 재산이 상속인들에게 간 것 중에서 부인권 행사 대상이 있는지 여부를 조사하기 위해 상속인들의 재산도 모두 체크해야 하기 때문에 스트레스도 많이 받고, 법원에도 많이 출석해야 하고, 시간도 많이 걸립니다. 따라서 상속재산파산이 필요한 것인지부터 체크해야 합니다.

법무사나 변호사 입장에서는 상속재산파산같이 편한 제도가 없다고 합니다. 그래서 상속재산파산신청을 하지 않아도 되는데 주위의 부추김으로 일을 복잡하고 힘들게 하는 경우도 있습니다. 상속재산이 없거나 소액인 경우에는 상속재산파산은 필요하지 않고, 청산절차만 잘 하면 됩니다. 차량이 있어도 '청산을 위한 형식적 경매'절차가 있으므로 비용도 별로 들지 않습니다.

[63] 상속재산 청산을 위한 형식적 경매란

> 한정승인을 받고 통지 및 공고도 마쳤습니다. 청산을 위한 형식적 경매절차를 알고 싶습니다.

청산을 위한 형식적 경매란 한정승인을 받은 자가 상속받은 재산을 청산하기 위한 방법으로 법원의 경매절차를 형식적으로 빌려서 하는 것을 의미합니다. 즉, 한정승인을 받은 자는 망자의 재산을 처분하여 그 돈으로 상속채무를 변제해야 하는데, 사적으로 처분할 경우에 그 매매가에 대한 시비의 우려가 있으므로 법원이 주관하는 경매를 통하여 투명하게 환가하고자 하는 것입니다.

신청방법은 일반적인 임의경매와 동일하나, 단지 집행권원(예 판결문, 공정증서) 대신 한정승인 결정문을 첨부하게 되며, 특히 망자의 기본증명서, 가족관계증명서, 말소자 주민등록초본 등이 첨부되는 것이 특징입니다. 그리고 형식적 경매라는 말 그대로 부동산의 처분만 법원경매의 방식을 취하게 되고, 그 이후에 배당은 한정승인자가 해야 합니다. 또 하나의 특징은 청산을 위한 형식적 경매의 소유자, 채무자, 채권자는 모두 동일인입니다.

제8절 유언

[1] 유언은 일정한 형식을 갖추어야만 효력이 있다

> 사람이 운명할 때 마지막으로 남기는 말을 유언으로 알고 있습니다. 법적으로는 일정한 형식을 갖추어야 한다는데 어떤 것이 있습니까?

유언이 법률상 효력을 발생하려면 법에 정한 바에 따른 형식을 갖추어야 합니다(민법 제1060조). 우리 민법에서는 자필증서, 녹음, 공정증서, 비밀증서, 구수증서의 5가지 방식에 의한 유언만을 인정하고 있고 그 외의 방법으로 한 유언은 법적인 효력을 인정하지 않고 있습니다(민법 제1065조).

[2] 유언은 17세 이상이면 누구나 할 수 있다

> 유언을 미리 해둘 수도 있습니까?

17세 이상이면 누구든지 또 언제든지 유언을 할 수 있습니다(민법 제1061조). 그러므로 미성년자도 17세 이상이면 법정대리인의 동의 없이 유언을 할 수 있으며, 법정대리인이 미성년자를 대신하여 유언할 수 없습니다.

유언을 생전에 미리 하더라도 그 유언의 효과는 유언한 사람이 사망한 후에 발생합니다. 따라서 생전에 미리 해둔 유언이 막상 본인이 사망했을 때는 실현 가능성이 없을 수도 있는 것입니다. 즉 유언을 할 당시에는 본인이 많은 재산을 가지고 있어 그것을 누구에게 모두

준다는 내용의 유언을 했다고 하더라도, 사망할 당시 재산이 없다면 그 유언은 아무 효과를 발생하지 못합니다.

[3] 효력을 갖는 유언의 내용

> 법적 효력을 가질 수 있는 유언은 어떤 것인지요? 도덕적인 의미를 가진 유훈과 같은 것은 민법상의 유언으로 볼 수 있는지요?

사망자가 생전에 남기고 싶은 뜻이라면 어떠한 내용도 유언이 되겠으나 유언은 유언자의 사망과 동시에 일정한 법률효과를 발생시키는 것이므로 그 내용 중 도덕적인 의미를 가진 유훈과 같은 것은 민법상의 유언으로 볼 수 없으므로 그것은 법적 효력을 가지지 못합니다. 따라서 유언으로 할 수 있는 사항은 법률에서 인정된 일정한 것에 한합니다. 즉 재단법인의 설립, 인지, 입양, 후견인 지정, 상속재산분할방법의 지정 또는 위탁, 상속재산분할금지, 유언집행자의 지정 또는 위탁, 신탁 등에 관한 것입니다.

[4] 장애가 있는 막내딸에게 집을 상속해 주고 싶은데

> 나는 2남 2녀를 슬하에 두고 있는데 막내딸이 청각장애인입니다. 다른 아이들은 대학까지 마치고 출가해서 살고 있는데 이 아이만 미혼으로 저와 살고 있습니다. 집 한 채 있는 것을 제가 죽으면 막내딸에게 상속해 주고 싶은데, 어떻게 해야 막내딸 혼자 상속받을 수 있는지요?

유언서를 작성해 놓으십시오. 유언이 법률상 효력을 발생하려면 법에 정한 바에 따른 형식을 갖추어야 합니다. 우리 민법에서는 자필증서, 녹음, 공정증서, 비밀증서, 구수증서의 5가지 방식에 의한 유언만을 인정하고 있고 그 외의 방법으로 한 유언은 법적인 효력을 인정하지 않고 있습니다.

[5] 자필증서에 의한 유언

> 자필증서로 유언을 해두려고 하는데 어떻게 써야 합니까?

자필증서는 유언자 본인이 직접 유언의 내용 전부와 그 유언서를 쓴 연월일 그리고 주소, 성명을 쓰고 날인해야 합니다. 한번 써놓은 자필증서에 새로 글자를 친히 더 써넣거나 뺄 경우 또는 고쳐 쓰는 경우에도 유언자가 도장을 찍도록 되어 있습니다.

연월일은 매우 중요하기 때문에 써야 하지만 숫자를 꼭 몇 년 몇 월 며칠로 표시하지 않더라도 그 유언을 작성한 날이 언제인가를 밝히면 됩니다. 예를 들어 '만 60세의 생일에'라든가

'몇 년 할아버지 제삿날에' 등으로 기입해도 되는 것입니다. 그리고 성명도 그 유언서가 누구의 것인가를 알 수 있는 정도면 되므로 호나 자 또는 예명 등을 사용해도 좋습니다. 단, 이런 것을 고무도장 등에 새긴 것을 찍는 것은 안 되고 반드시 자필로 써야만 합니다. 그리고 날인은 반드시 인장일 필요는 없고 지장 즉, 무인을 찍어도 됩니다(민법 제1066조). 유언서 작성 시 주소를 명확하게 기재해야 합니다. 명확한 주소 기재 없는 유언장은 무효입니다(대법원 2014. 10. 6. 선고 2012다29564 판결).

[6] 자필증서는 반드시 본인이 직접 써야만 한다

> 저는 문맹이라 글을 쓸 줄 모릅니다. 자필증서로 유언을 하려는데 아들에게 대필시켜도 될지요?

자필증서에 의한 유언은 유언자가 그 전문과 연월일, 주소, 성명을 자서하고 날인하여야 합니다. 문자의 삽입, 삭제 또는 변경을 함에는 유언자가 이를 자서하고 날인하여야 합니다.

자필증서에 의한 유언은 유언자 본인이 친히 쓰는 것이 절대적인 요건이기 때문에 귀하와 같이 글을 쓸 줄 모르는 사람이면 이 방법의 유언은 할 수 없습니다. 자필증서는 본인이 직접 유언장의 전부를 써야 하므로 일부를 다른 사람에게 쓰게 한 것이나 본인이 타자기로 찍은 것, 점자기를 사용한 것도 안 되며 타인이 대필하는 것도 자필증서로 인정되지 않습니다. 따라서 아들이 대신 쓴 당신의 유언은 무효입니다(민법 제1066조, 서울고등법원 2020. 12. 10. 선고 2020나2021150 판결).

[7] 녹음에 의한 유언

> 유언을 녹음해두어도 된다는데 어떻게 해야 하는지요?

녹음에 의한 유언은 유언자가 녹음기를 사용하여 유언의 취지, 내용과 자기의 성명, 그리고 유언을 하는 연월일을 말하여 녹음해야 합니다. 그 녹음에 참여한 증인의 말로 그 유언이 정확하다는 것과 증인의 성명도 녹음해야 합니다(민법 제1067조). 증인은 최소 1인 이상이 필요합니다.

[8] 공정증서에 의한 유언

> 공정증서로 유언하려면 어떻게 해야 합니까?

공정증서에 의한 유언은 유언자가 성년 증인 두 사람이 입회한 가운데 공증인 앞에서 해야 합니다. 우선 유언자가 유언의 내용을 말하면 공증인이 이를 받아쓴 뒤에 증인 앞에서 낭독하고, 유언자와 증인이 모두 그 필기한 것이 유언자가 말한 내용과 일치한가를 확인한 뒤 각자 서명 또는 기명날인해야 합니다(민법 제1068조). 그리고 이 공정증서는 외국어로는 쓸 수 없고, 반드시 국어로 써야 합니다(공증인법 제26조). 이 경우 두 사람의 증인은 공증법에 특별히 규정하고 있는 결격사유에 해당하지 않는 사람만이 될 수 있습니다(민법 제1072조제2항).

[9] 유언 공증은 외국 국적을 취득해도 국내에서 할 수 있다

> 미국 국적을 취득한 교포입니다. 미국과 국내를 자주 오가기 때문에 비행기를 자주 이용하고 있는데, 혹시나 하는 마음에 유언 공증을 하려고 합니다. 국내에 부동산 몇 개와 은행에 정기예금이 있어 미국에 가서 해야 하는지, 아니면 국내에서 해도 되는지 궁금합니다. 웬만하면 미국 국적자지만 국내에서 유언 공증을 하고 싶은데 가능한가요?

국제사법에서는 기본적으로 당사자의 국적에 따라 준거법을 정하도록 하고 있으면서도 유언에 적용되는 방식에 있어서는 유언자의 행위지법이나 부동산소재지법을 그 준거법으로 삼을 수 있도록 허용하고 있습니다. 따라서 유언자나 수증자가 외국 국적을 취득한 경우에도 국내의 공증사무실에서 유언 공증을 할 수 있습니다. 유언의 방식에 있어서 유언 당시 행위지법의 적용을 받기 때문이며, 부동산에 관한 유언의 방식에 있어서 그 부동산의 소재지법의 적용을 받을 수 있기 때문입니다(국제사법 제49조, 제50조).

유언 공증의 가장 큰 장점 중의 하나는 유언자가 사망한 뒤에 수증자가 검인절차 없이 유언공정증서만으로 유증목적물의 소유권을 쉽게 이전받을 수 있다는 것입니다. 따라서 유언자가 외국 국적을 취득하고 있거나 외국에 거주하는 경우라도 유언 공증을 통해 유증할 목적물이 국내에 있다면 국내에서 유언 공증을 할 경우 추후 유증 목적물을 수증자 명의로 이전하기가 상당히 쉽습니다.

[10] 외국인의 국내 부동산에 대한 외국에서의 상속유언 공증의 국내법상 효력

> 나는 영국인으로 한국에 부동산을 소유하고 있습니다. 영국법에 따라 영국에서 유언공정증서를 작성해 두면 수증자가 한국 내 소유 부동산을 유증을 원인으로 해서 소유권이전등기를 할 수 있는지요?

영국 국민인 귀하가 영국에서 영국 민법에 따라 귀하가 소유하는 한국 내 부동산에 관하여 공정증서에 의한 유언을 한 후 사망할 경우, 이에 따라 유언집행자와 수증자가 공동으로 그 부동산에 대하여 유증을 원인으로 한 소유권이전등기를 신청할 수 있습니다.

「국제사법」 제50조제3항에 따르면 유언자가 유언 당시 국적을 가지는 국가의 법에서 정하는 방식에 따라 유언을 할 수 있으므로, 영국 민법에 따라 작성한 유언공정증서를 등기원인을 증명하는 정보로 제공할 수 있습니다. 다만 이 공정증서에는 영국 정부가 발행한 아포스티유(Apostille)를 받아 첨부하여야 하고, 한글 번역문도 첨부하여야 합니다. 그리고 이러한 유언공정증서가 영국 민법에 따라 적법하게 작성되었음을 소명하기 위하여 해당 법령의 내용과 그 번역문도 함께 제공하여야 합니다(민법 제1091조, 국제사법 제19조·제49조·제50조, 대구고등법원 2015. 4. 22. 선고 2014나2007 판결, 등기예규 제1512호, 등기선례 Ⅴ-44·Ⅶ-214·Ⅷ-203).

[11] 비밀증서로 된 유언장은 반드시 엄봉날인(嚴封捺印)해야 한다

> 비밀증서에 의한 유언은 어떻게 해야 합니까?

비밀증서에 의한 유언은 그 내용을 자기의 생전에는 비밀로 해두고 싶은 경우에 좋은 방식입니다. 이것은 유언자가 직접 또는 대리인을 통해 유언의 내용을 쓰고, 그 쓴 사람의 성명을 기입한 증서를 엄봉날인한 후 두 사람 이상의 증인에게 제출하여 자기의 유언서임을 표시해야 합니다. 그리고 그 봉서의 표면에 그 유언서의 제출 연월일을 기재하고 유언자와 증인이 각각 서명 또는 기명날인해야 합니다.

이렇게 하여 작성한 유언봉서를 그 표면에 기재된 날로부터 5일 이내에 공증인 또는 가정법원 서기에게 제출하여 그 봉인 위에 확정일자인을 받아야 합니다(민법 제1069조).

[12] 구수증서에 의한 유언

> 아버지가 갑자기 교통사고로 중태에 빠져 있습니다. 의식이 회복될 때마다 돌아가시기 전에 유언을 남기겠다고 하는데 집안 식구끼리 할 방법은 없습니까?

당신의 아버지처럼 질병이나 급박한 사정에 의해 다른 방법에 의한 유언을 할 수 없을 때는 구수증서에 의한 유언을 하는 것이 좋습니다. 이 방식은 성인 두 사람 이상의 증인이 입회한 가운데 그중 한 사람에게 유언 취지를 이야기해주면 그 사람이 이를 받아쓴 뒤 낭독하여 유언자와 나머지 증인이 그 정확함을 승인한 후에 각자 서명 또는 기명날인하면 됩니다(민법 제1070조).

이렇게 작성한 유언서를 그 유언 당시 참여한 증인이나 이해관계가 있는 사람이 그 급박한 사유가 끝난 날로부터 7일 이내에 가정법원에 그 검인신청을 해야 합니다. 이 검인은 유언이 유언자의 진의에 의한 것인가를 심사하기 위한 것이며 검인이 있다 하여 반드시 그 유언이 유효하다는 뜻은 아닙니다.

[13] 미성년인 아들은 아버지의 유언에 증인이 될 수 없다

> 17세의 소년입니다. 아버지의 유언에 증인으로 참여할 수 있나요?

　민법에는 유언에 증인이 될 수 없는 사람을 규정하고 있습니다(민법 제1072조제1항). 이에 의하면 미성년자, 피성년후견인, 피한정후견인, 그리고 그 유언에 의해서 이익을 받을 사람과 그 사람의 배우자와 직계혈족은 유언의 증인이 될 수 없습니다.

　이외에 공정증서에 의한 유언의 경우에는 특별히 공증인법에 규정한 결격자도 증인이 될 수 없습니다. 민법 제1072조제2항은 공정증서에 의한 유언에는 '공증인법에 의한 결격자'는 증인이 되지 못한다고 규정하고 있고, 공증인법 제33조제3항에 따르면 미성년자, 피성년후견인 또는 피한정후견인, 시각장애인이거나 문자를 해득하지 못하는 사람, 서명할 수 없는 사람, 촉탁 사항에 관하여 이해관계가 있는 사람, 촉탁 사항에 관하여 대리인 또는 보조인이거나 대리인 또는 보조인이었던 사람, 공증인의 친족, 피고용인 또는 동거인, 공증인의 보조자는 공정증서 유언 시 증인이 될 수 없습니다. 따라서 미성년인 귀하는 아버지의 유언에 증인이 될 수 없습니다.

[14] 유언은 언제든지 철회할 수 있다

> 6년 전에 맏아들을 증인으로 하여 녹음으로써 유언을 해두었습니다. 그에게 어린 동생들을 돌보게 할 목적으로 전 재산을 주겠다는 내용이었습니다. 요즘 그의 생활이 무질서하고 성실치 못해 재산을 넘겨주면 탕진해버릴 염려가 있어 어린 자식들의 장래가 불안해졌습니다. 그 유언을 무효로 할 수 없습니까?

　유언은 유언자가 사망한 후에 효력을 발생하게 되므로 본인이 살아있는 한 언제라도, 또 귀하의 경우와 같이 심경의 변화가 생겼거나 혹은 특별한 이유가 없더라도 자유롭게 유언의 전부 또는 일부를 철회할 수 있습니다(민법 제1108조). 또한 유언을 철회하지 않겠다는 약속을 했다고 하더라도 그 약속은 무효이기 때문에 철회할 수 있습니다.

　유언을 철회하는 방법은 그 철회를 유언으로 다시 할 수도 있고 생전행위로 할 수 있습니다. 일단 당신이 철회를 하면 유언은 처음부터 하지 않았던 것과 마찬가지가 되므로 귀하가 새로 유언을 하지 않는다면 귀하의 재산은 법정상속분에 따라 처와 자식들이 공동상속하게 됩니다.

[15] 사인증여도 특별한 사정이 없으면 유증의 철회에 관한 조항이 준용되어 언제든 철회할 수 있다

> A씨는 2012. 1.에 자신이 사망하면 자신의 재산 중 40%를 내연녀 B씨와 그 사이에 낳은 혼외자 C씨에게 넘기는 각서를 작성했고, 2013. 4. 두 번째 각서를 작성하며 당시 소유한 토지의 일부분 중 20억 정도를 근저당 설정을 통해 C씨에게 상속하기로 했습니다. 2013. 5. A씨는 B씨에게 채권최고액 15억원의 근저당권설정등기를 해주었는데, 이를 철회하는 소송을 제기하였습니다. A씨는 두 번째 각서는 사후에 재산을 C씨에게 무상으로 주겠다는 유언으로 상대방 없는 단독행위인 유증에 해당하고, 유증은 효력 발생 전에 그 의사를 철회할 수 있으므로 2016. 4. 4.자 준비서면 송달로써 C씨에 대한 유증을 철회한다고 주장했습니다. 또한 이것이 유증이 아니라 사인증여로 볼 여지가 있다 하더라도 수증자는 C씨이므로 B씨가 A씨에 대한 채권을 갖는 것이 아니니, 설정된 근저당권은 피담보채권이 존재하지 않는다고 예비적으로 주장했습니다.

대법원은 특별한 사정이 없는 한 '유언자는 언제든지 유언 또는 생전행위로써 유언의 전부나 일부를 철회할 수 있다.'고 규정한 민법 제1108조제1항 유증의 철회에 관한 조항이 사인증여에도 준용된다고 판단하여 A씨의 손을 들어주었습니다(대법원 2022. 7. 28. 선고 2017다245330 판결).

[16] 피상속인이 유언으로 상속재산분할을 금지한 경우, 일정기간 동안 상속재산분할이 금지된다

> 아버지가 회사를 분할하지 말고 우리 가족들이 힘을 합해 계속 회사를 운영해 손자들에게 물려주라는 유언을 남기셨습니다. 우리 생전에는 그 유언을 지켜 상속재산분할을 할 수 없는지요?

피상속인은 유언으로 상속재산의 전부나 일부에 관하여 또는 상속인의 전원이나 일부에 대하여 분할을 금지할 수 있습니다(민법 제1012조). 다만, 5년을 넘은 분할금지기간을 정한 때에는 그 분할금지기간은 5년으로 단축됩니다.

[17] 유언은 유언자가 사망한 때로부터 그 효력이 생긴다

> 유언은 언제부터 효력이 발생하나요?

유언은 유언자가 사망한 때로부터 그 효력이 생깁니다(민법 제1073조제1항). 유언에 정지조건이 있는 경우, 그 조건이 유언자의 사망 후에 성취한 때에는 그 조건성취한 때로부터 유언의 효력이 생깁니다(민법 제1073조제2항).

[18] 법원의 검인을 받지 않은 유언장은 유언으로서 효력이 없나

> 고인이 되신 아버지가 자필유언서를 남겨놓으셨습니다. 이를 법원에 제출하여 검인하지 않으면 유언장의 내용은 효력이 없는 것인가요?

유언자의 사망 후 유언의 증서나 녹음을 보관한 자 또는 이를 발견한 자는 지체 없이 법원에 제출하여 그 검인을 청구하여야 합니다. 이 규정은 공정증서나 구수증서에 의한 유언에는 적용하지 아니합니다(민법 제1091조).

민법 제1091조제1항에 규정된 유언증서에 대한 법원의 검인은 유언의 방식에 관한 사실을 조사함으로써 위조·변조를 방지하고 그 보존을 확실히 하기 위한 절차에 불과할 뿐 유언증서의 효력 여부를 심판하는 절차가 아니고, 민법 제1092조는 봉인된 유언증서를 검인하는 경우 그 개봉 절차를 규정한 데 불과합니다. 따라서 적법한 유언증서는 유언자의 사망에 의하여 곧바로 그 효력이 발생하고, 검인이나 개봉 절차의 유무에 의하여 그 효력에 영향을 받지 않습니다(대법원 1998. 5. 29. 선고 97다38503 판결 참조).

유언증서 검인심판청구서

[19] 법원이 봉인된 유언증서를 개봉할 때 누구를 참여시키나

법원이 봉인된 유언증서를 개봉할 때에는 유언자의 상속인, 그 대리인 기타 이해관계인의 참여가 있어야 한다(민법 제1092조).

[20] 지정된 유언집행자가 없으면 상속인이 유언집행자가 된다

> 고인이 유언서에 유언집행자를 지정해놓지 않았습니다. 누가 유언집행자가 되는지요?

유언자는 유언으로 유언집행자를 지정할 수 있고, 그 지정을 제3자에게 위탁할 수 있습니다(민법 제1093조). 지정된 유언집행자가 없을 때에는 상속인이 유언집행자가 됩니다(민법 제1095조).

[21] 성년후견개시 청구 후 사전처분으로 임시후견인이 선임된 경우, 사건본인은 의사능력이 있는 한 임시후견인의 동의가 없이도 유언을 할 수 있다

> 아버님이 성년후견개시 청구 후 사전처분으로 임시후견인이 선임된 상태에서 임시후견인의 동의를 받지 않고 자필로 유언을 남기시고 돌아가시었습니다. 이 유언이 효력이 있는지요?

효력이 있습니다. 망인에 대한 성년후견개시 청구 후 사전처분으로 임시후견인이 선임된 경우, 망인이 의사능력이 있는 상태에서 임시후견인의 동의 없이 한 유언이 민법 제1066조 제1항에서 정한 자필증서에 의한 유언으로서의 법정요건을 갖추었기에 유효하다는 대법원 판례가 있습니다(대법원 2022. 12. 1. 선고 2022다261237 판결).

가사소송규칙 제32조제4항은 '가사소송법 제62조에 따른 사전처분으로 임시후견인을 선임한 경우, 성년후견 및 한정후견에 관한 사건의 임시후견인에 대하여는 특별한 규정이 없는 이상 한정후견인에 관한 규정을 준용한다.'고 정하고 있고, 가정법원은 피한정후견인에 대하여 한정후견인의 동의를 받아야 하는 행위를 정할 수 있고, 피한정후견인이 한정후견인의 동의가 필요한 법률행위를 동의 없이 하였을 때는 이를 취소할 수 있습니다(민법 제13조 제1항 및 제4항).

한편 유언은 엄격한 요식성이 요구되지만(민법 제1060조), 피성년후견인과 피한정후견인의 유언에 관하여는 행위능력에 관한 민법 제10조 및 제13조가 적용되지 않으므로(민법 제1062조), 피성년후견인 또는 피한정후견인은 의사능력이 있는 한 성년후견인 또는 한정후견인의 동의 없이도 유언을 할 수 있습니다.

위와 같은 규정의 내용과 체계 및 취지에 비추어 보면, 가사소송법 제62조제1항에 따른 사전처분으로 후견심판이 확정될 때까지 임시후견인이 선임된 경우, 사건본인은 의사능력이 있는 한 임시후견인의 동의가 없이도 유언할 수 있다고 보아야 하고, 아직 성년후견이 개시되기 전이라면 의사가 유언서에 심신 회복 상태를 부기하고 서명날인하도록 요구한 민법 제1063조제2항은 적용되지 않는다고 보아야 합니다.

[22] 유언장 본문에 상속대상 아파트 주소가 정확하게 기재되지 않았어도 피상속인이 가진 유일한 재산이면 유효

> 저희는 3남매인데, 어머니가 유일한 재산인 집을 제게 주신다고 자필유언서를 남기고 돌아가셨습니다. 유언장 본문에 '자그마한 아파트'라고 적었을 뿐, 구체적인 아파트 주소지는 본문 밑에 자신의 이름과 주민번호, 유언장 작성일자 아랫부분에 '서대문구 ◇번지 ▫▫아파트 △동 ▽호'라고 적었습니다. 그리고 누이들이 이 같은 유언의 효력을 인정하는 동의서를 작성했습니다. 그런데 어머니 사망 후 누이들이 유언의 효력을 인정하지 않으며 유언장 검인절차에 협조하지 않습니다. 유언장 본문에 상속대상 아파트 주소가 정확하게 기재 안 되면 그 유언은 효력이 없나요?

아닙니다. 유언장 본문 부분에 상속재산인 아파트의 주소지가 기재되지 않았더라도 해당 아파트가 피상속인이 가진 유일한 재산이고 다른 아파트를 소유했다고 볼 수 없다면 그 유언은 유효하다는 판례가 있습니다(서울중앙지법 2022. 2. 10. 선고 2020가합569413, 2021가합524240 판결).

[23] 녹음에 의한 유언 성립 후 녹음테이프나 녹음파일 등이 멸실 또는 분실된 경우 녹음의 내용을 증명해 유언의 유효를 주장할 수 있다

> 변호사가 아버지의 유언을 휴대전화로 녹음한 다음 녹음 원본파일을 저에게 카카오톡으로 전송한 후 삭제해, 제가 전송받은 녹음 사본파일만 있습니다. 공동상속인들이 유언 검인기일에 제출된 녹음 사본파일을 원본의 대용으로 하는 것에 대하여 이의를 제기하면 유언의 효력을 인정받을 수 없는지요.

유언증서가 성립한 후에 멸실되거나 분실되었다는 사유만으로 유언이 실효되는 것은 아니고, 이해관계인은 유언증서의 내용을 증명하여 유언의 유효를 주장할 수 있습니다. 이는 녹음에 의한 유언이 성립한 후에 녹음테이프나 녹음파일 등이 멸실 또는 분실된 경우에도 마찬가지입니다(대법원 1996. 9. 20. 선고 96다21119 판결 등 참조).

대법원은 녹음에 의한 유언의 효력 확인을 구한 사건에서 제반 사정에 비추어 유언 검인기일에 제출된 녹음 사본파일이 녹음 원본파일과 동일성이 있는 파일인 사실이 인정된다는 이유로 망인의 유언이 민법 제1067조의 요건을 갖춘 것으로서 유효하다고 판단했습니다. 또한 녹음에 의한 유언이 성립한 후에 녹음테이프나 녹음파일 등이 멸실 또는 분실된 경우 녹음의 내용을 증명하여 유언의 유효를 주장할 수 있다고 판시했습니다(대법원 2023. 6. 1. 선고 2023다217534 판결).

제9절 유류분

[1] 유류분제도란

원래 우리 민법은 유언 절대의 원칙을 취하고 있었기 때문에 유언을 통해 자기의 모든 재산을 마음대로 처분할 수 있었다. 예를 들면 죽는 사람이 그 이유가 어떠하든 간에 유족에게는 한 푼도 상속하지 않고 전 재산을 제3자에게 넘겨줄 수 있었다.

1977년 민법 개정에서는 비록 그 재산이 자기의 명의로 되어 있다고 하더라도 일생을 살아가면서 가족 전체의 협력으로 이루어졌다는 전제 하에 유족에게 당연히 돌아갈 수 있도록 유언에 의한 자유처분 범위를 제한했다. 이것을 유류분제도라고 한다.

이는 어떤 사람이 재산을 남기고 죽었을 때, 그 유족을 위하여 유언으로써 자의로 처분할 수 없는 일정한 몫을 남기도록 하는 제도이다. 이것을 유족의 입장에서 본다면 자기와 일정한 혈연관계에 있는 사람이 재산을 남기고 죽었을 때, 유언에 관계없이 당연히 차지하게 되는 일정한 몫의 재산이 확보되는 것이다. 이 제도는 1979. 1. 1.부터 시행되고 있다.

[2] 유류분권리자와 유류분

> 유류분권리자는 누구이며 어느 정도 보장받을 수 있는지요?

유류분은 재산을 남기고 죽은 사람의 자녀, 손자녀 등 직계비속과 배우자, 그리고 부모, 조부모 등 직계존속과 형제자매 등이 받게 됩니다. 민법 제1112조에서는 유류분의 권리자와 유류분 비율을 다음과 같이 규정하고 있습니다.
1) 피상속인(사망한 사람)의 직계비속(자, 손자, 증손자 등)은 그 법정상속분의1/2
2) 피상속인의 배우자는 그 법정상속분의 1/2
3) 피상속인의 직계존속(부모, 증조부모, 외조부모 등)은 그 법정상속분의 1/3
4) 피상속인의 형제자매는 그 법정상속분의 1/3

[3] 유류분 산정방법

> 유류분 산정은 어떤 방법으로 하나요?

유류분의 계산은 피상속인이 사망할 당시 가지고 있던 재산의 가액에 증여재산(사망하기 전 1년 이내에 증여한 재산, 1년 전이라도 당사자 쌍방이 유류분 권리자에 손해를 가할 것을 알고 한 증여, 상속인의 특별수익분)의 가액을 더한 것에서 피상속인이 진 빚의 전액을 뺀 나머지를 가지고 법정상속분의 비율에 따라 계산합니다(민법 제1113조, 제1114조).

[4] 증여재산이 상속개시 전 처분 또는 수용된 경우, 유류분액 산정방법

> 증여재산이 상속개시 전 처분 또는 수용된 경우, 유류분액 산정 시 증여재산의 가액산정 방법을 알고 싶습니다.

대법원은 증여재산이 상속개시 전 처분 또는 수용된 경우, 유류분액 산정 시 증여재산의 가액산정 방법은 증여재산의 현실 가치인 처분 당시의 가액을 기준으로 상속개시까지 사이의 물가변동률을 반영하는 방법으로 산정하여야 한다고 판시하였습니다(대법원 2023. 5. 18. 선고 2019다222867 판결).

먼저 유류분반환에 있어서 증여받은 재산이 금전일 경우에는 그 증여받은 금액을 상속개시 당시의 화폐가치로 환산하여 이를 증여재산의 가액으로 봄이 상당하고, 그러한 화폐가치의 환산은 증여 당시부터 상속개시 당시까지 사이의 물가변동률을 반영하는 방법으로 산정하는 것이 합리적이라고 하였습니다(대법원 2009. 7. 23. 선고 2006다28126 판결 등 참조).

또한 부동산 등 현물로 증여된 재산이 상속개시 전에 처분 또는 수용된 경우, 상속개시 시에 있어서 수증자가 보유하는 재산은 수증자가 피상속인으로부터 처분대가에 상응하는 금전을 증여받은 것에 대하여 처분 당시부터 상속개시 당시까지 사이의 물가변동률을 반영하는 방법으로 상속개시 당시의 화폐가치로 환산한 것과 실질적으로 다를 바 없다고 판단했습니다.

[5] 첩과 그 소생에게 상속된 재산 중에서 유류분 부족분을 도로 찾을 수 있다

> 아버지가 첩과 그 소생들에게 유언으로써 전 재산을 다 준다는 유언을 남기고 돌아가셨습니다. 저희들은 한 푼도 상속을 못 받는지요?

아버지가 첩과 그 소생들에게 유언으로 전 재산을 그들에게 준다는 유언을 한 경우에는 유류분의 몫을 청구하여 돌려받을 수 있습니다. 이 경우 첩과 그 소생 자녀들은 각자가 받은 액수의 비례대로 부족한 유류분을 반환해야 합니다(민법 제1115조).

반환청구권은 유류분권리자가 상속의 개시와 반환하여야 할 증여 또는 유증을 한 사실을 안 때로부터 1년 내에 하지 않으면 시효에 의해서 소멸됩니다. 또한 상속이 개시된 때로부터 10년을 경과한 때도 같습니다(민법 제1117조).

[6] 증여가 유류분 산정의 기초가 되는 재산에 포함되려면 상속이 개시되기 전 1년 동안 이루어진 것이어야 한다

> A씨의 남편 B씨는 C씨와 내연관계에 있었다. B씨는 A씨를 상대로 이혼소송을 제기했지만 유책배우자라서 기각되었다. B씨는 2017. 1. 사망했는데, A씨는 유일한 법정상속인이었다. B씨는 사망 전 자신의 생명보험 수익자를 C씨로 미리 변경해두어 사망보험금 12억 8,000만 원은 C씨의 몫이 되었다. 사망 당시 B씨의 적극재산(채무를 반영하지 않은 재산)은 모두 12억 1,400만 원이 있었는데, 이중 예금 등 2억 3,000만 원은 A씨가, 사업 지분 환급금 9억 8,400만 원은 C씨가 각각 상속받았다. 그런데 A씨에겐 B씨의 채무 5억 7,000만 원도 남겨졌기 때문에 A씨는 사실상 3억 4,000만 원의 빚만 넘겨받는 처지가 되었다. 이에 A씨는 상속한정승인 신고를 한 뒤, C씨가 받은 사망보험금 또는 B씨가 납부한 보험료가 '유류분'을 산정하는 기초재산에 포함되어야 한다며 소송을 제기하였다.

민법 제1114조에 따르면 증여가 유류분 산정의 기초가 되는 재산에 포함되려면 상속이 개시되기 전 1년 동안 이루어진 것이어야 합니다. 다만, 증여 당사자 쌍방(B씨와 C씨)이 유류분권리자(A씨)에게 손해를 입힐 것이라는 사실을 아는 상태에서 증여가 이루어진 것이라면 상속개시 1년 이전의 증여도 계산에 들어갑니다.

그런데 재판부는 B씨와 C씨가 A씨의 장래 손해를 알고 보험수익자 변경을 했어야 보험금을 유류분 산정의 기초재산에 넣을 수 있는데, 정황상 이를 인정할 수 없다고 판시했습니다. 또한 상속분보다 상속채무가 더 많은 A씨가 한정승인을 했으므로 '마이너스'분을 유류분액에 가산해서는 안 되고 礎원'으로 계산해야 한다고 덧붙였습니다.

이 판결은 생명보험이 유증이나 사인증여와 비슷한 기능을 하는 실질을 고려해 유류분 산정의 기초재산에 포함되는 증여가 될 수 있지만, 공동상속인이 아닌 제3자를 보험수익자로 지정하거나 변경하는 경우 그 지정 또는 변경일을 기준으로 민법 제1114조에 정한 제한이 적용된다는 점, 유류분권리자가 한정승인을 한 경우에는 그 채무초과분(마이너스)을 유류분액에 가산해서는 안 되고 순상속분액을 0으로 보아 유류분 부족액을 산정해야 한다는 점을 최초로 설시한 것입니다(대법원 2022. 08. 11. 선고 2020다247428 판결).

[7] 증여받은 재산이라도 유류분 권리자에게 부족분을 반환해야 한다

> 저는 고아원을 경영하고 있는데 2년 전 땅장사로 재벌이 된 사람으로부터 고아원 운영비로 많은 재산을 기증받았습니다. 얼마 전 그 사람이 죽었는데 아들들이 그 재산에 대해 반환을 요구합니다. 돌려주어야 하는가요?

그 자식이나 부인 등 유류분 관리자에게 돌아갈 유류분의 몫이 부족할 것을 수증자와 증여한 사람이 알고 주고받은 경우에는 사망하기 1년 전의 증여라 하더라도 유류분액의 부족분에 대해서는 그것을 반환해주어야 합니다. 그러나 생전에 증여받은 것 외에 사망자가 유언으로써 증여한 재산이 있는 경우에는 그 유증 받은 사람이 먼저 반환하도록 되어 있고, 모자라는 액수만큼만 귀하가 반환하면 됩니다(민법 제1116조).

[8] 유류분 반환청구는 언제까지 해야 하나

> 유류분 반환청구는 언제까지 해야 하나요?

반환의 청구권은 유류분권리자가 상속의 개시와 반환하여야 할 증여 또는 유증을 한 사실을 안 때로부터 1년 내에 하지 않으면 시효에 의해서 소멸됩니다. 또한 상속이 개시된 때로부터 10년을 경과한 때도 같습니다(민법 제1117조).

[9] 공동상속인 중 특별수익자가 있는 경우의 유류분청구권

아버지가 3개월 전 돌아가셨습니다. 아버지는 딸들은 무시하고 아들이 원하는 것은 무엇이나 들어주셨습니다. 딸 3명은 간신히 고등학교까지만 보내시고 아들은 외국 유학까지 시켰습니다. 그리고 전 재산을 6년 전에 아들 명의로 해주셨습니다. 현재 어머니가 사시는 집도 아들 명의로 되어있습니다. 어머니는 그 집에서 계속 살기를 원하는데 오빠는 집을 팔고 자기 집으로 들어오라 합니다. 유류분이라는 게 있다는데 아버지가 오빠에게 주신 재산 중 얼마라도 어머니와 저희 딸들이 나누어 달라고 할 수 있는지요?

원칙적으로는 상속개시 전의 1년간에 행한 증여에 한하여 유류분 재산에 포함됩니다(민법 제1114조). 그러나 판례는 공동상속인 중에서 사망자로부터 특별히 이익을 받은 자가 있는 경우 민법 제1114조의 규정이 배제되고 당사자 쌍방이 유류분 권리자에 손해를 가할 것을 알고 증여를 하였는지 여부에 관계없이 유류분 산정을 위한 기초재산에 산입한다고 판시하였습니다(대법원 1996. 2. 9. 선고 95다17885, 1998. 12. 6. 선고 97므513, 97스12 판결).

유류분 반환청구권은 유류분권리자가 상속의 개시와 반환하여야 할 증여 또는 유증을 한 사실을 안 때로부터 1년 내에 하지 않으면 시효에 의해서 소멸됩니다(민법 제1117조). 만약 오빠가 합의에 응하지 않을 경우 가정법원(지방은 지방법원)에 유류분 반환청구를 할 수 있습니다.

[10] 대습상속 전 생전증여된 재산은 유류분 산정대상이 아니다

아버지는 2005년에 돌아가시고 할머니는 2010년에 돌아가셨습니다. 아버지가 돌아가시기 전인 1995년 3월 저는 할머니로부터 임야 2만m²를 증여받았습니다. 그리고 할머니가 돌아가신 후 저는 다른 상속인들과 함께 대습상속을 받았습니다. 그런데 공동상속인들이 제가 증여받은 땅은 특별수익에 해당하기 때문에 유류분 산정을 위한 기초재산에 포함해야 한다면서 제가 응하지 않으면 소송을 제기하겠다고 합니다. 아버지 생전에 증여받았는데 유류분 산정을 위한 기초재산에 포함되는지요?

대습상속인이 대습 원인이 발생하기 전에 피상속인으로부터 증여를 받은 것은 상속인의 지위에서 받은 것이 아니기 때문에 특별수익에 해당하지 않는다는 대법원 판결이 있습니다(대법원 2014. 5. 29. 선고 2012다31802 판결). 재판부는 "민법 제1008조는 공동상속인 중에 피상속인으로부터 재산의 증여 또는 유증을 받은 특별수익자가 있는 경우 공동상속인들 사이의 공평을 기하기 위해 그 수증재산을 상속분의 선급으로 다루어 구체적인 상속분을 산정할 때 참작하도록 하려는 데 그 취지가 있는 것"이라며 "대습상속인이 대습 원인의 발생 이전에 피상속인으로부터 증여를 받은 때는 상속인의 지위에서 받은 것이 아니므로 상속분의 선급으로 볼 수 없다"고 하였습니다.

[11] 할머니가 생전에 손자에게 증여한 재산에 대한 유류분 반환청구

> 저희는 4형제입니다. 둘째가 그동안 어머니를 모시고 살았는데 어머니 명의의 집을 저희와 의논도 없이 둘째의 아들인 손자에게 5년 전 증여한 사실을 돌아가신 후에 알게 되었습니다. 증여를 무효로 할 수 없을까요?

　어머님 재산을 어머님이 자의로 생전에 손자에게 증여한 것을 상속인들이 무효로 할 수는 없습니다. 그러나 유류분 반환청구를 해볼 수는 있습니다. 공동상속인이 아닌 제3자인 손자에게 증여한 것은 원칙적으로 상속개시 전의 1년간에 행한 것에 한하여 유류분 반환청구를 할 수 있습니다. 다만, 당사자 쌍방이 증여 당시에 유류분권리자(질문의 경우 첫째, 셋째, 넷째)에게 손해를 가할 것을 알고 증여를 한때에는 상속개시 1년 전에 한 것에 대하여도 유류분 반환청구를 할 수 있습니다(민법 제1114조).

　대법원은 상속인이 아닌 제3자 손자에게 증여를 한 경우에 증여 당시 증여재산의 가액이 증여하고 남은 재산의 가액을 초과한다는 점, 장래 상속개시일에 이르기까지 피상속인의 재산이 증가하지 않으리라는 점, 그러한 점을 알고 증여를 하였다면 유류분권리자에게 손해를 가할 것을 알고 증여를 한 것으로 인정하고 있습니다(대법원 2012. 5. 24. 선고 2010다50809 판결).

[12] 유류분반환청구소송에서 기여분을 주장할 수 없다

　민법 제1008조의2, 제1112조, 제1113조제1항, 제1118조에 비추어 보면, 기여분은 상속재산분할의 전제 문제로서의 성격을 가지는 것으로서 상속인들의 상속분을 일정부분 보장하기 위하여 피상속인의 재산처분의 자유를 제한하는 유류분과는 서로 관계가 없습니다. 따라서 공동상속인 중에 상당한 기간 동거 · 간호 그 밖의 방법으로 피상속인을 특별히 부양하거나 피상속인의 재산의 유지 또는 증가에 특별히 기여한 사람이 있을지라도 공동상속인의 협의 또는 가정법원의 심판으로 기여분이 결정되지 않은 이상 유류분반환청구에서 기여분을 주장할 수 없습니다.

　설사 공동상속인들 사이의 협의 또는 가정법원의 심판으로 기여분이 결정되었다고 하더라도 유류분 산정에 있어 기여분을 공제할 수 없고, 기여분으로 유류분에 부족이 생겼다고 하여 기여분에 대하여 반환을 청구할 수도 없습니다(대법원 2015. 10. 29 선고 2013다60753 판결). 대신 협의나 심판에 의해 결정된 기여분은 그 가액만큼 상속재산에서 공제하고, 나머지 재산을 상속인간의 상속 지분에 따라 배분하는 방법으로 기여분을 현실화합니다.

[13] 특별한 부양 내지 기여에 대한 대가로 이루어진 생전증여는 특별수익에 해당되지 않아 유류분반환의 대상이 되지 않는다

> A씨가 107세로 사망할 때까지 둘째딸 B씨가 34년 동안 동거하며 부양하면서 치료비로 1억 2천만 원 남짓 지출했고, 과거 부친의 보증채무를 대신 갚아준 바 있다. A씨는 B씨에게 이를 돌려주지 못한 것이 평생의 한이라고 말하며 대신 토지를 생전증여했다. 그런데 A씨의 사망 후 다른 자녀들이 B씨에게 유류분반환을 청구하였다.

민법은 공동상속인 중에 피상속인으로부터 재산의 증여 또는 유증을 받은 자가 있는 경우에 그 수증재산이 자기의 상속분에 달하지 못한 때에는 그 부족한 부분의 한도에서 상속분이 있다고 정하고 있습니다. 이는 공동상속인 중에 피상속인으로부터 재산의 증여 또는 유증을 받은 특별수익자가 있는 경우, 공동상속인들 사이의 공평을 기하기 위하여 그 수증재산을 상속분의 선급으로 다루어 구체적인 상속분을 산정하는 데 참작하도록 하기 위한 것입니다(민법 제1008조, 대법원 1996. 2. 9. 선고 95다17885 판결 등 참조).

여기서 어떠한 생전증여가 특별수익에 해당하는지는 피상속인의 생전의 자산, 수입, 생활수준, 가정상황 등을 참작하고, 공동상속인들 사이의 형평을 고려하여 당해 생전증여가 장차 상속인으로 될 자에게 돌아갈 상속재산 중 그의 몫의 일부를 미리 주는 것이라고 볼 수 있는지에 의하여 결정해야 합니다(대법원 2011. 12. 8. 선고 2010다66644 판결 등 참조).

따라서 대법원은 피상속인으로부터 생전증여를 받은 상속인이 피상속인을 특별히 부양하였거나 피상속인의 재산의 유지 또는 증가에 특별히 기여했고, 피상속인의 생전증여에 상속인의 위와 같은 특별한 부양 내지 기여에 대한 대가의 의미가 포함되어 있는 경우와 같이 상속인이 증여받은 재산을 상속분의 선급으로 취급한다면 오히려 공동상속인들 사이의 실질적인 형평을 해치는 결과가 초래되는 경우에는 그러한 한도 내에서 생전증여를 특별수익에서 제외할 수 있다고 보았습니다.

또한 여기서 피상속인이 한 생전증여에 상속인의 특별한 부양 내지 기여에 대한 대가의 의미가 포함되어 있는지 여부는 당사자들의 의사에 따라 판단하되, 당사자들의 의사가 명확하지 않은 경우에는 피상속인과 상속인 사이의 개인적 유대관계, 상속인의 특별한 부양 내지 기여의 구체적 내용과 정도, 생전 증여 목적물의 종류 및 가액과 상속재산에서 차지하는 비율, 생전증여 당시의 피상속인과 상속인의 자산, 수입, 생활수준 등을 종합적으로 고려하여 형평의 이념에 맞도록 사회일반의 상식과 사회통념에 따라 판단해야 한다고 하며, 다만, 유류분제도가 피상속인의 재산처분행위로부터 유족의 생존권을 보호하고 법정상속분의 일정 비율에 해당하는 부분을 유류분으로 산정하여 상속인의 상속재산 형성에 대한 기여와 상속재산에 대한 기대를 보장하는 데 그 목적이 있는 점(헌법재판소 2010. 4. 29. 선고 2007헌바

144 전원재판부 결정 참조)을 고려할 때, 피상속인의 생전증여를 만연히 특별수익에서 제외하여 유류분제도를 형해화시키지 않도록 신중하게 판단해야 한다고 하였습니다.

위와 같은 이유로 재판부는 A씨의 B씨에 대한 생전증여는 특별한 기여나 부양에 대한 대가의 의미로서 B씨의 특별수익에 해당하지 않는다는 이유로 다른 형제들의 청구를 기각했습니다(대법원 2022. 3. 17. 선고 2021다230083, 2021다230090 판결).

[14] 유류분 부족액을 산정할 때 공제할 '순상속분액'은 유류분권리자의 '구체적 상속분'을 기초로 산정해야 한다

유류분 반환을 요구하는 상속인의 입장에서는 유류분액에서 공제할 자신의 순상속분액이 적을수록 돌려받을 수 있는 유류분 부족액이 커지고, 반대로 자신의 순상속분액이 클수록 유류분 부족액은 적어지거나 없어지게 됩니다.

대법원은 유족의 생존권과 상속인의 상속재산에 대한 기대를 보장하는 유류분제도의 입법취지와 수증재산을 상속분의 선급으로 다뤄 구체적 상속분을 산정할 때 이를 참작하여 공동상속인들 사이의 공평을 기하고자하는 민법 제1008조 특별수익자 상속분에 관한 규정 등에 비추어 보면, 공동상속인 중 피상속인 생전에 재산을 증여받는 등 특별수익을 받은 유류분권리자의 유류분 부족액을 산정할 때는 유류분에서 특별수익액과 순상속분액을 공제하여야 하고, 이때 공제할 '순상속분액'은 '법정상속분'이 아닌 유류분권리자의 특별수익을 고려한 '구체적 상속분'에 기초해 산정하여야 한다고 판시했습니다(대법원 2021. 8. 19. 선고 2017다235791 판결).

[15] 유류분제도가 생기기 전 소유권이전등기를 마친 증여재산은 유류분 산정을 위한 기초재산에서 제외된다

> A씨가 1962. 4.경 장남인 B씨에게 토지를 증여하며 소유권이전등기절차를 마쳐주었다. 이후 A씨가 2016. 11. 사망하자 다른 공동상속인들이 유류분반환청구를 했고, 위 토지도 특별수익자가 증여받은 재산이므로 유류분 산정을 위한 기초재산에 포함되어야 한다고 보았다. 유류분제도는 1977. 12. 31. 개정 민법에 도입되어 1979. 1. 1.부터 시행되었다.

B씨가 A씨로부터 증여받아 1962년 소유권이전등기까지 마친 부동산은 특별한 사정이 없는 한 유류분 제도가 생기기 전에 소유권이전등기까지 마친 이행을 완료한 증여재산에 해당하므로 유류분 산정을 위한 기초재산에서 제외되어야 합니다.

대법원은 "유류분제도가 생기기 전 피상속인이 상속인이나 제3자에게 재산을 증여한 후 그 이행을 완료하여 소유권이 수증자에게 이전된 때에는 피상속인이 1977년 12월 31일 개정된 민법 시행 이후 사망해 상속이 개시되더라도 소급하여 증여재산이 유류분제도에 의한 반환청구의 대상이 되지 않고, 따라서 유류분 산정을 위한 기초재산에 포함될 수 없다."고 보았습니다(대법원 2021. 10. 14. 선고 2021다237497 판결).

제10절 이혼

우리나라에는 이혼방법이 두 가지 있다.

> 이혼하려는데 어떤 방법으로 해야 합니까?

우리나라 법은 이혼하는 방법으로 협의이혼과 재판상이혼 두 가지를 규정하고 있습니다.

협의이혼은 당사자가 합의하여 부부가 함께 가정법원(지방은 지방법원)에 가서 판사로부터 이혼의사 확인을 받아 이혼신고하는 방법(민법 제834조 · 제836조 · 제836조의2 · 제837조, 가족관계의 등록 등에 관한 법률 제75조 · 제79조)이고, **재판상이혼**은 당사자 중 한 명에게 다음과 같은 잘못이 있을 경우 그 사람이 이혼에 응하지 않아도 잘못이 없는 사람이 재판을 청구해서 이혼할 수 있습니다.

법이 인정하는 이혼사유로는 ① 배우자에게 부정(不貞)한 행위가 있었을 때, ② 배우자가 악의로 다른 일방을 유기(遺棄)한 때, ③ 배우자 그 직계존속으로부터 심히 부당한 대우를 받았을 때, ④ 자기의 직계존속이 배우자로부터 심히 부당한 대우를 받았을 때, ⑤ 배우자의 생사(生死)가 3년 이상 분명하지 아니한 때, ⑥ 기타 혼인을 계속하기 어려운 중대한 사유가 있을 때 등이 있습니다(민법 제840조).

I. 협의이혼

당사자가 합의하여 부부가 함께 가정법원(지방은 지방법원)에 가서 판사로부터 이혼의사 확인을 받아 이혼신고하는 방법이다(민법 제834조 · 제836조 · 제836조의2 · 제837조, 가족관계의 등록 등에 관한 법률 제75조 · 제79조). 이 경우 법원에 가서 판사의 확인을 받기 때문에 법원에서 판사가 위자료, 재산분할, 아이들에 대한 친권 · 양육권, 양육비 등에 대해서 다 알아서 판결해 주리라 생각하는 사람이 많다. 특히 부인들이 그렇다.

그러나 협의이혼의 경우는 판사가 그런 문제를 시시비비를 가려 판결해 주는 것이 아니다. 말 그대로 당사자가 그러한 모든 문제를 법원에 오기 전 자유로이 협의하여 정해야 한다.

판사는 그것이 어느 한 사람의 강요에 의한 것이 아니고, 양 당사자의 자유로운 의사에 의한 것인가만 확인해 주는 것이다. 따라서 협의이혼하러 법원에 가면서 그런 구체적인 협의 없이 법원부터 가고 보자, 그러면 억울함이 풀릴 것이다, 다 알아서 해줄 것이다 하는 생각 또는 이를 행동으로 옮기는 일은 절대 해서는 안 된다.

미성년자녀의 양육과 친권자, 양육비, 면접교섭권에 관해서는 협의이혼의사확인신청 시 협의서를 법원에 제출해 확인받아야 한다. 그러나 재산관련 서류를 첨부하여 재산분할 관계, 위자료까지 확인받을 수는 없다.

관할 법원에서 부부가 협의이혼의사를 확인받은 후, 3개월 내에 그 중 1인이라도 위 확인서 등본을 첨부하여 관할 가족관계등록관서[시(구)·읍·면사무소]에 이혼신고를 하면 이혼의 효력이 발생한다.

1. 협의이혼의사확인 신청

협의이혼을 하려는 부부가 직접 법원을 방문하여 접수 후 협의이혼에 관한 안내를 받아야 협의이혼의사확인기일이 지정된다. 또한 협의이혼은 변호사나 대리인이 신청할 수 없다(가족관계의 등록 등에 관한 규칙 제73~79조).

※ 협의이혼의사확인신청시 재산관련 서류를 첨부하여 재산분할관계까지 확인받을 수는 없다.

(1) 부부의 등록기준지 또는 주소지 관할 법원에 이혼 신청
- 부부의 주소가 각기 다르거나 등록기준지와 주소가 다른 경우에는 그 중 편리한 곳에 신청서를 제출하면 된다.
- 변호사 또는 대리인에 의한 신청은 할 수 없다.
- 부부 중 일방이 외국에 있거나 교도소에 수감 중인 경우에만 다른 일방이 혼자 출석하여 신청서를 제출할 수 있다.
- 재외국민인 당사자가 협의이혼을 하고자 하는 경우에는 그 거주지(재외공관이 없으면 인접지역)를 관할하는 재외공관의 장에게 협의이혼의사확인을 신청할 수 있다.

(2) 협의이혼의사확인 신청 시 제출하여야 할 서류
① 협의이혼의사확인신청서 1통
② 부부 각자의 가족관계증명서 및 혼인관계증명서 각 1통
③ 주민등록등본 1통 (주소지 관할법원에 신청할 때)
④ 자녀의 양육과 친권자 결정에 관한 협의서 1통과 사본 2통 또는 가정법원의 심판정본 및 확정증명서 3통

⑤ 부부 중 일방이 외국에 있으면 재외국민등록부 등본 1통, 교도소에 수감 중이면 재감인증명서 1통과 송달료 2회분 납부

2. 이혼에 관한 안내 및 상담 권고

협의이혼을 하려는 부부는 법원으로부터 이혼에 관한 안내를 반드시 받아야 하고, 상담위원의 상담을 받을 것을 권고 받을 수 있다. 미성년 또는 미취학한 자녀가 있는 경우 법원에 따라 상담을 의무화하는 경우도 있다.

3. 이혼숙려기간

가정법원에서 안내를 받은 날부터 다음의 기간이 경과한 후에 이혼의사의 확인을 받을 수 있다.
- 미성년자녀(임신 중인 자 포함)가 있는 경우 : 3개월
- 성년 도달 전 1개월 후 3개월 이내 사이인 미성년자녀가 있는 경우 : 성년이 된 날
- 성년 도달 전 1개월 이내의 미성년자녀가 있는 경우 : 1개월
- 자녀가 없거나 성년인 자녀만 있는 경우 : 1개월

단, 가정폭력 등 급박한 사정이 있어 위 기간의 단축 또는 면제가 필요한 사유가 있는 경우 이를 입증하는 자료를 첨부한 사유서를 제출할 수 있다. 그러나 사유서 제출 후 7일 이내에 확인기일의 재지정 연락이 없으면 최초에 지정한 확인기일이 유지되며, 이에 대해서는 이의를 제기할 수 없다.

4. 협의이혼의사확인 절차

반드시 부부가 함께 본인의 신분증(주민등록증, 운전면허증, 여권 중 하나)과 도장을 가지고 통지받은 확인기일(시간)에 법원에 출석하여야 한다.

이혼숙려기간
면제(단축)사유서

(1) 첫 번째 확인기일에 불출석한 경우 : 두 번째 확인기일에 출석하면 되나, 두 번째 확인기일에도 불출석한 경우에는 확인신청을 취하한 것으로 본다.
(2) 부부 모두 이혼의사가 있음이 확인된 경우: 법원에서 부부에게 확인서 등본 1통씩을 교부
(3) 부부 중 일방이 외국에 있거나 교도소에 수감 중인 경우 : 다른 일방이 혼자 출석하여 신청서를 제출할 수 있다. 법원에서 그 재외공관 또는 수감된 교도소로 이혼의사확인을 요청하는 촉탁서를 보내 이혼의사가 있다는 회신이 오면, 상대방을 법원에 출석하도록 하여 이혼의사확인을 한다.

5. 협의이혼신고의 관할 가족관계등록관서

이혼의사확인서 등본을 교부받은 날부터 3개월 내에 당사자 일방 또는 쌍방이 등록기준지 또는 주소지 관할 시(구)·읍·면사무소에 이혼신고서와 위 확인서 등본을 첨부하여 이혼신고를 하면 된다.

법원에서 이혼의사확인을 받았더라도 이혼신고를 하지 않으면 이혼된 것이 아니며, 위 기간이 지난 경우에는 다시 법원의 이혼의사확인을 받지 않으면 이혼신고를 할 수 없다.

(1) 미성년인 자녀가 있는 경우 : 이혼신고 시에 협의서 등본 또는 심판정본 및 그 확정증명서를 첨부하여 친권자 지정 신고
(2) 임신 중인 자녀가 있는 경우 : 자녀의 출생신고 시에 협의서 등본 또는 심판정본 및 그 확정증명서를 첨부하여 친권자 지정 신고
(3) 확인서 등본을 분실한 경우 : 다시 법원에 이혼의사확인 신청을 하거나, 법원에서 확인서 등본을 다시 교부받아 이혼신고

6. 협의이혼의사의 철회(가족관계의 등록 등에 관한 규칙 제80조)

이혼의사확인을 받고 난 후라도 이혼할 의사가 없어졌다면 ① 이혼신고를 하지 않거나, ② 이혼의사 철회 표시를 하려는 사람의 등록기준지, 주소지 또는 현재지 시(구)·읍·면의 장에게 이혼의사철회서를 제출하면 된다. 그러나 상대방의 이혼신고서가 본인의 이혼의사철회서보다 먼저 접수되면 철회서를 제출하였더라도 이혼의 효력이 발생한다.

협의이혼의사
철회서

II. 재판상 이혼

당사자 중 한 명에게 다음과 같은 잘못이 있을 경우 그 사람이 이혼에 응하지 않아도 잘못이 없는 사람이 재판을 청구해서 이혼할 수 있다.

재판상 이혼을 하려면 먼저 가정법원에 조정신청을 해서 조정절차를 거쳐야 한다. 조정이 성립되면 이혼이 성립되지만, 그렇지 않은 경우에는 소송절차로 이행되어 이혼소송이 진행된다. 법원의 이혼판결이 확정되면 재판의 확정일로부터 1개월 이내에 등록기준지 또는 주소지 관할 시(구)·읍·면사무소에 이혼신고(부부 중 일방이 신고)를 하면 된다(가족관계의 등록 등에 관한 법률 제58조 및 제78조, 가사소송법 제2조·제7조·제12조·제17조·제49조·제50조).

이혼조정신청서
(갈등저감형 포함)

법이 인정하는 이혼사유로는 ① 배우자에게 부정(不貞)한 행위가 있었을 때, ② 배우자가

악의로 다른 일방을 유기(遺棄)한 때, ③ 배우자 그 직계존속으로부터 심히 부당한 대우를 받았을 때, ④ 자기의 직계존속이 배우자로부터 심히 부당한 대우를 받았을 때, ⑤ 배우자의 생사(生死)가 3년 이상 분명하지 아니한 때, ⑥ 기타 혼인을 계속하기 어려운 중대한 사유가 있을 때 등이 있다(민법 제840조).

[1] 이혼 판결 전 사전처분

이혼소송은 시간이 소요되는 만큼 법원은 일정한 처분을 해야 할 필요성이 있는 경우 최종판결을 내리기 전에 사전처분을 해주는 경우가 있다(가사소송법 제62조).

1) 생활비 사전처분

부부간 부양과 협조의 의무에 따라 이혼소송 중에도 일방 배우자는 상대 배우자에게 부양료를 청구할 수 있다. 생활비 청구는 이혼소송 기간 중 양육비를 포함해서 별거 전에 상대 배우자가 지급하던 생활비를 기준으로 인정된다.

2) 접근금지 사전처분

혼인기간 동안 상대방의 폭력으로 인해 이혼소송을 준비 중이라면 그와 같은 점을 입증하여 접근금지 조치를 취해달라고 신청할 수 있다. 그 효력은 이혼소송이 끝날 때까지이며, 100미터 이내 접근금지, 통화 제한 등의 조치가 포함된다.

3) 친권자 및 양육자 지정 사전처분

이혼소송 중에 자녀에게 폭력을 가한다거나 아이가 안정적인 환경에서 양육될 수 없는 등의 경우, 사전처분을 통해 일방을 양육자로 지정해 달라고 신청할 수 있다.

4) 면접교섭권 사전처분

소송기간 중 아이를 데리고 있는 상대방이 아이를 보여주지 않으면 소송기간 중에도 면접교섭권 신청이 가능하다.

5) 불이행 시 제재방법

사전처분을 이행하지 않을 경우 1천만 원 이하의 과태료가 부과된다(가사소송법 제67조 제1항).

[2] 이혼 후에도 부모와 자녀 사이의 신분관계는 변하지 않는다

> 이혼하면 저와 자녀와의 신분관계에 변화가 있나요?

이혼 후에도 부모와 자녀 사이의 혈연관계는 변하지 않으므로 자녀와의 신분관계는 변화가 없습니다. 다만 이혼하면 자녀에 대한 친권과 양육권을 행사할 사람을 부부간 합의 또는 법원의 판단으로 정하게 됩니다. 친권자와 양육자가 반드시 일치하는 것은 아니며, 제3자를 양육자로 할 수도 있습니다. 양육권이 없는 부모는 자녀를 만나거나 전화 등으로 자녀와 접촉할 수 있는 권리인 면접교섭권을 가집니다.

[3] 미성년자녀에 대한 친권은

부모가 혼인 중인 때에는 부모 공동으로 행사할 수 있고, 부모의 의견이 일치하지 않을 경우에는 당사자의 청구에 의하여 가정법원이 이를 정한다. 부모의 일방이 친권을 행사할 수 없을 때에는 다른 일방이 이를 행사한다.

혼인 외의 자가 인지된 경우와 부모가 이혼하는 경우에는 부모의 협의로 친권자를 정하여야 하고, 협의할 수 없거나 협의가 이루어지지 아니하는 경우에는 가정법원은 직권으로 또는 당사자의 청구에 따라 친권자를 지정하여야 한다(민법 제909조, 제909조의2).

[4] 이혼한 어머니도 자녀의 양육자, 친권자가 될 수 있다

이혼하는 부부는 누가 자녀를 양육할 것인가, 양육비는 누가 얼마를 부담할 것인가, 친권자는 누가 될 것인가를 협의하여 정할 수 있다. 만약에 협의가 안 될 경우 또는 협의를 할 수 없는 경우에는 가정법원(지방은 지방법원)에 자(子)의 양육자 및 친권자 지정과 양육비청구를 할 수 있다. 그러면 가정법원은 자녀의 나이, 자녀에 대한 부모의 관심과 사랑의 정도, 부모의 재산상황, 기타사정을 참작하여 자녀의 양육이나 교육에 어떤 사람이 더 적합한가를 판단하여 양육자와 친권자를 지정해 주고 양육비를 누가 얼마를 부담하라고 판결한다.

자식은 존엄한 인격을 가진 인격체로 부모의 소유물, 특히 아버지의 소유물이 아니기 때문에 자녀가 자기의 성과 본을 따른다고 해서 자녀를 준다, 주지 못한다 할 수 없다. 자기가 자식을 양육하고 싶은데 남편이 주지 않아 기를 수 없다는 부인들이 아직도 많다. 현행법으로는 자녀의 양육이나 친권에 관한 권리를 부모 모두 똑같이 가지게 규정되어 있다(민법 제837조·제909조). 그중 누가 더 적임자인가는 자녀를 누가 더 사랑하고, 자녀와 정서적으로 누가 더 밀착되어 있으며, 그동안 자녀를 누가 주로 양육해왔는지, 자녀의 양육이나 교육상 누구와 살아야 자녀의 복리를 위해 더 바람직한가에 의해서 결정되는 것이다.

[5] 친권의 일부제한은 조정대상이 될 수 있다

> 공동친권자 중 한 명의 친권 일부를 제한한 가정법원의 조정사항에 대해 구청에서 친권상실이 조정대상이 되지 않기 때문에 친권의 일부제한도 조정대상이 될 수 없다며 조정조서에 친권자를 부모 공동으로 지정한 부분만 기재하고 부(父)에 대한 친권 제한 규정은 기재할 수 없다고 기재를 거부합니다. 가정법원의 친권 일부 조정사항을 자의 가족관계등록부에 그대로 기재할 방법이 없을까요?

해당 구청의 처분에 대해 감독법원에 불복신청을 할 수 있습니다. 위와 같은 사안에 대해 해당 구청의 관할법원인 서울가정법원에 가족관계등록공무원 처분에 대한 불복신청을 하자 이에 대해 법원은 아래 주문과 같이 친권 일부제한 취지를 기재하지 않은 구청장의 처분을 취소하고, 친권 일부제한 취지를 기재하는 것을 허가하였습니다(서울가정법원 2018호기30182 가족관계등록사무의 처분에 대한 불복).

"가정법원은 사건본인 X의 공동친권자 부 A에 대한 서울가정법원 2018너*** 사건의 조정조서 제3항에 따른 친권 일부제한 취지를 기입하지 않은 S구청장의 처분을 취소하고, 사건본인 X의 가족관계등록부 중 일반등록사항란의 친권란에 '[친권제한사항] 부 A의 친권 중 거소지정권, 여권발급·재발급 및 출입국에 관한 권한, 의료·전화 및 이사에 관한 권한, 법률행위대리권과 재산관리권(다만, 부 A가 X에게 증여한 재산에 관한 법률행위대리권과 재산관리권을 제외한다)을 제한'을 기록하는 것을 허가한다."

[6] 재혼했다는 이유만으로 전남편에게 자녀의 친권이나 양육권을 빼앗기지 않는다

> 3년 전 협의이혼하면서 당시 5살이던 아들에 대한 양육권과 친권을 넘겨받고 지금까지 기르고 있습니다. 중매로 좋은 사람을 만나 재혼하기로 했는데, 아이도 재혼할 남자를 따르고 좋아하고 그 사람도 아이를 귀여워하고 자기 자식으로 입적시켜 친자식처럼 기르고 싶어 합니다. 그런데 그동안 아이에 대해서 무관심하게 굴고 찾아오지도 않던 아이 아버지가 내가 재혼하면 아이를 데려가겠다고 합니다. 아이를 위해서도 도저히 생부에게 보낼 수 없고, 아이도 제 아버지를 무서워하고 저와 계속 살기를 원합니다. 여자가 재혼하면 양육권이나 친권을 모두 빼앗기게 되나요?

이런 물음이 요즘 부쩍 많아졌습니다. 아이는 부모의 소유물이 아니기 때문에 아이가 아빠의 성과 본을 따른다고 해서 아버지가 아이의 소유권자가 아닙니다. 그러므로 어머니가 재혼함으로써 아이의 교육이나 양육을 위한 환경이 나빠져 아버지로 양육자 및 친권자를 변경하는 것이 바람직하다는 법원의 판결 없이는 현재 양육권과 친권을 가지고 있는 어머니로부터 아이를 빼앗아 갈 수 없습니다. 따라서 어머니가 재혼했다는 이유만으로 아이에 대한 양육권 및 친권을 빼앗기지 않습니다(민법 제909조제4항).

[7] 자녀의 복리를 위하여 필요할 경우 친권자, 양육자를 변경할 수 있다

저는 이혼할 때 경제적인 여유가 없어 남편을 친권자 및 양육자로 지정하는 것에 합의해 주었는데, 아이 아빠가 자녀를 너무나 학대하여 더 이상 두고 볼 수 없어 남편으로 되어있는 친권자와 양육자를 저로 변경하고자 합니다. 이러한 변경이 가능한지요?

자녀의 복리를 위하여 필요할 경우 상대방 주소지 가정법원에 친권자 및 양육자 변경 심판청구를 할 수 있습니다. 부모가 친권자 변경에 합의한 경우에도 가정법원에 이를 청구하여 법원의 결정을 받아야만 양육자 및 친권자를 변경할 수 있습니다(민법 제837조제5항, 동법 제909조제6항).

[8] 양육자로 지정된 부모에게 상대방이 자녀를 보내지 않으면 유아인도청구소송을 할 수 있다

제가 양육자로 결정되었는데 상대방이 아이를 보내지 않고 있어요. 어떻게 해야 아이를 데려올 수 있을까요?

양육자는 자녀의 양육을 위해 자녀를 자기의 보호하에 둘 필요가 있습니다. 그러나 양육자가 아닌 상대방이 자녀를 데려가서 보내주지 않는다고 해서 임의대로 자녀를 데려오는 것은 바람직하지 않습니다. 개인의 실력 행사에 의한 자력구제는 원칙적으로 금지되어 있기 때문입니다. 양육자가 자녀를 되찾아오기 위해서는 가정법원에 유아인도심판청구를 하면 됩니다(가사소송법 제2조1항2호 나목 3).

만약 상대방이 유아인도명령을 받고도 자녀를 보내주지 않으면 가정법원에 유아인도의무의 이행을 촉구하는 명령을 해줄 것을 신청할 수 있습니다(동법 제64조). 또한 상대방이 이행명령을 받고도 불응하면 다시 가정법원에 신청해서 상대방에게 1천만 원 이하의 과태료를 부과시킬 수 있고(동법 제67조제1항), 그 후 30일 이내에 자녀를 보내주지 않으면 경찰서 유치장, 교도소 또는 구치소 등 감치시설에 상대방을 감치(監置, 붙잡아 가둠)하는 방법으로 그 이행을 강제할 수 있습니다(동법 제68조제1항제2호).

이행명령에 의한 방법 외에도 집행관에게 강제집행을 위임해서 자녀를 강제로 데려올 수도 있지만(동법 제41조), 그 집행과정에서 자녀가 정신적 충격을 받을 수 있다는 점을 유의해야 합니다.

[9] 단독 친권자로 정하여진 부모의 일방이 사망한 경우 생존한 부모가 자동으로 친권자가 되지 않는다

> 이혼하면서 아이 아빠가 단독친권자로 지정되었는데 교통사고로 1개월 전 사망했습니다. 엄마인 제가 자동으로 친권자가 되는지요?

이혼 등으로 단독친권자로 정하여진 부모의 일방이 사망한 경우 생존하는 부 또는 모, 미성년자, 미성년자의 친족은 그 사실을 안 날부터 1개월, 사망한 날부터 6개월 내에 가정법원에 생존하는 부 또는 모를 친권자로 지정할 것을 청구할 수 있습니다. 가정법원은 생존하는 부 또는 모의 양육의사 및 양육능력, 청구 동기, 미성년자의 의사, 그 밖의 사정을 고려하여 미성년자의 복리를 위하여 적절하지 않다고 인정되면 청구를 기각할 수 있고, 이 경우 직권으로 미성년후견인을 선임해야 합니다. 이러한 친권자 지정청구가 없는 경우에도 가정법원은 직권으로 미성년후견인을 선임할 수 있습니다(민법 제909조의2제1항).

[10] 가출한 부모 대신 조부모가 손자를 양육했다면 양육자로 지정받을 수 있다

> 남편은 도박과 외박을 자주 하면서 가족을 부양하지 않았고, 지난 2013년께 아예 집을 나가버렸습니다. 6살 난 아들은 시부모님이 맡아 길러주셨습니다. 살기 너무 힘들어 아이를 보러 가고 싶었지만 빈손으로 갈 수 없어 1년간 아들을 찾지 않았습니다. 이혼하고 아이의 친권과 양육권을 제가 가지고 싶은데 시부모님이 저를 믿을 수 없어 아이를 보낼 수 없다고 합니다. 시부모님이 양육권을 주장할 수 있는지 알고 싶습니다.

부모가 가출해 엄마와 그동안 단절로 인해 아들과의 친밀관계 형성이 미흡하고, 아이가 조부모와 친밀한 관계가 형성돼 있을 경우 아이의 성장과 복리를 위해 안정적인 환경에서 성장할 수 있도록 조부모를 양육자로 지정할 수 있습니다. 조부모가 아이를 양육하는 기간 동안 성년이 될 때까지 엄마는 양육비를 지불해야 합니다(서울가정법원 2008. 6. 27. 선고 2007드단 71731 판결).

[11] 친권자인 아빠가 아이를 데려왔는데 약취·유인죄가 성립하나요

> 아내가 사망하고 아들은 외할아버지와 살고 있습니다. 어른 간에 서로 불화가 생기고 아들을 제가 데려오고 싶어 학교에 가서 할아버지에게 가자 하고 데리고 왔습니다. 아이 외할아버지가 친권자인 저를 아들을 약취·유인했다고 경찰에 고소했습니다. 제 아들을 제가 데려왔는데 죄가 되는지요?

외조부가 맡아서 양육해오던 미성년인 자를 아들의 의사에 반하여 아들을 속이고 데려온

친권자에 대하여 미성년자 약취·유인죄를 인정한 대법원 판례가 있습니다(대법원 2008. 1. 31. 선고 2007도8011 판결).

미성년자를 보호·감독하는 자라 하더라도 다른 보호감독자의 감호권을 침해하거나 자신의 감호권을 남용하여 미성년자 본인의 이익을 침해하는 경우에는 미성년자 약취·유인죄의 주체가 될 수 있습니다. 본인의 감정만 생각지 말고 아이가 상처받지 않도록 아버지로서 아이의 의사를 존중해서 아이를 위한 최선의 방법을 아버지로서 택하시기 바랍니다.

[12] 이혼소송 중 면접교섭 후 자녀 돌려보내지 않으면 '미성년자약취·유인죄' 성립

> 이혼소송 중 면접기간에 아들을 데려와 돌려보내지 않았더니 저를 미성년자 약취·유인죄로 고소한다고 합니다. 친자식을 아빠인 제가 데리고 있는 게 죄가 되는지요?

친자식이라도 면접교섭 후 돌려보내지 않으면 형사처벌 대상이 됩니다. 이혼소송 중 면접교섭 기간에 자녀를 데려온 후 면접교섭 기간이 끝난 뒤에도 장기간 양육권자에게 돌려보내지 않았다면 미성년자약취·유인죄에 해당한다는 대법원 판례입니다(대법원 2021. 9. 9. 선고 2019도16421 판결).

[13] 친권과 양육권의 차이

> 친권과 양육권은 무슨 차이가 있나요?

친권은 부모가 미성년인 자(子)를 보호하고 교양할 권리와 의무의 총체를 말합니다. 자의 신분에 관한 것으로는 보호·교양·거소지정권, 자녀의 인도청구권 등이 있고, 자의 특유재산에 관한 것으로는 재산관리권, 법률행위의 대리권·동의권 및 취소권 등이 있습니다. 양육권은 친권의 내용 중 자녀를 교양하고 보호하여야 할 의무, 자녀의 거소지정, 자녀를 부당하게 억류하고 있는 자에 대한 자녀의 인도청구권 등이 그 내용입니다.

친권은 자를 보호하고 교양할 양육권과 재산관리권을 포괄하는 개념으로서 양육이 친권의 가장 주된 내용을 이루고 있으므로 친권은 양육권과 별개가 아니라 양육권을 포함하는 개념입니다. 즉 친권행사자는 양육권을 가지므로 친권행사자가 자를 양육하게 됩니다. 따라서 친권행사자가 동시에 양육자가 될 때에는 양육의 의의나 범위가 문제될 것이 없습니다.

그러나 부모가 이혼할 경우 양육자와 친권행사자가 분리되는 경우가 있습니다. 자가 유아이거나, 자가 친권을 행사할 자와 불화하여 동거를 원하지 않을 경우, 제3자가 미성년인 자를 양육하게 되는 경우, 친권행사자와 양육자를 분리하여 지정하는 것이 자의 복리를 위해 바람직하다고 생각될 경우 분리지정 될 수 있습니다.

이처럼 친권행사자와 양육자가 분리되어 지정될 경우 친권의 효력은 양육권을 제외한 부분에만 미치며, 양육권에 속하는 사항에 대해서 친권과 양육권의 충돌이 있을 때에는 양육권이 우선하게 됩니다. 예컨대 친권행사자는 父로 양육자는 母로 정해진 경우, 자의 학교를 옮기는 문제나 자의 수술동의를 할 경우에는 양육권에 관한 사항이므로 부의 동의가 필요 없고 양육자인 모의 권한에 속하는 것입니다. 그리고 친권행사자인 부가 양육권자인 모의 동의 없이 일방적으로 자를 데려간 경우에는 모는 자의 인도청구를 할 수 있습니다.

그러나 자의 재산에 관한 법률행위에 대하여 자를 대리하는 권리, 재산상의 행위에 대한 동의권 등 대외적인 법률행위에 관한 권한은 양육권의 범위에 있지 않으며 법이 명문으로 친권에 속함을 밝히고 있어 친권행사자의 권리에 속합니다.

[14] 친권자가 친권을 사퇴할 수 있나

친권자가 ① 자의 신분에 관한 권리·의무에 관한 친권은 포기하거나 사퇴할 수 없지만, ② 자의 재산에 관한 친권자의 권리의무는 정당한 사유가 있는 경우 가정법원의 허가를 받아 법률행위의 대리권과 재산관리권을 사퇴할 수 있다(민법 제927조제1항). 친권자가 재산에 관한 대리권·관리권을 사퇴한 경우에는 후견이 개시되어 후견인이 자의 재산을 관리한다(민법 제928조).

친권은 부모의 자녀에 대한 지배권이 아니며 자녀의 복리실현을 위하여 부모에게 인정된 부모의 의무인 동시에 권리(의무권)이다. 친권은 ① 자의 신분에 관한 권리의무(양육)와 ② 재산에 관한 권리의무 사항을 포괄한다.

'자의 신분에 관한 권리의무'로 친권자는 자를 보호하고 교양할 권리·의무가 있다. 자를 신체적·정신적으로 건강하게 양육해야 할 의무와 권리가 있으며 이것이 친권의 본질적 내용이다. 친권은 1차적으로 자를 건강하게 양육해야 할 부모의 의무이자 책임이라고 이해할 수 있으며, 2차적으로 부모가 이러한 의무를 이행하는데 있어 방해받지 않을 권리가 있다는 점에서 권리라는 성질을 갖는다. 그러므로 부모는 자신의 의무인 친권을 포기하거나 사퇴할 수 없다.

또한 부모의 친권행사가 자의 건강한 양육이라는 본래의 취지에 반하여 오히려 자의 복리를 침해하는 경우에는 친권상실 및 국가에 의한 친권의 박탈이 가능하다(민법 제924조). 자의 보호·교양은 친권자의 의무이지만 보호·교양에 필요한 비용의 부담은 친권의 귀속과 관계없이 부모의 몫이다. 이혼 후 친권자나 양육자로 지정되지 않은 부모의 일방도 보호·교양에 필요한 비용은 당연히 분담해야 한다(민법 제974조). 부모는 자의 출생과 더불어 자에 대한 부양의무를 지게 되고, 보호·교양에 필요한 부담은 부모의 부양의무에서 비롯되기 때문이다.

[15] 친권자·양육자 아닌 비양육친, 원칙적으로 미성년자녀의 불법행위에 대해 배상책임 없다

> 아들(현재 17세)이 2살 때 이혼하면서 친권·양육권은 아이 엄마가 가지고, 나는 면접교섭권만 가지고 가끔 아들을 만났습니다. 그런데 아들이 여자친구에게 심한 상처를 입혔습니다. 그 부모가 저를 상대로 미성년자인 감독의무자로서 그의 불법행위에 대한 책임을 지라며 손해배상청구를 했습니다. 저는 친권자·양육자가 아닌데 제가 책임을 져야 하는지요?

미성년자녀를 양육하며 친권을 행사하는 부모는 자녀를 경제적으로 부양하고 보호하며 교양할 법적인 의무가 있습니다(민법 제913조). 부모와 함께 살면서 경제적으로 부모에게 의존하는 미성년자는 부모의 전면적인 보호·감독 아래 있으므로, 그 부모는 미성년자가 타인에게 불법행위를 하지 않고 정상적으로 학교 및 사회생활을 하도록 일반적·일상적으로 지도와 조언을 할 보호·감독의무를 부담합니다. 따라서 그러한 부모는 미성년자의 감독의무자로서 미성년자의 불법행위에 대하여 손해배상책임을 질 수 있습니다.

그런데 이혼으로 인하여 부모 중 한 명이 친권자 및 양육자로 지정된 경우, 그렇지 않은 부모(이하 '비양육친'이라 함)에게는 자녀에 대한 친권과 양육권이 없어 자녀의 보호·교양에 관한 민법 제913조 등 친권에 관한 규정이 적용될 수 없습니다.

비양육친은 자녀와 상호 면접교섭할 수 있는 권리가 있지만(민법 제837조의2제1항), 이러한 면접교섭제도는 이혼 후에도 자녀가 부모와 친밀한 관계를 유지하여 정서적으로 안정되고 원만한 인격발달을 이룰 수 있도록 함으로써 자녀의 복리를 실현하는 것을 목적으로 하고, 제3자와의 관계에서 손해배상책임의 근거가 되는 감독의무를 부과하는 규정이라고 할 수 없습니다. 물론 비양육친은 이혼 후에도 자녀의 양육비용을 분담할 의무가 있지만, 이것만으로 비양육친이 일반적·일상적으로 자녀를 지도하고 조언하는 등 보호·감독할 의무를 진다고 할 수 없습니다. 이처럼 비양육친이 미성년자의 부모라는 사정만으로 미성년자녀에 대하여 감독의무를 부담한다고 볼 수 없습니다.

다만 비양육친도 부모로서 자녀와 면접교섭을 하거나 양육친과의 협의를 통하여 자녀 양육에 관여할 가능성이 있는 점을 고려하면 ① 자녀의 나이와 평소 행실, 불법행위의 성질과 태양, 비양육친과 자녀 사이의 면접교섭의 정도와 빈도, 양육 환경, 비양육친의 양육에 대한 개입 정도 등에 비추어 비양육친이 자녀에 대하여 실질적으로 일반적이고 일상적인 지도·조언을 함으로써 공동 양육자에 준하여 자녀를 보호·감독하고 있었거나, ② 그러한 정도에는 이르지 않더라도 면접교섭 등을 통해 자녀의 불법행위를 구체적으로 예견할 수 있었던 상황에서 자녀가 불법행위를 하지 않도록 부모로서 직접 지도·조언을 하거나 양육친에게 알리는 등의 조치를 취하지 않은 경우 등과 같이 비양육친의 감독의무를 인정할 수 있는 특별한 사정이 있는 경우에는, 비양육친도 감독의무 위반으로 인한 손해배상책임을 질 수 있다는 것이 판례의 태도입니다(대법원 2022. 4. 14. 선고 2020다240021 판결).

[16] 협의이혼 시 '양육비부담조서'제도 – 약속한 양육비 주지 않으면 곧바로 강제집행 할 수 있다

협의이혼 시 부부가 양육비 관련 사항을 합의하면 이를 조서로 작성하고, 여기에 집행력을 부여하는 '양육비부담조서'제도가 2009. 9. 9.부터 시행되고 있다. 이 제도는 가정법원이 협의상 이혼절차에서 양육비 부담에 관한 당사자의 협의내용을 확인한 경우 그에 관한 양육비부담조서를 작성하고 이 조서에 확정된 심판에 준한 집행력을 인정하는 것이다. 가사소송법 제41조에 의한 집행력이 부여되기 때문에 이 조서를 집행권원으로 한 모든 종류의 강제집행이 가능하다(민법 제836조의2의제5항).

◇ 양육비 직접지급명령

양육비채무자가 정당한 이유 없이 2회 이상 양육비를 지급하지 않으면 아직 이행일시가 도래하지 않은 것을 포함한 양육비채권을 집행채권으로 하여 소득세원천징수의무자에 대한 정기적 급여채권에 관해 양육비 직접지급명령을 할 수 있게 된다(가사소송법 제63조의2). 따라서 비양육친의 월급에서 양육비를 곧장 받을 수 있다. 법원의 명령을 따르지 않는 고용주는 1천만 원 이하의 과태료를 부과받는다(가사소송법 제67조).

양육비직접지급
명령신청서

◇ 담보제공명령

가정법원은 양육비채무자가 정당한 사유 없이 그 이행을 하지 아니하는 때에는 양육비채권자의 신청에 의하여 양육비채무자에게 상당한 담보의 제공을 명할 수 있다. 양육비를 보다 안정적으로 확보할 수 있도록 법원은 양육비 지급의무자 소유의 부동산이나 건물, 자동차 등을 담보로 제공할 것을 명할 수 있다(가사소송법 제63조의3제1항 및 제2항).

담보제공명령
신청서

◇ 일시금지급명령

양육비채무자가 담보를 제공하여야 할 기간 이내에 이를 제공하지 아니하는 때에는 가정법원은 양육비채권자의 신청에 의하여 양육비의 전부 또는 일부를 일시금으로 지급하도록 명할 수 있다(가사소송법 제63조의3제4항).

일시금지급명령
신청서

◇ 감치

양육비의 일시금지급명령을 받은 자가 30일 이내에 정당한 사유 없이 그 의무를 이행하지 아니한 때에는 가정법원은 권리자의 신청에 의하여 결정으로 30일의 범위 내에서 그 의무이행이 있을 때까지 의무자를 감치에 처할 수 있다(가사소송법 제68조제1항제3호).

[17] 양육비지급 이행명령을 정당한 이유 없이 이행하지 않은 경우

가사사건에 관한 판결, 심판, 조정조서, 조정을 갈음하는 심판 또는 양육비

이행명령신청서

부담조서에 의한 금전의 지급 등 재산상의 의무, 유아의 인도의무, 자녀와의 면접교섭 허용 의무를 이행하여야 할 사람이 정당한 이유 없이 그 의무를 이행하지 아니하는 경우 가정법원은 당사자의 신청에 의하여 일정한 기간 내에 그 의무를 이행할 것을 명할 수 있다(가사소송법 제64조제1항).

이러한 "이행명령"을 위반한 때에는 직권으로 또는 권리자의 신청에 의하여 심판으로 1천만 원 이하의 과태료를 부과할 수 있고, 일정한 경우에는 30일 이내의 감치를 명할 수 있다(가사소송법 제67조 및 제68조 참조).

[18] 감치명령을 받고도 양육비를 주지 않으면 운전면허정지, 출국금지, 신상공개 및 형사처벌을 할 수 있다

개정된 「양육비 이행확보 및 지원에 관한 법률」에 따라 오랫동안 양육비를 주지 않아 법원의 감치명령을 받고도 양육비를 주지 않는 부모에 대해 2021. 6. 10.부터는 운전면허 정지, 2021. 7. 13.부터는 출국금지, 신상공개 및 형사처벌을 할 수 있게 되었다.

가사소송법 제68조제1항 또는 제3항에 따른 감치명령을 받았음에도 양육비 채무를 이행하지 않는 양육비채무자에 대해 양육비채권자는 출국금지(법무부장관) 및 운전면허 정지처분(시·도 경찰청장)을 요청할 수 있다.

또한 여성가족부에 명단공개를 신청하면 양육비 채무자의 성명, 나이, 직업, 주소, 양육비 채무 불이행기간, 양육비 채무액 등의 정보가 인터넷 게시판에 공개된다. 다만, 신상 공개 전 양육비채무자에게 3개월 동안 소명기회를 준다 (양육비이행법 제21조의3~제21조의5).

양육비 불이행자
행정제재 신청

또한 개정법에 따라 감치명령을 받은 사람이 1년 동안 양육비를 지급하지 않으면 1년 이하의 징역이나 1천만 원 이하의 벌금에 처할 수 있다. 다만 피해자의 명시한 의사에 반하여 공소를 제기할 수 없다. 이는 기존의 감치제도를 보완하기 위한 것으로 양육비채무자가 주소지를 허위로 신고하거나 주소지에 없는 경우 감치집행이 어려운 점을 고려한 것이다(양육비이행법 제27조제2항제2호).

[19] 양육비가 협의 및 심판으로 확정되기 전에는 소멸시효가 진행되지 않으므로 과거 양육비를 청구할 수 있다

> 이혼하면서 자녀에 대한 양육비에 대해서는 아무런 협의를 하지 않고 제가 아들, 딸을 혼자서 길렀습니다. 아이들 아빠는 양육비 한 푼 주지 않았습니다. 현재 아이들 아빠는 경제적으로 여유 있게 살고 있는데 저는 건강이 나빠져서 아이들 대학 학비를 감당하기 어렵습니다. 아이들이 성년이 되었는데 아이들 아빠에게 과거의 양육비를 청구할 수 있는지요?

당사자 간 협의나 가정법원의 심판에 의하여 구체적인 청구권으로서 전환되기 전이라면 과거 양육비 전부를 시효에 상관없이 청구할 수 있습니다. 양육비가 협의 및 심판으로 확정되기 전에는 소멸시효가 진행되지 않습니다(대법원 2011. 7. 29.자 2008스67, 2011. 8. 16.자 2010스85 결정).

[20] 협의이혼 시 자녀들에 대한 양육비 등에 대한 약정의 효력

> 결혼하여 18세 아들과 16세 딸을 두고 있는데, 전남편이 다른 여자와 내연관계를 맺고 있는 사실을 알고 협의이혼하면서 자녀들에 대한 친권 및 양육권을 제가 갖기로 하고, 아이들 아빠는 자녀들이 취업 또는 결혼할 때까지 양육비와 생활비를 저에게 지급하기로 약정하였습니다. 저는 아이들 아빠에게 자녀들이 성년이 된 이후에도 양육비 등을 청구할 수 있는지요?

"일반적으로 이혼자(離婚者)인 부모가 그 자녀들에 대한 부양의무의 하나로서 지게 되는 양육책임은 자녀가 성년이 된 경우에는 이를 부담하지 않게 된다고 할 것이나, 부부가 이혼하면서 자녀들의 양육을 모가 맡아서 하되 부가 자녀들의 취업 또는 결혼 시까지 양육비와 생활비를 지급하기로 약정하였다면 자녀들이 성년이 된 이후에도 취업 또는 결혼하기 전까지는 양육비 등을 지급하여야 한다."라는 판례가 있습니다(서울민사지방법원 1993. 2. 4. 선고 92가합44812 판결). 따라서 귀하께서 전남편과 약정한 사실의 변경·취소에 대하여 별도로 협정하지 않거나, 약정한 사실의 변경·취소를 할 만한 사정 변경이 없는 한 자녀들이 취업 또는 결혼 시까지는 약정한 양육비 및 생활비를 청구할 수 있다고 보입니다.

[21] 양육비청구권 포기각서를 번복하여 양육비청구를 할 수 있다

> 저는 결혼하여 아들 하나를 두고 있었으나 전남편이 결혼생활에 충실하지 않아 이혼했고, 전남편은 다른 여자와 재혼했습니다. 그런데 전남편이 키우기로 한 아들이 저를 찾아와 계모에게 학대당하고 있다고 하여 저는 전남편에게 아들의 전학에 필요한 친권행사포기서를 작성해달라고 요구했고, 전남편은 아들을 키우는 데 드는 양육비용을 자신에게 지우지 않겠다는 취지의 각서를 저에게 요구했습니다. 저는 전남편의 요구대로 그러한 내용의 각서를 작성해 주었고 전남편으로부터 친권행사포기서를 받았습니다. 그러나 막상 혼자서 자식을 키우려고 하니 경제적으로 너무 힘든 상황인데, 제가 쓴 위 각서에도 불구하고 전남편에게 양육비를 청구할 수는 없는지요?

민법은 이혼 시 자녀의 양육에 관한 사항을 협의하여 정하도록 하면서 자녀의 양육에 관한 사항의 협의가 이루어지지 아니하거나 협의할 수 없는 때는 가정법원은 직권으로 또는 당사자의 청구에 따라 이에 관하여 결정하며, 이 경우 가정법원은 그 자의 의사·연령과 부모의 재산상황, 그 밖의 사정을 참작하여 양육에 필요한 사항을 정하도록 하고 있습니다(민법 제837조 제1항·제3항·제4항).

우선 귀하가 작성한 위 각서의 취지를 해석해보면 귀하와 전남편은 귀하가 양육자가 되어 그 양육비도 귀하가 부담하기로 하는 취지의 자의 양육에 관한 협의가 이루어졌다고 할 수 있습니다. 비록 양육비부담을 청구인이 하기로 협의하였다고 하더라도, 이후 특별한 사정변경이 없어도 제반 사정에 비추어 그러한 협의가 부당하다고 인정되는 경우 그 사항을 변경할 수 있다고 할 것입니다(대법원 2006. 4. 17.자 2005스18,19 결정).

귀하는 자녀가 계모로부터 학대를 당하고 있는 상황에서 자녀의 전학 절차상 전남편으로부터 친권포기서를 받아야만 하는 처지였다는 점, 전남편이 이에 응하는 조건으로 귀하에게 양육비 포기각서를 쓰도록 강제한 점 등을 고려해 보면 양육에 관한 결정이 부당하게 이루어졌다고 인정될 여지가 있습니다. 그러므로 전남편의 경제력이 귀하보다 더 나은 사정을 입증하여 가정법원에 양육비 부담 부분의 변경을 구하는 청구를 해볼 수 있습니다.

[22] 표면적으로 소득이나 재산이 감소했다는 사정만으로 양육비 감액 결정 가능하지 않다

대법원은 재판 또는 당사자의 협의로 정해진 양육비 부담 내용이 제반 사정에 비추어 부당한지 여부는 자녀의 복리를 위하여 필요한지를 기준으로 판단해야 하므로, 가정법원이 양육비 감액 청구를 판단할 때 고려하여야 할 사항은 자녀들의 성장에도 불구하고 양육비의 감액이 필요할 정도로 청구인의 소득과 재산이 실질적으로 감소했는지 심리, 판단해야 한다고 보았다(대법원 2022. 9. 29.자 2022스646 결정). 이에 따라 양육비 감액 결정시에는 자녀의 복리를 우선시해야 하며, 양육비 감액이 불가피한 것인지 판단해야 한다. 따라서 표면적으로 소득이나 재산이 감소했다는 사정만으로 양육비 감액 결정이 가능하지 않다.

[23] 양육비 지급 확정판결이 이미 이루어졌어도 성년은 변경된 만 19세로 적용한다

> 제가 이혼할 당시의 법은 아이가 성년에 이르는 연령이 만 20세인데 현행법은 만 19세로 개정되었습니다. 그런데 개정법 시행 이전에 장래의 양육비 지급을 명하는 재판이 성년까지로 확정되었을 경우 양육비 종료 시점은 몇 살을 적용하나요?

대법원은 성년에 이르는 연령이 만 20세에서 만 19세로 변경된 민법 시행 이전에 장래의 양육비 지급을 명하는 재판이 확정되었으나 법 시행 당시 자녀가 성년에 도달하지 않은 경우, 양육비 지급의 종료 시점을 자녀가 19세에 이르기 전날로 본다고 하였습니다(대법원 2016. 4. 22.자 2016으2 결정).

[24] 위법한 양육기간에는 양육비를 받을 수 없다

전 배우자에게 자녀를 인도하라는 법원의 명령을 따르지 않고 위법하게 양육한 기간에는 양육비를 받을 수 없다(서울가정법원 2010. 4. 8.자 2010브2 결정).

[25] 자녀의 복리에 반하는 부모의 양육합의는 그 효력이 없다

> 협의이혼하면서 4년간은 제가 양육권을 갖고 양육비를 아이 아빠가 지급하기로 합의했고, 그 이후에는 아빠가 친권·양육권을 가지기로 합의했습니다. 아이 아빠는 처음 합의내용을 지키라고 하는데, 특히 둘째 아이는 경계성 장애를 보이고 있고 그동안 아빠가 아이들과 원활한 접촉을 하지 않아 제가 계속 아이들을 돌보고 친권·양육권을 가졌으면 합니다. 그런데 아이 아빠는 이혼하면서 한 합의를 이행하라 요구합니다.

 부부가 이혼하면서 자녀의 양육에 대하여 합의하였더라도 사건본인의 복리에 반하는 양육합의는 그 효력이 없습니다. 양육에 관한 사항은 부모의 협의보다는 자의 복리를 최우선적으로 고려하여 결정하여야 합니다.

 귀하처럼 아이들이 현재의 양육환경대로 엄마와 함께 생활하기를 희망하고, 엄마와 있으면서 가정 및 학교에서 생활하는 데 별다른 문제가 없고, 특히 둘째가 경계성 장애를 보이고 있어 많은 노력과 관심은 물론 특수교육, 심리치료 등을 포함한 전문적인 보살핌이 필요할 것임이 명백하고, 아빠가 그동안 자녀들과 접촉이 원활하지 못했다면 그 이유가 양육의지 부족으로 보이는 점, 자녀들의 원만한 성장을 위해서는 경제적인 부분 이상으로 정서적인 부분도 중요한 점과 기존의 양육 상태 유지를 위해 현재 상태대로 엄마가 계속 양육하도록 하는 것이 자의 원만한 성장을 위하는 것으로 보인다며 엄마를 친권자 및 양육자로 변경 지정한 판결이 있습니다(서울가정법원 2011. 10. 6. 선고 2010브000 항소심 판결, 민법 제837조제3항).

[26] 사망한 딸 대신해 손녀 키우는 외할아버지, '남남 된 사위'에 양육비 청구할 수 있다

> 사망한 딸을 대신해 후견인으로 지정되어 미성년 손녀를 키우고 있습니다. 남남이 된 사위에게 손녀의 양육비를 청구할 수 있는지요?

 후견인으로 지정되어 미성년 손녀를 양육하고 있는 외할아버지도 사위를 상대로 양육비를 청구할 수 있습니다. 미성년자녀의 안정적인 성장을 위해서는 양육비의 적시 확보가 반드시 필요한 점을 감안하여 대법원이 미성년후견인에 대해 민법 제837조(이혼과 자의 양육책임)를 유추적용하여 부부 당사자 사이가 아닌 경우에도 양육비 청구가 가능하다는 것을 판시한 사례입니다(대법원 2021. 5. 27.자 2019스621 결정).

 재판부는 "미성년자녀가 부모의 혼인 공동생활 가운데 성장할 수 없는 경우 자녀의 안정적인 성장을 위해서는 양육비의 적시 확보가 무엇보다도 중요"하고, 위와 같이 미성년자녀가 부모의 혼인 공동생활 가운데 성장할 수 없고 친권으로부터 양육권이 분리되는 상황의 유사성, 자녀의 복리를 위하여 미성년후견인의 비양육친에 대한 양육비청구를 긍정하는 것이 정의 관념에 부합하고 분쟁을 합리적으로 해결하는 유효적절한 수단인 점 등을 종합하면, 민법

제924조의2에 따른 친권의 일부제한으로 미성년자녀에 대한 양육 권한을 갖게 된 미성년후견인도 민법 제837조를 유추적용하여 비양육친을 상대로 가사소송법 제2조 제1항 제2호 (나)목 3)에 따른 양육비심판을 청구할 수 있다고 판시하였습니다.

[27] 자녀를 양육하지 않는 부모도 자녀를 만나볼 권리가 있다

이혼을 해서 아이의 양육권과 친권을 넘겨주었다 하더라도 부모와 자식 간의 관계가 끊어지는 것은 아니다. 어머니로서, 아버지로서 자녀를 만나보고 아이들과 연락을 취하는 것은 당연한 권리이고, 아이들도 함께 살고 있지 않은 아버지, 어머니를 자기들이 원하면 볼 권리가 있는 것이다. 현행법은 자녀를 직접 양육하지 않는 부모 중 일방에 대해 자녀 면접교섭권을 인정하고 있다(민법 제837조의2제1항). 다만 양육하고 있는 부모의 한쪽을 비방한다든가, 술을 마시고 와서 아이들에게 교육상 좋지 않은 행동을 하는 등 자녀의 복리를 위해서 제한이 필요할 때에는 양육권을 가지고 있는 당사자의 청구에 의해서 이를 제한할 수 있다(동조 제2항).

[28] 상처만 주는 아버지, 아들 만날 자격 없다

> 아빠는 엄마와 이혼 후 10년간 엄마와 함께 사는 제게 연락도 하지 않고 양육비도 보내지 않아 법원에 엄마의 성·본으로 변경해달라는 청구를 하였습니다. 아빠가 그 사실을 알고 저를 만나려 해서 만나고 싶지 않다 했더니 법원에 면접교섭권 허가 청구를 하고 제가 다니는 학교를 찾아와 교직원과 친구들이 있는 자리에서 가정사를 늘어놓아 너무 창피해 휴학하고 싶습니다. 제 입장은 전혀 생각해주지 않고 상처만 주는 아빠를 법에서는 왜 만나라고 강제하는지요?

아들에게 난처함과 수치심을 안겨준 아버지와의 만남이 오히려 아들에게 고통과 상처가 될 경우 법원은 상처만 주는 아버지는 아들을 만날 자격이 없다고 판단하여 아버지의 면접교섭권 허가청구를 기각한 판례가 있습니다(서울가정법원 2010. 6. 가사23단독 결정).

[29] 자녀도 함께 살지 않는 부모를 만나볼 권리가 있다

> 부모님이 제가 어려서 이혼하시고 저는 아빠와 살고 있습니다. 제가 원하면 아빠가 싫어해도 엄마를 만나볼 수 있을까요?

부모가 이혼해서 어머니 또는 아버지와 살고 있는 자녀가 함께 살고 있지 않은 아버지, 어머니를 본인이 원하면 만나볼 수 있는 면접교섭권을 2007. 12. 21.부터 자녀에게도 인정하였습니다. 종전의 법은 부모에게만 면접교섭권을 인정하고 있어 자녀는 교섭권의 객체로 인식되는 문제가 있었는데 유엔아동권리협약상 "아동이익 최우선의 원칙"을 실현함과 아울러 아동의 권리 강화를 위해 자녀에게도 면접교섭권을 인정하게 된 것입니다(민법 제837조의2제1항).

[30] 엄마가 양육권 가졌어도 아이가 거부하면 강제로 못 데려간다

> 이혼소송을 하는 과정에서 아들에 대해서 두 사람이 공동친권을 가지고 6개월마다 번갈아 아이를 기르자는 조정안에 동의했습니다. 그런데 전남편이 6개월이 지나도 아들을 보내지 않아 친권자 및 양육자 지정 변경을 위한 소를 제기해서 가정법원은 아이의 양육권을 엄마인 제게 넘기라 했는데 아이가 아빠와 살겠다고 한다면서 아이를 보내지 않습니다. 데려올 방법이 없을까요?

귀하와 비슷한 사안으로 법원 집행관이 아이를 데리러 갔지만 만 6살이 된 아이가 "아빠와 살겠다."는 뜻을 분명히 밝혔고, 집행관은 강제로 데려갈 경우 아이가 받을 정신적 충격 등을 고려해 결국 집행을 포기하자, 아이 엄마가 마지막 법적 수단으로 "자녀가 거부한다는 이유로 법원 결정을 집행하지 않는 것은 부당하다."며 집행을 담당한 서울중앙지방법원을 상대로 이의신청을 냈습니다. 하지만 서울중앙지법은 "당시 아이의 나이는 만 6살 3개월로, 엄마와 아빠 중 누구와 살 것인지에 관한 자신의 의사를 표명하는 데 특별한 제약이나 문제가 없는 상태였다. 아이의 나이, 지능과 인지능력, 집행의 정황 등을 종합적으로 고려할 때, 아이가 인도 집행을 거부한다는 이유로 집행을 하지 않은 집행관의 처분이 위법하다고 할 수 없다."고 했습니다.

또한 법원은 자녀를 강제로 데려올 수는 없지만, 아빠가 양육권 행사를 부당하게 방해했다면 과태료 1천만 원 이하나 감치 30일 이하를 명할 수 있다고 설명했습니다(서울중앙지방법원 2013. 2. 11.자 2013타기273 결정).

[31] 자녀의 면접교섭 허용의무를 위반하면 처벌할 수 있다

> 남편과 협의이혼하면서 딸을 언제라도 내가 만나고 싶을 때에 만날 수 있게 해준다고 약속해서 위자료 한 푼 받지 않고 이혼했습니다. 그런데 다른 여자와 재혼하고 딸이 어리다는 이유로 계모를 친모로 알게 하고 딸을 만나지 못하게 합니다. 법원에 면접교섭권 신청을 해서 만나라는 법원 결정이 났는데도 만나지 못하게 합니다. 어떻게 해야 아이를 만나볼 수 있을까요?

자(子)와의 면접교섭 허용의무를 이행하여야 할 자가 정당한 이유 없이 그 의무를 이행하지 아니할 때에는 당사자의 신청에 의하여 일정한 기간 내에 그 의무를 이행할 것을 명할 수 있습니다(가사소송법 제64조). 이러한 법원의 이행명령을 위반한 때에는 가정법원·조정위원회 또는 조정담당 판사는 직권 또는 권리자의 신청에 의하여 결정으로 1천만 원 이하의 과태료에 처할 수 있습니다(가사소송법 제67조제1항, 2005. 3. 광주지방법원 가정지원 판결).

[32] 자녀의 복리를 위해 자녀의 성(姓)과 본(本)을 변경할 수 있다

성과 본이 생물학적 혈통을 보여주는 상징성을 갖고 있지만 자녀의 복리 문제와 관련해 더 큰 이익을 준다면 가정법원의 허가를 받아 엄마 또는 새아버지의 성과 본으로 변경할 수 있다(민법 제781조제6항, 서울가정법원 2009. 5. 12.자 2009브34 결정).

[33] 가정에서 살림만 한 아내도 이혼 시 재산분할을 청구할 수 있다

1990년까지는 이혼할 때 부부에게 재산분할권이 인정되지 않아 재산 명의가 전부 배우자의 것으로 되어있을 때에는 법적인 권리로서 재산을 나누어달라고 할 수 없었다. 그래서 우리나라 대부분의 부부들처럼 결혼 후 모은 재산이 전부 남편 앞으로 되어있고 아내는 가정에서 살림만 한 경우, 또는 맞벌이 주부의 경우에도 남편이 이혼 시 스스로 재산을 나누어주지 않는 한 한 푼도 받을 수 없었다. 단지 남편에게 잘못이 있어 이혼하는 경우 위자료청구만 법적 권리로서 인정받을 수 있었다.

그러나 1991. 1. 1.부터 시행된 개정 가족법에 이혼 부부의 재산분할청구권이 신설되었다(민법 제839조의2). 따라서 남편이 한 푼도 나누어 줄 수 없다고 할 경우 가정법원(지방은 지방법원)에 재산분할을 청구할 수 있다. 법원에서는 결혼 후 재산을 모으는 데 각자가 기여한 정도와 여러 가지 사정을 참작하여 재산을 나눌 액수와 방법을 정해준다.

근대 사회는 부부의 공동생활을 남편의 노동에 의한 재산취득과 아내의 노동에 의한 가사처리로 영위되는 분업적 경제생활로 이해함으로써 주부의 노동에 대한 새로운 가치관이 형성되었다. 따라서 주부가 가정노동에만 종사했더라도 재산축적에 기여한 것임으로 재산분할을 받을 수 있다.

재산분할 심판청구서

[34] 이혼할 때 빚도 나눠야 한다

> 재산보다 빚이 많은데 이혼할 때 빚도 나누는지요?

재산보다 빚이 더 많은 부부라도 이혼 시 빚을 나누기 위해 재산분할을 할 수 있습니다. 빚의 총액이 재산의 총액을 초과하여 재산분할을 한 결과가 결국 채무의 분담을 정하는 것이 되는 경우에도 법원은 채무의 성질, 채권자와의 관계, 물적 담보의 존부 등 일체의 사정을 참작하여 이를 분담하게 하는 것이 적합하다고 인정되면 구체적인 분담의 방법 등을 정하여 재산분할청구를 받아들일 수 있다는 대법원 판례가 있습니다. 그러나 혼인관계 파탄시 나에게 빚만 남아 있다고 하여 상대방에게 내 빚을 일부 가져가라는 식의 재산분할청구가 모든 경우에 있어 받아들여지는 것으로 오해하면 안 됩니다(대법원 2013. 6. 20. 선고 2010므4071 · 4088 전원합의체 판결).

[35] 남편 동의 없이 빌린 자녀 학비에 대해 남편의 재산분할 의무 없다

서울 시내 사립초등학교에 다니던 자녀를 국제학교로 전학시키면서 자녀의 학비를 위해 진 빚이라도 배우자의 동의를 구하지 못했다면 이혼 시 이를 부부가 나눠 부담할 필요가 없다는 판례가 있다(서울고등법원 가사1부 2014. 2. 10. 판결).

[36] 자녀 명의로 된 보험금, 재산분할 대상 아니다

> 아들과 딸 명의로 보험료를 수년간 납부했습니다. 납부한 보험료도 이혼할 때 재산분할에 포함해야 한다고 생각하는데 가능한지 알고 싶습니다.

아들과 딸 명의로 보험료를 납부했고, 피보험자가 자녀로 되어있다면 보험이 해지되지도 않은 경우 보험료 상당의 금원은 부부의 재산분할 대상으로 삼을 수 없습니다. 또 보험이 해지되더라도 환급금을 자녀를 위해 사용해야 합니다(서울가정법원 가사1단독 2011. 1. 10. 판결).

[37] 이혼하면서 배우자의 연금을 분할받을 수 있는 조건

분할연금제도란 이혼 시 배우자가 직접 연금 관리기관에 연금의 분할을 청구할 수 있는 제도이다. 혼인기간이 5년 이상인 이혼한 배우자와 본인이 모두 연금 수급연령에 도달했을 경우, 이혼한 날로부터 국민연금은 5년 이내에 청구할 수 있다(국민연금법 제64조). 혼인기간은 배우자의 가입기간 중의 혼인기간으로서 별거, 가출 등의 사유로 인하여 실질적인 혼인관계가 존재하지 아니하였던 기간을 제외한 기간을 말한다.

이 제도는 국민연금에만 적용되다가 2016년부터 공무원연금법, 사학연금법, 별정우체국법 개정으로 각종 연금으로 확대되었다(공무원연금법 제45조 및 제46조, 사학연금법 제42조, 별정우체국법 제25조의10, 제25조의11).

[38] 공무원인 배우자와 '이혼 → 재혼 → 이혼'했어도 연금분할 땐 전체 혼인기간을 합산한다

> 공무원인 남편과 1980년 4월 결혼해 15년간 함께 살다 1995년 7월에 이혼했습니다. 그리고 5년 뒤인 2000년에 재결합해 혼인신고를 하고 살다가 2017년 9월에 다시 이혼하였습니다. 남편은 1978년부터 2003년까지 공무원으로 재직하다 퇴직했습니다. 남편과의 혼인기간이 1차 15년, 2차 17년, 총합계 32년인데 이혼했다가 다시 재결합한 후 남편이 공무원으로 근무한 기간은 3년입니다. 남편의 공무원 연금에 대해 분할청구를 할 수 있는지요?

공무원인 배우자와 재결합해 동거한 기간이 5년 미만이더라도 이혼하기 전 같이 산 기간을 포함해 전체 혼인기간이 5년을 넘는다면 연금수급권자에 해당합니다(서울행정법원 2018 .8. 9. 선고 2017구합83362 판결).

[39] 이혼하는데 연금을 분할해 주고 싶지 않다면 어떻게 해야 할까

> 이혼하면 나중에 배우자가 공단에 직접 연금분할을 청구할 수 있다는데 연금만은 절대 주기 싫습니다. 어떻게 해야 이혼한 아내에게 연금을 분할해주지 않을 수 있는지 알고 싶습니다.

귀하와 배우자 사이에 연금을 청구하지 않는 것으로 합의하거나, 법원을 통해 명시적으로 결정을 받아 연금분할이 별도로 결정된 경우에는 그에 따릅니다. 중요한 것은 이혼하면서 명확하게 기재해두어야 나중에 상대방이 약속과 달리 공단에 직접 청구하는 것을 막을 수 있습니다(공무원연금법 제46조, 민법 제839조의2 및 제843조, 대법원 2019. 6. 13. 선고 2018두65088 판결).

[40] 부부 일방의 고유재산이 재산분할 청구대상에 포함되는지

> 저는 얼마 전 남편과 협의이혼을 하였습니다. 남편의 유일한 재산으로는 혼인 전에 취득한 단독주택이 있는데, 이에 대하여도 재산분할을 청구할 수 있는지요?

부부 일방이 혼인 전 취득하여 소유해 오던 고유재산이나 혼인 중 취득하였기는 하나 상속이나 증여와 같이 혼인생활과 관련 없이 다른 외적 요인으로 취득한 재산은 원칙적으로는 일방 배우자의 특유재산으로 재산분할의 대상이 되지 않습니다(민법 제830조제1항).

그러나 "부부 일방의 특유재산일지라도 다른 일방이 적극적으로 그 특유재산의 유지에 협력하여 그 감소를 방지하였거나 그 증식에 협력하였다고 인정되는 경우에는 분할의 대상이 될 수 있고, 부부 일방이 혼인 중 제3자에게 부담한 채무는 일상가사에 관한 것 이외에는 원칙으로 그 개인의 채무로서 청산의 대상이 되지 않으나 그것이 공동재산의 형성에 수반하여 부담한 채무인 경우에는 청산의 대상이 된다."라는 판례가 있습니다(대법원 1998. 2. 13. 선고 97므1486,1493 판결, 대법원 2002. 8. 28.자 2002스36 결정).

따라서 귀하의 경우에도 단순히 위 주택이 전남편이 혼인 전에 취득한 재산이라는 것만으로 재산분할청구대상에서 제외된다고 할 수는 없다고 하겠으며, 다만 그 재산을 유지하거나 또는 감소방지에 귀하가 기여한 노력이 있다면 이를 입증하여 재산분할청구권을 행사해 볼 수 있습니다.

[41] 동거할 때 모은 재산, 별거 후 이혼해도 재산분할 받을 수 있다

> 저는 남편의 상습적인 폭력을 견디지 못해 15년간 살다가 집을 나와 따로 산 지 18년이 됩니다. 이혼한다면 동거 생활 중 형성한 재산을 분할받을 수 있는지 알고 싶습니다. 남편은 저와 동거하던 기간 중 10년 무사고 운전 경력을 채워 개인택시 면허증을 발급받았습니다. 아내인 저의 기여에 의해 취득된 것이므로 재산분할 대상이 되는지 알고 싶습니다. 남편은 현재 다른 여자와 살고 있습니다.

별거 상태인 부부가 이혼하더라도 동거할 당시 형성한 재산이라면 재산분할 대상이 됩니다. 귀하가 남편이 개인택시 면허를 취득하는 데 가사노동 등으로 직·간접적으로 기여했기 때문에 별거기간이 길다고 하더라도 개인택시 면허 시가 상당액은 재산분할 대상으로 볼 이유가 상당합니다. 다만, 남편이 별거기간 중 택시를 수차례 새로 구입했다면 아내의 기여분을 특정하기 어려우므로 개인택시 면허 시가상당액 중 20%만 분할하라는 판례가 있습니다(서울가정법원 2007. 5. 31. 선고 2006드단18658 판결).

[42] 재산분할로 얼마를 청구하여야 하는가

법은 재산분할의 기준을 밝히고 있지 않다. 당사자 간에 재산분할에 대한 협의가 되지 않고 법원에 재산분할을 청구할 경우 당사자 쌍방의 협력으로 이룩한 재산의 액수, 기타 사정을 참작하여 분할의 액수를 정하도록 규정하고 있을 뿐이다(민법 제839조의2제2항). 각 가정마다의 생활모습, 일의 분담형태, 협력도, 가족의 수, 혼인생활 기간 등이 제각기 다르기 때문에 부부재산을 얼마씩 나누도록 법이 규정할 수는 없다.

결혼한 후 모은 재산일 경우 보통은 당사자의 몫은 반반이라고 보아야 하고, 재산을 만드는 데에 일방의 노력이 더 컸다고 보이면(예컨대 맞벌이 부부의 경우 남편은 직장일만 하고 아내의 경우는 직장일과 함께 집안일을 전담해서 했다던가, 농촌에서 남편은 논과 밭일만을 했고 아내는 집안일과 논밭일은 물론 농한기에 부업을 한 경우 등) 3분의 2, 4분의 3도 될 수 있다. 따라서 구체적 사건에 따라 다르겠지만 통상은 2분의 1이 되어야 한다.

한편, 재산분할청구권은 이혼한 날부터 2년을 경과한 때에는 소멸하므로 2년 안에 청구하여야 한다(민법 제839조의2제3항).

[43] 현재는 재산이 없으나 장차 재산취득 능력이 있는 경우 재산분할을 청구할 수 있는가

> 결혼 후 남편을 뒷바라지해 남편이 의사가 되었습니다. 의사가 된 후 남편이 다른 여자를 사귀어 이혼을 강요합니다. 남편은 의사 자격증을 취득해 앞으로 수입이 보장되지만 모아놓은 재산은 없습니다. 장차 재산취득 능력이 있는 경우 재산분할을 청구할 수 있는지요?

결혼 중 의사 또는 변호사 자격을 취득하여 지금은 재산이 없으나 장차 수입을 얻을 수 있는 경우에는 재산분할청구권이 인정됩니다. 이러한 경우는 이혼 후 몇 년간 매월 상대방의 월급 수령액 중 얼마를 청구한다는 등으로 재산분할을 구하면 됩니다.

그밖에 퇴직금은 이미 받은 것이면 분할청구의 대상이 되며, 앞으로 받을 것이면 분할액에 참작됩니다. 농업이나 어업 등 상대방 가족과 공동으로 경영하는 가업에 종사하였는데 그 재산의 명의가 상대방의 부친 명의로 되어있는 경우라도 그 재산 전체에서 부부가 노력하여 형성한 몫을 따져서 그에 대한 청산을 구할 수 있습니다.

그러나 상대방이 회사를 경영하는 경우 회사의 재산은 법인의 것으로 청산의 대상이 되지 못합니다. 다만 명목상 회사이지 실질적으로는 상대방 개인이 경영, 지배하는 것인 때에는 청산의 목적이 되겠지만 이 경우에도 회사에 대해서는 청산을 구할 수 없고 상대방에게 금전의 지급을 구할 수밖에 없습니다.

[44] 위자료를 받고도 재산분할청구를 할 수 있다

이혼 위자료는 상대방에게 유책사유가 있어 이혼을 하면서 받는 정신적인 고통에 대한 손해배상이고, 재산분할은 결혼 중의 부부의 재산관계를 청산하고 이혼 후 생활이 어렵게 되는 쪽의 부양을 위해서 인정되는 것으로, 엄연히 양자는 별개의 것이다. 따라서 위자료를 받았다고 해도 재산분할을 청구할 수 있다.

즉 이혼의 경우 ① 위자료와 함께 재산분할을 청구하거나, ② 위자료를 청구하고 후에 재산분할을 청구하거나, ③ 재산분할을 먼저 구하고 위자료를 나중에 청구할 수 있다.

이와 같이 위자료와 재산분할은 별개의 제도이므로 이혼 원인을 야기한 유책배우자도 재산분할은 청구할 수 있다(민법 제839조의2). 즉 부인이 간통을 한 경우에도 남편에게 재산분할을 청구할 수 있고, 남편은 간통한 부인에게 위자료를 청구할 수 있다(민법 제843조, 제806조).

[45] 재산분할로서 매달 금전으로 50만 원을 지급하도록 법원에서 판결하였는데 이를 이행하지 않을 경우 이행을 강제할 방법은 없는가

이 경우 민사소송법상의 강제집행 방법을 통해서 받을 수 있다. 그 외에 가사소송법은 당사자가 가정법원에 신청하면 법원이 의무자에게 일정기간 내에 그 의무를 이행할 것을 명하고, 이 명령을 위반하면 과태료에 처할 뿐만 아니라(법 제67조제1항), 명령을 받고도 3회 이상의 의무를 이행하지 않으면 30일 내에 감치에 처함으로써 이행을 강제하고 있다(법 제68조제1항제1호).

[46] 이혼하면서 재산분할을 원인으로 아파트를 남편 명의에서 아내 명의로 이전하면 양도세는 부과되지 않고, 취득세는 감면된다

- 양도세 – 이혼에 따른 재산분할은 비록 그 재산이 한 사람의 명의로 등기가 되어있었다고 하더라도, 부부가 혼인 중에 쌍방의 협력으로 이룩한 실질상의 공동재산을 이혼할 때 분배하는 것이기 때문에 이혼으로 인한 재산분할로 재산을 취득하는 것은 형식상의 취득에 불과하다고 볼 수 있다. 따라서 재산분할을 원인으로 하여 등기를 하면 이혼 시 재산분할은 양도가 아니므로 양도세 과세대상이 아니다. 즉 재산분할로 인하여 소유권이 이전되는 경우 양도나 증여로 보지 않아 부부간의 재산분할의 경우에는 양도소득세를 납부하지 않는다(대법원 1998. 2. 13. 선고 96누14401 판결).

- 취득세 – 이혼하면서 재산을 분할하는 것도 재산을 취득하는 것이기 때문에, 이 경우 재산을 취득하는 사람은 「지방세법」상 취득세를 내야 한다. 지방세법은 부동산을 무상 취득한 경우 세율 3.5%를 적용해 취득세를 계산한다. 반면, 이혼에 따른 재산분할의 경우 2%의 중과기준세율을 뺀 1.5%의 특례세율을 적용한다.

- 부부간 재산분할일 경우에 양도자산의 취득 시기는 상대 명의로 부동산을 구입한 시기로 본다. 부부가 A아파트를 2010년에 취득하였고, 이혼으로 인한 재산분할 협의에 의하여 A아파트의 소유권이 2018년 1월에 남편에서 부인 명의로 등기 이전되었다고 하더라도 취득 시기는 A아파트의 당초 취득일인 2010년으로 보게 된다.

[47] 협의이혼 때 재산분할 약정으로 이루어진 소유권이전 부동산에 취득세 부과 못 한다

협의이혼하면서 배우자 소유의 부동산을 자신의 소유로 옮기는 대신 부동산 구입을 위해 배우자가 빌린 은행채무를 인수한 행위는 협의이혼에 따른 재산분할에 해당되므로 취득세를 부과해서는 안 된다는 판결이 있다.

재판부는 판결문에서 "재산분할로 인한 취득에 대해 취득세를 부과하지 않는 것은 협의이혼에 기초한 재산분할 약정에 따라 소유권이 이전되거나 가정법원에서 정한 재산분할 내용에 따라 소유권이 이전되는 경우에는 부부 쌍방이 협력으로 이룩한 공동재산을 청산해 분배받는 것으로 보아 비과세하겠다는 의미"라며 "협의이혼에 따른 재산분할약정을 하면서 원고가 부부사이의 유일한 재산인 부동산을 자신의 소유로 이전하고 부동산 구입을 위해 대출한 금융기관 채무까지 인수한 것은 부동산 취득 경위에 비춰 충분히 협의이혼에 의한 재산분할로 인정된다."고 밝혔다(서울행정법원 2011. 3. 8. 선고 2010구합33993 판결).

단, 위자료 명목일 경우에는 양도소득세가 부과된다.

[48] 이혼 후 2년 내에 이혼한 배우자가 사망했을 때, 그 상속인에 재산분할청구 가능하다

> A씨는 1981년 구청 청소원인 B씨와 결혼했다. 결혼 당시 B씨에게는 이미 전처소생인 아들 C씨와 D씨가 있었다. A씨는 결혼 후 남편의 청소용 리어카를 미는 등 함께 가계를 꾸려왔고, 1997년부터는 남편의 고향으로 내려가 함께 농사를 지었다. 하지만 2007년 12월 남편 B씨와 협의이혼 했고, 이듬해인 2008년 7월 B씨는 사망했다. 이후 A씨는 재산분할청구권 제척기간 만료 4일여를 앞두고 남편 B씨의 자식들을 상대로 법원에 재산분할청구를 신청했다.

이혼한 후 어느 일방(남편)이 사망했더라도 다른 상대방(아내)은 망인의 상속인을 상대로 재산분할청구권을 행사할 수 있습니다(서울가정법원 2010. 7. 13.자 2009느합289 심판).

법원은 사건의 쟁점인 "이혼을 이유로 하는 재산분할청구가 반드시 상대방이 생존해 있을 때 이루어져야 하는지 여부"에 대하여 재산분할청구권이 신분적 요소와 재산적 요소를 모두 갖추고 있지만 신분적 요소는 재산분할청구권의 형성과정에만 관련될 뿐 재산분할을 청구할 수 있는 단계에 이르면 탈락하게 된다며 "재산분할청구권의 형성시기인 '이혼한 날' 이후 단계에서 신분적 요소를 고려할 필요가 없으며 따라서 상속성도 당연히 인정된다"고 보았습니다.

이어 이혼 당사자의 경우 재산분할을 통해 얻은 재산을 기반으로 생활해 나가야 하는데 상대방이 사망했다는 극히 우연한 사정으로 이 같은 권리를 박탈하는 것은 타당하지 않다며, "만약 이와 같은 사정으로 재산분할청구권을 행사하지 못한다면 망인의 상속인들은 그 결과로 재산분할을 해줘야 할 의무를 면함으로써 이득을 얻게 되는데, 법령의 합목적적인 해석이라는 측면에서도 분할대상 재산에 관한 권리를 상속인들에게 귀속시키기보다 원래의 권리자인 상대방 일방에게 귀속시키는 것이 옳다"고 설명했습니다. 결국 이혼한 일방 당사자는 '이혼 후 2년'이라는 재산분할청구권의 제척기간 내라면 상대방 또는 상대방의 상속인들을 상대로 언제든 재산분할을 청구할 수 있습니다.

다만 이와 반대로 피상속인이 재산분할청구권을 행사하지 않은 채 사망한 경우 상속인들이 피상속인의 재산분할청구권을 행사할 수 있는지 여부에 대해 재판부는 "재산분할청구권은 순수한 재산상의 청구권과 달리 반드시 그 당사자에 의해 청구되어야 하고, 타인이 일방을 대신하여 또는 대위해 청구할 수 없는 것이라는 점에서 행사상의 일신전속권"이라며 재산분할청구권 및 상대방에게 재산을 분할해 주어야 할 채무의 상속성은 인정되지만 피상속인이 행사하지 않았다면 그 상속인들이 행사할 수는 없다고 판단했습니다.

[49] 이혼 시 재산분할 소송 결과보다 부부간 약정이 우선

부부가 특정재산에 대해 별도의 약정을 맺었다면 이혼 시 재산분할청구소송 결과와 관계없이 약정대로 분배해야 한다는 대법원의 판결이 있다(대법원 2021. 6. 24. 선고 2018다243089 판결).

[50] 재산분할청구사건의 상대방 지위에서 분할대상 재산을 주장하는 경우에는 제척기간이 적용되지 않는다

민법 제839조의2제3항, 제843조는 협의상 또는 재판상 이혼 시의 재산분할청구권에 관하여 '이혼한 날부터 2년을 경과한 때에는 소멸한다.'고 정하고 있는데, 위 기간은 제척기간이고, 나아가 재판 외에서 권리를 행사하는 것으로 족한 기간이 아니라 그 기간 내에 재산분할심판 청구를 해야 하는 출소기간이다(대법원 2022. 6. 30.자 2020스561 결정 참조).

재산분할청구 후 제척기간이 지나면 그때까지 청구 목적물로 하지 않은 재산에 대해서는 특별한 사정이 없는 한 제척기간을 준수한 것으로 볼 수 없다(대법원 2018. 6. 22.자 2018스18 결정 참조). 그러나 청구인 지위에서 대상 재산에 대해 적극적으로 재산분할을 청구하는 것이 아니라, 이미 제기된 재산분할청구사건의 상대방 지위에서 분할대상 재산을 주장하는 경우에는 제척기간이 적용되지 않는다(대법원 2022. 11. 10.자 2021스766 결정).

[51] 위자료 산정기준

위자료란 정신적 고통을 받은 대가로 피해자가 가해자로부터 받는 손해배상의 일종이다(민법 제843조·제806조). 위자료의 산정기준은 법에 정해져 있는 것이 아니고 판례를 통해서 정해지는데, 대개 다음과 같다.
① 배우자의 재산 정도
② 배우자로부터 받은 정신적 고통의 정도
③ 양 당사자의 학력과 경력, 연령, 생활 정도
④ 재혼의 가능성, 혼인기간
⑤ 재산축적에 대한 부부의 협조와 공로

[52] 결혼 전 위자료 미청구 계약은 위법

결혼하기 전에 앞으로 이혼할 경우를 대비하여 이혼 위자료를 청구하지 않기로 한 계약은 위법이라 효력이 없다(울산지방법원 가사단독 2007. 10. 15. 판결).

[53] 이혼 전 '재산분할청구권 포기각서'는 무효

이혼 한 달 전에 '재산분할청구권을 포기하겠다'는 각서를 작성하였다면 이는 '재산분할 포기약정'이 아니라 '재산분할청구권의 사전포기'에 해당하므로 무효라는 대법원 결정이 있다

(대법원 2016. 1. 25.자 2015스451 결정). 이는 배우자 일방에게만 불리한 약정이라 진정한 합의로 볼 수 없고, 아직 발생하지도 않은 권리를 미리 포기하는 것이어서 허용될 수 없다. 다만, 이혼이 임박한 시점에 재산분할을 어떻게 할 것인지 진지하게 논의하는 과정에서 작성된 각서라면 예외적으로 유효할 수 있지만 그 내용이 매우 합리적이고 구체적이어야 한다.

[54] 공무원연금법상 분할연금의 지급개시일

> 저는 퇴직공무원입니다. 2017. 5. 1. 이혼했는데 전처가 2020. 4. 28. 공무원연금법 제45조제3항에 따라 분할연금 지급청구를 했습니다. 공무원연금법 시행령 제45조제2항의 '지급사유가 발생한 날'이 이혼한 배우자가 공무원연금법 등에 따라 실제로 분할연금 지급청구를 한 날인지, 아니면 저에게 분할연금 지급사유가 발생한 날이 속하는 달의 다음 달인지요?

공무원연금법 시행령 제45조제2항의 '지급사유가 발생한 날'의 의미는 이혼한 배우자가 공무원연금법 등에 따라 실제로 분할연금 지급청구를 한 날이 아니고, 공무원연금법 제45조제1항 각 호에서 정한 분할연금의 수급요건을 모두 갖춘 날을 말합니다.

공무원연금법 제45조제1항은 '분할연금 수급권자'에 대하여 ① 배우자가 공무원으로서 재직한 기간 중의 혼인기간(별거, 가출 등의 사유로 인하여 실질적인 혼인관계가 존재하지 않았던 기간은 제외)이 5년 이상인 사람이 배우자와 이혼하였을 것, ② 배우자였던 사람이 퇴직연금 수급권자일 것, ③ 65세가 되었을 것의 요건을 모두 갖추면 그때부터 그가 생존하는 동안 배우자였던 사람의 퇴직연금을 분할하여 일정한 금액의 연금(이하 '분할연금'이라 함)을 받을 수 있다고 정하였고, 동법 부칙 제4조제1항 전단은 분할연금과 관련한 개정규정은 2016. 1. 1. 이후에 이혼한 사람부터 적용한다고 정하였으며, 동법 시행령 제45조제2항은 '분할연금의 청구절차 등'에 대하여 공무원연금법 제45조제1항에 따른 분할연금은 그 지급사유가 발생한 날이 속하는 달의 다음 달부터 지급사유가 소멸한 날이 속하는 달까지 지급한다고 정하고 있습니다.

재판부는 위와 같은 법령의 문언과 체계에 비추어 보면, 공무원연금법 시행령 제45조제2항에서 정한 '지급사유가 발생한 날'이란 분할연금의 수급권자가 실제로 분할연금의 지급청구를 한 날을 의미하는 것이 아니고, 공무원연금법 제45조제1항 각 호에서 정한 분할연금의 수급요건을 모두 갖춘 날을 의미한다고 봄이 타당하다고 판시하였습니다(대법원 2023. 5. 18. 선고 2022두69100 판결).

[55] 집을 나가 6개월 지나도 자동이혼 되지 않는다

> 남편이 싸우고 집을 나가 안 들어오고 6개월이 지나면 자동이혼 된다고 합니다. 사실인가요?

배우자가 집을 나가 6개월 이상 들어오지 않으면 자동이혼 된다는 잘못된 법률정보를 듣고 이를 문의하는 사람들이 많습니다. 심지어는 상대가 이혼에 불응하는 경우 집을 나가 6개월 간 들어가지 않으면 자기가 원하는 대로 이혼이 자동으로 된다고 생각하고 집을 나왔다는 사람들도 있습니다.

우리나라 법률에 자동이혼이란 없습니다. 협의이혼과 재판에 의한 이혼, 두 가지 방법이 있을 뿐입니다. 배우자가 이유 없이 가출해서 부부 동거의 의무를 어긴 경우에는 재판상 이혼사유가 되므로 이혼소송을 제기하여 판결을 받아 이혼할 수 있습니다(민법 제840조제2호). 그러나 배우자의 폭력이나 부정한 행위 등의 잘못이 있어 집을 나간 경우라면 상대가 원하지 않는데 가출만을 이유로 해서 이혼 승소판결을 받을 수 있는 확률은 아주 희박합니다. 우리나라 법은 유책배우자의 이혼청구권을 인정해 주지 않고 있기 때문입니다.

[56] 배우자의 부정한 행위는 이혼사유가 된다

> 남편은 상습적으로 바람을 피웁니다. 다시는 안 그런다고 해서 용서해 주었는데 또 다른 여자와 사귀면서 그 여자에게 집까지 얻어준 사실을 알았습니다. 더 이상 참을 수 없어 이혼하자 했더니 아이들 때문에 이혼 못 해준다 합니다. 이혼하고 아이들은 제가 맡고 싶습니다.

불륜관계가 들통 나서 아내가 이혼을 요구할 때 아이들 때문에 이혼은 할 수 없다며 거부하는 남편들이 있습니다. 이런 경우 배우자의 부정한 행위는 재판상 이혼사유가 되므로 남편이 불응해도 이혼소송을 해서 이혼할 수 있습니다(민법 제840조제1호). 남편의 부정행위를 원인으로 한 이혼 청구는 남편의 부정한 행위를 안 날로부터 6개월, 그 사실이 있은 날로부터 2년이 지나면 이혼을 청구할 수 없습니다(민법 제840조제1호, 제841조).

[57] 간통은 입증되지 않았어도 타인의 배우자와 교제해 가정을 파탄시키면 위자료를 지불해야 한다

> 아내가 남자를 계속 만나고 밤늦게 긴 시간을 통화하고 그 남자의 오피스텔까지 출입하면서 아이들을 방치하고 가정살림을 제대로 하지 않습니다. 우리 가정은 완전히 파탄이 난 거나 마찬가지입니다. 그들은 단순한 친구관계로 절대로 깊은 관계는 아니라며 계속 만나고 있습니다. 간통현장을 잡지는 못했습니다. 아내의 상대 남자에게 위자료청구를 할 수 있을까요?

간통에는 이르지 않았지만 남의 아내와 교제해 가정을 파탄에 빠지게 했다면 남편에게 위자료를 지급해야 합니다.

배우자의 부정한 행위라 함은 간통을 포함하되 그보다 넓은 개념으로, 간통까지는 이르지 않으나 부부의 정조의무에 충실하지 않은 일체의 정숙하지 못한 행위를 말합니다. 아내가 다른 남자를 만나며 잦은 외출과 전화통화에 이어 그 남자의 오피스텔까지 출입하며 부적절한 관계를 추측할 수 있을 정도의 행동을 하였다면 위자료를 지불하여야 합니다(대법원 2002. 12. 6. 선고 2002므678 판결).

[58] 간통 사실을 일단 용서해 준 후에는 그것을 이유로 이혼할 수 없다

> 25년 전 남편이 지방에 근무할 때, 그 지역 서비스업에 종사하는 여자와 불륜관계를 가진 사실을 알게 되었습니다. 지방에 혼자 있다 보니 너무 외로워서 실수를 했다면서 크게 뉘우치고 용서를 빌어서 아이들을 생각해서 용서하고 살았습니다. 그런데 그때 일만 생각하면 너무 불쾌하고 남편이 밉고 싫어 여생을 함께하고 싶지 않습니다. 이혼하고 싶습니다. 남편은 이혼할 수 없다 합니다.

배우자의 부정한 행위를 원인으로 한 이혼 청구권은 사전 동의나 사후 용서를 한 때 또는 이를 안 날로부터 6개월, 그 사유 있는 날로부터 2년을 경과하면 소멸합니다. 그러므로 귀하가 남편을 일단 용서를 해주었고, 남편이 또 다른 부정행위를 최근에 하지 않았다면 재판이혼을 청구할 수 없습니다(민법 제841조).

[59] 유부남이라는 사실을 안 후에도 내연관계를 유지한 여자에게 위자료 청구할 수 있다

> 남편이 화장품을 납품하는 가게에서 일하던 아가씨에게 총각이라 속이고 결혼을 전제로 사귀어 그 여자가 아이를 임신한 뒤 낙태까지 했다 합니다. 아이를 낙태시킨 후에야 유부남이고 자식이 있다는 사실을 알고서도 남편이 나와 당장 이혼하고 결혼하겠다고 말해 남편 말을 믿고 계속 관계를 유지하면서 저를 불러내 남편과 서로 사랑한다며 이혼할 것을 요구했습니다. 저는 남편을 설득하려 노력했으나, 남편이 이에 따르지 않아 남편과 이혼하고 가정을 파탄에 이르게 한 책임을 물어 그 아가씨에게 위자료를 받으려고 합니다. 가능한지 알고 싶습니다.

상간녀를 상대로 처권 침해를 원인으로 한 손해배상청구를 할 수 있습니다. 남자가 미혼으로 행세하고 결혼까지 약속한 뒤에야 유부남이라는 사실을 알게 되었다 하더라도 유부남인 줄 알면서도 계속 사귀어 남자의 아내에게 정신적 피해를 준 경우 위자료로 배상해야 한다는 판결이 있습니다(2005. 2. 2. 인천지방법원 가사1단독 판결).

[60] 외도를 의심할 만한 사정이 있다면 남편을 미행했다는 사유로 이혼당하지 않는다

> 남편은 귀가가 부쩍 늦어지는가 하면 옷에 여성용 화장품이 묻어 있기도 하고, 심지어 휴대전화 비밀번호를 바꾸고 지갑에 다른 여성의 사진을 보관하다 제게 들키기도 했습니다. 그래서 남편을 미행하기 시작했고, 남편이 다른 여성을 자신의 승용차에 태우는 모습을 목격하기도 했습니다. 남편은 오히려 저를 의부증으로 몰아붙이고 폭력을 휘두른 끝에 이혼을 요구했고, 집을 나가 들어오지 않고 생활비도 주지 않았습니다. 남편이 아파트를 처분할지도 모른다는 생각에 법률사무소의 자문을 얻어 "아파트 지분의 절반을 등기 이전해 달라"는 소송을 법원에 냈습니다. 그러자 남편은 제가 의부증 증세를 보이고 자기 명의의 아파트를 차지하려고 소송까지 했다며 이혼 및 위자료 청구소송을 제기하겠다고 합니다. 제가 이혼당해야 하나요?

아내가 남편을 미행했다 하더라도 외도를 의심할 만한 사정이 있었다면 아내에게 혼인생활 파탄의 책임을 물을 수 없습니다. 아내의 미행은 부적절했지만 오해를 살만한 행동을 하고도 일체의 설명 없이 아내를 폭행한 남편에게 더 큰 책임이 있습니다. 법원은 아내가 소송을 제기한 것도 남편이 집을 나와 살면서 생활비를 주지 않았고, 아파트를 처분하겠다며 인감도장을 달라고 하자 위기감이 생겨 법률상담을 거쳐 한 행동이므로 부당한 대우라고 볼 수 없다고 판결했습니다(서울가정법원 가사9단독 2007. 9. 2. 판결).

[61] 집에 들어오지 않는 남편을 직장으로 찾아갔다고 해서 이혼당하지 않는다

> 남편이 같은 직장에 있는 여자를 사귀고 집을 나가 직장도 옮기고 9개월 이상 들어오지 않고 생활비도 주지 않아 남편의 현재 직장으로 찾아갔습니다. 현재 직장에서는 상간녀를 본처로 알고 있었습니다. 남편은 제가 나타났기 때문에 자기들의 불륜 사실이 알려져 망신을 당했다면서 명예를 훼손시킨 저와 살 수 없다면서 이혼소송을 제기한다 합니다. 제가 이혼당하게 되는지요?

부인이 장기간 집에 들어오지 않고 생활비도 주지 않는 남편의 직장을 찾아갔다 해서 명예훼손을 당했다며 이혼소송을 남편이 할 경우 받아들여지지 않습니다. 그러나 부인이 이혼을 원한다면 남편의 부정한 행위를 원인으로 한 이혼청구를 하고 불륜녀를 상대로 손해배상청구를 할 수 있습니다(민법 제840조제1호, 제750조).

[62] 이혼하지 않고도 본처는 첩에게 위자료를 청구할 수 있다

> 남편이 첩을 얻어서 살면서 생활비도 주지 않고, 두 사람에게 헤어지라고 해도 헤어지지 않고 있습니다. 남편은 자기가 번 돈을 전부 첩에게 주는데, 모든 재산이 남편 명의가 아니라 첩 명의로 되어 있습니다. 아이들을 생각해서 이혼하기도 쉽지 않고, 첩 또한 자기도 6개월 이상 살았으니 사실혼이나 마찬가지다, 자기도 아내로서 권한이 있다 뻔뻔하게 나오고 있습니다. 이혼하지 않고 첩에게 위자료를 받을 수 있는 길이 없는지 알고 싶습니다.

남편과 이혼하지 않은 상태에서 첩만을 상대로 해서 불법행위를 원인으로 해서 손해배상청구를 민사로 제기할 수 있습니다. 즉 본처의 권리를 침해한 여자에게 처권(妻權) 침해를 원인으로 해서 위자료를 받아낼 수 있습니다(민법 제750조). 그리고 사실혼이란 적법하게 혼인할 수 있는 요건을 갖춘 남녀(즉 배우자 없는)가 사실상 모든 부부의 요건을 갖추고 혼인신고만 하지 않고 사는 관계를 말하는 것입니다. 법적인 배우자가 있는 사람과 가지는 남녀관계는 불법이므로 아무리 오래 동거하더라도 법적인 보호를 받을 수 없습니다.

[63] 아내의 외도를 의심해 통화 내용을 몰래 녹음한 남편은 처벌받는다

> 아내가 다른 남자를 만나는 것 같습니다. 집에 녹음기를 아내 몰래 설치해서 증거를 잡고 싶은데 법에 저촉되는지 알고 싶습니다.

아내의 외도를 의심해 통화 내용을 몰래 녹음한 뒤 이를 이혼소송 증거로 제출한 남편에게 법원이 유죄를 선고했습니다. 공개되지 않은 타인 간 대화를 녹음해 비밀과 자유를 침해했다는 판단입니다(서울동부지방법원 형사합의12부 2023. 2. 판결).

[64] 합의로 별거하는 동안에는 별거를 이유로 이혼할 수 없다

> 남편이 직장을 관두고 집에 있으면서 딴사람이 된 것처럼 사사건건 잔소리를 하고 자기주장만 옳다 해서 매일이다시피 싸우게 되었습니다. 아이들도 너무 힘들어해서 서로 냉각기를 가지고 서로를 돌아보기 위해 10개월간 별거하기로 합의하고 남편은 시골에 있는 시숙댁으로 갔습니다. 그런데 그곳에서도 한 번씩 전화하면 사람을 힘들게 합니다. 10개월이 지난 후에도 달라질 것 같지 않아 이혼하고 싶은데 별거를 이유로 이혼할 수 없을까요?

서로 합의하여 일정기간 별거하기로 합의하였다면 합의한 별거기간 중에 별거를 이유로 이혼할 수 없습니다.

[65] 정당한 이유 없이 별거하는 것은 이혼사유가 된다

> 남편이 다니던 회사의 경영 악화로 구조조정으로 실직한 후 집을 나갔습니다. 어느 정도 마음을 추스르면 들어올 줄 알았는데 2년이 넘어도 들어오지 않습니다. 직장을 구해 월급도 받고 있다는데 생활비도 주지 않습니다. 이혼할 수 없을까요?

남편이 정당한 이유 없이 집을 나가 장기간 들어오지 않고 생활비도 주지 않는다면 악의로 부인을 유기한 것으로 이혼사유가 됩니다. 악의의 유기를 원인으로 한 이혼조정신청을 법원에 할 수 있습니다(민법 제840조제2호).

[66] 남편의 지나친 야동 시청도 이혼사유에 해당한다

남편의 지나친 성인용 동영상(이른바 '야동') 시청도 이혼사유가 될 수 있다(서울가정법원 2014. 8. 12. 선고 2012드단50448 판결).

[67] 부부가 장기간 별거하면서 각각 다른 사람과 동거하면 이혼할 수 있다

> 남편의 구타 때문에 집을 나와서 다른 남자를 만나 자식을 낳고 살고 있습니다. 남편 역시 제가 집을 나온 지 얼마 되지 않아 다른 여자를 얻어서 살고 있습니다. 그러나 이혼하자고 하면 해주지 않을뿐더러 만나면 가만히 두지 않는다 해서 무서워서 만날 수조차 없습니다. 남편을 만나지 않고 법으로 이혼할 수 없나요?

부부가 장기간 따로 살면서 각각 다른 사람과 동거할 경우 재판상 이혼청구를 해서 판결을 받아 이혼할 수 있습니다. 부부 쌍방이 서로 다른 사람과 동거함으로써 부부관계는 회복할 수 없는 파탄에 이르러 혼인을 계속하기 어려운 중대한 사유에 해당되기 때문입니다(민법 제840조제6호).

[68] 악의의 유기는 이혼사유가 된다

> 남편은 사업을 한다면서 지방으로만 돌아다닙니다. 7개월 전에 한 번 다녀간 후로는 연락처도 알려주지 않고 생활비도 보내주지 않습니다. 더는 이렇게 살 수 없습니다. 이혼이 가능한지요?

부부는 동거할 책임, 서로 부양할 책임이 있습니다. 남편이 지방으로 사업을 하러 다니는 경우 고의로 부인을 버려둔 것은 아니라고 볼 수도 있습니다. 그러나 남편이 계획적으로 부인과 살기 싫어서 행방을 감추고 생활비를 보내지 않을 경우 악의의 유기로 이혼사유가 됩니다. 그러므로 남편이 사업상 어쩔 수 없는 형편으로 집에 오지 못하거나 연락을 못하 는 경우가 아니라면 악의의 유기를 원인으로 해서 이혼을 청구할 수 있습니다(민법 제840조제2호).

[69] 시어머니가 혼인생활을 방해할 경우 이혼사유가 된다

> 남편은 홀어머니에 외아들입니다. 시어머니는 결혼 초부터 지금까지 우리 부부 방에서 함께 살고, 그러지 않는 날에는 남편을 시어머니 방에 불러서 함께 잡니다. 남편도 어머니가 살면 얼마나 사시겠는가, 어머니 원하는 대로 해드리자면서 어머니 말에는 꼼짝을 못합니다. 결혼한 지 1년이 넘도록 남편이나 시어머니의 이런 태도는 전혀 바뀌지 않고 있습니다. 더는 살고 싶지 않아 이혼하자 했더니 시어머니는 자기 아들을 헌 총각으로 만들어 놓았으니 다시 장가갈 비용을 내놓아야 이혼을 해준다고 합니다. 시어머니 말대로 먼저 이혼하자 한 사람이 위자료를 주어야 하는지, 아니면 피해를 당한 사람이 위자료를 받을 수 있는지 알고 싶습니다.

시어머니가 아들의 부부관계를 방해하고, 남편이 자기 어머니 편만 들고 중간역할을 잘못해서 부부생활이 파탄될 경우 배우자나 그 직계존속으로부터 부당한 대우를 받은 경우에 해당되므로(민법 제840조제3호) 재판상 이혼을 청구하고 위자료청구를 남편과 시어머니를 상대로 할 수 있습니다.

[70] 이혼을 먼저 하자고 제의했다 해서 위자료를 받지 못하거나 재산을 나누어달라고 할 수 없는 것은 아니다

> 남편이 상습적으로 구타하고 다른 여자와 부정한 행위를 해서 도저히 부부생활을 영위할 수 없습니다. 하지만 먼저 이혼을 제의하면 위자료도 받을 수 없고 재산이나 아이들에 대한 모든 권리도 가질 수 없는 걸로 알고 있습니다. 그래서 남편이 먼저 이혼하자는 말을 해주기만 기다리면서 살고 있는데, 이대로 가다가는 이혼을 하기도 전에 맞아서 병신이 될 것 같습니다.

이혼을 누가 먼저 제의했느냐는 아무 문제가 되지 않습니다. 오직 누구에게 법적인 이혼사유(부정, 구타, 악의의 유기 등)가 있느냐에 따라서 잘못이 없는 사람은 잘못이 있는 사람에게 먼저 이혼을 제의하고 위자료를 받을 수 있습니다(민법 제843조, 제806조). 잘못이 있는 사람이 '이혼할 수 없다, 위자료도 줄 수 없다'고 해도 법에서는 그 주장이 받아들여지지 않습니다(대법원 1974. 6. 11. 판결).

[71] 인격을 모욕하는 상스런 욕은 이혼사유가 된다

> 남편은 타인, 아이들 앞 가리지 않고 제게 도저히 입에 담을 수 없는 모욕적인 쌍욕을 일상용어처럼 합니다. 너무 치욕적이라 육체적인 폭력을 당하는 것보다 더 견디기 어렵습니다. 남편은 전혀 고치려 하지 않습니다. 인간 이하의 취급을 받고 더 살고 싶지 않습니다. 이혼할 수 없나요?

자식들 앞에서나 남들이 보는 앞에서 상스러운 욕을 배우자에게 일상용어처럼 하는 행위는 이혼사유가 됩니다. 재판상 이혼사유로서 배우자의 심히 부당한 대우에는 육체적인 고통을 가하는 폭력 외에 인격을 모욕하는 폭언과 욕설도 포함됩니다(민법 제840조제3호).

[72] 과도한 교육열로 자녀를 학대하고 남편을 매도한 아내와 이혼할 수 있다

> 아내는 학업성적이 좋은 딸만 편애하고, 그렇지 못한 초등학생 아들에게는 폭언과 구타를 하고 잠을 재우지 않고 문제집을 다 풀지 못하면 밥 먹는 아들에게 발길질까지 합니다. 아들을 감싸고돌아 제대로 교육이 되지 않는다며 저를 탓하면서 저와 아들에게는 식사를 차려주지 않고 빨래도 해주지 않았습니다. 각방을 쓰고 서로 대화도 하지 않는 등 갈등을 겪는 아내와 이혼하고 아들에 대한 친권과 양육권을 제가 갖고 싶습니다.

교육이라는 명목으로 자녀에게 인격적 모독과 구타를 하는 한편, 자녀 교육에 관해 다른 가치관을 가진 남편을 일방적으로 매도하고, 자신의 교육방식을 탓한다는 이유로 아들에게 어머니로서의 의무를 다하지 않을 경우 아내를 상대로 이혼 및 위자료, 자의 친권자·양육자 지정 청구를 할 수 있습니다(서울가정법원 2011. 9. 28. 가사합의3부 판결, 2016. 2. 19. 판결).

[73] 상습적 구타는 이혼사유가 된다

> 남편은 결혼 초부터 사소한 일에도 욕설과 손찌검을 자주 했습니다. 결혼생활 10년이 되도록 얼굴이나 몸에 멍이 가실 날이 없을 정도로 매를 자주 맞았지만 그때마다 아이들을 생각해서 참고 살았습니다. 남편은 결혼 초에는 구타한 후 다신 안 그러겠다고 빌곤 했는데 지금은 네가 맞을 짓을 해서 때린다는 식으로 날이 갈수록 더 강도가 심해져서 이혼하고 싶은데 남편은 이혼은 절대 해줄 수 없다 합니다. 이혼할 수 없는지 알고 싶습니다.

남편과 협의이혼이 안 되면 배우자의 심히 부당한 대우를 원인으로 한 이혼청구의 소를 가정법원(지방은 지방법원)에 제기해 판결을 받아 이혼할 수 있습니다(민법 제840조제3호).

[74] 부인의 자극으로 남편이 폭력을 행사해도 이혼사유가 된다

> 시어머니의 지나친 부부생활에 대한 간섭으로 남편과 불화를 겪어오다 이혼을 여러 차례 요구하기도 했으며, 녹음기로 몰래 녹음을 시도하다 남편을 자극해 남편으로부터 얼굴에 전치 3주의 폭행을 당했습니다. 남편과 싸우고 폭행을 당한 후 제가 여러 차례 집을 나갔는데 남편은 오히려 저를 의심하고 이혼해 달라 해도 해주지 않습니다.

부인의 자극으로 폭력을 행사했더라도 부인에게 전적인 책임이 있지 않다면 남편의 폭행은 이혼사유가 됩니다. 남편이 폭력을 행사한 상당 부분의 원인이 부인에게 있더라도 애정과 신뢰를 바탕으로 한 부부관계에서 폭력행사는 어떤 이유로든 정당화될 수 없습니다. 이혼을 청구한 부인에게 전적인 책임이 있는 경우가 아니라면 이혼사유가 됩니다(대법원 2005. 12. 23. 선고 2005므1689, 2006. 12. 7. 선고 2006므1990 판결).

[75] 한집에 살면서도 상당기간 이유 없이 성생활을 하지 않는 것은 이혼사유가 된다

부부는 성생활을 하면서 동거할 의무가 있다. 별다른 이유 없이 상당기간을 성생활을 거부하는 것은 배우자를 고의로 유기하고(민법 제840조제2호), 부당하게 대우하는 것이 되며(민법 제840조제3호), 혼인을 계속하기 어려운 중대한 사유(민법 제840조제6호)에 해당되므로 이혼사유가 된다.

대법원은 "부부 중에 성기능의 장애가 있거나 부부간의 성적인 접촉이 부존재하더라도 부부가 합심하여 전문적인 치료와 조력을 받으면 정상적인 성생활로 돌아갈 가능성이 있는 경우에는 그러한 사정은 일시적이거나 단기간에 그치는 것이므로 그 정도의 성적 결함만으로는 '혼인을 계속하기 어려운 중대한 사유'가 될 수 없다. 그러나 그러한 정도를 넘어서서 정당한 이유 없이 성교를 거부하거나 성적 기능의 불완전으로 정상적인 성생활이 불가능하거나 그 밖의 사정으로 부부 상호간의 성적 욕구의 정상적인 충족을 저해하는 사실이 존재하고 있다면, 부부간의 성관계는 혼인의 본질적인 요소임을 감안할 때 혼인을 계속하기 어려운 중대한 사유가 될 수 있다."고 판시하였다(대법원 2010. 7. 15. 선고 2010므1140 판결).

[76] 부부 동거 거부하면 손해배상 책임

> 결혼한 지 2년 만에 남편이 혼수문제 등으로 다투다가 자녀 둘과 아내인 저를 남겨둔 채 짐을 챙겨 자신의 본가로 들어갔습니다. 별거한 지 4년째 되었을 때 법원에 동거의무를 이행하라는 심판청구를 하자, 서울의 아파트를 임차해서 같이 살겠다고 해 조정에 합의했지만, 결국 남편은 이를 지키지 않았습니다. 저는 어린 자녀들을 혼자 양육하면서 정신적으로 많이 피폐해졌습니다. 남편에게 배상을 요구할 수 없나요?

부부싸움을 한 뒤 동거를 거부한 남편에게 부인이 별거 기간 혼자 어린 자녀를 키우며 입은 정신적 손해에 대해 배상하라는 대법원 판결이 있습니다. 재판부는 아내가 부부싸움을 한 뒤 수년 동안 부모님 집에 머물면서 동거를 거부하고 있는 남편을 상대로 낸 손해배상 청구소송에서 "남편은 아내에게 1000만 원을 배상하라."고 한 원심을 확정했습니다.

재판부는 법적 의무인 부부의 동거의무 위반에는 법적제재가 따라야 한다며 여러 사정을 감안할 때 1회적인 위자료의 지급을 명하는 것이 피고의 인격을 해친다거나 부부관계의 본질상 허용되지 않는다고 볼 수 없다고 밝혔습니다[대법원 2009. 7. 23. 선고 2009다32454 판결).

[77] 아이를 못 낳는 것은 이혼사유가 되지 않는다

> 시어머니는 제가 아들을 낳지 못해 절손된다며 이혼하고 나가라 합니다. 아들을 못 낳는 것이 이혼사유가 되나요?

결혼은 한 남자와 한 여자가 일생을 마칠 때까지 삶을 함께하는 것을 목적으로 하여 도덕적, 관습적으로 타당한 결합을 이루는 것이지 자손을 낳는 일, 가계를 잇는 일 등은 어디까지나 2차적인 문제입니다. 조선시대에는 아들을 낳지 못하면 칠거지악이라 해서 아내를 내쫓는 구실이 되었지만, 현행법상 아이를 낳지 못하는 것은 이혼사유가 되지 않습니다(대법원 1982. 11. 23. 선고 82므36 판결. 1960. 5. 18. 판결).

따라서 아이를 못 낳는다고 남편이나 시집에서 학대하고 이혼을 요구할 경우 괴롭더라도 부인이 참고 이혼에 응하지 않으면 이혼은 되지 않습니다. 단 아내가 견디지 못해서 이혼을 원할 경우 남편과 시부모의 그러한 행위는 법적 이혼사유에서 부당한 대우에 해당되므로 위자료를 받을 수 있습니다(민법 제840조제3호).

[78] 성격이 맞지 않고 애정이 없다는 이유만으로는 이혼할 수 없다

부부간에 애정이 없고, 성격이 맞지 않고, 대화가 통하지 않는다는 이유만으로는 이혼할 수 없다. 당사자 간에 협의가 되어 협의이혼하지 않는 한 재판상 이혼청구를 해서 승소판결을 받을 수 있는 확률이 적다. 서로 다른 환경에서 자란 남남이 만나서 가정을 이루었기 때문에 그런 사유는 시간을 가지고 노력하면서 극복할 수 있다고 판단하여 재판상 이혼사유로 인정하지 않는다(대법원 1967. 2. 7. 선고, 66므34 판결).

[79] 혼인 전 성관계가 반드시 이혼사유가 되는 것은 아니다

> 저는 35세의 기혼 남자입니다. 결혼한 지 얼마 안 되어 호기심에 아내에게 서로 과거를 고백하자 했더니 대학시절 같은 동아리 남자와 깊은 관계를 가진 적이 있다고 했습니다. 그 사실을 듣고 그 생각만 하면 아내가 보기 싫고 부부관계도 하기 싫습니다. 이혼할 수 없을까요?

부부는 결혼한 후 서로 정조를 지켜야 할 의무가 있습니다. 그러나 결혼 전에 다른 사람과 성관계가 있었다 하더라도 결혼한 후 그 관계가 계속되지 않고 정숙하였다면 혼전 성관계를 이유로 이혼할 수는 없습니다. 결혼한 후 간통한 경우에도 배우자가 그 사실을 알고 용서해 준 경우에는 또 다른 간통행위를 하지 않는 한 일단 용서해 준 사실을 가지고 이혼 청구를 할 수 없습니다(민법 제841조, 서울가정법원 가사항소1부 2011. 2. 12. 판결).

[80] 이혼소송을 제기할 때는 자기주장 사실에 대한 입증자료 준비 및 증인을 확보한 후에 하여야 한다

> 남편의 상습적인 구타로 이혼하고 싶은데 구타당하는 걸 본 증인이나 진단서가 있어야 한다는데 참고 살면 나아지려니 하고 살지 부부가 살면서 남편에게 맞았다고 야박하게 병원 가서 진단서를 떼는 여자는 드물 것입니다. 그리고 남편에게 맞는 꼴을 남에게 보여주는 것은 창피하고 망신스러워 알릴 수가 없었습니다. 진단서나 구타당하는 것을 본 사람도 없고 상처를 사진 찍어 놓은 것도 없습니다. 다시 들어가면 병신이 될 것 같은데 빠른 시일 내에 이혼하고 위자료를 받을 수 없을까요? 남편이 최소한의 양심이 있다면 자기가 한 행동을 부인하지는 않을 것입니다.

부부가 살면서 야박하게 병원에 가서 진단서를 뗄 수 있느냐, 맞는 꼴을 망신스럽게 남에게 보여주겠느냐, 내가 그런 걸 준비할 능력이 있으면 뭐하러 상담원까지 와서 도와달라고 하소연하겠느냐 하면서 당장에 갈 곳이 없으니 빨리 하루이틀 안에 이혼하게 해주고 위자료 좀 받게 해달라는 내담자들을 자주 만납니다.

같이 살던 부부가 야박하게 진단서를 뗄 수 없는 것은 인지상정입니다. 실제 구타당한 부인의 입장에서는 여자가 이혼하는 게 뭐가 좋다고 거짓말까지 해가며 이혼을 하자고 하겠느냐, 사람 말을 못 믿고 증거를 제출하라느니 증인을 세워야 한다느니 하다니 무슨 그따위 법이 있느냐, 피해자의 억울함을 풀어준다는 법이 이럴 수 있느냐, 이렇게 법이 복잡하면 어떻게 약자가 법을 믿고 호소하겠는가 하면서 분한 마음을 금할 수 없을 것입니다.

그러나 막상 구타한 사람이 그런 일이 없었다고 주장할 경우, 싸움의 현장을 보지도 않은 판사로서는 한편의 말만 듣고 판결을 내릴 수는 없는 일입니다. 법은 어느 한 사람이라도 억울한 일을 당하지 않도록 모든 사람의 인권을 존중하여야 하기 때문입니다.

남편의 상습 구타를 원인으로 해서 이혼을 원하는 부인이라면 구타당하는 사실을 주위에 숨기지 말아야 합니다. 또 구타당한 즉시 병원에 가서 치료받고, 진단서를 떼고, 멍든 상처 등을 사진으로 찍어 두어야 합니다. 이러한 일은 야박한 행위가 아니라 자기 자신을 지키고 가정과 사회로부터 폭력과 탈법을 추방하는 용기 있고 정당한 행위인 것입니다.

[81] 한겨울에 난방도 못 하게 한 '자린고비' 남편과 이혼할 수 있다

한겨울에 난방조차 제대로 하지 못할 정도의 '자린고비' 행동도 이혼사유가 된다(서울가정법원 가사3부 2012. 2. 27. 판결).

[82] 상습적으로 쪽지 또는 문자메시지로 잔소리를 하는 남편과 이혼할 수 있다

상습적으로 '옷에 먼지가 많다.', '옷 주름을 한 줄로 다릴 것', '음식 빨갛게 하지 말 것' 등 잔소리를 쪽지로 남기거나 부인에게 휴대전화 문자메시지로 메모를 남겨 부인에게 잔소리를 하는 것은 이혼사유가 된다(서울가정법원 가사3부 2011. 10. 29. 판결).

[83] 남자도 위자료를 받을 수 있다

> 아내가 이유 없이 집을 나가 1년 이상 들어오지 않고 있어서 가정이 경제적으로나 정신적으로 파탄 상태입니다. 아내에게는 자기 재산도 있고 현재 직업도 있습니다. 더 이상 기다릴 수 없어 이혼해야겠는데, 아내에게 위자료를 청구해서 받을 수 있는지요?

부부는 서로 동거하며 부양하고 협조해야 할 의무가 있습니다(민법 제826조제1항). 그런데 부인이 정당한 이유 없이 상당기간 집을 비우고 이 의무를 지키지 않았다면, 일반인이 생각하기는 여자만 남자에게 위자료를 받을 수 있는 걸로 생각하겠지만, 성별에 관계없이 잘못이 없는 사람은 잘못이 있는 상대 배우자에게 위자료를 받을 수 있습니다. 즉 잘못이 없는 남편은 부인으로부터 위자료를 받을 수 있습니다(민법 제840조제2호).

[84] 부부관계를 파탄시킨 장인 장모에게 위자료를 받을 수 있다

> 중매로 혼인한 지 6개월인데, 영화나 드라마에서 나오는 신혼 초의 남편처럼 아내를 대해주지 않는다며 사랑이 없어서 그러는 것이라고 불만을 토로해서 정말 곤혹스럽습니다. 결혼생활은 꿈이 아니고 현실이다, 직장일로 바빠서 그러니 그런 식으로 비약시키지 말라고 알아듣도록 설명해도 아내는 핑계를 위한 핑계라면서 조금만 귀가가 늦으면 친정부모에게 연락합니다. 그러면 장인 장모가 달려와서는 자기들이 얼마나 금지옥엽으로 기른 딸인데 이렇게 홀대하는가, 혹시 다른 여자가 있는가, 있다면 말을 하라면서 사람을 괴롭힙니다. 특히 장모는 당사자인 아내와 이야기할 테니 돌아가시라 해도 다음날 출근할 사람을 붙잡고 잠도 못 자게 밤을 새우면서 야단칩니다.
> 결혼 후 부부싸움이 아니라 부부문제로 장모와 다투고 일방적으로 당해왔다고 해도 과언이 아닙니다. 이제 더 참을 수 없고 이대로 가다가는 정신이 이상해질 것 같아서 이혼하려 합니다. 우리 부부관계를 간섭하여 파탄시킨 장인장모에게 그 동안 받은 고통에 대한 위자료를 받을 수 없는지 알고 싶습니다.

두 사람의 부부관계를 파탄시킨 잘못이 전적으로 장인 장모에게 있다면 그로 인해서 받은 정신적인 피해에 대해서 장인 장모를 상대로 위자료청구를 할 수 있습니다(민법 제840조제3호, 제751조).

[85] 시부모의 학대로 이혼할 때 시부모에게 위자료를 청구할 수 있다

> 결혼해서 시부모를 모시고 살고 있습니다. 그런데 남편이 걸핏하면 술 마시고 늦게 들어오고 외박을 해서 이유를 물어보면 대답을 하지 않습니다. 그래서 둘이서 말다툼을 하면 시부모는 남자가 하는 일을 여자가 왜 시시콜콜 알려 하느냐면서 저만 나무랍니다. 또한 그 동안 남편이 다른 여자와 깊은 관계를 가진 것이 들통나자 시부모는 오히려 아내가 남편에게 잘해주지 않아 그런 것이라면서 남편의 부정행위를 내 탓으로 돌립니다. 남자가 똑똑하면 열 계집을 거느려도 흉이 되지 않는다, 아이들 키우고 시부모 잘 모시고 살면 되지, 남편이 생활비 주고 집에도 꼬박꼬박 들어오고 가장의 의무를 다하는데 다른 여자 가끔 만나서 정을 통하는 것을 시비 거느냐면서 저를 오히려 가정파괴범으로 몰아세우고 있습니다. 이런 상태에서 더 살다가는 정신병자가 될 것 같습니다. 남편은 직장만 있고 재산은 없지만 시부모에게는 부동산이 있는데, 이혼할 경우 시부모에게 위자료를 받을 수 있는지 궁금합니다.

현행 가족법은 우리 가족제도의 특수성에 비추어 시부모로부터 학대받은 것을 이혼의 사유로 인정하고 있습니다. 부인의 경우는 '배우자와 그 직계존속으로부터 심히 부당한 대우를 받았을 때'에 해당되므로(민법 제840조제3호), 남편과 남편의 잘못을 적극적으로 비호하여 부부관계를 파탄에 이르게 한 남편과 시부모를 상대로 해서 이혼 및 위자료청구를 할 수 있습니다(대법원 1967. 1. 24. 판결).

[86] 아들의 외도 숨긴 시어머니에게 위자료를 청구할 수 있다

> 시부모를 모시고 살던 중 남편이 별다른 이유도 없이 집을 나가 1~2년에 한번씩 '돈 많이 벌어 들어갈 테니 열심히 살라'는 전화만 했을 뿐 이후 9년 동안 한 번도 찾아오거나 생활비, 양육비를 보내지 않았습니다. 시어머니는 가출한 아들이 다른 여자와 동거하고 있다는 사실을 알면서도 제게는 그 사실을 알리지 않은 채 "내년이면 남편이 돌아올 테니 참고 기다려라. 조금만 참으면 집을 마련해 주겠다."는 등의 말로 저를 속여 왔습니다. 낮에는 화장품 영업사원으로 밤에는 식당 주방에서 번 돈으로 어렵게 생계를 유지하며 남편을 기다렸는데 남편이 다른 여자와 동거하고 있다는 사실을 알게 되었습니다. 이혼하고 남편과 시어머니에게 위자료청구를 할 수 있는지요?

아들이 다른 여자와 동거한다는 사실을 알고도 아들이 곧 돌아올 것이라고 속이며 9년 이상 며느리와 함께 산 시어머니에게 위자료 책임을 묻는 판결이 나왔습니다. 아들이 다른 여자와 동거하고 있다는 사실을 알게 됐음에도 아들을 돌아오게 하거나 며느리에게 이런 사실을 알려 새로운 선택을 할 기회를 제공하기는커녕 동거사실을 철저히 숨긴 채 혼인생활을 지속토록 강요한 시어머니에게 혼인파탄의 책임이 있습니다(춘천지방법원 가사단독 2005. 2. 16. 판결).

[87] 아들의 이중 결혼 도운 시아버지는 며느리에게 위자료를 지급해야 한다

> 남편은 제가 임신기간 중 외국에 머물면서 여자를 만나 교제하다 결혼 사실을 숨기고 그 여자와 결혼하고 이혼소송을 제기했습니다. 남편의 주민등록등본에 그 여자가 부인으로 등재된 사실을 뒤늦게 발견했으며 그 가족으로부터 시아버지가 이중 결혼 당시 '내 아들이 총각인 것을 내가 증명한다.'며 적극적으로 나서고 두 번째 결혼식에도 참석했다고 합니다. 남편과 시아버지를 상대로 위자료 청구할 수 있는지요?

유부남임을 속이고 다른 여자와 결혼한 남편과 '아들이 총각임을 보증한다.'며 두 번째 결혼식에도 참석하는 등 적극적으로 부정행위에 일조한 책임이 있는 시아버지에 대해 위자료 청구를 할 수 있습니다(서울가정법원 가사4부 2004. 3. 19. 판결).

[88] '고부갈등' 중재 역할 못한 남편과 이혼할 수 있다

> 남편과는 회사 동료로 만나 1년간 사귀고 결혼했습니다. 시어머니는 시아버지와 오랫동안 별거하며 혼자 아들을 키워 결혼 초부터 모시게 됐습니다. 그러나 오랜 세월 아들에게 의지하며 살아온 시어머니는 아내인 제가 있는데도 아들 속옷을 직접 챙기고 월급 통장도 자신이 관리하는가 하면, 밤늦게까지 아들과 대화를 나누는 등 아들을 붙잡고 놓지 않았습니다. 이렇게 아들에게 집착하는 시어머니 때문에 싸움이 잦았습니다. 남편은 중간역할을 하지 않고 제게만 어머니를 이해하라고 했고, 게다가 집에 들어오면 골치 아프다면서 술 마시고 늦게 다니더니 외도까지 했습니다. 그러면서 자기가 바람피우게 된 것도 제가 시어머니를 이해하지 않고 가족간 불화를 일으켜서 괴로움에 그런 행동을 할 수밖에 없었다며 저를 비난합니다. 이런 남편과 더 살 수 없습니다. 이혼하고 재산분할과 위자료를 받을 수 있는지요?

오랜 기간 아들을 의지하며 살아온 시어머니를 이해하지 못해 가족간 불화를 가져온 아내도 책임이 있지만, 근본적인 책임은 고부간의 갈등을 원만히 해결하려는 노력 없이 오히려 외도를 한 남편에게 있으므로 아내는 이혼하고 재산분할과 위자료를 받을 수 있습니다(서울가정법원 가사4부 2003. 8. 5. 판결).

[89] 시부모와 한집에서 살기만을 강요하는 남편과 이혼할 수 있다

결혼 뒤 아내가 시부모를 모시는 일에 느끼는 부담감을 충분히 헤아리지 못하고 자신의 생각을 아내에게 강요하고, 아내가 시댁에 들어가 초기 적응과정에서 가정 문화의 차이로 식구들과 갈등을 겪을 때 중재자 구실을 다하지 못한 남편과 이혼하고 위자료를 받을 수 있다(2003. 10. 7. 서울가정법원 가사합의3부 판결).

[90] 자기의 직계존속이 배우자로부터 심히 부당한 대우를 받은 것은 이혼사유가 된다

> 남편과는 연애로 결혼했습니다. 그런데 항상 다른 사람의 부인과 저를 비교하고, 친정에서 도와주어 집도 마련했는데 더 도와주지 않는다며 불만을 가지고 친정부모를 미워하고 헐뜯습니다. 그리고 지방에 거주하시는 친정어머니가 서울에서 수술을 하시고 며칠간 저희 집에 와계시는데, 왜 아들 며느리 두고 우리집에 왔느냐 당장 나가라 욕설을 하고 행패를 했습니다. 이런 남자와 더 살고 싶지 않습니다. 이혼할 수 없을까요?

자기의 직계존속이 배우자로부터 부당한 대우를 받았을 때는 이혼사유가 됩니다. 재판상 이혼청구를 가정법원에 하실 수 있습니다(민법 제840조제4호).

[91] 사회생활 막는 남편과 이혼할 수 있다

> 결혼할 때에는 제가 대학원을 간다면 지원해 주고, 제가 직장생활을 하는데 힘들지 않도록 가사도 분담하겠다고 약속해서 결혼했습니다. 그런데 남편은 결혼 후 태도를 완전히 바꾸어 제 사회생활은 완전히 접고, 자기 뒷바라지하고 가사 일에만 종사할 것을 강요해서 그렇게 살 수는 없다고 했더니 폭언하고 구타까지 합니다. 이런 남자와 일생을 함께할 수 없어 이혼하자 했더니 절대로 이혼은 해줄 수 없다 합니다. 주부로서 가사에만 전념해달라 하는데 그걸 싫다고 하는 저 같은 여자가 이혼소송을 하면 법에서 받아줄 것 같냐며 마음대로 하라 합니다. 제가 이혼할 수 없는지 알고 싶습니다.

사회생활, 직장생활을 하려는 아내의 의사를 존중하지 않은 채 자신의 뜻에 따라 가사에만 종사할 것을 강요하고 이에 응하지 않는다며 폭언과 폭행을 가한 남편과 이혼할 수 있습니다(서울가정법원 가사4부 2003. 9. 18. 판결).

[92] 상습적으로 음독하는 경우 이혼할 수 있다

> 아내는 고집이 세고 자기주장이 강합니다. 그래서 자기주장이 받아들여지지 않으면 음독합니다. 그때마다 제가 사과하고 아내의 요구를 들어주곤 했습니다. 얼마 전에도 하나밖에 없는 남동생이 결혼하게 되어서, 결혼비용으로 5백만 원 정도 도와주자고 하니까 아내는 2백만 원 이상은 절대 해줄 수 없다 했습니다. 이번만은 양보할 수 없어서 그 정도는 얼마간 절약하면 해줄 수 있는 돈이니 사람의 도리로 해주어야 한다 했더니 또 약을 먹었습니다. 이제는 도저히 무서워서 살 수가 없습니다.

아내의 상습적인 음독행위는 남편을 위협하고 가족들을 불안하게 하여 그것이 결혼생활을 계속할 수 없는 중대한 사유에 해당되므로 이혼소송을 해서 부인이 이혼을 원하지 않아도 재판을 받아서 이혼할 수 있습니다(민법 제840조제6호).

[93] 종교가 다르다는 것만으로 이혼할 수 없다

> 우리는 철저한 불교 신자 집안으로 어머니가 절에서 불공을 드려 저를 낳았다고 합니다. 그런데 아내가 기독교를 믿습니다. 우리 집안에 결혼해서 들어왔으니 같은 종교를 가지자, 한 집안에서 두 종교를 가지면 집안이 좋지 않다고 하니 교회에 나가지 말라고 해도 듣지 않습니다. 조상에 대한 제사 문제도 있고, 집안에서도 기독교를 믿는 며느리를 용납할 수 없다 합니다. 아내는 종교를 제외하고는 흠이 없고, 아내는 이혼할 수 없다 하는데 이런 경우 이혼할 수 있는지 알고 싶습니다.

우리나라는 헌법에도 모든 국민은 종교의 자유를 가진다고 규정해 놓았습니다(헌법 제20조). 그러므로 부인에게 같은 종교를 가지자고 권유할 수는 있으나 강제할 수는 없습니다. 아내가 광신적으로 종교를 믿어서 가산을 탕진하거나, 가사를 돌보지 않고 기도원에 가서 며칠씩 집을 비우고 하지 않는 한 종교가 다르다는 이유만으로 이혼할 수 없습니다.

[94] 주벽이 심하면 이혼할 수 있다

> 남편은 항상 술에 취해서 삽니다. 술만 마시면 생트집을 잡아 가구를 부수고 사람을 구타해서 아이들과 저는 항상 공포에 떨며 살고 있습니다. 그래도 술이 깨면 잘못했다고 빌어서 나이가 들면 나아지려니 하고 살았는데 갈수록 더 심해집니다. 이혼하고 아이들과 함께 살고 싶은데 남편은 절대로 이혼을 해 줄 수 없다고 합니다.

주벽도 정도에 따라 다르겠으나 술을 마시고 들어와서 밤새 잠을 못 자게 하고, 구타하고, 살림을 부수고, 가정을 공포 분위기로 만드는 행위를 되풀이할 정도라면, 배우자로부터 심히 부당한 대우를 받았으며 결혼생활을 계속하기 어려운 중대한 사유에 해당된다고 볼 수 있으므로 남편이 이혼에 불응하더라도 이혼 및 위자료, 재산분할, 양육자·친권자 지정, 양육자 청구 소송을 제기하여 판결을 받아 이혼할 수 있습니다(서울가정법원 1996. 11. 17. 가사1부 판결, 1981. 5. 20. 판결. 민법 제840조제3호 및 제6호).

[95] 노름이 심하면 이혼할 수 있다

> 혼인한 지 7년이 되었는데 결혼 이래 남편은 포커에 미쳐서 월급날은 꼭 외박을 하고, 한번 했다 하면 몽땅 날려버려야 직성이 풀리는 사람입니다. 그도 모자라 은행 신용카드로 대출을 받고, 고리대금까지 얻어서 없애곤 합니다. 빚만 갚아주면 다신 안 그런다고 해서 처음에는 시집과 친정에서 도와주고, 다음에는 전세금을 빼서 빚을 갚아주었는데도 그 버릇을 고치지 못하고 계속하고 있습니다. 더 이상 참을 수 없어 이혼하고 싶은데 가능할까요?

오락으로 가끔 포커나 화투를 한다면 모르지만, 수년 동안 상습적으로 노름을 하고, 더욱이 외박까지 하고 가정 경제를 파탄시킨다면 혼인생활을 계속할 수 없는 중대한 사유에 해당한다고 볼 수 있습니다(민법 제840조제6호).

[96] 빚을 졌다는 이유만으로 이혼할 수 없다

> 남편은 돈에 아주 무서운 사람으로 살림에 들어가는 기본적인 돈이나 아이들 교육비, 양육비까지 줄여서 쓰고 절약하라 하는 사람입니다. 그리고 제가 가내부업을 해서 버는 돈까지 일일이 간섭하고 적금에 들게 해서, 제가 버는 돈조차 제 마음대로 쓸 수가 없습니다. 남편이 주는 돈으로는 가정생활을 꾸리기 어려워 부족한 돈을 빌려서 보태다 보니 10년 동안에 빚이 2천4백만 원으로 불어나게 되었습니다. 그 사실을 알게 된 남편은 길길이 뛰면서 더 이상 살 수 없다 이혼을 요구하고 빚도 갚아줄 수 없다고 합니다. 남편을 속인 것은 잘못이지만 남편에게 알리면 이해해 주기보다는 주던 생활비마저도 주지 않을 것 같아서 제 선에서 해결하려다 보니 이렇게 되었습니다. 우리 부부는 빈손으로 만나서 현재는 1억 5천만 원 정도의 재산을 모았습니다.

단순히 빚을 졌다는 이유만 가지고는 이혼이 성립되지 않습니다. 잘 살아보려고 노력하다가 실패하여 진 빚이고, 그 정도가 혼인생활에 큰 영향을 미친 것이라고 보기 어렵기 때문에 이혼당할 염려는 없습니다.

[97] 남편이 생활력이 없다는 이유만으로 이혼할 수 없다

> 남편은 사람은 호인인데 생활력이 강하지 못합니다. 남편이 버는 돈만 가지고는 가정 살림을 꾸려갈 수 없어서 제가 직장을 나가고 있습니다. 약한 여자가 사회에 나가 일을 하면 아내를 살림에만 전념할 수 있게 해주지 못한 것에 대해 죄책감을 느끼고 전보다 더 악착같이 이를 악물고 일을 해야 정상인데 그러질 않습니다. 집안일은 잘 도와주지만, 남자가 못나서 그런 식으로 보상하려는 것 같아 보기 싫습니다. 이렇게 무능력한 남편과는 살고 싶지 않은데, 남편은 절대 이혼할 수 없다고 합니다.

'아내는 집에서 살림만 하고, 남편은 밖에서 돈을 벌어서 가정 경제에 책임을 져야 한다.'는 역할 분담론은 절대적인 명제가 아닙니다. 남편이 가정 경제를 책임질 정도의 돈을 벌지 못하고 아내가 돈을 벌어 가정 경제 대부분을 책임진다 해서 남편의 의무를 하지 못했으니 이혼하자는 주장은 현행법에서는 인정하지 않습니다. 부부는 혼인하면 서로 부양할 의무가 있습니다. 아내가 생활력이 없으면 남편이 아내를 부양하고, 남편이 생활력이 없으면 남편을 아내가 부양해야 합니다(민법 제826조제1항).

[98] 남편이 소득을 밝히지 않는다는 사유로 이혼할 수 없다

> 결혼 초부터 우리 부부는 맞벌이를 했습니다. 혼인기간 동안 생활·양육비를 제가 부담하고, 남편은 주거문제를 책임졌습니다. 결혼 후 10년간 남편이 생활비를 지급하지 않기에 이제 아이들도 학교에 들어가고 해서 생활비와 양육비를 주고, 소득내역도 알려 달라고 했습니다. 그러자 남편은 당신도 소득을 공개하지 않으면서 왜 내 소득만 알려고 하느냐며 인격을 무시하는 말을 하고 계속해서 살아오던 방식대로 살자 합니다. 이런 남자와는 더 살고 싶지 않습니다.

맞벌이하는 부부로 부인은 자신의 소득내용을 남편에게 알려주지 않으면서 남편의 소득 상황을 알려주지 않는다는 사유로 이혼할 수 없습니다. 남편이 주거문제만 책임지고 생활비나 양육비를 계속 주지 않을 경우에는 혼인생활을 유지하면서 부양료 및 양육비청구를 할 수 있습니다(서울가정법원 가사3부 2008. 6. 13. 판결).

[99] 월급과 재산 내역을 숨기고 생활비도 제대로 안 주는 남편과 이혼할 수 있다

> 대학원 재학 중 지도교수의 소개로 대기업에 재직 중인 남편을 만나 결혼했습니다. 혼인 이후 남편은 제게 재정 상황과 수입지출 내역을 제대로 알려 주지 않고 월급 역시 얼마를 받고 얼마를 쓰는지도 제대로 말해주지 않습니다. 남편이 친가에 사업자금을 무리하게 빚을 지면서까지 대준 사실도 저는 까맣게 몰랐습니다. 결혼 이후 남편은 목돈의 생활비를 준 적이 거의 없었고, 필요할 때마다 몇만 원씩 타서 쓰는 식이었습니다. 저는 필요한 돈을 일일이 타서 쓰는 것에 심리적인 부담감을 느꼈고 매번 친정에 손을 벌리는 것도 너무 힘들어 결국 어쩔 수 없이 신용카드로 300만 원의 현금서비스를 받아서 썼습니다. 그 문제로 집안 망해 먹을 여자 취급을 해서 크게 남편과 다투었습니다. 아이를 생각해 참고 살았는데 이런 남자와는 더 살고 싶지 않습니다.

아내에게 자신의 재산 내역을 공개하지 않고, 아내 몰래 친가에 사업자금을 대주는 등 무리하게 빚을 지면서도 재정상황과 수입지출 내역을 제대로 알리지 않고, 월급 역시 얼마를 받고 얼마를 쓰는지도 제대로 말해주지 않으면서 생활비도 제대로 주지 않는 남편과 이혼할 수 있습니다(2014. 2. 22. 서울고등법원 가사3부 판결).

[100] 게임 또는 채팅에 중독되어 가정을 돌보지 않으면 이혼할 수 있다

> ❶ 남편이 게임에 빠져 2000년 회사를 그만두고 게임에만 몰두해 가족을 부양하지 않습니다. 아이들의 양육권, 친권을 내가 가지고 이혼하고 싶습니다.
> ❷ 아내가 인터넷 채팅에 빠져 무단가출하고 아이들과 가정을 돌보지 않아 이혼하고 싶습니다.

배우자가 컴퓨터 게임에 몰두해 가족을 돌보지 않고, 인터넷 채팅에 빠져 가출을 자주 하고 가정을 돌보지 않을 경우 이혼할 수 있습니다(2007. 5. 14. 서울가정법원 판결).

[101] 잘못이 있는 사람의 이혼 청구는 받아들여지지 않는다

> 남편은 혼인생활 중 음주, 늦은 귀가, 폭언, 도박 등을 하고는 다시는 안 그런다 해놓고 또 되풀이하여 다투게 되면 집을 나가 들어오지 않더니 법원에 이혼소송을 제기했습니다. 아무 잘못 없는 제가 이혼당하게 되는지요? 저는 남편이 반성하고 집으로 돌아오길 바랍니다.

혼인생활 중 음주, 늦은 귀가, 폭언, 도박 등으로 갈등의 원인을 제공하고, 다툼이 발생하였을 때 문제를 해결하려는 노력을 하지 않고 집을 나가 별거하면서 이혼소송을 남편이 제기하였을 경우 아내가 이혼을 원하지 않고 남편이 가정으로 돌아오기를 바란다면 이혼당하지 않습니다(2009. 6. 10. 서울가정법원 판결).

[102] 오기나 보복적 감정에서 이혼에 응하지 않을 때는 유책배우자도 이혼을 청구할 수 있다

우리나라는 '가정파탄의 책임 있는 자의 이혼 청구는 허용되지 않는다.'라는 "유책주의"를 대원칙으로 삼아오고 있다. 다만, 대법원은 "파탄 이후 상대방이 혼인을 계속할 의사가 없음이 명백한데도 오기나 보복적 감정에서 이혼에 응하지 않을 때는 예외적으로 유책배우자(파탄에 책임이 있는 사람)도 이혼을 청구할 수 있다."고 판결했다(대법원 1997. 5. 16. 선고 97므155 판결).

[103] 시비를 가르는 것이 무의미할 정도로 장기간 별거한 경우 유책배우자도 이혼을 청구할 수 있다

원칙적으로 유책배우자의 이혼 청구를 받아들이지 않는 '유책주의'를 고수하고, 혼인생활을 유지하고 싶지 않으면서도 보복적 감정으로 이혼을 거부하는 경우에만 유책배우자의 이혼 청구를 허용하는 것이 대법원 판례였다. 그런데 대법원은 시비를 가르는 것이 무의미할 정도로 장기간 별거를 해왔다면 유책배우자의 이혼 청구를 인정해야 한다고 판결했다(대법원 2009. 12. 24. 선고 2009므2130 판결). 재판부는 별거 기간이 장기화하면서 원고의 유책성도 세월의 경과에 따라 상당 부분 약화되고, 그에 대한 사회적 인식이나 법적 평가도 달라질 수밖에 없다며 이와 같은 상황에서 이혼 여부를 판단하는 기준으로 파탄에 이르게 된 책임의 경중을 엄밀히 따지는 것의 법적·사회적 의의는 현저히 감소했다고 밝혔다.

또한 재판부는 "원고와 피고의 혼인은 회복할 수 없을 정도로 파탄 나고 혼인생활을 강제하는 것이 한쪽 배우자에게 참을 수 없는 고통이 되는 점을 고려할 때 원고의 유책성이 이혼 청구를 배척해야 할 정도로 중하다고 할 수 없다. 혼인관계가 파탄 나 별거 기간이 상당히 길어지고, 관계 회복 의지가 부부 모두에게서 고갈돼 돌이킬 수 없는 상태가 되었다면 이에 대한 책임이 있는 배우자의 이혼 청구도 허용하는 것이 두 사람을 위하는 길."이라고 설명했다.

[104] 배우자의 생사가 3년 이상 분명하지 않은 것은 이혼사유가 된다

> 5년 전 남편이 사업을 한다며 중국에 가서 한 5개월 정도는 연락도 하고 생활비도 부쳐 주었습니다. 그런데 그 후 소식이 끊어지고 행방을 알 길이 없습니다. 살아가기 너무 힘듭니다. 한부모가정은 국가에서 도움을 받을 수 있다고 합니다. 이혼할 수 없을까요?

배우자의 생사가 3년 이상 불명일 때는 재판상 이혼사유가 됩니다(민법 제840조제5호). 3년 이상 생사불명을 원인으로 한 이혼 청구를 하면 일정 기간 공시송달을 한 후 이 기간이 지나면 이혼 판결이 납니다.

[105] 부부 성관계가 없다는 것만으로 이혼할 수 없다

결혼한 뒤 지속적으로 부부관계가 없었다고 하더라도 관계를 회복하기 위한 노력을 하지 않았다면 이혼을 요구할 수 없다. 정당한 이유 없이 성관계를 거부하거나 성기능 장애로 성생활이 불가능한 경우에는 이혼 사유가 되지만, 전문적인 치료와 도움으로 정상적인 성생활로 돌아갈 가능성이 있으면 성관계가 없다는 것만으로 이혼을 해야 할 중대한 사유가 되지 않는다(대법원 2009. 12. 24. 선고 2009므2413 판결).

[106] 성불구자와 이혼할 수 있다

> 남편과 결혼한 지 5년이 되었습니다. 그런데 저는 아직 처녀로 있습니다. 남편은 이런저런 이유를 들어 저와 성관계를 한 번도 하지 않았습니다. 알고 보니 남편이 성불구자라고 합니다. 이혼할 수 없을까요?

혼인은 남녀의 정신적 육체적 결합을 의미합니다. 성불구는 '혼인을 계속하기 어려운 중대한 사유'에 해당합니다. 남편과 협의이혼이 안 될 경우 이혼청구의 소를 가정법원에 제기할 수 있습니다(대법원 2010. 7. 15. 선고 2010므1140 판결).

[107] 정신병도 이혼사유가 된다

> 남편이 결혼한 다음 해에 정신병으로 입원했다가 퇴원했습니다. 6개월 후에 병이 재발하여 다시 입원했는데 그 뒤로 매년 입원과 퇴원을 반복하고 있습니다. 담당 의사 말로는 완치가 불가능하다고 하는데 남편의 뒷바라지를 하느라 제게 남은 것은 많은 빚뿐입니다. 이혼할 수 있는지요?

불치의 정신병은 혼인을 계속할 수 없는 중대한 사유에 해당하여 이를 이유로 재판상 이혼청구를 할 수 있습니다(민법 제840조제6호). 판례도 "부부 중 일방이 불치의 정신병에 이환

되었고, 그 질환이 단순히 애정과 정성으로 간호되거나 예후가 예측될 수 있는 것이 아니고 그 가정의 구성원 전체에게 끊임없는 정신적·육체적 희생을 요구하는 것이며, 경제적 형편에 비추어 많은 재정적 지출을 요하고 그로 인한 다른 가족들의 고통이 언제 끝날지 모르는 상태에 이르렀다면, 온 가족이 헤어날 수 없는 고통을 받더라도 타방 배우자는 배우자 간의 애정에 터 잡은 의무에 따라 한정 없이 참고 살아가라고 강요할 수는 없는 것이므로, 이러한 경우 민법 제840조 제6호 소정의 재판상 이혼사유에 해당한다."고 하였습니다(대법원 2004. 9. 13. 선고 2004므740 판결). 따라서 귀하는 재판상 이혼청구가 가능할 것으로 보입니다.

[108] 의처증 심한 남편과 이혼할 수 있다

> 남편은 어디든지 저와 함께 가려고 하고 저 혼자 외출하는 것을 극도로 싫어합니다. 출근하면 한 시간 간격으로 전화해서 제가 뭐 하고 있는지 보고를 받습니다. 저는 남편이 저를 너무 사랑해서 그런 것이라고 생각하며 비록 답답했지만 참고 가정을 지키려고 했습니다.
> 그런데 시간이 흐를수록 남편의 의심은 점점 심해져서 식료품을 사느라 전화를 금방 받지 못하면 경찰이 범인 수사하듯이 계속 묻고 또 묻고 합니다. 얼마 전부터는 폭언과 폭력까지 휘두르기 시작했습니다. 제가 외출하면 누구와 어디를 다녀왔는지 확인하고, 동석자에게 연락해서 제 말이 맞는지 확인하기까지 합니다. 얼마 전엔 친구들을 만나고 귀가가 조금 늦었더니 제 속옷까지 샅샅이 검사하더군요. 정말 소름 끼치도록 싫었습니다. 특히 남편은 제가 외출하는 것을 병적으로 싫어합니다. 자신이 없을 때도 감시하고 싶어서인지 집에 CCTV를 설치하고, 저 몰래 차량에 위치추적기를 설치하고, 제 휴대전화에 위치추적 앱까지 몰래 설치했습니다. 이대로 살다가는 제가 정신병자가 되거나 자살할 수밖에 없을 것 같습니다. 이혼할 수 없을까요?

이혼할 수 있습니다. 부부간의 애정과 신뢰가 바탕이 되어야 할 혼인의 본질에 상응하는 부부 공동생활 관계가 회복할 수 없을 정도로 파탄되고 그 혼인생활의 계속을 강제하는 것이 일방 배우자에게 참을 수 없는 고통이 되는 경우 혼인을 계속하기 어려운 중대한 사유가 될 수 있습니다(민법 제840조제6호).

[109] 변태성욕자와 이혼할 수 있다

> 남편이 부부관계를 대낮에 남들이 다 볼 수 있도록 문을 열어놓고만 하려고 하고 이상한 행위를 요구합니다. 제가 싫다고 하면 자기는 정상이고 제게 문제가 있다 합니다. 급기야는 다른 부부와 남편 또는 아내를 교환해 잠자리를 가진다는 '스와핑'카페에 가입하자고 합니다. 앞으로 얼마나 더 기막힌 요구를 할지 소름이 끼쳐 더 살 수 없습니다. 이혼할 수 없을까요?

이혼조정신청 전에 남편이 본인은 정상이고 부인이 비정상이라고 주장한다니 병원에 함께 가서 두 사람이 진단을 받아보자 하십시오. 병원에 가는 것을 거부하거나, 병원에서 고칠 수 없을 정도의 변태성욕자라 한다면 혼인을 계속하기 어려운 중대한 사유를 원인으로 한 이혼 조정신청을 할 수 있습니다(민법 제860조제6호).

[110] 정신병이 회복 가능할 경우 이혼할 수 없다

우리 판례는 "현재 부부의 일방이 정신병적 증세를 보여 혼인관계를 유지하는 데 어려움이 있다고 하더라도 그 증상이 가벼운 정도에 그치는 경우라거나, 회복이 가능한 경우에는 그 상대방 배우자는 사랑과 희생으로 그 병의 치료를 위하여 전력을 다하여야 할 의무가 있는 것이고, 이러한 노력을 제대로 하여 보지 않고 정신병 증세로 인하여 혼인관계를 계속하기 어렵다고 주장하여 곧 이혼청구를 할 수는 없다 할 것이다."라고 보았다(대법원 1995. 5. 26. 선고 95므90 판결, 서울가정법원 2014. 7. 25. 선고 2013드단10089 판결 등).

[111] 형(刑) 선고를 받고 복역 중인 남편과 이혼할 수 있다

> 남편은 허황된 사고방식의 소유자로 결혼 초부터 그럴듯한 말로 저와 저의 친정 제 친지들을 속여 피해를 주고, 다른 사람들에게도 사기를 쳐서 고소를 당해 1년 형을 살았습니다. 그런데 또 사기로 고소를 당해서 복역 중입니다. 이혼할 수 없을까요?

형을 살고 나와 또 사기를 해서 고소당해 복역 중이라면 혼인을 계속하기 어려운 중대한 사유에 해당한다고 하겠습니다(민법 제840조제6호). 부인이 원한다면 재판상 이혼을 청구하여 이혼할 수 있습니다.

[112] 장기간 공부한다며 돈 벌지 않고 처가의 도움만 바라는 남편과 이혼할 수 있다

> 남편은 명문대를 나와 저와 결혼할 때는 회사에 다니고 있었습니다. 그런데 저와 결혼한 후 2개월 만에 회사를 관두고 10년 이상 사법고시를 본다면서 돈을 벌지 않아 친정의 도움으로 살았습니다. 사법고시가 폐지되니 사업하고 싶다면서 친정에서 자금을 얻어오라 합니다. 명문대 졸업장을 코에 달고 아무 노력도 하지 않고 친정에게만 의존하려는 남편과 더는 살고 싶지 않고, 이런 아빠를 보고 자라는 아이들의 교육에도 해가 될 것 같습니다. 이혼할 수 없을까요?

돈을 벌 수 있는 능력이 있음에도 불구하고 공부를 핑계로 뒷바라지를 받으면서 가정생활에 전혀 도움을 주지 않고, 자기가 하고 싶은 일도 전력을 기울여 하지 않고 처가에 지나치게 의존하려는 것이 혼인생활에 파탄을 가져올 정도라는 입증을 해서 이혼조정신청을 할 수 있습니다(민법 제840조제6호).

[113] 아내의 심한 낭비는 이혼사유가 된다

> 아내는 낭비가 심하여 자녀 둘을 둔 어머니로서 생활비를 자기 유흥비나 사치품 구입비로 낭비하며 가정 살림을 돌보지 않고 빚까지 지고 다닙니다. 더 이상 아내를 감당할 수 없어 이혼하려고 하는데 아내가 불응해도 이혼할 수 있을까요?

부인의 심한 낭비는 이혼사유가 됩니다. 혼인을 계속하기 어려운 중대한 사유를 원인으로 한 이혼조정신청을 할 수 있습니다(민법 제840조제6호).

[114] 일방적인 외국법원 이혼 판결, 국내효력 없다

> 남편이 미국 워싱턴 법원에 한국에 거주하는 저를 상대로 이혼소송을 해서 이혼신고가 되었습니다. 저는 법원에 가서 말 한마디 하지 못하고 이혼당한 것이 너무 억울합니다. 미국법원 판결을 무효로 할 수 없는지 알고 싶습니다.

섭외이혼사건에 있어 이혼 판결을 한 외국법원에 재판관할권이 있다고 하기 위해서는 이혼청구 상대방이 행방불명 기타 이에 준하는 사정이 있거나 상대방이 적극적으로 응소해 그 이익이 부당하게 침해될 우려가 없다고 보여지는 예외적인 경우를 제외하고는 상대방의 주소가 그 나라에 있을 것을 요건으로 하는 이른바 피고 주소지주의에 따르는 것이 옳습니다. 남편이 부인을 상대로 워싱턴 법원에 이혼을 구하는 소를 제기했을 당시 부인은 우리나라에 거주하고 있었던 만큼 행방불명 등의 사정이 있었다고 할 수 없을 뿐 아니라 원고가 응소하지 않았다면 워싱턴 법원에는 국제재판권 관할권이 없기 때문에 이 사건 이혼 판결은 국내에서 효력이 없습니다(대법원 2002. 11. 26. 선고 2002므1312, 대법원 1988. 4. 12. 선고 85므71 판결 등 참조).

[115] 미국에서 확정된 이혼 판결, 우리나라에서도 유효 – "상호보증, 외국 법령·판례 등 승인 요건 비교하여 인정되면 충분"하며 조약이 꼭 필요하지 않다

2002년 우리나라에서 결혼식을 올린 A씨와 B씨는 미국 보스턴에서 신혼생활을 시작했다. 첫 아이를 낳은 이후 사이가 나빠진 부부는 2005년 A씨가 오레곤 주에 있는 대학의 교수로 취직하면서 이사했고, 이후 부부싸움을 벌이다 A씨가 B씨를 넘어뜨리는 폭행을 저지르자 B씨는 더는 결혼생활을 유지할 수 없다고 판단해 이혼소송을 제기했다.

오레곤 주의 벤튼 카운티 순회법원은 B씨의 이혼청구를 인용하면서 양육권과 친권 모두 B씨에게 부여하고 "매달 첫 6년간은 3,500달러, 그 후 2년간 2,750달러, 이후 사망 시까지는 매달 1,250달러의 배우자 부양금을 지급하라."고 판결했다. 소송 당시 한국에 머무르던 A씨는 뒤늦게 변호사를 선임해 항소했으나 기각당하자 우리 법원에 소송을 제기했다.

A씨는 "외국에서 당사자 출석도 없이 이혼 재판을 진행해 이루어진 판결이 확정되었고, 재력으로 감당할 수 없는 다액의 배우자 부양비 등을 인정한 것은 우리나라에서 효력이 없다."고 주장했다. 그러나 대법원은 A씨의 주장을 받아들이지 않고, A씨가 B씨를 상대로 낸 이혼 및 친권자·양육자 지정 청구소송 상고심에서 원고 패소판결한 원심을 확정했다.

재판부는 판결문에서 "민사소송법 제217조제4호는 우리나라만이 입을 수 있는 불이익을 방지하고 국제관계에서 형평을 도모하기 위하여 외국판결의 승인요건으로 '상호보증이 있을 것'을 요구하고 있지만, 판결국에 있어서 외국판결의 승인요건이 우리나라의 그것과 모든 항목에 걸쳐 완전히 같거나 오히려 관대할 것을 요구하는 것은 지나치게 외국판결의 승인범위를 협소하게 하는 결과로 국제교류가 빈번한 현실에 맞지 않다."며, "이러한 상호보증은 외국의 법령과 판례 및 관례 등에 의해 승인요건을 비교하여 인정되면 충분하고 반드시 당사국과의 조약이 체결되어 있을 필요는 없다."고 밝혔다. 또한 "미국 오레곤 주 법이 이혼에 관한 외국판결의 승인과 효력에 관해 특별한 규정을 두고 있지는 않지만, A씨에 관한 재판이 적정한 송달과 심문 등 적법절차에 따라 공정하게 이루어졌고, 오레곤 주의 외국판결 승인요건은 우리나라에 비해 현저히 균형을 상실하지 않아 오레곤 주가 우리나라의 동종 판결을 승인할 것으로 기대할 수 있다."고 설명했다.

그리고 민사소송법 제217조제3호는 외국법원의 확정판결의 효력을 인정하는 것이 대한민국의 선량한 풍속이나 그 밖의 사회질서에 어긋나지 않을 것을 외국판결 승인요건의 하나로 규정하고 있는데, 미국 판결에서 A씨에게 그 재력으로 감당할 수 없는 다액의 배우자 부양비 등의 지급을 명했다는 등의 이유를 내세운 A씨의 주장을 배척한 원심은 타당하다고 덧붙였다(대법원 2013. 2. 15. 선고 2012므66,73 판결).

[116] 외국 국적 배우자와 이혼 시 한국 법원에도 재판관할권이 있다

> 스페인 교포인 남편과 결혼식을 올리고 혼인신고까지 마친 후 스페인에서 사업하는 남편을 따라 스페인에서 생활했지만, 수술과 출산을 위해 귀국해 한국에서 아이를 출산하였습니다. 출산 후 몸을 추스르고 스페인으로 돌아갔는데 남편이 스페인 여성과 외도한 사실을 알게 되었습니다. 아이를 데리고 한국으로 돌아와 거주하면서 서울가정법원에 남편 명의의 대한민국 재산을 가압류하고 이혼 및 위자료, 재산분할 청구, 자의 양육자, 친권자 지정, 양육비청구의 소를 제기하였습니다. 아이는 한국에서 유치원에 다니고 있습니다. 남편도 같은 해 저를 상대로 이혼소송을 스페인 법원에 내면서 재판관할권은 스페인에 있고 한국에 없다고 주장하는데 외국 국적 배우자와 이혼 시 한국 법원에 재판관할권이 없는지요?

대법원은 국제재판관할권은 배타적인 것이 아니라 병존할 수 있고, 스페인 법원이 대한민국 법원보다 심리에 더 편리하다는 것만으로 대한민국 법원의 재판관할권을 부정해서는 곤란하다며, 아내가 대한민국에 거주하며 자녀가 대한민국에서 출생해 유치원을 다니고 있고, 남편의 대한민국 재산을 가압류한 상황에서 위자료 및 재산분할청구의 실효성 있는 집행을 위해서도 대한민국 법원에 소송을 낼 실익이 있다고 판단해 대한민국 법원에 재판관할권이 있다고 판단하였습니다(대법원 2014. 5. 16. 선고 2013므1196 판결).

[117] 혼인관계증명서에 이혼 기록을 없앨 수 없다

> 이혼 기록을 없앨 수 있는지요?

호주제도 폐지로 인해 2008. 1. 1.부터 호적이라는 것은 없어지고 가족관계등록제도가 시행됨에 따라 호적 대신 가족관계증명서, 기본증명서, 혼인관계증명서, 입양관계증명서, 친양자입양관계증명서, 이렇게 다섯 가지 증명서를 증명목적에 따라 마련하고 있습니다.

따라서 개인의 이혼 사실은 기본증명서에는 나타나지 않고 혼인관계증명서를 떼어야만 나타나게 되며, 혼인관계증명서에 이혼 기록을 없앨 수는 없습니다. 다만 현재의 혼인상태만 표시되는 일부증명서 발급이 가능합니다. 제적등본 및 위의 다섯 가지 증명서는 본인, 직계혈족, 직계비속, 배우자의 경우에만 발급받을 수 있고, 제3자는 위임을 받아야만 발급받을 수 있습니다.

[118] 결혼 6개월 만에 딸과 헤어진 사위에게 결혼 전 주었던 전세금을 반환받을 수 있다

> 남편과는 맞선으로 만나 그해 결혼식을 올렸지만, 혼인신고는 하지 않고 각자 직업 때문에 주말부부로 지냈습니다. 결혼 전 친정아버지로부터 받은 1억1천만 원으로 전셋집을 구해 생활해오다 서로 상대방을 배려하지 않는다는 등의 이유로 싸움이 잦았는데 남편이 결혼생활 6개월 만에 사실혼관계 파기통고서를 보냈습니다. 친정아버지가 결혼 전에 준 전세자금 1억1천만 원을 반환해 달라 하자 남편은 자기에게 증여한 돈이니 반환해 줄 수 없다 합니다.

결혼 전 처가에서 전세자금을 증여받았다가 '상당한 기간'이 지나지 않아 혼인관계가 파탄났다면 전세자금 전액을 처가에 돌려줘야 합니다. 원고가 피고에게 전세자금을 증여한 것은 '상당한 기간 내에 법률상 혼인이 불성립할 경우 돌려받는다.'는 조건이 붙은 것으로 보아야 하며 피고가 원고의 딸과 혼인신고도 없이 주말부부로 6개월간 지내다 불화 끝에 사실혼관계를 끝내기로 했다면 '상당한 기간'이 지나지 않았다고 보아야 한다는 대법원 판례가 있습니다(대법원 제2부 2005. 6. 8. 판결).

[119] 이혼소송 중 남편 도장 몰래 파 아이 전입신고 "무죄" – 사회상규에 위배되지 않는 정당행위

> 남편과 이혼소송 중에 3살 된 아이를 제가 머물고 있던 친정집 근처의 어린이집에 보내면서 돌보고자 주민등록을 옮겨오고자 하였는데 남편이 연락이 되지 않아 남편 명의 막도장을 파서 전입신고를 하고 아이를 어린이집에 보냈습니다. 남편은 자기 동의 없이 자기 명의의 도장을 파서 사용했다며 저를 고소했습니다. 제가 처벌받나요?

아이를 어린이집에 보내기 위해 이혼소송 중인 남편의 인장을 몰래 파 전입신고하여 사인위조 및 위조사인행사 등의 혐의로 기소된 부인에게 무죄가 확정되었습니다. 사회상규에 위배되지 않는 정당행위라는 취지입니다(대법원 2021. 12. 16. 선고 2017도16367 판결).

법원은 형법 제20조는 정당행위를 규정하는데, 정당행위를 인정하려면 △행위의 동기나 목적의 정당성, △행위의 수단이나 방법의 상당성, △보호이익과 침해이익과의 법익 균형성, △긴급성, △행위 외 다른 수단이나 방법이 없다는 보충성 등의 요건을 갖춰야 한다고 했습니다. 이어 생후 30개월에 불과해 당시 건강이 좋지 않던 막내 아이의 복리를 고려해 친모로서 한시적이나마 돌보려는 목적으로 주거지(친정집)에 데려와 낮에는 근처 아파트 단지 내 어린이집에 보낼 필요가 있어 전입신고를 위해 막도장을 조각·사용한 경우, 그 목적이 부당하다고 단정해서는 안 되고, 도장도 아이를 돌보기 위한 수단으로서 사용한 것으로 전입신고 용도로만 사용된 점을 고려해야 한다고 판단했습니다. 남편은 자신의 인장이 위조되었다는 법익침해가 있지만, 반대 측면의 보호이익으로서는 막내 아이의 복리가 우선적으로 고려되어야 하고 아내도 아이를 양육함으로써 자신의 행복추구를 할 수 있다는 보호법익이 있어 여러 사정을 고려하면 침해이익과 보호이익 사이의 법익 균형성이 유지됐다고 못 볼 바가 아니라고 덧붙였습니다.

그러면서 아내로서는 우선 어린이집 등록을 위해 전입신고가 필수적이었기에 긴급한 상황이었던 것으로 보이고, 이혼소송 중인 남편에게 연락해도 닿지 않아 다른 수단이나 방법이 없는 상황에서 자녀와 자신의 보호이익을 포기했어야 한다고 단정하는 것은 지나치게 가혹한 처사라며 여러 사정을 고려하면 부인이 남편의 인장을 위조·사용한 행위는 법질서 전체의 정신이나 배후에 놓여있는 사회윤리 내지 사회통념에 비춰 용인될 수 있는 행위라고 판시했습니다. 대법원도 이와 같은 원심을 확정했습니다.

[120] 부부싸움 때 공포심을 유발하면 협박죄가 성립한다

> 아내가 제 말을 믿지 않고 여자관계가 있다 의심해서 제가 주방에서 칼을 가져와 책상 위에 놓고 '불륜이 사실이라면 내가 당신 앞에서 죽겠다'고 했더니 협박죄로 고소하겠다고 합니다. 아내를 죽이겠다는 것도 아니고 제가 스스로 죽겠다고 했는데 협박죄가 성립하는지 알고 싶습니다.

부부싸움 중 실제 가해 의도와 무관하게 상대에게 해악을 줄 수 있다는 공포심을 유발했다면 협박죄가 성립합니다. 스스로 죽겠다고 말했다 해도 남편의 언행은 부인을 가해하겠다는 의사표시로 이해되기에 충분하고 상대방이 공포심을 일으킬 수 있는 정도의 해악의 고지라 할 수 있습니다. 실제 가해 의도나 욕구가 있었는지는 협박죄 성립에 아무 영향이 없다는 판례가 있습니다(대법원 2009. 9. 24. 선고 2009도5889 판결, 서울북부지방법원 제1형사부 2010. 1. 3. 판결 등 참조).

[121] 바람 핀 남편의 '이메일'을 몰래 보면 비밀참해의 죄가 성립한다

남편의 외도 증거를 잡기 위해 남편의 이메일 아이디와 비밀번호를 알아내서 남편의 내연녀가 보낸 '잘 도착했어요'라는 제목의 이메일을 열어보았습니다. 그리고 남편이 내연녀에게 보낸 '보고 싶습니다'라는 제목의 이메일도 보았습니다. 그 이메일 내용을 인쇄해 남편을 상대로 낸 위자료 청구소송에 증거로 사용했습니다. 그런데 남편이 저를 정보통신망 이용촉진 및 정보보호 등에 관한 법률의 비밀침해 혐의로 고소했습니다. 남편이 다른 여자와 성관계를 맺은 간통죄에 관한 정보이므로 그 피해자인 나에게는 비밀이라고 할 수 없고, 또한 법원에 증거로 제출하였는데 비밀침해가 되는지 알고 싶습니다.

남편의 사적인 내용이 담긴 이메일은 다른 사람에게 알려지지 않는 것이 남편에게 이익이 되기 때문에 남편의 이메일을 열어본 행위는 타인의 비밀을 침해한 것입니다. 비록 법원에 제출하기 위한 증거자료로 사용했다 하더라도 위법성이 없어지지 않습니다(서울동부지방법원 형사5단독 2010. 1. 12. 판결).

[122] 이혼하면서 배우자의 재산을 파악하기 위해 재산명시 및 재산조회신청을 할 수 있다

남편과 30년 전 결혼해서 슬하에 2남 1녀를 두었습니다. 남편이 성격이 강하고 독선적이라서 자기 말에 무조건 따르지 않으면 쌍욕을 하고 때리기까지 했습니다. 아이들에게도 어릴 적 자기 마음에 조금만 들지 않으면 구박을 하고 모욕적인 말을 하고 억압적으로 굴어 성인이 된 후에도 아버지가 무서워 마주하려 하지 않습니다. 시댁과의 관계에 있어서도 중간역할을 잘해주기는커녕 저를 폄하하는 말을 해서 시어머니가 제게 쌍욕을 하신 적도 여러 번 있었습니다. 자기 수입에 대해서 일절 알려주지 않고 생활비도 잘 내놓지 않아 살기 너무 힘들었는데 어린 자식들만 두고 나갈 수 없어 참고 살았습니다. 그런데 이제 와서는 의처증까지 생겨 저를 괴롭히고 제게 빈 몸으로 집에서 나가라 합니다. 더는 참고 살 수 없어 이혼하고 재산분할 청구를 하고 싶은데 현재 살고 있는 집을 제외하고는 남편이 가지고 있는 재산에 대해서 전혀 알지 못합니다. 이를 알 수 있는 방법이 없는지요?

이혼에 따른 재산분할 청구사건이나 부양료, 양육비 청구사건에서는 당사자의 재산을 파악하는 것이 심리의 가장 중요한 요소임에도 불구하고 종전에는 당사자의 자발적인 협조 없이는 그 재산을 파악하는 것이 어려웠고, 그로 인하여 재판이 불필요하게 지연되는 사례가 적지 않았습니다. 이러한 문제를 해결하기 위하여 가사소송법(2009. 11. 9. 시행)에 재산명시제도(법 제48조의2)와 재산조회제도(법 제48조의3)를 도입하였습니다.

먼저 재산명시제도는 가정법원이 직권 또는 당사자의 신청에 의하여 당사자에게 재산목록의 제출을 명하고, 재산명시명령을 받은 당사자가 정당한 사유 없이 재산목록의 제출을 거부하거나 거짓의 재산목록을 제출한 경우 과태료를 부과함으로써 성실한 재산목록의 제출을 유도하는 것입니다. 재산명시 대상 당사자가 정당한 사유 없이 재산목록의 제출을 거부하거나 거짓의 재산목록을 제출한 때에는 1천만 원 이하의 과태료에 처하게 됩니다(법 제67조의2).

그리고 재산명시절차를 거쳤음에도 불구하고 당사자가 재산목록의 제출을 거부하거나 제출된 재산목록만으로는 사건의 해결이 곤란한 경우와 재산명시절차에서 상대방이 재산명시명령의 송달을 위한 주소보정명령을 받고도 공시송달요건에 해당하는 사유로 인해 이를 이행할 수 없었던 경우, 가정법원이 개인의 재산과 신용정보에 관한 전산망을 관리하는 공공기관, 금융기관, 단체 등에 대한 당사자 명의의 재산조회를 통해 당사자의 자발적 협조 없이도 당사자의 재산내역을 발견, 확인할 수 있습니다. 이러한 재산조회신청은 재산명시절차를 거친 재산분할, 부양료, 미성년자녀의 양육비청구 사건의 당사자가 신청할 수 있습니다.

[123] 재산분할 안 해주려고 남편이 재산 명의를 자기 남동생에게 넘겨준 경우, 그 취소 및 원상회복 청구를 할 수 있다

> 남편이 제게 재산분할을 해주지 않기 위해 집 명의를 자기 남동생에게 넘겨주었습니다. 그리고는 자기는 재산이 한 푼도 없으니 알아서 하라 합니다. 다시 원상회복 시킬 수 없나요?

재산 명의자가 아닌 배우자의 부부재산에 대한 잠재적 권리 보호 강화를 위해, 만약 부부의 일방이 상대방 배우자의 재산분할청구권 행사를 해함을 알고 사해행위를 한 때에는 상대방 배우자가 그 취소 및 원상회복을 법원에 청구할 수 있습니다(민법 제839조의3). 재산분할청구권을 보전하기 위한 사해행위취소권은 취소원인을 안 날로부터 1년, 법률행위 있은 날로부터 5년 내에 제기하여야 합니다(민법 제406조).

[124] 이혼소송에서는 공탁금 없이 재산을 가압류 할 수 있다

남편이 바람을 피우거나 구타를 상습적으로 할 때, 가정에서 살림만 하던 아내들이 이혼 및 위자료 청구소송을 하면서 부동산에 대해 가압류를 신청할 경우, 공탁금을 걸 돈이 없어 고민하는 경우가 많다.

그러나 일반 민사사건과는 달리, 이혼소송과 같은 가사사건에 한하여는 공탁금 없이도 부동산을 가압류 할 수 있다. 즉 가압류 신청을 하는 경우 신청인의 경제능력이 전혀 없다는 소명이 있을 때는 법원은 담보 제공을 명하지 않을 수 있다(가사소송법 제63조제2항).

또한 공탁금 대신 보증보험의 지급보증위탁계약증서로 이를 허가하여 달라는 신청서를 제출할 수도 있다(민사소송법 제122조). 이러한 보험증권으로 담보제공을 해도 좋다는 법원의 허가를 받게 되면 보험회사와 보험계약을 체결하고 보험증권을 발급받아 그 증권 원본을 법원에 제출하면 된다. 보험료는 대개의 경우 공탁금액의 0.5% 내지 1.0% 정도(1천만 원당 10만 원)이며, 이러한 수수료만 내면 보험회사에서 공탁을 대신해 준다.

다만 공탁액이 일정액(3천만 원)을 넘을 경우에는 보험회사에서 보증인을 요구하는데, 이때 보증인의 재산세 과세증명서, 인감증명서, 인감도장, 인감증명서상의 주소지와 재산세 과세대상 물건의 주소지가 다를 경우에는 물건의 등기부등본이 있어야 한다.

[125] '혼인생활 중 외도'한 배우자, 재산분할 때 불이익 받는다

> 신혼생활을 셋방에서 시작했습니다. 혼인 이후 아내는 가사와 자녀의 양육을 담당했고, 저는 자영업을 하다가 공무원으로 근무한 후 정년퇴직했습니다. 저는 아내 몰래 수년 동안 다른 여자를 만났고, 전세보증금 등 수천만 원을 주었습니다. 그 사실을 아내가 알고 이혼소송을 하면서 재산의 50% 이상을 분할해 달라는데, 전업주부가 그렇게 많이 달라고 할 수 있는지요? 아이들은 대학을 졸업하고 직장생활을 하고 있습니다.

불륜 등 부정행위로 인해 혼인생활을 이어갈 수 없도록 원인을 제공한 사람이, 부정행위를 한 기간 동안 그 상대방에게 상당한 규모의 재산을 이전하거나 함께 소비한 경우, 최소한 배우자와의 관계에서는 그러한 처분행위가 적법하다고 볼 수 없고, 부부공동재산을 감소시킨 행위에 해당한다는 법원의 판단이 있습니다. 이러한 사정이 고려되면서 재산분할 비율은 55:45(부정행위자)로 결정한 판례가 있습니다(대법원 2023. 6. 15. 가사2부 판결).

[126] 이혼 시 재산분할 포기가 면책불허가 사유에 해당하지 않는다

> 채무자가 지급불능 상태에서 개인파산 신청을 하고, 배우자와 협의이혼하면서 재산분할 청구를 하지 않으면 면책불허가 사유에 해당하는지요?

채무자가 지급불능 상태에서 협의이혼을 하면서 재산분할 청구를 하지 않았더라도 아직 구체적으로 확정되지 않은 상태라면 파산재단에 속하는 재산의 처분이 아니므로 이는 면책불허가 사유가 아니라는 대법원의 결정이 있습니다(대법원 2023. 7. 14. 자 2023마5758 결정).

이혼으로 인한 재산분할청구권은 그 행사 여부가 청구인의 인격적 이익을 위하여 그의 자유로운 의사결정에 전적으로 맡겨진 권리로서 행사상의 일신전속성을 가지므로, 채권자대위권의 목적이 될 수 없고 파산재단에도 속하지 않는다고 보아야 합니다(대법원 2022. 7. 28.자 2022스613 결정 참조). 즉, 이혼 당시 협의 또는 심판에 의하여 구체화되지 아니한 재산분할청구권은 파산재단에 속하지 아니하므로 채무자가 협의이혼하면서 이를 행사하지 않고 사실상 포기하는 등 채권자에게 불이익하게 처분하였더라도 특별한 사정이 없는 한 채무자회생법 제564조제1항제1호, 제650조제1항제1호에 정한 면책불허가 사유에 해당한다고 볼 수 없습니다.

[127] 자기도 모르게 재판이혼이 되어있을 때는 재심을 청구할 수 있다

> 남편이 첩과 살면서 구타를 심하게 해서 집을 나와 따로 살고 있습니다. 생활비도 주지 않아 직장에 나가 돈을 벌어서 생활을 꾸리고 있습니다. 남편이 가끔 나타나 이혼을 해달라고 요구해서 거절했습니다. 그 여자와 정리하고 자기 잘못을 뉘우치면 아이들도 있고 하니 들어가서 살려고 하는데, 이번에 가족관계등록부를 보니 4개월 전에 저도 모르는 사이에 가정법원에서 재판이혼을 한 것으로 되어 있고, 첩이 아내로 혼인신고가 되어 있습니다. 알아보니 저를 소재불명으로 하여 이혼 판결을 받았다고 합니다. 너무 억울합니다. 남편의 부인으로 올려있는 첩을 지우고 가족관계등록부를 다시 원래대로 고칠 수 없는지 알고 싶습니다.

귀하처럼 부인의 주소를 남편이 알고 있으면서도 일방적으로 주소를 모르는 것 같이 해서 재판으로 이혼을 한 경우 가정법원에 재심청구를 할 수 있습니다(민사소송법 제451조제1항). 그러나 재심사유를 안 날로부터 30일 이내 그리고 판결 확정 후 5년 이내에만 재심청구를 할 수 있습니다(동법 제456조제1항 및 제3항).

재심청구에서 승소하면 다시 남편의 가족관계등록부에 부인으로 올라가게 되고, 중혼취소청구를 해서 판결을 받아 첩을 제적할 수 있습니다(민법 제810조, 제816조제1호).

[128] 가장이혼(假裝離婚)의 법적 효력

> 저는 10년 전 남편과 결혼하여 자녀 2명을 두고 있습니다. 그런데 남편은 몇 년 전 사업에 실패하면서 채권자들로부터 변제독촉이 심하게 되자 저에게 사태가 진정될 때까지만 이혼한 것으로 가장하자고 하였습니다. 그래서 저는 이에 동의하고 관할법원에서 협의이혼의사확인을 받은 후 이혼신고를 마쳤습니다. 그러나 남편은 다른 여자와 혼인신고를 하고 저와 아이들을 돌보지 않고 있는데, 이 경우 제가 위 이혼을 무효화시킬 수 있는지요?

부부는 협의에 의하여 이혼할 수 있으나(민법 제834조) 이혼의 합의가 부부 사이에 진정으로 성립하고 있어야 합니다. 즉, 이혼신고가 수리되었더라도 당사자 사이에 이혼의 합의가 없는 경우에는 그 협의이혼은 당연 무효입니다. 판례는 가장이혼도 일응 이혼의사의 합치가 있었으므로 원칙적으로는 무효인 이혼은 아니라는 취지로 판시하고 있습니다.

또한, 남편의 감언이설에 속아서 위와 같은 이혼신고를 하게 되었다는 이유로 이혼을 취소할 수 있는지가 문제될 수 있는데(민법 제838조), 이 경우에는 협의이혼 당시 남편이 귀하를 속이고 이혼 후 다른 여자와 혼인할 의도로 위와 같이 협의이혼을 하였을 경우에 사기가 문제될 것으로 보이고, 만약 남편이 이혼을 하고 난 후에 새로운 여자관계가 계속되어 재혼하게 되었다면 사기에 의한 이혼이라고는 할 수 없을 것입니다.

따라서 위 사안의 경우 귀하는 이혼 의사가 없었음을 누구나 납득할 만한 충분한 증거로 입증하여 위 이혼을 무효화시키거나, 그렇지 않으면 이혼 당시 남편에게 사기를 할 의사가 있었음을 입증하여야 위 이혼을 취소시킬 수 있다고 할 것입니다. 이혼 취소청구는 사기를 안 날 또는 강박을 면한 날로부터 3개월 내에 해야 합니다(민법 제839조).

가족법 중 개정·신설되어야 할 항목

1. 유류분권자 축소
유류분권은 배우자, 장애가 있는 자녀, 미성년자에 한정해 인정하도록 현행 민법을 축소하는 방향으로 개정이 필요하다.

2. 혼인 후 취득하고 증식된 재산은 부부공유제로 해야 한다.
현행 민법의 부부재산제도는 별산제(別産制)를 채택함으로써 혼인생활 중 취득한 재산에 대하여 명의를 가지지 못한 다른 일방의 재산권이 제대로 보호되지 못하는 측면이 있다.

3. 미성년자녀를 양육하는 사람이 살던 집에서 계속 거주하도록 재산분할은 자녀가 성년이 된 후에 해야 한다.
이혼하려는 부부에게 미성년자녀가 있을 경우 자녀를 양육하는 사람이 이혼 전 살던 집에서 자녀와 계속해서 살고, 자녀를 양육하지 않은 사람이 그 집을 나가 아이들의 양육비를 계속 부담하고, 집을 매수할 때 은행에서 융자받은 융자금에 대한 분할 상환금을 책임지게 하고, 자녀들이 성년이 된 후에 그 재산을 분할하게 한다면 어머니들이 지금처럼 자녀 양육을 맡는 것을 두려워하지 않고 아버지들도 자녀 양육을 기피하지 않을 것이다.

4. 상속 시 배우자의 선취분을 인정해야 한다.
재산 상속시 부부의 공동노력으로 형성·유지된 재산에 대한 배우자의 기여가 우선적으로 인정되어야 한다.

5. '자의 성과 본은 부모가 합의해서 정한다.'로 개정해야 한다.

현행 민법의 "자는 부의 성과 본을 따른다. 다만, 부모가 혼인신고 시 모의 성과 본을 따르기로 협의한 경우에는 모의 성과 본을 따른다."는 규정은 부모를 차별하는 부(父) 우선주의 규정이다. '자의 성과 본은 부모가 합의해서 정한다.'로 개정해야 한다.

6. 국가에서 가정의 형태를 차별하지 않아야 한다. - 혼인평등법, 생활동반자법 신설

근대 결혼제도는 점점 더 다양해지는 가족 형태와 가치관을 어디까지 수용할 수 있을 것인가? 지금까지 우리나라를 포함해 대부분의 나라에서는 국가가 승인한 '결혼(marriage)'을 통해 형성된 가족에게만 사회를 구성하는 기초 단위로서의 법적 지위를 부여해 왔다.

프랑스는 비혼모·비혼부가 동등한 권리를 가지며 출생신고도 간편하고, 동거자 출생아 수가 50%를 넘는다. 프랑스는 1999년 시행된 '시민연대협약(PACS)'을 통해 동거를 새로운 가족을 만드는 '계약 결혼'의 한 방식으로 인정하고 있다. 저출산 해결에도 큰 역할을 하고 있다는 평가가 나온다. 프랑스에서 정식 혼인 외 가정에서 태어난 신생아 비율은 56.7%(2014년 기준)에 달한다.

시민연대계약(PACS)은 결혼 절차를 거치지 않고도 부부에 준하는 사회적 보장을 받을 수 있는 프랑스의 시민결합제도다. 1999년 도입된 이후 동거의 유연성과 결혼의 보장성을 결합한 가족 구성의 대안으로 각광받고 있다. 프랑스의 시민결합 방식은 결혼과 단순 동거, PACS로 나뉘는데, PACS는 동거를 원하는 커플이 지방법원에 계약서를 제출함으로써 성립된다. 상대방과 혈연관계가 아니고 다른 사람과 결혼이나 PACS 관계에 있지 않으면 누구나 등록할 수 있다.

제2장 가족관계등록법

제1절 가족관계등록제도란

2007. 4. 27. 호주제 폐지에 따른 대체법으로 「가족관계의 등록 등에 관한 법률」(약칭: 가족관계등록법)이 제정되었고, 2007. 5. 17. 법률 제8435호로 공포되어 2008. 1. 1.부터 시행되고 있다.

2007. 12. 31.까지는 호적법에 따라 사람의 신분을 등록하는 공적인 장부로 '호적부'가 있었다. 그러나 2008. 1. 1.부터 가족관계등록법 시행에 의해 '가족관계등록부'로 바뀌게

되었다.

따라서 가(家)의 근거지로 호적의 편제기준인 본적 개념을 폐지하고, 각종 신고를 처리할 관할을 정하는 기준으로서 '등록기준지'개념을 도입했다. 가족이 동일한 등록기준지를 가질 필요가 없고 개인이 자유롭게 변경할 수 있게 했다. 종전의 호적 등·초본은 가족관계등록 사항별 증명서(5가지)로, 본적은 폐지되어 등록기준지로, 취적은 가족관계등록창설로 바뀌었다.

가족관계등록에 관한 사무는 대법원이 관장하며, 등록사무의 처리에 관한 권한을 시(구)·읍·면의 장에게 위임한다. 2015. 7. 1.부터 재외국민에 관한 등록사무에 대하여는 재외국민 가족관계등록사무소의 가족관계등록관이 처리할 수 있게 하였다.

과거에는 혼인신고지와 본적지가 다른 경우에 본적지로 신고서를 송부하여 처리하였으므로 혼인신고 후 혼인사항이 기재된 호적을 발급받으려면 많은 시간이 소요되었으나, 2008년부터는 신고지 담당 공무원이 등록기준지로 신고서를 송부하지 않고 직접 심사하여 가족관계등록부에 기록하므로 즉시 혼인관계증명서의 발급이 가능하다.

또한 종래의 호적제도에서는 동일한 호적 내에 있는 가족 구성원 모두의 인적사항이 나타나 불필요하게 개인정보가 노출되었으나, 가족관계등록제도에서는 증명 목적에 따라 5가지 증명서로 나누어 발급하고 있으므로 개인정보의 공개가 최소한에 그치게 되었다.

제2절 호적과 가족관계등록부의 차이

호적은 호주를 중심으로 하는 관념상의 가(家) 단위로 작성되지만, 가족관계등록제도에서는 국민 개개인별로 한 사람마다 별도의 가족관계등록부를 갖는다. 증명서는 그 증명 목적에 따라 기본증명서, 가족관계증명서, 혼인관계증명서, 입양관계증명서, 친양자입양관계증명서, 총 5종으로 나뉘어 개인정보의 보호가 강화되었다.

가족관계증명서에 나타나는 가족관계는 본인의 부모, 배우자 및 자녀의 3대(代)로 한정되고, 이들의 이름, 생년월일, 주민등록번호 등 가족관계 특정에 필요한 사항이 기재된다. 입양의 경우 양부모를 부모로 기록한다. 다만, 단독입양한 양부가 친생모와 혼인관계에 있는 때에는 양부와 친생모를, 단독입양한 양모가 친생부와 혼인관계에 있는 때에는 양모와 친생부를 각각 부모로 기록한다. 자세한 신분 사항을 확인하려면 가족 개개인의 가족관계등록사항별 증명서를 조회해야 한다.

제3절 가족관계등록부의 각 증명서 종류

가족관계등록부에는 가족관계 및 기본적 신분 사항과 출생, 혼인, 입양, 친양자입양, 사망 등에 관한 것 등이 기록된다. 그리고 이에 대한 증명서를 발급할 때에는 그 증명 대상에 따라 가족관계증명서, 기본증명서, 혼인관계증명서, 입양관계증명서, 친양자입양관계증명서 등 5종류로 나뉜다.

증명서의 종류	기재 사항	
	공통 사항	개별 사항
가족관계증명서	본인의 등록기준지, 성명, 성별, 본, 출생연월일 및 주민등록번호	[일반] 부모, 배우자, 생존한 현재의 혼인 중의 자녀에 관한 사항 [상세] 부모, 배우자, 모든 자녀에 관한 사항
기본증명서		[일반] 본인의 출생, 사망, 국적상실에 관한 사항 [상세] 출생, 사망, 개명, 인지, 국적취득 및 회복 등 본인에 관한 모든 사항 [특정-친권·후견] 본인의 현재 유효한 친권·후견에 관한 사항
혼인관계증명서		[일반] 배우자, 현재의 혼인에 관한 사항 [상세] 배우자, 혼인 및 이혼에 관한 사항
입양관계증명서		[일반] 친생부모, 양부모 또는 양자, 현재의 입양에 관한 사항 [상세] 친생부모, 양부모 또는 양자, 입양 및 파양에 관한 사항
친양자 입양관계증명서		[일반] 친생부모, 양부모 또는 친양자, 현재의 친양자 입양에 관한 사항 [상세] 친생부모, 양부모 또는 친양자, 친양자 입양 및 파양에 관한 사항

가족관계등록 관련 사례

[1] 가족관계등록부의 각 증명서를 발급받을 수 있는 사람들의 범위

> 2007년까지는 본적과 성명을 알고 있으면 타인의 호적등본을 발급받을 수 있었는데 현재는 어떻게 변경되었나요?

2007년까지는 누구든지 타인의 호적등본을 발급받을 수 있었지만, 현재는 개인정보 보호를 위해 발급권자가 제한되고 있습니다. 즉, 본인, 직계혈족, 배우자의 경우에만 제적등본 또는 가족관계등록관련 증명서를 발급받을 수 있고, 제3자는 위임을 받아야만 가능합니다. 친양자 입양관계증명서는 친양자가 성년이 된 때 등 제한적인 경우에만 발급받을 수 있습니다.

[2] 이혼한 사실 표시 안 된 일부사항증명서를 발급받을 수 있다

이혼하면서 아들을 아빠에게 맡겼습니다. 이혼 후 10년간 혼자 살다 이번에 좋은 남자를 만나서 재혼하려는데 제 가족관계등록부에 아들이 등재되어 있고, 이혼한 사실도 기재되어 있습니다. 삭제할 수 없을까요?

혼인신고하고 이혼한 경우, 그리고 아이의 친모인 이상 혼인관계증명서와 가족관계증명서에 사실 기재를 삭제할 수 없습니다. 그러나 과거의 신분관계 중 개인의 사생활 침해 가능성이 큰 기록사항을 배제한 채 등록사항별 증명서를 신청해 발급받을 수 있습니다. 일반, 상세, 특정증명서 중 신청인이 상황에 맞게 선택해서 발급받을 수 있습니다. 일반증명서는 현재의 신분관계 등 필수적인 정보만 기재되며, 과거 혼인, 입양 등을 포함한 전체 신분관계는 상세증명서를 발급받아 확인할 수 있고, 특정증명서는 신청인이 선택한 사항만을 기재하여 발급할 수 있습니다.

[3] 모의 성과 본을 따를 수 있다

어머니의 성과 본을 따를 수 있습니까?

자녀의 성과 본은 아버지를 따르는 것을 원칙으로 하되, 혼인 당사자가 혼인신고 시 자녀의 성과 본을 모의 성과 본으로 따르기로 하는 협의를 한 경우 그 자녀는 모의 성과 본을 따를 수 있습니다(민법 제781조제1항 단서). 혼인신고할 때 태어날 자녀가 어머니의 성을 따르기로 협의한 사실을 함께 신고하면 향후 출생신고 시 어머니의 성과 본으로 가족관계등록부에 기록됩니다. 이러한 협의가 없을 때에는 자녀의 복리를 위하여 필요하다고 인정될 때에 한하여 법원의 성·본 변경 재판을 받아 어머니의 성·본을 따를 수도 있습니다.

[4] 자녀의 성과 본을 변경할 수 있다

저는 전남편과 사이의 자녀를 데리고 재혼한 여성입니다. 자녀들의 성을 새 아버지의 성으로 변경할 수 없나요?

자녀의 복리를 위하여 자녀의 성과 본을 변경할 필요가 있을 때에는 아버지, 어머니 또는 자녀의 청구에 의하여 법원의 허가를 받아 이를 변경할 수 있습니다(민법 제781조제6항). 법원의 허가서 등본을 첨부하여 자녀의 성·본 변경신고를 하면 됩니다. 이 경우 전남편의 동의는 필요 없습니다. 다만, 자녀가 미성년자이고 법정대리인이 청구할 수 없는 경우에는 친족 또는 검사가 청구할 수 있습니다(동항 단서).

[5] 새아빠의 성(姓)으로 변경하는 경우 자녀의 가족관계증명서에 부(父)란 표시는

> 새아빠의 성으로 변경하면 자녀의 가족관계증명서의 부란 표시가 새아빠로 변경되나요?

단순히 자녀의 성을 변경하는 것만으로는 친생부모와의 친족관계에 변동을 가져오지 않습니다. 즉, 자녀의 가족관계증명서에는 성·본 변경으로 인해 친아버지의 성과 다르게 되더라도 여전히 친아버지가 부(父)로 기재되어 발급됩니다. 따라서 자녀의 가족관계증명서에 새아버지를 부(父)로 표시하려면 친양자 입양재판을 거쳐 친아버지와의 친족관계를 종료시키거나, 입양 절차를 거쳐 새아버지와 법률상 부모-자녀관계를 형성하여야 합니다.

[6] 이름은 그대로 두고 한자만 바꿀 경우에도 개명절차를 밟아야 한다

> 우리 아이의 이름은 그대로 두고 한자만 바꾸고 싶습니다. 이 경우 개명절차를 밟아야 합니까?

이름 중 한글은 그대로 두고 한자만 바꾸는 경우에도 개명에 해당되므로 가정법원의 허가를 받아야 합니다. 개명이란 정당하게 가족관계등록부에 등재된 이름을 변경하는 것을 말합니다. 성은 이름이 아닙니다. 그러므로 성을 바꾸고자 한다면 개명절차가 아닌 성·본 변경절차를 밟아야 합니다.

귀하의 자녀처럼 가족관계등록부에 한글과 한자가 병기된 경우 한자를 동음이자(同音異字)로 고치고자 하는 경우에도 개명절차를 거쳐야 하며, 한글로만 출생신고를 한 후에 한자이름을 병기하고자 하는 경우에도 개명절차를 밟아야 합니다.

한편, 개명은 가족관계등록 정정과 구별됩니다. 후자는 가족관계등록부에 등재된 이름의 기록이 부적법하거나 또는 진실에 반하는 경우 진정한 것으로 바로잡는 것을 말하는 것입니다. 그러므로 출생신고인이 출생신고서에 기재한 이름과 실제 가족관계등록부에 등재된 이름이 서로 다르다면 개명이 아닌 가족관계등록 정정절차에 의하여야 합니다.

[7] 개명에는 횟수 제한이 없다

> 법원의 허가를 받아 이름을 개명했는데 다시 법원에 개명허가신청을 할 수 있는지요?

개명에는 횟수 제한이 없습니다. 따라서 개명허가를 얻어 이름을 바꾼 후 다시 법원에 개명허가신청을 하는 것도 가능합니다. 그러나 너무 잦은 신청은 개명권한의 남용으로 판단되어 허가되지 않을 수 있습니다.

[8] 대한민국 국적취득 후 원하면 성명을 한국식으로 바꿀 수 있다

> 저는 미국인인데 한국 사람과 결혼하여 한국 국적을 취득했습니다. 그런데 성과 이름이 여전히 영어식이라서 불편합니다. 한국식 이름을 갖고 싶은데 그 절차는 어떻게 됩니까?

외국의 성을 쓰는 국적취득자가 그 성을 쓰지 않고 새로이 한국식 성과 이름을 쓰고 싶다면 가정법원에 성·본 창설과 개명허가신청을 해야 합니다.

외국인이 대한민국 국적을 취득한 경우에는 원칙적으로 외국에서 사용하던 성명을 그 원지음에 따라 한글로 표기하여 가족관계등록부에 기록해야 합니다. 귀하의 경우처럼 대한민국 국적 취득 후 한국식 성명을 원할 경우에는 등록기준지나 주소지를 관할하는 가정법원의 허가를 얻어 성과 본을 창설하고 개명하여야 합니다. 성·본 창설과 개명을 동시에 신청하는 경우 별개의 사건으로 접수해야 하고, 이 경우 주소지 관할 법원에 신청해야 합니다.

[9] 가족관계등록부상 기재된 모를 나의 생모로 바꾸려면

> 아버지의 부인이 가족관계등록부상 제 친모로 기재되어 있습니다. 제 생모를 밝히려면 어떻게 해야 하는지요?

가족관계등록부상 모를 상대로 가정법원에 친생자관계부존재확인청구를 하여 판결을 받아야 합니다. 판결이 확정된 후 판결등본과 확정증명서를 첨부하여 관할 구청에 가족관계등록부 정정신청을 하면 귀하의 가족관계등록부상 모의 특정등록사항이 말소됩니다. 그리고 친생자관계가 부존재하는 모의 가족관계등록부에는 귀하에 관한 특정등록사항이 말소됩니다.

등록부상 모를 말소한 후에는 귀하의 가족관계등록부를 폐쇄하고, 폐쇄등록부에 기록된 사항 중 친생자관계부존재확인판결에 의한 말소사유를 제외한 기록사항을 직권으로 이기하여 새로운 가족관계등록부를 작성하게 됩니다.

친생모를 기록하려면 귀하의 출생신고인(신고인이 추후보완신고를 할 수 없을 때에는 다른 출생신고의무자)이 친생모와의 친생자관계 및 출생 당시 친생모가 유부녀가 아님을 소명하여 출생의 추후보완신고를 하거나, 신고의무자가 없는 경우에는 친자관계를 확인하는 판결(판결주문이 아닌 이유에 설시한 판결은 해당하지 아니한다)에 의한 정정절차를 거쳐야 합니다.

만약 친생모가 귀하의 출생 당시 유부녀임이 확인되면, 혼인 외 자의 가족관계등록부에 친생모를 기록하기 위하여는 귀하의 출생 당시 모의 법률상 배우자와 귀하가 친생자관계부존재에 관한 재판을 거쳐야 합니다.

[10] 친생자관계부존재 확인판결에 따른 가족관계등록부의 정리

> 가족관계등록부상 부모를 상대로 하여 친생자관계부존재확인판결을 받았는데 제게는 출생신고를 해줄 가족도 없고, 친부모가 누구인지도 모릅니다. 가족관계등록부 정리는 어떻게 하면 됩니까?

해당 판결을 가지고 구청에 가족관계등록부 정정신청을 하면 본인의 가족관계등록부가 폐쇄됩니다. 따라서 가족관계등록부를 창설하여야 하는데 부(父)를 알 수 없으므로 성과 본의 창설허가를 얻어 창설해야 합니다. 그 다음 폐쇄가족부에 기록된 신분사항을 이기하기 위하여 가족관계등록부 정정허가를 가정법원에 신청해야 하고, 이에 따라 가족관계등록부가 정정된 경우 배우자 및 직계비속의 등록기준지에 가족관계등록부 존재신고를 해야 합니다.

[11] 친생자관계부존재 확인판결을 받아 가족관계등록부를 폐쇄했는데, 출생신고를 해줄 의무자가 없는 경우 가족관계등록부를 창설하려면

이러한 경우 먼저 가정법원에서 ① 성·본 창설허가 심판(가사비송)을 받은 후, ② 가족관계등록부 창설허가 결정을 받아 1개월 이내에 시(구)·읍·면의 장에게 신고함으로서 가족관계등록부를 창설할 수 있습니다.

※ 첨부서류

성·본 창설허가	가족관계등록부 창설허가
• 부모 모두를 알 수 없는 자 　- 가족관계등록부 부존재증명서(구청) 1통 　- 주민등록신고확인서(관할 동사무소 발급) 　　　　　또는 주민등록표등(초)본 1통 　- 반명함판 사진 3매(사건본인) 　- 인우보증서(2인 이상, 각 인감증명서 　　　　또는 본인서명사실확인서 첨부) 1부 • 친생자관계부존재판결을 받은 자 　- 주민등록표등(초)본 1통 　- 친생자관계부존재 확인판결 등본 및 　　확정증명원 각 1통 • 기아의 경우 　- 기아발견조서 1부	• 신분표 3부 • 친생자관계부존재 확인판결 정본 및 　확정증명서 각 1통 • 폐쇄기본증명서, 폐쇄가족관계증명서, 　폐쇄혼인관계증명서, 제적등본 각 1통 • 주민등록신고확인서(관할 동사무소 발급)또는 　주민등록등(초)본 1통 • 성·본 창설허가 심판서 1통 　(부모를 알 수 없는 무적자인 경우) • 기타 소명자료

[12] 북한이탈주민은 종전의 성과 본을 그대로 사용하므로 별도의 성·본 창설허가 절차가 필요하지 않다

> 저는 북한이탈주민입니다. 저의 경우도 성·본 및 가족관계등록부 창설 절차가 필요한지요?

귀하의 경우는 「북한이탈주민의 보호 및 정착지원에 관한 법률」 제19조에 의해 통일부장관이 서울가정법원에 직접 가족관계등록창설 허가신청서를 제출하기 때문에 귀하의 신청은 필요 없으며, 성과 본의 경우도 특별한 경우가 아니면 종전의 성과 본을 그대로 사용하므로 별도의 성·본 창설허가 절차도 필요 없습니다.

[13] 가족관계등록 공무원의 잘못으로 가족관계등록부에 이름이 다르게 기재된 경우, 그 공무원의 정정신청으로 고칠 수 있다

> 저의 딸이 6세인데 출생신고서에 기재된 이름과 가족관계등록부에 기재된 이름이 서로 다릅니다. 구청 직원의 착오인 듯한데 이런 경우 어떤 절차로 정정을 해야 하나요?

출생신고서를 확인하여 구청직원이 잘못 등록한 것으로 확인되면 직권으로 정정할 수 있으나, 출생신고서에 기재를 잘못한 경우라면 법원의 개명허가를 받아야 합니다.

[14] 가족관계등록부에 기재된 주민등록번호와 주민등록등본에 기재된 주민등록번호가 다를 경우 정정할 수 있는 방법

가족관계등록부상의 주민등록번호 앞자리가 다른 경우라면 이는 출생연월일을 의미하므로 이를 고치기 위해서는 사건본인의 등록기준지를 관할하는 법원에 아래 서류를 첨부하여 가족관계등록부 정정(연령정정) 허가신청을 해야 합니다. 사건본인의 기본증명서·가족관계증명서 각 1통, 신청인의 주민등록등본 1통, 소명자료(정정할 연령이 기재된 출생증명서, 학적부, 성적증명서, 졸업증명서, 생활기록부, 연령감정서 등)를 첨부하면 됩니다.

※ 가족관계등록부상의 주민등록번호 뒷자리가 다른 경우라면 이는 가족관계등록부를 정정할 사안이 아니므로 등록기준지 관할 구청으로 문의해서 이를 정정하실 수 있습니다.

[15] 호적부에서 가족관계등록부로 바뀌면서 주민등록번호와 생년월일이 잘못 기재된 경우 정정방법

> 몇 년 전 호적부를 확인했을 때는 생년월일 및 주민등록번호가 바르게 기재되었는데 바뀐 제도에 의한 가족관계증명서를 발급받아보니 저의 주민등록번호와 생년월일이 잘못 기재된 것을 발견했습니다. 어떤 절차로 정정해야 하는지요?

「가족관계의 등록 등에 관한 법률」 시행 전의 호적부에서 가족관계등록부로 전산 이기하는 과정에서 가족관계증명서상의 주민등록번호와 생년월일이 잘못 이기되었음이 명백한 경우라면 등록관서 공무원이 직권으로 정정할 수 있습니다.

[16] 성·본 변경과 개명은 서로 다른 절차이므로 각각 따로 신청해야 한다

> 제 아이의 성과 본을 재혼한 남편인 새 아빠의 성·본으로 변경하고 아이 이름도 바꾸고 싶습니다. 하나의 사건으로 신청할 수 있는지, 그럴 수 없다면 어느 것을 먼저 해야 하나요?

성·본 변경은 가사비송사건이고 개명은 가족관계등록비송사건으로 서로 다른 절차이므로 각각 따로 신청해야 합니다. 서울을 예로 들면 서울가정법원에서 서울시 전체의 성·본 변경 사건을 관할하고, 개명의 경우는 종로구, 중구, 동작구, 관악구, 서초구, 강남구를 관할합니다. 성·본 변경과 개명의 선후는 특별히 문제가 되지 않으므로 귀하의 편의대로 선택하시면 됩니다.

[17] 개명신청 할 때 첨부해야 할 서류

> 개명신청을 하려고 하는데 첨부서류가 무엇인지 알고 싶습니다. 범죄경력조회결과가 필요하다는데 접수 시 첨부해야 하는지요? 동음이자(同音異字) 정정도 첨부서류가 일반사건과 같은지요?

범죄경력조회는 법원에서 경찰서에 조회하여 확인하므로 개명허가신청서 접수 시에 첨부할 필요가 없으며, 동음이자(同音異字)로의 개명 시 첨부서류는 일반사건과 차이가 없습니다. 첨부서류는 미성년자의 경우 사건본인의 기본증명서·가족관계증명서 각 1통, 주민등록등본 1통, 부와 모의 가족관계증명서 각 1통입니다. 성년자의 경우 역시 마찬가지이며, 사건본인에게 자녀가 있을 경우 그 자녀가 성년일 때 자녀의 가족관계증명서 1통을 첨부합니다.

대법원은 개명을 허가할 만한 상당한 이유가 인정되고, 범죄를 기도 또는 은폐하거나 법령에 따른 각종 제한을 회피하려는 불순한 의도나 목적이 개입되어 있는 등 개명신청권의 남용으로 볼 수 있는 경우가 아니라면 원칙적으로 개명을 허가함이 상당하다고 했습니다(대법원 2005. 11. 16.자 2005스26 결정).

[18] 개명허가를 받은 후 후속 절차

> 개명허가를 받았는데, 그 후속 절차를 알고 싶습니다.

송달받은 결정문을 가지고 가까운 구청에 가서 개명신고를 하셔야 합니다. 주소지 구청이 아닌 다른 구청에서의 신고도 가능하지만 동사무소에서의 신고는 안 됩니다. 결정문을 송달받은 날로부터 1개월 이내(초일 산입)에 신고하여야 하며, 정당한 이유 없이 이 기간 내에 신고를 하지 않으면 과태료가 부과될 수 있습니다.

[19] 출생신고는 부모 아닌 사람도 할 수 있다

> 저는 산부인과 의사입니다. 몇 개월 전 구급차에 실려 온 여인의 아이를 받았는데 불행히도 산모가 사망했습니다. 아이의 아빠도 알 수 없고, 가족도 알 수 없는데 아이의 출생신고를 제가 할 수 있을까요?

출생신고의 제1의무자는 부모입니다(가족관계의 등록 등에 관한 법률 제46조제1항). 그러나 부모가 없을 때에는 동거하는 친족, 분만에 관여한 의사·조산사 또는 그 밖의 사람이라도 신고의무가 있습니다(동조 제3항). 그러므로 의사인 귀하도 출생신고를 할 수 있습니다.

[20] 출생증명서가 없는 경우 출생신고하려면

> 집에서 아이를 출산해서 출생증명서가 없습니다. 병원의 출생증명서가 없을 경우 출생신고하려면 어떻게 해야 하는지요?

출생증명서 또는 서면을 첨부할 수 없는 경우에는 가정법원의 출생확인을 받고 그 확인서를 받은 날부터 1개월 이내에 출생의 신고를 하여야 합니다. 가정법원은 출생확인을 위하여 필요한 경우에는 직권으로 사실을 조사할 수 있으며, 지방자치단체의 장, 국가경찰관서의 장 등 행정기관이나 그 밖에 상당하다고 인정되는 단체 또는 개인에게 필요한 사항을 보고하게 하거나 자료의 제출을 요청할 수 있습니다(가족관계등록법 제44조의2).

[21] 미혼부(父)도 자녀의 출생신고를 할 수 있다

> 교제하던 여자친구가 임신하여 아이를 낳은 후 아이만 제게 두고 잠적했습니다. 저와 여자친구는 미혼으로 혼인신고가 안 되어 있습니다. 제가 아이의 출생신고를 할 수 있나요?

혼인 외 자녀의 출생신고는 원칙적으로 그 출생자의 모(母)가 하여야 합니다. 그러나 ① 모의 성명·등록기준지 및 주민등록번호의 전부 또는 일부를 알 수 없어 모(母)를 특정할 수 없거나, ② 모가 공적서류·증명서·장부 등에 의하여 특정될 수 없는 경우, 또는 ③ 모가 특정됨에도 불구하고 모의 소재불명 또는 모가 정당한 사유 없이 출생신고에 필요한 서류제출에 협조하지 않는 등의 장애가 있는 경우에는 부(父)가 자신의 등록기준지 또는 주소지를 관할하는 가정법원에 "친생자 출생신고를 위한 확인신청"을 하여 확인서를 받아 출생신고를 할 수 있습니다(대법원 2020. 6. 8.자 2020스575 결정, 가족관계의 등록 등에 관한 법률 제57조).

[22] 출생신고를 늦게 하더라도 생년월일을 제대로 올릴 수 있다

> 1년 전에 낳은 아이를 아직 출생신고하지 못했는데 이제라도 아이의 나이를 원래 아이의 출생년월일로 올려줄 수 있는지요?

출생신고는 출생한 날로부터 1개월 이내에 하여야 합니다(가족관계등록법 제44조제1항). 만약 신고의무자가 정당한 사유 없이 기간 내에 신고하지 않은 때에는 5만 원 이하의 과태료가 부과됩니다(동법 제122조). 따라서 과태료를 납부하더라도 원래 출생한 연월일대로 출생신고서에 기재하면 됩니다. 만약 신고서를 사실과 다르게 작성하면 일단 가족관계등록부에 그대로 기재되고, 이후 바로잡으려면 재판을 해야 합니다.

[23] 비혼모 출생 자녀는 친생부가 인지하지 않아도 친생부의 성과 본을 따를 수 있다

> 유부남을 사귀어 딸을 낳았습니다. 아빠가 인지해 주지 않을 경우에 아이의 출생신고를 하면서 아이 아빠의 성과 본을 따르게 할 수 있는지요?

통상적으로 혼인하지 않은 부부 사이에 태어난 자녀의 친모가 출생신고를 한다면, 그 아기는 어머니의 성을 따르고 어머니의 가족관계등록부에 입적됩니다(가족관계의등록등에관한법률 제46조제2항). 자녀의 성을 친생부의 성을 따르는 것도 가능하나 부의 성명을 자녀의 일반등록사항란 및 특정등록사항란의 부란에 기록하여서는 안 됩니다. 가족관계의 등록 등에 관한 규칙 제56조(인지되지 않은 자녀의 등록부)에 따르면, 부(父)가 인지하지 아니한 혼인 외의 출생자라도 부의 성과 본을 알 수 있는 경우에는 부의 성과 본을 따를 수 있습니다. 다만, 부의 성명을 그 자녀의 일반등록사항란 및 특정등록사항란의 부란에 기록하여서는 아니 된다고 규정하고 있습니다.

[24] 외국인 여성도 한국인인 남자를 상대로 자의 인지청구를 할 수 있다

> 저는 남미 국적을 가진 여자입니다. 한국에 유학 와서 사귄 남자와의 사이에 아들을 낳았습니다. 그런데 그 남자는 유부남입니다. 아이 출생신고를 해주지 않고 자기 자식인 것도 부인합니다. 저는 한국에 와서 이 남자 외에는 성관계를 가진 남자가 없습니다. 아이를 이 남자의 자녀임을 법으로 밝히고 아이가 한국 국적을 가지게 하려면 어떻게 해야 하는지요?

먼저 아이를 귀하의 자녀로 출생신고를 하십시오. 그리고 귀하의 국적국에서 발행한 아이의 출생등록된 증명서와 생모인 귀하가 미혼이라는 증명서를 첨부해서 가정법원에 인지청구의 소를 제기할 수 있습니다(민법 제863조). 재판 결과 그 남자의 친자라는 판결이 확정되면 재판의 확정일로부터 1개월 이내에 판결문 등본 및 확정증명서를 첨부하여 인지신고를 함으로써 아이 아빠의 가족관계등록부에 자녀를 기재할 수 있고(가족관계등록법 제58조), 그런 다음 법무부장관에게 신고함으로써 대한민국 국적을 취득할 수 있습니다(국적법 제3조).

[25] 한국인과 외국인 사이에서 출생한 자녀의 출생신고

> 중국에 사업차 가서 여자를 사귀어 아들을 낳았습니다. 제가 생부라는 취지가 기록된 중국 자치성 공증처 발행의 출생공증서가 있는데, 그 아이를 한국 국적을 가지고 한국에서 살게 하려면 어떻게 해야 하는지요?

한국 남자가 생부라는 취지가 기록된 중국 자치성 공증처 발행의 출생공증서와 출생자가 중국인임을 증명하는 서면을 우리나라 영사관의 공증을 받고, 이들 각 서면의 한국어 번역문을 첨부하여 인지신고 할 수 있습니다(민법 제855조. 가족관계등록법 제57조 친생자출생의 신고에 의한 인지).

부가 인지신고를 하여 그 신고가 수리되면 국적법에 따라 법무부장관에게 신고함으로써 국적을 취득하거나(미성년일 경우), 법무부장관으로부터 귀화허가를 받은 후 국적취득 또는 귀화허가통보가 된 때(성년인 경우)에 가족관계등록부를 작성할 수 있습니다.

[26] 부모를 알지 못하는 고아도 가족관계등록부를 가질 수 있다

> 저는 어려서 버려져 부모를 알지 못하고 성도 모르고 가족관계등록부도 없습니다. 현재는 보호시설에서 살고 있습니다. 어떻게 하면 가족관계등록부를 가질 수 있을까요?

먼저 가정법원에 성과 본의 창설허가를 신청하고 그 심판서를 첨부하여 가정법원에 가족관계등록부창설 허가신청을 할 수 있습니다. 가정법원으로부터 등록창설허가를 받고 그 등본을 받은 날로부터 1개월 이내에 가족관계등록창설의 신고를 하면 귀하의 가족관계등록부가 만들어집니다(가족관계등록법 제101조제1항). 가족관계등록 창설신고는 가족관계등록 창설허가를 받은 사람이 등록하려는 등록기준지 또는 신고인의 주소지나 현재지에서 할 수 있는데, 신고인의 관할 시(구)·읍·면의 사무소에 하면 됩니다(동법 제20조제1항 본문 및 제3조제1항·제2항 참조).

가족관계등록부 창설허가 신청 시 필요한 서류는 다음과 같습니다.

① 신분표 3부
② 가족관계등록부 부존재증명서
③ 주민등록신고확인서 또는 주민등록표등본
④ 성장환경진술서
⑤ 성장과정을 뒷받침 하는 다음 각 호의 소명자료 (작성자의 주소 및 연락처 기록)
　가) 취학한 사실이 있는 경우 그 학적부
　나) 유치원, 병원이나 종교단체가 운영 또는 후원하는 시설, 기타 보호 및 위탁시설 등에 입소했던 경우 그 확인서
　다) 근로자인 경우 대표자나 감독자의 확인서
　라) 성장과정상의 특정사실을 소명하기 위하여 필요한 경우 주민등록지 또는 거소지 인근에 거주하는 자의 보증서
⑥ 성·본 창설허가심판서 등본
⑦ 기타 소명자료

[27] 가족관계등록부 창설 후에라도 부모를 알게 되면 자기의 성과 본을 찾을 수 있다

> 고아로 자라다가 얼마 전 법원의 허가를 받아 등록부를 만들었습니다. 최근에 우연히 친척을 알게 되어 아버지의 성을 알게 되었습니다. 어떻게 하면 제 성과 본을 다시 고칠 수 있는지요?

　가족관계등록창설로 성(姓)과 본(本)을 만든 후라도 나중에 부모를 알게 된 경우에는 법원의 허가를 받아 아버지 또는 어머니의 성과 본을 따를 수 있습니다(민법 제781조제4항).

[28] 부모의 잘못으로 틀리게 기재된 나이는 법원의 정정 허가를 받아 고칠 수 있다

> 부모가 출생신고를 늦게 하여 나이가 실제 나이보다 4살이나 어리게 되어있습니다. 어떻게 해야 가족관계등록부를 제 나이대로 고칠 수 있는지요?

　출생신고 당시 부모가 잘못 써냈다면 그 사실을 밝혀 등록기준지나 주소지 가정법원(지방은 지방법원)에 가족관계등록부 정정신청을 해서 허가를 받아 정정할 수 있습니다. 신청시 기본증명서, 가족관계증명서, 주민등록등본 및 그 사실을 밝히는 소명자료를 첨부해야 합니다. 소명자료로는 의사의 연령감정서, 출생당시 분만에 관여한 조산원의 증명서, 성인인 이웃 두 사람이 입증하는 인우보증서(인감증명서 또는 본인서명 사실확인서 첨부) 등이 있습니다.

인우보증서 양식

법원에서 정정허가가 나오면 허가등본을 첨부하여 허가가 이루어진 날로부터 1개월 이내에 가족관계등록기준지 시(구)·읍·면사무소에 정정신고를 하여 정정할 수 있습니다(가족관계등록법 제104조, 제106조).

[29] 가족관계등록 공무원의 잘못으로 가족관계등록에 나이가 틀리게 기재된 경우 그 공무원의 정정신청으로 고칠 수 있다

> 출생신고서에는 바르게 써냈는데 가족관계등록공무원이 잘못 기재하여 나이가 틀리게 되어 있습니다. 어떻게 하면 바로 고칠 수 있을까요?

먼저 등록기준지에 가서 그곳에 비치되어있는 출생신고서 원본을 열람해 보십시오. 본래 출생신고서는 바르게 써냈는데 가족관계등록공무원이 틀리게 기재한 것이 확실하다면 이 사실을 밝히도록 하십시오. 그러면 가족관계등록공무원이 직권정정을 해줍니다(가족관계등록법률 제18조·제104조 내지 제107조, 가족관계등록규칙 제60조제2항제5호).

[30] 부모가 성별을 틀리게 써낸 가족관계등록부도 고칠 수 있다

> 아들을 바라던 부모님이 저를 가족관계등록부에 아들로 올려놓았습니다. 이제라도 고칠 수 없나요?

출생신고 당시 부모가 잘못 써냈다면 그 사실을 밝히어 등록지준지나 주소지 가정법원(지방은 지방법원)에 가족관계등록부 정정신청을 해서 허가를 받아 정정할 수 있습니다. 기본증명서, 가족관계증명서, 주민등록등본 및 그 사실을 밝히는 소명자료를 첨부하여야 하는데, 소명자료로는 의사의 신체감정서(본인의 사진 붙여 의사가 개인해야 함), 성인인 이웃 두 사람이 입증하는 인우보증서(인감증명서 또는 본인서명사실확인서 첨부)가 있습니다. 법원의 정정허가가 나오면 허가등본을 첨부하여 허가받은 날로부터 1개월 내에 가족관계등록기준지 시(구)·읍·면사무소에 정정신고를 하여 정정할 수 있습니다(가족관계등록법 제104조, 제106조).

등록부 정정신청서

[31] 5년 이상 행방불명인 사람의 가족관계등록부는 정리할 수 있다

> 여동생이 15년 전 외국에 돈 벌러 간다며 집을 나간 후 생사를 알 길이 없습니다. 가족관계등록부를 정리할 수 없을까요?

15년 이상 생사불명일 경우 실종선고 청구를 할 수 있습니다(민법 제27조제1항). 여동생의 마지막 주소지를 관할하는 가정법원에 실종선고 청구를 하여 선고를 받아 재판확정일로부터

1개월 내에 판결등본 및 확정증명서를 첨부하여 등록기준지에 실종선고의 신고를 하여야 합니다(가족관계등록법 제92조).

[32] 실종선고는 취소할 수 있다

> 실종선고를 받아 제적된 오빠가 돌아왔습니다. 가족관계등록부를 다시 고칠 수 있는지요?

실종된 사람이 돌아온 경우 가정법원에 실종선고 취소청구를 해서 판결을 받아 등록기준지에 판결문등본 및 확정증명서를 첨부하여 실종선고 취소신고를 하여야 합니다(민법 제29조, 가족관계등록법 제92조제3항).

[33] 군사분계선 이북(以北) 지역 거주자의 가족관계등록부도 정리할 수 있다

> 이북이 고향인데 호적을 만들면서 이북에 계신 아버지를 기재했습니다. 아버지의 가족관계등록부를 정리할 수 없을까요?

대한민국의 군사분계선 이북(以北) 지역에서 이남(以南) 지역으로 옮겨 새로 가족관계등록을 창설한 사람 중 군사분계선 이북 지역의 잔류자임이 분명한 사람에 대하여는 가족이나 검사의 청구에 의하여 부재선고를 하도록 되어 있습니다(부재선고에 관한 특별조치법 제2조·제3조). 이때에는 사건본인, 즉 군사분계선 이북 지역의 잔류자의 등록기준지를 관할하는 가정법원(지방은 지방법원)의 가족관계등록부의 증명서 및 원본적지(原本籍地) 관할 도지사가 발행하는 잔류자확인서를 첨부하여 부재선고 청구를 하여야 합니다(동법 제7조). 선고를 받게 되면 재판확정일로부터 1개월 내에 판결문 등본을 첨부하여 등록지에 부재선고의 신고를 하여야 합니다(가족관계등록법 제92조).

[34] 부재선고를 받은 사람은 가족관계등록부가 폐쇄된다

> 부재선고를 받으면 어떤 효력이 생깁니까?

부재선고를 받은 사람은 가족관계등록부가 폐쇄됩니다. 이 경우 민법 제997조의 적용 및 혼인에 관하여는 실종선고를 받은 것으로 봅니다(부재선고에 관한 특별조치법 제4조·제10조).

[35] 부재선고는 취소할 수 있다

① 부재선고를 받은 사람이 사망한 사실이 증명된 경우, ② 부재선고를 받은 사람이 군사분계선 이북지역이 아닌 곳에 거주하고 있는 사실이 증명된 경우, ③ 잔류자가 거주하는 군

사분계선 이북지역이 그 이남지역의 행정구역으로 편입된 경우에 본인, 가족 또는 검사의 청구에 의하여 부재선고를 취소하여야 한다. 이 경우 부재선고의 취소는 그 선고가 있은 후부터 선고가 취소되기 전까지 선의(善意)로 한 행위의 효력에는 영향을 미치지 않는다.(부재선고에 관한 특별조치법 제5조).

부재선고 취소의 경우에는 「민법」 제29조제2항을, 부재선고 취소신고에 관하여는 「가족관계의 등록 등에 관한 법률」 중 실종에 관한 규정을 준용한다(동법 제10조).

[36] 30년 전에 돌아가신 할머니에 대한 사망신고를 할 수 있는 방법

> 30년 전에 돌아가신 할머니에 대한 사망신고가 되어 있지 않은 사실을 이제야 알았습니다. 사망진단서 등이 없는데 어떻게 사망신고를 해야 하나요?

사망사실을 증명하는 다른 서류를 사망신고 신청서와 함께 시(구)·읍·면의 장에게 제출하면 됩니다(가족관계의 등록 등에 관한 법률 제84조제3항).

사망진단서나 검안서를 첨부할 수 없는 때에는 ① 국내 또는 외국의 권한 있는 기관에서 발행한 사망사실을 증명하는 서면, ② 군인이 전투 그 밖의 사변으로 사망한 경우에 부대장 등이 사망 사실을 확인하여 그 명의로 작성한 전사확인서, ③ 그밖에 대법원예규로 정하는 사망의 사실을 증명할 만한 서면을 첨부하여 사망신고를 할 수 있습니다(가족관계의 등록 등에 관한 규칙 제38조의3).

사망신고서에 첨부할 사망의 사실을 증명할 만한 서면에 관한 처리지침(가족관계등록예규 제505호) 제2조는 사망증명서[동(리)장 및 통장 또는 지인 2명 이상이 작성한 증명서], 관공서의 사망증명서 또는 매장인허증, 진실화해위원회의 진실규명 결정문, 정부 기록보관소에 보존 중인 재무부 작성의 피수용자 사망자 연명부, 외국 관공서 등에서 발행한 그 나라 방식에 의해 사망신고한 사실을 증명하는 서면을 첨부하여 사망신고를 할 수 있다고 규정하고 있습니다.

[37] 가족관계등록부가 폐쇄되는 경우

> 조부모님의 가족관계증명서를 발급받았더니 폐쇄라고 적혀 있던데 가족관계등록부가 폐쇄되기도 하는 건가요?

가족관계등록부는 본인이 사망하는 등의 사유가 발생하면 폐쇄됩니다. 가족관계등록부의 폐쇄사유로는 본인이 사망한 경우, 본인이 실종선고 또는 부재선고를 받은 경우, 본인이 국적을 이탈하거나 상실한 경우, 이중으로 작성된 경우, 착오 또는 부적법하게 작성된 경우,

정정된 등록부가 이해관계인에게 현저히 부당하다고 인정되어 재작성하는 경우 등이 있습니다(가족관계등록법 제11조제2항, 가족관계등록규칙 제17조제2항).

[38] 가족관계등록사무의 처분에 대한 불복신청

> 공동친권자 중 한 명의 친권 일부를 제한한 가정법원의 조정사항에 대해 구청에서 친권상실이 조정대상이 되지 않기 때문에 친권의 일부제한도 조정대상이 될 수 없다며 조정조서에 친권자를 부모 공동으로 지정한 부분만 기재하고 부(父)에 대한 친권 제한 규정은 기재할 수 없다고 기재를 거부합니다. 가정법원의 친권 일부 조정사항을 자의 가족관계등록부에 그대로 기재할 방법이 없을까요?

해당 구청의 처분에 대해 감독법원에 불복신청을 할 수 있습니다. 위와 같은 사안에 대해 해당 구청의 관할법원인 서울가정법원에 가족관계등록공무원 처분에 대한 불복신청을 하자 이에 대해 법원은 아래 주문과 같이 친권 일부제한 취지를 기재하지 않은 구청장의 처분을 취소하고, 친권 일부제한 취지를 기재하는 것을 허가하였습니다(서울가정법원 2018호기30182 가족관계등록사무의 처분에 대한 불복).

"가정법원은 사건본인 X의 공동친권자 부 A에 대한 서울가정법원 2018느*** 사건의 조정조서 제3항에 따른 친권 일부제한 취지를 기입하지 않은 S구청장의 처분을 취소하고, 사건본인 X의 가족관계등록부 중 일반등록사항란의 친권란에 '[친권제한사항] 부 A의 친권 중 거소지정권, 여권발급·재발급 및 출입국에 관한 권한, 의료·전화 및 이사에 관한 권한, 법률행위대리권과 재산관리권(다만, 부 A가 X에게 증여한 재산에 관한 법률행위대리권과 재산관리권을 제외한다)을 제한'을 기록하는 것을 허가한다."

[39] 이혼 전 다른 남자의 아이를 출산한 후 이혼한 경우 출생신고 방법

> 이혼하지 않은 상태에서 다른 남자와 동거해 아이를 출산하였고, 그 후 이혼하고 동거남과 재혼해서 아이를 기르고 있습니다. 현 남편의 친생자로 곧바로 출생신고 할 수 없을까요?

가능합니다. 즉 전 남편의 자녀로 출생신고하지 않고 전 남편을 상대로 친생자관계부존재확인소송을 제기해서 판결을 받으면 그 판결문을 가지고 곧바로 친부와 친모 앞으로 출생신고를 할 수 있습니다. 이렇게 되면 전 남편의 가족관계등록부에 올린 흔적은 전혀 없게 됩니다.

전남편을 상대로 친생자관계부존재확인소송을 제기할 때 첨부서류는 다음과 같습니다.
- 아이 출생증명서 사본(병원 발급) ; 친부의 성(姓)을 따른 이름(한자 포함) 백지에 기재
- 친모와 친부 각각의 가족관계증명서, 혼인관계증명서, 주민등록초본(과거 변동내역 기재)

- 전남편에 대해 알고 있는 내용(백지에 기재) ; 결혼 후 별거 경위, 이혼 경위 간략하게 10줄 이내로 요약, 현재 살고 있는 주소지
- 친정식구들 진술서(인감날인 후 인감증명서 또는 신분증 사본과 주민등록등본 첨부)

[40] 전남편의 친생자 추정을 받는 자에 대해 생부(生父)가 가정법원에 인지의 허가를 청구할 수 있는 경우

> 아내가 전남편과 법적으로 이혼한 후 300일이 안 되어 아이를 출산했습니다. 전남편과는 오랫동안 별거했고 그 아이는 제 친자입니다. 혼인관계가 종료된 날부터 300일 이내에 출생한 자녀는 혼인 중에 임신한 것으로 추정한다는 법(민법 제844조제3항) 때문에 제 친자로 입적시킬 수 없다는데, 제 친자로 출생신고 할 방법이 없을까요?

2017. 10. 31. 신설된 민법 제855조의2는 다음과 같이 규정하고 있습니다.

> **민법 제855조의2 (인지의 허가 청구)** ① 생부(生父)는 민법 제844조제3항의 경우에 가정법원에 인지의 허가를 청구할 수 있다. 다만, 혼인 중의 자녀로 출생신고가 된 경우에는 그러하지 아니하다.
> ② 제1항의 청구가 있는 경우에 가정법원은 혈액채취에 의한 혈액형 검사, 유전인자의 검사 등 과학적 방법에 따른 검사결과 또는 장기간의 별거 등 그 밖의 사정을 고려하여 허가 여부를 정한다.
> ③ 제1항 및 제2항에 따라 허가를 받은 생부가 「가족관계의 등록 등에 관한 법률」 제57조제1항에 따른 신고를 하는 경우에는 민법 제844조제1항 및 제3항(남편의 친생자의 추정)의 추정이 미치지 아니한다.

따라서 귀하는 가정법원에 인지허가 심판청구를 제기해서 허가를 받아 귀하의 가족관계 등록부에 친생자 출생신고를 할 수 있습니다.

[41] 전남편의 친생자 추정을 받는 자에 대한 친생부인 절차가 간소화되었다

이혼 후 300일 이내에 태어난 자녀에 대해 소송보다 훨씬 간단한 방법인 허가청구를 통해 전남편의 아이가 아니라는 결정을 받을 수 있다.

2017. 10. 31. 친생추정의 효력 배제와 관련한 민법 및 가사소송법 개정안이 국회를 통과하여 2018. 2. 1.부터 시행되는 규정에 따라 기존의 '친생부인의 소'가 아닌 친생부인의 허가청구 또는 인지의 허가청구를 통해 친생부인 절차가 간소화되었다. 이로써 생모와 전남편은 소송이 아닌 가사비송 절차를 통해 '친생부인의 허가청구'를 함으로써 자녀의 친자관계를 정리할 수 있으며, 나아가 기존 친생부인의 소에서는 청구권자에서 제외되었던 자녀의 생부 역시 '인지의 허가청구'를 통해 자녀와의 친자관계를 확인받을 수 있게 되었다.

친생부인이나 친생자관계부존재확인 사건이 가사소송 사건인 것과 달리 가사비송 사건인 이 허가청구는 재판의 상대방이 없기 때문에 좀 더 간단하게 진행된다. 무엇보다 제소기간

의 제한을 두지 않아 2년이 경과하더라도 쉽게 가족관계를 정리할 수 있다. 다만, 혼인 중의 자녀로 출생신고가 된 경우에는 친생부인의 소를 제기해야 한다(민법 제854조의2).

[42] 본인이 원하면 등록기준지를 변경할 수 있다

> 제 등록기준지가 제가 태어난 곳이 아니라 아버지 본적으로 되어있는데 제가 태어나서 살고 있는 곳으로 바꾸고 싶습니다. 등록기준지를 정하여 기록이 되는 이유와 등록기준지 변경신고는 세대주만 가능한지 알고 싶습니다.

세대주는 주민등록법의 적용대상이고, 가족관계등록법과는 상관이 없습니다. 세대주와 상관없이 자유롭게 등록기준지를 변경하고자 하는 사람이 변경하고자 하는 지역의 시(구)·읍·면에 등록기준지 변경신고를 할 수 있습니다(가족관계의 등록 등에 관한 법률 제10조제2항).

등록기준지를 변경하고자 하는 사람이 미성년자 또는 피성년후견인인 때에는 친권자, 미성년후견인 또는 성년후견인이 할 수 있습니다. 친권자는 별도의 자격을 증명하는 서면을 첨부할 필요가 없습니다. 성년후견인인 경우에는 후견등기사항증명서를 첨부하여야 합니다.

가족관계등록부에 기재되는 등록기준지는 가족관계 사항에 관한 행정업무를 처리하는 기준이 되는 곳입니다. 가족관계등록부 정정을 위한 재판기준지, 국내주소가 없는 사람을 위한 재판기준지, 공무원 채용 시 사용하는 경우가 있습니다.

방문 또는 우편접수 이외에 2021. 7. 1.부터 온라인으로도 등록기준지 변경이 가능합니다. 대법원 전자가족관계등록시스템 사이트(efamily.scourt.go.kr)에 접속하여 본인인증 후 가능합니다.

🖋 출생통보제와 보호출산제

1. 출생통보제, 2023. 6. 30. 국회 통과, 공포 1년 후 시행 예정

출생 정보, 의료기관 → 건강보험심사평가원 → 지방자치단체로 통보

아동의 출생신고 누락을 방지하기 위한 '출생통보제'가 도입된다. 출생통보제는 의료기관의 출생정보 통보로 아동의 출생을 공적으로 확인할 수 있도록 함으로써 출생 사실이 확인되지 않은 아동이 살해, 유기, 학대 등의 위험에 처하는 것을 방지하기 위한 제도이다. 지난 2023년 6월 30일 법안이 국회 본회의에서 통과되었다. 이에 따라 의료기관에서 태어난 아동은 부모가 아닌 의료기관이 국가에 출생을 통보한다.

개정안에 따르면, 앞으로 의료기관에서 아동이 출생할 경우 의료인은 모친의 성명·주민등록번호, 출생자의 성별·출생연월일시 등의 출생 정보를 해당 의료기관에서 관리하는 출

생자 모친의 진료기록부에 기재해야 한다. 의료기관의 장은 출생일로부터 14일 이내에 출생정보를 건강보험심사평가원에 제출해야 한다. 또 건강보험심사평가원은 지체 없이 모친의 주소지를 관할하는 시·읍·면의 장에게 출생 사실을 통보해야 한다.

시·읍·면의 장은 통보받은 아동이 출생 후 1개월 내에 출생신고가 됐는지 확인해야 한다. 만약 1개월 이내에 출생신고가 되지 않으면 모친 등 신고의무자에게 7일 이내에 출생신고를 하도록 통지해야 한다. 이후에도 신고가 되지 않으면 법원의 허가를 받아 직권으로 출생신고를 할 수 있다. 이러한 개정법은 공포 후 1년이 경과한 날로부터 시행된다.

2. 보호출산제, 2023. 10. 6. 국회 통과. 출생통보제와 같이 2024. 7. 시행 예정

임산부가 익명으로 의료기관에서 출산할 수 있도록 하는 「위기 임신 및 보호출산 지원과 아동 보호에 관한 특별법」이 2023년 10월 6일 국회 본회의를 통과했다.

보호출산제는 임산부가 신원을 숨기고 의료기관에서 출산할 수 있도록 하는 내용을 담고 있다. 원하지 않는 임신을 한 경우 병원 밖 출산을 방지해 임산부 및 신생아의 생명을 보호하고, 아이가 유기·살해되는 것을 방지하는 게 목적이다. 출산한 산모가 신원을 숨기더라도 지방자치단체가 아동의 출생신고를 할 수 있도록 했다.

이 제도의 도입을 둘러싼 주된 쟁점은 보호출산제로 태어난 아이가 나중에 엄마의 정보를 찾고 싶어도 찾기 힘들다는 것이었다. 특별법안은 산모의 개인정보를 보호하되 출산기록을 충실히 남겨 현행 입양 시스템처럼 추후 산모 및 자녀의 동의하에 정보를 제공할 수 있도록 했다. 다만 의료상 목적 등의 사유가 있는 경우엔 동의와 관계없이 부모의 인적사항이 공개될 수 있다.

3. 영아살해·유기죄 폐지, 일반살인죄와 동일하게 처벌

영아살해·유기범도 일반살인·유기범처럼 최대 사형에 처하도록 처벌을 강화하는 형법 개정안이 2023. 7. 18. 국회 본회의를 통과했다.

종전 형법상 영아살해죄는 10년 이하 징역에 처하도록 되어 있었다. 이번 법 개정으로 영아살해에 있어서도 일반살인죄와 동일하게 사형·무기 또는 5년 이상의 징역에 처하는 처벌규정이 적용되게 된다. 또한 영아유기도 2년 이하 징역 또는 200만 원 이하 벌금에 처하도록 되어 있었던 기존의 영아유기죄 처벌 규정이 삭제되고, 일반유기죄를 적용하여 3년 이하 징역 또는 500만 원 이하의 벌금에 처하는 처벌규정이 적용된다.

이 개정법은 공포일로부터 6개월 후에 시행될 예정이다.

[견본] 호적부와 가족관계등록부

● 기존의 호적등본

호적등본

본적					전북 군산시 나포면 옥곤리 1번지	
호적 편제					[편제일] 1968년 12월 31일	
전산 이기					[이기일] 2002년 05월 20일 [이기사유] 호적법시행규칙 부칙 제2조제1항	
전호주와의 관계					전호적	전북 군산시 나포면 옥곤리 0번지 호주 이일남
부	이일남	성별	남	본	입적 또는 신호적	
모	김순희			全州		
호주	이철수(李鐵水)				출생	서기 1968년 12월 31일
					주민등록 번호	681231-1******
출생	[출생장소] 군산시 나운동 20번지 [신고일] 1968년 12월 31일					
국적회복	[국적회복허가일] 1991년 12월 10일 [국적회복전국적] 미국 [신고일] 1991년 12월 20일 [신고인] 이철수					
개명	[개명허가일] 1998년 10월 05일 [허가법원] 전주지방법원 군산지원 [신고일] 1998년 10월 12일 [신고인] 이철수 [기재일] 1998년 10월 12일 [개명전이름] 이문동 [개명후이름] 이철수					
혼인	[혼인신고일] 2001년 07월 01일 [배우자] 조종희 [법정분가일] 1968년 12월 31일					
정정	[직권정정서작성일] 2002년 01월 20일 [정정일] 2002년 01월 20일 [정정내용] 배우자의 이름 "조종희"를 "조정희"로 직권정정					
부	조용수	성별	여	본	전호적	김해군 상동면 북방리 100번지 호주 조용수
모	박미자			昌寧	입적 또는 신호적	
처	조정희(趙禎禧)				출생	서기 1972년 10월 20일
					주민등록 번호	701020-2******
출생	[출생장소] 김해군 김해읍 어방동 30번지 [신고일] 1972년 10월 30일 [신고인] 부					
혼인	[혼인신고일] 2001년 07월 01일 [배우자] 이철수					
부	이철수	성별	여	본	전호적	
모	조정희			全州	입적 또는 신호적	
처	영희(英熙)				출생	서기 2003년 05월 12일
					주민등록 번호	030512-2******
출생	[출생장소] 서초구 서초3동 200번지 [신고일] 2003년 05월 20일 [신고인] 부					

위 등본은 호적의 내용과 틀림없음을 증명합니다.
서기 2007년 5월 11일

견본입니다

서초구청장 (인)

● 가족관계등록부 목적별 증명서

가 족 관 계 증 명 서

등록기준지	전북 군산시 나포면 옥곤리 1번지

구분	성 명	출생년월일	주민등록번호	성별	본
본인	이철수 (李鐵水)	1968년 12월 31일	681231-1******	남	全州

가족사항

구분	성 명	출생년월일	주민등록번호	성별	본
부	이일남 (李一男)	1941년 12월 12일	411212-1******	남	全州
모	김순희 (金順熙)	1946년 05월 10일	460510-2******	여	金海
배우자	조정희 (趙禎禧)	1972년 10월 20일	721020-2******	여	昌寧
자녀	이영희 (李英熙)	2003년 05월 12일	030512-2******	여	全州

위 가족관계 증명서는 가족관계등록부의 기록사항과 틀림없음을 증명합니다.

서기 2008년 01월 01일

서초구청장 (직인)

견본입니다

※ 견본들의 인적사항은 모두 지어낸 것이고, 배경색도 비교 편의를 위하여 입힌 것으로 실제와 다름

기 본 증 명 서

등록기준지	전북 군산시 나포면 옥곤리 1번지

구분	상 세 내 용
작성	[가족관계등록부 작성일] 2008년 01월 01일 [사유] 가족관계의 등록 등에 관한 규칙 부칙 00호

구분	성 명	출생년월일	주민등록번호	성별	본
본인	이철수 (李鐵水)	1968년 12월 31일	681231-1******	남	全州

일반신분사항

구분	상 세 내 용	
출생	[출생장소] 군산시 나운동 20번지 [신고인] 부	[신고일] 1968년 12월 31일 [신고관서] 군산시
국적 회복	[국적회복허가일] 1991년 12월 10일 [국적회복전국적] 미국 [신고인] 이철수 [신고일] 1991년 12월 20일	[주민등록번호] 681231-1****** [신고지] 서울특별시 서초구
개명	[개명허가일] 1998년 10월 05일 [허가법원] 전주지방법원 군산지원 [신고일] 1998년 10월 12일 [신고인] 이철수 [기록일] 1998년 10월 12일 [개명전이름] 이문동 [개명후이름] 이철수	[주민등록번호] 681231-1****** [처리관서] 서울특별시 관악구

위 기본 증명서는 가족관계등록부의 기록사항과 틀림없음을 증명합니다.

서기 2008년 01월 01일

서초구청장 (직인)

견본입니다

혼인관계증명서

등록기준지	전북 군산시 나포면 옥곤리 1번지

구분	성 명	출생년월일	주민등록번호	성별	본
본인	이철수 (李鐵水)	1968년 12월 31일	681231-1******	남	全州

혼인사항

배우자	조정희 (趙禎禧)	1972년 10월 20일	721020-2******	여	昌寧

구분	상 세 내 용
혼인	[혼인신고일] 2001년 07월 01일　　　　[신고관서] 군산시 [기록일] 2001년 07월 01일 [배우자] 조종희　　　　　　　　　　　[주민등록번호] 721020-2******
정정	[직권정정서작성일] 2002년 01월 20일 [정정일] 2002년 01월 20일　　　　　[처리관서] 서초구 [정정내용] 배우자의 이름 "조종희"를 "조정희"로 직권정정

위 혼인관계 증명서는 가족관계등록부의 기록사항과 틀림없음을 증명합니다.

서기 2008년 01월 01일

서초구청장 (직인)

견본입니다

입 양 관 계 증 명 서

등록기준지	전북 군산시 나포면 옥곤리 1번지

구분	성 명	출생년월일	주민등록번호	성별	본
본인	이철수 (李鐵水)	1968년 12월 31일	681231-1******	남	全州

일반신분사항

구분	성 명	출생년월일	주민등록번호	성별	본
양부	해당사항 없음				
양모	해당사항 없음				
양자	해당사항 없음				

구분	상 세 내 용
입양	해당사항 없음

위 입양관계 증명서는 가족관계등록부의 기록사항과 틀림없음을 증명합니다.

서기 2008년 01월 01일

서초구청장 (직인)

견본입니다

친양자입양관계증명서

등록기준지	전북 군산시 나포면 옥곤리 1번지

구분	성 명	출생년월일	주민등록번호	성별	본
본인	이철수 (李鐵水)	1968년 12월 31일	681231-1******	남	全州

친양자입양사항

구분	성 명	출생년월일	주민등록번호	성별	본
양부	해당사항 없음				
양모	해당사항 없음				
친양자	해당사항 없음				
친생부	이일남 (李一男)	1941년 12월 12일	411212-1******	남	全州
친생모	김순희 (金順熙)	1946년 05월 10일	460510-2******	여	金海

구분	상 세 내 용
입양	**해당사항 없음**

위 친양자입양관계 증명서는 가족관계등록부의 기록사항과 틀림없음을 증명합니다.

서기 2008년 01월 01일

서초구청장 (직인)

견본입니다

제3장 주민등록제도

제1절 주민등록제도의 의의

주민등록제도는 행정기관이 그 관할구역 내에 주소 또는 거소를 둔 주민을 등록하도록 하여 주민의 거주상황과 이동 실태를 파악함으로써 행정업무에 원활을 기하고 국가 인적자원 관리에 능률을 기하도록 하는 제도이다. 주민등록 대상자는 관할 시·군 관내에 30일 이상 거주할 목적으로 주소 또는 거소를 가진 자를 대상으로 하고, 누구든지 주민등록은 이중으로 할 수 없다(주민등록법 제6조). 주민등록지의 주소지는 다른 법률에 특별한 규정이 없는 한 공법관계에 있어서의 주소지로 보도록 하고 있다.

제2절 주민등록 신고 및 등록증 발급

1. 신고의 종류

등록, 정정, 말소, 전입, 국외이주, 재등록, 주민등록증 발급신청·분실신고(주민등록법 제24조)

(1) 등록·정정(말소)·재등록 신고

① 주민등록신고

국내 어느 곳에도 주민등록이 되어있지 않은 주민은 30일 이상 거주할 주소 또는 거소지 관할 읍·면·동장에게 신고사유가 발생한 날로부터 14일 이내에 주민등록신고를 해야 한다.

출생신고를 하는 경우에는 별도의 등록신고를 할 필요가 없으며, 출생신고로 주민등록을 갈음하고 있다. 동 신고서를 접수한 주소지 읍·면·동에서는 해당 주민의 가족관계등록 등을 확인하여 주민등록 및 주민등록번호를 부여한다. 신규등록 대상자가 17세 이상이면 관할 경찰서에 신원조사를 한 다음 주민등록을 하고 주민등록증을 발급해 준다.

② 정정(말소)신고

신고사항에 변동이 있는 경우 변동이 있는 날부터 14일 이내에 주민등록을 정정 또는 말소 신고한다(주민등록법 제13조).

③ 재등록신고

주민등록이 직권 또는 신고에 의해 말소된 자가 주민등록을 살리고자 할 때에는 말소지에 재등록신고를 해야 한다. 다만 현 거주지가 재등록지와 다를 경우, 현 거주지에서 재등록을 하고자 할 때에는 재등록 시 현 거주지와 연락처 등을 기재하여 신고하면 현 거주지 읍·면·동에서 전입신고 안내문이 통보되므로 그에 따라 전입신고를 하여야 한다.

(2) 거주지 이동신고
① 전입신고

주민이 거주지를 이동하면 이동한 날부터 14일 이내에 신거주지 읍·면·동 사무소에 전입신고를 해야 한다(주민등록법 제16조). 전입신고 시에는 반드시 전입자의 신분증을 지참해야 한다. 주민의 거주지 이동에 따른 주민등록 전입 신고가 있을 때에는 병역법, 민방위기본법, 향토예비군 설치법, 인감증명법, 생활보호법, 의료보험법 및 장애인복지법의 규정에 의한 거주이전 신고가 있는 것으로 간주되므로 별도의 신고는 필요 없다. 단, 개인 자가용자동차를 소유한 자도 전입신고로서 주소 변경절차가 동시에 이루어진다.

주민등록 전입 및 재등록 신고서

사업상 또는 직장 사정 등으로 장기간 출타하는 경우에는 주민등록을 옮길 필요 없이 주민등록지 동사무소 등에 사전 신고해 두면 주민등록일 재조사 등 사실조사 시에도 직권말소를 보류하게 된다(동법 제17조).

주민등록 신고를 제때에 하지 아니한 경우에는 주민등록법에 의한 과태료가 부과될 뿐 아니라 병역법, 향토예비군 설치법, 민방위기본법에 의하여 처벌된다.

(3) 주민등록증 발급신청

주민등록증은 관할구역 안에 주민등록이 된 주민에 대하여 시장·군수·구청장이 주민임을 증명할 수 있도록 발행한 증명서로 17세 이상의 대한민국 국민이 발급대상이다. 만 17세가 된 자에게 발급하는 신규발급과 주민등록사항의 변경 및 주민등록증 분실 등으로 인한 재발급으로 구분된다.

① 신규발급

주민등록이 된 자 중 만 17세가 되면 거주지 읍·면·동장은 발급신청기간을 12개월로 하여 해당 주민에게 주민등록증 발급통지를 해야 한다(주민등록법법 제24조 및 동법 시행령 제36조).

주민등록증 발급통지를 받은 사람 또는 공고된 사람은 그 통지서 또는 공고문에 적힌 발급신청기간 내에 본인이 직접 주민등록이 되어있는 시·군·구의 관계 공무원에게 사진(3.5cm×4.5cm, 6개월 이내에 촬영) 1장을 제출하고 본인임을 밝힌 후, 그 공무원 앞에서 주민등록증 발급신청서에 지문을 찍거나 전산조직을 이용하여 지문을 찍어 신청해야 한다(동법 시행령 제36조제3항).

② 재발급(동법 제27조)
- 기재변경 등으로 인한 재발급 : 별도 신청 서식이 없으며, 현재 소지하고 있는 주민등록증과 증명사진 2매를 지참하고 아무 때나 본인이 직접 거주지 읍·면·동사무소에 신청하면 재발급이 가능하다.
- 주민등록증 분실로 인한 재발급 : 주민등록증을 분실한 날로부터 7일 이내에 해당 거주지 읍·면·동에 주민등록증 분실신고를 하고, 동시에 증명사진 2매와 재발급 수수료를 납부하고 주민등록증 재발급을 신청해야 한다.

[발급 종류별 비교]

구 분	신규발급	재발급
신청시기	17세가 되는 다음달 1일부터 1년간	분실 등 재발급 사유 발생 시
신청장소	주민등록이 되어있는 읍·면·동	전국 읍·면·동
수령방법	① 주민등록기관 방문수령 ② 등기우편 수령	① 신청기관 방문수령 ② 주민등록기관 방문수령 ③ 등기우편 수령
	(재)발급신청서에서 위 방법 중 하나를 선택하여 신청 방문수령은 대리수령 가능(신분증 지참) - 17세 이상 동일 세대원, 배우자, 직계혈족 등기우편으로 수령하고자 할 경우 등기료(3,800원)를 납부하여야 함 - 등기우편은 방문보다 4~5일 이상 먼저 수령 가능	
수수료	무료	분실 등 일부 재발급 5,000원
구비서류	발급신청서, 사진 1매	재발급신청서, 사진 1매
교부시기 (방문수령기준)	신청 후 30여일 소요 (신원 조회기간 포함)	14여일 소요
과태료	발급통지서의 발급 신청기간 내 또는 최고*장의 기간 내에 미신청 시 과태료 부과	해당사항 없음

* 최고(催告)란 상대방이 일정한 행위를 할 것을 요구하는 통지

2. 신고의무자

주민등록의 신고는 원칙적으로 세대주가 해야 하나, 세대주가 할 수 없을 때에는 세대를 관리하는 자 또는 그 세대원이 할 수도 있다(주민등록법 제11조).

3. 신고지

거주지 시·읍·면·동사무소에 해야 하며(주민등록법 제10조), 시장·군수 또는 구청장은 관할 구역에 주민등록이 된 자 중 17세 이상인 자에 대하여 주민등록증을 발급한다(동법 제24조제1항).

4. 주민등록표 열람 및 등·초본 교부(주민등록법 제29조)

주민등록표는 세대별 및 개인별 주민등록표로 구분, 관리되고 있다. 세대별 주민등록표에는 그 세대에 관한 기록을, 개인별 주민등록표에는 개인에 관한 기록을 종합기록하고, 주민등록등본은 세대별 주민등록표에 의해서, 주민등록초본은 개인별 주민등록표에 의해서 발급된다. 정부에서는 주민등록표를 전산화하여 주민등록표의 열람 및 등·초본을 주민등록지 또는 주민등록지가 아닌 곳에서도 주민등록 전산망을 통해 온라인으로 발급할 수 있게 했다.

주민등록의 열람 또는 등·초본의 교부는 원칙적으로 개인의 사생활 보호를 위해 본인 또는 세대원과 그 가족에게만 허용되며, 예외적으로 ▶ 공무상 필요한 경우, ▶ 관계법령에 의한 소송·비송·경매 목적상 필요한 경우, ▶ 채권자·보증인 등 정당한 이해관계가 있는 자에게 해당 입증자료가 제시된 경우에 한하여 발급해준다. 이처럼 예외를 두는 것은 공익성과 선의의 제3자 보호를 위해서이다.

제3절 재외국민 주민등록

외국의 영주권을 취득했거나(영주 목적 외국거주 포함) 2015. 1. 22. 이후 국외로 이주하는 대한민국 국민을 재외국민으로 등록하고, "재외국민"이 표기된 주민등록증을 발급하는 것이다. 재외국민용 주민등록증은 만 17세 이상 주민등록이 된 재외국민이면 누구나 발급받을 수 있다. 읍·면·동 주민센터에서 주민등록신고나 국외이주신고 후에 발급을 신청한다.

재외국민 주민등록을 하면 주민등록증을 통한 신분확인이 쉬워지고, 금융 및 부동산거래 등 경제활동이 편리해진다.

1. 외국국적 보유자의 주민등록신고 방법

외국인이 우리나라 국적을 취득하고 주민등록신고를 하는 경우 다음 서류들을 모두 구비하여 거주지 주민센터에 신규 등록을 해야 한다.

- 국적취득(귀화, 국적회복, 재취득 등) 사유가 기재된 가족관계등록부(기본증명서)
- "외국국적 포기확인서"또는 "외국국적불행사 서약확인서"(사진을 통해 본인확인이 가능해야 한다)
- 복수국적자로서 대한민국 국적 선택신고를 한 사람은 이미 외국국적포기 또는 외국국적불행사서약을 하고 선택신고를 한 사람으로 "국적선택신고수리통지서"로 갈음한다.
- 국적법 제11조제1항 및 부칙 제2조제1항에 따른 국적재취득자는 무국적상태(외국국적포기) 또는 외국국적불행사서약을 한 상태에서 대한민국 국적을 취득하였으므로 "국적취득수리

통지서(붙임 고시문에서 취득사유가 재취득자임을 확인)"로도 주민등록이 가능하다.

2. 재외국민 국내거소신고증 효력 상실

2016. 7. 1. 이후에는 재외국민 주민등록증을 사용해야 한다. 재외국민이 국내·외에 30일 이상 거주할 목적으로 입·출국 시 거주지 읍면동에 신고하면 된다. 재외국민등록부 등본 또는 거주여권 사본과 주민등록증 발급용 사진 1장을 첨부하면 된다.
※ 사진은 3.5cm×4.5cm의 모자 등을 쓰지 않은 상반신 사진
※ 여권 사진 규격으로 촬영하면 주민등록증과 여권발급 시 모두 사용 가능

3. 재외국민 주민등록 이후 기존 국내거소 신고번호를 주민등록번호로 변경 필요

- 민간 : 은행, 보험, 통신, 카드사 등 필요한 경우 본인이 직접 신고
- 공공 : 자동차등록증(시·군·구), 사업자등록증(세무서) 등은 반드시 본인이 신고
  ※ 국민연금, 건강보험, 국세청(납세), 병무청(병역)은 직접 신고 불필요
  ※ 본인이 직접 신고시 공통 구비서류는 주민등록표 초본(국내거소 신고번호 기재)임

제4절 주민등록증에 관해 해서는 안 되는 행위들

1. 주민등록증 위조·변조

미성년자가 살 수 없는 물품(주류, 담배, 본드, 부탄가스 등)을 사거나 이용할 수 없는 시설(단란주점, 유흥주점 등)을 이용하기 위해 주민등록증을 위조, 도용, 변조하는 경우가 있는데, 주민등록증도 엄연한 공문서이므로 이를 위조하거나 변조하면 공문서위조죄 또는 공문서변조죄가 되며, 그렇게 위·변조한 주민등록증을 사용하면 위조공문서행사죄 또는 변조공문서행사죄가 된다.

공문서 위·변조는 법정형에 벌금형이 없다. 무조건 징역형이다. 하지만 이러한 강력한 처벌 조항이 있어도 미성년자가 신분증을 위조했다가 걸리면 그냥 불구속이나 훈방같이 가볍게 끝나는 것이 대부분이다. 하지만 요즘 미성년자들의 중범죄가 증가함에 따라, 중범죄자라면 초범부터 기소되는 시범 케이스로 선정되어 제일 약하게 선고받아도 선고유예 또는 집행유예를 받을 수도 있다.

2. 주민등록증 부정사용

다른 사람의 주민등록증을 부정하게 사용한 자는 3년 이하의 징역 또는 3천만 원 이하의

벌금에 처한다(주민등록법 제37조제8호). 다른 사람의 주민등록증을 그 명의자의 허락 없이 함부로 사용하였다고 하더라도 주민등록증 본래의 사용 용도인 신분확인용으로 사용한 경우가 아닌 한 위 규정 소정의 죄가 성립하지 않는다(대법원 2004. 3. 26. 선고 2003도7830 판결).

3. 주민등록증을 채무이행의 확보 등의 수단으로 제공하면 처벌받는다

주민등록증을 채무이행의 확보 등의 수단으로 제공한 자 또는 그 제공을 받은 자는 3년 이하의 징역 또는 3천만 원 이하의 벌금에 처한다(주민등록법 제37조제2호). 쉽게 말해, 돈을 꾸면서 담보조로 주민등록증을 맡기거나 반대로 돈을 빌려주면서 담보조로 주민등록증을 받거나 하면 안 된다.

4. 주민등록이 직권 말소되면 어떤 불이익이 있나

주민등록이 직권 말소가 되면 국민으로서의 정당한 권리행사나 생활에 많은 혜택을 상실함과 동시에 생활에 불편함도 많이 따른다. 우선 대통령이나 국회의원, 지방자치단체장 선거 시 투표할 수 없고, 여권발급이나 연장이 불가능해지므로 외국여행 등도 할 수 없고, 건강보험 혜택도 중단된다. 그 외에도 각종 관공서나 은행 대출 등에 필요한 서류발급이 불가능해짐은 물론 주민등록 재등록을 할 때 과태료가 부과된다.

5. 본인 여부 제대로 확인 않고 주민등록증 재발급한 구청, 카드사 피해금액 배상해야 한다

구청이 본인 확인을 제대로 하지 않아 다른 사람 명의의 주민등록증을 발급해 주는 바람에 민원인이 이를 이용해 부정발급 받은 신용카드를 사용했다면 구청이 대신 갚아야 한다.

A씨는 2015. 4. C구(區) 모 주민센터에서 자신의 형인 B씨로 행세하면서 주민등록 담당 공무원에게 "주민등록증을 분실했으니 재발급 해달라."고 했다. 담당 공무원은 주민등록 전산자료에 1999. 7.자로 등재된 B씨의 사진과 A씨의 얼굴을 대조해 동일인물이라고 판단하고 A씨의 사진이 부착된 B씨의 주민등록증을 재발급했다.

3개월 후 A씨는 이 주민등록증을 이용하여 D카드사의 신용카드를 발급받아 290만 원의 현금서비스를 받고, 350만 원어치의 물건을 산 다음 카드값을 갚지 않았다. 뒤늦게 이 사실을 안 D카드사는 2016. 6. "C구청이 재발급한 허위의 주민등록증 때문에 640여만 원의 손해를 입었다."며 소송을 제기했다.

재판부는 주민등록에 있어 신분사항이 불법적으로 위·변조되는 사태가 발생하게 되면 국민 개개인이 신분상·재산상 권리에 관해 회복할 수 없는 손해를 입게 될 개연성이 높으므로, 주민등록증 재발급 사무를 담당하는 공무원은 신청인이 본인임을 확인할 수 있는 경우에 한해 주민등록증을 재발급해 줄 직무상 의무가 있다고 보고, "담당 공무원은 A씨의 얼굴과 주민등록 전산상의 오래된 B씨 화상사진만을 대조한 후 섣불리 동일인이라고 판단한 다음 지문 대조절차를 생략한 채 주민등록증을 재발급해 본인확인 등의 의무를 다하지 못한 직무상 과실이 있다."고 설명했다. 그러면서 "D카드사가 재발급된 허위의 주민등록증을 신뢰해 A씨에게 신용카드를 발급해 준 후 그 사용으로 입게 된 손해와 C구청 소속 주민센터 공무원의 직무상 과실 사이에는 상당인과관계가 인정되므로 중구청이 배상책임을 져야 한다."고 카드사의 손을 들어주었다(서울중앙지방법원 2017. 6. 16. 선고 2016나71142 판결).

◇ **주민등록번호 유출로 인한 생명·신체나 재산의 2차 피해를 막기 위해 주민등록번호를 변경할 수 있다**

주민등록번호 유출로 인한 생명·신체나 재산의 2차 피해를 막기 위해 지난 2017년 6월부터 주민등록번호 13자리 중 생년월일과 성별을 제외한 6자리를 변경해 주고 있다.

그러나 지금까지는 주민등록번호 유출 피해를 입은 신청인이 변경신청을 하기 위해 직접 읍·면·동에 방문접수 해야만 했다. 2022. 10. 4. 이후부터는 전국 어디서나 신원 노출에 대한 걱정 없이 정부24 사이트에(www.gov.kr)에 접속해 변경신청서를 제출하면 된다. 이후 읍·면·동 담당자가 확인해 시·군·구를 거쳐 위원회가 최종 심사하며, 심사 결과는 신청인에게 통지된다. 다만, 온라인은 대리인 신청이 불가하다.

※ **구비서류**

- 변경신청인의 주민등록증·여권·운전면허증이나 행정안전부장관이 정하는 신분증명서 [학생증, 국가·지방자치단체 또는 공공기관에서 발급한 증명서(사진이 부착된 것), 소년소녀 가장의 경우에는 의료보험카드] * 확인 후 돌려드립니다.
- 주민등록번호가 유출되었음을 확인할 수 있는 「주민등록법 시행령」 제12조의3제2항 각 호의 어느 하나에 해당하는 자료
- 변경신청인이 유출된 주민등록번호로 인하여 생명·신체의 위해 또는 재산의 피해를 입거나 입을 우려가 있다는 사실을 입증할 수 있는 「주민등록법 시행령」 제12조의3제3항 각 호의 구분에 따른 자료

주민등록법 시행령

- (대리인 선임 시) 「주민등록법 시행규칙」 별지 제1호의3서식 '대리인선임통지서' 1부
- 대리인이 변경신청인의 배우자, 직계존속·비속 또는 형제자매인 경우 해당 사실을 입증할 수 있는 가족관계증명서 등의 자료 또는 다른 법률의 규정에 따라 주민등록번호의 변경신청 또는 이의신청을 대리할 수 있는 경우 그 자격 등을 증명할 수 있는 자료
- 대리인의 본인서명사실확인서 또는 인감증명서 1부

제4장 다문화가족을 위한 법률

제1절 다문화가족의 개념

1. 다문화가족이란

다문화가족이란 다음의 어느 하나에 해당하는 가족을 말한다(다문화가족지원법 제2조제1호).

- 결혼이민자와 「국적법」에 따른 출생, 인지, 귀화를 통해 대한민국 국적을 취득한 자로 이루어진 가족
- 「국적법」에 따른 인지, 귀화를 통해 대한민국 국적을 취득한 자와 「국적법」에 따른 출생, 인지, 귀화를 통해 대한민국 국적을 취득한 자로 이루어진 가족

  ※ 대한민국 국민과 사실혼 관계에서 출생한 자녀를 양육하고 있는 다문화가족구성원에 대해서도 「다문화가족지원법」에 따른 다문화가족 지원 규정이 적용됩니다(법 제14조).

2. 결혼이민자란

결혼이민자란 대한민국 국민과 혼인한 적이 있거나 혼인관계에 있는 재한외국인(대한민국의 국적을 가지지 않은 사람으로서 대한민국에 거주할 목적을 가지고 합법적으로 체류하고 있는 사람)을 말합니다(재한외국인처우기본법 제2조제3호·제1호).

3. 결혼이민자 등이란

다문화가족의 구성원으로서 결혼이민자와 귀화허가를 받은 사람을 말합니다(다문화가족지원법 제2조제2호).

제2절 국제결혼 안내 프로그램

1. 국제결혼 안내 프로그램이란

2011. 3. 7.부터 국민과 외국인의 혼인·이혼 현황, 혼인을 바탕으로 한국 국적을 취득한 현황, 불법체류 외국인 현황 등을 종합적으로 고려하여 법무부장관이 정한 국가(중국·베트남·필리핀·캄보디아·몽골·우즈베키스탄·태국)의 국민과 국제결혼을 준비하는 내국인은 전국 출입국관리사무소에서 "국제결혼 안내 프로그램"을 이수하여야만 결혼동거 사증발급 신청절차를 진행할 수 있도록 하고 있다(출입국관리법 시행규칙 제9조의4).

최근 연이어 발생하고 있는 결혼이민자 문제는 한 가정의 문제로 끝나는 것이 아니라 우리 사회 전체의 문제이다. 따라서 국제결혼에 대한 올바른 인식을 제고하고 국제결혼의 부작용을 최소화하며, 바람직한 다문화가정을 형성할 수 있도록 지원하기 위해 위 프로그램을 개설하여 시행 중인 것이다.

2. 국제결혼 안내 프로그램 이수 대상자

법무부장관이 고시한 특정국가인 중국, 베트남, 필리핀, 캄보디아, 몽골, 우즈베키스탄, 태국의 국민을 결혼동거 목적으로 초청하려는 내국인 배우자

위 7개국은 국제결혼자 중 상대적으로 이혼율이 높거나, 외국인 배우자가 국제결혼을 통해 한국 국적을 다수 취득한 국가로서 추후 상황에 따라 대상국가가 변경될 수도 있다.

3. 국제결혼 안내 프로그램 면제 대상자

원칙적으로 국제결혼 안내 프로그램의 이수 대상자라고 하더라도 다음과 같은 사유가 있으면 프로그램 이수가 면제될 수 있다.
① 외국인 배우자의 국가에서 6개월 이상 또는 제3국에서 유학, 파견근무 등을 위해 장기사증으로 계속 체류하면서 교제한 경우
② 외국인 배우자가 출입국관리법 시행령에 따른 장기체류자격으로 국내에 입국하여 91일 이상 합법체류하면서 초청인과 교제한 경우
③ 배우자의 임신, 출산, 그 밖에 인도적인 고려가 필요하다고 인정하는 경우

4. 프로그램 내용(4개 과정, 4시간)

① 국제결혼 관련 현지 국가의 제도, 문화, 예절 등 소개
② 결혼사증 발급절차 및 심사기준 등 정부정책 소개 (중도입국 자녀 공교육 안내 포함)
③ 시민단체의 결혼이민자 상담·피해사례 및 국제결혼 이민자나 한국인 배우자의 경험담 소개(국제결혼 관련)
④ 인권교육(부부간 인권존중 및 갈등해소 노력, 가정폭력 방지 등)

5. 프로그램 신청시기 및 신청방법

외국인 배우자 초청(사증 신청) 전까지 신청해야 하며, 외국인을 위한 법무부 사회통합정보망(www.socinet.go.kr) 홈페이지를 통해 신청하고 참가 접수증을 출력하면 된다. 이는 참가신청자가 출입국관리사무소를 직접 방문하거나 신청서류를 팩스로 제출하는 불편을 해소하고 개인정보 유출을 방지하기 위한 것으로 2011. 3.부터 전면 온라인 신청을 받고 있다.

6. 프로그램 운영 일시 및 장소

- 일시 : 출입국 · 외국인관서가 지정 · 공지한 교육일
- 장소 : 전국 16개 출입국 · 외국인관서 내 '이민통합지원센터'
- 준비물 : 접수증, 본인 신분증(주민등록증, 운전면허증, 여권 등 본인 입증서류)

운영일시 및 장소 등은 기관 사정에 따라 변경될 수 있으므로, 자세한 사항은 사회통합정보망 홈페이지에 공지된 프로그램 운영 일정을 참고하면 되며, 이민통합지원센터는 교육부 등으로부터 제공된 중도입국 자녀, 공교육 관련 안내 자료를 교육장에 비치하거나 교부한다.

7. 프로그램 이수증 발급 및 제출

프로그램을 이수하면 이수번호를 휴대폰 문자메시지(SMS)로 전송하며 이수증을 발급한다. 이수증은 프로그램을 신청한 인터넷사이트에서도 출력 가능하다.

외국인 배우자 초청을 위한 사증발급을 신청할 때에 이수번호가 기재된 초청장 또는 이수증을 대한민국 재외공관에 제출하여야 한다. 프로그램 이수증은 이수일로부터 5년 이내에 결혼이민 사증발급을 신청하지 않으면 그 효력을 잃게 되며, 기간 경과 후에는 동 프로그램을 재이수하여야 한다.

※ 결혼사증 발급 심사기준 강화 및 결혼사증 발급 재신청 제한

결혼사증 발급 시 국제결혼 전력, 경제적 부양능력, 범죄경력 및 건강상태 등에 대한 정보의 상호 제공 여부 등을 심사, 확인한다. 특히 중한 범죄 전력자, 빈번한 국제결혼 전력자 등 정상적인 혼인생활이 곤란하다고 판단되는 경우 외국인 배우자에 대한 사증발급이 제한될 수 있다.

한편, 무분별한 결혼사증 발급신청 등을 제한하기 위하여 특별한 사유가 없는 한 결혼사증 발급신청이 불허된 경우 그 불허된 날부터 6개월 이내에는 재신청할 수 없다.

제3절 한국인과 외국인 사이의 혼인신고 등

1. 한국에서 혼인신고 하는 경우

한국에서 한국인과 외국인 사이에 혼인신고를 하는 경우, 혼인의 실질적 성립요건은 당사자 본국법에 따르며, 혼인의 방식은 대한민국의「가족관계의 등록 등에 관한 법률」에 따라 혼인신고를 하여야 한다.

따라서 외국인인 혼인당사자의 국적을 증명하는 서면(출생증명서, 여권사본, 신분등록부 등본 등)과 외국인이 본국법에 의하여 혼인능력 등 혼인요건을 구비하고 있음을 증명하는

서면(본국의 관공서, 재외공관 등 권한 있는 기관이 발행) 등을 첨부하여 위 법률 제71조에 의한 혼인신고를 할 수 있다.

2. 외국에서 혼인신고 하는 경우

외국에서 한국인과 외국인 사이에 그 나라 방식에 따라 혼인하고 혼인증서를 작성한 경우 3개월 이내에 그 지역을 관할하는 재외공관의 장에게 그 증서의 등본을 제출하여야 하지만, 혼인당사자인 한국인의 등록기준지를 관할하는 시(구)·읍·면의 장에게 우편으로 송부하거나, 귀국하여 직접 제출할 수도 있다.

※ **혼인신고 시 국가별 필요서류**(모든 외국문서는 아포스티유 혹은 영사관의 공증을 받은 후 한글번역본을 함께 제출)

구분	국가별 필요서류
영어권 + 한국	- 혼인신고서 - 외국인의 혼인성립요건 구비증명서 - 여권 또는 외국인등록증 - 외국의 혼인증명서 등본(* 외국에서 먼저 혼인신고 한 경우)
중국 + 한국	- 혼인신고서 - 호구부 등본 - 중국 외교부 인증을 받은 미(재)혼공증서 - 중국 외교부 인증을 받은 친족공증서 - 여권 및 거민신분증 - 중국 외교부 인증을 받은 결혼공증서 (* 중국에서 먼저 혼인신고 한 경우)
베트남 + 한국	- 혼인신고서 - 베트남인민위원회 발행 혼인상황확인서 - 주한베트남대사관 발행 혼인요건인증서 - 여권 및 출생증명서 - 베트남인민위원회 발행 혼인증서(* 베트남에서 먼저 혼인신고 한 경우) ※ 베트남법에 따른 혼인적령은 남자 만 20세, 여자 만 18세이므로 신고일 현재 해당 연령에 이르지 않은 베트남인에 대하여는 부모 등이 작성한 혼인동의서나 승낙서를 첨부하더라도 혼인신고 불가

3. 한국인과 외국인 사이 출생한 자녀의 출생신고

(1) 혼인 중의 출생자

1) 신고의무자

한국인과 외국인 사이의 혼인 중 출생자는 한국인인 부 또는 모, 또는 기타 출생신고 의무자의 신고로 가족관계등록부를 작성한다. 외국 국적의 부 또는 모는 국내에 거주하는 경우에 한하여 아래에서 설명할 기타 출생신고 의무자에 해당하여 단독으로 출생신고를 할 수 있다.

기타 출생신고 의무자란 '동거하는 친족, 분만에 관여한 의사, 조산사 또는 그 밖의 사람'을 뜻한다. '동거하는 친족'이란 출생 당시에 출생자와 동거하는 친족을 말하며, 이때 동거라 함은 일상생활관계에 있어서 가족적인 상태에 이르렀음을 요하며, 단순히 일시적으로 동일 가족 내에서 거주하는 것에 불과한 사람은 동거자라 할 수 없다. '분만에 관여한 의사, 조산사'라 함은 의사나 조산사의 자격을 가진 자로서 분만에 관여한 사람을 말한다.
후순위 신고의무자가 출생신고를 할 경우에는 선순위자가 신고할 수 없는 사유를 신고서에 기재하여야 한다.

2) 자의 성과 본

대한민국에서 출생한 자녀는 부계혈통주의에 따라 원칙적으로 아버지의 성을 따른다. 그러나 부모가 혼인신고 할 때 민법 제781조제1항단서에 따라 모의 성과 본을 따르기로 협의한 경우에는 어머니의 성과 본으로 신고하여야 한다.

외국인 아버지와 한국인 어머니 사이에서 태어난 혼인 중의 자의 경우, 아버지 본국에 출생신고가 되어 있는지 여부와 관계없이 부계혈통주의에 따라 외국인 아버지의 성을 따르거나, 한국인 어머니의 성과 본을 따라 출생신고할 수 있다.

(2) 혼인 외의 출생자

1) 혼인 외의 출생자 범위

혼인외의 출생자란 혼인신고가 되어 있지 않은, 법률상 부부가 아닌 자 사이에 출생한 자를 말한다. 사실혼관계, 부첩관계, 무효혼관계 등의 남녀 사이에서 출생한 자와 친생부인 또는 친생자관계부존재확인의 재판에 의하여 부의 친생자가 아님이 확정된 자도 혼인외의 출생자가 된다.

그러나 혼인이 취소된 경우에는 그 취소의 효력이 소급하지 아니하므로 그 혼인 중의 출생자는 취소 이후에 혼인 외의 출생자로 되지 않는다. 그리고 혼인 외의 출생자라도 부모가 혼인한 때에는 그때부터 혼인 중의 출생자로 보며 이를 '준정'이라고 한다.

2) 신고의무자

① 한국인 아버지와 외국인 어머니 사이의 혼인 외 출생자

한국인 아버지와 외국인 어머니 사이에 태어난 혼인 외 자녀의 경우, 아버지의 출생신고만으로 가족관계등록부를 작성할 수 없고, 별도로 외국인에 대한 인지절차에 따라 아버지가 인지신고를 한 다음 자녀가 국적법 제3조에 따라 국적취득 신고를 함으로써 가족관계등록부

가 작성된다. 따라서 외국 국적을 취득하지 않은 출생자에 대한 출생신고를 수리한 특종신고서류편철장에 편철되었다가, 이후 자녀가 대한민국 국적을 취득하여 그 가족관계등록부를 작성할 때 출생사유가 기록된다.

다만, 태아인지신고가 있으면 인지신고된 자녀(피인지자)는 아버지가 출생신고를 함으로써 가족관계등록부를 작성할 수 있다.

② 외국인 아버지와 한국인 어머니 사이의 혼인 외 출생자

외국인 아버지와 한국인 어머니 사이에 태어난 혼인 외 자녀의 경우, 어머니나 그 밖의 출생신고 의무자가 신고하면 가족관계등록부가 작성되나 모의 성과 본을 따르며, 부를 표시할 수는 없다. 그러나 아버지의 인지가 있으면 그 인지신고에 따라 사유를 기록한다. 이후 아버지 본국의 국적을 취득하면 국적상실신고 또는 국적상실통보에 따라 가족관계등록부는 폐쇄된다.

외국인등록 등
통합신청서

제4절 국제결혼과 체류관리

1. 결혼이민(F-6-1) 자격 소지자의 외국인등록 및 최초 체류자격 연장

입국일로부터 90일 이내에 주소지 관할 출입국관리사무소에서 외국인등록 신청과 체류기간 연장신청을 해야 한다. 최초 체류허가기간은 1년이지만, 국제결혼 안내프로그램 대상 7개 국가의 국민 중 조기적응프로그램 이수자는 2년의 체류허가기간을 받는다.

◇ 신청서류

① 외국인등록신청서 (www.hikorea.go.kr 민원서식 中 통합신청서 참조)
② 여권(여권인적면 및 비자면 사본 각 1부 포함, 잔여유효기간 6개월 이상)
③ 표준규격사진 1매(3.5cm×4.5cm)
④ 한국인 배우자의 혼인관계증명서(상세) 및 주민등록등본. (부부 사이에 출생한 자녀가 있거나 임신 중인 경우) 자녀 명의 가족관계증명서, 임신진단서 등
⑤ 외국인 직업 및 연간 소득금액 신고서
⑥ 외국인 개인 소득금액증명원 (소득 및 직업이 있는 경우)
⑦ 체류지 입증서류(임대차계약서, 숙소제공확인서, 체류기간 만료예고 통지 우편물, 공공요금 납부 영수증 등)
⑧ 수수료

2. 체류기간 연장허가(외국인등록증 소지자)

결혼이민(F-6-1) 자격으로 계속 체류하려면 현재의 체류기간이 끝나기 전(체류기간 만료일 4개월 전부터 신청 가능) 체류지 관할 출입국관리사무소에 신청해야 한다. 과거에는 한국인 배우자를 동반하여야 했으나 2006. 4. 동반출석 요건이 폐지되었고, 배우자의 신원보증서 제출요구는 2011. 12.에 폐지되었다.

◇ 신청서류

① 체류기간 연장허가신청서(www.hikorea.go.kr 민원서식 中 통합신청서 참조)
② 여권(여권인적면 및 비자면 사본 각 1부 포함, 잔여유효기간 6개월 이상)
③ 외국인등록증
④ 한국인 배우자의 혼인관계증명서(상세) 및 주민등록등본. (부부 사이에 출생한 자녀가 있거나 임신 중인 경우) 자녀 명의 가족관계증명서, 임신진단서 등
⑤ 외국인 직업 및 연간 소득금액 신고서
⑥ 외국인 개인 소득금액증명원(소득 및 직업이 있는 경우)
⑦ 체류지 입증서류(임대차계약서, 숙소제공확인서, 체류기간 만료예고 통지 우편물, 공공요금 납부영수증 등)
⑧ 수수료
⑨ 그 밖에 심사에 필요하다고 인정되는 서류 (요청 시 제출)

3. 결혼이민(F-6) 자격 소지자의 국내 취업

대한민국 국민의 외국인 배우자는 체류자격의 구분에 따른 취업활동의 제한을 받지 않으므로 한국인에 준하여 취업이 가능하다.

4. 체류지 변경 등 신고의무

이사 등으로 체류지가 변경된 경우에는 새로운 체류지로 전입한 날부터 15일 이내에 여권 및 외국인등록증을 가지고 새로운 체류지를 관할하는 시·군·구청 또는 출입국관리사무소(출장소)에 체류지 변경신고를 해야 한다(출입국관리법 제36조제1항).

5. 한국인 배우자가 사망·실종되거나, 한국인 배우자와 이혼·별거하는 경우 체류허가대상

다음 각 항목에 해당하는 경우 해당 사실을 입증하는 서류를 첨부하여 체류허가연장을 신청할 수 있다.

(1) 대한민국에 혼인신고를 마치고 입국하여 정상적인 혼인생활 중 한국인 배우자가 질병, 사고 기타의 이유로 사망 또는 실종*되어 혼인이 단절된 외국인 배우자(F-6-3)
   * **실종**이란 민법 제27조의 규정에 의해 가정법원의 실종선고가 있어야 성립한다.
   배우자가 실종되었으나 아직 가정법원의 실종선고를 받기 전이라면 실종사실을 증명하는 서류(실종신고서, 가정법원이 수리한 실종선고심판청구서, 주변인 확인서 또는 공인된 여성관련 단체 확인서 등)를 첨부할 수 있다.

(2) 한국인 배우자의 주된 귀책사유(예 가출, 폭력 등)로 이혼하거나 이혼소송이 진행 중이거나 별거* 중인 외국인 배우자
   * **별거**란 형식적인 혼인관계는 유지하고 있으나 장기간 부부가 함께 지내지 않는 것을 의미하며, 주말부부는 별거에 해당하지 않음
   * **귀책사유를 입증하는 객관적인 자료** : 국민 배우자의 가출신고서, 배우자의 폭행 등으로 인한 병원 진단서 또는 증거사진, 가정폭력 관련 보호시설 입소 확인서, 형사판결문, 공인된 여성관련 단체 확인서, 국민 배우자의 4촌 이내 친척의 확인서, 혼인관계가 중단된 때 거주하던 통(반)장의 확인서, 배우자가 수감 중인 경우 수용증명서 등

(3) 이혼 또는 별거의 귀책사유가 외국인 배우자에게 있다고 하더라도 한국인 배우자와의 사이에 출생한 자녀를 국내에서 양육하거나, 국민 배우자의 부모 또는 가족을 부양하는 외국인 배우자(F-6-2)

(4) 국민의 배우자(F-6-1) 자격으로 체류하던 중 한국인 배우자와 이혼하였으나 그 사이에 출생한 자녀에 대한 면접교섭권을 가진 외국인 배우자
   단, 가정법원의 결정 등에 의하여 면접교섭권이 제한 또는 배제된 경우와 자녀와의 교류가 없는 경우에는 체류 불허

6. 가사정리 체류기간 연장허가 특칙(F-1-6)

한국인 배우자와의 혼인이 단절되었고 위와 같은 체류허가대상에 해당하지 않지만 재산분할, 가사정리 등의 사유로 일정기간 국내 체류가 불가피한 경우 예외적으로 체류기간 연장허가를 신청할 수 있다. 이때에는 신원보증서가 첨부되어야 한다.

7. 영주(F-5) 자격 신청대상

(1) 결혼이민(F-6) 자격을 소지하고 2년 이상 국내에 계속 체류하고 있는 사람 중 다음 각 항목에 해당하는 자
- 한국인 배우자와 정상적인 혼인(법률혼) 생활을 유지하고 있는 외국인 배우자
- 한국인 배우자가 사망 또는 법원의 실종선고를 받은 경우
- 한국인 배우자의 귀책사유로 이혼 또는 별거 중이거나 이혼소송 중인 외국인 배우자
- 한국인 배우자와의 사이에서 출생한 자녀를 국내에서 양육하고 있는 외국인 배우자

(2) 국민의 미성년 외국인 자녀로서 거주(F-2) 자격으로 2년 이상 국내에 계속 체류 중인 자

(3) 영주(F-5) 자격 소지자의 배우자 또는 미성년자녀로서 거주(F-2) 자격을 소지하고 2년 이상 대한민국에 체류 중인 자
- 영주(F-5) 자격 소지자의 배우자 : 심사결정일까지 혼인관계 유지
- 영주(F-5) 자격 소지자의 미성년자녀(대한민국 국적을 보유한 복수국적자 제외) : 신청일 기준 민법상 미성년자여야 하며(만 19세 미만), 심사 결정일까지 영주 자격 소지자가 친권 또는 양육권을 가지고 있어야 함

(4) 영주(F-5) 자격 소지자의 대한민국 출생 자녀 ; 출생일로부터 90일 이내에 신청

◇ **신청서류**(심사과정에서 필요하다고 인정할 때에는 제출서류를 가감할 수 있다.)

공통제출서류	① 여권, ② 외국인등록증, ③ 통합신청서, ④ 사진(3.5cm×4.5cm) ⑤ 수수료, ⑥ 체류지 입증서류	
자격별 제출서류	국민의 배우자 (F-5-2)	• 한국인 배우자의 기본증명서, 혼인관계증명서, 가족관계증명서, 주민등록표등본, (자녀 있을 경우) 자녀의 가족관계증명서, 기본증명서 • 가족행사, 명절, 여행, 일상생활 등 부부가 혼인생활 중 함께 찍은 사진 (3장 이상) • 혼인단절 귀책사유 확인 서류(해당자) • 실종선고 판결문(해당자) • 해외범죄경력증명서(신청일로부터 6개월 이내 발급분) ; 아포스티유 혹은 외교부인증+영사확인 • 재산관계 입증서류: 본인 또는 동거가족 명의의 예금잔고증명서, 부동산등기부등본, 임대차계약서 사본, 재직증명서, 급여명세서, 통장거래내역 등 일정한 소득금액이나 자산을 입증할 수 있는 서류 중 택일 • 사회통합프로그램 이수증 또는 한국이민영주(귀화)적격시험 합격증(요건완화 또는 면제대상자의 경우 해당사유 소명자료 제출)
	국민의 미성년자녀 (F-5-3)	• 대한민국 국민인 부 또는 모의 기본증명서, 가족관계증명서, 혼인관계증명서, 주민등록표등본, 미성년자녀의 출생증명서 등 가족관계 증명서류 • 해외범죄경력증명서(신청일로부터 6개월 이내 발급분) ; 아포스티유 혹은 외교부인증+영사확인 [※ 형사미성년자(만 14세 미만)는 제외] • (정규교육과정 이수자) 졸업증명서, 검정고시 합격증, 재학증명서 등. 정규교육과정 요건을 갖추지 못한 경우 사회통합프로그램 이수증 또는 한국이민영주(귀화)적격시험 합격증 (요건완화 또는 면제대상자의 경우 해당사유 소명자료 제출)
	영주 자격 소지자의 배우자 및 미성년자녀 (F-5-4)	• 가족관계 입증서류(혼인증명서, 출생증명서 등) • 해외범죄경력증명서(신청일로부터 6개월 이내 발급분) ; 아포스티유 혹은 외교부인증+영사확인 [※형사미성년자(만 14세 미만)는 제외] • 신원보증서 • 연간소득 입증서류: 본인 또는 배우자의 소득금액증명, 예금잔고증명, 근로소득원천징수증, 고용주 확인서 등 관련 증빙서류 중 택일 • 사회통합프로그램 이수증 또는 한국이민영주(귀화)적격시험 합격증(미성년자녀의 경우 면제)
	영주(F-5) 자격 소지자의 국내출생 자녀	• 출생증명서 • 가족관계 입증서류(중국의 경우 호구부 등)

제5절 국제결혼과 국적

1. 외국인 배우자의 국적취득

(1) 혼인신고를 한 법적인 배우자의 국적취득

별도로 법무부장관의 귀화허가를 받아야 하며, 다음의 요건을 갖추어야 한다.
① 한국인 배우자와 혼인한 상태로 대한민국에 2년 이상 계속하여 주소가 있는 자
② 한국인 배우자와 혼인한 후 3년이 경과하고 혼인한 상태로 대한민국에 1년 이상 계속하여 주소가 있는 자

국민의 외국인 배우자의 경우 사회통합 프로그램 종합평가(舊 귀화필기시험)가 면제된다. 귀화신청서가 접수되면 체류동향조사 등을 거쳐 적격심사를 한 후 귀화 허가 또는 불허가 통지가 이루어진다.

◇ 혼인에 기한 간이귀화(혼인유지) 신청서류

① 귀화허가신청서 : 컬러사진 1매(3.5cm×4.5cm) 부착
② 여권 사본 1부, 본국 신분증(중국의 경우 거민증 · 호구부) 사본 1부
③ 본국 범죄경력증명서 (아포스티유 혹은 외교부인증＋영사확인)
④ 한국인 배우자의 가족관계증명서, 기본증명서, 혼인관계증명서 및 주민등록등본, (부부 사이에 출생한 자녀가 있을 경우) 자녀 명의 가족관계증명서
⑤ 본인 또는 동거가족의 생계유지능력 입증서류(아래 서류 중 택일)
 – 공시가격 3천만 원 이상 부동산의 부동산등기사항증명서
 – 임대차보증금 3천만 원 이상의 부동산임대차계약서
 – 3천만 원 이상의 은행잔고 증명(통장 사본 또는 6개월 이상 거래내역 제출)
 – 재직증명서, 급여명세서 등 소득증명서
⑥ 귀화신청자의 국적이 중국인 경우 외교부인증을 받은 친속관계공증서, 중국 외의 국가인 경우 호적, 출생증명서
⑦ 한국계 중국인(조선족) : 거민증, 호구부
⑧ 가족관계통보서(대법원에 통보할 자필 통보서)
⑨ 수수료
※ 외국어로 작성된 문서는 한국어로 번역이 필요하며 번역자의 성명과 연락처를 기재

(2) 혼인신고를 하지 않고 동거할 때의 국적취득

한국인 배우자의 가족관계등록관서에 혼인신고를 하여 혼인사실이 등재된 외국인 배우자만이 위와 같이 간이귀화 신청을 할 수 있고, 사실혼으로 동거하는 경우에는 국내에 계속해서 5년 이상 거주해야 일반귀화 신청이 가능하다.

(3) 국적관련신청 접수기관

전국 16개 출입국·외국인관서 및 2개 출장소 중 주소지 관할 관서(출장소)의 국적계에 신청해야 한다.

(4) 국내 체류 도중 출국하는 경우 거주기간의 중단 여부

귀화신청자의 국내 거주기간은 외국인이 적법하게 입국하여 외국인등록을 마치고 국내에서 계속 체류한 기간으로 하되, 아래에 해당하는 경우에는 국내에서 계속 체류한 것으로 보아 전후의 체류기간을 통산한다(단, 출국하여 국외에서 체류한 기간은 제외).

- 국내에서 체류 중 체류기간 만료 전에 재입국허가를 받고 출국한 후 그 허가기간 내에 재입국한 경우
- 국내에서 체류 중 체류기간 연장이 불가능한 사유 등으로 일시 출국하였다가 1개월 이내에 입국사증을 받아 재입국한 경우

2. 자녀 출산과 국적취득

(1) 원칙

한국인 배우자와의 사이에 자녀를 출산하여도 법률상 혼인한 상태로 국내에 2년 이상 거주하여야 혼인에 의한 간이귀화 신청을 할 수 있다. 다만, 자녀를 출산한 경우 체류동향조사가 생략될 수 있으며 귀화허가 심사에 걸리는 기간이 단축된다.

(2) 외국인 배우자가 한국 국적을 취득하기 전에 출생한 본국 자녀의 국적취득
① 한국인 배우자가 입양

민법에 따르면 미성년자의 입양은 친생부모의 동의와 가정법원의 허가를 얻어야 하고, 성년자의 입양은 친생부모의 동의를 얻어 가족관계등록관서에 입양신고를 하면 이루어진다. 입양 절차를 거쳐 입양신고를 하면 한국인 배우자의 가족관계증명서에 그 자녀가 기재된다.

미성년자의 경우 입국과 동시에 특별귀화를 신청할 수 있으나, 성년자의 경우에는 국내에 3년 이상 거주하여야 하고, 특별귀화가 아닌 간이귀화를 신청할 수 있다.

◇ 입양에 기한 특별귀화(미성년자) 신청서류

① 귀화허가신청서 : 컬러사진 1매(3.5cm×4.5cm) 부착
② 여권 사본 및 본국 신분증 사본 각 1부 (각 원본 지참)
③ 본국 범죄경력증명서(아포스티유 혹은 외교부인증+영사확인) ; 귀화신청일로부터 3년 내에 1년 이상 제3국에 체류하였을 경우 제3국 범죄경력증명서도 제출
④ 한국인 양부 또는 양모의 기본증명서, 혼인관계증명서, 가족관계증명서, 입양관계증명서, 주민등록등본 및 주민등록증 사본
⑤ 입양경위서 (양부 또는 양모가 작성 후 서명)
⑥ 귀화신청자의 국적이 중국인 경우 기타 가족관계 입증 가능한 공적 서류(호구부 등)
⑦ 한국계 중국인(조선족) : 거민증, 호구부
⑧ 귀화신청자가 출생월일을 새로이 특정할 경우 이를 소명하는 원국적 대사관 또는 영사관에서 발급한 증명서
⑨ 가족관계통보서(대법원에 통보할 자필 통보서)
⑩ 수수료
※ 만 15세 미만 자녀를 대신하여 귀화 신청하는 경우 자녀의 친권에 관한 소명자료 제출(이혼 판결문, 민사합의서 등)

◇ 입양에 기한 간이귀화(성년자) 신청서류

① 귀화허가신청서 : 컬러사진 1매(3.5cm×4.5cm) 부착
② 여권 사본 1부
③ 본국 범죄경력증명서 (아포스티유 혹은 외교부인증×영사확인)
④ 한국인 양부 또는 양모의 기본증명서, 혼인관계증명서, 가족관계증명서, 입양관계증명서, 주민등록등본
⑤ 입양경위서(양부 또는 양모가 작성 후 서명)
⑥ 외국 가족관계증명서 또는 시민증서 사본
⑦ 본인 또는 동거가족의 생계유지능력 입증서류(택일)
　- 공시가격 3천만 원 이상 부동산의 부동산등기사항증명서
　- 임대차보증금 3천만 원 이상의 부동산임대차계약서
　- 3천만 원 이상의 은행잔고 증명(통장 사본 또는 6개월 이상 거래내역 제출)
　- 재직증명서(사업주의 사업자등록증 사본 첨부), 급여명세서 등 소득증명서
　- 취업예정사실증명서(재정보증은 불가)
⑧ 귀화신청자의 부모, 배우자, 자녀, 혼인 또는 미혼, 입양 등의 신분사항 관련 소명자료 각 1부 (중국인 경우 호구부 및 중국 외교부 인증을 받은 친속관계공증서)

⑨ 귀화신청자가 한국계 중국인(조선족)인 경우 성명을 원지음이 아닌 한국식 발음으로 기재할 때 한국계 중국인임을 소명하는 중화인민공화국 발행의 공문서
⑩ 귀화신청자가 출생월일을 새로이 특정할 경우 이를 소명하는 원국적 대사관 또는 영사관에서 발급한 증명서
⑪ 가족관계통보서(대법원에 통보할 자필 통보서)
⑫ 수수료
※ 외국어로 작성된 문서는 한국어로 번역이 필요하며 번역자의 성명과 연락처를 기재

② 외국인 배우자가 국적취득 신청할 때 함께 신청(수반취득)

외국인 배우자가 귀화허가 신청서를 제출할 때 신청서의 '수반취득 관계'란에 수반취득할 뜻을 표시하면 만 19세 미만 미성년자녀에 한하여 대한민국 국적을 함께 취득할 수 있다. 이때 수반취득 하고자 하는 자녀가 외국인임을 입증하는 서류와 부모와의 관계를 증명할 수 있는 서류를 첨부하여야 한다(외국인등록증 사본, 외국여권 사본, 외국 가족관계증명서 또는 호구부, 친자관계공증서류 등).

만약 수반취득 하고자 하는 자녀의 부 또는 모가 이혼한 상태인 경우, 그 부 또는 모가 그 자녀에 대하여 친권 또는 양육권을 가지고 있다는 사실을 입증하여야 한다(이혼판결문 또는 가족관계등록부, 기타 공증서류 등의 신분자료 수반).

〈예〉 친권이 외국의 전남편에게 있는 경우 친부의 친권포기각서 공증서류 또는 이혼판결문에 국민과 혼인한 모에게 친권 및 양육권이 있다는 내용 등〉

3. 국적증서수여식

2018. 12. 20. 이후 귀화나 국적회복 허가를 받는 사람은 법무부장관(출입국·외국인관서의 장) 앞에서 국민선서를 하고 그 증서를 수여받은 때 국적을 취득한다(인지에 의한 국적취득, 국적 재취득, 국적판정자는 참석 대상 아님). 귀화 허가를 받은 사람은 현재 체류지 관할 출입국·외국인관서로부터 참석통보를 받는다.

국민선서 및 국적증서수여는 국적취득을 위한 필수 절차이므로 국적증서수여식에 참석하지 않으면 국적취득이 불가하다. 질병·사고 등 불가피한 사유로 통보받은 날짜에 참석이 불가능한 경우에는 그 사유와 참석 가능한 일정을 적은 불참사유서를 수여식 3일 전까지 제출해야 한다.

〈국민선서〉
나는 자랑스러운 대한민국 국민으로서 대한민국의 헌법과 법률을 준수하고 국민의 책임과 의무를 다할 것을 엄숙히 선서합니다(국적법 시행령 제4조의5제1항).

※ 국민선서 당시 만 15세 미만이거나 뇌병변장애인, 지적장애인 또는 자폐성장애인으로 위 선서의 의미를 이해할 수 없거나 이해한 것을 표현할 수 없다고 인정되는 사람은 국민선서가 면제된다. 다만, 선서가 면제되더라도 국적증서수여식에 참석하여 증서는 수여받아야 한다.

4. 귀화허가 후 주민등록증 발급절차

(1) 가족관계등록부 생성

국적법에 따라 귀화허가가 이루어진 경우 법무부장관은 지체 없이 귀화허가를 받은 사람이 정한 등록기준지의 시(구)·읍·면의 장에게 귀화허가 사항을 통보하며, 이에 따라 국적취득자의 가족관계등록부가 작성된다(가족관계의 등록 등에 관한 법률 제94조).

(2) 외국국적 포기(본국 대사관) 또는 외국국적 불행사 서약(국내 출입국·외국인관서)

귀화허가로 대한민국 국적을 취득한 외국인은 1년 내에 본국 대사관에 원 국적을 포기(상실)하는 절차를 마치고 '국적포기증명서'를 출입국·외국인관서에 제출하여야 한다. 만약, 원 국적을 포기하고 싶지 않은 경우 대한민국에서 외국 국적을 행사하지 않겠다는 '외국국적불행사서약서'를 작성하여 출입국·외국인관서에 제출하여야 한다.

외국국적불행사서약은 모든 귀화자가 할 수 있는 것은 아니며, 정상적으로 혼인관계를 유지하고 있는 혼인 귀화자 등 일정한 외국인에 한해 가능하다. 또한 복수국적 허용은 상대적이므로 외국국적불행사서약을 하여도 본국이 복수국적을 허용하지 않는 경우(예 중국), 원 국적이 상실될 수 있다.

위와 같이 귀화허가를 받은 날로부터 1년 내에 '외국국적포기'신고를 하지 않거나 '외국국적불행사서약서'를 제출하지 않으면 취득한 대한민국 국적이 자동 상실된다. 또한 외국국적불행사서약을 한 후 이에 위반되는 행위(예 외국인등록, 출입국시 외국여권 반복 행사 또는 외국여권을 사용하여 관공서를 상대로 외국국적을 행사하는 경우)를 하는 경우에는 국적선택명령을 받게 되고, 6개월 내에 국적선택을 하지 않을 경우 대한민국 국적은 자동 상실된다.

(3) 외국국적포기확인서 또는 외국국적불행사서약확인서 발급

귀화허가통지서, 기본증명서와 본국 국적 포기가 완료된 증빙서류(외국국적포기증명서) 또는 외국국적불행사서약서를 관할 출입국·외국인관서에 제출하면 '외국국적포기확인서' 또는 '외국국적불행사서약확인서'를 발급받을 수 있다.

(4) 주민등록신고 및 주민등록증 발급신청

발급받은 외국국적포기확인서 또는 외국국적불행사서약확인서와 귀화허가통지서, 기본증명서를 지참하여 주거지 읍(면)사무소, 주민센터에 주민등록신고 및 주민등록증 발급을 신청한다.

(5) 외국인등록증 반납

주민등록을 마친 날로부터 30일 이내에 관할 출입국·외국인관서에 외국인등록증을 반드시 반납해야 한다. 기간 내에 반납하지 않은 경우 과태료가 부과될 수 있다.

※ 모든 절차에서 귀화허가통지서 원본은 보관하고 반드시 사본을 제출하여야 하며, 외국국적을 포기하기 전까지는 체류허가를 받아야 한다.

5. 귀화허가를 받았으나 1년 내에 원 국적을 포기하지 않아 대한민국 국적을 상실한 경우 한국 국적 재취득 여부

귀화 절차로 대한민국 국적을 취득한 외국인으로서 국적을 취득한 날(허가일)로부터 1년 내에 원 국적을 포기하지 않아 한국 국적을 상실한 경우, 상실한 날로부터 1년 이내에 전 국적 포기 절차를 진행하고 법무부장관에게 국적취득신고서를 제출하면 상실했던 한국 국적을 재취득 할 수 있다(국적법 제11조).

◇ 국적 재취득을 위한 신청서류

① 국적취득신청서 : 컬러사진 1매(3.5cm×4.5cm) 부착
② 귀화허가 통지서 사본
 - 1998. 6. 14. 이전에 국민과 혼인하여 국적을 취득한 자는 기본증명서
③ 외국국적포기확인서
④ 신청인의 기본증명서(귀화허가 사실이 등재된 등본)
⑤ 가족관계통보서(대법원에 통보할 자필 통보서)
⑥ 수수료
※ 심사과정에서 필요하다고 판단되는 경우 제출서류의 가감을 요구할 수 있다.

6. 대한민국 국적을 취득한 이후 한국인 배우자가 사망하거나 이혼했을 때 한국 국적 상실 여부

한국인 배우자와 혼인한 후 대한민국 국적을 취득한 사람은 그 배우자가 사망하거나 이혼하더라도 취득한 국적이 상실되지 않는다.

7. 배우자 사망과 상속권

> 남편이 교통사고로 사망했는데 시어머니와 시누이가 재산을 모두 가져가고 저에게는 아무것도 주지 않았습니다. 저도 남편의 재산을 상속받을 수 있나요?

대한민국 국민인 배우자가 사망한 경우 생존한 배우자(외국인)는 대한민국 「민법」에 따라 재산상속권을 취득합니다. 사망한 배우자에게 직계비속과 직계존속이 있는 경우에는 그 상속인과 같은 순위로 공동상속인이 되고, 그 상속인이 없을 때에는 단독상속인이 됩니다(민법 제1003조).

그러나 사실혼 배우자는 상속권이 없습니다. 사실혼이란 혼인신고 없이 남녀가 부부로 사는 것을 말하는데, 결혼식을 올렸거나 또는 자녀를 낳았더라도 혼인신고를 하지 않으면 대한민국 민법상 부부로 인정되지 않습니다. 법률혼주의를 취하고 있는 대한민국에서 사실혼 상태에 있는 외국인에게는 법률혼에서 인정되는 권리와 의무의 일부만 인정됩니다.

◇ 사회보장법령상 보호

「근로기준법 시행령」 제48조제1항, 「국민연금법」 제3조제1항제2호, 「군인연금법」 제3조제1항제4호, 「사립학교교직원 연금법」 제2조제1항제2호가목, 「선원법 시행령」 제29조제1호, 「산업재해보상보험법」 제5조제3호, 「독립유공자예우에 관한 법률」 제5조제1항제1호, 「국가유공자 등 예우 및 지원에 관한 법률」 제5조제1항제1호 및 제2항에서는 배우자 사망 시 각종 연금을 받을 수 있는 유족인 배우자의 범위에 사실혼 상태의 배우자를 포함하고 있다.

◇ 「주택임대차보호법」상 보호

주택을 빌려 쓰고 있는 임차인이 상속인 없이 사망한 경우 그 주택에서 가정공동생활을 하던 사실혼 상태에 있는 사람이 그 임차인의 권리와 의무를 승계한다(법 제9조제1항). 또한, 임차인이 사망한 경우 사망 당시 상속인이 그 주택에서 가정공동생활을 하고 있지 않은 경우에는 그 주택에서 가정공동생활을 하던 사실혼 상태에 있는 사람과 2촌 이내의 친족이 공동으로 임차인의 권리와 의무를 승계한다(법 제9조제2항).

제6절 이혼과 체류·국적 문제

1. 가출신고 시 외국인 배우자의 불법체류 여부

가정폭력으로 피해 입은 외국인 배우자를 보호하기 위하여 한국인 배우자의 가출신고만으로 외국인배우자가 불법체류자가 되지 않는다.

2. 이혼청구소송 중 체류기간 만료와 체류연장

이혼청구소송 중 체류기간이 만료되면 소송중인 사실을 입증하는 서류(예 소제기 증명원 등)를 제출하여 체류기간 연장신청을 할 수 있다.

3. 혼인이 종료된 경우 국적취득

한국인 배우자의 사망이나 실종 또는 기타 외국인 배우자의 귀책사유 없이 혼인이 종료된 경우나 한국인 배우자와의 혼인에 따라 출생한 미성년자녀를 양육하거나 양육하여야 하는 경우에 간이귀화 신청을 통해 대한민국 국적을 취득할 수 있다.

4. 협의이혼과 귀화신청

한국인 배우자와 협의이혼을 한 경우 혼인에 의한 간이귀화신청은 불가능하며 일반귀화 요건에 따라 대한민국에 5년 이상 적법하게 거주하면 귀화허가신청을 할 수 있다. 다만, 이 경우에도 그 혼인에서 태어난 미성년자녀를 외국인 배우자가 양육하거나 양육하여야 할 상황이면 이를 입증하여 간이귀화를 신청할 수 있다.

5. 조정으로 이혼한 경우 국적취득

가정법원의 조정조서에 한국인 배우자가 외국인 배우자에게 위자료로 금전을 지급하라는 내용이 포함되어 있으면 한국인 배우자의 귀책을 인정한 증거자료로 간이귀화 신청을 할 수 있다.

◇ **혼인에 기한 간이귀화(혼인단절) 신청서류**

① 귀화허가신청서 : 컬러사진 1매(3.5cm×4.5cm) 부착
② 여권 사본 1부, 본국 신분증(중국의 경우 거민증 · 호구부) 사본 1부
③ 본국 범죄경력증명서(아포스티유 혹은 외교부인증+영사확인)
④ 혼인단절된 한국인 배우자의 혼인관계증명서(혼인단절된 한국인 배우자 사이에 출생한 한국국적 자녀가 있을 경우) 자녀 명의 기본증명서, 가족관계증명서
⑤ 혼인관계가 중단된 사유에 대한 본인 사유서 1부 및 추가제출서류
 - 배우자가 사망한 경우: 사망사실 기재된 배우자의 기본증명서(제적등본), 사망진단서
 - 배우자가 실종된 경우: 실종선고 사실이 기재된 배우자의 기본증명서(제적등본)
 - 배우자와 이혼한 경우: 이혼판결문, 한국인 배우자의 폭행 등을 확인할 수 있는 진단서, 불기소결정서 또는 형사판결문, 공인된 여성관련 단체가 작성한 확인서 등
 - 배우자와의 사이에 출생한 미성년자녀를 양육하고 있을 경우: 이혼판결문, 이혼신고서 등 자녀 양육 관련 사항을 확인할 수 있는 서류 등

⑥ 본인 또는 동거가족의 생계유지능력 입증서류(아래 서류 중 택일)
  - 공시가격 3천만 원 이상 부동산의 부동산등기사항증명서
  - 임대차보증금 3천만 원 이상의 부동산임대차계약서
  - 3천만 원 이상의 은행잔고 증명(통장 사본 또는 6개월 이상 거래내역 제출)
  - 재직증명서, 급여명세서 등 소득증명서
⑦ 귀화신청자의 국적이 중국인 경우 외교부인증을 받은 친속관계공증서, 중국 외의 국가인 경우 호적, 출생증명서
⑧ 한국계 중국인(조선족) : 거민증, 호구부
⑨ 가족관계통보서(대법원에 통보할 자필 통보서)
⑩ 수수료
※ 외국어로 작성된 문서는 한국어로 번역이 필요하며 번역자의 성명과 연락처를 기재

6. 가정폭력으로 가출한 외국인 배우자에 대한 한국인 배우자의 이혼청구소송

한국인 배우자가 외국인 배우자의 가출과 그 외 잘못을 들어 이혼청구소송을 할 수 있다. 원칙적으로 외국인 배우자에게 소장을 송달하여야 하나 가출 등의 사유로 주소지를 알 수 없다면 공시송달로 갈음하고 한국인배우자가 청구한 내용이 모두 인용되어 이혼 판결을 받을 수 있다. 외국인 배우자는 귀책사유를 뒤집거나 위자료를 인정받을 수 있는 증거를 확보하고 공시송달에 의한 이혼 판결이 있음을 안 날로부터 2주 이내에 소송(추완항소)을 제기할 수 있다.

7. 소송으로 이혼한 경우 체류자격

한국인과 혼인한 외국인이 자신의 잘못 없이 이혼하거나 그 귀책 여부와 관계없이 한국인 배우자 사이에 출생한 자녀를 양육하거나 면접교섭권을 가지고 있는 경우에는 결혼이민(F-6) 자격으로 체류 및 취업을 허용하고 있다.

8. 이혼한 외국인 배우자의 귀화신청

한국인 배우자와 혼인관계가 단절된 외국인이 귀화신청을 할 경우 혼인관계 단절에 따른 귀책사유가 자신에게 없음을 입증하기 어려웠으나, 국적업무지침 제9조의4에 따라 외국인에게 혼인중단의 귀책사유가 없다는 취지의 「공인된 여성관련단체」가 작성한 확인서를 제출하는 경우에도 국적신청 접수가 가능하다(혼인중단에 귀책사유가 없는 외국인으로 남녀 불문). 공인된 여성관련단체라 함은 이주여성의 인권향상을 위한 직·간접적인 지원 활동을 계속하는 단체를 말한다.

9. 1998. 6. 14. 이전 혼인한 국민의 외국인 배우자(여자)로 한국 국적이 자동 상실된 경우 귀화 신청

1998년 6월 14일 이전에 혼인한 국민의 외국인 배우자(여자)의 경우 구 국적법에 의해 혼인신고와 동시에 국적을 취득하여 6개월 내에 원 국적을 포기하여야 하나, 이를 알지 못한 등의 사유로 6개월이 경과하여 한국 국적이 자동으로 상실된 상태에서 원 국적을 포기함으로써 사실상 무국적자(불법체류자)가 된 자들이 귀화 신청할 경우, 인도적 차원의 구제가 필요하여 특별체류허가를 신청한 후 귀화신청을 할 수 있도록 하였다.

10. 해당국의 신분등록제도의 불비로 인하여 출생월일이 특정되지 않은 신분증을 소지하고 있는 자의 국적 취득

해당국의 신분등록제도의 불비로 인하여 출생월일이 특정되지 않은 신분증을 소지하고 있는 자가 국적을 취득하는 경우, 생년월일을 요구하는 우리나라 주민등록체계와 상이한 이유로 관할관서에 주민등록이 불가능하여 여러 가지 어려움이 있었으나, 이를 개선하여 국적취득신청자의 진술에 근거, 출생월일을 특정해 주기로 하였다.

11. 2021. 7. 1.부터 외국인의 국내 체류기간은 '여권 유효기간 내'에서만 부여

2021. 7. 1.부터 외국인의 국내 체류기간이 '여권 유효기간 내'에서만 부여된다. 외국인 여권정보를 상시 업데이트하는 체계를 구축하기 위한 조치다. 그동안은 여권 유효기간과 상관없이 외국인에게 체류기간이 부여됐기 때문에, 여권 유효기간이 만료되거나 여권 사항이 변경되더라도 신고하지 않고 체류하는 외국인이 많았다. 2019년 기준 외국인 여권정보 변경 신고 위반 건수는 8,768건이다.

12. 2023. 4. 1.부터 등록외국인에게 신형 외국인등록증 발급

개정 출입국관리법 시행규칙에 따라 2023. 4. 1.부터 등록외국인에게 신형 외국인등록증을 발급하고 있다. 국내거소신고된 외국인을 포함한 등록외국인은 기존 보안요소를 저해하지 않으면서도 편리성과 디자인이 개선된 신형 외국인등록증을 발급받을 수 있다. 신형 외국인등록증은 외국인등록증 사진을 기존 흑백에서 컬러로 변경하고, 사진 크기를 확대했다. 외국인등록증에 인쇄된 정보를 QR코드로 판독할 수 있는 편의 기능도 추가됐다.

국적업무 취급하는 전국 출입국 · 외국인관서
(2023. 7. 기준)

지역	연락처	주소	관할구역
서울	(02) 2650-6231	서울 양천구 목동동로 151	서울 강남구 · 강동구 · 강북구 · 관악구 · 광진구 · 노원구 · 도봉구 · 동대문구 · 동작구 · 서초구 · 성동구 · 성북구 · 송파구 · 용산구 · 은평구 · 종로구 · 중구 · 중랑구 경기도 과천 · 성남 · 하남
서울남부	(02) 6980-4700	서울 강서구 마곡서1로 48	서울 강서구 · 구로구 · 금천구 · 마포구 · 서대문구 · 영등포구 · 양천구
인천	(032) 890-6388	인천 중구 서해대로 393	인천광역시, 경기도 부천 · 김포
수원	(031) 695-3891	경기 수원시 영통구 반달로 39	경기도 의왕 · 수원 · 용인 · 오산 · 이천 · 안성 · 화성 · 평택 · 광주 · 양평 · 여주
안산	(031) 364-5700	경기 안산시 단원구 관덕4로 88, 5층	경기도 안산 · 시흥 · 안양 · 군포 · 광명
양주	(031) 828-9368	경기 양주시 평화로1475번길 23	경기도 의정부 · 동두천 · 구리 · 남양주 · 양주 · 포천 · 고양 · 파주 · 연천 강원도 철원
대전	(042) 220-2003	대전 중구 목중로26번길 7	대전광역시, 충청남도 세종시, 충청북도 영동 · 옥천
청주	(043) 230-9020	충북 청주시 흥덕구 비하로12번길 52	충청북도(영동 · 옥천 제외)
부산	(051) 461-3130	부산 중구 중앙대로 146, 2층	부산광역시 경상남도 김해 · 밀양 · 양산
창원	(055) 981-6015	경남 창원시 마산합포구 제2부두로 30	경상남도(김해 · 밀양 · 양산 제외)
대구	(053) 980-3543	대구 동구 이노밸리로 345	대구광역시 · 경상북도(경주 제외)
울산	(국번없이) 1345	울산 남구 돋질로 86, 2층	울산광역시, 경상북도 경주시
광주	(062) 605-5105	광주 서구 상무대로 911번길 22	광주광역시 전라남도(여수 · 순천 · 광양 제외)
여수	(061) 689-5511	전남 여수시 무선로 265	전라남도 여수 · 순천 · 광양
전주	(063) 249-8694	전북 전주시 덕진주 동부대로 857	전라북도
제주	(064) 741-5400	제주시 용담로 3	제주특별자치도
춘천	(033) 269-3210	강원 춘천시 동내면 사암길 12	강원도(동해 · 강릉 · 삼척 · 속초 · 태백 · 고성 · 양양 · 정선 · 철원 제외) 경기도 가평군
동해 (출장소)	(033) 535-5721	강원 동해시 해안로 225	강원도 동해 · 강릉 · 삼척 · 태백 · 정선
속초 (출장소)	(033) 636-8613	강원 속초시 동명항길 26	강원도 속초 · 고성 · 양양

[제5단원 서식 1] 약혼해제로 인한 손해배상청구서

약혼해제로 인한 손해배상청구

신 청 인
  생 년 월 일 :
  등록기준지 :
  주 소 :

피신청인
  생 년 월 일 :
  등록기준지 :
  주 소 :

신 청 취 지

1. 피신청인은 신청인에게 약혼해제로 인한 손해배상으로 금 10,000,000원을 지급한다.
2. 소송비용은 피신청인의 부담으로 한다.
라는 조정을 구합니다.

신 청 원 인

1. 당사자 관계

2. 약혼해제의 사유

3. 따라서 신청인은 피신청인에게 약혼해제의 의사표시를 하여 약혼을 해제하였으므로, 피신청인으로부터 약혼비용 금 7,000,000원 및 정신적 고통에 대한 위자료 금 3,000,000원의 손해를 배상받고자 이 건 신청에 이르게 된 것입니다.

첨 부 서 류

1. 가족관계증명서 1통
1. 주민등록등본 1통
1. 영수증(약혼비용) 1통
1. 신청서부본 1통

20 . . .

신청인   (서명 또는 날인)
(연락처 :   )

○○가정법원 귀중

[제5단원 서식 2] 사실상 혼인관계 존재확인청구서

사실상 혼인관계 존재확인청구

원 고
  생년월일 :
  등록기준지 :
  주   소 :

피 고
  ○○지방검찰청 검사
  주   소 :

청 구 취 지

1. 망   (19 년 월 일생)의 사망 당시 원고와 망   사이에 사실상 혼인관계가 존재하였음을 확인한다.
2. 소송비용은 각자 부담으로 한다.
라는 판결을 구합니다.

청 구 원 인

1. 당사자 관계

2. 실제 혼인생활

3. 확인의 이익 등 (예 유족연금 청구 등)

첨 부 서 류

1. 주민등록등본 1통
1. 입증자료 1통
1. 신청서부본 1통

20 . . .

신청인   (서명 또는 날인)
  (연락처 :   )

○○가정법원 귀중

[제5단원 서식 3] 혼인신고서

혼 인 신 고 서
(년 월 일)

※ 뒷면의 작성방법을 읽고 기재하시되, 선택항목은 해당번호에 "○"으로 표시하여 주시기 바랍니다.

구 분		남 편(부)		아 내(처)	
① 혼인당사자 (신고인)	성명 한글	(성) / (명)	㉑ 또는 서명	(성) / (명)	㉑ 또는 서명
	성명 한자	(성) / (명)		(성) / (명)	
	본(한자)		전화	본(한자)	전화
	출생연월일				
	주민등록번호	-		-	
	등록기준지				
	주소				
② 부모 (양부모)	부 성명				
	주민등록번호	-		-	
	등록기준지				
	모 성명				
	주민등록번호	-		-	
	등록기준지				
③외국방식에 의한 혼인성립일자			년 월 일		
④성·본의 협의	자녀의 성·본을 모의 성·본으로 하는 협의를 하였습니까? 예□ 아니요□				
⑤근친혼 여부	혼인당사자들이 8촌 이내의 혈족 사이에 해당합니까? 예□ 아니요□				
⑥기타사항					
⑦ 증인	성 명		㉑ 또는 서명	주민등록번호	-
	주 소				
	성 명		㉑ 또는 서명	주민등록번호	-
	주 소				
⑧ 동의자	남편 부 성명		㉑ 또는 서명	후견인 성명	㉑ 또는 서명
	남편 모 성명		㉑ 또는 서명	주민등록번호	-
	아내 부 성명		㉑ 또는 서명	성명	㉑ 또는 서명
	아내 모 성명		㉑ 또는 서명	주민등록번호	-
⑨신고인 출석 여부		1 남편(부)		2 아내(처)	
⑩제출인	성명		주민등록번호	-	

※ 타인의 서명 또는 인장을 도용하여 허위의 신고서를 제출하거나, 허위신고를 하여 가족관계등록부에 실제와 다른 사실을 기록하게 하는 경우에는 **형법에 의하여 처벌**받을 수 있습니다. **눈표(*)로 표시한 자료**는 국가통계작성을 위해 통계청에서도 수집하고 있는 자료입니다.

※ 아래 사항은 「**통계법**」 제24조의2에 의하여 통계청에서 실시하는 **인구동향조사**입니다. 「통계법」 제32조 및 제33조에 의하여 성실응답의무가 있으며 개인의 비밀사항이 철저히 보호되므로 사실대로 기입하여 주시기 바랍니다.
※ 첨부서류 및 혼인당사자의 국적은 국가통계작성을 위해 통계청에서도 수집하고 있는 자료입니다.

인구동향조사

㉮실제 결혼 생활 시작일		년 월 일부터 동거			
㉯혼인종류	남편	1초혼 2사별 후 재혼 3이혼 후 재혼	아내	1초혼 2사별 후 재혼 3이혼 후 재혼	
㉰최종 졸업학교	남편(부)	1학력 없음 2초등학교 3중학교 4고등학교 5대학(교) 6대학원 이상	아내(처)	1학력 없음 2초등학교 3중학교 4고등학교 5대학(교) 6대학원 이상	
㉱직업	남편(부)	1관리직 2전문직 3사무직 4서비스직 5판매직 6농림어업 7기능직 8장치·기계·조작 및 조립 9단순노무직 10군인 11학생·가사·무직	아내(처)	1관리직 2전문직 3사무직 4서비스직 5판매직 6농림어업 7기능직 8장치·기계·조작 및 조립 9단순노무직 10군인 11학생·가사·무직	

[제5단원 서식 4] 자의 성과 본 사용에 관한 협의서

협 의 서

부의 성명
등록기준지
주   소

모의 성명
등록기준지
주   소

위의 부와 모 사이에서 태어날 모든 자녀의 성과 본을 모의 성과 본으로 정하기로 협의합니다.

20   .   .   .

부   ㊞ 또는 서명
모   ㊞ 또는 서명

덧붙임: 1. 제출인의 신분을 확인할 수 있는 주민등록증(운전면허증, 여권 등) 사본 각 1부
       2. 출석하지 않은 당사자 일방 또는 쌍방의 인감증명서 또는 서명에 대한 공증서 1부

협 의 서

부 의 성 명
등 록 기 준 지
주   소

모 의 성 명
등 록 기 준 지
주   소

피인지자 성명
등 록 기 준 지
주   소

위 혼인 외 자(피인지자)의 성과 본을 인지 전의 성과 본으로 계속 사용할 것을 협의합니다.

20   .   .   .

부   ㊞ 또는 서명
모   ㊞ 또는 서명

덧붙임: 1. 제출인의 신분을 확인할 수 있는 주민등록증(운전면허증, 여권 등) 사본 각 1부
       2. 출석하지 않은 당사자 일방 또는 쌍방의 인감증명서 또는 서명에 대한 공증서 1부

[제5단원 서식 5] 혼인무효확인의 소

<u>혼인 무효확인의 소</u>

인지
20,000원

원 고 :　　　　　　　　　　(☎ :　　　　　　　　　)
　　　주민등록번호 :
　　　주　　　소 :
　　　송 달 장 소 :
　　　등 록 기 준 지 :

피 고 :
　　　주민등록번호 :
　　　주　　　소 :
　　　등 록 기 준 지 :

청 구 취 지

1. 원고와 피고 사이에 [　　년　　월　　일] (시, 도) (시, 군, 구)청장　　에게 신고하여 한 <u>혼인</u>은 무효임을 확인한다.
2. 소송비용은 피고가 부담한다.
라는 판결을 구합니다.

청 구 원 인
(예시)

1. 피고　　　은(는)인 원고의 스토커로 3년 동안 원고를 쫓아다니며 혼인을 요구하였으나, 원고는 이미 결혼을 전제로 교제 중인 사람이 있어 거부 의사를 명확히 표시하였습니다.
2. 그러나 피고는 원고의 동의 없이 20　년　월　일 ○○구청에서 혼인신고를 하였습니다.
3. 이 사실을 알지 못한 채 원고는 소외 와 20　년　월　일 결혼식을 올리고 1개월 후인 20　년　월　일에 혼인신고를 하려고 하니, 이미 되어 있는 피고와의 혼인신고 때문에 이를 하지 못하였습니다. 이와 같이 혼인의 실체도 없고, 원고가 모르는 사이 원고의 의사에 반하여 이루어진 혼인신고는 당연 무효임으로 이 사건 청구에 이르게 되었습니다.

첨 부 서 류

1. 혼인관계증명서(원고, 피고) 각 1통
1. 가족관계증명서(상세)(원고, 피고) 각 1통
1. 주민등록표등(초)본(원고, 피고) 각 1통
1. 혼인신고서 사본 1부
1. 소장부본 1부

　　　　　　　　　　　　　20　.　.　.
　　　　　　　　원고　　　　　　　(서명 또는 날인)

○○가정법원 귀중

[제5단원 서식 6] 자의 성과 본의 변경허가 심판청구서

자의 성과 본의 변경허가 심판청구서

| 인지 |
| 20,000원 |

청 구 인 :　　　　　　　　　(☎ :　　　　　　　　　　　)
　　주민등록번호 :
　　주　　　소 :
　　송 달 장 소 :
사건본인 :
　　주민등록번호 :
　　주　　　소 :
　　등 록 기 준 지 :

청 구 취 지

사건본인(들)의 성을 "　　(한자:　　)"으로, 본을 "　　(한자:　　)"로 변경할 것을 허가한다. 라는 심판을 구함

청 구 원 인

1. 사건본인의 가족관계 등 (해당 □안에 V표시, 내용 추가)
　가. 사건본인은 (친부　　)과(와) (친모　　) 사이에 출생한 자입니다.
　　□ 친부의 주소는 (　　　　　　　　　　　　)입니다.
　나. □ (친부　　)과(와) (친모 청구인　　)는(은) (20　.　.　.) 이혼하였습니다.
　　□ (　　)는(은) (　　년　　월　　일) 사망하였습니다.
　　□ (　　)는(은) (　　년　　월　　일) 사건본인을 입양하였습니다.

2. 성과 본의 변경을 청구하는 이유 (해당 □안에 V표시, 내용 추가)
　　사건본인이 현재의 성과 본으로 인하여 학교와 사회생활 등에서 많은 어려움을 겪고 있으므로, 사건본인의 복리를 위하여 다음과 같이 청구합니다.
□ (친모 청구인　　　)과(와) (20　.　.　.) 혼인하여 사건본인의 계부가 된 (　　)의 "성"과 "본"으로 바꾸고 싶습니다.
□ 어머니의 "성"과 "본"으로 바꾸고 싶습니다.
□ 양부의 "성"과 "본"으로 바꾸고 싶습니다.
□ 위 각 경우에 해당하지 않는 경우의 이유(별지에 서술식으로 기재)

첨 부 서 류

1. 입양관계증명서(원고, 피고)　각 1통
1. 주민등록표등(초)본(원고, 피고)　각 1통
1. 기타 입증자료(진단서 등)　1부
1. 소장부본　1부

　　　　　　　　　　　20　.　.　.
　　　　　　　청구인　　　　　(서명 또는 날인)

○○가정법원 귀중

[제5단원 서식 7] 부를 정하는 소

부 를 정 하 는 소

인지
20,000원

원 고 :　　　　　　　　(☎ :　　　　　　　　)
　　　　주민등록번호 :
　　　　주　　　　소 :
　　　　등 록 기 준 지 :
피고 1 :　　　　(전남편)
　　　　주민등록번호 :
　　　　주　　　　소 :
　　　　등 록 기 준 지 :
피고 2 :　　　　(현남편)
　　　　주민등록번호 :
　　　　주　　　　소 :
　　　　등 록 기 준 지 :
사건본인
　　　　생 년 월 일 :
　　　　주　　　　소 :
　　　　등 록 기 준 지 : 미등록

청 구 취 지

1. 피고2를 사건본인의 부로 정한다.
2. 소송비용은 각자 부담한다.
라는 판결을 구합니다.

청 구 원 인
(예시)

1. 원고와 피고 1은 20　.　.　.　혼인하였고 20　.　.　.　협의이혼하였습니다. 이후 원고는 20　.　.　.　피고 2와 혼인하고 그 사이에 20　.　.　.　사건본인을 출산하였습니다.
2. 그런데 사건본인의 출생일이 원고와 피고 1의 혼인관계 종료일로부터 300일 내이며, 원고와 피고 2의 혼인성립일로부터 200일 후이므로 친생추정이 경합하게 되어 이 사건 판결이 확정될 때까지 사건본인을 가족관계등록부에 기재할 수 없습니다.
3. 유전자검사 결과 사건본인의 부는 피고 2임이 명백하므로 민법 제845조에 따라 부를 정하여 주시기 바랍니다.

첨 부 서 류

1. 혼인관계증명서(원고, 피고)　　각 1통
1. 가족관계증명서(상세)(원고, 피고)　　각 1통
1. 주민등록표등(초)본(원고, 피고)　　각 1통
1. 출생증명서　　1부
1. 유전자검사성적서　　1부
1. 소장부본　　1부

20　.　.　.
원고　　　　　　(서명 또는 날인)

○○가정법원 귀중

[제5단원 서식 8] 친생부인의 허가청구서

친생부인의 소

	인지액 5,000원 × 사건본인 수

청 구 인 :　　　　　　　　　　(☎ :　　　　　　　　)
　　　주민등록번호 :
　　　주　　　소 :
　　　송 달 장 소 :
　　　등 록 기 준 지 :

사건본인 :
　　　생 년 월 일 : 20　년　　월　　일　　시　　분생 남(여)자 (체중 :　　kg)
　　　출 생 장 소 : ○○시 ○○구 ○○로 ○○○○병원
　　　주　　　소 :

(사건본인의 모/사건본인의 모의 전남편)　　　　　　(☎ :　　　　　　　　)
　　　주민등록번호 :
　　　주　　　소 :

청 구 취 지

사건본인이 (청구인, 사건본인의 모의 전남편)　　　의 친생자임을 부인하는 것을 허가한다.
라는 심판을 구합니다.

청 구 원 인

(청구하는 사유를 구체적으로 기재)

첨 부 서 류

1. 기본증명서(사건본인의 모, 사건본인의 모의 전남편)　　각 1통
1. 가족관계증명서(사건본인의 모, 사건본인의 모의 전남편)　　각 1통
1. 혼인관계증명서(사건본인의 모, 사건본인의 모의 전남편)　　각 1통
1. 주민등록표등(초)본(사건본인의 모, 사건본인의 모의 전남편)　　각 1통
1. 출생증명서(출생병원)　　1부
1. 후견등기사항증명서(사건본인의 모의 전남편)　　1부
1. 기타 입증자료(유전자시험성적서 등)　　1부

20　.　.　.

청구인　　　　　　(서명 또는 날인)

○○가정법원 귀중

[제5단원 서식 9] 인지의 허가청구서

인지의 허가청구

인지액
5,000원 × 사건본인 수

청 구 인 :　　　　　　　　　　(☎ :　　　　　　　　)
　　　주민등록번호 :
　　　주　　　소 :
　　　송 달 장 소 :
　　　등 록 기 준 지 :

사건본인 :
　　　생 년 월 일 : 20   년   월   일   시   분생 남(여)자 (체중 :   kg)
　　　출 생 장 소 : ○○시 ○○구 ○○로 ○○○○병원
　　　주　　　소 :

사건본인의 모　　　　　　　(☎ :　　　　　　　　)
　　　주민등록번호 :
　　　주　　　소 :

청 구 취 지

사건본인을 청구인의 친생자로 인지함을 허가한다.
라는 심판을 구합니다.

청 구 원 인

(청구하는 사유를 구체적으로 기재)

첨 부 서 류

1. 기본증명서(상세)(청구인, 사건본인의 모)　　각 1통
1. 가족관계증명서(상세)(사건본인의 모, 사건본인의 모의 전남편)　　각 1통
1. 혼인관계증명서(상세)(사건본인의 모, 사건본인의 모의 전남편)　　각 1통
1. 주민등록표등(초)본(사건본인의 모, 사건본인의 모의 전남편)　　각 1통
1. 출생증명서(출생병원)　　1부
1. 후견등기사항증명서(사건본인의 모의 전남편)　　1부
1. 기타 입증자료(유전자시험성적서 등)　　1부

20   .   .   .

청구인　　　　　(서명 또는 날인)

○○가정법원 귀중

[제5단원 서식 10] 인지청구의 소

인지청구의 소

|인지|
|20,000원|

원 고 :　　　　　　　　　　(☎ :　　　　　　　　)
　　주민등록번호 :
　　주　　　소 :
　　송 달 장 소 :
　　등 록 기 준 지 :

피 고 :
　　주민등록번호 :
　　주　　　소 :
　　등 록 기 준 지 :

청 구 취 지

1. 원고는 피고　　　　의 친생자임을 인지한다.
2. 소송비용은 피고가 부담한다.
라는 판결을 구합니다.

청 구 원 인

(소송을 제기하는 사유를 구체적으로 기재)

첨 부 서 류

1. 기본증명서(원고, 피고)　　각 1통
1. 가족관계증명서(원고, 피고)　　각 1통
1. 주민등록표등(초)본(원고, 피고)　각 1통
1. 기타 입증자료(유전자시험성적서 등)　　1부
1. 소장부본　1부

20　.　.　.

원고　　　　　(서명 또는 날인)

○○가정법원 귀중

[제5단원 서식 11] 친생자관계부존재확인의 소

친생자관계부존재확인의 소

인지
20,000원

원 고 :　　　　　　　　　(☎ :　　　　　　　　)
　　　주민등록번호 :
　　　주　　　소 :
　　　송 달 장 소 :
　　　등 록 기 준 지 :

피 고 :
　　　주민등록번호 :
　　　주　　　소 :
　　　등 록 기 준 지 :

청 구 취 지

1. 원고와 피고 사이에는 친생자관계자 존재하지 아니함을 확인한다.
2. 소송비용은 피고가 부담한다.
라는 판결을 구합니다.

청 구 원 인

(소송을 제기하는 사유를 구체적으로 기재)

첨 부 서 류

1. 기본증명서(원고, 피고)　　 각 1통
1. 가족관계증명서(원고, 피고)　　 각 1통
1. 주민등록표등(초)본(원고, 피고)　 각 1통
1. 기타 입증자료(유전자시험성적서 등)　　 1부
1. 소장부본　 1부

20　 .　 .　 .

원고　　　　　　　　　(서명 또는 날인)

○○가정법원 귀중

[제5단원 서식 12] 미성년자 입양허가 심판청구서

미성년자 입양허가 심판청구서

인지액
5,000원 ×
사건본인 수

청구인 1   (☎ :   )
    주민등록번호 :
    주　　　소 :
    송 달 장 소 :
    등 록 기 준 지 :

청구인 2   (☎ :   )
    주민등록번호 :
    주　　　소 :
    송 달 장 소 :
    등 록 기 준 지 :

사건본인   (☎ :   )
    주민등록번호 :
    주　　　소 :
    등 록 기 준 지 :

청 구 취 지

청구인(들)이 사건본인을 양자로 하는 것을 허가한다. 라는 심판을 구함

청 구 원 인

1. 청구인과 청구외   는 혼인한 부부로서 청구외   의 자식인 사건본인을 더 행복하고 구김없이 자랄 수 있도록 하기 위하여 입양코자 하오니 입양을 허가하여 주시기 바랍니다.
1. 청구인들은 부부로서 청구인들과 사건본인의 법정대리인인 부모는 사건본인의 복리를 위하여 사건본인을 청구인들에게 입양시키기로 협의하였고, 이 사건 청구를 하게 되었으니 입양을 허가하여 주시기 바랍니다.
1. 청구인과 사건본인은 먼 친족 사이로서 사건본인의 부모가 20   년   월   일 사고로 모두 사망한 이후 현재까지 청구인들이 사건본인을 잘 양육하고 있으므로 사건본인이 더 행복하고 구김살 없게 자랄 수 있도록 하기 위하여 이 사건 청구를 하게 되었습니다.

첨 부 서 류

1. 청구 관련사항 목록　　1부
1. 청구인의 가족관계증명서, 혼인관계증명서(상세), 주민등록표등(초)본　　각 1통
1. 사건본인의 기본증명서, 가족관계증명서, 주민등록표등(초)본　　각 1통
1. 법정대리인의 동의를 받은 미성년자의 입양승낙서(13세 이상)　　각 1통
1. 법정대리인의 입양승낙서(13세 미만) 및 인감증명서　　각 1통
(인감날인 및 인감증명서 제출에 갈음하여 소송서류 등에 서명하고 본인서명사실확인서 제출 가능)

20   .   .   .

청구인　　　　　　(서명 또는 날인)

○○가정법원 귀중

[제5단원 서식 13] 친양자입양 심판청구서

친양자입양 심판청구서

인지액
5,000원 × 사건본인 수

청구인 1   (☎ :   )
    주민등록번호 :
    주   소 :
    송 달 장 소 :
    등 록 기 준 지 :

청구인 2
    주민등록번호 :
    주   소 :
    송 달 장 소 :
    등 록 기 준 지 :

사건본인   (☎ :   )
    주민등록번호 :
    주   소 :
    등 록 기 준 지 :

청 구 취 지

사건본인을 청구인들의 친양자로 한다. 라는 심판을 구함

청 구 원 인

    청구인들은 3년 이상 혼인 중인 부부로서 공동으로 사건본인을 친양자로 입양하고자 하는 바, 청구인 1과 사건본인은 먼 친족 사이로 사건본인의 부모가 20   .   .   . 사고로 모두 사망한 이후 현재까지 청구인들이 사건본인을 잘 양육하고 있으므로 사건본인의 행복을 위하여 친양자로 입양하는 것이 좋겠다고 생각하여 이 사건 청구를 하게 되었습니다.

첨 부 서 류

1. 청구 관련사항 목록   1부
1. 청구인들의 혼인관계증명서, 주민등록표등(초)본   각 1통
1. 사건본인의 기본증명서(상세), 가족관계증명서(상세), 주민등록표등(초)본   각 1통
1. 친양자입양 동의서(친생부모) 및 인감증명서   각 1통
1. 사건본인(13세 이상)의 승낙서   1부
1. 법정대리인의 입양승낙서(13세 미만) 및 인감증명서   각 1통
(인감날인 및 인감증명서 제출에 갈음하여 소송서류 등에 서명하고 본인서명사실확인서 제출 가능)

20   .   .   .

        청구인 1   (서명 또는 날인)
        청구인 2   (서명 또는 날인)

○○가정법원 귀중

[제5단원 서식 14] 친권자 및 양육자 변경 심판청구서

친권자 및 양육자 변경 심판청구

인지액
20,000원 ×
사건본인 수

청 구 인　　　　　　　　(☎ :　　　　　　　　)
　　　주민등록번호 :
　　　주　　　소 :
　　　송 달 장 소 :
　　　등 록 기 준 지 :

상 대 방
　　　주민등록번호 :
　　　주　　　소 :
　　　등 록 기 준 지 :

사건본인
　　　주민등록번호 :
　　　주　　　소 :
　　　등 록 기 준 지 :

청 구 취 지

1. 사건본인의 (친권자, 양육자)를 (청구인, 상대방)으로 지정(변경)한다.
2. 심판비용은 상대방이 부담한다.
라는 심판을 구합니다.

청 구 원 인

(친권자를 변경하여야 하는 청구사유를 구체적으로 기재)

첨 부 서 류

1. 청구인의 혼인관계증명서, 가족관계증명서 주민등록표등(초)본　　각 1통
1. 상대방의 가족관계증명서, 주민등록표등(초)본　　각 1통
1. 사건본인의 기본증명서, 가족관계증명서, 주민등록표등(초)본　　각 1통
1. 기타(확인서, 재직증명서, 부동산등기사항전부증명서 등)　　1부
1. 청구서 부본　　1부

20　.　.　.

청구인　　　　　　(서명 또는 날인)

○○가정법원 귀중

[제5단원 서식 15] 친권자 지정 심판청구서

친권자 지정 심판청구

청 구 인   (☎ :   )
    주민등록번호 :
    주   소 :
    사건본인과의 관계 :

사건본인
    주민등록번호(외국인등록번호) :
    주   소 :
    등록기준지(국적) :

인지액 5,000원 × 사건본인 수

청 구 취 지
사건본인의 친권자로 청구인을 지정한다. 라는 심판을 구합니다.

청 구 원 인
(예시)

1. 청구인은 20 . . .   와 혼인하여 그 사이에 사건본인을 두었으나 20 . . . 협의이혼하였고, 협의이혼 당시 사건본인에 대한 친권자로 사건본인의 어머니인   가 지정되었습니다.
2. 그런데 위   는 사건본인을 양육하던 중 20 . . . 사망하였습니다.
3. 따라서 사건본인의 복리를 위하여 사건본인의 아버지인 청구인을 사건본인의 친권자로 지정하여 주실 것을 청구합니다.

첨 부 서 류
1. 기본증명서, 가족관계증명서(청구인, 사건본인, 단독친권자)   각 1통
1. 주민등록표등(초)본(청구인, 사건본인)   각 1통
1. 기타 소명자료   1부

20 . . .

청구인   (서명 또는 날인)

○○가정법원 귀중

[제5단원 서식 16] 특별대리인 선임 심판청구서

특별대리인 선임 심판청구서
(상속재산 협의분할)

인지액
5,000원 ×
사건본인 수

청 구 인   (☎ :   )
    주민등록번호 :
    주   소 :
    사건본인과의 관계 :

사건본인
    주민등록번호 :
    주   소 :
    등 록 기 준 지 :

청 구 취 지

사건본인이 청구외 망   소유의 별지목록 기재 부동산을 협의분할함에 있어 사건본인의 특별대리인으로 [성명: , 주민등록번호: -   , 주소:]을(를) 선임한다. 라는 심판을 구함

청 구 원 인
(예시)

청구외 망   의 사망으로 인하여 청구인과 사건본인은 공동상속인인 바 별지목록 기재 부동산을 협의분할함에 있어 청구인과 사건본인은 이해가 상반되므로 사건본인을 위한 특별대리인으로 [성명: , 관계:]를 선임받고자 본 청구에 이른 것입니다.

첨 부 서 류

1. 청구인의 가족관계증명서, 주민등록표등(초)본   각 1통
1. 사건본인의 기본증명서, 가족관계증명서, 주민등록표등(초)본   각 1통
1. 특별대리인의 가족관계증명서, 주민등록표등(초)본   각 1통
1. 망자의 제적등본 또는 폐쇄가족관계등록부에 따른 기본증명서   1통
1. 부동산등기사항전부증명서   1통
1. 부동산목록   2부
1. 사건본인이 13세 이상인 경우 – 동의서   1부
1. 사건본인과 특별대리인의 관계 소명자료(제적등본 등)   1부

20   .   .   .

청구인   (서명 또는 날인)

○○가정법원 귀중

[제5단원 서식 17] 친권 상실선고 심판청구서

친권 상실선고 심판청구서

	인지액 10,000원 × 사건본인 수

청 구 인   (☎ :   )
      주민등록번호 :
      주   소 :
      송 달 장 소 :
      등 록 기 준 지 :

상 대 방
      주민등록번호 :
      주   소 :
      등 록 기 준 지 :

사건본인(자녀)
      주민등록번호 :
      주   소 :
      등 록 기 준 지 :

청 구 취 지

1. 상대방은 사건본인에 대한 친권을 상실한다.
2. 심판비용은 상대방이 부담한다.
라는 심판을 구합니다.

청 구 원 인

(청구사유를 구체적으로 기재)

첨 부 서 류

1. 청구인의 가족관계증명서, 주민등록표등(초)본   각 1통
1. 상대방의 가족관계증명서, 주민등록표등(초)본   각 1통
1. 사건본인의 기본증명서, 가족관계증명서, 주민등록표등(초)본   각 1통
1. 기타 소명자료   1부
1. 청구서 부본   1부

20   .   .   .

청구인   (서명 또는 날인)

○○가정법원 귀중

[제5단원 서식 18] 미성년후견인 선임 심판청구서

미성년후견인선임 심판청구

	인지액 5,000원 × 사건본인 수

청 구 인　　　　　　　　　(☎ :　　　　　　　　　)
　　　주민등록번호 :
　　　주　　　소 :
　　　사건본인과의 관계 :
사건본인
　　　주민등록번호(외국인등록번호) :
　　　주　　　소 :
　　　등록기준지(국적) :

청 구 취 지

(주민등록번호　　　－　　　　, 주소　　　　　　　)을(를) 선임한다. 라는 심판을 구함

청 구 원 인

1. 사건본인의 부(모)　　　은(는) 20 . . 　　　와 혼인하여 그 사이에 사건본인을 두었으나 20 . . 이혼하였고, 이혼 당시 사건본인에 대한 친권자로 사건본인의 부(모)인　　　이 지정되었습니다.
2. 그런데 위　　　은(는) 사건본인을 양육하던 중 20 . . 사망하였고, 그로부터 6개월이 지나도록 사건본인의 모(부)인　　　을(를) 친권자로 지정하여 달라는 청구도 없습니다.
3. 따라서 사건본인의 복리를 위하여 사건본인의 후견인 선임을 청구합니다.
4. 미성년후견인으로는　　　을(를) 추천합니다.

미성년후견인 후보자	성명	
	주소	
	주민등록번호	
	직업	
	사건본인과의 관계	

첨 부 서 류

1. 기본증명서(상세)(사건본인, 단독친권자)　　각 1통
1. 가족관계증명서(상세)(청구인, 사건본인, 사망한 친권자, 후견인후보자)　　각 1통
1. 주민등록표등(초)본(사건본인)　　1통
1. 청구인 및 후견인후보자와 사건본인과의 관계소명자료(가족관계증명서, 제적등본 등)　　1통
1. 사망한 친권자의 폐쇄 기본증명서(상세), 가족관계증명서(상세)　　각 1통
1. 생존하는 부 또는 모의 동의서(인감날인 및 인감증명서 또는 본인서명 및 본인서명사실확인서 포함) 또는 의견조회를 위한 주민등록표초본　　1통
1. 미성년자가 13세 이상인 경우 미성년자의 의견서　　1부
1. 친권자가 친권상실선고 등을 받은 경우 그 심판문 등의 자료　　1부
1. 사전상황설명서 및 재산목록　　각 1부

20 . .

청구인　　　　　　　(서명 또는 날인)

○○가정법원 귀중

[제5단원 서식 19] 성년·한정·특정후견 개시 심판청구서

(성년, 한정, 특정) 후견개시 심판청구서

인지액
5,000원 ×
사건본인 수

청 구 인　　　　　　　　（☎ :　　　　　　　　　　　　）
　　　주민등록번호 :
　　　주　　　소 :
　　　사건본인과의 관계 :

사건본인　　　　　　　　（출생연월일　　　　　 / 성별　　　）
　　　주민등록번호(외국인등록번호) :
　　　주　　　소 :
　　　등록기준지(국적) :

청 구 취 지

1. 사건본인에 대한 (성년, 한정, 특정)후견을 개시한다.
2. 사건본인의 (성년, 한정, 특정)후견인으로　　　(주민등록번호　　　　　　-　　　　　　,
　　주소　　　　　　　　)을(를) 선임한다.
라는 심판을 구합니다.

청 구 원 인(작성 예시)

[성년후견]
1. 청구인은 사건본인의 아들입니다.
2. 사건본인은 약 7년 전부터 노인성 치매 증세가 나타나 병원에서 치료를 받아 왔는데, 3년 전부터 상태가 급격히 악화되어 병원에서 요양 중에 있습니다. 현재 사건본인은 아들인 청구인조차 알아보지 못할 정도이므로 일상생활의 사무를 처리할 능력이 전혀 없고, 향후에도 증세가 호전될 가능성이 매우 희박합니다.
3. 청구인은 아들로서 사건본인을 정성껏 돌보아 왔으나 치료비와 요양비 부담이 만만치 않고, 사건본인 소유 부동산의 관리에 많은 어려움을 겪고 있으므로, 이 사건 심판을 통해 성년후견인으로서의 지위를 인정받고, 사건본인의 부동산을 관리하여 그 수익을 사건본인을 개호하는 비용으로 사용하고자 합니다.
4. 사건본인의 성년후견인으로는 아들인 청구인이 선임되기를 원하며, 그 권한의 범위는 별지 기재와 같이 정해지기를 원합니다.

[한정후견]
1. 청구인은 사건본인의 어머니입니다.
2. 사건본인은 정신지체장애인으로, 성인이 되었으나 정신적 제약으로 인해 사무를 처리할 능력이 부족하므로 후견인의 조력을 받을 필요성이 있습니다.
3. 청구인은 주소지에서 사건본인과 함께 생활하고 있고, 앞으로도 아들인 사건본인을 돌보아야 하므로 청구인이 사건본인의 한정후견인으로 지정되기를 원합니다.
4. 사건본인이 한정후견인의 동의를 받아야 하는 행위 및 한정후견인의 대리권의 범위, 한정후견인이 사건본인의 신상에 관하여 결정할 수 있는 권한의 범위는 각 별지 기재와 같이 지정해주시기를 바랍니다.

[제5단원 서식 19] 성년 · 한정 · 특정후견 개시 심판청구서

[특정후견]
1. 사건본인은 노령으로 인하여   합니다.
2. 특정후견을 필요로 하는 기간 및 사무는 다음과 같습니다.
   가. 기간:
   나. 사무:
3. 이와 같이 사건본인에게 후원이 필요하여 이 건 청구에 이르렀습니다.
4. 청구인은 사건본인의 특정후견인으로 다음과 같은 사람을 추천합니다.

※ 청구취지에 기재된 후견인 후보자에 대한 상세 기재란입니다.

(성년, 한정, 특정) 후견인 후보자	성명	
	주소	
	주민등록번호	
	직업	
	사건본인과의 관계	

첨 부 서 류

1. 기본증명서(상세), 가족관계증명서(상세), 주민등록표등(초)본(사건본인)   각 1통
1. 가족관계증명서(상세), 주민등록표등(초)본(청구인 및 후견인후보자)   각 1통
1. 청구인 및 후견인후보자와 사건본인과의 관계 소명자료   1통
   (가족관계증명서(상세), 제적등본 등 가족관계증명서만으로 그 관계를 알 수 없는 경우)
1. 사건본인 및 후견인후보자의 후견등기사항부존재증명서(전부) 또는 후견등기사항전부증명서(말소 및 폐쇄사항 포함)   각 1통   ※ 발급처 – 가정법원
1. 선순위 추정상속인들의 동의서(인감날인 및 인감증명서 또는 본인서명 및 본인서명사실확인서 첨부 필요)   1통
1. 진단서 및 진료기록지 등   1통
1. 사전상황설명서/재산목록/취소권 · 동의권 · 대리권 등 권한범위   각 1부
1. 후견인후보자의 신용조회회보서   1통
1. 기타 소명자료   1부

20   .   .   .

청구인   (서명 또는 날인)

○○가정법원 귀중

[제5단원 서식 20] 후견계약등기 신청서

후견계약등기신청

접 수	년 월 일	처리인	접 수	기 입	교 합	각종통지
	제 호					

사건본인의 표시	성 명		출생연월일		주민등록번호 −		성별
	등록기준지						
	주 소						

등기의 목적	후견계약등기 및 임의후견인 선임등기
등기원인과 그 연월일	20 . . . 후견계약

등 기 할 사 항

사건본인	등록기준지				
	성 명	출생연월일	주민등록번호 −	성별

계약의 표시	공증인	
	공증증서번호	
	증서작성일	

임의후견인	성 명	
	주민등록번호	
	주소·사무소	

대리권 등 목록	대리권 등 범위	별지 기재와 같음
	권한분장 목록	

기 타	

첨 부 서 면

1.공정증서 정본 통	1.국적을 증명하는 서면(외국인)
1.관할을 증명하는 서면 통	1.대표자 자격을 증명하는 서면(법인)
1.후견등기사항을 증명하는 서면 통	〈기 타〉
1.신청인의 인감증명서 통	
1.위임장(대리인이 신청할 경우) 통	

20 . .

신청인 성　　　명　　　　　　　　　　　　　　　　(서명 또는 날인)
　　　　주민등록번호
　　　　주　　　소
　　　　(전 화 번 호)

대리인 성　　　명　　　　　　　　　　　　　　　　(서명 또는 날인)
　　　　주　　　소
　　　　(전 화 번 호)

가정법원 귀중

[제5단원 서식 21] 부양료 심판청구서

부양료 심판청구

인지액
10,000원 × 부양권리자 수

청 구 인　　　　　　　　　　(☎ :　　　　　　　　　)
　　　주민등록번호 :
　　　주　　　소 :
　　　송 달 장 소 :

상 대 방
　　　주민등록번호 :
　　　주　　　소 :

청 구 취 지

1. 상대방은 청구인에게 20　．　．　．부터 청구인의 사망에 이르기까지 매월 금　　　　원씩을 매월　　일에 지급하라.
2. 심판비용은 상대방이 부담한다.
라는 심판을 구합니다.

청 구 원 인

(부양료를 청구하는 사유를 구체적으로 기재)

첨 부 서 류

1. 청구인의 가족관계증명서(상세), 주민등록표등(초)본　　각 1통
1. 상대방의 가족관계증명서(상세), 주민등록표등(초)본　　각 1통
1. 청구서 부본　　1부

20　．　．　．

청구인　　　　　　(서명 또는 날인)

○○가정법원 귀중

[제5단원 서식 22] 상속재산포기 심판청구서

상속재산포기 심판청구

	인지액 5,000원× 청구인 수

청구인(상속인)
  1. 성　명：　　　　　（주민등록번호　　　　－　　　　）
    주　소：
    송달장소：　　　　　　　　（☎　　　　　　）
  2. 성　명：　　　　　（주민등록번호　　　　－　　　　）
    주　소：
    송달장소：　　　　　　　　（☎　　　　　　）
    청구인　　　　　은(는) 미성년자이므로 법정대리인 부
                                      모
                                     （☎　　　　　　）

사건본인(피상속인)
    성　명：　　　　　（주민등록번호　　　　－　　　　）
    주　소：
    최후주소：

청 구 취 지

청구인들이 피상속인 망　　　　　의 재산상속을 포기하는 신고는 이를 수리한다.
라는 심판을 구합니다.

청 구 원 인

[1순위 상속인인 경우]
청구인들은 피상속인 망　　　　의 재산상속인으로서 20　．　．　．상속개시가 있음을 알았는바, 민법 제1019조에 따라 재산상속을 포기하고자 이 심판청구에 이른 것입니다.
[차순위 상속인인 경우]
청구인들은 피상속인 망　　　　의 차순위 재산상속인으로서 선순위 상속인들이 모두 상속을 포기함으로써 20　．　．　．상속개시가 있음을 알았는바, 민법 제1019조에 따라 재산상속을 포기하고자 이 심판청구에 이른 것입니다.

첨 부 서 류

1. 청구인들의 가족관계증명서, 주민등록표등본　　각 1통
1. 청구인들의 인감증명서(또는 본인서명사실확인서)　　각 1통
  ※ 청구인이 미성년자인 경우 법정대리인(부모)의 인감증명서를 첨부함
1. 피상속인의 폐쇄가족관계등록부에 따른 기본증명서(상세), 가족관계증명서(상세)　　각 1통
1. 피상속인의 말소된 주민등록등본　　1통
1. 가계도(직계비속이 아닌 경우)　　1부

20　．　．　．

청구인 1.　　　　　（인감 날인）
　　　　2.　　　　　（인감 날인）
청구인　　　　은(는) 미성년자이므로
　　　　　　　법정대리인 부　　　㊞ (인감 날인)
　　　　　　　　　　　　　모　　　㊞ (인감 날인)

○○가정법원 귀중

[제5단원 서식 23] 상속한정승인 심판청구서

상속한정승인 심판청구

인지액
5,000원× 청구인 수

청구인(상속인)
  1.   성   명 :   (주민등록번호   -   )
      주   소 :
      송달장소 :   (☎   )
  2.   성   명 :   (주민등록번호   -   )
      주   소 :
      송달장소 :   (☎   )
      청구인   은(는) 미성년자이므로 법정대리인 부
                                                        모
                                                        (☎   )

사건본인(피상속인)
      성   명 :   (주민등록번호   -   )
      주   소 :
      최후주소 :

청 구 취 지

청구인들이 피상속인 망   의 재산상속을 함에 있어 별지 재산목록을 첨부하여 한 한정승인신고는 이를 수리한다.
라는 심판을 구합니다.

청 구 원 인

[일반한정승인 – 3개월 이내]
청구인들은 피상속인의 재산상속인으로서 20   .   .   . 피상속인의 사망으로 개시된 재산상속에 있어서 청구인들이 상속으로 얻은 별지목록 표시 상속재산의 한도에서 피상속인의 채무를 변제할 조건으로 상속을 승인하고자 이 심판청구에 이른 것입니다.

[특별한정승인 – 3개월 이후]
청구인들은 20   .   .   . 사망한 피상속인의 재산상속인으로서 처음에는 청구인들의 과실 없이 상속채무가 상속재산을 초과하는 사실을 알지 못하였으나, 20   .   .   .에 채권자의 변제청구(채무승계 안내문 등)를 받고서야 이를 알게 되어, 청구인들이 상속으로 인하여 얻은 별지목록 표시 상속재산의 한도에서 피상속인의 채무를 변제할 조건으로 상속을 승인하고자 이 심판청구에 이른 것입니다.

첨 부 서 류

1. 청구인들의 가족관계증명서, 주민등록표등본   각 1통
1. 청구인들의 인감증명서(또는 본인서명사실확인서)   각 1통
   ※ 청구인이 미성년자인 경우 법정대리인(부모)의 인감증명서를 첨부함
1. 피상속인의 폐쇄가족관계등록부에 따른 기본증명서(상세), 가족관계증명서(상세)   각 1통
1. 피상속인의 말소된 주민등록등본   1통
1. 가계도(직계비속이 아닌 경우)   1부
1. 상속재산 목록   1부 (<u>스캔용 부본 1부도 제출</u>)

20   .   .   .

           청구인 1.   (인감 날인)
                  2.   (인감 날인)
           청구인   은(는) 미성년자이므로
                  법정대리인 부   ㊞ (인감 날인)
                           모   ㊞ (인감 날인)

○○가정법원 귀중

[제5단원 서식 24] 재산조회 통합처리 신청서 (안심상속 원스톱 서비스)

■ 사망자 및 피후견인 등 재산조회 통합처리에 관한 기준 [별지 제1호 서식]

재산조회 통합처리 신청서

※ 신청의 취소·변경은 신청일 다음날부터 5일 이내(토요일·공휴일 제외)에 접수처 업무종료 시까지 가능합니다.
※ 색상이 어두운 난은 신청인이 작성하지 아니하며, [ ]에는 해당하는 곳에 V표를 합니다.

접수번호			접수일				처리기간 : 7일~20일	
신 청 인 (상속인, 성년후견인, 한정후견인, 상속재산관리인)	신 청 구 분	사망자 재산조회	[ ] 상속인		[ ] 상속재산관리인	접수처 신청자격 확인란	확인자 :	(서명 또는 인)
		피후견인 재산조회	[ ] 성년후견인		[ ] 한정후견인			
	성 명					주민등록번호		
			[ ] 배우자 [ ] 자녀 [ ] 부모 [ ] 형제자매 [ ] 손자손녀 [ ] 조카 [ ] 기타 [ ] 성년·한정후견인 상속재산관리인 ( )					
	연락처		전화번호		휴대전화		전자우편	
	도로명 주소							
재산조회 대상자 (사망자, 피후견인)	성 명					주민등록번호		
	사 망 일		년 월 일 *피후견인의 경우 기재하지 마세요			휴 대 전 화	*상조회사 가입유무 확인을 원하는 경우 작성	
대 리 인 (대리신청 시에만 작성)	상속인(후견인) 과의 관계		[ ] 법정대리인 [ ] 임의대리인 *후견인은 임의대리인만 대리신청 가능			접수처 대리인자격 확인란	확인자 :	(서명 또는 인)
	성 명					주민등록번호		
	연락처		전화번호		휴대전화		전자우편	
	도로명 주소							

재산조회 내용			
구분	조회 선택(조회를 원하는 항목 [ ]에 V 표시)		조회결과 확인 방법
금융거래	[ ] **금융기관 전체** *본 항목에 "V"시에는 아래 항목에 "V"하지 않음 [ ] 예금보험공사 [ ] 은행 [ ] 우체국 [ ] 생명보험 [ ] 손해보험 [ ] 금융투자회사 [ ] 여신전문금융회사 [ ] 저축은행 [ ] 새마을금고 [ ] 산림조합 [ ] 신용협동조합 [ ] 한국예탁원 [ ] 종합금융회사 [ ] 한국신용정보원 [ ] 대부업 CB에 가입한 대부업체 [ ] 소상공인시장진흥공단 *전국은행연합회, 신보·기신보, 한국주택금융공사, 한국장학재단, 서민금융진흥원 (舊 미소금융중앙재단), NICE평가정보, KCB, KED, 한국자산관리공사, 근로복지공단 (대지급금 채무) 등 금융감독원의 금융거래조회 대상과 동일		**1. 금융, 국세, 국민연금, 근로복지공단 퇴직연금, 소상공인정책자금대출, 4대사회보험료** 휴대폰 문자(SMS) 확인 후, 금융감독원 홈페이지, 국세청 홈택스, 국민연금공단, 근로복지공단 퇴직연금, 소상공인정책자금, 국민건강보험공단 홈페이지에서 신청인이 조회결과를 각각 확인 **2. 연금**(국민연금, 근로복지공단 퇴직연금 제외), **공제회 및 근로복지공단 대지급금 채무** 휴대폰 문자(SMS) 확인 ※ 단, 연금 및 근로복지공단 대지급금 채무의 경우, 상속인(후견인) 본인에게만 결과 제공 (대리인에게 결과 제공 불가)
국세	[ ] 국세 체납액 및 납부기한이 남아 있는 미납 세금, 환급금		
4대사회보험료	[ ] 보험료 체납액 및 납부기한이 남아 있는 미납 보험료, 환급금 *건강보험, 국민연금, 고용보험, 산업재해보상보험 (다만, 환급금은 건강보험, 국민연금에 한함)		
연금	[ ] **연금 전체** *본 항목에 "V"시에는 아래 항목에 "V"하지 않음 [ ] 국민연금 가입 및 대여금 채무 유무 [ ] 사립학교교직원연금 가입 및 대여금 채무 유무 [ ] 공무원연금 가입 및 대여금 채무 유무 [ ] 군인연금 가입 유무 [ ] 근로복지공단 퇴직연금 가입 유무		
공제회	[ ] **공제회 전체** *본 항목에 "V"시에는 아래 항목에 "V"하지 않음 [ ] 건설근로자퇴직공제금 가입 유무 [ ] 군인공제회 가입 유무 [ ] 대한지방행정공제회 가입 유무 [ ] 과학기술인공제회 가입 유무 [ ] 한국교직원공제회 가입 유무		
토지	[ ] 개인별 토지 소유 현황		[ ] 우편 [ ] 문자(SMS) [ ] 부서 방문수령
건축물	[ ] 개인별 건축물 소유 현황		[ ] 문서 [ ] 구술
지방세	[ ] 지방세 체납내역 및 납부기한이 남아 있는 미납 세금, 환급금		[ ] 우편 [ ] 문자(SMS) [ ] 부서 방문수령
자동차·어선	[ ] 자동차(이륜차, 건설기계 포함) 소유내역 [ ] 어선 소유내역		[ ] 문서 [ ] 구술

[제5단원 서식 24] 재산조회 통합처리 신청서 (안심상속 원스톱 서비스)

「사망자 및 피후견인 등 재산조회 통합처리에 관한 기준」에 따라 재산조회를 통합신청합니다.

년　　월　　일

신청인(대리인) :　　　　　(서명 또는 인)

시장 · 구청장, 읍 · 면 · 동장 귀하

[제4단원 서식 25] 상속재산분할협의서

상속재산분할협의서

20　년　월　　일 서울 서초구 서초대로 000 홍길동의 사망으로 인하여 개시된 상속에 있어 공동상속인 김갑순, 홍일동, 홍이동, 홍삼동은 다음과 같이 상속재산을 분할하기로 협의한다.

1. 상속재산 중 서울 서초구 서초대로 000 대 000㎡는 김갑순의 소유로 한다.
2. 상속재산 중 ○○전자의 보통주식 000주는 홍일동의 소유로 한다.
3. 상속재산 중 ○○은행 ○○동지점에 예금된 금 0,000만 원은 홍이동의 소유로, ○○은행 ○○동지점에 예금된 금 0,000만 원은 홍삼동의 소유로 한다.
4. (기타사항)

위 협의의 성립을 증명하기 위하여 이 협의서 4통을 작성하고 아래에 각자 기명날인하여 1통씩 보관한다.

20　년 월 일

공동상속인　　김 갑 순　　㊞ (인감 날인)
　　　　　　　서울 서초구 서초대로 000
공동상속인　　홍 일 동　　㊞ (인감 날인)
　　　　　　　서울 서초구 서초로 000
공동상속인　　홍 이 동　　㊞ (인감 날인)
　　　　　　　서울 서초구 반포대로 000
공동상속인　　홍 삼 동　　㊞ (인감 날인)
　　　　　　　서울 강동구 고덕로 000

첨부서류: 인감증명서 각 1통

※ 상속재산의 협의분할은 상속인 전원이 참석해서 하여야 하며, 공동상속인 중에 미성년자가 있는 경우에는 특별대리인을 선임해야 합니다.
※ 상속재산 협의분할에는 상속인 전원의 인감날인 및 인감증명이 필요합니다.

[제5단원 서식 26] 자필유언서

※ 반드시 유언자가 자서(自書), 즉 손으로 직접 써야 합니다.

유 언 서

유언자 김영희는 다음과 같이 유언한다.

1. 유언자는 다음 부동산을 서울 양천구 오목로 176, 산호빌딩 2,4층에 있는 법률구조법인 대한가정법률복지상담원에 증여한다.
   (1) 서울 ○○구 ○○동 1의 10 대 330㎡
   (2) 위 지상가옥 1동

2. 서울 ○○구 ○○동 10 대 100㎡는 아들 박◇◇가 상속한다.

3. ○○은행에 예치한 예금(계좌번호 123-45-67890)은 딸 박◈◈가 상속한다.

4. 내가 가지고 있는 패물 중 금반지는 서울 ○○구 ○○로 11-1에 사는 친구 정◎◎에게 증여하고, 금비녀와 옥가락지는 나를 간병해준 서울 ○○구 ○○로 100에 사는 이◎◎에게 증여한다.

5. 경기도 ○○군 ○○읍 ○○리 10번지 전 3,300㎡은 남편 박□□가 상속한다.

6. 유언집행자로 동생 김철수를 기정한다.

20   년   월   일

유언자 김 영 희 ㊞ (반드시 인장일 필요 없고 무인도 가능)

※ 서명(사인)만 하시면 안 됩니다.

주 소 서울 ○○구 ○○로 000

[제5단원 서식 27] 협의이혼의사확인신청서

협의이혼의사확인신청서

당사자 부   (주민등록번호: -   )
        등록기준지 :
        주소 :
        전화번호(휴대폰/집전화) :

        처   (주민등록번호: -   )
        등록기준지 :
        주소 :
        전화번호(휴대폰/집전화) :

신청의 취지
위 당사자 사이에는 진의에 따라 서로 이혼하기로 합의하였다.
위와 같이 이혼의사가 확인되었다.
라는 확인을 구함

첨부서류
1. 남편의 혼인관계증명서와 가족관계증명서 각 1통
   처의 혼인관계증명서와 가족관계증명서 각 1통
2. 미성년자가 있는 경우 양육 및 친권자결정에 관한 협의서 1통과 사본 2통
   또는 가정법원의 심판정본 및 확정증명서 각 3통 (제출 _____, 미제출 _____)*
3. 주민등록표등본(주소지 관할법원에 신청하는 경우) 1통
4. 진술요지서(재외공관에 접수한 경우) 1통. 끝.

                    년   월   일

확인기일		담당자
1회	년 월 일 시	법원주사(보)
2회	년 월 일 시	㉑

신청인 부   (서명 또는 날인)
        처   (서명 또는 날인)

확인서등본 및 양육비 부담조서정본 교부	교부일
부 ㉑	
처 ㉑	

○○가정법원 귀중

* 해당하는 란에 ○ 표기하십시오. 협의하는 부부 양쪽이 이혼에 관한 안내를 받은 후에 협의서는 확인기일 1개월 전까지, 심판정본 및 확정증명서는 확인기일까지 제출할 수 있습니다.
※ 이혼에 관한 안내를 받지 않은 경우에는 접수한 날부터 3개월이 경과하면 취하한 것으로 봅니다.

[제5단원 서식 28] 자의 양육과 친권자결정에 관한 협의서

자의 양육과 친권자결정에 관한 협의서

사　건　　　　호협　　　　협의이혼의사확인신청
당사자　부　성　　　명
　　　　　　주민등록번호
　　　　　처　성　　　명
　　　　　　주민등록번호

협 의 내 용

1. 친권자 및 양육자의 결정 (□에 V표시를 하거나 해당 사항을 기재하십시오.)

자녀 이름	성별	생년월일(주민등록번호)	친권자	양육자
	□남 □여	년　월　일 (　　－　　)	□부　□모 □부모공동	□부　□모 □부모공동
	□남 □여	년　월　일 (　　－　　)	□부　□모 □부모공동	□부　□모 □부모공동

2. 양육비용의 부담 (□에 V표시를 하거나 해당 사항을 기재하십시오.)

지급인	□부　　　□모	지급받는 사람	□부　　　□모
지급방식	□ 정기금		□ 일시금
지급액	이혼신고 다음날부터 자녀들이 각 성년에 이르기 전날까지 미성년자 1인당 매월 금　　　원 (한글병기:　　　　　원)		이혼신고 다음날부터 자녀들이 각 성년에 이르기 전날까지의 양육비에 관하여 금　　　원 (한글병기:　　　　　원)
지급일	매월　　　일		년　월　일
기타			
지급받는 계좌	(　　　) 은행　예금주 :		계좌번호 :

3. 면접교섭권의 행사 여부 및 그 방법 (□에 V표시를 하거나 해당 사항을 기재하십시오.)

일 자	시 간	인도 장소	면접 장소	기타(면접교섭시 주의사항)
□ 매월 ＿＿＿째 주 요일	시　분부터 시　분까지			
□ 매월 ＿＿＿째 주 요일	시　분부터 시　분까지			
□ 기타				

첨 부 서 류

1. 근로소득세 원천징수영수증, 사업자등록증 및 사업자소득금액 증명원 등 소득금액을 증명하기 위한 자료 – 부, 모별로 각 1통
2. 위 1항의 소명자료를 첨부할 수 없는 경우에는 부·모 소유 부동산등기부등본 또는 부·모 명의의 임대차계약서, 재산세 납세영수증(증명)
3. 위자료나 재산분할에 관한 합의서가 있는 경우에는 그 합의서 사본 1통
4. 자의 양육과 친권자결정에 관한 협의서 사본 2통

[제5단원 서식 28] 자의 양육과 친권자결정에 관한 협의서

협의일자:　　년　　월　　일

부:　　　　　(서명 또는 날인)　　　모:　　　　　(서명 또는 날인)

○○가정(지방)법원	판사 확인인
사건번호	
확인일자	． ． ．

※ 작성요령

1. 친권자 및 양육자의 결정

　친권자는 자녀의 재산관리권, 법률행위대리권 등이 있고, **양육자**는 자녀와 공동생활을 하며 각종의 위험으로부터 자녀를 보호하는 역할을 합니다. 협의이혼 시 친권자 및 양육자는 자의 복리를 우선적으로 고려하여 부 또는 모 일방, 부모 공동으로 지정할 수도 있으며, 친권자와 양육자를 분리하여 지정할 수도 있습니다(**공동친권, 공동양육의 경우는 이혼 후에도 부모 사이에 원만한 협의가 가능한 경우**에만 바람직하며, 각자의 권리·의무, 역할, 동거기간 등을 별도로 명확히 정해두는 것이 장래의 분쟁을 예방할 수 있습니다).

　임신 중인 자의 특정은 자녀 이름난에 '모가 임신 중인 자'로 기재하고 생년월일란에 '임신 ○개월'로 기재함으로 하고, 성별란은 기재할 필요가 없습니다.

2. 양육비용의 부담

　자녀에 대한 양육의무는 친권자나 양육자가 아니어도 부모로서 부담하여야 할 법률상 의무입니다. 양육비는 자녀의 연령, 자녀의 수, 부모의 재산 상황 등을 고려하여 적정한 금액을 협의하여야 합니다. 경제적 능력이 전혀 없는 경우에는 협의에 의해 양육비를 부담하지 않을 수 있습니다. 이혼신고 전 양육비 또는 성년 이후의 교육비 등은 부모가 협의하여 "기타"란에 기재할 수 있으나, 양육비부담조서에 기재되지 않으므로, 강제집행을 위하여는 별도의 재판절차가 필요합니다.

3. 면접교섭권의 행사 여부 및 그 방법

　「민법」 제837조의2 규정에 따라 이혼 후 자녀를 직접 양육하지 않는 부모(비양육친)의 일방과 자녀는 서로를 만날 **권리**가 있고, 면접교섭은 자녀가 양쪽 부모의 사랑을 받고 올바르게 자랄 수 있기 위해 꼭 필요합니다. 면접교섭 일시는 자녀의 일정을 고려하여 **정기적·규칙적**으로 정하는 것이 자녀의 안정적인 생활에 도움이 되고, 자녀의 인도장소 및 시간, 면접교섭 장소, 면접교섭 시 주의 사항(기타 란에 기재) 등을 자세하게 정해야 장래의 분쟁을 방지할 수 있습니다.

4. 첨부서류

　협의서가 자녀의 복리에 부합하는지 여부를 판단하기 위해 부, 모의 월 소득액과 재산에 관한 자료 등이 필요하므로 증빙서류를 제출합니다.

5. 기타 유의사항

　법원은 협의서원본을 2년간 보존한 후 폐기하므로, 법원으로부터 교부받은 협의서등본을 이혼신고 전에 사본하여 보관하시기 바랍니다.

[제5단원 서식 29] 이혼신고서

이혼(친권자 지정)신고서
(년 월 일)

※ 신고서 작성 시 뒷면의 작성 방법을 참고하고, 선택 항목에는 '영표(○)'로 표시하기 바랍니다.

구분			남 편(부)				아 내(처)		
① 이혼 (신고 당사 자)인	성명	한글	(성) / (명)		㉑ 또는 서명	(성) / (명)			㉑ 또는 서명
		한자	(성) / (명)			(성) / (명)			
	본(한자)			전화		본(한자)		전화	
	출생연월일								
	주민등록번호		-				-		
	등록기준지								
	주소								
② 부 (양부) 모 (양모)	부(양부)성명								
	주민등록번호		-				-		
	모(양모)성명								
	주민등록번호		-				-		
③ 기타사항									
④ 재판확정일자 ( )			년 월 일			법원명		법원	

아래 친권자란은 협의이혼 시에는 법원의 협의이혼의사확인 후에 기재합니다.

⑤ 친 권 자 지 정	미성년인 자의 성명								
	주민등록번호			-			-		
	친권자	①부 ②모 ③부모	효력발생일	년 월 일		①부 ②모 ③부모	효력발생일	년 월 일	
			원인	①협의 ②재판			원인	①협의 ②재판	
	미성년인 자의 성명								
	주민등록번호			-			-		
	친권자	①부 ②모 ③부모	효력발생일	년 월 일		①부 ②모 ③부모	효력발생일	년 월 일	
			원인	①협의 ②재판			원인	①협의 ②재판	
⑨ 신고인 출석 여부			①남편(부)			②아내(처)			
⑩ 제출인	성명				주민등록번호			-	

※ 타인의 서명 또는 인장을 도용하여 허위의 신고서를 제출하거나, 허위신고를 하여 가족관계등록부에 실제와 다른 사실을 기록하게 하는 경우에는 **형법에 의하여 처벌**받을 수 있습니다. **눈표(*)**로 표시한 자료는 국가통계작성을 위해 통계청에서도 수집하고 있는 자료입니다.

※ 아래 사항은 **「통계법」 제24조의2**에 의하여 **통계청에서 실시하는 인구동향조사**입니다. 「통계법」 제32조 및 제33조에 의하여 성실응답의무가 있으며 개인의 비밀사항이 철저히 보호되므로 사실대로 기입하여 주시기 바랍니다.
※ 첨부서류 및 이혼당사자의 국적은 국가통계작성을 위해 통계청에서도 수집하고 있는 자료입니다.

인구동향조사

㉮ 실제 결혼 생활 시작일		년 월 일부터	㉰19세 미만 자녀 수		명
㉯ 실제 이혼 연월일		년 월 일부터			
㉱ 최종 졸업학교	남편 (부)	①학력 없음 ②초등학교 ③중학교 ④고등학교 ⑤대학(교) ⑥대학원 이상	아내 (처)	①학력 없음 ②초등학교 ③중학교 ④고등학교 ⑤대학(교) ⑥대학원 이상	
㉲ 직업	남편 (부)	①관리직 ②전문직 ③사무직 ④서비스직 ⑤판매직 ⑥농림어업 ⑦기능직 ⑨장치·기계·조작 및 조립 ⑨단순노무직 ⑩군인 ⑪학생·가사·무직	아내 (처)	①관리직 ②전문직 ③사무직 ④서비스직 ⑤판매직 ⑥농림어업 ⑦기능 ⑧장치·기계·조작 및 조립 ⑨단순노무직 군인 ⑩학생·가사·무직	

[제5단원 서식 30] 이혼, 친권자 및 양육자 지정, 재산분할, 위자료 청구의 소

소 장

원 고 :　　　　　　　　　(☎ :　　　　　　　)
　　　주민등록번호 :
　　　주　　　소 :
　　　송 달 장 소 :
　　　등 록 기 준 지 :
원 고 :
　　　주민등록번호 :
　　　주　　　소 :
　　　송 달 장 소 :
　　　등 록 기 준 지 :
사건본인 :
　　　주민등록번호 :
　　　주　　　소 :
　　　등 록 기 준 지 :

이혼, 친권자 및 양육자 지정, 재산분할, 위자료 청구의 소

청 구 취 지

1. 원고와 피고는 이혼한다.
2. 사건본인의 친권자로 원고(피고)를 지정한다.
3. 피고는 원고에게 사건본인에 대한 양육비로 20　.　.　.부터 사건본인이 성년에 이르기 전날까지 매월 ___일에 _____원을 지급하라.
4. 피고는 원고에게 위자료로 _____원 및 이에 대하여 이 사건 소장 부본 송달일 다음날부터 다 갚는 날까지 연 12%의 비율로 계산한 돈을 지급하라.
5. 피고는 원고에게 재산분할로 다음과 같이 이행하라
　　가. _____원 및 이에 대하여 이 판결 확정일 다음날부터 다 갚는 날까지 연 5%의 비율로 계산한 돈을 지급하라.
　　나. 아래 기재 부동산 (전부/지분 0분의 0)에 대하여 이 판결 확정일 재산분할을 원인으로 한 소유권이전등기절차를 이행하라.
　　부동산의 표시 : _____
6. 소송비용은 피고의 부담으로 한다.
라는 판결을 구합니다.

청 구 원 인
(원고와 피고가 이혼을 해야 하는 사유를 구체적으로 기재)

첨 부 서 류

1. 가족관계증명서(원고, 피고, 사건본인)　　각 1통
1. 혼인관계증명서(원고, 피고)　　각 1통
1. 주민등록표등(초)본(원고, 피고, 사건본인)　각 1통
1. 소장부본　1부

20　.　.　.
원고　　　　　　　(서명 또는 날인)

○○가정법원 귀중

[제5단원 서식 31] 양육비(변경) 심판청구서

양육비 심판청구

인지액
10,000원 × 사건본인 수

청 구 인　　　　　　　　　(☎ :　　　　　　　　　)
　　　주민등록번호 :
　　　주　　　소 :
　　　송 달 장 소 :

상 대 방
　　　주민등록번호 :
　　　주　　　소 :

사건본인(자녀)
　　　주민등록번호 :
　　　주　　　소 :

청 구 취 지(작성 예시)

[장래 양육비 청구] 상대방은 청구인에게 20　．　．　．부터 사건본인이 성년이 될 때까지 사건본인의 양육비로 월　만 원씩을 매월 말일에 지급하라.

[과거 양육비＋장래 양육비 청구]
1. 사건본인의 과거 양육비로　　　만 원 및 이에 대한 이 사건 심판확정일 다음날부터 다 갚는 날까지 연 5%의 비율로 계산한 돈을 지급하고,
2. 사건본인의 장래 양육비로 20　．　．　．(심판청구서 부본 송달 다음날 또는 심판 다음날부터) 사건본인이 성년이 될 때까지 사건본인의 양육비로 월　만 원씩을 매월 말일에 지급하라.

[양육비 변경]
1. 상대방은 청구인에게 사건본인　　　의 양육비로 20　．　．　．부터 성년에 이르기 전날까지 금　　　원의 돈을 매월 말일에 지급하라.
2. 심판비용은 상대방의 부담으로 한다.
3. 제1항은 가집행할 수 있다.
라는 심판을 구합니다.

청 구 원 인
(청구사유를 구체적으로 기재)

첨 부 서 류

1. 청구인의 가족관계증명서, 주민등록표등(초)본　　각 1통
1. 상대방의 가족관계증명서, 주민등록표등(초)본　　각 1통
1. 사건본인의 기본증명서, 가족관계증명서, 주민등록표등(초)본　　각 1통
1. 기타 소명자료　　1부
1. 청구서 부본　　1부

　　　　　　　　　　　　　　20　．　．　．
　　　　　　　　　청구인　　　　　　(서명 또는 날인)

　　　　　　　　　　　　　　　　　　　　　　○○가정법원 귀중

[제5단원 서식 32] 이행명령 불이행 등에 따른 감치 및 과태료 신청서

이행명령 불이행 등에 따른 감치 · 과태료 신청서

	인지액 1,000원

대상사건번호   20   즈   (이행명령, 수검명령, 일시금지급명령)

신 청 인   (☎ :   )
    주민등록번호 :
    주   소 :
    송 달 장 소 :

피신청인
    주민등록번호 :
    주   소 :

신 청 취 지

[금전지급 등 재산상 의무 불이행]
피신청인은 위 당사자간 ○○가정법원 20   즈기   호   사건의 이행의무를 위반하였으므로 (감치, 과태료)에 처한다.
라는 결정을 구합니다.

신 청 이 유

(신청사유를 구체적으로 기재)

첨 부 서 류

1. 이행명령 등 정본 또는 사본   1통
1. 사건본인의 주민등록표등(초)본   1통 [사건본인이 성년인 경우 피신청인의 등(초)본 첨부]
1. 신청서 부본   1부

20   .   .   .

신청인   (서명 또는 날인)

○○가정법원 귀중

[제5단원 서식 33] 성과 본의 창설허가 신청서

성과 본의 창설허가 신청서

| 인지액 5,000원 (국적취득의 경우 1,000원) |

청구인 겸 사건본인
    성　　　명 :　　　　　(☎ :　　　　　　　　)
    주민등록번호 :
    주　　　소 :
    송 달 장 소 :

청 구 취 지

사건본인의 성(姓)을　　　(한자:　　)으로, 본을　　　(한자:　　)으로 창설할 것을 허가한다.
라는 심판을 구합니다.

청 구 원 인

(성·본 창설허가 청구사유를 구체적으로 기재하십시오.)

첨 부 서 류

[친생자관계부존재확인판결을 받은 경우]
1. 주민등록표등(초)본　　1통
1. 친생자관계부존재확인판결 정(등)본　　1통
1. 확정증명원　　1통

[부모 모두를 알 수 없는 사람]
1. 가족관계등록부 부존재증명서(구청에서 발급)　　1통
1. 주민등록신고확인서(관할 동사무소 발급) 또는 주민등록표등(초)본　　1통
1. 반명함판 사진(사건본인)　　3매
1. 인우보증서(2인 이상, 각 인감증명서 또는 본인서명사실확인서 첨부)　　1부

[국적취득자의 경우]
1. 기본증명서(상세), 가족관계증명서(상세)　　각 1통
1. 주민등록표등(초)본　　1통
1. 기타 소명자료　　1부
   (㉠ 먼저 국적을 취득한 형제자매와 동일한 성·본으로 정하고자 하는 경우 이를 소명하는 자료 등. 없으면 제출할 필요 없음)

20　.　.　.

청구인 겸 사건본인　　　　　　(서명 또는 날인)

○○가정법원 귀중

[제5단원 서식 34] 가족관계등록 창설허가 신청서

가족관계등록 창설허가 신청서

주 소

신청인 겸 사건본인의
      성 명   (한자   )
      주민등록번호 :
      전 화 번 호 (휴대폰)   (자택)

신 청 취 지

등록기준지를   도(시)   시(군, 구)   동(읍, 면)   리   번지로 정하고 신청인 겸 사건본인에 대하여 별지 신분표와 같이 가족관계등록 창설을 허가하여 주시기를 바랍니다.

신 청 이 유

(가족관계등록 창설사유를 구체적으로 기재하십시오.)

첨 부 서 류

1. 가족관계등록신분표   1부
1. 가족관계등록부 부존재증명서 [시(구)·읍·면장 발행]   1통
1. 주민등록신고 확인서 [읍·면장 발행]
1. 성·본 창설허가 심판서 등본(부모를 알 수 없는 무적자인 경우)   1통
1. 성장환경진술서   1부
1. 성장과정을 뒷받침하는 소명자료(작성자의 주소, 전화번호 기재)   1부
1. 재적확인서(군사분계선 이북지역에 본적을 가졌던 자의 가족관계등록부 창설의 경우에 한함) [이북5도지사가 발행]   1통
1. 멸실 당시 재적증명(멸실호적 취적의 경우에 한함) [시(구)·읍·면장이 발행]   1통

20 . . .

신청인   (서명 또는 날인)

○○가정법원 귀중

[제5단원 서식 35] 개명허가 신청서

가족관계등록 창설허가 신청서

등록기준지
주민등록등본 주소
송달(등기우편)희망주소
사건본인의 성 명   (한자   )
         주민등록번호
         전 화 번 호 (휴대폰)   (자택)

신 청 취 지

등록기준지:_____의 가족관계등록부 중 사건본인의 이름 "(현재 이름)   (한자:)"을(를) "(바꿀 이름)   (한자:)"(으)로 개명하는 것을 허가하여 주시기 바랍니다.

 * 주의
 1. 개명하고자 하는 이름은 대법원 확정 표준인명용 한자를 사용하여야 합니다.
 2. 모든 글씨(한자)는 또박또박 바르게 써주시기 바랍니다(정자로 기재).

신 청 이 유
(개명하고자 하는 사유를 구체적으로 기재하시기 바랍니다.)

필 수 소 명 자 료

1. 사건본인의 기본증명서(상세) 1통
1. 사건본인의 가족관계증명서(상세) 1통
1. 사건본인의 **부(父)와 모(母) 각각**의 가족관계증명서(상세) (2008. 1. 1. 이전에 사망 시 사망일시 표시된 제적등본) 1통
1. 사건본인 자녀[**성인(19세 이상)인 경우만**]의 가족관계증명서(상세) 각 1통
1. 사건본인의 주민등록표등(초)본 1통
1. 소명자료(신청 이유를 증명할 수 있는 객관적인 자료 및 개명하고자 하는 이름으로 사용하고 있는 객관적인 자료)
※ 대리인이 제출할 때에는 사건본인의 위임장, 사건본인의 신분증 및 도장 지참

20   .   .   .

신청인   (서명 또는 날인)

○○가정법원 귀중

[제5단원 서식 36] 친생자 출생신고를 위한 확인신청서

친생자 출생신고를 위한 확인신청서

신 청 인　　　　　　　　　(주민등록번호:　　　　－　　　　)
　　주　소
사건본인
　　출생연월일　*정확한 출생연월일을 알 수 없는 경우에는 출생추정연월일을 기재하여야 합니다.*
　　주　소
〈모(母)가 특정되는 경우〉
　　사건본인의 모　　　　　　(주민등록번호:　　　　－　　　　)
　　　　　　　　　　　　　　(외국인의 경우 외국인등록번호)
　　등록기준지(외국인인 경우 국적)

신 청 취 지

가족관계의 등록 등에 관한 법률 제57조제1항 단서 규정에 따라 사건본인　　　의 모가 특정됨에도 불구하고 모가 소재불명 또는 모가 정당한 사유 없이 출생신고에 필요한 서류 제출에 협조하지 않는 등의 장애가 있는 경우임을 확인한다.
(또는)
가족관계의 등록 등에 관한 법률 제57조제2항 규정에 따라 사건본인　　　의 모의 성명·등록기준지 및 주민등록번호의 전부 또는 일부를 알 수 없어 모를 특정할 수 없는 경우 또는 모가 공적 서류·증명서·장부 등에 의하여 특정될 수 없는 경우임을 확인한다.
라는 확인을 구합니다.

신 청 이 유
(신청사유를 구체적으로 기재)

첨 부 서 류

1. 소명자료
1. 신청인과 사건본인 사이에 혈연관계가 있음을 소명할 수 있는 자료
1. 가족관계증명서(등록기준지 관할 가정법원에 신청하는 경우)　1통
1. 주민등록표등(초)본(주소지 관할 가정법원에 신청하는 경우)　1통

20　.　.　.

신청인　　　　　　(서명 또는 날인)

○○가정법원 귀중

[제5단원 서식 37] 실종선고 심판청구서

실종선고 심판청구

청구인(사건본인의   )   (☎:   )
    주민등록번호 :
    주　　　소 :
    송 달 장 소 :

사건본인 :
    주민등록번호 :
    최 후 주 소 :
    등 록 기 준 지 :

인지액
5,000원

청 구 취 지

사건본인   의 실종을 선고한다. 라는 심판을 구함

청 구 원 인(작성 예시)

1. 청구인은 부재자   의 형으로서 청구인과 같은 주소지에서 거주하고 있었습니다. 그런데 부재자는 최후주소지에서 살다가 19   .   .   . 무단가출한 지   년이 지난 오늘에 이르기까지 그 생사를 알 수 없습니다.
2. 청구인은 부재자가 가출한 후 친척 또는 친지를 통하여 그 생사를 찾아보았으나 전혀 알 길이 없어 청구취지와 같은 심판을 구하고자 이 사건 청구에 이르렀습니다.

첨 부 서 류

1. 청구인의 가족관계증명서(상세), 주민등록표등(초)본   각 1통
1. 사건본인의 기본증명서(상세), 가족관계증명서(상세), 주민등록표등(초)본   각 1통
1. 기타 실종을 증명하는 서류(2인 이상의 인우보증서 등)   1부

20   .   .   .

청구인   (서명 또는 날인)

○○가정법원 귀중

[제5단원 서식 38] 부재선고 심판청구서

부재선고 심판청구

청구인(사건본인의   )   (☎:   )
    주민등록번호 :
    주　　　소 :
    송 달 장 소 :

사건본인(잔류자)
    주민등록번호 :
    최 후 주 소 :
    원등록기준지 :
    등 록 기 준 지 :

인지액 없음

청 구 취 지

잔류자　　　　　의 부재를 선고한다. 라는 심판을 구함

청 구 원 인

위 잔류자는 현재 미수복지구에 잔류하고 있으며, 가족관계등록부에 미수복지구 거주로 등록되어 있으므로 부재선고 등에 관한 특별조치법에 의하여 잔류자에 대한 부재선고의 심판을 구함

첨 부 서 류

1. 청구인의 가족관계증명서(상세), 주민등록표등(초)본　　각 1통
1. 잔류자(사건본인)의 기본증명서(상세), 가족관계증명서(상세), 주민등록표등(초)본　　각 1통
1. 잔류자 확인서 (이북5도청 발급 ☎02-2287-2525)　　1부
   (잔류자 확인서를 발급받을 수 없는 경우에는 부재선고 심판청구가 불가합니다.)

20 . . .

청구인　　　　　(서명 또는 날인)

○○가정법원 귀중

[제5단원 서식 39] 등록기준지 변경신고서

등록기준지 변경신고서
(년 월 일)

※ 신고서 작성 시 아래의 작성 방법을 참고하고, 선택 항목에는 "영표(○)"로 표시하기 바랍니다.

① 등록부	성명	한글	(성) / (명)	주민등록번호	-
		한자	(성) / (명)		
	변경 전 등록기준지				
	변경 후 등록기준지				
	주소				
② 기타 사항					
③ 신고인	성명		(서명 또는 날인)	주민등록번호	-
	자격	① 본인 ② 법정대리인 ③ 기타(자격:)			
	주소			전화	
④ 제출인	성명			주민등록번호	-

제6단원

금전과 부동산

제1장 금전 거래

제1절 개인 간 금전거래에 있어서 유의할 사항

1. 돈을 빌려줄 때 유의할 점

(1) 돈을 빌려주기 전 꼭 알아두어야 할 사항

> 돈을 빌려주기 전 꼭 알아두어야 할 사항으로는 무엇이 있을까요?

채무자의 신분을 확인하고 차용증을 정확히 작성해야 하며, 채무자의 자력을 조사하여 채권담보계약을 체결하는 것이 좋습니다.

차용증은 표제에 차용증임을 알리고 차용금액, 이자의 유무, 이율, 변제기일 및 변제방법, 금전의 수령 또는 차용이 이루어졌음을 반드시 기재하고, 실제 수령한 날짜를 적고, 채권자ㆍ채무자의 서명날인을 하고 수신인은 채권자로 합니다.

상대방의 신용과 재력이 의심스러울 때는 회수확보를 위한 담보를 취득해야 합니다. **담보**에는 인적담보와 물적담보가 있습니다. **인적담보**는 제3자로 하여금 보증이나 연대보증을 서도록 하는 것인데 제3자의 재력 등도 확인해야 합니다. **물적담보**는 흔히 부동산에 저당권이나 가등기를 설정하는 방법, 소유권이전등기를 받는 방법 등이 있고, 동산이나 유가증권을 담보로 받아두는 경우도 있습니다. 흔히 **전세보증금을 담보로 하는 경우**가 있는데 이때는 반드시 전세보증금 반환채권의 양도계약을 체결한 후 집주인을 만나 승낙을 얻거나, 채무자로 하여금 집주인에게 내용증명 우편으로 통지하도록 조치해야 효력이 발생하고, 단지 채무자의 전세계약서를 받아놓는 것만으로는 아무런 효력이 없음을 유의해야 합니다.

미성년자에게 돈을 빌려줄 때는 보호자(부모 또는 후견인)의 동의가 있어야 하고, 동의가 없으면 미성년자의 보호자가 계약을 취소할 수 있으므로 손해를 볼 경우가 생깁니다. **법인, 즉 회사 등과 거래할 경우**에는 상대방이 그 회사를 대표하는 정당한 권한이 있는지를 확인해야 하며 단지 그 회사의 임직원과 개인적으로 돈거래 하는 형식의 계약서를 만들면 손해를 보는 경우가 생깁니다.

가정주부에게 돈을 빌려줄 경우, 그 돈이 자녀들의 학비나 식비 등 일상가사 비용으로 사용된다면 그 남편에게도 변제책임이 있으나, 일상가사와 관계없이 주부가 계를 한다든지 사치나 유흥비로 쓴다든지 하는 경우는 남편이 별도로 보증을 서지 않는 한 단지 그러한 사실을 알고 있었다는 것만으로는 남편에게 변제책임이 없음을 유의해야 합니다.

약속어음을 할인하는 형식으로 돈을 빌려줄 때에는 약속어음의 배서가 연속되는가를 확인해야 하고, 배서인이나 발행인이 아니면 어음상의 책임을 지지 아니하므로 반드시 채무자의 배서를 받아야 합니다.

수표는 부도를 내는 경우 형사처벌까지 받게 되므로 백지수표(주로 발행일자)를 담보로 돈을 빌려줄 때가 많은데, 발행일자를 기재하지 않고 제시하거나 기재한 발행일자보다 10일이 넘은 후에 제시하여 부도가 난 경우는 발행인의 형사책임이 면제되므로 이에 유의해야 합니다.

도박이나 강도와 같은 범죄에 제공될 자금인 줄 알면서 돈을 빌려준 경우는 상대방이 임의로 갚아주면 좋으나 갚지 않으면 법률상 청구할 수 없으므로 나쁜 일에 돈을 빌려주지 말아야 합니다.

(2) 공증 – 차용증을 공증받는 이점

> 지인이 돈을 빌려달라 해서 빌려주려고 합니다. 그런데 주변에서 차용증을 쓴 후 공증을 꼭 받으라고 하는데, 공증을 받으면 어떤 이점이 있나요?

차용증은 증거력을 확보하고 보관을 확실하게 하기 위해 공증하는 것이 좋습니다. 공증서류는 민사재판이나 형사재판에서 강력한 증거력을 갖게 되므로 분쟁 예방은 물론 분쟁 해결에도 도움을 줍니다.

'**공정증서**'란 공증인이 법률행위 그 밖의 사권(私權)에 관한 사실에 대해 작성하는 증서를 말합니다. 공정증서가 작성되면 이는 진정한 것으로 추정되므로 차용증 자체의 진정성이 추정됩니다. 또한 공증한 문서는 공증사무소에서 일정기간 보관하므로 분실위험이 줄어듭니다. 그밖에 **강제집행 승낙이 있는 약속어음 공정증서**를 작성하면 「민사집행법」에 따른 집행권원으로 작용하게 되므로 **민사소송을 거치지 않더라도 강제집행이 가능합니다.**

차용증을 공증하는 방법으로는 이미 작성된 차용증을 공증인으로부터 인증(사서인증)받는 방법과 **공증사무소에서 차용증 자체를 공정증서로 작성**하는 방법이 있습니다. 공증은 ① 공증인으로 임명된 사람이 설치한 공증사무소, 또는 ② 공증 담당 변호사를 두고 공증인가를 받은 법무법인이나 합동법률사무소에서 할 수 있습니다.

금전거래의 양 당사자가 직접 공증에 참여하는 경우에는 본인의 도장, 신분증, 차용증(사서증서 인증의 경우)을, **당사자 일방이나 쌍방의 대리인이 공증에 참여하는 경우**에는 당사자의 인감증명서, 위임장, 대리인의 도장, 신분증, 차용증(사서증서 인증의 경우)을 미리 구비서류로서 갖추어야 합니다. 차용증을 공증할 때에는 「공증인 수수료 규칙」에 따라 일정 금액의 수수료가 부과됩니다.

(3) 차용증을 공증했다고 모두 강제집행할 수 있는 것은 아니다

> 차용증을 작성하고 공증하면 변제하지 않는 채무자로부터 바로 채권을 강제집행할 수 있나요?

차용증을 작성하고 이를 공증하는 것은 금전소비대차계약 성립의 진정을 입증하는 효력을 가질 뿐, 그 자체로 변제하지 않는 채무자로부터 채권을 강제집행할 권한을 주는 것은 아닙니다. 다만, 차용증을 공증할 때 강제집행을 인낙(認諾)하는 취지의 약속어음 공정증서를 작성하면 그 공정증서가 집행권원이 되어 채무불이행 시 별도의 소송 없이도 강제집행할 수 있습니다.

◇ 약속어음 공정증서

"**약속어음 공정증서**"란 어음·수표에 부착하여 강제집행을 승낙하는 취지를 기재한 공정증서를 말한다. 채무자는 어음·수표의 발행인이 되고 채권자는 어음·수표의 수취인이 된다. 공증인이 약속어음 공정증서를 작성할 때에는 어음·수표의 원본을 붙여 증서의 정본을 작성하고, 그 어음·수표의 사본을 붙여 증서의 원본 및 등본을 작성한 후 증서의 정본은 어음·수표상의 채권자에게 내주고, 그 등본은 어음·수표상의 채무자에게 내주며, 그 원본은 공증인이 보존한다.

(4) 보증계약

> 친척이 돈을 빌려달라기에 보증인을 요구했더니 다른 친척의 도장이 찍힌 보증서를 제시합니다. 괜찮을까요?

다른 친척에게 직접 연락하여 보증서의 진위 여부를 확인하는 것이 좋습니다.

보증은 보증인의 신용에 중점을 두는 제도로서 보증인의 행위능력 및 변제능력에 대한 확인이 필요합니다. 또한 서로 면전(面前)에서 보증을 서는 사람으로 하여금 기명날인 또는 서명이 있는 서면을 작성하게 하고, 혹시 면전에서 할 수 없다면 최소한 기명날인 또는 서명이 있는 서면의 진위 여부에 대해 본인에게 보증의사를 확인하는 것이 원칙입니다. 그렇지 않다면 예전에도 보증인이 채무자의 채무보증을 했고, 그때도 이번처럼 보증인의 도장이 찍힌 서류를 갖고 왔다든지 또는 평소 보증인의 도장을 채무자가 맡아 그의 일을 처리해 주었다는 등 보증인이 채무보증의사가 있음을 믿을 만한 특별한 사정이 있어야 합니다.

따라서 돈을 빌려주기 전에 보증서에 기재된 보증인에게 직접 연락하여 확인을 거친 다음 보증서의 진위 여부를 확인한 후 돈을 빌려주는 것이 후에 있을지 모를 분쟁을 예방할 수 있습니다.

(5) 보증의 종류

보증이란 일반적으로 금전거래에서 채무자(돈을 빌린 사람)가 채권자(돈을 빌려준 사람)에게 빌린 돈을 갚지 않을 경우에 대비하여 제3자인 보증인의 재산으로 채권자의 채권을 담보하는 제도를 말한다. 이는 그 구체적 법률관계의 내용에 따라 단순보증, 연대보증, 공동보증, 근보증 및 신원보증으로 구분할 수 있다.

① 단순보증

단순보증이란 보증인의 일반재산으로 채권을 담보하는 것으로 주채무자가 채권자에게 돈을 갚지 않을 경우 보증인이 대신 돈을 갚아야 하는 제도를 말한다.

② 연대보증

연대보증이란 보증인이 주채무자와 연대해 채무를 부담함으로써 주채무의 이행을 담보하는 채무를 말한다. 연대보증은 채권의 담보를 목적으로 하는 점에서 보통의 보증과 같으나 **보증인에게 최고·검색의 항변권이 없으므로**(민법 제437조 단서, 상법 제57조) 채권자의 권리 담보가 보다 확실하다. **채권자는 연대보증인이 수인인 경우 어느 연대보증인에 대하여서도 주채무의 전액을 청구할 수 있다.**

채권자가 연대보증인에 대하여 가지는 권리는 주채무자에 대한 것과 같다. 연대보증은 보증채무의 보충성은 없으나 부종성은 있으므로, 연대보증인은 채권자의 청구에 대하여 최고·검색의 항변권을 행사할 수는 없으나 **주채무자가 채권자에 대하여 가지는 항변을 주장할 수는 있으며, 주채무자의 항변의 포기는 연대보증인에게는 효력이 없다**(민법 제433조).

※ 연대보증제도가 지난 2019년을 기점으로 금융권(제1·제2·제3금융 및 대부업체)에서 사용할 수 없도록 폐지되었다. 연대보증으로 인한 사회적인 피해가 커짐에 따라 특단의 선택을 한 것이라고 할 수 있다. 따라서 이제 금융기관에서 돈을 빌려줄 때 기관 측은 채무자에게 연대보증을 요구할 수 없다. 뿐만 아니라 규모가 큰 대부업체도 마찬가지다. 하지만 연대보증은 우리 사회에서 완전히 사라지지 않았고, 여전히 우리 주변에서 이용되고 있다.

③ 근보증

근보증이란 당좌대월계약과 같은 일정한 계속적 거래관계로부터 발생하는 불특정의 채무를 보증하기로 하는 계약을 말하며 **신용보증**이라고도 한다. 근보증은 채무자와 금융기관 사이에 이미 맺어져 있거나, 앞으로 맺게 될 거래계약으로부터 현재 발생되어 있거나 발생할 채무를 보증(담보)한도액 범위 내에서 보증하게 되는 것이다(민법 제428조의3).

계속적 보증계약에 기간의 약정이 없는 때에는 보증인은 보증계약 체결 후 상당한 기간이 경과하면 보증계약을 해지할 수 있으며, 계속적 보증은 원칙적으로 상속되지 아니한다. 또한 보증계약 체결 당시 예상할 수 없었던 특별한 사정, 즉 채무자의 자산상태가 급격히 악화된 경우에는 상당한 기간이 경과하지 않더라도 보증계약을 해지할 수 있다(대법원 1996. 10. 29. 선고 95다17533, 2000. 3. 10. 선고 99다61750, 2018. 3. 27. 선고 2015다12130 판결).

④ 신원보증

신원보증이란 고용계약에 부수하여 체결되는 신원보증인과 사용자 사이의 신원보증계약에 의해 성립한다. "신원보증계약"이란 피용자가 업무를 수행하는 과정에서 그에게 책임 있는 사유로 사용자에게 손해를 입힌 경우에 그 손해를 배상할 채무를 부담할 것을 약정하는 계약을 말한다(신원보증법 제2조).

신원보증계약의 보증기간은 그 보증계약일로부터 2년간이고, 이를 초과한 기간은 2년으로 단축된다. 또한 기간을 갱신할 수 있으나 2년을 초과할 수 없도록 하고 있다(동법 제3조).

피용자를 고용한 사용자는 피용자가 업무상 부적격자이거나 불성실한 행적이 있어 이로 인하여 신원보증인의 책임을 야기할 우려가 있음을 안 때, 피용자의 업무 또는 업무수행의 장소를 변경함으로써 신원보증인의 책임이 가중되거나 업무 감독이 곤란하게 될 때 신원보증인에게 지체 없이 통지하여 신원보증인에게 계약해지의 기회를 주어야 한다(동법 제4조·제5조).

신원보증인은 피용자의 고의 또는 중과실로 인한 행위로 발생한 손해를 배상할 책임이 있다. 신원보증인이 2명 이상인 경우에는 특별한 의사표시가 없으면 각 신원보증인은 같은 비율로 의무를 부담한다. 법원은 신원보증인의 손해배상액을 산정하는 경우 피용자의 감독에 관한 사용자의 과실 유무, 신원보증을 하게 된 사유 및 이를 할 때 주의를 한 정도, 피용자의 업무 또는 신원의 변화, 그 밖의 사정을 고려하여야 한다(동법 제6조).

신원보증계약은 신원보증인의 사망으로 종료하며(동법 제7조), 이 법의 규정에 반하는 특약으로서 어떠한 명칭이나 내용으로든지 신원보증인에게 불리한 것은 효력이 없다(동법 제8조).

(6) 보증보험제도

보증보험제도는 특수한 보증제도로서 보증보험회사와 이용자가 보증보험계약을 체결하고 그 보험증권으로 보증을 대신할 수 있는 제도이다. 인적담보제도는 보증인의 자력(資力)에 의존하는 것이므로 그 자력이 부족하면 채권을 담보할 수 없게 되므로 보증인의 자력확보가 문제였으나, 이를 보완할 수 있는 제도가 바로 이 보증보험제도이다.

보증보험은 가압류, **가처분 등의 보증공탁 시 공탁금을 보증보험증권으로 대체함으로써 비교적 많은 금액을 현금으로 납입해야 하는 불편을 덜어주며, 각종 할부구매, 신원보증의**

경우는 물론 형사사건의 보석보증금 납부 필요 시에도 이용된다. 보증보험계약 체결 시 보증보험회사에 납부하여야 할 보험료는 보험 상품에 따라 차등이 있다.

보증보험은 성질상 손해보험 중 **책임보험**에 속하므로 이에 관하여는 책임보험에 관한 상법의 규정이 적용된다(상법 제719조 이하). 그러나 보증보험에 관한 보통보험약관 내지 특별보험약관이 우선적으로 적용되는 것은 물론이다.

현재 한국에서 판매되고 있는 보증보험에는 ① 신원보증, ② 이행보증, ③ 납세보증, ④ 인·허가보증, ⑤ 지급계약보증, ⑥ 할부판매보증, ⑦ 사채보증보험 등이 있다.

보증보험에 관련한 양식에는 보증보험의 계약내용을 이행 완료하였음을 확인하기 위한 보증보험이행완료확인서, 보증보험 가입현황을 알 수 있는 보증보험내역서, 보증보험가입내역서, 보증보험가입신고서 등이 있다.

관련 사례

[1] 약속한 때로부터 많이 지난 후 채무를 반환할 때 지연이자 받을 수 있나

> 친구가 급전이 필요하다 하기에 무이자로 한 달만 빌려주기로 하고 차용증을 작성했습니다. 그런데 이 친구는 1년이 지나서야 돈을 갚으러 왔네요. 이때에도 무이자로 원금만 받아야 하나요?

연 5%의 지연이자를 받을 수 있습니다. 돈을 빌려주면서 이자를 약정하지 않았다면 기한 내에는 이자를 받을 수 없지만, 만약 기간이 지나도 돈을 갚지 않았다면 지연이자가 발생합니다. 지연이자의 이율에 대하여 다른 약정이 없거나 원금에 대한 이율이 무이자이거나 법정이율 연 5%(민법 제379조) 이내일 때에는 지연이자의 이율은 연 5%로 하여 원금 외에 지연이자에 상당하는 지연손해금을 받을 수 있습니다.

◇ 채무불이행에 따른 배상액이 예정된 경우

차용증을 작성할 때 배상액을 예정한 경우에는 자신이 입은 손해배상의 범위를 구체적으로 입증할 필요 없이 상대방의 채무불이행 사실만으로 예정한 배상액을 청구할 수 있다. 예정 배상액이 너무 많은 경우에는 법원이 감액할 수 있다.

◇ 채무불이행에 따른 배상액이 예정되지 않은 경우

지연이자의 이율에 대하여 다른 약정이 없거나 원금에 대한 이율이 무이자이거나 법정이율 연 5%(민법 제379조) 이내일 때에는 지연이자의 이율은 연 5%(상사채무인 경우에는 연 6%, 상법 제54조)로 하여 원금 외에 지연이자에 상당하는 지연손해금을 받을 수 있다. 지연이자의 이율에 대하여 다른 약정이 있는 경우 연 12%를 넘지 않아야 한다.

◇ 금전채무의 이행을 소구하는 경우

　금전채무 불이행 시 손해배상의 산정기준이 되는 법정이율은 통상 연 5%로 일반적인 금전채무의 이율에 비해서 낮기 때문에 채무자가 고의로 채무를 이행하지 않거나 채권자의 채무이행청구소송에서 소송을 지연시킬 가능성이 있다. 이러한 폐단을 막기 위해 금전채무의 전부 또는 일부의 이행을 명하는 판결(심판을 포함)을 선고할 경우에 손해배상액 산정의 기준이 되는 법정이율은 그 금전채무의 이행을 구하는 소장 또는 이에 준하는 서면이 채무자에게 송달된 다음 날부터 연 12%로 높아진다(소송촉진 등에 관한 특례법 제3조제1항).
※ 소송촉진 등에 관한 특례법 제3조제1항 본문의 법정이율에 관한 규정
　2019년 6월 1일부터 연 12%의 개정 법정이율이 적용되고 있다. 2019년 6월 1일을 기준으로 1심 재판 변론이 종결된 사건, 항소심과 상고심이 진행 중인 사건에는 종전 법정이율인 연 15%가 그대로 적용된다(동법 부칙 제2조).

[2] 채무 일부변제 시 법정변제충당의 순서에 따라야 한다

> 지인에게 이율 연 20%에 1,000만 원을 빌려주었습니다. 변제기가 도래해 채무자가 왔는데, 1,000만 원만 가지고 와서는 일단은 원금부터 상환하는 것으로 하자고 합니다. 이런 경우 이자부터 갚는 게 우선 아닌가요?

　채권자와 채무자는 계약을 체결할 때 미리 일부 변제 시 변제액을 비용, 이자, 원본 중 어느 금액에 충당할 것인지에 관해 합의할 수 있으며, 합의가 있으면 그 합의에 따릅니다(대법원 1987. 3. 24. 선고 84다카1324 판결). 그게 아니라면 원칙적으로 비용, 이자, 원본의 충당순서는 법정변제충당의 순서에 따릅니다. 즉 손해금, 이자, 원금 순서로 충당하는 것이 원칙입니다(민법 제477조, 제479조). 따라서 위 질문의 경우 가져온 돈 1,000만 원 중 200만 원을 이자에 먼저 충당하고, 나머지 800만 원을 원금의 일부로 충당함으로써 결국 원금 200만 원이 남게 됩니다.

[3] 미성년자와 체결한 계약은 부모의 동의 없으면 무효

> 제 아들은 18세의 대학생으로 증여받은 임야를 부동산 중개업소를 통해 시가보다 싼 가격으로 A에게 팔고 받은 돈을 학비, 생활비 등으로 사용했습니다. 저는 아들이 미성년자라는 이유로 매매계약 취소를 통지했는데 A는 제 아들이 신체도 건장하고 성년이라고 말해 이를 믿고 계약을 체결했으므로 계약 취소는 부당하고, 계약이 취소되더라도 부동산 대금과 그 이자를 반환해야 한다고 주장하고 있습니다. 이런 경우 어떻게 되는지 궁금합니다.

현행 민법상 만 19세 미만자는 미성년자로서 매매 등 법률행위를 할 경우 원칙적으로 부모 등 법정대리인의 동의를 얻도록 하고 있으며, 법정대리인의 동의 없이 이루어진 미성년자의 계약이나 법률행위에 대해서는 미성년자 본인이나 법정대리인이 취소할 수 있습니다(민법 제5조). 최근 하급심 법원에서도 미성년자가 부모의 동의 없이 신용카드사와 맺은 신용카드 발급 계약은 취소할 수 있다고 판결한 바 있습니다.

그러나 미성년자가 사술로써 성년자라고 믿게 하거나(주민등록증 등 연령에 관한 공적증명서를 변조), 부모의 동의가 있는 것으로 믿게 한 경우에는 그 계약을 취소하지 못합니다(민법 제17조제2항). 여기서 '**사술(詐術)**'이란 적극적으로 사기 수단을 사용하는 것을 말하며, 미성년자 본인이 자신을 성년자라고 말하는 것만으로는 사술이 아니라는 것이 대법원 판례의 태도입니다(대판 1971. 12. 14. 선고 71다2045 판결).

따라서 귀하나 귀하의 아들은 매매계약을 취소할 수 있습니다. 계약이 취소되면 당초부터 계약이 없었던 상태로 돌아가(취소는 계약을 소급적으로 무효로 만듦) 귀하의 아들은 이미 받은 대금을 반환하고, A는 이전받은 부동산의 소유권을 갑에게 넘겨주어야 합니다. 이러한 각 당사자의 의무는 부당이득반환의무의 성질을 가지며, 계약에 기해 상대방으로부터 받은 금전 등은 반환되어야 함이 원칙입니다(민법 제141조).

그러나 미성년자의 경우에는 특칙을 두어 그 행위로 인해 '이익이 현존하는 한도'에서만 반환하면 됩니다(동조 단서). 이는 취소 대상이 된 계약 등에 의해 사실상 얻은 이익이 그대로 있거나 그것이 변형돼 잔존하고 있는 이상 그것만을 반환하면 된다는 의미입니다. 귀하의 아들은 매매대금을 학비로 지출하고 필요한 생활 용도에 사용했으므로 이익이 현존하는 것으로 되어 이를 A에게 반환할 책임이 있습니다.

또한 미성년자의 행위에 대해서는 성년이 된 때로부터 3년 내에 취소권을 행사할 수 있으나(민법 제146조), 성년이 된 후 계약 내용의 전부 또는 일부를 이행하거나 상대방에 대해 계약의 이행을 청구할 경우에는 계약을 취소할 수 없습니다.

[4] 채무자가 변제기 전 돈을 갚는 경우 채권자는 기한의 이익(이자)을 포기해야 하나

> 친구에게 1년 후를 변제기로 하여 년 이율 20%로 돈을 빌려주었습니다. 그런데 이 친구가 석 달 만에 변제하겠다면서 원금과 석 달 치 이자를 주고 갔습니다. 왠지 손해 보는 것 같은데 이래도 되는 건가요?

나머지 9개월에 대한 이자도 받을 수 있습니다. 당사자의 특별한 의사표시가 없으면 변제기 전이라도 채무자는 변제할 수 있으나, 상대방의 손해는 배상해야 합니다(민법 제468조). 변제기 전에 변제하는 경우 상대방인 채권자에게 발생하는 손해는 이자부 금전소비대차계약의 경우 변제시점부터 변제기까지 받을 이자를 말합니다.

돈을 빌려줄 때는 대개 갚는 기한이 정해지므로 이 기간에는 돈을 빌린 사람은 원금상환 독촉을 받지 않는 등의 이익을 받는데, 이처럼 기한이 아직 남음으로써 그동안 당사자가 받는 이익을 기한의 이익이라 합니다. 기한의 이익은 돈을 빌려주는 채권자에게도 기한 동안의 이자수익 보장 등의 이익이 있기 때문에 채무자는 자신의 기한 이익을 포기하더라도 상대방의 이익을 침해해서는 안 됩니다.

따라서 귀하의 채무자가 자신에게 주어진 1년이라는 기한의 이익을 포기하고 3개월 만에 원금을 갚더라도 이로 인해 채권자인 귀하가 가지는 1년간의 이자수익을 침해해서는 안 됩니다. 따라서 귀하가 이자수익을 포기한다는 의사표시가 없는 한 친구는 그 손해를 보상해야 하므로, 귀하는 친구로부터 나머지 9개월간의 이자를 배상받을 수 있습니다.

[5] 전세보증금을 담보로 돈 빌려줄 때

> 지인이 돈을 빌려달라기에 담보를 요구했더니, 자신이 살고 있는 집의 전세보증금을 담보로 하겠다고 합니다. 안전할까요?

전세보증금은 세입자가 집주인으로부터 나중에 돌려받을 수 있는 채권으로서 이를 담보로 금전을 대부해 줄 수 있습니다. 이것을 담보로 잡는 방법은 전세보증금반환채권의 양도계약을 체결하고(채권양도계약서 작성) 집주인을 만나 승낙을 얻거나, 채무자로 하여금 집주인에게 채권을 양도했다는 사실을 내용증명 우편으로 통지하도록 조치해야 효력이 있습니다. **지명채권의 양도는 양도인이 채무자에게 통지하거나 채무자가 승낙하지 아니하면 채무자와 그 밖의 제3자에게 대항하지 못하기 때문입니다.**

따라서 전세보증금반환채권 양도의 경우 세입자가 집주인에게 통지하거나 집주인이 승낙하지 않으면 세입자, 그 밖의 제3자에게 대항할 수 없습니다(민법 제450조). 그러므로 단순히 전세계약서를 받아두는 것만으로는 효력이 없습니다. 또한 채무자가 먼저 다른 사람에게 채권을 양도했거나 채권압류 등이 되어있어도 안 됩니다.

◇ 채무자의 자력과 책임재산

채무자가 채무를 이행하지 않을 때 채권자가 채권의 만족을 얻기 위해서는 원칙적으로 채무자의 재산을 현금화하여 강제집행해야 하므로 채무자 재산의 실질적 가치가 얼마인지는 채권자에게 중요한 사항이 된다. 채권은 그 성질에 따라 채권의 만족을 위해 채무자의 재산을 장악할 수 있는 법적인 힘을 가지는데, 이때 대상이 되는 채무자의 재산을 **책임재산**(責任財産)이라고 한다.

◇ **채권담보계약**

채무자의 자력을 담보하기 위해 법이 인정한 담보체결에 관한 계약을 말한다.

◇ **채권양도의 대항요건**

지명채권의 양도는 양도인이 채무자에게 통지하거나 채무자가 승낙하지 아니하면 채무자, 그 밖의 제3자에게 대항하지 못한다. 따라서 전세보증금반환채권 양도의 경우 세입자가 집주인에게 통지하거나 집주인이 승낙하지 않으면 세입자, 그 밖의 제3자에 대항할 수 없다(민법 제450조).

[6] 채무자가 사망한 경우 채무도 상속되므로 그 상속인에게 변제를 청구할 수 있다

> 돈을 빌려간 사람이 사망했습니다. 그 상속인들에게 변제를 청구할 수 있는지요?

채무자가 사망한 경우 채무도 상속되므로 채권자는 그 상속인에게 변제를 청구할 수 있습니다. 상속인이 채무를 면하려면 상속을 포기하거나 상속의 한정승인을 하여야 합니다(민법 제1019조).

채무자가 약속대로 변제하지 않으면 채권자는 결국 법적 절차에 따라 재판과 강제집행의 방법으로 변제를 받을 수밖에 없습니다. 그러한 경우에 앞서 설명한 대로 충분한 변제 확보 방법을 강구해놓지 못한 채권자는 손해를 볼 가능성이 많습니다. 그리고 실제로 불성실한 채무자가 재산 도피 등의 방법으로 강제집행을 면탈하는 경우에도 증거가 부족하여 채무자의 형사처벌이 불가능한 때가 대부분입니다. 그러나 그렇다고 하여 합법적 수단을 포기하고 속칭 해결사를 동원한다든지 하는 폭력수단으로 돈을 받아내려고 시도하는 것은 그 자체가 더 큰 범죄라는 사실을 알아두어야 합니다.

[7] 내용증명 작성방법

> 채무자가 변제기한이 지나도 돈을 갚지 않습니다. 주위에서 내용증명을 보내라 하는데 내용증명 작성방법과 그 효력에 대해 알고 싶습니다.

내용증명이란 발송인이 수취인에게 어떤 내용의 문서를 언제 발송하였다는 사실을 우체국에서 공적으로 증명하는 등기취급우편제도입니다. 내용증명은 개인 상호간의 채권·채무관계나 권리의무를 더욱 명확하게 할 필요가 있을 때 주로 이용되고 있습니다.

내용증명은 단지 내용과 발송사실만을 우편관서에서 증명해 줄 뿐이고 법적 효력은 사법기관의 판단사항이므로 내용증명 발송만으로 법적 효력이 인정되는 것은 아닙니다. 주로 본안소송 제기에 앞서 의무의 이행을 촉구하거나 증거력을 확보하기 위한 수단 등으로 개인 상호 간에 주로 이용되고 있는 것뿐입니다.

1) 작성요령

먼저 A4 용지에 한 쪽 면만을 사용하여 상대방에게 알리고자 하는 내용을 육하원칙에 따라 작성한다. 이때 작성하는 내용을 내용문서라고 하는데, 내용문서는 한글 또는 한자로 자획을 명료하게 기재한 문서인 경우에 한하여 취급이 가능하며 공공의 질서 또는 선량한 풍속에 반하는 내용문서는 취급하지 아니한다.

내용문서 작성 시 문자나 기호를 정정, 삽입 또는 삭제할 때에는 "정정", "삽입" 또는 "삭제"의 문자와 정정·삽입 또는 삭제한 글자 수를 난외의 빈자리나 끝부분 빈곳에 기재하고 그곳에 발송인의 인장이나 지장을 찍어야 한다. 이때 정정 또는 삭제된 문자나 기호를 명확하게 알아볼 수 있도록 그 자체를 남겨두어야 한다.

그리고 내용문서의 서두나 끝부분에는 발송인 및 수취인의 주소, 성명, 발송연월일을 반드시 기재하여 누가, 누구에게, 언제 발송한 내용문서임을 확실히 나타나게 기재하여야 한다.

2) 발송절차

내용문서의 작성이 완료되면 원본과 원본을 복사한 등본 2부(내용문서의 매수가 2매이상일 경우에는 합철한 부분에 발송인의 인장이나 지장으로 각각 계인)를 함께 우체국 접수창구에 제출한다. 만약 발송인이 내용문서의 성질상 원본을 보내기 어려울 경우에는 복사한 등본 3부만을 제출하여도 된다.

3부를 작성하여 우체국에 제출하면 우체국에서는 서신의 끝에 '내용증명 우편으로 제출하였다는 것을 증명한다.'는 도장을 날인하고, 1부는 우체국에 보관하고, 1부는 상대방에게 발송하며, 다른 1부는 제출인(발송인)에게 반환해 준다. 내용은 간결·명료하게 요점만을 기재한다. 또한 내용증명을 발송할 시에는 반드시 등기우편으로 발송해야 한다.

3) 이용범위 및 제증명 청구

내용증명 취급은 국내우편의 특수취급이기 때문에 외국으로 발송하는 우편물에는 이용할 수 없다. 다만 국내에 거주하는 외국인에게 국내우편물로서는 발송이 가능하다.

내용증명 우편물 발송 후 발송인이나 수취인이 내용문서의 등본이나 원본을 분실하였거나 새로운 등본이 필요할 때에는 당해 내용증명 우편물을 발송한 다음날로부터 3년까지는 발송 우체국에서 내용증명의 열람이나 제증명을 청구할 수 있다.

2. 돈을 빌릴 때 유의할 점

(1) 계약서의 내용을 상세히 파악

> 돈을 빌릴 때 계약서의 내용을 상세히 파악하여야 한다.

일반적으로 돈을 빌리는 사람은 다급하기 때문에 이자나 담보관계 등에 있어서 채권자의 요구에 따라 가혹한 조건을 강요당하는 경우가 많으므로 계약서의 내용을 상세히 파악해야 합니다. **원금이나 이자를 갚으면 반드시 영수증을 받아야** 하고 원리금을 완전히 변제한 경우 채권자에게 써주었던 차용증서나 어음, 수표 등을 회수하지 않으면 나쁜 채권자에게 이중으로 변제하여야 할 위험성이 큽니다.

(2) 돈을 빌릴 때 연 20%가 넘는 이자 약정은 무효

> 급한 마음에 지인으로부터 1,000만 원을 빌리려 하는데, 지인이 연 30%의 이율로 이자 약정을 하자고 요구합니다. 돈이 급해 이를 수락하고 1년 뒤에 원금 1,000만 원과 이자 300만 원을 합한 1,300만 원을 갚기로 하는 차용증을 작성했습니다. 이러한 계약이 효력이 있나요?

이러한 계약도 효력은 있으나, 1년 뒤 1,200만 원만 갚으면 됩니다. 금전소비대차계약의 채권자가 등록된 대부업체가 아닌 미등록 대부업자이거나 보통의 개인인 채권자인 경우에는 이자의 약정을 하더라도 그 이율은 연 20%를 초과할 수 없으며, 초과 부분은 무효가 됩니다. 이자에 대해 다시 이자를 지급하기로 하는 복리 약정도 이자와 복리를 합한 것 중 연 20%를 초과하는 부분에 해당하는 금액에 대해서는 무효로 합니다. 따라서 약정한 이율에서 법이 정한 최고이율인 연 20%를 넘어선 부분만큼은 무효가 됩니다.

주의할 것은 금전소비대차계약이나 이자의 약정 자체가 무효는 아니라는 점입니다(연 20%까지의 약정이율은 유효). 그러므로 1년 뒤에 갚아야 할 돈은 원금 1,000만 원과 이자 200만 원을 합한 1,200만 원입니다(이자제한법 제2조제1항).

◇ **이자와 이율의 약정**

원금이 10만 원 이상인 금전소비대차에서 그 이율은 연 20%의 이자율의 한도에서 당사자의 합의로 자유롭게 정할 수 있다.

◇ **최고이율의 초과 부분의 효과**

계약상 이자로 연 20%로의 최고이자율[*]을 초과하는 부분은 무효로 하며, 이자에 대해 다시 이자를 지급하기로 하는 복리 약정도 이자와 복리를 합한 것 중 연 20%를 초과하는 부분에 해당하는 금액에 대해서는 무효로 한다. **제한 이자를 초과하여 지급한 부분**에 대하여는 민사적으로 부당이득반환청구를 하거나, 초과 이자 부분을 원금 일부를 변제한 것으로 충당할 수 있다.

* 2021년 7월 7일부터 법정 최고금리가 연 24%에서 연 20%로 낮아져 인하된 금리는 2021. 7. 7. 이후 금전대차계약을 새로 체결하거나 갱신, 연장하는 경우부터 적용됩니다. 대신 채권자가 저축은행의 경우, 기존 계약이라고 하더라도 2018. 11. 1. 이후 체결, 갱신, 연장된 금전대차계약이라면 법정 최고금리(연 20%)가 적용됩니다(이자제한법 제2조제1항).

(3) 이자제한법을 초과하여 약정하거나 초과이자를 받은 경우의 벌칙

이자제한법을 초과하여 약정하거나 초과이자를 받은 경우 1년 이하의 징역 또는 1천만 원 이하의 벌금에 처해질 수 있고, 벌금형과 징역형은 병과가 가능하다(이자제한법 제8조). 또한 대부업법을 위반하여 초과이자 약정을 하거나 초과이자를 받은 대부업자는 3년 이하의 징역 또는 3천만 원 이하의 벌금에 처해진다(대부업 등의 등록 및 금융이용자 보호에 관한 법률 제8조제1항 및 제19조제2항제3호).

(4) 이자제한법 개정 이전 법에 의한 최고이율에 따라 약정한 이자 부분의 효력

> 이자제한법 개정 이전에 적용되던 최고이율에 따라 연 24%로 이자를 약정한 경우에도 개정된 법에 따라 연 20%가 넘는 이자 부분은 무효로 되는지요?

결론부터 말씀드리면 **이자제한법 개정 이전의 최고이율 범위 내에서 정한 금전소비대차계약상의 이자 약정은 모두 유효**합니다. 이자제한법이나 대부업법은 과거로 돌아가 소급 적용되지 않기 때문입니다(대통령령 제31593호 부칙 제2조 참조). 개정된 최고이율은 개정법 시행 후 최초로 계약을 체결하거나 갱신하는 분부터 적용합니다.

(5) 선이자 약정은 당사자의 합의로 자유롭게 정할 수 있다

> 급한 마음에 지인으로부터 1천만 원을 이율 연 20%에 선이자로 2백만 원을 미리 공제하고 빌렸습니다. 후에 생각해 보니 너무 이자가 비싸네요. 약정대로 1천만 원을 다 갚아야 하나요?

960만 원만 갚으면 됩니다. 원금이 10만 원 이상인 금전소비대차에서 그 이율은 연 20% 한도에서 당사자의 합의로 자유롭게 정할 수 있습니다. 또한 금전소비대차계약의 이자율을 약정할 때에 당사자는 선이자를 미리 공제하기로 할 수 있습니다. 따라서 귀하의 경우처럼 연 20%의 이율에 선이자를 공제한 것 자체는 문제가 없습니다.

다만 선이자를 사전 공제한 경우에는 채무자가 실제 수령한 금액을 원본으로 보아, 위의 경우 실제 수령한 800만 원을 원본으로 보고, 따라서 이자는 800만 원의 20%인 160만 원입니다. 그러므로 차후 갚아야 할 금액은 960만 원이 됩니다.

3. 돈을 돌려줄 때 유의할 점

(1) 채무를 변제한 때에는 채권자로부터 변제사실을 증명할 영수증을 꼭 받아야 한다

> 지인에게 차용증을 써주고 돈을 빌린 적이 있습니다. 변제기한이 다가와 돈을 갚으려 하는데, 유의해야 할 사항으로 무엇이 있을까요?

변제는 대여금을 갚기 위해 채권자에게 대여금을 준비하여 제공해야 합니다. 그리고 분쟁을 예방하는 차원에서 채무를 변제한 때에는 변제사실을 증명할 증거서류로서 변제를 받은 자로부터 **영수증**을 꼭 받아두어야 합니다(민법 제474조). 또한 채무를 전부 변제한 경우라면 차용증 등 채권증서의 반환도 요구할 수 있습니다(민법 제475조). 참고로 증인이 있는 자리에서 변제하거나 은행의 계좌이체 또는 인터넷뱅킹을 이용하는 것도 변제사실을 쉽게 증명하는 방법이 될 수 있습니다. 그러나 채권자가 미리 변제받기를 거절하거나 채무의 이행에 채권자의 행위가 필요한 경우에는 변제준비의 완료를 통지하고 그 수령을 최고하면 됩니다.

(2) 변제기에 채권자와 연락이 안 되면 법원에 변제공탁을 해야 한다

> 친구에게 돈을 빌렸는데 갚을 날짜가 되어 연락을 해봤지만, 연락이 안 되고 집도 이사를 가서 찾을 방법이 없습니다. 연락이 올 때까지 기다리다가는 채무불이행으로 손해배상책임을 져야 할까봐 걱정이 되는데, 방법이 있을까요?

법원에 **변제공탁**을 하세요. 채무자가 대여금을 반환하기 위해 채권자의 주소에 찾아갔으나 채권자가 이사를 가서 채권자와는 당장 연락이 안 되는 경우, 채권자가 약속하지 않은 이율의 이자 지급을 요구하며 변제기에 대여금을 수령하지 않는 등 채권자가 그 변제 수령을 지체하는 경우에는 채무자는 변제공탁을 함으로써 채무불이행을 면할 수 있습니다.

악덕 사채업자 중에는 비싼 담보물을 헐값에 취득할 목적으로 변제기일에 일부러 만나주지 않거나 변제기일을 연기해 주겠다고 속여 안심시킨 후 변제기일을 넘겨 담보물을 처분하는 경우가 있으므로 이럴 때는 지체 없이 공탁절차를 밟아야 합니다. 지방법원과 지방법원 지원 및 시·군법원에서 공탁사무를 처리하고 있습니다. 공탁하려면 공탁서 2통을 작성하여 공탁관에게 제출한 후 공탁물을 지정된 은행이나 창고업자에게 납입해야 합니다.

(3) 불법추심행위 금지

> 집안일에 소홀하던 아버지께서 여기저기 빚을 지고 가출해 버렸습니다. 채권자들이 매일 찾아와 대신 갚으라며 횡포를 부리는데, 어떻게 하면 좋을까요?

경찰에 신고하세요. 정당한 권리의 행사로서의 채권추심은 채권자의 재산권을 보장하기 위해 보호되어야 하지만, 채권추심자가 권리를 남용하거나 불법적인 방법으로 채권추심을 하는 것은 금지됩니다. 채권추심자는 채권추심과 관련해 채무자 또는 관계인을 폭행·협박·체포 또는 감금하거나, 그에게 위계나 위력을 사용하는 행위를 해서는 안 됩니다. 이를 위반한 자는 5년 이하의 징역 또는 5천만 원 이하의 벌금에 처해집니다(채권의 공정한 추심에 관한 법률 제15조제1항 및 제9조제1호).

귀하의 경우와 같이 채무를 변제할 법률상 의무가 없는 채무자 외의 사람에게 채무자를 대신하여 채무를 변제할 것을 요구함으로써 공포심이나 불안감을 유발해 사생활 또는 업무의 평온을 심하게 해치는 행위는 불법추심행위의 하나로서 금지되며, 이를 위반하는 자는 3년 이하의 징역 또는 3천만 원 이하의 벌금에 처해집니다(동법 제15조제2항제2호, 제9조제2호 내지 제7호). 따라서 채권자가 계속해서 불법추심행위를 하는 경우 채무자는 이에 관해 경찰청이나 금융감독원에 신고, 상담을 통해 해결할 수 있습니다.

◇ 불법추심행위

- 정당한 사유 없이 반복적으로 또는 야간(오후 9시 이후부터 다음 날 오전 8시까지)에 채무자나 관계인을 방문함으로써 공포심이나 불안감을 유발해 사생활 또는 업무의 평온을 심하게 해치는 행위
- 정당한 사유 없이 반복적으로 또는 야간에 전화하는 등 말·글·음향·영상 또는 물건을 채무자나 관계인에게 도달하게 함으로써 공포심이나 불안감을 유발해 사생활 또는 업무의 평온을 심하게 해치는 행위
- 채무자 외의 사람(보증인 포함)에게 채무에 관한 거짓 사실을 알리는 행위
- 채무자 또는 관계인에게 금전의 차용이나 그 밖의 이와 유사한 방법으로 채무의 변제자금을 마련할 것을 강요함으로써 공포심이나 불안감을 유발해 사생활 또는 업무의 평온을 심하게 해치는 행위
- 채무를 변제할 법률상 의무가 없는 채무자 외의 사람에게 채무자를 대신해 채무를 변제할 것을 요구함으로써 공포심이나 불안감을 유발해 사생활 또는 업무의 평온을 심하게 해치는 행위
- 채무자의 직장이나 거주지 등 채무자의 사생활 또는 업무와 관련된 장소에서 다수인이

모여 있는 가운데 채무자 외의 사람에게 채무자의 채무금액, 채무불이행 기간 등 채무에 관한 사항을 공연히 알리는 행위

제2절 은행에서 대출을 받을 때

1. 대출을 받을 때

(1) 대출기관 알아보기

은행에서 대출을 받을 때에는 자신의 신용을 근거로 신용대출을 받을 수 있다. 신용대출을 받기 전에는 본인의 신용등급 조회를 통해 자신의 신용도에 맞는 금융회사를 찾아보아야 한다. 인터넷을 통해 신용정보를 조회하거나 은행에 직접 찾아가서 대출이 가능한지 알아보는 것이 좋다. 누구나 연 3회는 무료로 본인의 신용정보 조회가 가능하다. 올크레딧(KCB), NICE신용정보 등 신용정보회사에서 카드발급 사실, 대출이나 현금서비스 이용현황, 연체정보 등을 안내받을 수 있다. 만약 은행대출이 거절됐다면 은행으로부터 연체기록 등 신용정보로 인해 대출이 거절된 이유에 대해 서면이나 말로 들을 수 있다.

은행권 대출이 어려운 저신용자, 저소득자의 경우 금융감독원이 운영하는 "서민금융1332"를 통해 새희망홀씨, 햇살론 등 각자의 소득과 상황, 신용도 등에 따라 낮은 금리로 이용 가능한 금융상품을 추천받아 이용할 수 있다.

서민금융1332
홈페이지

(2) 나에게 맞는 대출상품은

대출을 받을 때에는 은행의 영업점에 게시된 대출조건이나 표시 또는 광고를 살펴보아야 한다. 특히 **대출 이자율의 범위 및 산정방법, 이자의 지급 및 부과시기, 부수적 혜택 및 비용** 등을 검토하여 자신에게 맞는 대출상품을 선택하여야 한다. 또한 자신이 원하는 대출상품을 이용할 수 있는 대상이 맞는지 확인해야 한다. 예를 들어, 정부의 국민주택기금관련 전세자금대출상품은 대출대상자가 무주택자일 것을 요구하기 때문이다.

대출을 받으려는 자는 은행에 자신의 신용정보를 반드시 제출해야 한다. 대출이용자가 자신의 소득, 재산 및 부채상황에 관한 증명서류를 제출하면, 이를 통해 은행은 이용자의 소득, 재산 및 부채상황을 파악하여 대출가능 여부나 적절한 대출상품을 알려줄 수 있다. 이자율의 범위, 이자의 산정방법, 부수적 혜택 등과 관련하여 구체적인 근거와 내용을 제시하지 않으면서 특정 대출상품이 보다 우위에 있다고 권유하는 은행 대출직원이 있다면 주의해야 한다.

제출해야 할 서류는 근로소득 원천징수영수증, 사업소득 원천징수영수증, 소득금액증명원, 급여통장 사본, 연금증서 중 어느 하나이며, 부채와 관련된 서류는 신용조회를 통해 대체할 수 있다. 담보대출인 경우에는 부동산 등기권리증, 부동산 임대차계약서 등 재산상 권리관계를 증명할 수 있는 서류가 필요하다.

(3) 대출거래약정서 작성 및 교부

채권자가 은행이든지 대부업의 등록을 한 등록대부업자이든지 아니면 미등록대부업자(사채업자)인 경우이든지 채무자와의 사이에서 금전의 대차에 관하여 체결되는 계약은 원칙적으로 일반적인 금전소비대차계약에 기초한다. 그러나 대부분 은행이나 대부업체의 경우는 **약관과 대출거래약정서**를 통해 계약을 체결한다. 특히 대출에 관하여 공정거래위원회에서는 공정하게 만들어진 표준약관을 제공하고 있으며, 대부분의 은행은 이를 사용하여 거래한다.

표준약관에 따르면, 은행은 대출약정을 하기 전에 채무자가 미리 알 수 있도록 별도의 서면에 의하여 약정이자, 기한도래일 전 상환수수료 및 담보대출로 인하여 채무자가 부담하여야 할 부대비용의 항목과 금액을 설명해야 한다. 은행은 대출이용자와 대출약정을 체결하는 경우에는 대출이용자가 본인임을 확인하고 **계약일자, 대출금액, 대출이자율 및 이자지급 방법, 연체이자율, 대출실행방법 및 상환방법** 등이 적힌 대출거래약정서를 거래상대방에게 교부하여야 한다.

2. 대출금을 갚을 때 : 대출금 상환

(1) 조기상환도 가능한지

대출이용자는 대출을 받을 때 조기상환에 관해 약정한 경우에는 그 약정에 따라, 약정하지 않은 경우에는 언제든지 조기상환할 수 있다. 조기상환하는 경우 은행이 입은 손해는 약정이 있는 경우에는 약정에 따르는데, 대부분의 은행에서는 중도상환수수료를 명시하고 있다. 채권자에게 발생하는 손해는 변제시점부터 변제기까지 받을 이자를 말한다.

(2) 이자와 원금 갚기

상환방법은 대출만기까지 이자만 내다가 원금을 일시에 상환하는 만기일시상환과 원금과 이자를 분할하여 꾸준히 갚아나가는 분할상환이 있다. 정기적인 수입이 발생하는 사람은 되도록 분할상환을 하여 이자를 줄여야 하고, 수입이 불규칙하다면 만기일시상환을 선택하되, 중도상환을 적극적으로 활용해야 한다.

대출금을 일부만 상환한 경우, 먼저 표준거래약관에 의하여 합의된 대로 충당된다. 만약 합의가 없다면, 여러 개의 대출금채무가 있을 때는 지정한 대출금채무에 먼저 충당된다. 하나의 대출금채무만 있는 경우에는 비용, 이자, 원금의 순서로 충당한다. 그러나 은행은 대출이용자에게 불리하지 않은 범위 내에서 충당순서를 달리할 수 있고, 이러한 사실을 서면으로 통지해야 한다.

(3) 상계할 수 있는지

상계란 채무자와 채권자가 같은 종류의 채무와 채권을 가지는 경우, 일방적 의사표시로 서로의 채무와 채권을 소멸시키는 것이다. 예를 들어 A씨가 은행으로부터 5,000만 원의 대출을 받았으나 은행에 예금채권 1,000만 원이 있는 경우, A씨가 1,000만 원의 액수에 관해서 상계한다면, 1,000만 원의 액수에 대해서는 A씨가 은행에 상계함을 표시하는 동시에 채무가 소멸한다. 즉, A씨에게는 4,000만 원의 대출금 채무만 남게 된다. 은행대출표준거래약관에 따르면, 채권자는 채무자의 기한이 도래한 예금 기타의 채권과 은행에 관한 채무를 그 채무의 기한도래 여부에도 불구하고 서면통지에 의하여 상계할 수 있다.

(4) 대출금을 갚기 어려운 경우

대출금을 상환하기 어렵거나 이자를 제때 지급하지 못할 경우에는 상환기간을 연장해주거나 연체이자를 감면해주는 '**채무조정프로그램**'을 이용해야 한다. 채무조정프로그램에는 한국자산관리공사의 국민행복기금, 신용회복지원사업, 신용회복위원회의 프리워크아웃, 개인워크아웃, 법원의 개인회생 및 개인파산이 있다.

자신의 재산으로 대출금 채무를 변제할 수 없는 상태에 이르면 채무의 정리를 위해 법원에 파산신청을 할 수 있다. 만약 장래 계속적으로 또는 반복하여 수입을 얻을 가능성이 있는 채무자는 3년 이내에 일정한 금액을 변제하면 나머지 채무의 면제를 받을 수 있는 법원의 개인회생절차를 이용해야 한다. 이를 통해 채무자는 신용회복과 재기를 도모할 수 있다.

3. 주의해야 할 점

(1) 대출이자의 제한

은행에서 대출하는 경우 대출이자율은 연 20%를 초과할 수 없다. 「은행법」에 의거하여 금융통화위원회는 대출에 대한 이자의 최고율을 결정하며, 은행이 제한된 이자율을 넘은 이자를 받으면 5천만 원 이하의 과태료가 부과된다. 대출이용자는 전국은행연합회 홈페이지(www.kfb.or.kr)를 통하여 은행의 대출이자율을 비교해볼 수 있다.

(2) 담보 : (근)저당권 설정

담보대출은 신용조회를 근거로 무담보로 대출해 주는 신용대출과 달리 대출계약 시 담보제공을 약속한다. 대출할 때 부동산을 담보로 제공하는 대표적인 경우는 부동산에 저당권이나 근저당권을 설정하는 것이다. 예를 들어, 주택을 구입할 때 부족한 자금을 은행에서 대출받고, 장기간에 걸쳐 돈을 갚으면서 대신 담보로 근저당권을 설정해 준다.

저당권이란 채권자가 자신의 채권을 담보하기 위해서 채무자 또는 다른 사람(물상보증인)이 제공한 부동산이나 여러 재산으로부터 우선적으로 변제를 받을 수 있도록 하는 제도이다. 예를 들어 채권자인 은행이 채무자에게 돈을 빌려주면서 채무자의 집에 저당권을 설정하였다면, 채무자가 빌린 돈을 갚지 못한 경우 채무자의 집을 경매하여 그 대금으로 채권자가 우선적으로 변제받을 수 있는 것이다.

저당권설정계약은 원칙적으로 채권자인 저당권자와 담보목적물을 제공하는 자(채무자 또는 물상보증인) 사이에서 체결된다. 그러나 저당권을 설정했다는 사실은 반드시 등기나 등록에 의하여 공시되어야만 그 효력이 인정된다. 따라서 저당권설정계약 후 반드시 저당권설정등기를 마쳐야 한다.

근저당권이란 계속적으로 이루어지는 거래관계에서 발생하는 모든 채권을 미래의 일정한 시기까지 일정한도 내에서 모두 담보하는 저당권을 의미한다. 예를 들어 채무자가 2023. 1. 1.부터 2023. 12. 31.까지 채권자에게 지는 모든 채무에 대하여 5,000만 원의 한도에서 채무자의 집에 대하여 근저당권을 설정하는 경우를 들 수 있다. 만일 12. 31.까지 모두 3,500만 원의 채무가 발생하였다면 3,500만 원의 한도에서 채무자의 집을 경매한 대금에서 우선변제를 받을 수 있고, 6,000만 원의 채무가 발생하였다면 5,000만 원의 한도에서 우선변제 받을 수 있는 것이다(다만, 다른 이해관계인이 없는 경우에는 6,000만 원 전부를 변제받을 수 있다).

근저당권설정계약을 하는 경우에는 담보할 채권의 최고액과 담보되는 채권의 범위를 결정하는 기준을 명확하게 정해야 한다. 그리고 근저당권은 반드시 채권의 최고액을 등기하여야 하며, 채권의 최고액에는 원본과 이자, 손해배상금이 모두 포함된다. 근저당권설정등기는 결산기에 이르러 채권최고액의 한도 내에서 우선변제를 받는 것을 목적으로 하는 등기이며, 근저당권자가 등기권리자이고 근저당권설정자가 등기의무자이다. 이에 반대 근저당권말소등기는 등기 전부터 또는 그 후에 실체관계와 맞지 않아 등기를 법률적으로 소멸시킬 목적으로 하는 등기이며, 근저당권자가 등기의무자이고 근저당권설정자가 등기권리자이다.

대출이용자는 근저당권이 설정된 대출을 모두 갚고 다시 담보대출을 이용할 계획이 없다면 은행에 근저당권 말소를 요구할 수 있다. 만약 채무자가 향후 대출 계획이 있는 경우에는 은행에 서면동의서 등을 제출하고 이미 설정된 근저당을 계속 유지할 수 있다.

제3절 어음·수표 거래에 있어서 유의할 사항

약속어음을 할인하는 형식으로 돈을 빌려줄 때에는 약속어음의 배서가 연속되는가를 확인하여야 하고 배서인이나 발행인이 아니면 어음상의 책임을 지지 아니하므로 **반드시 채무자의 배서를 받아야** 한다.

수표는 부도를 내는 경우 형사처벌까지 받게 되므로 백지수표(주로 발행일자)를 담보로 돈을 빌려줄 때가 많은데, 발행일자를 기재하지 않고 제시하거나 기재한 발행일자보다 10일이 넘은 후에 제시하여 부도가 난 경우는 발행인의 형사책임이 면제되므로 이에 유의해야 한다.

1. 어음·수표의 기능

금전이나 물품을 거래하면서 많은 경우 어음이나 수표를 주고받고 있다. **어음이란 일정한 금액을 지급함을 목적으로 하여 발행되는 유가증권**을 말하고, **수표란 발행하는 사람이 은행에 대하여 그 수표를 가지고 오는 사람에게 일정한 금액의 지급을 부탁하는 형식의 유가증권**을 말한다.

수표의 지급인은 은행이기 때문에 그 발행 전에 은행에 자금을 맡겨놓아야 하므로 이를 위해 **당좌예금**이라는 것을 하여야 하나, **어음**은 당좌예금을 이용할 수도 있지만 당좌예금이 없이도 발행할 수 있다. 참고로 **은행도(銀行渡)어음**은 지급장소가 은행이므로 할인 등 유통이 비교적 용이하다는 점은 있으나, **채무불이행 사태가 발생하면 차용증서나 현금보관증과 등 다를 바 없으므로** 은행도어음 거래 시에도 개인어음 거래시와 같이 상대방의 자력을 미리 알아보아야 한다. 실제로 어음사기단은 개인어음이 아니라 은행도어음을 이용한 경우가 대부분이다.

2. 발행 시 유의사항

어음·수표를 발행할 때에는 일정한 형식요건을 갖추어야 한다. 어음·수표를 발행함으로써 새로운 채권채무 관계가 생기며, 더욱이 발행된 어음·수표는 계속 유통될 것이 예상되는 것이므로 반드시 기재하여야 할 사항이 법으로 엄격히 규정되어 있다. 기재사항을 누락하면 어음·수표 자체가 무효로 되거나 발행인이 생각했던 바와는 전혀 다른 결과를 초래하는 수도 있다.

3. 취득 시 유의사항

필요한 기재사항과 배서 연속을 확인하고, 해당은행에 어음·수표에 대한 사고계가 나와 있는가를 확인해야 한다.

배서가 연속되어 있다 해도 안심하고 취득하는 것은 금물이다. 가공의 회사를 내세워 어음을 발행하고 부도내는 경우가 있으므로 거래 상대방의 신용 상태를 믿을 수 없다면 취득하지 않거나 재산 있는 사람의 배서를 받아 취득해야 한다. 특히 **법인이 기명날인한 증권인 경우에는 상법상 자기거래에 해당되지 않는가를 잘 조사해 보아야 한다.** 이미 기재한 사항이 정정된 경우 위·변조가 되어 생각지도 못했던 손해가 생길 수 있으므로 정정·말소가 정당한 권한이 있는 자에 의하여 이루어진 것인가를 확인해야 한다.

수표가 부도나는 경우에는 수표의 발행인은 어음의 경우와는 달리 민사책임 외에 은행의 거래정지 처분과 부정수표단속법에 의한 형사적인 제재까지도 받게 되므로 어음보다는 수표를 취득하는 것이 그 대금지급을 보다 확실히 하는 방법이라고 할 수 있다.

참고로 어음에 대하여 공증인이나 법무법인 또는 공증인가합동법률사무소에 가서 미리 공증을 받아두면, 굳이 소송을 하여 판결을 받지 않더라도 공증인이나 공증인가 합동법률사무소 등으로부터 공증한 어음에 집행문을 부여받아 **곧바로 강제집행을 할 수 있으므로 편리**하다.

4. 양도 시 유의사항

어음을 양도할 때는 배서에 의하게 된다. **배서**란 어음의 유통을 증진시키기 위하여 법이 인정하고 있는 간편한 양도방법을 말한다. 어음을 가지고 있는 사람이 보통 어음의 뒷면에 어음의 권리를 특정인에게 양도한다는 취지를 쓰고, 자기 이름과 도장을 찍어 그 특정인에게 주는 것이다. 어음을 받을 자(피배서인)는 배서인에 의해 지정될 수도 있고, 지정되지 않고 백지인 상태로 그냥 양도(백지식 배서)될 수도 있다.

어음에 배서한다는 것은 마치 어음발행인의 채무를 보증하는 것과 같은 효과가 있다. 따라서 비록 발행인에게 신용이 없거나 돈이 없다 하여도 유력자가 배서하면 그 어음의 신용은 높아지는 것이다.

수표도 어음에서와 같은 배서가 인정되고 있다. 그러나 **수표는 지급만을 목적으로 하는 특성 때문에 어음의 배서와는 다른 점이 있다.** 즉 수표배서인은 지급담보책임만을 부담하므로 지급인(보통 은행)은 배서할 수 없고, 지급인에 대한 배서는 영수증의 효력만이 있다.

소지인 출급식수표 또는 무기명식수표(수표에 위 수표금액을 수표소지인에게 지급하라는 뜻의 문구가 있는 수표)는 양도함에 있어 배서할 필요가 없고 수표를 인도하면 된다. 보통 은행에서 이러한 수표에도 전화번호 또는 주소와 이름을 쓰라고 요구하는데, 이것은 수표의 입금경로를 명확히 하려는 것이지 법률상 필요에서 하는 것은 아니다.

기명식 수표 또는 지시식 수표(수표에 위 수표금액을 ○○○에게 또는 ○○○가 지시하는 사람에게 지급하라는 뜻의 문구가 있는 수표)는 어음과 같이 배서에 의하여 양도된다.

5. 어음·수표 사고 시의 조치

(1) 어음의 위조 및 변조

어음의 **위조**란 권한 없는 자가 다른 사람의 이름과 도장을 위조하여 마치 그 사람이 어음을 발행한 것처럼 하는 것이다. 명의를 도용당한 사람은 어떤 사람이 청구해 오건 어음이 위조되었음을 내세워 이 청구를 배척할 수 있다.

어음의 **변조**란 권한 없는 자가 기명날인 이외의 어음의 기재사항을 변경, 삭제하거나 새로운 내용을 추가하는 것을 말한다. 백지어음의 경우 소지인이 보충권을 남용하여 미리 합의한 바와 다른 내용을 보충해도 변조가 되는 것은 아니다. 어음이 변조된 경우 변조 전에 기명날인한 사람은 원래의 내용대로 책임을 지고, 변조 후에 배서한 사람은 변조 후의 내용에 따른 책임을 진다.

(2) 어음·수표를 분실하거나 도난당한 경우

소지인은 먼저 경찰서에 분실 또는 도난신고를 하고 발행인 및 은행에 그 사실을 알림과 동시에 지급위탁을 취소하여 지급정지를 시켜야 한다. 그 후 새로운 취득자와 합의를 보거나 법원에 공시최고절차에 의한 어음·수표의 제권판결을 받아야 한다.

제권판결이 있으면 분실 또는 도난된 어음과 수표는 무효가 되며, 제권판결 신청인은 어음이나 수표가 없어도 위 판결문으로 권리를 행사하여 돈을 지급받을 수 있다. 어음·수표가 훼손되거나 불에 타는 등 멸실된 경우에도 제권판결을 받아 권리를 행사할 수 있다.

그러나 제권판결은 **신고기간 내에 권리의 신고가 없어도 당연히 할 수 있는 것이 아니고**, 공시최고의 신청인이 최고 중에 지정된 공시최고기일에 출두하여 제권판결의 신청을 해야 하며(민사소송법 제487조), 법원은 심리한 다음에 신청이 적법하고 이유 있는 경우에 한하여 제권판결을 하게 된다.

법률이 공시최고절차를 허용하고 제권판결을 하게 되는 경우는 유가증권이 분실·도난·멸실하였을 때 그 증서를 무효로 하는 경우와 등기·등록의무자가 행방불명일 때 등기·등록을 말소하는 경우 등이다(동법 제479조, 제480조 및 제482조). 공시최고의 기간은 공고가 끝난 날부터 3개월 뒤로 정하여야 한다(동법 제481조).

(3) 어음·수표의 부도

어음·수표의 부도란 그 지급기일에 어음·수표금이 지급되지 아니하는 것을 말한다.

부도사유로는 예금부족, 무거래, 형식불비(인감누락, 서명·기명 누락, 인감불분명, 정정인 누락·상이, 지시금지, 횡선조건 위배, 금액·발행일자 오기, 배서 위배), 사고계 접수(분실·

도난·피사취), 위·변조, 제시기일 경과 또는 미달(제시기일 미달은 수표의 경우는 제외), 인감·서명 상이, 지급지 상이, 법에 의한 지급제한 등이 있다.

어음·수표의 소지인이 액면금액을 회수하려면 발행인이나 배서인 등 부도어음·수표의 채무자와 그 지급을 교섭하고 최종적으로는 민사소송을 해야 한다. 어음·서수표의 소지인은 주채무자인 약속어음의 발행인과 환어음의 인수인은 물론 배서인이나 보증인을 상대로 순서에 관계없이 그중 누구에게도 청구할 수 있고, 또 모두에 대하여 동시에 전액을 청구할 수도 있다. 이때 어음·수표에 관한 청구는 일반채권에 비하여 시효기간이 짧으므로 주의해야 한다.

(4) 어음청구권의 소멸시효(어음법 제70조)

환어음의 인수인이나 약속어음의 발행인에 대한 청구권은 만기일로부터 3년, 배서인이나 환어음의 발행인에 대한 청구권은 거절 증서가 작성된 경우는 그날로부터 1년이면 시효에 걸린다. 배서인의 다른 배서인과 발행인에 대한 청구권은 그 배서인이 어음을 환수한 날 또는 그 자가 제소된 날부터 6개월간 행사하지 아니하면 소멸시효가 완성된다.

(5) 수표금청구권 소멸시효(수표법 제51조 및 제58조)

수표는 어음과 달리 주된 채무자가 없다. 왜냐하면 수표는 현금을 대신하여 은행에 위탁하여 지급하도록 되어있기 때문에 환어음 인수인, 약속어음 발행인과 같은 주된 채무자가 없으므로 아래는 소구권(상환청구권)에 관한 소멸시효이다.

약속어음 예시 및 어음·수표금 청구양식(소액)

먼저 ① 소지인의 배서인, 발행인, 그 밖의 채무자에 대한 상환청구권은 제시기간이 지난 후 6개월간 행사하지 아니하면 소멸시효가 완성된다. ② 수표의 채무자의 다른 채무자에 대한 상환소구권은 그 채무자가 수표를 환수한 날 또는 그 자가 제소된 날로부터 6개월간 행사하지 아니하면 소멸시효가 완성된다. ③ 지급보증을 한 지급인에 대한 수표상의 청구권은 제시기간이 지난 후 1년간 행사하지 아니하면 소멸시효가 완성된다.

(6) 형사책임

어음은 부도가 나더라도 사기죄가 성립되지 않는 한 발행인 등이 형사책임을 지지 않는다. 그러나 수표는 부도가 나면 발행인은 부정수표단속법에 의하여 형사처벌을 받게 된다.

다만 수표를 받아두었다고 하여 안심해서는 안 된다. 소지인이 법에 정한 10일 이내에 수표를 은행에 제시하지 않는 경우(수표법 제29조제1항)에는 부도가 났다고 하더라도 부정수표단속법 위반죄로 처벌되지 않기 때문이다. 그리고 연수표라고 하는 선일자(先日字)수표가 있는데 이 경우에도 수표에 기재된 발행일자로부터 10일 이내에 제시되어야 한다.

수표 발행 후 예금 부족, 거래정지 처분 등의 사유로 부도가 난 경우에는 그 수표가 회수되거나 회수되지 않았어도 수표소지인의 명시한 의사에 반하여 발행인은 처벌되지 않는다(부정수표단속법 제2조제4항).

제4절 신용카드 법률문제

신용카드란?

신용카드(信用Card)는 현금을 갈음하는 수단으로 일정기한 후 변제하는 조건으로 물품이나 서비스를 받는 기능을 가진 카드를 말한다. 즉 현재 소비를 미래 소비로 지연하는 수단이다.

1. 신용카드 분실 시 분실자의 책임

> 지갑을 분실하여 신용카드를 모두 잃어버렸습니다. 그런데 얼마 후 분실된 신용카드로 결제가 되었다는 문자가 왔는데요. 분실된 신용카드로 결제된 금액도 제가 책임져야 하는 건가요?

카드회원이 신용카드를 도난당하거나 분실한 경우에는 즉시 신용카드사에 전화 또는 서면 등으로 신고해야 합니다. 이 경우 신용카드사는 즉시 신고접수자, 접수번호, 신고시점, 그 밖에 접수사실을 확인할 수 있는 사항을 회원에게 알려주어야 하며, 회원은 이러한 사항을 확인해야 합니다(금융감독원 신용카드 개인회원 표준약관 제40조제1항 및 여신전문금융업법 제16조제4항 참조).

회원이 사고 신고를 한 경우 그 접수일로부터 60일 전 이후(현금서비스의 경우는 분실신고 시점 이후)에 사용된 금액에 대해서는 회원에게 과실이 있는 경우를 제외하고는 신용카드사로부터 보상을 받을 수 있습니다(여신전문금융업법 제16조제2항, 동법 시행령 제6조의9 제1항). 그러나 회원이 도난·분실 사실을 인지하고 정당한 사유 없이 신고를 지연하여 부정사용의 피해가 확대될 경우는 보상에서 제외될 수 있습니다.

또한 회원의 도난·분실신고가 신용카드사의 조사 결과 회원의 고의에 의한 허위신고로 밝혀질 경우 회원은 신용카드사가 입은 손해 및 조사비용을 부담해야 합니다(신용카드 개인회원 표준약관 제40조제4항).

2. 도난·분실 시 신용카드사의 책임

신용카드사는 회원으로부터 그 신용카드의 도난·분실 등의 통지를 받은 때부터 그 회원에 대하여 그 신용카드의 사용에 따른 책임을 진다. 카드사는 도난·분실 통지 전에 생긴 신용카드의 사용에 대해 그 통지를 받은 날부터 60일 전까지의 기간의 범위에서 책임을 진다. 다만 신용카드사가 신용카드의 도난·분실 등에 대하여 그 책임의 전부 또는 일부를 회원이 지도록 할 수 있다는 취지의 계약을 체결한 경우에는 그 회원에 대해 그 계약내용에 따른 책임을 지도록 할 수 있다.

또한 신용카드 약관은 현금서비스 및 카드론, 전자상거래 등 비밀번호를 이용하는 거래에서 비밀번호가 누설되어 부정사용이 발생된 경우 그 책임이 회원에게 귀속됨을 명시하고 있다. 다만, 저항할 수 없는 폭력이나 자기 또는 친족의 생명·신체에 대한 위해로 인해 비밀번호를 누설한 경우 등 회원의 고의 또는 과실이 없는 경우에는 보호받을 수 있다(여신전문금융업법 제16조제3항 단서, 동법 시행령 제6조의9, 신용카드 개인회원 표준약관 제20조제1항).

3. 부정사용금액에 대해 보상이 안 되는 경우

다음에 해당하는 사유의 부정사용(분실·도난 신고시점 이후 발생분은 제외)이 발생하는 경우, 회원이 그 책임의 전부 또는 일부를 부담하게 된다(신용카드 개인회원 표준약관 제40조제3항).

1) 회원의 고의로 인한 부정사용의 경우
2) 카드에 서명하지 않거나 카드의 관리소홀, 대여, 양도, 보관, 이용위임, 담보제공, 불법대출 등으로 인한 부정사용의 경우
3) 회원의 가족, 동거인(사실상의 동거인 포함)에 의한 부정사용 또는 이들에 의해 위 2)와 같은 원인으로 부정사용이 발생한 경우
4) 회원이 신용카드의 도난·분실 사실을 인지하고도 정당한 사유 없이 신고를 지연한 경우
5) 부정사용 피해 조사를 위한 신용카드사의 정당한 요구에 회원이 특별한 사유 없이 협조를 거부하는 경우
6) 신용카드를 이용하여 상품구매 등을 위장한 현금융통 등의 부당한 행위를 행한 경우

제5절 전자상거래 등에서의 소비자보호에 관한 법률(약칭: 전자상거래법)

전자상거래법은 전자상거래 및 통신판매 등에 의한 재화 또는 용역의 공정한 거래에 관한 사항을 규정함으로써 소비자의 권익을 보호하고 시장의 신뢰도를 높여 국민경제의 건전한 발전에 이바지함을 목적으로 한다(법 제1조).

1. 전자상거래 및 통신판매의 개념

(1) 전자상거래란

전자상거래란 재화 또는 용역을 거래할 때 그 전부 또는 일부가 전자문서 등 전자적 방식으로 거래하는 행위를 말한다(전자상거래법 제2조제1호, 전자문서 및 전자거래기본법 제2조제5호).

(2) 통신판매란

통신판매란 우편·전기통신, 그 밖에 다음의 방법으로 재화 등의 판매에 관한 정보를 제공하고 소비자의 청약을 받아 재화 또는 용역을 판매하는 것을 말한다. 다만, 「방문판매 등에 관한 법률」 제2조제3호에 따른 전화권유판매는 통신판매의 범위에서 제외한다(전자상거래법 제2조제2호본문 및 동법 시행규칙 제2조).

2. 전자상거래와 통신판매의 차이점

> 인터넷 쇼핑은 통신판매인가요, 전자상거래인가요?

통신판매는 반드시 전자문서로 행해질 필요가 없는 반면, 전자상거래는 반드시 '**전자문서**'로 이루어져야 합니다. 또한 전자상거래는 반드시 비대면일 필요가 없으나, 통신판매는 비대면으로 거래가 이루어집니다. 인터넷쇼핑은 통신판매이면서 전자상거래로 볼 수 있으며, TV홈쇼핑과 카탈로그쇼핑은 통신판매지만 전자상거래로 볼 수 없습니다. 또한 오프라인에서 계약체결을 하고 인터넷뱅킹 또는 신용카드를 통해 결제를 하는 경우나 오프라인에서 계약체결을 하고 인터넷을 통해 학원수강을 하는 경우는 전자상거래이지만 통신판매가 아닌 것으로 볼 수 있습니다.

3. 전자상거래와 통신판매의 철회

> 해외구매대행 사이트에서 골프채를 구입하고 다음 날 단순 변심으로 결제를 취소하였으나, 사업자는 주문제작 상품으로 이미 제작에 착수하였으므로 청약철회가 불가능하다고 하는 경우는 어떻게 해야 하나요?

해외구매대행은 비대면으로 해외 사이버몰의 재화 등에 관한 정보를 제공하고 청약을 받아 해당 재화 등을 판매하고 있는 통신판매에 해당하므로 「전자상거래 등에서의 소비자보호에 관한 법률」이 적용됩니다.

주문제작 상품은 소비자의 주문에 따라 개별적으로 생산되는 재화 등에 대하여 청약 철회를 인정하는 경우 통신판매업자에게 회복할 수 없는 중대한 피해가 예상되는 경우로서 사전에 해당 거래에 대하여 별도로 그 사실을 고지하고 소비자의 서면(전자문서를 포함)에 의한 동의를 받은 경우에만 청약 철회를 할 수 없습니다(전자상거래법 시행령 제21조).

따라서 홈페이지에서의 주문 시 디자인은 고정되어 있고 단지 색상과 표준화된 사이즈 등의 기타 옵션을 소비자가 선택하는 시스템이라면 주문제작 상품이라고 보기 어려우며, 주문을 받은 후 생산업체에 규격화된 제품의 생산을 의뢰하는 것이므로 '소비자의 주문에 의하여 개별적으로 생산되는 재화'에 해당되지 않으며, 또한 소비자에 특정하여 제품을 생산한 경우라고 하더라도 청약철회 불가에 대한 소비자의 사전 서면동의를 받아야 하므로, 별도의 동의를 구하지 않았다면 청약철회가 가능합니다.

(1) 청약철회 할 수 있는 경우와 기간(법 제17조제1항 등)

통신판매업자와 재화 등의 구매에 관한 계약을 체결한 소비자는 다음 각 기간(거래당사자가 다음 각 항목의 기간보다 긴 기간으로 약정한 경우에는 그 기간) 이내에 해당 계약에 관한 청약철회 등을 할 수 있다.

① 계약 내용에 관한 서면을 받은 날부터 7일. 다만, 그 서면을 받은 때보다 재화 등의 공급이 늦게 이루어진 경우에는 재화 등을 공급받거나 재화 등의 공급이 시작된 날부터 7일
② 계약 내용에 관한 서면을 받지 아니한 경우, 통신판매업자의 주소 등이 적혀 있지 아니한 서면을 받은 경우 또는 통신판매업자의 주소 변경 등의 사유로 ①의 기간에 청약철회 등을 할 수 없는 경우에는 통신판매업자의 주소를 안 날 또는 알 수 있었던 날부터 7일
③ 청약철회 등에 대한 방해 행위가 있는 경우에는 그 방해 행위가 종료한 날부터 7일

소비자는 재화 등의 내용이 표시·광고의 내용과 다르거나 계약 내용과 다르게 이행된 경우에는 그 재화 등을 공급받은 날부터 3개월 이내, 그 사실을 안 날 또는 알 수 있었던 날부터 30일 이내에 청약철회 등을 할 수 있다.

(2) 청약철회 할 수 없는 경우(법 제17제2항 등)

소비자는 다음 어느 하나에 해당하는 경우에는 통신판매업자의 의사에 반하여 청약철회 등을 할 수 없다.

① 소비자에게 책임이 있는 사유로 재화 등이 멸실되거나 훼손된 경우. 다만, 재화 등의 내용을 확인하기 위하여 포장 등을 훼손한 경우는 제외
② 소비자의 사용 또는 일부 소비로 재화 등의 가치가 현저히 감소한 경우
③ 시간이 지나 다시 판매하기 곤란할 정도로 재화 등의 가치가 현저히 감소한 경우

④ 복제가 가능한 재화 등의 포장을 훼손한 경우
⑤ 용역 또는 「문화산업진흥 기본법」 제2조제5호의 디지털콘텐츠의 제공이 개시된 경우(다만, 가분적 용역 또는 가분적 디지털콘텐츠로 구성된 계약의 경우에는 제공이 개시되지 아니한 부분은 제외)
⑥ 그 밖에 거래의 안전을 위하여 대통령령으로 정하는 경우

4. 청약철회의 효과

청약철회 등을 서면으로 하는 경우에는 그 의사표시가 적힌 서면을 발송한 날에 그 효력이 발생한다(법 제17제4항). 재화 등의 훼손에 대하여 소비자의 책임이 있는지 여부, 재화 등의 구매에 관한 계약이 체결된 사실 및 그 시기, 재화 등의 공급사실 및 그 시기 등에 관하여 다툼이 있는 경우에는 통신판매업자가 이를 증명하여야 한다(법 제17제5항).

통신판매업자는 청약철회 등이 불가능한 재화 등의 경우에는 그 사실을 재화 등의 포장이나 그 밖에 소비자가 쉽게 알 수 있는 곳에 명확하게 표시하거나, 시험 사용 상품을 제공하는 등의 방법으로 청약철회 등의 권리 행사가 방해받지 아니하도록 조치해야 한다.

다만, 디지털콘텐츠에 대하여 소비자가 청약철회 등을 할 수 없는 경우에는 청약철회 등이 불가능하다는 사실의 표시와 함께 대통령령으로 정하는 바에 따라 시험 사용 상품을 제공하는 등의 방법으로 청약철회 등의 권리 행사가 방해받지 않도록 해야 한다(법 제17제6항). 이를 이행하지 않는 경우 청약철회를 할 수 없는 경우라고 하더라도 철회할 수 있다.

제6절 개인파산, 개인회생, 워크아웃제도

1. 개인파산, 개인회생, 워크아웃제도의 차이점

개인파산제도는 자신의 재산으로 채무를 변제할 수 없는 개인이 자신의 채무정리를 위해 파산을 신청하고, 그 절차를 통해 변제되지 못한 채무에 대해서는 법원의 면책을 구하는 법적 제도이다. **개인회생제도**는 재정적 어려움으로 인해 파탄에 직면했지만 장래에 수입을 얻을 가능성이 있는 개인에 대해 채무를 조정해 주는 법적 제도를 말한다. 이는 채무자가 장래 일정한 수입이 있을 것을 전제로 그 수입을 변제의 재원으로 삼아 원칙적으로 원금을 일부 성실히 변제하면 잔존채무를 면책받을 수 있는 갱생형 제도이다.

즉 개인파산제도는 '법원이 인정하는 채무청산 및 면책'이고, 개인회생제도는 '법원이 주관하는 채무조정'이라고 할 수 있다. 양자 모두 **법원이 주체가 되어 운영하는 공적지원제도**이다. 공적지원제도인 만큼 신뢰할 수 있다는 장점이 있으며, 사채 역시 대상이 되어 대상채권의

범위가 넓다는 장점이 있다.

그러나 단점 역시 존재한다. 법적 절차인 만큼 서류 준비부터 매우 복잡하다보니 법무사 혹은 변호사를 통할 경우 금전적인 비용이 상당하다는 문제가 있다. 그리고 서류를 제출한 이후에도 법원 측의 꼼꼼한 서면심사와 채무자 심문 등의 복잡한 과정을 거치게 되므로, 적어도 6개월이라는 오랜 시간이 걸린다는 점 역시 문제가 될 수 있다.

뿐만 아니라 개인파산제도와 개인회생제도 모두 '**보증인에 대한 채권추심이 가능**하다'는 점이 문제가 될 수 있다. 보증인이란 채무자 본인이 채무를 이행하지 않는 경우 이를 대신 이행할 사람을 말하는데, 비록 채무자 본인은 채무이행의 부담에서 벗어날 수 있지만 보증인은 여전히 채무를 지게 된다. 게다가 개인파산과 개인회생의 경우 한국신용정보원의 공공정보에 등록되는데, 이 정보는 **개인회생의 경우 채무변제를 완료하거나 인가 후 최장 3년간 변제했을 때 삭제**되며, **개인파산은 면책 결정 후 5년이 경과한 시점에 삭제**된다. 법원의 개인회생제도와 개인파산제도를 이용할 사람은 이 점을 꼭 명심해야 한다.

개인회생제도와 개인파산제도는 법원이 주체가 되어 운영하는 공적지원제도인데 반해 **워크아웃제도는 신용회복위원회에서 지원**하는 제도로 정식명칭은 '**신용회복지원제도**'이다. 금융기관 간 맺은 신용회복지원협약에 따른 신용불량자 구제제도이다. 쉽게 말해서 채무를 조정해주는 제도를 의미하며, 법원이 아닌 신용회복위원회가 지원하는 제도이기 때문에 **사적지원제도**라고도 불린다. 이러한 워크아웃제도는 대상 채무자의 연체기간에 따라 '개인워크아웃제도'와 '프리워크아웃제도'로 나뉜다.

개인워크아웃제도는 연체기간이 3개월 이상인 개인에게 적용되며, **프리워크아웃제도**는 연체기간이 90일 미만인 개인에게 적용되어 '사전채무조정'이라고도 불린다. 법원의 개인회생·파산제도와는 달리 훨씬 간단한 절차로 이루어지므로, 그만큼 보다 적은 금전적, 시간적 비용이 소모된다는 장점이 있다. 하지만 신청자격이 조금 더 까다로울 수 있다.

우선 대상채권의 경우 법원의 개인회생·파산제도는 사채도 대상이 되지만, 워크아웃제도의 경우에는 **협약가입 금융기관의 보유채권만이 대상**이 된다. 총 채무액이 15억 원 이하로써 담보채무는 10억 원 이하, 무담보채무는 5억 원 이하인 채무자, 최저생계비 이상의 수입이 있거나 채무상환이 가능하다고 신용회복심의위원회가 인정하는 채무자가 대상자가 될 수 있다(신용회복지원협약 제4조제1항). 또한 개인회생·파산제도의 가장 큰 단점으로 볼 수 있는 '**보증인에 대한 추심**'**이 불가**하다는 특징이 있다. 즉, 보증인이 채무자의 거대한 짐을 대신해서 지게 되는 또 다른 피해 가능성을 줄일 수 있다.

뿐만 아니라 **프리워크아웃제도의 경우 한국신용정보원에 연체정보가 등록되지 않기에 향후 신용관리에 문제가 발생하지 않게 된다**는 점도 장점이다. 개인워크아웃제도의 경우에는 정보가 등록되는데, 신용회복지원이 확정되면 해제되며, 채무변제를 완료하거나 신용회복지원 확정 후 2년 이상 변제하면 삭제된다. 개인회생이나 개인파산이 각각 3년, 5년 후에 정보가 삭제되는 것에 비하면 훨씬 빨리 정보가 삭제된다는 점이 장점이다.

2. 개인파산제도

> 개인파산신청이 인정되면 무조건 빚을 전액 탕감받나요?

개인인 채무자가 개인사업 또는 소비활동의 결과 자신의 재산으로 모든 채무를 변제할 수 없는 상태에 빠진 경우 그 채무의 정리를 위해 스스로 파산신청을 하는 경우를 **개인파산**이라고 합니다.

채무가 많다고 무조건 파산 신청하여 전부 면책받을 수 있는 것은 아닙니다. 법원은 돈을 갚지 못하는 상태가 된 원인으로 채무자의 연령·직업·기술·건강·재산 및 채무 규모 등을 종합적으로 고려하며, 일부면책을 하는 경우도 있습니다. 또한 재산상태 등에 대해 허위로 진술하거나 **낭비·도박 등 사해행위로 재산을 감소시키거나 과다한 채무를 부담한 경우는 면책되지 않을 수 있습니다.**

(1) 개인파산신청서 제출법원

개인파산사건은 원칙적으로 채무자의 주소지를 관할하는 '지방법원의 본원'에 신청서를 제출해야 한다. 예를 들면 경기도 부천시에 거주하고 있는 채무자는 인천지방법원 부천지원이 아니라 인천지방법원에 제출해야 한다. 다만 서울시에 주소가 있는 사람은 그 주소지의 관할법원이 예컨대 서울동부지방법원이나 서울남부지방법원 등이라도 서울회생법원에 신청서를 제출해야 한다.

(2) 파산선고의 효력

> 개인파산을 신청하면 어떤 불이익이 있나요?

1) 파산자의 재산상 법률행위 제한
   파산선고를 받은 채무자는 파산선고 후 재산에 관해 법률행위를 할 수 없습니다(채무자 회생 및 파산에 관한 법률 제329조제1항).
2) 자격제한
   파산선고를 받고 복권되지 않은 사람은 다음과 같은 공·사법상의 자격 제한을 받습니다.
   - **공법상**
     건설엔지니어링업자(건설기술진흥법 제27조제2호), 공인노무사(공인노무사법 제4조제3호), 공인회계사(공인회계사법 제4조제5호), 공무원(국가공무원법 제33조제2호), 법무사(법무사법 제6조제2호), 변호사(변호사법 제5조제9호) 등이 될 수 없습니다.

- 사법상

  대리인(민법 제127조제2호), 조합원(민법 제717조제2호), 후견인(민법 제937조), 유언집행자(민법 제1098조) 등이 될 수 없습니다.

  ※ 파산선고로 인한 불이익은 채무자 본인에게만 한정됩니다.

(3) 동시폐지결정

> 파산선고결정문을 받는데 "동시폐지한다"는 문구가 써있습니다. 파산을 동시폐지한다는 말은 제가 파산이 되지 않는다는 말인가요?

법원은 파산재단으로 파산절차의 비용을 충당하기에 부족하다고 인정되는 경우 파산선고와 동시에 파산폐지의 결정을 하는데 이를 동시폐지결정이라고 합니다(채무자회생 및 파산에 관한 법률 제317조제1항). **"파산절차를 동시폐지한다."**는 것은 **파산선고로 인한 여러 불이익을 받지 않고 바로 면책절차로 넘어간다**는 뜻입니다.

개인파산의 경우, 채무자에게 배당의 재원이 될 만한 재산이 거의 남아있지 않아 이를 금전으로 환가해도 파산절차의 비용에도 충당할 수 없고, 또한 부인권 대상 행위(채권자를 해하는 것을 알고 한 재산 처분 등)도 없는 경우에는 파산관재인의 선임, 배당 등의 절차를 진행하지 않고 파산선고와 동시에 파산절차를 종결하는 동시폐지결정을 합니다. 배당할 재산이 남아있거나 부인권 대상 행위가 있으면 채무자에게 절차비용을 예납하게 한 후 파산관재인 선임 등의 절차를 진행합니다.

동시폐지결정이 내려지면 파산절차는 끝나게 되고, 다음 단계인 면책절차로 넘어가게 됩니다.

(4) 파산 및 면책 동시신청의 방법

파산 및 면책은 자신의 모든 채무를 변제할 수 없는 재정상태에 빠진 사람이 신청할 수 있다. 신용불량자가 아니라도 신청할 수 있다. 채무자는 파산 및 면책 신청서류를 작성하여 자신의 주소지를 관할하는 지방법원 본원(단, 주소지가 서울에 있는 경우에는 서울회생법원)의 접수계에 접수하면 된다. 파산 및 면책신청서가 없는 경우에는 파산신청서와 면책신청서를 각각 작성하여 함께 제출해도 무방하다.

파산 및 면책 신청서류는 법원에서 교부받을 수 있으며, 대법원 전자민원센터 홈페이지(help.scourt.go.kr)의 양식모음게시판에서 다운로드 받을 수도 있다.

개인파산/면책 관련 신청서식

(5) 파산면책결정의 효력

1) 채무에 대한 책임면제

면책을 받은 채무자는 파산절차에 의한 배당을 제외하고는 파산채권자에 대한 채무의 전부에 관해 그 책임이 면제된다(채무자회생 및 파산에 관한 법률 제566조 본문).

◇ **면책에서 제외되는 채무**

면책허가결정이 확정되더라도 다음의 각 청구권에 대한 변제 책임은 소멸하지 않으므로, 채무자는 이를 계속하여 변제해야 한다.

- 조세
- 벌금, 과료, 형사소송비용, 과징금, 과태료
- 파산자가 악의로 가한 불법행위로 인한 손해배상
- 고용인의 최후 6개월분의 급료, 임치금 및 신원보증금
- 파산자가 알면서 채권자일람표(채권자명부)에 기재하지 아니한 청구권

2) 복권의 효력

복권이 되면 파산선고를 받기 전과 같은 상태로 돌아가며, 파산선고로 인한 공·사법상의 불이익이 없어진다. 복권결정은 확정된 후부터 그 효력이 발생한다(동법 제578조).

〈개인파산·면책절차〉

3. 개인회생제도

개인회생제도는 재정적 어려움으로 인하여 파탄에 직면하고 있는 개인채무자로서 장래 계속적으로 또는 반복하여 수입을 얻을 가능성이 있는 자에 대하여 채권자 등 이해관계인의 법률관계를 조정함으로써 채무자의 효율적 회생과 채권자의 이익을 도모하기 위하여 마련된 제도이다.

(1) 개인회생 신청자격

개인회생절차를 이용할 수 있는 채무자는 일정한 수입이 있는 '급여소득자'와 '영업소득자'로서, 현재 과다한 채무로 인하여 지급불능의 상태에 빠져있거나 지급불능의 상태가 발생할 염려가 있는 사람으로, 다음에 해당하는 금액 이하의 채무를 부담하는 자여야 한다.

- **담보부채무**(유치권·질권·저당권·양도담보권가등기담보권·「동산·채권 등의 담보에 관한 법률」에 따른 담보권·전세권 또는 우선특권으로 담보된 개인회생채권 등): 15억 원 이하
- **무담보채무**(위 담보채권 외의 개인회생채권): 10억 원 이하

"급여소득자"는 급여, 연금, 아르바이트, 파트타임 종사자, 비정규직, 일용직 등 그 고용형태와 소득신고의 유무에 구애받지 않고 정기적이고 확실한 수입을 얻을 가능성이 있으면 충분하며, "영업소득자"는 부동산임대소득·사업소득·농업소득·임업소득 그 밖에 이와 유사한 수입(소득신고 유무와 관계없음)을 장래에 계속적으로 또는 반복해 얻을 가능성이 있으면 충분하다.

또한 개인회생절차는 신용회복위원회 지원제도를 이용 중인 채무자, 배드뱅크 제도에 의한 지원절차를 이용 중인 채무자도 이용할 수 있고, 파산절차나 회생절차가 진행 중인 사람, 급여에 전부명령이 되어 확정된 경우에도 이를 실효시켜 개인회생을 신청할 수 있고, 낭비자도 개인회생절차를 신청할 수 있다.

(2) 개인회생신청서 제출법원

개인회생사건은 원칙적으로 채무자의 주소지를 관할하는 '지방법원의 본원'에 신청서를 제출해야 한다. 예를 들면 경기도 부천시에 거주하고 있는 채무자는 인천지방법원 부천지원이 아니라 인천지방법원에 제출해야 한다. 다만 서울시에 주소가 있는 사람은 그 주소지의 관할법원이 예컨대 서울동부지방법원이나 서울남부지방법원 등이라도 서울회생법원에 신청서를 제출해야 한다.

개인회생 관련 신청서식

(3) 개인회생신청의 장·단점

개인회생신청의 장점	개인회생신청의 단점
- 채권자 동의 없이 원금 탕감 가능 - 모든 채무를 조정대상으로 함 (사채 및 사금융 포함) - 공무원, 교사, 의사, 보험설계사 자격 등 유지 - 빚 독촉에서 벗어나는 점. 즉, 채권 추심을 막고 압류 해지 가능 - 자신의 재산 보유 가능 (부동산, 차량, 예금, 보험 등) - 신용불량자도 신청 가능 - 연체 기간 상관없음 - 본인과 가족에게 불이익 없고 신용회복 가능 - 재신청 가능	- 신용거래 중단 : 3년 동안 최저생계비만으로 생활. 나머지 모두 변제금으로 사용하므로 신용거래 자체가 불가능 - 신청절차가 복잡하고 시간이 오래 걸림 - 신용도 영향 있는 기업에 취직 불가 - 다양한 대출 불가 - 개인회생 기각 가능성 있음

(4) 개인파산제도와의 비교

파산은 원칙적으로 채무자의 재산을 환가해 변제하는 절차이고, 파산절차가 종결되면 면책을 신청해 채무를 변제할 책임을 면제받을 수 있는 제도로서 채무를 장래 일반적·계속적

으로 변제할 수 없는 사람들이 이용하는 제도이다. 그러나 개인회생제도는 채무자에게 일정한 수입이 있는 것을 전제로 채무자가 원칙적으로 3년(특수한 경우 5년) 이내의 기간 동안 원금의 일부를 변제하면 나머지를 면책받을 수 있는 제도라는 점에서 차이가 있다.

〈개인파산과 개인회생의 비교〉

구 분	대상자	채무한도	변제방법	변제책임
개인파산절차	개인채무자	채무한도 없음	재산의 청산	채무의 변제책임 면제
개인회생절차	개인채무자	담보채무: 최대15억 원 무담보채무: 최대10억 원	변제계획안에 따라 변제	변제계획안에 따라 변제 후 잔여 채무면제

※ 관련 판례

개인회생절차 개시결정을 받기 전 채무자의 급여에 채권압류 및 추심명령이 있었음을 이유로 변제계획인가일이 속한 달을 변제기간의 기산점으로 한 변제계획안을 제출한 경우, 채무자가 적립금을 납입하지 않고 있다는 사정만으로 위 변제계획안이 수행가능성이 없다고 볼 수 없다(대법원 2023. 9. 19. 선고 2023마6207 결정)

 채무자는 개인회생절차 개시신청을 하고, 그 개시결정을 받기 전 채권자로부터 급여에 채권압류 및 추심명령을 받았다. 이에 제3채무자인 회사는 채무자에게 급여를 전액 지급하지 않고 있었다.

 채무자는 변제계획이 인가되면 그간 받지 못한 급여를 일시에 제1회 변제금으로 투입하겠다는 내용의 변제계획안을 제출했는데, 원심은 채무자가 변제금(이른바 '적립금')을 납입하지 않고 있다는 사유로 이 사건 변제계획안이 수행가능성이 없다며 인가 전 폐지 결정을 했다.

 그러나 대법원은 달리 판단했다. 개인회생절차 개시결정이 있는 때에는 채권자목록에 기재된 채권에 기해 개인회생재단에 속하는 재산에 이미 계속 중인 강제집행·가압류·가처분 등은 중지되고, 새로이 강제집행·가압류·가처분을 하는 것은 금지된다(채무자회생법 제600조제1항제2호). 여기서 이미 계속 중인 강제집행 등이 중지된다는 것은 진행 중이던 강제집행 등의 절차가 그 시점에서 동결되고 속행이 허용되지 않음을 뜻할 뿐, 강제집행 등이 소급하여 무효가 되거나 취소되는 것은 아니다. 그리고 변제계획 인가결정이 있는 때에는 개인회생재단에 속하는 모든 재산은 채무자에게 귀속되고(동법 제615조제2항), 채무자회생법 제600조에 의하여 중지된 파산 및 회생절차, 개인회생채권에 기한 강제집행·가압류·가처분은 변제계획 또는 변제계획 인가결정에서 다르게 정한 경우를 제외하고는 그 효력을 잃는다(동조 제3항 본문).

 이에 따라 대법원은 변제계획 인가결정이 있는 경우 이 사건 채권압류 및 추심명령은 그 효력을 잃게 되고, 제3자가 그간 지급하지 못했던 급여는 채무자에게 귀속되어 변제계획안에 따른 변제금을 납입할 수 있는 상태가 되는 바, 채무자가 인가결정 후 적립금을 일시에 납입하겠다는 변제계획안을 제출하였고, 실제로 제3채무자가 이를 전액 보관하고 있다는 내용의 확인서도 제출하였으므로 채무자가 제출한 변제계획안이 수행가능성이 없다고 단정할 수 없다고 보고 원심결정을 파기 환송하였다.

4. 워크아웃제도(신용회복지원제도)

> 제2, 제3금융권 대출이나 사채의 경우도 개인워크아웃이 가능할까요?

개인워크아웃은 신용카드대금이나 대출 원리금이 90일 이상 연체된 경우 채무감면, 상환기간 연장 등의 지원을 받을 수 있는 제도로 신용회복위원회에서 운영합니다. 따라서 제2, 3금융권 대출이라도 신용회복지원협약에 가입된 금융회사의 것이라면 조정이 가능하므로 먼저 상담센터(☎1600-5500, Cyber.ccrs.or.kr)에 문의하는 것이 바람직합니다. 사채의 경우 앞서 살핀 법원의 개인회생·개인파산을 통해 면책 받을 수 있습니다.

워크아웃은 신용회복지원제도 중의 하나로 채무조정이 필요한 과중채무자를 대상으로 채무감면, 분할상환, 변제기 유예 등 채무조정을 통해 경제적으로 재기할 수 있도록 지원하는 업무로 주관기관은 신용회복위원회입니다.

이러한 워크아웃제도는 대상 채무자의 연체기간에 따라 '개인워크아웃제도'와 '프리워크아웃제도'로 나뉩니다. **개인워크아웃제도**는 연체기간이 3개월 이상인 개인에 적용되며, **프리워크아웃제도**는 연체기간이 90일 미만인 개인에게 적용됩니다.

(1) 개인워크아웃제도

개인워크아웃은 채무조정이 필요한 과중채무자에게 연체이자 전액감면, 상환기간 연장 등의 채부조정을 통해 금융채무불이행정보 해제 및 안정적 채무상환을 지원하는 제도이다. 원금분할 상환방식으로 원금상환이 완료되면 이행이 종료된다.

총 채무액이 15억 원(담보부채무 10억 원, 무담보채무 5억 원) **이하이고, 연체기간이 3개월(90일) 이상인 자**만이 신청할 수 있다. 금융회사 한 곳만 대출을 보유하고 있어도 접수 가능하다. 다만 최근 6개월 내 신규 발생 채무액이 총 채무액의 30% 미만이어야 한다.

감면범위는 이자, 연체이자, 원금(금융기관이 손실처리한 상각채권), 소득, 재산, 채무금액, 연체기간을 반영하여 20~90%까지 원금을 감면하여 무담보채무의 경우 최장 10년, 담보부채무의 경우 최장 35년 동안 채무를 분할상환하게 된다.

(2) 개인워크아웃의 장·단점

개인워크아웃의 장점	개인워크아웃의 단점
- 워크아웃 이용 시 은행연합회 연체정보에 신상정보가 등록되지 않음 - 보증인에 대한 추심 불가 - 상환능력에 따라 미상각채권 원금은 0~30%, 상각채권 원금은 20~70% 범위 내에서 감면 (사회취약계층은 최대 90%까지) - 상환기간이 무담보채무의 경우 최장 10년, 담보채무의 경우 최장 35년까지 가능	- 연체 90일 동안 독촉과 방문 추심이 계속적으로 이루어짐 - 접수 전까지 법적 조치 가능(예) 급여 압류, 부동산 가압류, 유체동산 경매 등) - 더딘 신용회복

(3) 프리워크아웃제도

프리워크아웃은 신용회복지원제도 중의 하나로 채무조정이 필요한 과중채무자를 대상으로 연체이자 전액감면, 이자율 인하, 상환기간 연장을 통해 금융채무불이행자로 전락하지 않도록 사전 지원하는 제도이다. 프리워크아웃이란 채무 자체가 아닌 이자만 조정하는 제도이다. 그렇기에 연체이자를 감면하고, 약정이자율을 낮추고 상환기간을 늘려준다.

1) 프리워크아웃 지원대상 및 내용

총 채무액 15억 원(담보채무 10억 원, 무담보채무 5억 원) **이하**로 최근 6개월 내 신규 발생 채무원금이 총 채무액의 30% 미만인 과중채무자로서 **연체기간이 90일 이내**인 경우에 신청 가능하다.

① 채무과중도에 따라 약정이자율의 30~70% 감면 : 조정 후 최저이자율 3.25%, 최고이자율 8%
② 무담보채무 최장 10년, 담보채무 최장 35년 이내 분할상환 가능
③ 확정 후 1년 경과 시마다 최초 조정된 이자율에서 10%씩 4년간 추가 감면
④ 연체이자 감면

2) 프리워크아웃 장점

- 신청 다음날부터 채권금융회사의 추심, 법적절차 등이 중단
- 협약에 가입된 금융회사의 모든 채무를 통합하여 조정
- 사적조정제도이기 때문에 신속한 결정(동의율 98%)
- 공인인증서를 통한 인터넷 신청이 가능
- 개인워크아웃에 비해 신용회복이 빠른 것도 장점
- 보증인에 대한 추심 불가

(4) 개인회생제도와의 비교

개인회생은 채무자에게 일정한 수입이 있는 것을 전제로 채무자가 원칙적으로 3년간 원금의 일부를 변제하면 나머지를 면책받을 수 있는 제도임에 반해, 워크아웃제도는 개인회생제도와 같이 일정한 수입을 전제로 하나 ① 원칙적으로 원금을 면책받을 수 없는 점, ② 운영주체가 법원이 아닌 신용회복위원회라는 점, ③ 변제기간이 무담보채무인 경우 최장 10년, 담보채무의 경우 최장 35년인 점에서 차이가 있다. 또한 개인회생제도는 금융기관에서 진 빚 외에도 개인 간 거래, 보증, 사채나 대부업 대출 등 다양한 종류의 채무액도 모두 조정 신청할 수 있고, 채권자의 동의 없이 법원에서 강제적으로 부채액을 조정해 준다는 것이 워크

아웃과 다르다.

하지만 개인회생제도는 신용회복위원회처럼 하나의 기관에서 받는 개인워크아웃과 달리 준비과정과 신청절차가 까다롭고 복잡한 편으로 혼자 준비하기에는 다소 어려움이 있다. 변호사를 선임하여 자격확인, 서류준비, 진행절차에서 면책까지 전반적으로 도움을 받아야 하고, 다양한 기각 및 폐지 사유도 사전에 조심하여 빚 탕감까지 받도록 해야 한다.

〈개인회생과 워크아웃의 비교〉

구 분	채무종류	신청조건	혜택	단점
워크아웃	협약체만 가능	연체 90일 이상	이자 전액 탕감 원금 최대 35년 분납	채권자 동의 필요
개인회생	대부분의 채무	언제나	이자 전액 탕감 원금 최대 90% 탕감 변제금 최대 36개월	변호사, 법원 수수료 발생

5. 신용회복제도를 이용한 경우 연체기록, 특수기록 삭제 시기

개인파산, 개인회생, 워크아웃 등의 신용회복제도를 이용한 경우 연체기록, 특수기록은 언제 삭제되나요?

개인파산, 개인회생, 워크아웃 등의 신용회복제도는 이용하는 경우 일정기간 동안은 특수기록 등이 남아있어 정상적인 금융기관의 이용이 제한되는 경우가 있을 수 있습니다. 각 제도에 따라 연체기록 및 특수정보는 다음 기준에 따라 삭제됩니다.

〈워크아웃, 개인파산, 개인회생의 각 연체기록·특수기록 삭제 시기〉

구분	프리워크아웃	개인워크아웃	개인파산	개인회생
연체기록 등 정보해제 여부	등록하지 않음	지원 확정 시 연체정보 해제	면책결정 시 해제	변제계획 인가일
특수정보 내용		신용회복지원 중 (1101)	개인파산(1201)	개인회생(1301)
특수기록 정보삭제시기		채무변제 완료 또는 지원확정 이후 2년 이상 변제한 때	면책결정 이후 5년 경과 시	변제개시일로부터 3년간 (채무자 회생법 제611조 제5항 단서의 경우 5년)

특수정보란 개인회생절차 진행 중인 자 또는 파산절차에서 면책을 받은 자를 일반 연체자와 구분하기 위해 별도의 코드로 구분을 해놓은 정보입니다. 특수정보 코드가 등록된 기간 중에는 모든 금융기관이 그 정보를 공유하기 때문에 신용대출, 신용카드발급, 할부구매 등에 있어 제약을 받을 수도 있습니다.

제7절 여행에 관한 법률관계

국내외 여행이 일상화되면서 그에 따른 분쟁도 잦아지고 유형도 다양화하고 있습니다. 이에 우리 민법은 2015년 여행계약에 관한 내용을 신설하고, 2016년 2월 4일부터 시행해 여행자 보호를 강화하고 있습니다.

1. 여행사 이용 시 : 여행계약 체결

"여행계약"은 여행업자가 여행자에게 운송, 숙박, 관광 또는 그 밖의 여행 관련 용역을 결합하여 제공하기로 약정하고 상대방이 그 대금을 지급하기로 약정함으로써 성립하는 계약으로(민법 제674조의2), 여행업자는 계약을 체결한 경우 여행계약서와 여행약관, 여행일정표(또는 여행설명서)를 여행자에게 교부해야 합니다(국외여행표준약관 제7조). 여행자는 계약체결 시 ① 계약금(여행요금 중 10% 이하의 금액)을 여행업자에게 지급해야 하며, ② 잔금을 여행 출발 7일 전까지 지급해야 합니다(동 약관 제10조제3항 및 제4항).

2. 여행계약에 따른 의무와 책임

1) 여행주최자의 의무

여행사는 여행자에게 ① 여행급부 이행의무, ② 여행지에 대한 안전정보 제공의무, ③ 약관 중요내용 등 설명의무, ④ 보험 또는 공제에 가입하거나 영업보증금을 예치할 의무, ⑤ 손해배상책임, ⑥ 여행 하자에 대한 담보책임을 집니다(민법 제674조의6, 국외여행 표준약관 제3조제1항, 제14조, 제15조, 제20조 및 제21조).

① 여행급부 제공의무

여행주최자는 여행자에게 안정되고 만족스러운 여행서비스를 제공하기 위하여 최선을 다하여야 합니다. 여행 출발 시부터 도착 시까지 여행주최자 및 그 고용인, 현지여행사 또는 그 고용인 등이 여행급부 이행과 관련해 고의 또는 과실로 여행자에게 손해를 가한 경우 손해배상 책임을 집니다.

② 정보제공 및 설명의무(해외여행표준약관 제18조)

여행주최자는 약관에 정해져 있는 중요한 내용 및 변경사항을 여행자가 이해할 수 있도록 설명하여야 합니다. 또한 외교부 해외여행안전 홈페이지(www.0404.go.kr) 게재된 여행지 안전정보를 제공해야 합니다. 해외여행의 경우 해당 국가가 방문 및 체류가 금지되어있지 않은지, 여권사용이 되지는 않는지 등 안전에 관한 정보를 제공하여야 합니다.

③ 여행수화물에 대한 의무

여행주최자는 자기나 그 사용인이 여행자의 수화물 수령, 인도, 보관 등에 관하여 게을리 하지 않았음을 증명하지 않는 한 수화물 멸실, 훼손 또는 연착으로 인하여 발생한 손해를 배상하여야 합니다.

④ 보험가입 등의 의무

여행주최자는 여행 알선과 관련한 사고로 관광객에게 피해를 준 경우 그 손해를 배상할 것을 내용으로 하는 보증보험 등에 가입하여야 합니다(약관 제19조).

> **대법원 1998. 11. 24. 선고 98다25061 판결**
> 여행업자는 통상 여행 일반은 물론 목적지의 자연적·사회적 조건에 관하여 전문적 지식을 가진 자로서 우월적 지위에서 행선지나 여행시설의 이용 등에 관한 계약 내용을 일방적으로 결정하는 반면 여행자는 그 안전성을 신뢰하고 여행업자가 제시하는 조건에 따라 여행계약을 체결하게 되는 점을 감안할 때, 여행업자는 기획여행계약의 상대방인 여행자에 대하여 기획여행계약상의 부수의무로서, 여행자의 생명·신체·재산 등의 안전을 확보하기 위하여, 여행목적지·여행일정·여행행정·여행서비스 기관의 선택 등에 관하여 미리 충분히 조사·검토하여 전문업자로서의 합리적인 판단을 하고, 또한 그 계약 내용의 실시에 관하여 조우할지 모르는 위험을 미리 제거할 수단을 강구하거나 또는 여행자에게 그 뜻을 고지하여 여행자 스스로 그 위험을 수용할지 여부에 관하여 선택의 기회를 주는 등의 합리적 조치를 취할 신의칙상의 주의의무를 진다.

※ 대법원 판결은 여행계약에 있어서의 당사자의 지위와 이에 기초한 여행업자의 의무를 잘 나타내주고 있다.

2) 여행자의 의무

여행자는 여행사에게 안전하고 즐거운 여행을 위한 ① 협조의무, ② 여행대금 지급의무를 집니다(국외여행표준약관 제3조제1항 및 제10조제3항 및 제4항).

여행계약은 당사자의 자유로운 의사의 합치에 의하여 성립되고, 특별한 형식이나 요건이 필요로 되지는 않습니다. 다만 표준약관에는 여행자가 계약체결을 할 때 여행요금 중 10% 이하의 금액을 계약금으로 지급하도록 규정하고 있고, 여행업자들이 작성하여 사용하고 있는 개별약관에도 여행요금 중 10% 상당의 계약금을 여행업자에게 지급하면 여행계약이 성립되는 것으로 간주된다는 내용의 규정을 두고 있는 것이 일반적입니다.

표준약관 제11조제3항은 여행요금 중 계약금을 제외한 나머지 돈을 여행 출발 7일 전까지 여행업자에게 지급하여야 한다고 정하고 있습니다. 이와 같이 여행자에게 여행요금을 미리 납부하도록 의무 지우는 약관이 유효한 것인가에 관하여는 여행계약의 성질과 관련하여 이를 부인하는 견해도 있습니다만, 기획여행의 특성상 이를 반드시 무효라고 할 것은 아니라고 여겨집니다.

3. 여행계약의 변경, 해제 및 해지

여행사 또는 여행자는 일정한 경우에 여행요금 또는 여행조건을 변경할 수 있으며, 이 경우 여행요금 정산이나 손해배상을 하게 될 수 있습니다(국외여행표준약관 제11조 및 제12조).
또한 여행출발 전에 계약을 해제할 수 있으며, 일정한 경우 손해배상을 하게 될 수 있습니다. 여행출발 후 부득이한 사유가 있는 경우에는 계약을 해지할 수 있고, 이 경우 상대방이 입은 손해를 배상해야 합니다.

1) 여행출발 전 계약해제
① 여행업자 또는 여행자는 여행출발 전 이 여행계약을 해제할 수 있습니다. 이 경우 발생하는 손해액은 "소비자피해보상규정(재정경제부고시)"에 따라 배상합니다(민법 제674조의3).
② 여행업자 또는 여행자는 여행출발 전에 다음 중 하나에 해당하는 사유가 있는 경우 상대방에게 제1항의 손해배상액을 지급하지 아니하고 여행계약을 해제할 수 있습니다(해외여행표준약관 제15조).
(1) 여행업자가 해제할 수 있는 경우
　가. 제13조제1항제1호 및 제2호사유의 경우
　나. 다른 여행자에게 폐를 끼치거나 여행의 원활한 실시에 현저한 지장이 있다고 인정될 때
　다. 질병 등 여행자의 신체에 이상이 발생하여 여행에의 참가가 불가능한 경우
　라. 여행자가 계약서에 기재된 기일까지 여행요금을 납입하지 아니한 경우
▶ 여행자가 해제할 수 있는 경우
　가. 제13조제1항제1호 및 제2호의 사유가 있는 경우
　나. 여행자의 3촌 이내 친족이 사망한 경우
　다. 질병 등 여행자의 신체에 이상이 발생하여 여행에의 참가가 불가능한 경우
　라. 배우자 또는 직계존비속이 신체이상으로 3일 이상 병원(의원)에 입원하여 여행 출발 전까지 퇴원이 곤란한 경우 그 배우자 또는 보호자 1인
　마. 여행업자의 귀책사유로 계약서 또는 여행일정표(여행설명서)에 기재된 여행일 정대로의 여행실시가 불가능해진 경우
　바. 제12조제1항의 규정에 의한 여행요금의 증액으로 인하여 여행 계속이 어렵다고 인정될 경우

> 해외여행표준약관 제13조 (여행조건의 변경요건 및 요금 등의 정산) ① 위 제1조 내지 제12조의 여행조건은 다음 각호의 1의 경우에 한하여 변경될 수 있습니다.
> 1. 여행자의 안전과 보호를 위하여 여행자의 요청 또는 현지 사정에 의하여 부득이하다고 쌍방이 합의한 경우
> 2. 천재지변, 전란, 정부의 명령, 운송, 숙박기관 등의 파업 및 휴업 등으로 여행의 목적을 달성할 수 없는 경우

2) 여행출발 후 계약해지

① 여행업자 또는 여행자는 여행 출발 후 부득이한 사유가 있는 경우 이 여행계약을 해지할 수 있습니다. 단, 이로 인하여 상대방이 입은 손해를 배상하여야 합니다.

② 제1항의 규정에 의하여 계약이 해지 된 경우 여행업자는 여행자가 귀국하는 데 필요한 사항을 협조하여야 하며, 이에 필요한 비용으로서 여행업자의 귀책사유에 의하지 아니한 것은 여행자가 부담합니다(해외여행표준약관 제16조)

4. 그 밖의 확인사항

1) 병무사항

25세 이상인 병역준비역, 25세 이상인 보충역 또는 대체역으로서 소집되지 않은 사람, 승선근무예비역으로 복무 중인 사람, 사회복무요원, 예술·체육요원, 전문연구요원, 산업기능요원, 공중보건의사, 병역판정검사전담의사, 공익법무관, 공중방역수의사 또는 대체복무요원으로 복무 중인 사람이 해외여행을 하려면 병무청장의 국외여행 허가를 받아야 합니다(병역법 제70조제1항, 병역의무자 국외여행 업무처리 규정 제5조).

2) 환전

해외여행자는 시중 은행이나 공항에 위치한 환전소에서 해외여행에 필요한 경비를 환전하여 가지고 나갈 수 있습니다(외국환거래규정 제2-3조제1항제1호다목). 환전한도는 제한이 없으나, 환전금액이 건당 미화(US$) 1만 달러 상당액을 초과하는 경우 세관에 신고해야 하며, 국세청에 통보됩니다(동 규정 제4-8조제1항제3호 및 제6-2조제2항제1호).

3) 여행자보험 가입

해외여행자는 신체상해 손해, 질병치료, 휴대품 손해, 배상책임 손해 등 해외여행 중에 일어날 수 있는 다양한 위험에 대비하기 위해 손해보험회사 본사 콜센터, 대리점, 공항 내 보험회사창구 및 인터넷 등을 통해 해외여행자보험에 가입할 수 있습니다.

4) 건강 및 안전정보 확인

해외여행자는 여행 전에 여행할 국가의 건강상 위험요인 유무와 필요한 예방접종이나 약품 등을 미리 확인하시는 것이 좋습니다. 또한 안전한 여행을 위해 여행할 국가의 여행경보 단계를 사전에 확인하시고, 단계별 행동지침을 따르는 것이 좋습니다.

5) 해외여행하기

해외여행 중에는 도난·분실, 인질납치, 교통사고, 자연재해 등 뜻하지 않은 위기상황이 발생할 수 있으므로 안전한 해외여행을 위해 상황별 대처방법을 잘 숙지해 두시는 것이 바람직합니다. 또한 안전한 해외여행을 위해 여행 중 〈영사콜센터〉를 이용하거나 외교부 "해외안전여행 어플리케이션"을 활용할 수 있습니다. 건강한 해외여행이 될 수 있도록 여행 중 건강관련 주의사항을 숙지해 두시는 것이 좋습니다.

5. 해외여행자를 위한 세관통관 안내

해외여행을 위하여 출국하거나, 여행 후 입국할 때는 반드시 통관절차를 밟아야 하는데, 여행자가 알아두면 도움이 되는 세관통관절차를 출국과 입국으로 나누면 다음과 같다.

1) 출국 시 세관절차

가. 세관에 신고를 요하는 물품

해외여행 중에 사용하고 다시 반입할 고가의 물품을 세관에 신고하지 않고 출국하면 입국 시에 과세된다. (예 고급시계, 고급카메라, 보석류, 모피류 등)

나. 반출(搬出)을 제한하는 물품
- 도자기 등 문화재 및 이에 준하는 물품
- 100매 이상의 국내 음반
- 상용에 공할 물품
- 기타 법령에서 반출을 제한하는 물품과 US$10,000 상당을 초과하는 외화 및 원화, 마약류 등
 이러한 물품은 관계기관의 허가 등을 받아야 반출할 수 있다.

다. 반출금지 물품
- 국헌을 문란하게 하거나 공안 또는 풍속을 해하는 음반, 테이프, 서적 등
- 화폐, 지폐, 은행권, 채권 기타 유가증권의 위조품, 변조품, 모조품
- 정부의 기밀을 누설하거나 첩보에 공하는 물품

2) 입국 시 세관절차
　가. 휴대품 신고
　비행기·선박 내에서 배부하는 "여행자휴대품신고서"에 해당사항을 정확하게 기재하고 서명한 후 휴대품 검사 세관공무원에게 여권과 함께 제출하여야 한다.

　나. 신고대상 물품
　- 해외 총 취득가격(取得价格) US$600을 초과하는 물품
　- 상용에 공할 물품
　- 미화로 1만 불을 초과하는 외화, 원화, 수표 등의 지급수단(원화표시 자기앞수표 포함)

　다. 통관제한 물품
　- 총포·도검·화약류 등 단속법에서 규제하는 물품
　- 마약법 및 향정신성의약품관리법에서 규제하는 물품
　- 동물, 식물 등 검역대상 물품
　- 무선통신용 송·수신기, 캠코더 등

　라. 수입금지 물품
　- 국헌을 문란하게 하거나 공안 또는 풍속을 해하는 음반, 테이프, 서적 등
　- 화폐, 지폐, 은행권, 채권 기타 유가증권의 위조품, 변조품, 모조품
　- 정부의 기밀을 누설하거나 첩보에 공하는 물품

3) 세관통로 선택
　신고대상 물품이 있는 여행자는 자진신고검사대를 선택하여 세관검사를 받고, 신고할 물품이 없는 여행자는 면세통로를 선택하여 통과하여야 한다. 그러나 과세 또는 규제대상 물품을 신고하지 않고 면세통로로 통과할 경우는 관세법등에 의한 처벌을 받게 된다.

6. 해외여행관련 분쟁해결

1) 법원 밖에서의 해결
　① 관광불편신고센터를 통한 해결
　해외여행자는 해외여행 관련 불편사항을 〈관광불편신고센터〉에 신고하여 해결할 수 있다 (참고: 한국관광공사 관광불편신고센터 홈페이지).

② 여행불편처리센터를 통한 해결

해외여행자는 여행업 등록업체인 여행사를 통한 해외여행과 관련된 각종 불편, 계약불이행 등에 관한 사항을 한국여행업협회에서 운영하는 〈여행불편처리센터〉에 신고하여 해결할 수 있다(참고: 한국여행업협회 여행불편처리센터 홈페이지).

③ 소비자단체를 통한 해결

해외여행자는 공정거래위원회나 각 지방자치단체에 등록된 소비자단체에서 해외여행관련 불만 및 피해를 처리하기 위한 상담 및 정보를 제공받거나 합의의 권고를 받을 수 있다(소비자기본법 제2조제3호 및 제28조제1항제5호).

소비자단체의 합의권고에도 불구하고 합의가 이루어지지 않는 경우, 해외여행자가 직접 또는 소비자단체가 해외여행자를 대신해서 공정거래위원회에 등록된 소비자단체협의회에 자율적 분쟁조정을 신청할 수 있다(동법 제31조 및 동법 시행령 제24조).

④ 소비자피해구제기구를 통한 해결

해외여행자는 해외여행과 관련된 불만이나 피해가 있는 경우 특별시·광역시도 또는 특별자치도에 설치된 소비자피해구제기구에 전화나 우편, 팩스, 인터넷, 방문 등을 통해 피해구제를 신청할 수 있다(동법 제16조제1항 및 동법 시행령 제7조).

⑤ 한국소비자원을 통한 해결

해외여행자는 해외여행 관련하여 피해를 입은 경우 〈1372 소비자상담센터〉에서 대응방법 안내 등에 관한 상담을 받을 수 있다.

소비자상담으로 문제가 해결되지 않을 경우 〈한국소비자원〉에 피해구제를 신청할 수 있고, 이를 통해 분쟁이 해결되지 않은 경우 소비자분쟁조정위원회에 분쟁조정을 신청할 수 있다(동법 제65조).

2) 법원을 통한 해결

해외여행자는 해외여행 관련 분쟁을 민사조정, 화해, 독촉절차(지급명령), 소액사건심판 또는 민사소송 등 법원을 통한 방법으로도 해결할 수 있다.

관련 사례

[1] 일반여권 발급 받으려면

생애 첫 해외여행을 앞두고 여권을 발급받으려면

해외여행을 하려는 국민은 여권발급 거부 또는 제한 대상이 아닌 한 주민등록지, 주소지와 상관없이 '전국 여권사무 대행기관 및 재외공관' 어디에서나 여권을 발급받을 수 있다(여권법 제12조, 제21조제1항 및 동법 시행령 제37조제1항제1호).

여권발급신청은 원칙적으로 본인이 직접 해야 하며, 여권을 발급받으러 갈 때에는 신분증, 여권용 사진 1장, 여권발급수수료를 준비하면 된다(동법 제9조제3항 및 제22조, 동법 시행령 제5조).

◇ 여권발급 신청 시 구비서류
- 여권발급신청서 1부 (구청 가면 신청서 있음)
- 신분증 사본
- 여권용 사진 1매(가로 3.5cm×세로 4.5cm, 6개월 이내 촬영)
- 기존 여권(유효기간 남은 경우 필수)
- 만 18세 미만 미성년자 법정대리인 부 또는 모의 여권발급동의서 및 동의인 인감증명서 (18세 미만 미성년자에 해당). 미성년자의 기본증명서, 가족관계증명서 등 가족관계 관련 서류, 병역관계서류(병역의무 해당자에 한함)
- 주민등록상 동거인으로 등재된 자와 개명, 생년월일 정정된 자는 기본증명서, 가족관계증명서 등 가족관계 또는 친족관계 확인 관계 서류(행정정보공동이용망 확인 가능 시 제출 생략) 추가 제출

[2] 여권의 유효기간

여권은 기간별로 복수여권과 단수여권으로 구별할 수 있는데 복수여권은 10년의 유효기간을 부여(단, 만 18세 미만자는 유효기간 5년)하여 유효기간 만료일까지 회수에 제한 없이 외국여행을 할 수 있는 여권이며, 단수여권은 1회에 한하여 외국여행을 할 수 있으며 통상 1년 이내의 유효기간으로 발급되고 있다(여권명의인이 귀국하면 여권 유효기간 존속 여부 관계없이 효력 상실). 복수여권의 경우 당해 여권의 최초의 유효기간을 초과하지 않는 범위 내에서 유효기간 연장신청을 하면 신규여권 발급에 따른 번거로움을 피할 수 있다.

여권의 유효기간은 일반여권은 10년 이내이며, 관용여권과 외교관여권은 5년 이내이고, 긴급여권은 긴급한 사유로 인하여 발급하는 비전자 단수여권으로 발급에는 2시간 가량 소요되며 유효기간 1년 이내이다.

[3] 환전 방법

미국으로 가족여행을 가려고 준비 중인데, 환전은 어디서 어떻게 하면 되나요?

해외여행자는 시중 은행이나 공항에 위치한 환전소에서 해외여행에 필요한 경비를 환전

하여 가지고 나갈 수 있습니다.

◇ 여행경비의 환전
- 해외여행자는 해외여행에 필요한 경비를 외화 현찰, 여행자수표, 여행자카드 등으로 환전하여 가지고 나갈 수 있습니다.
- 환전한도는 제한이 없으나, 환전금액이 건당 미화(US$) 1만달러 상당액을 초과하는 경우 세관에 신고해야 하며 국세청에 통보됩니다.
- 환전은 시중 은행(인터넷 환전도 가능)이나 공항에 위치한 환전소에서 할 수 있습니다.

[4] 여행업자에게 책임을 돌릴 수 있는 사정으로 여행계약이 해제되면 위자료 청구를 할 수 있다

> 여행업자에게 책임을 돌릴 수 있는 사정으로 여행계약이 해제되거나 여행자가 바라던 바의 여행목적을 이루지 못하였다고 인정되는 경우 물질적 손해 외에 정신적 손해로 인한 위자료의 청구를 할 수 있는지가 궁금합니다.

여행의 목적이 물질의 수수가 아닌 정신적 성취, 무형의 만족감에 있는 만큼 여행에 있어 손해배상이 문제로 되는 경우는 주로 위자료 부분이 아닌가 생각됩니다.

일반적으로 손해배상은 통상의 손해를 배상의 대상으로 하고, 특별한 사정으로 인한 손해는 상대방이 그와 같은 사정을 알았거나 알 수 있었을 때에 한하여 배상책임이 있는 것이나, 여행의 목적과 여행계약의 특성 등에 비추어 보면 여행업자의 책임 있는 사유로 오랜 시간과 적지 않은 비용을 들여 계획한 여행을 망치는 경우 오히려 그로 말미암은 정신적 손해는 통상의 손해에 가까운 것으로 보이고, 따라서 이에 대한 위자료 청구도 가능하리라고 생각됩니다.

다만, 그렇더라도 손해의 액수는 여행계약의 목적 및 내용, 채무불이행의 내용과 그 과정에서의 상대방의 고의 또는 과실의 정도, 여행이 중도에 해제된 경우 남은 일자의 활용 가능성 그밖에 다른 손해배상 사건에서의 위자료의 인용액수 등과의 균형 등을 고려하여 정하여질 것입니다.

[5] 여행 출발 전에 계약을 해지할 수 있다

> 여행 출발 전에 계약을 해지할 경우 이미 지급한 계약금을 돌려받을 수 있을까요?

해외여행자는 여행출발 전에 여행계약을 해제할 수 있습니다. 다만, 일정한 경우 손해배상을 하게 될 수 있습니다(민법 제674조의3).

◇ **여행출발 전 계약해제**

해외여행자는 여행출발 전 여행계약을 해제할 수 있습니다. 이 경우 발생하는 손해액은 다음의 기준에 따라 배상합니다.

피해유형	배상기준	
여행자의 여행계약 해제 요청이 있는 경우	여행 개시 30일 전까지 통보 시	계약금 환급
	여행 개시 20일 전까지 통보 시	여행요금의 10% 배상
	여행 개시 10일 전까지 통보 시	여행요금의 15% 배상
	여행 개시 8일 전까지 통보 시	여행요금의 20% 배상
	여행 개시 1일 전까지 통보 시	여행요금의 30% 배상
	여행당일 통보 시	여행요금의 50% 배상

해외여행자는 여행 출발 전에 다음의 어느 하나에 해당하는 사유가 있는 경우 상대방에게 위의 손해배상액을 지급하지 않고 여행계약을 해제할 수 있습니다.

- 여행자의 안전과 보호를 위하여 여행자의 요청 또는 현지 사정에 의하여 부득이하다고 쌍방이 합의한 경우
- 천재지변, 전란, 정부의 명령, 운송·숙박기관 등의 파업·휴업 등으로 여행의 목적을 달성할 수 없는 경우
- 여행사의 3촌 이내 친족이 사망한 경우
- 질병 등 여행자의 신체에 이상이 발생하여 여행에의 참가가 불가능한 경우
- 배우자 또는 직계존비속이 신체 이상으로 3일 이상 병원(의원)에 입원하여 여행 출발 시까지 퇴원이 곤란한 경우 그 배우자 또는 보호자 1명
- 여행업자의 귀책사유로 계약서 또는 여행일정표(여행설명서)에 기재된 여행일정대로의 여행 실시가 불가능해진 경우
- 여행요금의 증액으로 인하여 여행을 계속하기 어렵다고 인정될 경우

[6] 나 대신 친구를 - 여행자의 교체가 가능한지

> 미국 여행계약을 하고 돈까지 지불했는데 사정이 생겨 떠날 수 없게 되었습니다. 나 대신 제 친구가 갈 수 있는지요?

여행계약 후 출발에 앞서 사정에 따라 손해를 배상하거나 또는 손해를 배상하지 아니하고 계약을 해제할 수 있음은 앞서 보았으나, 여행계약 자체를 해제하지 않고 여행자를 변경할 수도 있습니다. 기획여행의 경우 여행업자가 제공하는 여행급부의 내용은 정형화되어 있고,

여행자가 누구인가는 원칙적으로 여행과정에서 커다란 의미를 갖는 것은 아니기 때문에 여행자에게 그와 같은 권리를 인정하여도 무방하기 때문입니다.

다만, 여행자가 교체되는 경우 새로운 여행자에게 계약 체결의 거절 사유가 있으면 여행업자는 여행계약의 체결을 거절할 수 있을 것이고(표준약관 제10조는 다른 여행자에게 폐를 끼치거나 여행의 원활한 실시에 지장에 있다고 인정될 때, 질병 기타 사유로 여행이 어렵다고 인정될 때, 계약서에 명시한 최대행사인원이 초과되었을 때 여행업자가 여행자와의 계약 체결을 거절할 수 있다고 하고 있습니다), 추가로 비용이 소요되는 경우 추가비용 지급 요청에 응해야 할 것입니다.

[7] 병역의무자는 해외여행을 하려면 병무청장의 허가를 받아야 한다

> 25세 남자 대학생인데 유럽으로 두 달간 여행을 가려고 합니다. 아직 군대를 안 갔는데 별도로 준비할 사항이 있나요?

25세 이상 병역의무자, 승선근무예비역, 보충역 또는 대체복무요원으로 복무 중인 사람이 해외여행을 하려면 병무청장의 허가를 받아야 합니다.

◇ 병역의무자의 해외여행허가
① 25세 이상 병역의무자 및 ② 승선근무예비역, 보충역 또는 대체복무요원으로 복무 중인 사람으로서 다음의 어느 하나에 해당하는 사람이 해외여행을 하려면 병무청장의 국외여행허가를 받아야 합니다.
  1. 병역준비역
  2. 보충역 또는 대체역으로서 소집되지 않은 사람
  3. 승선근무예비역으로 복무 중인 사람
  4. 사회복무요원, 예술·체육요원, 전문연구요원, 산업기능요원, 공중보건의사, 병역판정검사전담의사, 공익법무관 또는 공중방역수의사 또는 대체복무요원으로 복무 중인 사람

◇ 해외여행허가의 신청방법
해외여행허가를 받으려는 사람은 출국 예정일 2일 전까지 다음 중 어느 하나의 방법으로 국외여행허가 신청서(전자문서로 된 신청서 포함)를 제출해야 합니다.
- 방문접수 : 모든 지방병무청 민원실, 인천공항 병무민원센터(단, 전문연구요원, 산업기능요원, 사회복무요원으로 복무 중인 사람은 병적을 관할하는 지방병무청 민원실에서만 접수)
- 인터넷 신청 : 병무청 홈페이지 → 병무민원포털 → 국외여행/체제

[8] 해외여행자 인터넷등록제 "동행"이란 어떤 제도이고 가입하면 어떤 혜택이 있나

> 해외여행 전에 "동행"에 가입해두면 좋다는 이야길 들었어요. "동행"이란 어떤 제도이고 가입하면 어떤 혜택이 있나요?

◇ 해외여행자 인터넷등록제 "동행"

　해외여행자 인터넷등록제 "동행"이란 해외여행자가 여행 전에 신상정보·국내비상연락처·현지연락처·여행일정 등을 등록하면 등록된 여행자에게 안전정보를 메일로 발송하는 맞춤형 해외여행안전정보를 제공하고, 등록된 여행자가 사건·사고를 당했을 때 비상연락처 소재지 등 파악을 쉽도록 하여 보다 효율적인 영사조력이 가능하도록 하는 제도를 말합니다.
"동행"에 가입하면 다음과 같은 혜택을 받아볼 수 있습니다.
1) 인터넷등록과 동시에 목적지의 안전정보를 이메일을 통해 받아볼 수 있습니다. 또한, 수시로 업데이트 되는 목적지의 치안 상황이나 자연재해 가능성 등의 안전공지 역시 이메일을 통해 확인할 수 있습니다.
2) 해외에서 대규모 재난·재해가 발생하여 대한민국 여행객의 안전을 확인해야 하는 경우, 미리 등록한 여행정보와 현지 연락처를 바탕으로 소재 파악을 할 수 있습니다.
3) 해외여행 중 불의의 사고를 당하여 가족에게 사고사실을 알려야 하는 경우, 재외공관(대사관)에서 미리 등록한 비상연락처를 바탕으로 신속하게 연락을 취할 수 있습니다.
※ "동행" 가입은 〈외교부 해외안전여행 홈페이지-동행서비스〉에서 하실 수 있습니다.

[9] 자동출입국심사

> 자동출입국심사를 이용하면 일반출입국심사보다 빠르고 편리하다던데, 어떻게 이용하면 되나요?

　자동출입국심사란 출입국심사관 대신 정보화 기기가 해외여행자의 지문 및 얼굴 정보와 등록된 지문 및 얼굴 정보를 대조하여 본인 확인을 하고, 해당 해외여행자가 출입국할 수 있는지를 심사하는 제도를 말합니다.
　다음의 요건을 갖춘 해외여행자는 정보화 기기를 이용한 자동출입국심사를 받을 수 있습니다.
1. 유효한 여권을 가지고 있을 것
2. 출입국·외국인청장, 출입국외국인사무소장, 출입국·외국인청 출장소장 또는 출입국·외국인사무소 출장소장에게 자동출입국심사 등록신청서를 제출하여 스스로 지문과 얼굴에 관한 정보를 등록하였을 것(주민등록증을 발급받은 사람으로서 자동출입국심사에 지장이 없는 경우 이 요건을 갖춘 것으로 봄)

3. 출국금지 또는 긴급출국금지 대상이 아닌 사람으로서 다음의 어느 하나에 해당할 것
   - 14세 이상의 사람으로서 주민등록이 되어 있을 것
   - 7세 이상 14세 미만의 사람으로서 주민등록이 되어 있고, 법정대리인의 동의를 받아 지문과 얼굴에 관한 정보를 등록하였을 것
4. 그 밖에 「여권법」에 따라 사용이 제한되거나 반납명령을 받은 여권을 가지고 있는 등 출입국관리공무원의 심사가 필요한 경우가 아닐 것

◇ **등록 장소 및 방법**

공항 자동출입국심사 등록센터에 방문하여 자동출입국심사 이용 신청 후 지문 등록 및 사진 촬영을 하면 사전등록절차가 완료됩니다.

〈등록완료 후 자동출입국심사 이용〉

① 여권을 기기에 접촉하여 스캔 → ② 입구가 열리면 입장 → ③ 지문인식 본인인증을 진행 → ④ 안면인식 본인인증을 진행 → ④ 심사 완료 및 출구 개방

[10] 안전한 해외여행 도움받기

해외여행 중 위기상황이 발생할 경우를 대비하여 미리 알아두면 좋은 정보가 있을까요?

해외여행자는 안전한 해외여행을 위해 여행 중 영사콜센터를 이용하거나 외교부 "해외안전여행 어플리케이션"을 활용할 수 있습니다.

◇ **영사콜센터 이용**

해외여행자는 여행 중 위기상황이 생겼을 때 영사콜센터에 연락하여 사건·사고 접수, 신속해외송금지원제도 안내, 가까운 재외공관 연락처 안내 등 전반적인 영사민원 상담을 받을 수 있습니다.

〈이용방법〉
- 국내: 02) 3210-0404(유료)
- 해외: +822-3210-0404(유료) 또는 국가별 접속번호 +800-2100-0404(무료)

◇ **외교부 "해외안전여행 어플리케이션" 활용**

스마트폰을 사용하는 경우 외교부 "해외안전여행 어플리케이션"을 설치해두면 여행경보제도, 해외여행자등록제, 동행, 위기상황별 대처 매뉴얼, 좌충우돌 상황별 카툰, 대사관, 총영사관 연락처 현지긴급구조 번호안내 등 다양한 정보를 편리하게 확인할 수 있습니다.

[11] 최저인원 미달로 인하여 여행이 취소되는 경우 여행업자의 책임

최저인원 미달로 인하여 여행이 취소되는 경우 여행업자에게 책임을 물을 수 있는지요?

국외여행 표준약관 제9조는 최저행사 인원이 충족되지 아니하는 경우 여행업자는 여행 출발 7일 전까지 여행자에게 통지하고 여행계약을 해제할 수 있다고 규정하고, 최저인원 미달로 여행계약을 이행할 수 없음에도 불구하고 위 기일 안에 해제 통지가 이루어지지 않는 경우 여행업자는 이미 지급받은 계약금을 환급하는 외에 여행 출발 1일 전까지 통지를 한 경우에는 여행요금의 20%, 여행 출발 당일 통지를 한 경우에는 여행요금의 50%에 해당하는 금액을 여행자에게 배상하도록 규정하고 있고, 소비자피해보상규정 역시 같은 취지의 보상기준을 정하고 있습니다.

[12] 부친의 사망으로 출발 5일 전 여행계약 취소 통지, 여행사에 여행경비 전액 환급받을 수 있다

여행사와 일주일간의 '유럽 역사유적탐방' 상품을 계약하고 경비 전액을 지급했습니다. 그런데 갑작스런 부친의 사망으로 여행을 가지 못하게 되어 출발 5일 전 여행사에 경비의 반환을 요구했지만 여행사는 취소료를 제외한 경비 일부만을 지급하겠다고 합니다.

국외여행 표준약관은 여행자의 3촌 이내의 친족이 사망한 경우 여행사에게 손해배상금을 지급하지 아니하고 여행계약을 해제할 수 있도록 정하고 있어 여행경비 전액을 돌려받을 수 있습니다.

[13] 고의 아닌 질환으로 해외여행 중간에 귀국한 경우 잔여 여행기간의 경비를 돌려받을 수 있다

여행사와 일주일간의 유럽여행 계약하고 떠났는데 현지 도착 2일째부터 음식이 맞지 않아 설사를 하며 탈진해 병원에서 치료를 받은 후 자비로 귀국했습니다. 잔여여행기간의 경비를 돌려받을 수 있을까요?

여행 출발 후 부득이한 사유로 계약이 해지된 경우 여행업자는 여행자가 귀국에 필요한 사항을 협조하도록 하고 있습니다. 따라서 고의가 아닌 질환으로 인한 여행의 불참이고 여행업체와의 협의를 거쳐 귀국한 경우라면 남은 일정 동안의 경비를 요구할 수 있습니다.

[14] 선택관광 일정변경과 호텔비용 차액을 돌려받을 수 있다

여행계약 체결 당시 여행사에서 제공한 일정표에는 파리에서 에펠탑 입장 등이 일정에 포함되어 있었지만 여행 출발 당일 공항에서 받은 일정표상에는 별도의 요금을 추가로 내야 하는 선택관광으로 표시되어 있었습니다. 현지에서도 가이드가 선택관광 요금을 별도로 내는 여행객만 에펠탑 입장 등의 일정을 진행하고, 요금을 내지 않은 사람은 자유시간을 갖도록 했습니다. 결국 추가요금을 내고 선택관광에 동행했습니다. 그리고 여행기간 중 1급 이상의 호텔에서 머물기로 계약했는데 현지에서는 그보다 낮은 등급인 2급 정도의 호텔에서 투숙한 뒤 귀국했습니다.

국외여행 표준약관 제13조(여행 조건의 변경 요건 및 요금 등의 정산)에 따르면, 여행 조건은 부득이한 경우 여행자와 여행사 간 합의가 있거나 천재지변, 정부의 명령, 운송 및 숙박시설의 휴·파업에 한해 변경할 수 있기 때문에 사례의 경우 이 사안에 해당하지 않아 피해를 보상받을 수 있습니다. 또 소비자피해보상규정에 따라 여행자는 호텔의 등급 변경 자료를 제시하면 요금 차액을 돌려받을 수 있습니다.

[15] 해외여행 중 여행사 과실로 부상당한 경우, 여행사에 국내귀환운송비 및 사고처리과정서 추가로 지출한 체류비 등을 청구해 받을 수 있다

> 여행사가 판매한 뉴질랜드 패키지여행에 참여했다가 투어버스 접촉사고로 앞 좌석에 머리를 심하게 부딪쳐, 현지 병원에서 '급성 정신병 장애, 급성 스트레스 반응' 진단을 받은 H씨는 17일 동안 입원해 있다가 해외환자이송업체를 통해 귀국했다. H씨는 여행사를 상대로 여행비용과 병원치료비, 뉴질랜드 체류비용, 환자후송비용 등을 청구하는 소송을 제기했다.

재판부는 "여행자가 귀환운송 의무가 포함된 해외여행계약에 따라 여행하는 도중 여행업자 과실로 상해를 입은 경우 사회통념상 여행자가 국내로 귀환할 필요성이 있다고 인정된다."며 귀환운송비 등 추가비용은 여행사의 책임이고, 사고처리과정에서 추가로 지출한 체류비와 국제전화요금 등 비용 또한 여행사가 책임져야 할 통상 손해에 해당한다고 보았습니다(대법원 2019. 4. 3. 선고 2018다286550 판결).

[16] 해외여행 중 여권을 잃어버렸을 경우 대처방법

> 유럽 여행 중 여권을 잃어버렸습니다.

해외여행 중 여권을 분실하면 모든 일정을 멈출 수밖에 없습니다. 여권 없이는 여행이 불가능하기 때문입니다. 그럴 때는 여권을 다시 만들어야 하는데, ① 일단 외교부 홈페이지에서 온라인으로 분실신고를 먼저 합니다. 그다음 ② 현지 경찰에게 '폴리스 리포트'를 받아서 지참한 뒤, ③ 가까운 현지 대사관이나 총영사관을 방문해 긴급여권 또는 일반여권을 발급받으면 됩니다.

긴급여권 발급신청서

긴급여권은 단수여권으로 발급지 기준 왕복 1회 출입국 시에만 사용할 수 있습니다. 긴급여권으로 출입국이 불가능한 나라도 있고, 또 어떤 국가는 출국용으로만 인정하기도 합니다. 그야말로 긴급하게 한국으로 돌아갈 때, 아니면 다른 나라로 이동할 때 사용하는 용도입니다. 긴급여권으로 여러 나라 국경을 넘어야 하는 유럽여행은 현실적으로 어렵습니다.

대사관에서 신청할 수 있는 또 다른 옵션인 일반여권은 한국 구청 여권민원실에서 받는 여권과 완전히 동일한 것입니다. DHL 특송 서비스로 신청하면 일주일이면 신청한 대사관에서 일반여권을 수령할 수 있습니다. 신청은 해외에서 하지만 한국에서 여권을 만들어 특송으로 보내주는 겁니다. 일주일 정도 해당 국가에서 머물러야 하지만, 향후 정상적인 일정을 소화하고 싶다면 DHL 특송 서비스로 일반여권을 신청하는 것이 속 편합니다.

◇ 여권 분실 대비용 준비물

일단 여권을 신청하려면 본인의 신분증이 필요합니다. 해외에서도 주민등록증이나 자동차면허증을 따로 휴대해야 하는 이유입니다. 비행기 티켓과 여권 스캔본도 따로 출력해서 보관하는 것이 좋습니다. 사진을 찍어 휴대폰에 저장해두는 것도 좋지만, 클라우드에도 올려두는 것을 권합니다. 그리고 이런 사본은 다른 가방에 따로 보관해야 합니다. 휴대폰과 지갑, 여권 등 귀중품 보관용 가방을 통째로 분실하거나 도난당하면 난감하기 때문입니다.

외무부(www.mofa.go.kr)
전화번호 : 02-2100-2114(주간), 02-3210-0404(영사콜센터, 24시간)
팩스 : 02-2100-7998

제8절 소멸시효(消滅時效)

1. 의의

시효라 함은 일정한 사실상태가 장기간에 계속되었을 때 그 상태가 정당한 권리관계에 맞는지의 여부를 불문하고 그 상태를 존중하여 그대로 권리관계를 인정해 주는 제도로 취득시효와 소멸시효가 있다. 그 중 "소멸시효"란 권리자가 그의 권리를 행사할 수 있었음에도 불구하고 일정한 기간 동안 그 권리를 행사하지 않는 상태, 즉 권리불행사의 상태가 계속된 경우에 그 자의 권리를 소멸시키는 제도를 말한다.

2. 기간

소멸시효는 권리를 행사할 수 있는 때로부터 진행하며(민법 제166조제1항), 권리를 행사할 수 있는 때란 기한이 정해진 경우 기한이 도래한 때를 뜻한다. 소멸시효 기간의 만료로 소멸시효가 완성되면 채권은 당연히 소멸하며, 원본채권이 시효로 소멸하면 이자채권도 함께 시효로 소멸한다.
1) **민사채권** : 10년간 행사하지 않으면 소멸시효가 완성된다(민법 제162조제1항).

2) **상사채권**: 금전거래의 원인이 상행위로 인한 상사채권의 경우, 「상법」에 다른 규정이 없는 때에는 5년간 행사하지 않으면 소멸시효가 완성된다(상법 제64조).
3) **이자채권**: 1년 이내의 기간으로 정한 이자채권은 3년간 행사하지 않으면 소멸시효가 완성된다(민법 제163조).
4) **판결 등에 따라 확정된 채권**: 판결에 의하여 확정된 채권은 단기소멸시효에 해당한 것이라도 그 소멸시효는 10년이 된다(민법 제165조제2항).
5) **1년의 단기 소멸시효**: 다음의 채권은 1년간 행사하지 않으면 소멸시효가 완성한다.
   ① 여관 숙박료, 음식점 음식료, 대석료, 오락장의 입장료, 소비물의 대가, 체당금
   ② 의복, 침구, 장구 등 동산의 사용료
   ③ 노역인, 연예인의 임금 및 그에 공급한 물건의 대금
   ④ 학생 및 수업자의 교육, 의식 및 유숙에 관한 교주, 숙주, 교사의 채권
6) **3년의 단기 소멸시효**: 다음의 채권은 3년간 행사하지 않으면 소멸시효가 완성된다.
   ① 이자, 부양료, 급료, 사용료, 1년 이내의 기간으로 정한 금전 또는 물건의 지급을 목적으로 한 채권
   ② 의사, 조산사, 간호사 및 약사의 치료, 근로 및 조제에 관한 채권
   ③ 도급받은 자, 기사, 기타 공사의 설계 또는 감독에 종사하는 자의 공사에 관한 채권
   ④ 변호사, 변리사, 공증인, 공인회계사 및 법무사에 대한 직무상 보관한 서류의 반환을 청구하는 채권
   ⑤ 변호사, 변리사, 공증인, 공인회계사 및 법무사의 직무에 관한 채권
   ⑥ 생산자 및 상인이 판매한 생산물 및 상품의 대가
   ⑦ 수공업자 및 제조자의 업무에 관한 채권

관련 사례

[1] 채권의 소멸시효 기간

> 친구가 사업자금이 부족하다며 2천만 원을 빌려달라기에 빌려주었습니다. 그런데 친구는 부도가 나자 종적을 감춰 연락이 되질 않다가, 12년 만에 다시 만날 수 있었습니다. 친구는 그때 빌린 돈을 못 갚겠다고 하는데, 어떻게 하죠?

방법이 없습니다. 일반 민사계약인 금전소비대차계약을 통한 대여금의 채권자는 10년 동안 채권을 행사하지 않으면 채권이 시효로 소멸됩니다. 따라서 위 질문의 경우 이미 10년이 지났기 때문에 채권자인 친구에게 대여금 2천만 원을 청구할 수 없습니다. 설사 상대방인

친구의 소재를 몰랐다 하더라도 이런 경우에는 법원에 소를 제기하면 공시송달을 통해 판결을 얻어낼 수 있고, 그러면 시효기간은 그 확정판결이 있은 날부터 다시 10년간 연장됩니다. 따라서 계속 시효를 연장해 나갈 수 있는 방법이 있음에도 불구하고 이를 하지 않아 시효가 완성된 것이므로 상대방이 양심적으로 갚아주지 않는 한 돈을 받기가 어렵습니다.

[2] 음식 외상값 1년 지나면 안 주면 못 받는다는데 사실인가요

> 식당 단골손님이 외상값을 안 갚은 지 1년이 지났습니다. 길거리에서 만난 그 손님에게 외상값을 달라 했더니, 소멸시효가 지났기 때문에 못 주겠다고 합니다. 어떻게 하죠?

외상값을 받을 방법이 없습니다. 일반적으로 채권은 10년의 소멸시효가 적용되어 10년 동안 이를 행사하지 않으면 채권 자체가 소멸됩니다. 그러나 음식료, 숙박료 등의 경우에는 1년간 행사하지 않으면 소멸시효가 완성됩니다. 위 질문의 경우 외상값은 음식료로서 단기 소멸시효 대상이므로 1년이 지나버린 현재로서는 돈을 받기 어렵습니다. 이러한 경우에는 소액심판 등을 통해 확정판결을 받아 소멸시효를 10년으로 연장하던지, 가압류 등을 통해 소멸시효를 중단시켰어야 합니다.

[3] 약속어음 공정증서의 소멸시효

> 친구에게 돈을 빌려주면서 차용증 대신 약속어음 공정증서를 받아두었습니다. 4년 후 그 친구는 재기하여 재산이 많이 불어났음에도 돈을 아직 갚지 않고 있어, 찾아갔더니 어음이라면서 돈 갚기를 거부하고 있습니다. 어떻게 하면 될까요?

법원에 대여금반환청구소송을 제기하세요.

약속어음 공정증서는 채무불이행 시 별도의 소송 없이도 강제집행을 할 수 있어서 많이들 이용하고 있습니다. 다만 약속어음의 경우 발행인에 대한 어음청구는 3년 이내에 행사해야 하므로 약속어음 공정증서 역시 3년 이내에 행사해야 합니다(대법원 1992. 4. 14. 선고 92다169 판결). 따라서 질문의 경우 이미 3년이 지나버렸기 때문에 어음을 이유로 어음금 청구를 할 수 없습니다.

그러나 약속어음 발행의 원인이 되는 애초의 대여금채권은 어음과 독립하여 여전히 존재하므로 일반채권의 소멸시효인 10년이 적용됩니다(대법원 1997. 3. 28. 선고 97다126, 97다133 판결). 따라서 대여금채권을 피보전권리로 하여 가압류를 신청하는 등 채무자의 재산을 확보한 후 대여금반환청구소송을 제기하면 됩니다.

[4] 소멸시효의 중단방법

> 소멸시효를 중단시킬 수 있는 방법이 있는지요?

채권자는 채권의 시효가 완성되기 전에 소멸시효를 중단시켜야 하는데, 그 방법으로는 재판상 청구, 파산절차 참가, 지급명령 신청, 화해를 위한 소환, 임의출석, 압류, 가압류, 가처분이 있습니다. 채무자가 채무를 승인하는 경우에도 소멸시효는 중단됩니다(민법 제168조).

[5] 시효이익의 포기

> 외국에서 지내다가 11년 만에 한국에 돌아와 가깝게 지내던 선배를 만났습니다. 선배가 12년 전에 제가 돈을 빌린 적이 있다 하니 기억이 떠올라 일단 일부를 주고 돌아와 생각해 보니 소멸시효가 지나서 갚지 않아도 되지 않나 싶습니다. 가능할까요?

갚아야 합니다. 대여금채권은 10년의 소멸시효가 적용되어 10년이 지나면 갚을 필요가 없습니다. 그러나 채무자가 시효가 완성된 사실을 알고도 지급의 연기를 요청하거나 변제할 의사를 밝히는 등 시효완성으로 받을 이익을 포기하면 여전히 갚을 의무가 있습니다. 질문의 경우와 같이 채무자가 소멸시효 완성 후 채무를 일부변제한 때에는 그 액수에 관하여 다툼이 없는 한 그 채무 전체를 묵시적으로 승인한 것으로 보아야 하고, 이 경우 시효완성의 사실을 알고 그 이익을 포기한 것으로 추정됩니다. 따라서 질문자는 선배에게 나머지 돈을 갚아야 합니다.

"시효이익의 포기"란 시효완성의 이익을 당사자의 의사에 의해 버리는 것을 말하며, 일단 이를 포기하면 더 이상 소멸시효의 완성을 주장할 수 없습니다. 소멸시효 완성 전에는 시효의 이익을 미리 포기할 수 없으나(민법 제184조), 소멸시효가 완성된 후에는 시효이익을 포기하는 것이 허용됩니다. 판례는 채무자의 기한유예 요청, 채권자에 의한 담보권실행에 대하여 이의를 제기하지 않는 경우, 시효완성 후의 일부변제는 시효이익의 포기라고 보고 있습니다(대법원 1967. 2. 7. 선고 66다2173 판결). 그 밖에 소멸시효가 완성된 후라도 채무자가 채권에 대하여 지불각서를 써 주는 것도 시효이익의 포기라고 볼 수 있습니다.

제2장 부동산

제1절 부동산 거래에 있어서 유의할 사항

1. 부동산매매계약 체결할 때

우리는 일상생활에서 토지나 집 등을 사고파는 부동산 거래를 많이 하고 있습니다. 그러나 무주택자가 근근이 모은 돈으로 집을 장만하려다가 사기를 당하는 등 피해를 입은 경우도 적지 않습니다. 그래서 부동산 거래를 함에 있어서 피해를 예방하기 위하여 최소한 다음과 같은 사항을 유의하여야 할 필요가 있습니다.

2. 부동산 매수 시 주의할 점

1) 계약 전 유의사항

부동산을 사고자 하는 자는 먼저 해당 지번을 확인하고, 임야대장, 토지대장, 등기부등본, 가옥대장, 도시계획확인원, 용도지역 확인원 등을 떼어보고 현장을 반드시 확인하여야 한다. 현장과 등기부, 토지대장, 가옥대장 등과의 일치 여부를 사전에 알아보아야 하고 매도하려는 자가 실제 소유자인가의 여부도 신중하게 알아보아야 한다.

부동산 중개업소에서 소개하는 경우에도 본인이 직접 위와 같은 조치를 취하여 알아보는 것이 좋다. 상대방이 보여주는 등기부등본만을 믿어서는 안 된다. 최근에는 복사 기술이 발달되어 정당한 등본이라도 이를 고쳐서 다시 복사하는 사례가 많아 원본과 다른 복사분이 많이 나돌고 있기 때문에 등본이 있으면 반드시 관계 공무원의 인증(원본과 같다는 확인)이 있는가의 여부를 확인하여야 할 것이고, 근본적으로 본인이 직접 등기부를 열람하여 확인하거나 이를 떼어보아야 한다.

상대방이 보여주는 등기권리증도 자세히 살펴보고 원본인가를 확인하여야 한다. 단시일에 권리자가 수 명씩 바뀌는 등 권리변동 관계가 빈번하고 복잡한 것은 일단 의심을 하고 사지 말아야 한다.

여러 가지 담보물권이나 예고등기, 가등기가 설정되어 있는 것은 사지 않는 것이 현명하다. 또 매수 직전에 비로소 보존등기가 되거나 기타 상속등기나 회복등기가 된 것은 일단 의심을 해야 한다. 소송으로 확정판결을 받은 물건을 매수할 때에는 패소판결을 받은 자를 찾아가 사실 여부를 확인하는 것이 좋다.

재산세 납세자가 소유자와 다른 경우에는 그 이유를 알아보아야 하며, 또 건축과 관련하여 도시계획 여부, 개발제한구역 여부 등도 반드시 확인하여야 한다. 해당 지역이 고시지역으로서 건설부장관이 신고구역으로 지정한 토지거래신고 대상지역인지 여부를 사전에 확인할 필요가 있다.

2) 계약 시 유의사항

계약서는 구체적으로 명백히 쓰고 애매한 문구로 인하여 손해를 보는 일이 없도록 하고, 특히 부동산중개업소에 인쇄되어 있는 계약서 용지를 사용하려면 이를 면밀히 읽어보고 검토하고 특약이 있으면 그 특약도 명백히 기재하여야 한다.

계약 시에는 매도인 측 대리인과 계약하지 말고 거래 당사자 간에 직접 계약하는 것이 좋고, 부동산중개업소의 소개로 계약하는 경우에도 매도인과 직접 계약하는 것이 좋으며 반드시 입회인을 두는 것이 좋다.

부동산중개업소의 말만 믿고 계약하지 말아야 한다. 매도인 측의 말만 믿고 이를 그대로 매수인에게 전하는 수도 있을 수 있고 계약을 성립시키기 위해서 과장된 말을 할 수도 있기 때문이다.

시가에 비하여 현저히 싸거나 별 이해관계도 없는 자들이 사라고 권유하는 부동산은 계약하지 않는 것이 현명하다. 매수만 하면 금방 돈을 번다고 하고서도 자기들이 사지 않고 남보고 사라고 권유하는 것 자체가 이상하다. 신문지상의 광고만을 믿고 경솔하게 계약해서는 안 된다. 왜냐하면 광고에는 좋고 유리한 것만 나오지 부동산 자체의 결함은 나오지 않기 때문이다. 부동산의 결함을 알아보기 위해서는 토지대장, 임야대장, 가옥대장 등도 확인하여 등기부와 일치 여부를 알아볼 필요가 있다.

토지거래규제 대상 지역의 토지 거래 시에는 토지거래계약허가 등 절차를 밟아야 한다. 일생일대의 중대한 생활 터전을 마련하려는 경우일수록 사전 확인을 치밀히 해야 하고, 변호사나 법무사, 기타 법을 잘 아는 사람 혹은 법률상담실을 찾아가 상의해 본 후 계약하는 것이 좋은 방법이다.

3. 대금 지급 및 등기 시 유의사항

1) 대금 지급 시 유의사항

중도금이나 잔대금을 지급할 시에는 반드시 영수증을 주고받는 등 대금지급 내용을 명확히 하여야 한다. 등기부는 중도금 지급, 잔금 지급 시마다 그 직전에 확인하여야 한다. 중도금을 받고도 이중으로 매도하는 수가 있기 때문이다.

2) 부동산매매계약 후의 처리절차

부동산 매매계약 후 매도인과 매수인 사이의 소유권 변동을 위해서는 부동산등기부에 등기해야 한다. 잔금을 지급함과 동시에 매도인으로부터 등기권리증, 인감증명서 등 권리이전서류를 받아 60일 이내에 관할등기소에 이전등기 절차를 마치도록 한다. 만약 이 기간 내에 등기신청을 하지 않았을 경우에 등기신청 해태에 따른 과태료가 부과됨을 유의하여야 한다(부동산등기특별조치법 제2조제1항, 제11조).

부동산거래 관련 사례

[1] 부동산을 매수하려 하는데 그 절차와 주의할 점에 대해서 알고 싶습니다

우선 매매계약의 목적물인 부동산의 시세 및 그 주변을 조사하여 부동산을 선정합니다. 부동산을 선정하여 부동산 매매계약을 체결하는 경우 매매 당사자가 부동산 소유권자인지 또는 대리인이 대리권을 가지고 있는지 확인하고, 부동산등기부 등을 통해 부동산권리관계를 확인합니다. 매매계약체결 시 매매계약서를 작성하고 매매계약금을 교부합니다. 부동산매매계약 후 매도인과 매수인 사이의 소유권 변동을 위해서는 부동산등기부에 등기해야 합니다.

◇ **부동산 매매**

부동산의 매도인과 매수인이 그 소유권의 변동을 목적으로 하는 매매계약을 체결·이행하여 소유권이전등기를 하는 것을 말합니다.

◇ **부동산 매매 절차**

① 매매계약 체결 전 준비절차
   - 매매계약의 목적물인 부동산의 시세 및 그 주변을 조사하여 부동산을 선정합니다.
   - 매매계약을 매도인과 매수인이 직접 체결하지 않고 부동산중개업체를 대리인으로 하여 체결하는 경우 부동산 중개수수료 등을 살펴보고 부동산중개업체를 선정하여 부동산 중개계약을 체결합니다.
   - 부동산 구입자금이 부족한 경우 구입자금의 대출의 종류 및 대출 기준을 살펴보고 본인에게 적절한 대출 방식을 선택합니다.
   - 일정한 경우에는 부동산 매매계약을 하기 전에 행정청의 허가를 받아야 합니다.

② 매매계약체결 절차
   - 부동산매매계약을 체결하는 경우 매매 당사자가 부동산 소유권자인지 또는 대리인이 대리권을 가지고 있는지 확인하고, 부동산등기부 등을 통해 부동산권리관계를 확인합니다.

- 매매계약체결 시 매매계약서를 작성하고 매매계약금을 교부합니다.
③ 매매계약 후 처리절차
- 부동산 매매계약 후 매도인과 매수인 사이의 소유권 변동을 위해서는 부동산등기부에 등기해야 합니다.
- 부동산 매매계약을 체결한 후 부동산 거래를 신고해야 하며, 매수한 주택으로 거주지를 이동하여 전입신고 및 자동차 주소지를 변경해야 합니다.
- 부동산 매매계약 후에 매도인은 양도소득세, 지방소득세, 농어촌특별세를, 매수인은 취득세, 인지세, 농어촌특별세, 지방교육세 등을 납부해야 합니다.

[2] 집 매매계약 후 주인이 해약하자는데

> 아파트 매매계약을 체결한 뒤 겨울철 집값이 큰 폭으로 오르고 있다는 소식이 있자 집주인이 일방적으로 해약하겠다는 통보를 해왔습니다. 해약에 응해야 하나요?

매매계약 체결 뒤 중도해약 가능 여부는 계약금을 지불한 단계인지, 중도금까지 치른 단계인지에 좌우됩니다. 계약금만 건넨 경우에는 매도인이 계약금의 두 배를 배상하고 일방적으로 해약을 요구할 수 있습니다. 이에 반해 매수인이 해약하려 할 경우엔 계약금만 포기하면 됩니다(민법 제565조제1항). 다만 중도금을 지불한 상태라면 일방적 해약은 불가능합니다. 만일 집주인이 잔금 수령을 거부하고 있다면 내용증명서를 보내 수령을 촉구한 뒤 법원에 잔금을 공탁, 소유권이전절차 이행소송을 제기하면 됩니다.

[3] 매매계약금의 법적 성격

> 아파트 매매계약을 체결하고 얼마 지나지 않아 주변 시세가 많이 올랐습니다. 매도인은 매매계약금을 돌려주며 계약을 해제하겠다고 합니다. 어떻게 해야 하나요?

계약 당사자 간에 다른 약정이 없고 매매계약금을 매도인에게 교부한 경우 매도인은 매매계약금의 배액을 매수인에게 상환하고 매매계약을 해제할 수 있습니다(민법 제565조제1항). 매도인이 계약금만 돌려주겠다고 한다면, 매도인을 상대로 하여 계약금의 반환 및 손해배상을 청구하여 계약금의 배액에 상당하는 금액을 청구할 수 있습니다.

◇ **매매계약금의 개념**

"매매계약금"이란 부동산 매매계약을 체결할 경우 일반적으로 계약 당사자의 일방이 상대방에게 교부하는 금전 그 밖의 유가물(有價物)을 말합니다. 일반적으로 매수인은 매매대금의

10%의 금액을 계약금으로 교부하는데, 이는 매매대금에 산입됩니다.

◇ **매매계약금의 법적 성격**

매매계약금은 매매계약이 체결되었다는 증거금이며, 매매계약 후 계약 당사자 일방이 이행에 착수할 때까지 계약을 해제하는 경우 해약금의 성격을 가집니다.

◇ **매매계약금 교부 후 계약해제**

매매계약금이 매도인에게 교부된 경우 계약당사자 간에 다른 약정이 없는 때에는 매수인은 매도인이 계약 이행에 착수할 때까지 매매계약금을 포기하고 매매계약을 해제할 수 있습니다. 반대로 매도인은 매수인이 계약 이행에 착수할 때까지 매매계약금의 배액을 상환하고 매매계약을 해제할 수 있습니다.

[4] 중도금까지 받은 부동산 매도인이 이중매매를 한 경우

> 저는 갑으로부터 아파트를 12억 5천만 원에 매수하기로 하는 매매계약을 체결하고 계약금과 중도금을 지급하였습니다. 그 후 잔금지급일에 잔금을 지급하러 갔더니 갑은 저에게 팔기로 한 아파트를 더 비싼 값으로 을에게 매도하였다면서 잔금수령을 거절하고 제가 이미 지급한 계약금과 중도금만 반환하겠다고 합니다. 저는 어떤 구제방법을 취할 수 있는지요?

위 사안의 경우 부동산소유권등기명의가 아직 갑 명의로 되어 있느냐, 아니면 이미 을 앞으로 이전되어 있느냐에 따라 권리구제방법이 다르게 됩니다.

먼저 부동산소유권등기명의가 아직 갑 명의로 되어있는 경우 계약이 일단 성립한 후에는 양 당사자의 합의에 의하지 않고 당사자 일방이 이를 마음대로 해제할 수 없는 것이 원칙입니다(대법원 2008. 3. 13. 선고 2007다73611 판결).

계약의 해제, 해지에 관하여 민법에서 계약 또는 법률의 규정에 의하여 당사자의 일방이나 쌍방이 해지 또는 해제의 권리가 있는 때에는 그 해지 또는 해제는 상대방에 대한 의사표시로 한다고 규정하고 있으므로(민법 제543조제1항), 계약을 해제할 수 있는 것은 당사자가 해제권을 가지는 경우에 한정됩니다.

다만, 민법 제565조 제1항에서 매매의 당사자 일방이 계약 당시에 금전 기타 물건을 계약금, 보증금 등의 명목으로 상대방에게 교부한 때에는 당사자 사이에 다른 약정이 없는 한 당사자 일방이 이행에 착수할 때까지 교부자는 이를 포기하고, 수령자는 그 배액을 상환하여 매매계약을 해제할 수 있다고 해약금에 관하여 규정하여 계약금만 주고받은 단계에서는 당사자 누구라도 계약금을 포기 또는 계약금 배액을 상환하면 계약을 해제할 수 있으나, 이 경우에도 당사자 일방이 이미 이행에 착수한 경우(위 사안과 같이 중도금을 지급한 경우도 이에 포함됨)에는 그 상대방은 일방적으로 계약을 해제할 수 없습니다.

그러므로 귀하로서는 갑이 수령을 거부하는 매매 잔금을 우선 변제공탁한 후 관할법원에 소명자료를 갖추어 부동산처분금지 가처분신청을 하고, 아울러 소유권이전등기절차 이행청구소송을 제기하여 승소판결이 확정되면 이를 토대로 귀하 명의로 소유권이전등기를 하는 방법으로 권리를 실현할 수 있습니다.

그리고 부동산소유권등기명의가 을 앞으로 이전되어 있는 경우에는 특별한 사정이 없는 한, 귀하는 위 부동산에 대한 소유권을 취득할 수 없고, 이는 갑의 책임 있는 사유로 이행이 불능하게 된 때에 해당되므로 귀하는 계약을 해제할 수 있습니다(민법 제546조). 계약이 해제되면 귀하와 갑은 서로 원상회복 의무를 지게 되는데(민법 제548조제1항), 이 경우 갑은 귀하에게 계약금과 중도금에 이를 받은 날로부터의 이자를 가산하여 반환하여야 합니다(민법 제548조제2항). 여기서 이자반환의 법적 성질에 관한 판례를 보면, 민법 제548조제2항은 계약해제로 인한 원상회복의무이행으로 반환하는 금전에는 그 받은 날로부터 이자를 가산하여야 한다고 하고 있는데, 그 이자의 반환은 원상회복의무의 범위에 속하는 것으로 일종의 부당이득반환의 성질을 가지는 것이지 반환 의무의 이행 지체로 인한 손해배상은 아니고, 소송촉진등에관한특례법 제3조제1항은 금전채무의 전부 또는 일부의 이행을 명하는 판결을 선고하는 경우 금전채무불이행으로 인한 손해배상액산정의 기준이 되는 법정이율에 관한 특별규정이므로 위 이자에는 소송촉진등에관한특례법제3조제1항에 의한 이율을 적용할 수 없습니다. 다만, 계약해제로 인한 원상회복의무이행으로 금전반환을 청구하는 소송이 제기된 경우 채무자는 그 소장을 송달받은 다음 날부터 반환 의무의 이행 지체로 인한 지체 책임을 지게 되므로 그와 같이 원상회복의무이행으로 금전반환을 명하는 판결을 선고할 경우에는 금전채무불이행으로 인한 손해배상액산정의 기준이 되는 법정이율에 관한 특별규정인 소송촉진등에관한특례법제3조제1항에 의한 이율을 적용하여야 한다고 하였습니다(대법원 2003. 7. 22. 선고 2001다76298 판결). 그리고 귀하는 갑에 대하여 계약의 해제로 인하여 입은 손해의 배상을 청구할 수 있습니다(민법 제551조).

참고로 귀하로부터 중도금까지 지급받은 갑이 을에게 재차 목적물을 매도하여 을 명의로 소유권이전등기까지 경료하게 한 행위는 형사적으로 배임죄를 구성할 수 있을 것으로 보입니다(대법원 1988. 12. 13. 선고 88도750 판결, 2008. 7. 10. 선고 2008도3766 판결).

※ 부동산 이중매매에서 악의의 제2매수인이나 중개인에 대하여 배임죄의 공범이 성립하는지 문제 되는데. 판례는 '업무상배임죄의 실행으로 인하여 이익을 얻게 되는 수익자 또는 그와 밀접한 관련이 있는 제3자를 배임의 실행행위자와 공동정범으로 인정하기 위하여는 실행행위자의 행위가 피해자 본인에 대한 배임행위에 해당한다는 것을 알면서도 소극적으로 그 배임행위에 편승하여 이익을 취득한 것만으로는 부족하고, 실행행위자의 배임행위를 교사하거나 또는 배임행위의 전 과정에 관여하는 등으로

배임행위에 적극가담할 것을 필요로 한다(대법원 2003. 10. 30. 선고 2003도4382)'는 입장입니다. 즉 악의의 제2매수인이나 중개인은 그 가담 형태에 따라 배임죄의 공동정범, 교사 또는 방조범이 성립할 수 있는 것입니다.

[5] 부동산 중개업체의 책임

> 부동산 중개업체를 통해 토지를 매수하였는데 매도인은 매매 목적 토지의 소유권자가 아니어서 그 토지의 소유권을 취득할 수 없었습니다. 알고 보니 부동산 중개업체의 개업공인중개사는 매도인이 진정한 권리자인지 확인조차 하지 않았다고 하는데 이 경우 부동산 중개업체에게 손해배상을 받을 수 있을까요?

중개의뢰인은 부동산개업공인중개사의 고의 또는 과실로 인해 중개행위 중 입은 재산상의 손해에 대해 배상받을 수 있습니다. 따라서 부동산 개업공인중개사가 자신의 의무를 소홀히 하여 부동산 매수인에게 손해를 입힌 때에는 부동산 개업공인중개사는 그 손해에 대해서 배상을 해야 합니다.

판례에서도 부동산 개업공인중개사는 부동산을 처분하려는 자가 진정한 권리자와 동일인인지 조사·확인해야 한다고 합니다. 설사 진정한 권리자와 동일인인지 조사·확인하였더라도 매도의뢰인이 모르는 사람인 경우에는 등기권리증 소지 여부나 그 내용을 조사·확인할 의무를 진다고 합니다. 따라서 부동산개업 공인중개사가 이러한 부동산개업 공인중개사의 의무를 소홀히 하여 부동산 매수인에게 손해를 입힌 때에는 부동산개업 공인중개사는 그 손해에 대해서 배상을 해야 합니다(대법원 2015. 1. 29. 선고 2012다74342 판결).

◇ 부동산 중개업체의 책임

부동산 중개업체와 관련하여 부동산 중개업체와 중개의뢰인 간에 발생한 분쟁은 당사자 간의 합의를 통해 해결하는 것이 원칙이나 당사자 간의 합의를 통해 분쟁이 해결되지 않는 경우 분쟁당사자 사이에 분쟁해결방법에 관한 별도의 의사표시가 없으면 「소비자분쟁해결기준」이 분쟁해결을 위한 합의 또는 권고의 기준이 됩니다.

「소비자분쟁해결기준」에 따르면 부동산 중개대상물의 확인·설명을 소홀히 하여 재산상의 피해를 발생하게 한 경우 부동산 중개업체는 중개의뢰인이 입은 손해액을 배상하도록 하고 있습니다.

[6] 토지거래허가구역

> 뉴타운 건설 소식을 듣고 해당 지역의 토지를 매수하는 매매계약을 체결하였습니다. 그런데 알고 보니 뉴타운 건설에 따라 국토교통부에서 해당 지역에 대하여 토지거래허가구역으로 설정해 놓았더군요. 허가 없이 매매계약을 체결했으니 그 계약은 무효인가요?

「국토의 계획 및 이용에 관한 법률」에 따르면 토지거래허가를 받지 않고 체결한 토지거래계약은 효력이 없다고 봅니다(부동산거래신고등에관한법률 제11조제1항 전단, 동법 시행령 제8조제1항, 동법 시행규칙 제9조제1항및제2항).

이에 대하여 판례는 허가를 받지 못한 매매 등의 거래행위의 효력은 무효이지만, 일단 허가를 받으면 그 계약은 소급해서 유효가 되고 이와 달리 불허가가 된 때에는 무효로 확정되므로 허가를 받기 전까지는 유동적 무효의 상태에 있다고 합니다(대법원 90다12243). 따라서 질문의 경우 매수인과 매도인이 공동으로 시장·군수·구청장의 허가를 받으면 해당 매매계약은 처음부터 유효한 것이 됩니다.

◇ 토지거래허가제의 개념

"토지거래허가제"란 국토의 이용 및 관리에 관한 계획의 원활한 수립 및 집행, 합리적 토지 이용 등을 위하여 토지의 투기적인 거래가 성행하거나 지가가 급격히 상승하는 지역과 그러한 우려가 있는 지역에 대해 5년 이내의 기간을 정하여 국토교통부장관 또는 특별시장·광역시장·특별자치시장·도지사·특별자치도지사가 토지거래계약에 대해 허가를 받도록 하는 제도를 말합니다.

◇ 토지거래계약에 관한 허가

허가구역 안에 있는 토지에 대해 토지거래계약을 체결하려는 당사자는 공동으로 시장·군수 또는 구청장의 허가를 받아야 합니다. 허가받은 사항을 변경하려는 경우에도 허가를 받아야 합니다.

토지거래허가를 받지 않고 체결한 토지거래계약은 효력이 발생하지 않습니다. 판례는 허가를 받지 못한 매매 등의 거래행위의 효력은 무효이지만, 일단 허가를 받으면 그 계약은 소급해서 유효가 되고 이와 달리 불허가가 된 때에는 무효로 확정되므로 허가를 받기 전까지는 유동적 무효의 상태에 있다고 합니다.

[7] 부동산등기부 확인

> 부동산 매매계약을 체결하기 전에 부동산등기부를 확인해야 한다고 하는데, 부동산등기부를 열람하거나 발급받으려면 어떻게 해야 하나요?

등기소를 방문하여 서면으로 열람하거나 대법원 인터넷등기소(www.iros.go.kr)를 통해 전자적 방법으로 부동산등기부의 등기기록의 사항을 열람하실 수 있습니다.

◇ **부동산등기사항의 열람**

− 등기소를 방문하여 등기기록을 열람하려는 경우

 등·초본 발급업무담당자에게 신청인의 성명, 주민등록번호 및 주소, 해당 부동산의 종류, 소재지번, 열람하고자 하는 등기부의 종류 등을 기재한 신청서를 제출하고 주민등록증이나 운전면허증을 통해 본인과의 일치 여부를 확인받은 후 열람할 수 있습니다.

− 대법원 인터넷등기소를 통해 등기기록을 열람하려는 경우

 대법원 인터넷등기소 홈페이지(www.iros.go.kr)를 통해 365일 24시간 등기기록의 사항을 열람할 수 있으며 최초 열람 후 1시간 이내에는 재열람할 수 있습니다.

◇ **등기사항증명서의 발급**

 등기소를 방문하거나 무인발급기 또는 대법원 인터넷등기소(www.iros.go.kr)를 통해 등기사항증명서를 발급받을 수 있습니다.

− 등기소를 방문하여 등기사항증명서를 발급받으려는 경우

 등기소를 방문해 등기사항증명서를 발급받으려면 해당 부동산의 종류, 소재지번, 신청통수, 발급받고자 하는 등기사항증명서의 종류 등을 신청서를 작성하여 제출해야 합니다.

− 무인발급기를 이용하여 등기사항증명서를 발급받으려는 경우

 무인발급기를 이용하여 발급받을 수 있는 등기사항증명서는 등기사항전부증명서(말소 사항 포함)에 한하며 등기사항증명서를 발급받으려면 해당 부동산의 종류, 소재지번, 신청통수 등을 직접 입력해야 합니다.

− 대법원 인터넷등기소를 통해 등기사항증명서를 발급받으려는 경우

 대법원 인터넷등기소 홈페이지를 통해 발급받을 수 있는 등기사항증명서는 등기사항전부증명서(말소 사항 포함)·등기사항전부증명서(현재 유효사항)·등기사항일부증명서(특정인 지분)·등기사항일부증명서(현재 소유현황)·등기사항일부증명서(지분취득 이력)에 한하며 발급받으려면 해당 부동산의 종류, 소재지번, 신청통수, 발급받고자 하는 등기사항증명서의 종류 등을 직접 입력해야 합니다.

[8] 구매하려는 집에 임차인이 있는 경우

> 처음으로 내 집을 마련하려 합니다. 사려는 집이 매매가가 너무 저렴하여 확인하니 지금 임차인이 살고 있고 제가 임차보증금을 지불하는 조건이라고 하네요. 소유권 이전 후 임차보증금을 지불하면 임차인에게 집을 비워 달라 요구할 수 있나요?

 현재 살고 있는 임차인의 주민등록지가 현 거주지라면 임차인은 대항력을 가지고 있으므로 이 경우 매도인과 매수인은 임차인에게 임대차기간동안은 퇴거를 요구할 수 없습니다. 다만,

임차인이 대항력을 가지고 있지 않는 경우 매수인은 임차인의 퇴거를 요구할 수 있습니다.

◇ **매매 목적물에 임차인이 있는 경우**

임차인이 대항력을 가지고 있는 경우 매도인과 매수인은 임차인에게 퇴거를 요구할 수 없습니다. 대항력을 가지고 있는 임차인의 경우 부동산 매수인이 부동산 임대차계약의 임대인 지위를 승계한 것으로 간주되어 임대차계약 존속기간 만료 후 보증금 반환의무를 지게 됩니다.

◇ **매매 목적물에 전세권자가 있는 경우**

전세권은 물권이므로 전세권자는 누구에게나 대항할 수 있습니다. 따라서 매도인과 매수인은 전세권자에게 퇴거를 요구할 수 없습니다. 매수인은 해당 부동산에 전세권이 설정되어 있는 경우 전세권자의 의사에 반하여 부동산을 이용할 수 없습니다.

제2절 부동산등기제도

1. 부동산이란

토지와 건물을 부동산이라고 한다. 부동산은 위치가 고정되어 있고 일반적으로 재산적 가치가 매우 크다.

2. 부동산등기란

부동산의 권리관계를 모든 사람에게 알려주기 위한 방법으로 국가에서 등기부라고 하는 공적인 장부를 만들어 놓고 등기공무원으로 하여금 부동산의 표시와 권리관계를 기재하도록 하는 것이 부동산등기제도이다. 등기부는 누구나 소정 수수료를 납부하고 그 등본을 교부받을 수 있고 또한 이해관계있는 부분에 한하여 열람할 수 있다.

3. 한 개의 부동산마다 한 개의 등기부가 있다

우리나라는 부동산 1개마다 등기부 1개씩을 만들어 등기소에 보관하고 있다.

부동산이 한 개냐 두 개냐 하는 구별은 쉽지 않다. 토지는 원래 연속되는 것이므로 인위적으로 금을 그어서 나누고 지번을 매기는데 토지 1필지가 1개의 부동산이 된다. 따라서 큰 토지도 있고 작은 토지도 있으며 1개의 토지가 분필이 되면 여러 개의 부동산이 되고 반대로 여러 개의 토지가 합필이 되면 1개의 부동산이 된다.

건물은 토지에 붙어 있는 것이지만 별개의 부동산으로 취급되어 따로 등기부가 있다. 건물이 한 개냐 두 개냐 하는 것은 일반 관념에 따라 결정되는데 요즈음 아파트 등 집합건물이 많이 생겨서 외관상 1개의 건물이지만 각 세대마다 구분하여 독립된 소유권을 인정하고 있다.

4. 부동산에 관한 권리는 등기하지 아니하면 효력이 생기지 않는다

부동산에 관한 대표적 권리에는 소유권, 지상권, 전세권, 저당권 등이 있는데 매매, 저당권설정계약 등 법률행위로 인한 권리의 득실, 변경의 경우에 등기를 안 하면 효력이 생기지 않는다.

5. 등기부의 구조와 등기부를 보는 방법

구 등기부는 한자를 사용하고 세로쓰기를 하여 읽기가 불편했으나 새로이 편성된 등기부는 한글과 가로쓰기를 사용하므로 읽기가 매우 쉬워졌다. 신 등기부에는 그 작성 당시 효력이 없는 과거의 권리관계는 기재하지 않아, 오래된 권리관계까지 알아보려면 폐쇄된 등기부를 열람하여야 한다.

6. 토지등기부와 건물등기부는 따로 있으므로 집을 사려면 양쪽을 다 보아야 한다

등기부는 등기번호란, 표제부(아파트 등 집합건물의 경우에는 표제부가 2개임), 갑구, 을구의 4부분으로 되어있다.

등기번호란에는 토지나 건물, 대지의 지번이 기재되어 있다.

표제부에는 토지와 건물의 내용 즉 소재지(예 서울특별시 중구 서소문 1), 면적(예 $100m^2$), 용도(예 대지, 임야, 주택, 창고), 구조(예 2층, 목조건물)등이 변경된 순서대로 적혀 있다.

갑구는 소유권에 관한 사항이 접수된 일자순으로 적혀 있다. 맨 처음 기재된 것이 소유권보존등기(최초의 소유자)이고 소유권이전등기가 계속되어 간다. 각 등기사항 중 변경되는 것이 있으면(예컨대 소유자의 주소변경) 변경등기(부기등기)를 한다.

만약에 소유권이전등기가 무효라고 하여 제3자가 소송을 걸어오면 법원에서 등기부에 예고등기를 해두는 것이 보통이다. 소송 결과 무효가 확정되어 소유권이전등기의 말소등기를 하면 이전등기 하기 전의 상태로 돌아간다. 그 외에 압류등기, 가처분등기 등이 있다.

주의할 것은 가등기이다. 가등기는 순위보전의 효력이 있으므로 나중에 본등기를 하게 되면 가등기보다 늦게 된 등기는 원칙적으로 무효가 된다.

을구는 소유권 이외의 권리, 즉 저당권, 지상권 같은 제한물권에 관한 사항을 기재한다. 특히 주의할 점은 근저당권 설정등기인데 채권최고액이란 것이 있어서 등기부에 기재된 최고액을 한도로 부동산의 가격에서 담보책임을 지게 되므로 실제 채무액이 얼마인가를 따로 파악하여야 한다.

등기부를 볼 적에 가장 중요한 점은 갑구와 을구에 기재된 가등기, 소유권이전등기, 저당권설정등기 등의 등기의 전후와 접수일자(접수번호)를 잘 살펴보아야 한다는 것이다. 등기된 권리의 우선순위는 같은 갑구나 을구에서는 등기의 전후(순위번호)에 의하여, 갑구와 을구 간에서는 접수번호에 의하여 결정되기 때문이다.

[부동산등기부등본 서식]

[구분건물] 0000시 00구 00동 00 제0층 제0호　　　　　　　고유번호 0000-0000-000000

[표 제 부]	(1동의 건물의 표시)			
표시번호	접 수	소재지번, 건물명칭 및 번호	건물내역	등기원인 및 기타사항
(대지권의 목적인 토지의 표시)				
표시번호	소재지번	지목	면적	등기원인 및 기타사항

[표 제 부]	(전유부분의 건물의 표시)			
표시번호	접 수	건물번호	건물내역	등기원인 및 기타사항
(대지권의 표시)				
표시번호	대지권 종류		대지권 비율	등기원인 및 기타사항

[갑 구]	(소유권에 관한 사항)			
순위번호	등기목적	접 수	등기원인	권리자 및 기타사항

[을 구]	(소유권 외의 권리에 관한 사항)			
순위번호	등기목적	접 수	등기원인	권리자 및 기타사항

7. 등기하는 절차

1) 공동신청주의
등기는 원칙적으로 등기권리자와 등기의무자가 반드시 서면으로 부동산의 소재지를 관할하는 법원 등기과(계)나 등기소에 신청하여야 한다. 보통은 법무사가 양쪽의 위임을 받아서 처리한다. 판결에 의한 등기는 승소한 등기권리자 또는 등기의무자 단독으로, 상속등기는 등기권리자 단독으로 신청할 수 있다.

2) 등기공무원의 권한
등기공무원은 등기신청이 있으면 순서대로 이를 접수하여 순서대로 등기부에 기재하여야 하고, 일단 접수된 신청서류 등에 형식적인 결함이 있으면 신청을 각하할 수 있으나 실질적 심사권(예컨대, 매매계약이 무효인지 여부 등)은 없다.

3) 필요서류
소유권보존등기를 신청할 때는 주민등록표 등본 1통, 신청서부본 3통, 등록세 납부영수필 통지서, 영수필 확인서 각 1통씩과 미등기토지의 토지대장등본 또는 미등기건물의 건축물관리대장 등본과 동일한 대지상에 수개의 건물이 있거나 구분건물인 경우에는 건물도면 1통씩이 필요하다.

계약(예 매매, 증여, 교환 등)을 원인으로 하여 소유권이전등기를 신청할 때에는 계약서에 부동산의 소재지를 관할하는 시장(구가 설치되어 있는 시에 있어서는 구청장), 군수의 검인을 받아 제출하여야 하며, 상속등기의 경우에는 가족관계등록부(제적등본)을 제출하여야 하고, 또한 부동산의 과세시가 표준액이 500만 원 이상인 때에는 소정의 주택채권을 매입하여야 한다.

① 등기원인을 증명하는 서면(예 매매계약서, 증여계약서 등)
② 세입자가 살고 있는 경우라면 임대차계약서 원본
③ 등기필증(구 등기권리증)
④ 매도인과 매수인의 각 주민등록표초본(주민등록번호와 주소 이력(변동)사항 포함)
⑤ 매도인: 부동산 매도용 인감증명서(발급일로부터 3개월 이내) - 매수인 인적사항 및 주소 기재, 인감도장
⑥ 매수인: 취득세납부필영수확인서, 등기신청수수료납부확인서, 이전등기신청서와 부본 2통
⑦ 인감도장 및 신분증

등기원인에 대하여 제3자의 허가·동의 또는 승낙을 받을 것이 요구되는 때에는 이를 증명하는 서면(예 토지 등 거래계약허가증, 농지취득자격증명, 택지취득허가증)을 첨부하여야 한다.

* 종전에 제출하던 매도(교환)증서는 제출할 필요 없음

부동산등기 관련 사례

[1] 부동산을 구입하면 꼭 등기를 해야 하나요

부동산에 관한 권리는 등기하지 아니하면 효력이 생기지 않습니다. 부동산에 관한 대표적 권리에는 소유권, 지상권, 전세권, 저당권 등이 있는데 매매, 저당권설정계약 등 법률행위로 인한 권리의 득실, 변경의 경우에 등기를 안 하면 효력이 생기지 않습니다.

[2] 부동산 등기필증을 분실한 경우의 부동산 소유권이전등기 신청방법

> 저는 신축아파트분양에 당첨되어 입주할 예정이어서 현재 소유하고 있는 주택을 매도하려고 하나 등기필증(등기권리증)이 있어야 한다고 합니다. 저는 등기필증을 잃어버렸는데 주택을 매도할 수 있는지, 그것이 가능하다면 부동산소유권이전등기 신청방법은 어떻게 되는지요?

현행 부동산등기법(법률 제12420호, 2015. 3. 19. 타법개정, 2015. 3. 19. 시행)에서 등기필증의 발급에 대신하는 '등기필정보(登記畢情報)'를 통지하도록 하고 있는데, 등기필정보란 등기부에 새로운 권리자가 기록되는 경우에 그 권리자를 확인하기 위하여 부동산등기법 제11조 제1항에 따른 등기관이 작성한 정보를 말합니다(부동산등기법 제2조제4호).

등기필정보에 관하여 부동산등기법에서 등기관이 새로운 권리에 관한 등기를 마쳤을 때에는 등기필정보를 작성하여 등기권리자에게 통지하여야 하고, 다만 ①등기권리자가 등기필정보의 통지를 원하지 아니하는 경우, ②국가 또는 지방자치단체가 등기권리자인 경우, ③위의 경우 외에 대법원규칙으로 정하는 경우의 어느 하나에 해당하는 경우에는 그러하지 아니하고(부동산등기법 제50조제1항), 등기권리자와 등기의무자가 공동으로 권리에 관한 등기를 신청하는 경우에 신청인은 그 신청정보와 함께 부동산등기법 제50조 제1항에 따라 통지받은 등기의무자의 등기필정보를 등기소에 제공하여야 하며, 승소한 등기의무자가 단독으로 권리에 관한 등기를 신청하는 경우에도 또한 같다고 규정하고 있습니다(부동산등기법 제50조 제2항).

그리고 등기필정보가 없는 경우에 관하여, 부동산등기법 제50조 제2항의 경우에 등기의무자의 등기필정보가 없을 때에는 등기의무자 또는 그 법정대리인(등기의무자 등)이 등기소에

출석하여 등기관으로부터 등기의무자 등임을 확인받아야 하고, 다만 등기신청인의 대리인(변호사나 법무사만을 말함)이 등기의무자 등으로부터 위임받았음을 확인한 경우 또는 신청서(위임에 의한 대리인이 신청하는 경우에는 그 권한을 증명하는 서면을 말함) 중 등기의무자 등의 작성 부분에 관하여 공증을 받은 경우에는 그러하지 아니하다고 규정하고 있습니다(부동산등기법 제51조).

또한, 등기필증에 관한 경과조치에 관해서 위 부동산등기법 부칙 제2조에서 위 부동산등기법시행 전에 권리취득등기를 한 후 종전의 제67조 제1항에 따라 등기필증을 발급받거나 종전의 제68조 제1항에 따라 등기완료통지를 받은 자는 위 부동산등기법 시행 후 등기의무자가 되어 제24조 제1항 제1호의 개정규정에 따라 등기신청을 할 때에는 제50조 제2항의 개정규정에 따른 등기필정보의 제공을 갈음하여 신청서에 종전의 제67조 제1항에 따른 등기필증 또는 종전의 제68조 제1항에 따른 등기완료통지서를 첨부할 수 있다고 규정하고 있습니다.

따라서 귀하와 같이 현행 부동산등기법시행 전에 등기필증을 발급받았으나, 그 등기필증을 분실한 경우에도 현행 부동산등기법 제51조에 따라서 귀하가 등기소에 출석하여 등기관으로부터 등기의무자등임을 확인받거나, 귀하의 대리인(변호사나 법무사만을 말함)이 귀하로부터 위임받았음을 확인한 경우 또는 신청서(위임에 의한 대리인이 신청하는 경우에는 그 권한을 증명하는 서면을 말함) 중 귀하의 작성 부분에 관하여 공증을 받는 방법으로 등기신청을 할 수 있을 것으로 보입니다.

▶ 등기필증을 분실했을 때에는 종전에는 보증서를 첨부하였으나 지금은 등기의무자가 직접 등기소에 출석하거나 변호사 또는 법무사가 본인임을 확인하거나 등기신청서 또는 위임장에 공증인의 공증을 받아야 합니다. 등기부상 소유자의 주소가 틀리거나 변경된 때 이를 변경등기하려면 틀린 사실 또는 변경된 사실을 증명하는 시·구·읍·면장의 서면(예 동일인 보증서)과 신청서부본 2통이 필요합니다. 등기부상 소유자의 성명이 잘못 기재되어 이를 정정하려면 등기부의 기재가 잘못되었음을 증명하는 시·구·읍·면장의 서면(예 가족관계증명서, 주민등록표등본 등)이나 이를 증명할 수 있는 서면(예 동일인 보증서)과 신청서부본 2통이 필요합니다.

▶ 지상권, 지역권, 전세권, 저당권, 임차권 등의 설정등기를 신청하려면 소유권이전등기시에 필요한 서류중 검인계약서 등 대신에 원인관계를 증명하는 서류, 즉 지상권설정계약서, 저당권설정계약서 등이 필요하나, 신청서부본과 등기의무자 즉 설정자의 주민등록표등본은 불필요합니다. 등기는 법무사나 변호사의 도움을 받아서 하는 것이 편리하며, 이때는 따로 각 위임장이 필요합니다.

[3] 소유권이전등기 신청 시 필요서류

> 소유권이전등기 신청 시 필요한 서류에 대해 알고 싶습니다.

매도인과 매수인, 대리인이 준비해야 할 필요서류는 다음과 같습니다.

▶ **매도인이 부동산등기 이전 시 준비해야 할 서류**
 1. 부동산 매매계약서
 2. 등기권리증(등기필증)
 3. 부동산 매도용 인감증명(발급일로부터 3개월 내/매수인 인적사항 및 주소(매도용으로 발급)
 4. 주민등록초본 – 주소 이력(변동)사항 포함
 5. 신분증(주민등록증, 운전면허증)
 6. 인감도장(반드시 인감도장)
 7. 세입자가 살고 있는 경우라면 임대차 계약서 원본
 8. 공과금 및 관리비 영수증(임차인이 있을 경우 ×)

* 매도용 인감증명서상에 날인되어 있는 인감도장과 주민등록초본이 꼭 필요하다는 것을 유의하시기 바랍니다. 부동산등기이전 시 부동산매도용 인감증명서나 본인서명사실확인서는 발행일로부터 3개월 이내의 것이어야 합니다.

▶ **매수인이 부동산등기 이전 시 준비해야 할 서류**
1. 부동산 매매계약서
2. 주민등록등본 혹은 초본
3. 도장(인감도장, 일반도장 상관없음)
4. 신분증(주민등록증, 운전면허증)

▶ 대리인이 등기를 신청할 경우에는 위임장이 추가되며, 위임내용/인감증명서/신분증사본을 지참해야 합니다. 법인이 등기를 신청할 경우에는 법인등기부등본이 추가되며, 인감도장은 반드시 인감증명서상의 직인과 도장이 동일하여야 합니다.

[4] 매매계약의 체결일 30일 이내에 부동산거래신고를 해야 한다

> 결혼 5년 만에 처음으로 내 집 마련을 하고 집들이를 하는데 친구가 부동산거래신고를 해야 한다고 하네요. 집을 마련한 경우 부동산거래신고는 반드시 해야 하나요?

매도인과 매수인(부동산 중개업체를 통해 매매계약을 체결한 경우에는 부동산 중개업체)은 매매계약의 체결일 30일 이내 매매 대상 부동산 소재지의 관할 시장·군수 또는 구청장에게 또는 국토교통부 부동산거래관리시스템 통해 부동산거래신고를 해야 합니다(부동산거래신고등에관한법률 제3조제1항, 제3항).

◇ 부동산거래신고제도의 개념

"부동산거래신고제도"란 부동산 또는 부동산을 취득할 수 있는 권리의 매매계약을 체결한 경우 실거래가격보다 낮게 계약서를 작성하는 이중계약의 관행을 없애고 부동산 거래를 투명하게 하기 위해 실제 거래가격 등 일정한 사항을 신고하게 하는 제도를 말합니다.

[5] 1세대 1주택 양도소득세 감면 요건

1세대 1주택의 경우 양도소득세가 부과되지 않는다고 하던데, 1세대 1주택의 요건은 무엇인가요?

거주자 및 그 배우자가 그들과 동일한 주소 또는 거소에서 생계를 같이 하는 가족과 함께 구성하는 1세대이고, 양도일 현재 국내에 1주택을 보유하고 있으며, 해당 주택의 보유기간이 2년 이상인 것[취득 당시에 「주택법」 제63조의2제1항제1호에 따른 조정대상지역에 있는 주택의 경우에는 해당 주택의 보유기간이 2년(비거주자가 해당 주택을 3년 이상 계속 보유하고 그 주택에서 거주한 상태로 거주자로 전환된 경우에는 해당 주택에 대한 거주기간 및 보유기간이 3년) 이상이고 그 보유기간 중 거주기간이 2년 이상인 경우에는 1세대 1주택으로 양도소득세가 부과되지 않습니다(소득세법 제89조제1항제3호 및 동법 시행령 제154조제1항 본문).

* 실지거래가액이 12억 원을 초과하는 경우 전체 양도차익 중 12억 원 초과하는 양도가액 비율만큼은 비과세 받을 수 없습니다

◇ 양도소득세의 개념

"양도소득세"란 자산에 대한 등기 또는 등록에 관계없이 매도, 교환, 법인에 대한 현물출자 등으로 인해 그 자산이 유상으로 사실상 이전하여 발생하는 소득에 대해 부과되는 세금을 말합니다.

[6] 매매 당사자가 수량을 지정해서 매매한 경우 구입 토지면적이 부족할 때 책임은

전원주택을 짓기 위해 교외에 토지 1,000㎡을 샀습니다. 잔금을 치르고 소유권이전등기까지 마친 상태에서 주택 건설을 위한 실측을 하였더니 1,000㎡이 아니라 900㎡입니다. 매도인에게 따졌더니 자기도 속은 거라면서 모르쇠로 일관합니다. 어떻게 하면 될까요?

매매 당사자가 수량을 지정해서 매매 시 매매계약 당시 수량을 지정한 매매의 목적물이 부족하게 된 것과 매매목적물의 일부가 계약 당시에 이미 멸실된 것을 몰랐다면 그 사실을 안 날로부터 1년 이내에 부족한 부분 또는 멸실된 부분의 비율로 대금의 감액을 청구할 수 있으며, 잔존한 부분만이라면 이를 매수하지 않았을 때에는 계약 전부를 해제할 수 있고, 손해배상도 청구할 수 있습니다(민법 제572조 내지 제574조).

◇ 매도인의 담보책임의 개념

"매도인의 담보책임"이란 매매계약의 이행이 완료되어 매수인에게 소유권이 이전된 경우라도, 매매의 목적인 권리나 물건에 흠결(欠缺)이 있는 때에 매도인이 매수인에 대해 부담하는 책임을 말합니다.

- 매매 당사자가 수량을 지정해서 매매한 경우
- 매수인이 매매계약 당시 수량을 지정한 매매의 목적물이 부족하게 된 것과 매매목적물의 일부가 계약 당시에 이미 멸실된 것을 모른 경우(민법 제574조)

  수량을 지정한 매매의 목적물이 부족하게 된 경우와 매매 목적물의 일부가 계약 당시에 이미 멸실된 경우에 매수인은 그 부분의 비율로 대금의 감액을 청구할 수 있습니다(민법 제572조제1항). 그리고 잔존한 부분만이라면 매수인이 이를 매수하지 않았을 때에는 계약 전부를 해제할 수 있으며 손해배상도 청구할 수 있습니다(민법 제572조제2항,제3항). 매수인의 감액청구, 계약해제 또는 손해배상의 권리는 사실을 안 날부터 1년 이내에 행사해야 합니다(민법 제573조).

- 매수인이 매매계약 당시 수량을 지정한 매매의 목적물이 부족하게 된 것과 매매목적물의 일부가 계약 당시에 이미 멸실된 것을 안 경우

  수량을 지정한 매매의 목적물이 부족하게 된 경우와 매매목적물의 일부가 계약 당시에 이미 멸실된 경우라 하더라도 대금의 감액 청구할 수 없으며 계약을 해제할 수 없고 손해배상도 청구할 수 없습니다(민법 제575조제1항 및 제2항).

[7] 매도인의 하자담보책임

> 집을 매입하였는데 이사 후 비가 샌다는 사실을 알았습니다. 집을 살 당시에 꼼꼼히 살폈으나 누수 여부에 대해서는 알 수 없었고, 비가 오자 비로소 이러한 하자를 알게 되었습니다. 누수 현상이 상당히 심각한데, 매도인으로부터 배상을 받을 수 있을까요?

매수인이 매매계약 당시 목적부동산에 흠결이 있음을 몰랐다 하더라도 이로 인하여 계약의 목적을 달성할 수 있는 경우에는 손해배상만을 청구할 수 있으며(민법 제580조제1항 및

제575조제1항 후단), 계약의 목적을 달성할 수 없는 경우에 한해 계약을 해제할 수 있습니다(민법 제580조제1항 및 제575조제1항 전단).

매수인의 계약해제 또는 손해배상청구권은 매수인이 그 사실을 안 날부터 6개월 이내에 행사해야 합니다(민법 제582조).

그러나 **매수인이 매매계약 당시 목적부동산에 흠결이 있음을 알았거나 과실로 알지 못한 경우** 매매의 목적부동산에 흠결이 있는 경우라 하더라도 계약을 해제할 수 없고 손해배상도 청구할 수 없습니다(민법 제580조제1항 단서).

제3절 부동산등기특례제도

1. 부동산등기특별조치법·부동산소유권이전등기등에관한특별조치법의 차이점

부동산등기특별조치법. 부동산소유권이전등기등에관한특별조치법의 차이점이 무엇인지요?

부동산등기특별조치법은 상시법으로 부동산 거래에 대한 실체적 권리관계에 부합하는 등기를 신청하도록 하기 위하여 부동산등기에 관한 특례 등에 관한 사항을 정함으로써 건전한 부동산 거래질서를 확립함을 목적으로 하는 특별법입니다.

우리 사회에는 부동산등기가 원칙적으로 당사자의 신청에 의하여 이루어지도록 되어있는 점을 악용하여 등기신청을 아예 하지 않거나, 부실하게 하거나, 허위로 하는 방법 등을 통하여 부동산 투기행위를 자행하고 있는 경우가 만연하고 있어 심각한 사회문제를 야기하게 되었습니다. 정부에서는 등기된 권리관계와 실제의 권리관계를 일치시킴으로써 등기제도 본래의 목적을 살리는 것을 법 제정의 기본방향으로 정하여 부동산 거래 시에는 반드시 등기신청을 하도록 하고 등기신청을 둘러싼 각종 탈법행위 등을 규제하는 것을 내용으로 하는 부동산등기특별조치법을 제정, 1990. 9. 1. 부터 시행하게 되었습니다.

부동산소유권이전등기등에관한특별조치법은 한시법으로 등기부 기재가 실제 권리관계와 일치하지 않아 재산권 행사가 어려웠던 부동산을 간편한 절차를 통해 사실과 부합하도록 등기할 수 있는 제도입니다. 지난 1978년(시행기간 6년), 1993년(시행기간 2년), 2006년(시행기간 2년) 세 차례에 걸쳐 시행된 바 있지만, 이를 알지 못하거나 해태하여 소유권이전등기 등을 하지 아니한 부동산 실소유자가 많아 이번 네 번째로 부동산소유권이전등기등에관한특별조치법을 제정해 2020년 8월 5일부터 2년간 한시적으로 시행해 지난해 8월 4일을 기준으로 종료된 법입니다(법률 제16913호, 2020. 2. 4. 제정. 2020. 8. 5.~2022. 8. 4.시행).

2. 부동산등기특별조치법의 주요내용

1) 소유권이전등기 신청의무

부동산 이전 거래 시에는 반드시 등기를 신청하여야 한다. 부동산의 소유권 이전을 내용으로 하는 계약을 체결한 자는 그 계약의 종류에 관계없이 반드시 등기신청을 할 수 있는 때로부터 60일 이내에 소유권이전등기를 신청하여야 한다(부동산등기특별조치법 제2조제1항).

따라서, 매매와 같은 쌍무계약의 경우에는 상대방으로부터 이전등기관계 서류를 넘겨받은 때와 같이 반대급부의 이행이 완료된 날, 증여와 같은 편무계약의 경우에는 그 계약의 효력이 발생한 날로부터 각 60일 이내에 소유권이전등기를 신청하여야 한다(특별법 제2조제3항).

소유권보존등기가 되어있지 아니한 부동산에 대하여 소유권 이전을 내용으로 하는 계약을 체결한 자는 다음에 정한 날부터 60일 이내에 소유권보존등기부터 먼저 신청하여야 한다(특별법 제2조제5항).

- 부동산등기법(제65조)에 의하여 소유권보존등기를 신청할 수 있었음에도 이를 하지 아니한 채 소유권이전계약을 체결한 경우에는 그 계약을 체결한 날.
- 소유권이전계약을 체결한 후에 부동산등기법 65조에 따라 소유권보존등기를 신청할 수 있게 된 경우에는 소유권보존등기를 신청할 수 있게 된 날.

등기신청의무를 해태하면 과태료가 부과된다(특별법 제11조). 위와 같은 등기신청의무를 상당한 사유 없이 이행하지 아니하면 해태한 날 당시의 그 부동산에 대한 등록세액의 5배 이하의 과태료를 부과하게 된다. 과태료는 원칙적으로 등기를 함으로써 이익을 얻게 되는 등기권리자에게 부과하되 등기를 제때에 신청하지 못한 원인이 등기의무자의 책임 있는 사유에 의한 때에는 등기의무자에게 과태료가 부과된다.

2) 부실한 등기신청행위 등에 대한 형사처벌

등기원인 등을 허위로 기재하여서는 아니 된다(특별법 제8조제2호, 제6조). 부동산의 소유권을 넘겨주고, 넘겨받는 것을 목적으로 하는 계약을 체결한 사람이 그 원인을 허위로 기재하거나 소유권이전등기 외 다른 등기를 신청하여서는 아니 되며, 이를 위반하면 3년 이하의 징역 또는 1억원 이하의 벌금형에 처하도록 하고 있다. 따라서 토지를 매매한 자가 증여를 받은 것으로 하여 등기를 신청하거나 저당권설정등기를 신청하면 위와 같은 처벌을 받게 된다. 투기목적 등을 가지고 미등기전매를 하면 형사처벌을 받게 된다(법 제8조제1호, 제2조제2항, 제3항).

부동산의 소유권을 넘겨받을 것을 목적으로 하는 계약을 체결한 사람이 조세부과를 면하려 하거나, 다른 시점 간의 가격 변동에 따른 이득을 얻으려 하거나, 소유권 등 권리변동을 규제하는 법령의 제한을 회피할 목적을 가지고 다음과 같은 기간 내에 전매계약을 체결하면 3년 이하의 징역이나 1억원 이하의 벌금형을 받게 된다.

① 전매계약을 체결하기 전에 이미 원계약에 따른 등기신청을 할 수 있었던 경우
: 원계약에 따른 소유권이전 등기를 신청하지 아니하고 전매한 때,
② 전매계약을 체결한 후 원계약에 따른 등기신청을 할 수 있게 된 경우
: 전매계약 체결 후 원계약에 따른 등기신청을 할 수 있게 된 날로부터 60일 이내에 소유권이전등기를 신청하지 아니한 때, 미검인 전매행위도 처벌된다(법 제9조제1호, 제4조).

상대방과 계약을 맺어 그로부터 부동산에 대한 소유권을 넘겨받게 되어있는 사람은 그 계약서에 검인을 받지 아니한 상태에서 다시 제3자와 그 부동산의 소유권을 넘겨주는 것을 내용으로 하는 계약이나 당사자의 지위를 이전하는 계약을 체결할 때에는 1년 이하의 징역 또는 3천만 원 이하의 벌금형에 처한다.

3) 탈법행위 방지를 위한 제도 보완

계약서에 검인을 받아야만 소유권이전등기를 신청할 수 있다. 계약을 원인으로 소유권이전등기를 신청할 때에는 반드시 검인을 받은 계약서를 제출하여야 하며, 확정판결 등에 의하여 소유권이전등기를 하려고 하는 경우에도 그 판결서 등에 검인을 받아 제출하여야 한다. 허가서 등도 반드시 제출하여야 한다(특별법 제5조).

부동산을 취득하기 위하여 행정관청으로부터 허가를 받아야 하거나 신고를 하여야 하는 경우에는 등기신청 시에 반드시 그 허가(신고)를 증명하는 서면을 함께 제출하여야 등기가 가능하며, 확정판결이나 그와 같은 효력이 있는 조서 등에 의하여 등기를 하려고 하는 경우에도 마찬가지이다.

3. 부동산소유권이전등기등에관한특별조치법의 주요내용

부동산소유권이전등기등에관한특별조치법은 한시법으로 등기부 기재가 실제 권리관계와 일치하지 않아 재산권 행사가 어려웠던 부동산을 간편한 절차를 통해 사실과 부합하도록 등기할 수 있는 제도이다. 지난 1978년(시행기간 6년), 1993년(시행기간 2년), 2006년(시행기간 2년) 세 차례에 걸쳐 시행된 바 있지만, 이를 알지 못하거나 해태하여 소유권이전등기 등을 하지 아니한 부동산 실소유자가 많아 이번 네 번째로 부동산소유권이전등기등에관한특별조치법을 제정해 2020년 8월 5일부터 2년간 한시적으로 시행해 지난 8월4일을 기준으로 종료된 법이다.

적용지역으로는 읍·면지역의 토지 및 건물 포함되며 특별자치시 및 인구 50만 미만의 시 지역의 농지 및 임야, 광역시 및 인구 50만 이상의 시 지역 중에서 1988년 1월 1일 이후 직할시·광역시 또는 그 시에 편입된 지역의 농지 및 임야 등이 포함되며, 수복지구, 소유권귀속에 관한 소송이 진행 중인 부동산, 농지법에 따라 농지를 소유할 수 없는 신청인(법인 및 비법인, 종중, 재단)은 농지를 취득하고자 신청하는 경우에는 적용을 받지 못하고 제외된다.

신청방법으로는 시, 군,구의 읍·면장이 위촉하는 5인 이상의 보증인(변호사·법무사 등 자격사 1인 포함)의 인감날인 받은 보증서 첨부하여 신청, 미등기부동산은 미등기사실증명서 첨부, 국·공유부동산은 당해 부동산의 관리청이 발급한 국·공유부동산 매각사실증명서 첨부 서면으로 소관청에 신청, 이를 접수한 대장소관청은 이해관계자 통지, 현장조사, 공고절차 등을 거친 후 확인서를 발급하도록 하되, 그 기간 중 이의신청이 있는 부동산에 대하여는 이의에 대한 처리가 완결되기 전에는 확인서를 발급하지 못하도록 한다. 이의신청을 60일 동안 받고 이의신청이 없을 경우에는 확인서를 발급받을 수 있다.

신청인이 확인서를 발급받았다고 해서 절차가 완료된 것은 아니다. 발급받은 확인서를 첨부해 지역 관할법원등기소에 소유권이전등기를 신청해야만 부동산에 대한 소유권을 완전히 인정받을 수 있다. 신청 가능 기간은 오는 2023년 2월 6일까지이다.

거짓으로 확인서를 발급받거나 문서를 위조, 허위로 작성을 하여 제출하였다가 발각되면 1년 이상 10년 이하의 징역 또는 1천만 원 이상 1억 원 이하의 벌금에 처하거나 이를 병과할 수 있다(부동산소유권이전등기등에관한특별조치법 제16조).

□ 부동산소유권이전등기등에관한특별조치법에 관한 질문

> 부친이 2007년도에 이모님과 자금을 함께 투자해(아버님 65% / 이모님 35% 투자) 임야를 매입하셨습니다. 당시 아버님은 해당 부동산 구매 자격이 안돼 이모님 명의로 매입을 하고 지금까지 세금은 비중대로 납입을 하고 있습니다. 이제 두 분 연세가 많으셔 이 토지에 대한 소유권을 확실히 해두고 싶은데 이번 특별조치법에 해당이 되는지요?

귀하의 경우는 부동산소유권이전등기등에관한특별조치법에 해당되지 않습니다. 부동산 실권리자명의 등기에 관한 법률 시행일인 1995. 7. 1. 이후에는 모든 부동산에 관한 물권은 명의신탁을 이용하여 다른 사람의 이름으로 등기할 수 없고 반드시 실권리자(实权利者)의 명의로만 등기하도록 의무화되었습니다(부동산실명법 제3조).

부친이 2007년도에 이모님과 자금을 함께 투자해(아버님 65% / 이모님 35% 투자) 임야를 매입하고 이모님 명의로 명의신탁을 한 경우 명의신탁자와 명의수탁 자간의 명의신탁을 하기로 한 약정은 무효가 되고, 명의신탁약정에 의해 이루어진 등기도 무효가 됩니다(부동산실명법 제4조). 지금이라도 이모님과 합의하여 아버지 지분을 부친 명의로 이전하도록 하시는 방법밖에 없습니다.

제4절 부동산실명제도

1. 부동산실명제도란

　부동산실명제도란 부동산에 관한 물권(소유권, 전세권, 지상권 등)은 반드시 실제 권리자의 이름으로만 등기하도록 하는 제도이다.「부동산 실권리자 명의 등기에 관한 법률(약칭: 부동산실명법)」에서 규제하고 있는 대상은 "명의신탁(名义信托)"과 "장기 미등기(长期 未登记)"이다.
　"명의신탁"은 실질적으로는 자신이 보유하고 있는 부동산을 다른 사람의 이름을 빌어 등기하는 것을 말한다. "장기 미등기"는 매매나 증여에 의하여 부동산을 취득하고도 등기를 이전하지 않은 채로 원소유자 앞으로 장기간(3년 이상) 방치하여 두는 것을 말한다.

2. 부동산실명제도의 도입 배경

　명의신탁은 부동산을 남의 이름을 빌려 등기함으로써 부동산 투기, 세금 탈루 또는 재산을 감추는 수단으로 이용되어 각종 부정과 부조리의 원인이 되어 왔다. 부동산실명제는 부동산에 관한 권리는 반드시 자신의 이름으로 등기하도록 함으로써, 명의신탁을 이용한 부동산 투기를 없애서 부동산 거래질서를 바로잡는 한편 각종 부정, 부조리를 제거하고 부동산 가격 안정에도 기여하도록 하기 위해 도입된 제도이다.

3. 실권리자 명의 등기의무

1) 주요내용

　부동산실명법 시행일인 1995. 7. 1. 이후에는 모든 부동산에 관한 물권은 명의신탁을 이용하여 다른 사람의 이름으로 등기할 수 없고 반드시 실권리자(实权利者)의 명의로만 등기하도록 의무화되었다(부동산실권리자명의등기에관한법률, 약칭 부동산실명법).
　다만, 다음의 경우는 명의신탁에 해당되지 않는다.
　채무의 변제를 담보하기 위하여 채무자의 부동산에 가등기를 설정하거나, 부동산에 관한 물권을 채권자가 이전 받는 양도담보(让渡担保)의 경우, 부동산의 위치와 면적을 특정하여 2인 이상이 구분소유하기로 하는 약정을 하고 그 구분소유자의 공유로 등기하는 경우. 신탁법과 신탁업법에 의해 신탁재산인 사실을 등기하는 경우(부동산실권리자명의등기에관한법률

제2조 제1호단서), 종교단체의 명의로 그 산하 조직이 보유한 부동산에 관한 물권을 등기한 경우, 종중 부동산의 명의신탁 또는 부부간의 명의신탁에 의해 등기를 한 경우에는 조세를 포탈하거나 강제집행 또는 법령상 제한을 회피하기 위한 목적이 아닌 한 예외가 인정된다(부동산실명법 제8조).

2) 실명등기의무 위반 시의 벌칙

다른 사람의 이름을 빌려 등기한 실권리자인 명의신탁자에 대하여는 과징금(부동산가액의 30%)이 부과된다(부동산실명법 제5조제1항제1호). 과징금 부과 후에도 실명으로 등기하지 않은 경우는 과징금 부과 후 1년 경과 시 10%, 2년 경과 시 다시 20%의 이행강제금이 각각 부과된다.

명의신탁자에게는 5년 이하의 징역 또는 2억원 이하의 벌금이 부과되고(부동산실명법 제7조제1항제1호), 이름을 빌려준 명의수탁자에게는 3년 이하의 징역 또는 1억원 이하의 벌금이 부과된다(부동산실명법 제7조제2항). 명의신탁 행위를 교사(敎唆)하거나 방조(幇助)한 자에 대하여도 형사처벌이 부과된다(부동산실명법 제7조제1항제2호). 형사처벌은 법 시행일인 1995. 7. 1. 이후 명의신탁을 한 경우만 적용되고, 1995. 6. 30 이전 명의신탁한 부동산을 유예기간 동안 실명전환하지 않는 경우는 부과되지 않는다.

4. 명의신탁약정의 효력

1) 주요내용

명의신탁을 하는 경우 명의신탁자와 명의수탁자 간의 명의신탁을 하기로 한 약정은 무효가 되고, 명의신탁약정에 의해 이루어진 등기도 무효가 된다(동법 제4조). 다만, 부동산을 매도한 사람이 명의수탁자를 진정한 매수인으로 알고 계약을 체결한 경우(계약명의신탁)는 등기가 유효한 것으로 인정된다. 또한, 명의수탁자가 부동산을 제3자에게 양도하였다면 제3자가 명의신탁이 있었던 사실을 알았든 몰랐든 관계없이 명의신탁자는 자신의 권리를 주장할 수 없게 된다. 즉, 종전에 판례로 인정되어 오던 명의신탁은 부동산실명법 시행 후에는 무효화되기 때문에, 명의신탁자의 재산권은 보호받기 어렵게 된다.

2) 명의신탁 종류별 효력

① 등기명의신탁(3자 간)

부동산을 매도하는 사람이 명의신탁자가 원소유자임을 알고 있지만 등기는 명의수탁자 앞으로 이전해 준 경우이다. 이때는 명의신탁약정과 등기가 모두 무효가 되므로, 명의신자는 명의수탁자에게 자신의 권리를 주장할 수 없다. 부동산은 원소유자(매도자)에게 귀속되며, 명의신탁자는 형사처벌과 과징금을 부과받고 매도자에게 소유권이전등기를 청구할 수 있다. 명의신탁자가 부동산을 되찾을 수 있을지 여부는 최종적으로 법원의 판결에 의하여 결정된다.

② 등기명의신탁(2자 간)

명의신탁자가 소유하던 부동산을 매매 또는 증여를 가장하여 명의수탁자 이름으로 등기한 경우다. 이때도 명의신탁약정과 등기가 모두 무효가 되므로, 명의신탁자는 형사처벌과 과징금을 부과받고 명의수탁자에 대하여 소유권이전등기 말소를 청구할 수 있다. 명의신탁자가 부동산을 되찾을 수 있을지 여부는 최종적으로 법원의 판결에 의하여 결정된다.

③ 계약명의신탁(3자 간)

부동산을 매도한 사람이 명의수탁자를 진정한 매수인으로 알고 계약을 체결하여 등기를 이전해 주었으나 실권리자는 다른 사람인 경우다. 이때는 명의신탁약정은 무효가 되어 명의신탁자가 명의수탁자에게 자신의 권리를 주장할 수 없게 된다. 등기는 유효한 것으로 인정되기 때문에 부동산은 명의수탁자에게 귀속된다.

5. 기존 명의신탁의 실명화

1) 주요내용

1995. 6. 30. 이전 부동산을 다른 사람의 이름을 빌어 등기해 놓은 명의신탁의 경우는 유예기간('95. 7. 1. ~ '96. 6. 30.)내에 실권리자 명의로 실명전환하여야 한다. 또한, 명의신탁자가 부동산 명의를 명의수탁자 앞으로 둔 상태로 유예기간 내에 다른 사람에게 매각하여 직접 등기를 이전하여도 된다. 매각하기 어려운 경우에는 성업공사에 매각을 의뢰하거나 시장, 군수 등에게 매각을 위탁하여도 된다. 유예기간 내에 실명전환 또는 매각처분 등을 하지 않은 경우는 과징금(부동산 가액의 30%)이 부과되며, 명의신탁약정의 효력이 무효가 된다.

2) 명의신탁의 해지(解止) 절차

명의신탁은 판례와 관행으로 인정되고 있었으므로, 명의신탁해지 절차에 관하여 법령상 규정은 없다. 다만, 명의신탁자와 수탁자 사이에 다툼이 있는 경우는 재판에 의하여 해지하여야 한다. 다툼이 없는 경우에는 명의신탁자와 수탁자 간의 "명의신탁해지약정서"와 명의수탁자의 "인감증명서" 등을 첨부하여 등기소에 등기이전을 신청할 수 있다.

3) 예외 및 특례

종교단체와 향교 등의 경우, 종단과 개별 종교단체 간의 명의신탁부동산과 종교단체, 향교 등이 제3자의 이름으로 명의신탁한 고유목적을 위해 사용하는 농지는 실명전환하지 않아도 된다. 부동산에 관한 소송이 제기된 경우에는 확정판결이 있는 날로부터 1년으로 유예기간이 연장된다.

6. 장기(長期) 미등기자에 대한 벌칙

현재 부동산을 취득하고 매도인으로부터 등기를 이전하지 않는 경우 60일이 지나면 등록세액의 5배까지 과태료가 부과되도록 부동산등기특별조치법에 규정되어 있다. 부동산실명법은 이에 추가하여 취득일로부터 3년 내에 등기를 이전해 오지 않을 경우(장기미등기)는 명의신탁의 경우와 같이 과징금, 이행강제금, 형사처벌을 부과하도록 하고 있다(부동산실명법 제10조제1항).

7. 종전에 누락된 세금의 처리

명의신탁한 부동산을 실명으로 전환하는 과정에서 누락된 세금이 밝혀지는 경우 원칙적으로 모두 추징한다. 다만, 명의신탁한 부동산이 1건이고 그 가액이 5천만 원 이하인 경우에는 종전에 1세대 1주택 취급을 받아 비과세 받은 양도소득세와 조세 회피의 목적으로 명의신탁을 하는 경우 증여로 간주되어 부과되는 증여세를 추징하지 않는 특례가 인정된다.

또한, 법인의 경우 실명전환한 부동산이 비업무용 부동산이나 유예기간 내에 업무용으로 사용하는 경우에는 취득세 7.5배 중과규정의 적용이 배제된다.

📖 부동산실명제 관련 사례

[1] 부동산 구입해서 친구 명의로 등기해도 되나

> 매도인과 부동산 매매계약을 체결한 후 저와 제 친구는 그 부동산에 대한 소유권이전등기를 제 친구 명의로 하기로 약속하였습니다. 이 경우 친구 명의로 소유권이전등기를 하는 것이 가능한가요?

부동산에 관한 물권을 명의신탁약정에 따라 명의수탁자의 명의로 등기해서는 안 됩니다(부동산실명법 제3조제1항). 명의신탁약정은 무효이므로 명의신탁약정에 따라 행해진 등기에 의한 부동산 물권변동은 무효가 됩니다(법 제4조제1항)

◇ 부동산 명의신탁의 개념

"명의신탁약정"이란 부동산에 관한 소유권을 보유한 자 또는 사실상 취득하거나 취득하려는 자가 타인과의 사이에서 대내적으로는 실권리자가 부동산에 관한 물권을 보유하거나 보유하기로 하고 그에 관한 등기(가등기 포함)는 그 타인의 명의로 하기로 하는 약정을 말합니다.

[2] 공무원이 부동산실명법 위반 범죄를 발견하였을 경우 고발의무 및 공소시효 기산점

> 공무원이 부동산실명법 위반 범죄를 발견하였을 경우 명의신탁에 대한 형사고발이 필수적인지 여부 및 공소시효의 기산점에 대해서 알려주십시오.

부동산실명법에서 공무원이 부동산실명법 위반 범죄를 발견하였을 경우 고발의무에 관한 명시적인 규정은 없으나, 형사소송법 제234조는 "공무원은 그 직무를 행함에 있어 범죄가 있다고 사료하는 때에는 고발하여야 한다."고 규정하고 있는 점, 행정청에서 부과하는 과징금과 형사처벌은 그 성격을 달리하는 점을 고려할 때 공무원이 부동산실명법위반범죄를 발견하였을 때에는 반드시 고발하여야 한다고 판단됩니다.

먼저, 부동산실명법 제3조제1항은 "누구든지 부동산에 관한 물권을 명의신탁약정에 따라 명의수탁자의 명의로 등기하여서는 아니 된다."고 규정하고 있고, 동법 제7조는 "제3조제1항을 위반한 명의신탁자와 명의수탁자를 처벌"하도록 규정하고 있습니다.

위 규정 위반 범죄는 명의신탁자가 명의수탁자 명의의 등기를 경료한 때에 범죄행위가 완료되고, 그 이후는 법익침해 상태만이 계속되는 이른바 "상태범"으로 봄이 상당합니다. 따라서 공소시효는 최초 명의신탁등기가 경료된 시점부터 진행된다고 보아야 하지 않을까 합니다. 공소시효는 명의신탁약정에 의한 명의수탁자 명의의 등기가 경료된 때부터 진행된다는 게 법무부의 입장입니다.

한편, 부동산실명법을 위반한 부동산 명의신탁의 경우를 살펴보면, ① 명의신탁자의 경우 그 법정형이 [5년 이하의 징역 또는 2억 원 이하의 벌금]이고 2개의 형에서 그 1개를 과할 범죄이므로 중한 형이 5년 이하의 징역형이어서 장기 10년 미만의 징역에 해당하므로(형사소송법 제249조,제250조) 공소시효 기간은 7년이 되고, ② 명의수탁자의 경우 그 법정형이 [3년 이하의 징역 또는 1억 원 이하의 벌금]이고 2개의 형에서 그 1개를 과할 범죄이므로 중한 형이 3년 이하의 징역형이어서 장기 5년 미만의 징역에 해당하므로(형사소송법 제249조, 제250조) 공소시효 기간은 5년이 됩니다.

다음, 과징금은 전통적인 행정상 의무이행확보수단을 보강하기 위해 도입된 새로운 수단 중 하나로, [과징금은 행정법규의 위반으로 얻는 경제적 이익을 박탈하기 위하여 그 이익액에 따라 행정기관이 과하는 행정상 제재금]입니다.

따라서 과징금은 행정상의 제재로서 형사처벌과는 다른 것입니다. 부동산실명법은 명의신탁자(실제 소유자)에게만 과징금 부과를 규정하고 있으므로, 명의수탁자(등기 명의자)에게는 과징금이 부과되지 않습니다. 또한, 명의신탁자의 경우에도 [명의신탁의 등기가 해소된 때]부터 5년이 지나면 제척기간이 경과되어 과징금이 부과되지 않습니다.

제5절 취득시효(取得時效)

1. 취득시효란

타인의 물건을 일정기간 계속하여 점유하는 자에게 그 소유권을 취득케 하거나 소유권 이외의 재산권을 일정기간 계속하여 사실상 행사하는 자에게 그 권리를 취득케 하는 제도이다.

1) 점유취득: 20년간 소유의 의사로 평온, 공연하게 부동산을 점유하면 등기를 통해 그 소유권을 취득할 수 있다

> 20년간 평온, 공연하게 점유하면 소유권을 주장할 수 있다니 이해가 안 됩니다. 가령 A라는 나대지를 소유자 甲이 몰랐거나 알았더라도 무관심했고, 乙이 20년간 점유했다면 취득이 가능하단 겁니까? 甲이 가만히 있을까요.

우리 민법에 의하면 20년간 소유의 의사로 평온, 공연하게 부동산을 점유할 경우 등기를 통해 그 소유권을 취득할 수 있다고 정하고 있습니다.

다만, 점유취득시효 부동산 소유주가 바뀐 상황이라면 상황이 다릅니다. 등기부상 소유자를 상대로 소유권이전등기소송을 하지 않는 동안에 그만 소유자가 바뀌었다면 이전등기부상 소유자를 상대로 취득한 청구권으로는 변경된 소유자에게 대항할 수 없습니다. 다시 말해 이를 인정받으려면 등기부상의 소유자 변동이 있기 이전에 신속하게 소송을 진행해야 합니다. 민사소송에 해당하기에 입증책임이 원고에게 주어집니다.

> 민법 제245조 (점유로 인한 부동산소유권의 취득기간) ① 20년간 소유의 의사로 평온, 공연하게 부동산을 점유하는 자는 등기함으로써 그 소유권을 취득한다.
> ② 부동산의 소유자로 등기한 자가 10년간 소유의 의사로 평온, 공연하게 선의이며 과실 없이 그 부동산을 점유한 때에는 소유권을 취득한다.

☐ 부동산에 대한 점유취득시효가 완성되었더라도 그 점유자가 그 부동산에 대한 점유를 상실하면 그때로부터 소멸시효가 진행한다.

20년간 소유의 의사로 평온, 공연하게 부동산을 점유하여 점유취득시효가 완성되었다고 하더라도 그 점유자가 그 부동산에 대한 점유를 상실하면 그때로부터 소멸시효가 진행한다고

대법원이 판시하였다(대법원 2023. 8. 31. 선고 2023다240428 판결). 따라서 부동산에 대한 점유취득시효가 완성된 점유자가 그 부동산에 대한 점유를 상실한 때로부터 10년간 소유권이전등기 청구권을 행사하지 아니하면 소멸시효가 완성된다(대법원 1996. 3. 8. 선고 95다34866 판결 등 참조).

2) 점유취득시효완성을 원인으로 한 소유권이전등기신청

20년간 소유의 의사로 평온, 공연하게 점유하여야 한다. 즉, 점유자는 자신이 소유권자라고 생각하고 점유해야 점유취득시효가 인정되는 것이다. 예를 들어 그 땅을 돈을 주고 매매계약을 체결하였거나, 증여받았거나 하는 등의 사유 및 증거가 있어야 한다. 그 땅에 대한 아무런 권원이 없는 사람이 무조건 점유만 한다고 해서 인정되는 것이 아니다.

(1) 소유권의 취득시효

시효로써 소유권을 취득하려면, ① 소유의 의사로써 점유하고 있을 것, ② 그 점유가 평온·공연(公然)히 행하여졌을 것, ③ 일정한 기간 계속할 것 등의 요건을 갖추어야 한다.

시효기간은 ① 부동산일 때에는 20년이며, 점유자에게 이미 등기가 되어있는 때에는 10년이다. 전자의 경우에는 시효가 만료되면 등기하여야 하고, 후자의 경우는 점유가 선의(善意)·무과실임을 요한다(민법 제245조). ② 동산일 때에는 점유가 선의·무과실일 경우에는 5년, 그러하지 않을 경우에는 10년이다(민법 제246조).

(2) 소유권 이외의 재산권의 취득시효요건

소유권취득시효에 관한 규정이 준용된다(민법 제248조).

시효기간은, ① 부동산물권일 때는 권리자로서 미리 등기되어 있느냐의 여부에 따라 10년·20년이고, ② 동산물권일 때는 선의·무과실이냐의 여부에 따라 5년·10년이다.

(3) 취득시효의 목적이 되는 권리

취득시효는 신분권에는 적용되지 않으며, 재산권에만 적용된다. 또 점유권·유치권과 같이 직접 법률에 의하여 성립하는 재산권과, 법률에 의하여 시효취득이 금지된 재산권은 취득시효의 목적이 될 수 없다.

또 채권과 같이 재산적 지배권이 아닌 청구권과 취소권 및 해지·해제권 등과 같은 형성권, 저당권과 같이 점유나 준점유(準占有)를 수반하지 않는 물권 등은 성질상 취득시효의 목적이 되지 않는다.

전세권은 사실상 그 경우가 드물지만, 이론상 시효취득을 인정하여야 한다는 견해가 유력시되고 있다.

(4) 취득시효의 효과

요건을 갖추면 권리취득의 효력이 확정적으로 생긴다. 취득시효로 인한 권리의 취득은 원시취득이며, 그 효력은 점유를 개시한 때에 소급한다(민법 제247조 제1항).

(5) 취득시효와 동산소유권의 선의취득(善意取得)

동산소유권의 취득시효는 동산소유권의 선의취득과 비슷하다. 그러나 취득시효는 기간의 경과를 요소로 하는 데 대하여, 선의취득은 기간을 요소로 하지 않는다. 또 전자는 점유취득의 원인을 가리지 않으나 후자는 거래행위로 목적물을 승계취득한 경우에 한하여 인정되는 점 등이 다르다.

제6절 상린관계(相隣關係)

상린관계(相隣關係)란?

인접하고 있는 부동산 소유자 또는 이해자 상호간에 있어서 각 부동산의 이해관계를 조절하기 위하여 서로 그 권능을 일정한 한도까지 양보·협력하도록 규정한 법률관계를 말한다(민법 제215~244조). 또한 그러한 상린관계로부터 발생하는 권리를 상린권(相隣權)이라고 한다. 인접한 부동산의 소유자가 각자의 소유권을 무제한으로 주장한다면 그들의 부동산의 완전한 이용을 바랄 수 없으므로 각 소유권 또는 이용권의 내용을 일정 범위 안에서 제한하고 각 소유자로 하여금 협력시키는 제도이다.

[1] 아파트 윗층에서 물이 새는 경우 보수청구

> 저는 아파트에 거주하고 있는데, 위층의 배관일부가 파손되었는지 저의 아파트 천정으로 물이 누수되어 위층 소유자인 갑에게 보수를 요구하였으나, 위층소유자 갑은 보수공사를 차일피일 미루기만 하는데, 이 경우 대처방법이 없는지요?

민법에 따르면, 소유자는 소유권을 방해하는 자에 대하여 방해 제거를 청구할 수 있고, 소유권을 방해할 염려 있는 행위를 하는 자에 대하여 그 예방이나 손해배상담보를 청구할 수 있다고 규정하고 있으며(민법 제214조), 강제이행에 관하여, 채무의 성질이 강제이행을 하지 못할 것인 때가 아닌 한, 채무자가 임의로 채무를 이행하지 아니한 때에는 채권자는 그 강제이행을 법원에 청구할 수 있고, 채무자의 일신에 전속하지 아니한 작위(作爲)를 목적으로 한 때에는 채무자의 비용으로 제3자에게 이를 하게 할 것을 법원에 청구할 수 있다고 규정하고 있습니다(민법 제389조).

그런데 집합건물의 경우 구분소유자의 구분소유권의 목적이 되는 전유부분과 구분소유자 전원 또는 일부 구분소유자(일부의 구분소유자만이 공용하도록 제공되는 것임이 명백한 공용부분일 경우)의 소유에 속하는 공용부분으로 나눌 수 있는데, 공용부분은 규약에 달리 정한 바가 없으면 각 공유자가 그 지분비율에 따라 공용부분의 관리비용과 그 밖의 의무를 부담하게 됩니다(집합건물의 소유 및 관리에 관한 법률 제17조).

그러므로 위 사안의 경우 누수 되는 위층 배관이 위층 소유자의 전유부분인지, 아니면 공용부분인지에 따라서 보수의무자 및 비용부담의무자가 다르게 될 것인데, 집합건물의 어느 부분이 전유부분인지 공용부분인지는 구분소유가 성립한 시점을 기준으로 판단합니다(대법원 2007. 7. 12. 선고 2006다56565 판결: 대법원 2011. 3. 24. 선고 2010다95949 판결: 대법원 2012. 11. 29. 선고 2011다69374 판결).

한편, 건물의 어느 부분이 구분소유자의 전원 또는 일부의 공용에 제공되는지는 소유자들 사이에 특단의 합의가 없는 한 건물의 구조에 따른 객관적인 용도에 의하여 결정되므로, 구분건물에 관하여 구분소유가 성립될 당시 객관적인 용도가 공용부분인 건물 부분을 나중에 임의로 개조하는 등으로 이용 상황을 변경하거나 집합건축물대장에 전유부분으로 등록하고 소유권보존등기를 하였더라도 그로써 공용부분이 전유부분이 되어 어느 구분소유자의 전속적인 소유권의 객체가 되지는 않습니다(대법원 2016. 5. 27. 선고 2015다77212 판결).

일반적으로 급수배관·가스배관 등의 간선(幹線) 부분은 공용부분으로 볼 것이지만, 지선(支線) 부분은 전유부분으로 보게 되는데, 위 사안에서 파손된 위 배관은 전유부분으로 보는 지선에 해당하는 것으로 보이므로, 귀하는 소유권에 기초한 방해제거청구권을 행사하여 그 보수공사를 청구할 수 있고, 그 판결 후에도 위층 소유자가 임의이행하지 않을 경우 대체집행결정을 받아 집행관이 보수공사를 하고, 그 비용을 위층 소유자에게 부담시킬 수 있을 것입니다.

다만, 보수공사청구를 할 경우 위층 소유자의 협조가 없으면 어느 부분에서 누수가 되는지 파악하기 어려워 보수공사청구의 청구취지를 작성하기 어려운 점이 문제될 수 있을 것입니다.

참고로 피고 ○○아파트 온수 배관의 누수로 인하여 그 아래층에 위치한 원고 ○○아파트에 피해가 발생하였고, 그 배상범위에 관한 견해차이로 인하여 분쟁이 계속되던 중 원고가 일방적으로 보수공사를 마치고 피고에게 그 공사비 상당의 배상을 청구한 사안에 대하여, 비록 위 누수가 피고가 ○○아파트 시공사의 부실공사로 인하여 발생한 것이라 하더라도 공작물의 소유자는 그 과실 여부에 관계없이 공작물의 하자로 인하여 발생한 손해를 배상할 책임이 있다(민법 제758조 제1항 참조)고 할 것이나, 원고의 일방적인 보수공사로 인하여 구체적인 배상범위의 산정이 곤란하므로 법원이 증거조사의 결과와 변론 전체의 취지에 의하여 밝혀진 당사자들 사이의 관계, 불법행위와 그로 인한 재산적 손해가 발생하게 된 경위, 손해의 성격, 손해가 발생한 이후의 제반 정황 등의 관련된 모든 간접사실들을 종합하여 상당인과관계 있는 손해의 범위인 수액을 판단할 수 있다고 한 하급심판례가 있습니다(제주지방법원 2007. 7. 10. 선고 2006가소77367 판결).

[2] 아파트 지하주차장 석회수 낙하로 인한 차량피해에 대한 책임

> 지하주차장의 석회수 낙하로 인한 차량 피해에 대해 영업배상책임보험으로 우선 입주자에게 손해를 배상하더라도, 최종적으로 관리 주체가 일부 책임을 지게 되는지.

아파트 지하주차장 균열 및 누수로 인해 석회실 성분이 함유된 물이 주차장에 주차돼 있던 차량으로 낙하해 차량이 오염되는 사고가 발생하고 있습니다. 특히 비가 많이 내리는 여름철 장마기간에는 그 피해 빈도가 더욱 많아지는 실정입니다.

지하주차장 석회수가 낙하로 인한 차량오염 등 피해 문제는 약 2~3년 전부터 이슈였습니다. 당시에는 적절한 해결방법을 찾지 못해 피해차량의 자동차보험으로도 해결하는 경우도 더러 있었습니다. 최근에는 많은 아파트들이 시설의 소유 및 관리자의 배상책임을 내용으로 하는 영업배상책임보험 등에 가입하는 방법으로 입주자가 입은 피해를 보전하기 위해 노력하고 있습니다.

그런데 위와 같이 보험회사가 영업배상책임보험에 따라 피해를 입은 입주자에게 손해를 보상해주는 것으로 사건이 일단락 될 수도 있겠지만 결국 보험회사는 책임있는 자에게 지급한 보험금 중 일부라도 구상하려고 할 수 밖에 없습니다. 관련해 최근 아파트 입주자대표회의와 영업배상책임보험을 체결한 보험회사가 위탁관리회사에 대해 보험금에 대한 구상을 청구해 인정된 판례가 있습니다.

법원은 입주자대표회의와 위탁관리회사가 체결한 관리계약과 공동주택관리법 제63조(관리주체의 업무 등), 제64조(관리사무소장의 업무 등)이 내용에 비춰 관리회사는 관리주체로서 선량한 관리자의 주의로 아파트의 공용부분의 유지·보수 안전관리 업무를 수행해야 한다고 봤습니다. 즉 관리회사는 아파트 공용부분인 주차장의 관리업무를 위탁받은 자로서 주차장의 누수를 방지하고 이로 인한 피해를 방지할 의무가 있음에도 이를 관리하지 못한 책임이 있으므로, 입주자대표회의와 함께 공동불법행위자의 지위에 있다고 봤습니다. 다만, 보험회사는 보험계약의 피보험자인 입주자대표회의에게는 구상을 청구할 수 없어 특별히 소를 제기하지 않은 것으로 보입니다. 입주자대표회의와 관리회사는 공동불법행위자로서 부진정 연대채무관계에 있고, 손해액의 각 50%씩 내부적으로 부담함이 타당하다고 봤습니다. 즉 보험회사는 지급한 보험금의 50%에 한해 관리회사에 구상할 수 있다는 취지의 판결입니다.

한편 관리회사는 수시로 안내방송 및 순찰을 통해 낙수가 있는 곳을 보수하고, 주차금지 조치를 해 주의의무를 다했다고 주장했으나, 법원은 위와 같은 조치를 충분히 취했음을 인정하기에 부족하다고 봐 손해배상액을 감액하지 않았습니다. 관리회사로서는 방송할 때마다 녹음을 해두거나 산발적으로 발생하는 누수구역을 매번 찾아내 안전띠나 표지판을 설치하고 이를 사진으로 찍어두는 것이 상당히 번거로울 수 있겠으나 추후 관리회사에 대한 보험사들의 구상청구가 빈번해질 수 있다는 점을 고려했을 때 이를 미리 대비해 자료를 남겨두는 것이 손해액을 감경받을 수 있는 방법일 것입니다.

[3] 법정거리 없이 건물을 신축한 경우 철거청구 가능합니까

> 최근 제가 살고 있는 토지와 인접하여 있는 토지소유자가 건물을 신축하면서 저의 토지에 바싹 붙여 건축을 하고 있어 일조권 침해를 비롯하여 많은 피해가 예상되고 있습니다. 이러한 경우 어떻게 대처해야 하며 최종적으로 건물의 철거도 요구할 수 있습니까?

건물을 축조할 때는 특별한 관습이 없으면 경계로부터 반 미터 이상의 거리를 두어야 하고 ('경계로부터': 건물의 가장 돌출된 부분까지의 거리를 말함. 대법원 2011. 07. 28. 선고 2010다108883 판결), 인접 토지소유자는 이를 위반한 자에 대하여 건물의 변경이나 철거를 청구할 수 있으나, 건축에 착수한 후 1년을 경과하거나 건물이 완성된 후에는 손해배상만을 청구할 수 있습니다(민법 제242조). 또 경계로부터 2미터 이내의 거리에서 이웃 주택 내부를 관망할 수 있는 창이나 마루를 설치하는 경우에는 적당한 차면시설을 해야 합니다(민법 제243조).

다만, 공사의 완성도에 따라 위의 청구가 권리남용에 해당되어 문제가 될 수도 있습니다(대법원 1981. 03. 10. 선고 80다2832 판결). 또한 건물철거소송을 제기해도 공사는 계속 진행할 수 있는 것이므로 이를 방지하려면 법원에 공사 중지 가처분신청을 해두는 것이 좋을 것입니다.

경계선 거리제한에 위반하지 않은 경우에도 일조권 침해 등을 이유로 공사 금지 또는 중지를 청구할 수 있습니다. 다만, 건물 신축으로 이웃 거주자가 직사광선이 차단되는 불이익을 받은 경우, 그 신축행위가 정당한 권리행사로서의 범위를 벗어나 위법한 가해행위로 평가되려면 일조방해정도가 사회통념상 일반적으로 인용하는 서로 참아야 할 한도를 넘어야 합니다.

사회통념상 서로 참아야 할 한도를 넘었는지는 피해 정도, 피해 이익의 성질 및 그에 대한 사회적 평가, 가해건물의 용도, 지역성, 토지이용 선후관계, 가해 방지 및 피해 회피 가능성, 공법적 규제의 위반 여부, 교섭경과 등 모든 사정을 종합적으로 고려하여 판단해야 합니다(대법원 2004. 09. 13. 선고 2003다64602 판결).

일조방해 행위가 서로 참아야 할 한도를 넘었는지를 판단하기 위한 지역성은 그 지역의 토지이용 현황과 실태를 바탕으로 지역의 변화 가능성과 변화 속도, 지역주민들의 의식 등을 감안하여 결정하여야 할 것이고, 바람직한 지역 정비로 토지의 경제적 효율적 이용과 공공복리 증진을 도모하기 위한 국토의 계획 및 이용에 관한 법률 등 공법에 의한 지역의 지정은 변화 가능성 등을 예측하는 지역성 판단의 요소가 될 것입니다(대법원 2007. 06. 14. 선고 2005다72058 판결).

따라서 인접한 토지소유자가 거리 제한을 위반하여 건물을 짓고 있거나, 그 건물로 인해 질의자님의 일조권이 수인한도를 넘을 정도로 침해된다면 인접 토지소유자에게 설계변경, 건물철거, 손해배상 등을 청구할 수 있습니다. 다만 설계변경이나 건물철거는 인접한 토지소유자가 건축에 착수한 후 1년 이내에만 청구할 수 있습니다. 참고로 당해 토지건물을 일시적으로 이용하는 것에 불과한 사람은 일조이익을 향유 하는 주체가 될 수 없습니다.

[4] 토지매수인이 기존의 유일한 통로를 폐쇄할 경우 주위토지통행권

> 제가 거주하는 집은 앞쪽에 공터를 제외하고는 모두 다른 집들로 막혀 있어서 그 공터를 유일한 통로로 이용하며 살아왔습니다. 그런데 최근에 그 공터를 매수한 甲이 찾아와 그곳에 집을 짓기로 하였으니 통로로 내줄 수 없다고 합니다. 저희는 그곳을 통과하지 않으면 공로(公路)로 나갈 수있는 방법이 없는데, 제가 통행할 수있는 방법은 없는지요?

주위토지통행권에 관하여「민법」제219조는 "① 어느 토지와 공로 사이에 그 토지의 용도에 필요한 통로가 없는 경우에 그 토지소유자는 주위의 토지를 통행 또는 통로로 하지 아니하면 공로에 출입할 수 없거나 과다한 비용을 요하는 때에는, 그 주위의 토지를 통행할 수 있고 필요한 경우에는 통로를 개설할 수 있다. 그러나 이로 인한 손해가 가장 적은 장소와 방법을 선택하여야 한다. ② 전항의 통행권자는 통행지 소유자의 손해를 보상하여야 한다"라고 규정하고 있습니다.

판례도 "민법 제219조에 규정된 주위토지통행권은 공로와의 사이에 그 용도에 필요한 통로가 없는 토지의 이용이라는 공익목적을 위하여 피통행지 소유자의 손해를 무릅쓰고 특별히 인정되는 것이므로, 그 통행로의 폭이나 위치 등을 정함에 있어서는 피통행지의 소유자에게 가장 손해가 적게 되는 방법이 고려되어야 할 것이나, 최소한 통행권자가 그 소유 토지를 이용하는 데 필요한 범위는 허용되어야 하며, 어느 정도를 필요한 범위로 볼 것인가는 구체적인 사안에서 사회통념에 따라 쌍방 토지의 지형적, 위치적 형상 및 이용관계, 부근의 지리 상황, 상린지 이용자의 이해득실 기타 제반 사정을 기초로 판단하여야 한다"라고 하였습니다(대법원 2002. 5. 31. 선고 2002다9202 판결).

그러므로 위 사안의 경우에도 위 규정이 정한 법적 요건에 해당된다면 귀하는 주위토지인 甲 소유의 토지를 통행할 수 있고, 필요한 경우에는 통로를 개설할 수 있다고 할 것입니다.

다만, 이로 인하여 甲이 입게 되는 손해를 가장 최소화하는 장소와 방법을 선택하여야 하고, 甲에게 손해가 발생하면 이를 보상하여야 하고, 이와 같이 일단 주위토지통행권이 발생되었다고 하여도 나중에 그 토지에 접하는 공로가 개설됨으로써 주위토지통행권을 인정할 필요성이 없어진 때에는 그 통행권은 소멸하게 될 것입니다(대법원 1998. 3. 10. 선고 97다47118 판결).

[5] 고층건물 건축을 위한 굴착공사로 인접 건물의 균열 등 위험 구제방법

> 이웃 토지의 소유자 甲이 충분한 예방공사를 하지 아니한 채 건물신축공사를 하면서 토지를 깊게 파내는 바람에 인접한 제 소유 대지의 일부 침하와 건물 균열 등의 위험이 발생하여 제가 수차에 걸쳐 조치 및 배상을 요구하였으나 시정하지 않고, 현재는 굴착공사 완료 후 지상골조공사를 하고 있는데, 위 공사를 중지시킬 수는 없는지요?

민법에 따르면 토지소유자는 인접지 지반이 붕괴할 정도로 자기 토지를 깊게 파지 못하나, 충분한 방어공사를 한 때에는 그렇지 않다고 하고 있으며(민법 제241조), 소유자는 소유권을 방해하는 자에 대하여 방해 제거를 청구할 수 있고 소유권을 방해할 염려 있는 행위를 하는 자에 대하여 그 예방이나 손해배상의 담보를 청구할 수 있다고 규정하고 있습니다(민법 제214조).

그러므로 위 사안에서 甲과 같이 인접지에 대한 방어공사를 제대로 하지 아니한 채 고층건물 건축을 위해 심굴굴착공사를 할 경우, 인접지의 토지소유자 등은 대지 침하, 건물 균열, 붕괴 위험 등을 입증하여 토지굴착금지청구권 및 소유물방해예방 또는 소유물방해제거청구권에 기초한 공사중지가처분을 법원에 신청해 볼 수 있을 것입니다.

다만, 건물 축조를 위한 심굴굴착공사가 이미 종료된 경우에는 토지소유자가 충분한 예방공사를 하지 아니한 채 건물 건축을 위한 심굴굴착공사를 함으로써 인접 대지의 일부 침하와 건물 균열 등 위험이 발생하였더라도 나머지 공사의 대부분이 지상건물 축조이어서 더 이상 심굴굴착공사의 필요성이 없고, 침하와 균열이 더 이상 확대된다고 볼 사정이 없다면 토지 심굴굴착금지청구권과 소유물방해예방 또는 방해제거청구권에 기초한 공사중지가처분이 허용되지 않습니다(대법원 1981. 3. 10. 선고 80다2832 판결).

따라서 위 사안에서 甲이 굴착공사 완료 후 지상골조공사를 하고 있는 것이므로, 공사중지가처분은 허용되지 않을 것으로 보이고, 다만 귀하는 건물 균열 등 피해 부분을 입증하여 甲을 상대로 손해배상청구권만을 행사할 수 있을 것으로 보입니다.

참고로 건축공사로 인한 피해에 대한 손해배상과 관련하여 판례는, 불법행위 등으로 인하여 건물이 훼손된 경우, 수리가 가능하다면 그 수리비가 통상손해이며, 훼손 당시 그 건물이 이미 내용연수가 다 된 낡은 건물이어서 원상으로 회복시키는 데 소요되는 수리비가 건물교환가치를 초과하는 경우에는 형평의 원칙상 그 손해액은 그 건물교환가치 범위 내로 제한되어야 할 것이고, 또한 수리로 인하여 훼손 전보다 건물의 교환가치가 증가하는 경우에는 그 수리비에서 교환가치증가분을 공제한 금액이 그 손해라고 하였으며(대법원 2004. 2. 27. 선고 2002다39456 판결), 일반적으로 타인의 불법행위 등에 의하여 재산권이 침해된 경우에는 그 재산적 손해의 배상에 의하여 정신적 고통도 회복된다고 보아야 할 것이므로 재산적 손해의 배상에 의하여 회복할 수 없는 정신적 손해가 발생하였다면, 이는 특별한 사정으로 인한 손해로서 가해자가 그러한 사정을 알았거나 알 수 있었을 경우에 한하여 그 손해에 대한 위자료를 청구할 수 있다고 하였습니다(대법원 2004. 3. 18. 선고 2001다82507 판결).

[6] 이웃에서 나는 악취 및 소음으로 인한 피해의 구제방법

> 제가 거주하는 주택의 옆에는 낮은 담장을 사이에 두고 종합병원의 쓰레기장과 영안실이 위치하고 있어 악취뿐만 아니라, 조객들의 곡성으로 생활에 큰 지장을 받고 있습니다. 이 경우 법적 구제방법이 없는지요?

민법에서 토지소유자는 매연, 열기체, 액체, 음향, 진동 기타 이와 유사한 것으로 이웃 토지의 사용을 방해하거나, 이웃 거주자의 생활에 고통을 주지 않도록 적당한 조처를 할 의무가 있고, 이웃 거주자는 위와 같은 사태가 이웃 토지의 통상 용도에 적당한 것인 때에는 이를 인용(認容)할 의무가 있다고 규정하고 있으며(민법 제217조), 소유자는 소유권을 방해하는 자에 대하여 방해 제거를 청구할 수 있고 소유권을 방해할 염려 있는 행위를 하는 자에 대하여 그 예방이나 손해배상의 담보를 청구할 수 있다고 규정하고 있습니다(민법 제214조).

병원시체실에 인접한 거주자의 인용의무의 한계에 관한 판례를 보면, 시체실은 그곳에 안치한 사체로부터 발산하는 악취의 확산 방지나 제거를 위한 조치, 유족이나 조객들의 곡성이 외곽에 전파되지 않도록 하는 조치, 시체봉구를 할 때에 시체의 일반인에의 노출 방지 조치 등을 하지 않고 그대로 계속 사용한다면, 이웃이 받게 되는 피해와 고통은 사회통념상 일반적으로 요구되는 서로 참아야 할 정도를 초과한 것이라고 하였습니다(대법원 1974. 12. 24. 선고 68다1489 판결).

또한, 의료법인이 운영하는 종합병원 부지와 인근 주민들이 거주하는 연립주택 부지는 모두 도시계획법에 의하여 일반상업지역으로 지정된 지역 내에 위치하고 있기는 하지만, 그 지역 현황은 상가 등 근린생활시설과 주택이 혼재하여 있고, 그 연립주택 전면이 그 병원의 부지 쪽을 향하여 건축된 다음 상당 기간이 지난 후에 그 병원이 건축되었으며, 그 연립주택 부지와 병원 부지 사이의 경계로부터 그 병원의 3층 산부인과 입원실의 연립주택 쪽 창문까지의 직선거리는 차면시설의무가 있는 법정 거리인 2미터에 미치지 못하는 경우, 비록 그 병원이 그 부지의 도시계획상 용도에 적합한 시설이고, 그 병원과 같은 종합병원은 공익시설이며 이를 운영함에 있어서 응급실과 영안실의 설치가 필수적이더라도 그 병원 및 연립주택 현황과 그 위치한 지역의 형태, 토지이용의 선후관계, 의료법인으로서는 그 병원의 운영에 지장을 초래하지 않는 범위 내에서 인근 주민들의 생활 방해를 방지하거나 감소시키기 위한 조치를 할 수 있었을 것으로 보이는 점 등 제반 사정에 비추어 볼 때, 의료법인이 그와 같은 조치를 하지 아니함으로써 발생한 생활 방해는 인근 주민들에게 사회통념상 요구되는 서로 참아야 할 한도를 넘은 것이라고 하였습니다(대법원 1997. 10. 28. 선고 95다15599 판결).

따라서 귀하는 위 판례의 취지에 비추어 병원에 대하여 소유권 방해의 예방 내지 제거를 청구해 볼 수도 있을 것으로 보입니다.

[7] 인근 공장의 소음으로 인한 점유자의 피해 구제방법

> 저는 주택임차인으로서 인근 공장의 야간작업으로 인한 소음 때문에 불면증에 고생하고 있는데, 이 경우 직접 위 공장의 소음방지조치를 청구할 수 있는지요?

민법에서 토지소유자는 매연, 열기체, 액체, 음향, 진동 기타 이와 유사한 것으로 이웃 토지사용을 방해하거나, 이웃 거주자 생활에 고통을 주지 않도록 적당한 조처를 할 의무가 있고, 이웃 거주자는 위와 같은 사태가 이웃 토지의 통상 용도에 적당한 것인 때에는 이를 인용(認容)할 의무가 있다고 규정하고 있으며(민법 제217조), 점유자가 점유 방해를 받은 때에는 그 방해 제거 및 손해배상을 청구할 수 있고, 이러한 청구권은 방해가 종료한 날로부터 1년 내에 행사하여야 한다고 규정하고 있습니다(민법 제205조 제1항, 제2항).

그러므로 건물의 소유자 또는 점유자가 인근 소음으로 인하여 조용하고 쾌적한 일상생활을 영유할 수 있는 생활 이익이 침해되고 그 침해가 사회통념상 서로 참아야 할 한도를 넘어서는 경우에 건물의 소유자 또는 점유자는 그 소유권 또는 점유권에 기하여 소음피해의 제거나 예방을 위한 유지청구를 할 수 있습니다.

그리고 사회통념상 참을 수 있는 피해인지의 기준을 결정함에는 일반적으로 침해되는 권리나 이익의 성질과 침해 정도뿐만 아니라 침해행위가 갖는 공공성의 내용과 정도, 그 지역 환경의 특수성, 공법적 규제에 의하여 확보하려는 환경기준, 침해를 방지 또는 경감시키거나 손해를 회피할 방안 유무 및 그 난이 정도 등 여러 사정을 종합적으로 고려하여 구체적 사건에 따라 개별적으로 결정하여야 합니다(대법원 2010. 11. 11. 선고 2008다57975 판결).

또한, 소음피해에 대한 추상적 부작위청구가 적법한지 판례를 보면, 고속도로로부터 발생하는 소음이 피해주민들 주택을 기준으로 일정한도를 초과하여 유입되지 않도록 하라는 취지의 유지청구는 소음발생원을 특정하여 일정한 종류의 생활 방해를 일정한도 이상 미치게 하는 것을 금지하는 것으로 청구가 특정되지 않은 것이라고 할 수 없고, 이러한 내용의 판결이 확정될 경우 민사집행법 제261조 제1항에 따라 간접강제방법(채무의 이행의무 및 상당한 이행기간을 밝히고, 채무자가 그 기간 이내에 이행을 하지 아니하는 때에는 늦어진 기간에 따라 일정한 배상을 하도록 명하거나 즉시 손해배상을 하도록 명하는 것)으로 집행을 할 수 있으므로, 이러한 청구가 내용이 특정되지 않거나 강제집행이 불가능하여 부적법하다고 볼 수는 없다고 하였습니다(대법원 2007. 6. 15. 선고 2004다37904, 37911 판결).

그러므로 귀하도 귀하의 거주 지역이 어떠한 지역인지에 따라서 소음·진동관리법시행규칙의 공장소음·진동의 배출허용기준(시간대별로 허용기준치를 달리 정하고 있음)을 참고하여 허용기준을 초과한 소음이 발생할 경우 소음피해의 제거나 예방을 위한 유지청구 등을 해볼 수 있을 것으로 보입니다.

참고로 소음 등 피해에 대한 손해배상과 관련하여 판례를 보면, 소음 등을 포함한 공해 등의 위험지역으로 이주하여 들어가서 거주하는 경우와 같이 위험의 존재를 인식하면서 그로 인한 피해를 용인하며 접근한 것으로 볼 수 있는 경우, 그 피해가 직접 생명이나 신체에 관련된 것이 아니라 정신적 고통이나 생활 방해 정도에 그치고 그 침해행위에 고도의 공공성이 인정되는 때에는, 위험에 접근한 후 실제로 입은 피해 정도가 위험에 접근할 당시에 인식하고 있었던 위험 정도를 초과하는 것이거나 위험에 접근한 후에 그 위험이 특별히 증대하였다는 등의 특별한 사정이 없는 한 가해자의 면책을 인정하여야 하는 경우도 있을 수 있을 것이나, 일반인이 공해 등의 위험지역으로 이주하여 거주하는 경우이더라도 위험에 접근할 당시에 그러한 위험이 존재하는 사실을 정확하게 알 수 없는 경우가 많고, 그밖에 위험에 접근하게 된 경위와 동기 등의 여러 가지 사정을 종합하여 그와 같은 위험의 존재를 인식하면서 굳이 위험으로 인한 피해를 용인하였다고 볼 수 없는 경우에는 손해배상액 산정에 있어 형평의 원칙상 과실상계에 준하여 감액 사유로 고려하는 것이 상당하다고 하였습니다(대법원 2005. 1. 27. 선고 2003다49566 판결).

특히 소음 등의 공해로 인한 법적 쟁송이 제기되거나 그 피해에 대한 보상이 실시되는 등 피해 지역임이 구체적으로 드러나고 또한 이러한 사실이 그 지역에 널리 알려진 이후에 이주하여 오는 경우에는 이러한 위험에의 접근에 따른 가해자의 면책 여부를 보다 적극적으로 인정할 여지가 있다고 하였습니다(대법원 2010. 11. 25. 선고 2007다74560 판결).

제3장 민사소송절차

사람들 사이에 이해관계가 충돌하여 분쟁이 생기면 원시시대에는 스스로의 힘에 의하여 이를 해결할 수밖에 없었다. 그러나 문명사회에서는 힘으로 분쟁을 해결하는 것은 금지되어 국가기관인 법원이 분쟁 당사자 사이에 개입하여 분쟁을 조정, 해결해 주도록 되었는데 그 절차를 민사소송이라 한다.

제1절 민사분쟁을 해결하는 방법

1. 본안소송 제기 전, 가압류 · 가처분의 필요성

　사회생활을 하다 보면 가령 채무자가 빚을 갚을 능력이 있으면서도 있는 재산을 전부 처분한 후 빚을 갚지 않으려고 하거나, 주택을 매수하여 잔금까지 지불했는데 집을 판 사람이 다시 그 집을 다른 사람에게 판 후 도망가려고 하는 경우가 있을 수 있다. 이러한 경우 채권자가 소송을 제기하여 승소한 뒤에 그 판결의 확정을 기다려 집행하기까지는 많은 시간이 걸리게 되고, 그 사이에 채무자가 그가 가진 재산을 모두 처분하는 경우에는 채권자가 재판에 이기고도 집행을 하지 못하여 많은 손해를 입게 된다. 이같은 경우 채권자의 권리를 확보하기 위하여 재판 확정 전에 채무자가 그의 재산을 처분하지 못하도록 임시로 채무자의 재산을 묶어두는 절차가 가압류 · 가처분이다(민사집행법 제276조 및 제300조).

　가압류란 금전채권이나 장차 금전채권으로 될 수 있는 청구권에 관하여 후일의 강제집행을 보전하기 위한 임시 조치이다.

　가처분이란 분쟁의 대상이 되고 있는 물건에 대하여 후일의 강제집행을 보전하기 위하여 임시로 행하는 처분을 말한다. 그 외에 임시의 지위를 정하는 처분도 있다.

　가압류 · 가처분이란 종국적인 판결 즉 승패가 날 때까지의 임시 조치이므로 앞에 '가'자를 붙인 것이고, 채권자의 신청만을 가지고 법원이 단시일 내에 결정을 내리는 것이 보통이다. 대부분의 경우 가압류 · 가처분에 앞서 담보를 제공하게 하는데, 신청인은 법원의 허가를 받아 보증보험회사와 지급보증위탁계약을 체결한 문서를 담보로 제공할 수 있다.

2. 가압류·가처분의 종류

1) 가압류

① 부동산가압류: 채무자의 특정 부동산(토지, 건물)을 함부로 처분할 수 없도록 가압류한다. 가압류 결정을 받으면 법원은 부동산등기부등본에 가압류 재판에 관한 사항을 기재하는 가압류등기를 하게 된다.

② 유체동산가압류: 채무자의 유체동산(냉장고, TV 등)을 함부로 처분할 수 없도록 가압류한다. 법원의 가압류명령이 내려지면, 채권자는 결정문 정본을 가지고 유체동산이 있는 곳의 관할법원 집행관 사무실에 가압류결정을 받은 날로부터 14일 이내에 방문하여 가압류집행을 신청하면 된다. 집행관은 결정문 정본을 채무자에게 송달하며, 가압류 재판에 대한 집행은 채권자에게 재판을 고지하거나 송달한 날로부터 2주를 넘긴 때에는 할 수 없다.

③ 채권가압류: 금전채권의 가압류는 법원이 가압류결정 정본을 제3채무자에게 전해 줌으로써 집행하게 된다. 채무자가 다른 사람으로부터 받을 돈을 받지 못하도록 채권을 가압류한다. 채권가압류신청서에는 제3채무자(즉, 채무자에게 돈을 빌린 다른 채무자), 채권의 종류, 발생 원인, 금액 변제기 등을 기재하여야 한다.

> ◇ **공무상표시무효죄(公務上標示無效罪)**
> 공무상표시무효죄는 공무원이 그 직무에 관하여 실시한 봉인(封印) 또는 압류(押留) 기타 강제처분의 표시를 손상 또는 은닉(隱匿)하거나 기타 방법으로 그 효용(效用)을 해하거나 또는 공무원이 그 직무에 관하여 비밀로 한 봉함(封緘) 기타의 문서나 도화를 개피(開披)하는 죄로, 5년 이하의 징역 또는 700만 원 이하의 벌금에 처한다(형법 제140조).
> '봉인'이란 물건에 대한 임의처분을 금지하기 위하여 그 물건에 실시된 금지 의사의 상징이라고 인정될 수 있는 봉함 기타의 설비를 말한다. 당해 공무원의 인장이 찍혀 있어야 하는 것은 아니고 물건명·연월일·집달관(執達官)의 성명 및 소속법원 등을 기입한 지편(紙片)을 감아두는 것도 봉인을 실시한 것이다. '압류'란 공무원이 그 직무상 보관해야 할 물건을 자기의 점유로 옮기는 강제처분을 말한다. 미수범도 처벌한다(형법 143조). 공무상비밀표시무효죄(公務上秘密標示無效罪)라고도 한다.

2) 가처분

부동산소유권이전 또는 말소등기청구권, 소유물반환청구권, 매매목적물인도청구권, 임차물인도청구권 등과 같이 금전채권 이외의 물건이나 권리를 대상으로 하는 청구권 등에 대한 장래의 집행을 보전하기 위해서는 가압류가 아닌 가처분(假處分)을 신청해야 한다.

① 부동산점유이전금지가처분: 채무자가 분쟁의 대상이 된 부동산의 점유를 다른 사람에게 이전하지 못하도록 한다.
② 부동산처분금지가처분: 채무자가 분쟁의 대상이 된 부동산을 매매, 양도하는 등의 처분을 못 하도록 한다.

관련 사례

[1] 가압류 결정으로 경매 진행을 할 수 있나요

가압류는 채무자의 재산에 대한 현상 유지에 그치고, 가압류는 경매 또는 환가를 하지 못합니다. 채권자는 본안소송에서 승소해야 비로소 본안 청구권을 종국적으로 실현할 수 있으므로 가압류 결정으로 경매 진행을 할 수 없습니다.

[2] 가압류·가처분이 인용되기까지 시간이 얼마나 걸리나요

일반적으로 가압류·가처분신청서를 접수하고 별다른 보정명령이 없으면 2주에서 한달 정도의 시간이 소요됩니다. 법원에서 가압류·가처분신청서를 살펴본 후 금액 부분이나 보전의 필요성 부분에 대한 보정을 하라는 보정명령을 내리게 됩니다. 이렇게 되면 채권자 입장에서 보정하기까지 시간이 걸리게 되므로 1달의 시간도 금방 지나갈 수 있습니다. 따라서 가압류·가처분신청서는 처음부터 바로 결정이 될 만큼 확실한 금액으로 또한 보전의 필요성 부분을 충분히 강조하여 제출하는 것이 무엇보다 중요합니다.

제2절 소송절차(판결절차)

원고 소장작성 → 관할법원에 소장접수 → 소장심사 → 피고에게 소장부본송달 → 답변서 제출 → 쟁점정리기일 → 변론준비절차(변론기일전에 원고와 피고는 준비서면을 제출하고 교환하며 주장 및 증거 정리 → 변론기일(변론준비 절차가 끝나면 재판장은 변론기일을 정하고 당사자는 변론기일에 출석하여 주장과 증거제출) → 판결(2-3회 변론기일지나고 당사자의 주장과 증거가 충분하다고 여겨지면 법원은 판결) → 항소(1심판결 불복 14일내 고등법원에 항소 → 상고(2심판결 불복 14일내 대법원에 상고)

1. 소장 작성과 접수

민사소송은 원고가 소장을 작성하고 인지를 붙여서 관할법원에 제출하면 되는 것이다.

다만 소송위임장과 같은 부속서류를 첨부하여야 할 때도 있다.

※ 원고와 피고

민사소송을 먼저 제기하는 사람을 원고, 당하는 사람을 피고라고 한다. 개인이나 법인은 물론 종중, 동창회, 학교육영회 같은 사실상의 단체도 민사소송의 원고, 피고가 될 수 있다. 다만, 미성년자 같은 무능력자는 법정대리인이 소송을 대리하여야 한다.

1) 소장의 기재 사항

원고, 피고의 주소·성명이 명확히 기재되어야 한다(전화번호와 우편번호도 기재하는 것이 좋다). 피고가 있는 곳을 알 수 없을 때에는 소명자료를 첨부하여 공시송달을 신청할 수 있다.

청구취지를 특정하여 기재하여야 한다. "피고는 원고에게 돈 천만 원을 지급하라"는 식으로 원고가 판결을 통하여 얻어내려는 결론을 기재하여야 한다.

청구원인을 기재하여야 한다. "원고는 2021. 1. 1. 피고에게 돈 천만 원을 빌려주었으나, 피고는 이를 갚지 않고 있다"는 식으로 판결을 구하게 된 원인이 무엇인가를 구체적으로 기재한다.

2) 인지의 첨부 또는 현금 납부

"소송물가액"상당의 인지를 붙이거나 은행에 현금으로 납부하여야 한다. 첨부해야 할 인지액이 20만 원을 넘는 때에는 현금으로 납부하여야 한다.

3) 피고의 수만큼 소장부본을 만들어 함께 제출하여야 한다

4) 송달료의 예납 확인

송달료는 우표가 아닌 현금으로 납부해야 한다(송달료규칙의 시행에 따른 업무처리요령 제8조제1항 본문).

다만, 법원장은 사건 수, 법원과 송달료 수납은행과의 거리 등을 감안해 당사자 1인당 송달료납부기준이 2회 이하인 사건의 전부 또는 일부에 대해 법원 내규로써 송달료를 우표로 납부할 수 있도록 정할 수 있다(제8조제1항 단서).

송달료는 대법원장이 지정하는 각 법원별 해당 송달료 수납은행에 이를 납부해야 한다(송달료규칙의 시행에 따른 업무처리요령 제8조제2항). 송달료는 반드시 송달료납부서에 따라 납부하고, 송달료 영수증을 교부받아야 한다(제8조제3항 본문).

원고와 피고가 각각 1명인 경우를 기준으로 하여, 소액 사건에서는 104,000원(5,200원×10회분×2인), 단독 및 합의사건에서는 각각 156,000원(5,200원×15회분×2인)의 송달료를 미리 은행에 납부하여야 한다.

2. 어느 법원에 소송을 제기하여야 하나

원칙적으로 피고의 주소지를 관할하는 법원에 소송을 제기하여야 하지만 원고의 편의 등을 위하여 여러가지 예외가 인정되고 있다. 예컨대, 대여금, 물품대금, 손해배상의 청구의 경우 그 채무이행지인 원고의 주소지를 관할하는 법원에도 소송을 제기할 수 있도록 한 것(의무이행지의 특별재판적), 교통사고를 당한 피해자가 사고장소를 관할하는 법원에도 소송을 제기할 수 있도록 한 것(불법행위지의 특별재판적) 등이다.

그리고 민사사건은 소송물의 액수에 따라 소송목적의 값이 5억원을 초과하면 판사 3인으로 구성되는 합의부가 관할하며, 그 이외의 5억 원 이하 사건은 단독판사가 관할한다.

다만 예외적으로 소송물의 액수가 5억 원을 초과해도 자동차사고 또는 산업재해로 인한 손해배상청구사건과 모든 어음·수표청구사건, 금융기관이 원고인 대여금·구상금·보증금 청구사건, 단독판사가 심판할 것으로 합의부가 결정한 사건 등은 단독판사가 관할한다.(민사 및 가사소송의 사물관할에 관한 규칙 제2조)

가사사건은 소송목적의 값이 5억원을 초과하면 판사 3인으로 구성되는 합의부가 관할하며 다만, 단독판사가 심판할 것으로 합의부가 결정한 사건을 제외한다(민사 및 가사소송의 사물관할에 관한 규칙 제3조).

3. 민사소송의 진행

1) 피고에게 알림

민사소송이 제기되면 재판장은 소장부본을 피고에게 송달하여 피고를 상대로 어떠한 소송이 제기되었는가를 미리 알려준다.

2) 변론기일의 지정 및 소환

그 후 재판장은 사건이 접수된 순서에 따라 변론기일을 정하여 원·피고를 소환한다. 법원에 따라 사건이 폭주하여 변론기일이 지정될 때까지 다소 시간이 걸리는 수도 있다.

3) 주장 답변 및 항변

변론기일에 원고는 먼저 "돈 천만 원을 빌려주었다."는 사실을 주장하고 피고는 이에 대하여 "빌린 사실이 있다(자백)."또는 "없다(부인)."는 식의 답변을 한다.

주의할 점은 대답을 하지 않으면(침묵) 자백하는 것과 같이 취급되고, 모르겠다(부지)고 하는 것은 부인하는 것으로 취급된다는 것이다. 그 외에 피고는 "돈 빌린 사실이 있으나(자백) 그 후에 갚았다 또는 빚으로 상계했다."는 식으로 새로운 사실을 내놓을 수도 있는데 이를 항변이라 하고, 그 항변에 대하여 원고는 자백, 부인 등의 답변을 하여 소송이 진행되는 것이다.

이러한 주장, 답변 등은 원·피고가 변론기일에 출석하여 구두로 하는 것이 원칙이나 서면으로 제출할 수도 있는데 이를 준비서면 또는 답변서(피고의 최초 준비서면)라고 부른다. 실제로는 소송상의 주장, 답변 등은 간단한 것을 제외하고는 미리 서면으로 준비하여 이를 제출하는 것이 좋다.

4) 입증

주장 또는 항변사실에 대하여 상대방이 부인(또는 부지)하면 주장 또는 항변을 한 자가 이를 입증하여야 한다. 누가 입증할 책임이 있느냐 하는 것은 중요할 뿐만 아니라 매우 어렵고 복잡한 문제이다. 입증을 하는 방법은 제한이 없으나 서증, 증인신문, 검증, 감정, 당사자본인신문 등이 특히 많이 쓰이는 방법이다.

5) 변론기일 불출석에 따른 불이익

① 의제자백(자백 간주)

원·피고중 어느 한쪽이 소환(공시송달 제외)을 받고도 불출석하면 출석한 쪽이 주장하는 사실을 자백한 것으로 간주되기 때문에(다만 불출석하더라도 준비서면으로 써낸 답변은 인정된다) 불리한 판결을 받을 가능성이 매우 크다.(민사소송법 제150조).

② 쌍불취하

쌍방이 모두 2회에 걸쳐서 적법한 소환을 받고도 불출석하거나 변론을 하지 아니한 때에는 그 후 1개월 내에 기일지정신청을 하지 아니하면 소가 취하된 것으로 간주한다(동법 제268조).

4. 소송절차의 종료

1) 종국판결

법원이 심리를 완료한 때에는 변론을 종결하고 보통 2주 후 판결을 선고한다.

2) 소의 취하

원고가 판결 확정 전에 소를 취하하는 때에는 소송은 종결된다. 다만 피고가 준비서면을 제출하거나 변론을 한 후에는 피고의 동의를 얻어야만 소를 취하할 수 있다.

3) 그 밖에 청구의 포기, 인락, 화해 등으로 종료되기도 한다

5. 상소

1) 항소

1심에서 패소판결을 받았으나 불복이 있는 사람은 판결을 송달받은 날로부터 2주 이내에 항소장을 작성하여 1심법원에 제출하면 판결이 확정되지 않고 항소심에서 또다시 재판을 받게 된다(민사소송법 제396~397조). 항소장에 붙이는 인지액은 1심의 2배이다.

2) 상고

항소심의 판결에 대하여 불복이 있으면 판결 송달일로부터 2주 이내에 상고장을 항소심법원에 제출하여야 한다(동법 제422~425조). 상고장에 붙이는 인지액은 1심의 3배이다.

※ 재판진행 정보의 제공.
인터넷을 통하여 대법원 홈페이지에 접속하면 사건의 진행 상황을 쉽게 확인할 수 있고, 재판절차와 서류의 양식에 관해서도 자세한 안내를 받을 수 있다.

6. 재심

원고나 피고가 상소를 할 수 없게 된 확정판결에 중대한 오류(판결의 증거가 위조되거나 변조된 것인 때, 판결에 영향을 끼칠 중요한 사항에 관하여 판단을 누락한 때 등)가 있다고 판단될 경우 재심을 청구할 수 있다. 재심은 재심을 제기할 판결을 한 법원이 관할하지만, 심급을 달리하는 법원이 같은 사건에 대해 내린 판결에 대한 재심은 상급법원이 관할한다.

□ **자기도 모르게 재판이혼이 되어있을 때는 재심을 청구할 수 있다**

> 남편이 첩과 살면서 구타를 심하게 해서 집을 나와 따로 살고 있습니다. 생활비도 주지 않아 직장에 나가 돈을 벌어서 생활을 꾸리고 있습니다. 남편이 가끔 나타나 이혼을 해달라고 요구해서 거절했습니다. 그 여자와 정리하고 자기 잘못을 뉘우치면 아이들도 있고 하니 들어가서 살려고 하는데, 이번에 가족관계등록부를 보니 4개월 전에 저도 모르는 사이에 가정법원에서 재판이혼을 한 것으로 되어 있고, 첩이 아내로 혼인신고가 되어 있습니다. 알아보니 저를 소재불명으로 하여 이혼 판결을 받았다고 합니다. 너무 억울합니다. 남편의 부인으로 올려있는 첩을 지우고 가족관계등록부를 다시 원래대로 고칠 수 없는지 알고 싶습니다.

귀하처럼 부인의 주소를 남편이 알고 있으면서도 일방적으로 주소를 모르는 것 같이 해서 재판으로 이혼을 한 경우 가정법원에 재심청구를 할 수 있습니다(민사소송법 제451조제1항). 그러나 재심사유를 안 날로부터 30일 이내 그리고 판결 확정 후 5년 이내에만 재심청구를 할 수 있습니다(민사소송법 제456조제1항 및 제3항). 재심청구에서 승소하면 다시 남편의 가족관계등록부에 부인으로 올라가게 되고 중혼취소청구를 해서 판결을 받아 첩을 제적할 수 있습니다(민법 제810조, 제816조제1호).

제3절 확정과 강제집행 절차

빌려준 돈이나 상품대금 등 돈을 받을 권리가 있으나 채무자가 임의로 변제를 아니한다고 하여 함부로 채무자의 금품을 훔치거나 빼앗는 것은 허용될 수 없다. 국가가 정해진 법 절차에 따라 채권자를 대신하여 강제로 돈을 받아 주는 것이 강제집행 절차이다.

당사자는 판결이 확정된 경우에는 소송기록이 있는 법원에서 판결확정증명을, 확정 전 판결 중 가집행선고가 붙은 판결인 경우에는 판결정본송달증명을 받고, 판결에 집행문을 부여받아 이를 채무명의로 하여 강제집행함으로써 소송의 목적을 달성하게 된다.

1. 채무자의 재산을 찾아내기 위한 절차

1) 재산관계의 명시제도

재산명시절차는 일정한 집행권원에 기한 금전채무를 이행하지 아니하는 경우에 법원이 그 채무자로 하여금 강제집행의 대상이 되는 재산 상태를 명시한 재산목록을 제출하게 하여 재산관계를 공개하고 그 재산목록의 진실함을 선서하게 하는 법적 절차를 말합니다(민사집행법 제61조제1항).

채무자가 확정판결, 화해·조정조서, 확정된 지급명령 등에 의한 금전채무를 임의로 이행하지 아니하는 때에는 채권자는 집행력 있는 정본과 강제집행을 개시함에 필요한 서류를 첨부하여 법원에 채무자의 재산관계의 명시를 요구하는 신청을 할 수 있다. 채무자는 법원의 명령이 있는 경우 법원이 정한 기일에 현재의 재산과 1년 이내에 정한 거래행위와 2년 이내에 한 재산상의 무상처분을 명시한 재산목록을 제출하여야 하고, 동시에 그 재산목록이 진실함을 법관 앞에서 선서하여야 한다. 다만, 채무자가 3개월 이내에 채무를 갚을 수 있음을 소명한 때에는 그 제출을 3개월 범위 내에서 연기 받을 수 있고 연기된 기일까지 채무액의 3분의 2 이상을 갚을 때에는 다시 1개월 범위 내에서 연기 받을 수 있다.

채무자가 정당한 사유 없이 기일에 법원에 출석하지 아니하거나 재산목록의 제출을 거부한 때, 또는 선서를 거부하거나 허위의 재산목록을 제출한 때에는 3년 이하의 징역이나 500만 원 이하의 벌금에 처한다. 채무자가 회사나 단체인 때에는 그 행위자인 대표자나 관리인이 위와 같은 처벌을 받는 이외에 그 회사나 단체도 벌금형을 받게 된다(민사집행법 제61조~65조. 민사소송법 제320~321조).

2) 재산조회제도

재산조회란 가사소송법 제48조의3에 명시된 규정에 따라 당사자의 재산을 신청을 통해 조회하는 것을 말한다. 재산조회는 법적인 심판을 목적으로 시행하며 그 외의 다른 용도로는 조회 신청이 받아들여지지 않는다. 당사자가 소유하고 있는 재산을 조회하고자 신청하는 문서를 재산조회신청서라고 한다.

재산조회를 신청하는 경우 반드시 신청 사유가 분명해야 하며 요구 조건을 충족하여야 한다. 가정법원은 재산을 조회하는 신청자에게 일정 금액을 낼 것을 명령하고 만일 일정 기간 내에 조회 비용을 납부하지 않을 경우 신청이 취소되거나 각하되어 조회를 할 수 없다. 또한, 재산조회의 결과를 재산분할 청구의 심판 외의 목적으로 사용하는 사람은 2년 이하의 징역 또는 500만 원 이하의 벌금에 처해진다(가사소송법 제73조).

3) 채무불이행자명부제도

채무자가 금전의 지급을 명한 판결 또는 지급명령이 확정되거나 화해·조정조서 등이 작성된 후 6개월 이내에 채무를 이행하지 아니하거나 법원의 명령에도 불구하고 재산목록의 제출을 거부 또는 허위의 목록을 제출하는 등의 사유가 있는 때에는 채권자는 채무자를 채무불이행자명부에 등재하도록 법원에 신청할 수 있다. 그 신청에 따라 법원이 채무불이행자명부에 등재하는 결정을 한때에는 등재 후 그 명부를 법원에 비치함은 물론 그 부본을 채무자의 본적지(법인의 경우 주된 사무소의 소재지) 시·구·읍·면의 장에게 송부하게 된다. 채무불이행자명부는 인쇄물로 공표하지 아니하는 한 누구든지 열람·등사가 가능하며 채무가 모두 소멸된 것이 증명되어 법원의 말소 결정이 있기까지 비치·공개되게 된다(민사집행법 제70~제72조).

2. 채무자의 재산을 강제집행하는 절차

강제집행 3단계 : 압류 → 현금화 → 배당

압류의 첫단계는 채무자의 일정한 재산을 눌러서 꼼짝 못 하게 하는 조치이다. 집행방법에 따라서 압류방법은 각각 다르다. 유체동산은 압류 딱지를 부치지만, 부동산은 등기부의 갑구란에 경매개시결정을 등기하고, 채권은 채권압류명령을 송달 한다. 두번째 단계는 압류된 재산을 팔아 현금화하는 절차이다. 유체동산은 현재 호가경매의 방법으로, 부동산 경우는 입찰의 방법으로 현금화한다. 세번째 단계는 현금화를 통해 생겨난 금전을 채권자들에게 나누어 주는 절차로서, 채권자가 한 명인 경우 그에게 지급하고 나머지는 채무자에게 주면 되지만, 다수인 경우에는 그 권리의 순서대로(우선변제권의 유무) 배당하는 절차가 이어진다.

1) 유체동산에 대한 강제집행 절차

채무명의확보 → 집행문신청 → 집행관에의 위임 → 압류 → 경매 → 배당

☞ **채무명의 확보**: 강제집행을 할 수 있는 권리를 인정해 주는 공적인 문서가 채무명의이다. 대표적인 것이 "피고는 원고에게 돈 천만 원을 지급하라."는 식의 이행명령이 기재된 확정된 승소판결이다. 그 외에 가집행선고가 붙은 미확정판결, 인락조서, 화해조서, 조정조서, 지급명령, 공정증서 등이 있다.

☞ **집행문 부여**: 위와 같은 채무명의에 "위 정본은 피고 ○○○에 대한 강제집행을 실시하기 위하여 원고 ○○○에게 부여한다."는 취지를 기재하고 법원 직원이나 공증인이 기명, 날인 하는 것이 집행문 부여이다. 다만 공증인은 공정증서에 대하여만 집행문을 부여할 수 있다. 집행문은 채무명의를 가지고 제1심 법원이나 공증인 사무소에 가서 신청하면 간단히 처리해 준다. 이때 법원의 경우는 500원 상당의 인지를 붙여야 하고, 공증인의 경우는 2,000원의 수수료를 납부하여야 한다. 본래의 원고나 피고가 사망하여 그 상속인이 집행을 하거나 상속인에 대하여 집행하려면 판결문에 표시된 원·피고와 실제 집행하려는 사람이 다르기 때문에 상속인임을 알 수 있는 가족관계증명서를 첨부하여 신청해 승계집행문을 부여받아야 한다.

☞ **집행관에의 위임**: 위와 같은 관계 서류를 갖추어 관할법원에 속하는 집행관 사무실에 찾아가서 집행을 위임하여야 한다. 위임장은 인쇄된 용지를 쓰는데 보통 그곳에서 대서까지 해준다. 집행비용은 예납하여야 한다.

☞ **압류**: 동산이 있는 현장에 가서 압류를 해야 하므로 사전에 집행관과 협의하여 시간을 정해 현장까지 안내하고, 채무자가 일부러 피한다든지 하여 현장에 없는 경우도 많으므로 참여인이 될 성인 2명을 미리 확보하는 것이 좋다.

☞ **경매**: 압류물이 현금이면 직접 채권에 충당할 수 있으나 다른 것이면 경매하여 현금화해야 한다. 압류 후 보통 1개월쯤 지나 경매기일이 지정되는데 채무자가 자진 변제하면 강제집행의 위임을 취하할 수 있고, 따로 타협이 되면 경매기일을 연기할 수도 있다. 경매기일에는 채권자가 나가지 않아도 되지만 채권자도 경락인이 될 수 있으므로 경매기일에 나가 보는 것도 좋은 방법이다.

☞ **배당**: 채권자가 여러 명이고 경매대금으로 모든 채권을 충족시키지 못하면 먼저 채권자들 사이에 협의하여 협의가 성립되면 집행관이 이에 따라 분배, 지급하고, 협의가 안 되면 법원이 법에 의하여 우선변제를 받을 수 있는 채권자에게 우선적으로 지급하고, 그 후 일반채권자들의 채권액에 비례하여 분배, 지급하게 된다. 강제집행을 한 채권자라도 우선 변제권이 있는 것이 아니므로 뒤에 배당신청을 해온 채권자와 동등하게 취급된다.

2) 금전채권에 관한 강제집행 절차

> 압류명령신청 → 채권압류명령 → 추심명령 또는 전부명령 → 만족

금전채권에 관한 집행은 채권자가 돈을 받아내기 위하여 채무자의 제3자에 대한 금전채권을 직접 자기 것으로 만들거나(전부), 그 제3자에 대하여 돈을 받아내는 것(추심)이 목적이다.

☞ 압류명령신청 : 채무자가 은행에 예금이 있다든지 제3자에게 돈을 받을 것이 있다든지(대여금 채권)하는 경우에는 관할법원에 압류명령을 신청한다.

☞ 압류명령 : 법원은 압류명령을 발하여 「제3채무자인 은행 등은 채무자에게 지급해서는 아니 된다.」는 지급금지명령을 내리게 된다.

☞ 추심명령 또는 전부명령 : 채권자는 추심명령을 신청하여 채무자 대신 은행 또는 제3자로부터 돈을 받을 수 있거나(이때는 다른 채권자가 배당 요구 가능) 또는 전부명령을 받아 채권 자체를 이전 받을 수 있다. 압류명령과 추심명령, 압류명령과 전부명령을 같이 신청하는 것이 보통이다.

- 추심명령을 받은 집행채권자는 절차에 참가한 다른 채권자가 없는 경우 추심한 금전으로 자기 채권에 충당함으로써 집행절차가 종료되지만, 다른 채권자가 또 있다면 배당 절차가 실시된다.
- 전부명령을 받은 경우에는 압류한 금전채권이 압류 당시로 소급하여 그 액수만큼 채권자에게 이전 되고, 원래 채무자에 대한 채권은 완전히 소멸되어 집행 절차가 종료된다. 즉 채권양도가 있었던 것과 같은 결과가 된다. 주의할 점은 전부명령의 경우 추심명령과는 달리 채무자가 변경되는 것임으로 신청할 때 제3채무자의 경제력이나 자력 정도를 충분히 고려하여야 한다는 점이다.

3) 부동산에 대하여 강제집행

> 강제경매신청 → 경매개시결정 → 입찰 → 배당

☞ 강제(임의)경매신청 : 채무자가 부동산을 소유하고 있으면 관할법원에 부동산 강제경매신청서를 제출한다.

☞ 경매개시결정 : 법원은 경매개시결정을 하고 이 사실을 부동산등기부에 기재함으로써 부동산을 압류한 효과가 생긴다.

☞ 입찰 : 입찰기일공고를 거쳐 입찰기일이 지정되고 입찰기일에 매수신청인이 서면으로 매수가격을 신청하면 집행관은 그중 최고가격을 신청한 사람을 매수인으로 정한다.

☞ 배당 : 동산의 경우와 같으나, 채권자들 사이에 협의를 하는 절차가 없고, 바로 법원이 배당한다.

관련 사례

[1] 압류금지 물건의 종류와 적용범위(민사집행법 제195조)

압류할 수 없는 물건의 종류와 적용범위에 대해 알려주십시오.

① 채무자 및 그와 같이 사는 친족(사실상 관계에 따른 친족을 포함)의 생활에 필요한 의복·침구·가구·부엌기구, 그 밖의 생활필수품
② 채무자등의 생활에 필요한 2개월 간의 식료품·연료 및 조명재료
③ 채무자등의 생활에 필요한 1개월 간의 생계비로서 대통령령이 정하는 액수의 금전
④ 주로 자기 노동력으로 농업을 하는 사람에게 없어서는 아니 될 농기구·비료·가축·사료·종자, 그 밖에 이에 준하는 물건
⑤ 주로 자기의 노동력으로 어업을 하는 사람에게 없어서는 아니 될 고기잡이 도구·어망·미끼·새끼고기, 그 밖에 이에 준하는 물건
⑥ 전문직 종사자·기술자·노무자, 그 밖에 주로 자기의 정신적 또는 육체적 노동으로 직업 또는 영업에 종사하는 사람에게 없어서는 아니 될 제복·도구, 그 밖에 이에 준하는 물건
⑦ 채무자 또는 그 친족이 받은 훈장·포장·기장, 그 밖에 이에 준하는 명예증표
⑧ 위패·영정·묘비, 그 밖에 상례·제사 또는 예배에 필요한 물건
⑨ 족보·집안의 역사적인 기록·사진첩, 그 밖에 선조 숭배에 필요한 물건
⑩ 채무자의 생활 또는 직무에 없어서는 아니 될 도장·문패·간판, 그 밖에 이에 준하는 물건
⑪ 채무자의 생활 또는 직업에 없어서는 아니 될 일기장·상업장부, 그 밖에 이에 준하는 물건
⑫ 공표되지 아니한 저작 또는 발명에 관한 물건
⑬ 채무자 등이 학교·교회·사찰, 그 밖의 교육기관 또는 종교단체에서 사용하는 교과서·교리서·학습용구, 그 밖에 이에 준하는 물건
⑭ 채무자 등의 일상생활에 필요한 안경·보청기·의치·의수족·지팡이·장애보조용 바퀴의자, 그 밖에 이에 준하는 신체보조기구
⑮ 채무자 등의 일상생활에 필요한 자동차로서 자동차관리법이 정하는 바에 따른 장애인용 경형자동차
⑯ 재해의 방지 또는 보안을 위하여 법령의 규정에 따라 설비하여야 하는 소방설비·경보기구·피난시설, 그 밖에 이에 준하는 물건

[2] 압류금지채권의 종류와 적용범위(민사집행법 제246조)

> 압류할 수 없는 채권의 종류와 적용범위에 대해 알려주십시오.

① 법령에 규정된 부양료 및 유족부조료(遺族扶助料)
② 채무자가 구호사업이나 제3자의 도움으로 계속 받는 수입
③ 병사의 급료
④ 급료·연금·봉급·상여금·퇴직연금, 그 밖에 이와 비슷한 성질을 가진 급여채권의 2분의 1에 해당하는 금액. 다만, 그 금액이 국민기초생활보장법에 의한 최저생계비를 감안하여 대통령령이 정하는 금액에 미치지 못하는 경우 또는 표준적인 가구의 생계비를 감안하여 대통령령이 정하는 금액을 초과하는 경우에는 각각 당해 대통령령이 정하는 금액으로 한다.
⑤ 퇴직금 그 밖에 이와 비슷한 성질을 가진 급여채권의 2분의 1에 해당하는 금액
⑥ 「주택임대차보호법」 제8조, 같은 법 시행령의 규정에 따라 우선변제를 받을 수 있는 금액 (1. 서울특별시: 5천만 원 2. 「수도권정비계획법」에 따른 과밀억제권역(서울특별시는 제외한다): 4천300만 원 3. 광역시(「수도권정비계획법」에 따른 과밀억제권역에 포함된 지역과 군지역은 제외한다), 안산시, 용인시, 김포시 및 광주시: 2천300만 원 4. 그 밖의 지역: 2천만 원)
⑦ 생명, 상해, 질병, 사고 등을 원인으로 채무자가 지급받는 보장성보험의 보험금(해약환급 및 만기환급금을 포함한다). 다만, 압류금지의 범위는 생계유지, 치료 및 장애 회복에 소요될 것으로 예상되는 비용 등을 고려하여 대통령령으로 정한다.
⑧ 채무자의 1개월간 생계유지에 필요한 예금(적금·부금·예탁금과 우편대체를 포함한다). 다만, 그 금액은 「국민기초생활보장법」에 따른 최저생계비, 제195조 제3호에서 정한 금액 등을 고려하여 대통령령으로 정한다.

※ 법원은 ①부터 ⑦까지 종류의 금원이 금융기관에 개설된 채무자의 계좌에 이체되는 경우 채무자의 신청에 따라 그에 해당하는 부분의 압류명령을 취소하여야 합니다. 또한 법원은 당사자가 신청하면 채권자와 채무자의 생활 형편, 그 밖의 사정을 고려하여 압류명령의 전부 또는 일부를 취소하거나 압류금지채권에 대하여 압류명령을 할 수 있습니다.

[3] 압류금지채권 범위 변경 신청

> 저는 신용불량자로 현재 입원하여 위암 치료를 받고 있습니다. 그러던 중 입원치료비 실비보험으로 100만 원의 보험금이 잔액이 없는 압류된 통장으로 입금되었습니다. 이러한 보험금은 압류가 금지된다고 알고 있는데, 압류를 피하려면 어떻게 하면 될까요?

민사집행법 제246조는 압류금지채권에 관하여 규정하고 있습니다. 귀하의 사안의 경우 적용될 수 있는 압류금지사유에는 다음 두 가지가 있을 것으로 보입니다.

1) 생명, 상해, 질병, 사고 등을 원인으로 채무자가 지급받는 보장성보험의 보험금(해약환급 및 만기환급금을 포함한다). 다만, 압류금지의 범위는 생계유지, 치료 및 장애 회복에 소요될 것으로 예상되는 비용 등을 고려하여 대통령령으로 정한다(민사집행법 제246조 제1항 제7호).

> **민사집행법 시행령 제6조(압류금지 보장성 보험금 등의 범위)**
> ① 법 제246조제1항제7호에 따라 다음 각 호에 해당하는 보장성보험의 보험금, 해약환급금 및 만기환급금에 관한 채권은 압류하지 못한다.
>   2. 상해·질병·사고 등을 원인으로 채무자가 지급받는 보장성보험의 보험금 중 다음 각 목에 해당하는 보험금
>   가. 진료비, 치료비, 수술비, 입원비, 약제비 등 치료 및 장애 회복을 위하여 실제 지출되는 비용을 보장하기 위한 보험금

2) 채무자의 1개월간 생계유지에 필요한 예금(적금·부금·예탁금과 우편대체를 포함한다). 다만, 그 금액은「국민기초생활보장법」에 따른 최저생계비, 제195조제3호에서 정한 금액 등을 고려하여 대통령령으로 정한다(민사집행법 제246조제1항8호).

> **민사집행법 시행령 제7조(압류금지 예금 등의 범위)** 법 제246조제1항제8호에 따라 압류하지 못하는 예금 등의 금액은 개인별 잔액이 185만 원 이하인 예금 등으로 한다.

이뿐만 아니라 기타 법률에서 압류를 금지하도록 규정하고 있는 경우에도 압류금지채권으로 인정됩니다.

압류금지채권임에도 채권자가 압류 및 추심 신청을 하여 법원에서 결정이 인용된 경우, 법원에 소명자료 등을 첨부하여 민사집행법 제246조제3항에 따라 압류금지채권 범위 변경 신청을 해야 합니다. 신청 이후 법원에서 압류취소결정이 내려지면, 금융기관에 법원의 결정문을 가지고 가서 압류를 해제하시고 금원을 인출하실 수 있을 것으로 판단됩니다.

[4] 압류방지통장 개설조건 – 행복지킴이 통장이란

> 기초생활수급자입니다. 국가에서 주는 기초수급비는 압류가 안 된다는데 통장이 압류되었습니다. 어떻게 해야 압류되지 않는지 알려주십시오.

기초생활수급자라면 미리 압류방지통장을 개설해 놓는 것이 좋습니다.

압류방지통장을 개설하려면 국민기초생활보장법에서 정하는 기초생활수급자, 기초연금수급자, 장애인연금수급자, 한부모가족 복지급여자, 장애수당, 장애아동수당 수급자, 국민

건강보험법에 의한 요양비수급자, 노인장기요양보험법에 의한 특별현금급여비수급자, 노란 우산공제금 수급자, 아동수당 수급자에 해당해야 합니다.

　행복지킴이 통장 외에도 국민연금안심통장, 실업급여지킴이 통장, 희망지킴이 통장 등이 압류방지통장의 일종입니다. 은행에서 발급 가능하며, 1인 1계좌만 개설할 수 있습니다. 수급자가 압류당하지 않고 연금이나 수급비, 자활을 위해 개설된 것이므로 입금은 할 수 없고 출금만 가능한 점이 단점입니다. 만약 잔액이 부족하여 자동이체로 공과금 납부하게 될 경우 입금이 불가능한 점이 불편합니다.

제4절 간편한 민사소송절차

1. 지급명령제도

　금전 기타의 대체물(代替物) 또는 유가증권의 일정 수량의 지급을 목적으로 하는 청구에 관하여 채권자의 일방적 신청이 있으면 채무자를 심문하지 않고 채무자에게 그 지급을 명하는 재판(민사소송법 제462~474조).

　독촉절차(督促節次)라고도 한다. 지급명령은 채무자의 보통재판적 소재지나 근무지 또는 사무소·영업소의 특별재판적 소재지를 관할하는 지방법원에 전속한다(법 463조). 지급명령을 할 수 없거나 관할위반이거나 청구의 이유 없음이 명백한 경우에는 결정으로 신청을 각하하며, 이에 대해서는 불복신청을 할 수 없다(법 465조). 채무자는 지급명령이 송달된 날로부터 2주일 내에 이의신청을 할 수 있다(법 468조). 채무자가 이의신청을 한 때에는 이의의 범위 내에서 지급명령이 실효된다(법 470조). 법원은 이의신청이 적법하지 않다고 인정한 때에는 결정으로 이를 각하하여야 하며, 이 결정에 대해서는 즉시 항고를 할 수 있다(법 471조). 적법한 이의신청이 있는 때에는 소송으로 이행하게 되는데, 지급명령을 신청한 때에 소를 제기한 것으로 본다(법 472조).

　지급명령에 대하여 이의신청이 없거나 이의신청을 취하하거나 각하결정이 확정된 때에는 지급명령이 확정된다(법 474조). 판결절차 외에 이 독촉절차를 둔 것은 채무자의 자발적 이행을 촉구하는 동시에 채권자를 위하여 수고와 비용의 부담을 덜어주고 간이·신속하게 집행권원을 얻게 하기 위해서이다.

> 친구에게 돈을 빌려주고 차용증을 받았습니다. 그런데 이 친구가 돈이 있으면서도 갚지 않네요. 소송을 하자니 시간이 많이 들고 힘들 텐데, 다른 방법이 없을까요?

법원에 지급명령을 신청하십시오. 돈을 갚지 않는 채무자의 재산에 대하여 강제집행을 하기 위해서는 확정판결과 같은 채무명의가 필요한데, 차용증을 보관하고 있고 채무자와의 사이에서 채무 있음에 다툼이 없는 경우에는 채권자는 통상의 재판절차에 비해 간이한 지급명령제도(독촉절차)를 이용하여 신속·저렴하게 채무명의를 얻을 수 있습니다(민사소송법 제462~474조).

이를 위해 채권자는 채무자의 보통재판적 소재지나 근무지 또는 사무소·영업소의 특별재판적 소재지를 관할하는 지방법원에(동법 제463조) 지급명령신청을 하면 법원은 채무자를 심문하지 않고(동법 제467조), 각하 사유가 없는 한 당사자 쌍방에게 지급명령 결정을 하여 송달하게 됩니다(동법 제469조제1항). 지급명령을 할 수 없거나, 관할위반이거나, 청구의 이유 없음이 명백한 경우에는 결정으로 신청을 각하하며, 이에 대해서는 불복신청을 할 수 없습니다(동법 제465조제2항).

채무자는 지급명령이 송달된 날로부터 2주일 내에 이의신청을 할 수 있습니다(동법 제468조). 채무자가 이의신청을 한 때에는 이의의 범위 내에서 지급명령이 실효됩니다(동법 제470조). 법원은 이의신청이 적법하지 않다고 인정한 때에는 결정으로 이를 각하하여야 하며, 이 결정에 대해서는 즉시 항고를 할 수 있습니다(동법 제471조).

적법한 이의신청이 있는 때에는 소송으로 이행하게 되는데, 지급명령을 신청한 때에 소를 제기한 것으로 봅니다(동법 제472조). 지급명령에 대하여 이의신청이 없거나, 이의신청을 취하하거나, 각하결정이 확정된 때에는 지급명령은 확정판결과 같은 효력이 있습니다(민소 제474조).

※ 지급명령을 공시송달에 의하지 않고는 채무자에게 송달할 수 없거나 외국으로 송달하여야 하는 경우에는 법원은 직권에 의한 결정으로 사건을 소송절차에 부칠 수 있습니다. 법원의 이 결정에 대해서는 불복할 수 없습니다.

2. 소액심판제도

> 2,500만 원을 빌려간 지인이 갚을 때가 지났어도 핑계를 대며 차일피일 미룹니다. 어떻게 해야 하나요?

3,000만 원 이하의 대여금(소액사건심판법 제2조제1항, 소액사건심판규칙 제1조의2), 물품대금, 손해배상 청구 등 금전채권의 지급을 목적으로 하는 청구는 보통의 재판보다 훨씬 신속하고 간편한 소액심판제도를 이용할 수 있습니다. 법원 소액계에 준비된 소장 서식용지에

해당사항을 기입하여 접수하면 즉시 변론기일을 지정하여 주고, 단 1회의 변론으로 재판을 끝내는 것을 원칙으로 하며, 보통 재판과 달리 변호사가 아니라도 당사자의 배우자, 직계혈족, 형제자매는 법원의 허가 없이도 신분관계 및 수권관계를 증명하여 소송대리인이 될 수 있습니다(동법 제8조).

피고가 불출석하고 답변서도 제출하지 않으면 즉석에서 원고에게 승소판결을 내리며, 재판장은 당사자 사이에 조정을 붙이거나 결정을 내려 재판을 끝내기도 합니다. 채권자는 위 소액심판사건에 있어서의 승소 확정판결이나 조정, 결정들을 기초(채무명의)로 하여 강제집행을 할 수 있습니다.

채무자는 소액심판의 이행권고, 결정을 송달받은 날부터 2주 내에 이의신청을 할 수 있습니다(동법 제5조의4제1항). 피고는 부득이한 사유로 위 기간 내에 이의신청을 할 수 없었던 경우에는 그 사유가 없어진 후 2주 내에 이의신청을 추후 보완할 수 있습니다. 다만, 그 사유가 없어질 당시 외국에 있는 피고에 대하여는 그 기간을 30일로 합니다(동법 제5조의6제1항).

당사자의 편의를 위해 1995. 9. 1. 부터 소도시나 군지역에 시법원 또는 군법원이 설치되었으므로, 시·군 법원 관할의 소액사건에 대하여는 소장을 지방법원이나 지원에 제출하여서는 안 되고, 시·군 법원에 제출하여야 합니다.

3. 민사조정제도

1) 민사조정이란 무엇인가

민사조정이란 민사에 관한 분쟁을 법관 또는 법원에 설치된 조정위원회가 간이한 절차에 따라 분쟁의 당사자로부터 각자의 주장을 듣고 관계 자료를 검토한 후, 여러 사정을 참작하여 당사자들이 서로 양보하고 타협하여 합의를 하도록 주선, 권고함으로써 종국적으로 화해에 이르게 하는 법적 절차이다. 이 제도는 다른 민사분쟁 해결방법에 비하여 비용이 적게 들고, 간이·신속한 절차에 의하여 진행되므로, 누구나 쉽게 이용할 수 있는 제도라 할 수 있다.

2) 민사조정제도의 장점

민사조정절차는 통상의 소송절차와는 달리 엄격한 제한이 없으므로 융통성이 많고, 법률지식이 없는 사람도 쉽게 이용할 수 있다. 조정을 신청하면 즉시 조정기일이 정하여지고, 단 한 번의 출석으로 절차가 끝나는 것이 보통이므로 분쟁이 단기간 내에 해결된다. 신청수수료가 소송사건의 5분의 1밖에 되지 아니한다.

자유로운 분위기의 조정실에서 당사자는 자기가 하고 싶은 말을 충분히 할 수 있고, 절차는 비공개로 진행될 수 있으므로 비밀유지가 가능하다. 사회 각계의 전문가가 조정위원으로 참여함으로써, 그들의 경험과 전문적 지식이 분쟁해결에 큰 도움을 준다. 무조건 이행을 명하는 판결에 비하여, 채무자의 경제적 사정 등을 고려한 원만하고 융통성 있는 조정을 함으로써 당사자 사이의 날카로운 감정의 대립을 방지할 수 있다.

3) 민사조정 진행절차

① **민사조정신청**: 조정신청은 본인 스스로 또는 변호사나 법무사에게 의뢰하여 작성한 조정신청서를 관할법원에 제출하면 된다. 조정신청은 구술로도 할 수 있다. 이는 신청인이 직접 관할법원에 가서 담당직원에게 신청내용을 진술하고, 법원 직원이 그 내용을 무료로 조정신청조서에 기재하는 방법이다.

② **관할법원**: 조정은 피신청인(상대방)의 주소지, 사무소 또는 영업소의 소재지, 근무지, 분쟁의 목적물 소재지 또는 손해발생지를 관할하는 지방법원, 지방법원지원, 시·군법원에 신청할 수 있다. 당사자는 합의에 의하여 관할법원을 정할 수도 있다. 따라서 당사자 쌍방이 합의한 경우에는 어느 곳이든 편리한 법원에 조정을 신청할 수 있다.

③ **민사조정의 시작**: 민사조정은 분쟁의 당사자 일방 또는 쌍방이 조정신청을 하거나, 소송사건을 심리하고 있는 판사가 직권으로 그 사건을 조정에 회부함으로써 시작된다.

④ **조정신청 시 유의할 점**: 조정신청을 할 때는 당사자의 성명, 신청의 취지 및 분쟁의 내용을 명확히 하여야 한다. 조정절차가 진행되려면 당사자 쌍방에게 소환장 등이 송달되어야 하므로, 신청인 본인과 상대방의 주소 또는 송달장소를 정확히 기재하고, 우편번호와 전화번호도 함께 기재하는 것이 좋다. 조정을 서면으로 신청하는 경우에는 상대방 인원수만큼의 신청서 부본을 함께 제출하여야 한다. 예컨대 상대방이 두 사람이면 신청서는 3통(원본용 1통과 부본용 2통)을 제출하여야 한다. 조정절차가 신속히 처리되게 하려면, 분쟁에 관련된 증거서류를 조정신청을 할 때 함께 제출하는 것이 좋다.

⑤ **조정수수료 및 송달료**: 조정신청을 할 때는 조정수수료를 수입인지로 납부하여야 한다. 그 금액은 민사소송을 제기할 때 내는 금액의 10분의 1로서, 청구목적물 가액의 2,000분의 1에 해당하는 금액이다. 예를 들면, 1,000만 원을 청구할 때의 수수료액은 5,000원이다. 그 밖에 대법원 예규가 정한 일정금액의 송달료를 예납하여야 한다. 예납한 송달료 중 사용하고 남은 금액은 절차가 종료된 뒤 신청인에게 반환된다.

4) 민사조정절차

① **조정기관**: 조정사건은 조정담당 판사가 처리한다. 다만, 조정담당 판사가 직권으로 조정위원회로 하여금 조정하게 하거나, 당사자가 특별히 조정위원회에 의한 조정을 신청한 때에는 조정위원회에서 처리한다. 조정위원회는 판사 중에서 지정된 조정장 1인과

학식과 덕망이 있는 인사들 중에서 위촉된 2인 이상의 조정위원으로 구성된다. 다만 당사자는 합의하여 조정위원을 따로 선정할 수도 있다.

② **조정기일**: 조정신청이 있으면 즉시 조정기일이 정하여지고, 신청인과 상대방에게 그 일시, 장소가 통지된다. 당사자 쌍방이 법원에 출석하여 조정신청을 한때는 특별한 사정이 없는 한 그 신청 당일이 조정기일이 된다.

③ **당사자 및 이해관계인의 출석과 대리**: 당사자는 지정된 일시·장소에 본인이 직접 출석하여야 한다. 다만 조정담당 판사의 허가가 있으면 당사자의 친족이나 피용자 등을 보조인으로 동반하거나 대리인으로 출석하게 할 수 있다. 조정의 결과에 관하여 이해관계가 있는 사람도 조정담당 판사의 허가를 얻어 조정에 참가할 수 있다. 신청인이 두 번 조정기일에 출석하지 아니하면 조정신청은 취하된 것으로 처리된다. 반대로 피신청인이 출석하지 아니하면 조정담당 판사는 상당한 이유가 없는 한 피신청인의 진술을 듣지 아니하고 직권으로「조정에 갈음하는 결정」을 한다.

④ **진술 청취와 증거조사**: 당사자들이 조정기일에 출석하면 조정담당 판사나 조정장이 이끄는 바에 따라 신청인이 먼저 자기의 주장을 진술하고, 다음에 피신청인이 신청인 주장에 대한 답변을 한다. 조정담당 판사나 조정위원회는 당사자 쌍방의 의견을 고루 듣고 당사자가 제시하는 자료를 검토하고 필요한 경우 적당한 방법으로 여러 가지 사실과 증거를 조사하여 쌍방이 납득할 수 있는 선에서 합의를 권고하는 등 조정절차를 진행한다.

5) 조정의 성립과 불성립

① **조정의 성립**: 조정기일에 당사자 사이에 합의가 이루어지면 그 내용이 조서에 기재됨으로써 조정이 성립된다. 다만 예외적으로 당사자의 합의 내용이 상당하지 아니한 경우에는 조정담당 판사(또는 조정위원회)가 합의를 무시하고 조정이 성립되지 아니한 것으로 하여 사건을 종결시키거나 합의내용과 다른 내용으로 조정에 갈음하는 결정을 할 수도 있다.

② **조정에 갈음하는 결정**: 조정기일에 피신청인이 출석하지 아니한 경우 또는 당사자 쌍방이 출석하였더라도 합의가 성립되지 아니한 경우에는, 조정담당 판사(또는 조정위원회)는 상당한 이유가 없는 한 직권으로「조정에 갈음하는 결정」을 하게 된다. 이는 당사자의 이익 기타 모든 사정을 참작하여 사건의 공평한 해결을 위하여 이른바 강제조정을 할 수 있도록 한 것이다. 이 결정에 대하여 당사자는 그 내용이 기재된 조서정본 또는 결정서 정본을 송달받은 날로부터 2주일 내에 이의신청을 할 수 있고, 이의신청이 있으면 그 결정은 효력을 상실하고, 사건은 자동으로 소송으로 이행된다. 당사자 쌍방이

2주일 내에 이의신청을 하지 아니하면 그 결정내용대로 조정이 성립된 것과 동일한 효력이 생기게 된다.

③ **조정을 하지 아니하는 결정**: 사건의 성질상 조정을 함에 적당하지 아니하다고 인정되거나, 당사자가 부당한 목적으로 조정을 신청하였다고 인정되는 경우에는 조정담당판사는「조정을 하지 아니하는 결정」으로 사건을 종결시킬 수 있다.

④ **조정의 불성립**: 당사자 사이에 합의가 이루어지지 아니하고, 직권으로 「조정에 갈음하는 결정」을 하기에도 적절치 못한 사건으로 인정되면 조정담당 판사(조정위원회)는 조정이 성립되지 아니한 것으로 사건을 종결시킨다.

6) 소송으로의 이행

조정신청을 하였으나 「조정을 하지 아니하는 결정」이 있거나, 조정이 성립되지 아니한 경우 또는 「조정에 갈음하는 결정」에 대하여 당사자가 이의신청을 한 경우에는 당사자가 별도의 신청을 하지 않더라도 그 사건은 자동으로 소송으로 이행되어 소송절차에 의하여 심리판단된다. 그러나 이처럼 조정이 성사되지 못한 경우라도 신청인에게는 아무런 불이익이 없다. 즉, 조정신청 시에 소가 제기된 것으로 처리되므로 그때를 기준으로 소멸시효중단 등의 효력이 생기고, 한편 소송으로 이행됨에 따라 추가로 인지를 붙여야 하지만 이때는 처음부터 소를 제기하였다면 소장에 붙였어야 할 금액에서 조정신청을 할 때 이미 납부한 수수료만큼을 공제한 차액만을 붙이면 되므로, 결과적으로 신청인에게는 아무런 손해도 없는 것이다.

7) 조정의 효력과 집행

조정이 성립한 경우 또는 조정에 갈음하는 결정에 대하여 이의신청이 없거나 이의신청이 취하된 경우 및 이의신청의 각하결정이 확정된 경우에는 그 조정 또는 결정은 모두 재판상 화해와 같은 효력이 있다. 따라서 당사자 사이의 분쟁은 판결이 확정된 경우와 마찬가지로 최종적으로 매듭지어지게 된다.

조정이 성립되었거나 조정에 갈음하는 결정이 확정되었는데도 상대방이 그 의무를 이행하지 아니하는 때에는, 확정판결과 마찬가지로 위 조정 또는 결정을 가지고 강제집행을 할 수 있다. 또한, 채무의 내용이 금전채무인 경우에는 법원에 채무자의 재산관계의 명시·재산조회신청을 하거나 일정한 경우 채무자를 채무불이행자명부에 등재하여 줄 것을 요구하는 신청을 할 수 있다.

※ 공시송달

공시송달은 민사소송법상의 송달방법 중 하나로 법원이 송달할 서류를 보관해 두었다가 당사자가 나타나면 언제라도 교부할 뜻을 법원 게시판에 게시하는 송달방법입니다(민사소송법 제195조). 교부송달이 원칙이지만 당사자의 주소·거소, 그 밖에 송달장소를 알 수 없는 경우나, 외국으로 촉탁송달을 할 수 없거나, 촉탁을 해보아도 목적을 달할 수 없을 것이 예지(豫知)되는 경우에 하는 송달방법입니다.

(1) 절차
재판장의 직권 또는 당사자의 신청에 의하여 행하여지며, 신청인은 특히 공시송달의 사유를 소명(疎明)하여야 한다(민사소송법 제194조).

(2) 효과
공시송달은 게시한 날로부터 2주(외국에서 할 송달에 있어서는 2개월간)를 경과함으로써 그 효력이 생긴다. 이 기간은 단축할 수 없다. 그러나 동일한 당사자에 대한 이후의 공시송달은 게시한 다음날부터 그 효력이 생긴다(민사소송법 제196조).
※ 형사소송법에서의 공시송달 요건 및 방식도 거의 같습니다(형사소송법 제63~65조).

※ 대한민국 법원 전자소송(ecfs.scourt.go.kr)
"전자소송"은 대한민국 법원이 운영하는 전자소송시스템을 이용하여 소를 제기하고 소송절차를 진행하는 재판방식을 말한다.
대한민국 법원은 2010. 4. 26. 특허법원에 제기되는 사건을 대상으로 한 특허전자소송서비스를 시작으로, 2011. 5. 2. 민사전자소송, 2013. 1. 21. 가사·행정, 2013. 9. 16. 보전처분, 2014. 4. 28. 회생·파산, 2015. 1. 1. 시, 군법원, 2015. 3. 23. 민사집행·비송 사건에 단계적으로 도입 실시하고 있다.

전자소송의 장점은 온라인을 통한 신속한 재판이 가능하고, 법원을 방문할 필요 없이 인터넷으로 소송서류를 제출할 수 있고, 소송정보를 인터넷으로 공유함으로써 재판절차를 신뢰할 수 있고, 개인정보와 전자문서가 첨단 기술로 보호되므로 정보 유출을 방지하고, 종이 없는 소송으로 경제적 비용을 절감할 수 있는 점을 들 수 있다.

대한민국 법원 전자소송

[제6단원 서식 1] 차용증서

차 용 증

_____ 원(₩ _____)

위 금액을 채무자가 채권자로부터 20   년   월   일 틀림없이 빌렸습니다.
이자는 연 %로 하여 매월 일 지급하겠으며, 원금은 20   년   월   일까지 변제하겠습니다.

20   .   .   .

채무자 (빌리는 사람)	성명 : _____ (서명 또는 날인) 주소 : _____ 생년월일 : _____ 전화번호 : _____
채권자 (빌려주는 사람)	성명 : _____ 귀하 주소 : _____ 생년월일 : _____ 전화번호 : _____

[제6단원 서식 2] 신원보증서

신 원 보 증 서

인적사항 (본인)	성 명		(인)	주민등록번호	
	주 소			연 락 처	

위 사람은 사상이 건전하고 품행이 단정한 자인 바 재직 중 회사규칙 또는 규정에 위배되는 행위를 하거나 직무태만으로 인하여 귀사에 손해가 발생하였을 경우 그 손해에 대해 연대적 책임을 지고 손해배상할 것을 보증합니다.

20 . . .

첨부서류 : 1. 인감증명서
          2. 재산세 납부증명서

보증인 (1)	성 명		(인)	주민등록번호	
	연락처			본인과의 관계	
	주 소				

보증인 (2)	성 명		(인)	주민등록번호	
	연락처			본인과의 관계	
	주 소				

○○회사 대표이사 귀하

[제6단원 서식 3] 내용증명 예시(대여금 변제 최고)

내 용 증 명

발신인   성 명: (연락처)
          주 소:

수신인   성 명: (연락처)
          주 소:

대여금 변제 최고

1. 귀하의 무궁한 발전을 기원합니다.

2. 귀하는 20 . . . 본인에게 주택 임차보증금에 부족분이 생겨 급전이 필요하니 금 25,000,000원을 대여해 주면 이자는 연 15%로 20 . . .까지 갚겠다고 하여 당일 본인이 귀하에게 위 금전을 대여해 준 바 있습니다.

3. 본인은 변제기한인 20 . . .이 도과한 이후 귀하에게 수차례에 걸쳐 대여금 반환을 요구하였으나, 귀하는 현재까지 이런저런 핑계만 댈 뿐 돈을 갚지 않고 있습니다.

4. 이에 귀하에게 위 대여금 원금과 현재까지 발생한 이자   원을 합한 총   원을 20 . . .까지 반환할 것을 최고하며, 만약 귀하가 이를 이행하지 아니할 경우 부득이 법적인 조치를 취할 수밖에 없음을 통지하니 서로 불미스러운 일이 발생하지 않도록 적극 협조 바랍니다.

20 . . .

위 발신인   (서명 또는 날인)

[제6단원 서식 4] 영수증

영 수 증

_____원(₩_____)

위 금액을 귀하가 본인으로부터 20   년   월   일에 빌렸던 _____원 중 원금 _____원과 원금 전체에 대한 _____개월분(20   년   월부터 20   년   월까지) 이자 _____원으로 틀림없이 받았습니다.

20   .   .   .

영수인   성명 : _____ (서명 또는 날인)
(빌려준 사람) 주소 : _____
              생년월일 : _____
              전화번호 : _____

지급인   성명 : _____ 귀하
(빌린 사람)   주소 : _____
              생년월일 : _____
              전화번호 : _____

[제6단원 서식 5] 금전공탁서

금전공탁서(변제 등)

공탁번호		년 금 제 호		년 월 일 신청	법령조항	
공탁자	성 명 (상호, 명칭)		피공탁자	성 명		
	주민등록번호 (법인등록번호)			주민등록번호 (법인등록번호)		
	주 소 (본점, 주사무소)			주 소 (본점, 주사무소)		
	전화번호			전화번호		
공탁금액	한글		보관은행		은행 지점	
	숫자					
공탁원인사실		공탁자는 피공탁자로부터 ○시 ○○구 ○○로 ○길 ○ 시멘트 벽돌조 슬래브지붕 2층 주택 중 1층 000㎡를 월 임차료 000만 원, 지급기일 매월 말일, 지급장소 피공탁자의 주소지로 정하고 임차하였던 바, 00년 0월부터 동년 0월분까지의 0개월분 임차료를 각 지급일인 매월 말일에 피공탁자의 주소지에서 현실제공하였으나 수령을 거절하므로 공탁함.				
비고(첨부서류 등)			☐ 계좌납입신청 ☐ 공탁통지 우편료 원			
1. 공탁으로 인하여 소멸하는 질권, 전세권 또는 저당권 2. 반대급부 내용						

위와 같이 신청합니다.   대리인 주소
                                                      전화번호
   공탁자 성명 인(서명) 성명 인(서명)						

위 공탁을 수리합니다.
공탁금을 년 월 일까지 위 보관은행의 공탁관 계좌에 납입하시기 바랍니다.
위 납입기일까지 공탁금을 납입하지 않을 때는 이 공탁 수리결정의 효력이 상실됩니다.
 	
                    년   월   일
     법원 지원 공탁관 (인)						

(영수증) 위 공탁금이 납입되었음을 증명합니다.
 	
                    년   월   일
        공탁금 보관은행(공탁관) (인)						

[제6단원 서식 6] 부동산매매계약서

부동산매매계약서

매도인과 매수인 쌍방은 아래 표시 부동산에 관하여 다음 계약 내용과 같이 매매계약을 체결한다.

1. 부동산의 표시

소 재 지	(도로명주소)					
토 지	지목		대지권		면적	m²
건 물	구조·용도	철근콘크리트/근린생활시설	면적		m² (전용면적 m²)	

2. 계약내용

제1조(목적) 위 부동산의 매매에 관하여 매도인과 매수인은 합의에 의해 매매대금을 아래와 같이 지불하기로 한다.

매매대금	금	원정(₩	)			
계 약 금	금	원정(₩	)은 계약시에 지불하고 영수함. 영수자 (		인)	
융 자 금	금	원정(	은행을 승계키로 한다.	임대보증금	총	원정을 승계키로 한다.
중 도 금	금	원정(₩	)은	년	월	일에 지불하며
	금	원정(₩	)은	년	월	일에 지불한다.
잔 금	금	원정(₩	)은	년	월	일에 지불한다.

제2조(소유권 이전 등) 매도인은 매매대금의 잔금 수령과 동시에 매수인에게 소유권이전등기에 필요한 모든 서류를 교부하고 등기 절차에 협력하며, 위 부동산의 인도일은 ___년 ___월 ___일로 한다.

제3조(제한물권 등의 소멸) 매도인은 위의 부동산에 설정된 저당권, 지상권, 임차권 등 소유권의 행사를 제한하는 사유가 있거나, 제세공과 기타 부담금의 미납금 등이 있을 때에는 잔금 수수일까지 그 권리의 하자 및 부담 등을 제거하여 완전한 소유권을 매수인에게 이전한다. 다만, 승계하기로 합의하는 권리 및 금액은 그러하지 아니하다.

제4조(지방세 등) 위 부동산에 관하여 발생한 수익의 귀속과 제세공과금 등의 부담은 위 부동산의 인도일을 기준으로 사되, 지방세의 납부의무 및 납부책임은 지방세법의 규정에 의한다.

제5조(계약의 해제) 매수인이 매도인에게 중도금(중도금이 없을 때는 잔금)을 지불하기 전까지 매도인은 계약금의 배액을 상환하고, 매수인은 계약금을 포기하고 이 계약을 해제할 수 있다.

제6조(채무불이행과 손해배상) 매도인 또는 매수인이 본 계약상의 내용에 대하여 불이행이 있을 경우 그 상대방은 불이행한 자에 대하여 서면으로 최고하고 계약을 해제할 수 있다. 그리고 계약당사자는 계약해제에 따른 손해배상을 각각 상대방에게 청구할 수 있으며, 손해배상에 대하여 별도의 약정이 없는 한 계약금을 손해배상의 기준으로 본다.

제7조(중개보수) 개업공인중개사는 매도인 또는 매수인의 본 계약 불이행에 대하여 책임을 지지 않는다. 또한 중개보수는 본 계약 체결과 동시에 계약 당사자 쌍방이 각각 지불하며, 개업공인중개사의 고의나 과실 없이 본 계약이 무효·취소 또는 해제되어도 중개보수는 지급한다. 공동 중개의 경우에 매도인과 매수인은 자신이 중개 의뢰한 개업공인중개사에게 각각 중개보수를 지급한다. (중개보수는 거래가액의 ___%로 한다.)

제8조(중개보수 외) 매도인 또는 매수인이 본 계약 이외의 업무를 의뢰한 경우 이에 관한 보수는 중개보수와는 별도로 지급하며, 그 금액은 합의에 의한다.

제9조(중개대상물확인·설명서 교부) 개업공인중개사는 중개대상물 확인·설명서를 작성하고 업무보증관계증서(공제증서등) 사본을 첨부하여 계약체결과 동시에 거래당사자 쌍방에게 각각 교부한다.

[특약사항]

※ 기타

본 계약을 증명하기 위하여 계약 당사자가 이의 없음을 확인하고 각각 서명·날인 후 매도인, 매수인, 개업공인중개사는 매 장마다 간인하여야 하며, 각각 1통씩 보관한다.   년   월   일

매도인	주 소						서명 또는 날인 ㉑
	주민등록번호			전 화		성 명	
	대 리 인	주 소		주민등록번호		성 명	
매수인	주 소						서명 또는 날인 ㉑
	주민등록번호			전 화		성 명	
	대 리 인	주 소		주민등록번호		성 명	
개업공인중개사	사무소소재지			사무소소재지			
	사무소명칭			사무소명칭			
	대 표	서명 및 날인	㉑	대 표	서명 및 날인		㉑
	등 록 번 호		전화	등 록 번 호		전화	
	소속공인중개사	서명 및 날인	㉑	소속공인중개사	서명 및 날인		㉑

[제6단원 서식 7] 부동산거래계약 신고서

■ 부동산 거래신고 등에 관한 법률 시행규칙 [별지 제1호 서식]　　　　부동산거래관리시스템(rtms.molit.go.kr)에서도 신청할 수 있습니다.

부동산거래계약 신고서

※ 뒤쪽의 유의사항 · 작성방법을 읽고 작성하시기 바라며, [ ]에는 해당하는 곳에 V표를 합니다.

접수번호		접수일시		처리기간 : 지체 없이	

① 매도인	성명(법인명)		주민등록번호(법인 · 외국인등록번호)		국적	
	주소(법인소재지)				거래지분 비율 (분의)	
	전화번호			휴대전화번호		

② 매수인	성명(법인명)		주민등록번호(법인 · 외국인등록번호)		국적	
	주소(법인소재지)				거래지분 비율 (분의)	
	전화번호			휴대전화번호		
	③ 법인신고서 등	[ ] 제출　　[ ] 별도 제출　　[ ] 해당 없음				
	외국인의 부동산 등 매수용도	[ ] 주거용(아파트)　[ ] 주거용(단독주택)　[ ] 주거용(그 밖의 주택) [ ] 레저용　[ ] 상업용　[ ] 공업용　[ ] 그 밖의 용도				

개업 공인중개사	성명(법인명)		주민등록번호(법인 · 외국인등록번호)	
	전화번호		휴대전화번호	
	상호		등록번호	
	사무소 소재지			

거래대상	종류	④ [ ] 토지　[ ] 건축물 (　　　)　[ ] 토지 및 건축물 (　　　)		
		⑤ [ ] 공급계약　[ ] 전매　[ ] 분양권　[ ] 입주권	[ ] 준공 전　[ ] 준공 후 [ ] 임대주택 분양전환	
	⑥ 소재지/지목/면적	소재지		
		지목	토지면적　　㎡	토지 거래지분 (분의)
		대지권 비율 (분의)	건축물면적　　㎡	건축물 거래지분 (분의)
	⑦ 계약대상 면적	토지　　㎡	건축물 ㎡	
	⑧ 물건별 거래가격			원
		공급계약 또는 전매	분양가격　　원	발코니 확장 등 선택비용　원	추가 지급액 등　원

⑨ 총 실제 거래가격 (전체)	합계 원	계약금	원	계약 체결일	
		중도금	원	중도금 지급일	
		잔금	원	잔금 지급일	

⑩ 종전 부동산	소재지/지목/면적	소재지		
		지목	토지면적 ㎡	토지 거래지분 (분의)
		대지권 비율 (분의)	건축물면적 ㎡	건축물 거래지분 (분의)
	계약대상 면적	토지　　㎡	건축물　　㎡	건축물 유형( )
	거래금액	합계 원	추가 지급액 등 원	권리가격 원
		계약금 원	중도금 원	잔금 원

⑪ 계약의 조건 및 참고사항	

「부동산 거래신고 등에 관한 법률」 제3조제1항부터 제4항까지 및 같은 법 시행규칙 제2조 제1항부터 제4항까지의 규정에 따라 위와 같이 부동산거래계약 내용을 신고합니다.

년   월   일

신고인
매도인 :   (서명 또는 인)
매수인 :   (서명 또는 인)
개업공인중개사 :   (서명 또는 인)
(개업공인중개사 중개 시)

시장 · 군수 · 구청장 귀하

[제6단원 서식 8] 소유권이전등기신청서(매매)

소유권이전등기신청(매매)

접 수	년 월 일 제 호	처 리 인	등기관 확인	각종 통지

① 부동산의 표시(거래신고관리번호/거래가액)

1동의 건물의 표시
    서울특별시 서초구 서초동 100
    서울특별시 서초구 서초동 101 샛별아파트 가동
    [도로명주소] 서울특별시 서초구 서초대로88길 10
전유부분의 건물의 표시
    건물의 번호 1-101
    구   조 철근콘크리트조
    면   적 1층 101호 86.03㎡
대지권의 표시
    토지의 표시
    1. 서울특별시 서초구 서초동 100   대 1,400㎡
    2. 서울특별시 서초구 서초동 101   대 1,600㎡
    대지권의 종류 소유권
    대지권의 비율 1,2 : 3,000분의 500
거래신고관리번호: 12345-2023-6-1234560   거래가액 : 350,000,000원

    * 매매목적물을 기재하되, 등기기록상 부동산의 표시와 일치하여야 함

이 상

② 등기원인과 그 연월일	2023년 6월 1일 매매	* 매매계약서상 계약일 기재
③ 등 기 의 목 적	소유권이전	* 소유권 일부이전의 경우 '소유권 일부이전'으로 기재
④ 이 전 할 지 분		* 소유권 일부이전의 경우 기재 (예) 공유자 지분 O분의 O

구분	성 명 (상호, 명칭)	주민등록번호 (등기용등록번호)	주 소 (소 재 지)	지분 (개인별)
⑤ 등기 의무자	이 대 백	700101-1234567	서울특별시 서초구 서초대로88길 20 (서초동)	
⑥ 등기 권리자	김 갑 동	801231-1234567	서울특별시 서초구 서초대로88길 10, 가동 101호 (서초동, 샛별아파트)	

⑦ 시가표준액 및 국민주택채권매입금액

부동산 표시	부동산별 시가표준액(* 취득세납부서에 기재)	부동산별 국민주택채권매입금액
1. 주택	금 300,000,000원	금 7,800,000원
2.	금 원	금 원
3.	금 원	금 원
⑦ 국 민 주 택 채 권 매 입 총 액		금 7,800,000원
⑦ 국 민 주 택 채 권 발 행 번 호		1234-12-1234-1234

⑧ 취득세(등록면허세) 금 5,000,000원	⑧ 지방교육세 금 500,000원
	⑧ 농어촌특별세 금 원

⑨ 세 액 합 계	금 5,500,000원
⑩ 등 기 신 청 수 수 료 (* 부동산 1개당 15,000원)	금 15,000원
	납부번호 : 12-12-12345678-0
	일괄납부 : 건 원

⑪ 등기의무자의 등기필정보(* 이미 사용했던 비밀번호는 재사용 불가)

부동산고유번호	1102-2006-002095	
성명(명칭)	일련번호	비밀번호
이대백	A77C-LO71-35J5	40-4636

⑫ 첨 부 서 면			
· 매매계약서(전자수입인지첨부)	1통	· 토지대장등본	2통
· 취득세(등록면허세)영수필확인서	1통	· 집합건축물대장등본	1통
· 등기신청수수료영수필확인서	1통	· 주민등록표초본	각 1통
~~· 등기필증~~	~~통~~	· 부동산거래계약신고필증	1통
~~· 매매목록~~	~~통~~	· 인감증명서나 본인서명사실확인서 또는	
~~· 위임장~~	~~통~~	전자본인서명확인서 발급증	1통
		⟨기 타⟩ *부동산이 농지인 경우 농지취득자격증명(시·구·읍·면의 장 발급), 토지거래허가구역인 경우 토지거래허가증(시·군·구청장 발급) 등을 첨부*	

2023년 7월 24일

⑬ 위 신청인 **이 대 백** ㊞ (전화 : 010-1234-5678)
김 갑 동 ㊞ (전화 : 010-5678-1234)
(또는) 위 대리인   (전화 :   )

서울중앙 지방법원 **등기국** 귀중

[제6단원 서식 9] 부동산 가압류 신청서

부동산가압류신청서

채 권 자 　(성명)　　　　(주민등록번호 :　　　　　　　)
　　　　　　(주소)
채 무 자 　(성명)　　　　(주민등록번호 :　　　　　　　)
　　　　　　(주소)

인지
10,000원

신 청 취 지

채무자 소유의 별지목록 기재 부동산을 가압류한다는 결정을 구함

청구채권(피보전권리)의 내용 : (예시) 2022. 1. 1. 자 대여금
청구금액 : 금　　　　　　　　원

신 청 이 유 (작성 예시)

1. 채권자는 2022. 1. 1. 이자를 월 2%, 변제기는 2023. 1. 1.로 하여 금　　　　　원을 채무자에게 빌려준 사실이 있습니다. 그러나 채무자는 변제기가 도과한 현재까지 별다른 사유 없이 위 대여금을 지급하지 않고 있습니다.
2. 채권자가 알아본 바, 채무자는 다른 채권자들에게도 많은 채무를 지고 있고, 채무자의 재산으로는 이 사건 부동산이 유일합니다.
3. 채권자는 채무자로부터 대여금을 지급받기 위한 본안소송을 준비하고 있으나, 채무자의 재산 상태를 고려하면 승소한 후 강제집행의 목적을 달성할 수 없을 가능성이 높으므로 이 사건 신청에 이르게 되었습니다.
4. 이 사건에 대한 담보제공은 공탁보증보험증권(○○보증보험주식회사 증권번호 제00호)을 제출하는 방법으로 할 수 있도록 허가하여 주시기 바랍니다.

첨 부 서 류

1. 부동산등기사항증명서 1통
1. 가압류신청 진술서 1통

　　　　　　　　　　　　　　20　 .　 .　 .

　　　　　채권자　　　　　　　　(서명 또는 날인)
　　　　　　(연락처 :　　　　　　　　　　)

　　　　　　　　　　　　　　　　　○○지방법원 ○○지원 귀중

[제6단원 서식 10] 채권 가압류 신청서

채권가압류신청서

인지
10,000원

채 권 자 (성명)
        (주소)
채 무 자 (성명)
        (주소)
제3채무자 (성명)
        (주소)

신 청 취 지

채무자의 제3채무자에 대한 별지 기재의 채권을 가압류한다.
제3채무자는 채무자에게 위 채권에 대한 지급을 하여서는 아니 된다.
라는 결정을 구함

청구채권(피보전권리)의 내용 : (예시) 2022. 1. 1. 자 대여금
청구금액 : 금　　　원

신 청 이 유
(가압류 신청에 이르게 된 사유 구체적으로 작성)

첨 부 서 류

1. 소명자료
1.

20　.　.　.

채권자　　　　　　　　　(서명 또는 날인)
　(연락처 :　　　　　　　　　)

○○지방법원 ○○지원 귀중

[제6단원 서식 11] 부동산 점유이전금지 가처분 신청서

부동산점유이전금지 가처분신청서

인지
10,000원

채 권 자 (성명)
         (주소)
채 무 자 (성명)
         (주소)

목적물의 가액 : 원
피보전권리의 내용 : (예시) 2022. 1. 1.자 소유권이전등기청구권

신 청 취 지
1. 채무자는 별지기재 부동산에 대한 점유를 풀고 채권자가 위임하는 집행관에게 인도하여야 한다.
2. 위 집행관은 현상을 변경하지 아니하는 것을 조건으로 하여 채무자에게 이를 사용하게 하여야 한다.
3. 채무자는 그 점유를 타인에게 이전하거나 또는 점유명의를 변경하여서는 아니 된다.
4. 집행관은 위 명령의 취지를 적당한 방법으로 공시하여야 한다.
라는 재판을 구합니다.

신 청 이 유
(가처분 신청에 이르게 된 사유 구체적으로 작성)

첨 부 서 류
1. 소명자료

20 . . .

채권자   (서명 또는 날인)
   (연락처 :   )

○○지방법원 ○○지원 귀중

[제6단원 서식 12] 소장

소 장

접 수 인		

사 건 번 호	
배당순위번호	
담 당	제 단독(부)

사 건 명
원 고 (성 명)   (주민등록번호 :   )
       (주 소)
       (연락처)
피 고 (성 명)   (주민등록번호 :   )
       (주 소)
       (연락처)

청 구 취 지

1. 피고는 원고에게   원 및 이에 대하여 소장부본 송달 다음 날부터 다 갚는 날까지 연 12%의 비율로 계산한 돈을 지급하라.
2. 소송비용은 피고가 부담한다.
3. 제1항은 가집행할 수 있다.
라는 판결을 구합니다.

청 구 원 인(예시)

1. 원고는 피고에게 20   .   .   . 금   원을 대여하면서 20   .   .   . 변제받기로 하였습니다.
2. 그런데 피고는 위 대여금 중 20   .   .경 금   원만 변제하고, 나머지   원을 변제기가 지난 현재까지 지급하지 않고 있습니다.
3. 이에 원고는 피고로부터 청구취지와 같은 돈을 지급받기 위하여 이 사건 청구에 이르게 되었습니다.

입 증 방 법

1. 갑 제1호증 통장거래내역(입금)
1. 갑 제2호증 차용증

첨 부 서 류

1. 위 입증서류 각 1통
1. 소장부본 1통
1. 소송비용(인지, 송달료) 납부서 각 1부

20   .   .   .

원고   (서명 또는 날인)

○○지방법원 ○○지원 귀중

[제6단원 서식 13] 답변서

답 변 서

사건번호 20   가단(합,소)   [담당재판부: 제   (단독)부]

원   고 (성명)
          (주소)

피   고 (성명)   (주민등록번호   )
          (주소)   (연락처   )

위 사건에 관하여 피고는 다음과 같이 답변합니다.

청구취지에 대한 답변
(원고의 청구에 응할 수 있는지 여부를 분명히 밝혀야 함)

1. (예시) 원고의 청구를 기각한다.
2. 소송비용은 원고가 부담한다.

청구원인에 대한 답변
(원고가 소장에서 주장하는 사실을 인정하는지 여부를 개별적으로 밝히고, 인정하지 않는 사실에 관하여는 그 사유를 개별적으로 적고, 자신의 주장을 증명하기 위한 증거방법에 대한 의견을 함께 적어야 함)

입 증 방 법
(답변사항에 관한 증거)

1. 을 제1호증 변제영수증

첨 부 서 류

1. 위 입증서류 1통
1. 소장부본 1통

20 . . .

피고   (서명 또는 날인)

○○지방법원 ○○지원 귀중

[제6단원 서식 14] 항소장

항 소 장

항소인(원,피고)　　(성명)
　　　　　　　　　(주소)
　　　　　　　　　(연락처)
피항소인(원,피고)　(성명)
　　　　　　　　　(주소)

위 당사자 사이의 지방법원 20　가단(합, 소)　　호　　청구사건에 관하여 원(피)고는 귀원이 20　．　．　．선고한 판결에 대하여 20　．　．　．송달받고 이에 불복하므로 항소를 제기합니다.

원판결의 표시
(원판결의 주문을 기재합니다.)

항 소 취 지(예시)

1. 원판결을 취소한다.
2. 피고(피항소인)는 원고(항소인)에게 금　원 및 이에 대한 20　．　．　．부터 다 갚는 날까지 연 12%의 비율에 의한 돈을 지급하라.
3. 소송비용은 1, 2심 모두 피고(피항소인)의 부담으로 한다.

라는 판결을 구합니다.

항 소 이 유
(추후 제출할 수도 있음)

첨 부 서 류

1. 납부서 1통
1. 항소장 부본 1통

20　．　．　．

항소인(원,피고)　　　　　　(서명 또는 날인)

○○지방법원 ○○지원 귀중

[제6단원 서식 15] 상고장

상 고 장

상 고 인(원,피고)　　(성　명)
　　　　　　　　　　(주　소)
　　　　　　　　　　(연락처)
피상고인(원,피고)　　(성　명)
　　　　　　　　　　(주　소)

위 당사자 사이의 귀원 20　　나　　호　　　　청구사건에 관하여 원(피)고는 귀원이 20　．　．　．
선고한 판결에 대하여 20　．　．　． 송달받고 이에 불복하므로 상고를 제기합니다.

제2심판결의 표시
(항소심 판결의 주문을 기재합니다.)

상 고 취 지(예시)
원심판결을 파기하고 이 사건을 지방법원으로 환송한다.
라는 판결을 구합니다.

상 고 이 유
(상고장에 상고이유를 적지 아니한 때에 상고인은 대법원으로부터 소송기록 접수통지를 받은 날부터 20일 이내에 상고이유서 1통과 그 부본(상대방수+6통)을 대법원에 제출하여야 함. 위 기간 내에 제출하지 않으면 상고가 기각될 수 있음)

첨 부 서 류
1. 납부서 1통
1. 상고장 부본 1통

20　．　．　．

상고인(원,피고)　　　　　　　　　(서명 또는 날인)

○○고등법원 귀중

[제6단원 서식 16] 재산명시신청서

재산명시신청

|인지 1,000원|

채권자　(성　명)　　　　(주민등록번호 :　　　　　　　)
　　　　(주　소)
　　　　(연락처)
채무자　(성　명)　　　　(주민등록번호 :　　　　　　　)
　　　　(주　소)

집행권원의 표시 : ○○지방법원 20 . . 선고 20 가합　　　　손해배상 사건의 집행력 있는 판결정본
채무자가 이행하지 아니하는 금전채무액 : 금　　　　　원

신 청 취 지

채무자는 재산상태를 명시한 재산목록을 제출하라.

신 청 사 유

1. 채권자는 채무자에 대하여 위 표시 집행권원을 가지고 있고, 채무자는 이를 변제하지 아니하고 있습니다.
2. 따라서 민사집행법 제61조에 의하여 채무자에 대한 재산명시명령을 신청합니다.

첨 부 서 류

1. 집행력 있는 판결정본　1부
2. 송달증명원　　　　　　1부
3. 확정증명원　　　　　　1부
4. 송달료납부서　　　　　1부

20 . . .

채권자　　　　　　　(서명 또는 날인)

○○지방법원 ○○지원 귀중

[제6단원 서식 17] 재산조회신청서

재산조회신청서

채 권 자	성명 :　　　　　　　　　　주민등록번호 : 주소 : 전화번호 :　　　　팩스번호 :　　　　이메일 주소 : 대리인 :
채 무 자	성명 :　　　　　(한자 :　　　　)　주민등록번호: 주소 :　　　　　　　　　　　　　　　　(사업자등록번호)
조회대상기관 조회대상재산	별지와 같음
재산명시사건	지방법원 20　　카명　　호
집행권원	
불이행 채권액	
신청취지	위 기관의 장에게 채무자 명의 위 재산에 대하여 조회를 실시한다.
신청사유	채권자는 아래와 같은 사유가 있으므로 민사집행법 제74조제1항의 규정에 의하여 채무자에 대한 재산조회를 신청합니다(해당란 □에 V표시). □ 명시기일 불출석　　　　　　　　□ 재산목록 제출 거부 □ 선서 거부　　　　　　　　　　　□ 거짓 재산목록 제출 □ 집행채권의 만족을 얻기에 부족함　□ 주소불명으로 인하여 명시절차를 거치지 못함
비용환급용 예금계좌	
첨부서류	
(인지 첨부란)	20　．　． 　　　　신청인　　　　　　(서명 또는 날인) 　　　　　　　　　　　　　　　　○○지방법원 귀중

[제6단원 서식 18] 채무불이행자명부 등재 신청서

채무불이행명부 등재 신청서

인지
1,000원

채권자 (성 명)　　　　(주민등록번호 :　　　　　　　)
　　　　(주 소)
　　　　(연락처)

채무자 (성 명)　　　　(주민등록번호 :　　　　　　　)
　　　　(주 소)

집행권원의 표시 및 채무자가 이행하지 아니하는 금전채무액

○○지방법원 20　　가단(합)　　　대여금 청구사건의 집행력 있는 판결정본에 기한 금　　　원 및 동 금원에 대한 20　．　．　．부터 다 갚는 날까지 연 %의 비율에 의한 지연이자금

신 청 취 지

"채무자를 채무불이행자 명부에 등재한다."라는 재판을 바랍니다.

신 청 원 인

소명방법 및 첨부서류

1. 판결 등 집행권원 정본 1부
1. 확정증명원 1부
1. 채무자의 주소를 소명하는 자료(주민등록초본 또는 법인등기부등본 등) 1부

20　．　．　．

채권자　　　　　　　　(서명 또는 날인)

○○지방법원 ○○지원 귀중

[제6단원 서식 19] 집행문 부여 신청서

신 청 서	(* 해당 사항을 기재하고 해당 번호란에 ○표를 하십시오.)

사 건 번 호   20   가   (차)   (단독 20   .   .   .선고,
                                                              기타   )
원고(채권자)   (주민등록번호 등   )   집행문부여 인지액 500원
피고(채무자)   (주민등록번호 등   )   송달증명   인지액 500원
                                                 확정증명   인지액 500원
제3 채무자	

1. 집행문 부여 신청

위 당사자 간 사건의(판결, 결정, 명해조서, 인낙조서, 조정조서) 정본에 집행문을 부여하여 주시기 바랍니다.

2. 송달증명원

위 사건의(판결, 결정, 명령, 화해조서, 인낙조서, 조정조서) 정본이 20   .   .   .자로 상대방에게 송달되었음을 증명하여 주시기 바랍니다.

3. 확정증명원

위 사건의(판결, 결정, 명령,   )이 20   .   .   .자로 확정되었음을 증명하여 주시기 바랍니다.

20   .   .   .

위 (1항, 2항, 3항) 신청인 원고(채권자)   (서명 또는 날인)

법원 귀중

위 (송달, 확정) 사실을 증명합니다.
20   .   .   .

법원 법원사무관(주사)   (서명 또는 날인)

[제6단원 서식 20] 채권압류 및 추심(전부) 명령 강제집행 신청서

채권압류 및 추심(전부)명령 강제집행 신청서

| 인지 4,000원 |

채 권 자   (성명)   (주민등록번호)
           (주소)
채 무 자   (성명)   (주민등록번호)
           (주소)
제3채무자   (성명)   (주민등록번호)
           (주소)

신 청 취 지

채무자의 제3채무자에 대한 별지 기재의 채권을 압류한다.
제3채무자는 채무자에게 위 채권에 대한 지급을 하여서는 아니 된다.
채무자는 위 채권의 처분과 영수를 하여서는 아니 된다.
위 압류된 채권은 채권자가 추심(전부)할 수 있다.
라는 결정을 구함

청 구 채 권(예시)

금   원 (대여금)
금   원 (위 금원에 대한 20 . . .부터 20 . . .까지   의 이자 및 지연손해금)
금   원 (집행비용의 내역: 금   원의 신청서 첨부인지대, 금   원의 송달료)
합계 금   원

신 청 이 유

첨 부 서 류

1. 집행력 있는 집행권원 정본 1통
1. 송달증명원 1통

20 . . .

채권자   (서명 또는 –날인)
  (연락처 :   )

○○지방법원 ○○지원 귀중

※ 압류할 채권의 종류 및 액수는 채권 가압류 기재 예시 참조

[제6단원 서식 21] 압류금지채권 범위 변경신청서

압류금지채권 범위변경신청

인지
1,000원

사건번호
신청인(채무자)　　　(성명)
　　　　　　　　　　(주소)
피신청인(채권자)　　(성명)
　　　　　　　　　　(주소)
제3채무자　　　　　(성명)
　　　　　　　　　　(주소)

신 청 취 지

(예시) 신청인과 피신청인 사이의 이 법원 20　　　타채　　　채권압류 및 추심명령 사건에 관하여 이 법원이 20 . . . 결정한 채권압류 추심명령 중 신청인이 제3채무자 ○○은행에 대하여 가지는 예금채권(계좌번호:) 중 원에 대한 부분을 취소한다.

신 청 원 인

1.
2.
3. 이에 신청인은 민사집행법 제246조 제2항, 제3항에 따라 이 사건 채권압류 및 추심명령의 전부 또는 일부의 취소를 구하는 바입니다.

첨 부 서 류

1. 해당 계좌의 입출금확인내역서 1통
1. 생활형편 및 그 밖의 사정을 알 수 있는 구체적인 자료 1통
   (예) 월급명세서, 근로소득원천징수영수증, 국세청 과세자료, 기초생활수급자 증명서, 건강보험자격득실확인서 등)
1. 압류 당시 전체 금융기관에 개설하여 보유하고 있는 예금계좌의 현황을 알 수 있는 자료 1통
   [계좌정보통합관리서비스(www.payinfo.or.kr)에서 은행별 계좌내역 및 상세내역 확인]

20 . . .

신청인(채무자)　　　　　　　(서명 또는 날인)
　(연락처 :　　　　　　　　)

○○지방법원 ○○지원 귀중

[제6단원 서식 22] 부동산 강제경매 신청서

부동산 강제경매 신청서

인지 5,000원

채 권 자 (성 명)　　　　　(주민등록번호 또는 법인등록번호)
　　　　　(주 소)
　　　　　(연락처)
채 무 자 (성 명)　　　　　(주민등록번호 또는 법인등록번호)
　　　　　(주 소)

신 청 취 지

별지목록 기재 부동산에 대하여 경매절차를 개시하고 채권자를 위하여 이를 압류한다.
라는 재판을 구합니다.

청구금액: 금　　　　원 및 이에 대한 20   .   .   .부터 20   .   .   .까지 연 %의 비율에
　　　　　의한 지연손해금
집행권원의 표시: 채권자의 채무자에 대한 지방법원 20   .   .   . 선고 20 가단(합) 대여금 청구사건의
　　　　　집행력 있는 판결 정본

신 청 원 인

채무자는 채권자에게 위 집행권원에 따라 위 청구금액을 변제하여야 하는데, 이를 이행하지 아니하므로 채무자 소유의 위 부동산에 대하여 강제경매를 신청합니다.

첨 부 서 류

1. 집행력 있는 정본 1통
1. 집행권원의 송달증명원(송달증명서) 1통
1. 부동산등기사항증명서 1통

20   .   .   .

채권자　　　　　　　　(서명 또는 날인)

○○지방법원 ○○지원 귀중

[제6단원 서식 23] 강제집행신청서

강 제 집 행 신 청 서

○○지방법원 ○○지원 집행관사무소 집행관 귀하

채권자	성 명		주민등록번호 (사업자등록번호)		전화번호	
					우편번호	
	주 소					
	대리인	성명 ( )		전화번호		
채무자	성 명		주민등록번호 (사업자등록번호)		전화번호	
					우편번호	
	주 소					

집행목적물 소재지	☐ 채무자의 주소지와 같음 ☐ 채무자의 주소지와 다른 경우 소재지 :
집 행 권 원	
집행의 목적물 및 집 행 방 법	☐ 동산가압류　　☐ 동산가처분　　☐ 부동산점유이전금지가처분 ☐ 건물명도　　　☐ 철거　　　　☐ 부동산인도　　☐ 자동차인도 ☐ 금전압류　　　☐ 기타 (　　　　　　　)
청 구 금 액	원(내역은 뒷면과 같음)

위 집행권원에 기한 집행을 하여 주시기 바랍니다.

※ 첨부서류
1. 집행권원　1통
2. 송달증명서　1통
3. 위임장　1통

20 . . .

　　　　　　　　　　　　　　채권자　　　　　　(인)
　　　　　　　　　　　　　　대리인　　　　　　(인)

※ **특약사항**
1. 본인이 수령할 예납금잔액을 본인의 비용부담하에 오른쪽에 표시한 예금계좌에 입금하여 주실 것을 신청합니다.
　　　　채권자　　　　　　(인)

예금계좌	개설은행	
	예 금 주	
	계좌번호	

2. 집행관이 계산한 수수료 기타 비용의 예납통지 또는 강제집행 속행의사 유무 확인 촉구를 2회 이상 받고도 채권자가 상당한 기간 내에 그 예납 또는 속행의 의사표시를 하지 아니한 때에는 본건 강제집행 위임을 취하한 것으로 보고 완결처분해도 이의 없음.
　　　　　　　　　　　　　　채권자　　　　　　　　(인)

[제6단원 서식 24] 지급명령신청서

지급명령신청서

채권자   (법인명 또는 성명)   (법인등록번호 또는 주민등록번호)
         (주소)   (연락처)
채무자   (법인명 또는 성명)   (법인등록번호 또는 주민등록번호)
         (주소)   (연락처)

청 구 취 지

채무자는 채권자에게 아래 청구금액을 지급하라는 명령을 구함.
1. 금   원
2. 위 제1항 금액에 대하여 이 사건 지급명령 정본이 송달된 다음날부터 갚는 날까지 연   %의 비율에 의한 지연손해금

독촉절차비용

금   원 (내역: 송달료   원, 인지액   원)

청 구 원 인

1. 청구내역(기준일: 20   .   .   .)

순번	대출과목	약정일	약정금	잔여원금	이자 등	합계	연대보증 (근보증액)
1							
2							
합계							

2. 계산근거(원리금계산서 등을 신청서에 별지로 첨부하는 것으로 대체 가능)

순번	원금	금리(이율)	계산기간	이자 등	원리금 합계	비고
1						약정이자
						연체이자
2						
합계						

3. 청구원인(서술형식으로 기재)

첨 부 서 류

1. 청구원인 소명자료

20   .   .   .

위 채권자   (서명 또는 날인)

○○지방법원 귀중

[제6단원 서식 25] 소액사건 청구취지 및 청구원인 기재 양식(대여금/매매대금 청구)

청 구 취 지

1. 청구금액 : (원   금) 금_____원
   　　　　　(지연손해금) _____부터 소장부본 송달일까지 연   %
   　　　　　　　　　　　소장부본 송달 다음 날부터 갚는 날까지 연 12%
2. 피고들 상호간의 관계 : 연대(   )

청 구 원 인

1. 대여내역
   (1) 대여자 _____ (2) 차용자 _____
   (3) 연대보증인 _____, _____
   (4) 대여일 : _____, _____, _____
   (5) 금 액 : _____원, _____원, _____원
   (6) 변제기 : _____, _____, _____
   (7) 약정이율 : _____, _____, _____
2. 기타 보충할 내용

　　　　　　　　　　　　　20 . . .

　　　　　　　원고　　　　　　　　(서명 또는 날인)

청 구 취 지

1. 청구금액 : (원   금) 금_____원
   　　　　　(지연손해금) _____부터 소장부본 송달일까지 연   %
   　　　　　　　　　　　소장부본 송달 다음 날부터 갚는 날까지 연 12%

청 구 원 인

1. 매매(물품거래) 내역
   (1) 거래기간(매매일자) _____부터 _____까지
   (2) 매 도 인 : _____　　(3) 매 수 인 : _____
   (4) 목 적 물 : _____　　(5) 수   량 : _____
   (6) 대   금 : _____원
   (7) 대금지급기일 및 지급방법 : _____
2. 기타 보충할 내용

　　　　　　　　　　　　　20 . . .

　　　　　　　원고　　　　　　　　(서명 또는 날인)

[제6단원 서식 26] 민사조정신청서

민사조정신청

사 건 명
신 청 인　(성명)　　　　　　　　(주민등록번호 :　　　　　　　　　)
　　　　　(주소)　　　　　　　　　　　　　　　(연락처)

피신청인　(성명)　　　　　　　　(주민등록번호 :　　　　　　　　　)
　　　　　(주소)　　　　　　　　　　　　　　　(연락처)

| 소송목적의 값 | 원 | 인지 | 원 |

※ 조정비용은 소장에 첨부하는 인지액의 1/10입니다.
송달료 계산 방법: 당사자 수(신청인+피신청인)×5회분 송달료
*1회 송달료는 추후 변동될 수 있습니다.

신 청 취 지(예시)

1. 피신청인은 신청인에게　　　　　　원 및 이에 대하여 이 사건 신청서부본 송달 다음 날부터 다 갚는 날까지 연 12%의 비율로 계산한 돈을 지급하라.
2. 조정비용은 피신청인의 부담으로 한다.
라는 조정을 구합니다.

신 청 원 인(예시)

1. 원고는 피고에게 20 . . . 금　　　　원을 이자를 약정하지 않고 대여하면서 20 . . . 변제받기로 하였습니다.
2. 그런데 피고는 위 대여금을 인정하고는 있으나 그 지급을 변제기가 지난 현재까지 계속 미루고만 있습니다.
3. 이에 원고는 피고로부터 신청취지와 같은 돈을 지급받기 위하여 이 사건 조정 신청을 하게 되었습니다.

첨 부 서 류

1. 차용증 1통
1. 신청서부본 1통
1. 송달료납부서 1통

20 . . .

신청인　　　　　　　　　(서명 또는 날인)

○○지방법원 ○○지원 귀중

[제6단원 서식 27] 이의신청서

지급명령에 대한 이의신청서

사　건　　20　　차
채 권 자
채 무 자
　（주소）

위 독촉사건에 관하여 채무자는 20　．　．　．　지급명령정본을 송달받았으나, 이에 불복하여 이의신청을 합니다.

　　　　　　　　　　　　　　20　　．　　．　　．

　　　　　　　　이의신청인(채무자)　　　　　　（서명 또는 날인）
　　　　　　　　（연락처　　　　　　　　）

　　　　　　　　　　　　　　　　　　　　　　　　　　○○법원 귀중

(이행권고결정, 조정을 갈음하는 결정)에 대한 이의신청서

　　　　　　　　　　　　　　　　[담당재판부: 제　　　　민사부(단독)]

사　건　　20　　가단(합, 소)
원　　고
피　　고

이 사건에 관하여 신청인은 20　．　．　．　(이행권고결정, 조정을 갈음하는 결정)을 송달받았으나, 이에 대하여 이의를 신청합니다.

　　　　　　　　　　　　　　20　　．　　．　　．

　　　　　　　　이의신청인 원고(또는 피고)　　　（서명 또는 날인）
　　　　　　　　（연락처　　　　　　　　）

　　　　　　　　　　　　　　　　　　　　　　　　　　○○법원 귀중

[제6단원 서식 28] 공시송달신청서

공시송달신청서

[담당재판부: 제 민사부(단독)]

사　건　20 가단(합, 소)
원　고
피　고

이 사건에 관하여 피고 의 주소 등을 알 수 없으므로, 공시송달을 명하여 주시기 바랍니다.

소 명 자 료

1. 주민등록표등·초본 1통
2. 가족관계등록사항증명서 1통
3. 근친자가 작성한 불거주 확인서 1통

20　.　.　.

원고　　　　　　　　　(서명 또는 날인)
　(연락처　　　　　　　)

○○법원 귀중

제7단원

세금

제1장 조세의 개념과 일반원칙

제1절 세금이란

세금이란 지방자치단체와 국가가 수행하는 일들, 즉 국가는 외교·사법·국방을 비롯한 산업·경제 등 국가적인 사무를 수행하고, 지방자치단체는 지역 사회의 경제적 부흥이나 주민의 복지·교육·보건위생 및 상하수도, 소방업무 등 지역 사회의 생활환경을 개선하기 위한 일들을 담당하는데, 이러한 일들에 필요한 재원을 마련하기 위하여 시민의 소득이나 재산 또는 소비행위에 의하여 그 능력에 따라 부담하게 되는 돈이다. 즉, 세금은 "시민의 공동생활을 위한 공동의 경제적 부담"이다.

제2절 세금의 종류와 부담의 근거

1. 세금의 종류

세금에는 국가의 재정수요에 충당되는 "국세"가 있으며, 지역적 특성을 갖는 지방자치단체의 수입이 되는 "지방세"가 있다.

국세는 전국적으로 공평한 부담이 필요한 소득이나 소비에 대한 세목이 대부분이며, **지방세**는 토지·건물 등 지역사회에 기초한 세금이 중요한 위치를 차지하고 있다.

2. 세금은 어떠한 근거로 부담되고 있을까

우리나라 헌법 제38조에서는 "모든 국민은 법률이 정하는 바에 의하여 납세의 의무를 진다."고 하고 있으며, 제59조에서는 "조세의 종목과 세율은 법률로 정한다."고 명시하여 헌법상에서 모든 국민의 납세의무를 규정하고, 그 납세의무는 국민의 대표기관인 국회를 통하여 입법된 법률에 의하여 공평하게 부담되도록 하는 "조세법률주의"를 천명하고 있다. 또한, 헌법 제117조에서는 "지방자치단체는 주민의 복리에 관한 사무를 처리하고 재산을 관리하며, 법령의 범위 안에서 자치에 관한 규정을 제정할 수 있다"고 하여 지방자치제도의 근거를 마련하고 있다.

그리고 지방세기본법에서는 지방세관계법에 따른 처분으로서 위법 또는 부당한 처분을 받았거나, 처분을 받지 못함으로써 권리 또는 이익의 침해를 받은 경우에는 이의신청, 심사청구 또는 심판청구를 통하여 "납세자의 권리"를 보장하는 권리구제제도를 마련하고 있다.

제2장 세금의 종류

제1절 소득세

1. 소득세의 의의와 일반원칙

1) 소득세의 의의

　소득세란 개인이 얻는 소득에 부과하는 세금이다. 법인의 소득에 부과하는 세금은 법인세이다. 소득이란 일정한 기간(과세기간)동안 개인이 경제적 활동을 통하여 획득한 이익에서 그 소득을 얻기 위하여 소요된 모든 필요경비를 뺀 금액을 말하는데, 소득이 크면 클수록 많은 세금을 내어야 한다는 것은 공평의 원칙상 너무나 당연한 일이다. 그러나 고소득자라 하여 너무 높은 세율을 매긴다면 국민의 근로의욕을 저하시켜 국가경제에 나쁜 영향을 미치게 된다.

　소득이라고 하여 모두가 소득세의 과세대상이 되는 것은 아니다. 소득세법에는 과세대상이 되는 소득을 열거해 놓고 있으므로 법에 열거되어 있지 않은 소득은 세금을 물지 않는다. 예컨대, **한국증권거래소에 상장된 주식을 싸게 사서 비싸게 팔아 얻은 양도차익소득, 교통사고를 당하고 받은 손해배상금** 등은 소득세를 물지 않는 소득이다.

2) 종합과세 방식과 분류과세 방식

　종합과세 방식이란 개인이 얻은 모든 종류의 소득을 합한 총액을 기준으로 세율을 곱하여 과세하는 방식인데, 분류과세 방식보다 공평한 과세를 하게 되며 우리 소득세법의 기본원칙이다. 그러나 퇴직소득, 산림소득과 같이 장기간의 노력 끝에 형성된 소득과 양도소득에 대해서는 그 소득만 별도로 분류하여 과세하고 있다.

2. 종합소득세

1) 과세대상

　종합소득세의 과세대상이 되는 소득은 다음과 같다.
  - 이자소득 : 사채이자거나 은행이자거나 모든 이자는 종합소득세의 과세대상이 된다(다만 은행 등 금융기관의 이자와 배당소득으로 부부간 합하여 4천만 원까지는 분리 과세되고 있음)
  - 배당소득 : 법인의 이익배당이건 법인해산에 따른 잔여재산배당이건 모두 과세대상이 된다.

- 부동산 임대소득: 부동산이나 광업권 등을 빌려주고 얻은 소득을 말한다.
- 사업소득: 축산업, 임업, 건설업, 상업, 운송업, 기타 사업으로 올린 소득은 전부 포함된다.
- 근로소득: 근로를 제공하고 받는 봉급(월급·일급 불문)과 수당 등 모든 소득이 포함된다.
- 일시재산소득: 예술품 및 제작 후 100년이 넘는 골동품 등의 양도로 인하여 얻는 소득 등이나 영업권, 어업권, 기타 이와 유사한 자산이나 권리의 양도로 인하여 얻는 소득을 말한다.
- 기타소득: 위에 열거한 소득에 해당되지 않는 것으로 소득세법에 기타소득으로 열거되어 있는 것을 말하는데, 상금·보상금·복권 등의 당첨금, 강연료·일시문예창작소득 등이 해당된다.

2) 비과세소득

당연히 종합과세 대상이 될 것이지만 특별한 정책적 이유로 과세를 하지 않는 소득이 있다.
- 이자소득 중 공익신탁의 이익
- 부동산소득 중 논·밭을 남에게 빌려주고 얻는 소득
- 사업소득 중 농가의 부업소득(연간 1,200만 원 한도)
- 근로소득 중 군대의 사병이 받는 급여, 국민연금법에 의한 연금, 당해 사업체의 업무와 관련 있는 일정 요건의 학자금 등

3) 종합소득세의 신고와 납부

종합소득세는 매년 5월 1일부터 한 달 동안 지난해의 자기 소득을 주소지 관할 세무서에 자진 신고하여 세금을 자진 납부함이 원칙이다. 다만, 근로소득밖에 없는 근로자는 근무처에서 원천징수를 하고 연말에 정산까지 해주기 때문에 따로 신고할 필요가 없다.

자진신고를 하지 않거나 불성실하게 신고한 경우에는 정부에서 조사, 결정하여 가산세까지 물게 되고, 납세고지서를 발부하여 징수한다.

3. 양도소득세

양도소득이라 함은 토지, 건물, 주식 등과 같이 자본적 성격을 가진 자산을 양도하고 보유 기간 동안 가치 상승에 따른 이익, 즉 자본이득을 말하며 이러한 자산을 양도함으로써 발생하는 소득은 보유기간에 따른 소득이 일시에 실현된 것으로서 1년마다 과세하는 종합소득과는 별도로 분류하여 과세한다. 양도소득은 양도가액에서 취득가액 등 필요경비와 장기보유에 따른 장기보유특별공제 및 양도소득기본공제를 하여 산출하게 된다.

1) 과세대상
양도소득의 과세대상 자산은 다음과 같다.
- **토지 또는 건물**
  부동산에 관한 권리 : 지상권, 전세권, 등기된 부동산 임차권 또는 아파트당첨권과 같이 장차 부동산을 취득할 수 있는 권리 등이 여기에 포함된다.
- 골프장 회원권, 콘도미니엄 회원권 등의 특정 시설 이용권
- 사업용 고정자산과 함께 양도하는 영업권, 특정 주식 등
- 비상장주식

2) 비과세대상
국민의 주거생활 안정과 영농기반 보전을 지원하기 위하여 다음의 경우에는 양도소득세를 과세하지 아니한다.

① 1세대 1주택 비과세의 원칙

거주자 및 그 배우자가 그들과 동일한 주소 또는 거소에서 생계를 같이 하는 가족과 함께 구성하는 1세대이고, 양도일 현재 국내에 1주택을 보유하고 있으며, 해당 주택의 보유기간이 2년 이상인 것[취득 당시에 「주택법」 제63조의2제1항제1호에 따른 조정대상지역에 있는 주택의 경우에는 해당 주택의 보유기간이 2년(비거주자가 해당 주택을 3년 이상 계속 보유하고 그 주택에서 거주한 상태로 거주자로 전환된 경우에는 해당 주택에 대한 거주기간 및 보유기간이 3년) 이상이고 그 보유기간 중 거주기간이 2년 이상인 경우에는 1세대 1주택으로 양도소득세가 부과되지 않습니다(소득세법 제89조제1항제3호 및 동법 시행령 제154조제1항 본문).

- 1세대 1주택으로 비과세 되는 건물은 주거용 건물이어야 한다. 만일 건물이 주거용과 영업용을 겸하고 있는 경우에 영업용의 면적이 주거용의 면적과 같거나 더 크면 영업용 건물 부분은 과세된다.
- 1가족이 1주택을 가지고 살고 있다가 다른 집으로 이사를 하고자 집을 샀으나 미처 예전의 집을 팔지 못하여 2주택 소유자가 되는 경우가 생긴다. 이러한 경우에도 다른 집을 산 후 1년 이내에 예전의 집을 매도하게 되면 비과세 혜택을 받는다. 다만, 1년이 되는 날 현재 성업공사에 매각의뢰, 경매·공매에 의해 양도되는 경우에는 1년 이내에 양도하지 못하더라도 비과세된다.

* 1세대 1주택이라도 양도가액이 12억 원을 초과하는 고급주택인 경우에는 초과한 가액에 대하여는 양도소득세가 과세된다.

> **소득세법 제89조 제1항 제3호(비과세 양도소득)** ① 다음 각 호의 소득에 대해서는 양도소득에 대한 소득세(이하 "양도소득세"라 한다)를 과세하지 아니한다.
> 3. 다음 각 목의 어느 하나에 해당하는 주택(주택 및 이에 딸린 토지의 양도 당시 실지거래가액의 합계액이 **12억 원을 초과하는 고가주택은 제외**한다)과 이에 딸린 토지로서 건물이 정착된 면적에 지역별로 대통령령으로 정하는 배율을 곱하여 산정한 면적 이내의 토지(이하 이 조에서 "주택부수토지"라 한다)의 양도로 발생하는 소득
>   가. 1세대가 1주택을 보유하는 경우로서 대통령령으로 정하는 요건을 충족하는 주택
>   나. 1세대가 1주택을 양도하기 전에 다른 주택을 대체 취득하거나 상속, 동거봉양, 혼인 등으로 인하여 2주택 이상을 보유하는 경우로서 대통령령으로 정하는 주택

② 농경지의 양도

8년 이상 자기가 경작하던 농지(상속받은 농지는 선대의 경작기간도 포함)를 양도하는 경우는 양도소득세가 면제된다. 다만 면제세액을 기준으로 3억 원을 초과하는 부분에 대하여는 양도소득세가 과세된다.

농민이 종전의 농지를 팔고 다른 농지를 사서 경작하는 경우에는 과세하지 않는다(새로 취득한 농지는 3년 이상 경작해야 함). 다만, 새로운 농지는 종전의 농지를 팔고 나서 1년 안에 사거나, 미리 새 농지를 사놓고 1년 안에 종전 농지를 팔아야 한다. 또, 새로운 농지가 종전의 농지면적보다 크거나 또는 가격으로 따져서 종전 농지가격의 반 이상이라야 한다. 경작상 필요에 의하여 자기의 농지를 교환(교환에 의해 새로 취득한 농지는 3년 이상 경작해야 함)하는 경우에는 과세하지 않는다.

③ 농어촌 1세대 2주택

상속, 이농, 귀농의 목적으로 농어촌주택을 보유하고 있는 경우 1세대 2주택인 경우에도 다음의 요건을 갖출 경우 양도세를 비과세한다.
- 상속, 이농주택인 경우 피상속인 및 이농인(어민 포함)이 5년 이상 거주할 것
- 귀농주택의 경우 연고지, 본적지 소재주택을 300평 이상의 농지와 함께 취득할 것
- 농어촌 주택 이외의 주택 양도 시 1세대 1주택 요건을 갖추고 있을 것

3) 양도소득금액

양도소득금액은 양도가액에서 취득가액 등을 공제한 차액을 말한다.

양도소득 = 양도가액 - 필요경비 - 장기보유특별공제 - 양도소득공제

① **필요경비**: 취득가액 외에 그동안 들어간 설비비, 개량비, 각종 세금, 소개비 등 필요한 경비를 말한다. 다만, 부동산에 대한 양도소득세를 기준시가로 과세할 경우에는 10%만 공제
② **장기보유특별공제**: 토지·건물의 보유기간에 따라 보유기간이 3년 이상 5년 미만인 경

우 양도차익의 10%를, 5년 이상 10년 미만인 때에는 양도차익의 15%를, 10년 이상인 때에는 양도차익의 30%를 공제한다. 다만, 미등기 양도자산에 대하여는 장기보유특별공제를 적용하지 아니한다.

③ **양도소득공제** : 미등기양도자산을 제외한 모든 자산에 대해 연간 250만 원을 공제한다.

4) 양도소득세율과 세액의 계산

앞서 설명한 방법대로 계산된 양도소득금액에 세율을 곱하면 세액이 계산된다.

5) 신고와 납부

양도소득세는 부동산 등의 매도일이 속하는 달의 말일로부터 2월이 되는 날까지 관할세무서에 예정신고를 하여야 한다. 예정신고 시에는 산출된 세액의 10%를 공제한 금액을 자진 납부하여야 한다. 예정신고를 하지 아니한 자는 다음해 5월 31일까지 확정신고를 하여야 한다.

4. 퇴직소득세

퇴직소득이란 근로자가 퇴직 시에 받게 되는 퇴직금, 명예퇴직수당, 단체퇴직보험금을 말한다. 퇴직소득은 장기간 동안 수입의 일부를 모아두었다가 일시에 타내는 것과 같으므로 이를 종합소득으로 과세하여 높은 세율을 적용하는 것은 불합리하므로 퇴직소득만 따로 분리하여 과세하고 있다. 퇴직소득세는 지급자가 원천징수하여 납부하고 있으므로 소득자가 따로 신고할 필요가 없다.

퇴직소득세액을 산출하는 방법은 다음과 같다.
- 퇴직급여액 − 퇴직소득공제액 = 퇴직소득과세표준
- (퇴직소득과세표준 ÷ 근속연수) × 종합소득 기본세율 × 근속연수 = 퇴직소득산출세액
- 퇴직소득산출세액 − 퇴직소득세액공제 = 퇴직소득결정세액

세금 관련 사례

[1] 재산세 납세의무자는 누가 되는지요

매년 6월 1일 현재 주택, 주택 이외의 토지, 건축물, 선박, 항공기를 소유하고 계시는 분들에게 재산세가 고지됩니다.

[2] 아파트나 주택을 매매하는 경우 재산세 납세의무는 누구에게 있습니까

과세기준일인 6월 1일 아파트나 주택을 매매했을 경우에는 매입하신 분에게 올해 재산세

가 과세되고, 6월 2일 이후에 매매를 한 경우에는 종전 소유자인 매도자에게 주택 재산세가 과세됩니다.

[3] 아파트를 부부가 공유하는 경우 재산세 계산 방법은

주택공시가격에 공정거래가액비율을 적용과표로 한 산출세액을 부부 각자의 지분비율로 안분한 주택 재산세액을 각각 납부하게 됩니다. 즉, 세액 산출 시 과표를 안분하는 것이 아니고 전체 과표로 세액 산출 후 마지막에 지분에 따른 안분세액을 고지하는 것입니다.

[4] 주택의 건물과 부속토지의 소유자가 각각인 경우 재산세액 산출방법은

주택공시가격에 공정거래가액비율을 적용과표로 한 산출세액을 건물과 그 부속토지의 시가표준액 비율로 안분하여 계산한 재산세액을 각각 납부하게 됩니다.

[5] 과세기준일 현재 상속이 개시된 주택으로 사실상 소유자를 미신고한 경우 납세의무자는

상속 미신고 시에는 민법상 상속지분이 가장 높은 주된 상속자를 납세의무자로 하며, 상속 지분이 가장 높은 자가 2인 이상인 경우에는 연장자가 납세의무자가 됩니다.

[6] 재산세 과세대상별 납세지 구분 기준은

- 주택, 주택이외의 건축물·토지 : 그 부동산 소재지를 관할하는 자치구가 되며,
- 선박 : 선적항의 소재지를 관할하는 시·군. 다만, 선적항이 없는 경우에는 정계장 소재지 (정계장이 일정하지 아니한 경우에는 선박 소유자의 주소지)를 관할하는 시·군
- 항공기 : 등록원부에 기재된 정치장의 소재지(항공법의 규정에 의하여 등록을 하지 아니한 경우는 소유자의 주소지)를 관할하는 시·군

[7] 재산세 고지서는 어디로 배달됩니까

고지서는 주민등록상 주소지로 송달되며, 만약 고지서를 못 받았거나 훼손 또는 분실한 경우에는 서울 시내의 동주민센터나 구청에서 재발급 받을 수 있습니다.

[8] 재산세 고지서를 직장 등의 이유로 주소지 이외 장소에서 받을 수는 없는지요

이런 경우에 예상되는 불편함을 해소하기 위하여 '거소지 신청제도'를 운영하고 있습니다. 재산세를 포함한 모든 지방세 정기분 고지서를 받으시고 싶은 기간 동안 신고한 거소지로 계속 수령이 가능합니다.

[9] 납기 말일까지 지방세를 납부하지 아니하면 어떤 불이익이 있습니까

　　납기가 경과한 날로부터 체납된 지방세에 대하여 3%를 추가로 납부해야 하고, 체납된 지방세가 30만 원 이상(세목별로 고지서 1매를 기준)인 경우에는 납기 익월의 다음 월부터 매 1개월마다 1.2%의 중가산금이 최고로 60개월까지 추가됩니다.

[10] 인터넷으로 재산세를 납부하는 방법은

　　납부하는 방법을 다양하게 알아두시면 가정이나 사무실에서 편리하게 납부하실 수 있습니다.

− 전용(가상)계좌로 납부할 수 있습니다.
　　→ 우리, 신한, 하나은행
　　→ 텔레뱅킹, 계좌이체, 인터넷뱅킹, 무통장입금으로 납부 가능
　　→ 고지서 좌측에 전용계좌 표기, 유선으로 전용계좌 부여 확인 가능
− etax시스템(etax.seoul.go.kr)으로 납부할 수 있습니다.
　　→ etax시스템 접속 후 납세(전자납부)번호 입력
　　→ 계좌이체, 신용카드 납부(모든 카드사)
　　→ 회원가입 후 납부, 비회원으로 납부 모두 가능
− 모바일(휴대폰)로 납부할 수 있습니다.
　　→ 휴대폰("702#5" 입력 후 무선인터넷 버튼 누름)을 이용하여 5개사 신용카드(삼성, 현대, 우리BC, 외환, 롯데만 가능)와 우리은행, 신한은행 계좌이체로 납부
− 세무민원실 무인수납기를 이용하여 신용카드로 납부할 수 있습니다.
　　→ 서울시내 구청 세무민원실에 방문하여 신용카드로 납부
　　→ 신용카드는 삼성, 현대, 롯데, 우리BC, 외환
− 편의점에서 납부할 수 있습니다.
　　→ 훼미리마트, GS25, 세븐일레븐, 바이더웨이에서 세금을 납부
　　→ 종이고지서를 가지고 방문하여 점원에게 제시하고 신용카드(삼성, 현대, 우리비씨, 외환, 롯데만 가능) 및 은행현금카드(우리, 신한)로 납부 가능
− 신용카드 포인트로 세금을 납부할 수 있습니다.
　　→ 포인트 납부 가능 카드 : 비씨, 국민, 롯데, 신한, 씨티, 외환, 전북, 농협NH, 하나SK
　　→ etax시스템 및 신용카드 납부카드사 홈페이지 접속하여 포인트로 세금 납부

[11] 1가구 1주택 비과세

　　이사 등으로 인한 일시적 1세대 2주택 비과세 요건 완화 소득세법 제155조제11항(§155①)

현 행	개 정 안
조정대상지역 내* 일시적 1세대 2주택 비과세 요건 * 종전주택과 신규주택 모두 조정대상지역 내인 경우	조정대상지역 내* 일시적 1세대 2주택 비과세 요건 * 종전주택과 신규주택 모두 조정대상지역 내인 경우
① 신규주택 취득 종전주택 취득일부터 1년 이상 경과 후	① 신규주택 취득 종전주택 취득일부터 1년 이상 경과 후
② 종전주택 양도 신규주택 취득일부터 2년 이내	② 종전주택 양도 신규주택 취득일부터 3년 이내

[12] 비과세 판단 시 세대의 범위가 어떻게 되나요

세대란 거주자 및 그 배우자가 그들과 동일한 주소 또는 거소에서 실질적인 생계를 같이 하는 가족과 함께 구성하는 동일세대를 의미하는 것으로 가족이라 함은 거주자와 그 배우자의 직계존비속(그 배우자를 포함) 및 형제자매를 말하며 취학·질병의 요양·근무상 또는 사업상 형편으로 본래의 주소 또는 거소를 일시 퇴거한 사람을 포함하는 것입니다(소득세법 제88조 제6호).

[13] 집 안 팔려 다주택자 됐는데, 세금 줄일 방법 알려주세요

> 얼마 전 이사했는데 기존에 살던 집이 안 팔려 어쩔 수 없이 2주택자가 됐습니다. 요즘 다주택자는 세금을 많이 내야 한다는데 줄일 방법이 있을까요.

정부의 다주택자 규제 정책에 따라 가치 있는 주택 1채만 보유하는 분이 늘고 있습니다. 다주택자에게는 양도소득세가 중과되지만, 질문한 분처럼 이사를 위해 일시적으로 다주택자가 된 후 주택을 양도했다면 관련 요건을 모두 충족할 경우 비과세 혜택을 받을 수 있습니다. 일단 1세대가 일시적으로 2주택을 보유해야 합니다. 배우자가 있어야 1세대가 되며, 부부가 단독세대를 구성해도 동일세대로 봅니다(소득세법 제88조 제6호).

[14] 배우자가 없는 경우에는 세대를 구성할 수 없나요

배우자가 없는 세대는 1세대 1주택 비과세 적용 시 원칙적으로 1세대로 보지 않지만 예외적으로 아래 어느 하나에 해당되면 배우자가 없어도 1세대로 볼 수 있습니다.

① 해당 거주자의 나이가 30세 이상인 경우

② 배우자가 사망하거나 이혼한 경우

③ 종합·퇴직·양도소득이 「국민기초생활보장법」 제2조 제11호에 따른 기준 중위소득의 100분의 40 수준 이상으로서 소유하고 있는 주택 또는 토지를 관리·유지하면서 독립된 생계를 유지할 수 있는 경우.(미성년자를 제외하되, 미성년자의 결혼, 가족의 사망 등의 사유로

1세대의 구성이 불가피한 경우에는 1세대로 볼 수 있음)
(소득세법 제88조 제6호, 동법 시행령 제152조의3)

[15] 보유기간의 계산은 어떻게 하나요

보유기간의 계산은 소득세법 제95조 제4항의 규정에 따라 취득일부터 양도일까지로 합니다.

1. 다만, 2021. 1. 1. 이후 양도하는 주택의 보유기간은 위와 같이 취득일부터 양도일까지로 하되, 2주택 이상(제155조, 제155조의 2 및 제156조의 2에 따라 일시적으로 2주택에 해당하는 경우 해당 2주택은 제외하되, 2주택 이상을 보유한 1세대가 1주택 외의 주택을 모두 양도한 후 신규주택을 취득하여 일시적 2주택이 된 경우는 제외하지 않음)을 보유한 1세대가 1주택 외의 주택을 모두 양도한 경우에는 양도 후 1주택을 보유하게 된 날부터 보유기간을 기산합니다.

2. 「2022년 소득세법시행령 개정안」이 2022년 5월 31일 확정·공포되어 2022년 5월 10일 이후 양도분부터는 비과세 판정할 때 주택 수와 관계없이 주택을 실제 보유·거주한 기간을 기준으로 보유 및 거주기간을 계산합니다(즉, 직전주택 양도일과 무관하게 당초 주택 취득일부터 보유기간 등을 기산하며, 2022년 5월 10일 이후 양도분부터 개정규정을 소급하여 적용함). 다만, 2021년 1월 1일~2022년 5월 9일까지 양도한 경우는 종전 규정에 따라 최종적으로 1주택자가 된 날로부터 보유·거주기간을 재기산합니다.

(소득세법 시행령 제154조제5항, 소득세법 시행령 제154조제6항, 2022년 5월 31일자 소득세법 시행령 개정안 추가 반영)

〈비과세〉
2022. 5. 10. 양도분부터 주택수와 관계없이 주택을 실제 보유·거주한 기간을 기준으로 보유·거주기간을 기산하여 1세대 1주택 비과세 적용, 즉 1주택이 되면 이 주택의 당초 취득일부터 보유·거주기간을 따져 양도소득세 비과세를 적용한다는 말임.

[16] 노후로 인한 멸실 후 재건축

> 1세대 1주택자로 취득한 주택이 노후되어 멸실 후 재건축하여 양도하는 경우 해당 주택의 보유기간은 당초 취득한 주택의 취득일부터 계산하나요?

주택을 보유하는 중에 소실, 무너짐, 노후 등의 이유로 멸실되어 재건축한 주택의 경우에는 그 멸실된 주택과 재건축한 주택에 대한 거주기간과 보유기간을 통산하여 적용합니다(소득세법 시행령 제154조 제8항 제1호).

[17] 세대원 일부 미거주

세대원 중 일부가 미거주하는 경우에도 거주요건을 충족한 것으로 보나요?

세대원의 일부가 취학, 근무상 형편, 질병의 요양 등으로 부득이하게 당해 주택에 거주하지 않은 경우에는 거주한 것으로 보는 것이나, 거주하지 않은 사유가 부득이한 사유에 해당하지 않는 경우에는 그렇지 않습니다.

[18] 해외이주

1세대 1주택에 해당하는 자가 해외이주하는 경우 비과세 적용 받을 수 있나요?

해외이주법에 따른 해외이주로 출국일 현재 1주택을 보유하고 있는 경우로서 출국일부터 2년 이내에 양도하는 경우에 한하여 보유기간과 거주기간에 상관없이 1세대 1주택 비과세가 적용됩니다.(소득세법 시행령 제154조 제1항 제2호)

[19] 취학·근무상 형편 세대 전원 출국

취학·근무상 형편으로 출국하는 경우에도 비과세를 적용 받을 수 있나요?

1세대 1주택자인 거주자가 출국일 현재 1주택을 보유하고 있는 경우로서 1년 이상 계속하여 국외거주를 필요로 하는 취학 또는 근무상 형편으로 세대 전원이 출국하는 경우 출국일로부터 2년 이내 양도하는 주택은 보유기간 및 거주기간에 관계없이 비과세를 적용받을 수 있는 것입니다.(소득세법 시행령 제154조 제1항 제2호)

[20] 근무상 형편

1세대 1주택 비과세를 적용받기 위한 보유기간 2년이 경과하기 전에 현재 근무하는 회사가 지방으로 이전하여 불가피하게 회사가 이전하는 지역에 주택을 마련하기 위하여 현재 보유 주택을 팔아도 비과세가 적용되나요?

근무상의 형편으로 세대 전원이 다른 시·군으로 주거를 이전하게 된 경우로서 1년 이상 거주한 주택을 양도한 경우 2년 이상 보유하지 않는 경우에도 비과세를 적용받을 수 있으며, 근무상의 형편 외에 취학, 질병의 요양, 그 밖의 부득이한 사유의 경우에도 1년 이상 거주한 주택을 양도하는 경우 비과세가 적용됩니다.(소득세법 시행령 제154조 제1항 제3호)

[21] 고가주택

> 양도가액이 얼마 이상이어야 고가주택에 해당하는지요?

주택 및 이에 딸린 토지의 양도 당시의 실지거래가액의 합계액이 12억원을 초과하는 것을 말합니다. 소득세법 시행령 제156조 제1항, 제160조 제1항(2021년 12월 8일 이후 양도분부터 9억 원에서 12억 원으로 적용)

[22] 공동소유

> 공동소유한 주택은 고가주택 여부를 어떻게 판단하나요?

고가주택의 판단은 소유지분에 관계없이 1주택(부수토지 포함) 전체를 기준으로 판단합니다.

[23] 부담부증여

> 수증자가 인수하는 채무액이 12억원 이하인 경우 고가주택에 해당하지 않나요?

주택을 부담부증여하는 경우 수증자가 인수하는 채무액이 12억 원 미만에 해당되더라도 전체의 주택가액이 12억 원을 초과하면 고가주택으로 봅니다.

제2절 상속세

상속세라 함은 사망한 사람의 재산을 상속받은 자에게 부과하는 세금이다.

1. 납세의무자

재산을 상속받은 상속인이 납세의무자이며 상속인은 각자 상속받은 재산의 범위 내에서 상호 연대하여 상속세를 납부할 의무가 있다. 상속인의 상속지분은 균등하다. 다만, 배우자의 상속분은 5할을 가산하게 된다.

2. 신고와 납부

상속세는 상속개시 시 즉 사망자의 사망 당시의 주소를 관할하는 세무서에 납부한다. 상속세는 사망일로부터 6개월 이내에 신고하면 10%의 세액공제혜택을 받으며 신고하지 않으면 20%의 가산세와 무납부세액에 대하여 100원에 일변 4전의 가산세가 추가로 부과된다. 납부해야 할 세금이 1,000만 원을 넘을 때에는 담보를 제공하고, 3년(사업 상속의 경우 5년) 동안 분할하여 납부할 수 있다. 세금이 1,000만 원 이상이고 상속재산 중 부동산과 유가증권이 1/2을 넘을 때에는 그 부동산이나 유가증권으로 납부할 수 있다.

3. 상속포기, 한정승인

상속인은 상속개시 있음을 안 날로부터 3월 내에 단순승인이나 한정승인 또는 포기를 할 수 있습니다. 자기 몫의 상속지분을 포기할 때에는 3개월 이내에 법원에 신고하면 된다(민법 제1019조).

4. 상속세액

상속세액은 상속재산에 상속공제를 한 후 세율을 곱하여 산출하는데 웬만한 부자가 아니면 크게 걱정할 필요가 없다. 하단에서 살펴본 대로 평가하여 산출된 과세표준액에 최저 10%에서 최고 40%의 누진세율을 곱하여 계산한다.

5. 상속재산가액

상속재산의 가액은 사망일 현재의 시가로 평가한다. 그러나 시가가 분명하지 않은 경우 토지는 일반지역·특정지역 모두 공시지가를 적용하여 평가하고, 건물은 내무부 과세시가표준액에 의하여 평가하고, 국세청에서 지정한 지역에 대하여는 별도로 국세청장이 조사한 가액으로 평가한다.

상속인에게 5년 이내에 증여한 재산은 상속재산에 합산된다. 다음의 재산은 상속세가 과세되지 않는다.
- 국가나 공공단체에 기증한 재산
- 공익사업에 출연한 재산
- 유족이 지급받은 산업재해보상보험금 등

관련 사례

[1] 장례비 공제 한도

> 장례비로 지출한 금액은 상속세 계산할 때 전부 공제되나요?

일반 장례비는 지출증빙이 없어도 최소 500만 원 공제되며, 지출증빙이 있으면 최대 1천만 원까지 공제됩니다. 봉안시설이나 자연장지의 사용에 소요된 금액은 지출증빙이 있으면 최대 500만 원까지 추가로 더 공제됩니다(상속세및증여세법 시행령 제9조 제2).

[2] 사전증여재산 합산과세

> 피상속인이 살아있을 때 증여한 재산가액은 상속세가 과세되지 않나요?

사망일 전 10년 이내에 상속인에게 증여한 재산가액과 사망일 전 5년 이내에 상속인이 아닌 자에게 증여한 재산가액은 상속세과세가액에 가산하여 상속세를 과세합니다.(상속세 및 증여세법 제13조)

[3] 사전증여받은 자가 먼저 사망한 경우

> 피상속인보다 먼저 사망한 자에게 사전증여된 재산가액은 상속세과세가액에 합산되나요?

안 됩니다. 피상속인보다 먼저 사망한 자에게 사전증여된 재산가액은 상속세과세가액에 합산되지 않습니다.[재산세과-801(2009.03.09.)]

[4] 반환받은 사전증여재산

> 피상속인이 증여한 재산을 반환받은 이후 사망한 경우 반환받은 사전증여재산가액은 상속세과세가액에 합산되나요?

안 됩니다. 피상속인이 사망 전에 반환 받은 사전증여재산가액은 상속세과세가액에 합산되지 않습니다.[법령해석과-2909(2016.09.09.)재재산46014-284(2000.10.05.)]

[5] 반환받은 사전증여재산 재증여 후 사망

> 피상속인이 반환받은 증여재산을 다른 사람에게 재증여 후 사망한 경우 사전증여재산 합산방법은?

사망일에 가장 근접한 시점에 증여한 재산가액만 상속세과세가액에 합산하는 것이 합리적입니다.(국심2007광47)

[6] 상속받은 주택을 상속개시일부터 2년 이내 1세대 1주택으로 양도하는 경우 비과세가 적용되나요

상속개시일(사망일) 현재 피상속인과 상속인이 동일세대로 상속받은 주택을 양도하는 경우 상속개시 전에 동일세대로서 보유하고 거주한 기간을 합산하여 비과세 여부를 판단합니다.
(소득세법 시행령 제154조 제8항 제3호)

[7] 배우자상속공제액

> 배우자상속공제액은 얼마인가요?

거주자의 사망으로 상속이 개시되는 때에 피상속인의 배우자가 생존해 있는 경우 배우자상속공제로 최소 5억 원이 공제되며, 배우자가 실제 상속받은 금액이 5억원을 초과하는 경우에는 일정 한도 내에서 최대 30억 원까지 공제됩니다.(상속세및증여세법 제19조)

[8] 배우자가 5억 초과 30억 원까지 공제받기 위한 요건

> 배우자가 실제 상속받은 금액이 5억 원을 초과하는 경우 배우자 상속공제액(한도)은 어떻게 계산하나요?

아래 3가지 금액 중 가장 적은 금액입니다.
1. 거주자의 사망으로 상속이 개시되어 배우자가 실제 상속받은 금액
2. * 상속재산가액×상속을 포기한 상속인이 없다고 가정한 경우의 민법 제1009조에 따른 배우자의 법정상속분-상속재산에 가산한 배우자가 사전증여 받은 재산의 증여세 과세표준
   * 상속재산가액＝(본래＋간주＋추정)상속재산가액＋상속개시 전 10년 이내 상속인에게 증여한 재산가액-상속인이 아닌 자가 유증·사인증여받은 재산가액-비과세재산가액-공과금 및 채무-과세가액 불산입액-공과금 및 채무 등
3. 30억 원
   (상속세및증여세법 제19조제1항. 동법 시행령 제17조제1항)

[9] 사실혼 배우자

> 사실혼 관계에 있는 피상속인의 배우자도 배우자상속공제를 적용받을 수 있나요?

아닙니다. 배우자상속공제는 민법상 혼인으로 인정되는 법률상 배우자에게만 적용되기 때문에 사실혼 배우자에게는 적용되지 않습니다.(조심200)

[10] 법원에서 이혼조정 성립 후 같은 날 사망한 경우

> 법원에서 이혼조정 성립 후 같은 날 시차를 두고 사망한 경우 배우자상속공제를 적용받을 수 있나요?

안 됩니다. 재판상 이혼으로 재판에 의거 이혼조정이 성립되면 이혼신고서 접수 전이라도 법률상 부부관계가 해소되기 때문에 배우자상속공제가 적용되지 않습니다(법규재산2013-228(2013.09.11.)

[11] 피상속인의 배우자가 상속포기하거나, 5억원 미만으로 상속받는 경우 배우자상속공제로 5억원이 공제되나요

네. 피상속인의 배우자가 상속을 포기하거나, 5억원 미만으로 상속받는 경우에도 배우자상속공제로 최소 5억원은 공제됩니다(상속세및증여세법 제19조 제4항).

[12] 상속재산가액이 1억원, 합산대상 자녀 2명에 대한 사전증여재산가액이 총 4억 원(각 2억 원씩)인 경우 상속세가 발생하나요

상속재산가액과 합산대상 사전증여재산가액을 합하여 계산된 상속세 과세가액이 5억 원 이하인 경우 가산한 증여재산가액의 증여세 과세표준도 상속공제가 적용되기 때문에 상속세는 발생하지 않습니다(상속세및증여세법 제24조 단서).

[13] 재산상속인 모두가 포기하고 자녀 중 한 사람이 단독 상속받을 경우 상속세 공제한도

> 상속세의 경우 배우자와 자녀들이 있는 경우 10억 원까지 면제로 알고 있는데 자녀 한 명에게 모두 상속하고 배우자와 다른 자녀들은 상속포기를 하였을 경우 면제되는 조건은 동일하게 10억 원이 되는지 아니면 5억 원이 되는지 궁금합니다. 땅만 생각하면 5억 원이 안 되는데 그 위의 창고까지 등기가 된다면 5억 원이 넘을 것 같아 문의드립니다.

인적공제는 단독상속도 일괄공제(5억)를 받을 수 있으므로 기본적으로 10억은 공제됩니다. 단, 배우자는 공제한도가 크므로 배우자가 많이 받을수록 세액은 줄어듭니다.

[14] 피상속인이 비거주자인 경우

> 피상속인이 비거주자인 경우에도 상속공제가 적용되나요?

피상속인이 대한민국 거주자가 아닌(외국에 거주하는 비거주자인) 경우에는 기초공제 2억 원만 공제되며, 다른 상속공제는 적용되지 않습니다.(상속세및증여세법 제18조)

제3절 증여세

증여세란 타인으로부터 재산을 무상으로 증여받은 때 증여받은 자가 납부하게 되는 세금이다.(상속세 및 증여세법 제4조 제1항).

1. 납부의무자

증여를 받은 자(영리법인은 제외: 법인세 과세대상에 포함되므로 증여세 부과하지 않음)가 납세의무자가 된다.

2. 증여자 그룹별 증여재산 공제액(상속세및증여세법 제53조)

1) 배우자로부터 증여를 받은 경우: 6억 원
2) 직계존속으로부터 증여를 받은 경우: 5천만 원. 다만, 미성년자(만 19세 미만)는 2천만 원
   * 직계존속에는 수증자의 직계존속과 혼인(사실혼 제외) 중인 배우자(계부, 계모, 계조부, 계조모 등) 포함
3) 직계비속으로부터 증여를 받은 경우: 5천만 원
   * 직계비속에는 수증자와 혼인(사실혼 제외) 중인 배우자의 직계비속 포함
4) 2), 3)의 경우 외에 6촌 이내의 혈족, 4촌 이내의 인척으로부터 증여를 받은 경우: 1천만 원

3. 소관세무서 및 신고의무

증여받은 자의 주소지를 관할하는 세무서가 소관세무서이며 증여받은 자가 증여받은 날로부터 3개월 이내에 자진신고를 하여야 하는 점을 제외하고는 증여세의 신고방법이나 신고납부 세액공제 등은 상속세의 경우와 같다.

📖 관련 사례

[1] 사실혼관계에 있는 배우자로부터 증여를 받을 때에도 10년간 6억 원이 공제되나요

아닙니다. 증여재산공제 10년간 6억원은 법률혼 관계에 있는 배우자로부터 증여받을 때에만 적용되는 것입니다(상속세및증여세법 기본통칙 53-46-1).

[2] 이혼하면서 재산분할로 취득한 재산이 증여세 과세대상인가요

이혼 시 이혼한 자의 일방이 민법 규정에 의한 재산분할청구권을 행사하여 취득한 재산은

증여세가 과세되지 않습니다. 다만, 조세포탈의 목적이 있다고 인정되는 경우에는 증여세가 과세됩니다.

[3] 이혼위자료로 취득한 재산이 증여세 과세대상인가요

이혼 등에 의하여 정신적 또는 재산상 손해배상의 대가로 받은 위자료는 조세포탈의 목적이 있다고 인정되는 경우를 제외하고는 증여로 보지 않습니다.

[4] 특정상속인이 다른 상속인이 납부해야 할 상속세를 대신 납부한 경우 증여세가 과세되나요

상속인 또는 수유자는 각자가 받았거나 받을 재산을 한도로 상속세를 연대하여 납부할 의무를 지는 바, 연대납세의무자로서 각자가 받았거나 받을 상속재산의 한도 내에서 다른 상속인이 납부해야 할 상속세를 대신 납부한 경우에는 증여세가 부과되지 아니하며, 각자가 받았거나 받을 상속재산을 초과하여 대신 납부한 상속세액에 대하여는 다른 상속인에게 증여한 것으로 보아 증여세가 과세됩니다(상속세및증여세법 제3조의2 제3항).

[5] 자녀에게 증여 후 차용증만 쓰면 증여세를 부과할 수 없나

우선 부모와 자녀 간의 금전거래는 증여가 아닌 차입금으로 인정받기 쉽지 않습니다. 다수의 판례는 ① 제3자 간에 주고받는 통상적인 차용증과 같은 형식과 내용을 갖추어야 하고, ② 실제로 자녀가 차용증 내용대로 이자를 지급하여야 증여가 아닌 차입금으로 보고 있기 때문입니다.

때문에 만약 차용증의 형식과 내용이 통상적이지 않거나, 차용증만 쓰고 이자를 지급하지 않는다면 차입금이 아니라 증여로 보아 증여세가 부과될 수 있습니다.

차입금으로 인정된다면 당장 증여세는 부과되지 않습니다. 다만 국세청은 차용증을 작성한 내역을 매년 관리하여 이자지급 및 원금상환 여부를 확인하고 있습니다. 만약 차용증 내용과 달리 약정된 이자를 지급하지 않거나, 만기에 원금을 상환하지 않는다면 당초부터 차입금이 아니었던 것으로 보아 증여세가 과세될 수 있으므로 유의할 필요가 있습니다.

[6] 자녀가 대출받고 부모가 대신 상환해 주면 세금 없이 증여 가능한가

부모가 담보제공과 이자지급, 원금상환 등을 한 경우에는 형식상 자녀의 대출이라도 실질적으론 부모의 대출로 간주됩니다. 쉽게 말해 처음부터 자녀가 아니라 부모가 은행에서 대출을 받은 것과 같습니다. 때문에 대출금은 자녀에게 현금을 증여한 것에 해당합니다.

[7] 신혼부부가 축의금으로 주택을 구입해도 통상적인 수준으로 받은 축의금은 증여세가 과세되지 않는다

통상적인 수준으로 받은 축의금은 증여세가 과세되지 않습니다. 또 결혼할 때 부모가 결혼 당사자에게 구입해 주는 일상적인 혼수용품도 증여세 과세대상이 아닙니다. 하지만 통상적인 수준이 아닌 축의금과 주택, 자동차 등은 과세대상입니다.

또 신혼부부가 자신들에게 귀속된 축의금으로 자산을 취득하는 건 문제가 없지만, 혼주에게 귀속된 축의금으로 자산을 구입하는 경우에는 부모로부터 현금을 증여받은 것으로 보아 증여세가 부과될 수 있습니다.

[8] 소득이 없는 가족에게 통상적인 수준으로 송금한 생활비는 증여세가 과세되지 않는다

소득이 없는 가족에게 통상적인 수준으로 송금한 생활비는 증여세가 과세되지 않습니다. 하지만 소득이 있는 가족에게 생활비 명목으로 송금하는 경우는 증여세가 과세됩니다.

또 소득이 없는 가족에게 생활비를 지급했더라도 이 돈을 예·적금하거나 주식, 부동산 등을 구입하는 자금으로 사용하면 증여세가 부과될 수 있습니다.

제4절 부가가치세

생산 및 유통 등 거래단계별로 재화나 용역에 생성되는 부가가치(마진)에 부과되는 조세로, 일반소비세임과 동시에 그 세 부담의 전가를 예상하는 간접세의 일종이다. 우리나라는 현재 재화 및 용역의 최종 가격에 10%의 부가가치세가 포함된다.

부가가치세는 거래단계에서 창출한 부가가치에 과세하는 다단계 과세방식을 취하고 있으며, 신고에 의하여 납세의무가 확정되는 자기부과형 조세이므로 부가가치세의 신고는 조세채무를 확정하는 의미를 갖는다.

부가가치세의 납세의무자는 국내에서 영리목적에 관계없이 독립적으로 사업을 하는 자로서 개인(일반과세자, 간이과세자), 법인, 수입자, 국가·지방자치단체, 법인격 없는 사단·재단, 기타 단체가 이에 포함될 수 있다.

제8단원

노동·복지

제1장 임금

제1절 임금의 의의

1. 임금이란

"임금"이란 사용자가 근로의 대가로 근로자에게 임금, 봉급, 그 밖에 어떠한 명칭으로든지 지급하는 모든 금품을 말합니다(근로기준법 제2조제1항제5호). 근로자에게 계속적·정기적으로 지급되고 그 지급에 관하여 단체협약, 취업규칙 등에 의하여 사용자에게 지급의무가 지워져 있다면, 그 명칭 여하를 불문하고 모두 임금에 포함됩니다(대법원 1999. 9. 3. 선고 98다34393 판결).

임금은 원칙적으로 통화(通貨)로 직접 근로자에게 그 전액을 매월 1회 이상 일정한 날짜를 정하여 지급해야 합니다(동법 제43조). 다만 법령 또는 단체협약에 특별한 규정이 있는 경우에는 임금의 일부를 공제할 수 있습니다(예 근로소득세, 국민연금보험료 등)

한편 근로자가 사망 또는 퇴직한 경우에는 그날로부터 14일 이내에 임금, 보상금, 그밖에 일체의 금품을 반드시 지급해야 합니다.

2. 근로자

"근로자"란 직업의 종류와 관계없이 임금을 목적으로 사업이나 사업장에 근로를 제공하는 자를 말합니다(근로기준법 제2조제1항제1호).

3. 사용자

"사용자"란 사업주 또는 사업 경영 담당자, 그 밖에 근로자에 관한 사항에 대해 사업주를 위하여 행위 하는 자를 말합니다(근로기준법 제2조제1항제2호).

관련 사례

[1] 손님에게서 받은 봉사료(팁)는 임금에 해당하지 않는다

"임금"은 사용자가 근로자에게 근로의 대가로 지급하는 금품이라고 하던데, 손님에게서 받은 팁도 임금인가요?

"임금"은 근로의 대상이므로 임금 지급의 목적이 근로에 대한 대가로서 사용자의 지휘·감독 아래에 제공하는 종속 노동관계에서의 근로에 대한 대가이어야 합니다. 따라서 경조금이나 장려금과 같은 은혜적인 급여와 영업활동비나 출장비와 같은 실비변상적 급여는 임금이 아닙니다. 그러므로 귀하가 손님에게서 받은 봉사료(팁)는 근로자가 사용자로부터 지급받은 금품이 아니기 때문에 임금에 해당하지 않습니다.

[2] 통상임금과 평균임금 차이

> 임금은 통상임금과 평균임금으로 구분된다고 하는데, 두 가지 임금은 어디에 사용되나요?

통상임금이란 근로자에게 정기적으로 일률적으로 소정(所定)근로 또는 총 근로에 대해 지급하기로 정한 시간급 금액, 일급 금액, 주급 금액, 월급 금액 또는 도급 금액을 말합니다. 평균임금의 최저한도, 해고예고수당, 연장·야간·휴일근로수당, 연차유급휴가수당, 산전후휴가급여 등을 계산할 때 기준으로 사용됩니다.

평균임금이란 평균임금을 산정해야 할 사유가 발생한 날 이전 3개월 동안에 그 근로자에게 지급된 임금의 총액을 그 기간의 총 일수로 나눈 금액을 말합니다. 퇴직급여, 휴업수당, 연차유급휴가수당, 재해보상 및 산업재해보상보험급여, 감급(減給) 제재의 제한, 구직급여 등을 계산할 때 기준으로 사용됩니다. 산정된 평균임금이 그 근로자의 통상임금보다 적으면 그 통상임금액을 평균임금으로 합니다.

[3] 임금의 지급원칙

> 공장에서 일을 하는데 임금을 상품권으로 받았습니다. 근로기준법 위반 아닌가요?

「근로기준법」 위반에 해당합니다. 사용자가 근로자에게 임금을 상품권으로 지급하면 임금의 통화 지급원칙에 위반되어 3년 이하의 징역 또는 3천만 원 이하의 벌금에 처해집니다(근로기준법 제109조제1항). 한편, 임금 지급원칙 위반은 반의사불벌죄이므로, 피해자의 명시적인 의사와 다르게 공소를 제기할 수 없습니다(동조 제2항).

◇ **임금의 지급원칙**

임금은 원칙적으로 통화(通貨)로 직접 근로자에게 그 전액을 매월 1회 이상 일정한 날짜를 정하여 지급해야 합니다(근로기준법 제43조).

1) **통화 지급원칙** : 임금은 통화로 지급해야 합니다. 다만, 법령 또는 단체협약에 특별한 규정이 있는 경우에는 다른 것으로 지급할 수 있습니다.
2) **직접 지급원칙** : 임금은 직접 근로자에게 지급해야 합니다.
3) **전액 지급원칙** : 임금은 근로자에게 그 전액을 지급해야 합니다. 다만, 법령 또는 단체협약에 특별한 규정이 있는 경우에는 임금의 일부를 공제할 수 있습니다.
4) **정기 지급원칙** : 임금은 매월 1회 이상 일정한 날짜를 정하여 지급해야 합니다. 다만, 다

음의 어느 하나에 해당하는 임금은 매월 1회 이상 일정한 날짜를 정하여 지급하지 않아도 됩니다(근로기준법 시행령 제23조).
① 1개월을 초과하는 기간의 출근 성적에 따라 지급하는 정근수당
② 1개월을 초과하는 일정 기간을 계속하여 근무한 경우에 지급되는 근속수당
③ 1개월을 초과하는 기간에 걸친 사유에 따라 산정되는 장려금, 능률수당 또는 상여금
④ 그 밖에 부정기적으로 지급되는 모든 수당

[4] 비상시 회사에 임금을 미리 청구할 수 있다

> 아내가 출산을 하여 병원비가 급하게 필요합니다. 회사에 이번 달에 근무한 날만큼의 임금을 미리 청구할 수 없나요?

근로자는 출산, 질병, 재해 등 비상(非常)한 경우의 비용에 충당하기 위하여 임금의 지급기일 전이라도 사용자에게 임금 지급을 청구할 수 있습니다(근로기준법 제45조). 사용자는 근로자의 임금의 비상시 지급 요구에 응해야 하며, 이를 위반하면 1천만 원 이하의 벌금에 처해집니다(근로기준법 제113조).

[5] 임금채권은 3년간 행사하지 않으면 시효로 소멸한다

> 6년 전 회사에서 밀린 월급과 퇴직금을 받지 못하고 해고되었는데, 지금이라도 청구하면 받을 수 있나요?

임금채권(퇴직금 포함)은 3년간 행사하지 않은 때에는 시효로 소멸합니다. 귀하의 경우에는 임금·퇴직급여 채권의 소멸시효가 완성되었으므로, 사용자는 근로자가 임금·퇴직급여의 지급을 청구한 경우 이를 지급하지 않아도 됩니다(근로기준법 제49조, 민법 제163조제1호).

◇ 임금(퇴직금)채권 소멸시효

임금(퇴직금)채권은 3년간 행사하지 않으면 시효로 인하여 소멸

1) **시효의 기산점** : 권리를 행사할 수 있는 때로부터 진행. 임금은 정기지급일의 다음날부터, 퇴직금은 퇴직한 날의 다음날부터 소멸시효가 기산

2) **시효를 중단시키는 방법**
   재판상 청구, 파산절차 참가, 지급명령 신청, 화해를 위한 소환·임의출석, 압류·가압류·가처분이 있고, 채무자가 채무를 승인하는 경우에도 소멸시효는 중단

3) **시효중단 효과**
   임금·퇴직금 채권의 소멸시효 중단사유가 없어진 경우에는 그때부터 다시 3년간 소멸시효가 진행

[6] 임금의 압류금지금액

> 은행에서 신용대출을 받았는데, 갚지 못해서 급여에 압류가 들어왔습니다. 은행이 압류할 수 있는 금액은 얼마인가요?

근로자의 월급이 185만 원 이하인 경우 은행은 근로자가 받는 월급을 압류할 수 없습니다. 또한 급료·연금·봉급·상여금·퇴직연금, 그 밖에 이와 비슷한 성질을 가진 급여채권의 2분의 1에 해당하는 금액은 압류하지 못합니다(민사집행법 제246조제1항제4호 본문). 급여채권의 2분의 1에 해당하는 금액이 월 185만 원에 미치지 못하는 경우에는 185만 원을 압류금지 금액으로 합니다(동항 제4호 단서 및 동법 시행령 제3조).

※ 급여채권별 압류금지금액(민사집행법 제246조제1항제4호, 동법시행령 제3조및제4조)

급여채권	압류금지금액
월 185만 원 이하	압류할 수 없음
월 185만 원 초과 월 370만 원	월 185만 원
월 370만 원 초과 월 600만 원	월 급여채권액×1/2
월 600만 원 초과	월 300만 원+[{(월 급여채권액×1/2)−월 300만 원}×1/2]

[7] 사용자의 귀책사유로 휴업하는 경우 휴업수당을 청구할 수 있다

> 근로자인데 경기가 좋지 않아 공장이 3개월 동안 휴업을 했습니다. 이 경우 임금은 어떻게 되나요?

사용자의 귀책사유로 휴업하는 경우에 사용자는 휴업기간 동안 그 근로자에게 임금 대신 평균임금의 100분의 70 이상의 휴업수당을 지급해야 합니다. 다만, 평균임금의 100분의 70에 해당하는 금액이 통상임금을 초과하는 경우에는 통상임금을 휴업수당으로 지급할 수 있습니다(근로기준법 제46조제1항).

그러나 부득이한 사유로 사업을 계속하는 것이 불가능하여 노동위원회의 승인을 받은 경우에는 평균임금의 100분의 70(평균임금의 100분의 70에 해당하는 금액이 통상임금을 초과하는 경우에는 통상임금)에도 못 미치는 금액을 휴업수당으로 지급할 수 있습니다(동조 제2항). 사용자는 기준에 못 미치는 휴업수당을 지급하기 위해 승인을 받으려면 기준 미달의 휴업수당지급승인 신청서를 관할 지방노동위원회에 제출해야 합니다.

사용자의 귀책사유로 휴업한 기간에 대해 근로자에게 휴업수당을 지급하지 않은 사용자는 3년 이하의 징역 또는 3천만 원 이하의 벌금에 처해집니다(동법 제109조).

[8] 임금채권의 우선변제권

> 공장이 부도가 났습니다. 은행에서 경매가 들어온다고 하는데, 밀린 임금과 퇴직금은 어떻게 되나요?

공장의 부도로 사용자의 재산이 경락(매각)된 경우 근로자는 법원에 배당요구를 하여 임금, 재해보상금, 퇴직금, 그 밖에 근로관계로 인한 채권 등을 다른 채권자에 우선하여 변제받을 수 있습니다. 경락(매각)대금의 배당 순위는 다음과 같습니다.

① 최종 3개월분의 임금, 재해보상금, 최종 3년간의 퇴직금
② 질권 또는 저당권에 우선하는 조세·공과금
③ 사용자의 총재산에 대해 질권 또는 저당권에 의하여 담보된 채권
④ 임금, 재해보상금, 퇴직금 그 밖에 근로관계로 인한 채권
⑤ 조세·공과금 및 다른 채권

임금·퇴직금 채권자는 배당요구 종기일까지 배당요구를 해야 합니다. 이를 하지 않으면 낙찰대금으로부터 배당받을 수 없고, 그 후 배당을 받은 후순위자를 상대로 부당이득반환 청구를 할 수도 없습니다.

[9] 아이돌봄지원법에 따른 아이돌보미도 근로기준법상 근로자이다

> A씨 등은 아이돌봄지원법에 따라 광주광역시가 위탁한 서비스제공기관에서 아이돌보미로 근무하였으나, 2013년 1월부터 2016년 10월까지 연장·야간·휴일근로수당과 주휴수당, 연차휴가수당을 받지 못했다. 이에 아이돌보미도 근로기준법상 근로자라며 임금청구소송을 제기하였다.

여성가족부가 시행하고 있는 아이돌봄서비스 사업에 종사하는 '아이돌보미'가 근로기준법상 근로자에 해당한다는 대법원의 첫 판결이 나왔습니다.

근로기준법상 근로자에 해당하는지는 계약의 형식에 관계없이 근로제공 관계의 실질이 근로제공자가 사업 또는 사업장에 임금을 목적으로 종속적인 관계에서 사용자에게 근로를 제공하였는지에 따라 판단해야 합니다. 대법원은 아이돌보미의 직무내용이 아이돌봄지원법에 규정되어 있고, 근로계약 표준계약서를 작성하였으며, 서비스기관이 근무시간 및 장소를 지정하고 활동일지를 점검하는 등 업무를 구체적·직접적으로 지시하며 그 수행을 지휘·감독한 점 등 제반 사정에 비추어볼 때 아이돌보미는 종속적인 관계에서 근로를 제공한 근로기준법상 근로자에 해당하고, 이에 따라 아이돌보미와 표준계약을 체결하고 이용가정을 배정하는 등 아이돌봄서비스 사업을 수행하는 서비스기관이 사용자로서 미지급한 수당을 지급하여야 한다고 보았습니다(대법원 2023. 8. 18. 선고 2019다252004 판결).

제2절 최저임금제도

근로자의 최소한의 생계 보호를 위하여 고용노동부에서는 매년 최저임금을 정하여 고시하고, 사용자가 최저임금액 이상의 임금을 근로자에게 지급할 것을 최저임금법으로 강제하고 있습니다. 사용자는 근로자에게 최저임금 이상의 임금을 지급해야 하며, 최저임금에 미달하는 임금을 정한 근로계약은 그 부분에 한해 무효가 되고, 최저임금액과 동일한 임금액을 지급하기로 한 것으로 간주됩니다(최저임금법 제6조).

1. 적용대상 사업장

최저임금은 근로자를 사용하는 모든 사업 또는 사업장에 적용됩니다(최저임금법 제3조제1항). 고용노동부 장관은 다음연도 최저임금을 매년 8월5일까지 결정하여 고시해야 하며, 고시된 최저임금은 사업 종류에 구별 없이 근로자를 사용하는 모든 사업 또는 사업장에 동일하게 적용됩니다(최저임금법 제8조). 그러나 인턴사원과 같이 다만 수습 사용 중에 있는 자로서 수습 사용한 날부터 3개월 이내인 자에 대하여는 시간급 최저금액의 90% 이상을 지급하도록 하고 있습니다.

2. 적용제외 사업장

단, 동거하는 친족만을 사용하는 사업과 가사(家事) 사용인, 선원법에 의한 선원 및 선원을 사용하는 선박의 소유자에게는 적용하지 않습니다(동법 제3조제1항단서, 제3조제2항).

3. 적용제외 근로자

다음 근로자는 노동부장관의 사전인가를 받아 최저임금을 지급하지 않을 수 있다(최저임금법 제7조). 사용자는 인가신청서를 관할 지방노동관서 또는 관할 지방노동위원회에 제출한다.
- 정신장애나 신체장애로 근로 능력이 현저히 낮은 사람
- 그 밖에 최저임금을 적용하는 것이 적당하지 아니하다고 인정되는 사람

4. 위반 시 벌칙

근로자는 최저임금을 위반한 사용자를 고용노동부에 신고할 수 있습니다. 최저임금액보다 적은 금액을 지급할 시에는 3년 이하의 징역 또는 2천만 원 이하의 벌금이 부과(병과 가능)됩니다(동법 제28조). 또 최저임금액 등 최저임금 내용을 고지하지 아니할 시 100만 원 이하의 과태료가 부과됩니다(동법 제31조).

관련 사례

[1] 최저임금의 적용제외 인가 절차

> 장애가 현저한 근로자를 사용하고 있는데, 이 경우에도 해당 근로자에게 최저임금을 지급해야 하나요?

최저임금은 친족만을 사용하는 사업장의 근로자, 가사(家事)사용인을 제외한 모든 근로자에게 적용됩니다. 다만, 정신 또는 신체장애인으로서 담당하는 업무를 수행하는 경우에 그 정신 또는 신체의 장애로 같거나 유사한 직종에서 최저임금을 받는 다른 근로자 중 가장 낮은 근로능력자의 평균작업능력(한국장애인고용촉진공단의 의견을 들어 판단)에도 미치지 못하는 경우에는 고용노동부장관의 인가를 받아 최저임금을 적용하지 않을 수 있습니다(최저임금법 제7조). 최저임금 적용제외 인가 기간은 1년을 초과할 수 없습니다.

최저임금 적용제외 인가를 받으려는 사용자는 관할지방고용노동관서의 장에게 정신·신체 장애로 인한 최저임금 적용제외인가신청서에 다음 서류를 첨부해서 제출해야 하며, 해당 근로자가 적용제외 인가 대상에 해당하면 최저임금 적용제외인가서를 받습니다.

1. 신청일이 속하는 달의 직전 달의 사업장 전체근로자 임금대장 사본 1부
2. 정신장애인이나 신체장애인임을 증명할 수 있는 서류 사본 1부
3. 친권자 의견서 사본 1부(지적장애, 정신장애 또는 자폐성장애 등으로 인한 신청의 경우만 해당함)

[2] 최저임금의 적용

> 편의점에서 아르바이트를 하고 있는데, 최저임금이 얼마인지 알고 싶어요.

사용자가 근로의 대가로 근로자에게 지급하여야 할 최저 수준의 임금이 최저임금인데, 최저임금은 1명 이상 근로자를 사용하는 모든 사업장에 적용되며, 정규직뿐만 아니라 비정규직 및 외국인도 최저임금을 적용받습니다(최저임금법 제3조).

〈연도별(2020-2024) 최저임금 현황〉

연도	시간급	일급 (일 8시간 기준)	월급(주 40시간, 월 209시간 기준)	인상률(%)
2020	8,590원	68,720원	1,795,310원	2.9
2021	8,720원	69,760원	1,822,480원	1.5
2022	9,160원	73,280원	1,914,440원	5.1
2023	9,620원	76,960원	2,010,580원	5.0
2024	9,860원	78,880원	2,060,740원	2.5

[3] 최저임금의 효과

> 사용자가 최저임금보다 적은 임금을 주는 경우 어떤 제재를 받나요?

사용자가 근로자에게 최저임금액 이상의 임금을 지급하지 않거나 최저임금을 이유로 근로자가 종전에 받던 임금을 낮춘 경우 3년 이하의 징역 또는 2천만 원 이하의 벌금에 처해집니다(최저임금법 제28조).

또한 최저임금액 미만의 임금을 받기로 한 계약은 무효가 되고, 그 무효로 된 부분은 최저임금액과 동일한 임금을 지급하기로 한 것으로 봅니다.

제3절 임금의 특별한 보호(임금채권의 우선변제권)

대부분의 근로자는 임금을 주된 재원으로 하여 생활하기 때문에, 근로기준법은 근로자가 확실하게 임금을 받을 수 있도록 특별한 보호를 하고 있습니다.

사용자가 도산 등으로 임금을 지불할 능력이 없을 경우에는 다른 채권보다 근로관계로 인한 임금채권이 저당권자나 다른 채권자들보다 우선적으로 변제받을 수 있습니다. 그중에서도 특히 최종 3개월분의 임금과 재해보상금, 최종 3년간의 퇴직금은 가장 먼저 변제됩니다(임금채권의 최우선변제권).

※ 민사집행법에서 정한 배당순위

1순위_ 집행비용(민사집행법 제53조)

2순위_ 필요비 및 유익비(민법 제367조)

3순위_ 근로자의 최종 3개월간의 임금채권(근로기준법 제38조제2항),
　　　　근로자의 최종 3년간 퇴직금 채권(근로자퇴직급여보장법 제11조제2항)과
　　　　재해보상채권(상업재해보상보험법 제36조제1항)
　　　　주택의 소액보증금채권(주택임대차보호법 제8조제1항)
　　　　상가건물의 소액보증금채권(상가임대차보호법 제14조제1항)
　　　　* 서로 경합하는 경우 상호 동등한 채권으로 보아 배당을 실시하여야 한다.

4순위_ 당해세, 지방세

5순위_ 4순위를 제외한 조세채권 및 근저당권, 전세권 등의 채권과 확정일자 임차인

6순위_ 각종 조세채권

7순위_ 의료보험료 등 공과금

8순위_ 일반채권

※ 세입자 보호를 위해 경매나 공매 배당시, 배당순위에서 당해세 우선원칙의 예외사항이 신설되어 2023년 4월 1일부터 시행된다. 당해세의 법정기일보다 임차보증금의 확정일자가 빠르면 임차보증금이 우선변제된다(국세기본법 제35조제7항 신설).

제4절 체불임금과 퇴직금청구절차

근로자가 사망 또는 퇴직한 경우에 사용자는 그 지급 사유가 발생한 때로부터 14일 이내에 임금, 보상금, 기타 일체의 금품을 지급하여야 합니다. 다만, 특별한 사정이 있는 경우에는 당사자 간의 합의에 따라 지급기일을 연장할 수 있습니다(퇴직급여법 제9조). 만약 14일 이내에 지급하지 않았을 경우에는 그다음 날부터 지급하는 날까지의 지연일수에 대한 연 20%(퇴직연금 시 10%)의 지연이자를 지급하여야 하며, 당사자 간에 지급기일 연장에 합의하였더라도 지연이자는 지급하여야 합니다.

1. 체불임금

임금이라 함은 근로자가 근로의 대가로 받는 임금, 봉급 등 일체의 금품을 말하며 근로의 대가가 아니고 사용자가 은혜적, 일시적 또는 복지후생적으로 지급하는 것은 임금이 아닙니다. 사용자는 약정된 임금을 매월 1회 이상 날짜를 정하여 근로자에게 통화(通貨)로 그 전액을 직접 지급하여야 하는데 정하여진 시기에 임금을 지급하지 못하는 경우를 임금이 체불되었다고 합니다.

2. 퇴직금

사업장에서 1년 이상 계속하여 근로한 근로자가 퇴직하는 경우에 계속 근로연수 1년에 대하여 평균임금의 30일분 이상을 지급받도록 되어있습니다. 그러므로 1년 이내에 퇴직한 경우와 퇴직금제도가 설정되어 있지 않은 사업장에서는 퇴직금을 지급받을 수 없습니다(근로자퇴직급여보장법 제8조제1항, 제2조제4호 및 근로기준법 제2조제1항제6호·제2항). 이 법은 근로자를 사용하는 모든 사업 또는 사업장에 적용합니다. 다만, 동거하는 친족만을 사용하는 사업 및 가구 내 고용 활동에는 적용하지 않습니다(근로자퇴직급여보장법 제3조).

3. 임금이나 퇴직금을 지급받지 못하였을 때

받는 방법은 사용자에게 청구, 감독기관에 신고, 지급명령신청, 소송제기 등의 방법이 있습니다.

1) 사용자에게 내용증명으로 청구

사실을 쉽게 증명하고 사용자에게 이러한 분쟁을 법적으로 해결할 것이라는 암시를 주어 사실상 실효적인 수단 중 하나

2) 고용노동부에 진정서 제출

우선 회사의 주소지를 관할하는 지방노동관서나 고용노동부 홈페이지를 통해 진정서 제출. 근로감독관이 근로자와 사용자 대상으로 사실조사(이때 자신의 주장을 입증할 수 있는 각종 자료를 미리 준비하여두면 효과적)를 하여 사용자의 임금체불 사실을 확인하면 사용자에게 기한을 정하여 임금이나 퇴직금을 지불하라는 명령(행정지도)을 합니다. 이 명령을 받고도 사용자가 임금을 지불하지 않으면 근로감독관은 사건을 검찰에 송치하고, 체불사업주는 3년 이하의 징역이나 3천만 원 이하의 벌금에 처해집니다(근로기준법 제109조).

이와는 별도로 고용노동부장관은 체불사업주의 명단을 공개할 수도 있습니다.

3) 지급명령신청

지급명령신청이 이유 있다고 인정되면 법원은 당사자를 법원에 출석시키지 않고 채권자의 주장만으로 채무자에게 변제를 명하므로 민사소송보다 저렴하고 신속하게 사건을 해결할 수 있습니다. 법원이 지급명령을 한 후 사용자가 이를 송달받은 날로부터 2주 내에 이의를 제기하지 않으면 근로자는 강제집행을 신청할 수 있습니다. 사용자가 이의신청을 하면 민사소송절차에 회부될 수 있습니다.

4) 법원에 소송제기

임금청구 소송을 제기하면 변론을 거쳐 판결이 이루어집니다. 그리고 근로자가 승소하면 확정된 판결에 근거하여 강제집행을 신청할 수 있습니다. 소송을 제기하기 전에 근로자는 사용자가 재산을 처분하지 못하도록 가압류를 신청하여 두는 것이 효과적입니다. 이 경우 체불임금 확인서와 압류대상이 될 재산내역을 제시하여야 합니다.

5) 대지급금(舊 체당금)제도 이용하기

비록 제한적이지만 국가가 사용자를 대신하여 일정액의 임금을 대신 지급하는 대지급금 제도가 있습니다(임금채권보장법 제7조). 이 제도에 따라 근로자는 일정 기간의 임금, 퇴직금, 휴업수당 및 출산전후휴가 기간 중 급여를 사업주를 대신하여 고용노동부장관으로부터 지급받을 수 있습니다.

대지급금은 사업주가 ❶ 파산 선고나 ❷ 회생절차개시 결정 또는 ❸ 고용노동부장관의 도

산사실 인정, ❹ 사업주가 미지급 임금 등을 지급하라는 판결 등을 받은 경우, ❺ 고용노동부장관이 근로자에게 체불임금 등·사업주 확인서를 발급하여 사업주의 미지급임금 등이 확인된 경우에 지급됩니다.

▶ **고용노동부장관이 사업주를 대신하여 퇴직한 근로자에게 지급하는 대지급금의 범위는 다음과 같습니다.**
  1. 최종 3개월분의 임금 및 최종 3년간의 퇴직급여 등*
     * "퇴직급여 등"이란, 사용자에게 지급의무가 있는 퇴직금, 확정급여형퇴직연금제도의 급여, 확정기여형퇴직연금제도의 부담금 중 미납입 부담금 및 미납입 부담금에 대한 지연이자, 개인형퇴직연금제도의 부담금 중 미납입 부담금 및 미납입 부담금에 대한 지연이자를 말한다.
  2. 휴업수당(최종 3개월분으로 한정)
  3. 출산전후휴가기간 중 급여(최종 3개월분으로 한정)

▶ **고용노동부장관이 사업주를 대신하여 재직 근로자에게 지급하는 대지급금의 범위는 다음과 같습니다(동법 제7조의2).**
  1. 재직 근로자가 체불임금에 대하여 판결·명령·조정 또는 결정 등을 위한 소송 등을 제기하거나 해당 사업주에 대하여 진정·청원·탄원·고소 또는 고발 등을 제기한 날을 기준으로 맨 나중의 임금체불이 발생한 날부터 소급하여 3개월 동안에 지급되어야 할 임금 중 지급받지 못한 임금
  2. 위 1.과 같은 기간 동안에 지급되어야 할 휴업수당 중 지급받지 못한 휴업수당
  3. 위 1.과 같은 기간 동안에 지급되어야 할 출산전후휴가기간 중 급여에서 지급받지 못한 급여
  ※ 재직 근로자에 대한 대지급금은 해당 근로자가 하나의 사업에 근로하는 동안 1회만 지급받을 수 있다.

▶ **대지급금의 대상 노동자**
  퇴직한 노동자의 확정판결에 따른 대지급금의 경우에는 "퇴직한 다음 날부터 2년 이내에 소송 등을 제기한 노동자"가 대상이고, **체불확인서에 따른 대지급금의 경우**에는 "퇴직한 다음 날부터 1년 이내에 진정 등을 제기한 노동자"가 대상입니다.
  재직 중인 노동자의 경우 소송 또는 진정 제기 당시 근로계약이 종료되지 않았고(근로계약기간이 1개월 미만인 일용노동자는 제외), 임금액이 고용노동부장관이 고시하는 금액

미만(최저임금의 110% 미만: 2023년의 경우 시급 10,582원, 월급 2,211,638원)으로, **확정판결 등에 따른 대지급금**의 경우에는 "마지막 체불발생일의 다음 날부터 2년 내에 소송 등을 제기한 노동자"가 대상이고, 체불확인서에 따른 대지급금의 경우에는 "마지막 체불발생일의 다음 날부터 1년 내에 진정 등을 제기한 노동자"가 대상입니다.

▶ **대지급금의 청구기한**

확정판결 등에 따른 대지급금의 청구기한은 퇴직자, 재직자 상관없이 "판결 등이 있은 날부터 1년 이내"에 청구하여야 하며, 체불확인서에 따른 대지급금의 청구기한은 퇴직자, 재직자 상관없이 "체불확인서 발급일부터 6개월 이내"에 청구하여야 합니다.

▶ **대지급금으로 지급한 돈의 구상**

근로복지공단은 위와 같이 근로자에게 대지급금을 지급하였을 때에는 그 지급한 금액의 한도에서 그 근로자가 해당 사업주에 대하여 미지급 임금 등을 청구할 수 있는 권리를 대위(代位)한다(임금채권보장법 제8조제1항, 제27조, 동법 시행령 제24조제2항제2호). 이때, 임금채권 우선변제권 및 퇴직급여 등 채권의 우선변제권은 위와 같이 대위되는 권리에 존속한다(동법 제8조제2항).

※ 사업장 규모 등 고용노동부령으로 정하는 기준에 해당하는 근로자가 대지급금을 청구하는 경우에는 공인노무사로부터 대지급금 청구서작성, 사실 확인 등에 관한 지원을 받을 수 있다.

6) 강제집행 절차

근로기준법으로 다룰 수가 없거나 사용자가 형사처벌을 받고도 체불임금을 주지 않으면 결국 민사소송을 하여 받을 수밖에 없습니다. 그럴 때에는 법률구조제도를 이용하면 큰 도움을 받을 수 있습니다.

현행 근로기준법 제38조의제2항에 의하면 근로자의 최종 3개월분의 임금·재해보상금과 최종 3년간 퇴직금 채권(근로자퇴직급여보장법 제11조제2항)은 사용자의 총재산에 대하여 질권 또는 저당권에 의하여 담보된 채권, 조세, 공과금 및 다른 채권에 우선하여 변제되어야 한다고 규정되어 있습니다. 따라서 근로자들의 임금채권은 위 규정의 요건이 충족되는 범위 내에서 우선변제권이 있습니다.

그러나 근로자의 임금채권 등이 우선변제권을 갖는다 하여도 권리범위를 확정짓고 집행절차를 진행해 나가려면 먼저 관할지방노동사무소의 협조를 얻어 무공탁으로 사업주의 일반재산에 대한 가압류를 선행시키고 본안소송절차를 거쳐 본압류 후 강제집행을 하여야 합니다.

현행 민사집행법 중 강제집행절차 규정에 의하면 우선변제청구권이 있는 채권자는 곧바로 배당요구절차를 밟을 수 있으므로(민사집행법 제88조), 다른 채권자들이 이미 강제집행절차를 밟고 있다면 별도로 가압류 등의 조치를 거칠 필요 없이 곧바로 법정기한 내에 배당요구절차를 이행함으로써 권리를 확보할 수 있습니다.

관련 사례

[1] 체불임금 구제

> 6개월 동안 임금을 지급받지 못하고 해고되었습니다. 이 경우 어떻게 구제받나요?

임금을 지급받지 못한 근로자는 사업장을 관할하는 지방고용노동관서에 밀린 임금을 지급받게 해달라는 진정이나 사용자를 근로기준법 위반으로 처벌해 달라는 고소를 할 수 있습니다. 임금을 지급받지 못한 근로자는 민사절차에 의해 체불임금을 해결할 수도 있습니다. 체불 당시 최종 3개월분의 월평균 임금이 400만 원 미만인 임금체불 피해근로자(국내거주 외국인 포함)는 대한법률구조공단, 대한가정법률복지상담원의 법률구조를 받아 민사절차를 진행할 수 있습니다.

[2] 사망·퇴직한 근로자에 대한 금품청산

> 회사를 그만둔 지 한 달이 되어 가는데, 회사에서 밀린 임금과 퇴직금을 받지 못했습니다. 어떻게 해야 하나요?

사용자는 근로자가 사망 또는 퇴직한 경우에는 그 지급 사유가 발생한 때부터 14일 이내(특별한 사정이 있는 경우에는 당사자 사이의 합의에 의해 연장 가능)에 임금, 보상금, 퇴직금, 그 밖에 일체의 금품 및 100분의 20의 지연이자를 지급해야 합니다. 사용자가 이를 위반한 경우 3년 이하의 징역 또는 3천만 원 이하의 벌금에 처해집니다(근로기준법 제109조).

따라서 위 기간 내에 사용자로부터 임금 및 퇴직금을 지급받지 못한 근로자는 사업장을 관할하는 지방고용노동관서에 밀린 임금을 지급받게 해달라는 진정이나 사용자를 「근로기준법」 위반으로 처벌해 달라는 고소를 할 수 있습니다.

◇ 미지급 임금에 대한 지연이자의 지급 제외 사유

사용자가 천재·사변, 그 밖에 다음의 어느 하나에 해당하는 사유에 따라 임금 지급을 지연하는 경우 그 사유가 존속하는 기간에 대해서는 미지급 임금에 대한 지연이자를 지급하지 않습니다.

① 파산선고
② 회생절차 개시 결정
③ 고용노동부장관의 도산 등 사실인정
④ 법령상의 제약에 따라 임금 및 퇴직금을 지급할 자금을 확보하기 어려운 경우
⑤ 지급이 지연되고 있는 임금 및 퇴직금의 전부 또는 일부의 존부(存否)를 법원이나 노동위원회에서 다투는 것이 적절하다고 인정되는 경우
⑥ 그 밖에 ①부터 ⑤까지에 준하는 사유가 있는 경우

[3] 대지급금 지급범위

> 회사가 자금난으로 임금을 6개월 동안 지급하지 못해서 퇴직한 경우 대지급금을 받을 수 있다고 하던데, 받을 수 있는 대지급금의 범위는 어떻게 되나요?

근로자는 일정 기간의 임금, 퇴직금, 휴업수당 및 출산전후휴가기간 중 급여를 사업주를 대신하여 고용노동부장관으로부터 지급받을 수 있습니다. 퇴직 노동자의 경우 "최종 3개월분의 임금(휴업수당, 출산전후휴가기간 중 급여)과 최종 3년간의 퇴직금"이 대지급금의 대상범위이고, 재직 중인 노동자의 경우 "소송 등 또는 진정 등 제기일을 기준으로 마지막 체불 발생일부터 소급하여 3개월 동안 지급받아야 할 임금(휴업수당, 출산전후휴가기간 중 급여)"이 대지급금의 대상범위입니다.

[4] 대지급금 지급사유

> 공장이 부도가 나서 밀린 임금과 퇴직금을 받지 못했습니다. 대지급금을 받고 싶은데, 대지급금 지급사유는 어떻게 되나요?

대지급금은 사업주가 ① 파산선고나 ② 회생절차개시 결정 또는 ③ 고용노동부장관의 도산사실 인정 ④ 사업주가 미지급 임금 등을 지급하라는 판결 등을 받은 경우 ⑤ 고용노동부장관이 근로자에게 체불임금 등·사업주 확인서를 발급하여 사업주의 미지급임금 등이 확인된 경우에 지급합니다(임금채권보장법 제7조).

[5] 파산선고에 따른 대지급금

> 회사가 파산하여 임금·퇴직금·휴업수당을 받지 못한 경우 고용노동관서에서 대지급금을 준다고 하던데, 대지급금 지급절차는 어떻게 되나요?

파산선고, 회생절차 개시 결정에 따른 도산대지급금은 대지급금 지급청구 및 대지급금 지급사유 확인신청 → 고용노동부장관의 대지급금 지급 사유 확인→ 대지급금 지급사유 확인결과 통지 → 대지급금 지급청구서 송부(확인통지서 사본 첨부) → 대지급금 지급의 절차에 따라 지급됩니다.

1) **도산대지급금**을 지급받으려는 사람은 회생절차개시의 결정 또는 파산선고의 결정 또는 도산 등 사실인정이 있는 날부터 2년 이내에 도산대지급금 지급청구서를 퇴직 당시의 사업장을 관할하는 지방고용노동청장 또는 지청장을 거쳐 근로복지공단에 제출해서 대지급금의 지급을 청구해야 합니다.

2) **고용노동부장관의 대지급금 지급사유 확인**
지방고용노동관서의 장은 도산대지급금 지급사유 확인을 위해 필요한 경우에는 해당 사업주·파산관재인·관재인·관리인 등에게 파산선고 등과 관련된 사항의 보고 또는 관계서류의 제출을 요구하는 등 필요한 조치를 해야 합니다.

3) **대지급금 지급사유 확인결과 통지**
도산대지급금 지급사유 확인신청서를 접수한 지방고용노동관서의 장은 위와 같이 도산대지급금 지급사유 확인사항에 대해 사실 확인을 한 후 그 결과를 체당금 지급사유 확인통지서로 신청인에게 통지해야 합니다. 다만, 대지급금 지급사유 확인사항에 대한 사실 확인이 불가능한 경우에는 확인 불가 통지서로 그 사유를 통지해야 합니다.

4) **대지급금 지급청구서 송부(확인통지서 사본 첨부)**
지방고용노동관서의 장은 도산대지급금 지급사유 확인결과 해당 신청인이 지급 요건을 갖추고 있는 경우에는 신청인이 제출한 도산대지급금 지급청구서에 확인통지서 사본을 첨부하여 지체 없이 공단에 송부해야 합니다.

5) **대지급금 지급**
도산대지급금 지급청구서를 송부 받은 공단은 특별한 사유가 없으면 도산대지급금 지급청구서를 받은 날부터 7일 이내에 청구인에게 지급할 도산대지급금을 지급해야 합니다.

[6] 임금이 체불될 경우 재직 중 근로자도 대지급금을 청구할 수 있다

> 생산직으로 근무한 지 5년이 되었습니다. 최근 3개월간 임금을 지급받지 못하였는데, 회사에서는 자금 사정이 어렵다며 기다려주라고만 합니다. 퇴직자들은 국가에서 대신 임금을 지급해 준다고 하는데, 재직자들은 회사에서 임금을 줄 때까지 마냥 기다려야 하는 건가요?

회사로부터 임금·휴업수당·출산전후휴가기간 중 "급여 및 퇴직금" 등을 받지 못한 경우 국가가 사업주를 대신하여 지급하는 것을 대지급금(구 체당금)이라고 합니다. **대지급금에는 사업주의 도산(재판상 도산, 사실상 도산)을 요건으로 하는 도산대지급금(구 일반체당금)과 사업주의 도산 여부와 무관하게 법원의 확정판결에 의해 체불이 확인될 것을 요건으로 하는 간이대지급금(구 소액체당금)이 있습니다.**

이중 간이대지급금(구 소액체당금)의 경우 기존에는 퇴직한 노동자만 대상이었고, 절차 또한 법원의 확정판결이 필요하였으나, 2021. 4. 13. 관련 법(임금채권보장법)이 개정되어 **2021. 10. 14.**부터는 퇴직한 노동자뿐만 아니라 재직 중인 노동자도 대상에 포함되었고, 절차 또한 법원의 확정판결이 없어도 고용노동부에서 발급한 체불확인서를 통해 사업주의 미지급임금 등이 확인되면 간이대지급금을 받을 수 있습니다.

따라서 귀하도 2021. 10. 14. 이후 사업장 관할 노동청(지청)에 진정 등을 통해 "체불확인서"를 발급받는다면 진정 제기일을 기준으로 마지막 체불발생일부터 소급하여 3개월 동안 지급받아야 할 임금(상한액을 초과하지 않는 범위 내)을 간이대지급금으로 받을 수 있습니다.

[7] 대지급금의 청구기한

도산대지급금을 지급받으려는 사람은 회생절차개시의 결정 또는 파산선고의 결정 또는 도산 등 사실인정이 있는 날부터 2년 이내에 도산대지급금 지급청구서를 퇴직 당시의 사업장을 관할하는 지방고용노동청장 또는 지청장을 거쳐 근로복지공단에 제출해서 대지급금의 지급을 청구해야 합니다.

[8] 대지급금 상한액

최종 3개월분의 임금(휴업수당, 출산전후휴가기간 중 급여)과 최종 3년간의 퇴직금 각각 700만 원이고, 총 상한액은 1,000만 원입니다.

예를 들어 최종 3개월분 임금 600만 원, 최종 2개월분 휴업수당 280만 원, 최종 3년분 퇴직금 500만 원이 미지급되었다고 가정할 경우, 각각의 항목으로 보면 최종 3개월분 임금, 최종 2개월의 휴업수당, 최종 3년분의 퇴직금은 각각 상한액을 초과하지 않았기 때문에 도합 1,380만 원을 간이대지급금으로 받을 수 있을 것으로 보이지만, 총 상한액이 1,000만 원으로 한정되어 있기 때문에 1,000만 원까지만 받을 수 있다는 것입니다.

제2장 보험제도

보험은 개인이나 기업의 가지고 있는 리스크를 일정한 보험료를 납입하고 보험회사에 전가함으로써 사고로 경제적 손실이 발생하더라도 보상을 받을 수 있도록 하는 리스크 관리 방법의 하나이다.

> **상법 제638조(보험계약의 의의)** 보험계약은 당사자 일방이 약정한 보험료를 지급하고 재산 또는 생명이나 신체에 불확정한 사고가 발생할 경우에 상대방이 일정한 보험금이나 그 밖의 급여를 지급할 것을 약정함으로써 효력이 생긴다.

- **보험제도**는 크게 **민영보험과 공적보험**으로 나눌 수 있다.
  민영보험에는 사람의 생명이나 신체 상해에 대비하기 위한 생명보험과 재산 및 배상책임 손해를 담보하는 손해보험으로 나눌 수 있다.
  공적보험은 국민연금, 국민건강보험, 산재보험, 고용보험, 노인장기요양보험 등 사회보험제도가 있다.
- 생명보험은 생명 혹은 신체 상해에 대응하기 위한 것으로 사망하였을 때 지급되는 사망보험과 장수위험에 대비하기 위한 생존보험, 이 두 가지를 결합된 생사혼합보험이 있다.

제1절 민영보험

1. 생명보험
1) **사망보험**: 생명 혹은 신체 상해에 대응하기 위한 것으로 사망하였을 때 지급되는 사망보험
2) **생존보험**: 장수위험에 대비하기 위한 생존보험

2. 타인의 생명보험
▶ 타인의 사망을 보험사고로 하는 보험계약에는 보험계약 체결 시 그 타인의 서면에 의한 동의를 받아야 합니다. 타인의 사망을 보험사고로 하는 보험계약에 있어 동의는 서면에 의해 이루어져야 하지만, 타인이 반드시 보험청약서에 자필 서명을 하는 것만을 의미하지는 않고 피보험자인 타인이 참석한 자리에서 보험계약을 체결하면서 명시적으로 권한을 수여받아 보험청약서에 타인의 서명을 대행하는 것과 같은 경우도 유효

하게 이루어진 것으로 봅니다(대법원 2006. 12. 21. 선고 2006다69141 판결).
▶ 타인의 사망을 보험사고로 하는 보험계약의 체결에 있어서 보험설계사는 보험계약자에게 피보험자의 서면동의 등의 요건에 관하여 구체적이고 상세하게 설명하여 보험계약자가 그 요건을 구비할 수 있는 기회를 주어 유효한 보험계약이 성립하도록 조치할 주의의무가 있습니다(대법원 2008. 8. 21. 선고 2007다76696 판결).

관련 사례

[1] 타인의 위임 없는 타인을 위한 보험 효력

> 부인이 남편을 피보험자로 하고 피보험자의 상해 및 질병을 보장하는 보험계약을 체결하여 유지하던 중 1년 후 남편이 보험계약 사실을 알고 보험계약의 취소를 요구할 때 보험회사가 보험료를 반환해야 할 책임이 있나요?

타인의 생명보험이 아닌 질병이나 상해만 보장하고 보험수익자를 남편으로 하는 경우, 이를 타인을 위한 보험이라고 하고, 이 경우 타인의 위임(타인을 보험수익자로 한다는 내용에 대한 동의대리권의 위임으로 해석) 없이 보험계약을 체결할 수 있습니다. 이는 보험수익자인 남편에게 의무는 지우지 않고 권리만 제공하는 것으로 남편에게 불이익을 제공하지 않기 때문입니다.(상법 제639조)

따라서 피보험자(손해보험에서의 타인) 또는 보험수익자(생명보험에서의 타인)가 보험계약 체결사실을 몰랐음을 이유로 보험계약자, 피보험자 및 보험수익자가 보험계약을 취소할 수 없어 보험회사가 보험료 반환요구를 거절한다고 해서 부당하다고 보기 어렵습니다.

[2] 보험청약서와 자필서명

> 전화로 보험가입을 권유하기에 피보험자를 저로 하는 상해보험을 가입했습니다. 그런데 나중에 알고 보니 전화로 가입한 보험은 청약서를 별도로 받아 자필서명해야 한다고 하던데, 자필서명이 없는 보험은 어떻게 되나요?

보험가입을 위한 청약을 하면 판매자는 우편이나 팩스 등을 통해 즉시 보험계약자에게 청약서를 보내 자필서명을 받아야 하지만, 사망 또는 장해를 보장하는 보험계약으로써 보험계약자, 피보험자 및 보험수익자가 동일하거나 보험계약자와 피보험자가 동일하고 보험수익자가 법정상속인인 보험계약의 경우에는 자필서명을 하지 않아도 됩니다.

◇ 보험청약서와 자필서명

보험가입을 위한 청약을 하면 판매자는 우편이나 팩스 등을 통해 즉시 보험계약자에게 청약서를 보내 자필서명을 받아야 합니다(보험업법 제97조제1항제7호).

청약자의 신원을 확인할 수 있는 증명자료가 있는 경우와 다음 중 어느 하나에 해당하는 보험계약을 할 경우에는 자필서명을 하지 않아도 됩니다.

- 사망 또는 장해를 보장하지 않는 보험계약
- 사망 또는 장해를 보장하는 보험계약으로서 보험계약자, 피보험자 및 보험수익자가 동일하거나 보험계약자와 피보험자가 동일하고 보험수익자가 법정상속인인 보험계약
- 사망을 보장하는 보험계약으로서 「상법 시행령」 제44조의2 각 호의 요건을 충족하는 전자서명을 받은 보험계약 및 장해를 보장하는 보험계약으로서 「상법 시행령」 제44조의2제1호, 제3호 및 제4호의 요건을 충족하는 전자서명을 받은 보험계약
- 신용생명보험계약 또는 신용손해보험계약
- 보험계약자와 피보험자가 동일하고 보험금이 비영리법인에게 기부되는 보험계약

[3] 계약 전 고지의무

> 3년 2개월 전에 남편 앞으로 생명보험에 가입하고자 보험설계사를 불러 보험계약을 체결하였습니다. 그런데 보험 체결 전 남편이 간 기능 이상으로 저 몰래 병원치료를 받았다는 사실을 나중에 알게 되었지만, 이미 보험계약을 체결한 상태여서 말하지 않았습니다. 보름전 남편의 사망으로 사망보험금을 청구했으나 보험회사는 '계약 전 고지의무 위반'으로 보험금지급을 거절하고 있습니다.

보험계약자 또는 피보험자가 보험계약을 체결함에 있어 고의 또는 중대한 과실로 중요한 사항을 알리지 않거나 부실의 고지를 하지 않을 의무가 있으면 이를 위반한 경우에는 보험계약을 해지할 수 있습니다. 그러나 보험계약 체결한 날로 3년이 지난 경우에는 이를 해지할 수 없습니다. 따라서 보험회사는 보험금지급책임이 있습니다.

◇ 계약 전 고지의무

고지의무란 보험계약자 또는 피보험자가 보험계약을 체결함에 있어 고의 또는 중대한 과실로 중요한 사항을 알리지 않거나 부실의 고지를 하지 않을 의무를 말하는데, 보험회사가 서면으로 질문한 사항은 중요한 사항으로 추정됩니다. 중요한 사항은 보험회사가 그 사실을 알았더라면 계약의 청약을 거절하거나 보험가입금액 한도 제한, 일부 보장 제외, 보험금 삭감, 보험료 할증과 같이 조건을 붙여 계약을 하는 등 계약에 영향을 미칠 수 있는 사항을 말합니다.

보험계약 당시 보험계약자 또는 피보험자가 고의 또는 중대한 과실로 중요한 사항을 고지하지 않거나 부실하게 고지한 경우 보험회사는 그 사실을 안 날부터 1개월 내에, 계약을 체결한 날부터 3년 내에 계약을 해지할 수 있습니다. 그러나 보험회사가 계약 당시에 그 사실을 알았거나 중대한 과실로 알지 못한 경우에는 그렇지 않습니다.

[4] 보험금청구권의 소멸시효

> 남편이 가출하여 연락되지 않다가 3년 6개월 뒤 '실종자 찾아주기' 운동의 일환으로 DNA검사를 했더니 남편은 3년 전에 이미 교통사고로 사망하였고, 신원미상자로 처리되었다고 합니다. 가출 전 남편이 들어놓은 사망보험금을 청구했더니 보험회사는 사망 후 3년이 경과하였기 때문에 소멸시효 완성을 주장하고 있습니다. 보험금은 못 받는건가요?

청구권의 소멸시효는 특별한 다른 사정이 없는 한 보험사고가 발생한 때부터 진행하는 것이 원칙입니다. 그러나 객관적으로 보험사고가 발생한 사실을 확인할 수 없는 사정이 있는 경우에는 보험금청구권자가 보험사고의 발생을 알았거나 알 수 있었던 때부터 보험금청구권의 소멸시효가 진행합니다. 따라서 사례의 경우에는 보험금 청구가 가능합니다.

◇ 보험금청구권 등의 소멸시효

보험금청구권과 보험료 또는 적립금의 반환청구권은 3년간, 보험료의 청구권은 2년간 행사하지 않으면 시효의 완성으로 소멸합니다.

보험금청구권은 보험사고가 발생하기 전에는 추상적인 권리에 지나지 않고 보험사고가 발생하면 구체적인 권리가 되어 그때부터 권리를 행사할 수 있으므로, 보험금청구권의 소멸시효는 특별한 다른 사정이 없는 한 보험사고가 발생한 때부터 진행하는 것이 원칙입니다. 그러나 객관적으로 보험사고가 발생한 사실을 확인할 수 없는 사정이 있는 경우에는 보험금청구권자가 보험사고의 발생을 알았거나 알 수 있었던 때부터 보험금청구권의 소멸시효가 진행합니다(대법원 2008. 11. 13. 선고 2007다19624 판결).

[5] 보험계약의 철회

> 전화로 보험가입을 권유하여 보험에 가입하고 1회 보험료를 납부하였으나, 보름이 지난 뒤 다시 생각해 보니 해당 보험은 저에게 그다지 큰 도움이 안 될 것 같습니다. 납부한 보험료를 돌려받을 수 있을까요?

전화·우편·컴퓨터 등의 통신매체를 통한 보험계약의 경우에는 청약을 한 날부터 15일 이내에 그 청약을 철회할 수 있습니다. 보험계약자는 청약서의 청약철회란을 작성하여 회사에 제출하거나, 통신수단을 이용하여 청약 철회를 신청할 수 있습니다.

보험회사는 보험계약자가 청약철회 신청을 하면 철회를 접수한 날부터 3일 이내에 납입한 보험료를 돌려주어야 합니다. 보험료 반환이 지체된다면 지체된 기간에 이 계약의 보험계약대출 이율을 연복리로 계산한 금액을 더하여 지급해야 합니다. 다만 보험계약자가 제1회 보험료를 신용카드로 납입한 계약을 철회할 경우 보험회사는 신용카드의 매출을 취소할 뿐 이자를 더하여 지급하지는 않습니다.

◇ 청약의 철회

보험계약자는 보험증권을 받은 날부터 15일 내에 그 청약을 철회할 수 있습니다. 다만, 진단계약(診斷契約), 보험기간이 1년 미만인 계약 또는 전문보험계약자가 체결한 계약은 청약을 철회할 수 없습니다. 또한 청약한 날부터 30일이 초과된 계약은 청약을 철회할 수 없습니다.

그리고 청약을 철회할 당시에 이미 보험금 지급사유가 발생하였으나 계약자가 그 보험금 지급사유의 발생 사실을 알지 못한 경우에는 청약철회의 효력은 발생하지 않습니다.

[6] 보험계약의 해지

> 남편을 피보험자로 한 상해보험에 가입하였다가 보험료를 납입할 여력이 안 되어 보험계약을 해지하려 합니다. 제가 가서 보험계약을 해지할 수 있나요?

보험사고가 발생하기 전 보험계약자는 언제든지 계약의 전부 또는 일부를 해지할 수 있습니다(상법 제649조제1항 전단). 그러나 질문과 같이 남편을 피보험자로 한 상해보험은 타인을 위한 보험으로서 이 경우 그 타인 즉 남편의 동의를 얻지 않거나 보험증권을 소지하지 않으면 해지를 할 수 없습니다(동항 후단).

◇ 보험계약의 임의해지

보험사고가 발생하기 전 보험계약자는 언제든지 계약의 전부 또는 일부를 해지할 수 있습니다. 그러나 타인을 위한 보험의 경우 그 타인의 동의를 얻지 않거나 보험증권을 소지하지 않으면 해지를 할 수 없습니다.

보험사고의 발생으로 보험회사가 보험금액을 지급한 경우에도 보험금액이 감액되지 않는 보험일 경우(예를 들어, 책임보험), 보험계약자는 사고 발생 후라도 계약을 해지할 수 있습니다. 연금보험의 경우 연금 지급이 개시된 이후에는 해지할 수 없습니다.

보험계약의 해지 후 보험계약자는 보험회사와 다른 약정이 없으면 미경과보험료의 반환을 청구할 수 있습니다. 계약이 해지되면 보험회사는 해약환급금을 지급합니다.

보험회사가 파산선고를 받은 경우 보험계약자는 계약을 해지할 수 있습니다. 만약 해지하지 않더라도 파산선고 후 3개월을 경과하면 보험은 효력을 잃게 됩니다.

[7] 보험모집인의 부당한 행위로 소멸된 보험계약의 부활

> 보험설계사가 기존 보험은 좋지 않으니 보험 해약을 하고 새로운 보험을 가입하라고 권유하였습니다. 보험설계사를 믿고 해약 후 새로운 보험에 가입하였으나 자세히 알아보니 해약한 보험계약이 제게 적당한 보험이었습니다. 새로운 보험을 취소하고 해약한 보험을 되살릴 수 없나요?

보험설계사가 부당하게 기존 보험을 소멸시키거나 소멸하게 한 경우 보험계약자는 해당 보험설계사가 속한 보험회사에 보험계약이 소멸한 날부터 6개월 내에 소멸된 보험계약의 부활을 청구하고 새로운 보험계약을 취소할 수 있습니다. 다만 보험계약의 부활은 소멸한 보험과 새로운 보험계약의 상대방이 동일한 보험회사일 경우에 한해 가능합니다.

◇ 보험모집인의 금지된 부당 행위로 소멸된 보험계약의 부활

보험계약자는 보험계약의 체결 또는 모집에 종사하는 자가 부당하게 기존 보험을 소멸시키거나 소멸하게 한 경우 해당 보험계약의 체결 또는 모집에 종사하는 자가 속하거나 모집을 위탁한 보험회사에 해당 보험계약이 소멸한 날부터 6개월 내에 소멸된 보험계약의 부활을 청구하고 새로운 보험계약을 취소할 수 있습니다.

보험계약의 부활 청구를 받은 보험회사는 특별한 사유가 없는 한 소멸된 보험계약의 부활을 승낙해야 합니다. 보험계약의 부활은 소멸한 보험과 새로운 보험계약의 상대방이 동일한 보험회사일 경우에 한해 가능합니다.

보험회사는 보험계약의 부활청구를 받은 날(건강진단을 받는 계약의 경우에는 진단일)부터 30일 내에 승낙 또는 거절의 통지를 해야 하며 30일 내에 승낙 여부를 알리지 않는 경우 보험계약을 승낙한 것으로 봅니다.

보험계약자의 부활 청구로 인한 소멸된 보험계약의 부활 및 새로운 보험계약의 취소의 효력은 다음의 요건을 충족한 경우 발생합니다.
- 기존 보험계약의 소멸로 인하여 보험계약자가 수령한 해약환급금의 반환
- 새로운 보험계약으로부터 보험계약자가 제급부금을 수령한 경우 그 반환

[8] 사망을 보험사고로 하는 보험계약에서 자살을 보험자의 면책사유로 규정한 경우, 보험사고인 사망에 해당할 수 있는 판단기준

> 사망을 보험사고로 하는 보험계약에서 자살을 보험자의 면책사유로 규정한 경우, 보험사고인 사망에 해당할 수 있는 판단기준에 대해 알고 싶습니다.

대법원은 사망을 보험사고로 하는 보험계약에서 자살을 보험자의 면책사유로 규정하고

있는 경우에도 피보험자가 자유로운 의사결정을 할 수 없는 상태에서 사망의 결과를 발생케 한 직접적인 원인행위가 외래의 요인에 의한 것이라면, 그 사망은 피보험자의 고의에 의하지 않은 우발적인 사고로서 보험사고인 사망에 해당할 수 있다. 정신질환 등으로 자살한 경우, 자유로운 의사결정을 할 수 없는 상태에서의 사망이었는지 여부는 자살자의 나이와 성행, 자살자의 신체적·정신적 심리상황, 그 정신질환의 발병 시기, 그 진행경과와 정도 및 자살에 즈음한 시점에서의 구체적인 상태, 자살자를 에워싸고 있는 주위 상황과 자살 무렵 자살자의 행태, 자살행위의 시기 및 장소, 기타 자살의 동기, 경위와 방법 및 태양 등을 종합적으로 고려하여 판단하여야 한다. 아울러, 의사로부터 우울병 등의 진단을 받아 상당 기간 치료를 받아왔고 그 증상과 자살 사이에 관련성이 있어 보이는 경우, 자유로운 의사결정을 할 수 없는 상태였는지 여부를 판단하기 위해 자살 무렵의 상황을 평가할 때에는 그 상황 전체의 양상과 자살에 이르는 일련의 과정을 종합적으로 고려하여야 하고 특정 시점에서의 행위를 들어 그 상황을 섣불리 평가하여서는 안 된다고 판시하였습니다(대법원 2021. 2. 4. 선고 2017다281367 판결 등 참조).

제2절 공적보험

1. 산재보험제도

1) 의의

"**산업재해보상보험**"이란 근로자가 사업장에서 일을 하다가 업무상 부상, 질병, 신체장해 또는 사망한 경우 사업주의 재해보상책임을 국가가 대행하여 이들에게 신속·공정한 보상을 행함으로써 재해를 당한 근로자와 그 가족을 보호하고, 사업주에게는 일시에 소요되는 과중한 보상 비용을 다수 업체가 공동으로 부담함으로써 정상적인 기업 활동을 보장하여 근로자와 사업주를 동시에 보호하는 사회보험이다.

2) 누가 가입하나

(1) 적용범위

이 법은 근로자를 사용하는 모든 사업 또는 사업장에 적용한다(산업재해보상보험법 제6조 본문). 산재보험 가입자는 사업주가 되며 가입대상이 되는 날로부터 14일 이내에 의무적으로 가입하고 70일 이내에 보험료를 자진 납부하여야 한다.

(2) 적용제외

「공무원 재해보상법」, 「군인 재해보상법」, 「선원법」, 「어선원 및 어선 재해보상보험법」 또는 「사립학교교직원 연금법」에 따라 재해보상이 되는 사업은 「산업재해보상보험법」이 적용되지 않는다. 따라서 「공무원 재해보상법」 등이 적용되어 「산업재해보상보험법」이 적용되지 않는 **사업의 근로자가 재해를 당한 경우 그 근로자는** 「공무원 재해보상법」, 「군인 재해보상법」, 「선원법」, 「어선원 및 어선 재해보상보험법」 또는 「사립학교교직원 연금법」에 따라 재해보상을 받을 수 있다.

또한, 가구 내 고용활동, 농업, 임업(벌목업은 제외), 어업 및 수렵업 중 법인이 아닌 자의 사업으로서 상시근로자 수가 5명 미만인 사업도 「산업재해보상보험법」이 적용되지 않는다(법 제6조 단서 및 시행령 제2조제1항). 「산업재해보상보험법」이 적용되지 않는 사업의 근로자가 업무상 재해를 당한 경우(산업재해보상보험법 적용 제외 사업 중 산재보험에 임의 가입한 사업은 제외) 해당 근로자는 근로기준법 제78조부터 제92조에 따라 재해보상을 받아야 한다.

3) 업무상 재해범위

산재보험법상 업무상 재해라 함은 업무상의 사유에 따른 근로자의 부상·질병·장해 또는 사망을 말한다. 근로자가 업무상 사고 또는 업무상 질병(직장 내 괴롭힘, 고객의 폭언 등으로 인한 정신적 스트레스가 원인이 되어 발생한 질병 포함)에 해당하는 사유로 부상·질병 또는 장해가 발생하거나 사망하면 업무상 재해로 본다. 다만, 업무와 재해 사이에 상당인과관계가 없는 경우에는 업무상 재해로 보지 않는다.

실질적으로 업무상 재해인지 여부에 대한 판단은 사고 발생 경위, 작업환경 등인 사실관계를 기준으로 판단해야 한다. **업무상 재해와 관련된 대법원 판결 몇 가지를 예시하면 다음과 같다.**

- 사업상 판매촉진을 위한 접대행위 중 술을 마시다가 사망한 경우 또는 출장 중의 사고는 원칙적으로 업무상 재해로 인정된다. 그러나 출장 중의 행위가 출장에 통상 수반되는 범위의 행위가 아닌 자의적 행위나 개인적 행위는 업무에 기인한 것이 아니므로 업무상 재해로 인정되지 아니하고 있다.
- 기존의 질병이 직무상 과로로 악화됐다든지, 새로운 질병이 생겼다든지, 사망에까지 이르게 된 경우에는 업무상 재해로 보상을 받을 수 있다. 따라서 평소 난청이라도 작업환경으로 악화되면 보상받을 수 있고, 평소 혈압이 높았다 하더라도 피로가 겹쳐 사망에 이르면 보상을 받을 수 있다. 또한 사업장 밖에서의 행위라도 직무상의 과로라 할 수 있으면 보상을 받을 수 있는 것이다.

- 그러나 업무 수행 중이라 하더라도 근로자의 작업시간, 작업내용, 작업환경, 작업량 등에 비추어 업무상 충격에 기인하지 아니한 재해는 업무상 재해라고 볼 수 없어 보상을 받을 수 없다.

참고로 법원에서는 과거에는 인정치 아니하였던 부분에서도 점차 업무상 재해를 인정하고 있음에 유념할 필요가 있다.

4) 산재보험 급여 종류

근로자가 사업장에서 일을 하다가 업무상 재해를 당할 경우에 재해근로자에게 다음과 같은 보상을 하여 준다(법 제36조).

(1) 요양급여

근로자가 업무상 부상을 당하거나 질병에 걸려 4일 이상의 치료를 받아야 할 경우에는 산재지정 의료기관에서 완치 또는 상병상태가 고정되어 더 이상의 치료효과를 기대할 수 없을 때까지 치료를 하여 준다(법 제40조).

(2) 휴업급여

재해근로자가 치료를 받는 동안에 일하지 못한 기간이 4일 이상인 경우에는 매 1일마다 평균임금의 70%에 해당하는 금액을 지급하여 생활의 안정을 기한다(법 제52조).

(3) 장해급여

치료 종결 후 잔존하는 신체장애에 대하여 장해등급에 따라 장해보상연금 또는 장해보상일시금으로 지급한다(법 제57조).

(4) 간병급여

치료 종결 후에도 상시 또는 수시로 간병이 필요하여 실제로 간병을 받는 경우에 지급한다.

(5) 유족급여

근로자가 업무상 사망한 경우에는 유족급여를 받게 되고 지급형태는 유족보상일시금(평균임금의 1,300일분)과 유족보상연금(평균임금의 52~67%)으로 나누어지며 유족의 선택에 따라 유족보상일시금 또는 유족보상연금을 지급받을 수 있다(법 제62~65조).

(6) 상병보상연금

재해근로자가 2년 이상 치료를 계속하여도 완치되지 않고 폐질등급이 1~3급에 해당하는 경우에는 그 등급에 따라 휴업급여 대신 평균임금의 90.1%~70.4%에 해당하는 금액을 지급하여 장기 환자의 생활 안정을 도모한다(법 제66~69조).

(7) 장의비

근로자가 업무상 사망하여 장례를 행한 경우에는 장례를 행한 자에게 그 장례비로 평균임금의 120일분을 지급한다(법 제71조).

(8) 직업재활급여

장애급여(1-12급)를 받는 사람의 직업훈련 비용 및 직장 복귀 지원금 등을 지원한다.

5) 산재보험의 특성

산재보험료는 원칙적으로 사업주가 전액 부담한다(고용보험 및 산업재해보상보험의 보험료징수 등에 관한 법률 제13조제1항).

산재보험은 사용자가 근로자의 업무상 재해에 대해 고의 또는 과실이 있는지 여부에 대해 묻지 않고 산업재해보상 보험급여를 지급한다. 보험급여는 업무상 재해에 대한 손해 전체를 보상하는 것이 아니라 평균임금을 기초로 하여 산정된 일정한 금액을 보상한다(산업재해보상보험법 제36조제3항부터 제8항까지). 그러나 민사상 손해배상은 사용자 등의 고의 또는 과실이 있는 경우에만 지급받을 수 있다(민법 제750조 및 제751조).

업무상 재해를 당한 근로자가 민사상 손해배상을 받은 경우 근로복지공단은 손해배상을 받은 금품만큼 보험급여의 금액의 한도 안에서 보험급여를 지급하지 않는다(산업재해보상보험법 제80조제3항 본문). 따라서 업무상 재해를 당한 근로자는 「산업재해보상보험법」에 따른 보험급여를 우선 청구하고, 민사상 손해배상액과 차액이 있으면 민사소송을 제기하는 것이 일반적으로 가장 유리한 방법이다.

또한 업무상 재해를 당한 근로자가 「산업재해보상보험법」에 따라 보험급여를 받았거나 받을 수 있으면 보험가입자는 동일한 사유에 대해 「근로기준법」에 따른 재해보상 책임이 면제된다(동법 제80조제1항).

관련 사례

[1] 산업재해보상보험법의 적용범위

> 편의점에서 일하는 아르바이트생이나 건설현장에서 일하는 비정규직 혹은 일용직 근로자도 산업재해보상 보험급여를 받을 수 있나요?

「산업재해보상보험법」은 원칙적으로 근로자를 사용하는 모든 사업 또는 사업장에 적용됩니다. 따라서 아르바이트생이나 비정규직 근로자, 일용직 근로자의 경우에도 업무상 재해를 당한 경우 원칙적으로 산업재해보상 보험급여를 받을 수 있습니다.

[2] 업무상 재해의 인정 요건

> 업무상 재해를 당한 근로자는 산업재해보상 보험급여를 받을 수 있다고 하는데, 업무상 재해로 인정받으려면 어떤 요건을 갖추어야 하나요?

업무상 재해란 업무상의 사유에 따른 근로자의 부상·질병·장해 또는 사망을 말합니다. 근로자가 업무상 사고 또는 업무상 질병(직장 내 괴롭힘, 고객의 폭언 등으로 인한 정신적 스트레스가 원인이 되어 발생한 질병 포함)에 해당하는 사유로 부상·질병 또는 장해가 발생하거나 사망하면 업무상 재해로 봅니다. 다만, 업무와 재해 사이에 상당인과관계가 없는 경우에는 업무상 재해로 보지 않습니다.

업무상 사고 또는 업무상 질병에 해당하는지 여부에 대해서는 구체적인 사정을 고려하여 판단합니다. 근로자의 고의·자해행위나 범죄행위 또는 그것이 원인이 되어 발생한 재해(부상·질병·장해 또는 사망)는 업무상 재해로 보지 않습니다. 다만, 그 재해가 정상적인 인식 능력 등이 뚜렷하게 낮아진 상태에서 한 행위로 발생한 경우로서 일정한 사유가 있으면 업무상 재해로 봅니다.

[3] 외국인 근로자도 업무상 재해를 당하면 산업재해보상 보험급여를 받을 수 있다

> 외국인 근로자가 일을 하다가 다친 경우에도 산업재해보상보험 보험급여를 받을 수 있나요?

「산업재해보상보험법」은 원칙적으로 근로자를 사용하는 모든 사업 또는 사업장에 적용됩니다. 여기에서 근로자의 국적은 불문하며, 따라서 외국인 근로자의 경우에도 업무상 재해를 당한 경우 원칙적으로 산업재해보상 보험급여를 받을 수 있습니다.

[4] 산업재해보상보험 가입 및 보험료 징수

> 조그마한 사업체를 운영하는 사람입니다. 회사 경영이 많이 힘이 드는데, 산업재해보상보험에 반드시 가입해야 하는 건가요? 가입하지 않을 수는 없나요?

「산업재해보상보험법」의 적용을 받는 사업의 사업주는 당연히 산업재해보상보험에 가입자가 됩니다(당연가입). 따라서 근로자 1인 이상을 고용하고 있는 사업장은 의무적으로 가입해야 합니다. 다만 「산업재해보상보험법」의 적용제외 대상 사업의 사업주는 근로복지공단의 승인을 받아 산재보험에 가입할 수 있습니다(임의가입).

◇ 「산업재해보상보험법」의 적용제외 사업장
1. 「공무원 재해보상법」, 「군인 재해보상법」, 「선원법」, 「어선원 및 어선 재해보상보험법」 또는 「사립학교교직원 연금법」에 따라 재해보상이 되는 사업
2. 가구 내 고용활동, 농업, 임업(벌목업은 제외), 어업 및 수렵업 중 법인이 아닌 자의 사업으로서 상시근로자 수가 5명 미만인 사업

[5] 산업재해보상보험료는 사용자가 전액 부담한다

> 산업재해보상보험은 사용자가 보험료 전액을 부담하고 근로자는 별도의 보험료를 부담하지 않는다고 하는데 사실인가요?

사회보험 중 국민연금, 건강보험, 고용보험은 개인이 부담하거나 개인과 사업주가 함께 부담하는 반면, **산업재해보상보험은** 재해근로자나 그 유족에 대한 사용자의 보상 또는 배상책임을 국가가 보험방식을 통해 대신 보상하는 제도이기 때문에 다른 사회보험과는 달리 **사용자가 보험료 전액을 부담하는 것을 원칙**으로 합니다(다만, 특수형태근로종사자는 사업주와 근로자가 보험료의 1/2을 각각 부담).

[6] 근로자의 실수로 인한 사고의 경우에도 산재보상을 받을 수 있다(사고로 인한 업무상 재해의 인정기준)

> 근로자가 일을 하다가 자신의 실수로 사고가 발생했습니다. 근로자의 실수가 있는 경우에는 산재보상을 받을 수 없나요?

산업재해보상보험은 무과실 책임주의로 근로자의 고의·자해행위나 범죄행위 또는 그것이 원인이 되어 발생한 재해(부상·장해 또는 사망)가 아니라면 근로자의 실수로 인한 경우에도 보상을 받을 수 있습니다.

[7] 사업장 밖에서 사고를 당한 경우와 산재보상

> 사업장 밖에서 업무를 수행하던 중에 사고를 당했습니다. 이때도 업무상 재해로 인정을 받을 수 있는 건가요? 아니면 다른 방법을 통해서 구제를 받아야 하는 건가요?

근로자가 사업주의 지시를 받아 사업장 밖에서 업무를 수행하던 중에 발생한 사고로 부상

또는 장해가 발생하거나 사망하면 원칙적으로 업무상 재해로 봅니다. 따라서 산재보상을 받을 수 있습니다. 다만, 다음의 어느 하나에 해당하는 사고로 근로자에게 발생한 부상·장해 또는 사망은 업무상 재해로 보지 않습니다.
1. 사업주의 구체적인 지시를 위반한 행위
2. 근로자의 사적 행위
3. 정상적인 출장 경로를 벗어났을 때 발생한 사고

[8] 업무 성질상 업무수행 장소가 정해져 있지 않은 근로자의 경우

업무의 성질상 업무수행 장소가 정해져 있지 않은 근로자가 최초로 업무수행 장소에 도착하여 업무를 시작한 때부터 최후로 업무를 완수한 후 퇴근하기 전까지 업무와 관련한 사고로 부상 또는 장해가 발생하거나 사망하면 업무상 재해로 본다.

[9] 출퇴근 중의 사고와 산재보상

> 자신의 승용차를 이용하여 출퇴근 중에 사고를 당한 경우에도 산재보상을 받을 수 있나요? 만약 사업주가 제공한 통근버스를 이용한 경우에는 어떤가요?

근로자가 출퇴근하던 중에 발생한 다음의 요건을 모두 충족하는 사고로 부상 또는 장해가 발생하거나 사망하면 업무상 재해로 봅니다.
1. 사업주가 제공한 교통수단이나 그에 준하는 교통수단을 이용하는 등 사업주의 지배 관리 하에서 출퇴근하는 중 발생한 사고
2. 그 밖에 통상적인 경로와 방법으로 출퇴근하는 중 발생한 사고
   (다만, 다음의 어느 하나에 해당하는 직종에 종사하는 사람이 본인의 주거지에, 업무에 사용하는 자동차 등의 차고지를 보유하고 있는 경우와 같이 출퇴근 경로와 방법이 일정하지 않은 직종의 경우에는 이를 적용하지 않음)
   1) 「여객자동차 운수사업법」 제3조제1항제3호에 따른 수요응답형 여객자동차운송사업
   2) 「여객자동차 운수사업법 시행령」 제3조제2호라목에 따른 개인택시운송사업
   3) 「산업재해보상보험법 시행령」 제122조제1항제2호에 해당하는 사람 중 「통계법」 제22조에 따라 통계청장이 고시하는 직업에 관한 표준분류의 세분류에 따른 택배원인 사람으로서 다음 어느 하나에 해당하는 사람이 수행하는 배송 업무
      ① 퀵서비스업자[소화물의 집화(集貨)·수송 과정 없이 그 배송만을 업무로 하는 사업의 사업주를 말함. 이하 같음]로부터 업무를 의뢰받아 배송 업무를 하는 사람
      ② 퀵서비스업자

[10] 행사 중의 사고와 산재보상

> 회사에서 주최한 야유회에 참석하였다가 발생한 사고로 부상을 입었습니다. 일을 하다가 다친 것이 아닌데도 산재보상을 받을 수 있나요?

회사에서 주최한 야유회에 참석하였다가 발생한 사고로 부상을 입었다면 산재보상을 받을 수 있습니다. 운동경기·야유회·등산대회 등 각종행사에 근로자가 참가하는 것이 사회통념상 노무관리 또는 사업운영상 필요하다고 인정되는 경우로서 근로자가 그 행사에 참가(행사 참가를 위한 준비·연습을 포함)하여 발생한 사고로 부상 또는 장해가 발생하거나 사망하면 업무상 재해로 봅니다.

행사 중의 사고가 업무상 재해로 인정되는 경우는 구체적으로 다음과 같습니다.
1) 사업주가 행사에 참가한 근로자에 대해 행사에 참가한 시간을 근무한 시간으로 인정하는 경우
2) 사업주가 그 근로자에게 행사에 참가하도록 지시한 경우
3) 사전에 사업주의 승인을 받아 행사에 참가한 경우
4) 그 밖에 1)부터 3)까지에 준하는 경우로서 사업주가 그 근로자의 행사 참가를 통상적·관례적으로 인정한 경우

[11] 고객의 폭언 등으로부터 근로자보호

근로자가 업무와 관련해 다른 사람의 폭언·폭행 등을 당해 건강장해가 발생하거나 발생할 우려가 있는 경우, 사업주는 업무 일시 중단 또는 전환 등의 조치를 해야 합니다. 또한 근로기준법이 개정되어 직장 내 괴롭힘이 발생하면 사용자에게 당사자 등을 대상으로 객관적인 조사를 하도록 하고, 사용자 등이 직장 내 괴롭힘 행위를 하거나 조치의무를 이행하지 않는 경우 과태료가 부과됩니다(산업안전보건법 제41조, 동법 제175조제4항제3호).

고용·산재보험 업무상담 : 1588-0075 (통화료 발신자 부담)
근로복지공단 : www.comwel.or.kr

2. 고용보험제도

1) 고용보험이란

고용보험제도는 실직근로자에게 실업급여를 지급하여 실직자의 생계를 보장하고 적극적인 직업소개 또는 직업훈련 지원을 통해 재취업을 촉진하고 다양한 고용안정·직업능력개발사업 등을 행하는 적극적 차원의 사회보장제도이자 고용정책제도이다. 우리나라는 1995. 7. 1.부터 이를 시행함으로써 산재보험(1964년), 의료보험(1977년), 국민연금(1988년)제도 등 선진국 수준의 4대 사회보장 제도를 모두 갖추게 되었다.

2) 적용대상 및 가입

(1) 당연적용사업

근로자를 고용하는 모든 사업 또는 사업장의 사업주는 원칙적으로 고용보험의 당연가입대상이다. 다만 사업장의 규모 등을 고려하여 일부사업(장)은 고용보험 당연가입대상에서 제외하고 있다.

(2) 임의가입사업

사업장의 규모 등으로 고용보험법의 당연가입대상사업이 아닌 사업의 경우 근로복지공단의 승인을 얻어 보험에 가입할 수 있다. 이 경우 사업주는 근로자(적용제외근로자 제외) 과반수 이상의 동의를 얻은 사실을 증명하는 서류(고용보험 가입신청서)를 첨부하여야 한다.

(3) 적용제외 대상사업(고용보험법 제8조제1항단서, 동법 시행령 제2조)
- 농업·임업 및 어업 중 법인이 아닌 자가 상시 4명 이하의 근로자를 사용하는 사업
- 가구 내 고용활동 및 달리 분류되지 아니한 자가소비 생산활동
- 건설업자 등이 아닌 자가 시공하는 총 공사금액 2천만 원 미만인 공사, 연면적이 100제곱미터 이하인 건축물의 건축 또는 연면적이 200제곱미터 이하인 건축물의 대수선에 관한 공사

(4) 적용제외대상 근로자
- 65세 이후에 고용되거나 자영업을 개시한 사람
  * 다만 65세 전부터 피보험자격을 유지하던 사람이 65세 이후에 계속하여 고용된 경우는 실업급여 등 고용보험 전 사업 적용(2019년 1월 15일 시행)

- 1개월간 소정근로시간이 60시간 미만인 자(1주간의 소정근로시간이 15시간 미만인 자) 다만, 3개월 이상 계속하여 근로를 제공하는 자와 1개월 미만 동안 고용되는 일용근로자는 적용대상임(법 제2조제6호)
- 국가 및 지방공무원법에 의한 공무원, 국가·지자체에서 직접 행하는 사업에 종사하는 자 다만, 별정직·임기제 공무원은 본인의 의사에 따라 최초 임용된 날부터 3개월 이내 임의가입 가능(실업급여만 적용). 3개월 내 신청하지 않을 경우 가입 불가
- 사립학교교직원 연금법의 적용을 받는 자
- 선원법에 의한 선원(일부 선원은 적용)
- **외국인 근로자**(외국인 근로자의 경우 고용보험적용 제외대상이나, 일부 체류자격의 경우 당연, 임의, 상호주의로 구분 적용)
- 별정우체국법에 따른 별정우체국 직원

3) 고용보험료의 부담수준

고용보험료는 세 가지 사업별로 구분하여 부과한다. 먼저 **실업급여의 보험요율은 사업주 0.9%, 근로자 0.9%이다. 고용안정·직업능력개발사업 보험료는 사업 규모에 따라 0.25%~0.85%로 사업주가 전액부담한다.**

따라서 근로자는 임금총액의 0.9%, 사업주는 기업규모별로 1.15%~1.75%의 고용보험료를 부담하게 된다. 사업주는 매년 3. 31.까지 전년도 보험료를 확정, 정산하고 당해년도분의 개산보험료를 보고, 납부하여야 한다.

4) 사업주는 어떤 혜택을 받나

사업주는 고용안정·직업능력개발사업을 통하여 각종 지원금 및 장려금을 받을 수 있다. 고용사정이 악화되고 있다고 노동부장관이 지정·고시한 특정업종 및 특정지역의 사업주가 근로자의 실업예방 및 고용안정을 위하여 휴업·전직훈련·인력재배치를 행한 경우에는 휴업수당지원금, 전직훈련지원금, 인력재배치지원금, 지역고용촉진지원금을 지원받을 수 있다.

(1) 고용유지지원금

고용유지를 한 조치기간 동안 사업주가 근로자에게 지급한 휴업수당, 휴직수당, 또는 임금액의 일부지원한다. 사업주가 근로자에게 제공하는 휴업·휴직 수당에 대해 정부가 보조금을 지원하여 경영 상황이 어렵더라도 인원 감축 대신 고용유지를 장려하기 위한 제도이다.

대상	지원수준	지원기간
유급휴업/휴직	지급한 휴업/휴직수당의 2/3, 1일 6.6만 원	연 180일
무급휴업/휴직	평균임금의 50% 범위 내에서 심사위원회 결정	근로자별 최대 180일

※ 대규모기업, 특별업종, 고용위기 지역 등은 기준이 상이할 수 있음

(2) 고용창출장려금

근로자를 신규로 고용한 사업주에 지원하는 제도로 일반적으로 어려운 경제 속에서 취업이 어려운 취약계층의 실업자를 고용하거나 만 50세 이상 실업자를 고용 등 근로시간 단축과 근무형태를 변경해 고용기회를 확대한 경우 지원을 받을 수 있다.

유형		지원 내용
사업 참여신청 필요 (공모형)	일자리 함께하기 지원	교대제 개편, 실 근로시간 단축 등을 도입하여 기존 근로자의 근로시간을 줄임으로서 실업자를 신규 고용하여 근로자수가 증가한 사업주 〈증가한 근로자 1인당〉 (인건비) 우선대상기업 80만 원, 중견 및 대기업 월 40만 원 (임금감소액 보전) 근로시간 단축으로 임금이 감소한 기존 재직자 10명까지 우선지원대상기업, 중견기업 최대 월 40만 원
	신중년 적합직무 고용지원	만 50세 이상 실업자를 신중년 적합직무에 신규 고용한 사업주 〈신규 고용근로자 1인당〉 우선지원대상기업 월 80만 원, 중견기업 월 40만 원
사업 참여신청 불필요 (요건심사형)	국내복귀 지원	산업통상부장관이 지정한 국내복귀기업으로 실업자를 신규 고용한 사업주 〈증가한 근로자 1인당〉 우선지원대상기업 월 60만 원, 중견기업 월 30만 원
	고용촉진 장려금	고용노동부장관이 고시하는 취업프로그램 이수자, 중증장애인, 가족 부양의 책임이 있는 여성실업자, 섬지역거주자 등 취업취약지역계층을 고용한 사업주 〈신규 고용한 근로자 1인당〉 우선지원대상기업 월 60만 원, 중견기업 월 30만 원

(3) 고용안정 장려금

재직 근로자의 일자리의 질을 높인 사업주를 지원하는 제도이다.

(4) 직장어린이집 지원금(인건비)

사업주가 단독으로 또는 공동으로 근로자를 위하여 어린이집(보육시설)을 설치/운영하는 경우 보육교사 등의 인건비를 지원한다 - 보육교사, 보육시설장 및 취사부에 대해 1인당 월 80만 원 지원(조건을 만족하는 시간제 근로자 포함).

그 외 우선지원대상 기업이 운영하는 직장보육시설에 대해 기존의 보육교사 등 인건비 지원 이외에 운영비 일부를 추가로 지원한다(공공형 민간보육시설에 준하여 보육아동수에 따라 차등 지원).

5) 근로자는 어떤 혜택을 받나

근로자가 직장을 구할 때에는 고용보험 전산망을 통하여 전국적인 구인정보 및 인력수급 정보를 제공받을 수 있고 적성검사나 직업상담도 받을 수 있다.

직장생활 중에는 근로자의 능력개발을 위하여 50세 이상 고령자가 실직에 대비하여 재취업에 필요한 교육훈련을 받을 경우 수강비용의 90%을 지원하며, 기능대학 또는 전문대학 이상의 교육기관에 입학하거나 재학 중인 근로자에게는 등록금 신청액 전액을 장기 저금리(연 1%)로 대부하며, 실업자의 재취업을 촉진하기 위하여 실업자 재취직 훈련을 실시하여 훈련비용 전액과 훈련수당(최저 임금의 50% 및 가족수당)을 지원하고 있다.

그럼에도 불구하고 부득이 직장을 잃게 된 때에는 일정 요건을 충족한 경우에 최저 30일에서 최고 210일까지 기본급여와 각종 취직촉진수당 등 실업급여를 지급받을 수 있다.

(1) 재직근로자 훈련지원

기업 근로자의 직업능력개발지원을 통해 인적자원의 질을 향상시키고 근로자 스스로 직무능력 향상 노력을 유인하여 급변하는 경제상황에 능동적으로 대처하는 데 목적이 있다.

(2) 근로자 수강지원금 지원

고용보험 피보험자인 재직 근로자가 자발적으로 직업능력개발훈련을 수강하는 경우 수강비용을 지원해 준다.

(3) 실업자 훈련지원

고용보험에서는 실업자의 재취업을 위한 훈련을 지원한다. 훈련지원에 대한 훈련비, 훈련수당을 지원하고 있으며 민간훈련기관, 대한상공회의소 등에서 취업훈련을 실시한다.

(4) 실업자 재취업 훈련지원

고용보험 사업장에서는 실직한 근로자가 재취업을 위해 훈련을 받는 경우 훈련비(전액 국비지원이나 일부 훈련의 정부지원훈련비 초과분은 훈련생 부담)와 훈련수당 지원

6) 실업급여는 어떤 경우에 받을 수 있나

"실업급여"란 근로의 의사와 능력이 있음에도 불구하고 취업하지 못한 상태에 있는 피보험자(고용보험에 가입되거나 가입된 것으로 보는 근로자)의 생활에 필요한 급여를 실시하여 근

로자의 생활안정과 구직활동을 촉진하기 위한 제도이다(고용보험법 제2조제3호, 제4조제1항).
실업급여는 구직급여와 취업촉진수당으로 구분하며, 취업촉진수당에는 조기재취업수당, 직업능력개발수당, 광역구직활동비 및 이주비가 있다(고용보험법 제37조). **구직급여**는 기본적 생활보장을 위한 급여이고, **취업촉진수당**은 재취업을 촉진하기 위해 지급하는 인센티브 제도이다.

(1) 구직급여

구직급여를 지급받기 위해서는 ① 이직일 이전 18개월간 피보험단위기간이 180일 이상이어야 하고 ② 근로의사와 능력이 있음에도 불구하고 취업하지 못한 상태여야 하며 ③ 이직사유가 수급제한 사유(정당한 이유 없이 직장을 스스로 그만둔 경우나 중대한 자신의 귀책사유에 의해 해고되는 경우)에 해당하지 않아야 하며 ④ 재취업을 위한 적극적인 노력을 하여야 한다. ⑤ 자기 사정으로 이직하는 경우에도 사실상 기업의 인원감축 방침 등에 따라 이직한 경우, 실제근로조건이 채용조건과 현저히 다른 경우 등 정당한 사유가 인정되면 구직급여를 지급한다.

1개월 미만 일용근로자가 구직급여를 지급받기 위해서는 위의 요건 외에 수급자격인정 신청일 이전 1개월 동안의 근로일수가 10일 미만이어야 한다(고용보험법 제40조).

구직급여 지급 기간이란 수급자격이 있는 근로자가 하나의 수급자격에 의해 구직급여를 받을 수 있는 일수를 말하며 연령과 보험에 가입한 기간에 따라 최소 120일에서 최대 270일까지 차등 적용된다. 이직일이 2019년 10월 1일 이전인 경우는 최소 90일에서 최대 240일이 적용된다.

구직급여를 지급받으려면 이직 후 지체 없이 지방노동관서에 출석하여 실업신고 및 수급자격신청을 하고 구직신청을 하여야 하며 매 1-4주마다 정기적으로 지방노동관서에 출석하여 자신의 적극적인 구직활동을 입증하여야 한다.

7) 실업급여는 얼마나 받나

기본급여는 퇴직 전 평균임금의 60%×소정급여일수(이직일이 2019. 10. 1.이전은 퇴직전 평균임금의 50%×소정급여일수)를 피보험기간과 이직일 현재의 연령에 따라 30~210일간 지급받게 되며 지방노동관서장의 지시에 따라 직업훈련 또는 교육훈련의 수강을 받은 경우 2년까지 연장 지급할 수 있다.

기본급여액이 지나치게 높거나 낮은 문제를 방지하기 위해 **기본급여 상한액(이직일이 2019. 1. 이후는 1일 66,000원, 기본급여액이 최저임금액에 미달할 때에는 최저임금)**을 기준으로 지급하게 된다.

취업촉진수당 중 조기재취직수당은 기본급여 소정급여일수를 1/2이상 남긴 채 재취직한 경우 기본급여 미지급분의 1/3을 지급하며, 직업능력개발수당은 1일 5,000원, 광역구직활동비는 운임(교통수단별) 및 숙박료(14,500원/1박)을 지급하며, 이주비는 최저 43,150원에서 최대 348,700원까지 지급한다.

* 연장급여는 구직급여의 70%만 지급
* 실업급여의 수급기간은 이직일의 다음날부터 12개월 이내이므로 이직 이후 지체 없이 실업의 신고를 하여야 한다(사업주는 피보험자 자격상실신고서와 이직확인서를 고용센터로 신고해 주어야 한다). 워크넷 홈페이지(www.work.go.kr)를 통해 본인이 구직신청을 해야 한다(고용보험법 시행령 제61조제1항).

수급자격이 인정되는 경우 매 1-4주마다 고용센터를 방문하여 실업인정신청을 하여야 함. 최초실업인정의 경우 수급자격 인정일로부터 7일간 대기기간으로 급여를 지급하지 않는다. 질병으로 인한 구직활동 불가시 상병급여를 신청해야 한다.

8) 실업급여 수급권의 보호

(1) 실업급여 수급권의 양도 및 압류 등 금지
실업급여를 받을 권리는 양도 또는 압류하거나 담보로 제공할 수 없다(고용보험법 제38조 제1항).

(2) 「고용보험법」 제37조의2제1항에 따라 실업급여수급계좌에 입금된 금액 전액에 관한 채권은 압류할 수 없다(동법 제38조제2항 및 동법 시행령 제58조의3).

(3) 공과금의 면제
실업급여로서 지급된 금품에 대해서는 국가나 지방자치단체의 공과금(국세기본법 제2조 제8호 또는 지방세기본법 제2조제1항제26호에 따른 공과금을 말함)이 부과되지 않는다(동법 제38조의2).

🔖 관련 사례

[1] 고용보험에 가입되지 않은 경우(사업주가 고용보험에 가입하지 않은 경우)

> 사업주가 고용보험에 가입하지 않으면 실업급여를 받을 수 없나요?

고용보험이 당연(의무)적용 되는 사업장임에도 사업주가 가입하지 않는 경우에는 근로자의 신청(고용보험 피보험자격 확인청구)이 있는 경우 사실관계를 확인하여 3년 이내의 근무기간에 대해서는 피보험자격을 소급하여 취득할 수 있습니다.

따라서 **1인 이상을 고용하는 사업장에서 근무한 근로자(근로기준법에 따른 근로자)는 고용센터에 고용보험 미가입 사실을 신고하고 소급하여 고용보험에 가입하면 실업급여를 받을 수 있습니다.**

사업장이 폐업되어 영업을 안 하는 경우에도 근로자가 해당 사업장에서 근무하였음을 증명할 수 있는 증빙자료가 있는 경우 사실관계를 조사하여 근무이력이 인정되는 경우 고용보험을 소급 가입하여 실업급여를 받을 수 있습니다.

[2] 일용근로자가 고용보험에 가입하면 받을 수 있는 혜택

> 일용근로자가 고용보험에 가입하면 어떤 혜택이 있나요?

일용근로자란 1일 단위로 고용되거나 근로일에 따라 일당(미리 정해진 1일 동안의 근로시간에 대하여 근로하는 대가로 지급되는 임금을 말함) 형식의 임금을 지급 받는 근로자로서 그 날의 근로가 끝나면 근로관계가 종료되어 계속 고용이 보장되지 않는 근로자를 말합니다(산업재해보상보험법 시행령 제23조제1호 본문 및 고용노동부, 임금의 매월 1회 이상 정기지급 원칙에 관한 해석기준). 주로 건설근로자, 비계공, 벽돌공, 목수, 조리원, 식당주방보조원, 백화점 세일기간 동안 고용된 사람 등이 해당됩니다. 임금계산이나 지급이 일 단위로 이루어진다고 해도 근로계약 기간이 1개월 이상인 경우는 일용근로자로 볼 수 없습니다.

위와 같은 일용근로자가 고용보험에 가입하여 이직일 이전 18개월간 피보험 단위기간이 통산 180일 이상이고, 수급자격 신청일 이전 1개월간 일한 날 수가 10일이 안 될 경우 실업급여를 받을 수 있습니다. 또한 재취업을 위하여 취업알선을 받을 수 있고, 실업자 재취직 교육을 받을 경우 훈련비 및 수당을 지원받을 수 있습니다.

[3] 일용근로자도 근로계약서를 작성해야 한다

> 건설현장에서 일하는 일용근로자인데, 저는 매일 일하지는 않고 현장에서 일손이 부족하다고 연락이 올 때만 나가서 일하고 일당을 받습니다. 저와 같은 경우에도 근로계약서를 작성해야 하나요?

1일 단위로 근로계약을 체결하고 근로일에 따라 일당을 지급받는 일용근로자도 근로계약서를 작성해야 하며, 이를 위반한 사업주는 처벌받습니다. 건설근로자의 고용개선 등에 관한 법률 제6조에 따르면 사용자는 건설일용근로자와 근로계약을 체결할 때에 임금, 소정근로시간, 휴일, 연차 유급휴가 등의 근로조건이 명시된 서면을 건설일용근로자에게 교부해야 합니다. 이를 위반하면 500만 원 이하의 벌금에 처해집니다(근로기준법 제114조).

만약 근로계약서에 명시된 근로조건이 사실과 다를 경우에 건설일용근로자는 근로조건 위반을 이유로 손해의 배상을 청구할 수 있으며 즉시 근로계약을 해제할 수 있습니다. 상시 5명 이상의 근로자를 사용하는 사업 또는 사업장에 근무하는 건설일용근로자가 손해배상을 청구할 경우에는 노동위원회에 신청할 수 있으며, 근로계약이 해제된 경우에 사용자는 취업을 목적으로 거주를 변경하는 건설일용근로자에게 귀향 여비를 지급해야 합니다.

[4] 휴게시간의 보장 및 가산임금

> 건설현장에서 일하는 일용근로자입니다. 장마철이 시작되기 전에 작업을 마무리해야 한다고 해서 점심시간에도 20분 이내로 식사만 겨우 마치고 일하고 있으며, 해가 길어져서 늦게까지 일할 수 있으니 일을 더 해달라고 요청해서 새벽부터 저녁까지 일하고 있는데도 일당만큼만 돈을 줍니다. 일용근로자에게는 휴식시간이나 법정근로시간이 보장되지 않는 건가요?

아닙니다. 일용근로자에게도 휴식시간이 보장되며, 상시 5명 이상의 근로자를 사용하는 사업 또는 사업장에서 근로하는 일용근로자가 법정근로시간을 초과하여 근로하면 연장근로수당을 받을 수 있습니다.

◇ 근무 중 휴게시간의 보장

사용자는 근로시간이 4시간인 경우에는 30분 이상, 8시간인 경우에는 1시간 이상의 휴게시간을 근로시간 도중에 주어야 하며, 휴게시간은 건설일용근로자가 자유롭게 이용할 수 있습니다. 이를 위반하여 근로시간 도중에 건설일용근로자에게 휴게시간을 주지 않으면 2년 이하의 징역 또는 2천만 원 이하의 벌금에 처해집니다(근로기준법 제110조).

◇ 연장근로수당의 지급

상시 5명 이상의 근로자를 사용하는 사업 또는 사업장의 사용자는 건설일용근로자의 연장근로에 대하여는 통상임금의 100분의 50 이상을 가산하여 지급해야 합니다(근로기준법 제56조).

야간근로(오후 10시부터 다음 날 오전 6시 사이의 근로를 말함)에 대하여는 통상임금의 100분의 50 이상을 가산하여 건설일용근로자에게 지급해야 하고, 휴일근로에 대하여는 다음의 기준에 따른 금액 이상을 가산하여 건설일용근로자에게 지급해야 합니다.

- 8시간 이내의 휴일근로 : 통상임금의 100분의 50
- 8시간을 초과하는 휴일근로 : 통상임금의 100분의 100

이를 위반하여 건설일용근로자에게 연장근로수당을 지급하지 않으면 3년 이하의 징역 또는 3천만 원 이하의 벌금에 처해지며, 이 경우 피해자의 명시적인 의사와 다르게 공소를 제기할 수 없습니다(근로기준법 제109조).

[5] 직상수급인의 임금지급 연대책임 및 체불임금 구제

> 평소 알고 지내던 현장반장(시공참여자)의 권유로 건설현장에서 일용직으로 일하게 되었습니다. 그런데 며칠째 일당을 주지 않아서 달라고 요구했더니 곧 주겠다고 하고서는 잠적해버렸습니다. 현장에서 땀 흘려가며 열심히 일했는데, 잠적한 현장 반장을 찾기 전까지는 제 일당을 받을 수 없는 건가요?

아닙니다. 현장반장(시공참여자)으로부터 임금을 지급받지 못한 일용근로자는 해당 임금을 직상수급인인 원수급인에게 청구할 수 있으며, 만약 직상수급인(원수급인)에게 체불임금의 지급을 청구하였음에도 받지 못한 경우에는 관할지방고용노동관서에 진정이나 고소를 하여 구제받을 수 있습니다.

◇ 직상수급인의 임금 지급 연대책임

건설업에서 사업이 2차례 이상 공사 도급이 이루어진 경우에 건설사업자가 아닌 하수급인이 그가 사용한 근로자에게 임금을 지급하지 못한 경우에는 그 직상수급인은 하수급인과 연대하여 하수급인이 사용한 근로자의 임금을 지급할 책임을 집니다(근로기준법 제44조). 이를 위반하여 직상수급인이 연대책임을 지지 않으면 3년 이하의 징역 또는 3천만 원 이하의 벌금에 처해지며, 이 경우 피해자의 명시적인 의사와 다르게 공소를 제기할 수 없습니다.

◇ 체불임금 구제

건설일용근로자는 받아야 할 임금을 받지 못한 경우 관할 지방고용노동관서를 직접 방문하거나 고용노동부 민원마당 홈페이지(minwon.moel.go.kr)를 통하여 감독기관에 신고(진정·고소)할 수 있습니다. 임금을 체불한 사업주가 「근로기준법」 위반에 따른 형사상 처벌을 받는다고 하더라도 이와는 별개로 민사소송 등을 통해 체불된 임금을 지급받을 수 있습니다.

임금 및 퇴직금 체불로 인한 피해근로자는 대한법률구조공단(☎ 132, www.klac.or.kr)의 무료법률구조를 받을 수 있습니다(다만, 월평균 임금이 일정 금액 이하여야 함).

[6] 휴업수당

> 건설현장에서 일을 시작한 이후에 갑작스럽게 자재공급이 중단되어 일을 할 수 없게 되었습니다. 이미 일을 시작한 이후라 다른 곳으로 일하러 갈 수도 없는데요. 이런 경우 저는 아무런 소득 없이 돌아가야 하는 건가요?

아닙니다. 상시 5명 이상의 근로자를 사용하는 사업 또는 사업장에서 일하는 건설일용근로자는 근로계약을 체결하고 근로를 개시한 이후에 자재공급 중단 등 사용자의 귀책사유로 휴업하는 경우에는 휴업수당을 받을 수 있습니다.

◇ **사용자의 귀책사유로 인한 휴업수당**

　건설일용근로자가 상시 5명 이상의 근로자를 사용하는 사업 또는 사업장과 1일 단위로 근로계약을 체결하고 근로를 개시한 이후에 사용자의 귀책사유로 휴업하는 경우에 사용자는 휴업기간 동안 그 건설일용근로자에게 평균임금의 100분의 70 이상의 수당을 지급해야 합니다. 이 때 건설일용근로자가 임금의 일부를 지급받은 경우에는 그 건설일용근로자에게 평균임금에서 그 지급받은 임금을 뺀 금액을 계산하여 그 금액의 100분의 70 이상에 해당하는 수당을 지급해야 합니다.

　다만, 평균임금의 100분의 70에 해당하는 금액이 통상임금을 초과하는 경우에는 통상임금을 휴업수당으로 지급할 수 있으며, 이 경우 통상임금에서 휴업한 기간 중에 지급받은 임금을 뺀 금액을 지급해야 합니다.

　이를 위반하여 건설일용근로자에게 휴업수당을 지급하지 않은 사용자는 3년 이하의 징역 또는 3천만 원 이하의 벌금에 처해지며, 이 경우 피해자의 명시적인 의사와 다르게 공소를 제기할 수 없습니다(근로기준법 제109조).

[7] 건설현장에서 일하는 일용근로자도 산업재해보상을 받을 수 있다

> 건설현장에서 일하는 일용근로자인데, 작업공구를 다루다 부상을 당했습니다. 저와 같은 일용근로자도 산재보험을 받을 수 있나요?

　산업재해보상보험은 위험률·규모 및 장소 등을 고려하여 특정한 경우를 제외하고는 근로자를 사용하는 모든 사업 또는 사업장에 적용됩니다. 업무상의 재해가 발생한 경우 건설일용근로자가 받을 수 있는 보험급여에는 요양급여, 휴업급여, 장해급여, 간병급여, 유족급여, 상병(傷病)보상연금, 장의비(葬儀費), 직업재활급여 등이 있습니다.

　만약 산업재해보상보험법이 적용되지 않는 경우에는 근로기준법에 따른 요양보상, 휴업보상, 장해보상 등의 재해보상 규정을 적용받을 수 있습니다. 또한 사업주 등의 고의 또는 과실로 업무상 재해를 당한 근로자는 사업주 등을 상대로 업무상 재해에 대한 민법상 손해배상을 청구할 수 있습니다.

[8] 건설근로자 퇴직공제

> 저는 여러 건설현장을 수시로 이동하며 비정기적으로 일하고 있습니다. 그러다 보니 일반적인 직장인처럼 퇴직금을 받기도 어렵고, 매일 받는 일당만으로는 노후대비가 어려울 것 같아 걱정입니다.

　건설일용근로자도 계속 근로한 기간이 1년 이상 지속된 것으로 인정되면 퇴직금을 받을 수 있습니다. 다만 일용근로자의 특성상 퇴직금을 받는 것이 쉽지 않습니다. 이에 일용·임시직 건설근로자가 건설업에서 퇴직할 때 일정한 요건을 갖추면 건설근로자공제회가 퇴직공제금을 지급하는 퇴직공제제도를 실시하고 있습니다.

◇ **건설근로자 퇴직공제제도**

　일용·임시직 건설근로자가 퇴직공제 가입 건설현장에서 근로하면 건설사업주가 공제회로 근로일수를 신고하고 그에 맞는 공제부금을 납부하면 해당 근로자가 건설업에서 퇴직할 때 건설근로자공제회가 퇴직공제금을 지급하는 제도입니다. "퇴직공제"란 사업주가 건설근로자를 피공제자로 하여 건설근로자공제회에 공제부금을 내고 그 피공제자가 건설업에서 퇴직하는 등의 경우에 건설근로자공제회가 퇴직공제금을 지급하는 것을 말합니다. 건설근로자가 퇴직공제금을 지급받으려면 건설근로자공제회에 공제부금이 252일 이상 적립되어 있어야 합니다.

[9] 건설현장에서 일용직으로 일했던 근로자도 실업급여 받을 수 있다

　건설현장에서 일용직으로 일했던 근로자도 실업급여를 받을 수 있나요?

　「고용보험법」이 적용되는 사업 또는 사업장에서 일한 일용근로자는 실업급여 수급 요건을 갖추면 실업급여를 받을 수 있습니다. 고용보험법에 따른 "일용근로자"란 1개월 미만의 기간 동안 고용되는 사람을 말하며 여기에는 1일 단위로 근로계약을 체결하고 그날의 근로가 끝나면 근로관계가 종료되어 계속 고용이 보장되지 않는 등 근로계약의 형태를 불문하고 1개월 미만의 기간 동안 고용되는 모든 근로자가 포함되므로, 고용보험 가입근로자(피보험자)에게 지급하는 실업급여의 수급자가 될 수 있습니다.

[10] 자영업자도 본인이 희망하는 경우 고용보험에 가입할 수 있다

　자영업자도 고용보험에 가입할 수 있나요?

　자영업자 고용보험제도란 자영업자의 생활 안정 및 재취업을 지원하는 제도로, 0~49인의 근로자가 있는 자영업자는 본인이 희망하는 경우에 가입할 수 있습니다. 가입 후에 고용안정 및 직업능력개발사업, 실업급여 지원을 받을 수 있습니다.

　1) 가입방식

　본인이 희망에 따라 가입하는 방식으로 고용안정 및 직업능력개발사업, 실업급여에 모두 가입하여야 합니다. 다만, 법시행일(2012. 1. 22.) 전에 이미 가입한 자영업자는 고용안정 및 직업능력개발사업에 한해 가입을 유지하는 것이 가능합니다(실업급여 미가입 가능).

가입을 희망하는 자영업자는 사업자등록을 하고 실제 사업을 영위하고 있어야 합니다.

자영업자의 경우 구직급여, 직업능력개발수당, 광역구직활동비, 이주비는 적용되나, 연장급여, 조기재취업수당 등은 적용되지 않습니다.

2) 가입대상

근로자를 사용하지 않거나 50명 미만의 근로자를 사용하는 사업주

3) 가입신청 절차

2012. 1. 22.부터 근로복지공단을 통해 신청 가능

가입을 희망하는 자영업자는 "자영업자고용가입신청서"에 사업자등록증, 주민등록등본 등을 첨부하여 근로복지공단(지사)에 제출하면 된다.

※ 가입신청서 서식은 근로복지공단 홈페이지(www.kcomwel.or.kr)에서 다운로드 받을 수 있다.

[11] 구직급여 수급자격 미비 및 재취업

> 구직급여 수급자격을 갖추지 못해 구직급여를 받지 못하게 되었는데요. 그럼, 그동안 고용보험에 가입해서 보험료를 납부한 것은 아무 소용이 없는 건가요?

구직급여 수급자격을 갖추지 못한 경우에도 보험료를 납부한 내역이 없어지는 것은 아니고, 3년 이내에 재취직하는 경우에는 다음에 실업급여를 받을 때 이전에 납부한 내역까지 피보험기간에 합산되어 소정급여일수가 계산됩니다.

◇ 구직급여 소정급여일수의 산정

수급자격자가 구직급여를 받을 수 있는 기간인 소정급여일수는 대기기간이 끝난 다음 날부터 계산하기 시작하여 피보험기간과 연령에 따라 정해집니다.

◇ 피보험기간의 계산

피보험기간은 그 수급자격과 관련된 이직 당시의 적용 사업에서 고용된 기간으로 합니다. 다만, 「고용보험법」 제10조 및 제10조의2에 따른 **적용 제외 근로자로 고용된 기간은 제외됩니다.**

종전의 적용 사업에서 피보험자격을 상실한 사실이 있고 그 상실한 날부터 3년 이내에 현재 적용 사업에서 피보험자격을 취득한 경우에는 종전의 적용 사업에서의 피보험기간을 합산하여 피보험기간을 계산합니다. 다만, 종전의 적용 사업의 피보험자격 상실로 인해 구직급여를 지급받은 사실이 있는 경우에는 그 종전의 적용 사업에서의 피보험기간은 제외됩니다.

[12] 구직급여 수급자격 제한

> 지금 다니고 있는 직장의 근로조건이 마음에 들지 않아 회사를 그만두고 다른 직장을 알아보려고 하는데요. 이렇게 스스로 사표를 쓰고 회사를 그만둔 경우에도 구직급여를 받을 수 있나요?

회사를 옮기거나 자영업을 하기 위해 스스로 사표를 쓰고 회사를 그만두는 경우에는 구직급여를 받을 수 없습니다. 다만, 「고용보험법」에서 인정하는 정당한 사유로 회사를 그만둔 경우에는 구직급여를 받을 수 있습니다.

◇ 구직급여 수급자격의 제한

「형법」 또는 직무와 관련된 법률위반 등 중대한 귀책사유로 해고되거나 전직 또는 자영업을 하기 위해 이직한 경우, 사업주의 권고로 이직하는 등과 같이 자기 사정으로 이직한 경우에는 수급자격이 제한됩니다.

◇ 정당한 사유로 이직한 경우

자기 사정으로 이직한 경우라도 실제 근로조건이 채용 시 제시된 근로조건이나 채용 후 일반적으로 적용받던 근로조건보다 낮아지게 된 경우 등의 사유가 있는 경우에는 수급자격이 제한되지 않습니다.

[13] 실업 인정의 특례

> 지정된 실업인정일에 입사 면접을 보느라 고용센터에 출석하지 못했습니다. 이런 경우에 실업 인정을 받을 수 있는 방법은 없을까요?

취업 또는 구인자와의 면접 등 부득이한 사유로 실업 인정일에 출석할 수 없었던 경우에는 해당 실업 인정일부터 14일 이내에 고용센터에 출석하여 실업인정일을 변경한 후 실업 인정을 받을 수 있습니다.

◇ 실업인정일 변경에 따른 실업 인정 특례

수급자격자는 다음의 사유에 해당하는 경우 실업인정일을 변경하고 실업 인정을 받을 수 있습니다.
1. 취업 또는 구인자와의 면접이나 그 밖의 부득이한 사유로 실업인정일에 고용센터에 출석할 수 없는 사람으로서 실업 인정일의 전일까지 신청지 관할 고용센터에 출석하여 실업인정일의 변경을 신청한 사람
2. 취업 또는 구인자와의 면접이나 그 밖의 부득이한 사유로 실업인정일 또는 그 전일까지

출석할 수 없었던 사람으로서 해당 사유가 없어진 날부터 14일 이내에 신청지 관할 고용센터에 출석하여 실업인정일의 변경을 신청한 사람
3. 7일 이상 계속적으로 취업하여 실업인정일 또는 그 전일까지 출석할 수 없었던 사람으로서 취업일을 증명할 수 있는 서류를 첨부하여 취업한 날부터 2개월 이내에 우편, 팩스 또는 정보통신망 등을 이용하여 실업의 인정을 신청한 사람(다만, 실업의 인정을 신청한 날 현재 피보험자격의 취득신고가 되어 있는 경우에는 취업일을 증명할 수 있는 서류의 첨부를 생략할 수 있음)
4. 수급자격자의 착오로 실업인정일에 고용센터에 출석할 수 없었던 사람으로서 해당 실업인정일부터 14일 이내에 출석하여 실업인정일의 변경을 신청한 사람(해당 수급자격자의 수급기간 내에 한 번만 인정함)

[14] 수급기간 연장

회사에서 부당하게 해고된 후, 갑자기 몸이 아파 당분간 취업 준비를 할 수 없을 것 같은데요. 몸이 다 나으면 언제라도 실업신고를 하여 구직급여를 받을 수 있나요?

구직급여의 수급기간은 수급자격과 관련된 이직일의 다음 날부터 계산하기 시작해서 12개월 이내지만 임신·출산·육아, 질병이나 부상, 병역 등의 사유로 취업할 수 없는 경우에는 최대 4년을 한도로 그 수급기간을 연기할 수 있습니다[「고용보험법」 제48조제2항, 「고용보험법 시행령」 제70조, 「고용보험법 시행규칙」 제92조의2 및 「고용보험법 시행규칙」(고용노동부령 제283호) 부칙 제2조].

◇ 수급기간의 연기사유

12개월의 수급기간 중 다음의 사유로 취업할 수 없는 사람이 그 사실을 수급기간에 고용센터에 신고한 경우에는 12개월의 기간에 그 취업할 수 없는 기간을 가산한 기간(4년을 넘을 때에는 4년)에 소정급여일수를 한도로 하여 구직급여를 받습니다[고용보험법 제48조제2항, 동법 시행령 제70조, 「동법 시행규칙 제92조의2 및 부칙 제2조.

1. 임신·출산·육아
2. 본인의 질병이나 부상(「고용보험법」 제63조에 따라 상병급여를 받은 경우의 질병이나 부상은 제외)
3. 배우자의 질병이나 부상
4. 배우자의 국외발령 등에 따른 동거 목적의 거소 이전
5. 본인과 배우자의 직계존속 및 직계비속의 질병이나 부상

6. 「병역법」에 따른 의무복무
7. 범죄혐의로 인한 구속이나 형의 집행(「형법」 또는 직무와 관련된 법률을 위반하여 금고 이상의 형을 선고받은 경우에 해당하여 수급자격이 없는 자는 제외)
8. 「재난 및 안전관리 기본법」 제38조에 따른 심각 경보 발령(심각 경보 기간 중 이직한 사람에 대해서도 적용됨)

[15] 개별연장급여

> 구직급여를 받으면서 구직활동을 하고 있지만 계속 재취업에 실패하고 생활도 어려운 상태인데요. 이런 경우 정해진 수급일수보다 연장하여 구직급여를 받을 수 있나요?

고용센터를 통해 직업소개를 3회 이상 받았으나 취업을 하지 못하고, 부양가족이 있어 생활이 어려운 경우에는 실업의 인정을 받은 날에 대해 소정급여일수를 초과하여 구직급여를 받을 수 있습니다. 이를 개별연장급여라고 하며, 최대 60일 동안 받을 수 있습니다. 개별연장급여의 구직급여일액은 해당 수급자격자의 구직급여일액의 100분의 70을 곱한 금액으로 합니다.

◇ 개별연장급여의 수급대상

취업이 특히 곤란하고 생활이 어려운 수급자격자로서 다음의 요건을 모두 갖춘 경우, 실업의 인정을 받은 날에 대해 소정급여일수를 초과하여 개별연장급여를 받을 수 있습니다.

1. 실업신고일로부터 구직급여의 지급이 끝날 때까지 고용센터의 장의 직업소개(고용센터의 장이 실시하는 심층상담이나 집단상담에 참여하는 경우를 포함)에 3회 이상 응하였으나 취업되지 않은 사람으로서 다음의 어느 하나에 해당하는 부양가족이 있는 사람
   - ✓ 18세 미만이나 65세 이상인 사람
   - ✓ 「장애인고용촉진 및 직업재활법」에 따른 장애인
   - ✓ 1개월 이상의 요양이 요구되는 환자
   - ✓ 소득이 없는 배우자
   - ✓ 「고등교육법」 제2조에서 정한 학교 또는 「고등교육법」 제29조에서 정한 대학원에서 학업 중인 사람

   ※ 다만, 취업과 학업의 병행이 가능한 방송대학, 통신대학, 방송통신대학 및 사이버대학 등은 제외

2. 급여기초임금일액과 본인과 배우자의 재산합계액이 고용노동부장관이 고시하는 기준 이하인 사람

[16] 상병급여

> 실업신고를 한 이후에 아이를 낳느라 구직활동을 할 수 없어서 실업 인정을 받지 못했습니다. 이처럼 출산 때문에 실업 인정을 받지 못한 경우에는 구직급여를 받을 수 없나요?

구직급여 수급자격자는 질병·부상 또는 출산으로 취업이 불가능하여 실업의 인정을 받지 못한 경우에는 상병급여를 청구하여 실업의 인정을 받지 못한 날에 대해서 구직급여에 갈음하여 받을 수 있습니다. 다만, 수급자격자가 고용센터가 소개하는 직업에 취직하는 것을 거부하거나 고용센터의 장이 지시한 직업능력개발 훈련 등을 거부하거나 또는 고용센터의 장이 실시하는 재취업 촉진을 위한 직업 지도를 거부하여 구직급여의 수급이 정지된 기간에 대해서는 상병급여를 받을 수 없습니다.

수급자격자가 상병급여의 수급을 청구하려면 그 취업할 수 없는 사유가 없어진 날부터 14일(수급기간이 그 취업할 수 없는 기간 내에 끝난 경우에는 수급기간 종료 후 30일) 이내에 질병·부상 등으로 재취업활동을 할 수 없는 상태에 있음을 증명하는 서류를 제출해야 합니다.

◇ **실업신고 이전에 질병 등으로 취업이 불가능한 경우**

실업신고 이전에 질병·부상 등으로 취업이 불가능한 경우에는 상병급여 수급 신청이 아니라 수급기간 연장 신청을 해야 합니다.

[17] 조기재취업 수당

> 구직급여를 받고 있던 중에 취업을 하게 되면, 남은 구직급여는 더 이상 받을 수 없나요?

구직급여 수급자격자가 소정급여일수를 2분의 1 이상 남기고 재취직하거나 영리를 목적으로 하는 사업을 영위하는 경우에 구직급여일액에 미지급일수의 2분의 1을 곱한 금액을 조기재취업 수당으로 받을 수 있습니다(고용보험법 제64조).

◇ **조기재취업 수당 수급기준**

조기재취업 수당은 수급자격자가 대기기간이 지난 후 재취업한 날의 전날을 기준으로 소정급여일수를 2분의 1 이상 남기고 재취업한 경우로서 다음의 어느 하나에 해당하면 받을 수 있습니다

1. 12개월 이상 계속하여 고용된 경우

    다만, 수급자격자가 최후에 이직한 사업의 사업주나 그와 관련된 사업주로서 해당 수급

자격자의 최종 이직 당시의 사업주와 합병·분할되거나 그 사업을 넘겨받은 사업주에게 재고용되거나 실업의 신고일 이전에 채용을 약속한 사업주에게 고용된 경우는 제외됩니다.
2. 12개월 이상 계속하여 사업을 영위한 경우
이 경우 수급자격자가 해당 수급기간에 해당 사업을 영위하기 위한 준비활동을 재취업활동으로 신고하여 실업으로 인정받았을 때로 한정합니다.

[18] 자영업자 실업급여

> 작은 식당을 운영하던 자영업자도 식당을 그만두고 실업 상태가 되면 실업급여를 받을 수 있나요?

자영업자도 고용보험에 가입하고 실업급여 수급자격을 갖추었다면 실업급여를 받을 수 있습니다.

◇ **자영업자의 실업급여**

자영업자는 「고용보험 및 산업재해보상보험의 보험료징수 등에 관한 법률」 제49조의2 제1항 및 제2항에 따라 고용보험에 가입할 수 있습니다. 자영업자인 피보험자의 실업급여도 구직급여와 취업촉진 수당으로 구분되며, 구직급여의 연장과 조기재취업 수당은 제외됩니다 (제69조의2).

◇ **자영업자의 구직급여 수급자격(제69조의3)**

자영업자인 피보험자가 구직급여를 받으려면 다음의 요건을 모두 갖추어야 합니다.
1. 폐업일 이전 24개월간 자영업자인 피보험자로서 갖춘 피보험 단위기간이 통산하여 1년 이상일 것
2. 근로의 의사와 능력이 있음에도 불구하고 취업을 하지 못한 상태에 있을 것
3. 폐업 사유가 수급자격의 제한 사유에 해당하지 않을 것
4. 재취업을 위한 노력을 적극적으로 할 것

[19] 미지급 실업급여

> 돌아가신 아버지께서 받지 못한 구직급여가 있다는 것을 알게 되었습니다. 아버지의 딸인 제가 그 미지급 구직급여를 받을 수 있을까요?

구직급여 수급자격자가 사망한 경우 미지급된 구직급여가 있는 경우에 그 수급자격자의 자녀로서 수급자격자와 생계를 같이하고 있던 사람이 청구하면 그 미지급 구직급여를 받을 수 있습니다. 사망한 아버지의 신청지 관할 고용센터에 관련 서류를 제출하여 신청하면 됩니다.

◇ **미지급 구직급여 수급**

　수급자격자가 사망한 경우 그 수급자격자에게 지급되어야 할 실업급여로서 아직 지급되지 않은 것이 있는 경우에 그 수급자격자의 배우자(사실상의 혼인 관계에 있는 자를 포함)·자녀·부모·손자녀·조부모 또는 형제자매로서 수급자격자와 생계를 같이하고 있던 사람의 청구에 따라 그 미지급 구직급여를 받을 수 있습니다.

◇ **미지급 구직급여의 수급 순위**

　미지급 구직급여를 받을 수 있는 사람의 순위는 배우자(사실상의 혼인 관계에 있는 자를 포함)·자녀·부모·손자녀·조부모 또는 형제자매로서 수급자격자와 생계를 같이하고 있던 사람의 순서로 합니다. 같은 순위자가 2명 이상이면 그 중 1명이 한 청구를 전원을 위해 한 것으로 보며, 그 1명에게 한 지급은 전원에 대한 지급으로 봅니다.

◇ **미지급 실업급여의 소멸 시효**

　미지급 실업급여를 지급받을 권리는 3년간 행사하지 않으면 시효로 소멸합니다.

[20] 부정수급

> 구직급여를 받기 위해 실업인정을 신청할 때, 아르바이트를 했던 사실을 신고하지 않았다면 어떤 제재를 받게 되나요?

　실업인정대상기간 중에 근로를 제공한 사실을 신고하지 않고 다르게 신고한 경우에는 부정수급을 한 날부터 구직급여의 수급이 중지되고, 형사처벌의 대상이 될 수 있습니다.

◇ **부정행위에 따른 실업급여의 수급 제한**

　거짓이나 그 밖의 부정한 방법으로 실업급여를 받았거나 받으려 한 사람은 그 급여를 받은 날 또는 받으려 한 날부터의 실업급여를 받지 못합니다.

　거짓이나 그 밖의 부정한 방법이 다음의 어느 하나에 해당하면 그 실업인정대상기간에 한정해서만 구직급여를 받지 못하고, 취업촉진 수당은 받을 수 있습니다.

1. 실업인정대상기간 중에 근로를 제공한 사실을 실업인정을 신청할 때 신고하지 않거나 사실과 다르게 신고한 경우
2. 실업인정을 신청할 때 실업인정대상기간 중의 재취업 활동 내용을 사실과 다르게 신고한 경우.

　다만, 2회 이상의 위반행위를 한 경우에는 그 급여를 받은 날 또는 받으려 한 날부터 실업급여를 받지 못합니다. 또한 거짓이나 그 밖의 부정한 방법으로 실업급여 등을 받은 사람은 3년 이하의 징역 또는 3천만 원 이하의 벌금에 처해집니다(고용보험법 제116조제2항제2호).

고용보험 : www.ei.go.kr
고용보험상담 : call.nts.go.kr
고용노동부고객상담센터(유선) : 국번없이 1350(유료)

3. 국민건강보험(의료보험)제도

1) 의료보험제도의 의의

의료보험제도란 언제 어느 때 닥칠지 모르는 질병이나 부상에 대비하여 서로가 평소에 조금씩 보험료를 조합에 내어 공동으로 모아 두었다가 자신이나 이웃 또는 가족들이 병이 났을 때 사용함으로써 건강을 유지하고, 질병·부상 등으로 통상의 가계지출 이외에 일시에 많은 지출을 하게 되어 가정이 파탄되거나 어려움을 겪는 것을 방지하여 가정생활의 안정을 도모하는 유익한 제도이다.

2) 의료보험제도의 특성

(1) 의무적인 보험가입 및 보험료 납부

보험가입을 기피할 수 있도록 제도화될 경우 질병위험이 큰 사람만 보험에 가입하여 국민 상호간 위험분담 및 의료비 공동해결이라는 건강보험제도의 목적을 실현할 수 없기 때문에 일정한 법적요건이 충족되면 본인의 의사와 관계없이 건강보험 가입이 강제되며 보험료 납부의무가 부여된다.

(2) 부담능력에 따른 보험료 부과

민간보험은 보장의 범위, 질병위험의 정도, 계약의 내용 등에 따라 보험료를 부담하는데 비해, 사회보험방식으로 운영되는 국민건강보험은 사회적 연대를 기초로 의료비 문제를 해결하는 것을 목적으로 하므로 소득수준 등 보험료 부담능력에 따라서 보험료를 부과한다.

(3) 균등한 보장

민간보험은 보험료 수준과 계약내용에 따라 개인별로 다르게 보장되지만, 사회보험인 국민건강보험은 보험료 부담수준과 관계없이 관계법령에 따라 균등하게 보험급여가 이루어진다.

3) 의료보험 관리체계

우리나라의 의료보험 관리체계는 보험료 부담의 형평을 기하기 위하여 소득파악이 용이하고 보험료의 원천징수가 가능한 **임금근로자**와 소득파악이 어렵고 보험료의 원천징수가 곤란한 **비임금근로자**(농·어민, 도시자영업자)로 구분 적용하고 있다.

임금근로자는 생활상태가 유사한 집단별로 구분하여 사업장 근로자와 공무원(사립학교 교직원 포함)으로 구분 적용하고, **비임금근로자**는 이를 지역별(시·군·구)로 구분 적용하고 있다.

4) 의료보험 적용대상자

국내에 거주하는 국민은 다음의 어느 하나에 해당하는 사람을 제외하고는 건강보험의 가입자(피보험자) 또는 피부양자가 된다(국민건강보험법 제5조제1항).

① 「의료급여법」에 따라 의료급여를 받는 사람
② 「독립유공자예우에 관한 법률」 및 「국가유공자 등 예우 및 지원에 관한 법률」에 따라 의료보호를 받는 사람. 다만, 다음의 어느 하나에 해당하는 사람은 가입자 또는 피부양자가 된다.
   - 유공자 등 의료보호대상자 중 건강보험의 적용을 보험자에게 신청한 사람
   - 건강보험을 적용받고 있던 사람이 유공자 등 의료보호대상자로 되었으나 건강보험의 적용배제신청을 보험자에게 하지 않은 사람

※ **피부양자란**

국민건강보험법 제5조(적용 대상 등)에 따라 피부양자는 직장가입자에게 주로 생계를 의존하는 사람으로서 소득 및 재산이 보건복지부령으로 정하는 기준 이하에 해당하는 사람을 말한다.

소득요건은 영 제41조제1항 각 호에 따른 소득의 합계액이 연간 2,000만 원 이하, 사업자등록이 되어 있지 않은 경우 사업소득의 연간 합계액이 500만 원 이하, 사업자등록이 되어 있는 경우 사업소득이 없어야 한다.(단, 장애인등록자, 국가유공상이자, 보훈보상상이자는 사업소득의 연간 합계액이 500만 원 이하이면 가능).

재산요건은 소유하고 있는 토지, 건축물, 주택, 선박 및 항공기의 「지방세법」 제110조에 따른 재산세 과세표준의 합이 5.4억 원 이하, 재산세 과세표준의 합이 5.4억 원 초과에서 9억원 이하는 연간 소득 1천만 원 이하이어야 한다.

형제·자매의 경우는 재산세과세표준의 합이 1.8억 원 이하이어야 한다.(단, 만 65세 이상, 만 30세 미만, 장애인, 국가유공·보훈보상상이자만 인정)

부양요건 중 자녀·손·외손(비동거 시), 배우자의 직계비속, 형제·자매는 미혼이어야 부양 인정이 되나 이혼·사별한 경우에는 미혼으로 간주함.

5) 의료보험 자격취득 및 상실

(1) 자격취득
의료보험 가입자는 직장가입자와 지역가입자로 구분한다(법 제6조).

① 직장가입자

모든 사업장의 근로자 및 사용자와 공무원 및 교직원은 직장가입자가 된다.

단, 고용기간이 1개월 미만인 일용근로자, 병역법에 따른 현역병(지원에 의하지 아니하고 임용된 하사를 포함한다), 전환복무된 사람 및 군간부후보생, 선거에 당선되어 취임하는 공무원으로서 매월 보수 또는 보수에 준하는 급료를 받지 아니하는 사람, 그 밖에 사업장의 특성, 고용 형태 및 사업의 종류 등을 고려하여 대통령령으로 정하는 사업장의 근로자 및 사용자와 공무원 및 교직원은 제외

② 지역가입자

직장가입자와 그 피부양자를 제외한 가입자를 말한다.

(2) 자격취득시기(법 제8조)
가입자는 국내에 거주하게 된 날에 직장가입자 또는 지역가입자의 자격을 얻는다. 다만, 다음 각 호의 어느 하나에 해당하는 사람은 그 해당되는 날에 각각 자격을 얻는다.
① 수급권자이었던 사람은 그 대상자에서 제외된 날
② 직장가입자의 피부양자이었던 사람은 그 자격을 잃은 날
③ 유공자 등 의료보호대상자이었던 사람은 그 대상자에서 제외된 날
④ 보험자에게 건강보험의 적용을 신청한 유공자 등 의료보호대상자는 그 신청한 날

위와 같은 사유로 자격을 얻은 경우 그 직장가입자의 사용자 및 지역가입자의 세대주는 그 명세를 자격을 취득한 날부터 14일 이내에 보험자에게 신고하여야 한다.

(3) 자격상실(법 제10조)
가입자는 다음의 어느 하나에 해당하게 된 날에 그 자격을 잃는다.
① 사망한 날의 다음 날
② 국적을 잃은 날의 다음 날
③ 국내에 거주하지 아니하게 된 날의 다음 날
④ 직장가입자의 피부양자가 된 날

⑤ 수급권자가 된 날

⑥ 건강보험을 적용받고 있던 사람이 유공자 등 의료보호대상자가 되어 건강보험의 적용 배제신청을 한 날

위와 같은 사유로 자격을 잃은 경우 직장가입자의 사용자와 지역가입자의 세대주는 그 명세를 자격을 잃은 날부터 14일 이내에 보험자에게 신고하여야 한다.

6) 보험급여(법 제41~61조)

(1) 보험급여의 종류

① 요양급여

피보험자 또는 피부양자의 질병·부상 등에 대하여 급여하는 것으로서 급여의 내용은 진찰, 약제 또는 치료재료의 지급, 처치·수술, 기타의 치료, 의료시설에의 수용, 조합이 인정하는 간호 및 이송 등이 있다.

② 요양비

피보험자 또는 피부양자가 긴급·기타 부득이한 사유로 인하여 요양기관이 아닌 의료기관이나 약국에서 요양을 받았을 경우에는 요양급여에 상당하는 금액을 현금으로 지급한다.

③ 분만급여

피보험자 또는 피부양자가 요양기관에서 분만하게 될 때 행하는 급여를 말한다.

④ 분만비

피보험자 또는 피부양자가 요양기관 외의 장소에서 분만한 때에는 보건복지부장관이 정하는 일정액을 현금으로 지급한다.

⑤ 장제비

피보험자 또는 피부양자가 사망하였을 경우 장제를 행한 자에게 일정액의 현금을 지급하는 급여로서 그 지급액은 조합정관으로 정한다.

(2) 본인일부부담금(법 제44조)

피보험자 또는 피부양자가 요양급여와 분만급여를 받은 때에는 진료비용의 일부를 본인이 부담한다.

(3) 보험급여의 제한(법 제53조)

보험급여를 받을 자가 다음 사항에 해당하는 경우에는 보험급여를 제한한다.

- 자신의 범죄행위 또는 고의의 사고에 의한 보험사고의 경우

- 요양에 관한 지시에 따르지 않는 경우
- 강제진단 등 기피의 경우
- 다른 법령에 의하여 요양 또는 요양비를 받은 경우
- 업무상 재해의 경우
- 사위 기타 부정한 방법으로 급여를 받았거나 받게 하는 경우
- 2개월 이상 보험료를 체납한 경우

7) 의료기관 이용절차

전국을 생활권에 따라 중진료권과 대진료권으로 구분한다. 의료기관은 진료권에 따라 단계별로 이용해야 한다.

중진료권(시·군 단위, 138개)과 대진료권(도 단위, 8개)으로 구분한다.

(1) 1차 진료

의료보험증에 표기된 중진료권 내에 있는 요양기관에서 진료를 받을 때. 다만, 3차 진료기관은 5개 진료과(안과, 이비인후과, 피부과, 가정의학과, 재활의학과)만 해당.

치과진료 및 한방진료는 의료보험증에 표기된 대진료권 내에 있는 치과 및 한방요양기관에서 진료를 받을 때.

(2) 2차 진료

1차 진료를 받을 수 있는 요양기관 이외의 요양기관에서 진료를 받을 때.

피보험자가 2차 진료를 받고자 할 때에는 의료보험증과 주민등록증 이외에 담당의사의 진료소견이 기재된 진료의뢰서를 지참하여야 한다. 분만, 긴급·기타 부득이한 사유(출장·여행 등)로 인한 긴급진료의 경우는 이러한 진료절차에 관계없이 모든 의료기관의 이용이 가능하나 4일 이상 계속 진료시에는 당해 요양기관에서 수진자 소속보험자에게 진료사실통보서를 작성하여 통보토록 하여야 한다.

8) 보험료 부과·징수

(1) 보험료 징수기간

보험료는 직장가입자의 자격을 취득한 날이 속하는 달의 다음 달부터 가입자의 자격을 잃은 날의 전날이 속하는 달까지 징수하되, 가입자의 자격을 매월 1일에 취득한 경우 또는 유공자 등 의료보호대상자 중 건강보험 적용 신청(법 제5조제1항제2호가목)으로 가입자의 자격을 취득하는 경우에는 그 달부터 징수한다(법 제69조제2항).

(2) 보험료의 납부기한

보험료 납부의무가 있는 자는 가입자에 대한 그 달의 보험료를 그 다음 달 10일까지 납부하여야 한다. 다만, 직장가입자의 소득월액보험료 및 지역가입자의 보험료는 보건복지부령으로 정하는 바에 따라 분기별로 납부할 수 있다(법 78조).

(3) 보험료율

① 직장의료보험

표준보수월액에 대하여 2~8% 범위 내에서 조합정관으로 정하는 보험료율을 적용·부과한다. 근로자와 사용자가 각각 일부를 부담한다. 매월의 보험료는 그 다음달 10일까지 납부하여야 한다(법 제78조제1항본문).

② 지역의료보험

지역가입자는 그 달의 보험료를 그 다음 달 10일까지 납부해야 한다(법 제78조제1항본문). 농어민과 도시자영업자는 봉급생활자와는 달리 소득의 정확한 파악이 곤란하므로 보험료 부과의 형평성을 재고하기 위하여 소득 이외에 재산, 가족수 등도 고려하여 부과한다. 정부에서 보험재정의 50%를 지원한다. 매월의 보험료는 그달 말일까지 납부하여야 한다. 다만, 분기가 시작되는 달의 전달 말일까지 건강보험료 분기납부 신청서를 국민건강보험공단에 제출하면 분기별로 보험료를 납부할 수 있다. 이 때 분기별로 납부하는 보험료의 납부기한은 해당 분기가 끝나는 달의 다음 달 10일로 한다.

③ 공무원·사립학교 교직원 의료보험

표준보수월액에 대하여 3.8%의 보험료율을 적용·부과한다. 정부와 공무원이 각각 50%씩 부담한다. 매월의 보험료는 그달 보수지급일로부터 5일 이내에 납부하여야 한다.

(4) 보험료 납부방법

국민건강보험공단이 납입 고지한 보험료 등을 납부하는 지역가입자는 신용카드, 직불카드 등으로 건강보험료를 납부할 수 있다(법 제79조의2).

관련 사례

[1] 임신·출산 진료비

> 임신한 직장가입자는 건강보험 지원을 받을 수 있다고 들었는데요. 어떻게 신청해야 하는지, 지원은 어떤 방법으로 받게 되는지 궁금합니다.

임신한 직장가입자는 건강보험 임신·출산 진료비 지원 신청 및 임신확인서를 국민건강보험공단, 금융기관 또는 체신관서에 제출하고 이용권(국민행복카드)을 발급받아 진료비를 결제할 수 있습니다. 단 태아의 경우 100만 원, 둘 이상의 태아를 임신한 경우에는 140만 원이 지원됩니다. 지원받은 금액은 임신한 직장가입자 또는 피부양자의 출산일(유산 및 사산의 경우 그 해당일)로부터 2년이 되는 날 및 2세 미만 영유아의 출생일로부터 2년이 되는 날까지 사용할 수 있습니다.

[2] 국민건강보험 직장가입자 자격

> 전업주부로 있다가 아이가 학교에 입학하면서 시간적 여유가 생겨 주 4일(월~목요일) 하루 3시간씩 집 근처 패스트푸드점에서 일하고 있습니다. 저와 같이 근로시간은 짧지만 근로계약을 체결하고 정해진 요일과 시간에 정기적으로 출근하는 근로자도 건강보험 직장가입자가 될 수 있나요?

1개월 동안의 소정근로시간이 60시간 미만인 단시간근로자는 직장가입자가 될 수 없습니다(국민건강보험법 제6조제2항제1호).

◇ 국민건강보험 직장가입자 자격

모든 사업장의 근로자 및 사용자와 공무원 및 교직원은 직장가입자가 됩니다. 다만, 다음의 어느 하나에 해당하는 사람은 직장가입자가 될 수 없습니다.
- 고용 기간이 1개월 미만인 일용근로자
- 「병역법」에 따른 현역병(지원하지 않고 임용된 하사를 포함), 전환복무된 사람 및 군간부후보생
- 선거에 당선되어 취임하는 공무원으로서 매월 보수 또는 보수에 준하는 급료를 받지 않는 사람
- 비상근 근로자 또는 1개월 동안의 소정근로시간이 60시간 미만인 단시간근로자
- 비상근 교직원 또는 1개월 동안의 소정근로시간이 60시간 미만인 시간제공무원 및 교직원
- 소재지가 일정하지 않은 사업장의 근로자 및 사용자

- 근로자가 없거나 비상근 근로자 또는 1개월 동안의 소정근로시간이 60시간 미만인 단시간 근로자만을 고용하고 있는 사업장의 사업주

[3] 실업자의 직장가입자 자격

> 직장을 퇴사하고 지역가입자가 되어 건강보험료를 내려고 하니 보험료가 너무 비싸서 걱정입니다. 조만간 취업을 할 계획인데 재취업할 때까지 당분간 직장가입자 자격을 유지할 수는 없나요?

사용관계가 끝난 사람 중 직장가입자로서의 자격을 유지한 기간이 사용관계가 끝난 날 이전 18개월 동안 통산 1년 이상인 사람은 지역가입자가 된 이후 최초로 지역가입자 보험료를 고지 받은 날부터 그 납부기한에서 2개월이 지나기 이전까지 국민건강보험공단에 직장가입자로서의 자격을 유지할 것을 신청할 수 있습니다. 이를 **"임의계속가입제도"**라 합니다. 귀하와 같은 실업자에 대한 경제적 부담을 완화하고자 임의계속가입자 보험료가 지역보험료보다 적은 경우 임의계속보험료로 납부할 수 있도록 하는 제도입니다.

임의계속가입자는 사용관계가 끝난 날의 다음 날부터 기산하여 36개월이 되는 날을 넘지 않는 범위에서 다음의 구분에 따른 기간 동안 직장가입자의 자격을 유지합니다. 다만, 신청 후 최초로 내야 할 직장가입자 보험료를 그 납부기한부터 2개월이 지난 날까지 내지 않은 경우에는 그 자격을 유지할 수 없습니다.

- 임의계속가입자가 「국민건강보험법」 제9조제1항제2호에 따라 자격이 변동되기 전날까지의 기간
- 임의계속가입자가 「국민건강보험법」 제10조제1항에 따라 그 자격을 잃기 전날까지의 기간

임의계속가입자의 보수월액은 보수월액보험료가 산정된 최근 12개월간의 보수월액을 평균한 금액으로 하며, 보수월액보험료는 그 임의계속가입자가 전액을 부담하고 납부합니다.

[4] 요양급여 및 비급여의 범위

> 얼굴에 난 주근깨와 여드름 때문에 스트레스가 심해서 병원에 가보려고 합니다. 이런 경우에도 건강보험급여를 받을 수 있을까요?

주근깨·여드름 치료 등은 업무나 일상생활에 지장이 없는 질환으로 비급여대상에 해당되며, 환자가 치료비 전액을 부담해야 합니다.

> 시력이 나빠서 안경과 콘텍트렌즈를 번갈아 착용하고 있습니다. 그래서 라식수술을 받으려고 하는데요. 라식수술도 건강보험급여를 받을 수 있나요?

안경, 콘텍트렌즈 등을 대체하기 위한 시력교정술은 신체의 필수 기능개선 목적이 아닌 경우에 실시되는 행위로 **비급여대상에 해당되며, 환자가 치료비 전액을 부담해야 합니다.**

◇ 비급여대상

보건복지부장관은 요양급여의 기준을 정할 때 업무나 일상생활에 지장이 없는 질환에 대한 치료 등은 요양급여대상에서 제외되는 비급여대상으로 정할 수 있습니다. 비급여대상 세부 기준 대한 자세한 사항은 「국민건강보험요양급여의 기준에 관한 규칙」 별표 2에서 확인할 수 있습니다.

[5] 국민건강보험료 경감

> 현재 3개월째 휴직 중이라 급여를 일부만 받고 있는데요. 휴직 중인 경우에도 재직할 때와 동일한 건강보험료를 내야 하나요?

아닙니다. 휴직기간이 1개월 이상인 직장가입자의 휴직기간 중 보수월액보험료는 휴직사유 발생 전월에 적용되는 정산 전 보수월액을 기준으로 산정한 보수월액보험료와 휴직기간에 해당 사업장에서 지급받은 보수를 기준으로 산정한 보험료 차액의 50%를 경감받을 수 있습니다.

다만, 육아휴직자는 휴직기간 중 사업장에서 지급받은 보수와 관계없이 휴직전월 정산 전 보수월액을 기준으로 산정한 보수월액보험료와 「국민건강보험법」 제69조제6항에 따른 직장가입자의 보수월액보험료 하한 금액을 적용하여 산정한 보수월액보험료와의 차액만큼을 경감합니다.

[6] 국민건강보험 지역가입자 자격 변동 및 신고

> 직장을 그만두게 되어 저와 저희 가족들을 지역가입자로 변경하려고 하는데요. 어떻게 신청하면 되나요?

직장가입자는 사용관계가 끝나게 되면, 끝난 날의 다음 날에 지역가입자로 자격이 변동됩니다. 직장가입자의 피부양자(배우자 및 직계존비속 등을 말함)는 직장가입자가 그 자격을 잃은 날 지역가입자의 자격을 얻습니다.

지역가입자의 세대주는 그 세대의 구성원이 지역가입자의 자격을 취득한 경우에는 자격을 취득한 날부터 14일 이내에 지역가입자 취득·변동 신고서 등 필요한 서류를 갖추어 국민건강보험공단에 제출해야 합니다.

다만, 사용자가 직장가입자 자격상실 신고서를 국민건강보험공단에 제출한 경우에는 지역가입자 자격 취득·변동 신고서를 제출한 것으로 봅니다.

[7] 요양비(현금급여) 수급

> 출산을 앞두고 진통이 와서 급히 병원으로 이송되던 중에 구급차에서 아이를 낳게 되었습니다. 그런데 병원에서 출산하지 않아도 지원을 받을 수 있다고 들었는데요. 저도 지원을 받을 수 있나요?

지역가입자는 긴급하거나 그 밖의 부득이한 사유로 요양기관이 아닌 장소에서 출산한 경우에는 그 요양급여에 상당하는 금액을 국민건강보험공단으로부터 요양비로 지급받을 수 있습니다. 요양비지급청구서와 출산 사실을 증명할 수 있는 서류를 제출하면 됩니다.

[8] 건강검진 지원

> 국민건강보험공단에서 실시하는 건강검진은 어떤 사람이 받을 수 있는 건지, 비용은 얼마나 드는지 궁금합니다.

국민건강보험공단은 지역가입자에 대하여 질병의 조기 발견과 그에 따른 요양급여를 하기 위해 2년에 1회 이상 건강검진을 실시하고 있으며, 일반(세대주 및 20세 이상)건강검진, 영유아(만 6세 미만)건강검진, 암검진은 암의 종류별로 일정 연령 이상의 검진 비용은 공단이 전액 부담합니다.

[9] 지역가입자가 속한 세대원 중 납부의무 제외되는 미성년자의 요건

> 제가 직장을 그만두면서 저와 아이들이 지역가입자가 되었는데요. 미성년자인 아이들도 보험료를 납부해야 하는 건가요? 그리고 보험료는 언제까지 어떻게 납부하여야 하는지 알고 싶습니다.

지역가입자의 보험료는 그 가입자가 속한 세대의 지역가입자 전원이 연대하여 부담하지만, 「국민건강보험법」에서 정한 다음의 요건을 갖춘 미성년자는 납부의무를 부담하지 않습니다.
- 「국민건강보험법」 제42조제1항제1호에 따른 소득의 합이 연간 100만 원 이하일 것
- 「국민건강보험법」 제42조제1항제2호에 따른 재산 중 같은 조 제3항제1호 및 제3호에 해당하는 재산이 없을 것
- 부모가 모두 사망한 미성년자로서 「국민건강보험법」 제42조제1항제1호에 따른 소득의 합이 연간 100만 원 이하일 것

그러나 「국민건강보험법」 제41조제1항제2호의 배당소득 또는 같은 항 제3호의 사업소득으로서 「소득세법」 제168조제1항에 따른 사업자등록을 한 사업에서 발생하는 소득이 있는 미성년자는 제외합니다.

보험료 납부의무가 있는 지역가입자는 그 달의 보험료를 그 다음 달 10일까지 신용카드, 직불카드 등으로 납부할 수 있습니다. 다만, 분기가 시작되는 달의 전달 말일까지 건강보험료 분기납부 신청서를 제출하면 분기별로 보험료를 납부할 수 있습니다. 분기별 보험료의 납부기한은 분기가 끝나는 달의 다음 달 10일로 합니다.

◆ 외국인 및 재외국민 의료보험 취득(당연가입) (2019. 7. 16. 시행)

1. 가입

1) 취득요건
- 외국인 등록한(아래 적용대상자) 자 또는 국내거소 신고한 자
- 주민등록법 제6조제1항제3호에 따라 재외국민 주민등록을 필한 재외국민(건강보험법 제109조)

※ 가입제외 신청대상 : 외국의 법령·보험 및 사용자의 계약에 따라 법 제41조에 따른 요양급여에 상당하는 의료보장을 받을 수 있는 경우

2) 적용대상(체류자격)
문화예술(D-1), 유학(D-2), 산업연수(D-3), 일반연수(D-4), 취재(D-5), 종교(D-6), 주재(D-7), 기업투자(D-8), 무역경영(D-9), 구직(D-10), 교수(E-1), 회화 지도(E-2), 연구(E-3), 기술 지도(E-4), 전문직업(E-5), 예술흥행(E-6), 특정활동(E-7), 비전문취업(E-9), 선원취업(E-10), 방문동거(F-1), 거주(F-2), 동반(F-3), 재외동포(F-4), 영주(F-5), 결혼이민(F-6), 관광취업(H-1), 방문취업(H-2), 재외국민

※ 2019. 1. 1. 이후부터 인도적 체류허가자(G-1-6) 및 그 가족(G-1-12) 지역가입 허용

3) 구비서류
- 외국인등록증, 주민등록증
- 소득이 있는 경우, 소득을 확인할 수 있는 서류
- 국내거소 신고한 재외동포(F-4)는 국내거소신고증
- 재학증명서(재외국민 및 재외동포 유학생)

2. 취득일

1) 입국일 즉시취득
- 유학(D-2), 일반연수 초중고생(D-4-3), 비전문취업(E-9), 영주(F-5), 결혼이민(F-6) 체류자격 소지자

- 종전에 지역가입자의 자격을 얻은 적이 있거나 공단이 정하는 부득이한 사유로 자격을 얻지 못한 사람으로서 국내 재입국하여 국외체류기간 보험료를 납부하는 경우(다만 6개월 이내 국외체류 한정)

※ 단, 외국인등록일이 입국일보다 늦을 경우, 외국인등록일로 취득
※ 2021. 3. 1. 이전 입국한 유학생의 경우, 2021. 3. 1.로 취득(보건복지부고시 제2021-63호)

2) 입국 후 6개월이 경과한 날

건강보험 가입대상 중 입국일 즉시 취득 대상이 아닌 체류자격 소지자

※ 단, 당연가입 대상 중 6개월 경과 시의 취득 예정일이 2019. 7. 16. 이전이더라도 2019. 7. 16. 취득

3. 제출처

- 가까운 건강보험공단 지사 및 외국인민원센터
- 아래 지역에 거주하는 외국인 및 재외국민은 관할 외국인민원센터에 방문하여 제출하시기 바랍니다.

지역	관할센터	주소
서울	서울외국인민원센터	서울 구로구 새말로 97 신도림테크노마트 업무동 3층
안산, 시흥, 군포	인천경기외국인민원센터 (안산)	경기도 안산시 단원구 화랑로 366 교보빌딩 4층
수원, 용인, 화성, 오산, 성남	인천경기외국인민원센터 (수원)	경기도 수원시 팔달구 효원로 119 청궁빌딩 1층
인천, 부천, 김포, 광명	인천경기외국인민원센터 (인천)	인천광역시 부평구 부평대로 88 부평대로우체국 7층
의정부, 남양주, 가평, 포천, 동두천, 연천, 양주, 구리, 고양, 파주	인천경기외국인민원센터 (의정부)	경기도 의정부시 시민로 80, 센트럴타워 9층

※ 외국인민원센터 업무 : 관할지역 지역가입자, 피부양자의 자격·부과 관련 방문 민원
 - 단순 수납 및 제 증명서 발급 업무 포함
 - 자동이체 신청, 가상계좌 발송 등 자격취득과 연계된 일부 징수업무 수행
※ 직장가입자 취득은 사업장 주소지 관할지사에서 담당

1) 신청절차

- 본인신청 시(즉시처리)
  - 외국인등록증 지참 즉시처리
- 가족등재 시
  - 가족관계 확인할 수 있는 서류(본국에서 발급서류는 발급일로부터 9개월 이내 외교부

(또는 아포스티유) 확인받은 서류 · 한글번역본 포함
  − 국내에서 발급서류 (3개월 이내) 및 등재할 가족 각 외국인등록증 지참
※ 외국인은 가족관계 변동 내역을 확인할 수 있는 수단이 없어 자격변동 시마다 증빙서류 제출하는 것이 원칙이나, 예외적으로 동일 세대 구성원에서 분리된 날로부터 3개월 이내 다시 세대합가하는 경우 별도 증빙서류 제출 생략

- 위임 시
  − 위임장 및 위임자와 피위임자의 외국인등록증
  − 위임사유관련서류(예 입원 중으로 내방하지 못할 경우 입원확인서)
  − 위임은 가족만 가능(가족관계증빙서류)
- 건강보험증 즉시 발급(보험료 1개월분 선납, F5, F6 제외)
- 영주(F5), 결혼이민(F6) : 내국인과 동일한 보험료부과 적용

2) 합가기준
- 동일가계 인정대상
- 세대주의 배우자(사실혼 관계 제외) 및 미성년자녀(배우자의 자녀 포함, 만 19세 미만)

4. 보험료 부과 및 납부
보험은 개인 가족단위로 신청, 보험료가 전년도 11월 전체가입자 평균 보험료 미만인 경우는 평균 보험료 적용.
- 난민 인정자 및 그 가족, 19세 미만은 내국인과 동일하게 보험료 산정
- 2021년 3월 3일부터 농어촌에서 근로하는 외국인은 입국 즉시 건강보험 가입 가능, 보험료도 최대 50%까지 경감 · 지원받을 수 있다.(경감 22%, 지원 28%)
- 납부기한 다음 월 보험료는 매월 25일까지 미리 납부
- 납부방법 자동이체, 은행, 공단지사, 징수포털 등 납부
  자동이체신청: 전화(☎1577−1000) 인터넷(www.nhis.or.kr), 더건강보험(모바일)등

5. 건강급여 및 건강검진: 대한민국 국민과 동일 혜택

6. 보험료 체납하는 경우
법무부 '건강보험료 체납 외국인 비자연장제한제도'에 따라 미납 3회까지는 6개월까지 비자를 연장해 주지만, 4회째 미납될 경우는 체류허가를 불허한다.
체납기간 동안 의료기관 이용할 경우 요양급여 전액을 본인이 부담해야 한다.

7. 외국인 및 재외국민의 상실 안내

1) 외국인

상실대상	상실일	구비서류
대한민국 국적 취득 시	국적 취득한 날	주민등록등본
체류목적완료 후 출국 (일시출국 제외)	출국한 날의 다음 날	여권, 출국증명서 또는 비행기표
사망	사망한 날의 다음 날	사망진단서
직장가입자, 피부양자로 취득된 때	직장 등 취득일	
강제퇴거 명령된 때	강제퇴거 명령이 발부된 날의 다음 날	
체류기간 만료된 때	체류기간 만료 날의 다음 날	

2) 재외국민

상실대상	상실일	구비서류
국내 영주 귀국할 시	국내 거소 목적으로 주민등록 신고한 날	주민등록등본
출국(일시출국 제외)	출국한 날의 다음 날	여권, 출국증명서 또는 비행기표
사망	사망한 날의 다음 날	사망진단서
직장가입자, 피부양자로 취득된 때	직장 등 취득일	
강제퇴거 명령된 때	강제퇴거 명령이 발부된 날의 다음 날	
체류기간 만료된 때	체류기간 만료 날의 다음 날	

관련 사례

[1] 농어촌 근로 외국인은 입국 즉시 건강보험 가입 가능하다

> 농촌에서 일하기로 계약하고 한국 들어오면 입국 즉시 건강보험 가입할 수 있다는데 사실인가요?

그렇습니다. 2021년 3월 3일부터 농어촌에서 근로하는 외국인은 입국 즉시 건강보험 가입 가능하고, 보험료도 최대 50%까지 경감·지원받을 수 있습니다.(경감 22%, 지원 28%)

[2] 장기간 국내에 거주하는 외국인도 동일하게 의료보험 혜택을 받을 수 있다

> 본인은 외국인으로서 지역건강보험 적용을 받고 싶은데 어떤 절차에 의해 적용을 받을 수 있는지요?

국내에 6개월 이상 체류하는 외국인은 건강보험의 적용을 받고자 하는 경우 출입국관리사무소에서 발급하는 외국인등록증(외국국적 동포는 국내거소신고증)을 발급받아 여권 및 임금명세서 등 임금을 확인할 수 있는 서류와 함께 국민건강보험공단 지사에 제출하시면 외국인등록일(외국 국적 동포는 국내거소신고 등록일)로부터 소급하여 지역건강보험 적용을 받게 되며, 보험료 또한 외국인등록일(국내거소신고 등록일)이 속하는 달부터 소급부과 됩니다.

〈지역건강보험 적용 자격 취득 시기〉
- 입국후 6개월이 경과한 날
- 건강보험 가입대상 중 입국일 즉시 취득 대상이 아닌 체류자격 소지자

[3] 미국영주권자인데 부모님의 건강보험 피부양자로 혜택받을 수 있는 요건

> 저는 미국 영주권자입니다. 제가 3년 만에 한국에 입국하여 아버지 이름 밑으로(전처럼) 의료보험을 살렸습니다. 의료진단을 받아보고자 하는데 여러 인터넷에서 재외국민(영주권자)는 한국에 3개월 이상 체류하여야 의료보험이 가능하다고 하는데(3개월 이후 부모님 댁으로 진료비 폭탄이 온다며) 이게 맞는 정보인지요? 지난주에 공단에 가서 살려놓기는 했지만 아직 진료를 보지 않았습니다. 2019년 잠시 입국했을 당시 똑같이 아버지 밑으로 의료보험을 살리고 보험료 내고 진료를 받았는데, 지금도 똑같이 가능한지 궁금합니다.

건강보험 자격이 있다면 보험급여 적용 가능합니다. 공단에 자격 확인 바랍니다. 부 또는 모가 직장가입자라면 피부양자 인정기준 모두 충족 시 외국인등록일(국내거소신고일), 재외국민 행망처리일 등으로 피부양자 자격 취득할 수 있습니다. 구비서류는 국내거소신고사실증명, 재외국민 주민등록표등본입니다.

자녀의 경우 피부양자 인정기준은 다음과 같습니다.
- 부양요건 : 자녀의 경우 동거 시 부양 인정, 비동거 시 미혼인 경우 부양 인정
* 소유하고 있는 재산(토지, 건축물, 주택, 선박 및 항공기 등)에 대한 〈지방세법〉 제110조에 따른 재산세 과세표준의 합이 9억원 미만(형제자매의 경우는 3억원)이 넘을 경우에는 부양요건을 인정하지 않습니다.

[4] 재외국민 건강보험 지역가입자 자격취득 시기

> 재외국민인데 건강보험 지역가입자 자격 취득은 6개월 이상 국내 체류한 경우에 가능하다는데 사실인가요. 그전에 취득할 방법이 없는지요?

재외국민으로 지역가입자 자격취득은 6개월 이상 국내 체류한 경우 취득 가능합니다. 재외국민 지역가입 체류기간은 최초입국일부터 6개월간 출국기간의 합이 30일 이하인 경우 국내 체류한 것으로 간주합니다.

다만, 최초입국일부터 6개월간 출국기간이 30일을 초과한 경우, 최초입국일이 속한 달의 다음달 1일부터 다시 6개월을 계산하여 적용합니다.

※ 결혼이민(F-6), 유학(D-2), 초중고생(D-4-3), 비전문취업(E-9), 영주(F-5)는 입국일 취득

국민건강보험 : h-well
온라인도우미 : https://www.nhis.or.kr
전화 : 1577-1000   외국어 서비스 단축번호 7번
　　　033-811-2000   외국어(영어, 중국어, 베트남어, 우즈베크어) 상담 가능

---

4. 노인장기요양보험

1) 목적

고령이나 노인성 질병 등의 사유로 일상생활을 혼자서 수행하기 어려운 노인 등에게 **신체활동 또는 가사활동 지원 등 장기요양급여를 제공하는 사회보험제도이다**. 그동안 가족에게만 지워진 노인부양이라는 짐을 사회가 나눠 '품앗이'하겠다는 뜻에서 2008년 7월부터 시행되었다. 우리나라의 노인장기요양보험제도는 건강보험제도와는 별개의 제도로 도입·운영되고 있는 한편, 제도 운영의 효율성을 도모하기 위하여 보험자 및 관리운영기관을 국민건강보험공단으로 일원화하여 운영하고 있다. 또한 국고지원이 가미된 사회보험방식을 채택하고 있고 수급대상자에는 65세 미만의 장애인이 제외되어 노인을 중심으로 운영되고 있다.

2) 수급대상자

국민건강보험가입자(피부양자 포함)는 기본적으로 장기요양보험 수급대상이 된다(법 제7조 제3항). 이는 건강보험의 적용에서와 같이 법률상 가입이 강제되어 있다. 또한 공공부조의 영역에 속하는 의료급여 수급권자의 경우 건강보험과 장기요양보험의 가입자에서는 제외되

지만, 국가 및 지방자치단체의 부담으로 장기요양보험의 적용대상으로 하고 있다(법 제12조). 또 소득과 상관없이 건강보험가입자 또는 의료급여수급권자 중 혼자서는 일상생활이 곤란한 65세 이상 노인은 물론, 치매와 뇌혈관성 질환 및 파킨슨병 등 노인성 질환을 앓는 65세 미만도 대상이 된다.

3) 복지서비스 등을 받을 수 있는 요양등급

복지서비스 등을 받을 수 있는 요양등급은 "일상생활에서 도움(장기요양)이 얼마나 필요한가?"를 지표화한 장기요양인정점수를 기준으로 한다.

1등급(95점 이상))	일상생활에서 전적으로 다른 사람의 도움이 필요한 상태
2등급(75점 이상 95점 미만)	일상생활에서 상당 부분 다른 사람의 도움이 필요한 상태
3등급(60점 이상 75점 미만)	일상생활에서 부분적으로 다른 사람의 도움이 필요한 상태
4등급(51점 이상 60점 미만)	심신의 기능상태 장애로 일상생활에서 일정 부분 다른 사람의 도움이 필요한 사람
5등급(45점 이상 51점 미만)	치매(노인장기요양보험법 제2조에 따른 노인성 질병으로 한정) 환자

4) 장기요양급여 종류

1~5등급의 장기요양인정을 받은 자는 장기요양인정서가 도달한 날부터 장기요양급여를 받을 수 있는데, 이 장기요양급여는 크게 재가급여, 시설급여, 특별현금급여로 나뉜다.
- **재가급여**는 방문요양, 방문목욕, 방문간호 등을 받을 수 있으며,
- **시설급여**는 노인의료복지시설(노인전문병원 제외)에 장기간 동안 입소하여 신체활동 지원, 심신기능의 유지와 향상을 위한 교육과 훈련을 제공하는 요양급여를 말한다.
- **특별현금급여**에는 가족요양비, 특례요양비, 요양병원간병비가 있는데 이 중 가족요양비는 장기요양기관이 현저히 부족한 지역(도서, 벽지)에 거주하는 자나 천재지변 등으로 장기요양기관이 실시하는 장기요양급여 이용이 어렵다고 인정되는 자들에게 지급되는 것이다.

※ 특례요양비와 요양병원간병비는 현재 시행을 유보하고 있다.

5) 특별현금급여(가족요양비)란

수급자가 섬·벽지에 거주하거나 천재지변, 신체·정신 또는 성격 등의 사유로 장기요양급여를 지정된 시설에서 받지 못하고 그 가족 등으로부터 방문요양에 상당하는 장기요양급여를 받을 때 지급하는 현금급여이다.

① 법적 근거

노인장기요양보험법 제24조(가족요양비), 동법 시행령 제12조(가족요양비 지급기준) 및 동법 시행규칙 제20조(가족요양비 지급절차 등)

② 가족요양비 적용대상
- 섬·벽지 등 장기요양기관이 현저히 부족한 지역(보건복지부 고시 참조)
- 천재지변이나 그 밖에 이와 유사한 사유로 인하여 장기요양기관이 제공하는 장기 요양급여를 이용하기가 어렵다고 보건복지부 장관이 인정하는 경우
- 신체 정신 또는 성격 등으로 인하여 가족 등으로부터 장기요양을 받아야 하는 경우
- 「감염병의 예방 및 관리에 관한 법률」에 의한 감염병환자로서 감염의 위험성이 있는 경우
- 「장애인복지법」 제32조에 따라 등록된 장애인 중 같은 법 시행령 별표 1(장애인의 종류 및 기준)의 규정에 의한 정신장애인
- 신체적 변형 등의 사유로 대인과의 접촉을 기피하는 경우: 신체적 변형과 대인기피 사유를 충족하여야 하며 신체적 변형은 안면기형(변형), 안면화상, 한센병에 한하여 적용함.

③ 요양제공자

가족요양비 수급자의 주거에서 비직업적으로 방문요양에 상당한 서비스를 제공하는 자를 말하며 가족 및 친지, 이웃 등을 폭넓게 인정함.

※ 요양제공자가 실제 수급자를 요양할 수 있는지 고려

④ 가족요양비 지급기준

가족요양비 수급자는 재가급여, 시설급여를 중복하여 받을 수 없으나, 기타 재가급여(복지용구)는 가족요양비와 중복수급 가능함(노인장기요양보험법 시행규칙 제17조 장기요양급여 중복수급 금지)
- 가족요양비 지급액 : 매월 수급자에게 223,000원 지급

〈노인장기요양보험제도와 기존 노인복지서비스 체계 비교표〉

구분	노인장기요양보험	기존 노인복지서비스 체계
관련법	- 노인장기요양보험법	- 노인복지법
서비스 대상	- 보편적 제도 - 장기요양이 필요한 65세 이상 노인 및 치매 등 노인성 질병을 가진 65세 미만자	- 특정대상 한정(선택적) - 국민기초생활보장 수급자를 포함한 저소득층 위주
서비스 선택	- 수급자 및 부양가족의 선택에 의한 서비스 제공	지방자치단체장의 판단(공급자 위주)
재 원	- 장기요양보험료+국가 및 지방자치단체 부담+이용자 본인 부담	- 정부 및 지방자치단체의 부담

국민건강보험공단 노인장기요양보험 (www.longtermcare.or.kr)

5. 국민연금제도

정부가 직접 운영하는 공적 연금 제도로, 국민 개개인이 소득 활동을 할 때 납부한 보험료를 기반으로 하여 나이가 들거나, 갑작스런 사고나 질병으로 사망 또는 장애를 입어 소득 활동이 중단된 경우 본인이나 유족에게 연금을 지급함으로써 기본 생활을 유지할 수 있도록 하는 연금제도를 말한다.

국민연금은 공적 연금으로서 가입이 법적으로 의무화되어 있기 때문에 사(私)보험에 비해 관리운영비가 적게 소요되며, 관리운영비의 상당 부분이 국고에서 지원되므로 사보험처럼 영업 이익을 추구하지 않는다. 현행 국민연금제도는 부담과 급여의 수준이 일정 기간 불완전 균형을 이루는 수정 적립 방식을 채택해 운용하고 있다.

1) 적용대상

국내에 거주하는 국민으로서 18세 이상 60세 미만인 자는 국민연금 가입대상이 된다. 단, 공무원연금법·군인연금법·사립학교교직원연금법 및 별정우체국법의 적용대상자와 저소득계층 등은 제외된다(국민연금법 제6조). 가입자는 사업장가입자, 지역가입자, 임의가입자 및 임의계속가입자로 구분한다(법 제7조).

한국에 거주하고 있는 외국인은 국민과 마찬가지로 국민연금 가입대상이다. 즉, 18세 이상 60세 미만의 외국인이 **사업장에 근로자로 일하면 사업장가입자가 되고, 자영업자 등 그 외의 경우는 지역가입자가 된다.**

다만, 외국인의 본국에서 대한민국 국민에게 그 나라의 연금 가입을 보장하지 않을 경우 해당 국적의 외국인은 우리 국민연금에 가입할 수 없고, 한국이 외국인의 본국과 체결한 '사회보장에 관한 협정'에서 국민연금 가입에 대해 별도로 정한 경우에는 그 규정이 정하는 바에 따른다(법 제126조 및 제127조)

* 국민연금 가입 제외국(22개국)

베트남, 미얀마, 방글라데시, 네팔, 사우디아라비아, 싱가포르, 이란, 파키스탄, 캄보디아, 남아프리카공화국, 동티모르, 몰디브, 벨로루시, 아르메니아, 이디오피아, 이집트, 통가, 피지, 그루지야, 스와질랜드, 나이지리아, 말레이시아

2) 보험료 부담

국민연금의 재원(財源)은 가입자가 매월 불입하는 보험료로 한다. 보험료는 가입자가 자격 취득 시의 신고 또는 정기결정에 의하여 결정되는 기준소득월액에 보험료율(9%)을 곱하여 산정한다.

사업장 근로자는 근로소득을 기준으로 하여 근로자 본인과 사용자가 각각 소득월액의 4.5%씩에 해당하는 금액을 매월 부담한다. 지역가입자(자영업자 등)는 가입자가 버는 소득의 9%에 해당하는 금액을 매월 부담한다.

3) 급여혜택

급여의 종류에는 노령연금을 비롯하여 장애연금·유족연금·반환일시금 등 4가지이며, 그 수급 자격과 급여 수준은 다음 표와 같다.

〈국민연금의 급여 종류별 수급 자격과 급여 기준〉

급여 종류		수급자격	급여수준
노령연금 (법 제61조 ~ 제64조)	완전 노령	20년 이상 가입 60세에 달한 자 (생존하는 동안)	기본연금액의 100% +부양가족 연금액
	감액노령	10년 이상 20년 미만 가입한 자로 60세가 된 때부터	기본연금액의 50% +(가입 10년 초과 1년마다) 부양가족 연금액
	재직자노령	10년 이상 가입, 60세 이상 65세 미만 소득이 있는 업무에 종사	수급권자의 연령별로 기본 연금액의 50~90%
	조기노령	10년 이상 가입 또는 가입했던 자로 55세 이상인 자가 소득이 없는 경우	기본 연금액의 70~94% +부양가족 연금액
	분할연금	혼인기간이 5년 이상인 자 중 연금 수급권자의 배우자였을 경우	배우자였던 자의 노령연금액 중 혼인기간에 해당하는 연금액을 균등하게 나눈 금액
장애연금 (법 제67조~제71조)		가입 중 질병·부상으로 인하여 장애가 발생한 경우, 그 장애가 계속되는 동안 장애 정도에 따라 지급	장애등급 1급·2급·3급·4급에 따라 차등금액이 지급 장애등급 1급에 대하여는 기본연금액에 부양가족 연금액을 더한 금액
유족연금 (법 제72조~제74조)		1년 이상 가입자, 10년 이상 가입자였던 자, 노령연금 수급권자, 장애연금(2급 이상) 수급권자가 사망한 때	가입기간에 따라 기본연금액의 40~60%+부양가족 연금액
반환일시금 (법 제77조~제81조)		가입 기간이 10년 미만인 자가 60세가 된 때, 가입자 또는 가입자였던 자가 사망한 때(단, 유족연금이 지급되지 아니한 경우), 국적을 상실하거나 국외로 이주한 때	가입자 또는 가입자였던 자가 납부한 연금보험료(사업장 가입자의 경우 사용자의 부담금 포함)에 대통령령으로 정하는 이자(정기예금 이자율)를 더한 금액

4) 수급권 보호(법 제58조)

수급권은 양도·압류하거나 담보로 제공할 수 없으며, 수급권자에게 지급된 급여로서 대통령령으로 정하는 금액 이하의 급여는 압류할 수 없다. 또한 급여수급전용계좌에 입금된 급여와 이에 관한 채권은 압류할 수 없다. 이 법에 따른 급여로 지급된 금액에 대하여는 「조세특례제한법」이나 그 밖의 법률 또는 지방자치단체가 조례로 정하는 바에 따라 조세, 그 밖에 국가 또는 지방자치단체의 공과금을 감면한다(법 제60조).

5) 국민연금 청구권의 소멸시효

국민연금 중 반환일시금·분할연금 청구권은 소멸시효가 있다. 반환일시금은 사유에 따라 5~10년이고(법 제115조), 분할연금은 5년이다(법 제64조제3항). 따라서 각각의 수급권이 발생한 경우 분할연금은 5년 이내에, 반환일시금은 5~10년 이내에 청구하여야 한다.

반환일시금 청구권 발생사유	소멸시효
국외이주, 국적상실	5년
연금 지급연령 도달	10년 * 시행일(2018. 1. 25.) 당시 지급연령도달 사유로 반환일시금 소멸시효가 완성되지 아니한 자부터 적용

※ 외국인 가입자

외국인 가입자도 우리 국민과 동일하게 연금급여(노령, 장애, 유족)를 받을 수 있는 요건을 충족하면 국민연금법상의 노령연금, 장애연금, 유족연금을 받을 수 있다.

1. 외국인가입자의 반환일시금 수급요건(법 제126~127조)

① 그 외국인의 본국법에서 대한민국 국민에게 대한민국 반환일시금제도에 상응하는 급여를 지급하는 경우
② 대한민국과 외국인의 본국 간에 반환일시금 지급에 관한 사회보장협정이 체결된 경우
③ 출입국관리법 시행령의 E-8(연수취업), E-9(비전문취업), H-2(방문취업)에 해당하는 체류자격으로 국민연금에 가입한 경우

2. 국민연금 반환일시금 지급대상국(2023. 4. 기준)

국적에 상관없이 반환일시금이 지급되는 외국인의 체류자격	상응성 인정에 의한 대상국(24개국)			
	사회보장협정에 의한 대상국 (22개국)	최소 가입기간 6개월 이상 (1개국)	최소 가입기간 1년 이상 (7개국)	최소 가입기간 관계없이 인정 (16개국)
E-8 E-9 H-2	독일 루마니아 룩셈부르크 미국 불가리아 브라질 벨기에 슬로바키아 슬로베니아 오스트리아 우루과이 체코 캐나다(퀘백주 포함) 크로아티아 페루 폴란드 프랑스 헝가리 호주 인도(2011-11-01) 스위스 터키 (2015-06-01)	벨리즈	부탄 태국 요르단 카메룬 그레나다 짐바브웨 세인트빈센트그라나딘	가나 수단 케냐 홍콩 버뮤다 우간다 튀니지 필리핀 바누아투 스리랑카 콜롬비아 말레이시아 엘살바도르 인도네시아 카자흐스탄 트리니다드토바고 캄보디아

　외국인이 본국귀환을 사유로 반환일시금을 청구하는 경우 2007. 8. 29.부터는 출국이 확인된 경우에 한해 반환일시금을 지급한다(단, 비행기 티켓 등 1개월 이내에 출국예정사실을 증명할 수 있는 서류를 제출하는 경우 출국 전이라도 청구서 접수는 가능).

📖 관련 사례

[1] 국민연금을 의무적으로 가입하도록 한 이유

> 국민연금은 왜 강제적으로 가입해야 하나요?

　국민연금을 의무적으로 가입하도록 한 이유는 경제적 어려움 등으로 인해 개인적으로 모든 분들이 노후대비를 하기 어렵기 때문입니다. 물론 여유가 있는 분들은 노후에도 큰 어려움이 없겠지만, 출산율이 떨어지고 노인 인구가 급격히 증가하는 현 상황에서 별 준비 없이 노후를 맞게 되면 경제적으로 많은 어려움에 처하게 됩니다. 소득이 없을 경우 기초생활을 유지하기도 어려울뿐더러, 이를 해결하기 위해 후세대는 많은 세금을 내야 하는 등 사회적 비용도 증가하게 됩니다.

　위와 같이 고령화에 따른 노후 문제는 개인만의 문제가 아니기 때문에, 국가에서 전 국민을 의무적으로 국민연금에 가입하게 하여 노후를 준비하도록 돕고 있습니다. 또한 국가에서 전

국민을 대상으로 연금제도를 실시함으로써 운영의 효율을 높이고 관리 비용을 줄일 수 있을 뿐 아니라 소득재분배 효과도 도모할 수 있게 됩니다. 이러한 결과 현재 우리나라 국민연금제도는 저소득층이 고소득층보다, 부모세대가 자녀세대보다 좀 더 많은 혜택을 볼 수 있는 사회통합적 기능이 내재되어 있습니다.

[2] 노령연금 수급사유가 발생한 날로부터 5년 내에 청구 안 하면 소멸시효로 받을 수 없게 된다

> 국민연금가입자는 노령연금을 받을 나이가 되면 자동으로 지급되나요?

노령연금 수급사유가 발생한 날로부터 5년 이내에 연금을 청구하지 않으면 청구일로터 5년이 경과되면 노령연금은 소멸시효로 받을 수 없게 됩니다. 반드시 기한 내에 청구하여야 합니다.

노령연금은 출생연도에 따라 수급개시 연령이 달라집니다. 1969년생 이후는 무조건 65세, 그 이전 출생자는 3년마다 1년씩 빨라집니다.

출생연도	수급개시연령		
	노령연금	조기노령연금	분할연금
1952년 이전	60세	55세	60세
1953–56년생	61세	56세	61세
1957–60년생	62세	57세	62세
1961–64년생	63세	58세	63세
1965–68년생	64세	59세	64세
1969년생 이후	65세	60세	65세

[3] 부부가 각각 국민연금에 가입해 최소 가입기간(10년) 이상 납부를 했다면, 부부 모두 자신의 연금을 받을 수 있다

> 8년 정도 다니던 회사를 결혼하면서 그만둔 이후 전업주부로 지내고 있었는데요. 올해부터 국민연금 임의가입 신청으로 가입 기간 10년을 채워서 나중에 연금을 받아 노후준비에 보태려고 합니다. 그런데 남편이 어차피 부부가 둘 다 가입해도 나중에 둘 중 한 명만 받을 수 있는 거라며 하지 말라고 하네요. 정말 둘 다 국민연금 가입해도 둘 중 한 명만 받을 수 있나요?

결론부터 말씀드리면, 부부가 각각 국민연금 가입해 최소 가입 기간(10년) 이상 납부를 했다면, 부부 모두 자신의 연금을 받을 수 있습니다. 국민연금은 가족 단위가 아니라 개개인을 위한 연금제도이기 때문에 부부 모두 국민연금에 가입했다면 각자의 노령연금을 받으면서 노후를 보낼 수 있습니다.

[4] 국민연금의 중복급여조정

> 부부가 각자의 노령연금을 받다가 한 사람이 먼저 사망하게 되면 상대 배우자에게 유족연금을 받을 수 있는 수급권이 생기는데 내가 받는 연금 + 배우자 생존 시 받던 연금 = 합산 금액을 계속 받는지요?

이때에는 둘 중 한 가지 급여를 선택해야 합니다. '자신의 노령연금+유족연금의 30%'와 '유족연금' 중 자신에게 유리한 급여를 선택하면 됩니다. 이것을 국민연금의 중복급여조정이라고 합니다.

[5] 법적인 배우자가 있는데 사실혼 배우자('중혼' 사실혼 배우자)가 유족에 해당해 국민연금을 받을 수 있는 경우

> 남편의 법적인 부인이 아이 4명을 낳고 살다 집을 나가 제가 남편과 재혼해 아이 3명을 낳고 40년간 살았습니다. 남편 부인은 가출 후 가족들과 일체 연락을 취하지 않았습니다. 노동을 하던 남편은 그날그날 생계를 꾸리기도 바빠 법률상 혼인관계를 정리하지 못했습니다. 그렇게 살다가 결국에 병으로 사망하였습니다. 배우자로서 유족연금신청을 했더니 공단은 법률혼 배우자가 있으므로 남편과 나의 사실혼은 인정하기 어렵다며 유족연금 수급 자격이 없다고 합니다. 노동하는 남편 만나서 전처 자식까지 기르면서 40년간을 살아온 제가 남편의 국민연금을 상속받을 방법이 없는지요?

법원이 비슷한 사안의 경우 사실혼 배우자를 유족연금 수급자격이 있다고 판단을 내린 판결이 있습니다. "유족연금은 배우자라고 무조건 받는 것은 아니며 그동안 부부로서 부양 의무를 지켰는지와 혼인기간이 5년 이상 되었는지 조건이 충족되어야 한다. 법률혼 배우자가 집을 나간 이후부터 남편이 사망할 때까지 약 40여 년 동안 연락을 취한 적이 없다는 점, 남편이 이혼 절차를 밟지 않은 것은 경제활동에 쫓기는 등의 여유가 없었을 뿐 혼인 관계를 유지하려는 의사가 있었다고 보기는 어렵다."며, 근로복지공단을 상대로 낸 유족연금 부지급 결정처분취소 청구를 인용한 판례입니다(서울행정법원 2022-05-10).

[6] 국민연금 반환일시금을 받을 수 있는 경우

> 제가 낸 국민연금을 일시금으로 받고 싶습니다. 일시금으로 반환받을 수 있는 절차를 알고 싶습니다.

국민연금 반환일시금은 사망, 국적상실, 국외이주 등의 사유로 국민연금에 더 이상 가입할 수 없거나 만 60세에 도달했으나 최소 가입기간(10년)을 채우지 못했을 때 그동안 납부한 보험료에 이자를 더해 일시금으로 지급하는 급여입니다. 반환일시금은 가입기간 중 본인이 납부한 연금보험료에 대통령령으로 정하는 이자를 더해 받게 되는데, 적용이자율은 연금보험료를 낸 날이 속하는 다음 달부터 지급연령 도달 등 지급사유발생일이 속하는 달까지 기간에 대해 해당 기간 3년 만기 정기예금 이자율을 적용합니다. 이자율은 매년 그해 1월 1일 현재 은행법에 의해 설립된 은행 중 전국 영업구역으로 하는 은행이 적용하는 이자율을 평균하여 적용합니다.

반환일시금은 국민연금공단 지사에 방문 청구할 수 있습니다. 전화나 팩스로 청구하는 경우는 총 납부보험료가 200만 원 이하일 경우에만 가능하고, 홈페이지를 통한 온라인 청구는 만 60세 도달사유에만 가능합니다. 또한 수급권자가 외국인이거나 지급사유가 국외이주 또는 국적상실인 경우에는 전화나 팩스 청구가 불가능합니다.

청구할 때는 다음의 서류를 첨부하여야 한다.

▶ **공통 구비서류**
- 반환일시금 지급청구서
- 신분증 사본(주민등록증, 운전면허증, 여권, 선원수첩, 장애인복지카드 중 1개, 원본 제시로 갈음 가능)
- 수급권자 예금계좌
- 도장(서명 가능)

▶ **해당사유별 추가 구비서류**
- **사망** : 사망진단서 등 사망을 증명할 수 있는 서류, 사망자의 폐쇄등록부에 관한 가족관계증명서(주민등록번호를 포함), 생계유지 확인 필요 시 관련 서류
- **국외이주**
  - 해외이주신고 확인서 또는 거주여권 사본
  - 출국 전 청구 시 : 1개월 이내 출국예정임을 입증할 수 있는 서류(비행기 티켓 등)
- **국적상실** : 기본증명서에 대한 상세증명서(주민등록번호 전체 표시) 또는 국적상실 사실증명서

◇ **국민연금 반환일시금 청구 사유**

1) 가입기간 10년 미만인 자가 만 60세가 된 경우(특례노령연금수급권자는 해당 없음)

만 60세에 도달했지만 최소 가입기간(10년)을 채우지 못해 반환일시금을 수령한 때에는 국민연금에 재가입할 수 없다. 다만, 반환일시금으로 지급받지 않고 본인 희망에 의하여

임의계속가입을 신청하면 재가입할 수 있다.
2) 가입자 또는 가입자였던 자가 사망하였으나 유족연금에 해당되지 않는 경우
3) 국적을 상실하거나 국외로 이주한 경우
국외이주의 목적이 아닌 취업, 학업 등 기타사유로 외국에 체류하는 경우에는 기간과 상관없이 반환일시금을 지급받을 수 없다.

[7] 반환일시금 소멸시효

> 반환일시금을 오랫동안 청구하지 않아서 소멸시효가 완성되었다고 하는데 찾을 수 있나요?

반환일시금 수급권이 발생한 후 5년간 청구하지 않아 소멸시효가 완성되었더라도, 2007. 7. 23. 이후 만 60세 도달 또는 사망한 경우 다시 반환일시금을 청구할 수 있습니다. 예를 들어 국외이주로 반환일시금 지급사유가 발생되었는데 5년 이내에 청구를 하지 않아 소멸시효가 완성되었더라도 향후 만 60세에 도달하면 5년 이내에 다시 청구할 수 있습니다(국민연금법 제116조).

[8] 실제 나이보다 법적 나이가 적게 등록된 경우 법원에 정정신청하여 허가받아 정정하면 국민연금을 받을 수 있다

> 출생신고를 늦게 해서 실제 나이보다 법적 나이가 적게 등록되었는데 실제 나이를 밝히어 국민연금을 받을 수 없을까요?

가능합니다. 출생신고 당시 부모가 잘못 써냈다면 그 사실을 밝히어 등록기준지나 주소지 가정법원(지방은 지방법원)에 가족관계등록부 정정신청을 해서 허가를 받아 정정할 수 있습니다. 신청 시 기본증명서, 가족관계증명서, 주민등록등본 및 그 사실을 밝히는 소명자료를 첨부하여야 합니다. 소명자료로는 의사의 연령감정서, 출생당시 분만에 관여한 조산원의 증명서, 성인인 이웃 두 사람이 입증하는 인우보증서(인감증명서 또는 본인서명사실확인서 첨부) 등이 있습니다.

법원에서 정정허가가 나오면 허가등본을 첨부하여 허가가 이루어진 날로부터 1개월 이내에 가족관계등록기준지 시(구)·읍·면사무소에 정정신고를 하여 정정할 수 있습니다(가족관계의등록등에관한법률 제104조 및 제106조). 그 후 정정된 서류를 국민연금공단에 제출하십시오.

[9] 가입자 사망 시 유족이 사망일시금을 청구할 수 있다

> 가입자의 사망 시 유족연금 또는 반환일시금을 받을 수 없을 경우 납부한 보험료는 어떻게 되나요?

사망일시금은 가입자(였던 자) 또는 노령연금수급권자, 장애3급 이상인 장애연금수급권자가 사망하였으나 국민연금법 제73조에 의한 유족이 없어 유족연금 또는 반환일시금을 지급받을 수 없는 경우 더 넓은 범위의 유족에게 지급하는 장제부조적·보상적 성격의 급여로(국민연금법 제80조), 배우자, 자녀, 부모, 손자녀, 조부모, 형제자매 또는 4촌 이내의 방계혈족 중 최우선 순위자에게 지급합니다. 단, 사망 당시 그에 의하여 생계를 유지하고 있던 자에 한합니다.

※ 배우자, 자녀, 부모, 손자녀, 조부모, 형제자매의 경우 가입자 또는 가입자였던 자가 사망한 때에 실종 등으로 행방을 알 수 없는 자에게는 사망일시금을 지급하지 않습니다.

구분	유족의 범위
'07.7.23. 이후 지급사유발생	배우자, 자녀, 부모, 손자녀, 조부모, 형제자매, 가입자 또는 가입자였던 자의 사망 당시 그에 의해 생계를 유지하던 4촌 이내의 방계혈족
'99.1.1. 이후 지급사유발생	가입자 또는 가입자였던 자의 사망 당시 그에 의해 생계를 유지하던 자녀, 부모, 손자녀, 조부모, 형제자매, 4촌 이내의 방계혈족
'98.12.31. 이전 지급사유발생	가입자 또는 가입자였던 자의 사망 당시 그에 의해 생계를 유지하던 자녀, 부모, 손자녀, 조부모

아래의 서류를 지참하시고 가까운 지사를 방문하여 신청하시면 됩니다.
- 받으실 분(수급권자)의 신분증 사본(주민등록증, 운전면허증 등 제시로 갈음)
- 수급권자 예금통장 사본(계좌번호 제시로 갈음 가능)
- 사망자의 폐쇄등록부에 관한 가족관계증명서 1부
- 도장(서명 가능)
- 생계유지인정 관계서류(생계유지확인 필요 시)

[10] 정년퇴직 후 재취업 일정한 수입이 있으면 국민연금 수령액이 줄어드나

> 제가 정년퇴직 3년 후 국민연금 수령대상인데 수입이 없으면 연금수령액의 변화가 없는데, 재취업하여 4대보험가입과 월급을 정기적으로 받으면 연금수령액이 줄어든다는데 맞나요. 줄어들면 억울할 듯 해서요~

재직자 노령연금 감액제도는 월평균 소득금액이 최근 3년간의 국민연금 전체 가입자 평균

소득월액을 초과하는 경우에는 5년 동안 소득구간에 따라 일정금액을 감액하는 제도입니다. 월평균소득은 근로소득과 부동산임대를 포함한 사업소득만 가지고 산출하는데 근로소득만 있을 경우 연봉 4,203만 원, 월급으로는 350만 2,629원부터 감액대상입니다.

국민연금관리공단(www.nps.or.kr)
국민연금 콜센터 국번없이 1355(유료) (해외 +82-63-713-6900 / 평일 09:00~18:00)

제3장 공공부조

제1절 장애인 등록제도

1. 장애인 등록제도의 의의

장애인 등록제도는 1988년부터 전국적으로 실시하였으며, 정부가 장애인의 수 및 장애인의 복지욕구 등에 대한 정확한 실태를 파악하여 장애인 복지정책 입안의 기초자료로 활용하는 한편, 장애인 복지서비스를 제공하는 대상을 구체화하기 위한 제도이므로 실제로 장애인일지라도 장애인등록을 하여야만 정부가 장애인을 위하여 펴고 있는 각종 복지시책의 수혜대상자가 될 수 있다.

2. 장애인이란

"장애인"이란 다음의 구분에 따른 신체적·정신적 장애로 오랫동안 일상생활이나 사회생활에서 상당한 제약을 받는 사람을 말한다(장애인복지법 제2조제1항 및 제2항).
- 신체적 장애 : 주요 외부 신체 기능의 장애, 내부기관의 장애 등
- 정신적 장애 : 발달장애 또는 정신 질환으로 발생하는 장애

※ 장애인에 대한 정의는 개별 법률의 입법목적에 따라 다르며, 『장애인 생활안정』 콘텐츠에서 장애인이란 「장애인복지법」에 따른 장애인을 말한다. 장애의 종류 및 기준은 장애인복지법 시행령 제2조제1항 별표 1에 규정되어 있다.

3. 장애인 등록절차 등

1) 장애인 등록신청 및 진단

장애인 등록신청은 본인이 하는 것을 원칙으로 하되, 그 법정대리인과 보호자가 신청을 대리할 수 있다(장애인복지법 시행령 제20조).

장애인 등록을 신청하고자 하는 사람은 관할 읍·면·동사무소에 비치되어 있는 장애인 등록신청서를 작성하여 사진(3.5cm×4.5cm, 6개월 이내 모자 착용하지 않은 천연색 상반신 정면사진) 1장, 등록대상자의 장애 상태를 확인할 수 있는 서류를 함께 첨부하여 제출해야 한다(**장애인복지법 제32조제1항, 동법 시행규칙 제3조제1항 및 별지 제1호의4서식**).

※ 다만, 재외동포 및 외국인이 장애인등록을 신청하는 경우 행정정보의 공동이용을 통하여 재외동포 및 외국인임을 증명하는 서류를 확인해야 하며, 신청인이 확인에 동의하지 않는 경우에는 이를 첨부하도록 해야 한다(동법 제32조의2 및 시행규칙 제3조제1항단서).

장애인등록 신청을 받은 시장 등은 등록을 신청한 장애인이 법 제2조에 따른 기준에 맞으면 장애인등록증을 발급해 주어야 한다. 그러나 등록대상자와의 상담을 하여 그 장애상태가 「장애인복지법 시행령」 제2조에 따른 장애인의 기준에 명백하게 해당되지 않는 경우 외에는 장애유형별 해당 전문의가 있는 의료기관에 장애진단을 의뢰하게 된다(동법 시행규칙 제3조제2항).

장애인 등록신청을 한 자는 읍·면·동에서 지정하는 의료기관에서 장애검진을 받아야 하며, 의료기관에서 검진결과 신청인이 장애인복지법에 규정되어있는 정도의 장애를 가진 자로 판정되면 장애인으로 등록되며, 읍·면·동에서는 이에 따라 장애인수첩을 교부하게 된다(동법 시행규칙 제4조제1항전단). 장애검진비용은 정부에서 부담하는데, 다만 정신지체 장애검진을 위한 심리검사테스트 등 추가적 소요비용은 신청인 본인이 부담하며, 장애상태가 악화되는 등의 사유로 최초등록 시의 장애등급을 조정하기 위하여 검진하는 경우에도 검진비용은 본인이 부담한다.

※ 장애정도에 관한 심사에 필요한 방법과 기준 등에 관한 자세한 사항은 「장애정도심사규정」(보건복지부 고시 제2022-17호, 2022. 1. 28. 발령·시행)에서 확인할 수 있다.

2) 장애인수첩 재교부신청

장애인이 교부받은 장애인수첩을 분실하였거나 헐어 못쓰게 된 때에는 읍·면·동에 비치되어 있는 장애인수첩재교부신청서를 작성하여 사진 1매와 함께 제출하면, 읍·면·동에서는 신청일로 부터 5일 이내에 수첩을 재교부한다.

3) 장애인수첩 기재사항 변경신청

장애상태가 악화 또는 호전되는 등의 사유로 최초등록 시의 장애등급을 조정하고자 하는 장애인은 장애등급조정신청서를 읍·면·동사무소에 제출하고, 읍·면·동사무소에서 지정하는 의료기관에서 장애등급 조정을 위한 검진을 받아야 하며, 이때 검진 비용은 신청인이 부담한다. 또한 장애등급조정을 위한 검진은 의료기록의 확인 등을 통하여 정확하게 검진할 수 있도록 최초등록 시 검진한 의료기관에서 검진함을 원칙으로 한다.

4) 장애인수첩의 반환

장애상태의 호전 또는 장애인의 사망 등 사유가 발생하였을 때에는 장애인수첩을 읍·면·동사무소에 반환하여야 하며, 장애인이 타인에게 수첩을 양도 또는 대여하거나 무단으로 타인의 수첩을 사용하면 관계법에 의하여 처벌된다.

5) 장애인증명서 교부

장애인이 수첩을 망실하여 재교부되기까지의 기간 동안 필요하거나 관계기관 등에서 요구하여 장애인증명서가 필요한 경우에는 읍·면·동사무소에 신청하여 장애인증명서를 발급받을 수 있다.

4. 장애인 복지시책

위와 같은 방법으로 시·군·구에 등록된 장애인은 정부나 단체 또는 기업체 등에서 제공하는 여러 가지 혜택의 수혜자가 될 수 있는데, 정부에서는 여러 가지 장애인 복지서비스를 장애인이 쉽게 알 수 있도록 요약한 인쇄물을 읍·면·동사무소에 비치하고 있으므로 상세한 내용을 알고자 하는 자는 이를 참고하면 되는데 그 내용을 간략히 소개하면 다음과 같다.

- 전화요금·지하철요금·철도요금·항공료·공영주차장의 주차요금·국립공원의 입장요금 등 각종 요금의 감면
- 상속세 및 증여세, 소득세 추가공제 등 세제 혜택
- 버스나 지하철 등을 자유롭게 이용할 수 없는 장애인이 차량을 구입하여 사용하는 것을 돕기 위하여 장애인 차량에 대한 특별소비세·자동차세 면제 및 LPG 연료사용 허용
- 읍·면·동에서 지정한 생활보호대상자인 장애인에 대한 생계보조수당·의료비·자녀학비·보장구 등의 지급 및 저소득 장애인의 자립을 돕기 위한 장애인 자립자금 대여
- 장애인복지관·재활병원 등 장애인 복지시설에서의 상담이나 진료 및 중증장애인의 수용보호
- 국가 및 지방자치단체의 장은 장애인을 소속 공무원 정원의 3.4% 비율로 고용해야 하고,

상시 50인 이상의 민간기업은 3.1% 이상을 장애인으로 고용해야 한다. 제도의 적용을 받는 장애인은 장애인고용촉진 및 직업재활법상의 장애인으로, 구체적으로는 장애인복지법상의 등록장애인, 국가유공자 등 예우 및 지원에 관한 법률에 의한 국가유공자가 포함된다.

5. 장애인등록 취소

시장 등은 장애인등록증을 받은 사람이 다음의 어느 하나에 해당하는 경우 장애인등록을 취소하여야 한다(장애인복지법 제32조의3제1항).
- 사망한 경우
- 「장애인복지법」 제2조에 따른 기준에 맞지 않게 된 경우
- 정당한 사유 없이 보건복지부령으로 정하는 기간 동안 「장애인복지법」 제32조제3항에 따른 장애진단 명령 등 필요한 조치를 따르지 아니한 경우

또한 장애인등록증을 받은 사람이 장애인 등록이 취소된 경우 또는 중복발급 및 양도·대여 등 부정한 방법으로 등록증을 취득한 경우 등록증의 반환을 명하여야 한다(동조 제2항).

관련 사례

[1] 장애인등록 왜 해야 하나

> 아버지께서 갑작스러운 고통사고로 장애판정을 받으셨는데, 병원에서는 장애인등록을 하라고 합니다. 장애인등록은 왜 해야 하고 어떻게 해야 하나요?

장애인등록을 하면 수당지급, 자립자금대여, 공공시설 등의 이용에 있어서의 편의지원, 의료 급여나 의료비 지급, 보조기기 지원 등을 받을 수 있습니다.

장애인등록을 신청하려는 사람은 관할 읍·면·동장을 거쳐 특별자치시장·특별자치도지사·시장·군수·구청장(자치구의 구청장을 말함)에게 신청서를 제출해야 합니다. 신청을 받은 시장 등은 장애유형별 해당 전문의가 있는 의료기관으로부터 등록 신청한 장애인에 대한 장애 진단 결과나 장애 정도에 관한 심사를 통보받은 후 장애인의 장애 정도를 확인하여 장애인등록을 합니다. 등록 시 해당 장애인에 대한 장애인등록카드를 작성하고, 장애인등록증을 발급합니다.

[2] 장애수당 어떻게 받나

> 장애인으로 등록된 후 생활비가 걱정입니다. 장애수당을 받을 수 있다던데 어떻게 하면 되나요?

먼저 장애수당 지급대상자인지 확인한 후 신청서를 관할 읍·면·동장에게 제출하면 됩니다. 장애수당 지급대상자는 다음의 요건을 충족하여야 합니다.
1) 신청월 현재 만 18세 이상인 사람
2) 신청일 현재 장애인복지법에 따라 등록한 장애인으로서 국민기초생활보장법에 따른 수급자 또는 차상위계층
3) 장애인복지법에 따른 경증 장애인

장애수당은 매월 20일(토요일이거나 공휴일인 경우에는 그 전날)에 지급대상자의 계좌로 지급됩니다.

[3] 장애인이면 무조건 장애연금을 받을 수 있나요

> 장애인등록을 하면 국민연금공단에서 주는 장애연금을 받을 수 있다고 하던데, 장애인이면 무조건 받을 수 있는 건가요?

아닙니다. 장애인등록을 한 사람이라도 별도로 국민연금공단의 장애등급심사를 받아 국민연금법 상의 장애등급에 해당되어야만 장애연금을 받으실 수 있습니다.

즉, 국민연금 가입자 또는 가입자였던 사람이 질병이나 부상으로 신체상 또는 정신상의 장애가 있고 다음의 요건을 모두 충족하는 경우에 장애 정도를 결정하는 기준이 되는 날부터 그 장애가 계속되는 기간 동안 장애 정도에 따라 장애연금을 지급받을 수 있습니다.
1) 해당 질병 또는 부상의 초진일 당시 연령이 18세(다만, 18세 전에 가입한 경우에는 가입자가 된 날을 말함) 이상이고 노령연금의 지급 연령 미만일 것
2) 다음의 어느 하나에 해당할 것
   ① 해당 질병 또는 부상의 초진일 당시 연금보험료를 낸 기간이 가입대상기간의 3분의 1 이상
   ② 해당 질병 또는 부상의 초진일 5년 전부터 초진일까지의 기간 중 연금보험료를 낸 기간이 3년 이상(다만, 가입대상기간 중 체납기간이 3년 이상인 경우는 제외)
   ③ 해당 질병 또는 부상의 초진일 당시 가입기간이 10년 이상

국민연금공단은 장애등급을 결정하기 위해 장애 정도를 심사합니다. 장애연금수급권자에 대하여는 정기적으로 그 장애 정도를 재심사하고 있습니다. 「장애인복지법」에 따라 등록한

장애인도 공단의 장애등급심사를 별도로 받아야 합니다.

장애연금의 장애는 1~4등급으로 구분되어 있습니다. 그러나 장애인등록증의 근거가 되는 장애인복지법 상 장애는 중증과 경증으로 구분되어 있습니다. 이는 국민연금법 상 장애등급과 장애인복지법 상 장애구분 및 급여의 목적이 다르기 때문이며, 장애연금은 국민연금 가입자로서 가입 중 발생 여부 등도 확인되어야 합니다.

◇ **장애연금액**
- 장애등급 1급에 해당하는 자 : 기본연금액＋부양가족연금액
- 장애등급 2급에 해당하는 자 : 기본연금액의 80%＋부양가족연금액
- 장애등급 3급에 해당하는 자 : 기본연금액의 60%＋부양가족연금액
- 장애등급 4급에 해당하는 자 : 기본연금액의 225%를 일시보상금으로 지급

[4] 장애인 자립자금

> 세탁소를 운영하는 장애인인데, 세탁물 배달에 사용할 자동차를 구입하려고 합니다. 장애인 자립자금을 대여받을 수 있을까요?

네. 생업을 위한 장애인의 자립자금 대여는 가능합니다. 대여가 가능한 장애인 자립자금의 용도는 생업자금 및 생업이나 출퇴근을 위한 자동차 구입비, 취업에 필요한 지도 및 기술 훈련비, 기능회복 훈련에 필요한 장애인보조기구 구입비, 사무보조기기 구입비, 자기개발 훈련비, 해당 장애를 완화 또는 극복하기 위해 소요되는 의료비, 그 밖에 보건복지부장관이 장애인 재활에 필요하다고 인정하는 비용 등이 있습니다.

단, 생활가계자금, 주택전세자금, 학자금 등의 용도로는 대여할 수 없습니다.

자립자금을 대여받으려는 장애인은 자금대여신청서와 첨부서류를 관할 읍·면·동장을 거쳐 특별자치시장·특별자치도지사·시장·군수·구청장에게 제출하며, 신청을 받은 시장 등은 지체 없이 대여 여부를 결정해 신청인에게 통지해야 하며, 그 내용을 자금 대여를 취급하는 금융기관 또는 우편관서에 통보해야 합니다.

[5] 자동차구입 관련 세금 감면

> 장애인입니다. 자동차를 구입하면서 받을 수 있는 세금 혜택은 어떤 것이 있나요?

장애인복지법에 따른 중증 장애인이 차량을 구입할 때는 개별소비세, 취득세 및 자동차세가 면제됩니다.

중증 장애인이 구입하는 **승용자동차**에 대해서는 500만 원을 한도로 하여 **개별소비세**(장애인을 위한 특수장비 설치비용을 과세표준에서 제외하고 산출한 금액)가 면제됩니다. 승용자동차는 해당 장애인이 본인의 명의로 구입하거나 장애인과 주민등록표·외국인등록표 또는 국내거소신고원부에 의하여 세대를 함께하는 것이 확인되는 배우자·직계존비속·형제자매 또는 직계비속의 배우자와의 공동명의로 구입하는 것만 해당됩니다.

또한 중증 장애인이 **보철용·생업활동용**으로 사용하기 위해 취득하여 등록하는 자동차 중 **최초로 감면 신청하는 1대에 한하여 2024년 12월 31일까지 취득세 및 자동차세를 각각 면제**합니다. 이는 해당 장애인이 본인의 명의로 등록하거나 동일한 세대별 주민등록표에 기재되어 있는 아래의 범위에 포함되는 사람과 공동명의로 등록하는 자동차로 한정합니다.

✓ 가족관계등록부에 따른 ① 장애인의 배우자·직계혈족·형제자매, ② 장애인의 직계혈족의 배우자, ③ 장애인의 배우자의 직계혈족·형제자매

[6] 의료비 지원

> 장애인인데 장기간 병원에 다니며 재활치료를 받아야 합니다. 이 경우 의료비 지원을 받을 수 있을까요?

보건복지부장관, 특별시장·광역시장·특별자치시장·도지사·특별자치도지사 또는 시장·군수·구청장은 의료비를 부담하기 어렵다고 인정되는 장애인에게 장애 정도와 경제적 능력 등을 고려해 장애 정도에 따라 의료에 소요되는 비용을 지급하고 있습니다.

◇ 대상자

의료급여법에 의한 의료급여 2종 수급권자인 등록장애인(「국민기초생활보장법」에 의한 수급자 중 근로능력 세대의 등록장애인으로 다른 법에서 의료급여를 지급받거나 의료급여 1종 수급권자인 경우 지원대상 아님)

건강보험의 차상위 본인부담 경감대상자인 등록장애인(만성질환자 및 18세 미만 등록장애인)

◇ 지원금액

의료비 수급 대상자인 장애인은 「국민건강보험법」과 「의료급여법」에 따라 제공되는 의료에 드는 비용 중 해당 장애인 본인이 부담해야 할 비용에 대해 의료비를 지급받게 됩니다.

[7] 보조기기에 대한 건강보험 급여

> 전동휠체어를 구하려고 하는데 지원을 받을 수 있다고 들었습니다. 얼마나 지원을 받을 수 있나요?

전동휠체어는 장애인 보조기기에 해당되므로 그 기준액의 범위 내에서 실구입액의 일부 금액을 국민건강보험공단에서 부담하는 방식으로 지원을 받을 수 있습니다.

◇ 장애인 보조기기에 대한 공단의 부담금액

국민건강보험공단은 「장애인복지법」에 따라 등록한 장애인인 가입자 및 피부양자에게는 보조기기에 대하여 보험급여를 하고 있습니다.

전동휠체어에 대한 공단의 부담금액은 아래와 같습니다.
- 기준액, 고시금액 및 실구입금액 중 최저금액의 100분의 90에 해당하는 금액
- 다만, 「국민건강보험법 시행령」 별표 2 제3호라목1)의 희귀난치성질환등을 가진 사람과 별표 2 제3호라목2)의 희귀난치성질환 등 외의 질환으로 6개월 이상 치료를 받고 있거나 6개월 이상 치료가 필요한 사람 또는 18세 미만의 아동인 경우에는 지급기준금액에 해당하는 금액

제2절 기초생활보장제도

1. 기초생활보장제도란

기초생활보장제도는 생활이 어려운 사람에게 필요한 급여를 실시해 이들의 최저생활을 보장하고 자활을 돕고자 실시하는 제도이다(국민기초생활보장법 제1조 참조).

2. 기초생활보장급여의 지급원칙

기초생활보장급여는 수급자가 자신의 생활의 유지·향상을 위하여 그의 소득, 재산, 근로능력 등을 활용하여 최대한 노력하는 것을 전제로 이를 보충·발전시키는 것을 기본원칙으로 한다(법 제3조제1항). 부양의무자의 부양과 다른 법령에 따른 보호는 국민기초생활보장법에 따른 급여에 우선한다. 다만, 다른 법령에 따른 보호의 수준이 위 법에서 정하는 수준에 이르지 않은 경우에는 나머지 부분에 관하여 국민기초생활보장법에 따른 급여를 받을 권리를 잃지 않는다(법 제3조제2항).

기초생활보장급여는 건강하고 문화적인 최저생활을 유지할 수 있는 것이어야 하며, 국민기초생활보장법에 따른 급여의 기준은 수급자의 연령, 가구 규모, 거주 지역, 그 밖의 생활

여건 등을 고려하여 급여의 종류별로 보건복지부장관이 정하거나 급여를 지급하는 중앙행정기관의 장이 보건복지부장관과 협의하여 정한다(법 제4조제1항 및 제2항).

3. 외국인에 대한 특례

국내에 체류하고 있는 외국인 중 외국인등록을 한 사람으로서 대한민국 국민과 혼인하여 본인 또는 배우자가 임신 중이거나 대한민국 국적의 미성년자녀를 양육하고 있거나 배우자의 대한민국 국적인 직계존속(直系尊屬)과 생계나 주거를 같이하고 있는 사람은 이 법에 따른 급여를 받을 수 있는 자격을 가진 경우 수급권자가 된다(법 제5조의2, 시행령 제4조, 출입국관리법 제31조).

4. 기초생활보장급여의 종류

기초생활보장급여의 종류는 **생계급여, 주거급여, 의료급여, 교육급여, 해산급여 및 자활급여**가 있다(법 제7조제1항).

📝 관련 사례

[1] 기초생활보장 대상자의 기준

> 노인복지센터에 갔다가 형편이 어려운 경우에는 기초생활보장 신청을 하면 급여를 받을 수 있다고 들었습니다. 기초생활보장제도는 누구나 이용할 수 있나요?

기초생활보장제도는 생활이 어려운 사람에게 필요한 급여를 실시하여 이들의 최저생활을 보장하고 자활을 돕기 위한 제도로써, 부양능력, 소득·재산 기준이 "수급권자"에 해당하면 기초생활보장 급여를 받을 수 있습니다.

수급권자는 부양의무자가 없거나, 부양의무자가 있어도 부양능력이 없거나 부양을 받을 수 없는 사람으로서 그 '소득인정액'이 각 급여별 수급자 선정기준(중앙생활보장위원회의 심의·의결을 거쳐 결정하는 금액) 이하인 사람으로 하는데, 급여별로 수급자 선정기준의 '기준 중위소득'이 다릅니다.

"부양의무자"란 수급권자를 부양할 책임이 있는 사람으로서 수급권자의 1촌 직계혈족(부모·아들·딸 등) 및 그 배우자(사망한 1촌의 직계혈족의 배우자는 제외)를 말합니다.

"기준 중위소득"이란 보건복지부장관이 급여의 기준 등에 활용하기 위하여 중앙생활보장위원회의 심의·의결을 거쳐 고시하는 국민 가구소득의 중위 값을 말합니다. 기준 중위소득은 급여종류별 선정기준과 생계급여 지급액을 정하는 기준이고, 부양의무자의 부양능력을 판단하는 기준이 됩니다. 그리고 "소득인정액"이란 개별가구의 "소득평가액"과 "재산의 소득환산액"을 합산한 금액을 말합니다. 기초생활보장제도의 기본단위는 "개별가구"입니다.

- ✓ 소득인정액＝소득평가액＋재산의 소득환산액
- ✓ 소득평가액＝[실제소득－가구특성별 지출비용－(근로소득공제＋그 밖에 추가적인 지출)]
- ✓ 재산의 소득환산액＝(재산가액－기본재산액－부채)×소득환산율

[2] 기초연금을 받고 있는 사람도 기초생활수급자가 될 수 있나요

> 아내와 사별 후, 혼자 어렵게 살고 있는 70세 노인입니다. 요즘에는 아픈 곳이 많아져서 더 이상 일도 할 수 없고 점점 생활하는 것이 힘들어집니다. 그래서 자격만 된다면 기초생활보장제도의 도움을 받고 싶은데요. 기초연금을 받고 있는 사람도 기초생활수급자가 될 수 있나요?

기초연금과 기초생활보장 급여는 함께 받을 수 있습니다. 기초생활보장제도는 전 국민을 대상으로 하고 기초노령연금은 65세 이상의 노인을 대상으로 한다는 것이 다를 뿐입니다. 다만, 기초연금을 받게 되면 해당 연금액이 소득으로 산정되어 기초생활보장 급여에 영향을 미칠 수도 있습니다.

수급권자와 그 친족, 그 밖의 관계인 또는 사회복지 전담공무원은 관할 특별자치도지사·시장·군수·구청장에게 다음의 서류를 제출하여 급여를 신청할 수 있습니다.

- ✓ 급여신청서
- ✓ 제적등본(가족관계증명서로 부양의무자를 확인할 수 없는 경우에 한함)
- ✓ 금융정보, 신용정보 또는 보험정보제공 동의서

[3] 사회취약계층 특별보호

> 실직한 후 지내던 고시원에서 나와 찜질방 등에서 떠돌며 지내고 있습니다. 주소가 없는 사람도 기초생활보장제도를 통해 보장을 받을 수 있는지 궁금합니다.

쪽방, 만화방, 목욕탕, 여인숙, 비디오방, 고시원, 독서실, 사회복지시설, 미신고 시설 및 일반 주거 등(병원은 제외) 주거가 일정하지 않은 사람이 실제 거주하는 지역에서 최소거주기간(1개월) 이상 지속적으로 거주하고 있는 것이 확인되면 실제 거주하는 지역을 관할하는 특별자치시장·특별자치도지사·시장·군수·구청장은 주민등록번호를 확인하여 신원확인과 함께 소득·재산 등을 조사해 급여종류별 선정기준에 해당되는 경우 수급자로서의 자격을

부여하고 급여를 지급하게 됩니다.

수급자로서 급여를 받게 되면 실제 거주지에서 지속적으로 거주를 해야 하고, 만약 지속적으로 거주하는 것으로 인정이 되지 않으면 급여의 일부 또는 전부가 중지됩니다. 주민등록번호가 확인되지 않는 사람은 사회복지 전산관리번호를 부여해 이를 통해 관리합니다.

◇ 사회취약계층 특별보호

"취약계층"이란 거소 또는 주소가 불명으로 등록되었거나, 확인이 불가능한 사람 또는 주민등록지와 실제 거주지가 다른 사람 등과 같이 주민등록상의 문제로 신원확인이나 소득·재산 조사가 곤란하고 잦은 이동 등의 이유로 최소한의 관리수단이 미흡해 기초생활보장에서 제외되는 계층을 말합니다. 비닐하우스, 판자촌, 쪽방 등에 거주하는 사람, 노숙인과 같이 주민등록상의 문제로 기초생활보장수급자(이하 "수급자"라 함)가 될 수 없는 사람이 취약계층에 포함됩니다.

◇ 사회취약계층 보장 절차

급여신청 안내 및 직권조사 → 실제거주 사실 확인 → 급여신청서의 작성 및 자료의 제출 → 타 시·군·구에서의 수급 여부 확인 등 조사 → 급여의 결정 및 통지 → 급여의 지급

[4] 기초생활보장 신청 안내

기초생활보장 신청을 하려는데 어디서 해야 하나요? 그리고 신청 후 결과는 언제 알 수 있나요?

기초생활보장은 주민등록상 주소지 관할 시·군·구청에서 연중 신청이 가능합니다. 일반적으로 신청일로부터 30일 이내에 선정되며, 소득·재산 등의 조사에 시일이 걸리거나 수급권자 또는 부양의무자가 조사나 자료제출 요구를 거부·방해 또는 기피하는 등 특별한 사유가 있는 경우에는 60일 이내에 선정하여 해당 기관에서 서면으로 결과를 통지합니다.

[5] 수급권자 범위의 특례

저는 북한이탈주민으로 서울에서 생활하고 있습니다. 외국인 아내가 있는데 아직 대한민국 국적을 취득하지는 않았습니다. 그런데도 수급자로 선정이 가능할까요?

가능합니다. 생계급여, 주거급여, 교육급여, 의료급여, 해산급여, 장제급여 및 자활급여에 따른 수급권자에 해당하지 않아도 생활이 어려운 사람으로서 일정 기간 동안 급여의 전부 또는 일부가 필요하다고 보건복지부장관 또는 소관 중앙행정기관의 장이 정하는 사람은 수급권자로 봅니다.

"생활이 어려운 북한이탈주민"에 대해서는 정착지원시설에서의 보호가 끝난 후 최초 거주지 전입일 이후 5년간 재산 산정에서 정착금이 제외되며, 부양의무자 기준이 적용되지 않습니다. 또한 북한이탈주민만으로 구성된 가구뿐만 아니라 북한이탈주민이 포함된 가구도 위와 같은 특례를 적용하여 수급자 선정이 가능합니다. 특례기간 중 취업 또는 창업 등으로 수급자에서 벗어났으나, 실직·폐업·질병 등으로 수급을 재신청하는 경우 북한이탈주민 특례 소득인정액 기준에 해당하면 동 특례 규정 재적용이 가능합니다.

[6] 기준 중위소득

> 기초생활보장 신청을 하였습니다. 기준 중위소득에 따라 급여를 선정한다고 하는데, 기준 중위소득이 무엇인가요?

"기준 중위소득"이란 보건복지부장관이 급여의 기준 등에 활용하기 위하여 중앙생활보장위원회의 심의·의결을 거쳐 고시하는 국민 가구소득의 중위 값을 말합니다. 기준 중위소득은 급여종류별 선정기준과 생계급여 지급액을 정하는 기준이고, 부양의무자의 부양능력을 판단하는 기준이 됩니다. 2023년 2인 가구 기준 중위소득은 3,456,155원입니다.

◇ 2022~2023년 기준 중위소득

(단위: 월/원)

가구원수		1인	2인	3인	4인	5인	6인
기준 중위소득	22년	1,944,812	3,260,850	4,194,701	5,121,080	6,024,515	6,907,004
	23년	2,077,892	3,456,155	4,434,816	5,400,964	6,330,688	7,227,981

[7] 재산의 소득환산율

> 대도시 주거 수급자로 주거용 재산 보증금 1억 4천만 원과 일반재산 3천만 원이 있는 경우 기초생활보장수급자 소득기준에 해당되는지 궁금합니다. 재산을 소득으로 환산하는 방법을 알려주세요.

재산은 소득으로 환산해 기초생활보장수급자 선정의 기초로 사용합니다. 재산의 소득환산 방법은 「국민기초생활보장법」 및 보건복지부고시에 따른 기준을 적용합니다.

재산의 소득환산액은 개별가구의 재산가액에서 기본재산액(기초생활의 유지에 필요하다고 보건복지부장관이 정하여 고시하는 재산액) 및 부채를 공제한 금액에 소득환산율을 곱하여 산정합니다.

✓ 재산의 소득환산액＝(재산가액－기본재산액－부채)×소득환산율

◇ **재산가액**: 조사일을 기준으로 공적자료로 조회된 가격을 적용하여 산정

주거용재산 한도액	대도시	중소도시	농어촌
생계·주거·교육급여	1억 2,000만 원	9,000만 원	5,200만 원
의료급여	1억 원	6,800만 원	3,800만 원

◇ **기본재산액**: 보장가구의 기본적 생활 유지에 필요하다고 인정되어 보건복지부장관이 정하여 고시하는 금액으로 소득환산에서 제외되는 재산가액을 말합니다.

기본재산액	대도시	중소도시	농어촌
생계·주거·교육급여	6,900만 원	4,200만 원	3,500만 원
의료급여	5,400만 원	3,400만 원	2,900만 원

◇ **부채**: 임대보증금(전세금을 포함) 및 금융회사 등으로부터 받은 대출금과 및 주택연금과 농지연금의 누적액, 그 밖에 보건복지부장관이 정하여 고시하는 금융회사 외 기관 대출금, 법에 근거한 공제회 대출금, 법원에 의해 확인된 사채 중 미상환액을 말합니다.

◇ **재산의 소득환산율**

구 분	주거용재산	일반재산	금융재산	소득환산율이 100% 적용되는 자동차
수급권자	월 1.04%	월 4.17%	월 6.26%	월 100%
부양의무자	월 1.04%	월 2.08%		

대도시 주거용 재산 한도액 1.2억을 초과하는 2천만 원과 일반재산 3천만 원은 우선 일반재산의 소득환산율인 월 4.17%가 적용됩니다. 그리고 나머지 대도시 주거용 재산 한도액 1.2억원에서 대도시 주거급여 기본재산액 6,900만 원을 공제하고, 나머지 5,100만 원은 주거용 재산 소득환산율인 월 1.04%가 적용됩니다.

[8] 생계급여액 계산

> 저는 혼자 살고 있는 기초생활보장수급자입니다. 1인 가구로 소득인정액 15만 원을 인정받고 있습니다. 제가 받을 수 있는 생계급여액은 얼마인가요?

생계급여는 수급자에게 의복, 음식물 및 연료비와 그 밖에 일상생활에 기본적으로 필요한 금품을 지급하여 그 생계를 유지하게 하는 것으로, 부양의무자가 없거나, 부양의무자가 있어

도 부양능력이 없거나 부양을 받을 수 없는 사람으로서 가구의 소득인정액이 생계급여 선정기준 이하인 사람을 대상으로 지급합니다.

생계급여액은 생계급여 선정기준(생계급여 최저보장수준)에서 가구의 소득인정액을 차감한 금액을 말합니다.

✓ 생계급여액 = 생계급여 최저보장수준(대상자 선정기준) − 소득인정액

2023년 현재 생계급여 기준 중위소득은 1인가구의 경우 2,077,892원입니다. 생계급여 지급기준은 기준 중위소득의 30%이므로 623,368원에서 소득인정액 150,000원을 차감한 478,368원을 생계급여액으로 받으실 수 있습니다.

[9] 압류방지 전용통장(행복지킴이 통장)

> 기초생활보장 수급자로 선정되었는데 현재 통장이 압류가 되어있어서 급여를 받을 수 있을지 걱정됩니다. 어떻게 해야 할까요?

수급자에게 지급된 수급품과 이를 받을 권리는 「국민기초생활보장법」에 따라 압류할 수 없으며, 급여수급계좌의 예금에 관한 채권은 압류할 수 없습니다. 따라서 **압류방지 전용통장을 개설하여 급여를 지급받으시면 됩니다.**

압류방지 전용통장(행복지킴이 통장)은 기초생활수급자의 급여만 입금되고 그 외의 금원은 입금이 차단되는 통장으로 수급자의 급여압류에 따른 생활 곤란을 해소하기 위한 것으로 기초생활수급자만 개설이 가능합니다. 시중은행·우체국·신협·새마을금고 등 금융권에 수급자 증명서를 제출하여 압류방지 전용통장을 개설할 수 있습니다.

[10] 기초생활보장수급자 면제제도

> 지난주에 주민등록증 재발급을 받으면서 기초생활수급자는 수수료가 면제된다고 안내를 받았는데요. 다른 혜택은 또 무엇이 있을까요?

기초생활수급자는 주민등록증의 재발급을 신청하는 경우에 수수료가 면제됩니다. 또한 자동차검사수수료, TV 수신료가 면제되며 주민세가 부과되지 않습니다. 또한 전기요금, 도시가스요금, 상·하수도요금, 통신요금, 종량제 폐기물 수수료 등이 감면됩니다. 이외에도 에너지바우처(난방비 지원) 지급 및 문화누리카드 이용료 지원 등의 혜택이 있습니다.

[11] 부정수급 등에 따른 처리

> 기초생활수급자가 허위로 고용임금 확인서를 발급받아 기초생활보장급여를 받은 경우에는 어떻게 되나요?

속임수나 그 밖의 부정한 방법으로 급여를 받거나 타인으로 하여금 급여를 받게 한 경우 그 급여를 받은 사람 또는 급여를 받게 한 경우를 "부정수급"이라고 하는데, 기초생활수급자가 허위로 고용임금 확인서를 발급받아 기초생활보장급여를 받은 경우 부정수급에 해당됩니다. 수급자뿐만 아니라 부양의무자, 기타 관계인(예를 들어, 수급자에게 허위로 고용임금 확인서를 발급해 준 고용주)도 부정수급자에 해당될 수 있습니다.

부정수급자에 해당하는 경우 그간 지급한 보장비용의 전부 또는 일부를 징수할 수 있습니다. 부정수급자가 2인 이상인 경우에는 부정수급자의 수로 나눈 금액을 각각 징수합니다. 30일 이상의 기한을 정하여 납부 통지를 해야 하며, 기한 내에 이를 납부하지 않은 경우에는 30일 이상의 기한을 정하여 납부를 독촉합니다.

또한 보장기관(급여를 지급하는 국가 또는 지방자치단체)은 급여의 지급 정지 또는 변경, 보장비용의 징수와 함께 부정수급 기간이 6개월 이상 또는 부정수급 금액이 300만 원 이상인 사람에 대해서는 형사고발조치를 할 수 있습니다. 위 기준에 미달하더라도 고의성이 농후하거나, 부정수급을 부인하며 보장비용 징수를 거부하는 경우에도 고발조치 할 수 있으니 유의해야 합니다. 위와 같이 거짓이나 그 밖의 부정한 방법으로 급여를 받거나 다른 사람으로 하여금 급여를 받게 한 사람, 지급받은 급여를 목적 외의 용도로 사용한 사람은 1년 이하의 징역, 1천만 원 이하의 벌금, 구류 또는 과료에 처해집니다(국민기초생활보장법 제49조).

보건복지부 www.mohw.go.kr > react
안내전화 : 보건복지상담센터 129 / 당직실: 044-202-2117 / FAX: 044-202-3910

제4장 여성근로자의 권익

제1절 여성근로자에 대한 차별금지

헌법은 국가가 여자의 복지와 권익의 향상을 위하여 노력하여야 하며 모성의 보호를 위하여 노력하여야 한다고 규정하고 있다. 여성의 근로는 특별한 보호를 받으며, 고용·임금 및 근로조건에서 부당한 차별을 받지 않도록 규정하고 있다(대한민국헌법 제32조제4항). 이에 따라 국회는 직장에서의 여성의 보호를 위해 근로기준법과 남녀고용평등과 일·가정 양립 지원에 관한 법률(약칭: 남녀고용평등법) 등을 제정하여 시행하고 있다.

1. 근로의 보호

모든 국민은 근로의 권리를 가진다. 국가는 사회적·경제적 방법으로 근로자의 고용의 증진과 적정임금의 보장에 노력해야 하고, 법률이 정하는 바에 따라 최저임금제를 시행해야 한다(대한민국헌법 제32조제1항 전단).

2. 여성근로의 특별보호

여성의 근로는 특별한 보호를 받으며, 고용·임금 및 근로조건에서 부당한 차별을 받지 않도록 규정하고 있다(대한민국헌법 제32조제4항, 남녀고용평등법 제11조).

3. 여성의 사회진출 지원

국가, 지방자치단체 및 사업주는 여성의 직업능력 개발 및 향상을 위해 모든 직업능력개발 훈련에서 남녀에게 평등한 기회를 보장해야 한다(남녀고용평등법 제16조).

4. 임산부의 보호(근로기준법 제74조)

1) 사용자는 임신 중의 여성에게 출산 전과 출산 후를 통하여 90일(다태아일 경우 120일)의 출산전후휴가를 주어야 한다. 이 경우 휴가 기간의 배정은 출산 후에 45일(다태아일 경우 60일) 이상이 되어야 한다.
2) 사용자는 임신 중인 여성 근로자가 유산의 경험 등 대통령령으로 정하는 사유로 제1항의 휴가를 청구하는 경우 출산 전 어느 때라도 휴가를 나누어 사용할 수 있도록 하여야 한다. 이 경우 출산 후의 휴가 기간은 연속하여 45일(다태아일 경우 60일) 이상이 되어야 한다.
3) 사용자는 임신 중인 여성이 유산 또는 사산한 경우로서 그 근로자가 청구하면 대통령령

으로 정하는 바에 따라 유산·사산 휴가를 주어야 한다. 다만, 인공 임신중절 수술(「모자보건법」 제14조제1항에 따른 경우는 제외)에 따른 유산의 경우는 그러하지 아니하다.

제2절 육아휴직 및 육아휴직급여

1. 육아휴직
사업주는 임신 중인 여성 근로자가 모성을 보호하거나 근로자가 만 8세 이하 또는 초등학교 2학년 이하의 자녀(입양한 자녀를 포함)를 양육하기 위하여 휴직을 신청하는 경우에 이를 허용하여야 한다(남녀고용평등법 제9조). 근로자의 육아부담을 해소하고 계속근로를 지원함으로써 기업의 숙련인력 확보를 위해 지원하는 제도이다.

2. 육아휴직기간
근로자는 1년 이내 육아휴직이 가능하고, 자녀 1명당 1년 사용이 가능하다. 자녀가 둘인 경우 각각 1년씩 총 2년 동안 사용할 수 있다. 육아휴직은 당연한 근로자의 권리이다. 아빠 엄마 모두 근로자인 경우 한 자녀에 대하여 아빠도 1년, 엄마도 1년 사용할 수 있고, 2020. 2. 28.부터는 아빠와 엄마가 동시에 육아휴직을 신청할 수 있다. 근로한 기간이 6개월 미만인 근로자는 사업주가 육아휴직을 거부할 수 있다(남녀고용평등법 시행령 제10조).

육아휴직기간은 근속기간에 포함된다. 사업주는 육아휴직을 마친 근로자를 전과 같은 업무 또는 같은 수준의 임금을 지급하는 직무에 복귀시켜야 하고, 이를 이유로 해고나 그 밖의 불리한 처우를 하여서는 안 된다. 기간제근로자와 파견근로자의 육아휴직 기간은 근로자파견기간에 산입하지 않는다(동법 제19조).

3. 육아휴직급여
피보험단위기간(임금을 받은 재직기간을 뜻함)이 180일 이상이 되어야 하며, 사업주로부터 30일(근로기준법 제74조에 따른 출산전후휴가기간과 중복되는 기간은 제외) 이상 육아휴직을 부여받아야 한다(고용보험법 제70조). 즉, 28일의 휴가를 받은 경우 육아휴직 급여를 받을 수 없다. 30일 이상 휴가를 받아야 한다. 다만 과거에 실업급여를 받았던 경우 인정받았던 피보험기간은 제외된다.

4. 육아기 근로시간 단축
사업주는 육아휴직을 신청할 수 있는 근로자가 육아휴직 대신 근로시간의 단축을 신청하는 경우에 이를 허용하여야 한다(남녀고용평등법 제19조의2제1항 본문). 단축 후 근로시간은 주당 15시간 이상이어야 하고 35시간을 넘어서는 안 되며(동조 제3항), 단축기간은 1년 이내로 한다(동조 제4항). 사업주가 이를 위반하여 육아기 근로시간 단축을 허용하지 아니한 경우에는 500만 원 이하의 과태료의 제재를 받는다(동법 제39조제3항제6호).

다만, 대체인력 채용이 불가능한 경우, 정상적인 사업 운영에 중대한 지장을 초래하는 경우 등 대통령령으로 정하는 경우에는 육아기 근로시간 단축을 허용하지 않을 수 있다(동법 제19조의2제1항 단서). 이와 같은 경우에는 해당 근로자에게 그 사유를 서면으로 통보하고 육아휴직을 사용하게 하거나 그 밖의 조치를 통하여 지원할 수 있는지를 해당 근로자와 협의하여야 한다(동조 제2항). 이를 이행하지 않은 경우 역시 과태료 제재를 받는다(동법 제39조제3항제4호).

관련 사례

[1] 성(性)을 이유로 한 고용차별 금지 - 차별과 불리한 조치

> '차별'이란 사업주가 근로자에게 성별, 혼인, 가족 안에서의 지위, 임신 또는 출산 등의 사유로 합리적인 이유 없이 채용 또는 근로의 조건을 다르게 하거나 그 밖의 불리한 조치를 하는 경우로 알고 있습니다. 그 밖의 불리한 조치에 해당하는 경우란 어떤 것이 있나요?

사업주가 채용조건이나 근로조건은 동일하게 적용하더라도 그 조건을 충족할 수 있는 남성 또는 여성이 다른 한 성(性)에 비하여 현저히 적고 그에 따라 특정 성(性)에게 불리한 결과를 초래하며, 그 조건이 정당한 것임을 증명할 수 없는 경우를 포함합니다(남녀고용평등법 제2조제1호 본문).

따라서, 사업주는 근로자를 모집하거나 채용할 때 남녀를 차별해서는 안 되며(동법 제7조제1항), 근로자를 모집·채용할 때 직무수행에 필요하지 않은 용모·키·체중 등의 신체조건 및 미혼 조건을 제시하거나 요구해서는 안 됩니다(동법 제7조제2항).

다만, 다음의 어느 하나에 해당하는 경우에는 예외를 둘 수 있습니다(동법 제2조제1호 단서, 제3조1항 단서, 동법 시행령 제2조제1항).
- 직무의 성격에 비추어 특정 성(性)이 불가피하게 요구되는 경우
- 여성 근로자의 임신·출산·수유 등 모성보호를 위한 조치를 하는 경우
- 그 밖에 남녀고용평등법 또는 다른 법률에 따라 적극적 고용개선조치를 하는 경우
- 동거하는 친족만으로 구성된 사업 또는 사업장과 가사사용인

[2] 여성근로자에 대한 차별금지

이번에 새로 입사한 회사의 근무규정에 여성근로자는 결혼을 하거나 임신을 하면 퇴사하여야 한다는 규정이 있었습니다. 회사에서는 결혼은 준비과정에서 많은 시간이 소모되고, 임신 후 일을 하는 것은 산모에게도 좋지 않을뿐더러 출산 등으로 자리를 비울 경우 원만한 근무가 이루어지기 어렵기 때문에 부득이 퇴사를 요구하고 있다고 합니다. 취업으로 가계가 안정되면 임신을 계획할 생각이었던 지라 이러한 근무조건이 도저히 이해가 가지 않습니다. 명백한 차별행위 아닌가요?

사업주는 근로자의 정년·퇴직 및 해고에서 남녀를 차별해서는 안 됩니다. 여기에서 '차별'은 사업주가 근로자에게 성별, 혼인, 가족 안에서의 지위, 임신 또는 출산 등의 사유로 합리적인 이유 없이 채용 또는 근로의 조건을 다르게 하거나 그 밖의 불리한 조치를 하는 경우를 말합니다(남녀고용평등법 제11조). 이를 위반하여 근로자의 정년·퇴직 및 해고에서 남녀를 차별하거나 여성 근로자의 혼인, 임신 또는 출산을 퇴직사유로 예정하는 근로계약을 체결하는 경우 사업주는 5년 이하의 징역 또는 3천만 원 이하의 벌금에 처해집니다(동법 제37조제1항).

◇ **계약직 여성 공무원이 연령 규정으로 퇴직 이후 해당 규정 개정돼 정년 연장 되었다면 다시 공무원 지위 인정해야**(서울행정법원 2022. 9. 29. 선고 2021구합104)

계약직 공무원으로 근무하다가 연령 규정에 따라 퇴직한 이후 해당 규정이 개정돼 정년이 바뀌었다면 다시 공무원 지위를 인정해야 한다는 판결이 나왔다.

서울행정법원 행정12부(재판장 정용석 부장판사)는 A 씨 등이 국가를 상대로 제기한 공무원지위 확인소송(2021구합104)에서 원고승소 판결했다.

A씨와 B씨는 각각 1987년, 1988년에 기능 10급의 국가공무원으로 공개 채용되어 행정보조 직군의 입력작업 직렬 업무를 수행했는데, 주된 업무는 C기관 내부 서류를 문서화하는 것이었다. 1999년 국제통화기금의 구제금융을 받아야 하는 경제위기 상황에서 정부 차원의 구조조정이 실시됨에 따라 기능직 직렬 중 전산사식, 입력작업, 전화교환 등 6개 직렬이 폐지되면서 A씨 등은 의원면직 상태가 되었다가 전임계약직 직원으로 다시 채용되어 정보업무지원 분야 중 입력작업 분야에서 같은 업무를 수행했고, 그날부터 C기관 계약직직원규정의 적용을 받게 되었다. 해당 규정에서는 전산사식, 입력작업, 전화교환 등 근무자는 근무상한 연령을 만 43세로 정하거나 만 45세까지 계약기간을 연장할 수 있도록 했다.

이들은 주로 1년 단위로 계약을 갱신해 계속 근무했는데 B씨는 2010년 11월, A씨는 2011년 6월 해당 규정에 따라 입력작업의 근무상한연령인 만 43세에 각 도달하게 되었고, 연령 규정에 따라 그로부터 각 2년을 연장해 근무하다가 B씨는 2012년 12월, A씨는 2013년 6월 각각 퇴직했다.

한편, A씨 등과 동일한 과정을 거쳐 C의 계약직 직원으로 채용돼 전산사식 직렬 업무를 수행하다가 2010년경 연령 규정에 따라 퇴직한 D씨 등은 해당 규정이 "성별에 따른 차별을 하고 있어 무효"라고 주장하며 2012년경 국가를 상대로 공무원지위확인소송을 제기했다. 당시 1심과 2심 법원은 D씨 등의 손을 들어주지 않았으나 대법원에서는 "사실상 여성 전용 직렬로 운영된 전산사식 분야의 근무상한연령을 사실상 남성 전용 직렬로 운영된 다른 분야의 근무상한연령보다 낮게 정한 데 합리적인 이유가 있는지 증명해야 하고, 이를 증명하지 못한 경우에는 남녀고용평등과 일·가정 양립 지원에 관한 법률에 위반돼 당연무효로 봐야 한다."며 사건을 서울고법으로 돌려보냈다. 이에 따라 진행된 파기환송심에서는 D씨 등의 손을 들어줬고, 그대로 확정됐다.

A씨 등은 퇴직한 때로부터 약 8~9년이 경과한 2021년 1월 "관련 판결이 확정된 이후 해당 규정이 남녀고용평등법 제11조 제1항 등에 위배돼 무효이고, 계약기간 만료일은 연령 규정에 의해 정해졌으므로 퇴직 조치 또한 무효"라며 현재에도 C 소속 국가공무원의 신분을 유지해야 한다고 주장하면서 행정소송을 제기했다.

재판부는 "A씨 등의 퇴직사유는 형식적으로 계약기간의 만료였으나, 그 계약기간은 해당 연령 규정에 의해 정해진 것"이라며 "A씨 등의 채용계약 내용 중 종기에 관한 부분이 강행규정을 위반해 효력이 없고, 그 당연한 결과로 A씨 등에 대한 퇴직조치 또한 무효라고 보는 것이 타당하다."고 설명했다. 이어 "A씨 등의 계약기간은 종기의 정함이 없는 상태가 되고, 정년에 도달하지 않는 한 C소속 국가공무원의 지위를 계속 유지하고 있다."며 "2018년 6월 22일부터 남녀고용평등법 및 근로기준법 위반 소지를 해소한 개정 규정에 따라 A씨 등의 정년은 만 60세가 되는데, 변론종결일 현재 A씨 등이 만 60세에 도달하지 않았음은 계산상 명백하다."고 밝혔다. 그러면서 "결국 A씨 등은 현재에도 C소속 국가공무원의 지위를 유지하고 있다고 봐야 한다."고 판시했다.

[3] 생리휴가

> 28세의 직장여성입니다. 생리통을 심히 앓아 생리휴가를 신청하고 싶습니다. 허가를 회사에서 해주지 않을 경우 어떻게 해야 할까요?

생리휴가는 생리일(生理日)의 근무가 곤란한 여자 공무원·근로자에게 주는 무급휴가입니다(공무원복무규정 제20조제3항, 근로기준법 제73조). 이는 여성근로자의 보호를 위하여 만들어진 제도로서, 월 1일의 생리휴가를 주도록 되어 있습니다. 사용자는 여성근로자의 청구가 있을 경우 생리휴가를 주어야 하며, 일용직·임시직에 관계없이 부여되고, 근로일수와도 관계없이 적용됩니다.

현재의 근로기준법상 생리휴가는 무급이며, 사업장에서 따로 유급으로 정하는 경우에는 유급으로 휴가를 부여합니다. 이를 위반한 사용자는 근로기준법 114조에 따라 500만 원 이하의 벌금에 처합니다.

◇ 생리휴가 사용할 때 주의점

분할해서 사용하거나 미루었다가 한꺼번에 사용할 수 없다. 해당기간(1개월 내)이어야 하고, 근로자가 자유로이 사용하지 않은 경우에는 사용권은 소멸된다.

또한 사전 통보 없이 일방적으로 휴가를 사용하는 것은 보호받을 수 없다. 사용자는 특별한 날짜를 지정하거나 생리휴가 가능 요일을 지정 또는 사전휴가계 제출을 의무화하는 등 생리휴가 사용을 제한하는 행위를 할 수 있다.

◇ 일용근로자 생리휴가

1일 단위로 계약 맺는 일용근로자라 하더라도 사실상 상시 근로하는 경우 생리휴가를 사용할 수 있다.

[4] 임산부의 근로시간 단축

> 현재 다니고 있는 회사에서 하루에 7시간씩 근무하고 있습니다. 임신 초기라 자꾸 피곤하여 근무시간 단축을 신청하려고 하는데요, 2시간 단축을 신청할 수 있나요? 또, 단축근무기간 동안은 임금이 삭감되나요?

사용자는 임신 후 12주 이내(임신 후 84일까지) 또는 36주 이후(임신 후 246일 이후)에 있는 여성근로자가 1일 2시간의 근로시간 단축을 신청하는 경우 이를 허용해야 합니다(근로기준법 제74조제7항). 다만, 1일 근로시간이 8시간 미만인 근로자가 임신기 근로시간 단축을 신청하는 경우에는 근로시간이 6시간이 되도록 단축할 수 있습니다. 따라서 귀하는 6시간으로 근로시간 단축을 신청할 수 있습니다.

그리고 사용자는 여성근로자가 임신기간 중 근로시간 단축을 하였다는 이유로 임금을 삭감해서는 안 됩니다(동법 제74조제6항). 여성근로자가 근로시간 단축을 신청하였음에도 이를 허용하지 않은 사업주에게는 500만 원 이하의 과태료가 부과됩니다(동법 제116조제2항제2호).

※ 임신 후 12주 이내는 12주 0일까지를 말하며, 임신 후 36주 이후는 35주 1일을 말함(진단서상)

[5] 임산부의 정기건강검진

> 회사에서 불이익을 줄 것 같아 임산부 정기건강검진을 청구하지 못하고 있습니다.

사용자는 임신한 여성근로자가 임산부 정기건강검진을 받는데 필요한 시간을 청구하는 경우 이를 허용해 주어야 합니다. 사용자는 태아검진을 이유로 사용된 시간에 대하여 임금을 삭감하여서도 안 됩니다(근로기준법 제74조의2, 모자보건법 제10조).

[6] 출산전후휴가 제도

> 법이 보장하는 출산전후 휴가기간과 휴가기간 동안의 임금 보장에 대해 알고 싶습니다.

출산전후휴가 제도는 임신 중의 여성에게 출산 전과 출산 후를 통하여 **90일(다태아일 경우 120일)의 출산전후휴가를 주되, 휴가기간의 배정은 출산 후에 45일(다태아일 경우 60일) 이상이 확보되도록 부여하여야 하며**(근로기준법 제72조), **출산한 여성근로자의 근로의무를 면제하고 임금상실 없이 보장받도록 하는 제도**입니다(근로기준법 제74조, 고용보험법 제19조 제2항, 동법 시행령 제12조).

또한 **유산, 사산의 경우**에는 임신한 기간에 따라 유산, 사산휴가를 부여하는데, 휴가기간은 임신기간이 11주 이내일 때 5일, 12~15주일 때 10일, 16~21주일 때 30일, 22~27주일 때 60일, 28주 이상일 때 90일입니다.

[7] 출산전후휴가 분할사용

> 임신 3개월째입니다. 이전에 유산 경험이 있어 출산 전에 미리 휴가를 앞당겨 쓰고 싶은데요, 출산이 가까워졌을 때밖에 사용하지 못하는 건가요?

아닙니다. 사용자는 임신한 여성근로자가 유산·사산의 경험이 있는 경우라면 출산 전 어느 때라도 휴가를 나누어 사용할 수 있도록 해주어야 합니다. 이 경우 출산 후의 휴가 기간은 연속해서 45일(다태아의 경우 60일) 이상이 되어야 합니다(근로기준법 제74조제3항). 임신한 근로자가 출산전후휴가를 청구할 당시 만 40세 이상이거나, 유산·사산의 위험이 있다는 의료기관의 진단서를 제출한 경우에도 마찬가지입니다. 이를 위반한 사용자는 2년 이하의 징역 또는 2천만 원 이하의 벌금에 처해집니다(동법 제110조제1호).

[8] 출산이 생각보다 늦어져서 출산 후 45일의 휴가를 확보하지 못한 경우

> 출산이 생각보다 늦어져서 출산 후 45일의 휴가를 확보하지 못한 경우 어떻게 해야 하나요?

이 경우 사업주는 출산 후 45일이 보장되도록 휴가를 더 부여해야 합니다. 다만, 추가로 부여된 출산전후 휴가기간에 대해 사업주가 임금을 지급하여야 할 의무는 없습니다(근로기준법제74조제1항). 이를 보장하지 않은 사용자는 2년 이하의 징역 또는 2천만 원 이하의 벌금에 처해집니다(동법 제110조제1호).

[9] 배우자의 출산휴가

> 아내가 출산할 경우 남편은 며칠간 휴가를 받을 수 있는지요?

사업주는 근로자가 배우자의 출산을 이유로 배우자가 출산한 날부터 90일 이내에 휴가를 청구하는 경우에 10일의 유급휴가를 주어야 합니다. 우선지원대상기업 근로자에 한해 최초 5일분(상한액: 382,770원)은 정부가 지원합니다. 사업주는 배우자 출산휴가를 이유로 근로자를 해고하거나 그 밖의 불리한 처우를 하여서는 안 됩니다(남녀고용평등법 제18조의2).

[10] 출산전후휴가 급여

> 출산전후휴가 급여는 얼마나 지급되나요?

출산전후휴가 급여는 휴가를 시작한 날의 통상임금을 기준으로 지급되는데, 근로자 수가 500인 이하의 제조업, 300인 이하의 건설·운수·창고·통신업·광업, 기타 100인 이하 사업장 등은 우선지원 대상기업으로 90일(다태아의 경우 120일)의 급여가 고용보험에서 지급되고, 대기업의 경우 사업주에게서 최초 60일(다태아의 경우 75일), 고용보험에서 이후 30일(다태아의 경우 45일)의 급여가 지급됩니다(근로기준법 제74조, 고용보험법 제19조제2항 및 동법 시행령 제12조).

출산전후휴가 급여 신청은 출산전후휴가를 시작한 날에서 1개월 이후부터 휴가가 끝난 날에서 12개월 이내(**휴가기간 중 30일 단위로 신청 가능**)에 사업주로부터 출산전후휴가확인서를 발급받아 출산전후휴가급여신청서와 함께 사업장 또는 거주지 관할 고용센터에 제출하면 됩니다. 또한 **출산전후휴가 종료일로부터 12개월 내에 신청하지 않을 경우 출산전후휴가 급여를 받을 수 없으니 유의해야 합니다.**

[11] 유산·사산휴가 및 급여

> 아이를 사산하거나 유산한 경우도 유급휴가를 받을 수 있는지요?

받을 수 있습니다. 사용자는 임신 중인 여성이 유산 또는 사산한 경우에 근로자가 청구하면 유산·사산휴가를 주어야 합니다. 근로자가 유산·사산휴가를 청구하는 경우에는 휴가 청구 사유, 유산·사산 발생일 및 임신기간 등을 적은 유산·사산휴가 신청서에 의료기관의 진단서 첨부하여 사업주에게 제출하여야 합니다(근로기준법 제74조제3항).

사업주는 유산·사산휴가를 청구한 근로자에게 임신한 기간에 따라 유산·사산휴가를 부여하는데, 휴가기간은 임신기간이 11주 이내일 때 5일, 12~15주일 때 10일, 16~21주일 때 30일, 22~27주일 때 60일, 28주 이상일 때 90일입니다(동법 시행령 제43조제3항).

유산·사산휴가 중 최초 60일(다태아의 경우 75일)은 유급휴가입니다(동법 제74조제4항 본문). 사업주는 유산·사산 휴가를 사용한 근로자 중 일정한 요건에 해당하는 사람에게 그 휴가기간에 대하여 통상임금에 상당하는 금액이 지급된 경우에는 그 금액의 한도에서 지급책임을 면하게 됩니다(남녀고용평등법 제18조 및 근로기준법 제74조제4항 단서). 유산·사산휴가 급여를 지급하지 않은 사업주는 2년 이하의 징역 또는 2천만 원 이하의 벌금에 처해집니다(근로기준법 제110조제1호).

[12] 유산·사산휴가 급여를 받기 위한 요건

> 유산·사산휴가 급여를 받기 위한 요건에 대해 알려주십시오.

다음 요건을 갖추어야 합니다(고용보험법 제75조, 동법 시행령 제100조 및 제94조).

1) 근로기준법 제74조에 따른 유산·사산 휴가를 사용한 근로자일 것
2) 휴가가 끝난 날 이전까지의 피보험 단위기간이 통산하여 180일 이상일 것

급여는 휴가를 시작한 날 이후 1개월부터 휴가가 끝난 날 이후 12개월 이내에 신청하여야 합니다. 다만, 다음과 같은 사유가 발생하여 급여를 신청할 수 없었던 경우에는 그 사유가 종료된 후로부터 30일 이내에 신청을 하여야 합니다.

- ✓ 천재지변
- ✓ 본인이나 배우자의 질병·부상
- ✓ 본인이나 배우자의 직계존속 및 직계비속의 질병·부상
- ✓ 「병역법」에 따른 의무복무
- ✓ 범죄혐의로 인한 구속이나 형의 집행

[13] 유산·사산휴가 급여의 신청방법

> 유산·사산휴가 급여를 지급받으려고 합니다. 어디에 신청해야 하는지요?

　　유산·사산휴가 급여를 지급받으려면, 아래의 서류를 모두 첨부하여 신청인의 거주지나 사업장의 소재지 관할 직업안정기관의 장에게 제출하여야 합니다(고용보험법 제75조 및 동법 시행규칙 제121조제1항 본문).
- 유산·사산휴가 급여 신청서(고용보험법 시행규칙 별지 제105호서식)
- 유산·사산휴가 확인서 1부(최초 1회만 해당)
- 통상임금을 확인할 수 있는 자료(임금대장, 근로계약서 등) 사본
- 휴가기간 동안 사업주로부터 금품을 지급받은 경우 이를 확인할 수 있는 자료
- 유산이나 사산을 하였음을 증명할 수 있는 의료기관의 진단서(임신기간이 적혀 있어야 함)

　　유산·사산휴가 급여의 지급 신청은 30일 단위로 하여야 하지만, 사용기간이 30일 미만인 경우에 그 기간에 대하여 신청할 수 있으며, 휴가가 끝난 후 신청하는 경우에는 한꺼번에 신청할 수 있습니다(동법 시행규칙 제121조제3항). 거짓이나 그 밖의 부정한 방법으로 유산·사산휴가 급여를 받은 자는 1년 이하의 징역 또는 1천만 원 이하의 벌금에 처해집니다(동법 제116조제2항).

[14] 인공임신중절 수술을 하면 유산·사산휴가를 부여받을 수 없다

> 개인적인 사정으로 인공임신중절 수술을 하였습니다. 수술 후 몸이 좋지 않아 회사에 유산·사산휴가를 신청하였는데 회사에서 이를 받아주지 않습니다. 회사가 이렇게 휴가를 받아주지 않아도 되는 것인가요?

　　사용자는 임신 중인 여성이 유산 또는 사산한 경우 근로자가 청구하면 유산·사산휴가를 주어야 하지만, 인공임신중절로 인한 유산의 경우에는 여성근로자에게 유산·사산휴가를 부여하지 않아도 됩니다. 다만, 모자보건법 제14조제1항에 따라 임신의 지속이 보건의학적 이유로 모체의 건강을 심각하게 해치고 있거나 해칠 우려가 있는 경우에 해당하여 인공임신중절을 받은 경우에는 휴가를 부여해야 합니다.

[15] 육아수유시간

> 법으로 보장되는 유아의 수유시간에 대해 알려주십시오.

사용자는 생후 1년 미만의 유아를 가진 여성근로자가 청구하면 1일 2회 각각 30분 이상 유급 수유시간을 주어야 합니다(근로기준법 제75조).

[16] 육아휴직

> 육아휴직은 언제까지 할 수 있나요?

사업주는 만 8세 이하 또는 초등학교 2학년 이하의 자녀가 있는 근로자가 신청하는 경우 1년 이내의 육아휴직을 주어야 합니다. 사업주가 정당한 사유 없이 육아휴직을 허용하지 않는 경우 500만 원 이하의 벌금에 처해집니다. **2021. 11. 19.부터는 임신한 근로자들도 육아휴직을 사용할 수 있게 되었습니다.** 임신 중 육아휴직 기간을 1년 범위 내에서 사용 가능합니다.

※ 임신 중 사용한 육아휴직은 분할 횟수에서 차감되지 않습니다.

◇ **사업주의 조치 필요사항**

사업주는 근로자가 소정 요건을 갖추어 육아휴직을 신청하면 반드시 이를 허용하여야 하며(남녀고용평등법 제19조제1항), 육아휴직을 마친 후에는 휴직 전과 동일한 업무 또는 동등한 수준의 임금을 지급하는 직무에 근로자를 복귀시켜야 합니다(동법 제19조제4항).

또한 육아휴직기간은 근속기간에 포함시켜야 합니다. 이는 육아휴직 실시 근로자에게 휴직 후 원직 복직을 보장함으로써 육아에 전념할 수 있도록 하는 한편, 퇴직금 산정, 승진 및 승급 등에 있어 불이익을 방지하기 위한 것입니다.

사업주는 육아휴직기간 동안 임금을 지급할 법적 의무는 없습니다. 단, 단체협약·취업규칙 등에 임금의 전부 또는 일부를 지급한다고 규정되어 있는 경우에는 이에 따라야 합니다.

> 둘째의 출산예정일이 3월 15일이라 아내가 병원에 입원해야 하므로 남편인 제가 첫째를 돌보기 위해 회사에 3월 1일부터 육아휴직하기로 신청해 두었습니다. 그런데 아내가 1월 15일에 조산하게 되어 제가 예정보다 빨리 휴직하여야 할 상황입니다. 휴직개시일을 바꿀 수 있을까요?

네, 가능합니다. 육아휴직을 신청한 근로자는 휴직개시예정일 7일 전까지 ① 출산예정일 이전에 자녀가 출생한 경우, ② 배우자의 사망, 부상, 질병 또는 신체적·정신적 장애나 배우자와의 이혼 등으로 해당 영유아를 양육하기 곤란한 경우에는 사업주에게 그 사유를 명시하여 휴직개시예정일을 당초의 예정일 이전으로 변경하여 줄 것을 신청할 수 있습니다. 또한 근로자는 휴직종료예정일을 연기하려는 경우에는 한 번만 연기할 수 있습니다(남녀고용평등법 시행령 제12조).

육아휴직급여를 받을 수 있는 기간은 언제이며, 얼마나 받을 수 있나요?

육아휴직급여는 육아휴직기간, 즉 1년까지 받을 수 있습니다. 육아휴직급여 지급액은 통상임금의 80%이며, 상한액은 월 150만 원, 하한액은 월 70만 원입니다. 이 중 75%는 휴직기간 동안 받을 수 있고, 나머지 25%(**사후지급금**)은 육아휴직 종료 후 해당 사업장에 복직하여 6개월 이상 계속 근무한 경우 받을 수 있습니다. 근로자의 귀책사유가 없는 비자발적인 사유(실업급여대상자)로 육아휴직 종료 후 복직하여 6개월 이전에 퇴사한 경우에도 사후지급금을 지급받을 수 있으나, 육아휴직 종료일이 2019. 9. 30. 이후여야 합니다.

육아휴직급여는 어떻게 신청해야 하나요?

육아휴직급여는 육아휴직을 시작한 날 이후 1개월부터 끝난 날 이후 12개월 이내에 신청하셔야 합니다. 단, 천재지변, 본인·배우자 또는 그 직계 존·비속의 질병·부상, 병역법에 의한 의무복무, 범죄혐의로 인한 구속 또는 형의 집행으로 급여를 신청할 수 없었던 사람은 그 사유가 끝난 후 30일 이내에 신청해야 합니다.

신청은 근로자가 직접 혹은 대리인이 출석(우편 제출 가능)하여 육아휴직급여 신청서(근로자 작성)와 육아휴직 확인서(사업주 작성)를 거주지 또는 사업장 소재지 관할 고용센터에 제출하시면 됩니다. 회사 측에서 고용보험에 육아휴직 확인서를 접수한 경우 근로자가 고용보험 홈페이지 또는 앱을 통해서 온라인으로도 신청할 수 있습니다.

근로자는 육아휴직개시 후 1개월이 경과한 시점부터 매월 단위로 신청하되, 당월 중에 실시한 육아휴직에 대한 급여의 지급신청은 다음 달 말일까지 해야 합니다. 매월 신청하지 않고 기간을 적치하여 신청도 가능합니다. 단, 육아휴직이 끝난 날 이후 12개월 이내에 신청하지 않을 경우 동 급여를 지급하지 않습니다.

육아휴직급여 지급액 중 25%는 육아휴직 종료 후 해당 사업장에 복직하여 6개월 이상 계속 근무한 경우 재직증명서, 복직 후 6개월의 급여내역서 등을 제출하여 확인받은 후 일괄적으로 지급받을 수 있습니다(남녀고용평등법 시행령 제10조). 이 사후지급금은 복직 6개월 후부터 언제든지 신청할 수 있으며 기한은 없습니다. 근로자의 귀책사유가 없는 비자발적인 사유(실업급여대상자)로 육아휴직 종료 후 복직하여 6개월 이전에 퇴사한 경우에는 6개월 기간을 채우지 않아도 신청하여 지급받을 수 있습니다.

◇ 3＋3 부모육아휴직제

2022년에 도입된 새로운 육아휴직급여제도로 같은 자녀에 대하여 생후 12개월 이내(만 0세 이하)에 부모가 동시에 또는 순차적으로 육아휴직을 사용하는 경우, 첫 3개월에 대하여 부모 각각의 육아휴직 급여를 상향하여 지급합니다. 두 번째 육아휴직자의 육아휴직 개시 시점이 자녀의 생후 12개월 이내에 있어야 하며, 결과적으로 육아휴직 사용이 자녀의 생후 12개월을 넘어가도 괜찮습니다.

▶ 모 3개월＋부 3개월 : 각각 상한 월 300만 원 지원(통상임금의 100%)
▶ 모 2개월＋부 2개월 : 각각 상한 월 250만 원 지원(통상임금의 100%)
▶ 모 1개월＋부 1개월 : 각각 상한 월 200만 원 지원(통상임금의 100%)

임신 중 육아휴직 사용 후 출생한 자녀에 대하여 배우자가 자녀 생후 12개월 이내 육아휴직을 최초 개시하는 경우에도 적용되나, 두 번째 육아휴직자의 육아휴직 최초 개시일이 2022. 1. 1. 이후여야 합니다. **3＋3 육아휴직제가 적용된 기간은 육아휴직급여 사후지급분 제도가 적용되지 않습니다.** 만약 부모가 순차적으로 육아휴직을 사용하는 경우라면 두 번째 육아휴직자가 육아휴직급여를 신청할 때 첫 번째 육아휴직자의 육아휴직급여 차액을 함께 신청하시면 됩니다(사후적용).

◇ 한부모 근로자 육아휴직 급여 특례

한부모 근로자(한부모가족지원법 제4조제1호의 모 또는 부)는 첫 3개월 통상임금 100%(상한 250만 원), 4~12개월 통상임금 80%(상한 150만 원)을 지원합니다. **한부모 근로자 육아휴직 급여 특례가 적용된 달(첫 3개월)은 육아휴직급여 사후지급분 제도는 적용되지 않습니다.**

[17] 경력단절여성의 재취업 지원

> 출산 후 육아를 계속하다 보니 한동안 경제활동의 공백기가 생겼습니다. 이제 아이가 어린이집을 다니게 되어 다시 취업을 하려고 하는데 재취업을 하자니 어디서부터 알아보아야 할지 막막합니다. 재취업에 관한 정보나 상담은 어디에서 할 수 있을까요?

특별시·광역시·특별자치시·도·특별자치도 또는 시·군·구 단위의 경력단절여성지원센터에 문의해 보십시오. **경력단절여성**이란 혼인·임신·출산·육아와 가족구성원의 돌봄 등을 이유로 경제활동을 중단하였거나 경제활동을 한 적이 없는 여성 중에서 취업을 희망하는 여성을 말합니다.

여성새로일하기센터는 혼인·임신·출산·육아 등으로 경력이 단절된 여성 등에게 취업상담, 직업교육훈련, 인턴십 및 취업 후 사후관리 등 종합적인 취업서비스 지원하는 기관으로 고용노동부와 여성가족부가 공동주관합니다. 여성근로자의 경력단절예방을 위한 정책 활동은 여성새로일하기센터 홈페이지(https://saeil.mogef.go.kr)에서 자세히 확인할 수 있습니다.

※ **고용노동부 고객상담센터 홈페이지 1350.moel.go.kr**

[18] 부모급여

2023. 1. 1.부터 **돌봄이 집중적으로 필요한 영아를 가정에서 맘 편히 돌볼 수 있도록 부모급여를 지원한다.** 만 0세가 되는 아동은 월 70만 원을, 만 1세가 되는 아동은 월 35만 원을 받는다. **2024년부터는** 만 0세 아동은 월 100만 원, 만 1세 아동은 월 50만 원으로 지원금액이 확대된다.

부모급여는 매월 25일에 신청한 계좌로 입금된다. 어린이집을 이용하는 경우에는 만 0세와 만 1세 모두 51만 4000원의 보육료 바우처를 받는다. 보육료 바우처는 월초부터 지원되며, 어린이집 이용 시 국민행복카드를 활용해 지원금액을 결제할 수 있다. 다만, 만 0세인 아동이 어린이집을 이용하는 경우 부모급여 지원액이 바우처 지원액보다 커서 70만 원의 차액인 18만 6000원이 매월 25일 신청한 계좌로 입금된다.

부모급여는 어떻게 신청하나요?

부모급여를 처음 받기 위해서는 **아동의 출생일을 포함한 60일 이내에 아동의 주민등록상 주소지인 읍·면·동 주민센터에 신청**하면 됩니다. 복지로 또는 정부24를 통한 온라인 신청도 가능합니다. 온라인 신청은 아동의 보호자가 친부모인 경우에만 가능하며 그 외는 방문신청해야 합니다. 부모가 방문신청하는 경우에는 주소지와 무관하게 전국 주민센터에서 가능합니다.

생후 60일 이내에 신청하는 경우에는 출생일이 속한 달부터 소급해 지원하지만, 생후 60일이 지난 후 신청하면 신청일이 속한 달부터 받을 수 있으므로 주의해야 합니다. **행복출산 원스톱 서비스에서 출생신고와 함께 부모급여를 신청**할 수도 있습니다.

2022년 12월에 영아수당(매월 30만 원 또는 보육료)을 받고 있었다면 부모급여를 새롭게 신청할 필요는 없습니다.

어린이집을 다니고 있습니다. 올해도 어린이집을 계속 다닐 계획인데 부모급여를 신청해야 하나요?

계속 어린이집을 다닐 예정이라면 부모급여(현금)를 신청하실 필요가 없습니다. 만 1세 아동은 현재와 동일하게 보육료 바우처를 지원받습니다. **만 0세 아동이라면 부모급여와 보육료 간 차액 18만 6천 원을 지급받으실 수 있습니다.**

한편, 종일제 아이돌봄서비스를 이용하는 경우에는 가구의 소득에 따라 지원금액이 달라지므로, 가구의 소득유형 및 이용 시간에 따라 부모급여와 종일제 아이돌봄서비스 지원 중 더 유리한 지원방식을 선택하면 됩니다.

> 부모급여를 받으면 아동수당, 영아수당, 양육수당, 첫만남이용권도 받을 수 있나요?

부모급여는 2022년 도입된 영아수당이 확대된 것으로 영아수당이 부모급여로 변경되어 지급됩니다. 아동수당 및 첫만남이용권은 부모급여와 함께 지급받을 수 있습니다. 가정에서 양육하는 경우, 2022년 이후 출생아동은 0~23개월까지는 부모급여를, 24개월 이후 양육수당을 받을 수 있습니다. 따라서 부모급여를 받는 아동은 양육수당을 중복하여 지급받을 수 없습니다.

> 육아휴직급여를 받고 있는데요. 부모급여를 신청해서 받을 수 있나요?

네, 받을 수 있습니다. 부모급여는 만 0~1세 아동에 대해 지원하는 보편수당입니다. 부모의 육아휴직 여부 및 육아휴직급여 수급 여부와 상관없이 받을 수 있습니다.

● **특별제언 – 비혼모·비혼부에게 법적 지위 부여하고, 사회보장을 받을 수 있게 법을 개정·신설해야 한다**

지금까지 우리나라에서는 국가가 승인한 '결혼'(marriage)을 통해 형성된 가족에게만 사회를 구성하는 기초 단위로서의 법적 지위를 부여해 왔다. 그러나 **프랑스는 비혼모·비혼부도 동등한 권리를 가지고, 출생신고도 간편하며, 동거자 출생아 수가 60%를 넘는다.** 주택미소유자가 3자녀 이상이면 무료로 주거할 아파트도 제공한다.

프랑스는 1999년 시행된 '시민연대협약(PACS)'을 통해 동거를 새로운 가족을 만드는 '계약결혼'의 한 방식으로 인정하고 있다. 저출산 해결에도 큰 역할을 하고 있다는 평가가 나온다. 프랑스에서 정식 혼인 외 가정에서 태어난 신생아 비율은 60%를 넘는다.

시민연대계약(PACS)은 결혼 절차를 거치지 않고도 부부에 준하는 사회적 보장을 받을 수 있는 프랑스의 시민결합제도다. 1999년 도입된 이후 동거의 유연성과 결혼의 보장성을 결합한 가족 구성의 대안으로 각광받고 있다. 프랑스의 시민 결합 방식은 결혼과 단순 동거, PACS로 나뉘는데, PACS는 동거를 원하는 커플이 지방법원에 계약서를 제출함으로써 성립된다. 상대방과 혈연관계가 아니고 다른 사람과 결혼이나 PACS 관계에 있지 않으면 누구나 등록할 수 있다.

혼자 아이를 키우는 프랑스 비혼모의 걱정은 사회가 덜어준다.

1) **정부는 아동의 보호자의 소득 수준과 거주 형태 등 여러 요건을 고려하여 보조금을 차등적으로 지급한다.** 세 명 이상의 아동 및 청소년을 돌보는 성인에게는 별도의 지원금을 추가로 지급한다. 병원이나 약국 등 의료 분야에서 사용할 수 있는 수표도 아동 및 청소년의 나이에 따라 차등 지급한다. 5년 이상 혼자 아이를 키우는 부모라면 세제 혜택도 받을 수 있다.

2) **6세 이하의 아동을 혼자 키우는 경우, 소득 수준에 관계없이 보육교사 혹은 보모에 드는 비용은 국가가 책임진다.** 10세 이하의 아동을 혼자 키우고 있고 구직 중이라면, 아동 돌봄도 국가가 보조한다. 또한 아동을 돌보기 위하여 일을 그만두거나 노동 시간을 줄이기로 결정했을 때에도 국가의 도움을 받을 수 있다. 6세 이상 18세 이하의 아동 및 청소년을 둔 보호자의 경우, 신학기에 일정 금액의 보조금을 받는다. 학용품이나 준비물 등을 구비할 수 있도록 하기 위해서다. 학교 급식비 역시 지원되는데, 아동 및 청소년이 다니는 학교가 부담한다.

3) 아이를 키우고 있다면 주택보조금 역시 여러 형태로 지원받는다. 또한 월세가 저렴하고 시설 관리가 용이한 공공주택에도 우선순위로 입주할 수 있다. 세 명 이상의 아동을 돌보는 보호자라면 이사에도 국가가 지원금을 지급한다. 가스와 전기요금에도 사용할 수 있는 수표도 지급되는데, 아동의 수와 보호자의 사정에 따라 차등 지급된다. 전화요금의 경우에도 저소득층만 가입할 수 있는 요금제(최대 10유로, 약 13,000원)가 따로 있다.

4) **프랑스에서는 편부모 가정의 여가 활동도 지원한다.** 18세 미만의 아동 및 청소년이 세 명 이상인 가정이라면 기차표 할인을 받을 수 있다. 지방자치단체에서는 스포츠 및 여가 활동에 사용할 수 있는 수표를 발급한다.

아이도, 아이를 키우는 어른도 포기하지 않는 사회

위에서 언급한 편부모 가정에 대한 프랑스 사회의 지원은, 프랑스에서 아이를 낳아 기르는 보호자라면 그 수많은 어려움에도 불구하고 아이를 포기하지 않고 인간다운 삶을 살 수 있도록 해야 한다는 사회적 합의가 이루어져 있음을 보여준다. 비혼모에 대한 사회의 태도만큼은 참으로 부럽다 말하지 않을 수 없다.

2024년 달라지는 복지제도			2023년	2024년
가족	일·육아 병행	육아휴직 기간 연장 (단, 부모 모두 3개월 사용시)	최대 12개월	최대 18개월
		맞돌봄 특례 지원	3개월간 200만~300만 원	6개월간 200만~450만 원
	양육비 경감	0~1세 자녀 부모 급여	35만~70만 원	50만~100만 원
	보육 인프라	24시간 소아전문 상담센터		5곳(신규)
		달빛어린이병원		45곳(신규)
청년	가족 돌봄 청년	가족돌봄서비스바우처 기간 확대(월 70만 원)	6개월	12개월
	고립 은둔 청년	방문 상담, 가족관계 회복 지원 등		청년 320명, 가족 640명(신규)
	18세 이후 보호 종료 청년	자립수당 (5년간)	40만 원	50만 원
어르신	일자리	노인 일자리	88만 3000개	103만개
	소득	기초연금	665만명 · 월 32만 3000원	700만 6000명 · 월 33만 4000원
사회적 약자	저소득층	생계급여	중위소득 30% 이하 · 월 162만 원	중위소득 30% 이하 · 월 183만 4000원
		주거급여	중위소득 47% 이하 · 월 50만 원	중위소득 48% 이하 · 월 52만 7000원
	중증 장애인	의료급여	부양의무자 기준 적용	폐지

※ 안심돌봄수당

서울시에 주민등록을 두고 거주하는 기준 중위소득 150% 이하의 양육공백 발생 가정(맞벌이, 한부모, 장애부모가정 등)의 만 24개월 이상 36개월 이하의 영유아를 돌보는 조부모 또는 4촌 이내의 친인척은 매월 30만원의 돌봄수당을 받을 수 있다. 아이가 둘이면 월 45만원, 셋이면 월 60만원이다. 조부모(4촌 이내 친인척)가 타 시도에 거주해도 영유아를 실제 돌보면 가능하다.

◇ 육아기 근로시간 단축 8세 → 12세 이하로 확대, 최대 3년까지 가능하도록 한 남녀고용평등법 등 개정안 2023년 10월 4일 국무회의 통과, 국회 제출 예정

육아기 근로시간 단축은 근로자가 자녀 양육을 위해 근로시간을 줄일 수 있는 제도로, 개정안에 따르면 현재 '8세 이하 또는 초등학교 2학년 이하'인 자녀에서 '12세 이하 또는 초등학교 6학년 이하'의 자녀를 둔 부모까지 확대된다. 육아휴직 미사용 기간의 두 배만큼을 단축기간에 가산하는 제도도 도입하여, 현행 24개월에서 최대 36개월까지 신청할 수 있도록 하였다.

또한 배우자 출산휴가 급여 지원도 휴가 전체 기간(10일)로 확대하고, 출산일로부터 90일 이내인 분할 사용 횟수를 1회에서 3회로 늘렸다. 하루 2시간 근로시간을 줄일 수 있는 임신기 근로시간 단축도 '임신 후 12주 이내 또는 32주 이후'로 대상을 확대했다.

저출산 문제를 해소하기 위해 모성보호제도를 확대하는 취지의 이러한 개정안은 2023년 10월 중 국회에 제출될 예정이다.

◇ 3+3 육아휴직제 → '6+6 부모 육아휴직제'로 확대. 부부 함께 육아휴직하면 최대 월 900만원까지 받는다

고용노동부는 부모 공동육아 인센티브를 높이고 맞돌봄 문화 확산을 위해 '3+3 육아휴직제'를 '6+6 부모 육아휴직제'로 확대 개편한다. 생후 18개월 이내의 자녀를 돌보기 위해 부모가 동시에 또는 순차적으로 육아휴직을 하면 첫 6개월간 부모 각각의 육아휴직 급여를 통상임금 80%에서 100%로 상향하고, 상한액도 매월 50만원씩 인상한다(200~450만원). 예를 들어 부부 모두 통상임금이 월 450만원이 넘을 경우, 동반 육아휴직 첫 달엔 200만원씩 400만원을 받고, 6개월 차엔 450만원씩 900만원을 받게 된다.

또한 65세 이상 구직급여 수급자가 6개월 이상 계속 고용이 확실한 직업에 재취업한 경우 조기재취업수당을 지급하도록 요건을 완화한다. 현재는 구직급여 수급자가 소정급여일수 절반 경과 이전에 재취업하여 12개월 이상 고용 유지시 남은 구직급여의 50%를 조기재취업수당으로 지급하고 있다.

고용노동부는 이와 같은 내용을 담은 고용보험법 하위법령 개정안을 2013년 10월 6일 입법예고했으며, 이르면 2024년 1월부터 시행될 예정이다.

[제8단원 서식 1] 표준근로계약서

표준근로계약서

_____ (이하 "사업주"라 함)과(와) _____ (이하 "근로자"라 함)은 다음과 같이 근로계약을 체결한다.

1. 근로계약기간 :   년   월   일부터   년   월   일까지
   ※ 근로계약기간을 정하지 않는 경우에는 "근로개시일"만 기재
2. 근 무 장 소 :
3. 업무의 내용 :
4. 소정근로시간 : ___시 ___분부터 ___시 ___분까지 (휴게시간 :   시   분~   시   분)
5. 근무일/휴일 : 매주 ___일(또는 매일단위) 근무, 주휴일 매주 ___요일
6. 임 금
   - 월(일, 시간)급 : _____원
   - 상여금 : 있음 (   ) _____원, 없음 (   )
   - 기타급여(제수당 등) : 있음 (   ), 없음 (   )
     · _____원, _____원
     · _____원, _____원
   - 임금지급일 : 매월(매주 또는 매일) ___일 (휴일의 경우는 전일 지급)
   - 지급방법 : 근로자에게 직접지급 (   ), 근로자 명의 예금통장에 입금 (   )
7. 연차유급휴가
   - 연차유급휴가는 근로기준법에서 정하는 바에 따라 부여함
8. 사회보험 적용 여부 (해당란에 체크)
     □ 고용보   □ 산재보험   □ 국민연금   □ 건강보험
9. 근로계약서 교부
   - 사업주는 근로계약을 체결함과 동시에 본 계약서를 사본하여 근로자의 교부 요구와 관계없이 근로자에게 교부함(근로기준법 제17조 이행)
10. 근로계약, 취업규칙 등의 성실한 이행의무
    - 사업주와 근로자는 각자가 근로계약, 취업규칙, 단체협약을 지키고 성실하게 이행하여야 함
11. 기 타
    - 이 계약에 정함이 없는 사항은 근로기준법령에 의함

년   월   일

(사업주)   사업체명 :   (전화 :   )
            주소 :
            대표자 :   (서명)

(근로자)   주소 :
            연락처 :
            성명 :   (서명)

[제8단원 서식 2] 임금체불 진정서

임금체불 진정서

▶ 진정인

· 필수입력 항목입니다

· 성명		· 주민등록번호	
· 주소			
· 전화번호		· 휴대폰번호	
· 이메일			
수신 여부 확인	◉ 예　　○ 아니오 민원신청 처리상황을 문자메시지(SMS), E-mail 통해 정보를 제공받으실 수 있습니다.		

▶ 피진정인

· 성명		· 연락처	
· 주소			
· 사업체구분	◉ 사업장　　○ 공사현장		

· 회사명	
· 회사주소 (실근무장소)	
· 회사전화번호	근로자수

▶ 진정내용

· 입사일		퇴사일	
체불임금총액		· 퇴직 여부	◉ 재직　　○ 퇴직
퇴직금액		기타퇴직금액	
업무내용			
임금지급일		근로계약방법	◉ 구두　　○ 서면
임금지급일			
· 제　목	임금체불		
· 내　용 (한글 500자 이내)	이곳에 임금을 못 받은 사유를 간략히 기재하시면 됩니다.		

▶ 관할 노동관서 및 파일첨부 등

· 관할 관서	
파일첨부	

[제8단원 서식 3] 간이대지급금 지급청구서

- 임금채권보장법 시행규칙 [별지 제3호의2 서식]

간이대지급금 지급청구서

접수번호	접수일자	처리기간 : 14일

청구인	성명		주민등록번호	
	주소 (휴대전화번호 :) 전자우편주소 : ( )			
	① 근무기간	년 월 일 ~ 년 월 일		
	② 청구 구분	[ ] 퇴직자 대지급금 청구 [ ] 재직자 대지급금 청구 [ ] 판결 등에 따른 청구 [ ] 체불 임금 등·사업주 확인서에 따른 청구		
	③ 지급받지 못한 임금등의 총 확정금액 원			
	④ 지급받지 못한 임금 등의 총 확정금액에 대하여 대지급금 지급 청구일까지 사업주나 퇴직연금사업자 등으로부터 지급받은 금액(사업주 지급금, 퇴직연금, 외국인 근로자의 출국만기보험·신탁 및 보증보험 등의 금액) 원 가. 지급 청구일까지 지급받지 못했으나, 향후 퇴직연금사업자로부터 지급받을 퇴직연금이 있습니까? [ ] 예 [ ] 아니오 나. 지급 청구일까지 지급받지 못했으나, 향후 외국인 근로자의 출국만기보험·신탁 및 보증보험으로 지급받을 보험금이 있습니까? [ ] 예 [ ] 아니오			
	⑤ 청구일 현재까지 지급받지 못한 임금 등의 금액 가. 최종 3개월분(재직자의 경우 소송 등 또는 진정 등 제기일 기준 마지막 3개월분)의 임금·휴업수당·출산전후 휴가기간 중 급여: 원 나. 최종 3년간의 퇴직급여 등(퇴직자인 경우): 원			
	⑥ 지급받아야 할 대지급금 원		⑦ 대지급금 지급(일부지급 제외) 결정 시 희망하는 통지방법 [ ] 문자메시지 [ ] 우편	

⑧입금 의뢰	임금은행	예금주	계좌번호	일반계좌 [ ] 압류방지 전용계좌 [ ]
	* 압류방지 전용계좌로 입금받기를 희망하는 경우에는 압류방지 전용계좌를 발급받아 기재			

⑨ 대상 사업주	사업장명		대표자 성명	
	소재지			

「임금채권보장법」제7조, 제7조의2, 같은 법 시행령 제9조 및 같은 법 시행규칙 제5조제2항에 따라 위와 같이 대지급금의 지급을 청구합니다.

년 월 일

청구인   (서명 또는 인)
대리인   (서명 또는 인)

근로복지공단 ○○지역본부(지사)장 귀하

[제8단원 서식 4] 자영업자 고용보험가입신청서

■ 고용보험 및 산업재해보상보험의 보험료징수 등에 관한 법률 시행규칙 [별지 제59호 서식]

자영업자 고용보험가입신청서

※ [ ]에는 해당하는 곳에 V표시를 합니다.

접수번호		접수일		처리기간 : 7일
신청인	상호(법인명)			
	소재지		전화번호	
	우편물수령지		전자우편주소 전자우편주소	
	근로자 수			
	대표자		주민등록번호	
	사업자등록번호		법인등록번호 법인등록번호	
	사업 개시일(개업연월일)			
	업태	종목 (주생산품)	업종코드	
보험가입 신청내용	보험료산정 기준보수액	등급 (원)		
	사업의 내용			
신청일 현재 임금근로자(일용근로자 포함) 피보험자격 취득 여부			예 [ ] 아니오 [ ]	

「고용보험 및 산업재해보상보험의 보험료징수 등에 관한 법률」제49조의2제1항·제4항 및 같은 법 시행규칙 제44조의2제1항에 따라 위와 같이 신청합니다.

년 월 일

신청인(보험가입자) (서명 또는 인)
[ ] 보험사무대행기관 (서명 또는 인)

근로복지공단 ○○지역본부(지사)장 귀하

[제8단원 서식 5] 출산전후휴가 급여 등 신청서

■ 고용보험법 시행규칙 [별지 제105호 서식]

출산전후휴가 급여 등 신청서 (회차)
[ ] 출산전후휴가   [ ] 유산·사산휴가   [ ] 배우자 출산휴가

※ 뒤쪽의 작성방법을 읽고 작성하시기 바라며, [ ]에는 해당하는 곳에 V표시를 합니다.

접수번호	접수일	처리기간 : 14일

1. 신청인 정보

① 성명	② 주민등록번호
③ 주소 및 연락처	(연락처:)
④ 출산일(출산예정일, 유산·사산일)	⑤ 영아의 주민등록번호
	⑥ 다태아(多胎兒) 여부 [ ] 예 [ ] 아니오

2. 신청내용

⑦ 이번 회차 신청기간	년 월 일 ~ 년 월 일

⑧ 급여 지급받을 계좌번호

　　　　　은행명 :   계좌번호 :   예금주 :

3. 확인사항

⑨ 위 신청기간 중 통상임금에 해당하는 금품을 사업주로부터 받은 사실이 있습니까?

　　　　　[ ] 예 (기간 :   . 금액 :   원)   [ ] 아니오

⑩ 위 신청기간 중 조기복직, 퇴사, 다른 사업장에 취직, 창업한 사실이 있습니까?

· [ ] 조기복직 또는 [ ] 퇴사 : [ ] 예   [ ] 아니오, 조기복직일 또는 퇴사일 :

· [ ] 취직 또는 [ ] 창업 : [ ] 예   [ ] 아니오, 취직일 또는 창업일 :

⑪ 신청기간 연장 사유(출산전후휴가 등의 기간이 종료된 후 12개월이 경과하여 신청하는 신청자만 기재)

4. 서명 및 날인

「고용보험법」 제75조 및 같은 법 시행규칙 제121조에 따라 위와 같이 신청합니다.

년   월   일

신청인　　　　　　(서명 또는 인)

○○지방고용노동청(지청)장 귀하

[제8단원 서식 6] 육아휴직 급여 등 신청서

■ 고용보험법 시행규칙 [별지 제100호 서식]

[ ] 육아휴직 [ ] 육아기 근로시간 단축 급여 신청서

※ 뒤쪽의 공지사항 및 작성방법을 읽고 작성하시기 바라며, [ ]에는 해당하는 곳에 V표시를 합니다.

접수번호	접수일	처리기간 : 14일

1. 신청인 정보

성명	주민등록번호
주소	(연락처:)
대상 자녀의 주민등록번호	출산 예정일

2. 신청내용

① 급여 신청기간   년   월   일 ~   년   월   일

② 급여를 지급받을 계좌번호

  은행명 :   계좌번호 :   예금주 :

③ 대상 자녀에 대해 신청인이 아닌 부(父) 또는 모(母)가 과거에 육아휴직을 사용한 적이 있어 이번 육아휴직이 부모 중 두 번째 육아휴직에 해당합니까?
  [ ] 예   [ ] 아니오

④ (③란을 '예'로 선택한 경우) 육아휴직 개시일 기준 신청인의 육아휴직 대상 자녀가 생후 12개월 이내에 해당합니까?
  [ ] 예   [ ] 아니오

(④-1 : ④란을 '예'로 선택한 경우 신청인이 배우자가 작성) 신청인의 배우자가 「고용보험법 시행령」 제95조의3제1항에 따른 육아휴직급여 특례 규정을 적용받게 되면 해당 배우자에게 육아휴직 급여의 추가 지급분이 발생합니까? '예'로 선택한 경우 해당 배우자의 인적사항 및 계좌번호를 적습니다.
  [ ] 예   [ ] 아니오

  배우자의 성명 :   주민등록번호 :
  (은행명 :   계좌번호 :   예금주 :   )

(④-2 : ④란을 '아니오'로 선택한 경우) 신청인이 신청하려는 육아휴직 급여의 종류를 선택합니다.
  [ ] 「고용보험법 시행령」 제95조에 따른 육아휴직 급여
  [ ] 「고용보험법 시행령」 제95조의2제1항에 따른 육아휴직 급여 특례
    ※ 2022년 1월 1일 현재 피보험자의 육아휴직 급여 특례의 적용기간이 1개월 이상 남은 경우로서 2022년 1월 1일 이후의 육아휴직 기간에 대한 육아휴직 급여 특례를 적용받으려는 경우 선택할 수 있습니다.

⑤ 신청인은 「한부모가족지원법」 제4조제1호 각 목의 어느 하나에 해당하는 모 또는 부입니까?
  [ ] 예   [ ] 아니오

3. 확인사항

⑥ 급여 신청기간 중 사업주로부터 급여를 받은 사실이 있습니까?
  [ ] 예 (급여를 받은 기간 :   부터   까지, 금액 :   원)   [ ] 아니오

⑦ 급여 신청기간 중에 조기복직, 퇴사, 다른 사업장에 취직, 창업한 사실이 있습니까?
  ・[ ] 조기복직 또는 [ ] 퇴사 : [ ] 예 [ ] 아니오, 조기복직일 또는 퇴사일 :
  ・[ ] 취직 또는 [ ] 창업 : [ ] 예 [ ] 아니오, 취직일 또는 창업일 :
  ・소득(예정)액 :   원(취직 또는 창업의 경우에만 작성합니다.)

⑧ 배우자가 대상 자녀에 대해 육아휴직 또는 육아기 근로시간 단축을 동시에 부여받은 사실이 있습니까?
  [ ] 예 (휴직 또는 근로시간 단축 기간 :   부터   까지)   [ ] 아니오

⑨ 급여 신청기간 연장 사유(육아휴직 또는 육아기 근로시간 단축 기간이 끝난 후 12개월이 경과하여 신청하는 경우에만 적습니다)

4. 서명 및 날인

「고용보험법」 제70조 또는 제73조의2 및 같은 법 시행규칙 제116조제1항에 따라 위와 같이 신청합니다.

년   월   일

신청인   (서명 또는 인)
배우자   (서명 또는 인)

○○지방고용노동청(지청)장 귀하

제9단원

형사

민사소송과 형사소송의 차이

　형사소송은 법에 규정된 범죄를 저질렀을 경우 국가가 형벌권을 행사하여 가해자를 처벌하는 절차이고, 민사소송은 개인 간의 권리와 관련된 분쟁을 해결하는 절차이다.
　민사소송과 형사소송의 가장 큰 차이는 당사자의 차이에 있다. 민사소송은 개인들 서로가 원고와 피고가 되어 소송에서 다투지만 형사소송은 죄를 지은 피고인과 피고인을 기소한 국가기관인 검사가 소송에서 다투게 된다. 따라서 민사소송 당사자는 원고와 피고이나 형사소송 당사자는 검사와 피고인(민사소송의 '피고'와 달리 형사소송에서는 '피고인'이라고 한다)이 되는 것이다.
　우리가 사기를 당하거나 범죄의 피해자가 됐을 때는 그 처벌의사를 표시하기 위해 "고소장"이라는 것을 제출하게 되는데 이러한 고소장은 법원에 제출하는 것이 아니라 수사기관인 검찰청이나 경찰청에 제출해야 한다. 반대로 민사소송을 제기하기 위해서는 고소장이 아닌 "소장"을 제출하여야 하는데, 그 제출처는 법원이 된다.
　민사소송과 형사소송은 별개의 것이기에 하나의 사건을 가지고 두 개의 소송이 동시에 진행될 수도 있는데, 예를 들어 A라는 사람이 처음부터 돈을 갚을 의사가 없으면서도 B를 속여서 돈을 빌려가고 나중에 갚지 않으면 B는 A를 상대로 대여금청구소송이라는 민사소송을 할 수 있고, 동시에 갑을 상대로 사기죄로 수사기관에 고소를 할 수도 있다.
　민사소송은 당사자 사이의 싸움이기에 원고와 피고 모두가 변호사를 선임할 수 있다. 하지만 형사소송에서 변호사를 선임할 수 있는 사람은 피고인뿐이다. 판결 선고 방식에도 차이가 있는데, 민사소송은 당사자의 출석 없이도 판결을 선고할 수 있는 반면 형사소송은 원칙적으로 판결 선고 시 피고인이 법정에 출석해야 한다.
　또한 민사소송의 경우 판결문을 송달받은 후 2주 이내에 항소나 상고가 가능한 반면, 형사소송의 경우 항소하려면 판결송달일이 아닌(형사판결문은 송달이 오지 않음) 판결선고일로부터 7일 이내에 해야 한다.

제1장 형사사건 처리절차

1. 형사절차의 의의와 특징
　형사절차란 범죄를 수사하여 형벌을 과하고, 선고된 형벌을 집행하기 위한 절차로, 수사를 통해 범인을 찾으면 검사의 기소를 거쳐 형사재판에서 유/무죄 여부를 가리게 된다. 즉, 고소와 고발, 인지, 자수 등이 수사의 단서가 되어 수사과정이 진행되고 범죄사실이 명백해졌거나 수사를 계속할 필요가 없는 경우 수사가 종결되고, 기소 여부를 결정하여 재판절차가 진행된다.

2. 형사사건 처리절차
　수사개시, 입건 → 체포 → 구속 전 피의자 심문 → 체포와 구속의 적부 심사 → 구속과 불구속 → 송치 → 기소와 불기소 → 보석 → 재판 → 형의 집행

3. 수사절차의 진행

> 폭행·상해사건에 대한 수사는 어떤 절차로 진행되나요?

　고소, 고발, 자수, 신고, 인지 등으로 수사기관은 수사를 시작하며, 범죄의 혐의가 있다고 생각되면 범죄사실과 증거에 대해 수사합니다. 수사기관이 수사하는 경우 피의자는 상황에 따라 체포되거나 구속될 수 있으며, 수사가 완료되어 혐의가 인정되면 검사는 공소를 제기합니다.

(1) 수사의 시작
　1) **고소**: 피해자나 피해자의 법정대리인과 같은 고소권자가 경찰이나 검찰에 고소하면 수사가 시작됩니다.
　2) **고발**: 고소권자가 아니더라도 범죄행위에 대해 누군가가 경찰이나 검찰에 고발하면 수사가 시작됩니다.
　3) **신고**: 누군가가 범죄행위에 대해 경찰에 신고한 경우 경찰은 상황을 파악한 후 수사를 시작합니다.
　4) **인지**: 고소, 고발, 신고 등이 없더라도 범죄행위를 경찰이나 검찰이 스스로 인지한 경우에도 수사를 시작할 수 있습니다.

(2) 체포·구속

① 피의자(가해자)가 수사기관의 출석요구에 응하지 않거나, ② 주거가 일정하지 않거나, ③ 증거를 인멸할 우려가 있거나, ④ 도주 우려 등이 있는 경우에는 검사가 판사에게 체포·구속영장을 청구하여 이를 발부받은 후 체포·구속할 수 있습니다.

(3) 수사(경찰)

경찰은 피의자신문, 증거조사 등의 방법으로 수사를 진행합니다. 2019년까지는 형법상 수사종결처분권이 검사에게만 인정되었으나, 2020년 1월 검찰의 수사지휘권이 폐지되고 경찰에 1차적인 수사권과 수사종결권을 부여하는 내용의 형사소송법 개정안이 통과되면서 검찰에게만 부여됐던 수사종결처분권은 변화를 맞게 되었습니다.

(4) 사건을 검찰로 송치 또는 불송치 결정 송부

경찰은 수사가 종료되면 해당 사건을 검찰로 송치합니다. 불송치결정(형사소송법 제245조의5제2호)을 한 경우에는 그 이유를 명시한 서면과 함께 관계 서류와 증거물을 지체 없이 검사에게 송부하고 그 송부한 날부터 7일 이내에 서면으로 고소인·고발인·피해자 또는 그 법정대리인(피해자가 사망한 경우에는 그 배우자·직계친족·형제자매를 포함)에게 사건을 검사에게 송치하지 아니하는 취지와 그 이유를 통지하여야 합니다(동법 제245조의6).

불송치결정의 통지를 받은 사람(고발인을 제외)은 해당 사법경찰관의 소속 관서의 장에게 이의를 신청할 수 있습니다. 사법경찰관은 이의신청이 있는 때에는 지체 없이 검사에게 사건을 송치하고 관계 서류와 증거물을 송부하여야 하며, 처리결과와 그 이유를 제1항의 신청인에게 통지하여야 합니다(동법 제245조의7). 검사는 사법경찰관이 사건을 송치하지 아니한 것이 위법 또는 부당한 때에는 그 이유를 문서로 명시하여 사법경찰관에게 재수사를 요청할 수 있고, 사법경찰관은 검사의 요청이 있는 때에는 사건을 재수사하여야 합니다(동법 제245조의8).

(5) 수사(검찰)

검찰은 경찰이 보낸 수사 자료를 바탕으로 수사를 진행합니다.

(6) 공소제기(기소) 또는 불기소처분

경찰로부터 송치받은 사건이나 검찰 스스로 수사를 한 사건이 종결되면 검찰은 법원에 공소를 제기하거나 불기소처분을 합니다.

관련 사례

[1] 고소 · 고발 차이

> 고소 · 고발하는 방법을 알려주세요.

고소는 가해자를 처벌해 달라고 피해자 등이 수사기관에 범죄사실을 신고하는 것을 말합니다. 고발은 누구든지 할 수 있습니다.

▶ **고소를 할 수 있는 사람(형사소송법 제223~227조)**
① 피해자
② 피해자의 법정대리인
③ 피해자의 법정대리인이 피의자이거나 법정대리인의 친족이 피의자인 경우에는 피해자의 친족
④ 피해자가 사망한 경우에는 피해자의 배우자, 직계친족, 형제자매
⑤ ①~④의 대리인

▶ **고소 · 고발의 방법**
검찰 또는 경찰에 고소(고발)장을 제출하거나, 검찰 또는 경찰 앞에서 말로 고소(고발)할 수 있습니다. 고소할 때 증거자료도 함께 제출합니다.

▶ **고소 취하**
상해 사건인 경우에는 고소했다가 취하해도 가해자는 처벌을 면할 수 없지만, 상해에 이르지 않은 단순폭행 사건인 경우에는 피해자가 고소를 취하하면 가해자는 처벌되지 않습니다. 또한 **고소는 한번 취하하면 같은 건으로 다시 고소하지 못합니다**(형사소송법 제232조제2항).

[2] 친고죄란

> 친고죄란 무엇인가요?

친고죄란 범죄의 피해자 기타 법률이 정한 자의 고소가 있어야 공소를 제기할 수 있는 범죄입니다. 범죄 중에는 피해자의 명예나 입장을 고려하여 고소가 없으면 처벌할 수 없는 죄가 있는데 그것을 친고죄라 합니다. 예컨대 친족상도례가 적용 및 준용되는(형법 제328조2제2항, 제344조) 권리행사방해, 절도 등 재산 관련 범죄, 사자명예훼손죄, 모욕죄 등이 있습니다.

친고죄는 범인을 알게 된 날로부터 6개월이 지나면 고소할 수 없습니다(형사소송법 제230조). 또한 한 번 고소를 취소하면 동일한 사유로 다시 고소할 수 없고, 1심 판결이 선고

된 후에는 고소를 취소하더라도 소용이 없습니다. 그리고 공범이 있는 경우에는 고소인 마음대로 일부만 고소하거나 취소할 수 없고(동법 제232조), 공범 전부를 상대로 고소 또는 고소취소를 해야 합니다(동법 제233조).

참고로, **2013년 6월 19일「성폭력범죄의 처벌 등에 관한 특례법」과 「형법」 등이 개정됨에 따라 성범죄 관련 친고죄 조항이 모두 삭제**되었습니다. 과거 성범죄는 피해자의 명예와 2차 피해발생 우려 등을 이유로 피해자나 고소권자가 직접 고소해야 수사와 처벌이 가능했습니다. 하지만 이 개정으로 강간, 강제추행 등 형법상 모든 성범죄와 공중 밀집장소에서의 추행, 통신매체를 이용한 음란행위 등 특별법의 모든 성범죄에서 친고죄와 반의사불벌죄 규정이 사라져 피해자의 고소가 없어도 처벌이 가능하게 되었습니다. 위 두 법 이외에도 관련법인 「아동·청소년의 성보호에 관한 법률」, 「성폭력 방지 및 피해자보호 등에 관한 법률」, 「특정 범죄자에 대한 보호관찰 및 전자장치 부착 등에 관한 법률」, 「성폭력 범죄자의 성충동 약물 치료에 관한 법률」 등도 친고죄 폐지 등의 개정이 이루어졌습니다.

[3] 반의사불벌죄

> 옥상을 수리하다가 물건을 떨어뜨리는 바람에 지나가는 행인이 전치 3주의 상해를 입었습니다. 이 경우 저는 처벌받게 되나요?

과실치상죄는 과실로 인해 사람의 신체를 상해하면 성립하는 범죄입니다(형법 제266조제2항). 과실로 다른 사람에게 상해를 발생시킨 행위는 피해자가 가해자의 처벌을 원하지 않으면 처벌할 수 없는 반의사불벌죄에 해당합니다. 따라서 피해자와 처벌하지 않겠다는 합의를 한 경우에는 처벌되지 않습니다. 즉, 반의사불벌죄는 피해자가 가해자의 처벌을 원하지 않는다는 의사를 표시하면 처벌할 수 없는 범죄입니다.

과실치상죄 외에 「형법」상 반의사불벌죄로 규정된 범죄로는 외국 원수에 대한 폭행·협박 등의 죄(제107조), 외국 사절에 대한 폭행·협박 등의 죄(제108조), 외국의 국기·국장 모독죄(제109조), 단순·존속폭행죄(제260조제3항), 단순·존속협박죄(제283조제3항), 명예훼손죄 및 출판물 등에 의한 명예훼손죄(제312조제2항) 등이 있습니다.

이러한 **반의사불벌죄는 피해자의 의사와 관계없이 공소제기를 할 수는 있지만, 그 후 피해자가 처벌을 원하지 않는다는 의사표시를 하면 공소가 기각됩니다**(형사소송법 제327조제6호). 이때 처벌을 원하는 의사표시의 철회는 1심판결 전까지 해야 하고, 일단 고소를 취소하면 다시 고소할 수 없습니다(동법 제232조제3항).

반면에 반의사불벌죄로 규정되어 있지만 일정한 경우에는 피해자의 의사표시에 관계없이 공소를 제기할 수 있도록 한 범죄도 있습니다. 「교통사고처리특례법」 제3조제2항에 따라 차의 운전자가 업무상과실치상죄 또는 중과실치상죄를 범한 뒤 피해자를 구호하는 등의 「도로교통법」 제54조제1항의 규정에 의한 조치를 하지 아니하고 도주하거나 피해자를 사고 장소로부터 옮겨 유기하고 도주한 때, 같은 죄를 범하고 「도로교통법」 제44조제2항을 위반하여 음주측정 요구에 불응(운전자가 채혈측정을 요청하거나 동의한 때에는 제외)한 때와 「교통사고처리특례법」 제3조제2항 각호의 1의 경우입니다.

[4] 불심검문과 임의동행

> 토요일 오후 친구를 만나기 위해 집을 나와 버스를 탔습니다. 시내에 가까워지자 여러 가지 시위로 길이 막혀 버스에서 내려 걷기 시작했는데 경찰이 저를 멈춰 세우고 몇 가지 물어보더니 경찰서로 가자 요구해 저는 지나가는 길이라며 동행을 거부했습니다. 그런데도 경찰은 저를 잡고 계속 놓아주지 않았습니다. 이런 경우 경찰이 강제로 가자 하면 가야 하는지요?

경찰관은 범죄와 관련이 있다고 의심할 만한 상당한 이유가 있는 사람에 한하여 불심검문을 할 수 있고 함께 가자고 할 수 있습니다. 불심검문당했을 때에 대답하기 싫거나 가기 싫으면 거절할 수 있습니다. 만일 억지로 끌고 가거나 수갑을 채워 데려가면 권리행사방해죄(형법 제323조)나 불법체포죄(형법 제124조제1항)에 해당합니다.

[5] 경찰서에서 참고인으로 나오라는데 나가야 하나

> 이웃 사람들이 싸우는 현장에 제가 있었습니다. 서로 폭행으로 고소했다며 저에게 목격자로서 경찰에서 나오라는데 나가야 하나요?

경찰은 범죄의 피해자나 목격자로서 범죄 수사에 협력할 처지에 있거나 피의자와 관계가 있어 필요할 때에 참고인으로 부를 수 있습니다. 수사기관은 범죄수사에 협력을 부탁하는 것일 뿐 강제할 수는 없습니다. 그러므로 출석할 것인지, 안 할 것인지는 본인이 자유로이 결정할 수 있습니다(형사소송법 제221조, 제245조).

[6] 폭행죄와 상해죄의 구별

> 폭행죄와 상해죄는 어떻게 다른가요?

폭행은 사람의 신체에 대해 불법적으로 유형력을 행사하는 것을 말하며, 폭행으로 반드시 상해가 있어야 하는 것은 아닙니다. 상해는 신체의 생리적 기능에 장해를 일으키게 하는 것을 말합니다. 즉, 가해자의 행위로 인해 병원에서 치료를 받아야 할 정도의 상해를 입은 경우에 상해죄가 적용됩니다.

- **반의사불벌죄**인 **단순폭행죄**: 상해를 일으키지 않은 단순폭행죄는 피해자가 가해자의 처벌을 원하지 않으면 처벌할 수 없는 반의사불벌죄에 해당합니다. 반의사불벌죄는 단순폭행죄 외에도 존속폭행죄, 협박죄, 모욕죄 등이 있습니다.
- **상해죄**: 가해자의 행위로 인해 병원에서 치료를 받아야 할 정도의 상해를 입은 경우에 상해죄가 적용됩니다. 이 경우에는 피해자가 가해자의 처벌을 원치 않는다고 하더라도 가해자는 처벌됩니다.
- **폭행치상죄**: 폭행치상죄는 가해자의 폭행행위로 인해 피해자가 상해에 이르게 된 경우 성립되는 범죄이며, 이 죄는 상해죄의 처벌절차와 동일합니다. 폭행치상죄는 단순폭행죄와는 달리 상해를 동반하기 때문에 피해자의 처벌의사와 관계없이 가해자는 처벌됩니다.

[7] 돈을 빌려주고 못 받은 경우 사기죄의 성립 여부

> 3년 전 사업자금 명목으로 여러 차례에 걸쳐 2천만 원을 빌려주었는데, 이제와 사업이 어렵다면서 원금은 물론 이자까지 주지 않고 있습니다. 사기죄로 고소할 수 있을까요?

사기죄는 타인을 기망(欺罔)하여 착오에 빠지게 하고 피기망자의 처분행위로 기망자 또는 제3자가 재산적 이익을 얻음으로써 성립하고(형법 제347조), 이 경우의 '기망'이라 함은 널리 재산상의 거래관계에 있어서 서로 지켜야 할 신의와 성실의 의무를 져버리는 것을 말합니다. 판례(대법원 1983.8.23. 선고, 83도1048 판결)에 의하면 "금전대차관계에서 그 채무불이행 사실만을 가지고 바로 차용금 편취의 범의(犯意)를 인정할 수 없으나, 확실한 변제의 의사가 없거나 또는 차용 시 약속한 변제기일 내에 변제할 능력이 없음에도 불구하고 변제할 것처럼 가장하여 금원을 차용할 당시 채무액이 채권액을 초과하고 있는 상태였다면 사기의 범의를 인정할 만한 근거는 된다."라고 하고 있습니다.

귀하의 경우에 우선 형사고소를 해보아야 범죄의 성립 여부를 알 수 있겠지만, 일반적으로 기망하였는지 여부는 돈을 빌리는 사람에게 변제할 의사와 능력이 있었는지에 따라서 결정됩니다. 돈을 빌릴 당시의 재력, 환경, 차용금의 사용내용 등과 같은 객관적인 사정을 종합하여 기망 여부를 판단합니다. 결론적으로 돈을 빌릴 당시부터 변제할 의사나 능력이 없었어야 사기죄가 성립합니다.

[8] 무고죄

> 저는 아무런 잘못도 하지 않았는데 상대방이 성추행범으로 저를 고소했습니다. 너무 억울한데 어떻게 해야 하나요?

남을 형사처분이나 징계처분을 받게 하기 위해 허위의 사실을 신고하는 사람이 있다면 그 사람은 무고죄로 고소당할 수 있습니다.

고소인은 있는 사실 그대로 신고하여야 합니다. 허위의 사실을 신고하는 것은 국가기관을 속여 죄 없는 사람을 억울하게 처벌받게 하는 것이므로 피해자에게 큰 고통을 줄 뿐만 아니라 억울하게 벌을 받은 사람이 국가를 원망하게 되어 결국 국가의 기강마저 흔들리게 되므로 무고죄는 엄벌로 다스리고 있습니다. 흔히 소장에 상대방을 나쁜 사람으로 표현하기 위하여 자신의 피해 사실과 관계가 없는 사실을 근거 없이 과장되게 표현하는 고소인들이 있는데 이는 옳지 않은 일일 뿐 아니라 잘못하면 그 때문에 무고죄에 해당될 수가 있습니다. 예컨대 소문난 사기꾼이라든지, 노름꾼으로 사회의 지탄을 받는다든지 하는 등의 표현입니다.

또한 수사기관에서 불기소처분이 내려졌다거나 국가기관에서 법률상 들어줄 수 없다고 판정이 된 문제에 관하여 고소인 자신이 그와 다른 견해를 가지고 있다 하여 자기의 뜻을 관철하고자 같은 내용의 고소와 진정을 수없이 제기하는 것도 무고죄에 해당될 가능성이 많은 것입니다. 무고죄는 10년 이하의 징역 또는 1천5백만 원 이하의 벌금에 처합니다(형법 제156조). **특히,「특정범죄가중처벌 등에 관한 법률」에 따른 범죄에 대해 무고죄를 지은 경우에는 3년 이상의 유기징역형(법 제14조)을 받게 될 수 있습니다.**

[9] 명예훼손죄 성립 여부

> 저와 같은 회사 다니는 동료가 갑자기 전화해서 다짜고짜 자기 남편이랑 제가 바람핀다고 일방적으로 따지고, 주위 사람들한테 자기 생각을 퍼뜨려서 저의 명예를 많이 훼손했습니다. 저를 의심했단 자체가 어이없고 분합니다. 이런경우 명예훼손죄에 해당하나요?

형법상 명예훼손죄는 공연히 사실을 적시하거나 또는 허위의 사실을 적시하여 타인의 명예를 훼손함으로써 성립하는 범죄입니다. 질문자가 올려주신 사안에서 직장동료가 자신의 남편과 질문자가 바람났다고 주위사람들에게 이야기하는 것은 공연히 허위의 사실을 적시하여 사람의 명예를 훼손한 것으로서 일단 명예훼손죄의 구성요건을 충족한다고 볼 수 있습니다. 판례는 그 성립을 위해 전파성을 요구하는데 이는 한사람에게 명예훼손 가능성이 있는 이야기를 하더라도 주위에 전파될 가능성이 있는 경우 명예훼손을 인정하는 개념입니다.

대법원 83도2222 판결에서 법원은 "피고인이 공소 외 (갑)의 집 앞에서 공소 외 (을) 및 피해자의 시어머니(병)이 있는 자리에서 피해자의 명예를 훼손하는 말을 한 사실이 인정된다면, 말의 전파가능성이 없어서 공연성이 결여되었다는 주장은 허용될 수 없다."고 판시하면서 전파성을 인정하여 명예훼손죄의 성립을 인정한 바 있습니다.

> **형법 제307조 (명예훼손)** ① 공연히 사실을 적시하여 사람의 명예를 훼손한 자는 2년 이하의 징역이나 금고 또는 500만 원 이하의 벌금에 처한다.
> ② 공연히 허위의 사실을 적시하여 사람의 명예를 훼손한 자는 5년 이하의 징역, 10년 이하의 자격정지 또는 1천만 원 이하의 벌금에 처한다.
> **형법 제310조 (위법성의 조각)** 제307조제1항의 행위가 진실한 사실로서 오로지 공공의 이익에 관한 때에는 처벌하지 아니합니다.
> ※ 위법성조각 사례
> 교장 갑이 여성기간제교사 을에게 차 접대 요구와 부당한 대우를 하였다는 인상을 주는 내용의 글을 게재한 교사 병의 명예훼손행위가 공공의 이익에 관한 것으로서 위법성이 조각된다고 한 사례(대법원 2008. 7. 10. 선고 2007도9885 판결)

[10] 통화 연결 안 돼도 전화 계속 걸면 스토킹에 해당되는지 여부

상대방에게 여러 차례 부재중 전화를 남긴 것도 '스토킹'에 해당합니다(대법원 2023. 5. 18. 선고 2022도12037 판결). **스토킹처벌법의 문언, 입법목적 등을 종합하면,** 피고인이 전화를 걸어 피해자의 휴대전화에 벨소리가 울리게 하거나 부재중 전화 문구 등이 표시되도록 하여 상대방에게 불안감이나 공포심을 일으키는 행위는 실제 전화통화가 이루어졌는지 여부와 상관없이 쟁점 조항이 정한 스토킹행위에 해당한다고 볼 수 있다고 최초로 설시한 대법원 판결이 나왔습니다.

법원은 다음과 같은 이유로 스토킹행위에 해당한다고 판단하였습니다.

첫째, **스토킹처벌법은 스토킹행위로 인하여 정상적인 일상생활이 어려울 만큼 정신적·신체적 피해를 입는 사례가 증가하고, 초기에 스토킹행위를 제지·억제하고 피해자를 보호하는 조치가 적절히 이루어지지 아니하여 폭행, 살인 등 신체 또는 생명을 위협하는 강력범죄로 이어지는 사건들이 빈번히 발생하는 사회 문제를 해결하기 위하여 제정된 법률**로서 지속적·반복적으로 이루어진 스토킹행위가 범죄임을 명확히 규정하고 가해자에 대한 처벌 및 그 절차에 관한 특례와 피해자에 대한 각종 보호절차를 마련하고 있다.

둘째, 피고인이 피해자의 의사에 반하여 정당한 이유 없이 반복적으로 전화를 거는 경우 피해자에게 유발되는 불안감 또는 공포심은 일상생활에 지장을 줄 정도로 심각하고 피해자가 전화를 수신하지 않았더라도 마찬가지일 수 있으며, 지속적 또는 반복적으로 이루어지는 스토킹행위는 시간이 갈수록 그 정도가 심각해져 강력범죄로 이어지는 사례가 적지 않은 점 등을 고려하면, 피해자의 의사에 반하여 반복적으로 전화를 시도하는 행위로부터 피해자를 신속하고 두텁게 보호할 필요성도 크다.

셋째, 피고인이 전화를 걸어 피해자의 휴대전화에 벨소리가 울리게 하거나 부재중 전화 문구가 표시되게 하였음에도 피해자가 전화를 수신하지 않았다는 이유만으로 스토킹행위에서 배제하는 것은 우연한 사정에 의하여 처벌 여부가 좌우되도록 하고 처벌범위도 지나치게 축소시켜 부당하다. 피해자가 전화를 수신하여야만 불안감 또는 공포심을 일으킨다고 볼 수 없고, 오히려 스토킹행위가 반복되어 불안감 또는 공포심이 증폭된 피해자일수록 전화를 수신하지 않을 가능성이 높다.

넷째, 타인의 휴대전화 번호로 전화를 걸었을 때 상대방의 휴대전화 상태에 따라 벨소리나 진동음이 울릴 수 있고 수신이 되지 않았을 때 발신번호나 부재중 전화 문구가 상대방의 휴대전화에 표시된다는 것은 휴대전화 사용이 일반화된 오늘날 휴대전화 사용자들 대부분이 알고 있는 휴대전화의 일반적 기능이다. 피고인이 피해자와 전화통화를 의욕하고 전화를 걸었거나 피해자의 휴대전화 상태나 전화수신 여부를 알 수 없었다고 하더라도 피고인으로서는 적어도 미수신시 피해자의 휴대전화에서 벨소리나 진동음이 울리거나 부재중 전화 문구 등이 표시된다는 점을 알 수 있었고 그러한 결과의 발생을 용인하는 의사도 있었다고 볼 수 있으므로 미필적 고의는 있었다고 보아야 한다.

[11] 정보통신망법 위반 비밀침해죄

> 남자친구의 카카오톡을 몰래 열어보면 정보통신망법 위반으로 처벌받나요?

타인의 카톡을 몰래 보거나 사진을 찍어 유출한 경우 정보통신망법 위반으로 형사처벌 대상이 됩니다. 법원은 남자친구와 해외여행을 떠난 여자친구가 숙소에서 먼저 잠든 남자친구의 잠금이 해제된 휴대폰의 카카오톡을 열어 대화내용을 몰래 촬영한 혐의로 기소된 사안에서, 자신이 모르는 지인의 사진을 발견하고 이상하다고 생각해 메신저를 열어보았다며 정당방위라고 주장하는 여자친구의 주장을 인정하지 않고, 정보통신망법 위반 혐의로 벌금 100만 원을 선고했습니다.

재판부는 "이상하다고 여겨지는 점이 있다면 직접적으로 사진 촬영 경위 등을 추궁하는 등의 방식으로 나아가는 것이 전혀 불가능했다고 보기 어렵다"라며 "몰래 피해자의 휴대전화 카카오톡 대화 내용을 열람하고 이를 촬영한 것이 그 수단과 방법이 적절하다거나 다른 수단과 방법이 없었다고 보기 어렵다"고 보았습니다.

> 지인과 내가 나눈 카톡·문자 대화를 지인이 캡처를 해서 제3자인 타인에게 전송하였다는 걸 나중에 알았습니다. 저의 치부가 들어간 내용도 있습니다. 제3자가 지인을 통해서 제 메신저를 보게 된 것인데, 카톡을 몰래 보거나 복사를 해서 전송을 하면 위법이라고 알고 있습니다. 이런 경우 정보통신망법 위반(비밀침해죄)으로 지인과 제3자를 형사고소가 가능한지 궁금합니다.

정보통신망법 제49조 비밀누설죄 위반으로 고소하실 수 있습니다. 이 규정에 따르면 "누구든지 정보통신망에 의하여 처리·보관 또는 전송되는 타인의 정보를 훼손하거나 타인의 비밀을 침해·도용 또는 누설하여서는 아니 된다."라고 정하고, 동법 제71조제1항제11호는 '제49조를 위반하여 타인의 정보를 훼손하거나 타인의 비밀을 침해·도용 또는 누설한 자는 5년 이하의 징역 또는 5천만 원 이하의 벌금에 처한다.'고 정하고 있습니다.

대법원은 정보통신망법 제49조 위반행위의 객체인 '정보통신망에 의해 처리·보관 또는 전송되는 타인의 비밀'에는 정보통신망으로 실시간 처리·전송 중인 비밀, 나아가 정보통신망으로 처리·전송이 완료되어 원격지 서버에 저장·보관된 것으로 통신기능을 이용한 처리·전송을 거쳐야만 열람·검색이 가능한 비밀이 포함됨은 당연하며, 또한 이에 한정되는 것은 아니라고 보고 있습니다. 즉, 정보통신망으로 처리·전송이 완료된 다음 사용자의 개인용 컴퓨터(PC)에 저장·보관되어 있더라도, 그 처리·전송과 저장·보관이 서로 밀접하게 연계됨으로써 정보통신망과 관련된 컴퓨터 프로그램을 활용해서만 열람·검색이 가능한 경우 등 정보통신체제 내에서 저장·보관 중인 것으로 볼 수 있는 비밀도 여기서 말하는 '타인의 비밀'에 포함된다고 보아야 하며, 이러한 결론은 정보통신망법 제49조의 문언, 정보통신망법상 정보통신망의 개념, 구성요소와 기능, 정보통신망법의 입법목적 등에 비추어 도출할 수 있다고 판단하였습니다. 또한 정보통신망법 제49조에서 말하는 '타인의 비밀'이란 일반적으로 알려져 있지 않은 사실로서 이를 다른 사람에게 알리지 않는 것이 본인에게 이익이 되는 것을 뜻한다고 밝혔습니다(대법원 2018. 12. 27. 선고 2017도15226 판결).

[12] 통신비밀보호법 위반 타인 간의 대화 녹음 및 누설죄

가청거리 내에 타인 간의 대화를 녹음 및 누설한 경우라도 통신비밀보호법 위반으로 처벌됩니다. 대법원은 피고인이 공개되지 아니한 타인간의 대화 내용을 녹음·누설한 사안에서 대화 당사자들이 가청거리 내에 피고인이 있는 상태에서 대화를 한 경우라도, 피고인의 행위는 공개되지 아니한 타인 간의 대화를 녹음·누설한 경우에 해당한다고 하였습니다(대법원 2022. 8. 31. 선고 2020도1007 판결).

> **통신비밀보호법 제3조 (통신 및 대화비밀의 보호)** ①누구든지 이 법과 형사소송법 또는 군사법원법의 규정에 의하지 아니하고는 우편물의 검열·전기통신의 감청 또는 통신사실확인자료의 제공을 하거나 공개되지 아니한 타인 간의 대화를 녹음 또는 청취하지 못한다.
> **제16조(벌칙)** ① 다음 각 호의 어느 하나에 해당하는 자는 1년 이상 10년 이하의 징역과 5년 이하의 자격정지에 처한다.
>   1. 제3조의 규정에 위반하여 우편물의 검열 또는 전기통신의 감청을 하거나 공개되지 아니한 타인 간의 대화를 녹음 또는 청취한 자
>   2. 제1호에 따라 알게 된 통신 또는 대화의 내용을 공개하거나 누설한 자

[13] 통장명의 대여

> 어릴 적부터 친하게 지내고 평소에도 도움을 자주 받았던 지인이 통장과 도장을 빌려달라고 하는데 빌려주어도 될까요?

통장을 양도하는 것 자체가 전자금융거래법 위반에 해당합니다. 현행 전자금융거래법 제6조와 제49조에는 다른 사람 명의로 거래하는 예금통장이나 직불카드, 공인인증서, 비밀번호, 생체정보 등 접근 매체를 타인에게 양도하거나 양수하는 사람은 5년 이하의 징역 또는 3000만 원 이하의 벌금에 처할 수 있다고 규정되어 있습니다. 또한 업무방해죄가 적용될 경우 5년 이하의 징역 또는 1500만 원 이하의 벌금에 처해질 수 있습니다(형법 제314조).

뿐만 아니라 통장이 보이스피싱 등의 범죄에 사용되면 사기방조죄가 적용될 수 있습니다. 형법상 방조행위는 정범이 범행을 한다는 정을 알면서 그 실행행위를 용이하게 하는 행위로서 그것은 정범의 실행에 대하여 물질적 방법(예컨대 흉기의 대여, 사기를 기도함을 알면서 범인을 피해자에게 소개하는 행위 등)이건, 정신적 방법(예컨데 정범에 대한 조언, 격려 등)이건, 직접적이건, 간접적이건(간접방조의 경우) 가리지 않고 성립합니다(형법 제32조, 대법 1982. 9. 14. 선고 80도2566 판결). 이렇게 되면 처벌 수위부터 5년 이하의 징역 또는 1000만 원 이하의 벌금으로 올라갑니다. 법원 처벌 역시 보이스피싱 '사기방조' 혐의에 대해 잇따라 실형을 내리고 있습니다.

또한 자금 세탁 등 탈법행위를 목적으로 통장을 이용한다면 이는 금융실명법 위반행위입니다. 지인이 자금세탁 등 탈법행위를 목적으로 A씨의 통장을 이용하는 경우로, 실제 이 법은 제3조에서 "누구든지 불법재산의 은닉, 자금세탁행위, 그밖의 탈법행위를 목적으로 타인의 실명으로 금융거래를 해서는 안 된다."고 규정하고 있습니다. 위반한 자는 5년 이하의 징역 또는 5천만 원 이하의 벌금에 처해집니다(동법 제6조제3항).

여기에 통장대여, 자금관리까지 맡았다면 혐의가 가중될 수 있습니다. 보이스피싱이나 불법온라인도박과 같은 불법행위에 자신의 통장이 대여되었다면 그 사실을 몰랐다 하더라도 처벌될 수 있고 만일 알면서도 대여해 줬다면 가중처벌 대상입니다. **만일 단순대여만 해준 경우라면 범죄의 고의성이 없었음을 주장해 초범인 경우는 벌금형의 처분도 바랄 수 있겠지만, 동일 유사전과가 있는 경우라면 벌금형이 아닌 실형 선고가 될 가능성이 높습니다.** 문제는 단순대여를 넘어 통장 유통 판매 등에 적극적으로 가담한 사실이 드러날 경우 전자금융거래법 위반은 물론 범죄단체조직죄, 범죄수익은닉죄, 사기죄 등 추가 기소가 이루어질 가능성이 높다는 사실입니다.

[14] 미성년자 처벌

> 조카가 범죄를 저질렀다고 합니다. 아직 미성년자인데 어른과 마찬가지로 형사처벌을 받게 되나요?

만 18세부터 19세까지는 어른과 마찬가지로 「형법」에 따라 형사처벌(징역·금고·벌금)을 받게 됩니다.

▶ 만 14세부터 17세까지

어른과 마찬가지로 「형법」에 따라 형사처벌(징역·금고·벌금) 및 보호처분(사회봉사명령 등)을 받게 되지만, 만약 어른이었다면 사형 또는 무기징역형에 해당하는 범죄를 저지른 경우에는 사형 또는 무기징역형 대신 15년형을 받게 됩니다.

▶ 만 10세부터 13세까지는 (형법 제9조)

「형법」에 따른 처벌(징역, 금고, 벌금)을 받는 대신 「소년법」에 따른 보호처분(소년원 수감)을 받게 됩니다.

※ 촉법소년 나이를 만 12세로 낮추자는 개정안이 논의되고 있습니다.
- **찬성 측:** 형사미성년자 제도를 악용하는 사례가 많다. 형사미성년자 연령을 낮추면 청소년 범죄를 줄이는 효과가 있다. 촉법소년 등 보호처분의 대상만 되는 아이들은 스스로 형사처벌을 받지 않는다는 사실을 알고서는 이 법을 악용해 범죄를 쉽게 생각하고 저지른다. 대부분 보호자의 훈계나 사회봉사 정도의 처분으로 끝나는 경우가 많아 잘못을 제대로 반성할 기회도 없고 따라서 재범의 확률도 높다.
- **반대 측:** 형사미성년자 제도를 악용하는 사례는 많지 않다. 형사미성년자 연령을 낮춘다고 해도 청소년 범죄를 줄이는 효과는 없다. 대부분의 청소년들은 단순한 호기심에서 또는 친구들과 몰려다니다가 쉽게 군중심리에 휩쓸려 범죄에 가담한다. 아직 미숙하고 어린 탓

에 자신의 행동이 가져올 결과를 알지 못해 죄를 짓는 경우가 많다. 따라서 개선과 교화의 대상으로 청소년을 바라볼 필요가 있다.

[15] 구공판·구약식

> 인터넷거래 사기 피해로 경찰서에 직접 찾아가서 신고했는데 사건 접수 후 '귀하가 주장한 사기 피의 사건은 사기 범죄혐의가 인정된다고 판단되었습니다.', '따라서 ○○검찰청 △△지청으로 사건을 송치하게 되었습니다.'라고 결과가 우편으로 왔습니다. 한 달 뒤 검찰청에서 사건 결정결과 통지서가 왔는데 결정결과가 '구약식'으로 나왔습니다. 구약식이란 무슨 뜻인가요?

공소제기의 유형으로 **구공판(정식 기소)**은 피의자의 죄가 인정되고 징역형에 처하는 것이 상당하여 법원에 정식재판을 청구하는 처분이고, **구약식(약식기소)**은 벌금, 과료, 몰수에 처할 사건의 경우에 서류로만 재판하여 벌금형으로 처리해 달라고 약식명령을 청구하는 처분입니다. 검찰청에 기록열람복사신청을 하여 사건기록을 확인할 수 있습니다.

[16] 구속·불구속 / 긴급구속

> 싸움을 하다가 경찰에 연행되었습니다. 구속될 수도 있다는데, 구속은 어떤 경우에 되나요?
> 구속과 긴급구속은 어떻게 다른가요?

미리 판사로부터 구속영장을 받아 강제로 구치소에 보내는 것이 구속인데(형사소송법 제201조), 영장이 없더라도 죄를 범했다고 인정할 만한 상당한 이유가 있고, 도망치거나 증거를 없앨 염려가 있을 때에 한하여 먼저 구속한 후 48시간 내에 구속영장을 받는 것이 긴급구속입니다(동법 제200조의3, 제200조의4).

불구속수사가 원칙이지만 다음의 경우에는 구속수사를 하고 있습니다.

▶ **구속 사유**

피의자(가해자)가 죄를 범했다고 의심할 만한 상당한 이유가 있고, 여기에 다음 중 어느 하나에 해당하는 사유가 추가되는 경우에 검사는 관할 지방법원 판사에게 청구하여 구속영장을 발부받아 피의자를 구속할 수 있습니다.
① 피의자(가해자)에게 일정한 주거가 없는 경우
② 피의자(가해자)가 증거를 없앨 염려가 있는 경우
③ 피의자가 도망칠 염려가 있는 경우

▶ 원칙적으로 구속 대상인 경우
- 흉기, 그 밖의 위험한 물건을 휴대하거나 집단적으로 폭력을 행사한 사건인 경우
- 큰 피해를 발생시키거나 상습적으로 폭력을 행사한 경우
- 노약자, 부녀자, 장애인을 상대로 정당한 사유 없이 폭력을 행사한 경우

▶ 구속영장 발부

지방법원 판사는 피의자에 대해 구속영장을 청구 받은 경우 피의자를 심문한 후 영장 발부 여부를 결정합니다. 폭행·상해 피의자(가해자)에 대한 구속 여부를 판단할 때에는 폭력의 동기와 수단, 상해 부위와 상해 정도, 피의자의 폭력 성행, 피해자와의 관계, 범죄 전력, 피해·회복 여부 등이 고려됩니다.

▶ 긴급구속 사유

검사 또는 사법경찰관은 피의자가 사형·무기 또는 장기 3년 이상의 징역이나 금고에 해당하는 죄를 범하였다고 의심할 만한 상당한 이유가 있고, 다음 각 호의 어느 하나에 해당하는 사유가 있는 경우에 긴급을 요하여 지방법원판사의 체포영장을 받을 수 없는 때에는 그 사유를 알리고 영장 없이 피의자를 체포할 수 있습니다. 이 경우 긴급을 요한다 함은 피의자를 우연히 발견한 경우 등과 같이 체포영장을 받을 시간적 여유가 없는 때를 말합니다.
① 피의자가 증거를 인멸할 염려가 있는 때
② 피의자가 도망하거나 도망할 우려가 있는 때

[17] 구속적부심

> 친구가 폭행치상죄로 경찰서 유치장에 구속되었습니다. 친구를 풀려나게 할 수 있는 방법은 없나요?

구속된 피의자는 법원에 구속적부심사를 청구할 수 있습니다. 구속된 피의자는 구속적부심사를 청구할 때 동시에 보증금 납입을 조건으로 법원에 석방해 달라는 신청을 할 수 있는데, 이때 법원은 여러 상황을 고려하여 석방 여부를 결정할 수 있습니다(형사소송법제214조의2).

▶ 구속적부심사

구속적부심사는 피의자에 대한 구속의 타당성을 법원이 심사하는 것을 말합니다. 구속된 피의자 또는 그 변호인, 법정대리인, 배우자, 직계친족, 형제자매나 가족, 같이 사는 사람 또는 고용주는 관할 법원에 피의자의 구속적부심사를 청구할 수 있습니다.

법원은 구속적부심사 청구서가 접수된 때부터 48시간 이내에 구속된 피의자를 심문하고 수사관계서류와 증거물을 조사하여 그 청구가 이유 없다고 인정되면 결정으로 이를 기각하며, 이유 있다고 인정되면 결정으로 구속된 피의자의 석방을 명령합니다.

수사기관은 법원이 내린 구속적부심사 결정에 따라 석방된 피의자가 도망하거나 범죄의 증거를 인멸하는 경우를 제외하고, 동일한 범죄사실에 관해 피의자를 재차 구속할 수 없습니다.

▶ 보증금 납입 조건부 석방

법원은 피의자가 증거를 인멸하거나 해를 가할 염려가 있는 경우를 제외하고 구속된 피의자(구속적부심사 청구 후 공소 제기된 사람을 포함)에 대해 피의자의 출석을 보증할 만한 보증금의 납입을 조건으로 하여 결정으로 피의자의 석방을 명할 수 있습니다.

[18] 보석

> 1심에서 유죄를 선고받고 법정구속되었습니다. 보석 청구를 하고 싶은데 어떻게 해야 하나요?

구속된 피고인에 대해 일정한 보증금의 납부를 조건으로 구속의 집행을 정지하여 불구속 상태에서 재판절차를 진행할 수 있습니다. 피고인, 피고인의 변호인·법정대리인·배우자·직계친족·형제자매·가족·동거인 또는 고용주는 법원에 구속된 피고인의 보석을 청구할 수 있습니다(형사소송법 제94조). **법원에 보석허가청구서를 제출하면 법원은 검사의 의견을 묻고, 피고인을 심문한 후 보석 허가 여부를 결정합니다. 법원이 보석허가를 한 경우에는 검찰에 보석허가결정서를 제출하고 보증금을 납부하면 피고인은 석방됩니다**(형사소송법 제95~100조).

▶ 보석을 허가하면 안 되는 경우
① 피고인이 사형, 무기 또는 장기 10년이 넘는 징역 또는 금고에 해당하는 죄를 지은 경우
② 피고인이 누범 또는 상습범에 해당하는 죄를 지은 경우
③ 피고인이 증거를 인멸하거나 인멸할 염려가 있다고 믿을 만한 충분한 이유가 있는 경우
④ 피고인이 도망치거나 도망칠 염려가 있다고 믿을 만한 충분한 이유가 있는 경우
⑤ 피고인의 주거가 분명하지 않은 경우
⑥ 피고인이 피해자, 해당 사건의 재판에 필요한 사실을 알고 있다고 인정되는 사람 또는 그 친족의 생명·신체나 재산에 해를 가하거나 가할 염려가 있다고 믿을 만한 충분한 이유가 있는 경우

위 경우 외에는 보석을 허가하여야 합니다.

[19] 불기소처분

> 폭행사건으로 고소를 당했는데, 얼마 전 검찰로부터 불기소처분을 받았습니다. 이제 모든 절차가 끝난 것인가요?

불기소처분은 검사가 공소를 제기하지 않는 처분을 말합니다. 검사의 불기소처분에 불복할 경우 관할 고등검찰청에 항고할 수 있으며, 항고가 기각된 경우에는 관할 고등법원에 재정을 신청하여 결정을 받을 수 있습니다. 법원에서 재정신청이 이유 있다고 인정하면 법원에서 직접 공소 제기를 결정하여 형사재판이 진행됩니다.

▶ 불기소처분의 종류
- **기소유예**: 피의사실은 인정되지만 여러 사항을 고려하여 공소제기가 필요하지 않다고 판단될 때 내리는 처분
- **혐의없음**: ① 피의사실이 범죄를 구성하지 않거나 ② 범죄로 인정되지 않거나 ③ 피의사실을 인정할 만한 충분한 증거가 없을 때 내리는 처분
- **죄가안됨**: 피의사실이 범죄구성요건에 해당하지만 범죄를 성립하기에는 불충분한 사유가 있어 범죄가 구성되지 않을 때 내리는 처분
- **공소권없음**: ① 공소시효가 완성되거나 ② 반의사불벌죄에서 피해자가 처벌의사표시를 철회하거나 ③ 피의자가 사망한 경우 등의 사유가 발생한 때 내리는 처분
- **각하**: ① 고소권자가 아닌 사람이 고소하거나 ② 고소·고발인의 진술을 들을 수 없거나 ③ 수사의 필요성이 인정되지 않거나 ④ 고발이 진위 여부가 불분명한 언론 보도나 인터넷 등 정보통신망의 게시물, 익명의 제보, 고발 내용과 직접적인 관련이 없는 제3자로부터의 전문이나 풍문 또는 고발인의 추측만을 근거로 한 경우 등으로서 수사를 개시할 만한 구체적인 사유나 정황이 충분하지 않은 경우

▶ 불기소처분에 대한 피해자의 대응
- **항고**: 검찰의 불기소처분에 불응하는 고소인·고발인은 불기소처분 통지를 받은 날부터 30일 이내에 그 검사가 속한 지방검찰청 또는 지청을 거쳐 서면(書面)으로 관할 고등검찰청 검사장에게 항고할 수 있습니다(검찰청법 제10조).
- **재항고**: 고등검찰청이 항고를 기각하는 경우에는 '대검찰청'에 한 번 더 재항고할 수 있습니다. '항고기각 결정을 통지받은 날' 또는 '항고 후 항고에 대한 처분이 이뤄지지 않고 3개월이 지난 날'로부터 30일 이내에 그 항고기각처분을 한 고등검찰청에 접수합니다(동법 제10조제5항).
- **재정신청**: 불기소처분의 통지를 받은 고소·고발인은 검찰항고를 거쳐 항고가 기각이 된 경우에 10일 이내에 서면으로 그 검사 소속의 지방검찰청 검사장 또는 지청장에게 재정신청서를 제출할 수 있습니다(형사소송법 제260조제3항). 재정신청서를 제출받은 지방검찰청검사장 또는 지청장은 재정신청서를 제출받은 날부터 7일 이내에 재정신청서·의견서·수사 관계 서류 및 증거물을 관할 고등검찰청을 경유하여 관할 고등법원에 송부하여야 합

니다(동법 제261조). 법원은 재정신청서를 송부받으면 10일 이내에 피의자(가해자)에게 고소인이 재정신청한 사실을 통지하고, 3개월 이내에 신청을 기각하거나 공소 제기를 결정합니다(동법 제262조).

[20] 정당행위

> 부정입학과 관련된 금품수수 등의 혐의로 구속되었던 대학교 전 이사장이 다시 총장으로 복귀해 학내 갈등이 악화되었고, 대학교 총학생회는 대학교 교수협의회와 총장 퇴진운동을 벌이면서 총장과의 면담을 요구하였으나 면담이 실질적으로 성사되지 않았음. 총학생회 간부인 피고인들이 총장실 입구에서 진입을 시도하거나 회의실에 들어가 총장 사퇴를 요구하다가 이를 막는 교직원들과 실랑이를 벌였고, 이로 인해 위력에 의한 업무방해로 기소된 학생들의 행위가 정당행위에 해당되는지 여부에 대해 알고 싶습니다.

형법 제20조는 '사회상규에 위배되지 아니하는 행위'를 정당행위로서 위법성이 조각되는 사유로 규정하고 있습니다. 위 규정에 따라 사회상규에 의한 정당행위를 인정하려면, 첫째 그 행위의 동기나 목적의 정당성, 둘째 행위의 수단이나 방법의 상당성, 셋째 보호이익과 침해이익과의 법익균형성, 넷째 긴급성, 다섯째로 그 행위 외에 다른 수단이나 방법이 없다는 보충성 등의 요건을 갖추어야 하는데(대법원 1983. 3. 8. 선고 82도3248 판결, 대법원 1992. 9. 25. 선고 92도1520 판결 등 다수의 판결들 참조), 위 '목적·동기', '수단', '법익균형', '긴급성', '보충성'은 불가분적으로 연관되어 하나의 행위를 이루는 요소들로 종합적으로 평가되어야 합니다.

대법원은 정당행위의 판단기준인 '목적·동기', '수단', '법익균형', '긴급성', '보충성'은 불가분적으로 연관되어 하나의 행위를 이루는 요소들로 종합적으로 평가되어야 하고, 특히 행위의 긴급성과 보충성은 수단의 상당성을 판단할 때 고려요소의 하나로 참작하여야 하고 이를 넘어 독립적인 요건으로 요구할 것은 아니며, 다른 실효성 있는 적법한 수단이 없는 경우를 의미하는 것으로 '일체의 법률적인 적법한 수단이 존재하지 않을 것'을 의미하는 것은 아니라고 판단하였습니다.

대법원은 위 법리에 따라, 피고인들의 행위에 대하여 동기와 목적의 정당성, 행위의 수단이나 방법의 상당성, 법익균형성이 인정되고, 특히 학습권 침해가 예정된 이상 긴급성이 인정되고, 피고인들이 선택할 수 있는 법률적 수단이 더 이상 존재하지 않는다거나 다른 구제절차를 모두 취해 본 후에야 면담 추진 등이 가능하다고 할 것은 아니어서 보충성도 인정되므로 정당행위 성립을 인정한 원심의 결론을 정당한 것으로 수긍하고 상고를 기각했습니다(대법원 2023. 5. 18. 선고 2017도2760 판결).

> **형법**
> 제20조(정당행위) 법령에 의한 행위 또는 업무로 인한 행위 기타 사회상규에 위배되지 아니하는 행위는 벌하지 아니한다.
> 제21조(정당방위) ① 현재의 부당한 침해로부터 자기 또는 타인의 법익(法益)을 방위하기 위하여 한 행위는 상당한 이유가 있는 경우에는 벌하지 아니한다.
> ② 방위행위가 그 정도를 초과한 경우에는 정황(情況)에 따라 그 형을 감경하거나 면제할 수 있다.
> ③ 제2항의 경우에 야간이나 그 밖의 불안한 상태에서 공포를 느끼거나 경악(驚愕)하거나 흥분하거나 당황하였기 때문에 그 행위를 하였을 때에는 벌하지 아니한다.

[21] 정당방위 · 과잉방위

> 상대방이 먼저 이유 없이 주먹으로 때렸습니다. 그냥 맞고만 있을 수 없어서 옆에 있는 빈 병을 깨뜨려서 상대방에게 중상을 입혔습니다. 이는 정당방위로 무죄가 되나요?

당한 침해를 막기 위한 방어행위는 상당한 이유가 있는 경우에 정당방위가 성립되어 무죄가 될 수 있습니다(형법 제21조제1항). 하지만 방위행위가 정도를 초과한 경우에는 과잉방위가 되어 죄가 성립합니다. 다만, 이런 경우 형이 감경될 수는 있습니다(동법 제21조제2항).

방위행위가 정도를 넘었더라도 그 행위가 야간, 그 밖의 불안스러운 상태에서 공포, 경악, 흥분 또는 당황으로 인한 것이었다면 처벌되지 않습니다(동법 제21조제3항).

▶ **정당방위 관련 판례**

다른 사람이 보는 자리에서 자식이 아버지에게 인륜상 용납할 수 없는 폭언과 함께 폭행을 가해 아버지가 아들을 한 대 때린 행위는 정당방위에 해당합니다(대법원 1974.5.14. 선고 73도2401 판결).

쌍방폭행에서 가해행위는 방어행위인 동시에 공격행위의 성격을 가지므로 이는 정당방위가 성립하지 않습니다(대법원 2000.3.28. 선고 2000도228 판결).

싸움이 끝난 상태에서 분을 풀려는 목적으로 공격하는 행위는 정당방위에 해당하지 않습니다(대법원 1996.4.9. 선고 96도241 판결).

[22] 묵비권(=진술거부권)

> TV에서 보면 경찰이 범인을 잡을 때 묵비권이 있다고 말해 주던데, 그걸 설명해 주지 않으면 무죄인가요?

그렇지는 않습니다. 피의자(가해자)에게는 진술거부권 및 변호인선임권이 있으며, 수사기관은 피의자를 신문하기 전에 반드시 그 사실을 알려주어야 합니다(형사소송법 제244조의 3). 이를 알려주지 않고 받은 진술은 유죄의 증거로 사용할 수 없을 뿐입니다. 이를 알려주지 않았다는 이유로 피의자가 무죄가 되는 것은 아닙니다.

묵비권이란 자기에게 불리한 진술을 강요당하지 않을 권리입니다. 피의자로 연행되거나 구속되었을 때 수사관이 범죄를 인정시키려고 유도심문을 하면 엉뚱한 진술을 하게 되어 진실이 아닌 것도 사실처럼 자백한 것과 같은 결과를 가져올 수 있습니다. 더구나 수사관과 맞서서 자기의 진정한 의사를 표현하기는 어렵습니다. 이때에 아무 말도 하지 않을 수 있는 것이며 바로 변호사의 도움을 받는 것이 좋습니다(동법 제244조의3, 제283조의2, 제309조, 제310조).

재판장은 인정신문이 끝난 후 또는 검사에게 기소요지의 진술을 하게 한 경우에는 그 진술이 끝난 후 피고인에게 각개의 신문에 대하여 진술을 거부할 수 있고 이익되는 사실을 진술할 수 있다는 취지를 고지하여야 합니다(형사소송규칙 제127조). 피고인은 공판정에서 각개의 신문에 대하여 진술을 거부할 수 있으므로, 모든 신문에 대한 진술거부권을 가지게 됩니다.

피의자는 엄격한 뜻의 당사자가 아니고 조사대상에 지나지 않으나 검사 또는 사법경찰관이 수사상 피의자에 대하여 미리 그 진술을 거부할 수 있음을 알려야 하므로, 피의자도 이 권리를 가진다고 할 수 있습니다. 한국 헌법은 '형사상 자기에게 불리한 진술을 강요당하지 아니한다.'라는 규정(헌법 제12조제2항)을 두어 이를 보장하고 있습니다.

[23] 형사합의와 민사합의의 차이

> 술집에서 시비가 붙어 옆자리 사람과 싸움을 하게 되었습니다. 합의하고 싶은데 어떻게 해야 하나요?

폭행·상해와 같은 형사사건이 발생한 경우 가해자는 피해자에게 용서를 구하고, 피해에 대한 합의를 하는 것이 가장 우선적인 방법입니다.

형사합의란 피해자가 수사기관이나 법원에 대해 가해자에 대한 형사처벌을 원치 않는다는 의사를 구두 또는 문서로 표시하는 것을 말합니다. 친고죄(피해자의 고소가 없으면 처벌할 수 없는 죄)나 반의사불벌죄(폭행죄와 같이 고소가 없어도 처벌할 수 있으나 피해자가 처벌을 원치 않는다는 의사를 표시하면 처벌할 수 없는 죄)와는 달리 일반 범죄사건에 있어서는 피해자가 국가의 형벌권을 좌우할 수는 없지만, 수사기관이나 법원에서는 피해자와 가해자(피의자) 사이에 원만한 합의가 이루어져 피해자가 가해자에 대한 처벌을 원치 않는다는 의사표시를 하게 되면 범죄 후의 정황으로서 참작하여 가벼운 처분이나 판결을 내리는 것이 관례입니다.

합의 방법에 대해 따로 정해진 것은 없으나 피해 정도, 사건 발생 상황, 사회적 형평성 등을 고려하여 가해자와 피해자가 직접 보상기준을 정하여 합의하고, 합의서를 작성하여 양

당사자 간에 서명날인을 하는 것이 보통입니다. 단순폭행과 같은 사건은 피해자가 처벌을 원하지 않는 경우에는 가해자가 처벌이 되지 않습니다. 따라서 합의서에 처벌을 원하지 않는다는 내용이 포함되어 있으면 가해자는 처벌되지 않습니다.

합의서는 가해자 및 피해자의 성명, 주민등록번호, 주소 등의 인적사항과, 합의내용, 합의날짜를 기재한 후 가해자와 피해자의 성명을 쓰고 서명날인을 하는 방법으로 작성하고, 여기에 인감증명서 1부를 첨부합니다. 합의내용은 일반적으로 "가해자는 2021. 1. 1. 22시경 △△△에서 피해자를 폭행하여 2주간의 상해를 가하였는데 가해자로부터 150만 원을 치료비와 위자료로 지급받고, 가해자의 처벌을 원하지 않습니다."라는 내용으로 작성합니다. 합의서를 작성할 때에는 가해자로부터 합의금을 받고나서 작성하는 것이 안전합니다.

그러나 피해보상은 근본적으로 민사문제로서 형사합의만이 되고 민사합의가 이루어지지 않았다면 피해자는 여전히 가해자에 대해 손해배상을 청구할 수 있는 것입니다. 아직 치료도 종결되지 않았고 후유장해가 남을지도 모르는 상태라면 민사상의 손해배상청구권은 유보(추후 별도로 정하기로 함)하여야 하고 형사합의서에 반드시 이 점을 명기하여야 할 것입니다.

[24] 형사변제공탁 = 합의금 공탁

> 일방적으로 상대방을 때려서 고소당했습니다. 피해자와 합의하고 싶은데 피해자가 합의해 주지 않네요. 이런 경우에는 어떻게 해야 하나요?

피해자가 합의를 완강히 거부하는 경우에는 가해자가 아무리 반성해도 처분이나 형량을 감면받을 수 없는 문제가 발생합니다. 이런 경우에는 가해자가 지방법원에 공탁금을 공탁함으로써 피해자와의 합의 의사를 검찰이나 법원에 간접적으로나마 전달할 수 있습니다.

공탁은 상대방에게 갚을 목적으로 금전이나 유가증권과 같은 물건을 공탁소(법원)에 맡기는 것을 말합니다. 그 중에서 돈을 받을 사람이 돈 받기를 거절하거나, 돈을 받을 수가 없는 상황인 경우에 하는 것을 '변제공탁'이라고 합니다.

형사사건에서 피해자와 합의가 되지 않을 경우 가해자는 공탁한 후 검찰이나 법원에 공탁서를 제출하면 피해자가 공탁금을 수령했는지의 여부에 관계없이 가해자가 피해자에게 나름의 성의표시를 한 것으로 인정받아 합의한 것만큼의 효과는 아닐지라도 어느 정도 처벌의 강도가 낮아질 수는 있습니다.

★ 형사사건의 피고인이 법령 등에 따라 피해자의 인적사항을 알 수 없는 경우에 그 피해자를 위하여 하는 변제공탁은 해당 형사사건이 계속 중인 법원 소재지의 공탁소에 2022. 12. 9.부터 할 수 있습니다.

[25] 형사사건 가해자가 일방적으로 변제공탁한 경우 대처방법

형사사건의 가해자가 일방적으로 자기가 합의금액을 제시하고는 거절하자 변제공탁하였습니다. 공탁통지서를 받았는데, 그 공탁금을 찾을 경우 합의한 것으로 되는지요? 또 민사소송을 제기하려면 공탁금을 찾지 않아야 하는지요?

형사사건의 가해자는 피해자와 합의가 되지 않으면 일방적으로 일정 금액을 변제공탁하는 것이므로 피해자로서는 충분한 금액이 되지 않을 것입니다. 공탁금액이 불충분하다고 찾지 않아야 할 이유가 없으므로 공탁금을 찾도록 하되, **손해배상의 일부금으로 수령한다는 이의유보의사표시를 하여야 불충분한 손해액에 대하여 민사소송을 제기할 수 있습니다.**

[26] 기소유예

기소유예처분에 대해 알고 싶습니다.

유죄의 판결 가능성이 높지만, 범인의 연령, 성행, 지능과 환경, 범행 동기, 수단과 결과, 범행 후의 정황 등을 고려하여 피의자를 처벌하는 것보다는 교화하는 것이 보다 효과적인 경우에 검사가 공소를 제기하지 않는 처분입니다(형사소송법 제247조). 이를 '기소유예' 처분이라고 합니다. 이는 불기소처분에 해당하는 것으로, 불기소처분은 검사가 사건을 수사한 결과 재판에 회부하지 않는 것이 상당하다고 판단되는 경우에 기소를 하지 않고 사건을 종결하는 것을 말합니다.

한편, 기소유예처분을 받은 경우 수사경력 자료는 5년이 경과하면 삭제 또는 폐기합니다. 그러나 검사가 기소유예처분을 내린 사건이라도 언제든지 다시 공소를 제기할 수 있습니다. 또한 법원이 이에 대하여 유죄판결을 선고하였다고 하여 일사부재리에 반하는 것은 아닙니다.

[27] 선고유예 · 집행유예

선고유예와 집행유예의 차이에 대하여 알고 싶습니다.

법원이 형을 선고하면 국가기관이 선고된 형을 집행하지만, 형의 집행으로 인한 폐해를 방지하고 피고인이 스스로 사회로 복귀할 수 있는 기회를 주기 위해 일정 기간 동안 집행을 유예하거나 선고를 유예하는 제도입니다.

먼저 **선고유예**란 범죄가 비교적 가벼운 경우, 일정 기간 동안 선고를 유예하고 그 유예기간이 지나면 면소된 것으로 간주하는 제도로 1년 이하의 징역이나 금고, 자격정지, 벌금의 형에 해당하는 경우에 피고인의 태도를 참작하여 선고를 유예할 수 있습니다. 단 자격정지 이상의 형을 받은 전과가 있는 자에 대하여는 예외로 합니다(형법 제59조). 또한 선고유예를 받은 자가 유예기간 중 자격정지 이상의 형에 처한 판결이 확정되거나 자격정지 이상의 형에 처한 전과가 발견된 때(동법 제61조제1항), 보호관찰을 명한 선고유예를 받은 자가 보호관찰기간 중에 준수사항을 위반하고 그 정도가 무거운 때에는 유예한 형을 선고할 수 있습니다(동법 제61조제2항, 제59조의2).

집행유예란 3년 이하의 징역이나 금고 또는 500만 원 이하의 벌금의 형을 선고할 경우에 그 정상에 참작할 만한 사유가 있는 때에는 1년 이상 5년 이하의 기간 형의 집행을 유예하고 그 기간이 경과한 때에는 형 선고의 효력을 잃게 하는 제도입니다(형법 제62조제1항). 형의 집행을 유예하는 경우에는 보호관찰을 받을 것을 명하거나 사회봉사 또는 수강을 명할 수 있습니다(동법 제62조의2). 다만 금고 이상의 형을 선고한 판결이 확정된 때부터 그 집행을 종료한 후 또는 집행이 면제된 후로부터 3년까지의 기간에 범한 죄에 대하여 형을 선고하는 경우에는 형의 집행을 유예할 수 없습니다(동법 제62조제1항 단서).

[28] 형의 가중·감경

> 왜 법에 규정된 형벌과 재판에서 내리는 형벌이 다른가요?

같은 범죄라도 경합범, 누범은 형벌이 가중될 수 있고, 자수·작량 감경·법률상 감경 등에 해당하면 형벌이 감경될 수 있습니다.

- **형량을 결정하는 요인** — 법원은 형량을 정할 때 범인의 연령, 성행, 지능과 환경, 피해자와의 관계, 범행의 동기·수단 및 결과, 범행 후의 정황을 고려합니다.
- **형의 가중** — 누범, 상습범, 교사범, 방조범, 경합범 등의 경우에는 법에 정해진 형보다 형이 가중될 수 있습니다.
- **형의 감경** — 가해자가 자수하거나 범죄에 고려할 만한 사유가 있는 경우에는 형이 감경될 수 있습니다.
- **형의 가중 경감 순서** — 형을 가중하거나 경감할 때에는 다음 순서에 따릅니다.
  ① 「형법」 각 조항에 따른 가중 → ② 간접정범, 특수한 교사 또는 특수한 방조에 대한 가중 → ③ 누범 가중 → ④ 법률상 감경 → ⑤ 경합범 가중 → ⑥ 작량 감경

제2장 형벌의 종류

형벌의 종류에 대해 알고 싶습니다.

분 류	생명형	자유형	자격(명예)형	재산형
종 류	사형	징역 · 금고 · 구류	자격정지 · 자격상실	벌금 · 과료 · 몰수

1) 사형

사형은 수형자의 생명을 박탈하는 것을 내용으로 하는 형벌로서 가장 중한 형벌입니다. 그 집행 방법은 교수형이 원칙이나 군인인 경우 총살형에 처할 수도 있습니다.

2) 징역

수형자를 형무소 내에 구금하여 노동에 복무하게 하는 형벌로서, 수형자의 신체적 자유를 박탈하는 것을 내용으로 하는 자유형의 일종입니다. 징역에는 무기와 유기의 2종이 있고, 무기는 종신형을 말하며, 유기는 1개월 이상 30년 이하이고, 유기징역에 형을 가중하는 때에는 최고 50년까지 가능합니다.

3) 금고

수형자를 형무소에 구금하여 자유를 박탈하는 점에서 징역과 같으나, 노동에 복무하지 않는 점에서 징역과 다릅니다. 그러나 금고 수형자에게도 신청에 의하여 작업을 시킬 수 있습니다. 금고에도 무기와 유기가 있으며 그 기간은 징역형과 같습니다. 금고는 주로 과실범 및 정치적 확신범과 같은 비파렴치성 범죄자에게 과하고 있습니다.

4) 구류

금고와 같으나 그 기간이 1일 이상 30일 미만이라는 점이 다릅니다. 구류는 형법에서는 아주 예외적인 경우에만 적용되며, 주로 경범죄처벌법위반죄 등 경범죄에 과하고 있습니다. 형무소에 구금하는 것이 원칙이나 실제로는 경찰서의 유치장에 구금하는 경우가 많습니다.

5) 자격상실

수형자에게 일정한 형의 선고가 있으면 그 형의 효력으로서 당연히 일정한 자격이 상실되는 형벌입니다. 범죄인의 일정한 자격을 박탈하는 의미에서 자격정지형과 더불어 명예형 또는 자격형이라고 합니다. 형법상 자격이 상실되는 경우는 사형, 무기징역 또는 무기금고의 판결을 받은 경우이며, 상실되는 자격은 ① 공무원이 되는 자격, ② 공법상의 선거권과 피선거권, ③ 법률로 요건을 정한 공법상의 업무에 관한 자격, ④ 법인의 이사, 감사 또는 지배인 기타 법인의 업무에 관한 검사역이나 재산관리인이 되는 자격입니다.

6) 자격정지

수형자의 일정한 자격을 일정한 기간 정지시키는 경우로 현행 형법상 범죄의 성질에 따라 선택형 또는 병과형으로 하고 있습니다. 유기징역 또는 유기금고의 판결을 받은 자는 그 형의 집행이 종료하거나 면제될 때까지 자격상실의 내용 중 위 ①, ②, ③의 자격이 당연 정지됩니다. 판결선고에 기하여 다른 형과 선택형으로 되어 있을 때 단독으로 과할 수 있고, 다른 형에 병과할 수 있는 경우 병과형으로 과할 수 있습니다. 자격정지기간은 1년 이상 15년 이하로 하고, 유기징역 또는 유기금고에 자격정지를 병과하였을 경우에는 징역 또는 금고의 집행을 종료하거나 면제된 날로부터 정지기간을 기산하고, 자격정지만을 과할 경우에는 판결이 확정된 날로부터 정지기간을 기산합니다.

7) 벌금

과료 및 몰수와 더불어 재산형의 일종입니다. 벌금액은 5만 원 이상이고, 감경하는 경우에는 5만 원 미만으로 할 수도 있습니다. 벌금은 판결확정일로부터 30일 이내에 납입하여야 하며, 벌금을 납입하지 아니한 사람은 1일 이상 3년 이하의 기간 동안 노역장에 구금하여 작업에 복무하게 하는데 이를 환형유치라고 합니다. 형의 집행은 검찰청 소관 업무이므로 벌금의 분할 납부 등 벌금의 납부와 관련된 사항은 검찰청에 문의해야 합니다.

8) 과료

벌금과 같으나 그 금액이 2천 원 이상 5만 원 미만으로, 판결확정일로부터 30일 이내에 납입하여야 하며, 납입하지 아니한 사람은 1일 이상 30일 미만의 기간 동안 노역장에 구금하여 작업에 복무하게 합니다.

9) 몰수

몰수는 원칙적으로 다른 형에 부가하여 과하는 형벌로서, 범죄행위와 관계있는 일정한 물건을 박탈하는 처분입니다. 몰수에는 필요적 몰수와 임의적 몰수가 있는데 임의적 몰수가 원칙입니다. 몰수할 수 있는 물건은 범인 이외의 자의 소유에 속하지 아니하거나 범죄 후 범인 이외의 자가 정을 알면서 취득한 다음 기재의 물건의 전부 또는 일부입니다.

① 범죄행위에 제공하였거나 제공하려고 한 물건

② 범죄행위로 인하여 생하였거나 이로 인하여 취득한 물건
③ ① 또는 ②의 대가로 취득한 물건

제3장 국민참여재판

국민참여재판이란 일정한 범죄에 있어 재판과정에 일반 국민들이 배심원으로 사건의 심리와 피고인의 유·무죄에 대한 판단에 참여하는 형사재판을 의미합니다(국민참여재판법 제2조제2호).

배심원으로 선정된 국민은 피고인의 유무죄에 관해 평결을 내리고, 유죄 평결이 내려진 피고인에게 선고할 적정한 형벌을 토의하는 등 재판에 참여하는 기회를 갖게 됩니다(동법 제2조제1호)

우리나라에서 2008. 1.부터 시행된 배심원 재판제도로 만 20세 이상의 국민 가운데 무작위로 선정된 배심원들이 형사재판에 참여하여 유죄·무죄 평결을 내리지만 법적인 구속력은 없습니다(국민참여재판법 제16조). 배심원의 평결은 법원을 기속하지 않고 단지 권고적 효력만을 갖습니다.

이 제도가 적용되는 대상은 「법원조직법」 제32조제1항(제2호 및 제5호는 제외한다)에 따른 합의부 관할 사건, 동 사건의 미수죄·교사죄·방조죄·예비죄·음모죄에 해당하는 사건, 이 사건들과 관련된 사건들입니다. 단, 이들 사건의 피고인이 원하지 않거나 배제 결정이 있는 경우 국민참여재판을 하지 않습니다.

※ 국민참여재판에 대한 자세한 사항은 대한민국 법원 전자민원센터 홈페이지 (help.scourt.go.kr) 절차안내 – 형사 – 국민참여재판 안내에서 확인할 수 있습니다.

국민참여재판

제4장 즉결심판(卽決審判)

경미한 범죄사건(20만 원 이하의 벌금·구류 또는 과료에 해당하는 사건)에 대하여 정식 형사소송 절차를 거치지 않고 「즉결심판에 관한 절차법」에 따라 관할경찰서장 또는 관할해양경찰서장이 관할법원에 즉결심판을 청구할 수 있습니다(즉결심판법 제2조 및 제3조).

즉결심판의 청구는 관할 경찰서장이 서면으로 하는데, 이는 검사의 기소독점(起訴獨占)에 대한 예외입니다. 즉결심판은 기일을 지정하여 심판하되 심리는 공개된 장소에서 행하여야 하며, 경찰서 이외의 장소임을 요합니다(동법 제7조제1항). 피고인이 출석하지 않으면 개정할 수 없는 것이 원칙이나, 예외적으로 벌금 또는 과료를 선고하는 경우에는 피고인의 진술을 듣지 않고 형의 선고를 할 수 있습니다(동법 제8조, 제8조의2).

즉결심판에 있어서는 피고인의 자백만으로써 유죄의 인정을 할 수 있고, 또 사법경찰관이 작성한 피의자 신문조서나 피고인의 진술서 등도 유죄의 증거로 할 수 있는 등 증거조사의 특례가 인정됩니다(동법 제10조). 즉결심판에 불복하는 경찰서장과 피고인은 선고나 고지를 받은 날부터 7일 안에 정식재판을 청구할 수 있습니다(동법 제14조). 피고인은 경찰서장에게 정식재판청구서를 제출해야 하고, 서류는 경찰서장 → 즉결심판 선고 판사 → 경찰서장 → 관할 지방검찰청 또는 지청 → 관할법원의 순서로 송부됩니다.

정식재판의 판결이 있을 때에는 즉결심판은 그 효력을 잃습니다. 그러나 정식재판의 청구기간의 경과, 정식재판청구권의 포기, 청구의 취하 또는 기각에 의하여 확정판결과 동일한 효력이 있습니다(동법 제16조). 즉결심판의 형의 집행은 경찰서장이 하고 그 집행결과를 지체 없이 검사에게 보고하여야 합니다(동법 제18조).

벌금은 20만 원 이하이고, 과료는 2천 원 이상 5만 원 미만인데(형법 제47조) 경찰서장에게 납입하며 구류는 1일 이상 30일 미만으로서(형법 제46조) 보통 경찰서 유치장에서 집행하나 검사의 지휘 하에 교도소에서 집행하는 경우도 있습니다.

현재 한국에서 실시하고 있는 즉결심판은 도로교통법 위반과 경범죄처벌법 위반이 대부분입니다. 도로교통법에서는 즉결심판에 회부하기 전의 단계로서 경찰서장이 범칙자로 인정되는 사람에게 서면으로 범칙금을 국고에 납입하도록 통고합니다. 통고를 받은 사람이 통고처분을 이행하지 않을 경우에는 경찰서장은 즉결심판에 회부하여야 합니다. 경찰서장의 통고처분으로 처리될 수 있는 범칙행위는 벌금이나 과료 등 범칙금액에 해당되는 경우에 한합니다.

제5장 약식명령

벌금 3백만 원의 약식명령을 받았는데 정식재판을 청구하면 벌금액이 적어지나요?

약식명령에 불복할 경우 고지받은 날부터 7일 내에 서면으로 정식재판을 청구할 수 있습니다. 그런데 2017. 12. 19.부터 시행된 개정 형사소송법에서 종전의 '불이익변경금지원칙'이 아닌 '형종상향의금지원칙'(법 제457조의2)으로 변경되었으므로 이 점에 주의를 요합니다.

이에 따라 벌금으로 약식명령이 발령된 사건에 대해 피고인이 정식재판을 청구하더라도 2017. 12. 19. 이후부터는 벌금형보다 더 중한 종류의 형인 징역, 금고, 자격상실, 자격정지 등으로 형을 변경하여 선고하지는 못하나, **벌금을 상향하여 선고하는 것이 가능하게 되었습니다.** 다만 벌금을 상향하여 선고하는 경우에는 판결서에 양형 이유를 기재하도록 하였습니다(동법 제457조의2 제2항). **이러한 제도의 개선은 무분별하게 정식재판을 청구하는 관행에 변화를 주기 위함**이었습니다.

약식명령이란 공판절차를 거치지 않고 서면심리(書面審理)만으로 지방법원에서 벌금·과료 또는 몰수형을 과하는 명령입니다. 약식명령의 청구는 검사가 지방법원에 대하여 공소제기와 동시에 서면으로 하여야 하며, 약식명령을 할 수 있는 사건은 지방법원의 관할에 속한 벌금·과료 또는 몰수에 처할 수 있는 사건입니다. 이 경우에 추징(追徵), 기타 부수(附隨)의 처분을 할 수 있습니다(동법 제448조). 약식명령의 청구가 있으면 원칙적으로 서면심사를 하게 되지만, 법원은 필요한 때에 사실조사를 할 수 있습니다(동법 제37조제3항).

약식명령은 정식재판의 청구기간의 경과, 그 청구의 취하 또는 청구를 기각하는 결정이 확정된 때에는 확정판결과 동일한 효력이 있습니다(동법 제457조). 검사 또는 피고인은 약식명령의 고지를 받은 날로부터 7일 이내에 정식재판의 청구를 할 수 있으며, 피고인은 정식재판의 청구권을 포기할 수 없습니다(동법 제453조). 약식명령에는 범죄사실·적용법령·주형(主刑)·부수처분과 7일 이내에 정식재판을 청구할 수 있음을 명시하여야 하고, 검사·피고인에 대한 재판서의 송달로써 고지하여야 합니다.

약식명령의 청구를 받은 법원이 당해 사건을 약식명령으로 처리하는 것이 적절하지 않다는 등의 이유로 스스로 정식재판에 회부하는 경우가 있습니다. **이 경우 법원은 약식명령보다 더 무거운 형종(징역형)을 선택해 피고인을 처벌할 수 있습니다. 이는 피고인이 정식재판을 청구한 경우와 전혀 다른 상황임을 유의해야 합니다.**

제6장 공소시효

> 범죄를 저지르고 공소시효가 지나면 죄가 없어지는 것인가요?

공소시효는 범죄에 대해 검사가 공소를 제기할 수 있는 기간이 지난 경우 해당 범죄에 대해서는 다시 공소를 제기할 수 없도록 공소권을 소멸시키는 제도를 말합니다. 공소시효 기간이 지난 후에는 검사가 공소를 제기할 수 없기 때문에 재판절차가 진행되지 않아 형이 확정될 수 없습니다. 정확히 말하면 공소시효 기간이 지난 경우에는 범죄가 없어지는 것이라기보다는 범죄를 저질렀는지에 대한 수사 및 판단을 하지 않는 것입니다.

◈ 공소시효 기간(형사소송법 제249조)
① 공소시효는 다음 기간의 경과로 완성한다.
  1. 사형에 해당하는 범죄에는 25년
  2. 무기징역 또는 무기금고에 해당하는 범죄에는 15년
  3. 장기 10년 이상의 징역 또는 금고에 해당하는 범죄에는 10년
  4. 장기 10년 미만의 징역 또는 금고에 해당하는 범죄에는 7년
  5. 장기 5년 미만의 징역 또는 금고, 장기10년 이상의 자격정지 또는 벌금에 해당하는 범죄에는 5년
  6. 장기 5년 이상의 자격정지에 해당하는 범죄에는 3년
  7. 장기 5년 미만의 자격정지, 구류, 과료 또는 몰수에 해당하는 범죄에는 1년
② 공소가 제기된 범죄는 판결의 확정이 없이 공소를 제기한 때로부터 25년을 경과하면 공소시효가 완성한 것으로 간주한다.

◈ 두 개 이상의 형과 시효기간
두 개 이상의 형을 병과(倂科)하거나 두 개 이상의 형에서 한 개를 과(科)할 범죄에 대해서는 무거운 형에 의하여 제249조를 적용한다(동법 제250조).

◈ 형의 가중, 감경과 시효기간
「형법」에 의하여 형을 가중 또는 감경한 경우에는 가중 또는 감경하지 아니한 형에 의하여 제249조의 규정을 적용한다(동법 제251조).

◈ 시효의 기산점(동법 제252조)
① 시효는 범죄행위의 종료한 때로부터 진행한다.
② 공범에는 최종행위의 종료한 때로부터 전공범에 대한 시효기간을 기산한다.

◈ 시효의 정지와 효력(동법 제253조)
① 시효는 공소의 제기로 진행이 정지되고 공소기각 또는 관할위반의 재판이 확정된 때로부터 진행한다.
② 공범의 1인에 대한 전항의 시효정지는 다른 공범자에게 대하여 효력이 미치고 당해 사건의 재판이 확정된 때로부터 진행한다.
③ 범인이 형사처분을 면할 목적으로 국외에 있는 경우 그 기간 동안 공소시효는 정지된다.

◆ 공소시효의 적용 배제

사람을 살해한 범죄(종범은 제외)로 사형에 해당하는 범죄에 대하여는 제249조부터 제253조까지에 규정된 공소시효를 적용하지 아니한다(동법 제253조의2).

제7장 상소

상소는 재판이 확정되기 전에 상급법원에 취소·변경을 구하는 불복신청이다.

법관의 판단은 항상 정당하다고만 생각할 수 없으므로, 당사자에게 상급법원의 재판을 받을 기회를 준 것이다. **상소**는 미확정의 재판에 대하여 하는 것이므로, 미확정재판에 대한 것이 아닌 재심(再審)의 소(訴)나 형사소송에서의 비상상고는 상소가 아니다. 또 상급법원에 대한 것이므로 같은 심급(審級) 내에서의 이의(異議)는 상소가 아니다.

상소는 재판의 확정을 방지하는 효력(차단적 효력)과 사건 자체가 상급법원으로 옮겨지는 이심(移審)의 효력을 지닌다. **현행법상 종국판결에 대한 상소로는 항소·상고가 있고, 판결 이외의 재판(결정 및 명령)에 대하여서는 항고·재항고·특별항고가 인정되고 있다.**

1. 항소

제1심에서 유죄판결을 받았습니다. 너무 억울해서 항소를 하고 싶은데, 항소는 어떻게 하나요?

제1심 법원의 판결에 대해서 불만이 있으면, 지방법원 단독판사가 선고한 경우에는 지방법원 본원합의부에 항소할 수 있고, 지방법원 합의부에서 선고한 경우에는 고등법원에 항소할 수 있습니다(형사소송법 제357조). 항소하려는 사람은 제1심판결이 선고된 후 7일 이내(동법 제358조)에 제1심판결을 한 법원에 항소장을 제출해야 합니다(동법 제359조).

항소를 한 사람(변호인)은 법원으로부터 소송기록이 접수됐다는 통지를 받은 날부터 20일 이내에 항소이유서를 항소법원에 제출해야 합니다. 항소이유서를 항소법원으로부터 송달받은 상대방은 송달을 받은 날부터 10일 이내에 항소법원에 답변서를 제출해야 합니다(동법 제361조의3).

제2심(항소심)에서는 제1심보다 무거운 형을 선고할 수 없습니다(불이익변경금지).

◆ **항소할 수 있는 사유 (형사소송법 제361조의5)**
① 판결에 영향을 미친 헌법·법률·명령 또는 규칙의 위반이 있는 경우
② 판결 후 형이 폐지, 변경 또는 사면된 경우

③ 관할 또는 관할위반의 인정이 법률에 위반한 경우
④ 판결법원의 구성이 법률에 위반한 경우
⑤ 법률상 그 재판에 관여하면 안 되는 판사가 그 사건의 심판에 관여한 경우
⑥ 사건의 심리에 관여하지 않은 판사가 그 사건의 판결에 관여한 경우
⑦ 공판의 공개에 관한 규정에 위반한 경우
⑧ 판결에 이유를 붙이지 않거나 이유에 모순이 있는 경우
⑨ 재심청구 사유가 있는 경우
⑩ 사실을 잘못 파악하여 판결에 영향을 미칠 경우
⑪ 형의 양정이 부당하다고 인정할 사유가 있는 경우

관련 사례

[1] 피고인의 상소권 포기 후 변호인이 상소를 제기할 수 있는지

> 저는 교통사고로 구속·기소되어 제1심에서 변호사를 선임하였고 징역 1년을 선고받은 후 성급하게 항소를 포기하였습니다. 이 경우 상소 포기에도 불구하고 변호인이 피고인을 위하여 상소를 할 수 있다고 하는데, 제가 선임한 변호인이 상소를 제기할 수 있는지요?

「형사소송법」제341조는 "① 피고인의 배우자, 직계친족, 형제자매, 또는 원심의 대리인이나 변호인은 피고인을 위하여 상소할 수 있다. ② 전항의 상소는 피고인의 명시한 의사에 반하여 하지 못한다."라고 규정하고 있습니다.

여기에서 '원심의 변호인은 피고인을 위하여 상소할 수 있다'라는 규정에 관하여 판례는 "변호인은 독립한 상소권자가 아니고 다만 피고인의 상소권을 대리행사 할 수 있을 따름이므로 피고인의 상소권이 소멸한 후에는 상소를 제기할 수 없다 할 것인데, 피고인이 원심판결에 대하여 선고일에 상고를 포기하여 다시 상소할 수 없으므로 피고인의 변호인이 그 후에 한 상고는 피고인의 상소권포기로 상소권이 소멸한 후에 제기된 것이어서 부적법하고(대법원 1991. 4. 23. 선고 91도456 판결), 또한 변호인은 피고인의 상소권이 소멸된 후에는 상소를 제기할 수 없는 것이고, 상소를 포기한 자는 형사소송법 제354조에 의하여 그 사건에 대하여 다시 상소를 할 수 없다."라고 하였습니다(대법원 1998. 3. 27. 선고 98도253 판결).

따라서 귀하가 판결선고를 받고 상소권포기를 하였다면 동일사건에 대하여 다시 상소할 수 없다고 할 것이며, 원심변호인도 피고인의 상소권이 포기 등으로 소멸된 후에는 상소를 제기할 수가 없으므로, 위 사안의 경우에도 귀하의 제1심 변호인은 귀하가 상소를 포기한 후에는 상소할 수 없을 것으로 보입니다.

[2] 미성년자가 법정대리인인 부모의 동의 없이 항소를 취하할 수 있는지

> 저의 아들 갑은 만18세의 미성년자로 절도죄로 구속기소되어 징역 단기 10월, 장기 1년형을 선고받아 제가 항소를 제기하였으나 아들 갑이 항소를 취하하였습니다. 이 경우 항소취하의 효력은 어떻게 되는지요?

형사소송법 제350조에 의하면 "법정대리인이 있는 피고인이 상소의 포기 또는 취하를 함에는 법정대리인의 동의를 얻어야 한다. 단 법정대리인의 사망 기타 사유로 인하여 그 동의를 얻을 수 없는 때에는 예외로 한다."라고 하여 법정대리인이 있는 미성년자는 법정대리인의 동의를 얻어 항소를 취하할 수 있음을 규정하고 있습니다. 그러므로 귀하의 아들 갑이 항소의 취하를 함에는 법정대리인인 귀하의 동의를 얻어야 합니다. 따라서 귀하의 아들 갑이 항소를 취하하는 것은 법률적 효력을 낼 수 없어 무효이므로, 귀하가 항소를 제기한 것은 여전히 유효하다 하겠습니다.(대법원 1983.9.13. 83도1774) 참고로 형사소송법 제354조에서는 "상소를 취하한 자 또는 상소의 포기나 취하에 동의한 자는 그 사건에 대하여 다시 상소를 하지 못한다."라고 규정하고 있으므로, 항소를 취하한 자 또는 항소의 취하에 동의한 자는 그 사건에 대하여 다시 항소를 제기할 수는 없는 것입니다.

2. 상고

> 제2심(항소심)에서도 유죄판결을 받았습니다. 너무 억울해서 상고를 하고 싶은데 상고는 어떻게 하나요?

제2심판결에 불만이 있으면 대법원에 상고할 수 있다(형사소송법 제371조). 상고하려는 사람은 제2심(항소심)판결이 선고된 후 7일 이내(동법 제374조)에 2심판결을 한 법원에 상고장을 제출해야 합니다(동법 제375조). 상고를 한 사람(변호인)은 법원으로부터 소송기록이 접수됐다는 통지를 받은 날부터 20일 이내에 상고이유서를 상고법원인 대법원에 제출해야 합니다. 대법원으로부터 상고이유서를 송달받은 상대방은 송달을 받은 날부터 10일 이내에 대법원에 답변서를 제출할 수 있습니다(동법 제379조).

항소심과 마찬가지로 대법원(제3심·상고심)은 제2심(항소심)보다 무거운 형을 선고할 수 없습니다.

◆ **상고할 수 있는 사유 (형사소송법 제383조)**
1. 판결에 영향을 미친 헌법·법률·명령 또는 규칙의 위반이 있는 때
2. 판결 후 형의 폐지나 변경 또는 사면이 있는 때

3. 재심청구의 사유가 있는 때
4. 사형, 무기 또는 10년 이상의 징역이나 금고가 선고된 사건에 있어서 중대한 사실의 오인이 있어 판결에 영향을 미친 때 또는 형의 양정이 심히 부당하다고 인정할 현저한 사유가 있는 때

3. 항고

항고란 판결 외 재판장의 결정, 명령 등에 대해 다시 판단해달라고 요구하는 불복수단으로 여기에는 일반항고와 재항고가 있다. 일반항고는 다시 보통항고와 즉시항고로 나누어진다. 즉시항고는 특히 이를 허용하는 규정이 있는 경우에만 할 수 있는 항고이고, 보통항고는 특별히 즉시항고를 할 수 있다는 뜻의 규정이 없는 경우에 널리 법원이 행한 결정에 대하여 인정되는 항고이다(형사소송법 제402조 본문). 즉시항고는 원칙적으로 집행정지의 효력을 가진다(민사소송법 제447조, 형사소송법 제410조). 다만, 집행정지결정에 대한 즉시항고는 결정 집행을 정지하는 효력은 없다.

항고법원 또는 고등법원의 결정에 대하여는 판결에 영향을 미친 헌법·법률·명령 또는 규칙의 위반이 있음을 이유로 하는 때에 한하여 대법원에 즉시항고를 할 수 있도록 되어 있는데, 이를 재항고라 한다(제415조).

보통항고는 신청의 실익이 있는 한 언제든지 할 수 있으나, 즉시항고(제405조)와 재항고(제415조)는 기간의 제한이 있다. **즉시항고기간**은 형사소송법(제405조)에서는 7일간, 민사소송법(제444조)·비송사건절차법(제23조)에서는 1주일간, 채무자 회생 및 파산에 관한 법률(제13조제2항)에서는 14일간이다.

항고법원은 항고절차가 규정에 위반되었거나 또는 항고가 이유 없을 때에는 결정으로써 항고를 기각하여야 한다. 항고가 이유 있을 때에는 결정으로 원결정을 취소하고, 필요할 때에는 다시 재판을 하여야 한다. 그밖에 엄격한 의미에서 항고라고는 할 수 없으나 이에 유사한 불복신청으로서 준항고제도(제416조)가 있다.

1) 즉시항고

즉시항고는 소송법상 일정한 불변기간(不變期間) 내에 제기하여야 한다. 보통항고에 대립되는 것이며, 재판의 성질상 신속히 확정지어야 할 결정에 대하여 개별적으로 인정되는 불복신청방법이다. 즉시항고는 원칙적으로 집행정지의 효력을 가진다(민사소송법 447조, 형사소송법 410조).

즉시항고기간은 형사소송법(405조)에서는 7일간, 민사소송법(444조)·비송사건절차법(23조)에서는 1주일간, 채무자 회생 및 파산에 관한 법률(13조 2항)에서는 14일간이다.

2) 즉시항고 결정이 날 때까지 제3채무자(은행)는 추심을 할 수 없나요

이 경우 즉시항고는 집행정지효력이 없습니다. 따라서 채권자는 추심할 수 있습니다. 위에서 즉시항고는 집행정지효력이 있다고 되어 있고, 아래는 결정 집행을 정지하는 효력이 없다고 적었는데, 즉시항고가 집행 정지효력을 가지는 판결은 어떤 것이 있는지 예를 들어 보겠습니다.

1심에서 내려진 집행유예 취소 인용 결정에 대하여 즉시항고를 제기하여 즉시항고가 인용되면 1심 결정을 파기하고 검찰의 집행유예취소 청구를 기각하게 되며, 이 경우 결정이 내려진 당일에 석방됩니다. 그리고 이러한 즉시항고 인용 결정에 대하여 검찰에서 재항고하면 대법원의 3심이 남아있게 되는데, 불구속 상태에서 받게 되고, 검찰이 재항고하지 않으면 집행유예취소 기각결정이 확정되어 무사히 넘어가게 됩니다.

3) 보석취소 결정에 불복해 항고해도 1·2심 모두 집행정지 효력 인정 안 된다

법원의 보석취소결정에 불복해 제기하는 항고는 1심이든 2심이든 집행정지 효력이 인정되지 않는다는 대법원의 첫 결정이 나왔다. '즉시항고'가 집행정지 효력이 있다는 점을 이용해 항소심 보석취소결정에 불복하는 등의 사례를 차단한 것이다(대법원 2020. 10. 29. 2020모633).

'특정범죄 가중처벌 등에 관한 법률'상 뇌물 등의 혐의로 기소된 이명박 전 대통령은 2018년 1심에서 징역 15년을 선고받고 구속·수감됐다. 이후 항소심 재판 중 보석을 청구했고, 서울고등법원 형사1부는 2020. 3. 이 전 대통령의 보석을 조건부로 허가했다. 당시 재판부는 보석 조건으로 보증금 10억 원과 주거·접견·통신 제한 등 조건을 달았다. 그리고 1년여 뒤 심리 끝에 이 전 대통령에게 징역 17년을 선고하면서 보석취소 결정을 내렸다. 이에 반발한 이 전 대통령 측은 대법원에 항소심 재판부의 보석취소 결정에 대해 재항고했다.

항고는 법원 판결이 아닌 결정·명령에 불복하는 것으로, 일정한 기간 내에서만 제기할 수 있는 '즉시항고'와 기간에 구애받지 않고 언제든 제기할 수 있는 '보통항고'로 나뉜다. 1심 법원의 보석취소 결정에 대해서는 보통항고만 가능해 원칙적으로 집행정지의 효력이 없다. 그런데 형사소송법 제415조에 따르면 고등법원의 보석취소결정에 대한 재항고는 '즉시항고'에 해당된다고 볼 수 있으므로 집행정지 효력을 가진다고 볼 수도 있다. 항소심 재판부는 고심 끝에 "항소심 보석취소 결정에 대한 재항고가 있는 때 집행정지 효력이 있는지 견해가 대립되므로, 보석취소 결정에 대한 대법원 재항고 결정 때까지 이 전 대통령의 구속집행을 정지한다."며 이 전 대통령을 석방했다.

대법원은 2020. 3. 재항고 사건을 접수하고 7개월여 간의 검토 끝에 이 전 대통령의 재항고를 기각했다. 재판부는 "고등법원이 한 보석취소 결정에 대해서는 집행정지 효력을 인정할 수 없다"면서 "고등법원이 보석취소결정을 고지하면서 재항고 관련 사항을 고지해야 한다고 볼 수 없다"고 판단했다. 이는 항소심의 보석취소결정에 재항고와 관련한 집행정지의 효력이 있는지 여부에 대해 대법원이 최초로 판시한 것이다.

이어 "1심의 보석취소결정에 대해 불복이 있으면 보통항고를 할 수 있고, 보통항고에는 재판의 집행을 정지하는 효력이 없는데, 이는 결정과 동시에 집행력을 인정함으로써 석방되었던 피고인의 신병을 신속히 확보하려는 것"이라며 "보석결정이 1심에서 이뤄지는지 2심에서 이뤄지는지 여부에 따라 취지가 달라진다고 볼 수 없다"고 설명했다. 또 "보통항고의 경우에도 법원의 결정으로 집행정지가 가능한 점을 고려하면 집행정지의 효력이 즉시항고의 본질적인 속성에서 비롯된 것이라고 볼 수도 없다"고 했다. 그러면서 "만약 고등법원의 결정에 대한 재항고에 일률적으로 집행정지의 효력을 인정하면 보석허가, 구속집행정지 등 1심 법원이 결정했다면 신속한 집행이 이뤄질 사안에서 고등법원이 결정했다는 이유만으로 피고인을 신속히 석방하지 못하게 되는 등 부당한 결과가 발생하게 된다."고 판시했다.

4. 재심

재심은 다음 각 호의 어느 하나에 해당하는 이유가 있는 경우에 유죄의 확정판결에 대하여 그 선고를 받은 자의 이익을 위하여 청구할 수 있습니다.

◆ 재심 이유(형사소송법 제420조)

1. 원판결의 증거가 된 서류 또는 증거물이 확정판결에 의하여 위조되거나 변조된 것임이 증명된 때
2. 원판결의 증거가 된 증언, 감정, 통역 또는 번역이 확정판결에 의하여 허위임이 증명된 때
3. 무고(誣告)로 인하여 유죄를 선고받은 경우에 그 무고의 죄가 확정판결에 의하여 증명된 때
4. 원판결의 증거가 된 재판이 확정재판에 의하여 변경된 때
5. 유죄를 선고받은 자에 대하여 무죄 또는 면소를, 형의 선고를 받은 자에 대하여 형의 면제 또는 원판결이 인정한 죄보다 가벼운 죄를 인정할 명백한 증거가 새로 발견된 때
6. 저작권, 특허권, 실용신안권, 디자인권 또는 상표권을 침해한 죄로 유죄의 선고를 받은 사건에 관하여 그 권리에 대한 무효의 심결 또는 무효의 판결이 확정된 때
7. 원판결, 전심판결 또는 그 판결의 기초가 된 조사에 관여한 법관, 공소의 제기 또는 그 공소의 기초가 된 수사에 관여한 검사나 사법경찰관이 그 직무에 관한 죄를 지은 것이 확정판결에 의하여 증명된 때. 다만, 원판결의 선고 전에 법관, 검사 또는 사법경찰관에 대하여 공소가 제기되었을 경우에는 원판결의 법원이 그 사유를 알지 못한 때로 한정한다.

제8장 국선변호인

> 형사재판을 받아야 되는데 변호사를 선임할 돈이 없습니다. 무료로 선임할 수 있는 방법은 없나요?

피의자 또는 피고인이 변호인을 필요로 하는 형사절차를 진행해야 하는데도 변호인이 없는 경우에는 법원이 직접 국선변호인을 선정합니다. 피고인이 경제적 사유 또는 그 밖의 사유로 변호인을 선임할 수 없는 경우 피고인은 국선변호인을 선정해 줄 것을 법원에 청구할 수 있습니다.

개정 장애인복지법이 시행됨에 따라 2021. 6. 30.부터 장애인학대사건 피해장애인에게도 무료로 국선변호사가 지원되고 있습니다. 기존에는 성폭력·아동학대범죄 피해자에게만 국가가 국선변호사를 무료로 지원했습니다.

◆ 다음 각 호의 어느 하나에 해당하는 경우에 변호인이 없는 때에는 법원은 직권으로 변호인을 선정하여야 한다(형사소송법 제33조제1항).
  1. 피고인이 구속된 때
  2. 피고인이 미성년자인 때
  3. 피고인이 70세 이상인 때
  4. 피고인이 듣거나 말하는 데 모두 장애가 있는 사람인 때
  5. 피고인이 심신장애가 있는 것으로 의심되는 때
  6. 피고인이 사형, 무기 또는 단기 3년 이상의 징역이나 금고에 해당하는 사건으로 기소된 때

체포·구속적부심사를 청구하는 등 변호인이 없으면 법원은 직접 국선변호인을 선정합니다.

◆ 법원은 피고인이 빈곤이나 그 밖의 사유로 변호인을 선임할 수 없는 경우에 피고인이 청구하면 변호인을 선정하여야 한다(동법 제33조제2항).

◆ 법원은 피고인의 나이·지능 및 교육 정도 등을 참작하여 권리보호를 위하여 필요하다고 인정하면 피고인의 명시적 의사에 반하지 아니하는 범위에서 변호인을 선정하여야 한다(동법 제33조제3항).

제9장 형의 집행을 중지하는 집행면제

1. 사면

사면은 선고의 효력 또는 공소권 상실, 형 집행을 면제시키는 국가원수의 권한을 말한다. 좁은 의미로는 국가원수의 특권으로서 형의 선고의 효과의 전부 또는 일부를 소멸시키거나, 형의 선고를 받지 않은 자에 대하여 공소권을 소멸시키는 일을 말하고 넓은 의미로는 좁은 의미의 사면을 포함해서 이미 확정된 형을 감형하거나 형의 언도로 법정자격이 상실 또는 정지된 자를 복권시키는 것까지 모두 포함한다(헌법 제79조).

사면에는 일반사면과 특별사면의 두 종류가 있다. 일반사면이라 함은 범죄의 종류를 지정하여 이에 해당하는 모든 범죄인에 대해서 형의 선고의 효과를 전부 소멸시키거나 또는 형의 선고를 받지 아니한 자에 대한 공소권을 소멸시키는 것이다. 이와 달리 특별사면은 이미 형의 선고를 받은 특정인에 대하여 원칙적으로 형의 집행만을 면제하여 주는 것을 말한다.

일반사면을 하려면 국무회의의 심의를 거쳐 국회의 동의를 얻어야 하고 그 형식은 대통령령으로 하여야 한다(헌법 제79조제2항). 다만, 일반사면은 1995. 12. 2. 일반에 대한 감형은 1952. 8. 15. 일반에 대한 복권은 1980. 2. 29.에 마지막으로 이루어진 것이고 그 이후론 행해진 바 없다. 국회의 동의를 요 하므로 지금처럼 이해관계가 복잡한 사회에서는 사실상 그 의미를 상실했다고 볼 수 있다.

특별사면은 특정의 범죄인에 대하여 형의 집행을 면제하거나 유죄선고의 효력을 상실시키는 대통령의 조치로 '특사'라고도 한다. 형의 선고를 받은 자에 대하여 법무부장관의 상신으로 국무회의의 심의를 거쳐 대통령이 행한다(사면법 제3조제2호·제9조·제10조, 헌법 제79조·제89조제9호). 특별사면은 형의 집행을 면제하는 것이 원칙이나, 특별한 사정이 있을 때에는 이후 형의 선고의 효력을 상실시킬 수 있다(사면법 제5조제1항제2호). 특별사면의 효과는 소급하지 않으므로 형의 선고에 의한 기성(旣成)의 효과는 변경되지 않는다(사면법 제5조제2항). 특별사면은 정변(政變)이 생겼을 때 정치범을 구제하기 위하여 옛날부터 행하여져 왔고, 나라에 경사가 있을 때 기쁨을 나누기 위하여 행하는 일도 있었다. 그러나 후자에 대하여는 형사정책적 견지에서 비난이 많다.

우리나라에서 특별사면은 주로 생계형 범죄나 혹은 도로교통법 사범에 대한 것이 많다. 다만 면허정지나 면허취소 등은 그렇다고 쳐도 벌금형은 이걸 굳이 형사벌로 다루어서 사면의 형식으로 해결해야 하는가에 대해서는 논란이 많다. 아무리 사면하는 대상자의 수가 많더라도, 범죄의 종류를 지정한 것이 아니라 사면 대상자의 목록을 만든 것이라면 특별사면이 된다. 일반사면과 달리 특별사면은 국회의 동의를 받을 것을 요하지 않기 때문에 법 현실상 특별사면을 하는 사례가 압도적으로 더 많다. 흔히 알고 있는 광복절특사, 성탄특사 등의 정치범이나 양심수에 대한 '특사'가 바로 특별사면이다.

2. 가석방

가석방이란 징역 또는 금고형을 받고 수형 중에 있는 사람이 무기징역의 경우 20년, 유기징역은 형기의 3분의 1 이상이 경과한 후 개선 가능성이 높게 인정되는 경우에 형기가 끝나기 전 조건부로 석방하는 것으로(형법 제72조제1항), 가석방의 처분을 받은 후 그 처분이 실효 또는 취소되지 아니하고 가석방 기간을 경과한 때에는 형의 집행을 종료한 것으로 본다(형법 제76조제1항).

가석방 기간 중 고의로 지은 죄로 금고 이상의 형을 선고받아 그 판결이 확정된 경우에 가석방 처분은 효력을 잃게 되며(다만 과실범의 경우는 예외)(형법 제74조), 감시에 관한 규칙을 위배하거나, 보호관찰의 준수사항을 위반하고 그 정도가 무거운 때에는 가석방처분을 취소할 수 있다(제75조). **이와 같이 실효, 취소된 경우에는 가석방 중의 일수는 형기에 산입하지 아니한다(형법 제76조제2항).**

제10장 전과와 형의 실효

1. 전과와 형의 실효

> 집행유예 2년을 선고받은 적이 있습니다. 집행유예 기간이 지난 후 취직하려 하는데 이 사실이 신원조회를 하면 나타나나요?

자격정지 이상의 형(刑)을 선고받게 되면 지방검찰청 및 지청과 보통검찰부에서는 그 형을 선고받은 수형인에 대한 수형인명표를 작성하여 수형인의 등록기준지 시·구·읍·면사무소에 송부하게 됩니다(형의실효등에관한법률 제4조제1항).

그런데 지방검찰청 및 지청과 보통검찰부에서는 형의 집행유예기간이 경과한 때에는 수형인명표를 송부한 관서에 그 사실을 통지하여야 하고(동법 제4조제2항제2호), 동법 제8조에 의하면 형이 실효되거나 집행유예기간 또는 자격정지기간이 경과한 때, 일반사면이나 복권이 있는 때에는 수형인명표는 폐기하고 수형인명부는 해당란을 삭제하게 됩니다.

따라서 위 사안에서 귀하의 위 범죄에 대한 집행유예기간 2년이 경과되었다면 귀하가 집행유예를 선고받은 사실이 기록되어 있는 수형인명표도 폐기되었을 것으로 보이고(동법 제8조제1항제2호), 그렇다면 시·구·읍·면에서 행하는 신원조회회보에도 나타나지 않을 것으로 보입니다.

> 절도죄로 징역 1년을 선고받았는데 8개월 때 가석방되었습니다. 전과 때문에 제대로 된 직업을 갖지 못하고 일용직으로 전전하다 겨우 취직할 기회를 갖게 되었는데, 제가 복역한 사실을 지울 수 없나요?

한 번의 잘못으로 형을 받았다 하더라도 그 후 일정 기간 동안 죄를 저지르지 않으면 전과를 말소할 수 있는 방법이 법에 규정되어 있습니다. 형법 제81조에는 "징역 또는 금고의 집행을 종료하거나 집행이 면제된 자가 피해자의 손해를 보상하고 자격정지 이상의 형을 받음이 없이 7년을 경과한 때에는 본인 또는 검사의 신청에 의하여 그 재판의 실효를 선고할 수 있다."고 규정되어 있습니다.

귀하의 경우에는 **귀하가 석방된 날로부터 잔여 형기를 합한 시점(형의 집행을 종료한 때)을 기준으로 하여 7년이 경과한 때에는 그 형사기록을 보존중인 검찰청에 대응하는 법원에 그 형의 실효를 선고해 줄 것을 신청할 수 있습니다**(형사소송법 제337조). 또한 이와 같은 신청이 없다고 하더라도 징역 또는 금고형을 받은 사람이 자격정지 이상의 형을 받음이 없이 형의 집행을 종료한 날로부터 10년이 경과하면 자동적으로 형이 실효되고(형의실효등에관한법률 제7조제1항제1호), 수형인명표(자격정지 이상의 형을 받은 수형인을 기재한 명표로서 수행인의 등록기준지 시·구·읍·면사무소에서 관리하는 것)를 폐기하고 수형인 명부(자격정지 이상의 형을 받은 수형인을 기재한 명부로서 검찰청 및 군사법원 검찰부에서 관리하는 것)에 그 사실을 부기(附記)합니다.

2. 명예회복

무죄재판을 받아 확정된 사건의 피고인은 무죄재판이 확정된 때부터 3년 이내에 확정된 무죄재판사건의 재판서를 법무부 인터넷 홈페이지에 게재하도록 해당 사건을 기소한 검사가 소속된 지방검찰청(지청 포함)에 청구할 수 있습니다(형사보상 및 명예회복에 관한 법률 제30조).

제11장　형사사건으로 피해를 입었을 때 – 권익보호제도

1. 피해자보호제도

> 폭력을 당해 신고를 했는데 보복을 당할까 봐 두렵습니다. 경찰에 도움을 요청하고 싶은데 어떤 도움을 받을 수 있나요?

　경찰에 집 주변이나 직장의 주기적 순찰이나 동행을 요청할 수 있습니다.

- **신변안전 조치**

경찰은 피해자의 신변이 위험하다고 염려되는 경우 다음과 같은 신변안전 조치를 취합니다.

① 피해자 보호시설 등 특정시설에서의 보호
② 신변경호 및 수사기관 또는 법원 출석·귀가 시 동행
③ 임시숙소 제공
④ 주거지 순찰강화, 폐쇄회로 텔레비전의 설치 등 주거에 대한 보호
⑤ 그 밖에 비상연락망 구축 등 신변안전에 필요하다고 인정되는 조치

- **경찰서 동행 시 피의자(가해자)와 분리**

경찰이나 검찰은 피해자를 조사할 때 가해자와 분리하여 조사하고, 상황을 고려하여 피해자가 불안해하지 않도록 조사에 적합한 장소를 이용합니다.

- **조사 시 신뢰관계자와 동석**

조사 시 피해자가 불안을 느낄 우려가 있는 경우에는 피해자와 신뢰관계가 있는 사람을 함께 있도록 할 수 있습니다.

- **정보 제공**

경찰이나 검찰은 사건처리과정에서 피해자의 피해 회복을 위해 형사절차, 피해자의 권리에 관한 사항 및 피해자 지원제도 등에 관한 정보를 제공합니다.

- **사건처리상황 통지**

수사기관은 사건처리상황을 피해자에게 통지합니다.

2. 배상명령(賠償命令)제도 – 형사재판 절차에서의 손해배상

> 범죄행위로 발생한 손해의 배상은 민사소송뿐만 아니라 형사소송에서도 청구가 가능하다는데 사실인가요?

배상명령제도는 범죄행위로 발생한 손해의 배상은 민사소송뿐만 아니라 형사소송에서도 청구가 가능한 제도로, 이 제도는 형사사건의 피해자가 범인의 형사재판 과정에서 간단한 방법으로 민사적인 손해배상명령까지 받아낼 수 있는 제도입니다. 절도나 상해를 당한 경우에 그 범인이 절도죄나 상해죄로 형사처벌을 받는다고 하더라도 피해자가 피해보상을 받으려면 따로 민사소송절차를 밟아야 하는 것이 원칙이지만 피해자에게 신속 간편하게 보상을 받도록 해주기 위해서 마련한 제도로서, 배상명령을 신청할 수 있는 요건에 해당하는 사건에 직접적인 피해자 또는 그 상속인이 신청할 수 있습니다.

그 범위는 범죄행위로 인하여 발생한 직접적인 물적(物的) 피해, 치료비 손해 및 위자료의 배상을 청구할 수 있습니다(소송촉진등의관한특례법 제25조). 범인이 피고인으로 재판받고 있는 법원에 2심의 변론이 종결되기 전까지 배상명령 신청서를 제출하면 됩니다(법 제26조 제1항). 다만 그 형사재판에 증인으로 출석하여 증언할 때에는 구두로도 신청할 수 있습니다(법 제26조제5항). 그리고 배상명령을 신청할 때에는 별도의 인지를 붙일 필요가 없고(법 제35조), 배상명령이 기재된 유죄판결문은 민사판결문과 동일한 효력이 있어 강제집행도 할 수 있습니다(법 제34조).

신청인은 신청이 이유 없다고 각하되거나 일단 배상명령이 있으면 배상명령을 다시 신청할 수 없고, 또 인용된 금액 범위 내에서는 민사소송을 제기할 수도 없습니다(법 제34조). 피고인은 배상명령에 불만이 있으면 유죄판결에 대하여 상소를 할 수 있습니다.

다만 피해자는 해당 범죄행위로 발생한 피해에 대해 다른 절차에 따른 손해배상청구소송이 진행 중인 때에는 형사법원에 배상명령신청을 할 수 없습니다.

3. 범죄피해자구조제도 – 범죄로 인해 피해를 입었을 때

> 범죄로 인해 피해를 입은 사람이나 그 유족에게 국가가 일정 한도의 구조금을 주는 제도가 있다는데 사실인지요?

범죄로 인해 피해를 입은 사람이나 그 유족에게 국가가 일정 한도의 구조금을 주는 것을 범죄피해자구조제도라고 합니다.

범죄피해자구조청구권은 피해자 자신에게 귀책사유가 없는 타인의 범죄행위로 말미암아 사망하거나 중장해를 당하고서도 가해자를 알 수 없거나 가해자에게 아무런 자력이 없는 관계로 피해의 전부 또는 일부를 보상받지 못하고, 그 생계유지가 곤란한 사정이 있는 때에는 국가에서 피해자 또는 유족에게 일정한 한도의 구조금을 지급하는 제도입니다.

범죄척결에 국민이 안심하고 협조할 수 있도록 범죄수사 또는 형사재판 절차에 있어서 고소, 고발이나 증언을 하였다는 이유로 보복범죄를 당한 경우에는 구조요건을 일반범죄의 피해구조요건보다 완화하여 가해자의 불명 또는 무자력, 피해자의 생계곤란 여부와 관계없이 범죄피해 구조금을 지급할 수 있도록 되어 있습니다(범죄피해자보호법 제16조). 범죄피해구조금으로는 유족구조금·장해구조금 및 중상해구조금이 있으며 일시금으로 지급하도록 규정하고 있습니다(법 제17조).

구조금을 받으려는 사람은 법무부령으로 정하는 바에 따라 그 주소지, 거주지 또는 범죄 발생지를 관할하는 지구심의회에 신청하여야 합니다. 구조금 신청은 해당 구조대상 범죄피해의 발생을 안 날부터 3년이 지나거나 해당 구조대상 범죄피해가 발생한 날부터 10년이 지나면 할 수 없습니다(법 제25조). 지구심의회는 구조금의 지급신청을 받으면 신속하게 구조금을 지급하거나 지급하지 아니한다는 결정을 하여야 하고(법 제26조), 피해자의 장해 정도가 명확하지 않거나 그 이외의 사유로 인하여 신속하게 구조 결정을 할 수 없는 때에는 지구심의회는 신청 또는 직권으로 '긴급구조금'을 지급하는 결정을 할 수 있습니다(법 제28조).

구조금을 받을 권리는 그 구조결정이 해당 신청인에게 송달된 날부터 2년간 행사하지 아니하면 시효로 인하여 소멸되며(법 제31조), 구조금을 받을 권리는 양도하거나 담보로 제공하거나 압류할 수 없습니다(법 제32조).

4. 특정범죄신고자 등 구조제도 – 특정범죄신고자 보호제도

"특정범죄"에 관한 형사절차에서 국민이 안심하고 자발적으로 협조할 수 있도록 함과 동시에 범죄신고자를 실질적으로 보호함으로써 범죄로부터 사회를 방위하고자 「특정범죄신고자 등 보호법」을 제정, 시행하고 있습니다(특정범죄신고자등보호법 제1조).

특정범죄신고자 구조제도는 범죄 신고로 인해 보복을 당할 우려가 있는 범죄신고자 또는 친족 등에게 국가가 보좌인을 지정하고, 경찰서장 등으로 하여금 신변안전조치를 취하게 하고, 구조비 지급 등을 통해 범죄신고자 등을 실질적으로 보호하려는 제도입니다.

특정범죄신고자 등 보호법에서 말하는 특정범죄는 살인·약취와 유인·강간, 강제추행, 강도, 「범죄 단체의 구성 등에 관한 죄」 중 특정 강력범죄에 해당하는 범죄, 마약류 수출입·제조·매매, 매매의 알선 등 마약류 불법 거래에 해당하는 범죄, 폭력 행위 또는 절도를 목적으로 하는 단체의 구성·가입 또는 그 단체 활동과 관련하여 행한 범죄, 국제형사재판소 관할 범죄 중 집단살해죄, 인도에 반하는 죄, 전쟁 범죄, 지휘관 등의 직무태만죄, 사법방해죄, 살인·상해·폭행·감금 등에 관한 형사사건 관련 보복범죄(법 제2조)입니다.

특정범죄에 관한 신고 등으로 인해 생명 또는 신체에 대한 위험이나 재산 등에 대한 피해를 입거나 입을 우려가 있다고 인정할 만한 충분한 이유가 있는 범죄신고자 또는 그와 밀접**한 관계에 있는 친족과 동거인 등이 구조를 신청할 수 있습니다**(법 제3조).

특정범죄신고자구조제도의 구조방법은 보좌관 지정, 신변안전조치, 구조금 지급으로 나뉘게 됩니다. 먼저 **보좌관 지정**은 당해 형사 사건의 수사·재판 과정에 동행하거나 조언하는 등 필요한 도움을 줄 수 있는 사람으로 범죄신고자 등의 법정대리인, 친족, 법률구조 등 상담시설의 장이나 직원 등이 보좌관이 될 수 있으며, 이를 위해서는 범죄신고자 또는 친족이 관할 경찰서, 검찰청, 법원 등에 보좌인 지정을 신청하거나, 사법경찰관, 검사 또는 법원의 직권으로 지정할 수 있습니다(법 제6조).

신변안전조치는 일정 기간 동안 특정 시설에 보호하거나, 신변을 경호하거나, 참고인 또는 증인으로 출석, 귀가 시 동행하는 등 범죄신고자의 신변 안전을 위해 필요한 조치를 말하며(법 제13조, 제13조의2), 그 절차는 보좌관 지정 절차와 동일합니다.

구조금 지급은 범죄신고자 또는 친족 등이 보복을 당할 우려가 있어 이로 인해 중대한 경제적 손실 또는 정신적 고통을 받았거나, 이사 및 전직 등으로 비용을 지출하였거나 지출할 필요가 있는 때에 국가가 지급할 수 있는 금원을 지급하는 것을 말한다(법 제14조). 이를 신청하려면 범죄신고자 또는 친족 등이 범죄신고를 한 지역을 관할하는 지방 검찰청의 범죄신고자 등 구조 심의회에 신청하면 받을 수 있습니다(법 시행령 제10조).

이 법에 규정된 경우를 제외하고는 누구든지 이 법에 따라 보호되고 있는 범죄신고자 등이라는 정황을 알면서 그 인적 사항 또는 범죄신고자 등임을 미루어 알 수 있는 사실을 다른 사람에게 알려주거나 공개 또는 보도하여서는 아니 됩니다(법 제8조). 이를 위반한 자는 3년 이하의 징역 또는 3천만 원 이하의 벌금에 처합니다(법 제17조).

5. 형사보상제도(형사보상법) – 억울하게 구속되어 재판을 받았을 때

> 누명을 쓰고 구속을 당했다가 재판에서 무죄판결을 받았습니다. 너무나 억울한데 보상받을 방법은 없나요?

사법 당국의 잘못으로 죄인의 누명을 쓰고 구속됐거나 감옥을 간 사람이 나중에 무죄판결을 받은 경우 국가에서 그 손해를 보상하도록 하고 있습니다. 이는 형사 절차에서 억울하게 죄인의 누명을 쓰고 구금되거나 형의 집행을 받은 사람에 대하여 국가가 그 피해를 보상해 주는 제도로, 이는 국가배상청구권과 함께 청구권적 기본권의 하나입니다.

형사보상청구권은 형사 피의자 또는 형사 피고인으로 구금되었던 자가 기소유예 이외의 불기소처분이나 무죄판결을 받은 경우에 국가에 대해 그가 받은 정신적·물질적 손실에 대한 정당한 보상을 청구할 수 있는 권리이다. 불기소처분이나 무죄 외에도 면소 또는 공소기각의 재판을 받은 이도 청구 가능합니다. 이는 형사재판절차에서 억울하게 구금 또는 형의 집행을 받은 사람에 대하여 공무원의 고의·과실 유무와 상관없이 국가가 그로 인하여 입은 손해에 대한 정당한 보상을 해주는 공법상의 손해배상입니다(형사보상및명예회복에관한법률 제2조).

보상을 청구할 수 있는 자가 그 청구를 하지 아니하고 사망하였을 때에는 그 상속인이 이를 청구할 수 있습니다(법 제3조제1항). 사망한 자에 대하여 재심 또는 비상상고의 절차에서 무죄재판이 있었을 때에는 보상의 청구에 관하여는 사망한 때에 무죄재판이 있었던 것으로 봅니다(법 제3조제2항).

형사보상을 청구하려는 자는 무죄재판이 확정된 사실을 안 날부터 3년, 무죄재판이 확정된 때부터 5년 이내에 해야 합니다(법 제8조). 보상청구는 무죄재판을 한 법원에 하며(법 제7조), 보상청구에 대한 재판은 법원합의부에서 합니다. 형사보상의 요건은 무죄판결이 확정되거나 무죄판결을 받기까지 미결 구금을 당했거나 형의 집행을 받았을 것을 필요로 합니다. 법원은 보상금액을 정할 때 구금의 종류, 구금기간의 장단, 재산상 손실 및 얻을 수 있었던 이익, 정신적·신체적 손상 등을 고려해 보상금액을 결정해야 합니다. 그러나 형사미성년자 또는 심신상실을 이유로 무죄판결을 받은 경우 등은 보상을 하지 않거나 금액에 대해 일부 감액할 수 있습니다.

한편 형사보상의 청구 시 국가배상법 또는 민법상의 손해배상청구와 경합하는 경우가 있습니다. 이 경우 어느 사유에 의하여 배상을 청구하는가는 피해자의 자유입니다(법 제6조제1항). 보상청구권은 양도하거나 압류할 수 없으며, 보상금 지급청구권도 마찬가지입니다(법 제23조).

보상금 지급을 청구하려는 자는 보상을 결정한 법원에 대응하는 검찰청에 법원의 보상결정서를 첨부하여 보상금 지급청구서를 제출하여야 합니다. 보상결정이 송달된 후 2년 이내에 보상금 지급청구를 하지 아니할 때에는 권리를 상실하고, 보상금을 받을 수 있는 자가 여러 명인 경우에는 그중 1명이 한 보상금 지급청구는 보상결정을 받은 모두를 위하여 그 전부에 대하여 보상금 지급청구를 한 것으로 봅니다(법 제21조).

보상금 지급청구서를 제출받은 검찰청은 3개월 이내에 보상금을 지급하여야 하고, 그 기한까지 보상금을 지급하지 아니한 경우에는 그 다음 날부터 지급하는 날까지의 지연 일수에 대하여 민법 제379조의 법정이율에 따른 지연이자를 지급하여야 합니다(법 제21조의2). 구금에 대한 보상을 할 때에는 그 구금일수에 따라 1일당 보상청구의 원인이 발생한 연도의 「최저임금법」에 따른 일급 최저임금액의 5배로 합니다(법 제5조, 법 시행령 제2조).

제12장 교통

제1절 교통사고의 법률대책

1. 교통사고 관계자가 유의할 사항

 교통사고란 항공기, 선박, 자동차 등 모든 교통수단에 의하여 발생하는 사고를 말하는 것이지만, 여기서는 주로 도로상에서 발생하는 자동차 사고에 관하여 설명하기로 한다.

☞ **도로의 개념 (도로교통법 제2조제1항)**

"도로"란 다음 각 목에 해당하는 곳을 말한다.

가. 「도로법」에 따른 도로
나. 「유료도로법」에 따른 유료도로
다. 「농어촌도로 정비법」에 따른 농어촌도로
라. 그 밖에 현실적으로 불특정 다수의 사람 또는 차마(車馬)가 통행할 수 있도록 공개된 장소로서 안전하고 원활한 교통을 확보할 필요가 있는 장소

☞ **차(車)의 개념 (도로교통법 제2조제17호 가목)**

"차"란 다음의 어느 하나에 해당하는 것을 말한다.

1) 자동차
2) 건설기계
3) 원동기장치자전거
4) 자전거
5) 사람 또는 가축의 힘이나 그 밖의 동력(動力)으로 도로에서 운전되는 것. 다만, 철길이나 가설(架設)된 선을 이용하여 운전되는 것, 유모차, 보행보조용 의자차, 노약자용 보행기 등 행정안전부령으로 정하는 기구·장치는 제외한다.

1) 구호의무

 교통사고가 나면 사고차량의 운전자나 승무원은 자기에게 과실이 있건 없건 즉시 차를 세우고 사상자를 구호하는데 필요한 조치를 취하여야 한다. 구호조치를 취하지 아니하면 설사 수사 결과 교통사고 자체에 과실이 없다고 판단되더라도 처벌을 받게 된다. 뿐만 아니라 현장에서 도주해 버리면 수사상 과실이 많은 것으로 불리한 취급을 받게 되고, 일단 도주차량의 혐의가 인정되면 일반교통사고와 달리 징역 1년 이상부터 사형까지 엄중한 법의 심판을

받게 된다.

2) 신고의무 – 고속도로 3시간, 기타지역 12시간 내 신고

교통사고가 발생하면 인적 피해건 물적 피해건 간에 전술한 구호조치가 끝난 다음 즉시 차의 운전자 등은 경찰공무원이 현장에 있을 경우에는 그 경찰공무원에게, 경찰공무원이 현장에 없을 때에는 가장 가까운 경찰관서(지구대, 파출소 및 출장소 포함)에 지체 없이 신고해야 한다(도로교통법 제54조제2항 본문). 설사 피해자가 신고하지 않기를 원한다고 하더라도 신고의무를 위반하면 처벌받게 된다. 다만, 차만 손괴된 것이 분명하고 도로에서의 위험방지와 원활한 소통을 위해 필요한 조치를 한 경우에는 신고하지 않아도 된다(동법 제54조제2항 단서).

2. 교통사고처리특례법 해설

교통사고는 피해가 중하기 때문에 가해자로 하여금 피해자에게 충분하고 신속한 피해보상을 강제할 목적으로 엄벌되는 경향이 있었다. 또 일부 나쁜 피해자는 가해자의 과실이 매우 적고 자신의 피해가 대단치 아니함에도 불구하고 부당한 보상을 받아내고자 가해자의 형사처벌을 탄원하는 좋지 못한 현상도 있었다. 따라서 피해자에게 신속하고 적정한 보상책을 강구하면서 과실범인 교통사고사범의 형사처벌을 완화하고자 이 법이 제정된 것이다.

피해자와 합의하면 원칙적으로 처벌하지 않는다(교통사고처리특례법 제3조제2항 본문). 그러나 1심판결 선고 전까지 합의되지 않으면 처벌받는다. 따라서 가해자는 신속한 합의를 위하여 더욱 노력하여야 한다. **종합보험이나 공제조합에 가입하면 보험회사나 공제조합에서 피해자가 입은 손해를 전액 보상하므로 합의된 경우와 마찬가지로 취급된다**(동법 제4조).

그러나 사고자의 잘못이 매우 크다고 보여지는 다음의 경우는 합의되었다고 하더라도 **형사처벌을 면하지 못한다**(동법 제3조제2항 단서).

① 피해자가 사망한 경우
② 구호조치를 취하지 않고 도주한 경우(이른바 뺑소니의 경우)
③ 신호나 통행의 금지 또는 일시정지를 내용으로 하는 안전표지의 지시를 위반한 경우
④ 중앙선을 침범한 경우
⑤ 제한시속을 20km이상 초과한 경우(속도위반)
⑥ 앞지르기의 방법 또는 끼어들기 금지에 위반한 경우
⑦ 철길 건널목 통과방법을 위반한 경우
⑧ 횡단보도에서 보행자 보호의무를 위반한 경우
⑨ 운전면허가 없이 운전한 경우(무면허운전)

⑩ 주취 또는 과로, 금지약물을 복용한 상태에서 운전한 경우(음주운전 등)
⑪ 면허 건설기계 조종사고의 경우
⑫ 인도돌진 및 통행방법 위반으로 보행자를 다치게 한 경우(보도 침범)
⑬ 개문 발차로 타고 내리던 승객을 다치게 한 경우
⑭ 스쿨존 위반
⑮ 화물고정 위반

3. 자동차보험제도

1) 책임보험(의무보험/강제보험)

우리나라는 **자동차 책임보험을 의무적으로 가입**하도록 하고 있다(자동차손해배상보장법 제5조제1항). 교통사고로 인한 피해자의 부상 및 사망에 대한 손해를 배상하기 위함이다.

교통사고는 한 번 발생하면 피해 규모가 매우 클 수 있으므로, 교통사고 피해자로서는 만약 가해차량 운전자가 자동차보험에 가입되어 있지 않다면 그 손해를 배상받기 어려울 수 있으므로 법에 따라 운전자는 반드시 의무보험에 가입해야 하고, 가입하지 않은 자동차는 운행하여서는 안 된다(동법 제8조 본문).

자동차 **책임보험에 가입하지 않으면 300만 원 이하의 과태료가 부과**되며(동법 제48조제3항제1호), 이를 **위반하여 운행한 경우 1년 이하의 징역 또는 1천만 원 이하의 벌금**에 처해진다(동법 제46조제3항제1호 및 제2호). 따라서 자동차 보험회사 등은 운전자가 가입하여야 하는 자동차보험계약 종료일 이전에 그 계약이 끝난다는 사실을 통지하여 다시 자동차보험에 가입하도록 하고 있다.

자동차 책임보험의 한도는 대인배상은 사망 시 1인당 1억5천만 원, 부상 시에는 3천만 원이며, 대물보상은 사고 1건당 2천만 원이다(동법 시행령 제3조 및 별표 1 참조). 하지만 자동차사고는 한 번 발생하면 그 피해 규모가 매우 클 수 있으며, 그 경우 책임보험의 한도를 초과하게 된다. 따라서 교통사고로 인한 피해자의 인적, 물적 손해액이 클 경우, 책임보험만 가입한 운전자는 책임보험 한도 이상의 손해에 대하여는 스스로 부담해야 한다.

교통사고 피해자는 위 금액의 범위 내에서 직접 보험회사에 대하여 손해배상금액의 지급을 청구할 수 있는데, 장례비 등 시급하게 소요되는 비용에 대하여는 보험회사에 가불금지급 청구서, 사고증명서, 진단서 등 필요한 서류를 구비하여 신청하면 지체 없이 가불금을 지급받을 수 있다. 피해자는 위 기재금액 범위 안에서 보상받을 수 있을 뿐이므로 실제의 손해금액이 그보다 많은 경우에는 그 초과액을 가해자 측에 대하여 청구할 수 있다.

자동차 보유자는 자동차 의무보험에 반드시 가입하고 운행하여야 한다.

> 의무보험에 가입되어 있지 아니한 자동차를 도로에서 운행하다가 경찰청 무인단속기 또는 경찰 등에 의해 적발된 보유자는 어떤 처벌을 받나요?

의무보험에 가입되어 있지 아니한 자동차를 운행한 자동차 보유자는 1년 이하의 징역 또는 1천만 원 이하의 벌금에 처해진다(자동차손해배상보장법 제46조제3항제2호). 단, 무보험 차량 운행 범죄가 1건일 경우 범칙금으로 대체 가능하다.

※ 무보험 운행 범칙금 부과(자동차손해배상보장법 제50조, 제51조. 동법시행령 제37조제1항)

범칙행위	범칙금		
	승용자동차	승합자동차	화물·특수자동차 건설기계
비사업용자동차를 무보험 운행한 경우	40만 원	50만 원	50만 원
사업용자동차를 무보험 운행한 경우	100만 원	200만 원	100만 원
이륜자동차를 무보험 운행한 경우	10만 원		

2) 종합보험(임의보험)

교통사고로 인한 손해가 위 책임보험만으로는 보상될 수가 없는 경우가 많으므로 이러한 때를 대비하여 임의로 종합보험을 들어두면 좋다. 종합보험에 들면 거의 모든 손해를 보험회사가 배상해 주기 때문이다.

종합보험에 든 경우라도 약관에는 보험회사가 보험금의 지급을 거부할 수 있는 면책조항이 있는데 그중 대표적인 것이 무면허운전이다. 이 경우에는 보험의 혜택을 받을 수 없다. 그리고 임의보험은 약관의 일반조항에 의하여 보험회사의 사전 승인 없이 지급한 손해배상의 전부 또는 일부는 승인하지 않는다는 규정이 있는 경우도 있으므로 합의할 때는 보험회사와 상의하여 행하는 것이 좋다. 또 피해자가 보험회사에서 사정한 금액 이상을 청구할 경우가 있는데 이때에는 보험회사와 상의하여 피해자측이 소송을 제기함을 기다려 법원의 공정한 판결에 따를 수밖에 없을 것이다. 그리고 이 경우 변호사의 조력을 받는 것이 좋은데 변호사비용도 보험회사가 부담하는 것이므로 보험회사와 상의하는 것이 좋다.

위에서 설명한 대로 책임보험의 경우는 배상이 일정금액한도에 그쳐 충분치 못하고, 종합보험은 배상의 폭이 넓고, 또 종합보험 보통약관에 따라 피해자가 직접 보험회사에 대하여 보험금 지급을 청구할 수 있으므로 <u>자동차를 소유하고 있는 사람은 모두 종합보험에 가입하는 것이 안전</u>하다.

4. 교통사고와 관련된 법률상식

1) 미군용 차량에 치인 경우

미군용 차량의 운전사인 미군의 과실로 인하여 사고가 발생하였다면 우리나라와 미국 간에 체결된 행정협정에 따라 우리나라 정부에서 피해보상을 해준다. 따라서 피해자는 전국 각 지방검찰청 단위로 설치되어 있는 각 지구배상심의회에 배상신청을 하면 피해를 배상받을 수 있다. 그런데 배상심의회에서 결정된 금액이 충분하다고 생각되지 않으면 피해자는 법원에 소송을 제기하여 판결을 받을 수 있다.

2) 우리나라 군용차에 치인 경우

이 경우에는 편의에 따라 사고지 또는 주소지를 관할하는 군부대 지구배상심의회에 신청하면 된다. 배상절차는 국가배상제도의 설명과 같다.

3) 차량관리소홀 책임

예컨대 차량 소유자가 자동차 열쇠를 허술하게 보관하여 다른 사람이 무단 운전하다가 사고를 일으켰을 경우에 차주는 이에 대한 손해배상책임을 져야 한다는 판결이 있다. 그러나 이것은 차주가 사고에 대한 형사책임까지 진다는 것은 아니다.

4) 자동차 명의이전을 하기 전의 사고에 대한 책임

> 자동차를 팔았으나 자동차등록원부의 등록명의는 그대로 가지고 있는 동안 사고가 났을 경우 손해배상책임은 어떻게 되는가?

매도인이 계약금만 받고 중도금과 잔금을 받기 전에 자동차를 인수해 간 매수인이 사고를 낸 경우에는 매도인도 배상책임을 진다. 그러나 매도인이 잔금을 받은 후 명의이전 서류까지 모두 건네주었으나 단지 매수인이 이전등록을 하지 않은 채 자동차를 운행한 경우에는 매도인은 배상책임을 지지 않는다. 요컨대 자동차의 운행을 누가 지배하고 있느냐, 운행의 이익을 누가 보고 있느냐가 책임의 소재를 결정하는 중요한 조건이라고 하겠다.

5) 차주 등의 손해배상책임

교통사고가 났을 때 가해 운전자가 손해배상 책임을 지는 것은 당연한데, 차량의 소유자도 배상책임을 지는지를 묻는 사람이 많다. 당연히 차주 등은 운전자가 타인에게 입힌 손해를 배상할 책임을 진다. 운전자가 형사처벌을 받았다고 하더라도 손해배상책임이 없어지는 것은 아니다. 물론 차주 등이 운전자의 과실이나 자기의 과실 없이 일어난 사고이며 운전자 외의 제3자에게 고의나 과실이 있고 자동차의 구조상 결함이나 기능의 장해가 없었다는 것을 증명하면 차주 등은 손해배상책임을 지지 않겠지만, 보통 이와 같은 것을 증명하는 것은 어려운 일이므로 차주 등은 거의 책임을 지게 된다고 볼 수 있다.

6) 육교 밑 등 피해자 과실에 의해 일어난 사고

육교가 있는 곳에서 운전자로서는 사람들이 육교로 다닐 것을 믿고 운전한다고 보아야 하므로 육교 밑을 무단 횡단하다가 일어난 사고는 원칙적으로 피해자의 잘못이라고 하여야 할 것이다. 이것은 고속도로 또는 자동차전용도로상으로는 사람이 건너지 않을 것을 믿고 운전하는 것이 보통이므로 고속도로 또는 자동차 전용도로를 무단 횡단하는 사람이 다친 사고는 운전자의 책임을 묻지 않는 것과 같은 이야기이다.

7) 위자료

위자료란 피해자 등이 교통사고로 인하여 입은 정신적 손해액을 말하는데 이는 성질상 주관적 사정, 피해자와 가해자의 자력(資力), 사회적 지위에 따라 동일하지 않으므로 결국 법원에서 최종적으로 결정할 수밖에 없다고 할 것이다. 피해자가 사망한 때에는 피해자의 상속인에게 위자료 청구권이 상속되며, 사망으로 인하여 정신적 고통을 받은 배우자나 형제자매 등 특별관계가 있는 자에게는 그 고유의 위자료 청구권이 있다.

8) 과실상계

사고 발생에 있어서나 또는 피해의 정도에 있어서 피해자에게도 잘못이 있는 경우에 피해자가 피해의 전부를 배상받도록 하는 것은 공평하지 못하므로 피해자의 잘못의 정도만큼 배상액을 감하는 것을 과실상계라고 한다. 피해자에게 과실이 있다는 것에 대하여는 가해자 측에서 증거를 대야 하지만 결국 얼마의 비율로 피해자의 잘못을 인정할 것인가는 법원이 정하게 될 것이다.

9) 배상금 합의 요령

가해자와 피해자가 소송을 하기 전에 서로 원만히 합의를 하면 양측에 서로 유리한 점이 있다. 즉 피해자는 소송비용이 들지 않고 신속히 배상을 받게 되고, 가해자도 형사사건에 있어 유리한 조건이 되고, 또 소송에 이르게 되면 합의금보다 고액의 배상금을 물게 될 위험이 있다. 따라서 당사자는 다음과 같은 점에 유의하여 서로 웃는 낯으로 합의를 하는 것이 좋겠다. 가해자는 피해자에게 사과를 하고 문병을 하는 등의 성의를 보여야 한다. 서로 이성을 가지고 대화를 나누어 감정대립을 피해야 한다. 보통 피해자의 경우는 흥분하기 쉬우므로 이 점을 가해자는 이해하여야 할 것이다. 특히 사망한 사고의 경우에는 유족의 감정을 부드럽게 할 필요가 있다.

피해자에게 발생한 손해의 정도, 범위, 과실 정도 등에 대하여 굳이 변호사가 아니라도 법률에 밝은 사람과 상의하여 정확한 자료를 서로 간에 준비하여야 한다. 그래야만 서로 간에 합리적인 선에서 합의가 이루어질 수가 있는 것이다. 합의를 보는 경우에 간혹 브로커가 개입하는 수가 있는데 상대방이 과연 정당한 자격을 가지고 있는지를 확인하여야 한다. 적절한 기회를 놓치지 말아야 한다. 계속 대화와 타협을 하면 서로 양보할 수 있는 선이 나타날 것이므로 그 기회를 잘 포착하여야 한다.

그리고 합의하는 경우에는 반드시 합의서를 작성하여야 함은 당연한 일이다. 합의서를 작성함에 있어서는 우선 합의의 대상이 되는 사고 자체를 명확히 표시하여야 하고, 합의의 당사자 및 합의조건을 분명히 하여야 한다. 특히 합의서에 "일체의 민·형사상 이의를 제기하지 않겠다."라는 문구를 넣을 때는 보다 신중해야 하고, 만일의 경우를 대비해서 "후유증 발생 시는 이를 가해자 측이 책임지고 치료해 줌은 물론 그로 인한 손해도 모두 배상해 준다."라는 단서를 넣어두면 안전하다.

관련 사례

[1] 면허정지 기간 중에 운전

> 면허정지 기간 중에 운전하는 것도 무면허운전에 해당하나요? 무면허운전을 하게 되면 어떤 처벌을 받게 되나요?

차량과 오토바이를 운전하기 위해서는 운전면허가 있어야만 합니다. 단순히 운전면허를 취득하지 못한 사람뿐만 아니라 운전면허의 효력이 정지된 사람도 운전을 금지하고 있습니다(도로교통법 제43조). 이를 위반하여 자동차를 운전한 경우 1년 이하의 징역이나 3백만 원 이하의 벌금에 처해질 수 있습니다(동법 제152조제1호).

◇ **무면허운전의 범위**
① 운전면허를 받지 않고 운전하는 경우
② 운전면허가 없는 사람이 군 운전면허를 가지고 군용 차량이 아닌 차량을 운전하는 경우
③ 운전면허증의 종별에 따라 운전할 수 있는 차량이 아닌 차량을 운전하는 경우
④ 운전면허취소처분을 받은 사람이 운전하는 경우

⑤ 운전면허 효력 정지기간 중에 운전하는 경우
⑥ 운전면허시험에 합격한 후 면허증을 발급받기 전에 운전하는 경우
⑦ 연습면허를 받지 않고 운전연습을 하는 경우
⑧ 국제운전면허의 유효기간인 1년이 이미 지난 운전면허를 가지고 운전하는 경우
⑨ 국제운전면허를 인정하지 않는 국가에서 국제운전면허를 가지고 운전하는 경우

[2] 무면허운전 금지

> 2종 보통면허(자동)를 가지고 있는데 2종 수동차량을 운전하면 무면허에 해당되나요? 만약 무면허운전일 경우 어떤 처벌을 받게 되나요?

무면허운전은 아닙니다. 다만, 운전면허 조건을 위반하여 운전한 사람은 6개월 이하의 징역이나 2백만 원 이하의 벌금 또는 구류에 처해집니다(도로교통법 제153조제1항제7호 및 제80조제3항 또는 제4항).

[3] 안전띠 착용

> 저는 택배배송업무를 하고 있습니다. 배송업무 시 빈번하게 승·하차를 해야 하는데요. 이런 경우에도 매번 안전띠를 꼭 착용해야 하나요?

자동차(이륜자동차 제외)의 운전자는 자동차를 운전할 때 좌석 안전띠를 매야 하며, 동승자에게도 좌석 안전띠(유아인 경우에는 유아보호용 장구를 장착한 후의 좌석 안전띠를 말함)를 매도록 해야 합니다. 다만, 우편물의 집배, 폐기물의 수집, 그 밖에 빈번히 승강하는 것을 필요로 하는 업무에 종사하는 자가 해당 업무를 위하여 자동차를 운전하거나 승차하는 경우에는 안전띠 착용에 대한 예외가 인정됩니다.

예외에 해당하지 않는데 안전띠를 착용하지 않은 경우 다음과 같이 범칙금 또는 과태료가 부과될 수 있습니다.
- 좌석 안전띠 미착용 범칙금: 승합자동차, 승용자동차 등 3만 원
- 안전띠 미 착용시 과태료(동승자에게 좌석 안전띠를 매도록 하지 않은 운전자에게 부과)
  동승자가 13세 미만인 경우: 6만 원
  동승자가 13세 이상인 경우: 3만 원
  (도로교통법 제50조제1항, 도로교통법 시행령 별표 8)

◇ **안전띠 착용에 대한 예외 사유**(도로교통법 시행규칙 제31조)
① 부상·질병·장애 또는 임신 등으로 인하여 좌석 안전띠의 착용이 적당하지 아니하다고 인정되는 자가 자동차를 운전하거나 승차하는 때
② 자동차를 후진시키기 위하여 운전하는 때
③ 신장·비만, 그 밖의 신체의 상태에 의하여 좌석 안전띠의 착용이 적당하지 아니하다고 인정되는 자가 자동차를 운전하거나 승차하는 때
④ 긴급자동차가 그 본래의 용도로 운행되고 있는 때
⑤ 경호 등을 위한 경찰용 자동차에 의하여 호위되거나 유도되고 있는 자동차를 운전하거나 승차하는 때
⑥ 「국민투표법」 및 공직선거관계법령에 의하여 국민투표운동·선거운동 및 국민투표·선거관리업무에 사용되는 자동차를 운전하거나 승차하는 때
⑦ 우편물의 집배, 폐기물의 수집 그 밖에 빈번히 승강하는 것을 필요로 하는 업무에 종사하는 자가 해당 업무를 위하여 자동차를 운전하거나 승차하는 때
⑧ 「여객자동차운수사업법」에 의한 여객자동차운송사업용 자동차의 운전자가 승객의 주취·약물복용 등으로 좌석 안전띠를 매도록 할 수 없는 때

◇ **좌석 안전띠 및 카시트 착용 의무**(자동차및자동차부품의성능과기준에관한규칙 제27조제1항, 제27조의2)
① 자동차(이륜자동차 제외)의 운전자는 자동차를 운전할 때 좌석 안전띠를 매야 하며, 그 옆 좌석의 동승자에게도 좌석 안전띠[유아(6세 미만인 사람)인 경우에는 유아보호용 장구를 장착한 후의 좌석안전띠를 말함]를 매도록 해야 한다.
② 자동차의 운전자는 그 옆 좌석 외의 좌석의 동승자에게도 좌석 안전띠를 매도록 주의를 환기해야 하며, 승용자동차의 운전자는 유아가 운전자 옆 좌석 외의 좌석에 승차하는 경우에는 좌석 안전띠를 매도록 해야 한다.
③ 고속도로 및 자동차 전용도로를 「자동차 및 자동차부품의 성능과 기준에 관한 규칙」 제27조제1항에 따라 좌석 안전띠가 설치되어 있는 자동차로 운행하는 운전자는 모든 동승자에게 좌석 안전띠를 매도록 해야 한다.

[4] 음주운전 금지

음주운전을 하다가 교통사고로 사람을 다치게 했어요. 어떤 처벌을 받게 되나요?

운전자는 술에 취한 상태(혈중 알코올 농도 0.03% 이상) 및 과로, 질병 또는 약물의 영향과

그 밖의 사유로 인해 정상적으로 운전할 수 없는 우려가 있는 상태에서는 자동차를 운전해서는 안 됩니다. 이를 위반하여 운전한 사람은 다음과 같이 처벌됩니다(도로교통법 제148조의2제3항).

혈중 알코올 농도	처벌
0.2% 이상	2년 이상 5년 이하의 징역 또는 1천만 원 이상 2천만 원 이하의 벌금
0.08% 이상 0.2% 미만	1년 이상 2년 이하의 징역 또는 5백만 원 이상 1천만 원 이하의 벌금
0.03% 이상 0.08% 미만	1년 이하의 징역 또는 5백만 원 이하의 벌금

또한 술에 취한 상태에서 자동차 등을 운전하여 사람을 다치게 한 때에는 운전면허가 취소됩니다. 운전면허가 취소되거나 정지되는 경우는 다음과 같습니다.

운전면허 취소	– 술에 취한 상태(혈중 알코올 농도 0.03% 이상)을 넘어서 운전하다가 　교통사고로 **사람을 죽게 하거나 다치게 한 때** – 술에 만취한 상태(혈중 알코올 농도 0.08% 이상)에서 운전 – **음주 측정에 불응**한 사람이 다시 술에 취한 상태에서 운전
운전면허 정지	– 술에 취한 기준(혈중 알코올 농도 0.03% 이상 0.08% 미만)을 넘어서 　운전한 때에는 1년 이내 범위 내에서 면허가 정지되고, 벌점 100점 부과

술에 취해 정상적인 운전이 곤란한 상태에서 운전하여 사람을 다치게 하거나 사망에 이르게 한 사람이 사고발생 시 조치의무를 위반하여 집행유예를 포함한 벌금 이상의 형의 선고를 받게 되면, 운전면허가 취소된 날로부터 5년 동안 운전면허를 받을 수 없습니다. 다만, 벌금 미만의 형이 확정되거나 선고유예의 판결이 확정된 경우 또는 기소유예나 「소년법」 제32조에 따른 보호처분의 결정이 있는 경우에는 위 기간 내라도 운전면허를 받을 수 있습니다.

[5] 아파트 단지 내 음주운전도 면허취소 가능

> 술을 마시고 아파트 단지 안에서 차량을 이동시키고자 20m 가량 주행하다 경찰의 음주단속에 걸렸고 측정 결과 혈중 알코올농도 수치가 0.095%가 나와서 면허취소 처분(혈중 알코올농도 0.08% 이상)을 받았습니다. 아파트 단지 안에 있는 도로는 입주민이나 그와 관련된 용건이 있는 사람만 사용하는 공간이므로 도로교통법상 도로에 해당하지 않아, 경찰의 면허취소 처분은 위법한 것 아닌가요?

위법하지 않습니다. 누구나 자유롭게 통행이 가능한 도로라면 아파트 단지 내 도로에서의 음주운전에 대해 면허취소 처분을 내릴 수 있다는 법원의 판결이 나왔습니다.

대법원 판례에 따르면 특정인만이 사용할 수 있고 자주적으로 관리되는 장소는 도로교통법상 도로에 포함되지 않습니다. 이렇게 도로교통법상 도로가 아닌 곳에서는 음주운전에 대해 형사처벌은 가능하지만 이를 이유로 운전면허를 취소하거나 정지하는 행정처분은 할 수 없다는 것이 법원의 입장입니다. 그러나 제주지방법원 제1행정부는 "해당 아파트 단지 내 도로가 외부도로와 직접 연결되어 있고 아파트 단지 내를 관통하며, 도로 중앙에는 황색실선, 갓길에는 흰색실선이 그어져 있어 도로교통법상 도로에 해당한다."고 보았고, "아파트 정문에는 차량 차단기가 설치되어 있지만 관리사무소 직원이 '외부차량을 통제하지 않는다.'라고 진술한 점 등을 고려하면 해당 도로는 불특정의 사람이나 차량의 통행을 위해 공개된 장소"라며 "교통경찰권이 미치는 공공성이 있는 곳"이라고 설명하며 음주운전자가 제주특별자치도 경찰청장을 상대로 제기한 자동차 운전면허 취소처분 취소소송에서 그 청구를 기각하였습니다(제주지방법원 제1행정부 2022-12-01 판결).

[6] 자동차 관리 준수사항

> 교통안전을 위해 자동차에 부착이 금지되는 사항은 어떤 것들이 있나요?

교통안전에 지장을 줄 정도의 선팅을 해서는 안 됩니다. 자동차의 앞면 창유리 및 운전석 좌우 옆면 창유리의 가시광선(可視光線) 투과율이 안전 기준보다 낮아서 교통안전 등에 지장을 줄 수 있는 자동차를 운전하면 안 되며, 이를 위반한 경우 2만 원의 과태료가 부과됩니다. 가시광선 투과율의 안전 기준은 앞면 창유리는 70% 미만, 운전석 좌우 옆면 창유리는 40% 미만입니다.

또한 교통단속용 장비의 기능을 방해하는 장치, 경찰관서에서 사용하는 무전기와 동일한 주파수의 무전기, 긴급자동차가 아닌 자동차에 부착된 경광등, 사이렌 또는 비상등과 같은 장치를 자동차에 부착하면 안 됩니다. 이를 위반하여 교통단속용 장비의 기능을 방해하는 장치를 한 차를 운전한 사람은 6개월 이하의 징역이나 2백만 원 이하의 벌금 또는 구류에 처해집니다(도로교통법 제153조제1항제4호).

[7] 자동차 승차정원

> 12명의 가족이 한 대의 차량으로 이동하려 합니다. 11인승 승합자동차에 12명의 가족이 함께 탑승하면 안 되나요?

탑승할 수 있습니다. 모든 차의 운전자는 승차정원의 11할 이내(다만 고속도로에서는 승차정원을 넘어서 운행할 수 없음)의 안전기준을 넘어서 승차시키거나 적재한 상태로 운전해서는 안 됩니다. 11인승 승합자동차의 경우 고속도로 이외의 도로를 주행 시 1명까지는 초과하여 탑승 가능합니다.

[8] 진로 양보

> 자동차 운전 시 긴급자동차가 접근해 오면 진로양보는 어떻게 해야 하나요? 그리고 앞지르기가 금지되는 경우는 어떤 경우인가요?

모든 차의 운전자는 교차로나 그 부근에서 긴급자동차가 접근하는 경우에는 차마와 노면전차의 운전자는 교차로를 피하여 일시 정지해야 하고, 그 외의 곳에서 긴급자동차가 접근한 경우에는 긴급자동차가 우선 통행할 수 있도록 진로를 양보해야 합니다(도로교통법 제20조).

그리고 앞차가 다른 차를 앞지르고 있는 경우와 법규 명령에 따라 정지하거나 서행하고 있는 자동차를 앞지르기해서는 안 되며, 교차로, 터널 안 그리고 다리 위와 같은 곳에서도 앞지르기를 해서는 안 됩니다(도로교통법 제21~23조). 이를 위반할 경우 다음과 같이 범칙금 및 벌점이 부과됩니다.

위반행	범칙금	벌점
긴급자동차 진로양보의무 위반	승합차 등: 7만 원 승용차 등: 6만 원 이륜차 등: 4만 원 자전거 등: 3만 원	-
앞지르기 방법위반	승합차 등: 7만 원 승용차 등: 6만 원 이륜차 등: 4만 원 자전거 등: 3만 원	10
앞지르기 금지시기·장소위반	승합차 등: 7만 원 승용차 등: 6만 원 이륜차 등: 4만 원 자전거 등: 3만 원	15
앞지르기 방해금지 위반	승합차 등: 5만 원 승용차 등: 4만 원 이륜차 등: 3만 원 자전거 등: 2만 원	-

◇ 진로 양보 (도로교통법 제20조)

① 모든 차(긴급자동차는 제외)의 운전자는 뒤에서 따라오는 차보다 느린 속도로 가려는 경우에는 도로의 우측 가장자리로 피하여 진로를 양보해야 한다.
② 긴급자동차는 긴급하고 부득이한 경우에는 도로의 중앙이나 좌측 부분을 통행할 수 있다. 모든 차의 운전자는 교차로나 그 부근에서 긴급자동차가 접근하는 경우 차마와 노면전차의 운전자는 교차로를 피하여 일시 정지해야 하고, 그 외의 곳에서 긴급자동차가 접근한 경우에는 긴급자동차가 우선 통행할 수 있도록 진로를 양보해야 한다.
③ 좁은 도로에서 긴급자동차 외의 자동차가 서로 마주보고 진행할 때에는 다음의 구분에

따른 자동차가 도로의 우측 가장자리로 피하여 진로를 양보해야 한다.
- 비탈진 좁은 도로에서 자동차가 서로 마주보고 진행하는 경우: 올라가는 자동차
- 비탈진 좁은 도로 외의 좁은 도로에서 사람을 태웠거나 물건을 실은 자동차와 동승자가 없고 물건을 싣지 않은 자동차가 서로 마주보고 진행하는 경우: 동승자가 없고 물건을 싣지 않은 자동차

◇ 앞지르기 금지 (도로교통법 제21~23조)
- 앞차의 좌측에 다른 차가 앞차와 나란히 가고 있는 경우
- 앞차가 다른 차를 앞지르고 있거나 앞지르려고 하는 경우
- 「도로교통법」이나 「도로교통법」에 따른 명령에 따라 정지하거나 서행하고 있는 차
- 경찰공무원의 지시에 따라 정지하거나 서행하고 있는 차
- 위험을 방지하기 위하여 정지하거나 서행하고 있는 차
- 교차로
- 터널 안
- 다리 위
- 도로의 구부러진 곳, 비탈길의 고갯마루 부근 또는 가파른 비탈길의 내리막 등 지방경찰청장이 도로에서의 위험을 방지하고 교통의 안전과 원활한 소통을 확보하기 위하여 필요하다고 인정하는 곳으로서 안전표지로 지정한 곳

[9] 고속도로 운전 주의사항

고속도로 갈림길에서 착오로 다른 길로 진입한 경우 갓길을 통해 후진으로 경로를 수정해도 될까요?

자동차의 운전자는 그 차를 운전하여 고속도로 등을 횡단하거나 유턴 또는 후진하면 안 됩니다. 다만, 긴급자동차 또는 도로의 보수·유지 등의 작업을 하는 자동차 가운데 고속도로 등에서의 위험을 방지·제거하거나 교통사고에 대한 응급조치작업을 위한 자동차로서 그 목적을 위하여 반드시 필요한 경우는 예외적으로 가능합니다(도로교통법 제60조). 이를 위반한 경우 아래와 같이 범칙금 및 벌점이 부과됩니다.

위반행위	범칙금	벌점
고속도로·자동차전용도로 갓길통행 위반	승합차 등: 7만 원 승용차 등: 6만 원	30

[10] 범칙금 납부

주차 위반으로 범칙금납부통고서를 받았습니다. 납부기한 이내에 납부하지 않으면 어떻게 되나요?

범칙행위를 하면 범칙금 납부통고서를 받습니다. ① 성명이나 주소가 확실하지 않은 사람,

② 달아날 우려가 있는 사람, ③ 범칙금 납부통고서 받기를 거부한 사람은 바로 즉결심판을 받습니다.

범칙금납부통고서를 받은 사람은 10일 이내(천재지변이나 그 밖의 부득이한 사유로 범칙금을 낼 수 없는 경우에는 그 사유가 없어진 날로부터 5일 이내)에 범칙금을 내야 합니다. 범칙금을 낸 사람은 범칙행위에 대해 다시 처벌받지 않습니다.

납부기간 이내에 범칙금을 납부하지 않은 사람은 납부기간이 끝나는 날의 다음 날부터 20일 이내에 통고받은 범칙금의 1.2배를 납부해야 하고, 통고처분을 받고도 납부기간에 범칙금을 납부하지 않으면 즉결심판이 청구됩니다. 다만, 즉결심판의 선고 전까지 범칙금의 1.5배를 납부하면 즉결심판 청구가 취소됩니다.

[11] 도주차량 운전자 가중처벌

> 교통사고가 발생했는데 사고차량 운전자가 피해자를 구호하지 않고 도주해 버렸습니다. 이런 도주차량 운전자는 어떤 처벌을 받게 되나요?

교통사고가 발생한 경우에는 그 차의 운전자나 그 밖의 승무원은 즉시 정차하여 사상자를 구호하는 등 필요한 조치를 해야 합니다. 교통사고 발생 시의 조치를 하지 않은 사람(주·정차된 차만 손괴한 것이 분명한 경우에 「도로교통법」 제54조제1항제2호에 따라 피해자에게 인적사항을 제공하지 않은 사람은 제외)은 5년 이하의 징역이나 1천5백만 원 이하의 벌금에 처해질 수 있습니다(동법 제148조). 만일 피해자가 부상 또는 사망한 경우에는 보다 가중된 처벌을 받게 됩니다. 교통사고 발생 시의 조치 또는 신고 행위를 방해한 사람은 6개월 이하의 징역이나 2백만 원 이하의 벌금 또는 구류에 처해질 수 있습니다(동법 제153조제1항제5호).

우리 법원은 '피해자를 구호하는 등 「도로교통법」 제154조제1항의 규정에 의한 조치를 취하지 않고 도주한 때'라 함은 사고 운전자가 사고로 인하여 피해자가 사상을 당한 사실을 인식하였음에도 불구하고 피해자를 구호하는 등 도로교통법 제154조제1항에 규정된 의무를 이행하기 이전에 사고현장을 이탈하여 사고를 낸 자가 누구인지 확정될 수 없는 상태를 초래하는 경우라고 판단하고 있습니다(대법원 2004. 3.12. 선고 2004도250 판결). 이러한 도주차량 운전자는 다음과 같이 가중처벌 됩니다.

위반행위	피해자의 상태	처벌
단순도주	사망	무기 또는 5년 이상의 징역
	부상	1년 이상의 유기징역 또는 500만 원 이상 3천만 원 이하의 벌금
피해자를 사고 장소에서 옮겨 유기하고 도주	사망	사형, 무기 또는 5년 이상의 징역
	부상	3년 이상의 유기징역

[12] 교통사고 손해배상

> 남편이 뺑소니 사고를 당했습니다. 가해자가 누구인지 알 수 없는데, 보상받을 수 있는 방법이 없나요?

자동차사고로 인한 피해자나 그 가족이 다른 구제수단으로는 전혀 보상받을 수 없는 경우 「자동차손해배상보장법」에 따라 정부로부터 피해보상 등의 지원을 받을 수 있습니다. 보상을 받기 위해서는 반드시 관할경찰서에 신고해야 하고, 피해보상 청구는 사고발생일부터 3년 이내에 해야 합니다.

◇ 자동차손해배상 보장사업 보상금 청구

자동차보유자를 알 수 없는 자동차의 운행으로 사망하거나 부상한 경우와 보험가입자 등이 아닌 자가 「자동차손해배상보장법」 제3조에 따라 손해배상의 책임을 지게 되는 경우에는 정부가 피해자의 청구에 따라 책임보험의 보험금 한도에서 그가 입은 피해를 보상합니다. 다만, 정부는 피해자가 청구하지 않는 경우에도 직권으로 조사하여 책임보험의 보험금 한도에서 그가 입은 피해를 보상할 수 있습니다.

〈구비서류〉
- 보험금 지급청구서(① 청구인의 성명 및 주소, ② 청구인과 사망자의 관계(피해자가 사망한 경우만 해당함), ③ 피해자 및 가해자(자동차 보유자를 알 수 없는 자동차의 운행으로 사망하거나 부상한 경우는 제외함)의 성명 및 주소, ④ 사고 발생의 일시·장소 및 개요, ⑤ 해당 자동차의 종류 및 등록번호(자동차 보유자를 알 수 없는 자동차의 운행으로 사망하거나 부상한 경우는 제외함), ⑥청구금액을 기재함)
- 진단서 또는 검안서
- ②, ③, ④를 증명할 수 있는 서류(④를 증명하는 서류는 사고장소를 관할하는 경찰서장의 확인이 있을 것)

◇ 교통사고 피해자에 대한 지원

정부는 자동차의 운행으로 인한 사망자나 중증 후유장애인의 유자녀(幼子女) 및 피부양가족이 경제적으로 어려워 생계가 곤란하거나 학업을 중단해야 하는 문제 등을 해결하고 중증 후유장애인이 재활할 수 있도록 지원할 수 있습니다. 정부가 지원할 수 있는 대상자는 다음 요건을 모두 갖춘 사람으로서 「자동차손해배상 보장법 시행령」 제23조제2항에 따라 지원대상자로 결정된 사람입니다.

1) 중증 후유장애인, 사망자 또는 중증 후유장애인의 유자녀 및 피부양가족일 것

2) 생활형편이 「국민기초생활보장법」에 따른 기준 중위소득을 고려하여 국토교통부장관이 정하는 기준에 해당되어 생계유지, 학업 또는 재활치료(중증 후유장애인인 경우만 해당)를 계속하기 곤란한 상태에 있을 것.

[13] 주차 중인 차량에 추돌한 경우의 손해배상

> 저의 남편은 오토바이를 타고 가로등 없는 국도를 운행하던 중 甲운수회사 소속 운전자인 乙이 아무런 등화도 켜지 않고 주차시켜 둔 甲소유 트럭을 미처 발견하지 못하고 그 차량에 충돌하면서 발생한 사고로 인하여 사망하였는데, 저희 유족들이 甲과 乙로부터 손해배상을 받을 수 있는지요?

야간에 도로의 가장자리에 자동차를 주차하는 자로서는 그곳이 관계법령에 따라 주차가 금지된 장소가 아니라고 하더라도, 미등과 차폭등을 켜두어 다른 차의 운전자가 주차사실을 쉽게 식별할 수 있도록 하여야 함은 물론 다른 교통에 장해가 되지 아니하도록 주차하여야 할 법령상의 의무가 있습니다(대법원 1992. 5. 12. 선고, 92다6112 판결). 이러한 조치는 고속도로나 갓길에 주차하는 경우에도 취하여야 합니다(대법원 1996. 4. 12. 선고, 96다716 판결).

그러나 이러한 조치는 고속도로 또는 자동차전용도로에서의 정차나 차량의 통행이 많아 정차 사실을 후행차량에게 사전에 쉽게 알릴 수 없는 경우에 필요한 것이고, 그렇지 않고 속도가 제한되어 있고, 후행차량에게 쉽게 정차 사실을 알릴 수 있는 곳이라면 굳이 운전자에게 이러한 안전의무조치를 요구할 수는 없다는 판례도 있습니다(대법원 1996. 2. 9. 선고, 95다39359 판결).

따라서 위 사안의 경우 주차운전자로서의 주의의무를 다하였을 경우나, 그러한 조치를 할 필요가 없는 경우였다면 갑과 을은 면책될 수도 있습니다(대법원 1995. 2. 3. 선고, 94다33866 판결). 그러나 위 사고지역이 주차금지구역이었거나 다른 차의 운전자가 주차 사실을 쉽게 식별할 수 있도록 안전조치를 하여야 할 곳이었다면 위 교통사고가 트럭의 미등 및 차폭등을 켜지 않은 채 주차하여 둠으로써 발생하였을 경우 이것은 트럭운전사의 트럭운행과 관련하여 발생한 것이어서 트럭소유자는 자동차손해배상보장법 소정의 자기를 위하여 자동차를 운행하는 자로서의 위 사고로 피해자가 입은 손해를 배상할 의무가 있습니다(대법원 1993. 2. 9. 선고, 92다31101 판결).

그러므로 유족들은 갑과 을 모두에게 손해배상을 청구해 볼 수 있을 것입니다. 다만, 갑과 을의 손해배상책임이 인정된다고 할지라도 귀하의 남편도 전방주시 의무를 태만히 한 과실이 인정되어 과실상계 될 것이 예상됩니다(대법원 1994. 10. 11. 선고, 94다17710 판결).

[14] 호의동승과 손해배상액의 감경

> 저는 등산을 하고 하산하여 버스를 기다리다가 마침 자가용 승용차를 운전하고 지나는 직장동료 甲을 만나 그의 승낙 하에 그 자동차에 동승하여 귀가하던 중 甲의 운전부주의로 가로수에 충돌하는 사고가 발생하여 흉추압박골절의 부상을 당했습니다. 보험회사에서는 제가 위 자동차에 무상으로 호의동승 하였다는 이유를 내세워 치료비 등 손해배상액 중 30%를 감액 지급하겠다고 합니다. 이러한 보험회사의 주장이 타당한지요?

위 사안은 자동차소유자의 승낙 하에 무상으로 호의동승한 경우 손해배상액이 감경되느냐 하는 것으로, 이에 관하여 판례는 "차량의 운행자가 아무런 대가를 받지 아니하고 동승자의 편의와 이익을 위하여 동승을 허락하고, 동승자도 그 자신의 편의와 이익을 위하여 그 제공을 받은 경우 그 운행 목적, 동승자와 운행자의 인적관계, 그가 차에 동승한 경위, 특히 동승을 요구한 목적과 적극성 등 여러 사정에 비추어 가해자에게 일반교통사고와 동일한 책임을 지우는 것이 신의성실의 원칙이나 형평의 원칙으로 보아 매우 불합리하다고 인정될 때에는 그 배상액을 경감할 수 있으나, 사고차량에 단순히 호의로 동승하였다는 사실만 가지고 바로 이를 배상액 경감사유로 삼을 수 있는 것은 아니고, 비록 차량에 무상으로 동승하였다고 하더라도 그와 같은 사실만으로 운전자에게 안전운행을 촉구하여야 할 주의의무가 있다고는 할 수 없는 것이다."라고 하였습니다(대법원 1992. 5. 12. 선고 91다40993 판결, 1994. 11. 25. 선고 94다32917 판결, 1996. 3. 22. 선고 95다24302 판결, 1999. 2. 9. 선고 98다53141 판결).

그리고 판례는 "자동차의 소유자는 자동차손해배상 보장법상의 '보유자'로서 자동차의 운행으로 이익을 볼 뿐만 아니라 운행을 지배하는 지위에 있는 자로서 운전자의 선정에서부터 그 지휘·감독에 이르기까지 가능한 주의를 다하여야 할 의무가 있는 자이고, 운행으로 인하여 발생하는 결과에 대하여 책임을 부담할 지위에 있는 자이므로, 자동차의 소유자가 타인으로 하여금 운전하게 하고 거기에 동승하였는데 운전자의 과실이 개재되어 사고가 발생한 결과 동승한 소유자가 피해를 입은 경우, 사고로 인한 차량소유자의 재산상 또는 정신적 손해액을 산정함에 있어서는 운전자의 과실을 참작함이 상당하다."라고 하였습니다(대법원 1997. 9. 5. 선고 97다652 판결).

따라서 위와 같은 경우 그 과실상계 즉, 책임감경사유에 관한 사실인정이나 책임감경의 비율을 결정하는 것은 그것이 현저히 형평의 원칙에 비추어 불합리하다고 인정되지 아니하는 한 사실심의 전권에 속하는 사항이지만(대법원 1997. 11. 14. 선고 97다35344 판결), 위 사안의 경우 귀하가 甲의 차량에 동승하였다는 사실만으로 손해액을 30%나 감경당해야 한다는 것은 지나치다 할 수 있습니다.

[15] 교통사고 후 스트레스 장애 등 치료를 받다가 자살했다면 보험금을 지급받을 수 있다

> 어머니를 피보험자로 해 H보험회사와 운전자보험계약을 체결했습니다. 이 보험계약에는 '피보험자가 교통사고로 발생한 상해의 직접 결과로 사망한 경우' 보험금을 지급한다는 특약이 포함됐습니다. 그런데 어머니가 승용차를 운전하다가 도로에 나타난 고양이를 피하던 중 중앙분리대를 들이받았습니다. 당시 비가 내리고 있었는데 어머니는 사고로 연기가 나는 차 안에서 구조될 때까지 갇혀 있었고, 이 사고로 뇌진탕, 경부 척수 손상, 추간판탈출증 등의 상해를 입었습니다. 그 후 외상 후 스트레스장애, 주요우울장애를 앓게 되었고, 외상 후 스트레스장애의 치료를 마치지 않은 상태에서 아버지가 교통사고를 당해 간호를 하시다 극단적 선택을 하셨습니다.
> 어머니는 사고 전 평소에 정신질환이 없었고, 주치의도 '사고로 인한 우울장애' 진단을 내렸습니다. 그런데 어머니가 자살했기 때문에 교통사고와 사망 사이에 인과관계가 인정되기 어렵다며 보험사가 보험금 지급을 해주지 않습니다.

운전자보험계약 체결시 보험계약 에 '피보험자가 교통사고로 발생한 상해의 직접 결과로 사망한 경우' 보험금을 지급한다는 특약이 포함되었고, 교통사고를 겪은 운전자가 외상 후 스트레스 장애 등 심한 불안 증세를 겪다가 극단적 선택을 한 경우에도 보험금을 지급해야 한다는 대법원의 판결이 있습니다. 교통사고와 사망 사이에 인과관계를 인정할 수 있다는 것입니다.

대법원은 "교통사고로 외상 후 스트레스 장애, 주요우울장애를 앓게 됐고 외상 후 스트레스 장애의 치료를 마치지 않은 상태에서 외상의 부정적 경험을 자극할 수 있는 외부적 상황들이 존재하는 가운데 자살했으며, 주치의도 자살과 관련성을 갖는 주요우울장애의 악화 가능성도 제시했다."며 "교통사고 이전에 정신질환을 겪었다거나 자살을 시도했었다는 아무런 증거가 없는 사정까지 보태어 보면 교통사고로 발생한 상해의 직접 결과로 사망했다고 보기 충분하다."고 판시했습니다(대법원 2022. 8. 11. 선고 2021다270555 판결).

[16] 교통사고 당시에는 예상하지 못한 후발손해가 발생했다면 후발손해 발생 확정시점에 불법행위가 완성된다고 보아야 한다

> B씨는 2010년 6월 승용차를 운전하다 보행자 A씨를 들이받아 우측 견봉골절 등 상해를 입혔다. B씨 차량의 자동차종합보험사인 삼성화재는 2012년 12월 A씨에게 손해배상금 1억1000만 원을 지급했다. 또 삼성화재와 A씨는 이후 일체의 권리를 포기하고 민·형사상 소송 등을 제기하지 않는 합의를 했다. 그런데 2014년 11월부터 A씨에게 갑자기 폭력성과 충동조절 장애가 나타났고, A씨는 이날부터 여명 종료일인 2062년 5월 2일까지 성인 여성 1명의 개호가 필요하게 됐다. 이에 A씨는 삼성화재에 개호비와 향후 치료비, 위자료 등을 요구하는 소송을 냈다.

교통사고 당시 예상 못한 후발손해가 발생한 경우, 후발손해 발생 확정시점에 불법행위가 완성된다고 보아야 하기 때문에 후발손해 발생일을 현가산정의 기준시기나 지연손해금의 기

산일로 봐야 한다는 대법원의 판결이 나왔습니다. 또 사고일로부터 시간적 간격을 두고 계속적 손해가 발생하는 경우 호프만식 계산법에 따라 일시금으로 현가를 산정할 때, 사고일이 아닌 후발손해 발생일을 기준으로 하더라도 중간이자의 공제기간이 414개월을 초과해 호프만계수의 최댓값이 제한된다면 과잉배상 방지를 위해 현가산정기준일을 후발손해발생일로 봐야 한다는 대법원 판단도 나왔습니다.

재판부는 "불법행위로 상해를 입었지만 후유증 등으로 불법행위 당시에는 전혀 예상할 수 없었던 후발손해가 새로 발생한 경우처럼 사회통념상 후발손해가 판명된 때에 현실적으로 손해가 발생한 것으로 볼 수 있는 경우에는 후발손해 판명 시점에 불법행위로 인한 손해배상채권이 성립하고, 지연손해금도 그때부터 발생한다."라고 밝혔습니다. 이어 "이 사건에서 개호비는 사고 당시 전혀 예상하지 못한 후발손해로, 2014년 11월 17일 무렵 현실적으로 발생했다고 봐야해 이날이 불법행위시로서 현가산정일과 지연손해금 부가의 기준일"이라고 판단했습니다(대법원 2022. 6. 16. 선고 2017다289538 판결).

[17] 보복주차 차량의 경우 훼손이 없어도 재물손괴죄가 성립한다

> A씨는 2018년 7월 평소 자신이 굴삭기를 주차하던 장소에 B씨가 승용차를 주차해 둔 것을 발견했다. 이에 A씨는 주차된 B씨의 차량 앞쪽에 높이 120㎝ 상당의 철근 콘크리트 구조물을, 뒤편에는 굴삭기 부품인 크락샤를 갖다놔 차량이 이동할 수 없게 했다. B씨는 경찰관까지 불러 차량을 빼내려고 했지만 실패했고, 결국 18시간이 지나서야 차량을 이동할 수 있었다. 검찰은 "A씨의 장애물 설치 행위로 B씨의 차가 일시적으로 그 본래의 사용목적에 제공할 수 없는 상태가 됐다"며 "이는 형법 제366조 재물손괴죄에서 정하는 '기타의 방법으로 그 효용을 해하는 경우'에 해당한다"며 A씨를 기소했다.

대법원은 재물손괴 혐의로 기소된 A씨에게 벌금 50만 원을 선고한 원심을 확정했습니다. 자신이 평소 굴삭기를 주차하던 공간에 차를 대놓았다는 이유로 차량 주변에 콘크리트, 굴삭기 부품 등을 갖다 놓아 차량이 18시간 동안 움직일 수 없도록 했다면 재물손괴죄에 해당한다고 본 것입니다. 즉, 차의 본래 사용목적인 '운행'을 할 수 없게 만들어 차의 효용을 훼손한 것으로 봐야 한다는 것입니다(대법원 2021. 5. 24. 선고 2019도13764 판결).

제2절 자동차 소유자의 유의사항

1. 자동차를 신규로 등록하려면

자동차 신규 등록이란 국내·외에서 제작, 판매되는 신조자동차 또는 말소되었던 자동차를 부활시켜 자동차등록원부상에 등록하는 것을 말한다(자동차관리법 제8조, 자동차등록령 제18조 및 자동차등록규칙 제27조). 소유자가 신청서에 자동차의 소유권 및 출처를 증명하는 서류와 검사 사실을 증명하는 서류를 첨부하여 주소지를 관할하는 자동차등록관청에 임시운행 허가기간(10일) 내에 신규등록신청서를 제출하면 된다.

1) 자동차 신규 등록 구비서류

공통서류	추가서류
① 자동차 신규등록 신청서 ② 자동차의 사용본거지를 확인할 수 있는 서류 　- 개인: 주민등록표초본, 운전면허증 또는 외국인등록사실 증명 　- 비사업용자동차를 등록하는 법인 등: 사업자등록증 또는 법인등기사항증명서 ③ 대리인 신청 시: 소유자 인감증명서, 인감날인된 위임장, 대리인 신분증	④ 신조차인 경우: 자동차제작증 ⑤ 수입차인 경우: 수입확인서 또는 수입사실증명서 ⑥ 임시운행허가를 받은 경우: 임시운행허가증 및 임시운행허가번호판 ⑦ 말소등록된 자동차를 다시 등록하거나 자가인증이 면제된 자동차: 신규검사증명서 ⑧ 사업용자동차인 경우: 자동차운수사업(여객, 화물 등)에 관한 면허, 등록, 인가 또는 신고를 증명하는 서류 또는 사업계획의 변경을 증명하는 서류

※ 신규등록처리절차
접수창구 신청서제출(신청자→접수담당자) → 접수, 검토, 번호 부여(접수담당자) → 고지서 수령(세무담당자→신청자) → 은행에 자진납부(신청자) → 고지서 납부 영수증 확인(신청자 → 접수담당자) → 등록증 교부(접수담당자 → 신청자) → 번호판 수령(번호판 교부소)

2) 제작결함으로 반납한 자동차의 신규 등록

소비자보호법에 의거 자동차의 제작결함으로 인하여 반납한 자동차를 말소와 동시에 신규로 등록할 수 있다.

말소등록신청	신규등록신청
- 말소등록신청서 - 회수증명서(자동차제작사 발행) - 인감증명서 　(자동차제작회사 및 소유자 각 1부) - 자동차등록증 - 자동차번호판, 봉인 - 수수료: 1,000원 (수입증지) - 등록세: 15,000원 - 말소등록사실증명서 발급수수료: 1,500원 　(수입증지)	- 신규등록신청서 - 말소등록사실증명서(자동차제작사 회수용) - 자동차의 사용본거지를 확인할 수 있는 서류 - 법인: 법인등기부등본 및 사업자등록증 사본 - 자동차제작증 - 세금계산서 - 책임보험영수증 - 임시운행허가증 - 임시운행허가 번호판 1조 - 수수료: 2,000원 (수입증지) - 취등록세: 면제*

* 반납한 자동차와 동일한 종류의 자동차를 교환받는 자동차는 등록세, 취득세, 채권 면제
(종전 자동차의 가액을 초과할 시에는 초과분에 대하여 등록세, 취득세, 채권 과세)

2. 자동차 소유자의 주소가 변경된 때

전입신고만 하면 자동차의 사용본거지도 자동으로 이전됩니다(자동차관리법 제11조제1항, 자동차등록규칙 제3조제1항).

3. 중고차를 사거나 팔 때

(1) 중고차 용어 알아두기

용어	의미
무사고	사고가 나지 않거나 부품교체, 일부 수리한 차량 * 무사고라고 해서 사고가 안 난 것이 아니며 차체에 지장이 없을 정도의 수리를 받은 차량도 무사고 차량이라고 한다. 삼박자 사고 차량은 수리의 강도에 따라서 무사고가 될 수도 있다.
삼박자 사고	범퍼, 보닛, 양쪽 펜더를 교체한 차량
각자	연식은 올해 모델이지만 차량 등록은 작년에 한 차량 * 차량의 모델 연식과 실제로 등록된 날을 구분하는 용어
역각자	연식은 작년 모델, 등록은 올해에 한 차량
대포차	서류상 차주와 실제 차주가 다른 차량 * 대포차는 불법 차량이며, 구매할 시 법적인 처벌을 받을 수도 있다.
임판차	임시번호판을 단 차량 * 임판차는 주로 시승용 차량, 전시용 차량, 계약 취소에 의한 차량이 많다.
출고도장	차량이 출고될 때 나온 도장 그대로인 차량
보수도장	카센터에서 수리를 위해 도장을 한 차량
판금	손상이 심한 차량일 때 망치 같은 도구를 이용해서 찌그러진 곳을 피는 방법
덴트	가벼운 사고일 때 패널 안으로 특수장비를 이용해서 피는 방법
대차거래	한 명의 중개인에게 타던 차를 팔면서 구매도 같이하는 거래 * 대차거래를 하면 조금 저렴하게 거래하는 등 혜택을 받을 수 있다.
압류, 저당	세금이나 과태료가 납부되지 않은 차량 * 압류나 저당이 있는 차량은 명의이전이 불가능하다. 따라서 직거래 전 과태료가 납부되었는지 꼭 확인해야 한다.

(2) 중고차를 살 때

1) 명의 신청에 대해서
　처음 차를 구매하거나 사회초년생일 경우, 본인 명의로 신청하면 보험료가 포함되기 때문에 되도록 공동명의로 하거나 가족 명의로 해서 보험료를 아끼는 것이 좋다.

2) 서비스 견적
　국산 차는 옵션의 차이가 크지 않은 이상 가격이 비슷한 수준이다. 따라서 차를 구매할 시에 받고 싶은 부가서비스가 중요한데, 이때 여러 명의 영업 사원에게 원하는 블랙박스는 어떤 제품인지, 썬팅은 어느 정도가 좋은지 정확히 말해서 거래를 원활히 하는 것이 좋다.

3) 보험가입
　차량 보험 사이트는 많다. 따라서 사이트별로 차종과 평균가를 잘 비교해서 자신과 제일 잘 맞는 보험에 가입하면 된다.

4) 인수할 때
　차가 출고되면 영업 사원이 차량을 검수하지만 직접 가서 검수하는 편이 낫다. 작은 흠집도 차근히 확인하여 나중에 불이익이 없도록 해야 한다. 신차를 검수하는 방법을 프린트해가서 그대로 확인하는 것도 방법이다. 신차 검수 리스트는 아래와 같다.
　① 외관 품질 확인 (도색 불량, 조립 상태, 스크래치, 단차 등)
　　단차가 불규칙하게 심하다면 비가 오는 날에 차 내부로 물이 스며들 수 있기 때문에 외관을 꼼꼼하게 확인. 또한 스크래치가 나서 도색이 벗겨졌다면 즉시 영업 사원에게 말을 해서 수리를 받는 것이 좋다.
　② 트렁크 확인
　　트렁크 바닥 부분에 타이어 수리 장비, 소화기, 삼각대가 있는지 확인해야 한다. 차량의 모델에 따라 위 세 가지가 없는 경우도 있다. 따라서 영업 사원에게 물어봐서 꼭 확인.
　③ 내부 품질 확인 (조립 상태, 스티어링 휠 방향, 시트 마감 등)
　　운전석 의자를 자신의 체형에 맞게 조절한 뒤, 기능시험을 보듯 버튼들을 조작해본다. 버튼의 마감 상태가 괜찮은지 확인한 후에 바퀴가 나란할 때 스티어링 휠이 중앙에 위치하는지도 확인.
　④ 엔진 소리, 라이트 확인
　　마지막으로 자동차 엔진 소리가 유난히 거칠지 않은지, 조명을 껐다 켤 때마다 불이 잘 들어오는지 확인

5) 등록
기본적으로 영업 사원이 등록해준다. 그럴 시에 공채영수증, 등록영수증 등 각종 영수증을 3가지 이상 받아놓는다. 만약 직접 등록하면 3~4만 원 정도 저렴하게 할 수 있고 무이자 할부까지 가능하니 알아보고 하는 것도 좋다. 자동차 등록은 아래의 '자동차 민원 대국민 포털' 사이트를 통해 집에서 온라인으로 할 수 있으며 자동차양도증명서, 공인인증서만 있으면 간편하게 등록 가능하다(http://www.ecar.go.kr/Index.jsp).

(3) 중고차를 팔 때

1) 보증기간을 잘 확인
차에는 보증기간이 있다. 이 보증기간엔 무상으로 수리를 해주게 되는데 만약 차를 사는 입장이라면 보증기간이 어느 정도 되는지 확인할 것이다. 따라서 차를 팔 때 보증기간이 넉넉할수록 잘 팔리게 된다. 이 시점을 고려해서 판매하는 것이 좋다.

2) 온라인 시세를 확인
내 차가 온라인에서 얼마로 거래되는지 아는 것도 중요하다. 굳이 내 차가 아니더라도 비슷한 연식의 모델이나 주행거리를 가진 차량이 얼마로 거래되는지 안다면 대충 가격 측정의 틀이 잡힌다.

3) 내 차와 같은 모델이 출시되기 전에 판매
만약 같은 모델이 출시되면 차량 판매에서 굉장히 불리해진다. 보통 신차가 출시되면 같은 모델인 중고차 가격이 많이 내려가므로 최소 2~3개월 전에 등록을 마친 후 판매하는 편이 낫다.

4) 판매할 때 필요한 서류
차를 판매할 땐 잘 팔리는 조건과 가격이 중요하지만 내 차를 팔 때 안전한 과정인지가 우선이 되어야 한다. 최종 계약을 앞두고 판매할 때 서류에 대해서 좀 더 신경을 써야 한다.
판매자 입장에서 명의이전이 안 되었을 시, 구매자가 차량을 운행할 때 생기는 위반사항에 대해서 책임을 져야 하는 경우도 있다. 따라서 가장 빈도가 높은 거래방법 2가지를 예로 들어 판매할 때 필요한 서류는 다음과 같다.
① 판매자는 차량등록증과 신분증이 필요하다. 참석하지 못할 경우를 대비해서 도장, 자동차 매도용 인감증명서 또는 본인서명사실확인서가 필요하다. 또한, 차량의 주행거리를 기재해야 하므로 현 주행거리도 꼭 알아두어야 한다.

② 판매자가 중고차매매상에게 넘길 때는 차량등록증과 차량 매도용 인감증명서 또는 본인 서명사실확인서가 필요하다. 매수자 정보가 필요하므로 딜러에게 매수자 인적 사항을 받아서 준비해놓거나 인근 주민센터에서 발급받으면 편하다.

4. 자동차를 도난당했을 때

1) 자동차를 도난당하면 신고해야 한다
자동차를 도난당한 경우 신속하게 가까운 지구대나 경찰서 형사과에 방문하여 도난신고를 하고 도난신고확인서를 발급받아야 한다.

◇ **사건사고사실확인원이란**
사건사고사실확인원은 전국 경찰서 민원실, 지구대 및 파출소에서 수사 교통부서를 전산으로 연계하여 각종 사실확인원(6종)을 발급해주는 민원서비스 발급업무이다. 범죄 피해를 입거나 교통사고 등을 경찰관서에 신고해 피해사실에 대해 조사를 받았다는 것을 확인해 주는 것으로 가까운 경찰서 민원실, 지구대 및 파출소에서 발급받을 수 있다.
▶ 발급대상(사실확인원 6종): 사건사고·화재·도난신고·도난해지·변사·교통사고사실확인원
▶ 발급시간: 일과시간 내에는 경찰서 민원실, 지구대, 파출소
　　　　　　일과시간 외에는 지구대, 파출소

2) 자동차 허위 도난신고 시 처벌된다
자동차세와 범칙금 회피 등을 목적으로 허위로 차량도난신고를 하면 10만 원 이하의 벌금, 구류 또는 과료로 처벌된다(경범죄처벌법 제3조제3항제2호). 그리고 허위신고로 인해 차량 운전자 등이 조사를 받는 등 그 불법성이 큰 경우에는 무고죄가 적용될 수 있다(형법 제156조). 또한 허위신고로 '차량도난사실확인원'이 발급되고 이를 이용해 등록말소를 하더라도 나중에 허위신고 사실이 밝혀지면 등록말소가 취소되도록 해당 관청에 통보하며, 형법 제137조 위계에 의한 공무집행방해죄로 형사처벌될 수 있다.

3) 보험회사에 도난사실 통지
자동차 도난사실을 안 때에는 지체 없이 보험회사에 그 사실을 통지해야 한다(상법 제657조 제1항 참조). 도난으로 인한 전손 사고 시 보험사고를 접수할 때는 말소 사실 증명서와 차량 도난사실확인원 등을 첨부해야 한다(보험업감독업무시행세칙 별표 15 및 표준약관 자동차보험 제27조).

4) 도난당한 자동차의 말소등록 신청

자동차 소유자는 본인이 소유하는 자동차를 도난당하거나 횡령 또는 편취당한 경우에는 대통령령으로 정하는 바에 따라 시·도지사에게 말소등록을 신청할 수 있다(자동차관리법 제13조제7항).

5) 말소등록을 한 후 도난당한 자동차를 다시 찾은 경우에는 신규 등록 신청

도난당한 자동차를 말소등록한 후 다시 찾은 경우에는 다시 찾은 날부터 3개월 이내에 신규 등록을 신청해야 한다(자동차등록령 제20조제4호). 관할 자동차등록관청에서 신규 등록을 위한 임시운행허가를 받고(자동차관리법 제27조제1항), 지정된 자동차검사소에서 신규검사에 합격한 다음(동법 시행규칙 제80조제3항), 부활 신규등록 신청서를 등록관청에 제출하면 된다(동법 제13조 및 자동차등록령 제20조). 말소된 자동차를 다시 등록하기 위한 등록면허세는 면제된다(지방세특례제한법 제66조제2항).

5. 자동차를 폐차하려면

폐차는 등록된 관허폐차장에서만 가능하며, 폐차 시 폐차인수증명서를 발급받아야 말소등록이 가능하다. 관허폐차장에서는 자동차 차주의 편의를 위해 차주의 요구 시 의무적으로 말소등록 신청을 대행하도록 되어 있다(대행비용은 자동차 소유자 부담). 다만 무등록업체에 폐차를 의뢰할 경우에는 폐차인수증명서 발급을 받지 못할 뿐 아니라 자동차등록말소 처리가 되지 않아 자동차세 체납 및 책임보험과태료 등의 문제가 발생할 수 있다.

또한 저당권 설정이나 압류등록이 되어 있는 경우 폐차/말소를 할 수 없다. 단, 압류등록이 있어도 차령이 일정 기간이 지났을 경우 차령초과말소가 가능하다(자동차관리법 제13조제1항제7호). 수도권 대기환경보존법 대상 경유차의 경우에는 조기폐차 말소가 가능하고, 매연저감장치 장착차량의 경우 매연저감장치차량 폐차말소도 가능하다. 다만, 폐기물 무단 투입 및 부품탈거 차량은 폐차를 할 수 없다(동법 제80조제3호).

〈구비서류〉
▶ 개인일 경우: 자동차등록증, 신분증(주민등록증, 여권, 운전면허증 등), 인감증명서(차주 대행일 경우에만 필요)
▶ 법인일 경우: 자동차등록증, 대표자 신분증(주민등록증, 여권, 운전면허증 등), 법인인감증명서, 사업자등록증 혹은 법인등기부등본

6. 폐차 이후 알아두어야 할 사항

1) 말소등록

폐차 이후에는 등록관청에 말소등록을 신청/완료해야 한다(폐차장에서 대행 가능). 말소등록을 완료해야만 더 이상 자동차세, 검사의무 등이 부과되지 않는다. 폐차 이후 1개월 이내 관할 시·도 등록관청에 말소등록을 하지 않으면 과태료(50만 원)가 부과된다(자동차관리법 제84조제5항제2호의2, 동법 등록규칙 제38조). 등록관청에서 말소등록이 완료되면 폐차장으로부터 말소완료를 통보받는다.

2) 보험료의 환급 및 승계

말소등록 후 말소증명원을 발급받아 보험회사로부터 보험가입 기간 중 말소일 이후의 남은 기간의 보험료를 돌려받거나 새 차로 이전이 가능하다. 보험료를 환급받고자 할 경우 자동차 등록원부(갑)와 차주 통장사본(앞면)을 해당 보험사에 제출하면 된다.

3) 자동차세 납부

차량말소 등록이 이루어질 경우 별도의 신고 없이 자동차세 납부월(6월/12월)에 자동차 소유기간 만큼 과세된 고지서에 의해 납부하면 된다. 다만, 차량 말소등록이 자동차세 납부 고지서 발급시점인 5월과 11월(자동차세 1,2기분 납기월과 납기월 1개월 전)에 이루어진 경우, 말소등록일이 반영되지 않은 전체 자동차세금이 과표되어 고지될 수 있으니, 이 경우에는 말소사실증명서 또는 등록원부와 자동차세 납부고지서를 지참, 관할관청에 가서서 재정산해야 한다.

7. 자동차 등록번호판의 관리

자동차를 등록한 경우 시·도지사로부터 부여받는 고유번호인 자동차번호(자동차등록번호)를 새 간판으로, 자동차등록번호판을 부착·봉인하지 않은 자동차는 운행하지 못한다. 이는 자동차를 식별하기 위함으로, 자동차의 분실·도난, 교통법규 위반, 보험 처리, 차량조회 등의 경우에 유용하게 사용된다. 자동차번호판에는 차의 종류와 용도 등에 대한 정보도 포함되어 있다. 자동차등록번호판 불법부착물 부착은 1년 이하의 징역 또는 1천만 원 이하의 벌금에 처한다(자동차관리법 제10조 및 제81조).

8. 자동차 무단방치 금지
무단방치 자동차는 소유주가 자진 처리하지 않을경우 강제 폐차 처리된다.

> 도로나 타인의 토지에 무단 방치하여 강제 폐차된 차량은 어떤 처벌을 받나요?

자동차를 무단 방치한 소유자 또는 점유자는 1년 이하의 징역 또는 1천만 원 이하의 벌금에 처해질 수 있습니다. 또한 지속적으로 자동차세가 부과되며 책임보험 미가입에 따른 과태료를 내야 합니다(자동차관리법 제26조 및 제81조제8호). 단, 자동차 무단방치 범죄 1건일 경우 범칙금으로 대체 가능합니다.

※ 무단방치차량 범칙금 부과(자동차관리법 제85~86조)

범칙행위	범칙금액		
	승용 및 이륜자동차	승합·화물·특수자동차	
		경형·소형	중형·대형
자진처리 명령에 불응한 경우	100만 원	100만 원	150만 원

9. 교통사고의 소멸시효
우리나라 민법 제766조는 불법행위로 인한 손해배상청구권은 손해가 발생한 날로부터 10년, 손해 및 가해자를 안 날로부터 3년으로 규정하고 있다. 따라서 교통사고로 인한 손해배상의 청구권은 피해자나 그 법정대리인이 그 손해 및 가해자를 안 날로부터 3년간 이를 행사하지 아니하면 시효로 인하여 소멸한다(민법 제766조).

10. 교통사고 후 3년이 지나서 후유증이나 후유장애가 발생한 경우에는 보험회사로부터 보험금을 청구할 수 있는지
불법행위로 인한 손해배상의 청구권은 피해자나 그 법정대리인이 손해 및 가해자를 안 날로부터 소멸시효가 시작된다(민법 제766조). 그런데 최근 대법원에서는 **교통사고 후유증은 손해가 현실화됐을 때부터 소멸시효를 세야 한다고 판결을 내린 사례가 있다.** 즉 대법원은 교통사고와 후유증이나 후유장애가 드러난 시점 사이에 시간차가 있을 때에는 소멸시효 기산 시점을 다르게 판단하여, 교통사고 발생시점이 아닌 후유증이나 후유장애를 확인하게 된 시점부터 소멸시효가 기산되어야 한다는 것을 인정한 판례이다(대법원 2019. 7. 25. 선고 2016다1687 판결). 때문에 교통사고 당시 나타나지 않았던 후유증이나 후유장애가 교통사고가 발생한 날로부터 3년이 지난 후 발병이 되면, 교통사고 당시가 아닌 후유증이나 후유장애가 드러난 시점을 기준으로 소멸시효를 세어 보험회사로부터 보험금청구도 가능하다.

11. 과태료를 납부하지 않으면 받는 법적제재

최초납부기한 경과 5%, 체납과태료 납부기한 경과 후 1개월마다 1.2%씩 60개월간 가산금이 부과된다. 또한 체납된 자동차관련 과태료(가산금 및 중가산금 포함)의 합계액이 30만 원 이상, 체납발생일로부터 60일이 경과된 자동차는 국세 또는 지방세 체납처분의 예에 따라 각종 재산압류 등이 실시된다. 그 외 기타 질서위반행위규제법에서 명시하고 있는 사항(관허사업 제한, 감치 등)에 대해 제재가 있다.

12. 책임보험 가입의무

1) 책임보험 미가입차량을 운행하면

책임보험에 가입되지 아니한 차량을 운행하다 무인단속카메라에 적발되거나 교통사고를 야기하는 등 보험 미가입차량 운행 사실이 적발될 경우 1년 이하의 징역 또는 1천만 원 이하의 벌금처분을 받게 된다(단, 1년 이내 1회 위반 시 차종별 10~200만 원의 범칙금으로 납부할 수 있음).

2) 책임보험 가입의무를 면제받으려면

자동차를 6개월 이상 2년 이하의 범위에서 장기간 운행할 수 없는 경우에는 해당 자동차 등록증 및 자동차등록 번호판을 시·도지사에게 보관하면 책임보험 가입의무를 면제 받을 수 있다.

※ **자동차를 6개월 이상 2년 이하의 범위에서 장기간 운행할 수 없는 경우**
  - 해외근무 또는 해외유학 등의 사유로 국외에 체류하게 되는 경우
  - 질병이나 부상 등의 사유로 자동차 운전이 불가능하다고 의사가 인정하는 경우
  - 현역(상근예비역 제외)으로 입영하거나 교도소 또는 구치소에 수감되는 경우

3) 책임보험 만기안내는 어떻게 해주나

보험기간 만료일 75일 전부터 10일 전에 보험회사에서 2회 보험 만기사실을 안내한다. 보험 지연가입 및 미가입자는 행정기관에서 보험가입 촉구 및 과태료를 부과한다.

4) 보험만료일이 휴무일인 경우에 어떻게 하나

보험만료일이 휴무일인 경우에도 차량 운행은 가능하기에 휴무일 이전에 미리 보험가입을 하여야 한다.

5) 차량을 도난당한 경우 책임보험 가입의무는
　경찰서에 도난 사실을 신고하면 도난신고일 이후부터는 보험 가입의무를 면할 수 있다.

6) 폐차장에 입고된 차량의 책임보험 가입의무는
　폐차장에 입고된 사실만으로는 책임보험 가입의무는 면할 수 없으며, 폐차말소 등록일까지 보험은 가입되어 있어야 한다.

7) 사고 후 정비 중인 차량의 책임보험 가입의무는
　차량보유자의 지위를 상실하기 이전까지는 도로 주행 여부와 상관없이 보험 가입의무가 있다.

8) 교도소 수감기간 중 책임보험 가입의무는
　자동차를 더 이상 운행할 수 없게 된 사실을 증명하는 경우를 제외하고는 보험 가입의무가 있다.

제3절 자동차손해배상보장법 개정
[시행 2022. 7. 28.] [법률 제18347호, 2021. 7. 27. 일부개정]

1. 음주운전·무면허·뺑소니 사고는 보험금 전액을 구상할 수 있다
　음주운전·무면허·뺑소니 사고 시 보험회사가 구상할 수 있는 금액 한도를 '지급된 보험금 전액'까지 상향하여 음주운전 등 중대 위반행위에 대한 경제적 책임부담이 크게 강화되어 교통사고를 사전에 억제할 수 있을 것으로 기대된다.

2. 마약·약물 운전에 사고부담금이 적용된다
　사고부담금 적용 대상에 마약·약물 운전을 추가하고, 이를 통해 중대 위반행위에 대한 경각심을 높이도록 한다.

3. 교통사고처리특례법상 12대 중과실로 사고를 일으킨 경우, 가해자 차량은 그 수리비를 상대방에게 청구할 수 없다
　그동안 차대차 사고 시 물적 피해는 과실비율에 따라 책임을 분담하여 왔으나, 음주운전 등 상대방이 명백한 과실을 한 경우에도 피해자가 상대방 차량의 수리비를 보상해야 하는 문제, 때론 오히려 피해자가 배상해 줘야 하는 금액이 더 큰 문제(가해차량이 고급차량인 경우) 등 불공정한 차 수리비 부담에 대한 논란이 있어왔다. 이에 교통사고처리특례법상 12대 중과실로 사고를 일으킨 가해차량은 그 수리비를 청구할 수 없도록 했다.

※ 「교통사고처리특례법」 상 12대 중과실
① 신호위반 ② 중앙선 침범 ③ 속도위반
④ 앞지르기 위반 ⑤ 건널목 위반 ⑥ 횡단보도 위반
⑦ 무면허 ⑧ 음주 ⑨ 보도 침범
⑩ 개문발차 ⑪ 스쿨존 위반 ⑫ 화물고정 위반

자동차손해배상보장법 제29조(보험금등의 지급 등)

① 다음 각 호의 어느 하나에 해당하는 사유로 다른 사람이 사망 또는 부상하거나 다른 사람의 재물이 멸실되거나 훼손되어 보험회사 등이 피해자에게 보험금 등을 지급한 경우에는 보험회사 등은 해당 보험금 등에 상당하는 금액을 법률상 손해배상책임이 있는 자에게 구상할 수 있다.

1. 「도로교통법」에 따른 운전면허 또는 「건설기계관리법」에 따른 건설기계조종사면허 등 자동차를 운행할 수 있는 자격을 갖추지 아니한 상태(자격의 효력이 정지된 경우를 포함한다)에서 자동차를 운행하다가 일으킨 사고
2. 「도로교통법」 제44조제1항을 위반하여 술에 취한 상태에서 자동차를 운행하거나 같은 법 제45조를 위반하여 약물의 영향으로 정상적으로 운전하지 못할 우려가 있는 상태에서 자동차를 운행하다가 일으킨 사고
3. 「도로교통법」 제54조제1항에 따른 조치를 하지 아니한 사고(「도로교통법」 제156조제10호에 해당하는 경우는 제외한다)

② 제5조제1항에 따른 책임보험 등의 보험금 등을 변경하는 것을 내용으로 하는 대통령령을 개정할 때 그 변경 내용이 보험가입자등에게 유리하게 되는 경우에는 그 변경 전에 체결된 계약 내용에도 불구하고 보험회사 등에게 변경된 보험금 등을 지급하도록 하는 다음 각 호의 사항을 규정할 수 있다.

1. 종전의 계약을 새로운 계약으로 갱신하지 아니하더라도 이미 계약된 종전의 보험금 등을 변경된 보험금 등으로 볼 수 있도록 하는 사항
2. 그 밖에 보험금 등의 변경에 필요한 사항이나 변경된 보험금 등의 지급에 필요한 사항

[제9단원 서식 1] 고소장 표준 양식

고 소 장

(고소장 기재사항 중 * 표시된 항목은 반드시 기재하여야 합니다.)

1. 고소인*

성 명 (상호·대표자)		주민등록번호 (법인등록번호)	
주 소 (주사무소 소재지)		(현 거주지)	
직 업		사무실 주소	
전 화	(휴대폰)　　　　　(자택)　　　　　(사무실)		
이메일			
대리인에 의한 고소	☐ 법정대리인 (성명 :　　　　　, 연락처 :　　　　　) ☐ 고소대리인 (성명 : 변호사　　　, 연락처 :　　　　　)		

※ 고소인이 법인 또는 단체인 경우에는 상호 또는 단체명, 대표자, 법인등록번호(또는 사업자등록번호), 주된 사무소의 소재지, 전화 등 연락처를 기재해야 하며, 법인의 경우에는 법인등기부 등본이 첨부되어야 합니다.
※ 미성년자의 친권자 등 법정대리인이 고소하는 경우 및 변호사에 의한 고소대리의 경우 법정대리인 관계, 변호사 선임을 증명할 수 있는 서류를 첨부하시기 바랍니다.

2. 피고소인*

성 명		주민등록번호 (법인등록번호)	
주 소		(현 거주지)	
직 업		사무실 주소	
전 화	(휴대폰)　　　　　(자택)　　　　　(사무실)		
이메일			
기타사항			

※ 기타사항에는 고소인과의 관계 및 피고소인의 인적사항과 연락처를 정확히 알 수 없을 경우 피고소인의 성별, 특징적 외모, 인상착의 등을 구체적으로 기재하시기 바랍니다.

[제9단원 서식 2] 구속적부심청구서

구속적부심청구서

피의자	성명 : 주민등록번호 : 주거 :
청구인	성명 : 피의자와의 관계 : 주소 : 전화번호 : 휴대전화 :
청구이유 (간략하게 기재하고, 필요하면 별지사용)	피의자는 범죄사실을 모두 자백하고 잘못을 깊이 뉘우치고 있으며, 피해자의 치료비로 200만 원을 지급하였고 그 손해보상을 위하여 피해자를 피공탁자로 하여 500만 원을 공탁하였습니다. 이에 피의자에 대하여 석방을 청구하오며, 필요한 경우 보증금 납입조건부 석방을 요망합니다.
보증서제출 허가 요망서	위 구속적부심 청구에 있어서 보증금을 현금으로 납부하는 것에 갈음하여 아래 사람이 보증보험증권을 첨부한 보증서를 제출하고자 하오니 이를 허가하여 주시기 바랍니다. 이름 : 주민등록번호 : 주소 : 전화번호 : 휴대전화 : 피고인과의 관계 : 피고인의 ( ) 요망인 (날인 또는 서명)
첨부서류	☑ 있음 (공탁서 1부) ☐ 없음

20 . . .

청구인 (서명 또는 날인)

○○지방법원 귀중

[제9단원 서식 3] 보석허가청구서

보석허가청구서

사　　건
피 고 인

청 구 취 지

피고인　　　　　에 대한 보석을 허가한다.
라는 결정을 구합니다.

청 구 원 인

(보석을 신청하는 사유와 필요성을 구체적으로 기재하십시오.)

첨 부 서 류

1. 주민등록등본
2. 가족관계증명서
3. 재산관계진술서
4.

20　　．　．　．

청구인　　　　　　　(서명 또는 날인)
　　주소 :
　　연락처 :
　　피고인과의 관계 :

○○법원 귀중

[제9단원 서식 4] 형사합의서

합 의 서

피해자　　성명:　　　　　　　주민등록번호:
　　　　　주소:
　　　　　연락처:

가해자　　성명:　　　　　　　주민등록번호:
　　　　　주소:
　　　　　연락처:

피해자　　　　　은 20 . . . 10:00경 서울 ○○구 ○○로 ○○빌딩 앞 노상에서 가해자　　　　　으로부터 8주간의 치료를 요하는 왼팔 골절상의 폭행을 당하고 가해자　　　　을 ○○경찰서에 신고한 사실이 있는데, 20 . . . 20:00경 ○○에서 가해자　　　　　으로부터 치료비 등으로 현금 ＿＿＿＿＿＿＿ 원을 받아 가해자의 처벌을 원치 않으며, 피해자는 차후로 이 사건으로 민·형사상의 이의를 제기하지 않을 것으로 본 합의서를 작성, 각각 1통씩 나누어 보관하기로 한다.

　　　　　　　　　　　피해자　　　　　　(서명 또는 날인)

　　　　　　　　　　　가해자　　　　　　(서명 또는 날인)

　　　　　　　　　　　　　　　　　　　　　　○○경찰서장 귀하

[제9단원 서식 5] 정식재판청구서

정식재판청구서

		공판절차
		사건번호
		재판부
사건	20 고약 (죄명) ※ 우측 음영부분은 기재하지 마십시오.	20 . . . 공판기일 통지서 및 국선변호인 선정고지를 각 받았음 20 . . . 영수인 ㊞
피고인	성명 : **송달 가능한 주소 :** **전화번호:**　　　　　　　**휴대전화:**　　　　　이메일 주소 ※ 이 사건의 재판기일 등에 관한 정보를 휴대전화 문자메시지를 통하여 수신하는 것에 **동의하실 경우** 아래 체크박스에 체크표시를 하시기 바랍니다. 휴대전화 문자메시지를 통한 기일 정보 수신 동의 ☐	
약식명령	벌금 (　　　　　　)만 원의 약식명령을 20 . . . 수령하였습니다.	
청구이유	위 약식명령에 대하여 아래와 같은 이유로 정식재판을 청구합니다(해당란에 V 표시). ☐ 벌금액수가 너무 많다. ☐ 공소사실을 인정할 수 없다. ☐ 기타 ※ 구체적 내용과 이유 및 기타 특별한 사정이나 재판에서 참작해 주기를 바라는 사항을 기재하십시오 　(분량이 많으면 별지를 사용하셔도 됩니다).	
관련사건	☐ 없음 ☐ 있음 [계류 중인 기관(경찰, 검찰, 법원명)　　　　　사건번호　　　　　] ※ 관련사건은 피고인에 대한 본건 이외의 관련 형사사건, 피해자와 사이에 손해배상 청구 등 민사사건, 공소사실과 관련된 인·허가처분의 취소 등을 구하는 행정사건을 말합니다.	
접수인	20 . . . 청구인　　　　(서명 또는 날인) (피고인과의 관계　)	

[제9단원 서식 6] 배상명령신청서

배상명령신청서

사 건

신 청 인 성명 :
주소 :

피 고 인 성명 :
주소 :

1. 배상을 청구하는 금액 금   만 원

2. 배상의 대상과 내용
피고인은 20 . . . 위 신청인의 주소지에서 신청인을 속여 차용금 명목으로 금 _____만 원을 편취한 혐의로 현재 귀원에서 공판 계속 중에 있습니다.
따라서 신청인은 피해금 _____만 원에 대한 배상을 구하여 이 배상명령을 신청합니다.

20 . . .

신청인   (서명 또는 날인)
(연락 가능한 전화번호:)

첨부서류: 차용증서 1통

○○법원 귀중

[제9단원 서식 7] 형사보상청구서

형사보상청구서

청 구 인
    주　　　소 :
    등 록 기 준 지 :
    성　　　명 :
    주민등록번호 :

1. 청 구 금 액 　 금 　　　　　　　 만 원
2. 청구원인사실
    가. 구속년월일
    나. 구속장소
    다. 석방년월일
    라. 구금일수
    마. 재판진행상황

심 급	사건번호	법 원	선고년월일	재판결과	확정년월일

3. 청구인은 위 2항과 같이 구속되었다가 무죄판결을 선고받고 석방된 사실이 있는 바, 판결이 확정된 사실을 안 날부터 3년이 경과하지 않았고, 판결이 확정된 날부터도 5년이 경과하지 않았기에 형사보상 및 명예회복에 관한 법률 제2조(3조)에 의하여 위 1항 청구금액과 같이 형사보상청구를 합니다.
4. 첨부서류
    가. (무죄) 판결등본 각 1통
    나. 판결 확정증명 1통
    다. 청구인이 상속인일 경우 상속을 증명하는 서면 (발행일로부터 3월 이내) 각 1통
  (예시) 피상속인의 사망 사실 및 상속권자와 상속인을 확인할 수 있는 제적등본,
      가족관계증명서, 기본증명서, 친양자입양관계증명서 등

20　　. 　. 　.

청구인　　　　　　(서명 또는 날인)
(연락 가능한 전화번호 : 　　　　　　)

○○법원 귀중

[제9단원 서식 8] 항소장 및 항소이유서(형사)

항 소 장

사 건
피 고 인

위 사건에 관하여 피고인은 귀 법원에서 20   .   .   . 판결을 선고받았으나 이에 불복하므로 항소를 제기합니다.

20   .   .   .

제출인(피고인)   (서명 또는 날인)
주소 :
연락처 :

○○법원 귀중

항소이유서

사 건   [담당법원: 담당재판부 제 부]
피 고 인

피고인은 20   .   .   . _____죄로 _____법원에서 _____형의 선고를 받고 이에 불복하여 항소하였는 바, 아래와 같이 항소이유서를 제출합니다.

항소이유의 요지
(항소이유로 주장하는 항목 옆의 괄호에 ○표를 합니다.)
1. (   ) 원심의 형량이 너무 무거워서 부당하다.
2. (   ) 피고인은 원심이 유죄로 인정한 범죄 전부 (   ) 또는 그중 일부 (   )를 저지른 바가 없다.
3. (   ) 원심의 판단에는 헌법, 법률, 명령, 규칙을 위반하였거나, 법리를 오해하여 판결에 영향을 미친 위법이 있다.
4. 기타사항 :

위 항소이유에 관한 구체적 설명
※ 항소이유서에는 형사소송규칙 제155조에 따라 항소이유를 구체적으로 명시하여야 합니다. 적법한 항소이유의 기재가 없는 경우 항소가 기각될 수 있으므로 구체적으로 기재하시기 바랍니다(별도 용지 사용 가능).

20   .   .   .

피고인   (서명 또는 날인)

연락처 :

○○법원 귀중

[제9단원 서식 9] 항고장

항 고 장

항 고 인   성명 :
(고소인)   주소 :

피고소인   성명 :
　　　　　 주소 :

피고소인에 대한 ○○지방검찰청 20   형제   호 사기 등 피의사건에 관하여 ○○지방검찰청 검사   는 피고소인에게 혐의가 없다는 이유로 20 . . .자로 불기소처분 결정을 한 바, 이에 대하여 고소인은 불복하여 항고를 제기합니다.
(고소인은 위 불기소처분 결정 통지를 20 . . .에 수령하였습니다.)

항 고 이 유

　검사의 불기소이유의 요지는 증거 불충분 등의 이유로서 피의사실에 대한 증거가 없다는 것인 바, 기타 제반 사정을 종합 검토하면 본 건 고소사실에 대한 증거는 충분하여 그 증명이 명백함에도 불구하고 증거가 불충분하다는 이유로 불기소처분한 것은 부당하니 재수사를 명하여주시기 바랍니다.

첨 부 서 류

1. 불기소처분 통지서   1통

20 . . .

항고인　　　　(서명 또는 날인)
(연락 가능한 전화번호:　　　　　)

○○고등검찰청 귀중

[제9단원 서식 10] 금전공탁서(형사공탁)

금전공탁서 (형사공탁)

공탁번호		년 월 일 신청		년 월 일 신청	법령조항	공탁법 제5조의2
공 탁 자	성 명 (상호, 명칭)		피 공 탁 자	성 명		
	주민등록번호 (법인등록번호)			법원의 명칭과 사건번호 및 사건명		
	주 소 (본점, 주사무소)					
	전화번호			검찰청의 명칭과 사건번호		
공 탁 금 액	한글		보 관 은 행		은행 지점	
	숫자					
공탁원인사실	공탁자는 0000. 0. 0. 00:00경 ○시 ○○구 ○○로 ○길 ○, ○○식당 앞에서 피해자 를 폭행한 사실과 관련하여 손해배상금을 피해자에게 지급하려 하였으나 재판기록·수사기록 중 피해자의 인적사항에 대한 열람·복사 불허가의 사유로 인하여 피해자의 인적사항을 알 수 없으므로 금 000 원을 공탁함					
비고(첨부서류 등)					□ 계좌납입신청	

위와 같이 신청합니다.   대리인 주소
                                            전화번호
   공탁자 성명   인(서명)   성명   인(서명)

회수제한 신고	공탁자는 피공탁자의 동의가 없으면 위 형사사건에 대하여 무죄판결이 확정될 때까지 공탁금에 대한 회수청구권을 행사하지 않겠습니다. 공탁자 성명 인(서명) 대리인 성명 인(서명)

위 공탁을 수리합니다.
공탁금을 년 월 일까지 위 보관은행의 공탁관 계좌에 납입하시기 바랍니다.
위 납입기일까지 공탁금을 납입하지 않을 때는 이 공탁 수리결정의 효력이 상실됩니다.

                                      년   월   일
        법원   지원   공탁관   (인)

(영수증) 위 공탁금이 납입되었음을 증명합니다.

                                   년   월   일
           공탁금 보관은행(공탁관)   (인)

[제9단원 서식 11] 자동차손해배상보장사업 손해보상금 지급청구서

자동차손해배상보장사업 손해보상금 지급청구서

20 년 월 일

다음과 같이 (무보험, 보유불명) 자동차사고가 발생하였으므로 자배법 제30조에 정한 바에 따라 손해배상금을 청구하오니 지급하여 주시기 바랍니다. 만약 동 사고가 동법 제5장에 규정한 보장사업으로 보상하는 사고가 아닌 것으로 판명되거나, 가해자측으로부터 손해배상금을 받았거나 향후 받을 경우에는 받은 금액을 한도로 수령한 손해보상금 전액을 즉시 귀사에 반환하겠습니다.

○ 청구자 주 소 : _____
　　　　　성 명 : _____ (인)
　　　　　(피해자의　　　　　　　등록번호 : _____)

사 고 일 시	20 . . . 　　：	사고장소	
청 구 액		경찰서명 (사건번호)	(　　　　　　　)
피해자 성명			(　　　　　　　)
피해자 주소			

※ 단, 승인번호 부여 이후(청구 이후)의 보험사업자 변경은 불가합니다.

※ 보험사기는 범죄이며, 형법에 의거 10년 이하의 징역이나 2천만 원 이하의 벌금에 처해질 수 있습니다.

권 리 양 도 증

20 년 월 일

위 사고에 대하여 20   .   .   . 손해보상금으로 金 _____ 원整(치료비 포함)을 귀사로부터 수령하였습니다. 이에 위 손해보상금의 범위 내에서 본인이 가해자측에 대하여 가지는 손해배상청구권을 본인이 갖는 권리에 우선하여 귀사에 양도합니다.

○ 위임자 주 소 : _____
　　　　　성 명 : _____ (인)

위 임 장

20 년 월 일

위 사고로 인한 피해자의 치료비를 우선 지급할 수 있도록 치료비의 청구권과 영수권을 _____ 병(의)원장에게 위임합니다.

○ 위임자 주 소 : _____
　　　　　성 명 : _____ (인)

제10단원
헌법과 기본권

제1장 헌법이란

헌법은 한 나라의 자치질서에 관한 국내법이다. 또한 헌법은 한 나라의 법, 질서 중에서 가장 강한 효력을 가진다. 법질서 중에서 차지하는 헌법의 좌표와 헌법의 우선적 효력에 대해서는 다툼이 없다. 즉 헌법은 한 나라의 권력구조와 국민의 기본권을 규정하는 국가의 기본질서를 뜻하기 때문에 다른 법률처럼 함부로 고칠 수 없는 최고의 규범이다. 헌법에 위배되는 법률은 그 법률적 효력을 상실하게 된다.

제2장 국민의 기본권

헌법이 보장하는 국민의 기본적인 권리를 기본권이라고 한다. 우리나라 헌법은 제10조에서부터 국민의 기본권을 보장하고 있는데, 내용에 따라 분류해 보면 아래 표와 같다.

제1절 국민의 기본권의 분류

구분	내용	특징
기본권의 일반규정	인간의 존엄과 가치, 행복추구권	기본권의 이념 규정
평등권	법 앞의 평등, 기회의 균등	불합리한 차별을 받지 않을 권리
자유권	신체의 자유(가장 기본적인 자유권) 주거 및 사생활의 자유 언론·출판·집회·결사의 자유 등	포괄적이며 소극적인 권리 적법절차의 원리 중요
사회권	인간다운 생활을 할 권리 교육받을 권리, 환경권, 근로의 권리	적극적이고 현대적인 권리 복지국가에서 중요
청구권	국가에 대하여 일정한 청구를 할 수 있는 권리 (청원권, 국가배상청구권 등)	기본권 보장을 위한 기본권 열거적, 적극적 권리
참정권	정치에 참여할 권리 (선거권, 공무담임권, 국민투표권)	능동적 권리

제2절 선거권과 피선거권

> 현재 우리나라 국회의원 피선거권이 25세 이상인가요, 18세 이상인가요?

18세 이상의 국민은 국회의원의 피선거권이 있습니다(공직선거법 제16조제2항, 2022. 1. 18. 개정). 선거권자와 피선거권자의 연령은 선거일 현재로 산정합니다(동법 제17조).

국민이 직접·간접으로 국정에 참여할 수 있는 권리를 참정권(參政權)이라 하는데, 이는 정치적 자유권이라고 한다. 일반적으로 선거권·피선거권·국민투표권·국민심사권·공무원과 배심원이 되는 권리 모두를 포함하나, 협의로는 선거권과 피선거권만을 말한다.

1. 의의

선거권은 선거에 참여하여 투표할 수 있는 권리를 말하며, 피선거권은 공직선거의 후보자로 나설 수 있는 국민의 권리를 가리킨다. 쉽게 말하면 선거권은 뽑을 권리이고, 피선거권은 뽑힐 권리이다.

즉 선거권은 각종 공직선거의 선거인단에 참여할 수 있는 국민의 기본권이고, 피선거권은 선거에 의해 대통령·국회의원·지방의회의원 등 국가기관의 구성원으로 선출될 수 있는 국민의 기본권이다. 공직선거법에 따른 선거권과 피선거권의 내용은 다음 항목에서 설명한다. 선거권자와 피선거권자의 연령은 선거일 현재로 산정한다(공직선거법 제17조).

2. 자격요건

(1) 선거권(공직선거법 제15조)

18세 이상의 국민은 대통령 및 국회의원의 선거권이 있다.

(2) 피선거권(공직선거법 제16조)

① 대통령의 피선거권

선거일 현재 5년 이상 국내에 거주하고 있는 40세 이상의 국민은 대통령의 피선거권이 있다. 이 경우 공무로 외국에 파견된 기간과 국내에 주소를 두고 일정 기간 외국에 체류한 기간은 국내거주기간으로 본다.

② 국회의원 피선거권

18세 이상의 국민은 국회의원의 피선거권이 있다.(개정 2022. 1. 18.)

③ 지방의회의원 및 지방자치단체장 피선거권

지방의원 선거일 현재 **계속하여 60일 이상**(공무로 외국에 파견되어 선거일 전 60일 후에 귀국한 자는 선거인명부 작성기준일부터 계속하여 선거일까지) **해당 지방자치단체의 관할구역에 주민등록이 되어 있는 주민으로서 18세 이상의 국민**은 그 지방의회의원 및 지방자치단체의 장의 피선거권이 있다. 이 경우 60일의 기간은 그 지방자치단체의 설치·폐지·분할·합병 또는 구역변경에 의하여 중단되지 아니한다.

만약 지방자치단체의 사무소 소재지가 다른 지방자치단체의 관할구역에 있어 해당 지방자치단체의 장의 주민등록이 다른 지방자치단체의 관할구역에 있게 된 때에는 해당 지방자치단체의 관할구역에 주민등록이 되어 있는 것으로 본다.

3. 선거권과 피선거권이 없는 자

자격요건에 부합함에도 불구하고 선거권과 피선거권이 없는 자는 다음과 같다.

(1) 선거권이 없는 자(공직선거법 제18조)
  ① 금치산선고를 받은 자
  ② 1년 이상의 징역 또는 금고의 형의 선고를 받고 그 집행이 종료되지 않거나 그 집행을 받지 않기로 확정되지 않은 사람. 다만 그 형의 집행유예를 선고받고 유예기간 중에 있는 사람은 제외한다.
  ③ 선거범, 정치자금부정수수죄(정치자금법 제45조) 및 선거비용 관련 위반행위(정치자금법 제49조)를 범한 자 또는 대통령·국회의원·지방의회의원·지방자치단체의 장으로서 그 재임 중의 직무와 관련하여 수뢰, 사전수뢰, 알선수뢰죄(형법 제129조 내지 제13조, 특정범죄가중처벌 등에 관한 법률 제3조)를 범한 자로서, 100만 원 이상의 벌금형 선고를 받고 그 형이 확정된 후 5년, 또는 형의 집행유예의 선고를 받고 그 형이 확정된 후 10년을 경과하지 않거나 징역형의 선고를 받고 그 집행을 받지 않기로 확정된 후 또는 그 형의 집행이 종료되거나 면제된 후 10년을 경과하지 않은 자(형이 실효된 자도 포함)
  ④ 법원의 판결 또는 다른 법률에 의하여 선거권이 정지 또는 상실된 자

(2) 피선거권이 없는 자(공직선거법 제19조)
  ① 공직선거법 제18조 제1항제1호·제3호 또는 제4호에 해당하는 자
  ② 금고 이상의 형의 선고를 받고 그 형이 실효되지 않은 자
  ③ 법원의 판결 또는 다른 법률에 의하여 피선거권이 정지되거나 상실된 자
  ④ 국회 회의 방해죄(국회법 제166조)의 죄를 범한 자로서 다음의 어느 하나에 해당하는

자(형이 실효된 자를 포함)
- 500만 원 이상의 벌금형 선고를 받고 그 형이 확정된 후 5년이 경과되지 아니한 자
- 형의 집행유예의 선고를 받고 그 형이 확정된 후 10년이 경과되지 아니한 자
- 징역형의 선고를 받고 그 집행을 받지 아니하기로 확정된 후 또는 그 형의 집행이 종료되거나 면제된 후 10년이 경과되지 아니한 자

⑤ 공직선거법 제230조제6항(매수 및 이해유도죄)의 죄를 범한 자로서 벌금형의 선고를 받고 그 형이 확정된 후 10년을 경과하지 아니한 자(형이 실효된 자도 포함)

제3절 국가배상청구권

국가배상제도란 공무원의 직무상 불법행위나 공공시설의 설치 또는 관리의 잘못으로 손해를 입은 국민을 위하여 국가 또는 지방자치단체에서 신속·적정한 배상을 하는 제도이다(국가배상법 제1조, 헌법 제29조).

헌법 제29조제1항에서는 공무원의 직무상 불법행위로 손해를 입은 국민은 법률이 정하는 바에 의해 국가 또는 공공단체에 정당한 배상을 청구할 수 있으며, 이 경우 공무원 책임은 면제되지 않는다고 규정하고 있다.

1. 국가배상법

국가배상법(國家賠償法)은 국가나 지방자치단체의 손해배상의 책임과 배상절차를 규정하는 대한민국의 법률이다. 판례는 국가배상법상 배상심의회에 의한 배상 결정은 행정처분이 아니라고 판시하였다.

(1) 공무원의 의미

국가공무원법이나 지방공무원법에 의하여 공무원으로서의 신분을 가진 자에 국한하지 않는다. 국가배상법 제2조 소정의 '공무원'이라 함은 국가공무원법이나 지방공무원법에 의하여 공무원으로서의 신분을 가진 자에 국한하지 않고, 널리 공무를 위탁받아 실질적으로 공무에 종사하고 있는 일체의 자를 가리키는 것으로서, 공무의 위탁이 일시적이고 한정적인 사항에 관한 활동을 위한 것이어도 달리 볼 것은 아니다(대법원 2001. 1. 5. 선고 98다39060 판결, 예 교통 할아버지).

(2) 외국인에 대한 책임

외국인의 국가배상청구권은 상호 보증이 있는 때에 한하여 인정된다(법 제7조).

(3) 배상책임

법령에 명시적으로 공무원의 작위의무가 규정되어 있지 않은 경우에도 공무원의 부작위로 인한 국가배상책임을 인정할 수 있는지 여부는, 국가가 초법규적, 일차적으로 그 위험 배제에 나서지 아니하면 국민의 생명, 신체, 재산 등을 보호할 수 없는 경우에는 형식적 의미의 법령에 근거가 없더라도 국가나 관련 공무원에 대하여 그러한 위험을 배제할 작위의무를 인정할 수 있을 것이다(대법원 2005. 6. 10. 선고 2002다53995, 1998. 10. 13. 선고 98다18520, 2001. 4. 24. 선고 2000다57856 판결 등).

2. 배상신청을 할 수 있는 경우(국가배상법 제2조)

- 국가(지방자치단체 포함)의 차량 · 군용차량에 의하여 신체상, 재산상 손해를 입은 때
- 공공시설물(도로, 교량, 상하수도 등)의 설치 또는 관리의 잘못으로 신체상, 재산상 손해를 입은 때
- 군 작전훈련에 의하여 신체상, 재산상 손해를 입은 때
- 공무원, 군인(군무원 포함)의 직무상 불법행위로 신체상, 재산상 손해를 입은 때
- 주한 미군인(군무원 포함)의 불법행위나 미 군용차량 등으로 신체상, 재산상 손해를 입은 때 등이다.

3. 신청방법

국가배상법에 따라 배상금을 지급받으려는 자는 주소지 · 소재지 또는 배상원인 발생지를 관할하는 지구심의회에 배상신청을 해야 한다(법 제12조, 시행령 제8조). 군대 · 군인의 불법행위를 원인으로 신청하는 경우에는 국방부 각급 사단 이상의 부대에 설치된 배상심의회에, 그 외의 원인으로 신청하는 경우에는 각 지방검찰청에 설치된 배상심의회에 신청한다.

또한 민사법원에 소를 제기할 수 있는데, 국가배상법상 손해배상청구 소송의 경우 배상심의회에 배상신청을 하지 않고도 제기 가능하다(법 제9조).

4. 배상신청 시 구비서류

공통구비서류	· 국가배상신청서 · 주민등록등본(법인인 경우에는 법인등기부등본) · 신분증(주민등록증, 운전면허증, 기간만료 전 여권 등) 사본(앞뒷면)
피해자가 사망한 경우	· 가족관계등록부 · 사망진단서(가족관계등록부에 사망사실이 기재된 경우 불필요) · 월수입액 증명서 · 치료비 영수증 또는 명세서(치료 중 사망한 경우)
피해자가 상해를 입은 경우	· 진단서 또는 소견서 · 치료비 영수증 또는 명세서(향후 치료비 추정서 포함) · 월수입액 증명서(수입손실이 있는 경우)
건물, 차량, 선박 등 피해의 경우	· 등기부 또는 등록원부 등본 · 수리비 영수증 또는 그 내역명세서 · 월수입액 증명서(수입손실이 있는 경우)
토지 피해의 경우	· 등기부등본 또는 토지(임야)대장 등본 · 복구비 영수증 또는 그 내역명세서
기타 손실의 경우	· 손해의 내용을 명백히 하는 서류

5. 배상신청에 대한 배상심의회의 결정

배상심의회는 국가배상에 관하여 심의하고 결정하며 이를 신청인에게 송달하는 권한을 가진 합의체 관청이다. 배상금을 지급받고자 하는 사람은 그 주소지의 지방검찰청에 설치된 지구심의회에 배상신청을 하고, 지구심의회는 조사를 거쳐 4주 이내에 배상결정 또는 배상신청 기각결정을 해야 한다.

(1) 배상결정을 한 때

심의회가 배상결정을 한 때에는 그 결정이 있는 날로부터 1주일 이내에 그 결정정본을 신청인에게 송달하여야 한다. 결정정본을 송달받은 신청인은 그 결정에 동의하는 경우 동의서를 첨부하여 국가 또는 지방자치단체에 배상금 지급을 신청해야 한다. 신청인이 동의하거나 지방자치단체가 배상금을 지급한 때에는 민사소송법상의 규정에 의한 화해가 성립한 것으로 하며, 심의회의 배상결정에 대한 취소소송을 제기할 수 없다.

배상결정을 받은 신청인이 배상금 지급을 청구하지 않거나, 지방자치단체가 2주 내에 배상금 지급을 하지 않는 때에는 그 배상결정에 동의하지 않은 것으로 본다.

(2) 배상신청을 기각한 경우

배상금 지급 신청이 기각된 신청인은 그 결정정본을 송달받은 날로부터 2주 이내에 당해

심의회를 거쳐 법무부나 국방부에 설치된 본부심의회 또는 특별심의회에 재심을 신청할 수 있다(법 제15조의2). 재심신청을 하지 않고 곧바로 법원에 소송 제기도 할 수 있다.

(3) 배상심의회의 결정에 불만이 있는 경우

배상심의회에서의 결정전치주의의 요건을 충족한 이후, 배상심의회의 결정에 불복하는 자는 법이 정한 기간 내에 소송을 제기할 수 있다.

6. 배상범위

국가나 지방자치단체의 손해배상책임에 대해 국가배상법에 규정된 사항 외에는「민법」을 준용하게 되는데, 다만 민법 이외의 다른 법률에 규정이 있는 경우 해당 기준에 의하게 된다.

(1) 공무원의 업무과실로 타인의 생명을 해친 경우라면 추후 취업가능 기간을 기준점으로 유족배상 및 장례비용과 위자료가 지급된다. 또한 **타인의 신체를 해한 경우** 치료비, 휴업배상, 요양비, 완치 후 신체장해에 대한 배상 및 위자료를 지급하며 **타인의 물건을 잃어버리거나 훼손하였다면** 수리비와 수리하는 기간 동안 휴업배상을 검토한다.
(2) 태풍이나 홍수 등의 자연재해로 인해 돌이킬 수 있는 피해를 입는 경우도 상당수 존재하는데 공무원의 과실이나 고의 또는 공물 하자에 의해 피해가 발생하거나 피해가 더욱 커졌다는 사실이 입증되면 국가배상법이나 민법에 따라 배상받을 수 있다. **영조물 설치나 관리 하자로 인한 손해배상에 해당하는 것은** 신호등이 고장 난 상황에서도 포함되며, 도로 상 맨홀이 방치되거나 낙석 방지 조치를 안 한 경우, 산비탈이 무너진 상황 등을 말할 수 있다.
(3) 행정업무 중 공무원의 직무상 불법행위에 해당하는 것은 이해관계인의 승낙서 및 판결서 없이 등기말소 폐쇄 등이 있다.
(4) 한편, 군인 및 경찰이 훈련으로 전사 혹은 순직하였다면 **재해보상금, 유족연금 등의 보상이 정해져 있기 때문에 손해배상에 대한 부분은 청구가 어렵다.** 피해자가 사망하였을 때 유족은 피해자가 사망한 당시 월급 및 월 실수입액, 평균임금에 장래에 취업이 가능한 기간을 곱한 금액 등으로 유족배상이 이루어진다.

7. 국가배상제도의 장점

- ■ 간편한 절차
  신청서와 간단한 구비서류 제출만으로 배상해 준다(소송 제기나 변호사 선임이 필요하지 않고, 비용이 들지 않음).

- **충분한 배상**
  소송을 제기하여 승소했을 때와 같은 실 손해액을 받는다.
- **기회 보장**
  배상심의회의 결정에 불만이 있을 때에는 법원에 소송을 제기할 수 있다.

🖊️ 국가배상 관련 사례

[1] 국가배상청구권 소멸시효

> 국가에 대한 손해배상청구권의 소멸시효는 언제까지인가요?

국가배상청구권은 공무원의 고의·과실로 피해가 발생하였을 때, 피해자나 그 법정대리인이 손해 및 가해자를 안 날부터 3년, 불법행위가 있은 날부터 5년이 지나면 시효로 인해 소멸합니다(국가배상법 제8조, 민법 제766조제1항, 국가재정법 제96조제2항 및 지방재정법 제82조제2항). 때문에 피해자가 손해에 대해 보상을 요청하기 위해서는 피해사실을 알게 된 날로부터 3년 이내에 해야 하며, 불법행위가 발생한 날로부터 5년이라는 기한을 초과해서는 안 됩니다.

한편 미성년자가 부당한 피해를 입은 경우 성인(만 19세 이상)이 되기까지 소멸시효는 존재하지 않습니다(민법 제766조제3항). 여기서 말하는 시효는 자신이 받은 피해에 대한 권리를 주장할 수 있는 기한을 의미하기에 빠른 조치와 대처가 필요합니다.

[2] 국가배상소송을 하려면 인과관계가 확실해야 한다

국가배상청구권에서 법령해석의 잘못과 공무원 과실 인정 여부는 사안에 따라 결과가 달라질 수 있습니다. 가장 중점적인 부분은 공무원의 행위가 법령에 위배되는 것과 이로 인해 손실이 발생해야 하며, 인과관계가 확실하다면 국가 혹은 지방자치단체가 배상의무자가 되어 손해보상을 해야 합니다. 제3자가 보았을 때도 자신의 피해를 인정받을 수 있을 정도의 증거와 상대방의 주장을 반박할 수 있는 준비가 철저하게 이루어져야 합니다.

[3] 국가이중배상금지

헌법 제29조제2항, 국가배상법 제2조제1항단서 [합헌] (헌법재판소 94헌바20 결정)

예비군 동원훈련소집 중 사고로 사망한 사람의 유족이 제기한 헌법 제29조제2항 등 위헌소원(국가이중배상금지)에 대한 헌법재판소의 판시는 "특수임무수행자는 보상금 등 산정과정에서 국가행위의 불법성이나 구체적인 손해 항목 등을 주장·입증할 필요가 없고 특수임무수행자의 과실이 반영되지도 않으며, 국가배상청구에 상당한 시간과 비용이 소요되는데 반해 보상금 등 지급결정은 비교적 간이·신속한 점까지 고려하면 특수임무수행자 보상에 관한 법령이 정한 보상금 등을 지급받는 것이 국가배상을 받는 것에 비해 일률적으로 과소 보상된다고 할 수도 없어 해당 조항이 과잉금지원칙을 위반해 국가배상청구권 또는 재판청구권을 침해한다고 보기 어렵다."고 하였습니다.

관련 판례

[1] 1950년대 주한미군 주둔지에 조성된 기지촌에서 성매매를 제공한 여성들에게 국가배상책임 인정(대법원 2022. 9. 29. 선고 2018다224408 판결)

A씨 등은 1957년부터 한국 각 지역 소재 미군 주둔지 주변의 기지촌에서 미군을 상대로 성매매를 했다. A씨 등은 정부가 "1950년대부터 미군 위안시설을 지정하고 위안부를 집결시켜 성병을 조직적으로 관리하는 등 기지촌 형성과 운영에 관여해왔고, 성매매를 조장하고 조직적인 성병 관리업무로 불법 격리·수용치료를 해 피해를 입었다."며 소송을 제기하였다. 당초 소송에는 120명이 참여했지만, 재판과정에서 일부가 소를 취하하여 상고심 선고 시점의 원고는 총 95명이다.

1심은 격리·수용치료에 국한하여 일부 원고들에 대해서만 위자료를 인정하면서, A씨 등 57명에게 각 500만 원을 지급하라며 원고 일부승소 판결을 했다. **2심**은 배상범위와 배상액을 늘려 불법적인 기지촌 조성과 운영·관리, 조직적·폭력적 성병 관리, 성매매 정당화 조장 등 정부의 책임을 인정하면서 117명에게 총 6억 4,700만 원을 배상하라고 판결했다.

대법원도 항소심 판결에 문제가 없다고 보고 이를 확정했다. 재판부는 "국가의 기지촌 조성·관리·운영 행위와 성매매 정당화 및 조장 행위는 구 윤락행위방지법을 위반한 것일 뿐만 아니라 인권존중의무 등 마땅히 준수되어야 할 준칙과 규범을 위반한 것으로서 위법"하다며, A씨 등은 국가의 위법행위로 인격권 내지 인간의 존엄성을 침해당함으로써 정신적 피해를 입었다고 볼 수 있고, 위법한 격리·수용치료를 받은 일부 원고들의 경우 이와 별도로 정신적 피해를 입었다고 볼 수 있다고 밝혔다.

이어 과거사정리법 제2조제1항제4호의 중대한 인권침해 사건에 대해서는 장기 소멸시효의 적용이 배제되고 단기 소멸시효만 적용되는데, **국가의 이러한 행위는 위 조항의 중대한 인권침해 사건에 해당하므로 국가의 장기 소멸시효 항변을 배척하고 손해배상책임을 인정**한 원심 결론은 정당하다고 판결하였다.

[2] 토지이용규제기본법 제8조제9항에 따른 국토이용정보체계 등재의무 위반행위에 국가배상 책임 인정(대법원 2019. 10. 18. 선고 2017다202968 판결)

이 사건 부동산은 울산광역시 지정문화재 근처에 위치하여 문화재 관련 법령에 따라 문화재 보존에 영향을 미치지 않는 경우에만 건축 등 행위가 허가되는 문화재보존영향 검토대상구역이다. 원고는 피고 군수가 토지이용규제기본법 제8조제9항을 위반하여 이와 같은 규제 내용을 국토이용정보체계에 등재하지 않아, 이를 모르고 부동산을 매수한 것에 대하여 손해배상을 청구하였다.

대법원은 원심이 울산광역시 지정문화재의 문화재보존영향 검토대상구역이 토지이용규제기본법에 관한 국토교통부 고시에 포함되지 않았더라도 피고가 이를 국토이용정보체계에 등재할 의무가 있다고 본 것은 잘못이지만, 이미 '토지이용규제를 하는 지역·지구 등'에 관한 2006. 6. 7.자 국토교통부 고시에 해당 구역이 포함되어 있었으므로 피고는 울산광역시장의 통보에 따라 그 규제 내용을 등재할 의무가 있었다는 이유로, 결과적으로 피고의 손해배상책임을 인정한 원심 판결 결과에 영향을 미친 잘못은 없다고 보아 피고의 상고를 기각하였다.

이 판결은 **토지이용규제기본법 제5조, 제8조의 절차를 준수하여 규제지역으로 효력이 있는 경우에 국토이용정보체계 등재의무가 있다는 점을 명확히** 하고, 이 의무가 **토지를 거래하고 이용하는 국민 개개인의 이익을 보호하기 위해 설정된 것으로서 제3자 보호성이 인정됨을 전제로 하여 그 등재의무 위반행위에 대한 국가배상책임을 인정**한 것이다.

제4절 환경에 관한 법률상식

환경법은 환경을 보호하기 위한 다양한 법률을 아울러 이르는 말이다. 헌법 제35조제1항은 '모든 국민은 쾌적한 환경에서 생활할 권리를 가지며, 국가와 국민은 환경 보전을 위해 노력해야 한다.'라고 국민의 환경권 보장과 환경보전의 의무를 함께 명시하고 있다. **환경의 오염이나 훼손을 막고 지속가능하게 관리·보전하기 위한 법**으로, 분야별 법률을 통해 환경권을 현실에서 보장받게 하고, 환경보전의 의무를 지키게 만드는 역할도 한다.

국내 환경법은 「환경정책기본법」에 기초하여 제정된다. **환경정책기본법**은 환경과 환경오염 등을 정의하고, 환경 관련 법령을 만들 때 필요한 기준을 정한 법이다. 환경정책기본법을 바탕으로 오염 분야별 대책법의 성격을 가지는 환경관계법이 구성되어 있다.

환경관계법은 분야별로 환경영향평가, 자연환경, 대기환경, 수질, 폐기물, 유해화학물질, 먹는물, 환경범죄, 해양, 피해분쟁조정 등으로 나뉜다. 대표적인 법률로는 「자연환경보전법」, 「대기환경보전법」, 「물환경보전법」, 「폐기물관리법」, 「먹는물관리법」 등이 있다. 2020년

기준 환경법에 해당하는 법률은 88건이며, 대통령령·환경부령 등을 포함하면 총 237건이다.

1. 환경과 환경오염

"**환경**"이란 **자연환경과 생활환경**을 말한다. 환경이란 우리들이 생활하고 있는 주위를 둘러싸고 직·간접으로 영향을 주는 자연을 말하며, 사회의 조건이나 형편으로 이러한 환경이 오염물질로 더럽혀지는 현상 또는 상태를 환경오염이라고 한다.

"**환경오염**"은 자연계로 배출된 오염물질의 양이 자연의 자정능력(自淨能力)을 초과할 때 나타난다. 환경오염 내지 자연파괴는 인류의 역사와 함께 시작되었다고 할 수 있으나, 18세기 중엽 산업혁명 이전까지는 자연계의 환경용량에 비하여 그 오염행위가 미미하였기 때문에 오염 현상이 가시화되지 않았다. 그러나 그 후 과학기술의 발달, 이로 인한 산업화와 공업화의 진전, 도시화, 인구의 증가 등이 환경오염과 자연파괴를 가속화시켰다.

우리나라는 봄, 여름, 가을, 겨울의 4계절이 뚜렷하고 맑은 공기와 깨끗한 물, 기름진 땅으로 예로부터 금수강산이라고 불려왔다. 그러나 1960년대부터 시작된 경제개발과 그로 인한 경제성장은 우리에게 물질적인 풍요를 안겨주었지만 환경문제를 소홀히 한 결과, 물과 공기는 물론 땅까지도 오염되어 생활환경이 위협받게 되고 이제는 우리 자신의 건강까지도 걱정하게 되었다.

2. 환경오염의 원인

환경오염은 대기오염, 수질오염, 토양오염 등 여러 가지 형태로 나타나는데, 공기는 주로 난방, 자동차 운행, 산업용 열 공급 등 석유나 석탄을 태울 때 나오는 물질에 의하여 오염되며, 오염물질로는 황산화물(SOx), 질소산화물(NOx), 일산화탄소(CO), 먼지, 옥시던트(Ox) 등이 있다. 물은 가정의 생활하수, 공장의 산업폐수, 농촌에서의 축산폐수나 비료·농약 등의 영농화학물질 등에 의하여 오염되고 있다. 특히 국민소득의 증가로 소비가 늘어나고 산업발달이 가속화되면서 쓰레기 발생량이 급격히 증가하며 대기오염, 수질오염, 쓰레기 발생 등의 여러 복합적인 요인에 의하여 토양이 오염되고, 오염된 토양에서 자란 작물을 사람이 섭취하면 피해를 입게 된다.

3. 오염행위의 규제

(1) 환경영향평가

도시의 개발, 산업입지 및 공업단지 조성, 체육시설의 설치 등 환경에 미치는 영향이 큰 개발 사업계획을 수립·시행함에 있어서 당해 사업의 시행으로 인한 환경적 악영향을 예측·분석하여 저감 방안을 강구함으로써 환경오염을 사전 예방하는 제도로, 사업자는 환경영향평가서 초안을 작성하여 주민의 의견을 수립한 후 그 내용을 반영한 평가서를 작성하여 사업승인기관의 장에게 제출하고 사업승인기관의 장 및 환경부장관은 평가서의 검토 및 보완 등의 조치가 완료된 후 환경영향평가에 관한 협의내용을 이끌어낸다. 이러한 협의내용은 사업승인 시 사업계획에 반영되어 이행된다.

(2) 자연환경의 보호

국가가 국토의 개발 및 이용, 기타 자연환경에 영향을 미치는 정책을 수립할 때는 자연환경의 보전을 위한 조치를 강구하여야 하며, 매 10년마다 자연보전 기본계획을 수립·시행하고, 전국에 걸쳐 지형·야생동식물 등 자연환경에 대한 기초조사를 실시하여야 한다. 또한 자연환경의 보전을 위하여 필요한 경우에는 녹지보전지역, 자연생태계 보호지역, 특정 야생동·식물 보호지역, 해양생태계 보호지역 등 자연생태계 보전지역을 지정하여 행위 제한을 할 수 있도록 하고 있으며, 멸종위기에 처한 야생 동·식물 보호를 위하여 이들의 수출입에는 허가를 받도록 하고 있다.

(3) 배출시설에 대한 규제

① 환경기준의 설정

사람의 건강을 보호하고 쾌적한 생활환경을 유지·보전하는 데 필요한 환경상의 기준이 환경기준인데, 각종 오염 규제시책은 환경기준을 달성·유지하기 위한 수단이 된다.

② 배출허용기준

공장 등 오염물질 배출사업장이 당해 사업장 밖으로 폐수 또는 가스 등의 상태로 배출하는 오염물질의 최대 허용농도를 말하며, 배출규제의 핵심요소로 최근 환경오염이 심해짐에 따라 배출허용기준이 강화되고 있다.

③ 배출시설의 설치허가 및 신고

배출시설 설치허가제도는 오염물질을 배출하는 시설을 설치하고자 할 경우에 사전에 허가를 받거나 신고를 하도록 함으로써 오염물질 배출로 인한 환경오염을 최소화하기 위한 제도이다. 대상은 법에서 규정하고 있는 오염물질을 배출하는 시설 및 기계·기구로서 대기환경보전법, 수질환경보전법, 소음·진동규제법 등 각 법률에서 정한 일정 규모 이상의 시설 및 기계·기구이다. 배출시설 설치허가를 받고 이를 설치하고자 할 때는 그 시설로부터 배출되는 오염물질이 배출허용기준 이하가 되기 위하여 방지시설을 설치해야 한다.

배출시설 설치허가를 받거나 신고를 하려면 법에서 정한 구비서류를 갖추어 환경관리청장, 지방환경관리청장 또는 시·도지사에게 허가신청서 또는 신고서를 제출하여야 한다. 이 경우 환경관리청장, 지방환경관리청장 또는 시·도지사는 배출시설 설치 예정지역이 국토이용관리법, 도시계획법, 건축법 등 관계법령에서 당해 배출시설의 입지를 제한하고 있는지의 여부 등을 검토한 후 허가 여부를 결정한다.

④ 배출시설 및 방지시설의 정상 운영

사업자가 조업할 때에는 배출시설에서 배출되는 오염물질이 배출허용 기준에 적합하도록 배출시설 및 방지시설을 정상 운영하도록 의무화하고 있다. 따라서 폐수처리시설 등 방지시설을 가동하지 않고 폐수를 무단 방류하는 행위 등은 금지된다. 공장 등 배출시설 설치사업장에서 배출되는 오염물질이 배출허용기준을 초과할 경우에는 사업자에게 배출 부과금이 부과된다. 배출 부과금을 계산함에 있어서는 배출허용 기준초과 정도, 오염물질 배출량, 배출지역 등의 요인이 고려된다.

(4) 폐기물의 감량화, 재활용 및 적정처리

폐기물은 가정 또는 사무실에서 배출되는 생활폐기물과 공장과 같은 사업장에서 배출되는 사업장폐기물로 구분되는데, 생활폐기물에 대한 처리책임은 시장·군수·구청장, 사업장폐기물은 사업자가 스스로 처리하도록 하고 있다.

폐기물의 처리책임자는 폐기물관리법에서 정한 바에 따라 폐기물을 수집·운반·보관 처리하여야 한다. 또한 폐기물의 감량화를 위해 「자원의 절약과 재활용촉진에 관한 법률」은 국가, 지방자치단체, 사업자 및 모든 국민에게 자원을 절약하고 재활용을 촉진할 의무를 부여하는 한편, 종이·유리 등을 생산하는 업종에 대하여는 생산량의 일정 비율을 수거하여 재활용하도록 의무화하고 있고, 상품의 포장방법과 포장재의 재질을 규제하여 포장폐기물의 발생을 억제하고 있으며, 음식점·목욕탕 등의 일회용품 사용을 규제할 수 있도록 하고 있다.

4. 환경오염으로 인한 피해의 구제

환경오염으로 인한 피해는 일반적으로 대기, 물, 토양 등의 매개체를 통하여 발생하는 간접적 피해로, 대개 서서히 그리고 계속적 침해를 통하여 피해를 발생케 하므로 개개의 오염 발생원인으로부터 적은 양이 배출되더라도 그 양이 누적되어 심각한 피해를 초래하는 경우가 많다. 또한 오염이 확산되어 피해범위가 넓고, 피해대상이 불특정 다수인이기 때문에 그 배상액도 막대한 액수에 달하며, 피해내용도 복잡 다양한 것이 특징이다.

이렇게 환경오염으로 피해를 받은 사람이 구제받는 방법은, 첫째, 당사자 상호간 합의에 의한 해결로 시간과 비용을 크게 절약할 수 있으나, 많은 경우 합의가 잘되지 않아 실패할 가능성이 많다. 둘째, 법원에 손해배상 청구소송을 제기하여 구제받는 방법이 있는데, 가장 강제적이고 공정한 해결수단이지만 보상을 받기 위해서는 가해자의 행위가 위법하고, 그 행위에 고의·과실이 있었고, 피해발생 사실을 피해자가 입증해야 하나 그 요건을 충족시키는 것이 사실상 어려워 피해구제의 한계가 있다.

따라서 이와 같은 구제제도의 미비점을 보완하고 환경오염 피해로 인한 당사자 간의 분쟁을 간단한 절차에 의하여 신속·공정하게 처리하기 위한 행정적 구제제도가 **환경오염피해분쟁조정제도**이다. 구체적 분쟁조정방법으로는 알선·조정·재정 등 세 가지 방법이 있고, 분쟁조정을 담당할 기관으로 환경부에 중앙환경분쟁조정위원회, 시·도에 지방환경분쟁조정위원회를 두고 있는데, 그 관장사항은 다음과 같다.

(1) 중앙환경분쟁조정위원회(상설) [ecc.me.go.kr ☎ (044) 201-7969]

재정사건, 2인 이상의 시·도에 관련된 분쟁사건, 지방환경분쟁조정위원회의 이송사건, 환경기초시설의 설치 등으로 인한 예상피해 분쟁의 알선·조정

(2) 지방환경분쟁조정위원회(비상설)

당해 시·도의 관할구역에서 발생하는 사건 중 중앙환경분쟁조정위원회 관장에 속하지 아니하는 사건

5. 환경보전을 위하여 지켜야 할 사항

우리 국토는 예로부터 금수강산이라고 불리어 왔지만 오늘날에는 고도 경제성장과 산업의 발달에 따라 각종 공해물질의 배출로 인하여 환경오염이 나날이 심화되어 가고 있어 우리의 생활환경이 위협받게 되었다. 우리 삶의 보금자리인 이 자연을 온갖 공해로부터 보호하기 위해 나 자신이 바로 오염의 원인자이며 피해자라는 사실을 깨닫고 우리 생활주변과 가정에서부터 환경보전을 위한 세심한 노력을 기울여야 한다.

물과 전기를 아껴 쓰고, 합성세제와 포장지나 비닐주머니 등 일회용 생활용품도 되도록 적게 써야 한다. 음식찌꺼기나 식용유 등도 함부로 버리지 말아야 하며, 생활쓰레기는 타는 것과 타지 않는 것, 재활용할 수 있는 것으로 구분하여 버리면 쓰레기 감량에도 도움이 된다. 자동차 정비를 철저히 하고 고무, 비닐 등을 함부로 태우지 않는 것도 매연을 줄이는 방법이다. 이웃에 피해를 주는 소음은 내지 않도록 해야 한다. 깨끗한 하천을 유지하기 위해 하천에서 세차를 하거나 오물을 버리지 말며, 낚시나 등산 시에 도시락을 이용하고 내가 버리는 쓰레기는 반드시 다시 가져오도록 하여 쓰레기로 인한 오염을 방지해야 한다.

또한 토양을 보존하기 위해서 농약을 알맞게 뿌리고, 폐비닐과 빈병은 반드시 거두어야 한다. 그리고 우리 모두가 풀 한 포기, 새 한 마리도 우리의 가족처럼 아끼며 보호하는 자연사랑의 정신이 생활화되도록 해야겠다.

제3장 헌법재판을 통한 기본권 보장

국민의 기본권은 특히 국가의 공권력의 침해로부터 보호하는 것이 매우 중요하다. 우리 헌법은 모든 공권력의 행사나 불행사로 인해 국민의 기본권이 침해되었을 경우 최후의 구제수단으로서 헌법재판소를 통한 구제수단인 **헌법소원제도**를 규정하고 있다. 또 구체적인 사건에 있어 법률의 규정이 헌법에 위반되는지 여부가 재판의 전제가 되는 경우, 그 법률이 헌법에 위반되는지에 관하여 헌법재판소에서 그 여부를 결정하는 **위헌법률심판제도**를 두고 있다. 이러한 제도를 통해 국민의 기본권이라는 중요한 권리를 보장하는 것이다.

제1절 위헌법률심판

1. 위헌법률심판제도란

위헌법률심판은 국회가 의결한 법률이 헌법에 위반되는가의 여부를 헌법재판소가 심사하고, 헌법위반이 인정되는 경우 그 법률을 적용하지 않거나 그 효력을 상실하게 하는 제도이다.

2. 위헌법률심판의 절차

(1) 당사자의 위헌제청신청

법원의 재판 중 그 사건에 적용될 특정한 법률이나 법률조항이 헌법에 위반된다고 주장하는 당사자는 그 사건을 담당하는 법원에 대하여 헌법재판소에 위헌법률심판을 해달라고 요구하는 위헌제청을 신청할 수 있다.

(2) 법원의 위헌법률심판

위헌제청신청을 받은 당해 법원은 위헌이라고 의심되는 타당한 이유가 있다면 위헌제청을 한다. 또 법원은 당사자의 신청이 없더라도 직권으로 위헌심판제청을 결정할 수 있다.

3. 위헌법률심판의 요건

(1) 재판의 전제성
법률에 대한 위헌제청이 적법하기 위해서는 법원에 계속 중인 구체적인 사건에 적용할 법률이 헌법에 위반되는지의 여부가 재판의 전제로 되어야 한다.

(2) 일사부재리 원칙
헌법재판소법 제39조는 "헌법재판소는 이미 심판을 거친 동일한 사건에 대해서는 다시 심판할 수 없다."라고 규정하고 있으므로, 동일한 법원이 동일한 법률조항에 대해 상황의 변화가 없음에도 다시 위헌제청을 하는 것은 허용되지 않는다. 이를 일사부재리의 원칙이라 한다.

(3) 위헌제청을 할 수 있는 법규범
헌법재판소법에 위헌제청을 할 수 있는 법 규범은 국회의 의결을 거쳐 제정된 형식적 의미의 법률을 의미하며 현재 시행 중이거나 과거에 시행되었던 법 규범을 말한다. 형식적 의미의 법률과 동일한 효력을 가지는 긴급명령, 조약 및 일반적으로 승인된 국제법규 등도 위헌제청의 대상이 된다.

4. 법률에 대한 위헌결정의 효력

(1) 법원이 법률의 위헌 여부 심판을 헌법재판소에 제청한 때에는 **당해 소송사건의 재판은 헌법재판소의 위헌 여부의 결정이 있을 때까지 정지**된다. 다만, 법원이 긴급하다고 인정하는 경우에는 종국재판 외의 소송절차를 진행할 수 있다.
(2) 헌법재판소에서 위헌으로 결정된 법률이나 법률조항은 **결정이 있은 날부터 효력을 상실**한다. 즉 위헌결정은 소급효가 인정되지 않고 원칙적으로 결정이 있은 후부터 효력이 인정되는 것이다. 그러나 **형벌에 관한 법률이나 법률조항**에 대하여 위헌 결정을 한 경우에는 그 법률이나 법률조항은 **소급하여 그 효력을 상실**한다. 따라서 위헌으로 결정된 법률에 근거해서 유죄의 확정판결을 받았던 경우에는 재심을 청구할 수 있다.
(3) 그리고 법률의 위헌결정은 **법원, 기타 국가기관 및 지방자치단체를 기속**한다. 따라서 모든 국가기관은 어떤 처분을 행할 때 헌법재판소의 결정을 존중해야 한다.

제2절 헌법소원심판

1. 헌법소원심판제도란

  헌법소원심판이란 헌법이 보장하는 국민의 기본권을 국가권력이 침해한 경우 그 기본권을 보호하는 헌법재판제도로서, 통치권은 기본권을 지키는 방향으로 행해져야 한다는 헌법의 이념을 실현시킬 수 있는 가장 실효성 있는 권력통제장치이다.
현행 헌법재판소법상의 헌법소원제도는 두 가지가 있다.
(1) 공권력의 행사 또는 불행사로 인하여 헌법상 보장된 기본권을 침해받은 사람이 제기하는 **권리구제형 헌법소원**(헌법재판소법 제68조제1항)

  권리구제형 헌법소원은 공권력의 행사 또는 불행사로 기본권 침해가 있음을 안 날부터 90일 내에, 기본권 침해가 있은 날부터 1년 내에 청구해야 한다. 이 둘 중 어느 하나의 기간이 지났으면 헌법소원은 부적법하여 각하된다.
(2) 법률이 헌법에 위반되는지 여부가 재판의 전제가 되어 법원에 위헌법률심판 제청을 하였으나 기각된 자가 헌법재판소에 제기하는 **규범통제형(위헌법률심사형) 헌법소원**(헌법재판소법 제68조제2항)

  재판을 받게 된 당사자가 법원에 '이 법이 위헌인 것 같으니 위헌법률심판을 해달라'고 말했을 때 법원이 받아들여서 헌법재판소에 위헌심사를 요청하면 위헌법률심판이고, 법원이 받아들이지 않아 당사자가 직접 헌법재판소에 위헌심사를 요청하면 **위헌법률심사형 헌법소원**이다. 다른 법률에 따른 구제절차를 거친 헌법소원의 심판은 그 최종 결정을 통지받은 날부터 30일 이내에 청구하여야 한다. 위헌법률심판제청 신청사건이 기각된 때도 30일 이내로 한다.

2. 헌법소원은 누가 신청할 수 있나

(1) 헌법소원 청구권자는 **모든 기본권의 주체**이다. 즉, 대한민국 국민이라면 누구나 청구할 수 있다. 자연인뿐만 아니라 성질상 기본권을 향유할 수 있는 범위 내에서는 회사 등 사법인도 청구할 수 있다. 예컨대 신문사나 방송사는 그 성격상 언론·출판의 자유를 향유하므로 헌법소원심판을 청구할 자격을 가진다.
(2) 정부(입법부, 사법부, 행정부 포괄)를 비롯한 공공기관과 공법인은 원칙적으로 기본권의 주체가 될 수 없으므로 헌법소원심판의 청구적격을 가지지 아니한다. 단, 개인과 정부기관의 지위를 모두 갖는 경우, 예컨대 대한민국 대통령은 헌법기관이 아닌 개인 자격으로 헌법소원심판을 청구할 수 있다. 다만, 행정기관에도 헌법소원이 인정되는 경우가 없지

는 않은데, 헌법재판소법 제68조제2항에 따른 위헌소원의 경우는 당해 소송을 수행하는 행정기관 또한 제기할 수 있다. 헌법소원이 인정되지 않는다는 것은 온전히 제68조제1항, 즉 권리구제형 헌법소원에 한하는 것이다.
(3) 제한된 범위 내에서 공법인 및 영조물의 기본권 주체성이 인정되기도 하는데, 헌법재판소는 영조물로서 **서울대학교**의 학문의 자유와 대학의 자율권의 주체성을 인정한 바 있다. 또한 **정당**의 경우 헌법재판소는 일종의 법인격 없는 사단으로 판단하고, 정당 활동의 본질과 관련된 기본권의 주체성을 가짐을 인정한 바 있다.
(4) 외국인에게도 그 주체성이 인정되는 기본권, 예를 들어 행복추구권이나 신체의 자유와 같은 기본권과 관련된 사건에 대해서는 **외국인의 청구능력**도 인정된다. 미성년자 역시 헌법소원을 청구할 수 있으나 실제로는 부모님 등의 법정대리인이 소송행위를 대신해야 한다.

3. 헌법소원심판 청구절차 – 변호사 강제주의

헌법소원을 제기하려면 일정한 요건을 갖춘 헌법심판청구서를 헌법재판소에 제출하여야 하며, 청구서에 필요한 증거서류, 참고자료를 첨부할 수 있다. 헌법재판절차에서는 **변호사 강제주의** 원칙이 적용되므로(헌법재판소법 제25조제3항), 헌법소원을 제기하는 사람은 자신이 변호사의 자격을 가지고 있는 경우가 아니라면 대리인 선임서류를 첨부하여야 한다. 변호사를 선임할 돈이 없다면 자력이 없다는 것을 증명할 만한 자료를 첨부하여 헌법재판소에 국선대리인을 선임해 줄 것을 신청하여야 한다.

4. 헌법소원의 요건

국가기관이 공권력을 행사하거나 행사하지 않아서 국민이 헌법상 보장된 기본권을 침해받은 경우 국민은 이를 회복하기 위해 헌법재판소에 헌법소원심판을 청구할 수 있다.

(1) 법적관련성(자기관련성, 현재성, 직접성)

헌법소원의 청구인은 원칙적으로 공권력 행사로 인해 자신의 기본권이 현재 그리고 직접 침해당한 경우여야만 헌법소원을 제기할 수 있다.

제3자는 특별한 사정이 없는 한 직접 관련되었다고 보기 어려우므로 헌법소원을 제기할 수 없다(**자기관련성**). 청구인은 공권력과 **현재 관련**이 있어야 하며 장래 언젠가는 관련될 수 있을 것이라는 사실만으로는 헌법소원을 제기할 수 없다(**현재성**). 기본권의 침해가 장래 발생할 것이지만 그 침해가 있을 것이 현재 명확하게 예측된다면 기본권의 구제를 위해 현재 존재하는 것으로 보아서 헌법소원 제기가 가능하다. 또한 청구인은 공권력의 작용으로 인해 **직접적으로 기본권이 침해되어야 한다**(**직접성**).

(2) 헌법소원의 보충성

　공권력에 의한 기본권 침해에 대하여 다른 법률이 정한 구제절차를 모두 거친 뒤에도 구제가 되지 않은 경우에만 헌법소원을 청구할 수 있다. 법원의 재판이 허용되지 않는 경우에도 법령이 다른 구제절차를 마련해놓고 있으면 그 구제절차를 모두 거친 후 헌법소원을 청구하여야 한다(헌법재판소법 제68조제1항 단서).
　다만 청구인이 타당한 이유 있는 착오로 인해 전심절차를 거치지 않은 경우, 전심절차로 권리가 구제될 가능성이 거의 없는 경우, 권리구제절차가 허용되는지 여부가 객관적으로 불확실하여 전심절차에 이행에 대한 기대가능성이 없는 경우 등은 전심절차를 거치지 않고 곧바로 헌법소원을 제기할 수 있다(**보충성의 예외**).

(3) 청구기간

　헌법소원의 심판은 사유가 있음을 안 날로부터 90일 이내에, 사유가 발생한 날로부터 1년 이내에 청구하여야 한다. 다만, 다른 구제절차를 거친 헌법소원의 심판은 최종결정을 통지받은 날로부터 30일 이내에 청구해야 한다.

(4) 권리보호이익

　헌법소원은 국민의 기본권 침해를 구제해 주는 제도이므로 그 제도의 목적상 권리보호이익이 있는 경우에만 제기할 수 있다. 그 구제를 위해 헌법소원심판을 청구한 뒤에 침해원인이 된 공권력의 행사가 취소된 경우, 새로운 공권력 행사 등 상황의 변화로 인해 청구인이 기본권의 침해를 받지 않게 된 경우에는 더 이상 권리보호이익이 없음으로 헌법소원을 제기할 수 없다.
　그러나 헌법소원제도는 청구인의 권리 구제뿐만 아니라 객관적인 헌법 질서의 보충을 위해서도 존재하는 것이므로, 비록 청구인의 권리 구제에는 도움이 되지 않더라도 같은 유형의 침해행위가 앞으로 계속될 위험이 있고, 헌법 질서의 수호·유지를 위한 긴급한 사항에 대해서는 권리의 이익이 인정되기도 한다.

5. 헌법소원의 대상

　모든 위헌적인 공권력의 작용은 헌법소원의 대상이 되는데 크게 입법작용, 행정작용, 사법작용으로 나눌 수 있다.

(1) 입법작용

① 위헌법률

법률이 별도의 집행행위를 기다리지 않고 직접적으로 그리고 지금 현재 헌법상 보장된 기본권을 침해하는 경우에는 법률에 대한 헌법소원도 가능하다.

② 입법부작위

헌법에서 기본권 보장을 위해 입법을 하도록 위임하였는데도 입법자가 입법을 하고 있지 않거나, 헌법 해석상 특정인에게 구체적인 기본권이 생겨 국가가 이를 보호하기 위한 입법을 하여야 할 의무가 발생하였으나 입법자가 아무런 입법을 하고 있지 않는 경우 헌법소원의 대상이 된다.

한편, 입법자가 어떤 사항에 대한 입법을 했지만 그 내용 및 범위 등이 불완전하고 불공정하게 규정되어 입법행위에 결함이 있는 경우에는 결함이 있는 법률 자체를 대상으로 헌법소원을 제기할 수 있다.

(2) 행정작용

행정작용에 대한 헌법소원은 보충성 요건과 재판에 대한 헌법소원의 금지 규정 때문에 위에서 설명한 보충성의 예외가 인정되는 경우에만 인정된다. 행정부에서 제정한 시행령이나 시행규칙 등이 별도의 집행행위를 기다리지 않고 직접 기본권을 침해하는 경우에는 헌법소원의 대상이 된다.

(3) 사법작용

헌법재판소법은 법원의 재판을 헌법소원에서 제외하고 있으므로, 법원의 재판 자체를 대상으로 해서 헌법소원을 제기할 수 없다. 다만 헌법재판소는 예외적으로 '헌법재판소가 위헌으로 결정하여 그 효력을 상실한 법률을 적용함으로써 국민의 기본권을 침해하는 재판'에 대한 헌법소원은 인정하고 있다.

6. 헌법소원심판의 절차

(1) 사전심사 – 헌법소원에 관한 심판은 서면심리에 의한다.

청구된 사건은 재판관 3명으로 구성되는 지정재판부에서 사전심사를 하게 되며, 지정재판부는 헌법소원의 청구가 명백히 부적법한지 아닌지를 사전심사한다.

보충성 요건을 갖추지 않은 경우, 법원의 재판에 대해 헌법소원을 제기한 경우, 청구기간이 지난 경우, 변호사대리를 하지 않은 경우, 기타 헌법재판 청구가 부적절하고 흠결을 보완할 수 없는 경우 등에는 지정재판부 재판관 전원의 일치된 의견에 따른 결정으로 헌법소원의 심판청구를 **각하**한다.

(2) 전원재판부 심사
청구요건을 갖추었다고 판단되면 지정재판부는 심판에 회부하는 결정을 한다. 재판관 9인으로 구성된 재판부에서는 회부된 사건에 대해서 종국결정을 한다.

7. 헌법소원의 결정과 그 효력

(1) 인용 [위헌]
청구인의 청구가 이유 있으면 헌법재판소는 재판관 9인 중 7인 이상의 참가, 6인 이상의 찬성으로 청구를 인용한다. 이때 주문의 형식은 다음과 같다.
- ■ "○○법은 헌법에 위반된다."(위헌법률심사형 헌법소원)
- ■ "피청구인이 ○○○한 행위는 ○○권을 침해한 것으로서 위헌임을 확인한다."
  (권리구제형 헌법소원)

(2) 기각 [합헌]
청구인의 청구가 이유 없다는 의견, 즉 기각 의견이 다수이거나 인용(위헌) 의견이 인용정족수인 6인에 미달할 경우 헌법재판소는 청구인의 청구를 기각한다. 이때 주문은 "청구인의 청구를 기각한다." 또는 "○○법은 헌법에 위반되지 아니한다." 정도로 기술된다.

(3) 각하
청구인의 청구가 전술한 법적 요건을 갖추지 못해 부적법한 경우 헌법재판소는 지정재판부 재판관 3인의 일치된 의견 또는 전원재판부 다수 의견으로 청구를 각하한다. 주문은 "청구인의 청구를 각하한다."

(4) 심판절차 종료선언
청구인의 사망 또는 심판절차의 취하 등으로 심판절차의 종료에 관한 다툼이 있는 경우 절차관계 종료를 명백히 하기 위해 하는 결정이다. 본안판단에 들어가지 않는다는 점에서 각하결정과 유사하지만, 청구인의 청구가 적법하나 전술한 사유에 따라 절차를 종료한다는 점에서 차이가 있다.

헌법소원 사례

[1] 차량고장 등 부득이한 경우 외에 고속도로 갓길 통행금지: 도로교통법 제60조제1항
  [합헌] (헌법재판소 2021. 8. 31. 선고 2020헌바100 전원재판부 결정)

고장 차량이나 긴급자동차 등 부득이한 사정이 있는 경우를 제외하고는 고속도로 갓길 통행을 금지하도록 한 도로교통법은 **재판관 전원일치 의견으로 합헌**이라는 헌법재판소 결정이 나왔다.

> 도로교통법 제60조 (갓길 통행금지 등) ① 자동차의 운전자는 고속도로 등에서 자동차의 고장 등 부득이한 사정이 있는 경우를 제외하고는 행정안전부령으로 정하는 차로에 따라 통행하여야 하며, 갓길(「도로법」에 따른 길어깨를 말한다)로 통행하여서는 아니 된다.

A씨는 2018년 4월 승용차를 운전해 고속도로 갓길로 통행하다 교통경찰관의 단속으로 범칙금 6만 원의 납부통지서를 받았다. A씨는 이의신청을 했고, 전주 완산경찰서장은 A씨에 대해 즉결심판청구를 했지만 기각되었다. 그러자 전주 완산경찰서는 A씨를 도로교통법 위반 혐의로 검찰에 송치했고, A씨는 같은 혐의로 기소되어 벌금 20만 원의 약식명령을 받았다. A씨는 이에 반발해 정식재판을 청구했고, 재판과정에서 도로교통법 제60조제1항 등에 대한 위헌법률심판제청을 신청했지만 기각되자 헌법소원을 냈다.

헌법재판소는 "고속도로 등은 자동차들이 일반도로에 비해 고속으로 주행해 중대한 위험이 발생할 가능성이 높고, 긴급자동차 등이 위험 발생지역에 접근하기 어려운 특성이 있기 때문에, 고속도로 등에서 비상시에 신속히 갓길을 이용할 수 있도록 하여 교통상의 위험과 장해를 제거하고 원활한 교통을 확보할 수 있게 하려면 평상시에는 통행을 금지할 필요가 있다."고 밝혔다.

이어 "해당 조항은 예외적으로 '부득이한 사정'이 있는 경우 통행을 허용하는데, 부득이한 사정은 사회통념상 (일반) 차로로의 통행을 기대하기 어려운 특별한 사정을 의미하고, 건전한 상식 등을 가졌다면 어떠한 것인지 충분히 알 수 있어 죄형법정주의의 명확성 원칙에 위배되지 않는다."고 설명했다.

또한 "갓길이 설치 목적에 따라 이용되도록 갓길 통행 금지의무의 준수를 담보할 필요성이 높기에 행정질서벌 부과만으로는 갓길 통행을 충분히 억제할 수 없다고 판단하고 형벌이라는 수단을 선택한 입법자의 판단이 명백하게 잘못되었다고 볼 수 없다."며 "처벌조항도 법정형을 '20만 원 이하의 벌금이나 구류 또는 과료'로 선택적으로 규정해 그 하한에 제한을 두고 있지 않아 처벌의 정도가 중하다고 보기 어려우므로 책임과 형벌 사이의 비례원칙에 위배되지도 않는다."고 하였다.

[2] 군 기지·시설에서 군인 폭행한 경우 '반의사불벌죄' 적용 배제: 군형법 제60조의6 [합헌]
(헌재 2022. 3. 31. 선고 2021헌바62 등 결정)

군인이 군사기지 또는 군사시설 등에서 군인을 폭행한 경우 '반의사불벌죄' 적용을 배제토록 한 군형법은 헌법에 어긋나지 않는다는 재판관 전원일치 의견의 헌법재판소 결정이 나왔다.

> **군형법 제60의6 (군인 등에 대한 폭행죄, 협박죄의 특례)** 군인 등이 다음 각 호의 어느 하나에 해당하는 장소에서 군인 등을 폭행 또는 협박한 경우에는 「형법」 제260조제3항 및 제283조제3항을 적용하지 아니한다.
> 1. 「군사기지 및 군사시설 보호법」 제2조제1호의 군사기지
> 2. 「군사기지 및 군사시설 보호법」 제2조제2호의 군사시설

상사와 중위로 근무하던 A씨 등은 군사기지와 군사시설에서 현역병들을 폭행한 혐의로 기소되었다. A씨 등은 피해자들의 처벌불원 의사표시가 기재된 합의서를 제출했지만, 군인이 군사기지나 군사시설 등에서 군인을 폭행한 경우에는 반의사불벌죄를 적용하지 않도록 한 군형법 제60조의6제1호 및 제2호로 인해 공소기각 판결을 받지 못하게 되자 법원에 위헌법률심판제청을 신청했다. 하지만 기각되었고 이들은 헌법소원을 냈다.

헌법재판소는 "'일반 폭행죄'와 '군사기지·군사시설에서 군인 상호간의 폭행죄'는 타인의 신체에 대한 유형력 행사로 성립되는 죄라는 공통점이 있지만, 전자는 '신체의 안전'을 주된 보호법익으로 함에 반해, 후자는 '군 조직의 기강과 전투력 유지'를 주된 보호법익으로 한다는 점에서 차이가 있다."고 밝혔다.

이어 "엄격한 위계질서와 집단생활을 하는 군 조직의 특수성으로 인해 피해자가 가해자에 대한 처벌을 희망할 경우 다른 구성원에 의해 피해를 당할 우려가 있고, 상급자가 가해자·피해자 사이의 합의에 관여할 경우 피해자가 처벌불원의사를 거부하기 어려운 경우가 발생할 수 있다."면서 "특히 병역의무자는 헌법상 국방의 의무의 일환으로서 병역의무를 이행하는 대신 국가가 병영생활을 하는 병역의무자의 신체·안전을 보호할 책임이 있는 것을 고려하면, 군사기지·군사시설에서의 폭행으로부터 병역의무자를 보호해야 한다는 입법자의 판단이 헌법이 부여한 광범위한 형성의 자유를 일탈한다고 보기 어려워 심판대상 조항이 형벌체계상 균형을 상실했다고 보기 어려우므로 평등원칙에 위반되지 않는다."고 판단했다. 이는 국방의 의무(헌법 제39조)의 일환으로 병역의무를 이행하는 국민에 대한 국가의 보호책임을 인정한 최초로 선언한 결정이라는 점에 의의가 있다.

[3] **내 아이의 성을 친부 아닌 전남편 성으로 쓰라고요? - 민법 제844조제3항 위헌 확인[헌법불합치]** (헌법재판소 2015. 4. 30. 선고 2013헌마623 결정)

> 민법 제844조 (부의 친생자의 추정) ② 혼인이 성립한 날부터 200일 후에 출생한 자녀는 혼인 중에 임신한 것으로 추정한다.
> ③ 혼인관계가 종료된 날부터 300일 이내에 출생한 자녀는 혼인 중에 임신한 것으로 추정한다.

A씨는 2012년 2월 남편과 협의이혼하고, 같은 해 10월 전남편의 아이가 아닌 딸을 출산하였으나, 소송을 하지 않으면 딸과 친부와의 관계를 인정받을 수 없게 되자 민법 제844조 제3항 "혼인관계가 종료된 날로부터 300일 안에 출생한 자는 혼인 중에 포태한 것으로 추정한다."는 규정은 위헌이라는 헌법소원을 제기했다.

헌법재판소는 이 조항에 대하여 "해당 조항이 당사자들이 원하지 않는 친자관계를 강요하고 있다."며 "개인의 존엄과 행복추구권, 양성평등에 기초한 혼인과 가족생활의 기본권 등을 제한한다."고 밝혔다. 또한 "오늘날 이혼과 재혼이 크게 증가하였고, 여성의 재혼금지기간이 2005년 민법 개정으로 삭제됐고, 이혼숙려기간 등이 도입되면서 이혼 뒤 300일 안에 전남편의 자녀가 아닌 아이를 출산할 가능성도 증가했다."고 덧붙이며, 해당 민법 조항은 헌법에 합치되지 않는다고 판시하여 헌법불합치 결정을 내렸다.

[4] **취업을 위해 입국한 뒤 알선자들에게 협박, 강요당해 성매매를 한 태국여성의 "검찰의 기소유예 처분을 취소하라."는 헌법소원청구 [인용]: 성매매처벌법 제2조제1항제4호 및 제6조** (헌법재판소 2020. 9. 24. 선고 2018헌마1224 결정)

우리나라에 취업하기 위해 입국했지만 협박을 당해 성매매를 하게 된 태국인에 대해 "기소유예 처분을 취소하라."는 재판관 전원일치 의견의 헌법재판소 판단이 나왔다.

> 성매매처벌법 제2조 (정의) ① 이 법에서 사용하는 용어의 뜻은 다음과 같다.
>   4. "성매매피해자"란 다음 각 목의 어느 하나에 해당하는 사람을 말한다.
>   가. 위계, 위력, 그 밖에 이에 준하는 방법으로 성매매를 강요당한 사람
> 제6조 (성매매피해자에 대한 처벌특례와 보호) ① 성매매피해자의 성매매는 처벌하지 아니한다.

태국 국적의 A씨는 지난 2018년 마사지 업소에 취업하기 위해 우리나라를 찾았다. 취업을 알선한 이들은 성매매를 제안했고, A씨가 거부하자 '소개비를 줘야 하지 않느냐'며 강요한 것으로 조사됐다. 이후에도 A씨가 성매매를 거부하며 태국으로 돌아가겠다는 의사를 밝히자, 알선자들은 A씨를 원룸에 감금하거나 '돈을 갚지 않으면 다른 곳에 팔아버리겠다'는 등의 협박을 한 것으로 조사됐다.

이후 검찰은 A씨가 4회에 걸쳐 성매매를 한 혐의로 기소유예 처분을 내렸고, A씨는 자신은

협박에 의해 성매매를 하게 된 피해자이므로 처분을 취소해달라며 헌법소원을 냈다. 「성매매 알선 등 행위의 처벌에 관한 법률」에서는 위력 등에 의해 성매매를 강요당한 사람을 '성매매 피해자'로 규정하고 처벌하지 않도록 한다. 이를 근거로 헌법재판소는 A씨의 주장을 받아들였다.

헌법재판소는 "A씨는 한국어로 의사소통이 곤란하고 우리나라 내 사회적 지지기반도 없으며, 법 제도에 대한 이해가 낮은 외국인"이라며 "우리나라에서 성매매는 하지 않고 마사지만 할 수도 있는 것으로 알고 입국했는데, 의사소통이 가능한 유일한 사람인 알선자로부터 성매매를 요구받아 상당한 심리적 압박을 받았을 것이다."고 설명했다. 이와 함께 "이 사건 성매매에 이르는 과정에 알선자 등의 직접적인 협박이나 A씨의 적극적인 거부가 존재하지 않았다는 이유만으로 A씨가 성매매 여부를 자유의사로 선택했다고 단정하기는 곤란하다."면서 "알선자 등은 외국인으로서의 취약성을 이용해 자유의사를 제압하기에 충분한 행위로서 위력으로 성매매를 강요했다."고 언급했다.

[5] 재혼을 유족연금수급권 상실사유로 규정한 구 공무원연금법 조항, 위헌 아닌가요? - 구 공무원연금법 제59조제1항제2호 [합헌] (헌법재판소 2022. 8. 31. 선고 2019헌가31 결정)

공무원의 배우자가 사실혼을 포함해 **재혼을 할 경우 유족연금수급권을 상실하도록 한 공무원연금법은 합헌**이라는 헌법재판소의 판단이 나왔다. 헌법재판소가 재혼을 유족연금수급권 상실사유로 규정한 공무원연금법 조항에 대해 위헌 여부를 판단한 것은 이것이 처음이다.

> **구 공무원연금법 제59조 (유족연금 및 순직유족연금의 수급권 상실)** ① 유족연금이나 순직유족연금을 받을 권리가 있는 자가 다음 각 호의 어느 하나에 해당할 때에는 그 권리를 상실한다.
> 2. 재혼한 때 (사실상 혼인관계에 있는 경우를 포함한다)

헌법재판소는 재혼을 유족연금수급권 상실사유로 규정한 구(舊) 공무원연금법 제59조제1항제2호 중 '유족연금'에 대한 부분이 헌법에 위배되지 않는다고 결정했다. 공무원연금법상 유족연금은 공무원의 사망으로 갑작스럽게 생계를 위협받게 된 유족의 생활을 보장하기 위해 지급되는 급여를 뜻한다.

재판소는 "재혼을 유족연금수급권 상실사유로 규정했다고 해도 이는 한정된 재원의 범위 내에서 부양의 필요성과 중요성을 고려해 유족을 효과적으로 보호하기 위한 것으로, 입법재량의 한계를 벗어나 인간다운 생활을 할 권리와 재산권을 침해했다고 볼 수 없다."고 판단했다. 또한 "공무원연금법은 법률혼뿐만 아니라 사실혼배우자도 유족으로 인정하고 있는데, 이는 사실혼배우자도 법률혼배우자와 마찬가지로 서로 동거·부양·협조의무가 인정된다는 점을 고려한 것"이라고 설명했다. 그러면서 "배우자가 재혼을 통해 새로운 부양관계를 형성하고 재혼 상대방 배우자를 통한 사적 부양이 가능해지면, 사망한 공무원의 유족으로서 보호받을 필요성이나 중요성을 인정하기 어렵다고 봤기 때문에 배우자의 재혼을 유족연금수급권 상실사유로 규정한 것"이라고 부연했다.

아울러 유족연금이 연금형성에 대한 배우자의 기여를 고려해 이혼 시 연금을 정산·분할하는 분할연금과는 제도의 목적과 취지가 다르다고도 짚었다. 헌법재판소는 "배우자의 혼인기간 연금형성에 대한 기여를 비례적으로 반영하지 않았다는 사실만으로 현저히 자의적이거나 비합리적인 입법이라고 보기 어렵다."고 설명했다.

[제10단원 서식 1] 국가배상신청서

■ 국가배상법 시행규칙 [별지 제8호 서식]

배 상 신 청 서

접수번호	접수일자	처리기간

신 청 인	성 명: (인)	생년월일:
	주 소: (전화번호:)	
	직 업:	피해자와의 관계:
	다음 에게 국가배상신청에 관한 일체의 권한을 위임함 위임인 성 명: (인) 대리인 성 명: (인) 생년월일: 주 소: (전화번호:)	

피 해 자	성 명:	생년월일:
	주 소:	
	직 업:	기왕의 신체상해:

사 고 개 요 (상세한 것은 별지에 적음)	발생일시:	
	발생장소:	
	가해자 소속:	성명:
	사고내용:	

신 청 액	요 양 비	원	장 례 비	원
	휴업배상	원	위 자 료	원
	장해배상	원	재산손해	원
	유족배상	원	기 타	원
	합 계			원

위 사고와 관련하여 이미 지급받은 금액	내 역	금 액	지급일자	지급자

사 전 지 급 신 청 액	내 역	금 액	사 유	

「국가배상법」 제12조에 따라 위와 같이 배상신청을 합니다.

년 월 일

○○지구배상심의회 위원장 귀하

[제10단원 서식 2] 위헌법률심판 제청신청서

위헌법률심판 제청신청

신 청 인 　성명 :　　　　　주민등록번호 :
　　　　　 주소 :
　　　　　 연락처 :

피신청인　근로복지공단

신 청 취 지

구 상속세법(1993. 12. 31. 법률 제4662호로 개정되기 전의 것) 제18조제1항은 헌법 제11조제1항(평등의 원칙), 제23조제1항(재산권의 보장), 제37조제1항, 제2항(과잉금지의 원칙)에 위배될 소지가 있으므로 위헌제청을 한다.
라는 결정을 구합니다.

신 청 이 유
(신청취지와 같은 신청을 하는 이유를 구체적으로 기재하십시오.)

20 　.　 .　 .

신청인　　　　　(서명 또는 날인)

○○법원 귀중

[제10단원 서식 3] 헌법소원심판청구서(권리구제형 헌법소원)

<h3>헌법소원심판청구서</h3>

청 구 인　성　명:　　　　　　주민등록번호 :
　　　　　　주　소:
　　　　　　대리인　변호사 :
　　　　　　　　　　주　소:

피청구인

청 구 취 지

"피청구인이 ○○법 제○○조 및 ○○법 시행령 제○○조가 정하는 경우에 관하여 평균임금을 정하여 고시하지 아니한 부작위는 청구인의 재산권을 침해한 것이므로 위헌임을 확인한다."
라는 결정을 구합니다.

침해된 권리

헌법 제23조 재산권

침해의 원인

피청구인이 ○○법 제○○조 및 ○○법 시행령 제○○조가 정하는 경우에 관하여 평균임금을 정하여 고시하지 아니한 부작위

청 구 이 유

1. 사건 개요

2. 위 부작위의 위헌성

3. 심판청구에 이르게 된 경위

4. 청구기간의 준수 여부 등

첨 부 서 류

1. 각종 입증서류
2. 소송위임장(소속변호사회 경유)

20 . . .

청구인 대리인 변호사　　　　　　(인)

헌법재판소 귀중

[제10단원 서식 4] 헌법소원심판청구서(위헌법률심사형 헌법소원)

헌법소원심판청구서

청 구 인 성 명:　　　　　　주민등록번호:
　　　　　주 소:
　　　　　대리인　변호사
　　　　　　주 소:

청 구 취 지

"○○법(2019. 12. 31. 법률 제○○○○호로 개정된 것) 제○○조 제○항 제○호는 헌법에 위반된다."
라는 결정을 구합니다.

당 해 사 건

서울고등법원 2021구○○○호 퇴직처분 무효확인
원고 ◎◎◎, 피고 ◎◎◎

위헌이라고 판단(해석)되는 법률조항

○○법(2019. 12. 31. 법률 제○○○○호로 개정된 것) 제○○조 제○항 제○호

청 구 이 유

1. 사건 개요

2. 재판의 전제성

3. 위헌이라고 판단(해석)되는 이유

4. 심판청구에 이르게 된 경위(청구기간의 준수 여부 등)

첨 부 서 류

1. 위헌제청신청서
2. 위헌제청신청기각 결정문 및 동 결정의 송달증명서
3. 당해사건의 판결문 등 기타 부속서류
4. 소송위임장(소속변호사회 경유)

20 . .

청구인 대리인 변호사　　　　　　(인)

헌법재판소 귀중

법률상담사례집
알려주세요! 법法 없이 사는 법

초판 발행일 2023년 11월 20일

지은이 양정자
펴낸이 양정자
펴낸곳 대한가정법률복지상담원 출판부

등 록 제20-200호(2000. 9. 30)
주 소 서울특별시 양천구 오목로 176 (신정동) 산호빌딩 2, 4F(우 : 08020)
전 화 02) 2697-0155, 3675-0142~3
F A X 02) 3675-0175
홈페이지 https://LawQA.or.kr
E-mail LawQA@chol.com

ISBN 978-89-952107-2-7 03360
정 가 25,000원

printed in Korea